Y0-AZH-324

EESTI-INGLISE SÕNARAAMAT

ESTONIAN-ENGLISH DICTIONARY

By
J. SILVET

*

Third Edition

TALLINN

«VALGUS» 1989

EESTI-INGLISE SÕNARAAMAT

KOOSTANUD
J. SILVET

*

Kolmas trükk

TALLINN
«VALGUS» 1989

4E(03)
S53

Retsenseerinud L. Kivimägi ja A. Hone

Kaane kujundanud T. Aru

Silvet, J.
S 53 Eesti-inglise sõnaraamat. — 3. tr. — Tln.: Valgus,
1989. — 512 lk.
ISBN 5-440-00035-6
Sõnaraamat sisaldab eelkõige laiale lugejaskonnale vajaliku põhisõnavara, annab poliitika, teaduse, kunsti terminoloogiat, samuti enamtarvitatavamaid fraseoloogilisi väljendeid ja tähtsamaid geograafilisi nimesid. Sõnaraamat rahuldab nii algaja keeleõppija kui ka edasijõudnu vajadusi.

$$S \frac{4602030000-282}{902(15)-89} 104-88$$
81.2E

ISBN 5—440—00035—6
© Kirjastus «Valgus», 1980

EESSÕNA

Käesolev teos ei ole küll esimene eesti-inglise sõnaraamat, kuid tegelikult on selle käsikirja koostamisel osutunud otstarbekohaseks või paratamatuks jätta arvestamata raamatu eelkäijad.

Nendest kõige varajasem, M. Neumanni «Eesti-inglise sõnaraamat» (1925) oli juba trükist ilmumisel peaaegu tarvitamiskõlbmatu niihästi eesti kui ka inglise keele vaatepunktist. Kolmekümnendatel aastatel anti kahes trükis välja M. Varese «Eesti-inglise sõnaraamat», mis oli oma aja kohta üsna kasulik väike koolisõnaraamat, hoolimata väga juhuslikust sõnavalikust ja rohketest sisulistest vääratustest. 1940. aastal hakkas ilmuma H. Seppiku — V. Viherväija «Eesti-inglise sõnaraamat», millest saadi trükkida vaid neli ühepoognalist vihikut; viimane neist lõppes märksõnaga ekspansioon. Kuna ilmunud vihikukesed ei olnud oma tõlkevastetelt kuigi kõrgel tasemel, siis ei olnud võimalik ka seda materjali kasutada.

Olemasolevatel andmetel on M. Varese sõnaraamatust 1945. aastal välismaal ilmunud uus väljaanne. On ka teada, et H. Ðurre on Ameerikas avaldanud raamatu «English-Estonian and Estonian-English Dictionary» (1948) ja et 1955. aastal hakkas Rootsis annete kaupa ilmuma P. F. Saagpaku «Estonian-English Dictionary», kuid käesoleva sõnaraamatu koostajale ei ole ükski mainitud teostest kättesaadav olnud.

Niisiis on käesolev sõnaraamat tegelikult uus üritus ja autor on teadlik raskustest, mida ta vahest ei ole suutnud alati täielikult ületada.

Praegune eesti-inglise sõnaraamat ei ole sama autori inglise-eesti sõnaraamatu (1. tr. 1939, 2. tr. 1947) materjali esitamine vastupidises järjekorras. Vaevalt olekski sellisel teel võimalik koostada tarvitamiskõlblikku sõnaraamatut. Eesti-inglise sõnaraamat peab lähtuma eesti keele sõnavarast ja fraseoloogiast ning andma neile võimalikult adekvaatsed tõlkevasted.

Käesoleva sõnaraamatu koostamisel on küll saadud olulist abi teistest eesti-võõrkeelsetest sõnaraamatutest, milledest mainitagu järgmisi:

J. Tamm, *Eesti-vene sõnaraamat* (1955; käsikirja revideerimisel ning täiendamisel on saadud kasutada ka 2. tr., 1961);

A. E. Graaf, *Eesti-saksa sõnaraamat* (1937);

E. Sell, *Eesti-saksa sõnaraamat* (4. tr., 1941);

E. Kobolt, *Väike eesti-saksa sõnaraamat* (2. tr., 1941);

M. Wrangell, *Eesti-prantsuse sõnaraamat* (1932).

Sõnavalikul oli käsikirja koostamise ajal peamiseks juhtnööriks «Väike õigekeelsuse sõnaraamat» (1953), kuid siit märksõnu valides ja neile vajaduse korral uusi lisades pidi autor enesestmõistetavalt talitama omaenda äranägemise järgi. Kuna sooviti anda mitte ainult sõnatõlkeid, vaid tähtsamate märksõnade all ka fraseoloogiliste ühendite tõlkevasteid, siis tuli alati rangelt kaaluda ruuminõudeid ja silmas pidada, et käsikiri liialt ei ületaks kirjastuse poolt ettemääratud raame.

Käsikiri oli mustandis lõpule viidud ja kirjastusele seisukohavõtuks esitatud 1960. aasta mais. Et 1960. aasta teisel poolel ilmus «Õigekeelsuse sõnaraamat», siis sai autorile paratamatuks ülesandeks kogu käsikirja põhjalik revideerimine. Ka soovis kirjastus endise tagasihoidliku (umbes 25 autoripoognat) koolisõnaraamatu asemel nüüd märksa suuremat sõnaraamatut, mis tõi kaasa kogu raamatu struktuuris teatavaid muudatusi. Esitatud käsikirja retsenseerimine ja kirjastuse poolt määratud toimetaja töö kestis ka pikemat aega, nii et autoril oli võimalik käsikirjale lõplikku kuju anda vaid hiljem, arvestades võimalust mööda retsensentide ning toimetaja märkusi ja kasutades vahepeal kogutud lisamaterjali.

Mis puutub sõnaraamatu ingliskeelsesse osasse, siis on autoril olnud kasutada mitmeid uusimaid Inglismaal ja Ameerika Ühendriikides ilmunud seletavaid sõnaraamatuid ning Nõukogude Liidus ilmunud inglise-vene ja veneinglise oskussõnastikke paljudelt erialadelt. Nende teatmeteoste loetelu oleks siin tarbetu. Küll aga peab mainima, et eriti tõhusaks abiks on olnud prof. A. I. Smirnitski juhendamisel koostatud suur vene-inglise sõnaraamat (3. tr., Moskva, 1958) ja G. Wahrigi toimetusel ilmunud saksainglise sõnaraamat (Leipzig, 1958). Käsikirja revideerimisel on saadud kasutada ka viimati mainitud sõnaraamatu neljandat, täiesti ümbertöötatud trükki (Leipzig, 1962).

Kogu töö aluseks, kuigi vaid toormaterjalina, on olnud autori enda poolt paljude aastate jooksul kogutud sedelmaterjal. Iga märksõna tõlkimisel, samuti selle all toodud sõnaühendi või fraasi mõtte edasiandmisel on autor püüdnud oma tõlkevasteid kontrollida ning täpsustada vastavate teatmeteoste varal. Käsikirja revideerimisel ning täiendamisel on püütud kasutada ka retsensentide L. Kivimäe ja A. Hone'i poolt tehtud märkusi ning lõplikul trükiks ettevalmistamisel on tulnud suureks kasuks raamatu toimetaja B. Betlemi asjatundlik abi niihästi sõnaraamatu sisulise kui ka vormilise korrektsuse taotlemisel. Avaldades siirast tänu retsensentidele ja toimetajale, peab raamatu koostaja oma kohuseks lisada, et vastutus sõnavara ning fraseoloogia valiku ja tõlkevastete adekvaatsuse eest lasub ikkagi autoril endal, samuti ei saa võimalikke ebajärjekindlusi raamatu süsteemis või muid puudusi veeretada kellelegi teisele.

Et sõnaraamat sai rikkalikust eesti leksikast ja fraseoloogiast esitada üsna piiratud valimiku, siis tuli hoolikalt kaaluda, mida sisse võtta ja mida paratamatult välja jätta. Eriti pidi autor piirama tuletiste ja liitsõnade arvu. Ka rahvusvaheliselt tarvitatavaid võõrsõnu ja teaduslikke oskussõnu pakutakse mõõdukalt. Raamatu koostaja ei taha väita, et ta märksõnade valikul ja sõnaühendite või fraseoloogia esitamisel oleks suutnud toimida kõigiti järjekindlalt või säilitada laitmatud proportsioonid sõnaraamatu kõigis osades.

Hoopis raskema koormana lasub autoril tunne, et ta nii mõndagi oleks pidanud esitama paremini ja et raamat vajaks tõlkevastete alal veelgi hoolikamat ning mitmekülgselt täpsustatud viimistlust. Selle ülesande jõudumööda täitmisel tulevikus loodab autor ka tarvitajaskonna lahkele abile ja on juba ette tänulik igasuguste ettepanekute eest, mille eesmärgiks on sõnaraamatu täiendamine, täpsustamine ning märgitud vigade või vormiliste puuduste kõrvaldamine.

Elvas, 9. novembril 1964.

J. SILVET

JUHENDEID SÕNARAAMATU TARVITAMISEKS

1. Märksõnad on esitatud tähestikulises järjestuses poolpaksus kirjas. Samuti on antud poolpaksus kirjas kõik tõlgitud eestikeelsed sõnaühendid ja fraasid. Sõnad on toodud tavalises õigekirjas, ilma välte-, rõhu- ja peenendusmärkideta.

Täielikud, s. o. kogu vormistikult ühtivad homonüümid on märgitud rooma numbritega, kusjuures nende tähenduslik erinevus tõstetakse esile seletavate sõnadega (ümarsulgudes kursiivkirjas), mitmesuguste märgenditega (kursiivkirjas) või muul teel, näit. **pall** I (*kera*), **pall** II (*kaubapakk*), **pall** III (*hindamisühik*); **baar** I (*joogikoht*), **baar** II *füüs., meteor.*; **düün** I = **luide, düün** II *füüs.* Ainult algvormis samaselt kirjutatavate sõnade eristamiseks lisatakse (nurksulgudes) käändsõnadele omastava käände vorm, näit. **palk** [palga], **palk** [palgi] ja pöördsõnadele eristav pöördevorm, näit. **hauduma** [haun], **hauduma** [haudun]. Mõnede samaselt kirjutatavate märksõnade puhul eristatakse neid muul teel, näit. **parem** *adj.*, **parem** *adv.*; **iga** *pron.*, **iga** [ea] *subst.*; **pea** *subst.*, **pea** *adv.*, **pea!**; **jagu** (*osa*), **jagu**: ~ **saama**.

2. Ühe ning sama märksõna alapunktidena (eraldatud araabia numbritega) on antud sõnatähendused, mida ei saa pidada homonüümideks, vaid sama sõna semantiliselt erinenud variantideks, näit. **kuu** 1. (*taevakeha*) ...; 2. (*1/12 aastat*) ... või **kaak** 1. (*häbipost*) ...; 2. (*võllaroog*) .... Kui on peetud vajalikuks osutada ühe ning sama märksõna kuulumist erinevatesse sõnaliikidesse, siis on selleks kasutatud araabia numbreid poolpaksus kirjas ja vastava sõnaliigi märgendit kursiivkirjas, näit. **haige** 1. *adj.* ...; 2. *subst.* ....

3. Mõnel juhul on märksõnadele lisatud muutevorm võimaliku arusaamatuse vältimiseks, kuigi käesolevas sõnaraamatus ei leidu märksõnana mingit teist samaselt kirjutatavat sõna, näit. **loe** [loode], **hange** [hanke], **lõvi** [lõvi].

4. Endastmõistetavalt ei ole märksõnadena fikseeritud vorme nagu **oad, jõkke, sõin** jms. Vastavaid tõlkeid tuleb otsida märksõnade **uba, jõgi, sööma** jne. alt. Sõnaraamatu kasutajal eeldatakse küllaldast eesti keele tundmist, et ta selliseid vormiviiteid ei vaja. Kuid mõningaid vormiviiteid, nagu **end, enda** *vt.* **ise** jms., on siiski antud. See hõlbustab tõlkevaste otsimist vastava algvormi alt. Selline viide ei tähenda aga, et viidatud märksõna all oleks alati toodud tõlkenäiteid vastava käändevormi kohta.

Küll aga on antud eri märksõnana koos vastavate tõlgetega näit. **abil.** Kuigi see on sõna **abi** käändevorm, on ta tarvitusel ka järelsõnana: (*kellegi v. millegi*) **abil.** Samuti on esitatud märksõna **appi**, koos vastavate fraseoloogiliste ühenditega, ja otsitavate tõlkevastete leidmise hõlbustamiseks on märksõna **abi** lõpus lisatud viide: *vt.* **ka abil, appi.**

5. Kui mingi eesti verb, näit. **andma**, moodustab ka erilise tähendusega ühendverbe (näit. **järele** ~, **kätte** ~, **teada** ~ jne.), siis tuleb selliseid ühendverbe otsida nende tähestikulisel kohalt esimese sõna (**järele, kätte, teada** jne.) alt. Küll on mõnikord ka põhiverbi (näit. **andma**) all toodud mõningaid selletaolisi sõnaühendeid, et paremini illustreerida verbi enda mitmesuguseid tõlkevasteid. Sageli ei ole isegi vajadust adverbist ja verbist koosneva sõnaühendi puhul otsida tõlget adverbi alt, kui on ilmne, et on tegemist vaba sõna-

ühendiga. Nii on näit. sõnaühendeis **läbi imbuma** ja **sisse imbuma** oluline otsida tõlkevasteid verbi **imbuma** alt, kuna **läbi** või **sisse** tõlkimine ei valmista raskusi. Tõsi küll, vahe sellise vaba verbaalse sõnaühendi ja erilise tähendusega ühendverbi vahel ei ole alati selgesti piiritletav.

6. Kui märksõna omaette jäetakse tõlkimata ja antakse ainult teatavate sõnaühendite tõlkevasteid, siis tarvitatakse märksõna järel koolonit, näit. **poppi:** ~ **tegema** play truant; **untsu:** ~ **minema** come* to nothing, flop, fail.

7. Kui märksõna jäetakse tõlkimata ja antakse viide teisele samatähenduslikule märksõnale, siis kasutatakse võrdsusmärki, näit. **lige** = **märg; liginema** = **lähenema**.

8. Märksõna asendajana sama artikli piirides kasutatakse tildet (~), näit. **imbuma ... läbi** ~ **...; algatus ... omal** ~**el** ... jne. Siinjuures on arvesse võetud ainult vastava märksõna õigekirja, mitte aga mõnikord esinevat vältevahet, näit. **aine** ... ~**kataloog; ajukelme** ... ~**põletik**.

Kui liitsõna mõisteliselt ei tuletu eelnevast märksõnast, vaid on üksnes õigekirjaliselt sellega seotud, siis arusaadavalt ei anta seda koos eelneva sõnaga, vaid omaette märksõnana, näit. **aam** ... ~**issepp** (ühe märksõna all), aga **aampalk** (eraldi märksõnana). Kui liitsõna tähestikuline koht ei ole vahetult tüvisõna järel, siis antakse liitsõna omaette märksõnana, näit. **halenaljakas, joonealune**. Kui märksõna all on esitatud fraseoloogilisi ühendeid, siis on järgnevad liitsõnad toodud eraldi märksõnadena, näit. **lõunakaar, lõunamaa** jms. Mõnikord on aga liitsõna puht selguse mõttes toodud omaette märksõnana, kuigi ta vahetult järgneb põhisõnale, näit. **jaam** ...; **jaamaesine** 1. *adj.* ...; 2. *subst.* ....

Nii on säilitatud põhimõte, et sõnu tuleb otsida tähestikuliselt kohalt, sõnaühendeid aga vastava põhisõna alt. Ühendverbid (vt. punkt 5) on siiski tavaliselt toodud nende esimese komponendi (adverbi) all. Seal on nad antud (pärast teisi tõlkevasteid selgitavaid näiteid) tähestikulises järjekorras. Muidugi ei ole saadud vastavate adverbide juures anda kõiki eesti keeles võimalikke ühendverbe, vaid on tehtud teatud valik.

9. Kui märksõna mingis eritähenduses kirjutatakse suure algustähega, siis on see ka vastavalt märgitud, näit. **lõvi** [lõvi] lion; (*ema*~) lioness; **L-** (*tähtkuju*) the Lion, Leo. Siin on märksõna asendajaks selle suur algustäht koos järgneva kriipsuga.

10. Tõlkevastete andmisel lahutakse lähemad sünonüümid komaga, kaugemad sünonüümid ja eri tähendused aga semikooloniga, näit. **arglik** timid, shy; bashful, diffident.

11. Märksõna tähendusvarjundite või mõnikord isegi oluliselt erinevatele tähendustele sobivate tõlkevastete leidmise hõlbustamiseks on ümarsulgudes (kursiivkirjas) lisatud mõningaid seletavaid märkusi, näit. **jalas** [jalase] (*saanil jms.*) runner; (*lennukil*) skid; (*kiiktoolil*) rocker. Selliseid seletusi on antud üsna tagasihoidlikult ja võimalikult napisõnaliselt. Tuleb alati silmas pidada, et tõlkevasted käivad märksõna enda, mitte aga sulgudes antud seletuse või sünonüümse sõna kohta. Kus vajalik või otstarbekohane, on lisatud ka vastavale erialale viitavaid lühendeid, nagu *bot., zool., lgv., mets.* jne. On aga tarbetuks peetud varustada selliste märgenditega üldkeeles tuntud sõnu, näiteks kõigile tuttavaid taime-, looma-, linnu- või kalanimetusi **lepp, karu, vares, haug** jts.

12. Ingliskeelseis tõlkevasteis esinevate substantiivide ebareeglipärased mitmusevormid on ümarsulgudes juurde lisatud, näit. **mees** man (*pl.* men); **inglane** Englishman(*pl.* -men); **kriis** crisis (*pl.* -ses); **vormel** formula (*pl.* -lae, -las). Kuna *o*-lõpuliste substantiivide pluurali kohta ei saa anda kindlat reeglit, siis on nende mitmus alati ära märgitud, näit. **kartul** potato (*pl.* -oes); **klaver** piano (*pl.* -os); **soolo** solo (*pl.* -los, *haruld.* -li) jne.

13. Ebareeglipärased inglise verbid on sõnaraamatus tähistatud tärnikesekujulise viitemärgiga (*), näit. **ajama** drive *; **jaht** ... **jahile minema** go * hunting; **juhatama** ... (*kohale* ~) show* jne. Viitemärk juhatab raamatu lisas antud ebareeglipäraste verbide loetelule, kus on ära toodud nende

põhivormid. Sageli esinevad verbid *be, have* ja *do*, samuti nn. puudulikud verbid *will, shall, can, may, must* ei ole viitemärgiga varustatud, kuigi nende muutevormid ei moodustu reeglipäraselt.

14. Inglise verbide (harvemini adjektiivide ja substantiivide) reaktsiooni märkimiseks on vajaduse korral nende järel ümarsulgudes kursiivkirjas antud vastava objekti ees nõutav prepositsioon, näit. **nõustuma** agree *(millegagi — to smth., with smth.; kellegagi — with smb.),* ... assent *(to); (leppima)* acquiesce *(millegagi — in smth.)*; pahane displeased, ... sore *(millegi üle — at smth.; kellegi peale — with smb.)*; sõltuma depend *(on upon)*; sõltuv dependent *(on, upon)*; sõltuvus dependence *(on, upon).* Vahel aga on objekti ees nõutav prepositsioon toodud ilma sulgudeta tavalises püstkirjas, näit. **kaitsma** defend, ... stand* up for; siin oleks eksitav prepositsiooni sulgudesse panna, sest *stand* up* ilma prepositsioonita *for* ei tähenda *kaitsma*, vaid *püsti seisma.*

Ka on mõnede märksõnade puhul toodud ümarsulgudes kursiivkirjas muid märkusi nõutavate lausekonstruktsioonide kohta, kui need tõlkimisel valmistavad raskusi, näit. **verejooks** bleeding *(ninast — at the nose).* Samuti on mõnede verbide või verbaalsete fraaside puhul antud kas infinitiiv või gerundium, mis on nõutav vastavas konstruktsioonis, näit. **loobuma** ... *(midagi tegemast)* desist *(from doing)*; nõustuma ... consent *(millegagi — to smth.; tegema — to do)*; lubama ... endale ~ *(julgema)* take* the liberty *(to do, of doing).*

15. Fakultatiivsed sõnad või sõnaosad on antud ümarsulgudes püstkirjas, näit. **lühike(ne)** = lühike *e.* lühikene; taba(lukk) = taba *e.* tabalukk; hatch (out) = hatch *e.* hatch out; (happen to) see = see *e.* happen to see; motor(-car) = motor *e.* motor-car; (weaver's) reed = reed *e.* weaver's reed; whisk(e)y = whisky *e.* whiskey. Ei ole aga peetud otstarbekohaseks säärast lühendatud märkimisviisi rakendada tõlgete juures, kus on parem lahus hoida pisut erineva tähendus- või stiilivarjundiga tõlkevasteid, näit. **napp** [napi] scanty, scant; **defileerima** file, defile; **metsavaht** gamekeeper, keeper.

16. Mõnikord on ingliskeelses tõlkevastes ümarsulgudes kursiivkirjas toodud umbmäärane asesõna *(one's).* See tähendab, et tegelikult tuleb seotud tekstis umbmäärane asesõna *(one's)* asendada mõttele vastava possessiivpronoomeniga, näit. **küljeluu** ... *piltl. (naine) (one's)* rib, *(one's)* better half, the wife of *(one's)* bosom. Toodud näite puhul on seotud tekstis muidugi vaja tõlkida vastavalt mõttele: my *(or* your, his) rib, my *(or* your, his) better half, the wife of my *(or* your, his) bosom.

Samuti esineb vajaduse korral ingliskeelses tõlkevastes sõnaühendi keskel ümarsulgudes kursiivkirjas *(smb.)* või *(smb.'s),* kus *(smb.)* tuleb vastavalt mõttele asendada mingi personaalpronoomeni või substantiiviga, ja *(smb.'s)* mingi possessiivpronoomeniga või substantiiviga possessiivses käändes, näit. **hirmutama** frighten, give* *(smb.)* a fright; **surma-aasta** year of *(smb.'s)* death. Tegelikus tõlkes tuleb siin *(smb.)* asemel anda mõttele vastav objekt (me, him, her, them, the child, the children, that black cat, etc.); the year of his *(or* her, that man's, the author's, etc.) death.

17. Kui tõlkevastetena antud sõnaühendeis mõni sõna võib varieeruda, ilma et ühendi tähendus muutuks, siis on sellised variandid paigutatud ümarsulgudesse, kus neile eelneb kursiivkirjas inglise sidesõna *or* 'ehk, või', näit. **kriidijoonistus** crayon *(or* chalk) drawing, mida tuleb mõista: crayon drawing, chalk drawing; **saagitsema** make* *(or* be eager for) booty, mis tähendab: make* booty, be eager for booty. Kui ümarsulgudes esineb rohkem kui üks variant, siis on need omavahel lahutatud komaga, näit. **matistama I** *(tuhmiks tegema)* make* mat *(or* dull, lustreless); *(klaasi)* frost; siin tuleb esimest poolt tõlkevastes lugeda: make* mat, make* dull, make* lustreless.

18. Kui niihästi eesti keeles kui ka inglise tõlkevastes on ümarsulgudes püstkirjas toodud teatavaid variante, siis vastavad mõlema keele variandid täpselt üksteisele, näit. **tegema** ... head (halba, kurja) ~ do good (ill, evil); **valama** ... pisaraid (verd) ~ shed* tears (blood). Toodud näidetes tuleb

seega vastavalt tõlkida: **head tegema** do good, **halba tegema** do ill, **kurja tegema** do evil; **pisaraid valama** shed tears, **verd valama** shed blood.

19. Sõnaraamatu eestikeelses tekstis on vajaduse korral tarvitatud lühendeid *e.* (= ehk) ja *v.* (= või), samuti mitmesuguseid teisi lühendeid, millede loetelu on toodud allpool.

20. Samas loetelus on toodud ka sõnaraamatu ingliskeelses tekstis esinevad (arvult vähesed) lühendid.

EESTI TÄHESTIK

a, b, (c), d, e, f, g, h, i, j, k, l, m, n, o, p, (q), r, s, š, z, ž, t, u, v, (w), õ, ä, ö, ü, (x), (y)

Sulgudes olevaid tähti tarvitatakse ainult võõrkeelsete nimede ja väljendite kirjutamisel.

LÜHENDID

adj.	= adjektiiv, omadussõna		*keem.*	= keemia
adv.	= adverb, määrsõna		*kirikl.*	= kiriklik
aiand.	= aiandus ja mesindus		*kirj.*	= kirjandus, kirjandusteadus
aj.	= ajalugu; ajalooline		*kok.*	= kokandus
Am.	= Ameerikas tarvitatav		*konj.*	= konjunktsioon, sidesõna
anat.	= anatoomia		*kunst.*	= kujutav kunst
arheol.	= arheoloogia		*kõnek.*	= kõnekeelne
astr.	= astronoomia		*lastek.*	= lastekeelne
atrib.	= atributiivselt tarvitatav		*lgv.*	= lingvistika, keeleteadus
bibl.	= bibliograafia		*loog.*	= loogika
biol.	= bioloogia		*luulek.*	= luulekeelne
bot.	= botaanika		*lüh.*	= lühend, lühendatult
e.	= ehk		*maj.*	= majandus, majandusteadus
ehit.	= ehitusala		*mat.*	= matemaatika
el.	= elektrotehnika		*med.*	= meditsiin
er.	= eriti		*mer.*	= merendus
etc.	= and so on		*meteor.*	= meteoroloogia
etn.	= etnograafia		*mets.*	= metsandus
farm.	= farmaatsia		*min.*	= mineraloogia
fem.	= feminiin. naissoost sõna		*murd.*	= murdeline
filos.	= filosoofia		*muus.*	= muusika
folkl.	= folkloor		*mäend.*	= mäendus, mäeasjandus
fot.	= fotograafia		*müt.*	= mütoloogia
füsiol.	= füsioloogia		*näit.*	= näiteks
füüs.	= füüsika		*paleont.*	= paleontoloogia
geogr.	= geograafia		*peam.*	= peamiselt
geol.	= geoloogia		*ped.*	= pedagoogika
haril.	= harilikult		*piibl.*	= piiblikeelne
haruld.	= haruldane		*piltl.*	= piltlik(ult)
humor.	= humoristlik		*pl.*	= pluural, mitmus
interj.	= interjektsioon, hüüdsõna		*pol.*	= poliitika
iroon.	= irooniline		*postp.*	= postpositsioon, tagasõna
jne.	= ja nõnda edasi		*prep.*	= prepositsioon, eessõna
jur.	= jurisprudents, õigusteadus		*pron.*	= pronoomen, asesõna
kal.	= kalandus		*psühh.*	= psühholoogia

põlgl.	= põlglik(ult)	tead.	= teaduslik
põll.	= põllumajandus	teatr.	= teatriala
raad.	= raadio	tehn.	= tehnika
smb.	= somebody, someone	tekst.	= tekstiiliala
smb.'s	= somebody's, someone's	trük.	= trükiasjandus
smth.	= something	v.	= või
s. o.	= see on	van.	= vananenud
sport.	= sport ja kehakultuur	vet.	= veterinaaria
subst.	= substantiiv, nimisõna	vrd.	= võrdle
sõj.	= sõjandus	vt.	= vaata
zool.	= zooloogia	vulg.	= vulgaarne

A

aa! ah!
aabits ABC, ABC-book, primer, spelling-book; ∼**atõde** truism
aade ideal; idea, thought
aadel (*kõrg*∼) nobility, aristocracy; (*kesk*∼, *alam*∼) gentry; ∼**kond** nobility, nobles; gentry
aader *van.* = **veresoon; aadrit laskma** let* blood, bleed*
aadlik noble, nobleman (*pl.* -men), noblewoman (*pl.* -women)
aadlimõis manor, manorial estate
aadliseisus noble rank, nobiliary rank; (*aadelkond*) nobility, nobles
aadress address; (*kellegi*) ∼**il** *piltl.* intended for (*smb.*)
aadressbüroo address bureau
aadressiraamat directory
aadrilaskmine blood-letting, bleeding
aafrika African
aafriklane African
aaker acre
aaloe *bot.* aloe; *farm.* aloes
aam hogshead, tun, (large) barrel; ∼**issepp** cooper
aampalk ceiling-beam
aar are (measure)
aare treasure; (*peidetud vara*) hoard
aaria *muus.* aria, air
aas I (*rohumaa*) meadow
aas II (*silmus*) loop
aasia Asian, Asiatic
aasialane Asiatic
aasialik Asiatic
aasima = **nöökama**
aaspael bow-knot, bow
aasta year; **igal** ∼**l** every year; **sel** ∼**l** this year; **möödunud** (**tuleval**) ∼**l** last (next) year; **neli korda** ∼**s** four times a year; ∼**tes isik** an elderly person
aasta-aastalt from year to year
aastaaeg season (of the year)

aastaaruanne annual (*or* yearly) report
aastaarv date
aastakäik year of issue; annual file, complete set for a year; (*isikute kohta*) age-class
aastakümme decade, *haruld.* decennium (*pl.* -iums, -ia)
aastalaat annual fair
aastamaks yearly payment (*or* fee, subscription)
aastane yearly, annual; a year old
aastaplaan annual (*or* yearly) plan
aastapäev anniversary
aastaraamat year-book; annual; annals
aastarõngas *bot.* annual ring
aastasada = **sajand**
aastati by the year
aastatuhat millennium (*pl.* -iums, -ia), a thousand years
aateline idealistic; high-principled lofty
aatom atom; ∼**ienergia** atomic energy; ∼**ipomm** atom bomb, A-bomb; ∼**irelv** atomic weapon; ∼**kaal** atomic weight
abajas (*väike laht*) cove, bay, creek, backwater, inlet
abaluu shoulder-blade
abessiinia Abyssinian
abessiinlane Abyssinian
abessiiv = **ilmaütlev**
abi help, aid, assistance; (*abistus*) relief, support; (*abiline*) assistant; ∼ **andma** give* (*or* render) help; *vt. ka* **abil, appi**
abiandmine giving (*or* rendering) help; (*vaestele*) relief
abielluma marry, get* married; wed
abiellumine marrying, getting married; marriage
abielu marriage, married life, matrimony; (*abieluseisus*) wedlock; ∼ **la-**

abielulahutus hutama divorce; ~ **rikkuma** commit adultery; ~ **sõlmima** contract a marriage; ~s married; ~s **sündinud** born in wedlock; **väljaspool** ~ **sündinud** born out of wedlock
abielulahutus divorce
abieluleping marriage settlement
abieluline of marriage, married, conjugal
abielumees married man (*pl.* men), husband
abielunaine married woman (*pl.* women), wife (*pl.* wives)
abielupaar married couple, married people
abielurikkumine adultery
abielutunnistus marriage certificate (*or* lines
abiesimees vice-president, vice-chairman (*pl.* -men)
abijõud (*abitööline*) help(er), assistant, auxiliary worker
abikaasa (*mees*) husband, (*naine*) wife; consort, spouse
abil *postp.* with the help of, by the use of, by means of
abiline help, assistant
abimajand auxiliary farm
abimees help(er); (*kaasaaitaja*) accomplice
abinõu means, measure, expedient; ~sid **tarvitusele võtma** take* measures
abipalve request for help (*or* aid, relief)
abiraha subsidy, grant (of money); (*puudustkannatajale*) relief
abistama help, aid, assist, succour; give* help (*or* aid, assistance) (*to*); (*rahaliselt*) subsidize
abisõna *lgv.* auxiliary word; (*kildsõna*) particle
abitu helpless
abiturient school-leaver, high-school graduate, candidate for the matriculation, *Am. ka* senior
abitus helplessness
abituurium (*keskkooli lõpetamine*) school-leaving; (*keskkooli lõpueksamid*) final examinations
abivahend aid, remedy
abivajaja needy (*or* indigent) person
abivalmis helpful, obliging, ready to help
abiverb *lgv.* auxiliary verb
abivägi auxiliary force(s), auxiliary troops, auxiliaries, reinforcement(s)

ablas voracious, gluttonous, ravenous; avid, greedy
ablatiiv = **alaltütlev**
aboneerima subscribe (*to*), become* a subscriber (*to*)
abonement subscription; ~**pilet** season ticket
abonent subscriber
abort abortion, miscarriage
absolutism absolutism
absoluutne absolute
absorbeerima absorb
absorptsioon absorption
abstraheerima abstract
abstraktne abstract
absurd absurdity, nonsense
absurdne absurd, nonsensical
absurdsus absurdity, nonsensicality
abt abbot
adapteerima = **kohandama**
adekvaatne adequate
ader plough
adessiiv = **alalütlev**
adjektiiv *lgv.* adjective
adjutant aide-de-camp (*pl.* aides-de-camp); (*staabis*) adjutant
administraator administrator, manager
administratsioon administration, management
administreerima administer, manage
admiral admiral
admiraliteet admiralty
adopteerima = **lapsendama**
adrahõlm mould-board
adrakurg plough handle(s), plough tail
adranuga (plough) coulter
adratera ploughshare
adressaat addressee
adresseerima address
adru seeweed, fucus (*pl.* -ci); (*joodi sisaldav* ~) kelp
aduma comprehend, understand*, realize
adverb *lgv.* adverb
adverbiaal *lgv.* adverbial, adverbial phrase (*or* modifier)
adverbiaalne *lgv.* adverbial
advokaat barrister, lawyer, consel, *Am.* attorney; advocate; (*nõuande*~) solicitor
advokatuur legal profession, the bar
ae! hallo!, hi!, hey!
aed garden; (*puuvilja*~) orchard; (*tara*) fence, paling
aedik enclosure, pen, fold
aedkannike(ne) pansy, garden violet

aedlinn garden city; (*eeslinnana*) garden suburb
aedmaasikas (cultivated, garden) strawberry
aednelk carnation, clove pink, clove gilliflower
aednik gardener
aedvili fruit and vegetable(s); (*köögivili*) vegetables, greenstuff, greens
aeg time; *lgv.* tense; ~ on, minna it's time to go; head ~a! so long!; kaua ~a (for) a long time; tükk ~a (for) some time; mul pole ~a I have no time; ~a surnuks lööma kill time; aja jooksul in the course of time; ajaga sammu pidama keep* up with the times (or with things); igal ajal at any time; õigel ajal in time; samal ajal at the same time; sel ajal kui while; sellest ajast from that time, since (then); ajast ja arust läinud outdated
aeg-ajalt from time to time, at times; (*harva*) once in a while
aegamisi, aegamööda slowly, little by little, by and by
aeganõudev time-consuming
aegkond *geol.* era
aeglane slow; (*ruttamatu*) unhurried, deliberate; (*pikatoimeline*) sluggish
aeglus slowness; (*ruttamatus*) deliberateness; (*pikatoimelisus*) sluggishness
aeglustama slow down (*or* up, off), retard, *tead.* decelerate
aeglustuma slow down (*or* up), become* retarded, *tead.* decelerate
aegsasti in (good) time, well in time
aegu = ajal
aeguma lapse, elapse, expire; (*iganema*) become* superannuated
aelema loaf, roam, lounge about; ümber ~ gad about
aer oar; (*lühem* ~, *pära*~) scull
aerodroom aerodrome, airdrome
aeronaut aeronaut
aeronautika aeronautics
aeroplaan aeroplane, airplane
aerupaat = sõudepaat
aerutama row, scull
aevastama sneeze
aevastus sneeze, sneezing
afekt emotion, passion
aferist (*õnneküŧt*) fortune-hunter; (*petis*) swindler, impostor
afgaan Afghan
afgaani Afghan
afišš bill, poster

aforism aphorism
afäär (*pettus*) swindle; shady transaction, speculation; (*juhtumus*) affair
aga but; however; yet; ~ muidugi! why, of course!
agan(ad) chaff
agar eager, keen; lively; zealous
agaralt, agarasti eagerly, keenly; zealously
agarus eagerness, keenness; zeal
agent agent; (*esindaja*) representative; (*kauba*~ *ka*) factor
agentuur agency (-business)
agitaator agitator; (*valimiskampaania ajal*) canvasser (in an election campaign)
agitatsioon agitation; (*valimiste eel*) canvassing
agiteerima agitate, carry on agitation work; (*valimiste eel*) canvass
agoonia agony
agraarne agrarian
agregaat aggregate; aggregation; *tehn.* assembly, unit
agressiivne aggressive
agressioon aggression
agressor aggressor
agrikultuur agriculture
agronoom agricultur(al)ist, agronomist
agronoomia agronomy
agu dawn, daybreak
agul suburb, outskirts (of a town); (*vilets* ~) slum
ah! ah!, oh!
ahaa!, ahah! aha!
ahas narrow; strait; slender, slim
ahastama despond, despair; feel* (*or* be in) anguish, feel* (*or* be in) distress
ahastus despondency, despair; anguish, distress
ahel chain; ~aisse panema put* in chains
aheldama chain, put* in chains; put* on a chain
ahelik chain; concatenation; *sõj.* extended line; (*mäe*~) (mountain) range (*or* chain)
ahelmurd *mat.* continued fraction
ahelreaktsioon *füüs.* chain reaction
ahend narrowing; *med.* stricture
ahendama narrow, make* narrow(er); restrict
ahenema narrow, become* narrow(er)
aher barren, sterile, (*lehma kohta ka*) dry; ~aine, ~kivim *mäend.* dirt;

~vare ruins (of a burnt-out house)
ahhaat *min.* agate
ahi stove; (*küpsetus~*) oven; (*sulatus~*) furnace; (*põletus~*, *kuivatus~*) kiln
ahing fish-spear
ahistama distress, oppress, afflict; beset* (sorely); (*kimbutama*) harass, harry, worry
ahjuhark oven prongs
ahjukütja stoker, fireman (*pl.* -men)
ahjupott (stove) tile
ahjuroop poker
ahmima (*haarama*) snatch; (*ahnelt sööma*) gobble, gulp, wolf (down)
ahne greedy, avid, avaricious; (*saagi~*) rapacious, acquisitive; **~päits** glutton, hog, pig
ahnitsema be greedy (*or* rapacious, acquisitive); be grasping
ahnus greed, greediness, avidity
ahtake(ne) narrow; strait; slender, slim
ahter *mer.* poop, stern; **ahtris** *mer.* aft
ahtrituli *mer.* stern light
ahtrus barrenness, sterility
ahtus narrowness; straitness; **~häälik** *lgv.* spirant
ahv monkey; (*inim~*) ape
ahvatiś bait, decoy; lure
ahvatlema bait, decoy; lure, allure, entice; (*kiusama*) tempt; (*võrgutama*) seduce
ahven perch, bass
ahvima ape; **järele ~** ape, mimic, imitate
ai! ow!, oh!, oo!, *Am.* ka ouch!
aiakontsert promenade concert, *lüh.* prom, open-air concert
aiamaa (plot of land for) kitchen-garden, allotment
aiamajake(ne) summer-house, pavilion
aiand gardening (*or* horticultural) farm
aiandus gardening, *tead.* horticulture
aiatöö garden-work, gardening(-work); **~riist** garden tool
aidamees granary-keeper, barn-keeper; store(house)-keeper, storeman (*pl.* -men)
aim (obscure) idea, inkling; presentiment, suspicion;\ **mul ei ole ~ugi** I have no idea, I have not the slightest (idea)
aimama have an (obscure) idea (*of*), have an inkling (*of*); guess; (*ette ~*) foresee*, have a presentiment (*or* premonition) (*of, about*), anticipate

aim(d)us presentiment, premonition; inkling
aina (*üha*) ever, always, constantly; more and more
aine matter, stuff, substance; (*teema*) subject, topic; (*õppe~*) subject; **~kataloog** subject (*or* analytical) catalogue
aineline material
aineregister subject index
aines material, matter
ainestik subject-matter
ainevahetus *füsiol.* metabolism
ainiti fixedly, intently
ainsus soleness, singleness, uniqueness; *lgv.* singular
ainuisikuline of one person, one-man, (strictly) personal, individual
ainujuhtimine one-man management
ainuke(ne) only, sole
ainulaadne unique, exclusive, unexampled, unparalleled
ainult only, solely, merely, **mitte ~** ..., **vaid ka** not only... but also
ainurakne unicellular, single-cell
ainus only, sole, single; **mitte ~tki** not a single one
ainuvalitseja (autocratic) monarch, autocrat
ainuvalitsus (autocratic) monarchy, autocracy
ainuõige the only true
ainuõigus monopoly, sole (*or* exclusive) right(s)
ainuüksi all alone, quite (*or* totally) alone, all by oneself; (*ainult*) exclusively, solely, only
ais shaft, thill; **üle ~a lööma** kick over the traces
aisakell sleigh bell
aistima· *psühh.* perceive, sense, feel*
aisting *psühh.* sensation, senseperception
ait (*vilja~*) granary, barn; (*kauba~*) store-house, store-room
aitama help, aid, assist; (*kasuks olema*) avail; (*piisama*) suffice, be sufficient; **sellest aitab** that is enough, that will do
aituma!, **aitäh!**, **aitüma!** (many) thanks!
aiva = aina
ajaarvamine (system of) chronology, era; **aastal 323 enne meie ajaarvamist** in 323 B. C.
ajahammas *piltl.* the Scythe of Time, (all-destroying) time

ajaja driver; (*karja~*) drover; (*jahil*) beater
ajajärk period, epoch, era
ajakiri magazine, journal, periodical
ajakirjandus the press, journalism, the newspapers
ajakirjanik journalist, pressman (*pl. -men*), newspaperman
ajakohane timely, opportune, seasonable, topical; up-to-date
ajakohatu untimely, inopportune, unseasonable
ajal *postp.* in the time of, at the time of, during; **sõja ~ in time** of war, in war time
ajalehekiosk news-stand
ajalehemüüja newspaper-vendor, newsagent, (*ajalehepoiss*) newsboy
ajaleheneeger *humor.* press hack
ajaleht newspaper, paper
ajalik temporal; perishable, mortal
ajaline temporal
ajaloolane historian
ajalooline historical; (*ajalooliselt tähtis*) historic, history-making; **~ materialism** historical materialism; **~ näidend, ~ film** costume play
ajalooteadus historical science
ajalt = **õigeaegselt**
ajalugu history
ajaluup *tehn.* time-retarder
ajam *tehn.* drive, gear(ing), transmission
ajama drive*; impel; *keem.* distil; see **ajab mulle kananaha ihule** this makes my flesh creep; **asju ~** manage affairs; **habet ~** shave; **juttu ~** talk, chat, converse; **kinni ~** (*auku*) fill up, cover; (*looma*) impound; **läbi ~** manage (somehow), make* do, do (*with*); **läbi sõela ~** rub through a sieve; **põgenema ~** put* to flight; **taga ~** pursue, chase; **tülli ~** set* quarrelling, set* at loggerheads
ajamõõtja chronometer; (*kell*) timepiece
ajamäärus *lgv.* adverb of time
ajapikendus extension of time, prolongation; delay, postponement, adjournment; respite, reprieve
ajapuudus lack (*or* pressure) of time; **~el** for lack of time
ajaraamat *van.* chronicle, annals
ajastik *geol.* epoch
ajastu period, epoch, era; *geol.* period
ajatama I (*taimi*) force

ajatama II *maj.* spread* out, arrange on the instalment plan, stagger
ajateenija serviceman (*pl. -men*), soldier serving his (fixed) term
ajati by the time
ajatöö time-work, work paid by the time
ajavahemik space of time, (time-)interval, interim
ajavaim spirit (*or* genius) of the time, spirit of the age (*or* the period)
ajaviide pastime, entertainment, amusement
aje impulse, impulsion, stimulus (*pl. -li*)
ajend occasion, (immediate) cause, ground; inducement, spur
ajendama occasion, cause, bring* about; induce, provoke; impel, actuate
aju I *anat.* brain
aju II (*ajamine*) drive, drift, chase; **~jaht** battue, chase, beating the woods for game; **~jää** drift(ing) ice, floating ice
ajukelme brain (*or* cerebral) membrane, meninx; **~põletik** meningitis
ajuke(ne) *anat.* = **väikeaju**
ajukoer hound, harrier
ajuliiv shifting sand, quicksand
ajuma, drift, be driven
ajupõletik brain (*or* cerebral) fever
ajuti from time to time, sometimes, at times
ajutine temporary, provisional, interim; **ajutiseks** for a time, for the time being
ajutiselt temporarily, provisionally; for the time being
ajutöö brain-work
akaatsia acacia
akadeemia academy
akadeemik academician
akadeemiline academic
aken window; (*tunniplaanis*) gap (between lessons)
aklimatiseerima acclimatize, *Am.* acclimate
aknaeesriie, aknakardin blind, (window-) curtain
aknaklaas window-pane, window-glass
aknalaud (window-)sill, window ledge
aknaluuk (window-) shutter
aknaraam window-frame
aknaruut (window-) pane

akompaneerima accompany
akord *muus.* chord; *maj.* settlement, agreement, composition
akordion accordion
akrobaat acrobat
akrobaatika acrobatics
akrobaatiline acrobatic
aksioom axiom
akt 1. act; deed; document; official statement; (*toimik*) file; ~i **koostama** draw* up a statement; 2. *kunst.* nude study from the nude
aktiiv 1^l. (*kollektiivi aktiivseim osa*) the (most) active members, leading membership, the active cadres; 2. *lgv.* active (voice)
aktiivne active
aktiivsus activity, activeness
aktikaaned cover (for documents), folder, file
aktiva *maj.* assets, *Am.* resources
aktiveerima *füüs., keem., biol.* activate
aktiviseerima make* more active, stir to activity, brisk up, *haruld.* activize
aktivist activist, active (public *or* social) worker
aktsent accent; (*sõnarõhk*) stress
aktsept *maj.* acceptance
aktsepteerima accept
aktsia share. *Am.* stock; ~**kapital** joint stock, share capital; ~**selts** joint-stock company, *Am.* incorporated company, (stock-)corporation
aktsiis excise, excise-duty
aktsionär shareholder, *Am.* stockholder
aktsioon (*tegevus*) action; (*üritus*) enterprise; (*ühine üritus*) campaign, drive
aktuaalne actual, topical
aktuaalsus actuality, topicality
aktus festive meeting, public ceremony, school ceremony, speech-day; ~**esaal** (school) assembly hall
aku = **akumulaator**
akumulaator accumulator; (*autol jms.*) storage battery
akumulatsioon accumulation
akumuleerima accumulate
akusatiiv *lgv.* accusative (case)
akustika acoustics
akustiline acoustic(al)
akušöör accoucheur, obstetrican
akuutne acute
akvaarium aquarium

akvarell (painting in) water-colours, aquarelle
ala (*maa-*~) area, territory, region; (*tegevus*~) field, sphere, province, department; (*tootmis*~) branch; (*õppe*~, *uurimis*~) subject; (*kutse*~, *ameti*~) profession, occupation, trade, line (of business); **sel** ~**l** in this field; **ma töötan füüsika** ~**l** I work in physics; **see raamat on füüsika** ~**lt this is a** book on physics
alaealine 1. *adj.* under age, not of age; 2. *subst.* minor
alaealisus nonage, minority
alahapend *keem. van.* protoxide
alahappesus *med.* hypoacidity
alahindama underestimate, undervalue, underrate; belittle, depreciate
alahuul lower lip
alajaam substation
alajaotus subdivision
alakoormatus under-capacity operation
alal *adv.* (*alles*) on hand, to hand, available, present, extant, intact; ~ **hoidma** preserve, conserve, retain, keep* intact; ~**l hoiduma** be preserved, remain
alaldaja *el.* rectifier
alaldama *el.* rectify
alale *adv.*: ~ **jätma** preserve, retain, leave* (intact), keep*; ~ **jääma** be preserved, remain, be left (intact)
alaleütlev *lgv.* allative (case)
alalhoid preservation, conservation, keeping (intact)
alalhoidlik conservative
alaliik = **alajaotus**
alaline permanent, perpetual; constant; *el.* direct
alalisvool *el.* direct current
alalt *vt.* **ala**
alaltütlev *lgv.* ablative (case)
alalõpmata endlessly, incessantly, continually, continuously, without (an) end
alalõpmatu endless, continual, continuous
alalütlev *lgv.* adessive (case)
alam 1. *adj.* lower; subordinate(d), subject(ed); 2. *subst.* subject, subordinate
alamal = **allpool**
alamaste lowest stage, lowest grade
alamik *geogr.* lowland(s), depression
alamjooks the lower reaches

alamkoda the Lower Chamber, (*Briti parlamendis ka*) the House of Commons
alamliik *bot., zool.* subspecies (*pl.* subspecies
alammäär minimum (*pl.* -mums, -ma)
alampolkovnik lieutenant-colonel
alamsaksa Low German
alandama (*veepinda*) sink*, lower; (*hinda*) lower reduce, cut*; (*moraalselt*) abase, humilate, humble, degrade, demean; (*ametialal*) demote, degrade
alandlik humble, servile; lowly, submissive, meek
alandlikkus humility, servility; lowliness, submissiveness, meekness
alanduma abase oneself; stoop, grovel
alandus (*veepinna kohta*) sinking, lowering; (*hinna kohta*) lowering, reduction, cut; (*moraalselt*) abasement, humiliation, degradation; (*ametialal*) demotion, degradation
alanema lower, fall*, sink*; drop, diminish, be reduced; (*tuule, temperatuuri jms. kohta*) abate
alang *geol.* depression, hollow
alapealkiri subtitle, subheading
alarm alarm, alert
alarmeerima alarm, give* the alarm, raise an alarm; alert
alasi anvil
alaspidi downward(s)
alasti naked, nude, in the nude, bare; ~ võtma bare (oneself), strip (oneself)
alastiolek nakedness, nudity, naked state
alatasa perpetually, continually, always, ever, every now and then
alateadlik subconscious
alateadvus subconsciousness, the subconscious
alati always, ever; perpetually, invariably; constantly
alatine perpetual, continual, permanent; ~ külaline regular guest
alatiseks for always, for ever, for good, in perpetuity; (*antud asja kohta*) for keeps
alatoidetud undernourished
alatoitlus malnutrition, underfeeding, undernourishment
alatoon undertone
alatu low, base, mean, foul, vile, dirty, shabby

alatus lowness, baseness, meanness, villainy; (*alatu tegu*) mean act, dirty trick
alavääristama regard as inferior, run* down, depreciate, belittle
alaväärsus inferiority; ~kompleks inferiority complex; ~tunne feeling of inferiority
alaväärtuslik inferior (in value), of low quality, low-grade, poor
alaväärtuslikkus inferiority, low (*or* poor) quality
albaania Albanian
albaanlane Albanian
albatross albatross
album album; (*joonistus~*) sketch book
aldis subject (*to*), liable (*to*), prone (*to*)
ale *etn.* burnt-over clearing in the woods (under cultivation)
alev (small) country town, borough, (large) village; *van.* (*eeslinn*) suburb
alevik (small) borough, borough-town
alfabeet = tähestik
alfabeetiline = tähestikuline
algaine *keem.* primary matter, element
algaja beginner; (*vilumatu ~*) novice, *haruld.* tiro (*or* tyro) (*pl.* -os)
algallikas primary (*or* original) source
algama begin*, commence, start
algarv *mat.* prime number
algasend = **algseis**
algaste initial stage; elementary stage
algataja initiator, instigator, author
algatama initiate, start, launch, set* going; take* the initiative; instigate; (*tõstatama*) raise
algatus initiation; initiative; instigation; **kellegi ~el** on (*or* at) smb.'s initiative; **omal ~el** on (*or* at) one's own initiative, spontaneously
algatusvõime (power of) initiative
alge germ, embryo (*pl.* -os), rudiment
algebra algebra
algeline primitive, elementary; embryonic, rudimentary
algharidus elementary (*or* primary) education
algidu germ
algkiirus initial speed
algkool elementary (*or* primary) school, *Am.* grade school

algkuju prototype
algkursus elementary (*or* primary) course
algne primary
algorganisatsioon local organization
algseis initial position
algteadmi̬sed elementary knowledge, rudiments of knowledge
algtähendus primary meaning
alguks for the beginning
algul 1. *adv.* in the beginning, to begin with, at first; 2. *postp.* in (*or* at) the beginning of; **aasta** (**tunni jne.**) ~ at the beginning of the year (lesson, etc.)
alguni to the beginning
algupära origin; originality; (*teke*) origin, source, beginning
algupärand original
algupärane original
algupärasus originality
algus beginning, commencement, outset, start; ~**es** at (*or* in) the beginning at the outset; ~**est** (**peale**) from the beginning (*or* outset, start); ~**est lõpuni** from (the) beginning to (the) end, from start to finish; ~**t saama** take* one's beginning (*or* origin)
algustäht initial (letter)
algvorm primary form
algvõrre *lgv.* positive (degree)
algõpetus elementary (*or* primary) instruction (*or* training)
alimendid alimony
alistama subjugate, subdue, subject; subordinate
alistuma surrender, submit; give* in, *kõnek.* knuckle under; resign oneself (*to*)
alistumatu unsubmissive, indomitable; insubordinate
alistumine surrender, submission; giving in, *kõnek.* knuckling under; resignation
alistumus (state of) surrender (*or* submission); (feeling of) resignation
alistuv submissive; resigned; (*orjalik*) subservient
alistuvus submissiveness; (*orjalikkus*) subservience
alk *zool.* auk
alkaalne *keem.* alkaline
alkali *keem.* alkali
alkeemia *aj.* alchemy
alkeemik *aj.* alchemist
alkohol alcohol, spirit(s)

alkoholism alcoholism
alkohoolik alcoholic, alcohol addict, drunkard, hard drinker
alkohoolne alcoholic, spirituous
all 1. *adv.* below, underneath; (*alumisel korrusel*) downstairs; 2. *postp.* under, beneath; **koer on laua** ~ the dog is under the table
alla 1. *adv.* down, downwards; (*alumisele korrusele*) downstairs; **tule** ~! come down(stairs)!; ~ **andma** surrender, submit; ~ **heitma** subjugate, subdue; ~ **jätma** (*hinda*) abate, take* off; ~ **jääma** (*autole jms.*) be run over; (*võitluses*) be conquered, lose*; ~ **kirjutama** sign, (one's name); ~ **kriipsutama** underline, *Am.* underscore; ~ **käima go*** down, run* down; deteriorate, degenerate; ~ **laskma** let* down, make* descend; ~ **neelama** swallow down; ~ **suruma** suppress; ~ **tulistama** shoot* down; 2. *postp.* under; **koer jooksis laua** ~ the dog ran under the table; 3. *prep.* under, below; ~ **oma hinda** below (self-)cost
allaandmine surrender, submission
allahinnatud: ~ **kaubad** cut-price goods
allakirjutanu the undersigned, signatory
allakäik going down, running down; deterioration, degeneration, decline
allamäge downhill
allapoole 1. *adv.* downward(s); 2. *prep.* below; ~ **merepinda** below the surface of the sea
allatiiv = **alaleütlev**
allatuule leeward
allatuult = **pärituult**
allavett = **pärivett**
allavoolu = **pärivoolu**
allee avenue
allegooria allegory
allegooriline allegorical
alles (*veel*) still; (*vaid, vast*) only, only just; not until, not before; (*alal*) at hand, left (intact), extant; **ta on** ~ **noor** he is still young; **ta tuli** ~ **kell kümme** he did not come until (*or* till) ten; ~ **siis** only then; **mõned on** ~ **tulemata** some have not yet come; ~ **olema** be left, be extant, remain
allikas source (*ka piltl.*), spring; fountain; **usaldatavast** ~**t on good authority**

allikavesi spring water
allikmaterjal source material, sources
alliteratsioon alliteration
alljaotus = **alajaotus**
alljärgnev following, mentioned below
allkeha *anat.* abdomen
allkiri signature; **allkirja vastu** against a (written) receipt; **allkirja andma** give* (*or* put*) one's signature
allmaailm the nether world, Hades
allmaaraudtee underground (railway), *Am.* subway, (*NSV Liidus*) metro, (*Londonis ka*) tube
allmainitud mentioned below, mentioned hereafter, undermentioned
allmärkus footnote
allohvitser *aj. sõj.* non-commissioned officer, (*mereväes*) petty officer
allpool 1. *adv.* below, underneath; ~ **mainitud** mentioned below, mentioned hereafter, undermentioned; 2. *prep.* beneath, below
alluma be subject (*to*), be subordinated (*to*), be placed under; be liable (*to*); *jur.* belong to one's competence, come* under the jurisdiction (*of*)
allumatus non-subjection, non-subordination
allumine subjection, subordination
allutama subject, subordinate; place under
alluv subject, subordinate
alluvus subjection, subordination; *jur.* competence, competency
allveelaev submarine
allüür (*käimisviis*) gait, pace, carriage
allüürnik subtenant, undertenant
almanahh almanac
almus = **armuand**
alp fatuous, silly, foolish, footling; affected
alpi Alpine; ~ **roos** mountain-rose, rhododendron
alpikann *bot.* cyclamen, sowbread
alpima play the fool, footle
alpinism Alpinism, mountaineering, mountain (*or* rock) climbing
alpinist Alpinist, mountaineer
alpus fatuity, silliness, foolishness; affectation
alss *bot.* spike rush
alt *adv., prep.* from under, from below; **laua** ~ from under the table; **hoia** ~!, ~ **ära!** stand (*or* keep)

clear!, look out!; ~ **vedama** deceive, let* down, leave* in the lurch
alt [aldi] (*hääl, laulja*) alto (*pl.* -os), *haril.* contralto; (*puhkpill*) alto; (*~viiul*) viola
altar altar; ~**imaal**, ~**ipilt** altarpiece
alternatiiv alternative
alternatiivne alternative
altkulmu with a scowl, scowlingly; ~ **vaatama** scowl, glower, cast * a scowling look
altkäe underhand, not aboveboard, dishonestly
altkäemaks bribe; ~**u andma** bribe, corrupt, suborn; ~**u võtma** take* bribes, *Am.* graft
altkäemaksuandmine bribing, corrupting, bribery, corruption
altkäemaksuvõtmine taking bribes, bribery, corruption, *Am.* graft
altpoolt from below, from underneath
altvedamine *kõnek.* deceiving, letting down, leaving in the lurch
alumiinium aluminium, *Am.* aluminum
alumine lower, nether; ~ **korrus** ground floor
alus ground, base, foundation; (*tugi*) stand, rest, prop, pedestal; (*põhjend*) ground, reason; *lgv.* subject; *keem.* base, alkali; (*veesõiduk*) bottom, vessel; ~**ed** fundamentals, basic elements; **millegi** ~**el** on the ground (*or* strength) of smth., in virtue of smth.; **mis** ~**el?** on what grounds?
aluseline *keem.* basic, alkaline
alusetu groundless, baseless, unfounded
aluskott (straw-)mattress, straw-bed
aluskuub = **alusseelik**
alusmüür foundation(-wall)
aluspalk foundation-beam
aluspesu underwear, underclothes; (*naiste* ~) lingerie
aluspõhi base, foundation; *geol.* base (*or* basic) rock
aluspõhk litter, straw
aluspüksid (pair of) drawers, pants, *Am.* underpants
alusriided, alusrõivad underclothes
alusseelik underskirt, petticoat
alussärk vest, *Am.* undershirt; (*trikoost*) singlet
alustama begin*, commence, start; (*algatama*) initiate
alustass saucer
alustugi prop, support; *piltl.* pillar
alusundruk = **alusseelik**

amalgaam *keem.* amalgam
amatsoon Amazon
amatöör amateur
amb cross-bow, arbalest
ambulants, ambulatoorium dispansary, outpatients' hospital (*or* clinic, department)
ambulatoorne: ~ **ravi** dispensary (*or* outpatient, ambulatory) treatment; ~ **haige** outpatient, ambulatory patient
ambuma shoot* with the (cross-)bow
ambur archer, bowman (*pl.* -men)
ameerika American
ameerikalik (characteristically) American, characteristic of America (*or* Americans)
ameeriklane American
amelema flirt, make* love
amelus flirtation, love-making
amet office, post, appointment, place, service; (*kutse*) trade, profession, occupation, job; (*ametiasutus*) office, board, department; ~**is olema** occupy a post, be in office, be in service; be engaged; ~**is alandama** demote; ~**is kõrgendama** promote; ~**isse astuma** enter service; ~**it pidama** hold* a post, be in a trade (*or* profession); **mis** ~**it ta peab?** what is his work (*or* trade, profession, job)?
ametiala trade, profession, line of work
ametialane official, professional
ametiasi official business; **ametiasjas on** official business
ametiasutus office, board; institution
ametiisik official (person), functionary
ametikoht post, office, place
ametikõrgendus promotion (in office, service)
ametimees official, office-holder; *põlgl.* placeman (*pl.* -men); **mis** ~ **ta on?** what's his job?
ametipuhkus leave (of absence), holiday(s)
ametisaladus professional secret
ametisõit business (*or* official) trip
ametivend colleague
ametivõimud (official) authorities
ametiühing trade union, *Am.* labor union
ametiühinglane trade-unionist
ametiühingukomitee trade union committee
ametkond (government) office, department, administration

ametlik official
ametnik official, civil servant, government (*or* municipal) employee; *põlgl.* office-holder; (*kontori*~) clerk, office-worker
ametüst *min.* amethyst
amfiib amphibian
amm (wet-)nurse
ammendama exhaust
ammendamatu inexhaustible
ammendav exhaustive
ammoniaak *keem.* ammonia, ammonium hydrate
ammoonium *keem.* ammonium
ammu long ago, long since; **see oli** ~ that was long ago
ammuaegne of old, of long standing, ancient
ammugi (quite) a long time ago, long ago, long since; **ma olen oma töö** ~ **lõpetanud** I (have) finished my work a long time ago; ~ **enne** long before; ~ **mitte** not in the least, by no means, not by a long chalk
ammuli agape, gaping; **suu** ~ **with** one's mouth wide open; ~ **sui vahtima** gape (*at*), gawp (*or* gawk) (*at*)
ammuma low, bellow, moo
ammune of old, of long standing, ancient, long past, remote; **ammust aega** for ages, for a long time; **ammust ajast** from old times, from time immemorial
ammutama (*vett*) draw*, scoop; (*teadmisi*) obtain, get *; (*tühjaks*) exhaust, drain, empty
amnesteerima pardon, amnesty
amnestia amnesty, (general, free) pardon '
amortisaator *tehn.* shock absorber, damper, *Am. ka* snubber
amortisatsioon *maj.* amortization; *tehn.* damping, shock-absorbing; ~**ifond** sinking-fund
amortiseerima *maj.* amortize, (*võlga*) pay* off; *tehn.* absorb (*or* damp, deaden) shocks
amper *el.* ampère; ~**meeter** *el.* ammeter
amplituud amplitude
ampull *med.* amp(o)ule; *anat.* ampulla (*pl.* -las, -lae)
amputatsioon amputation
amputeerima amputate
amulett amulet
amööb amoeba (*pl.* -bae, -bas)

anakronism anachronism
analoogia analogy
analoogiline analogical
analüüs analysis (*pl.* -yses)
analüüsima analyse
analüütiline analytic(al)
ananass pine-apple
anarhia anarchy
anarhiline anarchic(al)
anarhism anarchism
anarhist anarchist
anastaja usurper, (unlawful) occupant
anastama usurp, occupy (unlawfully), seize, capture
anastus usurpation, (unlawful) occupation, seizure, capture
anatoom anatomist
anatoomia anatomy
anatoomikum anatomical theatre
anatoomiline anatomical
and (*kink*) gift, donation; (*välja~*) yield
andam tax, duty, tribute
andekas gifted, talented, apt
andeks: ~ **andma** = **andestama; andke ~!** (I) beg (your) pardon!; ~ **paluma** ask (*or* beg) smb.'s forgiveness (*or* pardon)
andeksand = **andestus**
andekus being gifted (*or* talented, apt); gifts, talents, aptitude
andestama forgive*, pardon; *jur.* condone
andestamatu unforgivable, unpardonable
andestus forgiveness, pardon; *jur.* condonation
andetu giftless, ungifted, talentless, untalented
andetus lack of gifts (*or* talents)
andevaene poorly gifted (*or* talented)
andja giver; (*annetaja*) donor
andma give*; **anna talle!** give it him (hot)!, give him socks!, let him have it!; **järele** ~ give* way, give* in, yield; **kätte** ~ hand; **sisse** ~ hand in; **teada** ~ make* known; **tuld** ~ fire; **ära** ~ betray; **üle** ~ hand (*or* turn) over
andmed data; (*lähemad* ~) particulars; (*teatmed*) information; specification; (*tõendid*) evidence
anduma give* oneself up (*to*), abandon oneself, surrender; (*tegevusele*) devote oneself (*to*); (*harjumusele*) indulge (*in*)
andumus abandonment, surrender; (*tegevusele*) devotedness, devotion

(*to*); (*harjumusele*) indulgence (*in*)
andur *mer.* keel
anekdoot anecdote; **rõve** ~ smutty (*or* dirty) story (*or* joke)
angaar hangar
angerjas eel
angervaks dropwort, filipendula
angervars swallow-wort, milkweed, asclepias
angiin angina; (*kurgupõletik*) quinsy, tonsillitis, sore throat; (*rinna*~) angina pectoris
anglikaani Anglican; ~ **kirik** Anglican Church, Church of England
angroo wholesale
aniis (*taim*) anise; (~*ivili ravimina v. vürtsina*) aniseed
aniliin aniline
ankeet questionnaire; ~**leht** questionnaire, form
ankrukett anchor chain
ankrukoht, ankrupaik anchorage
ankur I *mer.* anchor; *ehit.* anchor, tie, brace; *el.* armature; **ankrut heitma** cast* (*or* drop) anchor; **ankrut hiivama** weigh (*or* heave) anchor; **ankrus** at anchor; **ankrusse jääma** come* to anchor
ankur II (*vaadike*) keg, (small) barrel, cask, *haruld.* anker
ankurdama anchor, make* fast with an anchor
ankurdama anchor, cast* anchor, come* to anchor
annaalid annals
annak *jur.* legacy, bequest
anne I (*talent*) gift, talent, endowment, aptitude
anne II (*osa, köide*) instalment, part, number, issue
annetaja donor, grantor
annetama donate, grant
annetus donation, grant
annulleerima annul, nullify, abrogate, cancel
annus (*doos*) dose; (*portsjon*) portion, helping
anomaalia anomaly, irregularity
anomaalne anomalous
anonüümne anonymous
anood *el.* anode
anorgaaniline inorganic
anormaalne abnormal
ansambel ensemble; (*esinejate grupp*) company
antagonism antagonism
antagonistlik antagonistic
antarktiline antarctic

antenn *raad.* aerial, *haruld.* antenna (*pl.* -ae)
antibiootikum *med.* antibiotic
antiikaeg the (classical) antiquity, the ancient times
antiikne antique, ancient
antiikva *trük.* Roman (type)
antikvaar antiquarian, antiquary; second-hand bookseller
antikvaarne (*vana ning väärtuslik*) antiquarian; (*pruugitud*) second-hand
antikvariaat (old) curiosity shop; second-hand bookshop
antiloop antelope
antimon *keem.* antimony
antipaatia antipathy (*against, to*), aversion (*to, for*)
antipaatne antipathetic
antitees antithesis (*pl.* -theses)
antitsüklon *meteor.* anticyclone
antoloogia anthology
antonüüm *lgv.* antonym
antratsiit anthracite
antropoloog anthropologist
antropoloogia anthropology
antsakas 1. *adj.* (*veider*) queer, strange; (*kergatslik*) coxcombical; 2. *subst.* = **untsantsakas**
anum vessel, receptacle
anuma implore, entreat, beseech*, supplicate
aort *anat.* aort
aovalgus dawn-light, daybreak
apaatia apathy
apaatne apathetic
aparaat (a piece of) apparatus, instrument
aparatuur apparatus, gear, equipment
apelleerima appeal (*to*)
apelsin orange
apenditsiit *med.* appendicitis
aplaus applause
aplodeerima applaud
aplus voraciousness, voracity, gluttony; (*ahnus*) avidity, greediness
apoliitiline non-political, unpolitical, indifferent to politics
apostel apostle
apostroof apostrophe
appi: ∼! help!; ∼ hüüdma call for help; ∼ tulema come* to (*smb.'s*) help, come * to the rescue
appihüüd, appihüüe call for help
aprikoos apricot
aprill April; ∼! April fool!; ∼i tegema play an April trick, make* an April fool (*kellelegi — of smb.*)

aprillikuu (the month of) April
aprillinali April trick, hoax
apteegitill *bot.* fennel
apteek chemist's (shop), pharmacy, *Am.* drug-store
apteeker chemist, druggist; *van.* apothecary
araabia Arabian; (*keele, numbri kohta*) Arabic; ∼ **riigid** Arab states
araablane Arab, Arabian
aralt shyly, timidly, diffidently
arbitraaž arbitration
arbuus water-melon
areen arena; (*tsirkuses*) ring
areldi = **aralt**
arendama develop, evolve; (*tegevust*) extend, advance, push ahead; (*kõneainet*) expound, expand; **ennast** ∼ improve one's mind; **kiirust** ∼ put* on speed
arenema develop, evolve; be extended, advance, grow*
arenematu undeveloped; (*vaimselt*) backward
arenemine development, evolution; advance, growth
arenemisaste, arenemisjärk stage of development (*or* evolution)
areng development, evolution
arest (*vahistus*) arrest; (*vara kohta*) seizure, sequestration, attachment; ∼i **alla panema** = **arestima**
arestima (*vara*) seize, sequestrate, attach
arestimaja house of detention
aretaja cultivator; (*looma*∼) breeder
aretama cultivate, rear, raise, grow*; (*loomi*) breed*
areteerima = **arreteerima**
aretis *biol.* breed
aretus cultivation, rearing, raising, growing; (*loomade kohta*) breeding
arg cowardly, craven; shy, timid, bashful, diffident; **araks lööma** become* frightened, get* the wind up, funk
argentiinlane Argentine, Argentinian
argipäev working-day, week-day
argipäevane everyday; *piltl.* humdrum, commonplace, dull
arglik timid, shy; bashful, diffident
argoo argot, slang
argoon *keem.* argon
argpüks coward, poltroon, dastard
argument argument
argumenteerima argue, reason; support by arguments

argus cowardice, cowardliness, cravenness;· shyness, timidity, diffidence
arhailine archaic
arhaism archaism
arheoloog archaeologist, *Am. ka* archeologist
arheoloogia archaeology, *Am. ka* archeology
arheoloogiline archaeological, *Am. ka* archeological
arhiiv archives, record office; (*asutuse, kooli jms.* ~) files
arhitekt architect
arhitektuur architecture
arhivaar archivist
aristokraat aristocrat
aristokraatia aristocracy
aristokraatlik aristocratic
aritmeetika arithmetic
aritmeetiline arithmetical
arktiline arctic
arm [armi] scar, *tead.* cicatrice
arm [armu] grace, favour; (*halastus*) mercy, pity, charity; (*armastus*) love; **~u andma** pardon, forgive*; **~u heitma** have mercy (*upon*), show* mercy (*to*); **~u paluma** ask for mercy; **~u poolest**, **~u pärast** for pity's (*or* mercy's) sake, out of charity;. **kellegi ~ust** by smb.'s grace, by the grace of smb.
armas dear, beloved; (*lahke*) amiable, charming; (*kena*) lovely, sweet; **mu ~** my darling; **oh sa ~ aeg!** oh dear!, dear me!, goodness gracious!
armastaja lover; (*austaja*) admirer
armastama love; cherish; like, be fond (*of*), care (*for*)
armastatu beloved, sweetheart
armastus love; affection; liking, fondness; (*ligimese~*) charity; **kellelegi ~t avaldama** make* smb. a declaration of love
armastusavaldus = **armuavaldus**
armastuskiri love-letter
armastusväärne lovable; amiable; charming
armatsema make* love, philander, flirt; *kõnek.* spoon
armatuur *el., tehn.* fittings, mountings; *ehit.* steel framework, armature
armee army
armeenia Armenian
armeenlane Armenian
armetu pitiful, miserable, wretched, poor; (*välimuselt*) seedy, shabby

armetus pitifulness, miserableness, wretchedness, poverty; (*välimuselt*) seediness, shabbiness
armiline scarred
armistuma form a scar, cicatrize, become* cicatrized
armsam *subst.* beloved, sweetheart
armsus dearness, belovedness; amiability, charm; loveliness, sweetness
armuaeg days of grace
armualune favourite, protégé, *van.* minion
armuand alms, charity; **~i paluma** ask for alms
armuandmine pardon, forgiveness
armuandmispalve appeal for mercy (*or* clemency)
armuavaldus declaration of love
armuheitmatu merciless, pitiless
armukade jealous
armukadedus jealousy
armukadetsema be jealous (*of*)
armuke(ne) lover, paramour; (*naise kohta*) mistress
armuleib (bread of) charity, charitable maintenance
armulik gracious, merciful; lenient
armulugu love-affair; (*salajane* ~) intrigue
armuma fall* in love (*kellessegi — with smb.*), become* enamoured (*kellessegi — of smb.*)
armunu person (*or* man, woman, girl) in love, lover
armutu (*halastamatu*) merciless, pitiless, ruthless; (*kalk*) loveless; uncharitable
arnika arnica
aromaatiline aromatic, fragrant
aromaatne aromatic, fragrant; *keem.* aromatic
aroom aroma, fragrance, perfume
arreteerima arrest, take* into custody, detain
arseen *keem.* arsenic (element)
arseenik keem. (trioxide of) arsenic
arsenal arsenal, armoury
arst doctor, physician, medical man (*pl.* men), *kõnek. ka* medico (*pl.* -os); (*sõjaväe~, haava~*) surgeon
arstiabi medical aid; medical service
arstim = **ravim**
arstima treat (medically); cure, heal
arstirohi = **ravim**
arstiteadlane medical man (*pl.* men)
arstiteadus medicine, medical science

arstiteaduskond medical faculty, faculty of medicine
arstitunnistus medical certificate
arstlik medical
artell artel, co-operative working association
arter artery
artikkel article
artikulatsioon articulation
artikuleerima articulate
artilleeria artillery
artillerist artillerist
artist artiste
artistlik masterly
aru I (*kuiv rohumaa*) (dry) meadow
aru II (*mõistus*) intellect, understanding, reason, senses, wits; (*aruanne*) account(s); *van.* (*arv*) number; **täie ~ga** in one's full senses; **kas sul on ~ peas?** are you in your wits?, have you taken leave of your senses?; **minu ~st** to my mind, in my opinion; **~st ära** out of one's senses; **ajast ja ~st läinud** outdated; **~ andma** give* (*or* render) an account, make* a report, report (*millegi kohta — on smth.*); **~ kaotama** lose* one's wits, go* mad; **~ pidama** deliberate, consult, consider; **~ pähe võtma** come* to one's senses, see* reason; **~ pärima** demand an account, demand a statement (*or* explanation), call to account; **~ saama** understand*, grasp (the meaning), comprehend
aruandeaasta year under review
aruandekoosolek meeting for reporting (on past work), discussion of past activities
aruandja maker (*or* reader) of a report, speaker (at a meeting) on past activities
aruandlus rendering accounts, giving account (of one's work); report(s)
aruanne account; report
aruhein *bot.* fescue-grass
arukas intelligent, sensible, reasonable
arukask lady (*or* silver, white) birch
arukus intelligence, understanding, common sense
arupidamine deliberation, consultation, consideration
arupärimine inquiry; (*parlamendis*) interpellation
arusaadav understandable, intelligible, comprehensible; (*selge*) clear, plain

arusaadavalt understandably, intelligibly; (*selgelt*) clearly, plainly; (*kiilsõnana*) naturally, of course
arusaadavus intelligibility, comprehensibility
arusaam idea, concept
arusaamatu incomprehensible, unintelligible; (*juhm*) dull, slow-witted, unintelligent
arusaamatus misunderstanding; (*mitte-arusaadavus*) incomprehensibility
arusaamine understanding, comprehension
arutama discuss, deliberate, debate; (*uurima*) examine, consider, contemplate; **läbi ~** talk over
arutelu = arutlus
arutlema discuss, deliberate, debate
arutlus discussion, deliberation, debate, disquisition
arutu (*ilma aruta*) witless; (*loendamatu*) numberless, innumerable; **~ hulk** immense multitude
arv number; quantity; **suurel ~ul** in great numbers (*or* quantities)
arvama think*, guess, judge, hold*, suppose, reckon; (*eeldama*) presume; (*arvamust avaldama*) opine; count, calculate; **mis teie arvate?** what do you think?, what is your opinion?; **minu arvates** in my opinion, to my mind; **kokku ~ add up**
arvamus judgement, opinion; **oma ~e juurde jääma** stick* to one's own opinion; **~el olema, et...** be of (the) opinion that...
arvatav supposed, supposable; presumable, probable
arvatavasti presumably, probably
arve account; bill; invoice; **jooksev ~** account current; **~l** on account; **kellegi ~le kandma** *v.* **kirjutama** write* into smb.'s account, put* down to smb.'s account; **midagi kellegi ~le panema** charge smth. to smb.; **~le võtma** take* stock (*of*); **~sse võtma** take* into account (*or* consideration), take* account (*of*), make* allowance (*for*); **~id õiendama** settle accounts (*with*)
arveametnik accountant, ledger clerk
arvelaud abacus (*pl.* -ci, -cuses)
arveldus accountancy, clearing of accounts
arvepidaja = arveametnik
arvepidamine accounting, keeping of accounts, book-keeping

arveraamat account-book
arvestama count, account; (*arvesse võtma*) take* into consideration; calculate, compute, consider; (*tööd*) pass, accept
arvestus counting, accounting; (*arvesse võtmine*) taking into account, taking into consideration; calculation, computation; (*kõrgemas õppeasutuses*) preliminary examination (*or* exam), assessment, credit test
arveteõiendamine, arveteõiendus *piltl.* settling of accounts
arvsõna *lgv.* numeral
arvukas numerous
arvuline numerical
arvurikas, arvurohke = arvukas
arvustaja critic, reviewer
arvustama criticize, review
arvustus criticism, (critical) review
arvutama calculate, compute; **kokku ~** figure up; **välja ~** figure out, work out
arvutu numberless, innumerable
arvutus (*arvutamine*) calculation, computation; **~lükati** slide-rule, calculating-rule; **~masin** calculating machine, calculator; **~viga** miscalculation
asbest asbestos
ase place, spot, site; (*magamis~*) bed, couch; **~t andma** give* place; **~t leidma** take* place, occur, happen; **~t tegema** make* the bed; **~t täitma** fill the place, act as substitute, serve (*or* do) for
aseaine substitute(-substance, -material), surrogate; *põlgl. ka* ersatz
aseesimees vice-president
asehaldur *aj.* = asevalitseja
asekuningas viceroy
asemel 1. *postp.* in place of, instead of, in lieu of; **sinu ~** in your place; **kella kaheksa ~ tuli ta kell kümme** instead of eight he came at ten; **selle ~, et töötada, ta ainult mängib** instead of working he does nothing but play; **2.** *adv.* in one's place; **meie õpetaja lahkus, kuid teine on juba ~ our teacher left, but another is already in his place
asemele 1. *postp.* in place of, instead of; **tema ~ on juba võetud uus õpetaja** a new teacher has already been engaged in his place; **2.** *adv.* instead, in return; **mida sa annad mulle ~?** what will you give me in return?

asemik substitute, proxy, deputy; (*näitleja ~*) understudy
asend pose, posture; position; stance
asendaja = asetäitja
asendama (*asemele panema*) substitute, replace; (*aset täitma*) supply (*or* fill) the place (*of*); (*välja vahetama*) relieve
asendamatu irreplaceable, indispensable
asepresident vice-president
aserbaidžaani Azerbaijanian; **~ keel** Azerbaijanese, Azerbaijani
aserbaidžaanlane Azerbaijanian
asesõna *lgv.* pronoun
asetama place, put*, set*, lay*; arrange, dispose
asetsema be placed (*or* situated, located); lie*, be; **Tallinn asetseb Läänemere kaldal** Tallinn lies on the Baltic Sea
asetus placing, arrangement, disposition; situation; lay-out
asetäitja substitute, proxy, deputy; (*ajutine ~*) locum tenens; **direktori ~** acting manager (*or* director); **ministri ~** deputy minister
asevalitseja lord lieutenant, lord deputy, vicegerent; (*monarhi asetäitja*) regent
asfalt asphalt
asfalteerima asphalt, pave (*or* cover) with asphalt
asi (*ese*) thing; (*seik*) matter; (*toimetus*) affair, business; (*huviasi*) cause, concern; **asju kokku panema** *v.* **pakkima** pack up one's things (*or* belongings); **see on minu ~ that is my affair** (*or* business, concern); **minu ~ on seda teha** it's up to me to do this; **see on nende endi ~** it's their own lookout (*or* funeral); **isiklik ~** personal matter; **ühine ~** common cause; **milles ~ seisab?** what is the matter?, what is the trouble?; **~ seisab selles, et ... the fact is that ...; **tulge asja juurde!** come to the point!; **ma tulin asja pärast I have come on business; **sellest ei saa asja** nothing will come of this; **mis teil sellega asja on?** what have you to do with this?, how does this concern you?; **asju ajama** manage (business) affairs
asiaat Asiatic, Asian
asitõend material evidence

asjaajaja secretary, (confidential) clerk, manager; **diplomaatiline ~ chargé d'affaires**
asjaajamine business management
asjaarmastaja amateur, dilettante (*pl.* -ti); (*näitleja kohta*) amateur (performer)
asjaarmastajalik amateurish, dilettantish
asjakohane appropriate, pertinent, suitable, to the point
asjalik business-like, matter-of-fact; sensible, practical
asjalikkus business-like quality, matter-of-factness; practicality
asjaline = **asjamees**
asjalugu state of affairs, (real) facts of the case
asjamees nibs, nob, jobber, conceited busybody
asjandus affair, matters, branch of activity (*or* knowledge); *kõnek.* (*mingi ebamäärane asi*) thingumbob, contraption, gadget
asjaolu circumstance; (*seik*) matter; **~d** circumstances, state of affairs, facts of the case
asjaomane proper, due, appropriate, pertinent
asjaosaline 1. *subst.* participant, participator, interested party; 2. *adj.* participating, interested
asjata in vain, vainly, to no purpose (*or* avail)
asjatalitus, asjatoimetus (piece of) business, affair
asjatu vain, useless, idle, of no avail, *haruld.* bootless
asjatult = **asjata**
asjatundja (*erialal*) expert (*on, in*); (*kunsti alal*) connoisseur, good judge (*of*), authority (*on*)
asjatundlik expert, competent, knowledgeable
asjatundmatu inexpert, incompetent
askeet ascetic
askeetlik ascetic
askeldama bustle, *Am.* hustle, flurry, fuss, potter (about), make* busy, busy oneself
askeldus bustle, fuss, *Am.* hustle
aspirant post-graduate (student), research student
aspirantuur post-graduate studentship (*or* studies, course), research studentship (*or* sholarship)
aspiriin aspirin
ass axle

assamblee assembly
assigneerima assign, (*raha ka*) allocate
assimilatsioon assimilation
assimileerima assimilate
assistent assistant
aste [aste] pace, step, stride
aste [astme] (*trepi~*) step, stair; (*järk*) stage, degree; *mat.* power; **~-astmelt** step by step
astel *zool.* sting; *bot.* thorn, prickle; (*torkekepp*) goad; **astla vastu üles lööma** *piltl.* kick against the pricks
astelpihlakas *bot.* medlar(-tree)
astelpõõsas *bot.* holly
astendaja *mat.* exponent
astendama *mat.* raise to a higher power, *haruld.* involve
astendamine *mat.* involution
astja vessel, receptacle, container
astma asthma
astmaatiline asthmatic
astmelaud footboard, step
astmeline stepped; graduated
astmestik flight of steps; *piltl.* gradation, scale, ladder
astmevaheldus *lgv.* (consonantal) gradation
astmik scale (*ka muus.*)
astronautika astronautics
astronoom astronomer
astronoomia astronomy
astronoomiline astronomic(al)
astuma step, walk; (*kooli, teenistusse jms.*) enter; (*ühingusse jms.*) join; **Eesti pinnale ~** set* foot on Estonian soil; **samme ~** *piltl.* take* steps; **sisse ~** step in, enter; (*külastuseks*) drop in, look in; **astuge sisse!** come in!; (*külastage mind*) look in!; **välja ~** (*ühingust jms.*) resign (*from*); (*kaitseks v. vastu*) plead (*or* speak*, fight*) (*for; against*); **üle ~** (*seadusest*) trespass (*against*), violate, break*
asu place (for rest), rest
asukas inhabitant, denizen
asukoht dwelling-place, residence, abode, habitation, haunt; location, whereabouts; site, seat
asula settlement, populated point, village
asuma (*asetsema*) be, be found, lie*, dwell*; (*siirduma*) proceed (*to*), *van.* remove (*to*); (*elama ~*) settle (*in, at*); (*alustama*) pass (*on to*), address oneself (*to*), set* about (*doing*); **elama ~** settle (*in, at*),

asumaa 29 **aus**

remove (*to*); **teele ~ set*** out, start out, start on a journey; **tööle ~** start working, settle down to work, set* oneself to work
asumaa colony, colonial country
asumine (*asumisel olemine*) (being in) exile; **asumisel** in exile
asundama settle, colonize
asundus settlement, colony
asunik settler, colonist
asupaik location, whereabouts; abode, residence
asustama populate, settle, colonize
asustamatu unpopulated, uninhabited, desert
asustatud populated, inhabited; **~ punkt** centre of population
asutaja founder; **~liige** foundation member
asutama set* up, found, institute, establish, constitute
asutav: ~ kogu constituent assembly
asutus institution establishment
atakeerima attack
atakk attack
ateism atheism
ateist atheist
ateistlik atheistic
ateljee workshop, studio (*pl.* -os), atelier
atentaat attempt (at assassination)
atestaat certificate
atesteerima certify, attest
atlas atlas
atlass(riie) satin
atleet athlete
atleetika athletics
atmosfäär atmosphere
atmosfääriline atmospheric
atribuut attribute
au honour; (*hea kuulsu*s) renown, credit; **kellega on mul ~ rääkida?** to whom have I the honour of speaking?; see **teeb teile ~ this** does you credit; **kellegi (millegi) ~ks** in honour of smb. (smth.); **~ andma** give* honour (*or* one's due); *sõj.* salute; **~ avaldama** pay* (*or* do) honour (*to*), pay* homage (*to*); **~ haavama** insult
auahne ambitious; (*edevalt ~*) vain
auahnus ambition; (*edev ~*) vanity
auasi matter of honour; point (*or* affair) of honour
auaste rank
auavaldus honour, mark of respect; homage
audients audience, hearing

auditoorium (*loengusaal*) lecture hall (*or* room); (*kuulajaskond*) audience
august(ikuu) (the month of) August
auh! wow!
auhaavamine insult
auhind prize
auhindama award a prize (*to*)
auk (*mulk*) hole; (*kaevand*) pit; (*lohk*) hollow, cavity; **kellelegi ~u pähe rääkima** *kõnek.* talk smb. in (*or* round); **~u vajuma** sink* in
aukandja dignitary
aukartlik respectful, reverential, deferential
aukartus respect, reverence; (*pühalik ~*) awe, veneration; **~täratav** awsome, awful, inspiring awe (*or* respect)
aukiri honour certificate
auklik full of holes; (*tee kohta*) bumpy
aukraad honorary degree
aukus, aukuvajunud (*silmade kohta*) sunken, (*põskede kohta*) hollow
aukõrgendus promotion (in rank)
aukülaline guest of honour
aula assembly hall, ceremonial hall
auliige honorary member
aulik, auline = auväärne
aumees man of honour; gentleman (*pl.* -men)
aumärk decoration, order
aun stack, rick
aunimetus (honorary) title, title of honour
aupaklik respectful, deferential
aupaklikkus respectfulness, respect, deference
aupaugud salute (with guns), salvo (of honour)
aupresiidium honorary presidium
aur steam; vapour; (*leitsak*) fume(s); **~u all** under steam; *kõnek.* (*joobnud*) fuddled, tight
auraha medal
aurama steam, give* off steam, rise* in steam; (*ära ~*) evaporate
aurik steamer, steamship, steamboat
aurukatel (steam-)boiler
aurulaev = aurik
auruma evaporate, rise* in vapour
aurumasin steam-engine
aurustama turn (*or* convert) into steam
aurutama steam, cook (*or* soften) by steam, subject to steaming
aus honest, honourable, upright, fair

ausameelne honest(-minded), honourable
ausammas monument
austaja (*jumaldaja*) worshipper, adorer; (*armunu*) admirer
austama honour; (*lugu pidama*) respect, esteem; worship, adore
austav respectful, *haruld.* honorific, honourable
auster oyster
austerlane Austrian
austraalia Australian
austraallane Australian
austria Austrian
austus honour(ing), esteem
ausus honesty; integrity
ausõna word of honour; ~! my word!, honour bright!; ~ **peale** on one's honour
autahvel board (*or* panel) of honour
autasu (honorary) reward, prize
autasustama award a prize (*to*), reward
autentne authentic
autentsus authenticity
auto car, motor(-car), *Am.* automobile; ~**baas** motor depot
autobiograafia autobiography
autobiograafiline autobiographical
autobuss omnibus, motor(-bus), motor-coach
autogramm autograph
autojuht driver, chauffeur
autokumm (*väliskumm*) tyre (*or* tire)
automaat automaton; automatic machine; (*müügi*~) slot-machine; (~*relv*) automatic, sub-machine gun, tommy-gun
automaatika automation
automaatne automatic
automagistraal motor highway, *Am.* super-highway, autobahn
automatiseerima automate
automatiseerimine automation
automobiil = **auto**
autonoomia autonomy
autonoomne autonomous
autoportree self-portrait
autor author, *fem.* authoress
autoreferaat abstract (of a thesis)
autoriteet authority; (*lugupeetavus*) prestige
autoriteetne authoritative, competent
auto(sõidu)tee motorway, super-highway, *Am.* speedway; haruld. autobahn
autotehas motor (*Am.* automobile) factory (*or* plant)

autotransport motor transport
autoõnnetus motor accident
autu dishonourable, infamous, ignominious; (*häbistav*) disgraceful
autunne sense of honour
autus dishonourableness, infamy, ignominy; (*häbistus*) dishonour, disgrace
auvalve guard of honour
auvärav triumphal arch (*or* gateway)
auväärne, auväärt venerable
ava = **avaus**
avakõne opening speech
aval = **avameelne**
avaldama express, manifest, display, show*; declare, utter, state; (*avalikustama*) make* public, disclose; (*trükis*) publish; **muljet** ~ **give*** an impression; **mõju** ~ exert (*or* exercise) influence (*on, upon, over*); **survet** ~ exert pressure, bring* pressure to bear (*on, upon*); tänu ~ express (*or* render) thanks
avaldis *mat.* expression
avalduma be expressed, become* apparent, show*
avaldus expression, manifestation; declaration, statement; (written) application
avali (wide) open
avalik open public, common; *jur.* overt; ~ **arvamus** public opinion; ~**üks tegema** make* public
avalikkus publicity; the (general *or* wide) public
avalikult openly, publicly, in public
avalikustama make* public, disclose, reveal
avama open; (*pidulikult*) inaugurate; (*äri*) set* up; **uusi väljavaateid** ~ open up new prospects; **mälestussammast** ~ unveil a monument
avameelne frank, open(-hearted), sincere, candid; (*kõnek.*) outspoken
avameelsus frankness, sincerity, candour; (*kõnek.*) outspokenness
avameri open sea
avamäng *muus.* overture; *sport.* opening game
avanema open (up), be opened; **avanes võimalus** an opportunity presented itself
avang opening
avangard vanguard, *haruld.* van
avanss advance(d money), advance against wages, payment on account
avansseerima advance
avantürism adventurism

avantürist adventurer
avantüristlik adventurist
avantüür adventure
avar large, spacious, ample; vast, extensive; wide; (*rõiva kohta*) loose
avardama enlarge, widen, extend
avarduma grow* larger (*or* more spacious, more extensive), enlarge, widen, extend
avarii (*õnnetus*) accident, wreck, breakdown; (*merikahju*) average
avarus spaciousness; scope; expanse
avasilmi with open eyes
avastaja discoverer
avastama discover; detect; (*paljastama*) disclose, uncover
avastus discovery; detection; (*paljastus*) disclosure, uncovering
avasui gaping, open-mouthed
avasõna opening address
avasüli with open arms
avatlema = **ahvatlema**
avaus opening, aperture, orifice; went
aviatsioon = **lennundus**
aviis *maj.* (letter of) advice
avitama *van.* = **aitama**

B

baar I (*joogikoht*) bar
baar II *füüs.*, *meteor.* bar
baarium *keem.* barium
baas base, basis (*pl.* -ses)
babiit *tehn.* babbit, Babbit metal
bager *tehn.* dredge, dredger
bagerdama *tehn.* dredge
baieri Bavarian
baierlane Bavarian
baika *tekst.* flannelette
bajaan Russian concertina
bakeliit bakelite
baklažaan egg-plant
bakter bacterium (*pl.* -ia), microbe, germ
bakteriaalne bacterial
bakterioloog bacteriologist
bakterioloogia bacteriology
bakterioloogiline bacteriological; ~ sõda bacteriological (*or* germ) warfare
balanss balance, equilibrium
balansseerima balance, keep* in equilibrium
baldahhiin canopy
baleriin ballet-dancer, ballerina
ball ball
ballaad (*rahvalik* ~) ballad; (*kunst-* ~, *ka muus.*) ballade
ballast ballast; *piltl.* dead weight
ballett ballet
ballistika ballistics
ballistiline ballistic
balloon (*õhupall*; *gaasimahuti*) balloon; (*suur pudel*) carboy
balsameerima = **palsameerima**
balti Baltic
bambus bamboo
banaalne banal, trite, commonplace, hackneyed
banaalsus banality, commonplace
banaan banana
bandaaž (*tugiköidis*) (abdominal) belt; (*songavöö*) truss; (*ratta teraspöid*) tire
bande band, gang
bandiit bandit
bankett (*pidusöök*) banquet
barakk shack, shed, *sõj.* hut (barracks)
barbaarne (*metsik*, *tsiviliseerimatu*) barbarian, barbaric; (*toores*, *julm*) barbarous
barbaarsus (*tsiviliseerimatus*) barbarism; (*julmus*) barbarity
barbar barbarian
bareljeef bas-relief
barett beret; (*keskaegne* ~) birétta
bariton baritone (*or* barytone)
barjäär barrier
barokk baroque (style)
baromeeter barometer, weather-glass
barrikaad barricade
barrikadeerima barricade
basaar = **näitemüük**
baseeruma be based, be founded (*on*, *upon*)
bass bass
bassein basin; (*veemahuti*) reservoir; (*ujumis*~) swimming-bath, swimming-pool
baškiir Bashkir
baškiiri Bashkir
batist cambric
batoon *kok.* (*sai*) roll; (*kompvek*, *jäätis*) stick
batsill bacillus (*pl.* -lli)
beebi baby
beež beige
begoonia begonia
bekarr *muus.* natural
belgia Belgian

belglane Belgian
belletristika fiction, belles-lettres, polite literature
beluuga hausen, (large) Russian sturgeon
bemoll *muus.* flat
benefiss = tuluõhtu
bengaal Bengali (*or* Bengalee)
bengaali (*keele kohta*) Bengali (*or* Bengalee); (*tule, tiigri jms. kohta*) Bengal; ~ **tuli** Bengal light
bensiin (*puhastatud* ~) benzine (*or* benzene); (*auto*~) petrol, *Am.* gas(oline); ~**ijaam** petrol station, *Am.* gas station; ~**ivaat** drum of petrol
besaanmast *mer.* mizzen-mast
besee *kok.* meringue
betoneerima concrete
betoon concrete
bibliograaf bibliographer
bibliograafia bibliography
bibliograafiline bibliographic(al)
biblioteek = raamatukogu
biifsteek beefsteak
biisam *l.* (*lõhnaaine*) musk; 2. (*karusnahk*) musquash; ~**rott** muskrat, musquash
bilanss balance
biljon = miljard
binokkel binocular(s); (*väli*~) fieldglass(es); (*teatri*~) opera-glass(es)
binoom *mat.* binomial
biograaf biographer
biograafia biography
biograafiline biographical
bioloog biologist
bioloogia biology
bioloogiline biological
birma Burmese, Burman
birmalane Burmese (*pl.* Burmese), Burman (*pl.* -mans)
bis! encore!
biskviit biscuit; ~**kook** (sponge-)cake
blamaaž shame, disgrace
blameerima shame, disgrace
blankett form, *Am.* blank (form)
blaseerunud blasé, (satiated and) bored, jaded
blindaaž (*varjend*) shelter; (*maaalune* ~) dug-out
blokaad blocade
blokeerima blockade
blokk (*hoonete rühm*) block; (*liit*) bloc; (*paberit*) pad
bloknoot writing-pad
blond fair(-haired), (*mehe kohta*) blond, (*naise kohta*) blonde

blondiin (*mees*) blond, (*naine*) blonde
boa (*madu*) boa, (boa) constrictor; (*karusnahkne krae*) boa, neckwarp
bobi *sport.* bobsleigh
boheemlane Bohemian
boheem(las)lik Bohemian
boikoteerima boycott
boikott boycott
boliivlane Bolivian
bolševik Bolshevik, Bolshevist
bolševism Bolshevism
bolševistlik Bolshevist
boor *keem.* boron
booraks *keem.* borax
boorhape boracic (*or* boric) acid
boorvaseliin *farm.* boracic petrolatum
bordoo (*vein*) claret, *haruld.* Bordeaux
bordüür border, braid(ing)
borneerunud narrow-minded
botaanik botanist
botaanika botany; ~**aed** botanical garden
botaaniline botanical
botikud (high) overshoes; (*kummist*) high galoshes; (*seest karusnahksed*) (fur-lined) boots
braavo! bravo!
brasiilia Brazilian
brasiillane Brazilian
brauning Browning (automatic pistol)
bravuur bravura, dash
bravuurne dashing
bridž(imäng) bridge
brigaad (*sõjaväeüksus*) brigade; (*töötajate rühm*) (working) team, brigade
brigadir (*sõjaväes*) brigadier; (*töötajate rühma juht*) teamleader, brigade-leader
briis breeze
brikett briquette; (*toidu*~) cube
briljant brilliant, diamond
briljantne brilliant
briti British
britlane Britisher; *aj.* Briton
britt Briton
brokaat brocade; (*keskaegne kuld*~) samite
bromiid *keem.* bromide
broneerima reserve, secure, book up (in advance)
bronhiit *med.* bronchitis
broom *keem.* bromine; ~**hape** bromic acid
brošeerima stitch

brošeeritud with paper covers; ~ **raamat** paperback (book)
brošüür pamphlet, (stitched) booklet
brustver *sõj.* = **rinnatis**
brutaalne brutal
brutaalsus brutality
bruto gross; ~**kaal** gross weight; ~**tulu** gross profit
brünett 1. *adj.* dark(-haired), (*naise kohta*) brunette; 2. *subst.* dark(-haired) man (*pl.* men), (*naine*) brunette
budism Buddhism
bukett = **lillekimp**
bukinist second-hand bookseller
buldog bulldog
buldooser bulldozer
bulgaaria Bulgarian
bulgaarlane Bulgarian

bulvar avenue, boulevard
bumerang boomerang
buss = **autobuss**
bušsel bushel
börs exchange; (*mitte-inglise* ~)
bourse
büdžett = **eelarve**
bülletään 1. (*teadaanne*) bulletin; report; 2. (*hääletussedel*) voting-paper, ballot-paper
bürokraat bureaucrat
bürokraatia bureaucracy, officialdom
bürokraatlik bureaucratic
bürokratism bureaucracy, red tape, *haruld.* bureaucratism
büroo (*juhtiv organ*) bureau (*pl.* -eaux, -eaus); (*kantselei, kontor*) office; ~**masinad** business machines
büst bust

D

daalia = **jorjen**
daam lady
daamilik ladylike
daativ *lgv.* dative (case)
daatum date
darvinism Darwinism
darvinist Darwinist
darvinistlik Darwinist, Darwinistic
dateerima date
datlipalm date-palm
dattel date
deduktiivne deductive
deduktsioon deduction
dedutseerima deduce
deebet *maj.* debit
deebitor *maj.* debtor
deemon demon
deemonlik demoniac(al); (*kurjast vaimust aetud*) demonic
defekt defect
defektiivne *med., lgv.* defective
defektne defective, faulty
defilee 1. (*pidulik möödamarssimine*) march-past, *haruld.* defile; 2. (*kitsastee*) defile, narrow pass
defileerima file, defile, march past, pass in review
defineerima define
definitsioon definition
defitsiit deficit; ~**kaup** goods in short supply
defitsiitne deficient; in short supply, scarce
deformatsioon deformation; (*moonutus*) distortion

deformeerima deform; (*moonutama*) distort
degenerant degenerate
degeneratsioon degeneration
degenereeruma degenerate
degradatsioon degradation
degradeerima degrade
dekaad (*kümmepäevak*) ten-day period; (*üldistatult*) festival week
dekaan dean
dekabrist *aj.* Decembrist
dekadent decadent
dekadentlik decadent
dekadents decadence
dekanaat dean's office
deklamaator reciter; declaimer
deklamatsioon recitation; declamation
deklameerima recite; declaim
deklaratsioon declaration
deklareerima declare
deklinatsioon declination
deklineerima decline
dekoltee décolletage, low-cut neckline
dekoraator decorator; *teatr.* scene-painter
dekoratiivne decorative
dekoratsioon (*kaunistus*) decoration; *teatr.* scenery, scene(s), sets, décor
dekoreerima decorate
dekreet decree; ~**puhkus** maternity leave
delegaat delegate
delegatsioon delegation
delegeerima delegate

3 J. Silvet

delfiin *zool.* dolphin; **D-** (*tähtkuju*) the Dolphin, Delphinus
delikaatne delicate
delikaatsus delicacy
deluuvium *geol.* talus (deposits), slide rocks
dementeerima deny (officially)
demobilisatsioon demobilization
demobiliseerima demobilize
demokraat democrat
demokraatia democracy
demokraatlik democratic
demonstrant demonstrator
demonstratiivne demonstrative; (*väljakutsuv*) provocative
demonstratsioon demonstration
demonstreerima demonstrate; (*filmi*) show *
demonteerima *tehn.* dismount, dismantle
demoraliseerima demoralize
denaturaat denatured alcohol, methylated spirit(s)
deponeerima deposit, lodge (money)
depoo depot; (*veduri~*) engine shed; (*tuletõrje~*) fire station
deposiit deposit
depressioon depression
deputaat deputy
deputatsioon deputation
derivaat derivative
derivatsioon derivation
desarmeerima disarm
desarmeerimine disarmament
deserteerima desert
desertöör = väejooksik
desinfektsioon disinfection
desinfitseerima disinfect
desorganiseerima disorganize
despoot despot
despotism despotism
dessant landing, descent; (*~vägi*) landing party (*or* force)
dessert dessert; **~vein** sweet wine
destillatsioon distillation
destilleerima distil
dešifreerima decipher, decode
dežuur being on duty
dežuurima be on duty
detail (*üksikasi*) detail; (*üksikosa*) component, part, element
detailne detailed
detektiiv detective
detektor detector; **~vastuvõtja** *raad.* crystal receiver
detonatsioon *tehn.* detonation; *muus.* singing out of tune

detoneerima *tehn.* detonate; *muus.* sing * out of tune
detsember December
detsembrikuu (the month of) December
detsimeeter decimetre
diafragma 1. *anat.*, *füüs.* diaphragm; 2. *fot.* aperture, opening
diagnoos diagnosis (*pl.* -ses)
diagnoosima diagnose
diagonaal diagonal
diagonaalne diagonal
diagramm diagram, graph, chart
dialekt dialect
dialektik dialectician
dialektika dialectics
dialektiline dialectical
dialoog dialogue
diameeter diameter
diametraalne diametrical
diapasoon *muus.* diapason; *piltl.* range, compass
diapositiiv (lantern) slide
didaktika didactics
didaktiline didactic(al)
diees *muus.* sharp
dieet diet
difteeria diphtheria
diftong diphthong
diisel Diesel; **~mootor** Diesel engine (*or* motor); **~vedur** Diesel locomotive
diivan sofa, ottoman, *Am. ka* davenport
diktaat 1. (*etteütlus*) dictation; 2. (*käsk, sund*) dictate
diktaator dictator
diktatuur dictatorship
dikteerima dictate
diktor announcer
diktsioon diction, enunciation
diletant dilettante (*pl.* -ti)
diletantlik dilettante
diplom diploma
diplomaat diplomat, diplomatist
diplomaatia diplomacy
diplomaatiline diplomatic
diplomitöö diploma work; (higher school) graduation work (*or* thesis) (*pl.* -ses)
direktiiv instruction(s), direction(s), directive(s)
direktor director, manager; (*koolis*) headmaster, head, principal
direktsioon 1. (*juhatus*) board (of directors), management, directorate; 2. (*suund*) direction
dirigeerima conduct

dirigent conductor; (*väikese orkestri* ~) bandmaster
diskonteerima discount
diskreetne discreet
diskreetsus, diskretsioon discretion
diskrimineerima discriminate
diskrimineerimine discrimination
diskussioon discussion, debate
diskulteerima discuss, debate
diskvalifitseerima disqualify
diskvalifitseerimine disqualification
dispanser dispensary
dispetšer dispatcher; deliverer, (transport) controller
disputeerima dispute
dispuut disputation
dissertatsioon = **väitekiri**
dissonants dissonance, discord
distants distance
distsipliin discipline; (*teadusharu haril.*) branch of study
distsiplinaarkaristus non-judicial punishment
diversant wrecker, saboteur
diversioon (*kahjurlik akt*) sabotage, act of subversion; (*sõjaline operatsioon*) diversion
diviis *sõj.* division; *trük.* hyphen
divisjon (*suurtükiväes*) battery, *Am.* battalion; (*ratsaväes ja mereväes*) squadron
dogi (*saksa* ~) Great Dane; (*inglise* ~) mastiff
dogma dogma
dogmaatiline dogmatic
dokitööline docker
dokk dock
doktor doctor; ~**itöö** thesis (*pl.* -ses) for a Doctor's degree
doktriin doctrine
dokument document
dokumentaalfilm documentary (film)
dokumentaalne documentary
dokumentatsioon documentation
dokumenteerima document
dollar dollar
domineerima predominate, prevail; dominate
dominioon dominion
doomino (*maskikostüüm*) domino (*pl.* -oes); (*mäng*) dominoes
doonor *med.* donor
doos = **annus**

doseerima dose (out)
dotsent assistant professor, (university) reader, senior lecturer
draakon = **lohe**
draama drama
drakooniline Draconian, Draconic
dramaatiline dramatic
dramatiseerima dramatize
dramaturg dramatist, playwright
drapeerima drape
drapp *tekst.* twilled woollen cloth
drastiline drastic
dreen drain
drenaaž drainage
dresiin (railway inspection) trolley
dress (sports) dress, training outfit
dresseerima train, school; (*hobust*) break * in
dressuur training, schooling; (*hobuse* ~) breaking in
drill drill
drillima drill
droog drug, pharmaceutical product
drossel *tehn.* throttle(-valve); *raad.* choke coil
druus *min., geol.* druse, vug(g)
džemper jumper, pull-over
džentelmen gentleman (*pl.* -men)
džoki jockey
džudžitsu *sport.* judo, ju-jutsu
džungel jungle
džuut jute
džäss jazz
dubleerima (*kahekordistama*) duplicate; (*filmi*) dub; *teatr.* understudy; *tehn.* plate
dublikaat duplicate
duell = **kahevõitlus**
duett duet
dušš (*vihmand*) shower-bath; *med.* douche
duur = **mažoor**
dünaamika dynamics
dünaamiline dynamic(al)
dünamiit dynamite
dünamo dynamo (*pl.* -os), *Am. ka* generator
dünastia dynasty, (royal) house
düsenteeria dysentery
düün I = **luide**
düün II *füüs.* dyne
düüs *tehn.* nozzle, (*reaktiivmootoril*) jet

eakas   **edasi**

E

eakas aged, elderly
eales ever
ebaaus dishonest
ebaedu failure; reverse, set-back
ebaehtne not genuine, spurious; (*võlts*) false
ebaharilik unusual, uncommon, out of the ordinary
ebainimlik inhuman
ebajalake(ne) = **kulend**
ebajumal idol; ~**akummardamine**, ~**ateenistus** idolatry
ebajärjekindel inconsistent
ebakindel uncertain, unsure; unstable; insecure
ebakindlus uncertainty; instability; insecurity
ebakohane misplaced, out of place; inappropriate, inopportune; (*ebasünnis*) unsuitable, improper
ebakoht fault, defect, shortcoming
ebakorrapärane irregular
ebakriitiline uncritical
ebakultuurne uncultured, uncivilized; (*toores*) rough
ebakõla discord, dissonance, disharmony
ebaküps unripe, immature
ebalema (*kõhklema*) hesitate, waver; (*kahtlema*) doubt, be in doubt
ebaloogiline illogical
ebaloomulik unnatural
ebalus hesitation, wavering
ebamaine unearthly
ebamajanduslik uneconomic
ebameeldiv unpleasant, disagreeable
ebameeldivus unpleasantness, disagreeableness; (*sekeldus*) unpleasantness, trouble
ebamoraalne immoral
ebamugav uncomfortable; inconvenient, unhandy
ebamäärane undetermined, undefined, ill-defined, vague; (*raskesti kirjeldatav*) nondescript
ebanormaalne abnormal; (*vaimselt*) insane
ebaoluline inessential, immaterial; (*tähtsusetu*) unimportant
ebaproduktiivne unproductive
ebard monster, monstrosity, freak
ebaseaduslik illegal, illicit, unlawful
ebaselge indistinct, obscure, not clear
ebaselgus indistinctness, obscurity
ebasobiv unsuitable

ebasoodus unfavourable, adverse; (*ebakasulik*) disadvantageous
ebasoosing disfavour; ~**usse sattuma** get * (*or* fall *) into disfavour
ebasoovitav inadvisable, inadvised
ebasõbralik unfriendly
ebasünnis improper, unsuitable, inopportune
ebatasane uneven
ebatavaline = **ebaharilik**
ebateadlik unconscious; unaware (*millestki* — *of smth.*)
ebateadus pseudo-science
ebateaduslik unscientific
ebatervislik unhealthy, unsanitary
ebatsensuurne improper, unmentionable, indecent
ebatõde untruth
ebatõenäoline improbable
ebatäpne inexact, inaccurate
ebausk superstition
ebausklik superstitious
ebausutav incredible
ebaviisakas impolite, uncivil, rude
ebaviisakus impoliteness, incivility, rudeness
ebavili *bot.* pseudocarp
ebavoorus vice; (*puudus*) defect; (*kõlvatus*) depravity, immorality
ebavooruslik vicious; (*kõlvatu*) depraved, immoral
ebavõrdne unequal
ebavõrdsus inequality
ebaõige untrue, incorrect, wrong
ebaõiglane unjust
ebaõnn ill (*or* bad) luck; misfortune; failure
ebaõnnestuma fail, miscarry, meet * with ill success
ebaühiskondlik anti-social
ebaühtlane uneven; not uniform, heterogeneous
ebe fluff, flue
eblakas flighty, flirtatious, coquettish
edasi forward, onwards, further, ahead; on; **lugege** ~! read on!, go on reading!; **ja nii** ~ **and so on**; ~ **andma** pass on, transmit, transfer; (*tõlgendama*) render; ~ **arendama** develop further, elaborate; ~ **jõudma** move forward, advance, make* headway, progress; ~ **kaebama** appeal; ~ **lükkama** put * off, postpone, adjourn, defer; ~ **müüma** resell*; ~ **toimetama** forward; ~ **tungima** forge ahead, push for-

edasiandmine 37 **eemaletõukav**

ward, advance; ~ **viima** carry forward, help forward, promote
edasiandmine passing on, transmission, transfer
edasijõudmine advance, progress
edasikaebus appeal
edasikäik forward movement
edasilükkamatu not to be put off, urgent
edasimüük resale
edasine further, subsequent
edasi-tagasi up and down, to and fro, *Am.* back and forth; there and back; ~**-pilet** return ticket; ~**-reis** round trip
edaspidi later on, in the future, henceforth, further
edaspidine further, future
edastama forward
ede *sport.* handicap
edel south-west
edendama further, promote, advance
edenema thrive*, prosper, flourish, progress, get * on, make * headway
edetabel *sport.* championship tabulation
edev vain, coquettish
edevus vanity, coquetry
edu success; (*edusamm*) progress, advance
edukas successful
edukus successfulness, success
edumaa *sport.* start, lead, head
edumeelne progressive(-minded), forward-looking
edusamm progress, advance; ~**e tegema** make * progress (*or* headway)
edutama promote, advance (in service)
edvistama coquet, flirt
eebenipuu ebony
eefeu = luuderohi
eel before; **koosoleku** ~ before the meeting; **õhtu** ~ before the evening, towards evening; ~ **olema,** ~ **seisma** be impending
eelaimus presentiment, premonition, (*paha* ~) foreboding
eelajalooline = esiajalooline
eelarvamus prejudice, bias
eelarvamusetu unprejudiced, unbiased
eelarve (*riiklik* ~) budget; (*tööstuslik* ~) estimate
eeldama assume, presuppose, suppose, presume, take * for granted
eeldus assumption, supposition, presumption; (*eeltingimus*) premise, precondition; pre-requisite
eelis advantage; preference, precedence

eelistama prefer; be partial to, favour
eelistus preference; partiality
eelisõigus prerogative
eelkõige first of all, in the first place, primarily, above all
eelkäija predecessor, forerunner, precursor
eellane ancestor, for(e)bear
eellugu previous (*or* past) history, antecedents
eelmainitud above-mentioned
eelmine previous, former, preceding
eelmäng prelude; (*näidend*) curtain-raiser, introductory piece
eelmüük advance sale; (*piletite* ~) booking in advance
eelnema precede
eelnev preceding, precedent, previous, antecedent
eelnimetatud aforenamed, aforesaid, above-named, above-mentioned
eelnõu bill, draft law
eelolev coming, impending
eelpost outpost
eelroog hors d'oeuvre, appetizer
eelsalk vanguard
eelseisev = eelolev
eelsoodumus *med.* predisposition
eelsoojendama *tehn.* preheat, heat beforehand
eelteadmised preliminary (*or* previous) knowledge
eeltingimus preliminary condition, precondition, pre-requisite
eeluurimine *jur.* preliminary investigation (*or* inquiry, trial)
eel(uurimis)vangistus *jur.* imprisonment on remand, remanding custody
eelviimane last but one, penultimate, one from the end
eelvägi advance-guard, vanguard
eelõhtu eve, evening before; **millegi** ~**l** on the eve of smth.
eemal afar, away, in the distance; off; ~ **olema** be away, be absent; ~ **seisma** stand* (*or* keep*) aloof (*from*)
eemaldama remove, move off (*or* away), take* away
eemalduma withdraw*, retire, move off (*or* away)
eemale afar, away, into the distance; off; ~ **hoiduma** hold* (*or* keep*) aloof (*from*); ~ **peletama** frighten (*or* scare) away; ~ **tõrjuma** drive* away (*or* off), keep* off; ~ **tõukama** push away, repel
eemaletõukav repellent, repulsive, forbidding

eemalolek being away, absence
eemalolev absent
eemalt from afar, from the distance
eend projection, salient
eepika epics, epic poetry
eepiline epic
eepos epic, epic poem
ees 1. *adv.* before, in front, ahead; **kell on ~ the clock** is fast; **ma olen temast ~** I am in advance (*or* ahead) of him; **kes ~, see mees first come, first served;** 2. *postp.* before, in front of, ahead of; **maja ~** in front of the house
eesel donkey; (*sõimusõnana*) ass, jackass
eesistuja (*koosoleku ~*) chairman (*pl.* -men); (*juhatuse ~*) chairman, president
eesjalg foreleg
eeskava programme
eeskiri direction(s), regulation(s), instruction(s); precept; (*arstlik ~*) prescription
eeskoda (entrance-)hall, vestibule, *Am.* hallway
eeskuju model, pattern, example; (*täiuslikkuse ~*) paragon; **~ks olema** set* an example; **kedagi ~ks võtma** take* example by smb.
eeskujulik model, exemplary
eeskäsi (*kaardimängus*) lead; **kelle ~?** who leads?
eeskätt first and foremost, in the first place, in the first instance
eeskülg = esikülg
eeslatern (*autol jms.*) headlight
eeslava proscenium, (stage) apron
eesliide *lgv.* prefix
eeslinn suburb
eesmine front (*atrib.*), fore-, foremost
eesmärk aim, object, objective, purpose, purport, goal, end (in view)
eesnimi first name, Christian name, *Am.* given name
eesotsas at the head (*of*); **~ olema** head, lead*
eespool before, above; **~ mainitud** before-mentioned, above(-mentioned)
eesriie curtain, shade
eesrindlane leading (*or* foremost) worker, frontrank worker, frontranker
eesrindlik (most) advanced, frontrank (*atrib.*), front-ranking; progressive(-minded)
eessõna 1. (*sissejuhatus*) preface, foreword; 2. *lgv.* preposition

eest 1. *adv.* from before; **~ ära!** (get) out of the way!, make way!, stand aside!; 2. *postp.* from before, from; for; **kahe aasta ~** two years ago; **ma ostsin paberit 5 rubla ~** I bought paper for 5 rubles, I bought 5 rubles worth of paper; **me võitleme rahu ~** we fight for peace
eesti Estonian; **~ keel** Estonian, the Estonian language
eestikeelne Estonian, in the Estonian language
eestipärane (typically) Estonian, of Estonian character (*or* pattern, origin)
eestipärasus (typically) Estonian character, Estonian idiosyncrasy
eestkoste tutelage, guardianship; **kellegi ~ all** in ward to smb.
eestkostealune ward
eestkostja (*hooldaja*) guardian, tutor; (*soovitaja*) advocate
eestlane Estonian
eestpoolt from before, from in front, from the front
eestseisus *van.* board (of directors), managing committee
eestuba entrance-hall, anteroom
eestvedaja leader, (*halvas mõttes*) instigator
eestvõitleja champion, protagonist, advocate
eesuks front door
eesõigus privilege
eesõigustama privilege
eeter ether; **eetris** (*raadiosaate kohta*) on the air
eetika ethics
eetiline ethical
eetsi to the fore, forward
efekt effect
efektiivne effective, efficacious
efektne effective, spectacular
ega 1. (*ja ei, ei ka*) nor; **ta lahkus toast ~ tulnud tagasi** he left the room and did not return; **ei ... ~ neither ... nor;** 2. (*kas mitte*) not; **~ ta tulegi!** he won't come, not he!; **~ sa ometi haige ole?** you aren't ill, are you?
egiptlane Egyptian
egiptuse Egyptian
egoism egoism, selfishness
egoist egoist
egoistlik egoistic(al), selfish
eha sunset glow, afterglow, red evening sky

Ehatäht (the) evening star, Hesperus, Venus
ehe [ehte] ornament, adornment
ehe [eheda] solid, pure, genuine
ehedus solidness, purity, genuineness
ehis ornament, embellishment
ehistama ornament, embellish
ehisviil *ehit.* pediment
ehitaja builder
ehitama build*, construct
ehitis building, edifice
ehitus building, construction; (*koostis*) structure, make-up, composition; ~**el olema** be under construction
ehitusinsener civil engineer
ehituskunst architecture
ehitusmaterjal building material(s)
ehitusmeister (master-) builder, building contractor
ehitustehnika construction engineering
ehitustööline construction worker
ehk or, in other words; (*võib-olla*) perhaps; ~ **küll** though, although
ehkki though, although
ehkupeale on the off-chance
ehmatama (*ehmuma panema*) frighten, scare, startle; (*ka*) = **ehmuma**
ehmatus fright, scare
ehmes fluff, flue
ehmuma be frightened, be scared, take* fright, get* a fright
ehteasi ornament, piece of jewelry
ehtima adorn, attire, trim; decorate, deck (out)
ehtne genuine, true, real; authentic; (*kulla, hõbeda kohta*) sterling
ehtsus genuineness; authenticity
ei no; not; ~ **midagi** nothing; ~ **keegi** nobody; **ma** ~ **laula** I do not sing; ~ ... **ega** neither ... nor
eideke(ne) (little) old woman (*pl.* women)
eikellegimaa no man's land
eile yesterday; ~ **õhtul** last night
eilne yesterday's, of yesterday
eine light meal, snack; (*hommiku*~) breakfast, (*lõuna*~) lunch, (*õhtu*~) supper; ~**laud** refreshment room (*or* bar), snack bar; (*asutuses*) canteen; *haruld.* buffet
eine(s)tama breakfast, lunch, have a light meal
eit (peasant) woman (*pl.* women); old woman, (old) crone
eitama deny; negate, negative; (*valeks tunnistama*) disavow, disclaim; ~**süüd** ~ plead not guilty
eitav negative; ~**alt** in the negative

eitus negation
ekipaaž 1. (*sõiduk*) horse carriage; 2. (*meeskond*) crew
ekker *tehn.* optical square
ekraan screen
eks (*küsivalt*) isn't that so?; (*kaalutlevalt*) perhaps, maybe; ~ **ma öelnud?** didn't I say so?, didn't I tell you?; **te laulate,** ~ **ole?** you sing, don't you?; ~ **me näe** we shall see; ~ **tulgu siis** let him (*or* her) come then
eksam examination, *kõnek.* exam
eksamineerija examiner
eksamineerima examine
eksemplar (*dokumendi, raamatu jms. kohta*) copy; (*taime, looma kohta*) specimen
eksiarvamus wrong idea, fallacy; (*arusaamatus*) misunderstanding
eksijäreldus wrong inference, false conclusion, error of judg(e)ment; *filos.* non sequitur, paralogism
eksikombel by mistake, erroneously
eksima make* a mistake, be mistaken, err, be in error, be wrong, be at fault, commit an error; (*teelt*) go* astray, lose* one's way; (*patustama*) sin, transgress
eksimatu infallible, unerring
eksimatus infallibility
eksimus error, mistake; (*patustus*) offence, transgression
eksisamm false step, slip; blunder
eksisteerima exist
eksistents existence
eksitama (*eksiteele viima*) mislead*, misguide, lead* into error, lead* astray; (*tülitama*) disturb, trouble
eksitee wrong way, wrong path (*or* track); ~**le juhtima,** ~**le viima** mislead*, misguide, lead* astray
eksitus error, mistake, fallacy; (*väääratus*) slip; (*rumal* ~) blunder
eksiõpetus false doctrine, heresy
ekskavaator excavator
ekskursant excursionist
ekskursioon excursion; (*lühem reis*) trip
ekslema stray, wander (aimlessly), wander about
eksliibris book-plate, ex-libris
ekslik erroneous, fallacious, mistaken, wrong
eksmatrikulatsioon removal from (*or* striking off) the list (of students)
eksmatrikuleerima remove from (*or* strike* off) the list (*or* register)

eksootika exoticism, exotic character
eksootiline exotic
ekspansiivne expansive
ekspansioon expansion
ekspediitor dispatcher, forwarding clerk
ekspeditsioon (*uurimisreis; sõjaretk*) expedition; (*ärasaatmiskontor*) dispatch office; (*edasitoimetamine*) dispatch, forwarding
eksperiment experiment
eksperimentaalne experimental
eksperimenteerima experiment, experimentalize
ekspert expert
ekspertiis examination (by experts); expert opinion
ekspluataator exploiter
ekspluataatorlik exploiter (*atrib.*)
ekspluatatsioon exploitation; ~i andma (*käitist*) put* into operation; (*elamut*) turn over to the tenants
ekspluatatsioonikulud operation expenses
ekspluateerija exploiter
ekspluateerima (*kurnama*) exploit; (*kasutama*) exploit, work, operate
eksponaat exhibit
eksponeerima (*välja panema*) exhibit, display, show*; *fot.* expose
eksport export, exportation
eksport(eer)ima export
ekspress (*kiirrong*) express (train); (*kiirkäskjalg*) express, expressman (*pl.* -men); (*kolimiseks*) removal man
eksprompt impromptu, extempore performance
eksproprieerima *maj.* expropriate
ekstaas ecstasy, rapture
ekstensiivne extensive
eksterritoriaalne exterritorial, extraterritorial
ekstra extra
ekstraheerima extract
ekstrakt extract
ekstravagantne extravagant
ekstravagantsus extravagance
ekstsellents (*tiitlina*) Excellency
ekstsentrik eccentric
ekstsentriline eccentric
ekstsentrilisus eccentricity
ekvaator equator
ekvivalent equivalent
ekvivalentne equivalent
ekvivalentsus equivalence, equivalency
eladeski ever (in one's life); mitte ~ never

elaguhüüe cheer, vivat
elajalik beastly, brutish, brutal
elajas beast, brute
elama live; be alive; (*elunema*) live, dwell*; reside, (*korteris asuma*) lodge; (*asustama*) inhabit; (*ajutiselt viibima*) stay; kas ta elab veel? is he still alive?; kuidas elate how are you (getting on)?; ~ asuma settle (down), take* up one's quarters; elagu ...! long live ...!; läbi ~ undergo*, experience
elamispind living-space, floor (or housing) space, living area
elamu dwelling(-house), habitation; housing-unit, house
elamus experience, sensation
elanik dweller, inhabitant, resident; (*maja~*) inmate; (*kodanik*) denizen
elanikkond population
elastne elastic, resilient
elastsus elasticity, resilience
elatama support, maintain, keep* (in food), feed*
elatanud aged, advanced in years, elderly
elatiiv *lgv.* elative (case)
elatis (*elatusvahend*) livelihood, (means of) subsistence; (*elatusraha*) allowance (for living expenses)
elatuma subsist, live, feed* (*millestki* — on smth.)
elatus subsistence, living; ~miinimum minimum living wage; ~standard, ~tase standard of living; ~vahend means of subsistence, livelihood
elav (*elus*) living, live; (*reibas*) lively, vivacious, animated, brisk; (*vilgas*) quick; (*ilmekas*) vivid; ~ad inimesed living people; ~ad lilled fresh flowers; ~ad ja surnud the living and the dead; ~ huvi keen interest
elavalt (*elusalt*) alive; (*reipalt*) in a lively manner, vivaciously, briskly; (*vilkalt*) quickly; (*ilmekalt*) vividly
elavhõbe mercury, quicksilver
elavjõud *sõj.* manpower
elavnema become* (more) lively (or vivacious, animated), liven up; revive
elavnurk (*koolis*) nature-study corner
elavtara live hedge
elavus liveliness, vivacity, animation
eleegia elegy
eleegiline elegiac
elegantne elegant, smart

elegants(us) elegance, smartness
elekter electricity
elektrienergia electric energy
elektrifitseerima electrify
elektrijaam electric station, power station
elektrijuhe (electric) conductor, electric wire (*or* lead)
elektrik electrician
elektrikaabel electric cable, power cable
elektrikell (*kõlisti*) electric bell; (*ajanäitaja*) electric clock
elektrilaeng electric charge
elektrilamp electric lamp
elektriline electric(al)
elektrilokid electric (hair-)wave, permanent wave, perm
elektrimontöör electrician, fitter
elektrimootor electric motor, electromotor
elektripirn electric bulb
elektripliit electric range (*or* cooker)
elektriravi electro-therapy, electropathy
elektrirong electric railway
elektriseerima electrify
elektritriikraud electric (flat-)iron
elektrivalgus electric light
elektrivalgustus electric lighting
elektrivool electric current
elektrivõrk electric network
elektriväli electric field
elektrodünaamika electrodynamics
elektrolüüs electrolysis
elektrolüüt electrolyte
elektrolüütiline electrolytic
elektromagnet electromagnet
elektromagnetiline electromagnetic
elektron electron; ~**arvuti**, ~**arvutusmasin** electronic computer
elektrood electrode
elektroonika electronics
elektroskoop electroscope
elektrostaatika electrostatics
elektrotehnik = **elektrik**, **elektrimontöör**
elektrotehnika electrical engineering, electrotechnics
element element; (*elektri*~) cell
elementaarne elementary
elementaarosake(ne) *füüs.* elementary particle
elev excited, agitated; (*kõrgendatud meeleolus*) animated, spirited, lively
elevaator elevator
elevandiluu ivory
elevant elephant

elevil, elevile excited, agitated
elevus excitement, agitation; (*kõrgendatud meeleolu*) animation
eliit elite
eliksiir elixir
elling slipway, slip
ellips 1. *mat.* ellipse; 2. *lgv.* ellipsis (*pl.* -ses)
elliptiline elliptic(al)
ellu: ~ **jääma** survive; ~ **kutsuma** call to life, bring* forth, create, found; ~ **viima** put* into practice, carry out (*or* into effect), realize; (*seadust, plaani jms.* ~ **ka**) implement; ~ **äratama** recall to life, resuscitate revive; ~ **ärkama** come* to life, revive
ellujäämine survival
ellujäänu surviyor
elluviimine putting into practice, carrying out (*or* into effect), realization; (*seaduse, plaani jms.* ~ **ka**) implementation
elu life (*pl.* lives); ~ **ja surma peale võitlema** fight* for one's life; ~**jätma** lay* down one's life; ~ **kallale kippuma** make* an attack upon (*smb.'s*) life; ~**ga pääsema** escape with one's life; *vt. ka* **ellu, elus**
eluaasta year (of one's life); **ta suri 75-ndal** ~**l** he died in his 75th year
eluaeg life-time, life
eluaegne lifelong, for life; ~ **pension** life pension
eluase dwelling, abode, habitation
eluavaldus manifestation of life
eluiga life, life-time, span of life
eluilmas ever (in one's life); **ma ei unusta seda** ~**(ki)** I shall never forget it as long as I live
elujaatav optimistic
elujõud vitality
elujõuline full of vitality; (*eluvõimeline*) viable
elukaaslane life companion
elukallidus (high) cost of living, high prices, dearness
elukardetav endangering life, perilous; (*haiguse kohta*) grave
elukas beast, creature, animal
elukindlustus life insurance, life assurance
elukoht (place of) residence, domicile, dwelling-place, abode
elukombed behaviour
elukond (mode of) life, everyday life
elukondlik of everyday life, everyday;

elukorter (*kodune*) domestic; ~**ud tingimused** conditions of life
elukorter living quarters
elukutse calling, profession, (*amet*) trade
elukutseline professional; ~ **diplomaat** career diplomat
elukäik course of life
elulaad way of life
eluline vital; **elulised huvid** life-and-death interests, *kõnek.* bread-and-butter interests
elulisus vitality
elulookirjeldus biography
elulooline biographical
elulugu (story of) life, biography
elulõng *piltl.* thread of life; *bot.* clematis
elulähedane nead to (actual) life, down-to-earth, actual, vital
elumaja dwelling-house
elumees man (*pl.* men) of fashion, man of the world, man about town; man of pleasure, fast liver, rake
elund organ
elunema dwell, reside, live (*in*)
eluohtlik = **elukardetav**
elu-olu (mode of) life, living, way of existence
elupuu (*muinaslooline* ~) tree of life; *bot.* arbor vitae, thuja
elupõletaja *piltl.* fast liver, man (*pl.* men) of pleasure, rake
elupõline life-long, perpetual
eluruum (*tuba*) living-room; (*ala*) living-space
elurõõm joy of living; joyfulness, cheerfulness, buoyancy
elurõõmus joyful, cheerful, buoyant
elus living, live; (*öeldistäitena*) alive; ~ **olema** be alive
elusalt alive; ~ **maetud** buried alive
eluseltsiline life-companion
eluskala live fish
elusolend living being, (living) creature
elustama revive, restore (to life), enliven, vivify, animate
elustandard = **elatusstandard**
elustuma revive, become* animated
elusuurune life-size, as large as life; (*pildi kohta*) full-length
elusuurus life size, natural dimensions
elutahe will to live
elutarbed necessaries of life
elutarbeline service (*atrib.*), satisfying life's necessities

elutark wise; (*kogenud*) worldly wise, experienced, knowing
elutarkus (practical) wisdom, wisdom of life; (*kogemus*) experience
elutase living standard
elutee path (*or* course) of life, career
elutingimused conditions of life
elutruu true to life
elutsema (*virelema*) vegetate; (*loomade kohta*) live, be found
elutu lifeless, inanimate, dead, dull, inert
elutuba living-room
elutöö life's work, work in life
elutüdimus weariness of life (*or* living)
eluvaim breath of life
eluviis way of life
eluvõimeline viable
eluvõimetu non-viable, inviable
eluvõõras alien to life, remote (*or* detached) from life; (*kogemusteta*) inexperienced
eluülalpidamine maintenance of life, living, livelihood, subsistence
ema mother; ~ **poolt** (*sugulase kohta*) = **emapoolne**
emaarmastus motherly love (*or* affection)
emadus maternity, motherhood
emahani (female) goose (*pl.* geese)
emahunt she-wolf (*pl.* -wolves)
emaihu (mother's) womb; ~**st peale** from one's birth (on)
email enamel
email(eer)ima enamel
emajuur *bot.* gentian
emak = **võõrasema**
emakaru she-bear
emakas *anat.* womb, uterus; *bot.* pistil
emakeel mother tongue, native language
emalaev parent (*or* mother) ship; **lennukite** ~ aircraft carrier
emalammas ewe
emalik motherly, maternal
emalõvi lioness
emand mistress, lady, dame; (*kaardimängus*) queen
emane female
emanõges = **iminõges**
emapiim mother's milk
emapoolne maternal, on one's mother's side; ~ **vanaisa** maternal grandfather, grandfather on the mother's side
emasloom female (animal)

ematu motherless
embama embrace, hug
emb-kumb either, one of the two, either one or the other
embleem emblem
embrüo embryo (*pl.* -os)
embrüoloogia embryology
embrüonaalne embryonic
embus embrace
emfaas emphasis (*pl.* -ses)
emfaatiline emphatic
emigrant (*väljarändaja*) emigrant; (*pagulane*) émigré, *fem.* émigrée
emigratsioon emigration
emigreerima emigrate
emis sow
emissioon *füüs.* emission; *maj.* issue
emotsionaalne emotional
emotsioon emotion
empiiriline empiric(al)
ena! = **ennäe!**
enam more; **mitte ~** no more, no longer
enamasti mostly, for the most part, in most cases
enamik majority, the greater part (*of*)
enampakkuja the highest bidder
enampakkumine auction, (public) sale; **enampakkumisel müüma** sell* by auction, put* up for sale
enamus majority, numerical superiority
enam-vähem more or less
end, enda *vt.* **ise**
endamisi to oneself; **ta mõtles ~** he thought to himself
endastmõistetav self-evident, (as) a matter of course; (*ilmne*) obvious; **(see) on ~** it goes without saying, it stands to reason; **~aks pidama** take* for granted
endeline portentous, presaging, prophetic
endi *vt.* **ise**
endine former, previous; late, past, ex-
endiselt as before, as usual
enelas *bot.* spir(a)ea, (*põõsas~*) meadow-sweet
energeetik power specialist, power engineer
energeetika energetics, power engineering
energia energy
energiline energetic
enese *vt.* **ise**

enesearmastus self-love, selfishness, egoism
enesekaitse self-defence
enesekiitus self-praise
enesekindel self-assured, self-confident, self-reliant
enesekindlus (self-)assurance
enesekohane: ~ asesõna *lgv.* reflexive pronoun
enesekriitika self-criticism
enesemääramine self-determination
eneseohverdus self-sacrifice
enesepete, enesepettus self-deception, self-delusion
enesesalgamine self-denial
enesetapja suicide, *jur.* felo (*pl.* -lones, -los) de se
enesetapmine suicide; **elu enesetapmisega lõpetama** commit suicide
enesetunne feeling (of health and comfort); **kuidas on teie ~?** how do you feel?
eneseusaldus (self-)confidence, self-reliance, self-assurance
enesevalitsus self-control, composure, self-command, self-restraint
enim most
enimalt mostly, for the most part
ennakult in advance, in anticipation
ennast *vt.* **ise**
ennastsalgav self-denying, selfless
ennatlik, ennatu precipitate, inconsiderate, rash
enne [ende] omen, portent, foretoken, presage, augury
enne 1. *adv.* before, formerly; **~ mõtle, siis ütle!** think before you speak!, look before you leap!; **~ kui (teha)** before (doing); **2.** *prep.* before, ahead of, prior to; **~ lõunat** before noon; **~ tähtaega** ahead of time
enneaegne premature, untimely; **~ laps** premature infant; **~ sünnitus** premature birth (*or* delivery)
enneaegu before one's time, too soon, prematurely
ennekuulmatu unheard of, unprecedented
ennekõike first of all, above all
ennem = ennemini
ennemalt formerly
enneminevik *lgv.* past perfect, pluperfect
ennemini (*varemalt*) before; (*pigemini*) rather
ennemuiste in olden times, once upon a time

ennemuistne ancient, of old, of yore; ~ **jutt** ancient folk-tale
enneolematu unprecedented
ennest lately, not long ago, recently
ennestine late, recent
ennesõjaaegne pre-war
ennetama anticipate, forestall
ennetähtaegne pre-schedule, (done) ahead of time (*or* schedule); (*makse kohta*) anticipatory
ennevanasti in old times, in the (distant) past, long ago
ennist = **ennest**
ennistama restore
ennustaja foreteller; (*kaardimoor, käetark*) *jms.*) fortune-teller
ennustama foretell*, predict, forecast*; (*haiguskäiku*) prognosticate; (*tulevikku*) prophesy, presage; (*kaartide, käejoonte jms. järgi*) tell* fortunes; (*ette tähendama*) forebode, portend
ennustus prediction, forecast; (*haiguskäigu* ~) prognosis (*pl.* -oses); (*tuleviku* ~) prophecy, presage
ennäe! see!, look!, behold!, lo!
ent but, however, on the other hand
entomoloogia entomology
entsüklopeedia encyclop(a)edia
entsüklopeediline encyclop(a)edic
entusiasm enthusiasm
entusiast enthusiast
entusiastlik enthusiastic
eos *biol.* spore; ~**taim** *bot.* cryptogam
eostama fecundate, impregnate
eostuma become* fecundated (*or* impregnated)
eostus fecundation, impregnation
epideemia epidemic
epideemiline epidemic
epigraaf epigraph
epigramm epigram
epiloog epilogue
episood episode
episoodiline episodic(al)
epistel epistle
epitaaf epitaph
epiteet epithet
epohh epoch
epopöa *kirj.* epopee
eputama (*edvistama*) coquet(te); (*peps olema*) be over-fastidious, be finical (*or* finicky)
eraalgatus private initiative
eraelu private life (*pl.* lives)
eraisik private person
erak hermit, eremite, anchorite, anchoret

erakla hermitage
eraklik hermit-like, eremitic(al), anchoretic
erakond party
erakordne extraordinary, out of the ordinary, special; exceptional
erakorraline extraordinary; ~ **koosolek** emergency (*or* special) meeting; ~ **olukord** *pol.* state of emergency
erakorter private lodging(s) (*or* apartments), private rooms
eraldama separate, segregate, set* apart; detach; isolate; seclude
eraldi separately, apart, (taken) singly; ~ **sissekäik** separate entry (*or* entrance)
eraldine separate
eralduma separate, detach oneself, get* detached; isolate oneself
eraldus separation, segregation; isolation, seclusion; (*eraldielu*) privacy; ~**märk** = **eristusmärk**
eramaja private house
erand exception (*millestki* — *to smth.*); ~**ina** by way of exception
eranditult without exception
erandlik exceptional, special
eraomand private property
erapooletu impartial; neutral; hääletamisel ~**ks jääma** abstain (*or* refrain) from voting; ~**d riigid** *pol.* the neutral (*or* uncommitted) nations
erapooletus impartiality; neutrality
erapoolik partial, bias(s)ed; prejudiced
erapoolikus partiality, bias
erariided plain clothes, *kõnek.* civ-(v)ies; **erariietes** (*sõjaväelase kohta*) in mufti; **erariietes politseinik** plainclothes man (*pl.* men)
erarong special train
eraõivad = **erariided**
eraviisil privately, in private
eraviisiline private
ere bright, dazzling, blazing; vivid
eredus brightness; vividness
erepunane bright red, vermilion, scarlet
eretama shine* (*or* glow) with red light
erg *füüs.* erg, ergon
ergama glow (brightly)
ergas alert; sprightly, lively
ergastama excite, stimulate
ergastus excitement, stimulation
ergutama stimulate, incite, rouse; encourage, urge, cheer

ergutus stimulation, stimulus (*pl.* -li), incitement; encouragement; ~auhind consolation prize; ~vahend stimulant
eri separate, different, particular; need on kaks ~ küsimust these are two separate (*or* different) questions (*or* problems)
eriaine special subject
eriala speciality, specialty, special line (*or* field)
erialane special, speciality (*atrib.*)
eriarst (doctor-)specialist
eriarvamus dissenting opinion; ~el olema dissent, disagree, differ, have one's different views
erifond special fund
eriharrastus hobby, favourite occupation
erijoon (special) feature, special trait
erikaal *füüs.* specific gravity (*or* weight); *piltl.* (special) weight
erilaadne particular, peculiar
eriline special, particular; especial; specific; **mitte midagi erilist** nothing in particular
erim *zool., bot.* variety, strain
erinema differ
erinev differing, different, unlike
erinevalt differently, unlike; ~ teistest unlike the others
erinevus difference
eriosakond special department
eriotstarve specific purpose
eripärane peculiar, specific
eririietus special clothing (*or* dress); (*tööriietus*) overalls, protective outer garments
erirong special train
eriskummaline peculiar, odd, queer, strange
erisoojus *füüs.* specific heat
eristama differentiate, distinguish, discriminate
eristuma differentiate, become* different
eristusmärk badge, distinctive mark; **eristusmärgid** *sõj.* insignia
erisugune (*erinev*) different, of a different type; (*ebaühtlane*) heterogeneous
eritama (*välja eraldama*) secrete; (*välja heitma*) excrete
eriteade special news
eriteadlane specialist
eritelu = **eritlus**
eriti specially, particularly, in particular

eritis secretion
eritlema analyse
eritlus analysis (*pl.* -ses)
erituma be secreted
eritus secretion; ~elund, ~organ organ of secretion
erk *anat.* = **närv**
erk (*elav, kärmas*) lively, sprightly, keen
erkus alertness; sprightliness, liveliness
erootika eroticism, erotic life; (*armastusluule*) erotic poetry
erootiline erotic
erru *vt.* **eru**
ertshertsog *aj.* archduke
eru retirement (from service), resignation; **erru minema** retire, resign; **erru saatma** discharge (after service), dismiss, pension off
eruditsioon erudition
erukindral retired general
erustuma retire, resign
erutama excite, rouse, stimulate; agitate, make* nervous, upset*, flurry, fluster
erutuma get* (*or* be) excited; be agitated, be in agitation, be upset, be nervous
erutus excitement, agitation, flurry, fluster
ese object, thing
esemeline object (*atrib.*), of objects; material
esi fore, forepart, forefront; *mäend.* face heading, breast
esiajalooline *arheol.* prehistoric
esiajalugu *arheol.* prehistoric times
esialgne preliminary, provisional, tentative
esialgu provisionally, for the time being, for the present
esiema ancestress
esietendus first performance, first night, première
esiisa forefather, ancestor, forebear
esijalg = **eesjalg**
esijoones = **esmajoones**
esik entrance hall, vestibule; *anat.* vestibule
esiklaps first-born (child), eldest (child)
esikoht first place; *sport.* championship; **esikohal olema** hold* the first place, be the first; ~a **saavutama** come* in first
esikteos first work, first production
esikõne first speech, maiden speech

esikülg front side, façade, front, face
esilatern = eeslatern
esildama (*ettepanekut tegema*) propose, propound, put* forward, submit
esile forth, forward, to the fore; ~ **kerkima** rise* to the fore, spring* up, crop up, emerge, arise*; ~ **kutsuma** call forth give* rise (*to*), evoke; ~ **tooma** bring* forth, bring* out, produce; (*seisukohta jms.*) put* forward; ~ **tulema** come* to the fore; ~ **tõstma** raise, bring* into prominence, emphasize, stress
esileht *trük.* title-page, title-leaf (*pl.* -leaves); *bot.* prophyll
esimees chairman (*pl.* -men), president
esimene first; (*ruuumiliselt*) front, fore-; (*esimesena mainitud*) former; ~ **mai** the first of May; ~ **sõrm** forefinger, first (*or* index) finger, index
esinaine woman chairman (*pl.* -men), woman president
esindaja representative; (*äri* ~) agent, factor
esindama represent, act (*or* appear, stand*) for
esindus representation, body of representatives; *maj.* agency
esinduslik representative; (*välimuselt*) imposing, dignified, impressive
esineja performer; (*kõneleja*) speaker; (*laulja*) singer; (*näitleja*) actor
esinema (*avalikult üles astuma*) appear, perform (*or* act, play, sing*, etc.), make* a speech; (*leiduma, ette tulema*) occur, present oneself, be bound, be met (with)
esinemine appearance, performance; occurrence
esinemispalavik stage fright
esinemissagedus (frequency of) occurrence
esiotsa in the beginning, at first
esiplaan foreground, forefront; ~**il olema** be in the forefront; ~**ile tõstma** place in the forefront
esirida front row; **esireas** in the forefront, in the front ranks, in the van
esirind forefront
esirinnas in the front ranks
esisündinu first-born
esitama present, put* (*or* bring) forward, set* forth, advance; (*sisse andma*) hand in; (*otsustamiseks*) submit; (*ette näitama*) produce, show*; (*ette kandma*) perform, render; (*selgitavalt*) report, expound; **nõudmist** ~ **make*** a demand; **küsimust** ~ ask a question
esiteks first, firstly, to begin with, for one thing
esiti at first
esitis (*ettekanne*) report; (*ettepanek*) proposition, proposal
esitlema introduce, present
esitus presentation; (*ettekanne*) performance (*muusikaline* ~) rendition
esivanem ancestor, forefather, progenitor, forebear
esivõistlused championship competition (*or* contests)
eskaader *sõj.* squadron
eskadrill *sõj.* (air) squadron
eskadron *sõj.* (cavalry) squadron, *Am.* (cavalry) troop
eskiis sketch
eskimo 1. *subst.* Eskimo (*pl.* -oes), Esquimau (*pl.* -aux); 2. *adj.* Eskimo, Esquimau
eskort escort
eskort(eer)ima escort
esmaabi first aid; ~**punkt** first-aid station
esmajoones in the first place, first of all, above all, primarily
esmajärguline first-rate, of first quality, prime, paramount
esmaklassiline first-class
esmakordne first, happening (*or* occurring) for the first time
esmakordselt for the first time
esmalt at first, firstly, first
esmane primary; prime
esmaspäev Monday
esparsett *bot.* sainfoin
esperantist Esperantist
esperanto Esperanto
essee essay; study (*millegi üle — in smth.*)
esseist essayist
essents essence
essiiv *lgv.* essive (case)
estamp *trük., kunst.* print
esteet aesthete
esteetika aesthetics
esteetiline aesthetic(al)
ester *keem.* ester
estetism aestheticism
estraad (concert) stage, platform, dais; ~**iansambel** variety company; ~**ikontsert** variety concert; ~**ikunst-**

estraadikunstnik   47   **ettevaatusabinõu**

nik variety artist, artiste; ~**imuusika** light music; ~**iorkester** variety orchestra (*or* band)
estuaar *geogr.* estuary
ešelon 1. (*sõjaväerong*) troop train; 2. (*väeosade v. sõjalaevade ülesseade*) echelon
et that; (in order) to; as, so as; **sa tead,** ~ **ma olen õhtuti kodus** you know that I am at home in the evenings; **ta on liiga väsinud,** ~ **teatrisse minna** he is too tired to go to the theatre; **me tulime siia,** ~ **teid aidata** we came here (in order) to help you; ~ **ta haige on, siis. ei saa ta meiega tulla** as he is ill, he can't come with us; **me ruttasime,** ~ **mitte hilineda** we hurried so as not to be late
etalon standard
etapp (*vahemaa; arenemisjärk*) stage; (*peatuskoht*) station, halting place
etažeer (*raamatute jaoks*) book-stand; (*iluasjade jaoks*) whatnot
etem *kõnek.* (*parem*) better
etendama act, play, perform
etendus performance; (*tsirkuses*) show
etikett 1. (*käitumisreeglid*) etiquette; 2. (*märgis, nimesedel*) label
etiooplane Ethiopian
etniline ethnic
etnograafia ethnography
etnoloogia ethnology
etsima = **söövitama**
ette 1. *adv.* forward, forwards; before; ahead, in advance, in anticipation, beforehand; ~ **andma** *sport.* give* odds (*or* points); *tehn.* feed*; ~ **heitma** reproach; ~ **jõudma** outdistance leave* behind; (*ennetama*) anticipate, forestall; ~ **kandma** (*raporteerima*) report; (*serveerima*) serve; (*esitama*) render, recite, perform; ~ **kirjutama** prescribe; ~ **kujutama** = **kujutlema;** ~ **kuulutama** = **ennustama;** ~ **käima** (*kella kohta*) be fast, gain; ~ **lugema** read* (aloud) (*kellelegi — to smb.*), (*algusest lõpuni*) read* out; ~ **nägema** foresee*, envisage; ~ **panema** propose; ~ **ruttama** run* ahead; ~ **tegema** (*eeskujuna*) show* how to do it; ~ **tellima** subscribe (*to*), (*reserveerima*) reserve; ~ **tulema** occur, happen; ~ **vaatama** look out, be careful; ~ **valmistama** prepare; ~ **võtma** undertake*; ~ **ütlema** prompt; (*dikteerima*) dictate; 2.

postp. in front of, before; **asetage vaas peegli** ~ **place** the vase in front of (*or* before) the mirror; 3. *adj. kõnek.* = **etem**
etteanne *sport.* odds, points (in advance); *tehn.* feed
etteaste *teatr.* scene
etteheide reproach, reproof, rebuke, recrimination
ettekandja (*kõneleja*) speaker, lecturer; (*muusikapala jms. esitaja*) performer, executant; (*sööklas jms.*) waiter, waitress
ettekanne (*kõne; ametlik* ~) report, address; (*referaat*) paper; (*esitus*) rendition, recital, performance
ettekavatsemata unpremeditated, unintentional
ettekavatsetud premeditated, deliberate, intentional, of set purpose; *jur.* aforethought, prepense
ettekavatsus premeditation, intent, (set) purpose
ettekirjutus prescription
ettekujutus = **kujutlus**
ettekuulutus = **ennustus**
ettekääne pretext; (*teeseldud* ~) pretence; (*puige*) subterfuge; **millegi ettekäändel** on the pretext of smth.
ettenägelik provident, foreseeing, longsighted; prudent
ettenägelikkus foresight, providence; prudence
ettenägemata unforeseen
ettenähtamatu unforeseeable
ettenähtav foreseeable
etteotsa to the fore
ettepanek proposal, suggestion, offer; (*parlamendis*) motion; ~**ut tegema** make* a proposal, propose; (*parlamendis*) move
ettepoole forward
ettetellimine advance order, booking (in advance)
ettevaatamatu incautious, careless, unguarded; improvident; imprudent
ettevaatamatus incautiousness, carelessness, improvidence; imprudence
ettevaatlik cautious, careful, guarded, wary; provident; prudent; circumspect, watchful
ettevaatus caution, care; prudence; circumspection; precaution; ~**t!** look out!, steady!, take care!, *Am.* watch out!
ettevaatusabinõu precaution, precautionary measure

ettevalmistus preparation
ettevõte undertaking, enterprise; *(äri~)* business, firm
ettevõtja contractor, entrepreneur; *(ehitus~)* builder; *(tööandja)* employer
ettevõtlik enterprising
etteütleja prompter
etteütlus dictation
ettur pawn
etümoloogia etymology
etümoloogiline etymological
etüüd study; *(muusikas ja males ka)* étude
eufemism euphemism
euroopa European
euroopalik European
eurooplane European
evakuatsioon evacuation
evakueerima evacuate
evakueeruma be evacuated, evacuate
evangeelium gospel; *van.* evangel *(ka piltl.)*
evangeelne evangelic(al)
evima = omama
evolutsioon evolution
evolutsiooniline evolutional, evolutionary
evolutsiooniteooria theory of evolution

F

faabula plot, story
faarvaater *mer.* fairway, (navigable) channel, water-way, seaway
faas phase, stage
faasan pheasant
fabrikaat manufactured product
fabritseerima *(tootma)* manufacture; *(välja mõtlema)* fabricate
fagott bassoon
fajanss faience, glazed earthenware, (glazed) pottery
fakiir fakir
fakt fact
faktiline factual; virtual, actual
faktor factor
faktuur 1. *maj.* invoice, bill of lading; 2. *kunst., muus.* texture, manner of execution, technique
fakultatiivne optional, facultative
fakulteet = teaduskond
falsett falsetto *(pl.* -os)
familiaarne familiar, unceremonious
familiaarsus familiarity, unceremoniousness
fanaatik fanatic
fanaatiline fanatical
fanatism fanaticism
fanfaar fanfare
fantaasia fancy, fantasy; *muus.* fantasia
fantaseerima indulge in fancies, dream*
fantast visionary, fantast, dreamer
fantastiline fantastic, fanciful
farm farm
farmaatsia pharmacy
farmakoloog pharmacologist
farmakoloogia pharmacology
farmakopöa pharmacopoeia
farmatseut pharmaceutist, pharmacist, druggist
farmatseutiline pharmaceutical
farmer farmer
farss farce
fassaad façade
fassong fashion, style; *(rõivalõige)* cut, make, shape
fašism fascism
fašist fascist
fašistlik fascist
fataalne fatal
fatalism fatalism
fatalist fatalist
fatalistlik fatalistic
fauna fauna
favoriit favourite; *peam. põlgl. (soosik)* minion
fee fairy
feldmarssal Field Marshal
feminiin *lgv.* feminine
fenomen phenomenon *(pl.* -ena)
fenomenaalne phenomenal
feodaal feudal landlord, (feudal) lord
feodaalne feudal
feodalism feudalism
fermaat *muus.* pause
ferment ferment
festival festival
fetiš fetish
fetišism fetishism
fiasko fiasco *(pl.* -os)
figureerima figure *(kellenagi — as smb.)*
figuur figure
fikseerima fix
fiktiivne fictitious
fiktsioon fiction
filantroop philanthropist

filantroopia philanthropy
filatelist philatelist, stamp collector
filee 1. (*võrkpits*) network, netting;
2. (*liha- v. kalasort*) fillet
filharmoonia philharmonic society
filiaal branch (*or* subsidiary) office
filigraan filigree
filister Philistine
film film
filmima film
filmināitleja film (*or* screen) actor
(*or* actress)
filmitāht film star, *Am.* movie star
filoloog philologist
filoloogia philology
filoloogiline philological
filosofeerima philosophize
filosoof philosopher
filosoofia philosophy
filosoofiline philosophic(al)
filter filter
filtreerima filter, filtrate
finaal finale; *sport.* final(s)
finantsaasta fiscal year
finantsdistsipliin financial discipline
finantseerima finance
finantsid finances
finantsiline financial
finantsist financier
finess (*peensus*; *teravmeelsus*) finesse; (*kavalus*) shrewd trick
finiš *sport.* finish
finišeerima *sport.* finish
firma firm
flaam Fleming
flaami Flemish
flanell flannel
flanš *tehn.* flange, collar
flegma phlegm
flegmaatik phlegmatic person
flegmaatiline phlegmatic
fleksioon *lgv.* inflexion
flekteerima *lgv.* inflect
flirt flirtation
flirtima flirt
floks phlox
floora flora
florett (*vehklemismõõk*) foil
florettsiid *tekst.* floss silk
fluor *keem.* fluorine
flööt flute
fokk *mer.* foresail
foks = **fokstrott**
foksterjer fox-terrier
fokstrott foxtrot
foliant folio (*pl.* -os), folio-volume
folkloor folklore

folklorist specialist in folklore, student of folklore, folklorist
fond (*põhivara*) fund, stock
foneem *lgv.* phoneme
foneetika phonetics
foneetiline phonetic
fonograaf phonograph
fookus *füüs.* focus (*pl.* -ci)
foolio folio (*pl.* -os); ~**kaustas** in folio
foon = **taust**
forell trout
formaalne formal
formaalsus formality
formaat = **kaust**
formalism formalism
formalist formalist
formalistlik formalistic
formatsioon formation
formeerima form
formular (blank, set) form, blank
formuleerima formulate
forsseerima force; **tempot** ~ force (*or* step up) the pace
fort fort
fortifikatsioon fortification
fosfaat *keem.* phosphate
fosfoor *füüs.*, *keem.* luminophor, phosphor
fosfor *keem.* phosphorus
fosforestsents *füüs.* phosphorescence
fosforiit *min.* phosphorite, rock phosphate
fosgeen *keem.* phosgene
foto photo (*pl.* -os), photograph; ~**album** photo(graphic) album, album for photo(graph)s; ~**aparaat** camera; ~**element** photoelectric cell, photocell
fotograaf photographer
fotograafia photography
fotografeerima photograph, take* a photo, take* photos
fotogravüür *trük.* photo-engraving, photogravure, photoprint
fotokeemia photochemistry
fotokoopia photostatic copy
fotorakk = **fotoelement**
fotosüntees *bot.* photosynthesis
fraas phrase
fragment fragment
fragmentaarne fragmentary
frakk dress-coat, tail-coat, swallow-tail
fraktsioon 1. *pol.* faction, splinter group; 2. *keem.* fraction
fraktuur 1. *trük.* German type; 2. *med.* fracture
frank (*rahaühik*) franc

franko free, carrage-paid, postage paid, post-paid
fraseoloogia phraseology
frees *tehn.* milling cutter
freesima mill
freesmasin milling machine
fregatt frigate
frekvents frequency
frentš service jacket, tunic
fresko fresco (*pl.* -os, -oes)
friis I *ehit.* frieze
friis II (*teat. germaani rahva liige*) Frisian
friisi Frisian
frikadell *kok.* quenelle, meat ball
friseerima (*juukseid kähardama*) curl, frizz; (*soengut tegema*) dress (*or* do) a person's hair
frisuur = **soeng**
frisöör = **juuksur**
fritt *tehn.* frit
frivoolne frivolous
front = 1. **rinne**; 2. **eeskülg**
frontaalne frontal; ~ **küsitlus** *ped.* questioning the class (*or* group) as a whole
frontoon *ehit.* pediment
frotee terry (cloth); ~**rätik** bath-towel, Turkish towel
fuajee foyer, lobby
fugass fougasse, land mine, field charge
fundamentaalne fundamental

funktsionaalne functional
funktsioneerima function
funktsioon function
furaaž forage, fodder
furoor furore
futurism futurism
futurist futurist
futuristlik futurist, futuristic
futuurum *lgv.* future (tense)
fuuria fury; (*tige vanamoor ka*) harridan
föderaalne federal
föderatiivne federative, federate
föderatsioon federation
följeton (*veste*) feuilleton; (*pilke*~) topical (*or* newspaper) satire
följetonist topical satirist
föön *meteor.* foehn
fööniks phoenix
füsiognoomia (*näoilme*) physiognomy; (*nägu*) face, *kõnek.* ka physiognomy
füsiognoomika physiognomy
füsioloog physiologist
füsioloogia physiology
füsioloogiline physiological
füüsik physicist
füüsika physics
füüsikaline physical, of physics
füüsiline physical, material, bodily; ~ **geograafia** physical geography
füüsilis-matemaatiline physico-mathematical

G

gaas I *füüs.* gas
gaas II *tekst.* gauze
gaasiahi gas-stove, gas-oven
gaasijuhe gas-main
gaasikaitse gas defence
gaasikindel gas-proof
gaasilamp gas-lamp
gaasimask gas-mask, respirator
gaasimõõtja gas-meter
gaasipliit gas-stove, gas-range
gaasistama gasify
gaasitama gas
gaasitorbik = **gaasimask**
gaasivabrik gas-works
gaasivalgustus gas-light(ing)
gaasivarjend gas-proof shelter
gaasjas gaseous, gas-like, gassy
gabariit clearance-gauge, *haruld.* gabari(t); ~**mõõtmed** size, dimensions
galanterii = 1. **pudukaubad**; 2. **galantsus**

galantne gallant, chivalrous, courteous (to women)
galantsus gallantry, gallant manners, chivalry, courtesy
galeer galley; ~**iori** galley-slave
galerii gallery
galopeerima gallop
galopp (*neljajooks*) gallop; (*tants*) galop
galoppima = **galopeerima**
galvaaniline galvanic
galvaano *trük.* electrotype, electro (*pl.* -os)
galvaniseerima galvanize
gambiit = **kahimäng**
gamma = **heliredel**
gangreen gangrene
gangster gangster
garaaž garage
garanteerima = **tagama**
garantii = **tagatis**

garderoob wardrobe; (*riidehoiuruum*) cloak-room; (*näitleja riietusruum*) dressing-room
garneel shrimp
garneerima garnish, trim
garnison garrison
garnituur (*ühtekuuluvate esemete kogu*) set; (*mööbli~*) suite; (*kaunistus*) garnishing, garniture; (*lisa*) trimming
gaseerima aerate; **gaseeritud vesi** aerated (*or* charged) water
gasell gazelle
gasifitseerima supply with gas, lay* on the gas
gastriit *med.* gastritis
gastroleerima play on a starring-tour, have a starring-engagement, be on a tour
gastronoom 1. (*isik*) epicure, gastronome, gastronomer, gastronomist; 2. (*kauplus*) provision shop, *Am.* delicatessen (shop)
gastronoomia gastronomy
geenius 1. (*suurvaim*) (man of) genius, great man (*pl.* men); 2. (*kaitsevaim*) genius (*pl.* -nii)
geim *sport.* game
geiser geyser
genealoogia genealogy
genees genesis
geneetika genetics
geneetiline genetic
generaalbass *muus.* thorough-bass
generaalplaan = **üldplaan**
generaator *tehn.* generator
generalissimus generalissimo (*pl.* -os)
generatsioon = **põlvkond**
geniaalne of genius, great, brilliant
geniaalsus genius, greatness
genitiiv *lgv.* genitive, (*inglise keeles*) possessive case
geodeesia geodesy
geofüüsika geophysics
geograaf geographer
geograafia geography
geograafiline geographic(al)
geoloog geologist
geoloogia geology
geoloogiline geological
geomeetria geometry, (*õppeainena ka*) Euclid
geomeetriline geometric(al); ~ **progressioon** geometrical progression
geood *min.*, *geol.* geode, vug(g)
georgiin = **jorjen**
geraanium = **kurereha**

germaani Germanic, Teutonic; ~ **keeled** Germanic languages
germaanlane Teuton
germaniseerima = **saksastama**
gerundium *lgv.* gerund
geto ghetto (*pl.* -os)
gigant = **hiiglane**
gigantne = **hiiglaslik**
gild g(u)ild
giljotiin guillotine
gladiaator *aj.* gladiator
gladiool gladiolus (*pl.* -li), sword-lily
glassee (*kitse- v. tallenahk*) kid(-skin); ~**kinnas** kid glove
glasuur glaze, glazing; *kok.* icing
glasuurima glaze; *kok.* ice
gletšer glacier
gloobus (terrestrial) globe
glükoos *keem.* glucose, dextrose, grape-sugar
glütseriin glycerine
gneiss gneiss
gobelään (Gobelin)' tapestry, Gobelin
golf golf; ~**ipüksid** plus-fours
gondel gondola
gong gong
gooti Gothic; ~ **kiri** *trük.* Gothic (*or* black-letter) type
gootika Gothic (style)
gorilla gorilla
graafik 1. (*joonis*) graph, chart; (*tööplaan*) schedule, time-table; 2. (*kunstnik*) drawing artist, black-and-white artist
graafika (*kujutava kunsti liik*) graphic art(s); (*kunstiteos*) drawing
graafiline graphic
graatsia grace, charm; *müt.* Grace
graatsiline graceful
gradatsioon gradation
gradueerima graduate
grafiit graphite, plumbago
grafoloogia graphology
gramm gram(me)
grammatik grammarian
grammatika grammar
grammatiline grammatical
grammofon gramophone; ~**iplaat** gramophone record (*or* disk)
granaadivise grenade throw(ing)
granaat 1. *sõj.* (*mürsk*) high-explosive shell; (*käsi~*) grenade; 2. *min.* garnet; 3. *bot.* = **granaatõun**
granaatõun *bot.* pomegranate
grandioosne grandiose, grand
graniit granite
gratsioosne = **graatsiline**
graveerima engrave

gravitatsioon gravitation; **~ijõud** force of gravitation, gravitational pull
graviteerima gravitate *(ka piltl.)*
gravüür engraving
greipfruut *aiand.* grapefruit
grenader grenadier
grimass grimace
grimassitama grimace, pull faces
grimeerima make* up
grimm make-up, grease-paint
gripp influenza, flu(e), grippe
gross gross, twelve dozen
grotesk grotesque
groteskne grotesque
grott grotto *(pl.* -os)
grupeerima = **rühmitama**
grupeeruma = **rühmituma**
grupp = **rühm**
grusiinlane Georgian

gruusia Georgian; **~ keel** Georgian, the Georgian language
gudroon *tehn.* (petroleum) tar
guljašš *kok.* goulash
gummeerima = **kummeerima**
gutapertš gutta-percha
guvernant *van.* governess
guvernöör *van.* (private) tutor
görl (chorus) girl
gööpel *tehn.* gin; *(hobu~)* horse-capstan
gümnaasium grammar school, (classical) high school, secondary school
gümnasist grammar-school *(or* high-school) boy *(or* girl), secondary-school boy *(or* girl)
gümnastika = **võimlemine**
günekoloog gynaecologist
günekoloogia gynaecology
güroskoop gyroscope

H

haab aspen (-tree), asp
haabjas aspen-coloured, greenish grey *(or* gray)
haage coupling
haagis *vt.* **haak**
haagi(s)tama shut* (the door) with a hook
haak hook; **~i panema** shut* *(or* fasten) with a hook; **haagis** shut *(or* fastened) with a hook
haakeriist *põll.* trailing *(or* trailer) implement
haakeveok trailer
haaki *vt.* **haak**
haakima hook, hook up; *(külge ~)* hitch (up) *(to);* *(vaguneid)* couple
haakjas hooked, hook-shaped
haaknõel = **vedrunõel**
haakrist swastika fylfot
haam = **kahv**
haamer hammer; **haamri alla minema** go* *(or* come*) under the hammer, be sold by auction
haamerdama hammer
haar *(haru)* branch; *mat.* side
haarama seize, clutch, grasp, grab, lay* *(or* catch*) hold *(of); (huvitama)* grip; **õlekõrrest kinni ~ clutch** at a straw
haarang raid, round-up, swoop
haarav *(huvitav)* gripping, thrilling
haarduma clutch, grip *(ka tehn.)*
haare [haarde] seizure, grasp, grip; (ulatus) scope, range

haare [haarme] tentacle, pincer, claw
haarem harem, seraglio *(pl.* -os)
haav wound; *(lõike~)* cut, *(pikk ning sügav ~)* gash; **~a lööma** inflict a wound *(kellelegi —* on *smb.)*
haavaarm scar, *tead.* cicatrice
haavaarst = **kirurg**
haavakliinik surgical hospital
haavaleht aspen leaf; **värisema kui ~** tremble *(or* quake) like an aspen leaf
haavama wound, inflict a wound *(on); (vigastama)* injure; hurt*; *(solvama)* offend, insult
haavand sore, ulcer
haavapuu = **haab**
haavatav vulnerable
haavatu wounded, injured (person)
haavel pellet, grain of (small) shot; **haavlid** (small) shot
haavik aspen wood *(or* grove); **~uemand** *(jänes)* hare
haavlipüss shot-gun, fowling-piece
haavlitera pellet, grain *(or* piece) of (small) shot
haavuma be offended, take* offence; be *(or* feel*) hurt
habe beard, *(põsk~)* whiskers; **~t ajama** shave; **~messe kasvama =** **habetuma**; **~messe naerma** laugh in one's beard
habekas bearded
habemeajaja barber
habemeajamine shaving, shave

habemenuga razor
habemik bearded man (*pl.* men)
habetuma become* bearded (*or* whiskered), **grow* a beard**
habras (*murduv*) **brittle, fragile;** (*õrn*) **frail, delicate**
habrastama make* brittle
habrastuma become* brittle
hageja *jur.* **plaintiff; petitioner**
hagema *jur.* **claim, sue; petition;** (*otsima*) **seek*;** (*nõudma*) **claim**
hagerik hut, shack
hagi *jur.* **suit, action**
hagijas hound
hagu faggots, brushwood, branchwood, cut brush
hahk I *zool.* **eider**
hahk II (*tuhkjashall*) **cinder-grey** (*or* -gray), **ashen-grey** (*or* -gray)
hahkjas greyish (*or* grayish)
hai shark
haige 1. *adj.* **ill, sick; diseased, indisposed, ailing, poorly;** ~**t tegema give* pain, hurt*;** ~**t saama be hurt;** ~**ks jääma** = **haigestuma;** 2. *subst.* **sick person, patient**
haigekassa sick-fund, sick benefit society; ~ **arst panel doctor**
haigemaja = **haigla**
haigestuma fall* (*or* be taken) **ill** (*millessegi* — *with smth.*); **contract a disease, catch* an illness**
haiget *vt.* **haige**
haigetalitaja hospital nurse
haigevoodi sick-bed; ~**s lamama be laid up**
haigla hospital; (*asutuses*) **infirmary**
haiglane (*haigevõitu*) **sickly, ailing, infirm, poorly;** (*haiguslik*) **diseased, morbid, unhealthy**
haiglus sickliness, ailment, infirmity; (*haiguslikkus*) **morbidity**
haigur (*lind*) **heron**
haigus illness, sickness, disease; ailment; (*tõbi*) **malady; mingisse** ~**se surema die of an illness** (*or* of a disease)
haigusleht medical card (*or* certificate)
haiguslik unhealthy, morbid
haiguspuhkus sick-leave
haigutama yawn
haigutus yawn
haihtuma (*lenduma*) **volatilize, evaporate, vaporize;** (*kaduma*) **fade away, vanish;** (*udu kohta*) **lift**
haihtuv = **lenduv**
haikala = **hai**

hais smell, stink, stench; ~**u ninna saama smell* out, nose out, get* wind** (*of*)
haisema smell*, stink*
haisev (ill-)**smelling, smelly, stinking, offensive, fetid**
haistma smell*, perceive by smell, sense, scent
haistmine (sense of) **smell, smelling;** (*koertel*) **scent**
haistmismeel sense of smell
haisupomm stink-bomb, stink-ball (*or* -pot)
haisutama fill with stink, spread* stink, make* (*or* raise) **a stink**
hajali dispersed, scattered
hajameelne absent-minded, abstracted (in mind)
hajameelsus absent-mindedness, absence of mind
hajuma disperse; scatter, break* up, clear (away)
hajumine dispersion, dispersal
hajus dispersed, scattered; diffuse
hajutama disperse, dispel, dissipate; (*mõtteid*) **distract; scatter, break* up, clear away**
hajuvil, hajuvile dispersed, scattered; (*mõtete kohta*) **distracted**
hakatama 1. (*algust tegema*) **make* begin;** 2. (*süütama*) = **läitma**
hakatis 1. **first beginning, nuclear part, embryo** (*pl.* -os); 2. (*süütis*) **kindling**
hakatus *van.* **beginning, outset**
hakitama = **hakki panema;** *vt.* **hakk** II
hakk [haki] I (*lind*) (jack)daw
hakk [haki] II (*vihkudest*) **stook, shock;** (*püssidest*) **stack;** ~**i panema** (*vihke*) **stook;** (*püsse*) **pile**
hakk [haku] = **hakatus**
hakkaja 1. *subst.* (*algaja*) **beginner;** 2. *adj.* (*ettevõtlik, tragi*) **enterprising, deft, adroit**
hakkama begin*, start, set* to; poiss hakkas lugema the boy began to read (*or* reading); **on aeg koju minema hakata it's time to be going home; peale** ~ **make* a start** (*millestki* — *on smth.; with smth.*); **ma ei tea, mis sellega peale hakata I don't know what to do with this; hakakem peale let us begin; minema** ~ **start, set* out; tööle** ~ **start work** (*or* working); **vastu** ~ **resist, offer resistance** (*to*), **stand* up** (*against*); **õpetajaks** ~ **become***

hakkima 54 halvendama

a teacher; ~ **saama** manage, contrive
hakkima hack, chop, mince
hakkjalg stook, shock
hakkliha minced meat, mince
hakkmasin mincing machine, mincer
hala wailing, lamentation
halama wail, lament
halapaju weeping willow
halastajaõde sister of charity, *van.* (hospital) nurse
halastama have (*or* take*) pity, be merciful, have (*or* show*) mercy
halastamatu pitiless, merciless, unmerciful; ruthless, relentless, inexorable
halastamatus unmercifulness; ruthlessness, relentlessness
halastus pity, mercy, compassion
halatsema 1. (*halisema*) wail, lament; bewail; 2. = **haletsema**
halatt (*öökuub*) dressing-gown; (*kittel*) smock
halb bad, ill; nasty, foul, vile; poor; **halvas tujus** in bad humour; **halvaks minema** go* bad, become* tainted; **halvaks panema** scorn, slight, hold* in contempt, look down (*on*); ~**a tegema** do evil, harm, injure
halbus badness, nastiness
haldama administer
haldjas fairy; tutelary spirit
haldur administrator
haldus administration
halduslik administrative
hale [haleda] pitiful, pitiable, woeful, sorry; (*vilets*) wretched, poor; (*kurb*) sad, sorrowful, doleful; ~ **meel** pity, compassion; **mul on sinust ~ meel** I feel sorry for you, I pity you
hale (*vaserooste*) verdigris
haledalt, haledasti pitifully, woefully, sorrowfully
haledus pitifulness, woefulness, sorrowfulness
halenaljakas tragicomic
haletsema pity, commiserate, take* (*or* have) compassion (*on*)
haletsemisväärne, haletsusväärne pitiable, pitiful, miserable
halg log, billet, stick of firewood
halgas cleavable, easily cleft
halin wail, plaint, lament; (*virin*) whine
halisema wail, complain, lament; (*virisema*) whine

haljas (*roheline*) geen, verdant; (*läikiv*) bright; **haljale oksale jõudma** make* good (in life), reach a safe haven
haljasala verdant area, verdure, greenery
haljasalastama cover with verdure, turn into greenery
haljassööt green fodder
haljastama (*läikivaks tegema*) burnish, furbish; (*haljasalastama*) cover with verdure, turn into greenery
haljasvöönd green belt (*or* zone)
haljendama show* (*or* grow*, loom) green, be verdant
hall [halli] I *adj.* grey (*or* gray)
hall [halli] II *subst.* hall
hall [halla] hoarfrost, white frost; ~**asääsk** malaria mosquito (*pl.* -oes), *tead.* anopheles; ~**aöö** hoarfrosty night
hallijuukseline grey-haired (*or* gray-)
hallikas greyish (*or* grayish)
hallipäine hoary(-headed)
hallitama grow* (*or* go*, get*, turn) mouldy (*or* musty)
hallitanud mouldy, musty
hallitus mould; (*taimel, nahal jms.*) mildew
hallitusene mouldy; (*taime, naha jms. kohta*) mildewy
hallitusseen mould fungus (*pl.* -gi, -guses)
hallo! hullo!, hallo!
hallollus *anat.* grey (*or* gray) matter
halloo! = **hallo!**; **suure ~ga** with a (great) hullabaloo
hallparun = **kulak**
hallpea greyhead (*or* gray-)
halltõbi = **malaaria**
hallutsinatsioon hallucination
halss *mer.* tack
haltuura shoddy piece of work, (poor) hack-work
halvaa khalva, sweet nut-paste
halvakspanev scornful, disdainful
halvakspanu scorn, disdain
halvama paralyse, *piltl. ka* hamstring
halvasti badly, poorly; **tunnen ennast ~** I feel bad, I don't feel well
halvatu paralytic
halvatus paralysis, palsy
halvem worse, inferior
halvemus inferiority; (*halb külg*) disadvantage, drawback
halvendama worsen, make* worse, impair, debase; aggravate

halvenema worsen, grow* (*or* become*) worse, deteriorate
halvim worst, most inferior
halvustama (*maha tegema*) disparage, vilify; (*halvaks · pidama*) disdain, scorn, hold* cheap
halvustus (*mahategemine*) disparagement; (*halvaks pidamine*) disdain, scorn
hambaarst dentist
hambahari toothbrush
hambakivi tartar
hambamees = naljahammas
hambaork toothpick
hambapasta tooth-paste
hambapulber tooth-powder
hambatehnik dental mechanic
hambavalu toothache
hambuline toothed; (*sakiline*) indented, jagged
hambuma *tehn.* engage, tooth, become* meshed, mesh
hambumine *tehn.* engagement
hambutu toothless
hame = särk
hammas tooth (*pl.* teeth); (*hammasrattal*) cog; **lapsel tulevad hambad** the child is teething; **midagi hamba alla saama** have a bite; **kellegi peale ~t ihuma** have a down on smb.; bear* a grudge against smb.; **hambuni relvastatud** armed to the teeth
hammashäälik *lgv.* dental
hammaskond denture
hammaslatt *tehn.* rack
hammasratas cogwheel, gear wheel; **~ülekanne** = **hammasülekanne**
hammasraudtee cogwheel railway
hammastik = **hammaskond**
hammasülekanne *tehn.* toothed gearing
hammustama bite*
hammustus bite
hampelmann jumping-jack
hamster hamster
hanejalad *kõnek.* = **jutumärgid**
hanepoeg gosling
hanereas in Indian file, in single file
hanesulg goose-feather; (*kirjutamiseks*) quill
hang [hange] (snow-)drift, heap
hang [hangu] pitchfork
hange [hanke] supplying, purveying, contracting
hangeldaja speculator, trafficker, profiteer, *kõnek.* spiv
hangeldama speculate, traffic, profiteer

hanguma (*tarduma*) set*, harden, congeal, solidify
hanguma (*hanguga tõstma*) pitch, throw* (with a pitchfork)
hani goose (*pl.* geese); **nagu hane selga vesi** like water off a duck's back
hanimalts *bot.* goosefoot (*pl.* -foots)
hankima procure, obtain; provide, supply; **raha ~** raise money
haokubu faggot, bundle of twigs, bavin
hapatama make* sour, treat by acidification
hape acid
hapend *keem., van.* = **oksiid**
hapendama make* sour, acidify; (*taignat*) leaven; *keem., van.* = **oksüdeerima**
hapnema turn sour; sour, acidify
hapnik oxygen
happekindel acid-proof, acid resisting
happeline acidic
happelisus acidity
happene acid, containing acid
haprus brittleness, fragility
hapu sour, acid; **~ks minema** turn sour, acidify; (*piima kohta ka*) turn
hapukapsas sauerkraut, pickled cabbage
hapukapsasupp sauerkraut soup
hapukas sourish, acidulous; tart
hapukoor sour cream
hapukurgiaeg *piltl.* silly (*or* dead) season
hapukurk pickled cucumber, (*väike ~*) pickled gherkin
hapuoblikas sorrel
hapupiim sour milk, (bonny-)clabber; **~avesi** whey
hapusus sourness
haputainas leavened dough; *piltl.* leaven
harakalatv *bot.* treacle (*or* wormseed) mustard
harakas magpie, pie
harali (*sõrmede kohta*) spread (out); (*jalgade kohta*) straddled, apart
haraline forked, branchy
hardalt, hardasti reverentially, devotedly; (*innukalt*) fervently
harduma be filled with reverence (*or* devotion), feel* reverent
hardumus, hardus reverence, devotion, fervour
harf harp

hargnema (*harunema*) branch (off), fork, bifurcate; (*lahti minema*) become* unstitched, unravel
harguma = harunema, hargnema
hari I (*riist harjamiseks*) brush
hari II (*mäel, lainel jms.*) crest; (*katusel*) ridge; (*linnul*) comb, crest
haridus education, schooling, instruction
hariduslik educational
haridusministeerium Ministry of (Public) Education, (*Inglismaal*) Board of Education
harilik usual, common, ordinary; ~ **murd** *mat.* vulgar fraction
harilikult usually, commonly, ordinarily, as a rule
harima (*viljelema*) cultivate, till; (*õpetama*) educate, instruct; *kõnek.* **ka** = kasima
harimatu (*viljelematu*) uncultivated, untilled; (*õpetamatu*) uneducated, uncultured
haripunkt, haritipp culmination, climax, apogee
haritlane educated person, intellectual
haritlaskond the intellectuals, the intelligentsia
harjama brush; (*hobust*) curry
harjas bristle, *tead.* seta (*pl.* -tae)
harjuma get* (*or* become*, grow*) used (*or* accustomed), accustom oneself (*to*); be (*or* get*) familiarized (*to*); **harjunud olema** be used (*or* accustomed); **ma olen harjunud tegema** I am in the habit of doing
harjumatu unaccustomed
harjumus habit, custom, usage; practice
harjumuslik, harjumuspärane habitual, customary
harjusk pedlar, huckster
harjutama exercise, practise; (*õpetama*) train, drill; (*näiteosa*) rehearse; (*harjunuks tegema*) accustom (*to*), make* accustomed (*with*)
harjutus exercise, practice; (*õpetus*) training, drill; (*näiteosa* ~) rehearsal
hark fork, pitchfork
harkader wooden plough
harkhänd = harksaba 1.
harkis forked, straddled; ~**jalu** with straddled legs
harklüliti *el.* plug
harknääre *anat.* thymus

harksaba 1. (*putukas*) earwig; 2. (*lind*) kite
harkseis *sport.* straddle-stand
harmoneerima harmonize, bring* into harmony
harmoneeruma harmonize, be in harmony
harmoonia harmony; ~**õpetus** harmonics, theory of harmony
harmoonika = lõõtspill
harmooniline (*kooskõlaline, kaunikõlaline*) harmonious; *mat., füüs.* harmonic
harmoonium harmonium, parlour organ
harpuun harpoon
harras reverent, devout, devoted; (*innukas*) fervent, zealous
harrastaja amateur, lover, fancier, fan, votary (*of*), devotee (*to*)
harrastama cultivate (with zeal), be keen (*on*), be (actively) interested (*in*), go* in (*for*)
harrastus (favourite) occupation, (active) interest, hobby; zeal (*for*)
harta *pol.* charter
haru branch; ramification; (*kahvlit jms.*) fork, prong; ~**karp** *el.* branch(ing) box; ~**kauplus** branch shop
harukordne rare, uncommon, unusual, extraordinary
haruldane rare, uncommon, unusual; (*erandlik*) exceptional
haruldus rarity
haruline branchy, branched, *tead.* ramified
harunema branch, ramify
haruraudtee branch (railway) line
harutama rip up, unrip, unstitch; unravel, unpick, undo*; (*lahendama*) disentangle
harutihti (very) often, (very) frequently
harv (*hõre*) sparse, thinly scattered, thin; (*haruldane*) rare
harva seldom, rarely
harvendama thin, thin out; (*metsa*) clear
harvenema thin, thin out, grow* (*or* get*) thin; become* less frequent
hasart heat, excitement; ~**i sattuma** grow* heated, become* excited, be carried away
hasartmäng game of hazard, gambling (game)
hasartne excitable, excited, hot-tempered, reckless

haspel reel
haspeldama reel
hatune shaggy, ragged, *tead.* villous
hauakaevaja grave-digger
hauakamber sepulchre
hauakiri epitaph, inscription (on a tomb)
hauakivi tombstone, grave-stone
hauakõne funeral oration (*or* sermon)
hauatagune of beyond the grave, of the next world; (*sünge*) sepulchral
haubits howitzer
haud grave; tomb; **hällist hauani** from the cradle to the grave
haudapanek entombment
haudejaam *põll.* hatchery, incubator-poultry station
haudelind nester
hauduja: ~ **kana** brood-hen
hauduma [haun] (*hautades soojendama*) brood, hatch, incubate; (*sepitsema*) hatch, brood
hauduma [haudun] (*munade kohta*) be hatched; (*toidu kohta*) stew; (*naha kohta*) rot
haue [haude] hatching, incubating, incubation
haue [haudme] hatch, brood
haug pike
haugas hawk
haugatama give* a bark
haugutama (*tõrelema*) scold, rate, bark at; (*pilkama*) mock abusively
haukuma bite*, take* a bite; snap (*at*)
haukuma bark, bay; (*klähvima*) yelp; (*sõnelema*) squabble, answer saucily
hauskar ba(i)ler, (boat's) scoop
hautama (*toitu*) stew, braise; *med.* foment
hautis (*hautamissaadus*) stew; *med.* (*hautamisvahend*) fomentation, poultice, stupe
hea good; ~ **küll** very well, all right; **mul on** ~ **meel** I am glad; ~ **meelega** with pleasure, gladly, willingly; **olge hea(d)** be so good (*or* kind); ~**d päeva!** good-bye!; ~**d õhtut!**, ~**d ööd!** good night!; ~**d teed!** happy journey!, bon voyage!, good luck!; ~**d tegema** do good!; **ühel** ~**l päeval** one fine day, one of these days; ~**ga** with kindness, in an amicable (*or* friendly) way
headus goodness

heakene: ~ **küll** well and good; ~ **küll, aga** ... it is all very well, but ...
heakord general (*or* common) weal
heakorrakontor office of public services, public services department
heaks 1. *postp.* for, for the good of, for the benefit of, for the sake of; **minu** ~ for my good, for me; **rahu** ~ for peace, for the sake of peace; 2. *adv.*: **võtke** ~! you are welcome!, don't mention it!; ~ **arvama** think* it worth while, see* fit, choose* (*midagi teha* — *to do smth.*); ~ **kiitma** approve (*of*); ~ **tegema** make* amends (*or* reparation) (*for*), compensate (*for*), make* up (*for*)
heaksarvamine discretion, judg(e)ment
heakskiit approval, approbation
heakstegemine amends, reparation, compensation
heakäekäik well-being, welfare, prosperity
healoomuline good-natured, good-tempered; *med.* benign(ant), non-malignant
heanaaberlik good-neighbourly
heaolu well-being, welfare, prosperity
heasoovlik well-wishing, benevolent
heastama make* amends (*or* reparation) (*for*), compensate (*for*), make* up (*for*)
heasüdamlik good-natured, kind-hearted
heatahtlik benevolent
heategev beneficent, charitable
heategevus beneficence, charity
heategija benefactor, *fem.* benefactress
heategu good deed (*or* action), benefaction; benefit, boon, good turn, kindness
heatujuline good-humoured
heebrea Hebraic, Hebrew; ~ **keel** Hebrew
heebrealane Hebrew
heegeldama crochet, do crochet
heegeldus crochet(-work)
heelium *keem.* helium
heeringas herring
heerold herald
hei! hi!
heide throw, throwing
heidik outcast
heidis *geol.* piece of ejected material; ~**ed** ejected material, ejecta(menta)

heidutama intimidate, cow, frighten, daunt, browbeat*
heie (*laug eelkedrus*) rove, (slightly twisted) yarn
heietama (*ketrama*) rove; (*juttu*) yarn, tell* yarns
hein hay; ~**a tegema** make* hay; ~**ale minema** go* haymaking
heinaaeg haymaking season (*or* time), hay time
heinahang hay-fork, pitchfork
heinakaar swath of hay
heinakuhi haystack, hayrick
heinakuu = **juuli**
heinaküün hay shed, hay barn
heinalakk hayloft
heinaline hay-maker
heinamaa (hay-)meadow, hayfield
heinaniitja hay-mower
heinapalavik *med.* hay fever
heinapress *põll.* baler
heinasaad haycock
heinasaak hay harvest, hay crop
heinategu hay-making
heiskama hoist
heitaur *tehn.* exhaust-steam
heitekaugus *sport.* (distance of a) throw
heitering *sport.* throwing circle
heitesport throwing
heitgaas *tehn.* exhaust (gas), burnt gas
heitlaps foundling
heitlema struggle, fight*
heitlik I (*muutlik*) changeful, changeable, fickle inconstant; ~ **ilm** unsettled weather
heitlik II = **kartlik**
heitlus struggle
heitma cast*, throw*; **hinge** ~ breathe one's last, expire, die; **magama** ~ go* to bed; **maha** ~ **lie*** down; **meelt** ~ despair; **nalja** ~ crack jokes
heituma (*kohkuma*) be (*or* get*) frightened, take* fright
heitumus fright
hekk *elavtara*) hedge
hekseldama chop
hekslid chopped straw (*or* hay), chaff
hekslimasin chaff-cutter, chopper
hektar hectare
hektograaf hectograph
helama = **kõlama**
helbeline flaky, flaked, flocculent
helde generous, bounteous, lavish, open-handed, liberal; (*hea*) kind, gracious

heldeke(ne): oh sa ~! goodness gracious!
heldelt generously, bounteously, lavishly, liberally
heldene: ~ **aeg!** goodness gracious!
heldesti = **heldelt**
heldima be (deeply) moved (*or* touched), melt, grow* tender (*or* wistful, sentimental)
heldimus tender emotion, melting (into tears), wistfulness
heldus generosity, bounty, lavishness, liberality; (*headus*) kindness, graciousness, grace
hele bright, clear; light, fair
heledajuukseline fair-haired
heledus brightness, clearness
helendama shine*, glow (brightly), *tead.* luminesce
helendus shining, glowing; *füüs.* luminosity
helenema grow* brighter
helepunane bright red, scarlet, vermilion
helesinine light blue, sky-blue, azure
helge 1. (*säravselge*) bright, luminous, sunny; (*õitsenguline*, õnnelik) palmy, happy; 2. *haruld.* (*rõhuvkuum*) sultry
helgiheitja searchlight
heli sound; ~**film** sound film, talking film; ~**hark** *muus.* tuning-fork
helikopter helicopter
helikunst = **muusika**
helilaad, heliliik *muus.* mode
heliline *lgv.* voiced
helilindistama tape-record, *kõnek.* tape
helilint (sound, magnetic) tape
helilooja (musical) composer
helin sound, sounding, ring, ringing; peal, chime, tinkle
heliplaat sound record, gramophone record
heliredel *muus.* (musical) scale, gamut
helisema sound, ring*; peal, chime, tinkle
helistama ring*; (*telefoneerima*) ring* (*or* call) up
helistik (musical) key
helitu soundless; *lgv.* voiceless
helitõug = **helistik**
helitöö (musical) composition
heliülesvõte sound recording
heljum *keem.* suspension
heljuma soar, hover; be suspended

helk [helgi] (*läige, välgatus*) (flash of) brightness, lustre, sparkle, glitter
helkima sparkle, glitter
hell (*õrn*) tender, fond, affectionate; (*tundlik*) sensitive; (*valus*) sore
hellerhein = **pääsusilm**
hellitama pet, cherish; pamper, cosset, coddle; (*ära* ~) spoil*; **lootust** ~ cherish (*or* entertain) a hope
hellitatud spoilt, pampered
hellitlema pet, caress
hellitus petting, cherishing; pampering, cosseting, coddling; ~**nimi** pet name
hellus (*õrnus*) tenderness, fondness; (*tundlikkus*) sensitiveness
helmes bead
helpima gulp, lap, sip (noisily)
helve = **helves**
helveetslane = **šveitslane**
helves flake, fluff
helvik *bot.* liverwort
hemoglobiin *füsiol.* h(a)emoglobin
hemorroidid *med.* haemorrhoids, piles
herbaarium herbarium
herbitsiid *põll.* weed-killer, herbicide
herdel *sport.* hurdle
herilane wasp, hornet
herilasepesa wasps' nest, hornets' nest (*ka piltl.*)
herkulo = **kaerahelbed**
hermeetiline hermetic(al), airtight
hermeliin ermine
hernehirmutis scarecrow
hernekaun pea-pod
hernekärsakas *zool.* pea weevil
hernemähkur *zool.* pea moth
hernes pea; ~**roheline** pea green
hernesupp pea(-)soup
hernetera pea
heroiline heroic
heroism heroism
hertsog duke
hertsoginna duchess
hetk moment, instant; ~**eks** for a moment, for an instant
hetkeline momentary, transitory
hierogIüüf hieroglyp(ic)
higi sweat, perspiration; ~**auk** pore
higine sweaty, damp with perspiration; (*käe kohta*) clammy; (*akna kohta*) steamy, steamed up
higistama sweat, perspire
higistus sweating, perspiration; ~**vahend** *med.* sudorific
higisõba sweat-cloth
hiid giant; (*vägilane*) epic hero (*pl.*

-oes); ~**rakk** *biol.* giant cell, gigantocyte; ~**sisalik** *paleont.* dinosaur
hiidsus *med.* gi(g)antism
hiidtäht *astr.* giant star
hiidvaond *geol.* geosyncline
hiiglamoodi *kõnek.* enormously
hiiglane giant, titan, colossus (*pl.* -ossuses, -ossi)
hiiglaslik gigantic, giant, titanic, colossal
hiiglasuur huge, enormous, immense, colossal
hiilgama shine*, be bright (*or* brilliant), sparkle, glitter; (*silma paistma*) be remarkable (*millegagi — for smth.*), be conspicuous (*for*)
hiilgav bright, brilliant, shining; splendid, resplendent
hiilgeaeg brightest period, glorious days
hiilgus brightness, brilliancy; splendor
hiilima steal*, slink*, sneak; skulk, prowl; **juurde** ~ creep* up; **ära** ~ creep* away
hiina Chinese
hiinlane Chinese (*pl.* Chinese), Chinaman (*pl.* -men)
hiinlanna Chinese (woman) (*pl.* women)
hiiobisõnum (a piece of) bad news
hiir [hiire] mouse (*pl.* mice); **vaikne kui** ~ (as) quiet as a mouse
hiirehernes *bot.* vetch
hiirekarva mouse-coloured
hiirekõrv the ear of a mouse; *bot.* shepherd's purse; **puud on** ~**ul** the trees have burst into young leaves, the trees are opening their first buds
hiirelõks mousetrap
hiiresaba mousetail (*ka bot.*)
hiis (sacred) grove
hiivama heave; **ankrut** ~ weigh (*or* heave) anchor
hiline late, belated; (*hilistunud*) tardy
hilinema be late, come* (*or* arrive) late; **rong hilineb** the train is late (*or* overdue); **rongile** ~ be late for the train, miss the train
hilissügis late autumn
hilisus lateness, late hour (*or* time)
hilisõhtu late evening; ~**l** late in the evening
hilja late; ~**ks jääma** = **hilinema**
hiljem later, later on
hiljemalt at the latest

hiljemini later, later on ·
hilju, hiljukesi (*tasa*) softly, noiselessly, silently; (*pikkamisi*) slowly
hiljuti lately, of late, recently, latterly
hiljutine recent, late
hilp rag; **hilbud** rags, tatters; (*riided*) clothes
hilpharakas (*kaltsakas*) tatterdemalion, ragamuffin; (*keigar*) fop, popinjay
himu (sensuous) desire, lust, craving, greed; **mul on ~ teha** I feel like doing
himukas desirous, greedy, avid
himur lustful, sensuous, lascivious
himurus lustfulness, sensuousness, lasciviousness
himustama desire, crave (*for*), lust (*after*), covet
hind price; **kõrge** (**madala**) **hinna eest** at a high (low) price; **iga hinna eest** at any price (*or* cost)
hindama (*hinda kindlaks määrama*) price, appraise, assess; (*hinnet määrama*) estimate, evaluate; (*väärtuslikuks pidama*) value, appreciate
hindamatu inestimable, invaluable
hindi: ~ keel Hindi
hindu Hindu (*or* Hindoo)
hing I (*uksel*) hinge
hing II (*hingamine*) breath; (*eluvaim*) soul; **~e heitma** breathe one's last, expire, die; **~e kinni pidama** hold* one's breath; **~e tõmbama** draw* breath; **mul jääb ~ kinni** I gasp for breath; **~e tagasi tõmbama** take* breath; **~e sees pidama** keep* body and soul together, keep* alive; **~e vaakuma** have one foot in the grave; **ta ~ sai täis** he grew angry; **tal on midagi ~e peal** he has smth. on his mind; **ma rääkisin selle ~e pealt ära** I got this off my chest
hingama breathe, draw* breath, respire; (*puhkama*) rest, repose; **sisse ~** inspire, inhale; **välja ~** expire, exhale; **ära sellest kellelegi hinga** don't breathe a word about this to anybody
hingamine breathing, respiration
hingamiselund, hingamisorgan organ of respiration, respiratory organ
hingamispäev *kirikl.* day of rest sabbath
hingeaur (vapour of) breath
hingeelu mental life, psychic life

hingehind exorbitant price
hingehäda mortal peril, matter of life and death
hingekarjane = pastor
hingekell *kirikl.* knell, passing bell
hingekõri = hingetoru
hingeldama be out of breath, pant, gasp (for breath)
hingeldus shortness of breath, panting; **~tõbi** asthma
hingeline 1. *adj.* psychic (al), mental; **2.** *subst.* (living) soul (*or* creature), person
hingemaa *aj.* (peasant's) allotment, plot of land
hingemattev breath-taking; (*lämmatav*) suffocating
hingepalve *kirikl.* mass (*or* service, office) for the dead, requiem
hingepiin mental agony
hingerahu peace of mind, calmness
hingestama animate; spiritualize, sublimate
hingeteadus = psühholoogia
hingetoru windpipe, *tead.* trachea (*pl.* -eae)
hingetu (*hingamisvõimetu*) breathless; (*elutu*) inanimate, lifeless; (*tuim*) soulless
hingetõmbeaeg breathing-space, respite
hingetõmbus, hingetõmme (drawing of) breath; (*puhkus*) breathing spell, taking breath, respite; **viimse hingetõmbeni** to the last gasp
hingeõhk = hingeaur
hingitsema be hardly breathing, be scarcely alive; barely exist (*or* subsist), vegetate
hingus (*hingamine*) breath; (*puhkus*) rest; **~ele minema** breathe one's last, expire
hiniin = kiniin
hinnaalandus price reduction, price cut, rebate
hinnakiri price-list
hinnalangus fall (*or* decline) in price(s), (*äkiline ~*) slump
hinnaline precious, valuable
hinnang appraisal, assessment; evaluation, appreciation, estimation, estimate; (*arvamus*) opinion
hinnavahe difference in price(s)
hinne estimate assessment; (*koolis*) mark
hipodroom hippodrome, race-course
hirm fear, fright, dread; terror; **mulle tuli ~ peale** I was seized with

fear; kellelegi ~u peale ajama give* smb. a fright, put* smb. in fear; **~u äratama** frighten, terrify; **~ul olema** be frightened (or in fear, afraid)
hirmsasti frightfully, dreadfully, terribly; awfully
hirmul vt. **hirm**
hirmuma be (or get*) frightened, take* fright, be terrified
hirmus 1. adj. frightful, dreadful, terrible; awful; 2. adv. awfully
hirmutama frighten, give* (smb.) a fright, intimidate, terrify, scare
hirmutegu frightfulness, outrage
hirmutis bugbear; scarecrow, fright, horror
hirmuvalitseja tyrant
hirmuvalitsus tyranny, terror
hirmuäratav terrifying, terrible
hirna(h)tama give* a neigh, (tasakesi) give* a whinny
hirnuma neigh; (tasakesi) whinny; (hirnuvalt naerma) hee-haw
hiromant palmist
hiromantia palmistry
hirs perch, pole
hirsitangud millet meal
hirss millet
hirv (red) deer (pl. deer); (isa~) stag, (ema~) hind
hirvpõder fallow der (pl. deer); (emane ~) doe, (isane ~) buck
hispaania Spanish
hispaanlane Spaniard
hitlerlane Hitlerite, Nazi
hitlerlik Hitlerite, Nazi
hobu = **hobune**
hobueesel hinny
hobujõud horse-power
hobukastan horse-chestnut
hobune horse; (ratsu) mount, luulek. steed
hoburästas missel(-thrush)
hobusejõud = **hobujõud**
hobusekasvandus stud (farm), horse-breeding farm
hobusekasvatus horse-breeding
hobusemees wag(g)oner, drayman (pl. -men)
hobuseraud horseshoe
hobuserautus (horse-)shoeing
hobusetall stable
hobusevaip horse-cloth housing; (tore ehtevaip) caparison
hobusevaras horse-thief (pl. -thieves), horse-stealer

hoiak (poos) bearing, carriage, posture, pose; (suhtumine) attitude (towards)
hoiatama warn, caution
hoiatus warning, caution
hoid keeping, preserving, preservation; (kaupade ~) storage; **hoiule andma** = **hoiustama**
hoidis = **konserv**
hoidistama preserve, conserve; pickle
hoidja keeper; custodian, (muuseumis) curator
hoidla holder, receptacle, depository, repository, store-house, storage
hoidlik = **kokkuhoidlik**
hoidma hold*, keep*; (valvama) guard, ward, look after, mind; (kokku ~) save, spare; (säilitama) preserve; **hoia paremale!** kõnek. keep to the right!; **last** ~ mind (or look after) a baby; **jumal hoidku!** God forbid!; **kellegi poole** ~ adhere to smb., support smb.
hoiduma keep* (from), abstain (from), refrain (from); (valvel olema) beware (of), be on one's guard (against); (vältima) avoid, forbear*; **hoidu paremale!** keep to the right!; **hoidu rongi eest!** beware of trains!; **kõrvale** ~ avoid, shun, fight* shy (of)
hoiukarp money-box
hoiukassa savings-bank
hoiuraamat savings-bank book, passbook
hoiuruum depository, storage(-room), depot; (riiete, pagasi jaoks) cloakroom
hoius deposit
hoiustaja depositor
hoiustama deposit
hoiusumma (hoius) deposit; savings
hoki hockey
hollandi Dutch
hollandlane Dutchman (pl. -men)
hollandlanna Dutchwoman (pl. -women)
homme tomorrow; ~ **hommikul** tomorrow morning
hommik morning; **täna** ~ul this morning
hommikueine breakfast, morning snack
hommikukuub dressing-gown, wrapper, bath-robe
hommikumaa = **idamaa**
hommikumantel = **hommikukuub**
hommikune morning (atrib.), haruld. matutinal

hommikupool(ik) forenoon, morning
hommikuti in the mornings
hommikuvõimlemine morning (physical) exercises, (*virgutusvõimlemine*) setting-up exercises, *kõnek*. daily dozen
homne of tomorrow; ~ **päev** tomorrow; **enne homset** before tomorrow; **homseks** for tomorrow; **homseni** till tomorrow; **homsest peale** from tomorrow (on)
homogeenne homogeneous
homonüüm *lgv.* homonym
honorar fee; (*leiutise eest*) royalty; *haruld.* honorarium
hooaeg season
hooajaline seasonal
hooajapilet season-ticket
hooajatööline seasonal worker
hoob lever
hoobama (*kangutama*) lever; (*tagurpidi sõudma*) back the oars
hoobilt at one (*or* a) stroke, at one sweep, at a blow
hoog swing, sweep, rush; *tead.* impulsion, impetus, momentum; (*tunde*~) animation, enthusiasm; (*haigus*~) fit, attack; ~**u võtma** (*hüppeks*) take* a run, (*tööks*) get* into the swing, gain momentum (*ka piltl.*); **täies hoos** in full swing
hoogne in (full) swing, impetuous, active, brisk, dashing; (*pingne*) intense
hoogsus swing, briskness, go, dash
hoogtöö (organized) working campaign
hoogustama step up, intensify
hookaupa = **hooti**
hookuspookus hocus-pocus, trick
hool care, carefulness, taking care; (*usinus*) pains, application; ~**t kandma** take* care (*of*), trouble (*about*), look (*after*), see* (*to*); **jätke see minu** ~**eks** leave that to me (*or* to my care); **kellegi** ~**eks usaldama** entrust to smb.; ~**ega** with care, carefully, with pains
hoolas careful, painstaking, diligent, assiduous
hooldaja guardian, warden; (*varanduse* ~) trustee; *jur.* (*alaealise* ~) tutor
hooldama act as guardian (*to*), hold* in tutelage; watch (*over*), take* care (*of*)
hooldus guardianship, trusteeship, tutelage

hoolealune ward, charge
hoolekanne care, providence, (public) assistance; (*hooldus*) guardianship, trusteeship
hoolekogu board of guardians (*or* trustees)
hooletu careless, heedless, negligent; (*lohakas*) slipshod; (*muretu*) carefree
hooletus carelessness heedlessness, negligence; ~**se jätma** neglect; ~**se jääma** be neglected
hoolikas careful, painstaking
hoolima care (*for*), mind, trouble (*about*); **mitte** ~ take* no heed (*of*); **ma ei hooli sellest söögist** I do not care for this food
hoolimata (*millestki*) in spite of, despite, regardless of, notwithstanding; **vihmast** ~ in spite of (*or* despite) the rain, regardless of (*or* notwithstanding) the rain
hoolimatu regardless (of others), inconsiderate; reckless; (*halastamatu*) ruthless
hoolimatus inconsiderateness, lack of consideration; recklessness, disregard; (*halastamatus*) ruthlessness
hoolitsema take* care (*of*), attend (*to*), look (*after*), see* (*to*), provide (*for*); tend, foster
hoolitsus (taking) care; tending, fostering; solicitude
hooliv regardful, thoughtful, considerate
hoolivus regard, consideration
hoolsasti carefully, painstakingly, diligently
hoolsus care, carefulness, painstaking, diligence
hoone building edifice
hoonestama build* on, build* over (*or* up), cover with buildings
hoop blow, stroke; (*jala*~) kick, (*piitsa*~) lash, (*rusika*~) punch, cuff; ~**i andma** strike* (*or* deal*, deliver*) a blow; **ühel hoobil** = **hoobilt**
hoopis (*täiesti*) quite, entirely; (*märksa*) much; ~ **iseasi** quite a different matter; ~ **parem** much (*or* far) better
hoopiski: ~ **mitte** not at all, not by a long chalk
hoopleja boaster, braggart
hooplema boast, brag, talk big
hooratas fly-wheel
hoosulg (*linnul*) pinion

hooti by fits and starts, in bursts, spasmodically; (*tuule, vihma jms. kohta*) in gusts
hootine fitful, spasmodic
hoov court(yard), yard
hoovama stream, flow, gush, well forth
hoovihm rain in showers, shower (*or* gust) of rain
hoovivärav (court)yard gate
hoovus stream, flow, gush
hoovõtt swing; (*jooksuga*) run-up, running start
hord horde
horisont horizon, *geol.* ka level
horisontaalne horizontal
hospidal hospital
hotell hotel
hubane cosy, comfortable, snug
hubisema flicker
hudi cudgel, bludgeon, rod
hudima = **hutjama**
huige whoop, hoop, halloo
huikama whoop, hoop, halloo
huilgama hoot
hukas: ~ **olema** be spoilt, be ruined, be corrupted, be depraved, be gone to the dogs
hukatus perdition, ruination, ruin, undoing, destruction; damnation
hukatuslik pernicious, ruinous, destructive
hukk perdition, ruin, destruction
hukka: ~ **minema** perish, go* to ruin (*or* damnation), go* to the dogs; **decay, grow*** corrupted (*or* depraved); ~ **mõistma** condemn; ~ **saama** = **hukkuma;** ~ **saatma** ruin, destroy, send* to destruction (*or* perdition, ruin)
hukkama execute, put* to death
hukkamine execution, putting to death
hukkamõist(mine) condemnation
hukkuma perish, be killed; (*laostuma*) go* to ruin; (*laeva kohta*) be wrecked, shipwreck
hukkunu person perished (*or* killed)
hukutaja seducer
hukutama (*hukka saatma*) send* to destruction, lead* to ruin; (*võrgutama*) seduce
hulga *adv.* much; ~ **suurem** much larger
hulgakaupa in large numbers, in crowds
hulgakesi in a crowd (*or* body, heap)

hulgaline (occurring) in large numbers, mass (*atrib.*); (*koguseline*) quantitative
hulgani(sti) = **hulgakesi**
hulgas *postp.* among, amongst; in the number of
hulgas *postp.* from among, out of the number of
hulgi wholesale, in the gross; in large quantities (*or* numbers); ~**müük** wholesale (trade)
hulgus tramp, vagrant, loafer, *Am.* hobo (*pl.* -os, -oes)
huligaan hooligan, ruffian, rowdy, hoodlum
huligaanitsema behave like a hooligan
huligaanne hooligan (*atrib.*), rowdy
huligaansus (an act of) hooliganism
hulk [hulga] quantity, amount, (great, large) number; (*jõuk*) crowd, multitude; ~ **aega** a long time; **hulgaks ajaks** for a long time
hulka *postp.* among; **ta läks teiste** ~ he went to the others he joined the others
hulknurk *mat.* polygon
hulkuma tramp (about), roam, loaf
hulkur tramp, vagabond, *Am.* hobo (*pl.* -os, -oes)
hull 1. *adj.* mad, crazy, insane, out of one's wits, lunatic; ~ **koer** mad dog; ~**uks ajama,** ~**uks tegema drive*** mad (*or* crazy); ~**uks minema** go* mad; **asi polegi nii** ~ it is not so bad; **asi läheb üha** ~**emaks** it is getting worse and worse; 2. *subst.* madman (*pl.* -men), madwoman (*pl.* -women), lunatic
hullama play pranks, sport; fool about; (*lapse kohta*) romp, frolic
hulljulge temerarious, rash, foolhardy, dare-devil
hulljulgus temerity, rashness, foolhardiness
hulluma go* mad, lose* one's sanity (*or* wits)
hullumaja lunatic asylum, madhouse
hullumeelne 1. *adj.* mad, crazy, insane; 2. *subst.* madman (*pl.* -men), madwoman (*pl.* -women), lunatic
hullumeelsus madness, craziness, insanity, lunacy
hullumoodi, hullupööra = **pööraselt**
hullus madness, craze, insanity; folly; mania
hullusti madly, like mad; in a mad state

hullustus madness, insanity; (*usu~*) fanaticism; (*hullus*) mania
hullusärk strait jacket
hullutama make* a fool (*of*), fool, pull (*smb.'s*) leg
humaanne humane
humaansus humaneness
humal hop
humanism humanism
humanist humanist
humanistlik humanist (*atrib.*), humanistic
humanitaarne humanitarian
humanitaarteadused the humanities
humoorikas humorous, full of humour
humoresk humorous sketch, skit; *muus.* humoresque
humorist humorist
hundiauk (*püünis*) wolf-trap, pitfall; *sõj.* trap-hole, concealed pit
hundiisu wolfish (*or* ravenous) appetite
hundijaht wolf-hunting
hundikoer (*saksa lambakoer*) Alsatian; (*hundijahikoer*) wolf-hound, wolf dog
hundikurk *med.* cleft palate
hundikutsikas wolf-cub
hundinui *bot.* reed-mace, cat('s)-tail
hundipass: ~i saama be dismissed (with a bad character), be fired
hundipoeg = hundikutsikas
hundiratas *sport.* cartwheel; ~t lööma, ~t laskma turn (*or* throw*) a cartwheel (*or* cartwheels)
hunnik heap, pile
hunnitu magnificent, splendid, gorgeous
hunt wolf (*pl.* wolves); (*purustusmasin*) willow(-machine); ~ lambanahas a wolf in sheep's clothing
hurdakoer = hurt
hurjutama scold, rebuke, rate
hurm (*võlu*) charm, enchantment
hurmama charm, enchant, bewitch
hurraa! hurrah!, hurray!; **kellelegi** ~ hüüdma give* smb. a cheer
hurt greyhound
hurtsik hovel, hut, shanty
husaar hussar
hutjama cudgel, bludgeon, thrash, whack, drub
huugama buzz, drone, hoot; (*kõrvade kohta*) ring*
huul lip; ~epulk lipstick; ~hein sundew; ~häälik *lgv.* labial (sound)
huulik *muus.* mouthpiece

huumama (*nõrgalt kumama*) glimmer, gleam
huumlamp gas discharge tube
huumor humour; ~imeel sense of humour
huumus humus, vegetable mould; ~muld humous soil
huupi at random, at a venture, at haphazard
huvi interest; ~ pakkuma be of interest; ~ äratama arouse interest
huviala sphere of interest
huvireis pleasure trip, tour
huvireisija tourist, tripper
huvitama interest
huvitatus being interested (*or* concerned), interest, concern; **materiaalne** ~ material incentive (*or* interest)
huvitav interesting
huvituma be interested (*in*), take* (an) interest (*in*)
hõbe silver; ~asjad silverware, (*lauanõud*) silver plate
hõbedakarva silver(-coloured), silvery, *haruld.* argentine
hõbedane silver (*atrib.*); silvery
hõbelusikas silver spoon
hõbepaju = hõberemmelgas
hõbepulmad silver wedding
hõberaha silver coin
hõberebane silver fox
hõberemmelgas white willow
hõbetama silver, coat (*or* plate) with silver
hõige, hõik call, cry, shout, hail
hõikama call (out), cry (out), give* a call (*or* cry), shout (*kedagi — for smb.*), hail
hõim 1. (*suguharu*) tribe; 2. (*hõimlane*) kinsman (*pl.* -men)
hõimlane kinsman (*pl.* -men), relative
hõimlus kinship, relationship (by marriage)
hõimukeel *lgv.* congener language
hõimuma become* related (by marriage)
hõise, hõisk shout (of joy)
hõiskama shout for joy, exult, jubilate
hõissa! huzza!
hõivama occupy, engage
hõlbuelu life of ease
hõlbus = hõlpus
hõlbustama facilitate
hõlbustus facilitation, facility
hõljejää *geogr.* sludge, (finely broken) drift ice
hõljum *biol.* = plankton

hõljuma

hõljuma float; soar, hover
hõlm skirt, flap (*or* tail) of a coat; (*adral*) mould-board; ~a **alt müüma** sell illicitly (*or* secretly); ~a **võtma** embrace
hõlmader plough (with a mould-board)
hõlmama embrace (*ka piltl.*); (*sisaldama*) comprise, include
hõlp ease
hõlpsalt, hõlpsasti easily
hõlpsus easiness, ease, facility
hõlpus easy, light, facile
hõng (*hingus*) breath; (*lõhn*) odour, smell
hõre sparse, thin; rare, rarefied, tenuous
hõredus sparseness, thinness; rarity, rarefication, tenuity
hõrendama thin out; rarefy
hõrenema grow* thin (*or* thinner)
hõrgutama feed* with dainties; (*ahvatlema*) entice, allure
hõrgutis dainty, savoury, delicacy; (*peibutis*) enticement
hõrk dainty, savoury, appetizing, delicate
hõrnas zool. brown (*or* river) trout
hõõgama radiate
hõõglamp glow lamp, incandescent lamp
hõõgniit el. filament
hõõguma glow, be incandescent; (*süte kohta*) smoulder
hõõgus glow incandescence; (*süte kohta*) smoulder
hõõgutama incandesce (*ka tehn.*)
hõõgvein mulled wine, negus
hõõgvel aglow, in a glow
hõõrdepind friction surface
hõõrduma rub, suffer friction; (*riginal*) grate
hõõre friction
hõõrits tehn. reamer
hõõruma rub; (*riginal*) grate; (*nahka soojendamiseks v. marraskile*) chafe
hõõrumine rubbing; (*riginal*) grating; (*naha ~*) chafing; friction (*ka piltl.*)
hõõtsik med. goitre
häbe anat. pudenda
häbelik bashful, shy, shamefaced, *haruld.* pudent; (*uje*) coy, timid, diffident
häbelikkus bashfulness, shyness, shamefacedness, haruld. pudency; (*ujedus*) coyness, timidity, diffidence

5 J. Silvet

hädaoht

häbematu impudent, impertinent, insolent; *kõnek.* brazen, cheeky, saucy; (*häbitu*) shameless
häbematus impudence, impertinence, insolence, effrontery; *kõnek.* brass, cheek, sauciness, sauce; (*häbitus*) shamelessness
häbendama shame, put* to shame, make* ashamed
häbenema be ashamed (*of*); feel* (*or* be) abashed
häbi shame; (*teotus*) dishonour, disgrace; **mul on** ~ I am (*or* feel) ashamed
häbiasi shame, something shameful, disgrace; ~! it's a shame!, what a shame!
häbimärgistama brand, stigmatize
häbimärk brand (of infamy), stigma
häbiplekk blot, blemish, stain
häbipost pillory
häbipuna blush (of shame)
häbistama shame, put* to shame; disgrace, dishonour
häbistav shameful, disgraceful, ignominious; discreditable
häbitegu shameful (*or* monstrous) deed, outrage
häbitu shameless; (*häbematu*) impudent
häbitus shamelessness; (*häbematus*) impudence
häda distress, trouble; (*puudus*) need; (*~olukord*) emergency; (*ahastus*) anguish, woe; ~ **korral** in case of need, in an emergency; ~**s olema** be in trouble, **hätta jääma** get* into trouble; **hätta jätma** leave* in the lurch
hädaabi help in need, succour, emergency aid
hädaabinõu emergency measure, expedient, (*ajutine ~*) makeshift
hädaankur mer. sheet anchor
hädahüüd, hädahüüe = **hädakisa**
hädakell alarm bell, tocsin
hädakisa cry of distress
hädaldama lament, moan and groan, complain
hädaline 1. *adj.* urgent; 2. *subst.* sufferer, person in distress
hädamaanduma make* an emergency (*or* a forced) landing, force-land
hädamaandumine emergency (*or* forced) landing
hädamast mer. jury-mast
hädamisi = **hädavaevalt**
hädaoht = **oht**

hädaohtlik = ohtlik
hädaorg vale of tears
hädapidur emergency brake
hädapärast = hädasti
hädaseisukord, hädaseisund state of emergency
hädasti urgently, badly, desperately
hädatarvilik necessary, indispensable
hädavaevalt, hädavaevu scarcely, hardly, with great difficulty; (*äärepealt*) barely, narrowly
hädavajalik urgently needed, necessary, indispensable
hädavale white lie
hädavares *piltl.* unlucky fellow, hapless man (*pl.* men), ne'er-do-well, failure
hädine sickly, of weak health, infirm
hägu (turbid) lees, dregs
hägune turbid
hägusus turbidity
häil [häilu] *geogr.* depression, hollow
häil [häili] polish, lustre
häilima polish
häire (*rike*) disturbance, trouble, derangement; (*takistus*) impediment; (*alarm*) alarm, alert
häireteta undisturbed, trouble-free
häirima disturb, trouble, derange; harass
häirimatu imperturbed, imperturbable, unruffled
hälbima deviate, swerve from the right path, turn aside; go* astray
hälbimus aberration
häll cradle
hällilaps infant (in the cradle); (*sünnipäevalaps*) person celebrating his (*or* her) birthday
hällilaul lullaby, cradle song
hällipäev = sünnipäev
hällitama rock (in the cradle)
hälve deviation
hälvitama cause to deviate, turn aside, lead* astray
hämar dim, dusky, crepuscular
hämarduma grow* dim (*or* dusky)
hämarik twilight, dusk, gloaming
hämarus dimness duskiness; (*videvik*) twilight, dusk
hämmastama amaze, astonish, astound; startle, stagger
hämmastuma be amazed, be astonished
hämmastus amazement, astonishment
hämmeldama bewilder, puzzle, perplex, confuse, take* aback, nonplus
hämmeldus bewilderment, puzzlement, perplexity, confusion

hämming confusion, perplexity
hämune dim, troubled, misty
händ = saba
hänilane wagtail
härdalt, härdasti piteously, pitiably, dolefully
härdasüdameline pitiful, compassionate, tender-hearted
härdus pity, tender-heartedness
härg ox (*pl.* oxen); (*pull*) bull; **härjal** sarvist kinni võtma take* the bull by the horns (*ka piltl.*)
härik steer
härjapea = ristikhein
härjapõlvlane dwarf, pigmy
härjasilm 1'. *bot.* ox-eye, ox-eyed daisy; 2. (*praetud muna*) fried egg; 3. (*väike ümaraken*) bull's-eye
härjavõitlus bull-fight
härm [härma] = **härmatis**
härm [härmi] vexation, grief, displeasure
härma: ~ **minema** become* covered with hoarfrost become* (*or* turn) rimy
härmalõng gossamer
härmane, härmas covered with noar frost, rimy
härmatama freeze* white, be rimy
härmatis hoarfrost, white frost, rime
härra gentleman (*pl.* -men); (*nime ees*) Mr.; (*kõnetussõnana*) sir; (*isand*) master
härras (*hale*) piteous, pitiful; (*kaastundlik*) compassionate
härrased gentlefolk, gentry, ladies and gentlemen
härraslik lordly, aristocratic
härrastemaja = häärber
hästi well; all right; ~ **rõivastatud** well-dressed, well turned out
hästikasvatatud well-bred
hävi destruction, ruin
hävima be destroyed, perish
hävimatu indestructible, imperishable
hävinema be destroyed, go* to ruin, perish
häving destruction, ruin; (*hukk*) wreck, perdition
hävitaja destroyer (*ka laev*); (*lennuk*) fighter (plane)
hävitama destroy, ruin, demolish, annihilate; (*välja juurima*) exterminate
hävitav destructive, ruinous; ~ **pilk** withering look
hävitus destruction, ruin, demolition, annihilation; (*väljajuurimine*) exter-

hävituslaager 67 hüppelaud

mination; ~laager extermination camp; ~lennuk fighter (plane); ~pataljon destroyer battalion
hääbuma perish, decay, die out, pass away
hääl voice; (heli) sound; (hääletusel) vote; ühel ~el with one accord, unanimously; klaver on ~es the piano is in tune; klaver on ~est ära the piano is out of tune; ~t andma (lauljatele) give* the note; ~t tõstma raise one's voice
hääldama pronounce, enunciate; (selgelt) articulate
hääldamine, hääldus pronunciation, enunciation; (selge ~) articulation
häälekandja (ajaleht) organ, newspaper
häälekurrud anat. vocal chords
häälekõvendaja = valjuhääldaja
häälemurre breaking of the voice
häälepaelad = häälekurrud
hääleseade muus. voice placing
häälestaja tuner
häälestama tune, attune, tune up (ka tehn.); (raadiovastuvõtjat) tune in; piltl. dispose
hääletaja voter
hääletama vote
hääletamiskast = valimiskast
hääletamissedel = hääletussedel
hääletu voiceless, soundless
hääletus 1. (hääletamine) voting, vote; ballot; 2. (hääle puudumine, vaikus) voicelessness, soundlessness
hääletussedel ballot
hääleõigus (right to) vote, franchise, suffrage
häälik (speech) sound
häälikulugu phonology
häälikuõpetus phonetics
häälitsema utter sounds
häälteenamus majority (of votes), plurality
häärber manor(-house)
hööritama twirl, roll, rotate
höövel plane
hööveldama plane
höövelpink planing-bench, carpenter's (or joiner's) bench
höövlilaast (wood-)shaving
hüatsint hyacinth
hübridiseerima hybridize
hübriid hybrid
hüdra hydra
hüdraat keem. hydrate
hüdrant hydrant, fire-plug
hüdraulika hydraulics

hüdrodünaamika hydrodynamics
hüdroelektrijaam hydro-electric power (or hydropower) station
hüdroplaan hydroplane
hüdroteraapia hydrotherapy
hügieen hygiene, sanitation
hügieeniline hygienic, sanitary
hülgama (maha jätma) forsake*, abandon; (peigmeest, pruuti) jilt; (ära põlgama) reject, repudiate; cast* out (or aside, off)
hülgekütt seal fisher (or hunter), sealer
hülgenahk sealskin
hülgepüük seal fishing (or catching), sealing
hülgerasv seal-oil, (seal-)blubber, train-oil
hüljatu outcast
hüljes seal
hülss (padrunil) cartridge-case; (mürsul) shell case; (paberossil) (empty) shell; (masinaosa) bushing, bush (sleeve)
hümn (riigi~, rahvus~) anthem; (kirikulaul) hymn
hüpak (little) jump, hop; ~il olema be ready for a jump
hüpatama (korraks hüppama) give* a jump; (hüpitama) jump, make* jump, bounce (up and down)
hüpe jump, leap, bound, spring; (lendlev ~) vault
hüperbool kirj. hyperbole; mat. hyperbola
hüpertoonia med. hypertension
hüpiknukk = hampelmann
hüpitama (make*) jump, bounce (up and down)
hüpits (hüppenöör) skipping-rope
hüplema jump (up and down), bob, skip
hüpnoos hypnosis
hüpnootiline hypnotic
hüpnotiseerima hypnotize
hüpnotism hypnotism
hüpnotisöör hypnotist, hypnotizer
hüpoteek maj. mortgage
hüpotees hypothesis (pl. -ses)
hüpoteetiline hypothetic(al)
hüpotenuus mat. hypotenuse
hüppama jump, leap*, spring*, hop; (millelegi toetudes) vault
hüppelatt sport. (jumping) bar
hüppelaud spring-board (ka piltl.); (vettehüpeteks) diving board

5*

hüppeline advancing by leaps and bounds, jerky, spasmodic
hüppenöör = **hüpits**
hüppeteivas *sport.* (vaulting) pole
hüppetorn diving tower
hüsteeria hysterics
hüsteerika (fit of) hysterics
hüsteeriline hysterical
hütt hut, cabin, shack, shanty
hüva d. = **hea**; 2. (*hea küll*) very well, all right
hüvak right (side)
hüvakul on the right (side); ~e to the right (side)
hüvang = **heaolu**
hüvasti! good-bye!, farewell!; ~ **jätma** say* good-bye, take* one's leave (*of*), make* one's farewells
hüvastijätt farewell, leave-taking, good-bye
hüve good; (*hüvis*) wealth; (*paremus*) advantage; blessing
hüvis wealth
hüvitama compensate (*millegi eest — for smth.*), indemnify, make* good
hüvitus compensation, indemnification, indemnity
hüään hy(a)ena
hüüatama call (*or* cry) out, exclaim, ejaculte
hüüatus exclamation, ejaculation; (*mõttetu* ~) expletive
hüübima coagulate, clot
hüüd call, shout; hail; (*hüüatus*) exclamation
hüüdlause 1. *lgv.* exclamatory sentence; 2. *pol.* call, appeal, slogan
hüüdma call, cry, shout; hail; (*hüüatama*) exclaim
hüüdnimi nickname
hüüdsõna *lgv.* interjection
hüüe = **hüüd**
hüüp *zool.* bittern
hüüumärk note of exclamation, exclamation mark
hüüve clot, coagulation
hüüvis *med., vet.* clot of blood, thrombus (*pl.* -bi)

ida east; ~ **pool** to the east, eastward(s); ~ **poole** to the east, eastward(s); ~ **poolt** from the east; ~s in the east; **itta** to the east
idakaar east, eastern quarter (of the horizon)
idamaa the East, the Orient
idamaalane easterner, oriental
idamaine eastern, oriental
idand sprout, shoot
idandama (make*) sprout, bring* to germination
idanema sprout, shoot*, germinate
idanemine sprouting, germinating, germination
idanemisvõime, idanevus germinating power (*or* ability capacity)
idapikkus *geogr.* eastern longitude
idapoolkera *geogr.* Eastern hemisphere
idapoolne eastern, easterly
idatuul east wind
ideaal ideal
ideaalne ideal
ideaalsus ideality
idealiseerima idealize
idealism idealism
idealist idealist
idealistlik idealistic(al), idealist
idee idea
ideelage devoid of ideas, devoid of (socialist) principles, lacking in (moral) purpose
ideeline of ideas, of (socialist) principles, high-principled; (*ideoloogiline*) ideological
ideelis-poliitiline ideological and political
ideestik idea-content, scope (*or* range) of ideas
identifitseerima identify
identne identical
identsus identity
ideoloog ideologist
ideoloogia ideology
ideoloogiline ideological
idiomaatiline idiomatic
idioom idiom
idioot idiot
idiootlik idiotic
idiootsus idiocy
idu germ, sprout, shoot; embryo (*pl.* -os); **eos hävitama** nip in the bud
idulane *biol.* embryo (*pl.* -os)
iduleht *bot.* cotyledon
idüll idyll
idülliline idyllic
iga *pron.* every; (*ükskõik missugune*) any; (~ *üksik antud hulgast*) each;

~ poiss sai kaks õuna each boy received two apples; **~ päev** every day; **~l aastal** every year; **~l ajal** at any time; **~l pool** everywhere; **~l juhul** in any case, at all events
iga [ea] *subst.* age, lifetime
iga-aastane yearly, annual
igakordne of each time, each
igakülgne all-round, thorough; (*üksikasjalik*) detailed
igakülgselt from all aspects, in all respects, thoroughly; (*üksikasjalikult*) in detail
igand survival (of the reactionary past), *Am. ka* hangover (from the past)
iganema become* outdated (*or* antiquated, obsolete, superannuated)
iganenud out of date, antiquated, obsolete, superannuated
iganes ever; **kes ~ whoever**; **kus ~** wherever
igapidi in every way (possible), in every respect
igapäevane daily, everyday, day-to-day; (*tavaline*) in common use, common, workaday
igasugune every possible, any kind of, of all sorts (*or* kinds)
igatahes in any case, at any rate, at all events, anyway, anyhow
igati = **igapidi**
igatsema long, yearn, crave (*for*); pine, hanker (*after, for*); (*soovima*) wish (*for*)
igatsus longing, yearning, craving; hankering
igav tedious, dull; (*tüütu*) boring; (*väsitav*) tiresome, wearisome; **mul on ~** I feel dull, I am bored
igavavõitu somewhat (*or* rather) tedious, dullish
igavene eternal, everlasting, perpetual, perennial; **ta on ~ võrukael** he is a thorough rascal
igaveseks for ever
igavesti eternally, everlastingly, for ever (and ever)
igaviisi in every way
igavik eternity
igavlema be (*or* feel*) bored (*or* dull)
igavus tediousness, dullness; boredom; weariness, tedium
igaüks everyone, everybody; (*ükskõik kes*) anyone, anybody
ige gum; **~mehaavand** *med.* gumboil; **~mepõletik** *med.* inflammation of the gums, gingivitis

igerik puny, decrepit
igihali *bot.* periwinkle
igihaljas evergreen
igijää *geogr.* perpetual ice
igikelts *geol.* perpetually frozen ground, permafrost
igilumi perpetual snow
igipõline age-old, primordial, priim(a)eval, immemorial
igiroheline = **igihaljas**
igivana ancient, age-old
ignorant ignoramus, ignorant person
ignorantne ignorant
ignorantsus ignorance
ignoreerima ignore, take* no notice (*of*), disregard
igritsema trickle
iha lust, desire, craving, appetite (*for*)
ihaldama lust, desire, crave (*for*), covet
ihaldatud desired, coveted
ihaldus craving, desire
ihalema (*imetlema*) admire; (*ihkama*) crave (*for*)
ihalus (*imetlus*) admiration; (*iha*) craving
ihar voluptuous, lustful
iharus voluptuousness, lust (fulness)
iherus = **meriforell**
ihes (Peipsi) lake salmon, (Peipsi) lavaret
ihk = **iha**
ihkama = **ihaldama**
ihne stingy, miserly, close-fisted, tight, avaricious, mean
ihnsus stinginess, miserliness, avarice, meanness
ihnur miser
ihnus = **ihne**
ihnuskael, ihnuskoi miser, skinflint, curmudgeon
ihnutsema be stingy (*or* miserly), stint
ihu body, (living) flesh; **~alasti** stark naked, mother-naked; **~arst** physician in ordinary; **~kaitse** bodyguard, life-guard; **~kaitseväelane** (one of the) body-guard; **~karva** flesh-coloured; **~liige** member (of the body), limb
ihulik bodily, corpor(e)al; (*lihalik*) carnal, fleshly
ihuma whet, grind*, sharpen; **kellegi peale hammast ~** have a down on smb.; bear* a grudge against smb.
ihumiskivi whetting stone
ihunuhtlus corporal punishment
ihupesu body linen

ihuvili f(o)etas
iial, iialgi ever; (*koos eitusega*) never
iidne ancient, primordial; **iidsest ajast peale** from time immemorial
iil (*tuulepuhang*) gust, blast (of wind), squall
iiri Irish
iiris (*silma vikerkest*) iris; (*võhumõõk*) iris, flag; (*kompvek*) toffee
iirlane Irishman (*pl.* -men)
iirlanna Irishwoman (*pl.* -women)
iisraeli Israeli; *aj.*, *kirikl.* Israelite, Israelitish
iisraellane Israeli; *aj.*, *kirikl.* Israelite
iive increase, increment; augmentation, accretion
iiveldama nauseate, sicken, make* siok
iiveldus nausea, attack of sickness; queasiness
ikaldama, ikalduma fail
ikaldus crop failure, bad harvest, famine; ~**aasta** year of crop failure, famine year
ike yoke
ikestama yoke, put* a yoke upon; (*orjastama*) subjugate, enslave
ikka ever, always, still; ~ **enam** ever more, more and more; ~ **ja alati** ever and again; ~ **ja jälle** again and again, time and again, ever and anon; ~ **veel** still
ikkagi still, for all that, after all, nevertheless
ila slaver, slobber, (running) saliva, drivel, dribble, *Am.* drool; ~**lakkuja** lickspittle
ilane slobbery drivelling; wet with slobber
ilastama beslaver, beslobber
ilatsema slaver, slobber, drivel, dribble, *Am.* drool
ilge (*jälk, vastik*) foul, loathsome, abominable, nauseous; (*nurjatu*) vile
ilgema stomach, have the heart
ilgus (*jälkus, vastikus*) foulness, loathsomeness; (*nurjatus*) villainy
illegaalne illegal, illicit
illegaalsus illegality
illuminaator *mer.* port-hole
illuminatsioon illumination
illumineerima illuminate
illusioon illusion
illusoorne illusory
illustratsioon illustration
illustreerima illustrate

ilm I weather; **ilusa** ~**aga** in fine weather.
ilm II (*maailm*) world; ~**ale tooma** bring* into the world, give* birth (*to*), bear*; ~**ale tulema** come* into the world, be born
ilma 1. *prep.* without; ~ **rahata** without money (*or* payment); ~ **tagasi vaatamata** without looking back; 2. *adv.* without anything; (*maksuta, hinnata*) gratis, for nothing; ~ **jätma** leave* without, deprive (*of*); ~ **jääma** be left without, be deprived (*of*), lose*; ~ **läbi ajama** do without; **ma ei võtaks seda** ~**gi** I wouldn't take it as a gift
ilmaaegne vain, useless
ilmaaegu vainly, in vain
ilmaasjata = **asjata**
ilmaennustus weather forecast
ilmajaam meteorological station
ilmakaar quarter (of the horizon), point of compass
ilmale *vt.* **ilm** II
ilmalik worldly, secular, temporal, lay
ilmas(ki): ei ~ never, not ever
ilmastik weather conditions; weather
ilmastu = **kliima**
ilmateade weather report; (*ilmaennustus*) weather forecast
ilmatu enormous(ly); ~ **suur** enormously large
ilmavaade van. = **maailmavaade**
ilmaütlev *lgv.* abessive (case)
ilme expression, look, air, countenance, aspect
ilmekalt expressively, with (much) expression; (*elavalt*) vividly
ilmekas expressive; (*elav*) vivid
ilmekus expressiveness; (*elavus*) vividness
ilmestama make* expressive
ilmetu expressionless, inexpressive, featureless, characterless
ilmlik = **ilmalik**
ilmne evident, obvious, manifest, plain, clear, unmistakable
ilmnema become* evident (*or* obvious, manifest) be revealed; appear, be clear
ilmselt evidently, obviously, plainly, clearly, unmistakably
ilmsi (*ärkvel olles*) in real life, in one's waking hours; (*tõeliselt*) really, truly; ~**ks tulema** be revealed, come* to light, manifest oneself

ilmsüütu = süütu
ilmtingimata = tingimata
ilmuma appear; make* one's (*or* put* in an) appearance; (*ennast näitama*) show* oneself; (*ennast ilmutama*) reveal oneself; (*trükitoote kohta*) come* out, be published; (*lavale* ~) make* one's entry; (*kohale* ~) turn up, put* in an appearance
ilmumine appearance; (*trükitoote kohta*) publication; (*lavale* ~) entry
ilmumisaasta (*trükitootel*) year of publication
ilmutama reveal, manifest; (*üles näitama*) display, show*, exhibit; *fot.* develop
ilmuti *fot.* developer
ilmutis apparition, phantom, vision
ilmutus revelation, manifestation; *fot.* development
ilu beauty, loveliness
iluaed ornamental (*or* pleasure) garden, pleasure ground(s); (*maja ees*) front garden
iluaiandus ornamental gardening
iluasi (personal) ornament, trinket, knick-knack
iludus beauty, belle, beautiful girl (*or* woman); ~**salong** beauty parlour (*or* shop)
ilukiri calligraphy
ilukirjandus fiction, belles-lettres, polite letters, (fine, creative) literature
ilukirjanduslik fictional, literary
ilukõne eloquence oratory, rhetoric
ilulugeja = deklamaator
ilulugemine = deklamatsioon
ilumeel the sense of the beautiful
iluravi beauty culture (*or* treatment), cosmetics; *piltl.* face-lift
ilus beautiful, lovely, handsome, (*naise kohta ka*) fair, pretty; (*ilma jms. kohta*) fine
ilusasti beautifully, handsomely, fairly; nicely, well
ilustama beautify, embellish, adorn; decorate, ornament
ilusti = ilusasti
ilustus embellishment, adornment; decoration, ornament
ilutaim decorative plant
ilutsema indulge in beautiful fancies; -(*lõbutsema*) rejoice, revel
ilutu not beautiful, unlovely, plain, *Am.* homely

ilutulestik fireworks, pyrotechnics
ilutunne = ilumeel
iluuisutamine figure skating
ilves lynx
ilma = ekstrakt
imal mawkish, sickly sweet, cloying, insipid
imama absorb, imbibe
imar *bot.* polypody
imbuma soak, be absorbed (*or* permeated, imbibed); **läbi** ~ be permeated (*millestki* — with *smth.*); **sisse** ~ soak in
ime marvel, wonder; (~*tegu*) miracle; ~**ks panema** wonder, be astonished (*or* surprised); ~**t tegema** do wonders, work miracles
imeasi prodigy, marvel, wonder
imeelukas monster, prodigy
imehästi wonderfully well
imeilus wonderfully (*or* marvellously) beautiful
imekombel miraculously, as a miracle
imelaps infant prodigy
imelik strange, odd, queer
imeline wonderful, wondrous, marvellous
imeloom = imeelukas
imema suck
imemine suction
imendama suck in, imbibe, absorb, resorb
imepärane wondrous, marvellous, uncanny
imestama (*imestust tundma*) wonder, marvel, be astonished (*at*); (*imestust tekitama*) astonish, amaze
imestlema marvel, feel* wonder (*at*), be lost in wonder (*at*)
imestus wonder, astonishment, amazement
imestusväärne wonderful, marvellous
imetaja (*amm*) wet-nurse; *zool.* mammal
imetama suckle, give* suck (*to*), nurse
imetegija miracle-worker
imetegu miraculous deed, miracle; *piltl., iroon. ka* wonder
imetlema admire
imetlus admiration; ~**väärne** admirable
imetus suckling
imik (*rinnalaps*; *noorloom*) suckling; *bot.* sucker
imikala sucking-fish, suckfish
imikas *bot.* alkanet, anchusa
imikpõrsas suckling (*or* sucking) pig

iminõges deadnettle
imipump suction pump
imitatsioon imitation
imiteerima imitate
immatrikulatsioon matriculation
immatrikuleerima matriculate, enrol, enter (as a student)
immatrikuleerima matriculate, be matriculated
immitsema ooze, trickle, seep
immuniseerima immunize
immuniteet immunity
immutama soak, steep, impregnate
immuunne immune
immuunsus = **immuniteet**
impeerium empire
imperatiiv *lgv.* imperative (mood)
imperfekt *lgv.* = **lihtminevik**
imperialism imperialism; **~ivastane** anti-imperialist
imperialist imperialist
imperialistlik imperialist(ic)
impersonaalne impersonal
imponeerima impress, make* a strong impression, command respect
import import, importation
import(eer)ima import
importkaubandus import trade
importkaup imported merchandise; **importkaubad** imported goods, imports
importöör importer
imposantne imposing, impressing
impregneerima = **immutama**
impressionism impressionism
impressionist impressionist
impressionistlik impressionist(ic)
improvisatsioon improvisation
improviseerima improvise, extemporize
impulsiivne impulsive
impulss impulse, *el.* pulse
ind [innu] ardour, fervour, enthusiasm, zeal, gusto
ind [inna] heat, *tead.* oestrus; **innal olema** be on heat; **innale minema come*** on heat
indeks index
india Indian, of India
indiaani (Red) Indian, American Indian
indiaanlane (Red) Indian, American Indian
indigo indigo (*pl.* -os)
indikaator indicator
indikatiiv *lgv.* indicative (mood)
indiskreetne indiscreet
indiskreetsus indiscretion

individuaalelamu individual (*or* private) house (*or* home), owner-occupied house
individuaalmajand individual farm (*or* holding)
individuaalne individual
individuaalsus individuality
individualiseerima individualize
individualism individualism
individualist individualist
indiviid individual
indlema be on heat
indoeuroopa *lgv.* Indo-European
indoneesia Indonesian
indoneeslane Indonesian
induktants *el.* inductance
induktiivne inductive
induktsioon induction
industriaalne industrial
industrialiseerima industrialize
indutseerima *el.* induct, induce
inertne inert; (*loid*) sluggish
inerts inertia
inertsus inertness, inertia; (*loidus*) sluggishness
inessiiv = **seesütlev**
inetu ugly, hideous; (*eemaletõukav*) repulsive; (*näotu*) unsightly, unseemly, ill-favoured; (*käitumise kohta*) mean, dirty, rotten
inetus ugliness, hideousness; (*eemale tõukavus*) repulsiveness; (*näotus*) unsightliness, unseemliness; (*käitumise kohta*) meanness, dirtiness, rottenness
infektsioon infection
infinitiiv *lgv.* infinitive
infitseerima = **nakatama**
infitseeruma = **nakatuma**
inflatsioon inflation
influentsa influenza
informatsioon information
informeerima inform (*millestki* — *of smth.*); **lühidalt** ~ brief (*millestki* — *on smth.*)
infusoor *zool.* infusorian; ~**muld** *geol.* infusorian earth
ingel angel
ingellik angelic
ingeri Ingrian
ingerlane Ingrian
inglane Englishman (*pl.* -men); **inglased** the English
inglanna Englishwoman (*pl.* -women)
inglise English; ~ **keel** English, the English language
ingliskeelne English
inglistina tin

inglitiib *bot.* = **begoonia**
ingver ginger
inimahv ape, anthropoid (ape)
inimelu human life
inimene human (being), man (*pl.* men); person; **mõned inimesed** some people; **palju inimesi** many people
inimesearmastus love of mankind, philanthropy
inimeselaadilised *zool.* anthropoids
inimeselik manlike, human(-like), of human character
inimeseloom *põlgl.* creature
inimesepoeg *kirikl.* son of man
inimeseröövimine kidnapping
inimesesööja cannibal, man-eater; (*muinasjutuline* ~) ogre
inimestama anthropomorphize, attribute humae shape (*or* characteristics) (*to*)
inimiga human age, generation; span of human life
inimjõud manpower
inimkaotused human losses, losses in manpower
inimkond mankind, humanity, the human race
inimlik (*inimesepärane*) human; (*inimesesõbralik*) humane
inimlikkus (*inimesepärasus*) humanity; (*inimesesõbralikkus*) humaneness
inimmõistus human reason; **terve** ~ common sense, *kõnek.* horse sense
inimohver human sacrifice
inimolend human being
inimpõlv generation (of men)
inimsugu = **inimkond**
inimsus humaneness, humanity
inimtund *maj.* man-hour
inimõigused human rights
inimühiskond human society
inisema (*lehma kohta*) low plaintively; (*inimese kohta*) talk with a nasal twang, talk through one's nose
initsiaal initial
initsiaator initiator
initsiatiiv initiative
inkognito incognito
inkubaator incubator
inkubatsioon incubation
inkvisiitor inquisitor
inkvisitsioon inquisition
innaaeg heat, rutting season
innal, innale *vt.* **ind** [inna]

innukas ardent, fervent, keen, enthusiastic, zealous
innukus ardency, fervensy, keenness, enthusiasm, zeal
innustama fill with ardour (*or* fervour, zeal), inspire, fire, fill with enthusiasm
innustus inspiration, enthusiasm
insekt = **putukas**
insener engineer
inspekteerima inspect, superintend
inspektor inspector, superintendent
inspektsioon (*järelevalve*) inspection; (*järelevalveasutus*) inspectorial office
inspektuur (*asutus*) inspector's office; (*amet*) inspectorship
inspiratsioon inspiration
inspireerima inspire
instants *jur.* instance, stage (of a proceeding); **esimeses** ~**is** in the first instance; **kõrgema** ~**i poole pöörduma** appeal to the higher authorities
instinkt instinct
instinktiivne instinctive
institutsioon institution
instituut institute
instrueerima instruct
instruktor instructor
instruktsioon instruction
instrument instrument; (*tööriist ka*) tool
instrumentaalmuusika instrumental music
instrumentaalne instrumental
instseneerima = **lavastama**
intellekt intellect
intellektuaalne intellectual
intelligent intellectual
intelligentne intelligent
intelligents (*haritlaskond*) the intelligentsia, the intellectuals; (*intelligentsus*) intelligence
intelligentsus intelligence
intensiivistama intensify
intensiivne intensive; (*pingne*) intense
intensiivsus intensiveness; (*pingsus*) intensity
interfolieerima interleave
interjektsioon *lgv.* interjection
internaat hostel, *Am.* ka dormitory, *kõnek.* dorm; ~**kool** boarding-school
internatsionaal International
«**Internatsionaal**» (*hümn*) Internationale

internatsionaalne = rahvusvaheline
internatsionalism internationalism
interneerima intern
interneerimine, interneering internment
interneeritu internee, interned person
interpreet interpreter
interpretatsioon interpretation
interpreteerima interpret
interpunktsioon *lgv.* punctuation
intervall interval
intervent interventionist
interventsioon intervention
intervjueerima interview
intervjuu interview
intiimne intimate
intiimsus intimacy
intonatsioon intonation
intransitiivne *lgv.* intransitive
intress *maj.* interest; ~imäär *maj.* rate of interest
intrigaan, intrigant intriguer, plotter
intrigeerima intrigue, plot
intriig intrigue, plot (ting)
intsident incident
intuitiivne intuitive
intuitsioon intuition
invaliid invalid, disabled person
invaliidne invalid, disabled
invaliidsus invalidism, disablement, disability; ~pension disability pension
invasioon invasion
inventar stock; (*nimestiku järgi*) inventory
invent(aris)eerima inventory, make* inventory (*of*), take* stock (*of*)
inventuur stock-taking; ~i tegema take* stock
investeerima *maj.* invest
investeerimine, investeering *maj.* investment
ionosfäär *meteor.* ionosphere
ioon *füüs.* ion
iraagi Iraqi (*or* Iraki)
iraani Iranian; ~ keeled Iranian languages
iraanlane Iranian
irduma get* (*or* work) loose, become* detached (*or* separated, severed, removed); lose* touch (*with*); tõsielust **irdunud** divorced from reality, out of touch with reality
irevil half-open; (*hammaste kohta*) bared; **hambaid** ~e ajama bare one's teeth
irisema grumble, grouse, *Am.* grouch

iroonseerima treat ironically, speak* with irony (*of*)
iroonia irony
irooniline ironical
irratsionaalne irrational
irreaalne irreal
irregulaarne irregular
irrutama detach, separate, sever, remove
irvakil half-open; ~e jääma remain half-open
irve (*irvitus*) grin; (*lõust*) grimace; (*pilge*) fleer
irvhammas sneerer, mocker, scoffer
irvitama grin; (*pilgates*) fleer, sneer, mock, scoff
irvitus grin; (*pilkav* ~) fleer, sneer, mockery, scoffing
isa father, (*kõnetlusena ka*) dad, daddy; ~ poolt (*sugulase kohta*) = **isapoolne**
isadus paternity, fatherhood
isahani gander
isaisa (paternal) grandfather; (*esiisa*) forefather
isakass tom-cat, he-cat
isake(ne) (dear) father, daddy
isakodu (*one's*) father's home, native home (*or* place)
isalik fatherly, paternal
isaloom = **isasloom**
isamaa native country (*or* land), home country, (*one's*) (own) country, homeland
isamaa-armastus love of one's country, patriotism
isamaalane patriot
isamaalik native, national; patriotic
Isamaasõda Patriotic War; **Suur** ~ the Great Patriotic War
isamaatu homeless, expatriate
isamaja (*one's*) father's house, native house
isamees sponsor at a wedding, best man (*pl.* men)
isamesilane drone
isand master, lord, boss
isane male; ~ kass = **isakass**; ~ loom = **isasloom**; ~ varblane cock-sparrow
isanimi patronymic
isapart drake
isapoolne paternal, on (*one's*) father's side; ~ vanaema paternal grandmother, grandmother on the father's side
isapõder stag
isasloom male (animal)

isastaim *bot.* male (*or* staminate) plant
isatalu (*one's*) father's farm, native farm
isatu fatherless
ise *pron.* selt (*pl.* selves), oneself; **mina ~ l** myself; **meie ~ we** ourselves; **~ tegema** do by oneself; **see on minu enda raamat** this is my own book, this is a book of my own; **ennast täis olema** be conceited (*or* stuck up)
ise (*omaette, eraldi*) one's own, special, peculiar; **igal linnul ~ laul** each bird has its own song
iseasi a thing (*or* matter) for itself, something different; **see on ~ that** is another matter, that is (quite) different
iseenda, iseenese (of) one's own
iseenesest by oneself, of one's own, spontaneously; **see on ~ mõista it** goes without saying, it stands to reason, it is a matter of course
iseenesestmõistetav self-evident
iseeneslik spontaneous
isegi even
isehakanud self-styled
isekallutaja *tehn.* tip(-up) lorry, tipper, *Am.* dump truck
isekas selfish
isekeskis among ourselves (*or* yourselves, themselves)
isekus selfishness
iselaad peculiarity
iselaadi peculiar
iselaadija self-loader
iselaadiv self-loading
iselaadne = iselaadi
iseliikuv self-propelled
iseloom character; (*loomus*) nature; **~ujoon** trait, feature, characteristic
iseloomulik characteristic, typical (*kellelegi — of smb.*)
iseloomustama characterize
iseloomustus characterization; (*tunnistus*) character, testimonial
isemajandamine self-financing, self-supporting economy, (economic) self-management
isemeelne self-willed, wilful; wayward
isemeelsus self-will, vilfulness; waywardness
isemoodi (*iseäralik*) peculiar; (*erinev*) different
isend individual
iseolemine separate existence

isepäinis separately, apart, asunder
isepärane specific
iseseisev independent, self-dependent
iseseisvuma become* independent (*or* self-dependent)
iseseisvus independence, self-dependence
iseseisvusetu not independent, lacking independence
iseseisvusetus lack of independence
isesiduja *põll.* (self-)binder
isesugune peculiar, particular
iseteadev, iseteadlik self-opinionated self-confident
iseteadlikkus, iseteadvus self-consciousness
iseteenindamine self-service
iseteeninduskauplus self-service store (*or* shop)
isetegevus amateur activities; **kunstiline ~** amateur (*or* home-talent) performances
isevalitseja autocrat
isevalitsus autocracy
isevool *tehn.* gravity flow (*or* feed); *pol.* drift, (haphazard) unorganized activity; **laskma asju ~u teed minna** let* things drift, leave* things to themselves
isevärki peculiar, queer
iseõppija self-taught person
iseõppimine self-instruction
iseäralik especial- special, particular; (*kummaline*) peculiar, singular; strange
iseäranis especially, particularly
iseärasus peculiarity, singularity; specific feature (*or* character)
iseäratsema behave in a peculiar way, try to be original, have affected manners, show* off
ishias *med.* sciatica
isik person; (*tähtis ~*) personage; **kahtlane ~** suspicious individual
isiklik personal
isiklikult personally, in person
isiksus personality
isikukultus personality cult, cult of the individual
isikuline personal; **~ asesõna** *lgv.* personal pronoun; **~ koosseis** personnel
isikupuutumatus inviolability of person
isikupärane (characteristically) individual
isikupärasus individuality, individual peculiarity

isikustama personify
isikustamine personification
isikutunnistus = pass
islam Islam
islandi Icelandic; ~ **pagu** *min*. Iceland spar
islandlane Icelander
isolaator *tehn.* insulator
isolatsioon *tehn.* insulation; (*eraldamine, eraldumine*) isolation
isoleerima *tehn.* insulate; (*eraldama*) isolate
isoleerpael insulating tape
isoterm *meteor., füüs.* isotherm
isotoop *keem.* isotope
issameie *kirikl.* the Lord's prayer
issand the Lord, Our Lord
istandik, istandus plantation
iste [istme] seat; ~t **võtma** take* a (*or* one's) seat
istekoht seat, place
istepink bench, (long) seat
istevann hip-bath, sitz-bath
istik (young) plant, set (for planting)
istmik seat, posterior, bottom buttocks
istukil in a sitting position; ~e **tõusma** sit* up
istuma sit*, be seated; (*riiete kohta*) fit, suit; (*vangis*) be (*or* stay) in prison; **see istub hästi** it's a good (*or* perfect) fit; **maha** ~ sit* down, take* a seat; ~ **jääma** remain sitting; (*koolis*) remain a second year in the same form, be left back

have to repeat the year; ~ **panema** seat; (*vangi panema*) put* in jail, send* to prison
istung sitting, session; (*koosolek*) meeting; (*kohtu*~) session, (*Inglismaal ka*) assizes; ~**järk** session, (series of) sessions
istutama plant; **ümber** ~ transplant
istutus planting
isu appetite, relish (*millegi järele* — *for smth.*); **mu** ~ **on täis** I have had enough (*or* my fill); **mul on kõigest sellest** ~ **täis** I am fed up with all this (*or* that); ~ **äratama** provoke (*or* stimulate) one's appetite, make*one's mouth water, tempt
isukalt with a good appetite, heartily
isukas having a good appetite
isunema have an appetite (*for*)
isur Izhorian
isuäratav appetizing, tempting; (*hõrk*) dainty
itaalia Italian
itaallane Italian
itk *murd.* weeping, wail, lamentation; (*surnukurtmine*) keen, threnody
itkema *murd.* weep*, wail, lament; (*surnut kurtma*) keen, mourn
itsitama giggle, snigger (*or* snicker), titter
iva grain; morsel, (little) bit
ivake(ne) 1. *subst.* (little) grain; 2. *adv.* (*natuke*) a little, a bit
ivama *põll.* hummel, awn, remove the awns

J

ja and
jaa = **jah**
jaaguar jaguar
jaala *mer.* yawl
jaam station
jaamaesine 1. adj. in front of (*or* before) the station; ~ **väljak** the square in front of (*or* before) the station; 2. *subst.* (station) platform
jaamahoone station building
jaamakorraldaja assistant stationmaster
jaamavahe stage, distance between two stopping-places
jaamaülem station-master
jaanalind ostrich
jaanalinnupoliitika ostrich policy

jaanik = **jaanituli**
jaanikakar (*harilik* ~) corn marigold; (*aed*~) chrysanthemum
jaanikaun = **jaanileib**
jaanikuu = **juuni**
jaanileib *bot.* carob (bean), St. John's bread
jaanilill = **pääsusilm**
jaanimardikas firefly
jaanipuna = **naistepuna**
jaanipäev St. John's Day, Midsummer (Day)
jaanituli bonfire on Midsummer Night
jaaniuss glow-worm
jaaniõhtu St. John's eve, Midsummer eve

jaanuar(ikuu) (the month of) January
jaapani Japanese
jaapanlane Japanese (*pl.* Japanese)
jaasõna word of consent; consent to marry; ~ **andma** give* one's word of consent; (*er. kosilasele*) accept a suitor
jaatama affirm, answer in the affirmative, say* yes (*to*)
jaatav affirmative
jaatus affirmation
jabur imbecile, idiotic, doting
jaburdama dote, drivel
jaburus imbecility, idiocy, nonsense
jada 1. *mat.* sequence; 2. = **peenar**; 3. = **rida**
jae by retail, retail (*atrib.*); ~**hind** retail price; ~**kaubandus** retail trade; ~**müük** retail sale
jagaja divider, distributor dispenser; *mat.* divisor
jagama divide; (*välja* ~) distribute, dispense give* out, hand out, (*kaarte*) deal* (out); (*osadeks*) portion (out); (*kellegagi koos osa võtma*) share; **käske** ~ give* commands
jagamatu indivisible; undivided
jagamine division; (*välja*~) distribution dispensing, (*kaartide* ~) dealing (out); (*osadeks* ~) portioning; (*kellegagi koos osavõtmine*) sharing
jagamismärk *mat.* division sign
jagatav 1. *adj.* divisible; 2. *subst. mat.* dividend
jagatis *mat.* quotient
jagelema squabble
jagelus squabble
jagu (*osa*) part share, portion; *sõj.* section squad; **suurem** ~ the greater part most; **see on minu** ~ this is mine, this belongs to me
jagu: ~ **saama** (*üle, võitu saama*) get* the better (*of*), overcome*, gain the upper hand (*over*), cope (*with*); (*aru saama*) grasp (the meaning) (*of*), understand*
jaguma 1. (*jagatav olema*) divide, be divisible; 2. = **piisama**
jagumatu 1. (*mittejaguv*) indivisible; 2. = **piisamatu**
jagunema be divided, divide; (*osadeks lagunema*) split*, break* up, fall* into parts
jagus = **piisav**
jaguv divisible

jah yes; (*meremeeste keeles*) ay(e); *piibl., luulek.* yea; *Am. kõnek.* yeah
jahe cool; (*ebameeldivalt* ~) chilly (*ka piltl.*)
jahedus coolness; (*ebameeldiv* ~) chilliness, chill (*ka piltl.*)
jahendama cool, make* cool(er)
jahenema cool, cool off (*or* down), become* cool(er)
jahikoer hound, hunting dog
jahikott game-bag
jahikull = **jahipistrik**
jahiline hunter, sportsman (*pl.* -men)
jahiloom game
jahiluba hunting licence
jahimees hunter, huntsman (*pl.* -men); sportsman
jahindus game hunting, game management; hunting industry
jahipistrik (hunting) falcon, *er.* gerfalcon (*or* gyrfalcon)
jahipüss fowling-piece, sporting gun
jahisaak bag, total kill (of a day's hunting)
jahitasku game-bag
jahm dismay, daze
jahmatama 1. (*jahmuma panema*) dismay, startle, stupefy, daze; 2. = **jahmuma**
jahmatus dismay, stupefaction, daze
jahmuma be dismayed (*or* startled, stupefied, dazed), be taken aback
jaht I (*küttimine*) hunt(ing); (*aju*~) chase; ~**i pidama** hunt, chase; **jahile minema** go* hunting
jaht II *mer.* yacht
jahtima 1. (*jändama*) play the fool, mess about; 2. *haruld.* = **küttima**
jahtklubi yacht-club
jahtlaev yacht
jahtuma cool down (*or* off), become* cool
jahu (*sõre* ~) meal; (*peen* ~) flour
jahukas mealy
jahukaste [-kastme] flour sauce
jahukaste [-kaste] mildew
jahune floury, mealy
jahupuder hasty pudding
jahustama grind* to flour
jahutama cool; (*külmutama*) refrigerate
jahuti (*jahutusaparaat*) cooler
jahutoit farinaceous food
jahutus cooling
jahuveski flour-mill, *Am.* grist-mill
jahvatama grind*, mill; *kõnek.* (*latrama*) wag one's tongue, chatter, jabber

jahvatis grind, grinding
jahvatus grinding
jakk I (*riietusese*) jacket; (*kootud* ~) cardigan
jakk II *zool.* yak
jaks might, strength; ability
jaksama be able (*teha* — *to do*), have strength enough (*to do*)
jakuudi Yakut; ~ **keel** Yakut, the Yakut language
jakuut Yakut
jala = **jalgsi**
jalahoop kick
jalajälg footprint, footstep
jalakas elm(-tree)
jalakäija pedestrian, foot-passenger, walker
jalalaba = **pöid**
jalaluu leg-bone; ~**murd** fracture of the leg
jalam (*künka-, mäejalg*) foot (*pl.* feet); (*samba alus*) pedestal
jalamaid instantly, immediately, at once, forthwith, there and then
jalamatk hike
jalamatt door-mat
jalamees pedestrian; (*sõdur*) foot-soldier, infantryman (*pl.* -men)
jalanarts = **jalarätt**
jaland stand, support, foot (*pl.* feet)
jalanõud = **jalatsid**
jalapealt = **jalamaid**
jalapink footstool
jalapõhi = **jalatald**
jalarauad (leg-)irons, fetters, shackles
jalarätt foot cloth, blanket sock
jalas [jalase] (*saanil jms.*) runner; (*lennukil*) skid; (*kiiktoolil*) rocker
jalas: sokid on ~ *vt.* **jalg**
jalast *vt.* **jalg**
jalastuma *sõj.* dismount
jalatald sole of the foot; **pealaest jalatallani** from head to foot
jalatsid footwear, footgear
jalaväelane infantryman (*pl.* -men) foot-soldier
jalavägi infantry
jalg (*põid; ka mõõtühik*) foot (*pl.* feet); (*reis ja säär; ka mööblil jms.*) leg; (*kandealus*) stand; (*veiniklaasil jms.*) stem; ~**a laskma** take* to one's heels, give* (*or* take*) leg bail, skedaddle, hook it, decamp; ~**a panema** put* on; **sokid on jalas** the socks are on; **sokke jalast võtma** take* the socks off, take* off the socks; ~**a taha panema** trip (*smb.*) up; ~**u lahti**

võtma take* off one's shoes (*or* boots, socks, etc.); ~**e alla tallama** tread* under foot; **ühe jalaga hauas olema** be on one's last legs; **heal jalal olema** be on good terms (*with*); **jalust rabama** knock down, bowl over, *piltl.* astound, stagger, disconcert; *vt.* **ka jalgu, jalul, jalule, jalus**
jalgealune ground under one's feet, (firm) stand; **jalgealust kaotama** lose* one's stand
jalgpall football; ~**iväljak** football ground (*or* pitch)
jalgpidur foot (*or service*) brake
jalgrada footpath
jalgratas bicycle, cycle, bike
jalgrattasõitja, jalgrattur cyclist
jalgsi on foot, afoot, walking; (*ratsaniku kohta* — *mitte ratsa*) dismounted; ~ **minema** walk, foot it
jalgtee = **jalgrada**
jalgu: ~ **jääma** get* under one's feet, become* an impediment
jalgvärav wicket
jalul on one's feet; ~ **olema** be up (and doing)
jalule on one's feet; ~ **seadma** restore, re-establish
jalus: ~ **olema** be under one's feet, be in the way, hamper, impede
jalus (*sadulal*) stirrup
jalust *vt.* **jalg**
jalustrabav stunning, astounding, staggering
jalutaja walker, person taking a walk
jalutama take* a walk, walk about; (*aeglaselt*) stroll; ~ **minema go*** for a walk
jaluts foot (*pl.* feet)
jalutu 1. (*jalgadeta*) legless; 2. (*käimisvõimetu*) lame, crippled
jalutus 1. (*jalutamine*) walking, walk; (*aeglaselt*) strolling, stroll; 2. (*jalutu olek*) leglessness; (*lombakus*) lameness, crippled state
jalutuskepp walking-stick
jalutuskäik walk, stroll, promenade
jalutusruum *teatr.* foyer lobby, crush-room
jama (*loba*) twaddle, trash, blether
jamama (*lobama*) twaddle, blether
jamb *kirj.* iambus (*pl.* -buses, -bi), iamb
jambiline *kirj.* iambic
jamps raving, gibberish
jampsima rave

janditama play the fool, behave farcically, clown
jant farce, buffoonery
jantima = janditama
jantlik farcical
janu thirst; **mul on ~** I am thirsty; **~ kustutama** slake (or quench) one's thirst
janune thirsty
janunema thirst, be athirst (*millegi järele — for, after smth.*)
jaokaupa in parts, piece by piece; **sõj.** in sections (or squads)
jaoks *postp.* for, for the use of; **minu ~** for me
jaol: ~ olema be present (to take part, to intervene), participate (in booty)
jaole: ~ saama come* in time (to take part, to intervene)
jaopärast in (strictly) limited quantities, sparingly
jaoskond district, division
jaotama (*jagama*) distribute, allot; (*määratud osadena*) parcel out, portion out; (*korraldama paigutama*) dispose, arrange; **oma aega ~** regulate (or order) one's time
jaoti l. = **jaokaupa;** l. = **osalt**
jaotus (*jagamine*) distribution allotment; (*korraldus, paigutus*) disposition, arrangement
jard yard
jarovisatsioon *põll.* yarovization
jaroviseerima *põll.* yarovize
jasmiin jasmin(e), jessamin(e)
jaspis *min.* jasper
jaurama brawl
jefreitor sõj. lance-corporal, *Am.* private first class
jesuiit Jesuit
jesuiitlik Jesuitical
jiidiš Yiddish
joastik multistage waterfall (or cataract)
joba = **mõga**
johtuma ensue, follow (*from*)
jonn obstinacy, stubbornness; **~i pärast** out of defiance, out of pique; **~i ajama** = **jonnima**
jonnakas obstinate, stubborn, wilful, fractious, *kõnek.* cussed
jonnakus obstinacy, stubbornness, wilfulness, fractiousness, *kõnek.* cussedness
jonnima be obstinate (or stubborn, wilful, fractious); (*lapse kohta*) be naughty

jonnipunn (*jonnakas inimene*) fractious person (or child) (*pl.* children); (*mängukann*) tumbler
joobnu drunken man (*pl.* men), drunk
joobnud drunken, drunk; (*ametlikus keeles*) intoxicated, inebriated; *humor.* tipsy; **~ olema** be drunk (or in drink)
joobnustama intoxicate, inebriate, make* drunk
joobuma get* intoxicated (or inebriated, drunk, tipsy). (*millestki — with smth.*)
joobumus intoxication, inebriation; (*purjusolek*) drunkenness, tipsiness
jood iodine
joode *tehn.* soldering
joodik drunkard, (habitual) drinker, sot
joodis *tehn.* solder
jooditinktuur *farm.* tincture of iodine
joodud (*joomapidu*) (drinking-)feast
joogijanu thirst
joogiklaas drinking-glass
jooginõu drinking-vessel
joogivesi drinking-water
jook drink, beverage
jooks run, running; (*sportlik ~*) race, (*üksik~.*) heat; (*vool*) flow; **~us olema** be on the run (or dodge); **~u pistma** bolt, run* away
jooksetama make* run (or flow)
jooksev running; current; (*voolav*) flowing; (*lekkiv*) leaking; **~ arve** account current, current account; **~ lint** conveyor (or conveyer) belt, assembly line; **~ remont** running repairs; **jooksvad asjad** current business (or matters)
jooksik fugitive, runaway; (*väe~*) deserter; (*mardikas*) carabid, carabus
jooksja runner
jooksma run*; (*võidu ~*) race; (*voolama*) flow; (*lekkima*) leak; **verd ~** bleed*
jooksuaed *põll.* (cattle-)run
jooksuaeg = **innaaeg**
jooksukross cross-country run (or race)
jooksul (*kestel*) during, in the course of, within; **selle kuu ~** in the course of this month, within this month; **kogu päeva ~** the whole day long
jooksupoiss errand-boy
jooksurada *sport.* (running-)track; (*sõerada*) cinder track, the cinders

jooksusamm running pace; *sõj.* double(-quick) step (*or pace*)
jooksuvõistlus running race, foot-race
jooksva = reuma
jooma drink*; **andke mulle (vett) juua** give me a drink of water; ~ **hakkama** take* to drink; **teed** ~ **take*** (*or* haye) tea; **end purju** ~ **get* drunk**
joomahullus *med.* dipsomania
joomalaul drinking-song
joomamees (heavy) drinker
joomar (habitual) drunkard, inveterate drinker, *Am.* lush
jooming drinking-bout, carousal, carouse, (drunken) spree, drunken party
joon line; (*triip*) stripe; (*näo*~) lineament; (*iseloomustav* ~) feature, trait; ~**e all at the foot of the page, in a footnote;** ~**de ajama,** ~**de seadma** put* (*things*) straight, adjust, fix; **asi on** ~**es the thing has been fixed up, all is in order**
joonde *vt.* **joon**
joonduma align; *sõj.* dress; **joondu!** dress!; **paremale joondu!** right dress!, dress right!; **kellegi järgi** ~ *piltl.* follow smb.'s lead
joondumine alignment; *sõj.* dressing
joonealune 1. *subst.* (*ajalehes*) feuilleton; **2.** *adj.*: ~ **märkus** footnote
jooneline = **jooniline**
joones *vt.* **joon**
joonestama draw*; draft, delineate, plot
joonestuslaud drawing-board
joonik striped
jooniline striped; (*lineeritud*) ruled
joonima rule
joonis drawing, draught; (*muster*) design; (*diagramm*) diagram, figure; (*visand*) sketch
joonistaja drawer, draughtsman (*pl.* -men); (*mustrite* ~) designer
joonistama draw*; (*mustreid*) design; (*visandama*) sketch; (*kujutama*) delineate
joonistus drawing
joonlaud ruler
joot *vt.* **joodud**
jootekolb soldering iron, soldering bit
jootma I (*juua andma*) give* to drink; (*loomi*) water; **purju** ~, **täis** ~ make* drunk
jootma II (*tinutama*) solder
jootmisküna watering-trough
jootraha tip, gratuity

joovastama intoxicate, inebriate; (*vaimustama*) transport, enrapture
joovastav intoxicating, inebriating; (*pähehakkav*) heady; ~**ad joogid** strong (*or* alcoholic) drinks
joovastuma get* intoxicated (*or* inebriated, enraptured)
joovastus intoxication, inebriation; (*tunde*~) rapture, ecstasy
joove intoxication, inebriation, drunkenness
joovikas = **sinikas**
jope, jopp (*poolpalitu*) short overcoat, Norfolk jacket; (*lühike kasukas*) short light fur-coat
jora = **lora**
jorisema grouse, grumble
jorjen dahlia
joru (*jäme, torisev hääl*) drone, growling hum (*or* song); (*loba*) boring twaddle; ~ **ajama** drone, hum (*or* sing*) growlingly
jorutama drone, hum (*or* sing*) growlingly; (*vedelema*) dawdle, hang*' about
ju: sa ~ **tunned teda?** you know him, don't you; **see on** ~ **õige** but this is true; **ta on** ~ **teie sõber** after all, he is your friend
juba already; (*küsilauseis*) yet; ~ **ammu(gi)** a long time ago; ~ **järgmisel päeval** the very next day; **kas olete** ~ **lõpetanud?** have you finished yet?; ~ **1905. aastal** as far back as (in) 1905
jube gruesome, ghastly, grisly; **mul hakkas** ~ **I** felt creepy
jubedalt gruesomely, ghastly
jubedus gruesomeness, ghastliness, grisliness
judin shudder
judisema shudder
juga jet, spurt, spout; stream; *geogr.* waterfall
jugapuu yew(-tree)
jugoslaavlane Yugoslav (*or* Jugoslav)
juha *anat.* duct
juhataja manager, director, head, chief; principal; (*kooli*~) headmaster, *fem.* headmistress; (*koosoleku* ~) chairman (*pl.* -men)
juhatama direct, run*, manage; (*juhtima*) lead*, guide; *muus.* conduct; (*koosolekut*) preside (*at, over*), be in the chair; (*kohale* ~) show*
juhatus direction, management, board (of administration, of directors); directorate, managing committee;

(*koosoleku* ~) chairmanship; *van.* = **juhend**
juhe [juhtme] conductor, lead, (*traat*) wire; (*hästi painduv isoleeritud* ~) flex
juhend direction, instruction
juhendaja director, instructor, adviser, supervisor
juhendama direct, instruct, advise, guide, supervise
juhinduma be guided (*or* directed) (*millestki — by smth.*)
juhis rule, instruction, guide
juhitav guidable, guided; ~ (**reaktiiv**)**mürsk** guided missile
juhm stupid, obtuse
juhmus stupidity, obtuseness
juht [juhi] leader; (*tee*~) guide; *muus., füüs.* conductor; (*sõiduki* ~) driver, (*masina* ~) operator
juht [juhu] case, event, incident; instance; occasion; **juhul, kui ta tuleb** in case he comes (*or* should come); **igal juhul** at all events, in any case; **mõnel juhul** in some cases (*or* instances); **sel juhul** in that case; **ei mingil juhul** in no case; **igaks juhuks** just in case, to make sure
juhtima lead*, guide; conduct (*ka füüs.*); (*juhatama*) direct; (*riiki*) govern; (*sõidukit*) drive*, (*masinat*) operate, control, steer; (*lennukit*) pilot; **kellegi tähelepanu** ~ **draw*** (*or* call) smb.'s attention (*millelegi — to smth.*)
juhtimine leadership, guidance; conducting (*ka füüs.*); (*juhatamine*) direction; (*riigi* ~) government, governance; (*sõiduki* ~) driving; (*masina* ~) control, steering; (*lennuki* ~) piloting
juhtimishoob, juhtimiskang *tehn.* control lever
juhtimispult *tehn.* control desk
juhtimistöö *pol.* guidance
juhtiv leading, guiding, directing; governing; *füüs.* conductive
juhtivus *füüs.* conduction, conductivity, (*elektri*~ *ka*) conductance
juhtkiri leading article, leader, *Am.* editorial
juhtkond leadership, the leaders; (*käitises*) managerial personnel
juhtlause device; motto (*pl.* -oes); (*lipukiri*) slogan, watchword)
juhtmestik (system of) conductors (*or* leads, wires), *el.* wiring

juhtmotiiv leading motive; *muus.* leitmotiv (*or* -motif)
juhtmõte leading idea
juhtnahk yuft, Russia leather
juhtnöör direction, instruction, guiding rule, guide
juhtum case, event, occurrence
juhtuma happen, occur, chance, come* about, come* to pass, befall*
juhtumisi as it happens, accidentally, casually; **kas te** ~ **nägite teda?** did you happen to see him?
juhtumus happening, occurrence, event
juhuluule *kirj.* occasional poetry
juhuluuletus *kirj.* occasional poem (*or* verses)
juhus (*soodus juhtum*) chance, occasion, opportunity; (*juhuslikult toimunu*) accident; (*võimalik juhtum*) contingency; ~**t kasutama** seize an opportunity, take* occasion
juhuslik accidental, fortuitous; chance (*atrib.*), casual, occasional, incidental
juhuslikult accidentally, by chance; casually, occasionally; (*muuseas*) incidentally
juhutöö casual labour, odd jobs
jukerdama = **jändama**
julge bold, audacious, daring, courageous; (*südikas*) plucky
julgelt = **julgesti**
julgema dare, make* bold (*or* free), have the courage, venture (boldly); **julgen öelda** I make bold to say
julgeolek safety, security; ~**uabinõu** safety measure; ~**uorgan** organ of (state) security; **Julgeolekunõukogu** Security Council
julgestama secure, ensure the safety (*or* security)
julgesti boldly, audaciously, courageously
julgestus security
julgus boldness, audacity, courage; ~**t kaotama** lose* heart; ~**t koguma** pluck (*or* summon) up courage; ~**t võtma** take* (*or* pluck up) heart
julgustama encourage; (*julgeks tegema*) embolden
julgustus encouragement
julgustükk daring deed, exploit
julk turd
julla *mer.* jolly-boat
julm cruel, brutal
julmur monster of cruelty, brute
julmus cruelty, brutality

6 J. Silvet

jultuma become* arrogant (*or* impudent, insolent, impertinent)
jultumus arrogance, impudence, insolence, impertinence, effrontery; *kõnek.* cheek, brass
jultunud arrogant, impudent, insolent, impertinent; brazen(-faced), barefaced; *kõnek.* cheeky
jumal god; ~ **hoidku!** God forbid!; ~**a eest!** God's truth!, honest to God!, really and truly!
jumalaema the Virgin (Mary), Our Lady, (*pildina*) madonna
jumalaga! good-bye!; ~ **jätma** say* good-bye (*kellegagi — to smb.*), take* leave (*kellegagi — of smb.*)
jumalagajätt leave-taking; (*lahkumine*) parting
jumalakartlik God-fearing; (*vaga*) pious; (*usklik*) religious
jumalakartlikkus fear of God, piety
jumalakartmatu impious, irreligious
jumalakeeli: ~ **paluma** implore (in God's name), supplicate, beseech *
jumalakoda *kirikl.* house of God, church
jumalakäpp *bot.* male orchis
jumalamuidu (all) for nothing
jumalanna goddess
jumalapärast! for God's (*or* goodness') sake!
jumalasalgaja atheist
jumalatar = **jumalanna**
jumalateenistus *kirikl.* divine service
jumalateotus blasphemy
jumalatu godless
jumalatõsi God's truth, real truth
jumalavallatu wicked, nefarious
jumaldama deify, idolize; adore, worship
jumaldatav adorable
jumaldus deification, idolization; adoration, worship
jumalik divine
jumalikkus divineness, divinity
jumaluke(ne)! good heavens!
jumalus deity, divinity
jume complexion, hue, tint
jumekas fair-complexioned, bright-hued
jumestama (*jumet- andma*) tint, give* complexion (*or* hue) to; *teatr.* = **grimeerima**
junkur *aj.* (*preisi aadlik, reaktsiooniline feodaalmõisnik*) junker; (*sõjakooli õpilane Venemaal*) cadet
junn turd; **hobuse** ~**id** horse droppings

jupiter(lamp) *el.* sun lamp, *Am.* klieg light
jupp stump, stub, butt(-end); (*tükike*) scrap, bit
juriidiline legal, juridical; ~ **isik** legal (*or* artificial) person, body corporate
juriskonsult legal adviser
jurist lawyer, jurist
just just, precisely; ~ **nagu** as if, as though; ~ **nii** just so, quite so, quite; ~ **praegu** just now; **mitte** ~ **puhas** none (*or* not) too clean
justament precisely, exactly
justkui as if
jutiline striped, streaky
jutlema talk, converse, chat
jutlus sermon
jutlustama preach, sermonize; *piltl.* advocate
jutt [jutu] (*kõnelus*) talk, conversation; (*jutustus*) tale, story, narrative; ~**u ajama** = **jutlema; jutule võtma** receive (in audience); **ilma pikema jututa** without more ado, there and then, summarily
jutt [juti] (*triip*) stripe, streak; (*joon*) line; ~**i ajama** = **joonde ajama; asi on** ~**is** = **asi on joones** *vt.* **joon**
jutuaine topic (of talk), subject
jutuajamine conversation, talk, chat
jutukas talkative, loquacious, chatty
jutukehv uncommunicative, taciturn, reticent
jutulõng the thread (of one's speech); ~**a katkestama** break* the thread
jutumärgid quotation marks, inverted commas
juturaamat story-book
jutustama narrate, tell*, relate
jutustus story, narrative, tale
juubel jubilee; (*aastapäev*) anniversary
juubeldama exult, triumph, jubilate, rejoice
juubilar hero (*pl.* -oes) of an anniversary, hero of the day
juudakäpp = **kuradikäpp**
juudas (*reetur*) Judas, traitor; (*kurivaim*) devil
juudi Jewish; ~ **keel** Jewish
juudihabe *bot.* wandering Jew
juuditar Jewess
juuksed hair (of the head); **juukseid lõikama** cut* (*or* clip) the hair; **juukseid lõigata laskma** have one's hair cut, have a haircut

juuksekarv (single) hair (of the head); ~a **lõhestama** split* hairs
juukseklamber (hair-)clip, hair fastener
juukselahk parting
juukselõikaja = **juuksur**
juukselõikla = **juuksuritöökoda**
juukselõikus hair-cutting, haircut; ~**masin** hair-clipper
juuksenõel hairpin
juuksepael hair-band
juuksepats plait, braid
juuksevesi hair-lotion (or -wash)
juuksur hairdresser; ~**itöökoda** hairdresser's shop, Am. hairdressing saloon
juuli(kuu) (the month of) July
juuni(kuu) (the month of) June
juur root; ~**i ajama** take* (or strike*) root; ~**teni hävitama** destroy root and branch
juura I (õigusteadus) jurisprudence, (science of) law
juura II geol. Jurassic period, the Jura
juurde 1. postp. to, up to; **minu** ~ **to** me, up to me; **ma jäin oma sõbra** ~ **l** remained (or stayed) with my friend; **ma jäin oma töö** ~ **magama** I fell asleep over my work; 2. adv. up, on; (lisaks) in addition (to), some more; ~ **andma** give* in addition, add; **andke mulle raha** ~ give me some more money; ~ **astuma** step (or walk) up (to); ~ **hiilima** creep* up; ~ **lisama** add, annex (to), (kirjale ümbrikku) enclose; ~ **pääsema** be admitted, have access, gain (or find*) admittance (to); ~ **võtma** (kaalus) gain (or put* on) weight
juurdeehitus annex, extension
juurdekasv increase, increment, accretion, gain
juurdelõige (maad) additional allotment
juurdelõikaja (tailoring) cutter
juurdemaks additional (or excess, extra) payment (or cost); (toetusena) subsidy
juurdepääs access, admittance
juurdepääs(e)matu inaccessible
juurdepääs(e)matus inaccessibility
juurdepääsetav accessible
juurdepääsetavus accessibility
juurdesõidutee approach (road), access road
juurdevedu transport, supply

juurdevool influx, inflow
juurdlema (uurima) inquire, investigate; (mõtisklema) brood, ponder, think*
juurdlus inquisition, investigation; (kohtulik ~) inquiry, (surmajuhtumi puhul) coroner's inquest
juurduma root, be rooted; take* (or strike*) root, become* rooted, piltl. ka become* ingrained
juurenarmas bot. root-fibril, fibrilla (pl. -ae)
juures at, by, near; **ma elan oma vanemate** ~ I live with my parents (or at my parents' house); **ta on täie mõistuse** ~ he is in his full senses; ~ **olema** be present (at), assist, attend; **kellegi** ~ **õppima** study with smb.
juuresolek presence, attendance; **minu** ~**ul** in my presence
juuresolev present
juuresolija person present; **kõik** ~**d** all those present
juurest from; **ma tulen oma sõbra** ~ I come from my friend's (house)
juurestik bot. root system
juuretis leaven, ferment
juurikas rootstock, rhizome; (kapsa!) stump
juurima root (out), extirpate; (kände) stub; mat. extract (or find*) the root; **välja** ~ eradicate
juurimine rooting out, extirpation; (kändude ~) stubbing; mat. extraction (of the root), evolution
juursõna lgv. radical (word)
juurutama root (in), implant; inculcate, introduce
juurvili root, root crop(s), edible root(s); bot. rhizocarp; (keeduvili) vegetable
juurviljaaed vegetable (or kitchen) garden
juurviljakauplus greengrocery, greengrocer's (shop)
juus (single) hair (of the head); vt. ka **juuksed**; ~**hein** = **punand**; ~**joon** (kirjatähel) hair-line; ~**peen** fine (or thin) as a hair; ~**soon** = **kapillaar**
juust cheese
juustjas cheesy, tead. caseous
juustukera (globular) head of cheese
juustukärbes cheese fly
juustulest cheese mite
juusturatas circular) whole cheese
juustutegija cheese-maker

juustutööstus cheese(-making) industry
juustuvabrik cheese(-making) dairy (*or* factory)
juut Jew
juveel jewel; ~**kaup** jewelry
juveliir jeweller
jõeharu branch of a river
jõehobu hippopotamus
jõejoom river bed (*or* trough)
jõekäär river bend
jõestik (system of) rivers, fluvial (*or* stream) system
jõesuu(e) mouth of a river; (*lahekujuline* ~) estuary
jõesäng river-bed
jõevähk crayfish, crawfish
jõeäärne riverside (*atrib.*)
jõgi river, stream
jõgikond (river-)basin
jõhkard ruffian, brute
jõhker rough, brutal
jõhkrus roughness, brutality
jõhv horsehair
jõhvikas cranberry
jõhvsaag fretsaw
jõhvuss hairworm
jõle (*jälk*) abominable, atrocious, vile, outrageous; *van.* (*rumal*) foolish
jõledus (*jälkus*) abomination, atrocity, vileness, outrage; *van.* (*rumalus*) folly
jõlli: silmi ~ **ajama** make* (stupidly) bulging eyes, goggle
jõllis agoggle, (stupidly) bulging, staring
jõllitama goggle, stare (stupidly); (*vihaselt*) glare
jõmm (*jõmmakas inimene*) tubby (*or* short and fat) person
jõmmakas tubby, short and fat
jõmps(ikas) urchin, nipper
jõngermann, jõnglane brat, whippersnapper
jõnks jerk, yank
jõnksutama jerk, yank
jõud strength, force, power, might; vigour; ~**u kasutama** use force; **üle jõu käima** be beyond one's powers; **kõigest jõust** with all one's strength; **omal jõul** by one's own strength, by oneself, unaided; **jõuga** by force; ~**ude tasakaal** the balance of forces; ~**ude vahekord** the correlation of forces; ~**u (tööle)!** more power to you (*or* to your elbow)!, God speed your work!; ~**u tarvis!** thanks for your greeting!; **jõus olema** be in force; **jõusse astuma = jõustuma**
jõude idle, unoccupied, at leisure; ~**aeg** leisure (time), spare time; ~**olek** idleness
jõudlema perform, effectuate
jõudlus performance, efficiency
jõudma (*suutma*) be able, manage, be capable of; (*saabuma*) arrive (*at, in*), get* (*to*), reach, **rongile** ~ catch* the train; **rongile mitte** ~ miss the train; **edasi** ~ progress, advance, make* progress; **järele** ~ catch* up, draw* level (*with*); **koju** ~ get* home; **aeg on kätte jõudnud** the time has arrived; **pärale** ~ arrive
jõudsalt, jõudsasti successfully, flourishingly; *kõnek.* famously, fine
jõudumööda according to one's strength (*or* powers, capabilities), as far as possible
jõudus successful, flourishing
jõuetu powerless, impotent, feeble
jõuetus powerlessness, impotence, feebleness, debility
jõujaam power-station, power-plant
jõuk gang, band
jõukas wealthy, well-to-do, well off, prosperous, affluent
jõukatsumine trial (*or* contest) of strength
jõukohane within one's powers, feasible; (*rahaliselt*) within one's means
jõukulu(tus) expenditure of strength (*or* effort)
jõukus wealth, prosperity, affluence
jõul *vt.* **jõulud**
jõuline vigorous, powerful, forcible, robust; (*hoogne*) impetuous
jõulud Christmas, yule
jõulukuu = detsember
jõuluvana Father Christmas, Santa Claus
jõumasin *tehn.* engine, motor
jõumees strong man (*pl.* men)
jõupingutus effort, exertion
jõupoliitika power politics, position of strength policy
jõus, jõusse *vt.* **jõud**
jõustuma come* into force (*or* operation), take* effect, become* effective
jõusööt concentrated fodder (*or* food), concentrate
jõutama further, promote, stimulate
jäde = rudiment

jäide glazed frost block frost, sleet-ice, film of ice
jäigastama stiffen, make* stiff
jäigastuma stiffen, become* stiff
jäik stiff, rigid, stark
jäikus stiffness, rigidity, starkness
jäine icy, ice-cold
jäle abominable, loathsome, disgusting; (*kole*) horrid; (*eemaletõukav*) repulsive
jäledus abomination
jälestama loathe, abominate, abhor, hold* in abomination (*or* abhorrence)
jälestus loathing, abomination, abhorrence
jälg track, (foot-, finger-)print, trace; (*märk*) mark, imprint, impress, vestige; **värsked jäljed** fresh tracks (*or* footprints); **ma olen tal jälil** I am on his tracks, I have tracked (*or* traced) him; **jälile saama** find* the tracks (*of*), trace, get* wind (*of*)
jälgima (*jälgi mööda minema*) follow the tracks (*of*); (*valvama*) keep* a watch (*on*), keep* track (*of*), watch closely; (*täheldama*) follow, observe
jälil, jälile vt. **jälg**
jälitama (*taga ajama*) track, pursue, hound (down); (*kohtulikult*) prosecute; (*taga kiusama*) persecute
jälitus (*tagaajamine*) tracking, pursuit; (*kohtulik ~*) prosecution; (*tagakiusamine*) persecution; **~luul** med. persecution mania
jäljend imprint, impress; (*koopia*) copy, imitation, reproduction
jäljendama copy, imitate, reproduce
jäljetu trackless, traceless
jäljetult tracklessly, without leaving a trace behind; **~ kaduma** vanish utterly
jälk loathsome, disgusting, repulsive, nauseous
jälkus loathsomeness, repulsiveness; **~tunne** loathing, disgust, nausea
jälle again
jällegi once again, once more
jällemüük resale
jällenägemine meeting again; **jällenägemiseni!** (hope to) see you again!, so long!, au revoir!
jäme (*paks*) thick; (*jämedateraline, -koeline*) coarse; (*hääle kohta*) rough; (*ebaviisakas*) rude; **~ viga** gross (*or* grave) mistake (*or* error)

jämedakiuline coarse-fibred
jämedakoeline of coarse texture, coarse (*ka piltl.*)
jämedateraline coarse-grained
jämedus (*paksus*) thickness; (*jämedateralisus, -koelisus*) coarseness; (*hääle kohta*) roughness; (*ebaviisakus*) rudeness
jämendama thicken, make* thicker; coarsen, make* coarser
jämenema thicken, become* thicker; coarsen, become* coarser
jämesool [-soole] *anat.* large intestine, colon
jändama fuss, fiddle (about), mess about; (*hullama*) play the fool
jändrik stumpy, stocky, thickset; stunted
jänes hare; (*küülik*) rabbit; (*piletita sõitja*) faredodger; (*raadio~*) wireless (*or* radio) pirate; **~ekapsas** wood-sorrel; **~emokk** med. harelip
jänki Yankee
jänku *lastek.* hare; (*küülik*) bunny
jänn mess, (tight) fix, strait; **~i jääma** (*kaardimängus*) lose* heavily, *piltl.* get* into a pretty mess; **~is olema** be in a mess (*or* fix, hole)
järama gnaw
järel after, behind; in succession to; **minu ~** after me; **ma astusin tuppa oma sõbra ~** I entered the room after (*or* behind) my friend; **see kell on ~** this clock (*or* watch) is late; **mul on veel raha ~** I have still some money left; **~ käima** follow
järeldama conclude, draw* a conclusion (*or* conclusions), infer (*millestki — from smth.*); (*loogiliselt*) deduce
järelduma be concluded (*or* inferred, deduced), follow
järeldus conclusion, inference, deduction; consequence; **~t tegema** draw* a conclusion; **~ele jõudma** reach (*or* arrive at) a conclusion
järele after, behind; **poiss jooksis aeda ja koer talle ~** the boy ran into the garden, and the dog after him; **see tuba lõhnab tubaka ~** this room smells of tobacco; **mulle saadeti ~** I was sent for; **~ ahvima** ape, mimic, imitate; **~ aimama** imitate, mimic; **~ aitama** (*õpilast*) coach; **~ andma** give*

järeleaimamine   86   **järjest**

way, give* in, yield; ~ **jõudma catch*** up (with), overtake*; ~ **jätma** leave* behind; (*lakkama*) leave* off, let* up, cease, stop, desist; ~ **jääma** remain, be left over; (*lakkama*) cease, stop; ~ **kaaluma** weigh, consider, think* over; ~ **katsuma** try; examine; ~ **kiitma** say* 'yes' (*to*), approve (*of*); ~ **kuulama** inquire, make* inquiries; ~ **mõtlema** think* over; ~ **proovima** try out; ~ **pärima** inquire, make* inquiries; ~ **tegema** (*matkima*) imitate; **kellelegi** ~ **tegema** follow smb.'s lead; ~ **vaatama** look after; inspect, examine; **raamatust** ~ **vaatama** look up in a book
järeleaimamine imitation, mimicry
järeleandlik yielding, pliant; (*vastutulelik*) compliant, complaisant
järeleandlikkus pliancy, pliability; (*vastutulelikkus*) complaisance
järeleandmatu unyielding, inflexible; (*visa*) persistent
järeleandmine yielding, compliance, concession
järelehüüd, järelehüüe obituary (notice)
järelejätmatu unceasing, incessant, unremitting
järeleksam re-examination, second examination (after a failure)
järelemõtlematu thoughtless, heedless, unreasonable, inconsiderate
järelemõtlik thoughtful, heedful, considerate
järelepärimine inquiry (*or* enquiry)
järeletegemine imitation
järeletehtud imitated, imitation (*atrib*.)
järelevaatus inspection, examination
järelevalve supervision, inspection, superintendence; (*kahtlustatavate üle*) surveillance
järelevedu supply transport
järelikult consequently, accordingly, therefore, hence
järelistumine (*koolis*) being kept in (after the lessons)
järelkaja echo (*pl.* -oes), reverberation
järelkasv (*metsas*) undergrowth, saplings, young wood; (*noorpõlv*) the younger (*or* rising, new) generation
järelkontroll follow-up control
järelkäija follower; (*õpilane*) disciple
järelkäru trailer
järellüps after-milking, stripping

järelmaik aftertaste
järelmaks payment by instalments; ~**uga ostma** buy* on the instalment plan (*or* system)
järelmõju after-effect, residual effect
järelpõlv next generation, progeny, posterity
järelravi after-treatment, after-cure, follow-up treatment
järelroog dessert
järelsõna epilogue, postscript
järelt (from) behind, after
järeltulija = **järglane**
järelveok trailer
järelvägi *sõj.* rearguard
järg [järi] (foot)stool
järg [järje] (*järjekord*) turn, order, sequence; (*elujärg*) condition, position, state; (*jätk*) sequel, follow-up; **ta on heal järjel** he is well off
järgarv *mat.* ordinal number
järgemisi, järgemööda by (*or* in) turns, in rotation; (*järjestikku*) in succession, running
järgi according to, in accordance (*or* conformity, agreement) with; by, form; **kaalu** ~ by the weight; **maitse** ~ (according) to taste; **mälu** ~ from memory; **tema arvamuse** ~ in his opinion
järgima observe, follow, keep* to
järglane successor
järglaskond successors, offspring
järglus succession
järgmine following, next, subsequent
järgmiselt as follows, in the following way
järgnema (*järel minema v. tulema*) follow, succeed; (*tulenema*) ensue, result; **järgneb** (*jutustuse jms. kohta*) to be continued
järgnev following, subsequent
järgukaupa, järguti in stages (*or* grades, phases)
järjekindel consistent
järjekindlus consistency
järjekindlusetu inconsistent
järjekord turn, order, succession; («*saba*») queue, line; **oma** ~**a ootama** wait one's turn; **on teie** ~ it is your turn; **väljaspool** ~**a** out of turn
järjekordne next (in order), following
järjest (*üha, aina*) ever, ever more, more and more, increasingly; (*järjestikku*) running, on end; **ta rää-**

kis kolm tundi. ~ he spoke (or talked) three hours on end
järjestama put* in (proper) order, arrange in (consecutive) order
järjestik (consecutive) order, arrangement
järjestikku in succession, successively, running; consecutively
järjestikune successive, running; consecutive
järjestus (consecutive) order, arrangement, succession
järk stage, grade, rank, degree; (aja~) period; (arenemis~) phase, stage; ~ **trepiastmeid** flight of steps
järkjärguline gradual
järk-järgult gradually, by degrees, by steps, step by step
järsak precipice, sheer drop; geol. scarp, escarp(ment)
järsk steep, abrupt (ka pilt.); (käitumise kohta) sharp, harsh, brusque
järsku (äkki) suddenly
järskus steepness, abruptness; (käitumise kohta) sharpness, harshness, brusqueness
järsult steeply, abruptly; (käitumise kohta) sharply, harshly, brusquely
järv lake
jäse limb; ~**med** limbs, (bodily) extremities
jässakas stocky, thickset
jäte vt. jätted
jätis waste, refuse, garbage; ühiskonna ~**ed** the dregs (or scum) of society
jätk continuation, extension, sequel, follow-up; (lisa) supplement, addition; ~**u leivale!** good appetite!
jätkama continue, carry on, follow up; extend, piece on, add on, append
jätke anat. process, appendage, appendix; tehn. extension
jätkukoht (extension) joint, juncture
jätkuma (edasi kestma) continue, be continued; (piisama) suffice, last (out), be enough; **sellest jätkub** that will do
jätkuv (edasikestev) continuing, continuous; (piisav) sufficient
jätma leave*; let*; **maha** ~ **leave*** behind, (hülgama) abandon; **vahele** ~ leave* out, miss out, omit; **tegemata** ~ leave* undone, omit; **rahule** ~ let* alone, let* be; **jäta järele!** leave (or stop) that!; **ma** **ei saa ütlemata jätta** I cannot help saying, I am bound to say; **seisma** ~ stop; **tööta** ~ put* out of work
jätted remains, leavings; waste, waste products
jää ice; ~**aeg** ice age, glacial epoch (or period)
jääaegne glacial
jääajaeelne preglacial
jääajajärgne post-glacial
jääauk ice-hole
jääbima = **seiskuma**
jäädav permanent, enduring, durable, lasting; (igavene) eternal
jäädavalt permanently, durably, for ever
jääde vt. **jäätmed**
jäädvustama perpetuate; immortalize, eternalize; (kirja panema) record, place on record
jääger = **kütt**
jäägitu remainderless, without a remainder (or remnant, residue), complete
jäähoki sport. ice-hockey
jääk remainder, rest; (toidu~) restover; (riide~) remnant; **keem.**, **tehn.** residue, residuum (pl. -dua)
jääkapp ice-safe, refrigerator, kõnek. fridge
jääkaru polar bear
jääkate ice cover; (paks ~) ice sheet; (mäetipus) ice cap
jääkaur zool. loon
jääkelder ice house
jääkirme(tis) thin coat (or film) of ice
jääkülm stone-cold, as cold as ice
jäälagunemine breaking up of the ice
jäälind kingfisher
jääliustik glacier
jäälõhkuja = **jäämurdja**
jääma (püsima) remain, stay, abide*; (muutuma) become*; **maha** ~ lag (or fall*) behind, (rongist jms.) miss; **millegi juurde** ~ stick* to smth.; **jääge terveks!** farewell!; **haigeks** ~ fall* ill; **hiljaks** ~ be (or come*) late; **ilma** ~ (mitte saama) get* nothing, not to get; (kaotama) lose*, forfeit, be deprived (of); **magama** ~ fall* asleep; **seisma** ~ stop; **vaeseks** ~ become* poor; **vait** ~ fall* silent; **vähemaks** ~ grow* smaller; **ära** ~ (isiku kohta) stay away, fail to turn up;

jääminek 88 **kaaliumseep**

(*tunni, koosoleku jms. kohta*) be cancelled
jääminek breaking up (*or* difting, floating) of the ice, ice drift
jäämurdja ice-breaker
jäämägi iceberg
jäänuk *biol., geol.* relic
jäänus remnant, remainder; (*igand*) survival, relic; ~**ed** (*ka*) remains
jääpall *sport.* bandy-ball; ~**ikepp** bandy-club, hockey club; ~**imäng** bandy
jääpank block of ice, ice-floe
jääpurikas icicle
jääpurjekas ice boat (*or* yacht), *Am.* ice scooter
jäär ram, tup; **J-** (*tähtkuju*) the Ram, Aries; **vana** ~ (*isiku kohta*) old buck
jäärak *geogr.* ravine
jääras precipitous, steep, abrupt, *haruld.* arduous

jäätis ice-cream (sweet) ice; ~**emüüja** ice-cream vendor
jäätmaa abandoned farmland, waste land, long-fallow land
jäätmed waste, scrap(s), remnants, left-overs
jäätuma (*jääga kattuma*) be (*or* become*) iced up, be covered (*or* crusted) with ice; (*jääks muutuma*) freeze* into ice, congeal
jääv remaining, staying, abiding; permanent, constant
jäävus remaining (*or* staying) power, abidance; permanence, constancy; **energia** ~ conservation of energy
jünger disciple, follower, adherent
jürikuu = aprill
jürilill ladysmock
jüripäev St. George's day; *piltl.* moving-day
jüts Jack, nipper; (*kooli*~) schoolboy

K

ka 1. (*samuti*) also, too, as well; **ma oskan vene ja** ~ **inglise keelt** I know Russian and also English (*or* and English too, and English as well); **mu vend käib koolis ja mu õde** ~ my brother goes to school and so does my sister; **te ei ole veel oma tööd lõpetanud, mina** ~ **mitte** you have not yet finished your work, neither have I; 2. (*iganes*) ever; **kes** ~ **ei tuleks** whoever comes (*or* should come); **mis-** ~ **ei juhtuks** whatever happens (*or* should happen)
kaabakas scoundrel, blackguard, cad
kaabaklik scoundrelly, blackguardly, caddish
kaabaklus scoundrelism, blackguardliness, caddishness
kaabe [kaapme] *vt.* **kaapmed**
kaabel cable; ~**mõõt** *mer.* cable's length; ~**tau** *mer.* cable; cable's length
kaaberdama loaf (about)
kaabits scraper
kaabitsema scrape
kaabu (man's) hat
kaadama overturn, overthrow *
kaader I (*isikuline koosseis*) personnel, staff; *sõj.* cadre
kaader II (*filmi üksikvõte*) still, shot

kaadervärk (*raamistik*) frame, framework; (*veider seadis*) contraption
kaadriohvitser career officer
kaadriosakond personnel (*or* staff) department
kaagatama cackle
kaagutama cackle
kaak I. (*häbipost*) pillory; (*võllas*) gibbet, gallows; 2. (*võllaroog*) gallows-bird, scoundrel, rascal, rogue
kaal [kaali] = **kaalikas**
kaal [kaalu] (*raskus*) weight; (*kaalumisvahend*) balance, (pair of) scales; ~**u järgi** by the weight; **ta sõnadel ei ole** ~**u** his words carry no weight; **mu tulevik on** ~**ul** my future is at stake (*or* at issue); ~**ule panema** throw* into the balance, risk, hazard
kaali *keem., van.* 1. (*kaaliumhapend*) potassium oxide, *haruld.* kali; 2. (*väetiste nimetuses*) potash ·
kaalikas rape, swede, Swedish (*or* Russian) turnip, *Am.* rutabaga
kaalisool *põll.* (natural) potassium (*or* potassic) salt, potassium mineral
kaalium *keem.* potassium; ~**hapend** *van.* = ~**oksiid**; ~**ipuudus** *põll.* potash hunger; ~**karbonaat** potassium carbonate, potash; ~**oksiid** potassium oxide; ~**permanganaat** potassium permanganate; ~**seep**

potash soap; ~tsüaniid cyanide of potassium; ~väetis potash (or potassic) fertilizer (or manure)
kaaliväetis = kaaliumväetis
kaalud (pair of) scales, balance; K-(tähtkuju) the Scales, Balance, Libra
kaalukas weighty, momentous
kaalukauss = vaekauss
kaalukeel cock (or pointer) of a balance
kaalukoda Board of Weights and Measures
kaaluma weigh; järele ~ ponder, deliberate, consider, think* over
kaalupomm weight
kaalutlema weigh, consider, deliberate
kaalutlus consideration, deliberation
kaalutu füüs. weightless
kaalutus füüs. weightlessness
kaaluv weighty, momentous; ponderable
kaaluviht = kaalupomm
kaaluühik unit of weight
kaame (surnukahvatu) livid, sickly pale; (õudne) lurid, ghastly
kaamel (kahe küüruga) camel; (ühe küüruga) dromedary
kaamera camera
kaan leech
kaanekujundus cover design(ing)
kaanepaber cover paper (or lining)
kaanepealkiri cover title
kaanima swill, gùzzle, drink* greedily
kaanon canon (ka muus.); muus. ka (nalja~) catch
kaap = kaabu
kaapama scrape, make* a scrape
kaaper aj. privateer
kaaperdama söj. privateer
kaapima scrape, abrade, rasp; (hobuse kohta) paw (the earth)
kaapkübar etn. high-topped felt hat
kaapmed scrapings
kaar 1. arc (ka mat., el.); (~võlv, silla~) arch; 2. (ilma~) quarter (of the horizon), point of the compass; 3. (niidu~) swath, swathe; laias ~es with (or in) a wide sweep
kaard curvature; vt. ka kaardu, kaardus
kaardimoor fortune-teller (from cards)
kaardimõõt geogr. scale
kaardimäng card-game, game of cards; card-playing
kaardipanemine fortune-telling (from cards)

kaardistama draw* a map (of), map, chart
kaardisüsteem maj. rationing (system)
kaardiväelane guardsman (pl. -men), guard, soldier of the Guards
kaardivägi the Guards; vana ~ the old guard
kaardu: ~ minema get* warped
kaarduma (kaardu minema) get* warped, (kaardus olema) be warped; (kaart moodustama) arch
kaardus: ~ olema be warped
kaarel = rabamurakas
kaaren = ronk
kaarik (veo~) cart; (sõidu~) gig, cabriolet
kaarjas arched, bow-shaped
kaarlamp el. arc-lamp
kaarleek el. arc-light
kaart (mängu~, post~ jms.) card; (maa~) map; (mere~) chart; ~e mängima play cards; ~e panema tell* one's fortune(s) (by the cards)
kaarutama ted
kaarutamismasin tedder
kaas (nõul) lid; (raamatul) cover .
kaasa subst. = abikaasa
kaasa adv. with, along (with); minuga ~ with me; tulge ~! come along!; ~ aitama help, assist, contribute (to), co-operate (with); ~ arvama include; ~ elama experience in common (with), sympathize, share the feelings (of); ~ haarama, ~ kiskuma carry away, captivate, enrapture, ravish; ~ laulma join in the singing; ~ lööma join in; ~ minema go* along (with), accompany; ~ rääkima join in the talk, put* in a word; (otsustavalt) have one's say; ~ tegema participate (in), take* part (in); ~ tooma bring* along (with); (põhjustama) bring* about; ~ tundma sympathize (with), feel* (for), pity; ~ tõmbama carry along (with), carry (with), rope in; ~ töötama collaborate (with), contribute (to); ~ võtma take* along
kaasaaitaja accomplice
kaasabi assistance, help
kaasaeg the present age; modern times, the modern world
kaasaegne 1. adj. contemporary, modern, current; 2. subst. contemporary, contemporaneous
kaasaegsus contemporaneity

kaasajooksik, kaasajooksja fellow-runner, fellow-traveller
kaasakiskuv enrapturing, captivating, ravishing
kaasanne supplement, appendix
kaasaruanne co-report, supplementary report
kaasas *adv.* with, along (*with*); **mul ei ole dokumente ~** I have no documents about (*or* on) me; **~ kandma** carry along (*or* about) ma **tavaliselt ei kanna palju raha ~** I usually don't carry much money about (*or* on) me; **~ käima go*** along (*with*), accompany
kaasasündinud inborn, congenital; inherent
kaasautor co-author, joint author
kaasavara dowry
kaasaütlev *lgv.* comitative (case)
kaashäälik = konsonant
kaasik (*kasemets*) birch wood, birch grove
kaasinimene fellow-man (*pl.* -men), fellow-being, fellow-creature
kaasistuja assessor
kaaskannataja fellow-sufferer, companion in misfortune
kaaskiri covering letter
kaaskodanik fellow-citizen
kaaskond suite, retinue, train
kaaslane companion, comrade, mate; *astr.* satellite
kaasmaalane countryman (*pl.* -men), countrywoman (*pl.* -women), compatriot
kaasmäng *muus.* accompaniment
kaasnema accompany (*kellegagi, millegagi — smb., smth.*), go* (*with*); occur together, concur, be concurrent (*with*)
kaasomanik joint owner (*or* proprietor), co-proprietor
kaaspärija coheir, *fem.* coheiress
kaasreisija fellow-traveller, travelling companion
kaassüü complicity
kaassüüdlane accomplice, accessory
kaastegelane participator, participant, collaborator
kaastundeavaldus (expression of) condolence condolences
kaastundlik sympathetic, compassionate, pitying
kaastundmus, kaastunne sympathy, compassion, pity; (*surma puhul*) condolence; **~t avaldama** condole

(*kellelegi — with smb.*), express one's condolences (*to*)
kaastöö collaboration; (*ajalehes*) contribution
kaastööline fellow-worker, collaborator; (*ajalehes*) contributor
kaastöötaja fellow-worker, colleague
kaasuma join, attach oneself (*to*)
kaasus case
kaasvõistleja competitor
kaasvõitleja fellow-combatant, comrade-in-arms; *piltl.* companion, colleague
kaasõpilane fellow-pupil
kaater I = saekaater
kaater II (*laev*) launch
kaater III = kassiahastus
kaatet *mat.* side (of a right-angled triangle), *haruld.* cathetus (*pl.* -ti)
kaaviar caviar(e)
kaba butt(-stock)
kabama (*kahmama*) grab; (*kobades otsima*) grope, fumble (*for*)
kabaree cabaret
kabatšokk *bot.* vegetable marrow
kabe (*mäng*) draughts, chequers, *Am.* checkers; **~kivi** draughtsman (*pl.* -men), *Am.* checker
kabel [kabeli] chapel; *van.* (*matusetalitusruum surnuaial*) churchyard chapel(-mortuary); *van.* (*~iaed*) churchyard
kabel [kabla] = **nöör**
kabelaud draught-board, chequer, *Am.* checker-board
kabeliaed *van.* churchyard, graveyard
kabi hoof
kabiin (*kajut*) cabin; (*valimisjaoskonnas, telefoni kõnekapp jms.*) booth; (*supel~*) dressing-box; (*veoautol, kraanal jms.*) (driver's) cab (*or* cabin); (*lennukil*) cockpit
kabin rustle
kabinet 1. (*eratuba*) cabinet; (*töötuba*) study; (*arsti, advokaadi jt. ~*) consulting-room; (*kirurgi ~*) surgery; 2. (*ministrite kogu*) cabinet
kabinetklaver cottago piano (*pl.* -os)
kabinettiibklaver baby grand (piano) (*pl.* -os)
kabisema rustle
kabistama 1. (*kabinat tekitama*) rustle; 2. (*kuke kohta*) tread*
kabjahoop (hoof-)kick

kabjaline whole-hoofed (animal), solid-hoofed (animal), soliped, solidungulate
kabli = kõblas
kablima = kõplama
kabuhirm (blind) panic, scare
kabukukk, kabun = kohikukk
kabuur *sõj.* holster
kada (*laste kiviviskeriist*) (boy's) catapult, *Am.* slingshot
kadakamari juniper berry
kadakamarjaviin gin, Hollands, geneva
kadakas juniper
kadakasaks would-be German, Germanized Estonian
kadakatäks *zool.* winchat
kadakkaer *bot.* mouse-ear (ed) chickweed
kadalipp *aj.* gauntlet; ~u **jooksma** run* the gauntlet
kadaster *maj.* cadastre, cadastral register
kadastreerima *maj.* enter on the cadastre (*or* cadastral register)
kade envious
kadedus envy
kadekops envious person, grudger, dog in the manger
kadestama envy, feel* envious (*of*), grudge
kadestusväärne enviable
kadetsema be envious
kadett I *aj.* (*sõjakooli õpilane*) cadet
kadett II *aj.* (*imperialistliku kodanluse partei liige Venemaal*) Cadet, Constitutional Democrat
kadrill quadrille
kadu (*kaotsiminek*) loss; (*raiskuminek*) waste; (*haihtumine*) disappearance, vanishing; (*hukatus*) destruction
kadum *maj.* (economic) loss
kaduma (*kaotsi minema*) get* lost; (*haihtuma*) disappear, vanish; **aeg kaob kiiresti** time passes (away) quickly; **nagu tina tuhka ~ vanish** without leaving a trace behind, vanish into thin air; **teadmata kadunud** (*eriti lahingus*) missing; **kuhu mu prillid on kadunud?** where have my spectacles got to?; **ta on kadunud inimene** it's all up with him, he's done for; **kao (siit)!** make yourself scarce!
kadunu the deceased; **mu ~d onu my** late uncle
kaduv disappearing, vanishing; (*kii-*

resti mööduv) transient, evanescent, perishable; ~ **inimene** mortal man
kaduvik transience, evanescence, perishableness; (*kaduv elu*) transient life
kae (*silmahaigus*) (*hall ~*) cataract; (*roheline ~*) glaucoma
kael *murd.* (*vaata!*) look!, lo!
kaebaja complainant, plaintiff; (*kriminaalasjas*) prosecutor; (*abielulahutusprotsessis*) petitioner; (*sala~*) denouncer, informer
kaebama complain, make* a complaint; (*kirjalikult*) lodge a complaint; (*kohtusse*) sue, bring* an action (*or* a lawsuit) (*kedagi — against smb.*), (*salaja*) denounce, inform; **edasi ~** appeal; **kellegi peale ~** tell* on smb.
kaebealune (*tsiviilasjas*) defendant, (*kriminaalasjas*) the accused, (*kohtuprotsessi ajal*) prisoner at the bar
kaebekiri (written) complaint
kaeblema complain, utter complaints, emit plaintive sounds
kaeblik plaintive, mournful
kaebus complaint, grievance; (*kohtulik ~*) plaint, suit, action; **~t tõstma** lodge a complaint; **~te (ja ettepanekute) raamat** book for entering complaints (and suggestions)
kael neck; **ma panin uue krae ~a I** put a new collar on; **mul on sall ~as** I have a scarf round my neck; **ta on mul ~as** *piltl.* he sits on my neck; **õnnetust ~a kiskuma** bring* on a misfortune; **~a murdma** break* one's neck; **midagi ~a määrima** foist smth off (*kellelegi — on smb.*); **see on mul ~ast ära** I have this off my shoulders
kaelaarter *anat.* cervical artery
kaelaauk, kaelaava neck(-hole)
kaelakee necklace
kaelakohus *van.* = kriminaalkohus
kaelalüli *anat.* cervical vertebra (*pl.* -rae)
kaelamurdev neck-breaking, breakneck
kaelarihm (dog's) collar
kaelarätik, kaelarätt neckerchief
kaelasall scarf
kaelaside (neck-) tie
kaelkirjak giraffe
kaelkoogud yoke, crossbeam (for carrying pails)

kaelus (*kuuel*) collar; neckpiece; (*linnu sulgkrae*) ruff
kaelustama embrace, hug, put* (*or* through*) one's arms round (*smb.'s*) neck
kaelustuvi *zool.* ring-dove, ruffed pigeon
kaema = **vaatama**
kaemus intuition, (immediate) sensual apprehension
kaemuslik intuitive
kaenal shoulder, arm; *bot.* axil; **kaenlas kandma** carry under the arm; **jalgu kaenlasse võtma** *piltl.* leg it, beat* it
kaenlaalune, kaenlaauk armpit
kaenlalapp dress-preserver
kaer cats; ~**ahelbed** oatflakes, rolled oats, porridge oats; ~**ajahu** oatmeal; ~**akiisel,** ~**akile** flummery; ~**apuder** porridge, *Am.* oatmeal
kaetama *folkl.* put* (*or* cast*) an evil eye (*on*), bewitch with the evil eye
kaetsil = **katsikul**
kaev well; (*lahtine*) draw-well
kaevama l\. (*maad*) dig*; **kaevu** ~ sink* (*or* dig*) a well; **välja** ~ excavate, dig* up; 2. (*puskama*) gore, push with horns
kaevand pit; excavation (*ka geol., arheol.*)
kaevandama mine, dig* out; (*uuristama*) dig* out, hollow (out)
kaevandus mine, pit; mining, digging; ~**gaas** firedamp, methane; ~**tööline** = **kaevur**
kaeve [kaebe] complaint
kaeve [kaeve] digging; excavating, excavation
kaevik trench
kaevis mined ore (*or* mineral)
kaevlema = **pusklema**
kaevukook hanging (vertical) pole of a draw-well
kaevuling well sweep, drawbeam of a well
kaevuma dig* (oneself) in (*ka sõj.*)
kaevur miner
kaevurake frame (*or* framework, cage, walling) of a well
kaevus *mäend.* shaft, pit
kaevuvinn well hoist; (*ka*) = **kaevuling**
kagu south-east
kah = **ka**
kaha (*piibul, lusikal jms.*) bowl

kahandama decrease, diminish, lessen; reduce, contract
kahandus decrease, diminution, lessening; reduction, contraction
kahanema decrease, diminish, lessen; (*valguse kohta*) fade away (*or* out); (*kuu kohta*) wane, be on the wane; subside, sink*, shrink*
kahar branchy, ramose
kahasse: ~ **tegema** go* halves, go* fifty-fifty (*kellegagi* — *with smb.*)
kaheaastane two-year-old, two years old, of two years; *bot.* biennial
kaheharuline two-branched, forked, bifurcate(d)
kahehäälne for two voices
kaheiduleheline *bot.* dicotyledonous; ~ **taim** dicotyledon
kahejalgne 1. *adj.* two-footed, two-legged, bipedal; 2. *subst.* biped
kahekaupa in (*or* by) twos, two at a time
kahekeelne (*silmakirjalik*) two-faced, double-dealing
kahekeelsus (*silmakirjalikkus*) duplicity, double-dealing
kahekesi two (together); **meie** ~ we two, the two of us
kahekohaline 1. (*sõiduki kohta*) two-seater (*atrib.*); 2. *mat.* two-figure, two-place
kahekojaline 1. *pol.* two-chamber (*atrib.*); 2. *bot.* dioecious (*or* dioicous)
kahekordistama double, redouble
kahekordne double, twofold; (*kahekorruseline*) two-storeyed (*or* -storied); ~ **raamatupidamine** double entry book-keeping
kahekordselt double, doubly; twice, twofold
kahekorra double, twofold; (*käänatud*) folded (upon oneself); ~ **käänama** double up, fold up, bend* double
kahekorruseline two-storeyed (*or* -storied)
kaheks in two (parts), into two; (*pooleks*) in half
kaheksa eight
kaheksakümmend eighty
kaheksakümnes eightieth
kaheksandik eighth
kaheksanurk *mat.* octagon
kaheksanurkne *mat.* octagonal
kaheksas eighth
kaheksasada eight hundred
kaheksatahukas *mat.* octahedron
kaheksatahuline *mat.* octahedral

kaheksateist(kümmend) eighteen
kaheksateistkümnes eighteenth
kaheksatunniline eight-hour *(atrib.)*
kahekõne dialogue
kaheköiteline two-volume, in two volumes
kahekülgne two-sided, bilateral
kahekümnes twentieth
kaheldamatu = **kahtlematu**
kaheli double
kahemootoriline twin-engined, two-engined
kahemõtteline ambiguous, equivocal
kahemõttelisus ambiguity
kahenaisepidaja bigamist
kahenaisepidamine bigamy
kahendama = **kahekordistama**
kahendik half
kaheosaline in two parts; *muus.* duple; ~ **takt** *muus.* duple time
kahepaikne 1. *adj.* amphibious; *piltl.* double-faced, with a double heart; 2. *subst.* amphibian
kahepalgeline double-faced
kaheraudne double-barrelled
kaherööpmeline double-track, double-line
kahesilbiline disyllabic; ~ **sõna** disyllable
kahestama split* in two *(or* in half*)*
kahestuma split* *(or* be split*)* in two *(or* in half*)*
kahesugune of two kinds, double, twofold
kahetahuline *mat.* dihedral; *bot.* two-rowed; ~ **oder** two-rowed barley
kahetaktiline *tehn.* two-stroke, two-cycle
kaheteistkümnes twelfth
kaheteraline double-edged, two-edged; ~ **mõõk** two-edged sword
kahetoaline two-room(ed), of two rooms
kahetsema regret, repent, feel* *(or* be*)* sorry *(for)*; rue; *(juhtunut)* deplore
kahetsetav regrettable, deplorable, lamentable
kahetsus regret, repentance; *(patu~)* penitence
kahetsusväärne = **kahetsetav**
kahevahel in doubt; ~ **olema** hesitate, be in doubt, be in two minds
kahevalentne *keem.* bivalent, divalent
kahevõitlus duel, single combat
kahhel (Dutch, Delf) tile; **~ahi** tiled stove
kahi [kahju] = **kahju**

kahi [kahja] *folkl.* *(jook-ohver)* libation, drink-offering
kahima sacrifice a piece
kahimäng gambit
kahin rustle; *med.* murmur
kahing *(males)* sacrificing a piece
kahisema rustles; *med.* murmur
kahistama rustle
kahju harm, detriment, damage; *(kehaline ~)* injury; *(aineline ~)* loss; **on ~** it is a pity; **kui ~!** what a pity!; **mul on ~ I am** sorry *(millestki, kellestki — for smth., smb.)*; **~ kannatama, ~ saama** suffer loss(es); **~ tegema** do harm *(or* damage*)*; **~ga müüma** sell* at a loss; **millelegi, kellegi ~ks** to the detriment of smth., smb.
kahjuks *adv.* unfortunately, I am sorry to say; **ma ~ ei tea** I'm afraid I don't know
kahjulik harmful, detrimental, injurious, deleterious; *(ebatervislik)* unwholesome, noxious
kahjum loss
kahjur *(putukas, loom)* vermin, pest; *(isik)* wrecker, saboteur; **~itõrje** pest control
kahjurõõm malicious *(or* malignant*)* delight *(or* glee*)*, gloating over other people's misfortunes *(or* difficulties*)*
kahjurõõmus malicious, mischievous, gloating *(or* rejoicing*)* over other people's misfortunes *(or* difficulties*)*
kahjustama harm, damage, injure, impair
kahjutasu compensation, reparation, indemnification; *(kohtulikult mõistetud ~)* damages; **~nõue** action for damages
kahjutu harmless, innocuous, inoffensive; **~ks tegema** = **kahjutustama**
kahjutus harmlessness
kahjutustama make* *(or* render*)* harmless *(or* innocuous, inoffensive*)*
kahkjas pale, wan
kahku *vt.* **kihku**
kahkvel = **kahevahel**
kahl wisp, tuft
kahlama wade; **jõest läbi ~ ford** a river
kahmama grab, snatch
kahmima grab, grasp
kahtepidi in two ways
kahtlane *(küsitav)*, doubtful, dubious, questionable; *(kahtlustäratav)* sus-

picious, suspect; ~ **isik** suspicious individual, shady character
kahtlema doubt, have doubts (*of, about, as to*); question the truth (*of*); **ma kahtlen selles I** doubt it, I have (my) doubts about that
kahtlemata *adv.* doubtless, without (*or* beyond, out of) doubt, indubitably, unquestionably
kahtlematu indubitable, unquestionable
kahtlus doubt; (*kahtlustus*) suspicion; ~**alune** suspect
kahtlustama suspect (*milleski — of smth.*)
kahtlustus suspicion
kahtlustäratav arousing suspicion, suspicious
kahu (*kerge külm*) hoarfrost, rime
kahune (*kohev*) fluffy, fuzzy, puffed out; (*kähar*) curly
kahupea (*käharpea*) curly-head, fluffyhead; (*sasipea*) shock-head
kahur cannon, gun; ~**ikuul** cannonball; ~**iliha** *piltl.* cannon-odder
kahutama freeze* slightly, rime
kahv lift-net, landing-net, scoop-net
kahvatama grow* (*or* turn) pale, pale; lose* colour
kahvatu pale, pallid; (*kaame*) wan
kahvatuma = **kahvatama**
kahvatus paleness, pallidity, pallor; (*surnu~*) wanness
kahvel I (*söömisvahend*) fork
kahvel II *mer.* gaff; ~**puri** *mer.* trysail, gaff-sail
kai (*kaldamüür*) quay; (*kauba laadimiseks*) wharf, (*sadamasild*) pier
kaigas cudgel, club, stick; **kellelegi kaikaid kodaraisse loopima** put* a spoke in smb.'s wheel
kaikuma reverberate, echo
kail *bot.* ledum; **grööni** ~, **labradori** ~ Labrador tea; *vt. ka* **sookail**
kaine sober, staid; (*mõistlik*) sensible, matter-of-fact; ~ **mõistus** cold reason, common sense
kainenema become* sober, sober down
kainestama make* sober, sober (down)
kainestuma sober up, become* sober
kainus sobriety, soberness; (*mõistlikkus*) common sense
kaisel *bot.* club-rush
kaissu: ~ **võtma** fold in one's arms, embrace
kaisus: kellegi ~ **olema** be in smb.'s arms (*or* embrace)

kaisutama hug, embrace, cuddle
kaisutus hug, embrace, cuddle
kaitse (*tõrjuv kaitsmine*) defence; (*varjav kaitsmine*) protection; ~ (*vahend*) guard, safeguard; (*õigustamine*) justification, vindication; **kellegi** ~ **alla panema** place (*or* put*) under smb.'s protection; (**oma**) ~ **alla võtma** take* under one's protection; **kellegi** ~**ks rääkima** speak* in smb.'s defence, (*õigustuseks*) speak* in smb.'s justification (*or* vindication)
kaitse [**kaitsme**] *tehn.* safety device, guard; *el.* = **kaitsekork**
kaitseala reservation, reserve
kaitsealune (*soositav*) protégé, *fem.* protégée; *jur.* client
kaitseingel guardian angel
kaitseklapp *tehn.* safety (*or* relief) valve
kaitsekork *el.* fuse
kaitsekraav = **kaevik**
kaitsekõne defence, plea(ding) for the defence
kaitseliin line of defence, defensive line
kaitsepaber (*raamatul*) dust-cover, dust-jacket, (book) jacket
kaitseprillid (safety) goggles, protective glasses
kaitsepühak *kirikl.* patron saint
kaitserõuged protective (*or* preventive) inoculation
kaitseseisukord, kaitseseisund state of defence
kaitsesõda defensive war
kaitsesüstimine protecting (*or* preventive) injection
kaitsetoll protective duty
kaitsetu defenceless, unprotected
kaitsetööstus munitions industry
kaitsevall bulwark (*ka piltl.*)
kaitsevinn *sõj.* safety catch
kaitsevõime defence potential
kaitsevägi = **sõjavägi**
kaitsevärv(us) protecting colouring (*or* colouration) *sõj.* khaki
kaitsevöönd shelter (*or* protecting) belt; *sõj.* defence zone
kaitsja defender, protector; (*kohtus*) counsel for the defence, advocate; (*jalgpallimängus*) full-back
kaitsma defend, protect; guard, safeguard, shield; (*toetama*) advocate, plead, champion; stand* up for; (*põhimõtet*) uphold*
kaja echo (*pl.* -oes), resonance

kajakas (sea-)gull, (sea-)mew
kajama (*kõlama*) sound, resound, reverberate, ring*; (*vastu* ~) echo, re-echo
kajastama re-echo, resound; (*tagasi peegeldama*) reflect, reverbrate; (*väljendama*) express
kajastuma be (re-)echoed, be resounded; (*tagasi peegelduma*) be reflected, be reverberated; (*väljenduma*) be expressed
kajastus echo (*pl.* -oes); (*tagasipeegeldus*) reflection, reverberation; (*väljendus*) expression
kajut cabin; (*era*~, *luksus*~) stateroom
kakaduu cockatoo
kakand zool. isopod
kakao (*pulber v. jook*) cocoa; (*taim v. uba*) cacao
kakar *vt.* **jaanikakar, karikakar, kirikakar**
kakk I (*pätsike*) bannock, flat loaf (*pl.* -ves), scone
kakk II = **öökull**
kakleja brawler, bully, ruffian
kaklema fight*, scrap, brawl; (*tülitsema*) quarrel
kaklus (free) fight, free-for-all, scrap, brawl
kaks two; ~ **korda** twice
kaksama give* a pull (*or* tug, jerk)
kaksik twin; **K-ud** (*tähtkuju*) Gemini, the Twins; ~**bemoll** *muus.* double flat; ~**diees** *muus.* double sharp; ~**keelne** bilingual; ~**kumer** *füüs.* bi-convex; ~**nõgus** *füüs.* bi-concave; ~**pagu** *min.* Iceland spar; ~**punkt** = **koolon**; ~**täht** *astr.* twin stars; ~**täishäälik** = **diftong**; ~**vend** twin brother; ~**võim** dual power; ~**õde** twin sister
kaksipidi in two ways
kaksiratsa astride
kaksiti = **kaksipidi**
kakskümmend twenty
kakssada two hundred
kaksteist(kümmend) twelve
kaksteistsõrmik(sool) *anat.* duodenum (*pl.* -na)
kaktus cactus (*pl.* -tuses, -ti)
kala fish; **K-d** (*tähtkuju*) Pisces, the Fishes; ~ **püüdma** catch* fish; ~**le minema** go* fishing
kalajahu fish meal
kalakasvatus fish-breeding, *tead.* pisciculture
kalakaupmees fishmonger

kalakonserv tinned (*or* canned) fish
kalakotkas osprey
kalakudu (fish-)spawn
kalakumm live box
kalakurg (common, European) heron
kalaliim fish glue
kalaline fisher
kalaloomus catch (*or* haul) of fish
kalaluu fish-bone
kalamaksaõli cod-liver oil
kalamari (hard) roe; (*toiduna*) caviar(e)
kalambuur pun
kalamees fisher, fisherman (*pl.* -men)
kalander(masin) *tehn.* calender
kalandus fishery, fishing industry
kalaparv shoal of fish
kalapüügilaev fishing boat (*or* craft)
kalapüük fishing
kalasaak (total) catch of fish
kalastama fish, catch* fish
kalastus fishing, fishery
kalateadus zool. ichtyology
kalatiik fish-pond
kalavõrk fishing-net
kalaõnn fisherman's luck
kaldapääsuke(ne) bank-martin, sand-martin
kaldjoon sloping line
kaldkiri sloping writing (*or* hand)
kaldne sloping, slanting, oblique, inclined
kaldpind *füüs.* inclined plane
kalduma incline, be inclined, tend, trend; lean* (*to, towards*), be given (*to*); ta **kaldub liialdama** he is inclined (*or* tends) to exaggerate, he is given to exaggerating
kalduvus inclination, tendency, disposition, propensity, trend, bent
kale [kaleda] harsh, hard; (*tundetu*) callous
kalender (*ajaarvamissüsteem*; *tabel*~) calendar; (*raamatuna*) almanac; ~**märkmik** diary; ~**plaan** calendar plan
kalendriaasta calendar year
kalendriline calendar (*atrib.*)
kaless light carriage, fly, calash
kalestama harden, make* hard (*or* harsh, callous)
kalev I *folkl.* (*vägilane*) epic hero (*pl.* -oes), (legendary) giant hero
kalev II (*villane riie*) cloth; (*peen must* ~) broadcloth; ~**i all** *piltl.* under the carpet, shelved; ~**i alla panema** *piltl.* shelve
kalevivabrik cloth-(manu)factory

kalgend coagulum (*pl.* -la), clot
kalgendama (cause to) coagulate, curdle, clot
kalgenduma coagulate, curdle, clot, become* coagulated (*or* curdled, clotted)
kalgistama (cause to) harden, make* hard
kalgistuma harden, grow* hard
kali small beer, kvass
kalibreerima *tehn.* calibrate
kalifee(püksi)d riding-breeches (of army cut)
kaliiber (*läbimõõt, suurus*) calibre (*ka piltl.*); *mõõduriist*) gauge
kalingur calico (*pl.* -oes), *Am.* muslin
kaljas *mer.* galleass, gallias(s)
kalju rock, boulder; (*ranna~*) cliff, crag; **terav ~** tower rock, pinnacle
kaljukindel as firm as a rock, unshakable, adamant
kaljukits (Alpine) ibex, steinbock; **K-** (*tähtkuju*) Capricorn; **K-e pöörijoon** the tropic of Capricorn
kaljukotkas golden eagle
kaljune rocky
kaljurahn, kaljurüngas rock, boulder; cliff, crag
kalk hard; (*südametu*) hard-hearted, callous
kalka 1. (*paber*) tracing-paper; (*riie*) tracing-cloth; 2. (*tõlkelaen*) translation loan; (*mehhaaniline jäljendus*) imitation
kalkeerima 1. (*läbi joonistama*) calk, trace; 2. (*mehhaaniliselt jäljendama*) imitate
kalkulaator calculator
kalkulatsioon calculation
kalkuleerima calculate
kalkun turkey
kalkus hardness; (*südametus*) hardheartedness, callousness
kallak 1. *subst.* slope, slant, incline, declivity; (*kalduvus*) inclination, bias, trend, bent, leanings; (*kõrvalekaldumine*) deviation; 2. *adj.* = **kallakas**
kallakas sloping, slanting, tilted
kallakil: ~ olema be aslant
kallakile: ~ langema fall* aslant
kallaklane *pol.* deviationist
kallaklus *pol.* deviationism
kallakus slope, slant, inclination, tilt
kallal at, on, upon; **ma töötan uue ülesande ~** I am working at (*or* on) a new task

kallale at, on, upon; **ma asusin uue ülesande ~** I set to work at (*or* on) a new task, I took up a new task; **kellegi elu ~ kippuma** attempt the life of smb., make* an attempt on smb.'s life; **~ tungima** attack, assail, fall* upon; **kellegi ~ ässitama** set* upon smb.
kallaletung attack, assault, onfall; aggression
kallaletungija attacker; aggressor
kallalt from; **ma ajasin koera kassi ~ minema** I drove the dog from (attacking) the cat
kallama pour
kallas shore; (*merel*) coast, seashore, seaside; (*jõel*) bank, river-bank, riverside
kalle inclination, tilt, slope
kallidus dearness, expensiveness; costliness; (*kallis aeg*) dearth
kallihinnaline precious, of great price, valuable, costly
kallike(ne) darling
kallim *subst.* darling, dear; sweetheart
kallinema rise* in price, become* (*or* grow*) dearer
kallis dear; (*kulukas*) expensive, costly); (*kallihinnaline*) precious; **~kivi** precious stone, gem
kallistama caress, fondle, pet
kallistus caress, endearment
kallutama tilt, slope, incline; *piltl.* (*veenma*) dispose, persuade; **kõrvale ~** deflect (*from*)
kalm gravet(-mound)
kalme *arheol.* barrow, tumulus (*pl.* -li), burial mound
kalmistu graveyard, cemetery, churchyard
kalmuküngas grave-mound
kalmus (sweet) calamus, sweet flag
kalmõki Kalmyk (*or* Kalmuck)
kalmõkk Kalmyk (*or* Kalmuck)
kalor *füüs.* calorie (*or* calory)
kaloriline *füüs.* caloric
kalorimeeter *füüs.* calorimeter
kalorsus *füüs., keem.* calorific value (*or* power)
kaloss galosh (*or* golosh), (rubber) overshoe; **~id** *Am.* rubbers
kalts rag, tatter
kaltsak ragamuffin, tatterdemalion
kaltsium *keem.* calcium
kaltsukaupmees, kaltsukorjaja ragman (*pl.* -men), ragpicker, rag-and-bone man (*pl.* men)

kalu = **koli**
kalur fisherman (*pl.* -men), fisher; ~**ikolhoos** fishing kolkhoz, collective fishery; ~**iküla** fishing village
kama roasted meal-mixture; see on mulle üks ~ kõik it's all the same to me, it's all much of a muchness to me
kamakas lump, block, dollop, chunk, hunk
kamal cupped hands, the hollow of two hands joined; double handful; ~**utäis** (double) handful
kamandama (*käsutama*) order (*smb.*) about, boss, be bossy, domineer
kamar rind; (*koorik*) crust; (*muru*~) sod, turf
kamass 1. (*jalats*) elastic-sided boot; 2. (*säärekate*) gaiter, (*kingakate*) spat
kambakas = 1. **kamakas**; 2. **kamp** I
kamber chamber (*ka tehn.*), (small) room
kamin fireplace; ~**a ees** by the fireside, in front of the fire
kamm comb
kammeljas turbot, flat-fish
kammerhärra *aj.* chamberlain
kammermuusika chamber music
kammerteener *van.* = **toapoiss**
kammerton = **helihark**
kammima comb
kammits hobble (*or* hopple), fetter; ~**asse panema** = **kammitsema**
kammitsema hobble (*or* hopple), fetter
kammlõng worsted (yarn)
kammvill worsted (wool), long-staple wool
kamp I (*kamakas*) lump, clod
kamp II (*salk*) band, gang
kampaania (*sõjakäik*) campaign; (*hoogtöö*) drive
kamper camphor
kampol rosin, colophony
kampsun jersey, knitted jacket, cardigan; (*pullover*) pullover, sweater, (*naistel*) jumper
kana hen, *Am. ka* chicken; **noor** ~ **pullet**; **mul on sinuga** ~ **katkuda** I have a bone (*or* crow) to pick with you
kanaaed chicken-yard, chicken-run, poultry-yard
kanaari: ~ **lind** canary
kanada Canadian
kanadalane Canadian
kanafarm chicken-farm, poultry-farm
kanakasvatus poultry-breeding

kanakull goshawk, *Am.* chicken hawk
kanakuut hen-coop, chicken coop
kanal (*kaevatud laevasõidutee*; *kunstlik veejuhe*; *torutaoline õõs, er. anat.*) canal; *raad.* channel (*ka piltl.*)
kanala (*kanamaja*) hen-house; (*kanaaed*) poultry-yard, chicken-run
kanaliha chicken (-meat), fowl
kanalisatsioon sewerage, sewer system; ~**itoru** sewer
kanalised *zool.* gallinaceans, gallinaceous birds
kanaliseerima (*kanalisatsiooniga varustama*) supply with sewerage, sewer, drain; (*kanaliks muutma*, *kanalisse juhtima*) canalize
kanamuna hen's egg
kananahk (*inimesel*) goose-flesh
kanapime night-blind, moon-blind
kanapimedus night-blindness, moon-blindness, *tead.* nyctalopia
kanapoeg chicken
kanapraad roast chicken (*or* fowl)
kanarbik heather, heath
kanarind *med.* pigeon breast (*or* thorax), *Am. ka* chicken breast
kanastama (*hallitama*) get* (*or* become*) mouldy (*or* mildewed)
kanavarbad *piltl.* crow's-feet
kand heel; ~**a kinnitama** plant one's foot firmly (*ka piltl.*)
kandam burden, pack, load
kandealus rest, stand
kandejõud carrying (*or* load) capacity; (*lennukil*) lifting power, lift; (*laeval*) burden (*or* burthen), tonnage
kandekorv carrying-basket; (*seljakorv*) pannier, dosser
kandekott shopping-bag, *Am.* carry-bag
kandeloom pack-animal
kandepind carrying area; (*lennukil*) (carrying) plane, wing (area)
kanderaam (*inimeste jaoks*) stretcher, litter; (*mulla jms. jaoks*) (hand-) barrow; (*surnu jaoks*) bier
kanderakett *tehn.* carrier rocket, *kõnek.* booster
kanderihm (carrying) strap
kandesõrestik frame (work), truss
kandetool sedan (chair)
kandidaat candidate; (*kohale valimiseks esitatud isik*) nominee; (*mingi koha taotleja*) applicant; (*teadusliku kraadina*) candidate, master
kandidatuur candidature, *Am. ka* candidacy
kandideerima be (*or* put* up as) a

7 J. Silvet

candidate (*millelegi* — *for smth.*), (*valimistel*) stand* (*for*), run* (*for*); (*kohta taotlema*) apply (*for*)
kandik tray, salver
kandiline edged, angular
kandimees = **kantnik**
kandja carrier, bearer; wearer
kandlelööja = **kandlemängija**
kandlemäng cither-playing
kandlemängija cither-player
kandma carry, *Am. kõnek. ka* tote; *er. piltl.* bear*; (*rõivastusesemeid, ehteid jms.*) wear*; (*toena, alusena*) bear*, support, sustain; (*puhanguga, läbi õhu*) waft; **vilja (protsente)** ~ bear* fruit (interest); **viha** ~ bear* malice; **kaotusi** ~ suffer (*or* sustain) losses; **ohvreid** ~ make* sacrifices; **pikki juukseid** ~ wear* one's hair long; **üle** ~ carry over, transfer; (*verd*) transfuse
kanduma be carried (*or* borne); (*ulatuma*) carry; (*puhanguna*) be wafted, waft
kandur carrier; *bot.* suspensor
kandvus 1. (*vilja*~) fertility; 2. (*kandejõud*) carrying capacity
kaneel cinnamon
kanep hemp; ~**ilind** linnet
kang I (*tööriist*) crow-bar; (*lühike raud*~) jemmy (*or* jimmy); (*hoob*) lever; (*metall-latt*) bar; (*võimlemiseks*) horizontal bar
kang II (*võlvitud läbikäigukoht*) archway, arched passage(way)
kangakuduja weaver
kangakudumine weaving
kangas (the whole) cloth, woven material, (textile) fabric; (*riiderull*) roll (of cloth)
kangaspuud, kangasteljed (weaving-) loom
kangastuma appear (as if) in a mirage, loom
kangastus mirage
kangasuga (weaver's) reed
kangasõlg (weaver's) temple
kange (*jäik*) stiff, stark, rigid; (*tugev*) strong; (*joogi v. lahuse kohta*) strong, (*viina kohta kõnek. ka*) stiff; **ta on** ~ **mees** he is a brave fellow, he is regular brick
kangekaelne stubborn, obstinate; dogged; *piibl.* stiff-necked
kangekaelsus stubbornness, obstinacy; doggedness
kangelane hero (*pl.* -oes), *fem.* her-

oine; **Nõukogude Liidu** ~ Hero of the Soviet Union; **sotsialistliku töö** ~ Hero of Socialist Labour
kangelaseepos heroic epic
kangelasema mother-heroine
kangelaslik heroic
kangelaslikkus heroism
kangelaslinn hero-city, hero-town
kangelastegu heroic deed, exploit, feat
kangelt (*jäigalt*) stiffly; (*tugevasti*) strongly
kangenema (*jäigemaks muutuma*) grow* stiffer, stiffen; (*tugevnema*) grow* stronger
kangestama stiffen, make* stiff
kangesti strongly; (*väga*) very (much), ever so much
kangestuma stiffen, grow* (*or* become*) stiff (*or* rigid)
kangestus stiffening, stiffness, rigidity
kangestuskramptõbi *med., vet.* tetanus
kangialune = **kang** II
kanguma become* strong
kangur I (*kangakuduja*) weaver
kangur II = **kivikangur**
kangus (*jäikus*) ' stiffness, rigidity; (*tugevus*) strength; (*joogi v. lahuse kohta*) strength, (*viina kohta kõnek. ka*) stiffness; (*kangekaelsus*) stubbornness
kangutama lever, wrench, prize, *Am. ka* pry; **kohalt** ~ dislodge; **lahti** ~ prize open, *Am. ka* pry open
kann [kanni] 1. (*mänguasi*) toy, plaything; 2. (*lill*) flower
kann [kannu] jug, pitcher; (*õlle*~) tankard; *tehn.* (*kolb*) plunger
kannakõõlus *anat.* Achilles' tendon
kannapealt (up)on one's heel, on the spot, immediately; ~ **ümber pöörduma** turn (up)on one's heel
kannataja sufferer; ~ **pool** injured party
kannatama (*kannatusi läbi elama*) suffer, endure; (*kahju* ~) sustain; (*taluma*) bear*, stand*, put* up with; (*viga saama*) suffer injuries (*or* an injury); (*kärsima*) have patience, wait patiently; **kannatada saama** suffer, sustain a loss; *sõj.* suffer (*or* sustain) losses (*or* casualties); **ma ei suuda seda välja kannatada** I cannot stand (*or* bear, endure) this
kannatamatu impatient
kannatamatus impatience

kannatlik patient; (*pikameelne*) long-suffering.
kannatlikkus patience; (*pikameelsus*) long-suffering
kannatus (*piin*) suffering, tribulation; (*talumisvõime*) endurance, patience; **mu ~ katkes** I lost my patience
kannatuslill passion-flower
kannatusmäng *kirj.* Passion play
kannatusrikas full of suffering
kannel (Estonian) zither, "table harp", *van.* psaltery
kanneldama play the (Estonian) zither
kannibal cannibal
kannibalism cannibalism
kannikas end hunk (of bread), heel (of a loaf)
kannike(ne) 1. (*lill*) violet; 2. (*väike mängukann*) little toy
kanniloom = **kandeloom**
kannul at (*smb.'s*) heels, close behind; **kellegi ~ käima** follow at smb.'s heels
kannupoiss *aj.* squire, shield-bearer, armour-bearer; *piltl.* underling, understrapper, henchman (*pl.* -men)
kannus spur; *bot., zool.* **ka** calcar; **endale ~eid teenima** win* one's spurs (*ka piltl.*)
kannustama spur; *piltl.* spur on (*millekski — to smth.*), goad, incite, instigate; (*innustama*) fire, inspire
kanonaad *sõj.* cannonade, bombardment, shelling
kanoniir *sõj.* gunner, *Am.* cannoneer
kanoniseerima canonize
kant (*serv*) edge, edging, face, facet; (*riidel*) edge, border; (*maanurk*) countryside; **meie kandi mees** our fellow-countryman (*pl.* -men); **siin kandis** in these parts; **siit kandist** from around here, from this quarter
kantaat *muus.* cantata
kantav portable
kantima (*riiet*) edge, border; (*palki*) square
kantkivi ashlar
kantmeeter = **kuupmeeter**
kantnik *aj.* cottager, cottar (*or* cotter), (small) tenant-farmer
kantpalk = **pruss**
kants [kantsu] stub, stump, remnant
kants [kantsi] stronghold, fort, citadel; **rahu ~** stronghold (*or* bulwark) of peace
kantsel pulpit

kantselei office, (secretarial) offices; (*kantselei v. saatkonna ~*) chancellery
kantseleiametnik (office), clerk, office-worker
kantseleitarbed office materials (*or* equipment); (*kirjutustarbed*) stationery
kantsik horsewhip
kantsler chancellor
kantud: ~ riided worn clothes, (*kantult ostetud*) second-hand clothes
kanuu canoe
kanvaa (cross-stitch) canvas
kaoliin kaolin
kaootiline chaotic
kaos chaos
kaostama deprive (*of*), withdraw*
kaotaja loser
kaotama lose*, (*minetama*) forfeit; (*lõppu tegema*) abolish, (*tühistama*) abrogate
kaotamine losing; (*tühistamine*) abolition, (*seaduse ~*) abrogation
kaotsi lost; **~ minema** get* (*or* be) lost
kaotsiminek getting lost, loss
kaotus loss; (*minetamine*) forfeiture; (*lüüasaamine*) defeat; **~ed** *sõj.* losses, (*elavjõus*) casualties
kapak gallop
kapell 1. (*laulukoor*) choir; 2. (*orkester*) band, orchestra; **~meister** bandmaster, conductor
kapillaar *anat.* capillary (blood-vessel)
kapillaarsus *füüs.* capillarity
kapillaartoru(kene) *füüs.* capillary (tube)
kapitaalmahutus *maj.* investment in capital stock
kapitaalne capital, principal
kapitaalremont capital (*or* thorough) repairs
kapital capital; **~i mahutama** invest capital (*millessegi — in smth.*)
kapitalimahutus investment
kapitaliseerima capitalize
kapitalism capitalism; **~ieelne** pre-capitalist
kapitalist capitalist
kapitalistlik capitalist, capitalistic; **~ kord** the capitalist system
kapiteel *ehit.* capital; **~tähed** *trük.* small capitals (*or* caps)
kapitulant *pol.* capitulator, capitulationist
kapitulatsioon capitulation, (unconditional) surrender

kapituleeruma capitulate, surrender
kapott capote *(ka tehn.)*
kapp [kapa] *(puunõu)* piggin, (wooden) drinking-vessel, dipper
kapp [kapi] I *(sööginõude jms. jaoks)* cupboard; cabinet; *(raamatu~)* bookcase; *(rõiva~)* wardrobe, press; *(seina~)* (built-in) closet; *(väike kastkapp)* locker
kapp [kapi] II *(jalatsil)* cap
kappama gallop
kapral corporal
kapriis caprice, whim
kapriisne capricious, whimsical
kaproon kapron
kapsaaed kitchen-garden, *(šoti murdes)* kailyard
kapsajuurikas cabbage stump
kapsaleht cabbage leaf
kapsaliblikas cabbage butterfly
kapsamaa cabbage plot; *(üldistavalt)* vegetable plot, (small) allotment
kapsapea head of cabbage, cabbage head
kapsaraud cabbage-chopper
kapsas cabbage; **sealiha kapsastega** pork and greens
kapsasupp cabbage soup
kapsataim cabbage plant *(or* seedling)
kapsauss cabbage worm, cabbage caterpillar
kapsel capsule; *(taskukellal jms.)* case, casing; *(pudeli jms.)* cap
kapseldama encase, enclose in a capsule, *tead.* incapsulate
kapten captain
kapukas thick (woollen) sock
kaputt *kõnek.* broke, all up *(or* in), conked out, (gone) kaput
kapuuts hood, cowl
kara = **tila**
karabiin carabine; **~haak** *tehn.* spring *(or* snap) hook
karahvin *(vee jaoks)* carafe, water bottle; *(viina jaoks)* decanter
karakteerne characteristic, typical *(millelegi — of smth.)*
karakter character
karakteriseerima characterize
karakteristik *mat.* characteristic
karakteristika character, reference, confidential report
karakteristlik = **karakteerne**
karakull(nahk) astrakhan, karakul pelt
karamell caramel
karantiin quarantine
karask (unleavened) barley-bread, (Estonian) griddle-bread, scone

karastama harden, temper; *(vedelikku kastmisega ka)* quench; *piltl. (tugevdama)* harden, toughen, steel; *(värskendama)* refresh
karastav *(värskendav)* refreshing; **~ad joogid** soft drinks
karastuma become* hardened *(or* tempered, steeled), toughen up
karaul guard, watch
karavan caravan
karbid *zool.* bivalves, mussels
karbiid *keem.* carbide
karbikala tinned fish
karbol(hape) carbolic acid
karbon *geol.* carboniferous formation
karbonaad *(praad)* chop, cutlet, *haruld.* carbonado *(pl.* -oes, -os)
karbonaat *keem.* carbonate
karburaator *tehn.* carburettor
kard *(plekk)* sheet-metal, tin-plate; *(õhuke ~)* metal foil; *(ehis~)* tinsel
kardaan cardan, universal joint; **~võll** cardan shaft
kardama cover with tin-plate *(or* metal foil); tinsel, cover with tinsel *(ka piltl.)*
kardemon cardamom
kardetav *(ohtlik)* dangerous, perilous; *(riskantne)* risky; hazardous; *(olukorra kohta)* grave, serious
kardin curtain
kardinaal(arv) = **põhiarv**
kardinaalne cardinal
kardinal cardinal
kardinapuu curtain-rod
kare rough, rugged; *(hääle kohta)* harsh, gruff; *(vee kohta)* hard
karedus roughness, ruggedness; asperity, harshness, gruffness
kargama jump, leap*; **kallale ~** pounce upon; **ära ~** run* away, escape *(sõduri kohta)* desert
karge *(karastav, kosutav)* crisp, fresh, cool; *(kare)* rough
karglema jump, hop, skip
kargus crispness, freshness, coolness; *(karedus)* roughness
kari [kari] I *(kaljurahu)* reef; **~le jooksma** run* *(or* split*) on a rock
kari [kari] II *(range kord)* discipline, correction
kari [karja] *(veiseid, hobuseid, sigu)* herd; *(lambaid, kitsi)* flock; *(aetav veise~)* drove *(ka piltl.)*; *(koeri, hunte)* pack; *(inimesi)* crowd; **karjas käima** *(karjusena)* tend the herd *(or* flock)

karihiir shrew(-mouse) (*pl.* -mice)
karikakar corn (*or* field) camomile, dog daisy
karikas cup; (*suur lai* ~) bowl; *kirikl.* chalice; *bot.* calyx
karikaturist caricaturist; (*poliitiliste pilkepiltide joonistaja*) cartoonist
karikatuur caricature; (*poliitiline* ~) cartoon; (*moonutis*) travesty
karikavõistlused *sport.* cup competitions
karikeerima caricature
kariloom piece (*or* head) of cattle; ~ad cattle, (live)stock
karistama punish; (*nuhtlema*) chastise; (*piitsutama*) castigate; *sport.* penalize
karistatav punishable
karistus punishment; (*nuhtlus*) chastisement; penalty (*ka sport.*)
karistusalune *jur.* convict
karistuslöök *sport.* penalty (kick)
karistussalk punitive force, punitive expedition
karistustöö (*er. koolis*) imposition
karistusväärne, karistusväärt punishable
karjaaed cattle-enclosure, cattle-run, pen, *Am. ka* corral
karjafarm cattle farm
karjahtama = **karjatama** I
karjak = **karjatalitaja**
karjakasvataja cattle-breeder, stock-breeder, stock-farmer
karjakasvatus cattle-breeding, stock-raising
karjakaupa (*loomade kohta*) in herds (*or* flocks, packs, droves); (*inimeste kohta*) in crowds
karjakoer (herd-watching, sheep-watching) farm dog, shepherd's dog
karjala Karelian
karjalane Karelian
karjalaut cattle-shed
karjamaa pasture(-land), pasturage, grazing ground
karjamajand dairy-farm
karjamõis *aj.* dairy-estate, dairy-farm
karjandus = **karjakasvatus**
karjane (*veise*~, *sea*~, *hobuse*~) herdsman (*pl.* -men); (*lamba*~) shepherd
karjapoiss herd boy
karjatalitaja cattle-tender, cattleman (*pl.* -men), cattlewoman (*pl.* -women)
karjatama I (*karjahtama*) cry out, give a cry, scream

karjatama II (*loomi*) pasture, graze, feed*, herd, tend grazing cattle; *piltl.* shepherd, look after
karjatarandik = **karjaaed**
karjatus (*karje*) cry, scream
karje = **karjatus**
karjerist careerist, place-hunter
karjuma cry, shout; (*lõugama*) bawl; (*tänitama*) vociferate
karjus = **karjane**
karjäär I 1. (*teenistuslik tõus*) career; 2. (*ülikiire ratsasõit*) racing gallop
karjäär II *mäend.* (*lahtine kaevandamiskoht*) opencast (*or* openwork) pit; (*kivimurd*) quarry
kark crutch; (*kõmp*) stilt
karkass *ehit.* frame(-work)
karm [kaarmi] severe, stern, harsh, hard; rough, gruff; rigorous; austere; (*abinõu kohta*) drastic, stringent
karm [karmu] *murd.* (charcoal) fumes, coal gas, carbon monoxide
karmiin carmine, (vivid) crimson
karmus severity, harshness, hardness; rigour; austerity
karn *van.* butcher's shop
karneval carnival
karniis cornice
karp [karba] hard crust; (*raig*) scab, scurf
karp [karbi] box; (*toos*) case; (*konservi*~) tin, *Am.* can; (*loomal*) shell
karpkala carp
karploomad = **karbid**
karpraud *ehit.* channel iron
karske (*alkoholi mittetarvitav*) abstinent; (*kõlbeliselt puhas*) chaste
karsklane (total) abstainer, teetotaller.
karskus (total) abstinence, temperance; (*kõlbeline puhtus*) chastity; ~selts temperance society
karss net-bag (for hay)
kartell *maj.* cartel, *Am.* pool
karter *tehn.* housing, casing, crankcase
kartetš case-shot, canister(-shot)
kartlik timid, timorous, shy; (*häbelik*) bashful, diffident
kartlikkus timidity, timorousness, shyness; (*häbelikkus*) bashfulness, diffidence
kartma be afraid (*of*), fear, dread, be scared, be in dread (*of*), apprehend, be apprehensive (*of*)

kartmatu fearless, intrepid, unafraid, unscared
kartmatus fearlessness, intrepidity
kartong (*kerge papp*) cardboard; (*pappkarp*) cardboard box; (*vineerkarp*) bandbox
kartoteek card index, file
kartsas *murd.* = **redel**
kartser lock-up (room), (room for) solitary confinement
kartul potato (*pl.* -oes); ~**eid panema** plant potatoes; ~**eid võtma** lift (*or* pick, harvest) potatoes
kartulijahu potato-flour, (~*itärklis*) potato-starch
kartulikoor potato peel(ing)
kartulipealsed potato tops
kartulipuder mashed potatoes, (potato) mash
kartulivõtmine potato-lifting, potato-picking
kartulivõtmismasin potato digger (*or* lifter, harvester), potato-digging machine
kartus fear, dread, apprehension, misgiving, anxiety
kartusetu = **kartmatu**
karu bear; ~**kell** pasque-flower; ~**kold** club-moss; ~**mustikas** deadly nightshade, belladonna
karune (*karvane*) shaggy, hairy; (*kare*) rough
karuohakas thistle
karupoeg bear cub
karus = **koger**
karuskrae fur collar
karusloom fur-bearing animal
karusmantel fur coat
karusmari gooseberry
karusnahk (*töötlemata* ~) pelt; (*tööldeldud* ~) fur
karussell merry-go-round; roundabout, whirligig
karuteene disservice, very clumsy service, left-handed favour
karutemp, karutükk mischievous trick, piece of mischief
karv hair; ~**ad** (*karvkate*) sur; ~**a ajama** shed* hair, cast* the coat
karvakas hairy
karvane hairy; (*karune*) shaggy, hirsute; *bot.* pilose; (*kare*) rough
karvapealt to a hair, to a nicety, exactly
karvavõrdki, karvaväärtki: mitte ~ not a whit (*or* bit, jot), not in the least

karvendama be hairy (*or* shaggy); be rough; (*riide kohta*) be shabby (*or* threadbare)
karvkate hair, hairy, covering, fur
karvupidi by the hair; ~ **kokku minema** come* to blows, fall* by the ears
karvustama = **tutistama**
karvutu hairless
kas 1. *püsipartikkel*: ~ **te laulate?** do you sing?; ~ **ta tuli?** did he come?; 2. *konj.* whether, if; **ma ei tea,** ~ **mu sõber on kodus** I do not know whether (*or* if) my friend is at home; ~... **või either** ... or; **ta on** ~ **kodus või raamatukogus** he is either at home or in the library; 3. *adv.*: ~ **või** even if, if only; **tulge** ~ **või poleks tunnikski** do come, if only for half an hour
kasahh Kazakh
kasahhi Kazakh
kasakas Cossack
kasarm barracks; ~**uarest** confinement to barracks
kaseiin casein
kasemahl birch sap, birch water
kasetohik, kasetoht (white) birch bark
kasima clean, tidy (up); **kasi minema!** clear out (*or* off)!, hook it!
kasimatu untidy, dirty, filthy
kasin (*napp*) scanty, scant, meagre; (*mõõdukas*) moderate, abstemious, temperate; (*puhas, karske*) chaste
kasinus (*nappus*) scantiness, meagreness; (*mõõdukus*) moderateness, moderation, abstemiousness; (*puhtus, karskus*) chastity
kask [kase] birch
kask [kaski] helmet
kaskaad cascade
kaskne birchen, birchwood (*atrib.*)
kaslased *zool.* felines, cats
kass cat; **märg kui** ~ as wet as a drowned rat
kassa (*rahalaegas*) money-box, cash box; (*äris*) (pay-) desk, pay-window; (*rahasahtel*) till; (*pileti*~) ticket-office, box-office, booking-office; ~**aruanne** cash-account; ~**pidaja** cashier
kassatsioon *jur.* cassation
kasseerima 1. (*raha sisse nõudma*) cash (in), collect; 2. *jur.* annul
kassett cassette, cartridge, charger, magazine; *ehit.* bay, panel; ~**lagi** *ehit.* panel ceiling
kassiahastus hangover

kassiir = **kassapidaja**
kassikakk *zool.* eagle owl
kassikangas cat's cradle
kassikontsert caterwaul(ing); *piltl. ka* tin-kettle serenade, hurly-burly, charivari
kassikuld pinchbeck, tinsel, leaf-brass; *piltl.* tinsel, gilt, false lustre
kassikull = **kassikakk**
kassikäpp cat's paw; (*lill*) cat's foot, cat's-ear
kassinaeris mallow
kassipoeg kitten
kassitapp *bot.* bindweed bellvine
kast I (*asjade sissepanemiseks*) box, chest, case, crate
kast II (*suletud ühiskonnakiht*) caste
kastan chestnut; ~**ipuu** chestnut-tree
kaste [kaste] dew
kaste [kastme] sauce; (*liha*~) gravy; (*magus vürtsitatud muna*~) custard; (*kirbe tomati*~) ketchup
kastehein bent, agrostis
kastekann (*kastmiskann*) watering-can
kastekida = **härmalõng**
kastene dewy
kastetilk dewdrop
kastik *bot.* reed grass, reed bent
kastma water, irrigate; (*toidupala*) dunk, sop; **sisse** ~ dip (in)
kastmekann sauce-boat
kastmiskann = **kastekann**
kastoorõli = **riitsinusõli**
kastreerima = **kohitsema**
kastrul saucepan (stew-)pan
kastutama (*sisse kastma*) dip, immerse, *Am. ka* dunk
kasu I (*tulu*) use, good; (*kasum*) profit, gain; (*paremus*) advantage, benefit; **mis on sellest** ~? what is the use (*or* good) of this?; ~**ga müüma** sell* at a profit; **kolm ühe vastu teie** ~**ks** three to (*or* against) one in your favour; **see on talle** ~**ks** this is to his advantage; ~ **saama** profit (*or* benefit) (*millestki — by smth.*); ~ **tooma** bring* profit, do good
kasu II *murd.* (*kasv, võrse*) growth
kasuahne greedy for profit
kasuema foster-mother,
kasuisa foster-father,
kasukas fur (*or fur-lined*) coat; (*loomal*) fur, coat
kasuksepp = **köösner**
kasulaps foster-child; (*lapsendatud* ~) adoptive (*or* adopted) child

kasulik useful, of use; (*tulus*) profitable, advantageous, beneficial; **tervisele** ~ good for the health; ~ **koormus** *tehn.* payload
kasulikkus usefulness, utility; (*tulusus*) profitableness, advantageousness
kasum profit
kasupoeg foster-son, (*lapsendatud* ~) adoptive (*or* adopted) son
kasupüüdlik profit-seeking, bent on profit
kasutama use, make* use (*of*), utilize; turn to account, put* to use, avail oneself (*of*), take* advantage (*of*); exploit; **ära** ~ use up, put* to use; (*võimalust*) take* advantage (*of*)
kasutamine use, utilization, exploitation
kasutegur *tehn.* efficiency
kasutoov profitable, worth-while; (*hästi tasuv*) lucrative
kasutu useless
kasutus 1. (*kasuta olek*) uselessness; 2. (*kasutamine*) using, use; ~**el** in use; ~**ele võtma** take* into use, make* use (*of*)
kasutütar foster-daughter, (*lapsendatud* ~) adoptive (*or* adopted) daughter
kasuvend foster-brother,
kasuõde foster-sister,
kasv growth; (*juurde*~) increase; (*kehapikkus*) height, stature
kasvaja growth, *med. ka* tumour; **healoomuline** ~ benignant growth (*or* tumour); **pahaloomuline** ~ malignant growth (*or* tumour)
kasvama grow*; (*suurenema*) increase; (*kuu kohta*) wax; **üles** ~ grow* up; **kasvav põlvkond** rising generation
kasvandik pupil; (*õpilane*) scholar, student; (*hoolealune*) ward
kasvandus breeding-farm
kasvataja educator, teacher, tutor; (*taime*~) grower, cultivator; (*looma*~) breeder
kasvatama (*taimi*) grow*, raise, cultivate; (*loomi*) breed*; (*lapsi*) bring* up, rear; (*õpetama*) educate; (*kehaliselt*) train; **üles** ~ bring* up, rear; (*toitma*) nurture
kasvatamatu ill-bred, ill-mannered; (*harimatu*) uneducated
kasvatus upbringing, education, breeding; (*kehaline* ~) training; (*loo-*

ma~) breeding, rearing, raising; *(taime~)* growing, raising, cultivation
kasvatusasutus educational establishment
kasvatuslik educational, educative
kasvik *põll.* young animal; *(noor taim)* young plant
kasvuhoone hothouse, greenhouse; *(haruldaste v. ilutaimede jaoks)* conservatory
kasvukuhik *bot.* vegetative cone, growing point
kasvund *bot.* excrescence
kasvuperiood growing period (*or* season)
kasvuraskused growing pains *(ka piltl.)*
kataloog catalogue
kataloogima catalogue
katapult catapult
katarr catarrh
katastroof catastrophe, cataclysm, disaster
katastroofiline catastrophic, cataclysmic, cataclysmal, disastrous
kate cover(ing); *piltl.* screen, curtain, guise; *(värv~)* coat(ing)
katedraal cathedral
kateeder *(kõnetool)* lecture stand, rostrum; *(koolis)* teacher's desk; *(kõrgema õppeasutuse osakond)* chair, department
kateedrijuhataja head of the chair (*or* department)
kategooria category
kategooriline categorical
katel kettle, cauldron; *(auru~, vee~)* boiler; *(vask~)* copper
katelok *sõj.* mess-tin
katelsepp coppersmith; boiler-maker
katik *fot.* (camera-) shutter
katk *(haigus)* plague, pestilence
katke *(katkemine)* break, interruption; *(katkutud tükk)* piece
katkeline broken, interrupted
katkema break* (off), snap (off), be disrupted (*or* discontinued); *(lakkama)* cease, stop short; **mu kannatus katkes** I lost my patience (*or* temper)
katkend fragment; *(raamatust)* passage
katkendlik fragmentary
katkestama break* off, cut* off (*or* short); interrupt, disrupt, discontinue; leave* off; *(ühendust)* disconnect, sever

katkestamatu uninterrupted, unbroken
katkestus breaking off; interruption, disruption; *(ühenduse ~)* severance
katki broken, in pieces; to pieces; **see klaas on ~** this glass is broken; **pole midagi ~** no harm done, it's quite all right; **~ kiskuma** tear* to pieces; **~ lööma** break* (*or* smash) to pieces; **~ minema** break*, go* to pieces; **~ tegema** break*, smash
katkine broken; *(purustatud)* smashed; *(rebitud)* torn
katkuma pluck; **mul on temaga kana katkuda** I have a bone (*or* crow) to pick with him
katlakivi (boiler) scale, fur
katlakütja stoker, fireman *(pl.* -men)
katlamaja *tehn.* boiler-house
katlaruum *tehn.* boiler-room
katma cover; *(kihina)* coat; **lauda ~** lay* (*or* set*) the table; **kulusid ~** defray (*or* cover) the expenses
katmatu uncovered; *(paljas)* bare
katmik 1. *(lauanõusid)* cover; 2. *aiand.* glass-covered plot (for plant-growing), cold-frame, cold-house
katmisvõime *tehn.* covering (*or* coating) power
katoliiklane Catholic
katoliiklik, katoliku Catholic
katood *el.* cathode
kats [katsu] = **proov**
katse *(püüe)* trial, attempt; *(teaduslik ~)* experiment; *(proov)* test; *(eksam)* examination; **~ks** by way of a trial, for a trial
katsejaam experimental station
katsejänes rabbit for experiments; *piltl.* guinea-pig
katsekivi touchstone
katseklaas *keem.* test-tube
katseline experimental
katsemajand *põll.* experimental farm
katsesarv = **tundel**
katsetaja experimenter, tester
katsetama experiment, make* experiments; *(proovima)* try out, put* to the test, give* a trial
katsetehas pilot plant, experimental plant (*or* works)
katsetus experimenting, experimentation, test, testing; attempt, endeavour
katsikul: ~ käima pay* a call on a new mother and her baby
katsuma try, have a try, attempt, make* an attempt; *(kompama)*

katsumine   105   **kaugelenägelik**

feel*, touch; (*maitsma*) try, taste
katsumine trying, trial, attempting; (*kompamine*) feeling, touching
katsumus trial, ordeal, test (of endurance)
katt *med.* coating
katteklaas cover glass (*or* slide, slip)
kattekude *anat.*, *bot.* epithelium, integumentary tissue, integument
katteleht *bot.* covering leaf (*pl.* leaves); (*õiel*) bract
kattevärv body-colour, opaque colour
kattuma be covered, get* covered, cover oneself; (*ühtima*) coincide
katus roof; (*õlg~*, *pilliroog~*) thatch; (*lõuend~*) awning; **~eaken** attic window; **~ekamber** attic, garret; **~ekivi** (roof-)tile; **~ekord**, **~ekorrus** *ehit.* attic (storey *or* story); **~elaast** shingle; **~epapp** roofing (*or* tarred) paper, tar-paper; (*paksem ~*) roofing felt; **~eräästas** eaves
kaua long, (for) a long time; **~ aja eest** long ago, long since
kauaaegne of many years, of long standing, long-standing
kauakestev long-lasting
kauaks for a long time; **kui ~?** (for) how long?
kauane of long duration
kauaoodatud long-awaited, long-expected
kaubaait warehouse, storehouse
kaubaartikkel article of commerce, commodity
kaubaarve invoice
kaubajaam goods station (*or* yard), *Am.* freight yard
kaubakäive commodity (*or* commercial) circulation
kaubaladu (goods) depot, warehouse, storehouse, store-room
kaubalaev merchant ship, merchantman (*pl.* -men), trading-ship, trader
kaubalaevastik mercantile marine, merchant fleet
kaubaleping = **kaubandusleping**
kaubamaja (general) stores, *Am.* department store
kaubamajandus commodity production system
kaubamärk trade mark
kaubandus trade, commerce; **~koda** *maj.* chamber of commerce; **~kool** commercial school; **~leping** commercial (*or* trade) treaty (*or* agreement)

kauanduslik commercial
kaubandustöötaja trade worker
kaubaproov sample, pattern
kaubareisija commercial traveller
kaubarong goods (*or* freight) train
kaubastama market, offer for sale
kaubastu commodity marketing office, trade organization
kaubatarvitaja consumer
kaubatoodang commodity production (*or* output)
kaubatundmine *maj.* science of commodities
kaubavagun goods (*or* freight) car, freight truck
kaubavahetus commodity exchange, exchange of goods; (*vahetuskauba alusel*) barter
kaubitseja petty trader, vendor, hawker, huckster, trafficker
kaubitsema trade, huckster, traffic (*millegagi — in smth.*)
kauboi cowboy
kaudne indirect, oblique; (*tee kohta*) roundabout, circuitous; devious; **~ kõne** *lgv.* indirect speech; **~ kõneviis** *lgv.* relative mood
kaudselt indirectly, obliquely; (*kaudsel teel*) in a roundabout way
kaudu by, by the help of, per, via; through; **posti ~** by (*or* per) post; **ma sõitsin Moskvasse Leningradi ~** I went to Moscow via Leningrad; **ma kuulsin sellest teie venna ~** I heard about it through your brother
kauem *adj.* longer; **~at aega** (for) a long time
kauem(ini) *adv.* longer, for a longer time
kaugas *murd.* (*tasku*) pocket; *piltl.* money-bag(s)
kauge distant, far (off), remote
kaugejaam trunk-line exchange, long-distance exchange
kaugekõne trunk call, long-distance call
kaugel far (away), afar, in the distance; **kümme kilomeetrit ~** ten kilometres away; **kui ~ on Tartu Tallinnast?** how far away is Tartu from Tallinn?; **kui ~ te olete oma tööga?** how far are you with your work?
kaugelaskekahur *sõj.* long-range gun
kaugele far (away), afar, into the distance; a long way
kaugelenägelik = **ettenägelik**

kaugelenägev far-sighted
kaugelenägevus far-sightedness; (*vanemas eas ilmnev* ~) presbyopia
kaugeleulatuv far-reaching
kaugelt 1. from afar, from far away; ~ **sugulane** distant relation; 2. (*märksa*) far, by far, (by) a great deal; ~**ki mitte** by no means, not in the least, anything but
kaugeltjuhitav remote-controlled, tele-controlled, (*raketi kohta*) guided
kaugem farther, more distant
kaugemal farther (off), at a greater distance
kaugendama remove, move away (*or* off)
kaugenema move away (*or* off), recede, withdraw*
kaugesõiduaurik ocean(-going) steamer
kaugesõidukapten master mariner
kaugjuhtimine *tehn.* remote control
kaugnägemine = **televisioon**
kauguma stretch into the distance
kaugus distance; (*kaugel-olek*) remoteness; (*ulatus*) range; ~**emõõtja** *tehn.* range-finder; ~**hüpe** long (*Am.* broad) jump; ~**mõõdik** *fot.* range-finder
kaugõpe study by correspondence, correspondence course(s), extramural studies
kaugõppeosakond correspondence department, extramural department
kaugõppija correspondence (*or* extramural) student
kaukaasia Caucasian
kaukaaslane Caucasian
kaun pod, *Am. ka* shuck
kaunidus beauty, loveliness
kaunikesti fairly (*or* pretty) well
kaunis 1. *adj.* beautiful, lovely, fair, pretty; 2. *adv.* fairly, pretty, rather
kaunistama adorn, decorate, embellish, ornament
kaunistus adornment, decoration, embellishment, ornament
kaunitar beauty, belle
kaunvili legume, leguminous plant; (*toiduna*) pulse
kaup 1. commodity, article of commerce, merchandise; goods, wares; 2. (*kokkulepe*) bargain, (business) transaction; ~**a tegema** strike* (*or* conclude) a bargain
kaupa *postp.* in, by; **suurte salkade** ~ in (*or* by) large crowds; **osade** ~ in parts; **aastate** ~ for years; **tundide** ~ for hours on end
kaupleja trader, dealer
kauplema 1. trade, buy* and sell*, traffic, deal* (*millegagi* — *in smth.*); 2. (*tingima*) bargain
kauplus shop, store, (place of) business
kaupmees trader, tradesman (*pl.* -men); (*väike*~) dealer; (*poodnik*) shopkeeper; (*suur*~) merchant
kaur *zool.* diver; (*jää*~) loon
kausaalne causal
kausaalsus causality
kauss (*supi*~) bowl, dish; (*pesu*~) basin; (*kaalu*~) scale, pan
kaust 1. (*formaat*) size, format; 2. (*toimik*) file, dossier
kaustik (general) note-book, (rough) exercise-book, rough book; (*märkmik*) blotter
kautsjon security, caution money; (*kohtualuse isiku eest*) bail
kautšuk caoutchouc, rubber
kava plan, schedule, scheme, project; (*ees*~) programme; **mis on täna** ~**s?** what is on today?
kavakindel (well-)planned, systematic, methodical
kavakohane (proceeding as) planned, according to plan
kavakohaselt as planned, according to plan
kaval sly, cunning, crafty; (*riukaline*) wily, artful; (*nutikas*) shrewd
kavaldama use cunning (*or* wiles, guiles, tricks); be cunning (*or* crafty, wily)
kavaler cavalier; (*daami saatja*) gallant, beau (*pl.* beaux); (*austaja*) admirer; (*tantsupartner*) partner
kavalpea slyboots
kavalus slyness, cunning, craftiness, guile; (*riukalisus*) artfulness; (*nutikus*) shrewdness; (*kaval võte*) ruse, wile, stratagem
kavand project, design, plan; (*visand*) sketch, draft
kavandama project, design, plan; (*visandama*) sketch, draft, outline
kavapärane (proceeding as) planned, according to plan; systematic, methodical
kavastama project, scheme, devise, plan
kavatsema intend, purpose, plan, propose, have in view, mean*; **mida**

kavatsus 107 keerd

sa kavatsed teha? what are you going to do?
kavatsus intention, purpose, plan
kavern med. cavity
keder (*ketas, ratas*) wheel, disk, sheave; (*pottsepa keerlev töölauake*) potter's wheel; ~**luu** = **pahkluu;** ~**vars** etn. spindle
kedrid gaiters
kedrus spinning, (spun) yarn
kee (ornamental) chainlet; (*kaela*~) necklace
keede [keete] boiling, cooking
keedis (*moos*) jam, preserve, Am. ka sauce; (*keedetud toiduaine ühes keetmisvedelikuga*) broth; farm. decoction
keedukunst cooking, culinary art
keedunõu cooking utensil; ~**d** pots and pans
keedus cooking
keedusool common (or kitchen) salt
keeduvili = **köögivili**
keeduvõimalused cooking facilities
keefir = **kefiir**
keegel 1. (*veeremängunui*) skittle, pin; (*veeremäng*) skittles, ninepins, bowling; 2. *trük.* size
keegi somebody, someone; (*eitavas, küsi- ja tingimuslauses*) anybody, anyone; (*nimisõna ees*) some, any; (*teatud*) a certain; **ei** ~ nobody; ~ **teine** somebody (or someone) else
keeglimäng, = **veeremäng**
keeks (sweet) cake, shortcake; (*rosinatega*) plum cake
keel (*kehaosa*) tongue; (*suhtlemisvahend*) language; (*keelpillil*) string, (*puhkpillil*) reed; ~**t näitama** (*arstile*) show* one's tongue (*to*); (*põlgliku žestina*) put* (or stick*) out one's tongue (*at*); ~**t peksma** gossip
keelama forbid*, prohibit; interdict; (*keelu alla panema*) ban; **suitsetamine keelatud!** no smoking!; **keelatud vili** forbidden fruit
keeld prohibition; interdiction, ban;
keelu all prohibited, interdicted, under a ban
keelduma refuse, decline; renounce
keeldumus refusal, declining; renunciation
keelejuht *lgv.* (language) informant
keelekandja talebearer, telltale
keelekaste drink, a drop (to wet one's whistle)

keelekida *anat.* fr(a)enum (or frenulum) linguae
keelelaba blade of the tongue
keeleline language (*atrib.*), linguistic
keeleluu *anat.* hyoid bone
keelemurre dialect
keelend *lgv.* linguistic expression (or unit)
keelepaelad: ta ~ **läksid lahti** his tongue was untied
keelepeks gossip, tittle-tattle
keelepeksja gossip, tattler, talebearer
keelepruuk, keeletarvitus usage (of the language)
keeleteadlane linguist, philologist
keeleteadus linguistics, philology
keeleteaduslik linguistic, philological
keeletu tongue-tied, speechless, dumb
keeleviga grammatical mistake
keeleõpetus (*õpetamine*) language teaching; (*grammatika*) grammar
keeli: eesti (vene, inglise jne.) ~ in Estonian (Russian, English, etc.)
keelik *zool.* chord
keelitama cajole, (try to) persuade, talk round (or over)
keelkond *lgv.* group (or family) of languages
keelpill stringed instrument; ~**iorkester** string orchestra, string band, strings
keeluala forbidden (or restricted) area; (*looduslik* ~) preserve, reservation
keeluseadus prohibition
keelustama prohibit, ban; *jur.* sequestrate
keema boil; (*tasapisi*) simmer; *piltl.* ka seethe; (*toidu kohta*) cook; ~ **minema,** ~ **hakkama** come* to the boil
keemia chemistry; ~**tööstus** chemical industry
keemik (analytical) chemist; chemical engineer
keemiline chemical; ~ **puhastus** dry cleaning
keemispunkt, keemistäpp boiling-point
keep [keebi] cape
keerama turn; wind*; **keerake võtit kaks korda** turn the key twice; **(tasku)kella üles** ~ **wind*** up a watch
keerang turn, winding
keerd *subst.* winding, coil, curl, twist; ~**u minema** get* twisted (or entangled); ~**us** twisted, entangled

keerdkäik windings and turnings, maze, labyrinth
keerdküsimus complicated (*or* intricate) question (*or* problem)
keerdsõlm (entangled) knot, entanglement, complicate affair, imbroglio (*pl.* -os)
keerdtrepp winding staircase (*or* stairs), *Am. ka* spiral stairs
keerdu *vt.* keerd
keerduläinud twisted, entangled
keerduma turn, wind*; twine, twist
keerdus *vt.* keerd
keere [keerde] turn, turning, winding
keere [keerme] (*nööril, köiel*) strand; (*mutril, kruvil*) thread, worm; **keeret lõikama** = **keermetama**
keeris whirl, swirl, vortex; ~torm tornado, (*pl.* -oes), typhoon
keerits = **spiraal**
keerlema turn (round), revolve, rotate; twirl, whirl, spin*, go* round
keermelõikamine *tehn.* screw-cutting, threading
keermetama *tehn.* cut* the thread, thread
keerpulk (*keelpillil*) pin
keert *van.* forage
keerub cherub
keerukas complicated, intricate, involved
keeruline (*käänuline*) tortuous, sinuous; (*keerukas*) complicated, intricate
keerustama complicate, make* complicated
keerutama turn (round *or* about), twirl, whirl, spin*; twist; **tolmu üles** ~ stir (*or* beat*) up a dust, raise a dust
keet cooking, *haruld.* cook
keetja cooker
keetma boil; (*toitu valmistama*) cook
keev boiling, seething; *piltl.* ebullient
keevaline hot-tempered, quick-tempered, choleric; (*ülemeelik*) exuberant, frolicsome
keevavereline hot-blooded
keevis *tehn.* weld
keevitaja welder
keevitama weld
keevitus welding
keevus ebullience
kefiir kefir
keha body; ~ehitus build, frame, structure (of the body); ~hoid bearing, carriage, posture
kehakas stout, corpulent

kehakate clothes, clothing
kehakinnitus refreshment, snack
kehakultuur physical culture
kehakultuurlane physical culturist, athlete, gymnast
kehakus stoutness, corpulence
kehaliige member, limb, part of the body
kehaline bodily, corporal; physical (*aineline*) corporeal; ~ **kasvatus** physical education (*or* training); ~ **töö** physical work (*or* labour), manual labour
kehaosa part of the body
kehaseis posture, carriage (of the body), bearing
kehastama embody, body forth, incarnate; (*isikustama*) personify
kehastuma become* (*or* be) embodied (*or* incarnated, personified)
kehastus embodiment, incarnation; (*isikustamine*) personification
kehatu bodiless, incorporeal
kehitama: õlgu ~ shrug one's shoulders
kehitus shrug
kehkadivei, kehkenpüks fop, dandy, *Am.* dude
kehklema (*kiitlema*) brag, boast; (*upsakas olema*) put* on airs
kehtestama establish, put* in (*or* into) operation, bring* into operation; (*seadusaktiga*) enact
kehtestuma come* into operation (*or* force, effect)
kehtetu invalid, void, null
kehtima be valid, be in force (*or* effect); hold* good (*or* true), hold*; ~ **hakkama** come* into force (*or* effect); ~ **panema** = **kehtestama**
kehtiv valid, in force
kehtivus validity
kehutama incite, urge
kehv·poor; (*puudustkannatav*) needy; (*vähene*) scanty
kehvel = **leetseljak**
kehvik poor man (*pl.* men), *kõnek.* have-not; (*~talupoeg*) poor peasant; ~**ud** the (peasant) poor
kehvuma become* poor
kehvus poverty; (*puudus*) need; (*vähesus*) scantiness
kehvverene *med.* anaemic
kehvveresus *med.* anaemia
keigar fop, dandy, *Am.* dude
keigarlik foppish
keiser emperor
keiserlik imperial

keisrilõige *med.* Caesarean operation (*or* birth)
keisrinna empress
keisririik empire
keksima (*hüplema*) skip, hop; (*uhkeldama*) strut, swagger
kekslema skip, frisk, caper, bounce (about)
kelder cellar; (*võluitud* ~) vault(s)
keldi Celtic (*or* Keltic) ~ **keeled** Celtic (*or* Keltic) languages
keldrikord, keldrikorrus basement
kelgumägi toboggan-slide, toboggan-slope, *Am.* coasting slide
kelgutama toboggan, sledge, *Am. ka* coast
kelk (hand) sledge, *Am.* sled, toboggan; (*tüüritav spordikelk*) bobsleigh (*or* bobsled)
kelkima brag, swank, boast, swagger
kell 1. (*kõlisti*) bell; 2. (*ajanäitaja*) (*seina*~, *torni*~) clock, (*laua*~) timepiece, (*tasku*~, *käe*~) watch; ~ **on kaheksa** it is eight (o'clock); **mis** ~ **on?** what time is it?, what is the time?
kellaaeg the time, the hour
kellahelin ringing (of bells)
kellalööja bell-ringer
kellamees bell-ringer, sexton
kellamäng chime, carillon
kellaosuti hand of a clock (*or* watch)
kellassepatöökoda watchmaker's (shop)
kellassepp watchmaker
kellatorn bell-tower, belfry; (*kirikust lahus seisev* ~) campanile; (*tunnikella jaoks*) clock-tower
kellavärk clock-work
kellu trowel
kellukas *bot.* bell-flower, harebell, campanula
kelluke(ne) (little) bell, hand-bell
kelm 1. *subst.* rogue, rascal; (*lurjus*) knave, scoundrel; (*pettur*) swindler; 2. *adj.* roguish
kelme membrane
kelmikas, kelmlik roguish; (*vallatu*) arch; (*lurjuslik*) knavish
kelmus roguery; knavery, trickery, fraud; (*pettus*) swindle; ~**tükk** (roguish, knavish) trick, piece of roguery (*or* knavery)
kelner waiter
kelp (*otsmine katusetahk*) hip-side of a roof; ~**katus** hip-roof, hipped roof
kelt Celt (*or* Kelt)

kelts frozen ground (*or* soil), frost soil
kemikaal chemical
kemiseerima chemicalize
kemiseerimine chemicalization; **põllumajanduse** ~ chemicalization of agriculture, use of chemicals in agriculture
kena fine, nice, pretty, *Am.* cute; (*korralik*) neat, spruce
kenadus fineness, niceness, prettiness; (*korralikkus*) neatness, spruceness
kenake(ne) pretty fine, rather fine (*or* nice); ~ **summa** a pretty penny (*or* sum), a tidy (*or* handsome) sum
kenakesti pretty much, quite a lot
kenasti finely, nicely, prettily; (*korralikult*) neatly, sprucely
kenitlema prink (oneself), preen oneself
kentsakas (*imelik*) droll, queer, strange; (*naljakas*) funny
kepp stick; (*jalutus*~) cane; (*ameti*~) staff; (*peenike pikk* ~; *takti*~) wand; (*ritv*) rod, pole; (*kaardi*~) pointer
kepphobu(ne) hobbyhorse; *piltl.* hobby
keps 1. (*kerge hüpe*) caper, gambol, frisk; ~**u lööma** = **kepslema, kepsutama**; 2. (*voki v. masina osa*) connecting-rod
kepslema, kepsutama cut* capers, caper, gambol, frisk, skip, prance
kera ball, globe; (*lõnga*~, *niidi*~) ball, *haruld.* clew; *mat.* sphere; **kerra tõmbuma** ball up, roll (oneself) up, curl up
keraamika ceramics, pottery
keraamiline ceramic
kerajas, keraline ball-shaped, globular, spherical
kerand *mat.* spheroid
keraväik *meteor.* ball (*or* globe) lightning
kere trunk; (*keha*) body; (*tapetud looma* ~) carcass; (*autol jms.*) body (work)
kerekas bulky (in body); corpulent
keretäis (*süüa*) bellyful; (*peksa*) thrashing, (good) hiding
kergats giddy fellow, fribble, (frivolous) fop
kerge (*kaalult*) light; (*hõlpus*) easy, facile; (*tühine, tähtsusetu*) slight; **midagi** ~**lt võtma** make* light of smth.
kergejalgne light-footed

kergejõustik *sport.* track and field athletics (*or* events), (light) athletics
kergejõustiklane *sport.* athlete
kergejõustikuvõistlused *sport.* athletic meeting (*or* competition)
kergekaal *sport.* light weight
kergekaaluline light-weight, of light weight (*ka piltl.*)
kergekuulipilduja *sõj.* light machine-gun
kergekäeline off-handed, thoughtless
kergelt lightly; (*hõlpsasti*) easily; (*pisut*) slightly
kergemeelne light-minded, light-headed, thoughtless, careless, flighty
kergemeelsus light-mindedness, light-headedness, thoughtlessness, carelessness, flightiness, levity
kergendama lighten, relieve, alleviate, ease; (*hõlbustama*) facilitate, make* easy (*or*) easier?
**kergendatult: ta ohkas ~ he gave a sigh of relief
kergendus relief, alleviation; (*hõlbustus*) facilitation
kergenema lighten, become* lighter, ease (off), become* easier
kergesti easily, with ease
kergetööstus light industry
kergeusklik credulous, gullible, too trusting
kergeusklikkus credulity, gullibility
kergitama raise, lift
kerglane light-headed, frivolous, flighty
kergus lightness; (*hõlp*) easiness, ease, facility
kerilauad yarn-windle, (unwinding-) reel
kerima wind*, reel; (*rõngasse*) coil
keris vaporizing-furnace (with big heated stones)
kerjama beg (alms), go* begging
kerjamine begging, mendicancy, mendicity
kerjus (*kerjaja*) beggar, mendicant
kerkima rise*, mount; come* (*or* go*) up; (*esile* ~) arise*, emerge, crop up
kerkne springy, elastic, resilient
kerksus springiness, elasticity, resilience
kerkvel (*kerkimas*) raised up, puffed up; (*kohevil*) fluffed out
kerss *bot.* watercress, nasturtium
kes who; **kelle** whose; **keda** whom;

~ iganes, ~ tahes whoever, whosoever
kesa fallow, summer-fallow; **~s olema** lie* fallow
kesakann *bot.* pearlwort, pearlweed
kesakultuur fallow crop
kesalill *bot.* corn mayweed
kesamaa fallow land (*or* ground)
kese centre, middle
keset in the middle of, amid, amidst, in the midst of
kesi cahff, husk(s)
kesik(**siga**) young pig; *Am.* shoat; (*noor emis ka*) gilt
kesine chaffy; *piltl.* poor, meagre, unsubstantial
kesk = **keset**
keskaeg the Middle Ages
keskaegne medi(a)eval
keskealine middle-aged
keskel 1. *adv.* in the middle, in the centre; 2. *postp.* in the middle of, in the centre of, in the midst of; (*seas, hulgas*) amid, amidst, among, amongst
keskele 1. *adv.* into the middle, into the centre; 2. *postp.* into the middle of, into the centre of; (*sekka, hulka*) amid, amidst, among
keskelt 1. *°adv.* from the middle, from the centre; 2. *postp.* from the middle of, from the centre of; (*seast, hulgast*) from amid, from amidst, from among, from amongst
keskendama centre, concentrate, focus
keskenduma centre, be centred, concentrate, be concentrated, focus, be focussed (*millelegi — on smth.*)
keskendus concentration
keskharidus secondary education
keskhommik mid-morning, high morning
keskiga middle age (of life)
keskjaam (central) telephone exchange
keskkaal *sport.* middle-weight
keskkaallane *sport.* middle-weight (boxer, wrestler)
keskkoht middle, centre
keskkomitee central committee
keskkond environment, surroundings, milieu; *tead.* medium (*pl.* -ia)
keskkool secondary school, intermediate school, *Am.* high school
keskkõrv *anat.* middle ear; **~apõletik** inflammation of the middle ear, tympanitis
keskküte central heating
kesklaine *e.* middle wave

kesklinn centre of the town (*or* city)
keskmed *anat.* mesentery
keskmik (*kesktalupoeg*) middle peasant; (*keskmine osa*) central part
keskmine middle, intermediate, medium; (*läbistikune*) mean, average; (*keskpärane*) middling; **aritmeetiline** ~ arithmetic(al) mean; **allpool keskmist** below the average
keskmiselt on the average, at (*or* on, upon) an average
keskne central (*ka piltl.*)
kesknädal = **kolmapäev**
kesknärvisüsteem *anat.* central nervous system
keskpaik middle, centre
keskpunkt central point, centre
keskpäev midday, noonday; (*kell 12*) noon
keskpärane middling, mediocre, indifferent
keskpärasus mediocrity
kesksugu = **neutrum**
kesksuvi midsummer, high summer
kesksõna = **partitsiip**
kesktalupoeg middle peasant
kesktee the middle road; *piltl.* the mean; **kuldne** ~ the golden mean
kesktõmbejõud = **tsentripetaaljõud**
kesktõukejõud = **tsentrifugaaljõud**
keskus centre
keskustelu conversation, talk
keskustlema converse, talk
keskvalitsus central government (*or* administration)
keskvõrre *lgv.* comparative (degree)
keskööne midnight (*atrib.*)
kesköö midnight
kest husk, shuck, hull, shell; (*naha* ~) scale; (*mao või mõne muu looma heidetud nahk*) slough; (*padruni jms.* ~) case; ~a **ajama** = **kestama, kestendama**
kestama (*kesta ajama*) scale; (*mao kohta*) slough
kestel during, in the course of, within
kestendama scale, cast* (*or* shed*) scales, come* off in scales
kestev lasting, durable, permanent; (*pikemaajaline*) prolonged; ~ **vorm** *lgv.* continuous (*or* progressive) form; **kestvad kiiduavaldused** prolonged applause
kestma (*vältama*) last, continue, go* on; (*vastu pidama*) endure
kestus duration, continuation, continuance
kestvus lastingness, durability, durableness, permanence; ~**lokid** permanent wave
kesv = **oder**
ketas disk (*or* disc); *sport.* discus; (*jäähokis*) puck; (*telefonil*) dial
ketendama = **kestendama**
ketikoer dandog, (chained) watchdog
ketistama chain, put* on the chain
ketraja spinner
ketrama spin*; **kass ketrab** the cat purrs
ketramismasin = **ketrusmasin**
ketrus spinning; ~**masin** spinning machine; ~**vabrik** spinning mill (*or* factory)
ketser heretic
ketserlik heretical
ketserlus heresy
kett [keti] chain
kettaheide discus-throw(ing), the discus
kettaheitja discus-thrower; (*skulptuurina*) discobolus
ketutama = **kestendama**
kevad(e) spring
kevadeos *bot.* aecidiospore
kevadik *bot.* whitlow-grass
kevadine spring (*atrib.*); *tead.* vernal; ~ **pööripäev** vernal equinox
kevaditi in (the) spring, each spring
kevadkogrits *bot.* turban-top
kevadkülv spring sowing
kevadkünd spring ploughing
kevadlill spring flower
kevadpunkt *astr.* vernal equinoctial point
kevadtalv late winter
khaan khan
khaki khaki
kibe [kibeda] bitter (*ka piltl.*); smart, biting, acrid; *piltl.* hard, harsh; ~ **töö(aeg)** strenuous (*or* hard) work
kibe [kibeme] = **kübe**
kibedasti bitterly; (*kärmelt, hoogsalt*) smartly, at a smart (*or* sharp) pace; ~ **ametis** hard at work, busily engaged (*millegagi* — in *smth.*)
kibedus bitterness; acridity, acerbity; acrimony; *piltl.* hardness, harshness
kibejas, kibekas bitterish, somewhat bitter
kibelema 1. (*nihelema*) fidget; 2. (*kipitama*) smart, prickle, burn*
kiber wrinkle, pucker; **otsaesist kipra tõmbama** wrinkle one's forehead; **kipra tõmbuma** = **kipruma**

kibestama embitter, make* bitter; exacerbate
kibestuma be embittered, become* bitter (*or* exacerbated)
kibestus embitterment, exacerbation, acrimony
kibrutama wrinkle, pucker
kibu (small) wash-tub
kibuvits brier (*or* briar), dog-rose; ~amari hip
kida (*kisk, konksuke*) hook, barb
kidakeelne tongue-tied
kidi creaking (of a joint)
kidisema creak
kidunema grow* sickly, be in bad health, be ailing, be poorly, be puny
kidur sickly, ailing, poorly, puny; (*taime kohta*) stunted
kidurus sickliness, puniness; (*taime kohta*) being stunted
kiha *zool.* hawk moth
kihama 1. (*kubisema*) swarm, teem (*millestki — with smth.*); 2. (*kihisema*) fizz, hiss, whizz
kihar curl (of hair), lock, ringlet
kihelema prickle, tingle, itch
kihelkond parish
kihelus prickle, tingle, itch
kihevil, kihevile all of a flutter, in a flurry, flustered
kihikaupa in layers
kihiline in layers, stratified
kihin 1. (*sisin*) fizz(ing), hiss(ing), whizz(ing); 2. (*kihamine*) swarming
kihin-kahin fizz and rustle, buzz, murmur
kihisema fizz, hiss, whizz
kihistama I (*kihinal naerma*) giggle, chuckle, titter, snigger
kihistama II (*kihtidena asetama*) = **kihitama**
kihitama arrange (*or* lay*, put*) in layers, *tead.* stratify
kihiti = **kihikaupa**
kihk [kihu] fit, heat, urge; (*kirg*) passion; (*hootine valu*) pang, twinge
kihku: ei ~ ega kahku not a sign (*kellestki — of* smb.)
kihla: ~ vedama bet, wager
kihlad *van.* (*kihlus*) engagement, betrothal
kihlama betroth, promise in marriage, affiance
kihlasõrmus engagement-ring
kihluma become* engaged (*kellegagi — to* smb.)
kihlus engagement, betrothal

kihlvedu bet, wager
kihn capsule, shell, husk
kiht layer, stratum (*pl.* -ta); (*lade*) bed; (*õhuke* ~) seam; (*ühiskonna*~) rank, social group
kihtpilv meteor. stratus (*pl.* -ti)
kihu (*aje*) impulse, impetus, urge
kihulane midge
kihutama (*ässitama*) incite, instigate, egg on, abet, stir up, excite, agitate; (*tormama*) rush, speed*, race, scorch; **minema ~ drive*** (*or* chase) away; **kellelegi kuuli pähe ~ send*** a bullet through smb.'s head, **blow*** out smb.'s brains; **tagant ~ drive*,** urge on, egg on (*or* to)
kihutus incitement, instigation, abetment, agitation; **~töö** agitation
kihv fang, tusk
kihvatama have (*or* give*) a pang (of pain), twitch (with pain); (*sähvatama*) shoot* (*through*)
kihvt *van.* = mürk
kihvtine *van.* = mürgine
kihvtitama *van.* = mürgitama
kii = piljardikepp
kiidekas = kordmagu
kiiduavaldus (*käteplagin*) applause; (*hüüded*) cheers; (*tormiline* ~) acclamation, ovation
kiidukukk *piltl.* braggart, boaster, swaggerer
kiidukõne eulogy, panegyric
kiidulaul song of praise; **kellelegi ~u laulma** sing* smb.'s praises, extol smb.
kiiduväärne, kiiduväärt, praiseworthy, laudable, commendable
kiigelaud swing-plank, seesaw (plank)
kiigutama (*kiigel*) swing*; (*hällis, kiiktoolis jms.*) rock; (*last kätel* ~) dandle
kiigutus (*kiigel*) swing, swinging; (*hällis, kiiktoolis jms.*) rocking
kiik swing; (*üles-alla õõtsuv kiigelaud*) seesaw
kiiker spy-glass, telescope
kiikhobune rocking-horse
kiiksuma squeak
kiiktool rocking-chair
kiikuma (*kiigel*) swing*, ride* on the swings; (*hällis, kiiktoolis jms.*) rock; (*üles-alla*) seesaw
kiil [kiili] dragonfly
kiil [kiilu] I (*puulõhkumiseks jms.*) wedge
kiil [kiilu] II (*laeval*) keel

kiilas glossy, glazed; ~**jää** glazed frost, ice-covered ground, rain ice; ~**pea** baldhead, baldpate; ~**päine** bald-headed; ~**päisus** baldness
kiilkiri *aj.* cuneiform writing
kiillause *lgv.* parenthetic clause, parenthesis *(pl.* -**theses**)
kiilsõna *lgv.* parenthetic word
kiiluma wedge; täis ~ cram full, pack tight
kiiluvesi *mer.* wake(-water), dead water
kiim lechery, (carnal) lust; *(loomal)* rut, ruttishness, heat; ~**al olema** = **kiimlema**
kiimaline lecherous, lascivious, lustful
kiimalisus, kiimalus lechery, lecherousness, lasciviousness
kiimlema be lecherous; *(looma kohta)* rut, be ruttish, be in *(or* on, at) heat
kiin I *zool.* gadfly, breeze; *(hobuse* ~) botfly; ~**i jooksma** stampede, run* mad, run* with (the) fly
kiin II *(raiumisnuga)* chopping-knife
kiinakoor cinchona
kiindrus lampblack
kiinduma attach oneself *(to),* become* *(or get*)* attached *(to),* take* *(to),* become* fond *(of)*
kiindumus attachment *(to),* affection *(for),* fondness *(of)*
kiini *vt.* **kiin** I
kiinijooks stampeding, running mad, running with (the) fly
kiipama scrape (with one's foot)
kiir [kiire] ray, beam, shaft
kiir [kiiru] haste, hurry; ~**uga** in a hurry
kiirabi *med.* quick aid, emergency aid; ~**auto** ambulance (car)
kiira-käära winding(ly), meandering(ly)
kiiraurik fast steamer
kiird crown (of the head), top (of the head)
kiire [kiire] quick, swift, rapid; *(jooksja, rongi jms. kohta)* fast; *(kiireloomuline)* speedy, urgent, pressing; **mul on** ~ I am in a hurry; **pole** ~**t** there is no hurry
kiireiseloomuline = **kiireloomuline**
kiirejalgne fleet-footed, swift of foot
kiireloomuline speedy, urgent, pressing
kiirendama accelerate, quicken, hasten, speed* up
kiirendus acceleration *(ka füüs.)*

kiirenema accelerate, quicken, gather speed
kiiresti quickly, swiftly, rapidly; fast; speedily
kiirgama radiate, emit rays; beam
kiirgus radiation, emission (of rays)
kiirik *zool.* sun animalcule, Actinophrys; ~**seen** *bot.* actinomycete; ~**seentõbi** *med.* actinomycosis
kiiritama irradiate, treat with (radioactive) rays
kiiritus irradiation, treatment with (radio-active) rays
kiirjas radial
kiirkiri shorthand
kiirrong express (train), fast train
kiirtekimp shaft of rays *(or* light); *(peen* ~) pencil of rays
kiirtelegramm urgent *(or* express) telegram
kiirtuli *sõj.* rapid fire *(or* firing)
kiiruisutaja speed-skater
kiiruisutamine speed-skating
kiiruluu *anat.* parietal bone
kiirus speed, *tead.* velocity; quickness, swiftness, rapidity; ~**emõõtja** *tehn.* speedometer
kiirustama *(ruttama)* hasten, make* haste, hurry; *(kiirusele sundima)* hasten, hurry, speed up
kiisel = **kaerakile**
kiisk ruff
kiiskama glitter, glisten, sparkle
kiiss! puss(y)!
kiisu puss, pussy, pussy-cat; ~**lips** *kõnek.* = **ristlips**
kiit praise; *(kiitlus)* vaunt, boast
kiitlema boast, vaunt, brag
kiitlik boastful
kiitma praise; commend; **heaks** ~ approve *(midagi* — *of smth.)*
kiitsakas 1. *adj.* lathy, lanky, tall and thin; 2. *subst.* lathy *(or* lanky) person
kiitus praise; commendation; ~**kiri** (commendatory) testimonial, certificate of commendation
kiivas *(armukade)* jealous; *(äge)* vehement, quick-tempered
kiiver helmet
kiivitaja lapwing, pe(e)wit
kiivus *(armukadedus)* jealousy; *(ägedus)* vehemence
kikas = **kukk**
kikerikii! cock-a-doodle-do!
kikikõrvu pricking up one's ears
kikitama *(kikki ajama)* prick up; *(püsti seadma)* set* up

kikivarvul on tiptoe; ~ **kõndima** (walk on) tiptoe
kikkaputk *bot.* angelica, angelique
kikkapüks *murd.* = **nurmenukk**
kikkhabe imperial (beard)
kikki: ~ **ajama** prick up
kikkis pricked up, acock, cocked (up)
kilama I (*kiljuma*) screech, shrill, cry shrilly
kilama II (*helkima*) glitter
kilbikandja *aj.* shield-bearer, squire
kild [killa] band, gang; crowd; **ta on meie vaenlaste killas** he is among (or has joined) our enemies
kild [killu] splinter, sliver, shiver, chip, fragment; (*poti*~) potsherd, *haruld.* shard
kildkond clique, coterie, faction, set
kildsõna *lgv.* particle
kilduma splinter, break* into splinters
kile I (*nahake*) membrane
kile II = **kaerakile**
kile [kileda] shrill
kilejas, kileline membran(e)ous
kiletiivalised *zool.* hymenopters, hymenopterous insects
kilin clinking, clanking; ~**-kõlin** clinking and clanking
kilisema clink, clank
kiljatama give* a scream (or shriek, cry), cry out
kiljatus scream, shriek
kiljuma scream, shriek, shrill
kilk cricket; **tal on** ~ **peas** he is in his cups, he has had a drop too much
kilkama shrill, cry shrilly
killavoor caravan (or string) of carts (or sledges)
killunema splinter, break* up into splinters; chip
killustama splinter, break* into splinters; shiver (to pieces); split* up, scatter, disperse; **oma jõudu** ~ disperse (or fritter away) one's energy
killustatus *pol.* disunion, division
killustik splinters, shivers, stone chips; (*tee*~) road metal
killustuma splinter, be splintered, break* up into splinters; be split up, be scattered (or dispersed)
kilo(gramm) kilogram(me)
kiloherts *el.* kilocycle per second
kilomeeter kilometre
kilone of one kilogram(me), kilogram(me) (*atrib.*)
kilovatt kilowatt; ~**-tund** kilowatt-hour

kilp shield; ~**jalg** *bot.* bracken, brake; ~**konn** tortoise; (*meri*~) turtle; (*Ameerika soo*~) terrapin; ~**konnaluu** tortoise-shell; ~**kõhr** *anat.* thyroid cartilage
kilpla Gotham
kilplane Gothamite, wise man (*pl.* men) of Gotham, Boeotian
kilplaslik Boeotian, preposterous, absurd
kilpnääre *anat.* thyroid gland (or body)
kilt = **kiltkivi**
kilter *aj.* overseer (of manor work), under-bailiff
kiltkivi slate, schist, shale
kiltmaa table-land, plateau
kilu (Baltic) sprat, brisling; ~**karp** tin (for pickled sprats)
kimalane bumble-bee
kimar 1. *subst.* wrinkle, pucker; 2. *adj.* wrinkled, puckered
kimardama wrinkle, pucker
kimbatus embarrassment, perplexity; trouble; ~**es** (*nõutu*) at a loss, nonplussed
kimbutama embarrass, perplex; trouble
kime shrill, strident
kimmel roan
kimp bundle; (*lilli, juurvilja jms.*) bunch; ~**u jääma** get* into a difficulty, be embarrassed; ~**us olema** be in a difficulty, be at a loss, be in a fix, be in the soup
kimpsud-kompsud (*one's*) traps, belongings, things
kimpu, kimpus *vt.* **kimp**
kinaver cinnabar, vermilion
kindel firm, fast, fixed; (*kindlasti teada*) sure, certain; (*kindlasti veendunud*) sure, positive; (*ohutu*) safe, secure; (*usaldatav*) staunch, dependable, reliable; (*kõikumatu*) steadfast, solid, steady; ~ **kõneviis** *lgv.* the indicative (mood); ~ **olema** be sure; **kindlaks jääma** remain firm; **kindlaks määrama** fix, determine; (*haigust*) diagnose; **kindlaks tegema** make* sure, establish, find* out, ascertain; (*isikut*) identify
kindlaksmääramine fixing, determining; (*haiguse* ~) diagnosis
kindlakstegemine establishing, ascertainment; (*isiku* ~) identification
kindlalt firmly, fast
kindlameelne firm (of character), steady, resolute, resolved
kindlameelsus firmness, resolution

kindlasti surely, certainly, for sure, to be sure; **nad tulevad ~ they are sure to come**
kindlus 1. (*kindel olek*) firmness; sureness; surety, certainty; (*ohutus*) security; (*enese~*) confidence; 2. (*kindlustatud koht*) fortress, fort, stronghold
kindlusetu insecure, uncertain; unsafe
kindlustama (*tugevdama*) strengthen, reinforce, consolidate; (*ohutustama*) safeguard, sõj. fortify; (*tagama*) guarantee; (*julgestama*) secure, ensure; (*elu, varandust*) insure
kindlustus (*tugevdus*) consolidation; (*ohutustus*) safeguard; sõj. fortification; (*tagatis*) guarantee, security; (*elu, varanduse ~*) insurance; **~maks = ~preemia; ~poliis** insurance policy; **~preemia** (insurance) premium
kindral general; **~leitnant** lieutenant-general; **~major** major-general; **~staap** general staff
kineetiline *füüs*. kinetic
kinemaatika *füüs*. kinematics
kinematograaf *van*. = **kino**
kinematograafia cinematography
king shoe; **~akreem** shoe-polish; **~alusikas** shoehorn; **~anina** toe of a shoe; **~anöör, ~apael** shoe-lace
kinge donation, presentation
kingitus present, gift
kingsepatöökoda shoemaker's (shop)
kingsepp shoemaker; (*kingaparandaja*) cobbler
kinguline hilly
kiniin quinine
kink [kingi] = **kingitus**
kink [kingu] hill, hillock, mound
kinkima make* a present (*of*), present (*kellelegi midagi — smb. with smth., smth. to smb.*)
kinnas glove; (*laba~*) mitten; (*pikarandmeline nahk~*) gauntlet
kinni fast, fixed; (*suletud*) shut, shut up, closed; (*hõivatud*) engaged, occupied; (*tegevuses*) busy; (*ühenduses paljude verbidega*) up, to, in, over; **aken on ~** the window is shut (*or* closed); **ta kõht on ~** he is constipated; **mul on käed ~** my hands are full (*ka piltl.*); **mu nina on ~** my nose is clogged up; **~ ajama** (*auku*) ill up, cover (up); (*looma*) impound (stray cattle); **~ haarama** grasp (*at*), seize (*upon*); **~ hoidma** hold*, hold* on

(*to*); **~ istuma** (*vangis*) be shut up, sit* in prison; (*koolis*) be kept behind; **~ jääma** stick* (fast), be stuck; get* stalled; (*koolis*) stay behind, be kept behind (after school); **ta hing jääb ~** he is short (*or* out) of breath; **~ kasvama** grow* over; (*haava kohta*) grow* together, heal (up); **~ katma** cover up; **~ käima** shut*, close; **~ külmuma** freeze up (*or* over); **~ maksma** pay* (*for*), pay* the cost (*of*); **~ minema** shut*, close; **~ panema** shut*, close, fasten; **jalgu ~ panema** put* one's shoes on; **~ pidama** stop, detain; (*millestki*; hold* on to, keep* to, stick* to, adhere to; **~ püüdma** catch*, capture; **~ siduma** tie up, bind* up; **~ tuiskama** snow over (*or* up); **~ võtma** catch*, capture, seize
kinnine closed, close; (*suletud*) shut; (*vaikiv*) reserved, bottled-up; **~ koosolek** closed meeting; **~ etendus** private performance; **kinniste uste taga** behind closed doors; *jur*. in camera
kinnisidee fixed idea, idée fixe; (*painav mõte*) obsession
kinnisilmi with closed eyes, blindly, blindfold
kinnistama fix (*ka fot.*), fasten, attach; (*kinnisvara*) officially register (real estate)
kinnisti fixing agent, fixer (*ka fot.*); *med*. astringent; *anat*. mesentery
kinnistäht *astr*. fixed star
kinnisvara real estate, real property, immovables
kinnitama confirm, corroborate; (*kinnistama*) fix, fasten, attach; (*väidet jms.*) bear* out, endorse; (*tõendama*) certify, assure; (*tunnistajana*) witness; (*väitma*) affirm, declare, assert, asseverate, protest
kinnitus confirmation, corroboration; (*kinnistus*) fixing, fastening; (*väite jms. ~*) endorsement; (*tõendus*) assurance; (*väide*) affirmation, declaration, assertion, asseveration; **~kiil** *tehn*. spline, cotter; **~klamber** clip, clamp
kino cinema, the pictures, picture palace, the movies; **~aparaat** (film-)-camera, movie camera; **~asjandus** cinematography; **~film** (cinema) film, (cinema) picture; **~kroonika** newsreel; **~kunst** cinematographic

art, film art; ~**külastaja** cinemagoer, picture goer; ~**näitleja** film (*or* screen) actor, *fem.* actress; ~**operaator** cameraman (*pl.* -men); ~**seanss** cinema show (*or* performance)
kints haunch; (*reis*) thigh; (*praetükina*) leg, ham, joint; **kellegi** ~**u kaapima** *piltl.* cringe and crawl before smb.
kiosk (*müügiputka*) booth, (newspaper) stand (*or* stall); (*aiamajake*) kiosk
kipitama smart, prickle, burn*
kipper *mer.* skipper
kippu: ei ~ ega kõppu not a thing stirring, not a sound (to be heard), not a sign (*kellestki — of smb.*)
kippuma push, press, strive*; (*kalduma*) tend, have a tendency (*to*); **ööd kipuvad külmaks minema** the nights tend to grow cold; **kallale ~** attack, assail
kipra *vt.* **kiber**
kipruma (*kipra tõmbuma*) wrinkle, pucker (up)
kips gyps(um); (*kipsisegu ehitusmaterjalina*) plaster, (*kujudeks*) plaster (of Paris); ~**kuju** plaster cast (*or* image, statue, figure); ~**lahas** *med.* plaster cast (*or* dressing); ~**lill** *bot.* gypsophila
kiratsema live in a poor way, live from hand to mouth, struggle along, eke out a living, vegetate
kirbe acrid, tart, pungent
kirdepoolne north-east(ern)
kirdetuul north-easter
kirema crow
kirendama be gay (with colours), display a variety of colours; **mul kirendab silme ees I feel** (*or* am) dazzled
kiretu passionless
kirev variegated, particoloured, multicoloured, many-hued, motley
kirevus diversity of colours; *piltl.* mixed character
kirg passion
kirgas I (*hele, särav*) bright, radiant, clear
kirgas II (*tööriist*) = **kirka**
kirgastuma grow* bright (*or* radiant), be transfigured (with inner light)
kirgiis Kirghiz
kirgiisi Kirghiz
kirglik passionate, impassioned
kirglikkus passionateness, passion

kiri 1. (*läkitus*) letter; epistle, missive; (*kirjutus*) writing; (*kirjutus*~) script; (*trüki*~) type, print; (*püha*~) Scripture, (Holy) Writ; **kirja panema** write* down, put* down (in writing); **kellegi juures heas kirjas olema** be in smb.'s good books; 2. (*muster*) pattern, design, ornament
kirik church
kirikakar (English) daisy
kirikla parsonage, vicarage
kiriklane clerical, churchman (*pl.* -men)
kiriklik (of the) church, ecclesiastical; clerical
kirikukell church bell
kirikukogu *aj.* church council
kirikumuusika sacred music
kirikumõis *aj.* parsonage, parson's mansion
kirikuraamat parochial register
kirikutorn church-tower; (*terav ~*) steeple, spire
kirikuvanne (church) ban, excommunication
kirikuvürst prince (*or* dignitary) of the church, prelate
kirikuõpetaja clergyman (*pl.* -men), parson, vicar
kiristama: hambaid ~ gnash one's teeth
kirjakandja postman (*pl.* -men), postal delivery man (*pl.* men), (*nais*~) postal delivery woman (*pl.* women)
kirjakast letter-box
kirjakeel literary language, written (*or* book) language, received language (of literature)
kirjakeelne of (*or* in) the literary language, literary
kirjaklamber clip, paper-fastener
kirjalakk sealing-wax
kirjaliik *trük.* type, character
kirjalik written, in writing
kirjama ornament with patterns (*or* designs)
kirjamark = **postmark**
kirjamees man (*pl.* men) of letters, writer
kirjand written work, (school) composition, essay, theme
kirjandus literature
kirjanduslik literary
kirjanduslugu history of literature
kirjanik writer, author
kirjaoskaja literate
kirjaoskamatu illiterate

kirjaoskamatus illiteracy
kirjaoskus literacy
kirjapaber note-paper, letter-paper, writing-paper
kirjapea letterhead
kirjaplokk writing-pad
kirjapress paper-weight
kirjasaatja correspondent
kirjastaja publisher
kirjastama publish
kirjastus publishing house
kirjatarkus book-learning
kirjatoimetaja *van.* secretary, clerk
kirjatundja *piibl.* scribe; *van.* (*kirjaoskaja*) literate
kirjatuvi carrier pigeon, homing pigeon
kirjatäht letter, (written) character
kirjatöö written work
kirjavahemärk mark of punctuation, punctuation mark, stop
kirjavahetus correspondence, exchange of letters; ~**es olema** be in (*or* have) correspondence (*with*), correspond (*with*)
kirjaviga error (in writing), slip of the pen
kirjaviis (system of) spelling
kirjaümbrik envelope
kirje *maj.* entry, booking; *bibl.* entry
kirjeldama describe; (*kujukalt*) depict; (*isikut*) portray
kirjeldamatu indescribable
kirjeldav descriptive
kirjeldus description
kirjeldama *maj.* enter, make* an entry, book
kirju variegated, many-coloured, particoloured, multicoloured; *põlgl.* motley; *piltt.* mixed, miscellaneous, heterogeneous; ~ **rida** men and women sitting alternately (at table)
kirjutaja writer; (*kirjatoimetaja*) clerk; penman (*pl.* -men), scribe
kirjutama write*; **kuidas te seda sõna kirjutate?** how do you spell this word?; **alla** ~ sign (one's name); **ette** ~ prescribe; **uuesti** ~ rewrite*; **ümber** ~ copy (over)
kirjutis writing, (written) paper; (*ajalehes*) article; publication
kirjutus writing; ~**kiri** *trük.* script; ~**laud** writing-table, desk; (*sahtlitega*) bureau; ~**masin** typewriter; ~**materjal,** ~**tarbed** writing-materials, writing-supplies, stationery (materials)
kirka pick(axe)

kirkus brightness, radiance
kirme(tis) thin coating, thin crust
kirn churn
kiromant = **hiromant**
kirp flea; (*püssil*) bead, fore (*or* front) sight; **kirbule võtma** draw* a bead on
kirre north-east
kirsiaed cherry orchard
kirsikeedis cherry jam
kirsikivi cherry stone
kirsimari cherry
kirsipunane cherry(-red)
kirsipuu cherry-tree
kirss cherry; ~**ploomipuu** cherry plum
kirst chest, box; (*puusärk*) coffin, *Am. ka* casket; ~**u panema** coffin
kirstunael coffin-nail; **kellegi** ~**aks olema** be a nail in smb.'s coffin
kirtsutama: nina ~ wrinkle (*one's*) nose; *piltl.* turn up (*one's*) nose (*millegi üle* —' *at smth.*)
kiruma curse, objurgate, swear* (*at*)
kirumissõna curse, objurgation, swearword, expletive
kirurg surgeon
kirurgia surgery
kirurgiline surgical
kirvendama burn, smart, tingle
kirves axe; (*väike* ~) hatchet; (*lühikese varrega laiateraline* ~) chopper; (*suur lihuniku*~) cleaver
kirvesilm axe-eye
kirvetera axe-blade
kirvetöö axe-work; *piltl.* clumsy work
kirvevars axe-handle, helve
kisa cry, outcry, clamour, yell, vociferation, bawl(ing); (*eesli* ~) bray; ~ **tõstma** raise a noise, cry out; **palju** ~, **vähe villa** much cry and little wool
kisakõri bawler, squaller
kisama cry (out), clamour, yell, vociferate, bawl, squall
kisendama cry, yell, scream, shriek; **kisendav ülekohus** crying injustice
kisk barb, (*noolel, ahingul ka*) fluke
kiskhammas laniary (*or* canine) tooth (*pl.* teeth)
kiskja beast of prey, carnivore; *piltl.* spoiler, plunderer, marauder
kiskjalik predatory, rapacious
kisklema fight*; (*tülitsema*) quarrel, lead* a cat-and-dog life
kiskuma tear*, pull, pluck; **kaasa** ~ carry away, captivate, enrapture, ravish

kissell kissel, (half-liquid) fruit-jelly (made with potato-starch)
kissis screwed up, narrowed
kissitama: silmi ~ screw up (*or* narrow) (*one's*) eyes
kisuline barbed
kitarr guitar
kitkuma (*kiskuma*) pluck, pull; (*rohtu*) weed
kits (she-)goat, nanny goat; *sport.* (vaulting) buck; **~ kärneriks** a fox set to keep the geese
kitsarinnaline *piltl.* narrow-minded, narrow, strait-laced
kitsarinnalisus *piltl.* narrow-mindedness, narrowness
kitsarööpmeline narrow-gauge
kitsas narrow, strait; (*mõiste kohta*) strict; (*rõiva kohta*) tight; (*ruumi kohta*) cramped, confined; **tal on ~ käes** he is in need, he lives in poverty; **kitsad ajad** hard times; **~tes oludes** in straitened circumstances
kitsasfilm narrow(-width) film, substandard film
kitsaskoht bottleneck
kitsehabe goatee
kitsendama narrow (down); (*piirama*) restrict
kitsendus narrowing (down); (*piiramine*) restriction
kitsenema narrow (down), grow* narrower
kitsetall kid
kitsi stingy, niggardly, miserly, tightfisted, mean; avaricious, parsimonious
kitsidus stinginess, niggardliness, miserliness, meanness; avarice, parsimony
kitsik tight, strait, restricted; pinched, stinted
kitsikus tightness, straitness, restrictedness; straits, distress, trouble, difficulty; **~es olema** be in a tight place, be in straits, be in a fix; **~se ajama** drive* into a corner
kitsipung niggard, miser, skinflint
kitsus narrowness, tightness; (*kitsas koht*) narrow pass (*or* passage); *vt.* *ka* **maa~, mere~**
kitsustik defile, narrow pass
kitt (*akna~*) putty; (*tihendus~, liitmis~*) lute
kittel overall, smock(-coat); **~kleit** wrapper, dressing-gown

kittima (*aknakitiga*) putty; (*tihendus-, liitmiskitiga*) lute
kiud fibre, fibril; (*niit*) filament; (*keerdunud ~*) string; (*lina v. villa kiukvaliteet*) staple; **~aine** fibre
kiudjas fibrous, filamentous, fibriform
kiudpilv *meteor.* cirrus (*pl.* -ri)
kiulina põll. staple flax
kiuline fibrous, full (*or* composed) of fibres
kiunuma squeal, whine
kiur *zool.* pipit
kius spite; (*isemeelsus*) obstinacy, peevishness, contrariness; **~u pärast** out of spite
kiusaja (*ahvatleja*) tempter; (*tülitaja*) spiter, vexer, molester, pesterer
kiusakas spiteful; (*isemeelne*) obstinate, peevish, contrary, vexatious
kiusama (*ahvatlema*) tempt; (*tülitama*) spite, vex, molest, pester; **taga ~** persecute
kiusatus temptation; **~se viima** lead* into temptation, tempt
kiuste 1. *adv.* out of spite (*or* defiance); **2.** *postp.* in spite of, in defiance of, in the teeth of, despite; notwithstanding
kiusupunn vexatious (*or* fractious) person; (*lapse kohta*) vexatious child, fractious brat; (*naise kohta*) shrew
kivi stone, *Am. ka* rock; (*uuril*) jewel; (*kabe~*) piece, man (*pl.* men); *med.* = **kivind**
kiviaeg *arheol.* (the) Stone Age
kivikangur pile of stones (in a field), cairn
kivikatus tiled roof
kivikillustik road metal
kiviklibu = klibu
kivikond *geol.* lithosphere
kiviktaimla aiand. rockery, rock garden
kivikõva hard as stone
kivim *geol.* rock
kivimurd (stone-)quarry, stone-pit
kivind *med.* stone, calculus (*pl.* -li)
kivine stony, rocky
kivinema petrify, become* petrified (*ka piltl.*)
kivinõud stone-ware, earthenware
kivipuravik *bot.* yellow boletus
kivirahe *piltl.* volley of stones
kiviraiuja stone-mason, stone-cutter, stone-dresser
kivirik *bot.* saxifrage
kivisool rock salt

kivistama (*kiviks muutma*) petrify, turn into stone; (*kivistiseks muutma*) fossilize
kivistis fossil, petrifaction
kivistuma (*kiviks muutuma*) petrify, be petrified; (*kivistiseks muutuma*) fossilize, be fossilized
kivisöebassein = **söebassein**
kivisöekaevandus = **söekaevandus**
kivisüsi coal, pit coal, mineral coal (*or* carbon)
kivitrükk lithography
kivitäks *zool.* wheatear
kiviõli mineral (*or* rock) oil, petroleum
klaar clear
klaarima *mer.* clear; (*selgitama*) clear up; (*selitama*) clarify; **arveid** ~ settle accounts
klaas glass; (*joogi*~) glass, tumbler; (*akna*~) pane; (*lambi*~) chimney; *mer.* bell; ~**e kokku lööma** clink (*or* touch) glasses
klaashelmes (glass) bead
klaasija glazier
klaasikild chip of glass
klaasima glaze, furnish with glass
klaasipuhuja glass-blower
klaasissepp = **klaasija**
klaasistama (*klaasiks muutma*) turn into glass, vitrify; (*klaasitaoliseks muutma*) make* glassy
klaasistuma (*klaasiks muutuma*) be turned into glass, be vitrified; (*klaasitaoliseks muutuma*) glaze (over), become* glassy
klaasitama glaze, make* glassy
klaasivabrik glass-works, glass-foundry
klaasjas glassy, vitreous
klaasnõud glassware
klaaspärl = **klaashelmes**
klaassepp = **klaasija**
klaasuks French window
klade = **kaustik**
klahv I *muus.* key
klahv II *kõnek.* (*lonks, suutäis, pits*) swig, peg
klahvistik = **klaviatuur**
klamber (*kinnitus*~) clamp, clasp, cramp(-iron); *ehit.* brace; (*kirja*~) clip; (*juukse*~) clipper, clasp; (*sulgmärk*) bracket, parenthesis (*pl. -theses*)
klammerdama clamp, clasp, cramp
klammerduma cling*, hang* on (*to*)
klanima (*nuruma*) cadge, beg (*for*)
klants *van.* = **läik**

klaperjaht battue, chase; *piltl.* hue and cry
klapp (*rõival jms.*) flap; *tehn.* valve; (*muusikariistal*) stop, key
klappima 1. (*kokku sobima*) fit, fit in, tally, dovetail (*with*); 2. (*raha kokku panema*) club (*or* pool) together, pool one's money
klapptool flap-seat, tip-up seat
klarnet clarinet
klass class; (*koolis ka*) form, *Am.* grade
klasside-eelne *aj.* pre-class
klassifikatsioon classification
klassifitseerima classify
klassijuhataja form-master, *fem.* form-mistress, form (*or* class) teacher
klassik classic
klassika classical art and literature, the classics
klassikaline (*kõrgeväärtuslik, eeskujulik*) classic; (*antiikmaailmasse puutuv*) classical
klassiline class, social-class (*atrib.*)
klassiorganisaator *ped.* monitor
klassipäevik class register (*or* record)
klassiruum classroom
klassiteadlik class-conscious
klassitsism (pseudo-)classicism
klassituba = **klassiruum**
klassitöö class work, (*kirjand*) written work
klassivahed class distinctions (*or* differences)
klassivanem *van.* = **klassiorganisaator**
klassivõitlus class struggle
klassiväline out-of-class, extra-class, non-class, extra-curricular
klassiühiskond class society
klatš gossip, scandal, backbiting
klatšija gossip(er), scandalmonger, backbiter
klatšima gossip, backbite
klaun = **kloun**
klausel *jur.* clause, proviso (*pl.* -os, -oes), stipulation
klaver piano (*pl.* -os), *haruld.* pianoforte; ~**ihäälestaja** piano-tuner; ~**ikunstnik** concert pianist; ~**imängija** pianist, *haruld.* piano-player; ~**ivabrik** piano factory
klaviatuur keyboard
kleenuke(ne) slim, slender, thin
kleep(aine) adhesive (substance), glue
kleepima stick*, paste, gum, glue
kleepjas sticky

kleepplaaster sticking (*or* adhesive) plaster, (*paelakujuline* ~) adhesive tape
kleepuv sticky, adhesive
kleerus *kirikl.* clergy
kleidiriie dress material
kleidisaba train
kleit dress, gown, frock
klemm holdfast, clamp; *el.* terminal
klerikaal clerical
klibu shingle
klient client; (*alatine ostja*) customer
klientuur clientèle; customers, custom
kliid bran
kliima climate
kliimaline climatic
kliimaolud climatic conditions
kliinik clinic; (*haigla*) hospital
kliiniline clinical
kliiring *maj.* clearing
kliister paste; (*riide*~) size
kliisterdama paste; (*riiet*) size
kliiver *mer.* jib; ~**poom** *mer.* jib-boom
klikk clique, faction, coterie, set, gang
klimaatiline climatic
klimberdama strum
klimp dumpling, dough-boy; (*klomp*) lump
klinker clinker
klirin clatter, jangle, jingle
klirisema clatter, jangle, jingle
klistiir *med.* enema, clyster
klišee *trük.* stereotype plate (*or* block); (*kulunud väljend*) cliché
kloaak (*roiskveekanal*) sewer; *piltl.* cesspool; *zool.* cloaca (*pl.* -cae)
klobima punch, pommel
klomp lump, clot
kloor *keem.* chlorine; ~**hape** *keem.* chloric acid
kloorima *keem.*, *tehn.* chlorinate
kloorimine chlorination
kloorlubi *keem.* chloride of lime
klooster closter; (*munga*~) monastery; (*nunna*~) nunnery, convent
klopits beater, cane (*or* switch) for beating clothes
klopp = **klots**
kloppima beat*; thwack, pound; **mune vahule** ~ beat* (up) eggs
klops *kok.* collops, sliced meat
klopsima: kokku ~ knock together, knock up (*ka piltl.*)
kloroform chloroform
kloroform(eer)ima chloroform
klorofüll chlorophyll
klosetipaber toilet-paper

klosett water-closet, lavatory, toilet
kloššseelik flared skirt
klots block, chunk (of wood)
kloun (circus) clown
klubi club
klump round flower-bed
klupp *tehn.* screw plate; *mets.* slide cal(l)iper(s)
klusiil *lgv.* = **sulghäälik**
klutt 1. (*tutt*) flock, tuft; 2. (*põngerjas*) nipper, urchin
klõbin rattling, clatter, click(ing)
klõbisema rattle, clatter, click
klõpsatama click, give* a click
klõpsatus click
klõpsuma click
klähv yelp, yap
klähvima yelp, yap
knihv trick, dodge, knack
knopka = **rõhknael**
koaleeruma coalesce; *pol.* form a coalition
koalitsioon coalition
kobama grope, fumble
kobamisi groping(ly), fumbling(ly); (*kombates*) by feel
kobar cluster, bunch; ~**kristall** *min.* druse; ~**õisik** *bot.* raceme, cluster
kobe 1. (*kohev*) loose; (*mulla kohta*) mellow; 2. (*tugev*) stout
kober = **kobrutis**
kobestama loosen, make* loose (*or* mellow), break* up
kobija *zool.* feeler, antenna (*pl.* -ae)
kobima 1. (*kobama*) grope, feel*; 2. (*ronima*) scramble, clamber, climb
kobisirkel *tehn.* cal(l)ipers, cal(l)iper compasses
kobra cobra
kobras = **piiber**
kobruleht = **takjas**
kobrune frothy, spumy, foamy
kobrutama froth, spume, foam, effervesce
kobrutis froth, scum, spume, foam
kobrutus frothing, spuming, foaming, effervescence
koda (*ees*~) hall; (*maja*) house; (*parlamendis*) house, chamber
kodakond *van.* household, inmates (of a house)
kodakondsus citizenship, nationality
kodanik citizen
kodanikkond citizenry
kodanikukohus civic duty
kodanikuõigused civic rights
kodanlane bourgeois

kodanlik bourgeois; ~-demokraatlik bourgeois-democratic
kodanlus bourgeoisie
kodar (*rattal*) spoke; *tehn.* radial arm
kodarjas radial
kodarluu *anat.* spoke-bone, radius (*pl.* -dii)
kodu home; (*kodus*) at home; ~abiline domestic help; ~apteek family) medicine chest (*or* cupboard, cabinet); ~jänes = küülik; ~kass domestic cat; ~kasvatatud homegrown; ~koht home (*or* native) place; ~kolle domestic hearth; *piltl.* home; ~kootud home-spun, homemade; ~kord regulations; ~käija *folkl.* (haunting) ghost, revenant; ~lind domestic fowl; ~linnud poultry; ~loom domestic animal; ~lugu local lore, local (*or* regional) studies; ~maa home country, native country; *luulek.* homeland; ~maine home (*atrib.*), native, (*kodumaal toodetud*) home-produced
kodune home (*atrib.*), domestic; homelike, homy; (*hubane*) snug, comfortable, cosy; (*koduspüsiv*) homekeeping
kodunema become* domesticated (*or* familiarized), get* used (*to*), habituate oneself (*to*)
kodunt from home; ~ lahkuma leave* home
koduperenaine housewife (*pl.* -wives)
kodus at home; ~ olema be at home, be in
koduselt as at home, snugly, comfortably; (*lihtsalt*) simply, without ceremony
kodustama domesticate
kodusõda civil war
kodutu homeless; ~ laps waif
kodutöö home-work
kodutööndus home industry, cottage industry, domestic craft industry
koefitsient coefficient
koeksisteerima co-exist
koeksisteerimine, koeksistents co-existence
koer 1. *subst.* dog; (*jahi*~) hound; 2. *adj.* naughty, mischievous; ~ poiss naughty boy
koerailm wretched (*or* beastly) weather
koerakoonlane *folkl.* (legendary) dog-faced man (*pl.* men)
koerakrants mongrel cur
koerakutsikas puppy dog, puppy, pup
koerakuut (dog-)kennel
koeranael furuncle, (small) boil; (*veri*~) carbuncle
koeraputka = **koerakuut**
koerapöörirohi hen-bane
koerliblikas *zool.* red admiral
koerputk *bot.* fool's-parsley
koerus naughtmess, mischief, prank
koerustükk (piece of) mischief, prank
koetis = **struktuur**
kogelema stammer, stutter
kogelmogel *kok.* frothed eggs (*or* yolk)
kogema experience; (*läbi elama*) undergo*, sustain, live (*or* go*) through
kogemata inadvertently, unintentionally, accidentally, by accident; (*teadmatult*) unwittingly
kogemus experience; ~ed experience; (*oskused*) know-how
kogenema gain experience
kogenematu inexperienced
kogenud experienced
koger crucian (carp)
kogu I (*mass*) bulk, mass; (*keha*) shape, figure; (*esemeid*) set, collection, (*isikuid*) assembly, council, body
kogu II (*terve*) all, (the) whole; ~ maailm all the world, the whole world
kogudus *kirikl.* congregation
koguja collector
kogukaal total (*or* gross) weight
kogukas bulky, voluminous
kogukond commune, communal society, (*linna*~) municipality
kogukondlik communal, common; (*linna*~) municipal
kogukäive *maj.* total turnover
kogum complex, aggregated whole
koguma collect; (*korjama*) gather; (*suure hulgana kokku* ~) accumulate; julgust ~ pluck up one's courage; mõtteid ~ collect one's thoughts; end ~ pull oneself together
kogumik collection, set; (*tööriistade* ~) kit
kogunema gather, get* together, assemble, congregate; (*seltsima*) forgather; (*uuesti* ~) rally; (*kuhjuma*) accumulate
koguni (*täiesti*) quite, altogether; (*isegi*) even
kogupauk volley, salvo (*pl.* -oes); (*laevalt*) broadside

kogupikkus overall (*or* total) length
kogus [koguse] quantity, amount
kogus [kogusa] bulky, big
kogusaak total (*or* gross) yield; **teravilja** ~ gross harvest of grain
koguseline quantitative
kogusumma (sum) total, grand total
koguteos collection (of writings), miscellany; (*mitme autori artiklite kogumik*) symposium (*pl.* -ia)
kogutoodang total (*or* overall) output (*or* production)
koguvõimsus total (*or* overall) capacity
koha I *zool.* pike-perch
koha II = **kohin**
kohakaaslus holding two (*or* more) jobs (*or* appointments, offices) at the same time, pluralism; **~e alusel töötama** hold* more than one office, pluralize
kohal 1. *adv.* on one's place; on the spot; present; (*siin*) here; (*seal*) there; ~ **olema**, ~ **viibima** be present; 2. *postp.* over, above; **laua** ~ above the table
kohaldama (*rakendama*) apply
kohale 1. *adv.* to one's place; to the spot; (*siia*) here; (*sinna*) there; **~!** to your place(s)!, take your place(s)!; ~ **asuma** go* to one's place, take* one's place; ~ **ilmuma** make* (*or* put* in) one's appearance, turn up; ~ **jõudma** arrive; ~ **kutsuma** call (to a place), summon; ~ **toimetama** convey, transport, carry (to a place); ~ **vedama** carry, transport (to a place); 2. *postp.* over, above
kohalejõudmine arrival
kohalevedu carriage, transport
kohalik local
kohalolek presence, being on the spot
kohalt 1. *adv.* from the spot; 2. *postp.* from over, from above; from
kohama = **kohisema**
kohamäärus *lgv.* adverb of place
kohandama adapt, adjust, accommodate
kohandamatu unadapted, unadjusted
kohane appropriate, proper, fitting; apt; (*vastav*) adequate; (*sobiv*) suitable, apropos; (*aja*~) timely
kohanema adapt (*or* adjust, accommodate) oneself (*to*)
kohanematu unadaptable, unadjustable

kohanemisvõime adaptability, adjustability, faculty of accommodation
kohanimi place name
kohapeal on the spot
kohapealne on the spot; (*kohalik*) local
kohaselt according (*to*), in accordance (*with*)
kohasoovija person seeking employment, applicant
kohastama *biol.* adapt, accommodate
kohastikku facing (*or* opposite) each other
kohastuma *biol.* become* adapted (*or* accommodated), adapt (*or* accommodate) oneself (*to*)
kohasus appropriateness, properness, fittingness, fitness; (*vastavus*) adequateness, adequacy; (*sobivus*) suitableness, suitability; (*aja*~) timeliness
kohati in places, in spots, here and there, sporadically
kohatu out of place; (*ebakohane*) inappropriate, improper; (*sobimatu*) unfitting, unsuitable
kohe *adv.* at once, immediately, on the spot, instantly, right away, right off
kohe *adj.* loose, porous, spongy
kohendama (*korda seadma*) trim, put* in order, arrange; (*sulgi*) preen; (*tuld*) stoke; (*kohedamaks tegema*) loosen, make* loose
kohene immediate, instant
kohev loose, light and porous; (*karvade kohta*) fluffy
kohevil fluffy; (*sulgede kohta*) ruffled; **~e ajama** fluff out (*or* up); (*sulgede kohta*) ruffle
kohihärg (castrated) ox (*pl.* oxen)
kohikukk capon
kohin (*puude jms.* ~) rustle; (*lainete jms.* ~) roar
kohioinas wether
kohisema (*puude jms. kohta*) rustle; (*lainete jms. kohta*) roar
kohitsema castrate, geld
kohklik timid, fearful
kohkuma be frightened, take* fright, be scared, be startled, be dismayed
kohkumatu fearless, intrepid, undismayed, dauntless
kohkumus fright, fear, scare, dismay
kohkunud frightened, scared, startled, dismayed; (*jahmunud*) aghast
kohmakas clumsy, awkward, unwieldy, ungainly

kohmakus clumsiness, awkwardness, unwieldiness, ungainliness
kohmerdama = **kohmitsema**
kohmetama 1. (*veidi külmuma*) freeze* (a little); 2. (*külmast kange olema*) be numbed
kohmetu (*külmast kange*) numbed; (*jahmunud*) stupefied, perplexed
kohmetuma (*külmast kangeks muutuma*) become* numbed; (*jahmuma*) be (*or* become*) stupefied (*or* perplexed, abashed)
kohmetus (*külma tagajärjel*) numbness; (*jahmumine*) stupefaction, perplexity, confusion, abashment
kohmima, kohmitsema fumble, potter (about), dawdle
kohr bulge, embossment, boss; *geol.* anticline
kohrutama bulge up, puff up
koht (*paik*) place, spot; (*iste~*) seat; (*ehituseks jms.*) site; (*maa~*) locality; (*ameti~*) place, situation, (*teenistus~*) job, (*kõrgem ameti~*) post; (*osa tekstist*) passage; **vaba ~** vacant place, (*istumiseks*) vacant seat, (*vaba ameti~*) vacancy; **kohalt lahti laskma** *v.* **vallandama** dismiss, discharge, sack
kohta *postp.* about, concerning, regarding; for, per; **ma ei tea selle ~ midagi** I know nothing about that; **poiss on oma vanuse ~ suur** for his age the boy is big; **see ei käi teie ~** this does not apply to you, this does not concern you; **ühe elaniku ~** per capita, per head of the population
kohtama meet*, encounter, come* across
kohtamine meeting, encounter; (*määratud kohas*) appointment, rendezvous, *Am.* date
kohtlane simple(-minded), childish, foolish
kohtlema treat, deal* (*with*); *haruld.* use
kohtlus simple-mindedness, simplicity, childishness, foolishness
kohtualune (*kriminaalprotsessis*) the accused, (*kohtus ka*) prisoner (at the bar); (*tsiviilprotsessis*) defendant
kohtuasi lawsuit
kohtuistung sitting (*or* session) of the court
kohtukoda *aj.* court of appeal; court of cassation
kohtukulud costs
kohtukutse summons; (*vormiline kutse kohustuslikuks ilmumiseks kohtusse*) subpoena
kohtulik judicial, legal, forensic
kohtuma meet*, get* together; (*määratud kohas*) rendezvous
kohtumenetlus legal procedure (*or* proceedings)
kohtumine meeting, getting together; (*määratud kohas*) tryst, rendezvous; *sport.* meeting, *Am. ka* meet
kohtuministeerium ministry of justice
kohtumiskoosolek get-together meeting
kohtumõistja judge
kohtumõistmine administering justice (*or* the law), justice, judg(e)ment
kohtunik judge, justice; (*politsei~*) magistrate; *sport.* referee, umpire, judge
kohtuotsus legal decision, (*tsiviilasjas*) judg(e)ment, (*kriminaalasjas*) sentence; (*vandemeeste ~*) verdict
kohtuprotsess action (at law), legal proceedings, (*kriminaalasjas*) trial, (*tsiviilasjas*) lawsuit
kohtutäitur bailiff
kohtu-uurija examining judge (*or* magistrate)
kohuma effervesce, bubble up, foam (up)
kohupiim curd(s); **~akook** cheese-cake
kohus [kohtu] court (of justice), law-court, court of law; **kohtu alla andma** bring* to (*or* commit for) trial, put* on trial, take* to court; **kohtu all olema** be on (one's) trial, stand* one's trial; **kohut käima** be at law, go* to law, litigate; **kohut mõistma** judge, try, adjudicate; **kohtusse kaebama** bring* (*or* enter) an action (*against*), take* legal proceedings (*against*), sue
kohus [kohuse] duty; **oma ~t täitma** do one's duty; **kellegi ~eid täitma** fulfil the duties of smb., act for smb.
kohusetruu dutiful, devoted to (*or* zealous in) one's duties, conscientious
kohusetundlik conscientious, scrupulous
kohusetunne sense of duty
kohusetäitja: direktori ~ acting director
kohusetäitmine doing one's duty

kohustama oblige; (*kohustusega siduma*) bind*, pledge, engage; *jur.* obligate; **kohustatud olema** be obliged
kohustuma bind* (*or* pledge) oneself, commit oneself
kohustus obligation, commitment, engagement; (*võla*~) liability; (*tõotus*~) pledge; **oma ~i täitma** fulfil one's commitments (*or* engagements)
kohustuslik obligatory, binding; (*sunduslik*) compulsory, *Am.* mandatory
kohutama I (*hirmutama*) frighten, terrify, scare, appal, dismay, daunt
kohutama II (*kohuma panema*) make* effervescent, (*kergitama*) raise
kohutav frightful, terrible, appalling, awsome
kohv coffee
kohver trunk, (*käsikohver*) suit-case, portmanteau (*pl.* -eaus, -eaux); **~grammofon** portable gramophone
kohvik café, coffee-house, *Am.* cafeteria
kohvikann coffee-pot; (*kurnaga kohvikeedukann*) percolator
kohvipaks coffee-grounds
kohvitass coffee-cup
kohviuba coffee-bean, coffee-berry
kohviveski coffee-mill, coffee-grinder
koi I (*putukas*) (clothes-)moth; *piltl.* = **ihnuskoi**
koi II (*magamisase laevas*) bunk, berth
koib [koiva] shank, leg
koidik daybreak, dawn (*ka piltl.*)
Koidutäht (the) morning star
koiku (light) bed, cot; (*vilets voodi*) pallet
koiliblikas moth
koirohi *bot.* wormwood, absinth
koit dawn, daybreak; **koidu ajal** at dawn (*or* daybreak)
koitama become* (*or* grow*) mothy, become* moth-eaten
koitma dawn; **mulle hakkas ~, et...** it dawned upon me that...
kojamees *van.* = **majahoidja**
koju home; **~ jõudma** arrive at home, reach (*or* get*) home; **~ toimetama** (*kaupa*) deliver at home; **~ tulema** come* (*or* return) home
kojuigatsus homesickness, nostalgia
kojureis home (*or* homeward) journey, return journey
kojutulek home-coming, coming (*or* returning, return) home
kokaiin cocaine
kokakunst (art of) cookery, culinary art
kokaraamat cookery-book, *Am.* cookbook
kokard cockade
koketeerima coquet, flirt, *piltl. ka* dally
koketne coquettish
kokett coquette
kokill *tehn.* chill (mould), iron mould; **~valu** *tehn.* chill casting
kokk cook; (*restorani ülem*~) chef
kokku together; in all; **kõik ~ all** together; **~ arvama** add up, sum up; **~ arvutama** figure up; **~ hoidma** (*säästma*) save (up), spare, economize; (*ühtekokku hoiduma*) hold* (*or* stick*) together (*ka piltl.*); **~ kutsuma** call together, convoke, convene; **~ langema** (*ühte langema*) coincide; **~ leppima** agree, come* to an agreement; **~ minema** (*piima jms. kohta*) curdle, coagulate; (*riide kohta*) shrink*; **~ ostma** buy* up; **~ puutuma** touch, be in contact; (*kohtama*) meet*, come* into contact, come* across; **~ põrkama** clash, collide, come* into collision; **~ rullima** roll up; **~ rääkima** arrange (beforehand), come* to an arrangement; **~ saama** meet*, see*, get* together; **~ sattuma** coincide, collide; **~ seadma** put* together, compile, compose; **~ suruma** compress; **~ tõmbama** draw* together, draw* up, contract, tighten; **~ varisema** collapse, break* down, tumble down, fall* down (in ruins); (*koopa jms. kohta*) cave in; **~ võtma** summarize, sum up; **ennast ~ võtma** pull oneself together, rally
kokkuarvamine adding up, summing up; *mat.* = **liitmine**
kokkuhoid saving, economy, economizing, economization, thrift
kokkuhoidlik saving, economical, thrifty
kokkuhoiurežiim policy of (strict) economy, austerity (policy)
kokkukutsumine convocation
kokkukõla = **kooskõla**
kokkulepe agreement, understanding; (*riikidevaheline* ~) convention; deal, compromise; **kokkuleppele**

kokkumäng — 125 — kolleeg

jõudma come* to an agreement, come* to terms
kokkumäng *jur.* collusion; *sport., teatr.* team-work, combined play
kokkuost buying up; (*riiklik* ~) state purchases, purveyance
kokkupandav folding, collapsible
kokkupuude contact, touch
kokkupõrge collision, clash; (*vastakuti-minek*) conflict; *sõj.* encounter, engagement, passage of arms
kokkusattumus coincidence
kokkusurutud compressed; (*stiili kohta*) succint, concise
kokkutulek gathering, assemblage, convention; (*massiline* ~) rally
kokkuvarisemine collapse, break-down, downfall
kokkuvool confluence
kokkuvõte summary, compendium, résumé, abstract; ~**t tegema** sum up
kokkuvõtlik concise, brief, summary
kokott cocotte, woman (*pl.* women) of easy virtue
koks coke
koksama tap, give* a tap
koksima bump, tap, knock; **mune** ~ crack eggs
kokteil cocktail
kokutama stutter
kola I = **kolin**
kola II = **koli**
kolakas 1. *adj.* lubberly, hulking; 2. *subst.* whopper, thumper
kolama (*ümber hulkuma*) gad (*or* knock) about
kolask lubber, hulking fellow
kolb *keem.* flask, bulb; (*tinutamiseks*) soldering-iron; *tehn.* piston
kold 1. *bot.* club-moss, *tead.* lycopod(ium); 2. (*liitsõnades: kollane*) yellow, golden
koldeline *med.* focal
koldeti *med.* focally
koldjuur *bot.* goldenseal
koldkaer *bot.* yellow oat-grass
koldkreem *farm.* cold cream
koldküpsus *põll.* = **vahaküpsus**
koldrohi *bot.* kidney-vetch
kole 1. *adj.* horrible, horrid, terrible, awful; (*õudne*) ghastly; (*inetu*) hideous; (*koletislik*) monstrous; 2. *adv.* terribly, awfully; ~ **suur** terribly (*or* awfully) big, immense
koledus horror, terror; (*õudus*) ghastliness; (*inetus*) hideousness; ~**ed** horrors

koletis monster
koletislik monstrous
koletu monstrous, atrocious; (*kole suur*) immense
kolgas (out-of-the-way) province, back country, god-forsaken place, *kõnek.* hole, *Am.* dump
kolhoos kolkhoz, collective farm; ~**iasula** kolkhoz settlement; ~**ielu** kolkhoz life; ~**ikord** kolkhoz system; ~**italurahvas** kolkhoz peasantry; ~**õigus** *jur.* kolkhoz law
kolhoosnik kolkhoznik, member of a kolkhoz, collective farmer
kolhoseerima collectivize
koli lumber, trash; (*asjad*) things, belongings, traps; ~**kamber** lumber-room; *piltl.* limbo
kolima move (house), remove (to a new place), change one's lodgings; shift; **sisse** ~ move in
kolimine removal, move, change of lodgings
kolin clatter, rumble
kolisema clatter, rumble
kolistama make* a clatter (*or* a rumbling noise)
koljat giant
kolju (*pealuu*) skull, *tead.* cranium (*pl.* -ia)
kolk [kolgi] swingletree, *Am.* singletree, whippletree; ~**i andma** give* (*smb.*) a thrashing (*or* good hiding); ~**i saama** get* a thrashing
kolk [kolga] = **kolgas**
kolkaline parochial, narrow-mindedly local (*or* provincial)
kolkima (*peksma*) thrash, cudgel, belabour, wallop, trounce; (*mütsutama*) thump, pound
kolks thump, crash
kolkuma (*ära hingama, lahtuma*) become* flat
koll bog(e)y, bugbear, bugaboo
kollakas 1. *adj.* yellowish; 2. *subst. bot.* yellow rocket, winter cress; · ~**pruun** tawny
kollane yellow; ~ **ajakirjandus** yellow (*or* gutter) press
kollanokk greenhorn, callow youth
kollatõbi jaundice
kolle hearth, fireplace; (*kütte*~) furnace, firebox; (*haiguse* ~) focus (*pl.* -ci), nidus (*pl.* -di, -duses); *piltl.* pocket, centre, (*mingi pahe* ~) hotbed
kolledž college
kolleeg colleague

kolleegium board, council; (*mõnes ühendis*) college
kollegiaalne collegial, collegiate
kollektiiv collective (body); ~**leping** collective agreement
kollektiivne collective
kollektiivsus collectivity, collectiveness; ~**tunne** collective spirit
kollektiviseerima collectivize
kollektivism collectivism
kollektor (*kanalisatsioonis*) (collecting) main, collector; *el.* commutator
kollektsionäär collector
kollektsioon collection
kolletama turn yellow
kollisioon collision
kollitama haunt; (*hirmutama*) frighten, terrify
kollokvium colloquium, tutorial test-talk
kolm three; **enne kui oleks jõutud** ~**egi lugeda** before you could say Jack Robinson
kolmandaks thirdly, in the third place
kolmandik third; **kaks** ~**ku** two-thirds
kolmapäev Wednesday
kolmapäeviti on Wednesdays
kolmas third
kolmeaastane of three years, three-year (old)
kolmehäälne for three voices
kolmekesi three together; **meie** ~ the three of us
kolmekohaline *mat.* three-figure, three-digit; (*kümnendmurru kohta*) three-place
kolmekordne threefold, treble, triple
kolmekuningapäev *kirikl.* Epiphany, Twelfth-day
kolmekümnes thirtieth
kolmemastiline *mer.* three-masted; ~ **purjekas** three-master
kolmemõõtmeline three-dimensional
kolmenurgeline three-cornered
kolmeosaline in three parts; *muus.* triple; ~ **takt** *muus.* triple time, three-part time
kolmesilbiline trisyllabic; ~ **sõna** trisyllable
kolmeteistkümnes thirteenth
kolmevaatuseline, **kolmevaatuslik** three-act
kolmik triplet; ~**hüpe** *sport.* hop, step and jump ~**hüppaja** *sport.* hop and step jumper; ~**ud** triplets
kolmjalg tripod; (*pesupali*) three-legged wash-tub

kolmkõla *muus.* triad, common chord
kolmkümmend thirty
kolmlause *mat.* rule of three
kolmliige *mat.* trinomial
kolmnurk triangle
kolmnurkne triangular
kolmsada three hundred
kolmteist(kümmend) thirteen
kolmveerand three quarters; **kell on** ~ **kaheksa** it is a quarter to eight
kolonel colonel
koloniaalkaubad groceries
koloniaalne colonial
koloniaalpoliitika colonial policy
koloniaalriik colonial power
kolonisaator colonizer, colonialist
kolonisaatorlik colonialist (*atrib.*)
kolonisatsioon colonization
koloniseerima colonize
kolonist colonist, settler
kolonn column
koloonia colony
koloriit colouring, colour
koloss colossus (*pl.* -ossi, -ossuses)
kolossaalne colossal, huge
kolp = **pealuu**
koltuma turn yellow (*or* sallow); (*närtsima*) lade, wither
kolu I *kõnek.* (*pea*) head
kolu II (*veskis*) (mill-)hopper
kolu III = **koli**
kolumats = **koll**
kolvikäik *tehn.* (piston-)stroke
koma comma; (*kümnendmurrus*) decimal point
komandama *van.* command
komandanditund curfew
komandant commandant
komandantuur commandant's office
komandeerima 1. (*käsklusi andma*) command; 2. (*lähetama*) send* on a mission (*or* official business)
komandeering mission, being on official business, business trip, duty tour; (*komandeerimistunnistus*) credential(s) (for a mission)
komando 1. (*käsklus*) (word of) command; 2. (*eriülesandeline väeüksus*) detachment, party, commando (*pl.* -os, -oes); (*laeva meeskond*) crew, company
komandör commander, commanding officer
kombain combine (harvester)
kombainer, **kombainijuht** combine operator
kombatav touchable, tangible, palpable

kombekas, kombeline well-mannered, well-bred, decent
komberdama hobble, stumble
kombetalitus ceremony; (*usuline* ~) ritual
kombetu unmannerly, ill-mannered, ill-bred
kombinaat industrial combine, integrated plant
kombinatsioon combination
kombinee cami-knickers, combinations, slip
kombineerima combine; (*sepitsema*) contrive
kombinesoon overall
kombitav sensible to touch, palpable
kombits *zool.* tentacle, palpus (*pl.* -pi), palp
komblus (the) decencies, public decency, morals
komeet comet
komejant *kõnek.* (*kometitegija*) buffoon; (*jant*) farce, buffoonery
komet farce, buffoonery, tomfoolery; ~**imängimine**, ~**itegemine** playing the fool, buffoonery; ~**itegija** buffoon
komfort comfort, comfortableness, snugness, ease, cosiness
komfortaabel, komfortne (easy and) comfortable, snug, cosy
komisjon commission; ~**ikauplus** commission shop
komissar commissar; (*välismaal ka*) commissioner, (*mõnes eritähenduses*) commissary
komissariaat commissariat
komistama stumble, trip (*millelegi — over smth.*)
komistus stumble; ~**kivi** stumblingblock
komitatiiv = **kaasaütlev**
komitee committee
komme custom; (*pruuk*) usage; (*viis*) way, manner; **head kombed** good manners; **sel kombel** in this manner, (in) this way; **tal oli kombeks vara üles tõusta** he used to get up early, he was in the habit of getting up early
kommentaar commentary
kommentaator, kommenteerija commentator
kommenteerima comment (*on, upon*)
kommerss drinking-bout (of a student club)
kommerts commerce; ~**arveldus** *maj.* commercial clearing; ~**hind** *maj.* commercial price, free-sale price; ~**kool** commercial (*or* business) school
kommunaalmajandus communal economy
kommunaalne communal, municipal
kommunaalteenused public utilities, municipal services
kommunaar *aj.* Communard
kommunism communism; ~**ieelne** precommunist; ~**iehitaja** builder of communism
kommunist communist
kommunistlik communist; ~ **noor** young communist, member of the Komsomol (*or* Young Communist League); **K- Noorsooühing** = **komsomol**; ~ **partei** Communist Party
kommutaator *el.* commutator; (*kodukeskjaam*) switchboard
kommuun commune
kommünikee communiqué
komnoor *kõnek.* = **kommunistlik noor**
kompaktne compact
kompaktsus compactness
kompama touch, feel* (with one's fingers)
kompanii company
kompanjon (*kaaslane*) companion; (*äriosanik*) partner
komparatiiv = **keskvõrre**
komparatsioon = **võrdlemine**
kompareerima = **võrdlema**
kompass compass
kompensatsioon compensation
kompenseerima compensate
kompetentne competent
kompetents competence (*or* competency), *jur. ka* cognizance, jurisdiction
kompetentsus competence (*or* competency)
kompilatsioon compilation
kompileerima compile
kompima feel* (with one's fingers), explore (*or* examine, search) by touch
kompimismeel (sense of) touch
kompjalg splay-foot
kompleks complex
kompleksne complex
komplekt (complete) set; (*mööbli kohta*) suite
komplekteerima complete, replenish; (*personali*) staff; *sõj.* recruit; (*töölisi*) take* on
komplektne complete

komplema examine by touching; *med.* palpate
komplikatsioon complication
kompliment compliment
komplitseerima complicate
komplitseeritud complicated
komplott plot, conspiracy
komponeerima compose
komponent component (part)
komponist composer
kompositsioon composition
kompost compost
komposteerima I = **kompostima**
komposteerima II (*piletit*) punch, stamp
komposteerimistangid, komposter punch
kompostima *aiand.* compost
kompott (*magustoit*) stewed fruit, compote; (*kuivatatud segapuuvili*) dried fruit
kompress compress
kompressioon *tehn.* compression
kompressor *tehn.* compressor
kompromiss compromise
kompromiteerima compromise
komps bundle, pack
kompsima tramp, plod, tra(i)pse
kompvek sweet(meat), bon-bon, *Am.* candy; (*venis*) toffee; (*kõva pikk* ~) lollipop
komsomol (the) Komsomol, (the) Young Communist League
komu nub, nubble, knob, nodosity
komödiant (low) comedian, buffoon
komöödia comedy
konar bump, knob
konarlik bumpy, knobby, uneven, angular
konarus bumpiness, knobbiness, unevenness, angularity
kondensaator condenser
kondensatsioon condensation
kondenseerima condense
kondiiter confectioner, pastry-cook
kondiitritooted confectionery, pastry
kondijahu bone-meal, bone dust, ground bones
kondikava skeleton, framework, outline (sketch)
kondiliim bone-glue
kondine bony; (*kõhn*) scrawny
konditsionaal *lgv.* conditional (mood)
kondiõli neat's-foot oil
konduktor (*bussil, trammil*) conductor; (*raudteel*) guard; *el.* conductor

konferansjee compère, *Am.* master of ceremonies
konfetid confetti
konfidentsiaalne confidential
konfiskeerima confiscate
konfiskeerimine confiscation
konflikt conflict, clash
konföderatsioon confederation
kong (*vangi*~) cell; (*koerakuut*) kennel
kongis = **kongus**
kongress congress
kongus: ~ **nina** hooked (*or* aquiline) nose
koni *kõnek.* fag end (of a cigarette), stub, (burnt-out cigarette) butt
konjak cognac, brandy
konjugatsioon *lgv.* conjugation
konjugeerima *lgv.* conjugate
konjunktiiv 1. *lgv.* conjunctive (or subjunctive) mood; 2. *anat.* conjunctiva (*pl.* -vae, -vas)
konjunktsioon *lgv., astr.* conjunction
konjunktuur conjuncture, juncture, conjunction of circumstances; (political) situation
konkreetne concrete
konks hook; (*koold*) crook; *piltl.* rub, hitch, catch, flaw, snag, difficulty; **sõrme ~u tõmbama** crook one's finger; **~us** crooked
konksjas hooked, hook-shaped, crooked
konksu *vt.* **konks**
konksuline hooked, having hooks
konksus *vt.* **konks**
konkureerima compete
konkurent competitor
konkurents competition
konkurss 1. (*võistlus*) competition, contest; 2. *maj.* bankruptcy proceedings
konn frog; **~akapsas = varsakabi**; **~akarp** shell; **~aperspektiiv** worm's-eye view; **~apoeg** (*noor konn*) baby frog; (*kulles*) tadpole; **~asilm** (*jalal*) corn
konsekventne consistent
konserv tinned (*or* canned, potted) food; (*puuvilja*~) preserve
konservatiiv *pol.* conservative. (*Inglismaal ka*) Tory
konservatiivne conservative
konservatism conservatism
konservatoorium conservatoire, *Am.* conservatory (of music)
konserveerima preserve, tin, can, pot; (*puuvilja suhkruga keetes*) conserve; **ettevõtet ~ *maj.*** close (*or*

shut* down) an enterprise temporarily; **konserveeritud loomaliha** corned beef
konservikarp (preserve) tin, can
konservima = konserveerima
konservitööstus canning industry
konsiilium (*nõupidamine, nõukogu*) council; *med.* consultation (of doctors)
konsistoorium consistory
konsonant *lgv.* consonant
konsool *ehit.* console, angle bracket; ~**tala** cantilever beam
konspekt synopsis (*pl.* -pses) conspectus, abstract, summary; (study) notes
konspiratiivne conspiratorial, secret
konspiratsioon conspiracy, plot; (*saladuses hoidmine*) secrecy
konspireerima conspire, plot
konstant *mat.* constant
konstaabel constable
konstantne constant
konstantsus constancy
konstateerima state, note
konstitueerima (*sätestama*) constitute; (*rajama*) establish, found
konstitutsionaalne *biol.* constitutional
konstitutsioon constitution
konstitutsiooniline *pol.* constitutional
konstrueerima construct, design
konstruktiivne constructive
konstruktor constructor, designer
konstruktsioon construction
konsul consul
konsulaaresindaja consular representative
konsulaat consulate
konsultant consultant
konsultatsioon consultation
konsulteerima consult
kont bone; see on mulle ~**i mööda** this suits my lazy bones
kontakt contact; ~**is olema** be in contact (*or* touch) (*kellegagi* — *with smb.*)
konteiner *tehn.* container
kontekst context
konterbandist contrabandist, smuggler
konterbant contraband, smuggled goods
kontinent continent
kontinentaalne continental
kontinentidevaheline intercontinental; ~ **ballistiline rakett** intercontinental ballistic missile (*or* rocket)
kontingent contingent; *maj.* quota
konto *maj.* account

9 J. Silvet

kontor office; (*äri, tehase jms.* ~) counting-house; *Am.* bureau (*pl.* -eaux, -eaus); ~**iametnik** office worker, clerk
kontpuu *bot.* cornel
kontrabass double-bass, contrabass
kontradmiral rear-admiral
kontraheerima contract
kontrahent contractor
kontraht *van.* contract
kontramark pass, pass-check
kontrapunkt *muus.* counterpoint
kontrast contrast
kontrastne contrasting; *fot.* contrasty
kontributsioon contribution, (war) indemnity
kontroll (*kontrollimine*) check, check-up, control; (*kontrollija*) controller; ~**arvud** *maj.* planned (*or* scheduled) figures, reference figures
kontrollima check, check up (*midagi* — *smth., on smth.*), control, verify
kontrollimine checking, checking up, controlling
kontrollimisriist reference instrument
kontrollkatse check experiment (*or* test)
kontroll-lapp *põll.* check plot
kontrolltöö test (paper)
kontrolör controller, inspector; (*pileti* ~) ticket-collector
kontrrevolutsionäär counter-revolutionary
kontrrevolutsioon counter-revolution
kontrrevolutsiooniline counter-revolutionary
konts [kontsa] heel
konts [kontsu] stub; (*pileti* ~) counterfoil
kontsaplekk heel-piece
kontsentraat concentrate
kontsentratsioon concentration; ~**ilaager** = koonduslaager
kontsentreerima concentrate
kontsentriline concentric
kontserdisaal concert hall
kontsern (business) concern
kontsert concert; (*soolo* ~) recital; (*muusikapala*) concerto (*pl.* -os); ~**klaver** concert grand (piano); ~**meister** leader, *Am.* concertmaster
kontsessioon *maj.* concession
kontsiil *aj.* council
kontuur contour
kontvõõras unbidden (*or* uninvited) guest, intruder

konu *zool.* grub, larva (*pl.* -ae)
konutama cower, crouch; (*norutama*) mope
konveier *tehn.* conveyer (*or* conveyor); ~**ilint** conveyer belt
konventsionaalne conventional
konventsioon convention
konverents conference
konversatsioon conversation
konvoeerima convoy, escort
konvoi convoy, escort
konvulsioon *med.* convulsion
koobalt cobalt
koobas cave, cavern, grotto (*pl.* -oes, -os); (*metslooma, varaste jne.* ~) den
kooberdama (*ringi lonkima*) loaf (about)
kood code
koodeks (*seadustik*) code; (*vanaaegne köidetud käsikiri*) codex (*pl.* codices)
kook [koogi] cake
kook [koogu] hook
kookon cocoon
kookospalm coco(-palm), coco-tree, coco-nut tree
kookospähkel coco-nut
kool [koola] slaver, drivel
kool [kooli] school; ~**is käima** go* to school
koold bend, winding, curvature, curve, crook; *anat.* flexure
koolduma (*käänduma*) bend*, wind*; (*kõverduma*) warp
koole ford
koolera cholera
kooliaasta school-year, scholastic year
koolibri humming-bird
koolidirektor headmaster, *fem.* headmistress; *Am.* principal
kooliealine school-age
koolijuhataja = **koolidirektor**
koolikohustus compulsory education
koolilaps schoolchild (*pl.* -children)
koolilõpetaja school-leaver
koolimaja school-house
koolipink school-desk, form
kooliplika schoolgirl
koolipoiss schoolboy
kooliraamat school-book, text-book
kooliraha school-fee
kooliskäimine going to school, schooling
koolitama school, educate, teach*, train
kooliteenija school attendant
koolitunnistus school certificate

koolitüdruk schoolgirl
koolivaheaeg holidays, vacation, *Am.* recess
koolivend school-fellow, school-mate, fellow-schoolboy
kooliväline out-of-school, extra-school; ~ **tegevus** out-of-school activities
kooliõde school-fellow, school-mate, fellow-schoolgirl
kooliõpetaja school-teacher, schoolmaster, *fem.* schoolmistress
kooliõpilane pupil, schoolboy, schoolgirl
kooljaluu (*inimesel*) ganglion; (*loomal*) splint
koolkond school
koolma *murd.* = **surema**
koolnu = **surnu**
koolnukangestus *med.* rigor mortis
koolnuvaatlus *med.* coroner's inquest
koolon colon
koolutama bend*, curve
kooma *med.* coma
koomal near(er) to each other, close(r) together; ~**e tõmbama** draw* closer; **read** ~**e!** close the ranks!
koomik comedian, comic actor; *piltl.* funny fellow
koomika comicality
koomiline comic(al)
koon (*loomal*) muzzle, snout; (*inimesel*) chin
koonal bunch of tow (*or* flax) on the distaff
koondama (*kokku tõmbama, koguma*) draw* together, assemble, rally; (*keskendama*) concentrate, focus; (*kärpima*) reduce, cut* down; *mat.* reduce
koondis assembly, association; *sport.* = **koondvõistkond**
koondlause *lgv.* contracted sentence
koondmeeskond = **koondvõistkond**
koondrivi *sõj.* close order
koonduma (*kokku tõmbuma, kogunema*) assemble, rally; (*keskenduma*) concentrate; converge (*ka mat.*)
koondus (*keskendus*) concentration; (*kogunemine*) assemblage, meeting, gathering, rally; **pioneeride** ~ pioneer meeting (*or* assembly)
koonduslaager concentration camp
koonduv *mat.* convergent
koonduvus *mat.* covergence
koondvõistkond *sport.* selected (*or*

picked) team; **Moskva ~** the all-Moscow team
koonerdama stint, pinch, scrape, be stingy, skimp, scrimp
kooniline *mat.* conical
koonlalaud distaff
koonus *mat.* cone; **~ajam** *tehn.* conical (*or* bevel) gear; **~elõige** *mat.* conic section
koopaelanik, koopainimene cave-dweller, cave-man (*pl.* -men)
kooperatiiv co-operative; (*ühistu*) co-operative society; (*ühistukauplus*) co-operative store, *kõnek.* co-op
kooperatiivne co-operative
kooperatsioon co-operation
koopereerima (*kaasa töötama*) co-operate; (*kooperatiiviks ühendama*) organize in a co-operative
koopia copy; (*dokumendi teine eksemplar*) duplicate; (*foto~*) print
koopteerima co-opt
koopula *lgv.* copula
koor [koore] (*väline kate*) rind, *tead.* cortex; (*puuviljal, kartulil*) peel; (*puul*) bark; (*munal, pähklil*) shell; (*sibulal*) skin; (*maakeral*) crust; (*piimal*) cream; **~ega kartulid** potatoes boiled (*or* baked) in their skins (*or* jackets)
koor [koori] 1. (*laulu~*) choir; (*teatri~, tantsu~*) chorus; **~is laulma** (*kõik üheskoos*) sing* in chorus; (*laulukoori liikmeks olema*) sing* in a choir; 2. (*rõdu kirikus*) choir
koordinaat *mat.* co-ordinate
koordinatsioon co-ordination
koordineerima co-ordinate
koorduma (*kooreks kujunema*) form a rind (*or* peel, bark); (*koorega kattuma*) be covered with a rind (*or* peel, bark); (*koorena eralduma*) peel (off)
koorejaam dairy-station
koorejäätis ice-cream
koorekann cream-jug, cream-pot
koorekiht *piltl.* cream (of society), élite
koorekompvek (cream-) toffee
koorelahutaja (cream-) separator
koorem load (*ka piltl.*); (*raskus*) burden; **kellelegi koormaks olema** be a burden to smb.
koorene creamy
koorijuht (choir-) conductor, leader of the choir (*or* chorus)
koorik crust; **~loomad** *zool.* crustaceans

koorilaul choral song (*or* singing), chorus-singing
koorilaulja chorus-singer, member of a choir, (*kirikus*) chorister
koorima (*puuvilja, kartulit jms.*) peel, skin; *piltl. kõnek.* skin, fleece, swindle; (*puud*) bark, strip of (one's) bark; (*piima*) skim, cream; **kooritud piim** skim milk
koormama load, burden; *piltl.* tax, encumber, saddle (*millegagi — with smth.*)
koormatus being loaded (*or* burdened); load, burden
koormis tax, duty
koormus load; **täie ~ega õppejõud** full-time teacher
kooruke(ne) crust
kooruma hatch (out), come* out of one's shell, emerge from one's shell
koos *adv.* together; **me läksime ~** we went together; **ta tuli minuga ~** he came along with me; **mu käed on kriidiga ~** my hands are covered in (*or* dirty with, dusty with) chalk; **~ olema** be together, meet*, hold* a meeting; **~ töötama** work together, co-operate, collaborate
koos [koosi] = **kurss**
koosekanss *mat.* cosec(ant), inverse cosine
kooseksisteerimine coexistence
kooselu living together; (*abieluline ~*) cohabitation; (*ühiskondlik ~*) corporate life
kooserdama loaf (*or* dawdle) around, hang* about
koosinus *mat.* cos(ine)
kooskõla harmony; accord, accordance, concord; **~s** in accordance (*with*), in keeping (*with*), consonant (*with*); **~s olema** be in harmony, accord (*with*)
kooskõlaline harmonious, concordant
kooskõlastama harmonize, concert, co-ordinate, bring* into line (*with*)
kooskõlastamata unharmonized, unco-ordinated
kooskõlastamatus lack of harmony (*or* co-ordination)
kooslus *biol.* association
koosmäng playing (*or* acting) as a unit, joint performance, ensemble
koosnema consist (*of*), be made up (*of*)

koosolek meeting, gathering, assembly; ~u juhataja chairman (pl. -men); ~ute vabadus freedom of assembly
koosolijad people present (at a meeting), those present
koosseis (*koostis*) composition; (*isikuline* ~) staff, personnel; (*näitlejate* ~) cast; täies ~us in a body
koosseisuline of (*or* on) the regular staff; ~ ametikoht regular post (*or* job); ~ õpetaja teacher on the staff, regular teacher
koost *adv.* asunder, in pieces, to pieces; ~ lagunema fall* to pieces, disintegrate, break* up, crumble; ~ lahti võtma take* to pieces
koostama compose, put* together, make* up; (*plaani jms.*) draw* up, draft; (*dokumenti jms.*) make* out; (*teost*) compile
koostis composition, make-up; ~aine ingredient; ~osa component (part), constituent part, ingredient
koostöö collaboration, co-operation; (*kollektiivi* ~) team-work, joint work
koosviibimine (*koosolek*) assembly; social; (*pidu*) friendly supper, party, informal banquet; (*mõttevahetuseks*) symposium (*pl.* -ia)
koot (*pint*) flail
kootama *med.* constrict, bind*, haruld. astrict, astringe
kootamine *med.* constriction, astriction
kootangens *mat.* cot(angent)
kootav *med.* astringent
koovitaja curlew
kopeerima copy; *fot.* print
kopeerimispaber *fot.* printing-paper
kopeerpaber carbon paper
kopeerpliiats = tindipliiats
koperdama fumble (*or* grope) about
kopikas kopek (*or* copeck); kes kopikat ei kogu, see rublat ei saa take care of the pennies and the pounds will take care of themselves
kopitama grow* (*or* get*) musty (*or* mouldy, fusty, frowzy)
kopitanud musty, mouldy, fusty, frowzy
kopitus mustiness, mouldiness, fustiness, frowziness
kopp (*kaevamismasinal*) bucket, scoop; (*tõsteanum*) ladle
koppel (cattle-)enclosure; (*hobuse*~) paddock

kops I (*elund*) lung; ~ud lungs; (*tapaloomal*) lights; mul läks ~ üle maksa I lost my patience, I saw red
kops II (*löök*) tap, knock
kopsakas stout, strapping, hefty, burly
kopsama tap, knock, give* a tap (*or* knock)
kopsik ladle, scoop, *Am.* dipper
kopsima tap, rap, knock
kopsuhaige 1. *subst.* lung (*or* pulmonary) patient; 2. *adj.* suffering from the lungs
kopsuhaigus lung (*or* - pulmonary) disease
kopsupõletik inflammation of the lungs, pneumonia
kopsurohi *bot.* lungwort
kopsutiisikus tuberculosis of the lungs, consumption
koputama knock, (*kergelt*), tap, rap
koputlema knock, tap (repeatedly); *med.* percuss
koputlus *med.* percussion
koputus knock, tap, rap
koraal choral(e). hymn
korall coral
kord [korra] *subst.* 1. order, discipline; (*riigi*~) system, regime; kapitalistlik ~ the capitalist system; ~a jalule seadma restore order, enforce discipline; korrale kutsuma call to order; *vt.* ka korda, korras, korrast; 2. (*kiht*) layer; 3. (*korrus*) floor, stor(e)y; 4. (*järje*~) turn; (*puhk*) time, occasion; teie ~ your turn; esimest ~a for the first time; üks ~ once; kaks ~a twice; kolm ~a three times; sel korral on that occasion, in that case; mitmel korral on several occasions
kord *adv.* once (upon a time), at one time; küll te seda veel ~ kahetsete you shall yet repent it
korda: ~ minema succeed, be a success, come* off, turn out well; see ei lähe mulle ~ this does not concern me; ~ saatma execute, carry out, (*halba*) commit; ~ seadma put* (*or* set*) in order, put* (*or* get*) straight, fix up
kordaja *mat.* coefficient
kordaläinud successful
kordama repeat, (*mitu korda*) reiterate; (*kokkuvõtlikult*) recapitulate; (*varem õpitut uuesti läbi töötama*) revise

kordamine repetition, *(mitu korda)* reiteration; *(kokkuvõtlik ~)* recapitulation; *(varem õpitu uuesti läbitöötamine)* revision
kordaminek success
kordamisi, kordamööda by turns, in turn
kordarv *mat.* composite number
kord-korralt gradually, by degrees, little by little
kordmagu *zool.* manyplies, third stomach, omasum *(pl. -sa)*
kordne *mat.* multiple
kordnik *van.* policeman *(pl. -men)*
kordon *sõj.* cordon
korduma repeat, repeat oneself, recur
kordumatu never repeated, nonrecurring, nonrecurrent; *(ainulaadne)* unique
kordumine repetition, recurrence
kordus repetition, recurrence; ~**etendus** *teatr.* repeat performance; ~**künd** *põll.* backset; ~**trükk** *trük.* reprint
korduv repeated, recurrent
korduvalt repeatedly, time and again
kore *(kare, jäme)* rough, coarse; *(kohevil olev)* loose, porous, not compact
korea Korean
korealane Korean
koreograafia choreography
koresööt roughage, coarse fodder *(or* forage)
korgits, korgitõmbaja corkscrew
kori back, back rest *(or* support)
koridor corridor, passage
korin *(kõris)* gurgle, rattle, *med.* râle; *(sisikonnas)* rumble
korint currant (raisin)
korisema *(kõris)* gurgle, rattle; *(sisikonnas)* rumble
koristaja (room-)cleaner, charwoman *(pl. -women)*
koristama clear, clear off *(or* away); *(tuba)* clean up, tidy up, do (up); *(lauda)* clear; *(põllusaaki)* gather (in), get* in, harvest; **korista ennast!** clear off!, beat it!, be off (with you)!
koristus clearing; *(toa ~)* cleaning up, tidying up; *(põllusaagi ~)* gathering, harvest(ing)
korjama gather, collect; *(noppima)* pick, *(viljapäid)* glean
korjandus collection; ~**karp** collecting-box
korjuma gather, collect

korjus dead body, carcass
kork cork; *(õnge~)* float; *(klaas~)* stopper; *el. (kaitse~)* fuse
korkima cork
korkkiiver sun helmet, topi *(or* topee)
kornet I *(muusikariist)* cornet
kornet II *aj. (ratsaväelipnik)* cornet
korp [korba] crust, scab; *bot.* (dead) bark
korp [korbi] I *(kook)* curd tart, (Estonian) cheese-cake
korp [korbi] II *murd.* = **kaaren**
korporant member of a students' corps
korporatsioon corporation; (students') corps, exclusive club *(or* association)
korpus *(kere)* body; *(väe-, diplomaatiliste esindajate jms. koondis)* corps *(pl.* corps); *(majatervik)* building; *tehn.* body, frame, case; *(laeva~)* hull; *trük.* long primer
korraga *(samaaegselt)* (all) together, jointly, at the same time; *(äkki)* all at once, suddenly, all of a sudden
korraks *(natukeseks ajaks)* for once, for a (short) time
korral *postp.* in (the) case of; **haiguse ~** in (the) case of illness
korralagedus disorder, confusion, muddle, mess; anarchy
korraldama arrange, dispose, regulate, organize; adjust *(käskima)* order, command; **oma asju ~** settle one's affairs
korraldus arrangement, disposal, regulation; *(käsk)* order, command; **kellegi ~es olema** be at smb.'s disposal *(or* command); ~**i tegema** make* arrangements; give* orders
korralekutsumine call(ing) to order
korralik orderly, tidy, neat; *(kõlbeliselt)* decent, proper, respectable; *(täpne)* punctual, careful
korralikkus orderliness, tidiness, neatness; *(kõlbeliselt)* decency, propriety, respectability; *(täpsus)* punctuality, carefulness
korraline ordinary, regular; ~ **professor** full professor, professor in ordinary
korrapealt at once, immediately
korrapidaja person (officer, teacher, etc.) on duty; ~**ks olema** be on duty
korrapärane regular
korrapäratu irregular

korrapäratus irregularity
korrarikkumine (*avalik* ~) disturbance, breach of the peace; (*koolis*) disorder, breach of the discipline
korras: ~ **hoidma** keep* in order; ~ **olema** be in order; **kas kõik on** ~? is everything in order (*or* all right)?; **kiires** ~ **in a hurry; ametlikus** ~ in an official way
korrashoid keeping in order; (*masina* ~) maintenance, upkeep
korrast: ~ **ära** out of order
korrastama put* in order, bring* into (proper) order, regulate, organize
korrastikku in layers
korratu disorderly; (*lohakas*) untidy; (*korrapäratu*) irregular
korratus disorderliness, disorder; (*lohakus*) untidiness
korrektiiv corrective
korrektne correct; (*korralik*) proper
korrektor (*parandaja*) corrector; (*trükivigade parandaja*) proof-reader
korrektuur (*parandus*) correction; (*trükivigade parandus*) proof-reading; (*tõmmis*) proof(s); ~**i lugema** read* proofs
korrektuurpoogen trük. proof-sheet, (*murdmata* ~) galley-proof
korrespondeerima correspond
korrespondent correspondent
korrespondents correspondence
korrigeerima correct
korruptsioon corruption; (*altkäemaksuvõtmine*) bribery
korrus floor, stor(e)y; **esimesel** ~**el** on the ground (*Am.* ka first) stor(e)y (*or* floor); **teisel** ~**el** on the first (*Am.* second) stor(e)y (*or* floor); **kolmandal** ~**el** on the second (*Am.* third) stor(e)y (*or* floor)
korrutaja mat. multiplier
korrutama mat. multiply; (*lõnga*) double; (*juttu*) repeat over and over again, harp on the same thing
korrutis mat. product
korrutus mat. multiplication; ~**tabel** mat. multiplication table
korsett (pair of) stays, corset
korsten chimney, (smoke-)stack; (*laeva*~) funnel; **võlga korstnasse kirjutama** piltl. write* off a hopeless debt, whistle for one's money; **korstnasse lendama** piltl. go* down the drain
korstnapühkija chimney-sweep, *Am.* chimney cleaner

korter lodging, (*mitmetoaline samal korrusel*) flat, rooms, *Am.* apartment; (*suur* ~) apartments; sõj. quarters
korterikaaslane rooming companion, room-mate
korterikitsikus housing shortage
korterikriis housing crisis (*pl.* -ses)
korteriolud housing conditions
korteriüür rent
korts wrinkle, (*näol ka*) line, furrow; (*riidel*) crease; ~**u minema** wrinkle, get* wrinkled (*or* creased, crumpled); ~**us** wrinkled, creased, crumpled, (*näo kohta ka*) lined, furrowed
kortsuline wrinkled, lined, furrowed
kortsuma wrinkle, crease, crumple, get* crumpled; (*riide kohta*) be easily crumpled
kortsus vt. **korts**
kortsutama wrinkle, crease, crumple; **kulmu** ~ knit* one's (eye)brows, frown
korv basket; (*pakk-*~, *toiduainete*~) hamper; ~**i andma** piltl. refuse, give* a refusal; ~**i saama** piltl. meet* with a refusal (*or* rebuff)
korvama (*hüvitama*) compensate, make* up for; (*asendama*) substitute
korvitegija basket-maker
korvitäis basketful
korvmööbel wicker furniture, wickerwork
korvpall basketball
korvpallur basketball player
korvpudel wicker bottle; (*suur* ~) carboy
korvus (*hüvitus*) compensation; (*asendus*) substitution
korvõieline bot. composite (plant)
korüfee (*antiikaegse kloostri juht*) coryphaeus (*pl.* -phaei); (*väljapaistev tegelane*) (intellectual) leader, star, master-mind
kosilane suitor, wooer
kosima ask in marriage, woo
kosja: ~ **minema** go* wooing, make* a formal proposal (of marriage)
kosjad wooing, match-making
kosk (*kärestik*) rapids, cataract; (*juga*) waterfall, falls, cascade
koskel zool. merganser
kosmeetika cosmetics; ~**tarbed** cosmetics, cosmetic preparations
kosmeetiline cosmetic
kosmiline cosmic

kosmodroom cosmodrome, launching-site for space-ships
kosmogoonia cosmogony
kosmograafia cosmography
kosmoloogia cosmology
kosmonaut astronaut, space-man (*pl.* men), *fem.* space-woman (*pl.* -women); *haruld.* cosmonaut
kosmonautika = **astronautika**
kosmopoliit cosmopolitan
kosmopoliitiline cosmopolitan
kosmopolitism cosmopolitanism
kosmos cosmos, universe; ~**elaev** space-ship, space-craft; ~**elend** space-flight; ~**erakett** space-rocket
kost board, boarding, food; (*küla*~) gift (*or* present) of food (brought) by a guest)
koste response
kostiline boarder
kostitama treat (*kedagi millegagi* — *smb. to smth.*), (*rikkalikult*) regale (*millegagi* — *with smth.*); *piltl.* entertain
kostitus treat, (*rikkalik* ~) regale(ment); *piltl.* entertainment
kostja *jur.* respondent, defendant
kostma 1. (*vastama*) answer, reply, respond; **kellegi eest** ~ speak* for smb. (*or* on smb.'s behalf, in smb.'s defence); 2. (*kuulduma*) sound, resound, be heard
kostüüm costume, dress; (*naiste*~) tailor-made (suit), suit dress
kosuma gain in health (*or* prosperity, weight, etc.), improve; (*toibuma*) pick up, recover, recuperate
kosutama refresh, strengthen, invigorate
kosutav refreshing, strengthening, invigorating, wholesome
koteerima *maj.* quote, state the price (*of*)
kotik (*merikaru*) fur-seal; (*merikaru nahk*) sealskin
kotinõel packing-needle
kotiriie sackcloth, sacking
kotisjooks *sport.* sack-race
kotkapesa aerie (*or* eyrie) (*ka piltl.*)
kotkapilk *piltl.* eagle eye
kotkas eagle; **K-** (*tähtkuju*) Aquila
kotlet (*karbonaad*) chop, cutlet; (*hakkliha*~) rissole
kott [koti] bag; (*suur* ~) sack; (*paun*) pouch; (*kukkur*) purse; (*kerja*~) wallet; *anat.* sac; *sõj.* pocket, trap
kott [kota] large shoe; (*puu*~) clog;

(*tuhvel*) carpet-slipper; *põlgl.* worn-out shoe
kotti: ~ **vajuma** become* baggy
kottis baggy
kottpime pitch dark
koverkot covert coating, *Am.* covert cloth; ~**mantel** covert coat
kraad degree; ~**iklaas** thermometer
kraadima measure the degrees (*of*); *er.* take* the temperature (*of*)
kraaksuma caw, croak
kraam stuff, things; (*koli*) lumber; (*vara*) belongings, baggage
kraamima tidy up, put* things in order; (*tuba* ~) do (a room); **välja** ~ rummage out
kraan tap, *Am.* faucet; *tehn.* stop-cock
kraana crane; ~**juht** crane-man (*pl.* -men), crane driver, *Am.* crane operator
kraanikauss wash-bowl, wash-basin, sink
kraanivesi tap-water, water from the main
kraanivõti *tehn.* tap wrench
kraapima scrape, scrabble, scratch
kraapjalg scrape
kraapraud scraper
kraas card
kraasima card
kraater crater
kraav ditch; (*kaevik*) trench; ~**iader** ditching plough, ditcher; ~**ikaevaja** ditch-digger, navvy
kraavitama ditch, drain with ditches, trench
krabama grab, clutch
krabe = **kräbe**
krabi crab
krabin rustle, crackle
krabisema rustle, crackle
krabistama rustle, crackle
krae collar; see **aeti minu** ~**sse** this was blamed on me
kraedpidi: ~ **haarama** collar, seize by the collar (*or* the scruff of the neck)
kraenööp (*läbipistetav* ~) (collar-)-stud; (*külgeõmmeldud* ~) collar-button
kragin = **krigin**
kragisema = **ragisema**
krahh crash; (*kokkuvarisemine*) ruin; (*nurjumine*) failure, bankruptcy
krahmama = **kahmama**
krahv count, (*Inglismaal*) earl
krahvinna countess

krahvkond county, shire
krai territory
kramm scratch
kramp I (*lihaste kokkutõmbus*) cramp, spasm, convulsion; (*tõmblus*) twitch
kramp II (*sulgemisvahend*) cramp- (-iron), clamp
kramplema contract convulsively; (*tõmblema*) twitch
kramplik convulsive, spasmodic
kramplukk = **tabalukk**
kranama = **rammima**
krants I (*koer*) cur, tyke, mongrel
krants II *van.* = **pärg**
krapp (wooden) cow-bell, clapper
kraps [krapsu] snap
krapsama (*kahmama*) snatch, grab; **üles** ~ jump up (with a snap)
krapsti! snap!
kratsima scratch, scrape, scrabble
kratt *folkl.* treasure-bringing goblin; (*varas*) thief (*pl.* -ves)
krediit credit
krediteerima *maj.* credit
kreedit *maj.* credit (side)
kreeditor creditor
kreedo creed credo (*pl.* -os)
kreek bullace; (*damaskuse ploom*) damson
kreeka Greek; (*stiili kohta*) Grecian; ~ **keel** Greek; ~ **pähkel** walnut
kreeklane Greek
kreem *subst.* cream
kreis *aj.* district, county
kreissaag circular saw, disk saw, *Am.* buzz saw
krematoorium crematorium (*pl.* -iums, -ia), *Am.* crematory
kreml kremlin
krempel lumber, (old) stuff; **kogu** ~ the whole lot, bag and baggage
krepdešiin crêpe de Chine
krepp (*riidesort*) crêpe, *Am.* crepe; (*leina*~) crape (*or* crêpe), *Am.* crepe; (*kautšukisort*) crepe rubber
kress cress
krestomaatia reader, reading-book, chrestomathy
kretong cretonne
kribima (*kriipima*, *kriimustama*) scratch
kribinal-krabinal with a stir and bustle, hurry-scurry
kribu-krabu trifles, bric-à-brac, gewgaws, small things
kribuline (*käekirja kohta*) crabbed
krigin grating, crunch(ing), scrunch

krigisema grate, crunch, scrunch, grind*
krihvel slate-pencil
kriidiajastu *geol.* Cretaceous period
kriidijoonistus crayon (*or* chalk) drawing
kriidimurd chalk-pit
kriidine chalky
kriiksuma creak
kriim scratch
kriimustama scratch
kriimustus scratch
kriips line, stroke, (*triip*) streak, stripe; (*mõtte*~) dash
kriipsutama draw* lines, line; **alla** ~ underline, *Am.* underscore; **maha** ~ strike* (*or* cross) out
kriis crisis (*pl.* -ses)
kriiskama screech, shriek, scream
kriiskav screeching, shrieking; (*kime*) shrill
kriit chalk; (*joonistus*~) crayon
kriitik critic, reviewer
kriitika (*arvustus*) criticism; (*kriitiline uurimus*) critique
kriitiline critical
kriitima chalk
kriitpaber art paper
kriket cricket
krillima bear* (*smb.*) a grudge, sulk
kriminaalasi (*kohtus*) criminal case (*or* action); (*kriminaalne tegu*) criminal affair
kriminaalkohus criminal court
kriminaalkoodeks penal code
kriminaalkuritegu criminal (*or* penal) offence
kriminaalne criminal
kriminaalromaan crime (*or* detective) novel
krimps wrinkle, pucker; ~**u minema** become* wrinkled (*or* puckered); ~**us** wrinkled, puckered
krimpsutama wrinkle, pucker; **nina** ~ turn up one's nose (*millegi üle* ~ *at smth.*)
kringel knot-shaped cracknel (*or* biscuit), *Am.* pretzel
kristall crystal; (*klaasi liik*) cut glass; ~**detektor** *el.* crystal detector
kristalliline crystalline
kristallipesa *min.* druse
kristallisatsioon crystallization
kristalliseeruma crystallize
kristallklaas cut glass
kristallograafia *min.* crystallography
kristalloid *keem.* crystalloid
kristallvaas cut-glass vase

kristalne crystal, crystalline
kristlane Christian
kristlik Christian
kristlus Christianity, Christendom
kriteerium criterion (*pl.* -ia)
kritikaan criticaster
kritiseerima criticize
kritseldama scrawl, scribble
kritseldis scrawl, scribble
kriuksuma creak
kriunuma squeal
krobe(line) rough, uneven
krobelisus roughness, unevenness, asperity
krohv plaster, stucco; (*kips~*) parget
krohvija plasterer
krohvima plaster; (*aluskrohviga*) render; (*kipsiga*) parget
kroket *sport.* croquet
krokii(joonis) (field) sketch, rough map
krokodill crocodile
kromaatiline chromatic
kromosoom *biol.* chromosome
kronoloogia chronology
kronoloogiline chronological
kronomeeter chronometer
kronstein *ehit.* bracket, console
kronu jade, hack, screw
krooge frill, ruffle
kroogitud, krookeline frilled, ruffled
krookima frill, ruffle
krooksuma croak
krookus crocus
krool *sport.* crawl (stroke)
kroolima *sport.* crawl, use the crawl stroke
kroom *keem.* chromium; **~hape** *keem.* chromic acid
kroomima *tehn.* plate with chromium, chrome
kroomkollane chrome yellow
kroommaarjas *keem.* chrome alum
kroomnahk box-calf
kroomteras *tehn.* chrome (or chromium) steel
kroon crown (*ka rahaühik*); (*aadli~*) coronet; *bot.* corolla; *astr.* corona (*pl.* -nae)
kroonik 1. *aj.* chronicler; 2. *med.* chronic invalid
kroonika chronicle; (*kino~*) newsreel
krooniline chronic
kroonima crown
kroonleht *bot.* petal
kroonlühter chandelier; (*säravate klaasripatsitega*) lustre; (*elektri~*) electrolier
kroonprints crown prince
kroonu *kõnek.* (the) crown, government, state; **~ kulul** at the public cost; **~t teenima** serve one's time, do military service
kroonulik (bureaucratically) formal
kroovima rough-grind*, hull, husk
kross I (*rahaühik*) half a kopek; *piltl.* penny, farthing; **mul pole (punast) krossigi** I haven't a brass farthing (*or* a bean)
kross II *sport.* cross-country race
krudisema crunch, crackle
krunt 1. (*maatükk*) plot (of land), building site; 2. (*alusvärv*) ground, priming, undercoat(ing)
kruntima ground, prime, undercoat
krutsik *kõnek.* 1. = **õngekonks**; 2. = **krutski**
krutski *kõnek.* trick, dodge; **~mees** *kõnek.* trickster, dodger, *Am.* shyster
kruttima *kõnek.* turn, twirl
kruubid pot-barley, hulled barley, pearl barley
kruupink carpenter's (*or* joiner's) bench
kruus [kruusa] gravel
kruus [kruusi] mug
kruusaauk gravel-pit
kruusane gravelly
kruusatama gravel, cover with gravel
kruustangid (bench) vice, *Am.* vise
kruvi screw; **tal puudub** *v.* **logiseb (peas) mõni ~** he has a screw loose
kruviajam *tehn.* screw gear
kruvijoon spiral
kruvikeeraja screw-driver
kruvima screw; **üles ~** wind* up, key up (*ka piltl.*)
kruvits = **kruvikeeraja**
kruviülekanne = **kruviajam**
krõbe crisp
krõbin rustle, crackle
krõbisema rustle, crackle
krõbistama rustle, crackle, make* rustling (*or* crackling) noises
krõbusk *kõnek.* cracker, (dry) biscuit
krõksuma crackle
krõmpsluu = **kõhr**
kräbe brisk, sprightly, smart, nimble
krässus frizzled, frizzly, curled, curly
kräunuma caterwaul
krääksuma creak
krüpt crypt (*ka anat.*)
krüptogaam *bot.* cryptogam, cryptogamic (*or* cryptogamous) plant
krüsanteem chrysanthemum

krüüsel *zool.* guillemot
ksülofon *muus.* xylophone
kubatuur cubic capacity
kube groin
kubel (*rakk. muhuke*) w(h)eal, blister, vesicle; (*mull*) bubble
kubermang *aj.* gubernia, government, province
kuberner governor
kubisema swarm, teem, crawl (*with*)
kubjas overseer (of work), taskmaster; (*linna~*) *aj.* (town) bailiff
kubu bundle, truss; (*hao~*) fag(g)ot
kude *biol.* tissue; (*koetis*) texture, fabric; (*kangal*) weft, woof
kudema spawn
kudemine spawning
kudemisaeg spawning time
kudrus bead
kudrutama coo
kudu spawn
kuduja (*kanga~*) weaver; (*varrastel ~*) knitter
kuduma (*kangast*) weave*; (*varrastel*) knit*; (*võrku*) net; **ämblik koob võrku** the spider spins its web
kudumine (*kanga~*) weaving; (*varrastel ~*) knitting; (*võrgu~*) netting
kudumismasin knitting-machine
kudumisteljed (weaver's) loom
kudumisvarras knitting-needle
kugistama gobble, gulp, bolt (down), swallow
kuhi heap; (*heina~*) stack, rick; (*kartuli~*) clamp; **kuhjaga with a full measure** (and running over); **kuhjaga lusikatäis** rounded (*or* heaping) spoonful
kuhik conical heap; (*koonus*) cone (*ka geogr.*)
kuhilas (small) rick
kuhjama heap (up), pile (up), stack (up); (*kokku ~*) amass, accumulate; **üle ~** overload, overburden
kuhjategemine *põll.* (hay-)stacking
kuhjatis accumulation, heap
kuhjuma be heaped (*or* piled, stacked); (*kokku ~*) accumulate
kuhu where, where to, whither; **kust ~** from where to where
kuhugi somewhere, anywhere; **ei ~** nowhere
kui 1. when; **~ ma koju tulin, olin ma väsinud** when I came home, I was tired; 2. if; **~ mul aega oleks, läheksin ma jalutama** if I had time, I would go for a walk; 3. than;

ma olen vanem ~ teie I am older than you (are); 4. as; **mu sõber on niisama vana ~ mina** my friend is as old as I (am); **niipea ~ as soon as**; **mitte nii ... ~ not so ... as**; 5. how; **~ palju** how much, how many; **~ kaugel** how far; 6. (**~ mitte**) unless; **lähme jalutama, ~ te väsinud ei ole** let's go for a walk unless you are tired (*or* if you are not tired)
kuid but; (*siiski*) yet
kuidagi somehow; **ei ~, mitte ~** in no way (*or* manner), not at all, *kõnek.* nohow
kuidagimoodi, kuidagiviisi in some way (*or* otner), by some means
kuidas how, in what way; **~ elate?, ~ käsi käib?** how are you?, how are you getting on?; **~ ta välja näeb?** what does he look like?; **~ seda inglise keeles nimetatakse?** what is this called in English?
kuigi though, although; **see pole ~ raske** this is not at all difficult, this is by no means difficult
kuis = kuidas
kuiv dry; (*põuane*) arid; **nagu kala ~al** like a fish out of water
kuivalt drily (*or* dryly); dry
kuivama dry, become* (*or* grow*, get*) dry; **ära ~** dry up; (*taime kohta*) wither
kuivatama dry, make* dry; (*põhjalikult*) desiccate; (*kuivaks pühkima*) wipe dry; (*maad*) drain; (*puitu*) season; (*kuivatuspaberiga*) blot
kuivati (*kuivatusruum*) drying-room; (*kuivatusaparaat*) dryer (*or* drier), desiccator
kuivatus drying; (*põhjalik ~*) desiccation; **~paber** blotting-paper, blotter
kuivdokk dry dock
kuivendama drain
kuivendus drainage
kuivenema dry, become* (*or* grow*), drier
kuivetu lean, thin, lank
kuivik rusk, cracker; (dry) biscuit
kuivnõel = külmnõel
kuivsööt dry forage, *er. Am.* stover
kuivus dryness; (*põuasus*) aridity
kuivõrd how far, to what extent; **as far as, so far as**
kuju shape, form, figure; (*raid~*) statue; (*kujutis*) image; (*tegelane*) character; **mis ~l?** in what shape

kujukas (*or* form)?; ~ **andma** give* shape; ~ **võtma** take* shape
kujukas plastic, graphic; (*ilmekas*) striking, expressive
kujund figure; image; *mat.* configuration
kujundama shape, form, fashion, mould; **ümber** ~ transform
kujunema take* shape (*or* form), shape (up), form; turn (out); **välja** ~ be formed; (*ajalooliselt*) be established
kujur, kujuraiuja sculptor
kujuraiumine sculpture
kujutama represent, image; (*pildil*) depict, picture, portray; (*kirjeldama*) describe; (*kujutlema*) imagine; **endast** ~ represent, be
kujutav pictorial, graphic; ~**ad kunstid** figurative (*or* pictorial, representational, fine) arts
kujutelm (mental) image
kujutis image
kujutlema imagine, fancy, think* (*of*), (*piltlikult*) picture; (*mõttes*) conceive
kujutlematu unimaginable, inconceivable
kujutletav imaginable, conceivable
kujutlus imagination, fancy; depiction; (mental) image; (*mõiste*) conception, idea; ~**võime** (power of) imagination
kujutu shapeless, formless
kujutus 1. (*kujutamine*) representation, depiction; (*kujutis*) image; 2. (*vormitus*) shapelessness, formlessness
kukal back of the head, *tead.* occiput; (*kukla-alune kaela osa*) nape (of the neck)
kukalmine *anat.* occipital
kukehari *bot.* stonecrop
kukekannus *bot.* larkspur
kukelaul (cock's) crow; ~**u ajal** at cock-crow
kukeleegu! cock-a-doodle-doo!
kukemari crowberry
kukerpall somersault (*or* somerset), tumble; ~**i laskma** somersault, turn a somersault
kukerpallitama somersault, turn somersaults
kukerpuu barberry (*or* berberry)
kukersiit *min.* kukersite, (Estonian) oil-shale
kukeseen chanterelle

kukil pick-a-back; ~ **kandma** carry pick-a-back; ~**e võtma** take* pick-a-back, take on one's back
kukk cock (*ka püssil*); ~**e vinna tõmbama** cock a gun
kukkel bun
kukk-kaal *sport.* bantam(-weight)
kukku! cuckoo!
kukkuma I (*langema*) fall*; **läbi** ~ (*eksamil*) fail; (*kandidaadina*) be rejected; **sisse** ~ fall* in; *piltl.* come to grief
kukkuma II (*käo kohta*) cuckoo; **kägu kukub** the cuckoo is calling
kukkur pouch (*ka zool.*), (*rahakott*) purse; ~**loom** marsupial
kukrik *zool.* whirligig
kuku *lastek.* good, goody(-goody), dear
kukuruus = **mais**
kukutama overthrow*; (*langetama*) make* fall, fell; **läbi** ~ (*eksamil*) fail, *kõnek.* plough; (*hääletamisel*) vote down
kulak kulak
kulaklik kulak (*atrib.*)
kulaklus the kulaks, the kulak elements; ~**vastane** anti-kulak
kuld gold
kuldama gild
kulden gulden, (*hollandi* ~) guilder
kuldkala goldish
kuldlõige *mat.* medial section; *trük.*, *kunst.* golden section
kuldmedal gold medal
kuldne golden; ~ **noorus** gilded youth
kuldnokk starling
kuldnõreti *bot.* laburnum
kuldpulmad golden wedding
kuldpõrnikas *zool.* rose-chafer
kuldraha gold coin
kulduur gold watch
kulend *zool.* pseudopod
kulg course, process, run, motion, going; **sündmuste** ~ the course (*or* march) of events
kulgema proceed, take* one's course; run*, pass; (*arenema*) progress
kuli I (*lihttööline Ida-Aasias*) coolie
kuli II (*viljakott*) sack
kulinaaria = **kokakunst**
kulinaarne culinary
kuliss *teatr.* side-scene, movable scene, wing; **haruld.** coulisse; *tehn.* link, link-motion gear; ~**ide taga** behind the scenes
kulissidetagune backstage, behindstage

kuljus (small round) bell, sleigh-bell
kull (*kana~*) hawk; (*jahi~*) falcon; (*harksaba~*) kite; ~ **või kiri** heads or tails; **~i mängima** play at touch-last
kulla: ~ **sõber** dear friend
kullakaevandus gold-mine
kullakang gold ingot, bullion
kullakarva gold-coloured, golden-(-hued)
kullake(ne) darling, dearie
kullassepp goldsmith
kullendama gleam (*or* look) like gold
kuller courier, (express) messenger
kullerkupp globe-flower
kulles tadpole
kullimäng touch-last, (the game of) tag (*or* tig)
kulm (eye)brow; **~u kortsutama** knit one's brows, frown
kulminatsioon culmination
kulmineerima culminate
kulmukaar eyebrow arch (*or* ridge), *tead.* superciliary arch (*or* ridge)
kulmukarv hair of the eyebrow
kulmupulk eyebrow pencil
kulp ladle, scoop
kult boar
kultivaator *põll.* cultivator, tiller
kultiveerima cultivate, *põll. ka* till
kultus cult, worship
kultuur culture, *põll. ka* crop
kultuurfilm educational film
kultuurhariduslik cultural and educational
kultuuriajalugu = **kultuurilugu**
kultuurihuviline of cultured interests
kultuurikaubad articles of cultural needs (and recreation)
kultuuriline cultural
kultuurilugu history of culture (*or* civilization)
kultuurimaja house of culture
kultuurinimene cultured (*or* civilized) man (*pl.* men)
kultuuripalee palace of culture
kultuuripärand cultural inheritance (*or* heritage)
kultuurisidemed cultural ties
kultuuristama culture, cultivate, make* cultured (*or* cultivated)
kultuurkarjamaa *põll.* cultivated pasture
kultuurmaa 1. (*viljeldud maa*) cultivated (*or* tilled) land; 2. (*kõrge kultuuriga maa*) cultured (*or* civilized) country

kultuurne cultured, educated, civilized; (*käitumises*) well-mannered, well-behaved
kultuurtaim cultivated (*or* cultured) plant
kultuurtreeger *aj.* (self-styled) «civilizer», arrogant colonialist
kulu I (*kulutus*) cost(s), expense(s), expenditure, charge(s); (*materjali jms.* ~) consumption; **kellegi ~l** at smb.'s expense; **~sid kandma** bear* the costs (*or* expenses, charges)
kulu II (*eelmise aasta kuivanud rohi*) dead grass (left standing from the previous year)
kulu *kõnek.* = **kalkun**
kuluaarid passages, corridors; (*parlamendis*) lobby
kulukas costly, expensive
kuluma be spent, be expended; wear* out, be worn out; be used up; **mulle kuluks...** ära I stand in need of..., I require..., I could do with...; **karistus kulus talle ära** the punishment served him right
kulumine wear (and tear), wearing out, *tead.* attrition
kulunud worn out, the worse for wear, threadbare; (*väljendi kohta*) stale, commonplace, trite, hackneyed
kulupea greyhead, greybeard
kulutama spend*, expend; wear* out; use up, consume; (*raiskama*) waste
kulutuli fire spreading in dry dead grass; **nagu ~ like wild-fire**
kulutus (*kulutamine*) spending, expending; wearing out, using up; consumption; (*kulu*) expenditure, outlay; (*raiskamine*) waste
kuma gleam, glow
kumalane = **kimalane**
kumama gleam, glow
kumb which (of the two)
kumbki either; **mitte ~** neither
kume hollow(-sounding), dull
kumer convex; **~lääts** convex lens; **~nõgus** convexo-concave
kumerus convexity
kumisema drone, buzz, (*kõrvade kohta*) ring*
kumm I (*auto~*) tire (*or* tyre); (*kustutus~*) (india-)rubber, eraser; (*pesu~*) elastic
kumm II (*võlv*) arch, vault
kumm III *murd.* = **sump**
kummaline strange, queer, singular

kummardama (*kummardust tegema*) bow; (*austama*) worship, (*jumaldama*) adore; (*kummargile laskma*) bow, incline
kummarduma bow (down), stoop, bend* down
kummardus bow; (*sügav* ~) obeisance
kummargil stooping, in a stooping position; ~e **laskuma** bow (*or* bend*) down, stoop down
kummatigi *van.* the more so, moreover, withal
kummeerima (*kummilahusega katma v. immutama*) rubberize; (*kleepainega katma*) gum
kummel camomile
kummi: ~ **minema** become* arched (*or* vaulted, bulged out)
kummi (*vetruv aine*) rubber; (*kleepimis*~, *närimis*~) gum; ~**araabik** gum arabic
kummik *kõnek.* = **kummisäärik**
kummikott (rubber) hot-water bottle
kummiliim rubber solution
kummima (*võlvima*) arch, vault; (*kummis olema*) be arched (*or* vaulted)
kummipael elastic (band)
kummipall rubber ball
kummipuu (India-)rubber tree, rubber plant
kummis (*kumer*) arched, vaulted, bulged out
kummisäärikud rubber boots; (*pikad veesaapad*) waders
kummitama haunt, spook
kummitus spectre, ghost, spook
kummuli upside-down, overturned, upturned; ~ **ajama**, ~ **pöörama**, ~ **käänama** overturn, tip over; ~ **minema** overturn, be overturned, tip over, (*paadi jms. kohta*) capsize
kummuma (*võlvitaoline olema*) form a vault, arch; (*kumeraks tõmbuma*) bulge (out)
kummut chest of drawers, *Am.* ka bureau (*pl.* -eaus, -eaux)
kummutama (*kummuli käänama*) tip up; (*ümber ajama*) overturn; (*ümber lükkama*) overthrow* (*ka piltl.*); (*väidet*) refute
kummutus overturn; (*ümberlükkamine*) overthrow; (*väite* ~) refutation
kumu rumour
kuna (*ajalises mõttes*) while; (*põhjendavas mõttes*) as, since, whereas

kunagi once, at one time; ever; **mitte** ~ never
kunagine former, sometime, one-time, quondam
kunas when
kunde *kõnek.* customer
kuni (*ajaliselt*) till, until, up to, down to; (*ruumiliselt*) as far as, as high as, as low as
kuniks up to when, up to what time
kuninganna queen
kuningas king
kuninglik royal, regal; (*ülev*) kingly
kuningriik kingdom, realm
kuningriiklane royalist
kuningvesi *keem.* aqua regia
kunst art
kunsthambad artificial denture, false teeth
kunstiajalugu history of art
kunstiese art object, article (*or* object) of virtu (*or* vertu)
kunstikool art school
kunstiküps artistically mature
kunstiline artistic, art (*atrib.*); ~ **film** feature film
kunstinäitus art exhibition
kunstipärane artistic, of artistic workmanship
kunstiteos work of art
kunstkiud synthetic fibre
kunstlik artificial, factitious
kunstmesi artificial honey
kunstnahk imitation leather, leatheroid
kunstnik artist; (*ettekande*~) artiste; (*maali*~) painter
kunstsiid artificial silk, rayon
kunsttükk (clever) trick, stunt, sleight-of-hand
kunstuni = **hüpnoos**
kunstvill imitation wool
kunstvõi = **margariin**
kunstväetis artificial fertilizer (*or* manure)
kupar boll, (seed) capsule
kupardama remove the bolls (*from*); (*linu*) deseed; (*puuvilla*) gin
kupatama I (*kergelt keetma*) parboil, boil slightly; scald
kupatama II *kõnek.* (*kihutama*): **minema** ~ drive* away, send* packing
kupatus: kogu ~ the whole lot (*or* affair, concern, business), *Am.* the whole shebang, the whole kit and caboodle
kupee compartment

kupeldama pander, pimp, procure
kupits landmark
kuplee satirical verse, topical verse
kupong *maj.* coupon; (*valmislõigatud kangatükk*) length (of cloth)
kupp (*muhuke*) bump; (*nupp*) boss; (*võrgumärk*) float; (*kupulaskmise vahend*) cupping-glass; **~u laskma** cup
kuppel dome, cupola; (*klaas~ esemete katmiseks*) bell (jar); (*lambi~*) lamp-globe
kuppu *vt.* **kupp**
kura *murd.* = **vasak**
kuraas (braggart) courage, nerve, spunk
kuraasitama swagger, bluster
kuraator curator; guardian, trustee
kuradikäpp *bot.* spotted orchis
kurameerima make* love (*to*), pay* one's court (*to*), court
kurameerimine making love, courtship
kurandid clock with chimes
kurat devil; (*kirumissõnana*) the devil, the deuce; **kuradi**... damned ..., infernal ..., *Am.* a hell of a ...
kuratlik devilish, diabolic(al), fiendish
kuratoorium board of trustees
kurb sad, sorrowful; (*sünge*) dreary, dismal; (*kahetsusväärne*) unfortunate, regrettable
kurblik sorrowful, melancholy, doleful
kurbmäng = **tragöödia**
kurbus sadness, sorrow; (*südamevalu*) grief
kurd [kurru] fold (*ka anat. ja geol.*), *anat. ka* plica (*pl.* -cae); (*riidel*) pleat
kurdistama deafen
kurehernes = **vikk**
kurekell *bot.* columbine
kuremari = **jõhvikas**
kuremõõk *bot.* gladiolus (*pl.* -li), sword-lily
kurereha *bot.* geranium, crane's-bill
kurg (*soo~*) crane
kurgaan (*kääbas*) barrow, burial mound, tumulus (*pl.* -li); (*küngas*) hillock
kurgirohi *bot.* borage
kurgualune throat, neck
kurguhäälik *van. lgv.* guttural (sound)
kurgumandel *anat.* tonsil
kurgunibu *anat.* uvula (*pl.* -lae)

kurgupõletik inflammation of the throat; (*mandlipõletik*) tonsillitis, *van.* quinsy
kurgutõbi *van.* = **difteeria**
kuri 1. *adj.* (*paha*) evil, wicked, bad; (*tige*) angry, spiteful, cross, savage; **kurja vaeva nägema** *kõnek.* have great trouble, take* great pains; **2.** *subst.* evil; **kurja juur** the root of the evil
kurikas battledore, bat
kurikaval (maliciously) cunning, insidious
kurikuulus ill-famed, notorious
kurioosum curiosity, oddity
kuristama gurgle; (*kurku loputama*) gargle
kuristik precipice; (*põhjatu ~*) abyss; (*jäärak*) ravine; (*ületamatu lõhe*) chasm, gulf (*ka piltl.*)
kuritahtlik of evil (*or* criminal) intent, malevolent malicious; **~ kavatsus** *jur.* malice aforethought (*or* prepense)
kuritahtlikkus malevolence, maliciousness, malice
kuritarvitama abuse
kuritarvitus abuse
kuritegelik criminal
kuritegevus crime, delinquency
kuritegu, kuritöö crime, *jur.* felony; (*süütegu*) offence, misdemeanor
kurivaim evil spirit, demon
kurjakuulutav ill-boding, ominous, sinister
kurjategija criminal, felon; offender, delinquent
kurjus evil, wickedness; (*tigedus*) anger, spite
kurjustama scold (angrily)
kurk [kurgi] cucumber; (*väike salati~*) gherkin
kurk [kurgu] throat, *tead.* pharynx, fauces (*pl.*)
kurn [kurna] I (*kurnamisvahend*) strainer, filter; (*köögi~*) colander (*or* cullender)
kurn [kurna] II (*pesakond*) (*linde*) brood, clutch; (*loomi*) litter
kurn [kurni] (*~ipulk*) block of wood for cudgel-throwing; (*~imäng*) cudgel-throwing, hurling; **~i mängima** play at cudgel-throwing
kurnaja *pol.* exploiter, oppressor
kurnama 1. (*läbi kurna laskma*) strain, filter; **2.** (*väsitama*) wear* out, exhaust; (*maad*) impoverish;

kurnamine — kutse

exhaust; 3. (*ekspluateerima*) exploit, oppress
kurnamine 1. (*läbi kurna laskmine*) straining, filtering; 2. (*väsitamine*) wearing out, exhausting; 3. (*ekspluateerimine*) exploiting, oppressing
kurnamissõda war of attrition
kurnamissüsteem *pol.* system of exploitation
kurnatud worn out, exhausted; *kõnek.* dead beat, done up
kurnatus exhaustion
kurnimäng cudgel-throwing, hurling
kurruline folded, pleated
kurrutama fold, pleat
kursant (*kursuslane*) student; (*sõjakoolis õppija*) (officer) cadet
kurseerima (*reeglipäraselt liiklema*) ply (*between*); (*käibima*) circulate
kursiiv(**kiri**) italics
kurss 1. *maj.* rate (of exchange); 2. (*suund*) course; **asjaga kursis olema** be in the know (*or* swim), be well informed
kursus course; **ma olen teisel ~el** I am in my second year; **lühiajalised ~ed** short-term courses
kursusetöö course-paper
kursuslane student
kursustöö = **kursusetöö**
kurt 1. *adj.* deaf; **kurdiks jääma** become* (*or* grow*) deaf, lose* one's hearing; **kurdiks tegema** deafen; 2. *subst.* deaf person, deaf man (*or* woman, boy, girl); **kurdid** the deaf
kurtaaž *maj.* brokerage
kurtisaan courtesan
kurtma (*kaebama*) complain; (*halisema*) wail, lament
kurttumm 1. *adj.* deaf-and-dumb; 2. *subst.* deaf-mute
kurtuma *med.* grow* emaciated, waste away
kurtumus *med.* emaciation
kurtus deafness
kuru (*kitsas vahe- v. läbikäik*) pass, (narrow) passage
kurv curve
kurvameelne melancholic
kurvameelsus melancholy
kurvastama 1. (*kurvaks tegema*) sadden, make* sad, grieve, distress; 2. (*kurb olema*) be sad, grieve, be distressed; 3. = **kurvastuma**
kurvastuma become* (*or* grow*) sad
kurvastus grief, sorrow, distress

kurvits (*mets~*) woodcock; (*muda~*) jacksnipe; (*rohu~*) great (*or* double) snipe
kus where; **~ kohal** in what place, where; **~ tahes** wherever, wheresoever
kusagil = **kuskil**
kusagile = **kuskile**
kusagilt = **kuskilt**
kusejuha *anat.* ureter
kusema piss, urinate
kusi piss, urine
kusiti *anat.* urethra
kusjuures at (*or* during) which, while
kuskil, kuskile somewhere, anywhere; **mitte ~** nowhere
kuskilt from somewhere, from anywhere; **mitte ~** from nowhere
kuslapuu *bot.* honeysuckle
kuspool on which side, where, in what (*or* which) direction
kuss! hush!
kussutama lull
kust from where, where from, whence; **~ mina seda tean?** how should I know this?; **~ kohalt** from what place, from where
kustkaudu (by) which way, via which place
kustpoolt from which side
kustuma become* (*or* be) extinguished, go* out, die out; be obliterated (*or* wiped out, blotted out, effaced); (*aeglaselt*) fade out
kustutama extinguish, put* out; (*janu*) quench, slake; (*isu, nälga*) appease, stay, satisfy; (*kirjutatut*) obliterate, wipe out, blot out, efface; (*postmarki*) cancel, obliterate; (*hõõrudes*) rub out, erase; (*võlga*) amortize, pay* off; (*riigilaenu*) redeem
kustutamata: **~ lubi** unslaked lime
kustutamatu inextinguishable, unquenchable; (*kirja kohta*) indelible (*ka piltl.*)
kustutatud: **~ lubi** slaked lime
kustuti (fire-)extinguisher
kustutus extinction, putting out; (*janu ~*) quenching; (*kirjutatu ~*) obliteration, effacement; (*võla ~*) amortization, paying off; **~kumm** eraser, (india-)rubber
kušett couch
kutsar coachman (*pl.* -men), driver
kutse call; (*külla~*) invitation; (*kohtu~*) summons; (*üles~*) appeal; (*väeteenistusse*) call, call-up, levy,

kutseala 144 **kuulsus**

enrolment; (*elu~*) calling, occupation, profession, trade
kutseala (special) profession, speciality, trade
kutsealune *sõj.* draftee, draft-age man (*pl.* men), *Am.* selectee
kutsehaigus *med.* occupational disease
kutsekaart invitation card
kutsekool occupational (*or* industrial, vocational) school, trade school
kutseline professional
kutseoskus professional (*or* technical) skill, craftmanship
kutsetöö occupational work
kutsikas (*koera~*) puppy, pup; (*metslooma* ~) whelp, cub
kutsuma call; (*külla*) invite, (*kohtusse*) summon; **väeteenistusse** ~ call up, call to the colours
kutsumata unbidden, uninvited; ~ **külaline** unbidden (*or* uninvited) guest, intruder
kutsumus calling, vocation; (*eluüleanne*) mission
kutsung *el.* call, signal
kutter (*purjekas*) cutter
kuu 1. (*taevakeha*) moon; ~ **pealt kukkunud** fallen from the clouds; 2. (*1/12 aastat*) month
kuuaruanne monthly report, (*rahaline* ~) monthly account
kuub coat, jacket
kuubik (cubical) bloc, cube
kuueaastane of six years, six years old; ~ **laps** six-year-old child (*pl.* children)
kuuekesi six (together)
kuuekümnes sixtieth
kuuendik sixth
kuues sixth
kuuesajas six-hundredth
kuuetahuline *mat.* hexahedral; ~ **oder põll.** six-rowed barley
kuueteistkümnes sixteenth
kuukaupa monthly
kuukiri monthly (magazine)
kuul ball; (*püssi~*, *revolvri~*) bullet; *sport.* shot, weight; ~**i tõukama put*** the shot (*or* weight)
kuulaja listener, hearer; member of the audience
kuulajaskond audience
kuulama listen (*midagi* — *to smth.*); hear*; (*loenguid*) attend; **raadiot** ~ listen in; **järele** ~ inquire, make* inquiries; **pealt** ~ listen (*to*), (*juhuslikult*) overhear*, (*salaja*)

eavesdrop; **üle** ~ interrogate, question, examine
kuulmistoru eartrumpet
kuulatama listen, hearken
kuulatlema listen, hearken (repeatedly); *med.* auscultate, sound
kuulatlus *med.* auscultation; ~**toru** stethoscope
kuuld rumour, report; **kuulu järgi** according to rumours (*or* reports), from hearsay
kuuldamatu inaudible
kuuldav audible; ~**ale tooma** utter, give* utterance (*to*)
kuuldavasti by hearsay, as one hears, as they say
kuuldavus audibility
kuuldemäng radio play
kuuldetoru receiver
kuulduma be heard, be rumoured (*or* reported)
kuuldus hearsay, rumour, report
kuulekas obedient, dutiful, submissive
kuulekus obedience, dutifulness, submissiveness
kuuletuma obey
kuulihaav bullet wound
kuulike(ne) small ball; (*hääletamis~*) ballot
kuulikindel bullet-proof
kuuline of one month
kuulipilduja machine-gun
kuulipildur machine-gunner
kuulitõuge *sport.* shot-putting, shot-put
kuulitõukaja *sport.* shot-putter
kuullaager *tehn.* ball bearing
kuulma hear*; (*teada saama*) learn*; **kuulge!** I say!; look here!; **kuulda võtma** listen (*to*), heed, pay* heed (*to*), take* heed (*of*); **sõna** ~ obey
kuulmatu (*kurt*) unhearing, deaf; (*enne~*) unheard of
kuulmed auditory organs, ears
kuulmine hearing; (*hea, halb* ~) ear (*millegi jaoks* — *for smth.*); **halva** *j.* **kõva kuulmisega** hard of hearing
kuulmiselund *anat.* auditory organ
kuulmishäire *med.* auditory disturbance (*or* disorder)
kuulmislävi *psühh.* threshold of audibility
kuulmismeel (sense of) hearing
kuulmismälu *psühh.* auditory memory
kuulmisnärv *anat.* auditory nerve
kuulsus fame, renown, reputation, repute; celebrity; (*aupaiste*) glory;

kuulsusetu — **kvalifikatsioon**

(*kuulus isik*) celebrity; **hea ~ega, heas ~es** of good repute; **heas ~es olema** have a good reputation, be well reputed
kuulsusetu inglorious
kuulsushimu thirst for glory
kuulsusrikas glorious
kuulujutt rumour
kuulukse it is head, it is said; **ta ~ haige olevat** he is said to be ill
kuuluma belong (*to*); (*omane olema*) appertain (*to*); **see kuulub tegemisele** this needs (*or* has) to be done, this must (*or* should) be done
kuulus famous, famed, renowned, celebrated; (*kõrgekuulsuslik*) illustrious
kuulutama (*teadustama*) announce, proclaim, declare; (*avalikustama*) publish; (*seadust kehtivaks ~*) promulgate; (*ajalehes*) advertise; (*tulekut*) herald; **välja ~** proclaim, publish
kuulutus (*teadustus*) announcement, proclamation, declaration; (*ajalehes*) advertisement, *lüh.* advert, ad; (*tahvlil*) notice; (*plakat*) bill, poster; **~tahvel** notice-board; (*plakatite jaoks*) hoarding
kuuluvus belonging, appertaining; (*mingisse ühingusse*) membership
kuum 1. *adj.* hot; 2. *subst.* heat
kuumakindel heat-proof, heat-resistant, heat-resisting
kuumama be hot, radiate heat, glow with heat
kuumarabandus *med.* heat stroke
kuumaveeallikas hot (water) spring, thermal spring
kuumaveekott (rubber) hot-water bottle
kuumavereline hot-blooded, fiery, passionate
kuumendama heat, make* hotter
kuumenema become* heated; become* hotter
kuumus heat
kuumutama heat, make* hot, subject to the action of heat
kuunar *mer.* schooner
kuune one month old
kuup cube; **seitse kuubis** *mat.* seven cubed
kuupaiste moonshine, moonlight
kuupaisteline moonlight, moonlit

kuupalk monthly (*or* month's) pay (*or* wages, salary)
kuupilet monthly (season-) ticket, *Am.* commutation-ticket
kuupima *mat.* cube, raise to the cube
kuupjuur *mat.* cube root
kuuplaan monthly plan
kuupmeeter cubic metre
kuupuhastus (the) monthlies, menses, menstruation
kuupäev date
kuur I (*kõrvalhoone*) shed
kuur II (*ravijärk*) cure, course of (medical) treatment
kuurakett lunar (probe) rocket
kuurort health resort; (*vesi~*) watering-place; (*mineraalvee~*) spa; (*puhke~*) holiday resort
kuursaal casino (*pl. -os*) (*or* assembly-hall) at a health resort; (*mineraalvee müügisaal*) pump-room
kuurvürst *aj.* (prince) elector
kuus six
kuusehekk fir-hedge
kuusekäbi fir-cone
kuusemets fir-wood, fir(-tree) forest
kuusepuit fir-wood, deal, whitewood
kuusepuu 1. fir-tree; 2. = **kuusepuit**
kuuseriisikas orange milk mushroom, orange agaric
kuusik fir-grove, fir-wood; **~seen** = **kuuseriisikas**
kuusirp crescent (moon)
kuusk fir, spruce(-fir)
kuuskhein *bot.* mare's-tail
kuuskümmend sixty
kuusnurk *mat.* hexagon
kuusnurkne *mat.* hexagonal
kuussada six hundred
kuustahukas *mat.* hexahedron
kuusteist(kümmend) sixteen
kuut (*koera~*) kennel; (*küüliku~*) hutch; (*kana~*) ben-house
kuuti monthly, by the month
kuutõbi somnambulism, sleep-walking, *kõnek.* moon-madness
kuutõbine somnambulist, sleep-walker
kuuvalge 1. *adj.* moonlight, moonlit; 2. *subst.* moonlight; **~l** in the moonlight, by the light of the moon
kuuvalgus moonlight
kuuvarjutus eclipse of the moon
kvadraat (*ruut*) square; *haruld., mitte mat.* quadrate; *trük.* quadrat
kvadraatne square, quadratic
kvadrant quadrant
kvalifikatsioon qualification

10 J. Silvet

kvalifitseerima qualify
kvalifitseeritud trained, (highly-)-skilled
kvalitatiivne qualitative
kvaliteet quality
kvaliteetne of high (*or* good) quality, high-grade, high-class
kvant *füüs.* quantum (*pl.* -ta)
kvantitatiivne quantitative
kvantiteet quantity
kvantum quantum (*pl.* -ta), amount
kvart *trük.* quarto (*pl.* -os); *muus.* fourth; (*õõnesmõõt*) quart
kvartal (*veerandaasta*) quarter; (*linnaosa*) block, district
kvartett *muus.* quartet(te)
kvarts quartz
kvartsiit *min.* quartzite, quartz rock
kvartslamp quartz lamp
kvartsliiv quartz sand; ~akivi *min.* quartzitic sandstone
kvass kvass (*or* quass)
kviitung receipt, acknowledgement; (*maksu~*) quittance; (*pagasi~*) ticket
kvint *muus.* fifth
kvintaal quintal, *haruld.* kintal, metric hundredweight
kvintessents quintessence
kvintett *muus.* quintet(te)
kviteerima receipt, acknowledge receipt (*of*); *piltl.* acknowledge
kvitt *kõnek.* quits
kvoorum quorum
kõbima tinker, cobble, patch up, mend (clumsily)
kõblas hoe, mattock
kõblima = **kõplama**
kõbus hale (and hearty)
kõder (seed-)pod, shell, *Am.* shuck
kõdi tickle
kõdi(s)tama tickle, *peam. piltl.* titillate
kõdritsema pod, shell, *Am.* shuck
kõdu decay, mouldering rot (tenness)
kõdunema decay, moulder, rot
kõhe (ebamugav) uneasy, uncomfortable; (*jahedavõitu*) chilly
kõhelema = **kõhklema**
kõhetu lean, gaunt, lank, emaciated, wasted; *med.* atrophied
kõhetuma become* lean (*or* gaunt, emaciated), waste away; *med.* atrophy
kõhetus leanness, gauntness, emaciation; *med.* atrophy
kõhklema hesitate, falter, waver, vacillate

kõhklemata without hesitation (*or* faltering, wavering) unhesitating, unwavering
kõhklematult unhesitatingly, unwaveringly
kõhklus hesitation, faltering, wavering, vacillation
kõhn meagre, lean, thin, spare, gaunt, emaciated; ~aks jääma = **kõhnuma**
kõhnavõitu rather meagre (*or* lean, thin)
kõhnuke(ne) slender, slim
kõhnuma grow* meagre (*or* lean, thin); be (*or* become*) emaciated, lose* flesh
kõhnus meagreness, leanness, thinness, spareness, emaciation
kõhr gristle, cartilage
kõhreline gristly, cartilaginous
kõht (*vats*) belly; (*allkeha*) abdomen; (*magu*) stomach; *lastek.* tummy; **mu ~ on tühi** I am hungry; **mu ~ on täis** I have eaten (*or* had) enough; ~u täis sööma eat* one's fill; **tühja kõhuga** on an empty stomach; **tal on ~ lahti** his bowels are loose; **tal on ~ kinni** he is constipated
kõhtjalgne *zool.* gast(e)ropod
kõhtmine ventral, abdominal
kõhuhaigus gastric disease
kõhukas (big-)bellied, paunchy
kõhukatarr = **maokatarr**
kõhukelme *anat.* peritoneum (*pl.* -nea) ~põletik *med.* peritonitis
kõhukil, kõhukile = **kõhuli**
kõhukinnisus constipation, costiveness
kõhulahtisti = **lahtisti**
kõhulahtisus diarrhoea
kõhuli on one's belly; ~ **lamama** lie* prone
kõhunääre *anat.* pancreas
kõhupuhitus *med.* flatulence, wind
kõhurääkija ventriloquist
kõhusoetõbi = **kõhutüüfus**
kõhutama I (*kõhuli olema*) lie* on one's belly
kõhutama II (*kergelt ihuma*) whet, hone
kõhutõbi = **düsenteeria**
kõhutäis square meal, *kõnek.* bellyful, one's fill
kõhutüüfus typhoid (fever), enteric (fever)
kõhuvalu stomach-ache, pain(s) in the stomach; (*voolmed*) belly-ache
kõhuõõs *anat.* abdominal cavity

kõige *vt.* kõik
kõigekülgne = igakülgne
kõigepealt first of all, to begin with, in the first place; above all
kõigest (*ainult*) only, merely, but, no more than
kõigesööja *zool.* 1. *adj.* omnivorous; 2. *subst.* omnivore, omnivorous animal
kõigeteadja omniscient
kõigiti in every (possible) way, in every respect; entirely, wholly
kõigusoojane *zool.* cold-blooded (animal)
kõigutama shake*, make* shake, make* totter (*or* stagger), make* vacillate; (*õõtsutama*) sway
kõigutamatu unshakable, immovable, steadfast
kõigutamatus unshakability, immovability, steadfastness
kõik all; everything; everybody; ~ inimesed all people, all men; meie ~ all of us; ~ on korras everything is in order; ~ on kohal all are (*or* everybody is) present; ~e muud kui everything else but, anything but; kõige suurem the greatest (of all); kõige enam most (of all); kõigest jõust *v.* väest with all one's strength (*or* might); kõigest kõrist at the top of one's voice
kõikehaarav, kõikehõlmav all-embracing, all-encompassing, comprehensive
kõiketeadev all-knowing
kõikjal, kõikjale everywhere
kõikjalt from everywhere
kõiksugu, kõiksugune of all kinds (*or* sorts), all kinds (*or* sorts) of, of every sort and kind
kõiksus universality; (*maailm*) universe
kõikteadja = kõigeteadja
kõikuma (*kõhklema*) waver, vacillate; (*üles-alla*) fluctuate; (*vankuma*) rock; (*õõtsuma*) sway
kõikumatu unwavering, unfluctuating, stable, steadfast
kõikumatus stability, steadfastness
kõikuv wavering, vacillating, fluctuating, unstable, unsteady; (*ebakindel*) shaky, precarious
kõikuvus istability, unsteadiness, shakiness
kõikvõimas almighty, omnipotent
kõiv *murd.* = kask
kõks tap, light blow, (light) kick

kõksama give* a tap (*or* a light blow, a kick)
kõla sound, ring(ing); (*kaja*) resonance
kõlakast sound box
kõlakindel soundproof
kõlakoda (covered) bandstand, band pavilion
kõlama sound, ring*; (*kajama*) resound; see kõlab võltsilt this rings false
kõlapind sound(ing)-board; *piltl.* echo, (general) appreciation
kõlatu soundless
kõlav (*täiekõlaline*) sonorous; (*kajav*) resonant, resounding, ringing; (*mõjukas*) high-sounding
kõlavus sonority; (*kajavus*) resonance
kõlavärving *muus.* timbre
kõlbama be good enough, be fit (*or* suited) (*for*), serve, do (*for*); see ei kõlba kuhugi this is no good (*or* no use), this is good for nothing; kas see kõlbab? will this do (*or* suit)?
kõlbeline moral, ethical
kõlblik fit, suitable, serviceable, good (*for*); worthy; meresõiduks ~ seaworthy
kõlblikkus fitness, suitability
kõlblus morality, ethics
kõlblusetu immoral, unethical
kõlblusõpetus moral teaching, ethics
kõlbmatu unfit, unsuitable, unserviceable; worthless, useless
kõlbmatus unfitness, unsuitability; worthlessness, uselessness
kõld pellicle, (thin) membrane, film
kõle bleak; (*tuule kohta*) piercing, biting
kõledus bleakness
kõlgas *vt.* kõlkad
kõlgutama dangle, swing*
kõlguti (dangling) pendant, pendulum
kõlin tinkle, tinkling, ringing, chinking
kõlisema tinkle, ring*, chink
kõlisev kõnek. (*raha*) chink, tin, dough, hard cash
kõlistama make* tinkle, ring*, chink
kõlkad chaff
kõlks clink, chink, tinkle
kõlksa(ta)ma clink, chink, tinkle
kõlkuma dangle, swing*, hang* (down)
kõlu (empty) husk, shell, shuck, peel; ~d chaff; ~pea empty-headed fellow

kõlvatu improper, immoral, depraved; ~ **võistlus** unfair competition
kõlvatus impropriety, immorality, depravity, vice
kõlvik cultivable land
kõlvuline = **kõlblik**
kõma boom, rumble
kõmakas thump, whack, bang
kõmama = **kõmisema**
kõmin boom, rumble; (*jutu~*) buzz, hum
kõmisema boom, rumble, ring* (*millestki — with smth.*)
kõmm (*pauk*) bang; (*hoop*) thump
kõmmelduma warp, buckle (up), twist
kõmmutama bang; **maha** ~ plug down, shoot* down (*or* up)
kõmp stilt
kõmp(s)ima plod, trudge, trapes (*or* traipse)
kõmu rumour, sensation, noise; (*reklaam~*) *Am.* ballyhoo
kõmuline sensational
kõnd [kõnni] walk, gait
kõnd [kõnnu] = **kõnnumaa**
kõndima walk
kõne speech, talk; (*lühike* ~) address; (*pidulik* ~) oration; see ei **tule** ~**ssegi**, see ei **tule** ~ **allagi** that's out of the question; ~**t pidama** make* (*or* deliver) a speech, give* a talk; (*pidulikult*) make* (*or* deliver) an oration
kõneaine topic (*or* subject) of discussion, (*üksikpunktina*) talking point
kõnealune in question, under discussion
kõneanne (gift of) eloquence
kõnehäire speech impediment (*or* disorder, defect)
kõnekas (*kõneosav*) eloquent; (*jutukas*) talkative, loquacious
kõnekeel spoken language; (*igapäevane* ~) colloquial language (*or* speech)
kõnekunst elocution
kõnekus (*kõneosavus*) eloquence; (*jutukus*) talkativeness, loquacity
kõnekäänd expression, saying, phrase, locution; (*vana* ~) saw
kõneleja speaker
kõnelema speak*; (*vestlema*) talk, converse; (*arutlema*) discourse, discuss
kõnelemine speaking, speech; (*vestlemine*) talking, conversing
kõnelemishäire = **kõnehäire**
kõnelus talk, conversation; (*arutlus*) discourse, discussion

kõnemees orator
kõneosav eloquent
kõnepunkt (public) call-box, telephone kiosk (*or* booth)
kõnesolev = **kõnealune**
kõnetama, kõnetlema address, accost
kõnetool (speaker's) chair, stand, desk, rostrum (*pl.* -ra, -rums)
kõnetoru speaking-trumpet; *piltl.* mouthpiece
kõnetund hour(s) of reception, (*ametlik* ~) office hour(s), (*arstil*) consultation hour(s)
kõneviis *lgv.* mood
kõnevõime power (*or* faculty) of speech
kõngema = **kärvama**
kõngutama = **vangutama**
kõnnak gait, walk, step
kõnnitama (make*) walk, (*last*) teach* to walk, lead*
kõnnitee pavement, footway, *Am.* sidewalk
kõnnumaa wilderness, waste (land), desert
kõnts mud, mire, slime
kõntsane muddy, miry, slimy
kõplama hoe
kõppu *vt.* **kippu**
kõpsutama tap, click
kõra clapper
kõrb [kõrbe] desert, wilderness
kõrb [kõrve] *van.* = **laas**
kõrb [kõrvi] 1. *adj.* bay; 2. *subst.* bay (horse)
kõrbehais, **kõrbelõhn** burnt smell, smell of burning, smell of burnt cooking
kõrbema burn*, be burnt, singe, be singed
kõrbemaik burnt taste
kõrend *etn.* perch, pole
kõrgaadel (high) nobility
kõrgahi *tehn.* blast-furnace
kõrge high; (*pikk*) tall; (*kõrgelennuline*) lofty; (*kõrgelasetsev*) elevated, exalted; (*tooni kohta*) high-pitched, acute; ~ **vanus** great (*or* advanced) age, extreme old age; ~**m haridus** higher education; ~**m õppeasutus** higher educational institution (*or* establishment), institution of higher learning; ~**m ülemjuhataja** (supreme) commander-in-chief
kõrgehitus = **kõrghoone**
kõrgekvaliteediline of high quality, high-quality, *Am.* high-grade
kõrgel, kõrgele high, aloft

kõrgelennuline high-flying, lofty; (*ülespuhutud*) high-flown, inflated, stilted
kõrgelt highly, high
kõrgendama elevate, raise, heighten, lift; (*suurendama*) enhance
kõrgendik high ground, knoll, elevation
kõrgendus elevation, raising, heightening; (*suurendamine*) enhancement
kõrgenema be (*or* become*) elevated, heighten, rise*
kõrgepinge *el.* high tension (*or* voltage); ~**liin** (high-voltage) transmission line
kõrgesti highly
kõrgetasemeline high-level
kõrgeväärtuslik of high value (*or* quality), high-quality, high-class
kõrghoone multi-stor(e)y building, high (*or* tall) building
kõrgilt haughtily
kõrgkonjunktuur *maj.* boom
kõrglava *geogr.* table-land, plateau (*pl.* -eaux, -eaus)
kõrgmik *geogr.* highland, upland(s)
kõrgmolekulaarne *keem.* high-molecular
kõrgmäestik high-mountain chain, high mountains
kõrgpunkt highest point, culmination, peak, acme
kõrgrõhk high pressure
kõrgrõhkkond *meteor.* high-pressure area, anticyclone (area)
kõrgsagedus *el.* high frequency
kõrguma rise*, reach high, tower
kõrgus height; (*mere-, maapinnast*) altitude, elevation; (*tase*) level; (*tooni kohta*) pitch, acuteness; K- (*tiitlina*) Highness; nõutud ~**el** up to the mark; **ta on oma** ülesande ~**el** he is equal to his task
kõrgusemõõtja *tehn.* altimeter
kõrgushüpe *sport.* high jump
kõrgushüppaja *sport.* high jumper
kõrgustik heights, upland(s), hill(s), mountain(s); ~**upäike(ne)** artificial sun, irradiation lamp, quartz lamp
kõrvuti in height
kõrgvesi high water, freshet, flood
kõri throat; (*hääleelund*) larynx; ~**ni** up to the neck; **täiest** ~**st** at the top of one's voice
kõrilõikaja *piltl.* cut-throat
kõrisema rattle
kõristama rattle

kõristi rattle
kõrisõlm Adam's apple
kõrk haughty, arrogant, supercilious, *kõnek.* stuck-up
kõrkjas bulrush, club-rush, *Am. ka* tule
kõrkus haughtiness, arrogance, superciliousness
kõrned (*rasvavinnud*) greaves
kõrrekünd *põll.* stubbe ploughing
kõrreline graminaceous
kõrrepõld stubble (field)
kõrs stalk, *bot.* culm; (*õle*~) straw; ~**vili** cereal(s)
kõrts (*joogikoht*) public house, pub, tavern, pot-house; (*ööbimiskoht*) inn
kõrtsiline customer (at a public house), (drinking-)guest
kõrtsmik innkeeper, publican, landlord
kõrv ear; (*tassil jms.*) handle; **ühest** ~**ast sisse, teisest välja** in at one ear, out at the other; ~**u pea alla panema** *kõnek.* kick the bucket, die; **ta ei liiguta** ~**ugi** he doesn't take the slightest notice, he doesn't care a rap; ~**uni armunud** over head and ears in love
kõrvaarst ear specialist, aurist
kõrvahaigus ear disease
kõrvahark *zool.* earwig
kõrvakiil box (on the ear); ~**u andma** box (one's ears)
kõrvaklapid earphones, headphones
kõrvakuulmine (sense of) hearing
kõrval 1. *adv.* by, aside, at the side; (*lähedal*) near by, next door; ~ **asetsema** adjoin, be adjacent (*to*); ~ .**elama** live near by (*or* next door); ~ **seisma** stand* by (*asjast eemal seisma*) stand* aloof; 2. *postp.* by, by the side of, at, beside, alongside of; next to; (*lisaks*) besides, in addition to; **minu** ~ **at** (*or* by) my side
kõrvalaine subsidiary subject
kõrvalamet additional occupation, by-work, side-work, side-line
kõrvalapp (*mütsil*) ear-flap
kõrvalasi *jur.* secondary (*or* minor) matter (*or* point)
kõrvaldama remove, withdraw*, do away (*with*), eliminate; (*välistama*) preclude; (*raha*) embezzle; **ametist** ~ remove from a post
kõrvaldamine removal, withdrawal, elimination; (*raha* ~) embezzlement

kõrvale 1. *adv.* aside; to the (*or* to one) side; by; ~ **heitma** cast* aside, discard; ~ **hoiduma** keep* aside (*or* out of the way), evade, avoid; ~ **juhtima** lead* aside, turn aside; (*tähelepanu*) distract, divert; ~ **kalduma** deviate, deflect; (*kõneainest*) digress; ~ **panema** put* (*or* lay*, set*) aside; ~ **puiklema** evade, dodge; ~ **pöörama**, ~ **pöörduma** turn aside; 2. *postp.* beside, by the side of, by; **istuge minu** ~ sit down by my side (*or* beside me)
kõrvaleht = **kõrvalest**
kõrvalehüpe side-jump; *piltl.* escapade, kicking over the traces
kõrvalekaldumine deviation, deflection, digression
kõrvalest (external) ear, *tead.* auricle
kõrvalhoone annex (e); (*kuur, küün jms.*) outhouse
kõrvaline accessory, secondary, collateral, accidental; (*eemal asetsev*) remote; (*tähtsusetu*) immaterial; ~ **isik** outsider, stranger
kõrvalküsimus side-issue
kõrvallause *lgv.* subordinate clause (*or* sentence)
kõrvalmaik, kõrvalmaitse smack, flavour (*ka piltl.*)
kõrvalmaja = **naabermaja**
kõrvalmõju side-influence, side-effect
kõrvalnähtus by-effect
kõrvalops = **kõrvakiil**
kõrvalpung *bot.* adventitious bud
kõrvalruum adjoining room; ~**id** (domestic) offices, auxiliary (*or* subsidiary) rooms
kõrvalrõhk *lgv.* secondary stress
kõrvalsaadus by-product
kõrvalseisja (*juuresolija*) stander-by; (*mitteosavõtja*) outsider
kõrvalt 1. *adv.* from aside, from the side; ~ **teada saama** learn* (*or* get* to know) in a roundabout way; ~ **teenima** have extra earnings, *Am.* earn on the side; ~ **ümber minema** pass round; 2. *postp.* from the side of
kõrvalteenistus supplementary (*or* extra) earnings; (*juhuslik* ~) casual emoluments, perquisites
kõrvaltoode *maj.* by-product
kõrvaltvaade side view
kõrvaltähendus secondary meaning, connotation
kõrvaltänav side-street, by-street, (*kitsas* ~) alley

kõrvaltöö by-work, side-work
kõrvaluks side door (*or* entrance)
kõrvapõletik inflammation of the ear, otitis
kõrvarõngas ear-ring
kõrvavaik earwax
kõrvavalu ear-ache
kõrve [kõrbe] burning, singeing; ~**karv** *bot.* stinging hair; ~**nõges** *bot.* sting (ing) -nettle; ~**rakk** *zool.* nematocyst, cnidocell
kõrvetama burn*, singe, scorch, parch, sear; (*nõgese kohta*) sting*
kõrvetis (ed) heartburn
kõrvetus burning, singeing, scorching, parching, searing; (*nõgese* ~) stinging
kõrvits pumpkin
kõrvu = **kõrvuti**
kõrvulukustav deafening, ear-splitting
kõrvunurk *mat.* adjacent angle
kõrvutama put* side by side, juxtapose; (*võrdlema*) compare, collate, check (*with*)
kõrvuti side by side (*with*), alongside (*of*)
kõrvutu earless; (*kurt*) deaf
kõss! shoo!
kõssama utter a (small) sound; **ta ei kõssanudki** he didn't utter a sound
kõtt! shoo!, *Am.* scat!
kõu thunder; ~**eilm** thundery weather; ~**ekõmin** roll (*or* peal) of thunder; ~**ekärgatus** thunder-clap; ~**epilv** thunder-cloud, storm-cloud; ~**eraksatus** thunder-clap, clap of thunder
kõuts tom (-cat), he-cat
kõva 1. *adj.* hard; (*tugev*) strong; (*hääle kohta*) loud; ~ **kuulmisega** hard of hearing; ~ **külm** hard (*or* sharp) frost; ~ **peaga** thick-skulled; ~ **tuul** high wind; 2. *subst. van.* (~**küber**) bowler (hat), *Am.* derby
kõvadus hardness; (*tugevus*) strength; (*hääle kohta*) loudness
kõvaistmeline: ~ **vagun** hard-seated (*or* unupholstered) carriage
kõvakelme *anat.* dura mater
kõvasi = **luisk**
kõvastama harden, make* hard
kõvasti hard; (*valjusti*) loud
kõvastuma harden, become* hard
kõvendama make* harder; (*tugevdama*) strengthen, make* stronger, reinforce
kõvenema become* harder; (*tugevnema*) strengthen, become* stronger

kõver 1. *adj.* crooked, curved; (*viltune*) wry, twisted; 2. *subst.* = **kõverjoon**
kõveras crooked, curved; (*viltu*) awry; (*valust* ~) doubled up
kõverdama crook, curve; (*painutama*) bend*
kõverdi = **kõveriti**
kõverduma crook, curve, bend*; valust ~ double up with pain
kõveriti crookedly; (*viltu*) awry
kõverjalgne bow-legged, bandy-legged
kõverjoon curve
kõverpeegel distorting mirror
kõverus crookedness; curvature, curve, bend
kööks(atus) squawk
kööksuma squawk
kööl *mat.* chord
köölus sinew, tendon
ööm dandruff (*or* dandriff), scurf
ööman full of dandruff, scurfy
öördi askance, askew; ~ **vaatama** look askance (*or* askew), squint (*at, upon*)
ööritama (*kõõrsilmne olema*) squint, have a squint; (*kõõrdi vaatama*) look askance (*or* askew) (*at, upon*)
ööriti = **kõõrdi**
öörsilm(ali)ne squint-eyed, cross-eyed, skew-eyed
öörsilmsus being cross-eyed, squint(ing), *tead.* strabismus
öörutama cackle
käba (net-)float
käbe nimble, nippy, spry
käbi cone; ~ **ei kuku kännust kaugele** like father, like son (*or* he is a chip of the old block)
käbilind crossbill
käblik wren
käealune assistant, (*õpipoiss*) apprentice
käegakatsutav palpable, tangible
käekell wrist-watch
käekiri handwriting, hand
käekott handbag
käekõrval *adv.* by the hand
käekäik welfare, well-being, state (of health), condition (of life)
käel: omal ~ on one's own, independently
käelaba = **kämmal**
käendaja surety, guarantor, bail (*for*); ~**ks hakkama** go* (*or* stand*, become*) bail (*for*)
käendama bail, be bail (*for*), (*vastutama*) guarantee, warrant

käepide handle; (*mõõgal*) hilt; (*revolvril*) grip
käepigistus hand-clasp, handshake
käepärane handy, easy to handle
käepärast at (*or* to) hand, within easy reach; available
käeranne wrist
käerauad handcuffs
käes (*omanduses, valduses*) in (*smb.'s*) hands (*or* possession); (*võimuses*) caught, got; (*saabunud*) come, arrived; (*kinnaste kohta*) on; **mu raamat on tema** ~ my book is in his hands, he has got (*or* taken) my book; **mul pole veel uut õpikut** ~ I've not yet got the new textbook; **ta on mul** ~ I've caught (*or* got) him; **päikese (vihma, külma jne.)** ~ in the sun (rain, cold, etc.); **aeg on** ~ the time has come (*or* arrived); **kelle** ~ **on kord?** whose turn is it?; **kindad** ~ **with** one's gloves on
käesolev (the) present, this; ~ **töö** the present work, this work; ~**al aastal** this year, in the present (*or* current) year; ~**aks ajaks** for the present (*time*)
käest (*omandusest, valdusest, võimusest*) from, out of; (*poolt*) by; (*kinnaste kohta*) off; **ma ei ole veel oma raamatut tema** ~ **tagasi saanud** I have not yet got my book back from him; **hiir pääses kassi** ~ the mouse escaped from the cat (*or* cat's claws); **tulge vihma** ~ **sisse** come in(doors) out of the rain; **laps sai hullu koera** ~ **pureda** the child was bitten by a mad dog; ~ **ära** out of hand; **poiss on** ~ **ära** the boy is out of hand (*or* control), the boy is unmanageable; **võtke kindad** ~ take your gloves off, take off your gloves
käetugi (*toolil*) arm-rest
käevang [-vangu] crook of the arm
käevõru bracelet
kägar (crumpled) ball; ~**as** crumpled; (*inimese kohta*) hunched (up)
kägardama crumple (up)
kägisema squawk, squeak
kägistama throttle, strangle
kägiveen *anat.* jugular (vein)
kägu cuckoo; ~**vaablane** *zool.* ichneumon fly
kähar curly
kähardama curl
käharduma curl, be curled

kähe hoarse, husky, raucous
kähedus hoarseness, huskiness
kähisema sound hoarse (*or* husky); (*kähinal rääkima*) speak* hoarsely (*or* huskily)
kähku quickly, promptly, smartly; (**tee**) ~! look sharp!
kähr *murd.* = **mäger**
kährikkoer *zool.* raccoon dog
käi grindstone
käiama grind*, sharpen (on a grindstone)
käibekapital *maj.* circulating (*or* working) capital
käibemaks *maj.* sale tax
käibevahend *maj.* circulating medium (*pl.* -ia, -iums), medium of circulation
käibima be current, circulate
käidav (*kasutatav*) passable, practicable; (*elava liiklusega*) much frequented, crowded
käigukang *tehn.* gear lever
käigukast *tehn.* gear-box
käija walker
käik 1. (*kõndimine*) walk; (*ülesande*~) errand; (*kulg*) course, run, march, process; (*liikumine*) motion, operation; **sündmuste** ~ course (*or* march) of events; ~**u laskma** (*masinat*) start, (*vabrikut*) put* into operation; 2. (*males*) move; (*kaardimängus*) turn; 3. (*käimisviis*) walk, gait; 4. (*läbi*~) passage; 5. *tehn.* (*ajam*) gear, speed; ~**u sisse lülitama** put* (*or* get*) into gear; ~**u vahetama** change gear(s), change speed; 6. *van.* = **käive**
käil (*laevanina*) prow
käim: ~**a peal olema** *van.* be with child (*or* pregnant)
käima go*; (*kõndima*) walk; (*käigus olema*) run*, go*, work, be in operation; (*õeldu suhtes*) apply, be applicable (*to*); **kas see käib minu kohta?** does this apply to me?; **kas te olete kunagi Moskvas käinud?** have you ever been to Moscow?; **koolis** ~ **go*** to school, attend school; **külas** ~ = **külastama; kellegi närvidele** ~ **get*** on smb.'s nerves; **kas teil käib see kuukiri?** do you take (*or* do you subscribe to) this magazine?; **alla** ~ **go*** down, run* down; deteriorate, degenerate; **läbi** ~ have intercourse (*kellegagi* — *with smb.*); **maha** ~ run* down; **peale** ~ insist; **vastu** ~

run* counter (*to*); **ümber** ~ (*kohtlema*) treat, deal* (*with*); ~ **panema** set* going, set* in motion; (*masinat*) = **käivitama; las käia!** go on!, go ahead!; **käib küll!** it's all right!, that will do!; **käi minema!** clear out!
käimapanek starting, setting in motion
käimla privy, (*vesi*~) water closet, W.C., lavatory, toilet
käis sleeve; ~**eauk** arm-hole, sleeve-hole
käitama (*käia laskma*) keep* going (*or* in motion), run*, operate; *el.* actuate
käitis (*tehas*) factory, works, plant; (*ettevõte*) enterprise, business
käitlema treat, deal* (*with*)
käituma behave, conduct oneself
käitumine behaviour, conduct
käive circulation; turnover; **käibele laskma** put* in(to) circulation; **käibelt kõrvaldama** withdraw* from circulation
käivitama start (up), set* in motion, set* going
käiviti *tehn.* starter
käkerdama crumple
käkitegu *piltl.* easy work (*or* task), *Am.* cinch
käkk dumpling, dough-boy
käkruma crumple (up), get* crumpled
käli sister-in-law, wife's sister; ~**mees** sister-in-law's husband
kämmal flat (of the hand), palm (of the hand); *anat.* metacarpus (*pl.* -pi)
kämmeldama slap (with the palm), beat* with the flat of the hand
kämp clot, (small) lump
kämpuma clot
känd stump, stub; ~**e kaaluma** (*välja kangutama*) stub the ground, grub out stumps
kängitsema put* on shoes (*or* boots)
kängu: ~ **jääma** = **känguma**
känguma become* (*or* be) stunted
känguru kangaroo
kängus stunted, dwarfed
känk(ar) lump; *tehn.* bloom
kännak *bot.* corn-salad
kännas *bot.* corymb
kännis *zool.* cormus (*pl.* -mi)
känts(akas) hunk, chunk, thick piece
käokannus *bot.* toadflax
käoking *bot.* aconite, (*siniseõieline* ~)

monk's-hood, *(kollaseõieline* ~)
wolf's-bane
käolina *bot.* haircap (moss), hair moss
käpakil = käpukil, käpuli
käpaline *bot.* orchidaceous (plant); **käpalised** *bot.* orchids
käpard fumbler, bungler, duffer, muff
käperdama *(kobama)* paw, fumble; *(vusserdama)* bungle; *(käpukil liikuma)* crawl on all fours
käpik(kinnas) mitten
käpp 1. *(loomal)* paw; 2. *bot.* orchis, wild orchid
käppama *(puudutama)* paw, lay* one's paws on; *(näppama)* - pinch, filch
käpukil, käpuli on all fours
käputäis handful *(ka piltl.)*
kära noise, clamour, din, uproar, hullabaloo; **palju** ~, **vähe villa** much cry and little wool, much ado about nothing
kärakas *kõnek.* *(pauk)* crack, clap, report, shot; *(klaas viina)* dram, peg, draught of strong drink; **kõva** ~ stiff peg
kärama be noisy
kärarikas noisy
käratama bawl, shout *(kellegi peale — at smb.)*
käratsema make* a noise, be noisy
käratu noiseless
kärbe 1. cut, excision; 2. *van.* *(lõik)* paragraph
kärbes fly; **kaht** ~**t ühe hoobiga tabama** *piltl.* kill two birds with one stone
kärbeskaal *sport.* flyweight
kärbeskaallane *sport.* flyweight
kärbis *põll.* *(puu v. redel vilja kuivatamiseks)* drying-rack, drying-hurdle
kärbselapats fly-swatter
kärbselõks flytrap
kärbsemustus fly-blow, fly-specks
kärbsenäpp *zool.* fly-catcher
kärbsepaber fly-paper
kärbsepüünis fly-trap *(ka taim)*
kärbseseen fly-agaric, fly amanita
kärbsevõrk fly-net
kärbuma *med.* mortify, become* mortified
kärbus *med.* mortification, necrosis
käre fierce, vehement, violent; *(külma kohta)* severe, sharp, biting; *(voolu kohta)* tempestuous, rapid; *(hääle, tooni jms. kohta)* sharp, harsh

käredus fierceness, vehemence, violence; *(külma kohta)* severity, sharpness; *(voolu kohta)* tempestuosity, rapidity; *(hääle, tooni jms. kohta)* sharpness, harshness
käremeelne fierce, violent; *van. pol.* radical
kärestik rapids
kärg honeycomb
kärgatama crash (out); *(pikse kohta)* thunder
kärgatus crash; *(pikse*~) clap (or peal) of thunder
kärgjas honeycombed, honeycomb-like
kärin crackle, rattle
kärisema 1. *(ragisema)* crackle, rattle; 2. *(rebenema)* tear*, rend*, rip
käristama 1. *(ragistama)* crackle, rattle; 2. *(rebima)* tear*, rend*, rip (up)
käristi rattle
kärjemesi honey in the comb, comb honey
kärkima thunder, shout (and roar), bawl, bluster, hector, fulminate
kärmas, kärme quick, nimble, prompt
kärmelt, kärmesti quickly, nimbly, promptly
kärmus quickness, nimbleness, promptness, promptitude
kärn [kärna] scab; ~**a minema** become* scabby (or mangy)
kärn [kärni] *tehn.* *(märkimisriist)* punch
kärnane scabby, mangy; ~ **lammas** *piltl.* black sheep
kärner *van.* = aednik
kärnkonn toad
kärntõbi mange
kärp marten, stoat
kärpima curtail, retrench, dock, cut* (down, back), *Am.* slash; *(pügama)* clip
kärpimine curtailment, retrenchment, cutting (down), *Am.* slashing; *(pügamine)* clipping
kärpkass civet (cat)
kärsahais = kõrbehais
kärsakas *zool.* weevil
kärsik = kärsitu
kärsima *(sallima)* suffer, tolerate, bear* *(with)*; *(läbema)* have patience
kärsitu impatient, restive
kärsitus impatience, restiveness
kärss [kärsa] snout; *(putukal)* proboscis
kärssu: ~ **tõmbama** = kärsutama

kärssama = **kõrbema**
kärsutama wrinkle; nina ~ wrinkle (*or* turn) up one's nose (*at*)
kärts crash, crack
käru wheelbarrow; (*käsivanker*) push-cart
kärutama cart, wheel (in a barrow)
kärvama *vulg.* die, perish (miserably)
käsi hand; (~*vars*) arm; **kuidas ~ käib?** how are you (getting on)?; **~ peseb kätt** one good turn deserves another; **~ lööma** (*kokkuleppeks*) strike* hands, strike* a bargain; **kätt lööma** (*kihla vedama*) bet*, wager; **kätt vaatama** read* smb.'s hand; **käest kätte minema** pass from hand to hand, change hands; **kellegi käe alt kinni võtma** link one's arm in smb.'s; **käsi rüppe panema** drop one's hands into one's lap; *piltl.* rest on one's oars; **millelegi käega lööma** give* smth. up as lost (*or* as hopeless); **neljal käel mängima** play four-handed; **kätel kandma** carry in one's arms; *piltl.* make* much (*of*); *vt.* ka **käel, käes, käest, käsil, käsile, kätte**
käsigranaat *sõj.* hand-grenade
käsik 1. = **käsilane**; 2. *sport.* dumbbell
käsikaudu groping(ly), by sense of touch
käsikiri manuscript, script
käsikivi hand-mill, grinding-stones, quern
käsikogu *bibl.* reference library
käsikohver suit-case, portmanteau (*pl.* -eaus, -eaux), *Am.* grip, valise
käsikäes hand in hand
käsikäru hand-cart, push-cart
käsil in hand, on hand, going on, in progress; **töö on ~ the work is in** (*or* on) hand, the work is in progress; **mis on teil parajasti ~?** what are you working at (*or* on)?
käsilane understrapper, myrmidon, henchman (*pl.* -men); (*palgaline* ~) hireling; *pol.* stooge
käsile: ~ võtma take* in hand, take* up, turn to, begin*, start (doing); (*tõrelema*) take* to task
käsipakk hand-luggage; **~ide hoiuruum** cloak-room, *Am.* check-room
käsipall handball
käsipuu handrail, railing; (*tugisammastega*) banisters
käsipõsakil leaning one's cheek on one's hand

käsiraamat manual, handbook
käsiraha earnest (money), *haruld.* handsel; **~ks, ~na** as an earnest, in earnest (*of*)
käsirelvad small-arms
käsisaag hand-saw
käsitama (*mõistma*) conceive, understand*; (*tõlgendama*) interpret; (*tarvitama*) use, make* use (*of*)
käsitlema (*tegemist tegema*) treat, treat of, deal* with; (*arutama*) discuss; (*töötlema*) treat (*with*)
käsitlus treatment; **~laad** (manner of) treatment
käsitsema handle, manipulate, operate
käsitsi by hand, hand-; **~ kokku minema** come* to grips; **~ tehtud** made by hand, hand-made
käsitsitöö manual work (*or* labour)
käsitsivõitlus hand-to-hand fight, close combat, scuffle, fray
käsitsus handling, manipulation
käsitus (*mõistmine*) conception, understanding; (*tõlgendus*) interpretation; (*tarvitus*) use
käsitöö handicraft, trade; (*õppeainena*) handwork; manual training; (*nais~*) needlework, fancy-work
käsitööline artisan, handicraftsman (*pl.* -men); mechanic; *haruld.* tradesman (*pl.* -men)
käsitööndus handicraft industry
käsivars arm
käsk order, command, commandment; bidding; **kellegi ~u täitma** do smb.'s bidding, obey smb.'s orders; **kellegi käsul** at (*or* on) smb.'s order(s) (*or* command)
käskija (*isand*) master
käskijanna mistress
käskima order, command; bid*, tell*
käskiv commanding, imperious; (*isandlik*) masterful, domineering; **~ kõneviis** *lgv.* imperative (mood)
käskjalg messenger; (*jooksupoiss*) errand-boy; *sõj.* orderly; (*kuller*) courier
käskkiri written order, decree
käsklema command, give* orders
käsklus command, order
käsn 1. (*käsnloom*; *pesukäsn*) sponge; 2. (*soolatüügas*) wart
käsnataoline, käsnjas spongy
käsualune, käsuline subordinate, subject, dependent
käsund charge, commission, order
käsundama charge, commission, order
käsutama order (about), command;

(*käsutuses omama*) be in control (*of*), dispose (*of*), have at one's disposal; (*võimu omama*) wield power (*over*)
käsutus command, disposal; **minu ~es** at my disposal, under my orders
käteplagin, käteplaksutus applause, clapping (of hands)
käterätik, käterätt towel
kätetöö handiwork
kätis (*mansett*) cuff; (*randmekate*) wristband
kätkema be concealed (*in*), lie* (*in*), consist (*in*)
kätki = häll
kätlema shake* hands (*with*)
kätte (*omandusse, valdusse*) into (*smb.'s*) hands (*or* possession); (*võimusesse*) into (*smb.'s*) power; (*kinnaste kohta*) on; **minu kätte** into my hands, to my keeping, to me; **päikese (vihma, külma jne.) ~** into the sun (rain, cold, etc.); **vihma ~ jääma** be caught by the rain; **haavade ~ surema** die of one's wounds; **pange (tõmmake) kindad ~** put (pull) your gloves on; **~ andma** hand (over), deliver; **~ juhatama** show*, point out, indicate, direct (*to*); **~ jõudma** arrive, come*; **~ maksma** revenge, revenge oneself (*kellelegi millegi eest — on smb. for smth.*), be revenged, take* one's revenge, take* vengeance (*on, upon*), avenge, be avenged; **~ näitama** show* (*kuidas — how*), point out; **kellelegi kohta ~ näitama** show* smb. to his (*or* her) place; **~ saama** get*, receive, obtain, attain, reach; (*kinni püüdma*) get* hold (*of*), catch*; (*järele jõudma*) catch* up (*with*); **~ tasuma = ~ maksma; ~ toimetama** deliver, convey; **~ võtma** win*, get* (*or* obtain, gain) by fighting; **~ võtma** take* in (*one's*) hand; (*ette võtma*) undertake*, take* upon oneself; **~ õppima** learn*, acquire (by learning), master
kätteandmine handing, delivery
kättejõudmine arrival
kättemaks revenge, vengeance; **~uhimuline** revengeful, vindictive
kättesaadav obtainable, attainable, accessible; (*käepärast olev*) available; **mulle ~** within my reach

kättesaamatu unobtainable, unattainable, inaccessible; **mulle ~** out of my reach
kättesaamine getting, receiving, receipt; **kättesaamisel** on receipt, on delivery
kättpidi by the hand
kääbas barrow, burial mound, tumulus (*pl. -li*)
kääbus dwarf, pygmy (*or* pigmy)
kääbuslik dwarfish, dwarf (*atrib.*)
kääbuspuu dwarf tree
kääksuma creak
käänak turn, turning, bend; (*looge*) winding; (*kõverus*) twist
käänama turn, bend*; (*väänama*) twist; *lgv.* decline
käänamine *lgv.* declining, declension
käänd turn(ing), bend
käändelõpp *lgv.* case ending
käändkond *lgv.* declension
käändsõna *lgv.* nominal, declinable word
käänduma turn, bend*, be bent; *lgv.* be declined
kääne turn, bend; *lgv.* case
käänis (*rõival*) lapel, facing; (*saapal*) top; (*püksisäärel*) turn-up
käänlema wind*, turn; (*väänlema*) twist
käänukoht bend(ing)
käänuline full of bends (*or* windings), winding, sinuous, tortuous
käär (*käänd*) bend, winding, sinuosity; (*aju~*) convolution; (*leivalõik*) round (of bread)
käärid scissors; (*metalli~, heki~*) shears
käärima I (*vedeliku kohta*) ferment, be in fermentation, *piltl. ka* be in a ferment, seethe
käärima II (*kangast*) warp; **üles ~** (*käiseid jms.*) roll up
käärimine I (*vedeliku kohta*) fermentation; (*käärimisolukord*) ferment
käärimine II (*kanga ~*) warping
kääritama ferment, make* ferment
käärkamber *kirikl.* vestry, sacristy
käärollus ferment
käärpuud warping-frame
käärsool *anat.* colon
kääruline full of bends (*or* windings), sinuous
kääv spindle
käävjas spindly, spindle-like, spindle-shaped, *tead.* fusiform
köber (small) knob, protuberance; *anat.* tuber, tuberosity

köbruke(ne) *anat., med.* tubercle
köetav heatable
köha cough; ~**hoog** fit (*or* attack) of coughing; ~**kompvek** cough-lozenge, *Am.* cough drop; ~**ravim,** ~**rohi** cough-easing (*or* pectoral) remedy
köhatama give* a cough; cough; (*rääkimise eel*) clear one's throat
köhatus cough; (*rääkimise eel*) clearing one's throat
köhima cough, have a cough
köide [köite] binding; (*pikema teose osa*) volume
köide [köitme] *lgv.* = **koopula**
köidik (*ohelik*) tether, cord; (*side*) bond; ~**ud** bonds, (*ahelad*) fetters
köidis *med.* bandage
köietama rope, put* (*or* keep*) on a rope; (*lõastama*) tether
köietantsija rope-dancer, funambulist; acrobat
köievabrik ropery, rope-work, ropewalk
köievedu *sport.* tug-of-war
köis rope, (*peenike* ~) cord; (*ankru*~) cable; ~**raudtee** funicular railway; ~**redel** rope-ladder; ~**tee** suspension cable way
köitekoda book-binder's shop
köitja binder; (*raamatu*~) bookbinder
köitma bind*; (*tähelepanu paeluma*) fascinate, hold* spellbound, enchant
köitraag *bot.* tendril
kölni: ~ **vesi** eau-de-Cologne, Cologne water
köndistama maim, mutilate
köndistuma be maimed, be mutilated
köndistus maiming, mutilation
könksus *med.* contracture
könn runt, shrimp; ~**i jääma** become* stunted; ~**is olema** be stunted
könt stump
köntus mutilation, being maimed
kört I (*jahusupp*) gruel
kört II = **körtsik**
körtsik *van.* (*seelik*) skirt; (*alusseelik*) petticoat
kössi: ~ **vajuma** huddle up; ~**s olema** be huddled (*or* hunched) up
kössitama sit* huddled up, cower, squat
köster ′parish clerk; (*orelimängija*) organist
kööginõu kitchen utensil
köögitüdruk (*keetja*) cook; (*nõudepesija*) kitchen-maid

köögivili vegetable(s); (*roheline*) greens, greenstuff(s); *Am.* (*turukaubana*) truck
köögiviljaaed kitchen garden, vegetable garden; *Am.* truck garden
köök kitchen; (*toidukeetmisviis*) cuisine, cookery; ~**tuba** parlour kitchen
köömen caraway; (*egiptuse* ~) cum(m)in
köömnekukkel seed-cake
köösner furrier
kübar hat; (*teatavat tüüpi naiste*~ *ka*) bonnet, toque; (*seenel*) cap, *tead.* pileus (*pl.* -lei); ~**akarp,** ~**akartong** band-box; ~**anõel** hatpin; ~**ategija** (*naiste jaoks*) milliner; (*meeste jaoks*) hatter, hat-maker; ~**aääri** (*naiste jaoks*) millinery, milliner's shop; (*meeste jaoks*) hatter's shop; ~**seen** *bot.* pileate mushroom
kübe (*tolmu*~) mote, particle (*or* speck) of dust; (*tule*~) spark; **mitte** ~**tki** not a bit (*or* scrap)
küberneetika cybernetics
kübetama: lund ~ snow* in tiny flakes
küdema burn*, be burning, be heated
küdi brother-in-law, husband's brother
kühm bump, hump, hunch, knob; (*maapinnal*) hummock, hillock, knoll; *vt. ka* **kühmu, kühmus**
kühmlik bumpy, knobby; (*maapinna kohta*) hummocky, hillocky
kühmu: ~ **tõmbuma** hunch up, stoop
kühmuline = **kühmlik**
kühmus hunched up, stooped
kühvel (~*labidas*) shovel; (*puistkauba tõstmiseks*) scoop; (*hauskar*) bailer
kühveldama shovel; (*puistkaupa*) scoop; (*vett*) bail (out)
kükakil squatting; ~**e laskuma** squat down
kükitama (*kükakil istuma*) squat, (*hüppevalmilt*) crouch; (*kükakile laskuma*) squat down
kükitus squatting, crouch(ing)
kükk(asend) squatting posture
küla village; (*maa, vastandina linnale*) the country; **ma elan väikeses** ~**s** I live in a small village
külaelanik villager
külaelu village (*or* country, rural) life
külakost guest's present (of food, sweets, etc.)
külakurnaja = **kulak**

külaline guest, visitor; **meil on külalisi** we have guests (*or* company, a party)
külalisetendus guest performance
külalislahke hospitable
külalislahkus hospitality
külamees villager, countryman (*pl.* -men); (*naaber*) neighbour; (*võõras*) stranger
külanõukogu village Soviet
külarahvas village (*or* country) people
külas *adv.* on a visit; at a party; ~ **olema** be on a visit, be a guest; ~ **käima** go* on visits, pay* visits, visit
külaskäiguetendus = **külalisetendus**
külaskäik visit, call
külast *adv.* from a visit (*or* call, party)
külastama visit, pay* a visit (*to*), call (*kedagi — on smb.*; *mingit sadamat jms. — at a port, etc.*); go* (*or* come*) to see, look (*smb.*) up
külastus = **külaskäik**
külavahetee country road (*or* lane)
külavolinik representative of the village Soviet
külg side; flank (*ka sõj.*); **parem (vasak)** ~ right (left) side; ~ **külje kõrval** side by side; **igast küljest** from every side; (*igast vaatepunktist*) from every point of view, from every aspect; **tema nõrk** ~ his weak point; **otse külje all** hard by, quite near
külge *adv., postp.* to; **seina** ~ to the wall; ~ **hakkama** stick* (*to*), cling* (*to*), adhere (*to*); (*haiguse kohta*) = **nakkama**; ~ **jääma** stick* (*to*); ~ **lööma kõnek.** try to pick up, make* (improper) advances (*to*), *Am.* mash; ~ **panema** attach (*to*); ~ **puutuma** touch; ~ **tõmbama** attract; **käsi** ~ **panema** (*abiks*) lend* a (helping) hand; (*tööle*) put* one's hand to (the work), set* to; **kellelegi käsi** ~ **panema** lay* hands on smb.
külgehakkav sticking, clinging, adhering; (*haiguse kohta*) = **nakkav**
külgepidi = **küljetsi**
külgetõmbav attractive
külgetõmbejõud, külgetõmme attraction
külgkorv (*mootorrattal*) side-car
külgmine side (*atrib.*), lateral

külgnema adjoin, be adjacent (*to*), be contiguous (*with*)
külguma adhere, stick* (*to*)
külgvaade side-view, profile
külili on one's side
külimit (*käsitsi külvamiseks*) sowing-tray; (*mõõduna*) peck
küliskäik (*hobusel*) amble
küliti, küljeli = **külili**
küljeluu (*roie*) rib; *piltl.* (*naine*) (*one's*) rib, (*one's*) better half, the wife of (*one's*) bosom
küljes 1. *adv.* attached, sticking, fast; ~ **seisma,** ~ **püsima** remain (firmly) attached, stick* fast; 2. *postp.* attached to, sticking to; **paber on laua** ~, **ma ei saa teda lahti** the paper sticks to the table, I cannot get it off
küljest 1. *adv.* off; **käed** ~! hands off!; ~ **lahti tulema** get* unstuck, get* detached (*from*), fall* off; 2. *postp.* from, off; **krohv laguneb seina** ~ the plaster is crumbling from the wall
küljetsi sideways, sidewise; (*serviti*) edgeways (*or* edgewise)
küljetuul side wind
küll [külla] = **küllus**
küll 1. (*küllalt*) enough; 2. (*tõesti*) indeed, to be sure, surely; ~ **ta tuleb** he is sure to come; he will come, no doubt; **hea** ~ all right; **ehk** ~ (al)though, albeit
külla *adv.* on a visit, as a guest; ~ **minema (tulema)** go* (come*) on a visit; ~ **kutsuma** invite (as a guest)
küllakutse invitation
küllaldane sufficient; ~ **olema** suffice, be sufficient
küllaldaselt sufficiently
küllalt enough; **sellest on** ~ **that** will do, that will suffice
külialtki enough, rather; **ta laulab** ~ **hästi** she sings well enough; ~ **raske ülesanne** a rather difficult task, no easy task
küllap probably, likely, in all likelihood; ~ **vist** I dare say
küllastama (*toiduga jms.*) satiate, sate, surfeit; *keem.* saturate (*millegagi — with smth.*)
küllastamatu (*täitmatu*) insatiate, insatiable; *keem.* unsaturated
küllastuma be satiated (*or* sated, surfeited); be saturated (*ka keem.*)

küllastunud satiated, sated, surfeited; saturated (*ka keem.*)
küllastus satiety, satiation, surfeit; saturation (*ka keem.*)
küllus (*ohtrus*) abundance, plenty, plenitude, fullness, profusion; (*üli~*) surplus, excess; (*jõukus*) affluence; **~es esinema** abound, be plentiful
külluslik abundant, plentiful
küllussarv horn of plenty, cornucopia
külm 1. *adj.* cold; frigid (*ka piltl.*); (*jahe*) chilly; **mul on ~ I am** (*or* feel) cold; **~ sõda** the cold war; 2. *subst.* cold; (*pakane*) frost; **~ast näpistatud** nipped (*or touched*) by frost
külmajudin (cold) shivers
külmakartlik sensitive to frost; (*inimese kohta ka*) chilly
külmakindel frost-hardy, frost resistant
külmakraad degree of frost, degree below freezing-point
külmaliblikas winter-moth
külmalõhe (*kivis, puus*) shake
külmama = külmuma
külmamuhk *med.* chilblain
külmataat *folkl.* Father Frost
külmatundlik = külmakartlik
külmavereline cold-blooded; *piltl.* cool, composed, collected
külmaverelisus cold-bloodedness; *piltl.* coolness, composure, sang-froid
külmavõetud frost-bitten
külmavõitu rather cold (*or* chilly)
külmavärin (cold) shivers, fit of shivering, cold fits
külmendama make* colder
külmenema grow* colder
külmetama (*külmumas olema, külma tundma*) freeze*, be freezing, feel* (*or* be) cold; (*külmuda laskma*) freeze*
külmetuma catch* (*or* take*) cold, catch* a chill
külmetus cold, chill
külmnõel *kunst.* dry point
külmrelv cold steel
külmtõbi = malaaria
külmuma freeze*, be (*or* get*) frozen
külmumispunkt freezing-point
külmus coldness (*ka piltl.*); rigidity (*ka piltl.*); (*jahedus*) chill, chilliness
külmutama freeze*, refrigerate
külmutus refrigeration; **~hoone** cold storage; **~kapp** refrigerator, *kõnek.* fridge; **~laev** refrigerator ship

külv sowing; (*külvatu*) crop
külvaja sower
külvama sow*; *piltl.* disseminate, spread*; **ta külvas mind küsimustega üle** he overwhelmed me with questions, he fired questions at me; **kuidas külvad, nõnda lõikad** what we sow, we must mow; *piibl.* as ye sow, so shall ye reap
külviaeg sowing season
külvik põll. = **külvimasin**
külvikord rotation (of crops)
külvimasin sowing machine; (*reas~*) seed drill
külvipind sown acreage, acreage under crop
külvis, külviseeme sowing seeds
külvivares = künnivares
kümblema take* a bath
kümblus bath; **~ravi** *med.* balneotherapy
kümme ten; **kümned** tens, dozens (*or* scores) (*of*)
kümmeaastak decade (of years)
kümmekond about ten, some ten, half a score, a dozen or so
kümmepäevak ten-day period, decade (of days)
kümneaastane ten-year-old, of ten years; **~ poiss** a boy of ten
kümnekaupa by tens, in tens, ten at a time
kümnekordistama increase tenfold, decuple
kümnekordne, kümnekordselt tenfold
kümnendaks tenthly, in the tenth place
kümnendik tenth, tenth part
kümnendmurd decimal (fraction)
kümnendsüsteem *mat.* decimal system
kümnerublaline ten-r(o)uble note
kümnerublane ten-r(o)uble (*atrib.*)
kümnes tenth
kümnevõistlus *sport.* decathlon
kümnik foreman (*pl.* -men), overseer
kümnis tithe
küna trough; (*lamedapõhjaline kaluripaat*) coble, flat-bottomed row-boat
künd ploughing
kündja ploughman (*pl.* -men)
kündma plough
küngas hill, hillock, mound; (*väike~*) knoll
künism cynicism
künklik hilly
künnap = kõõlus
künnapuu (smooth-barked) elm
künnilind = ööbik
künnimaa arable (land)

künnimees ploughman (*pl.* -men)
künnirästas = kuldnokk
künnis (*lävi*) threshold; *geogr.* crest, ridge; **uue ajastu ~el** on (*or* at) the threshold (*or* on the eve) of a new era
künnivares *zool.* rook
künniviil *põll.* furrow slice
küpress cypress
küps (*valminud*) ripe, mature; (*leiva, kartuli jms. kohta*) baked; (*liha kohta*) roasted, (well-)done
küpsema (*valmima*) ripen, mature; (*leiva, kartulite jms. kohta*) bake; (*liha kohta*) roast
küpsetama (*leiba, kartuleid jms.*) bake; (*liha*) roast, do
küpsetusahi (kitchen, baker's) oven
küpsetuspann baking tray
küpsetuspulber baking-powder, baking-soda, *Am. ka* saleratus
küpsetusvorm baking-tin, cake-tin
küpsis pastry, cookie (*or* cooky)
küpsus (*valmidus*) ripeness, maturity; (*leival, kartulil jms.*) being (well-)-baked; (*lihal*) being (well-)done; **~eksamid** school-leaving (*or* graduation) examinations; **~tunnistus** certificate of secondary education, matriculation certificate, *kõnek.* matric
küsilause *lgv.* interrogative sentence
küsima ask; (*nõudma*) demand; (*küsitlema*) question, query
küsimus question; (*aruteldav asi*) issue, matter; **see ei tule ~se(gi)** that is out of the question
küsimärk question-mark, query, note of interrogation
küsitav questionable, (*kahtlane*) problematical
küsitlema question, interrogate, examine, query; *Am. kõnek.* quiz; (*uurivalt ~*) catechize
küsitlus questioning, interrogation, examination; (*ülekuulamine*) interrogatory; **~leht** questionnaire
küsiv *lgv.* interrogative; **~ asesõna** interrogative pronoun
küte heating
kütis bonfire of withered stalks (*or* dry leaves, rubbish); **~t tegema** make* a bonfire (to burn rubbish)
kütja stoker, fireman (*pl.* -men), (*vabrikus*) furnace-man (*pl.* -men)
küte fetter, trammel, (*ahel*) chain; **oma eelarvamuste ~is** in thrall to one's prejudices

kütkendama fetter, trammel, (*aheldama*) chain
kütkestama (*paeluma*) captivate, enthral(l); (*veetlema*) charm, attract
kütkestav (*paeluv*) captivating, enthralling; (*veetlev*) charming, attractive
kütma heat
kütt (*jahimees*) hunter; (*püünistega*) trapper; *aj. sõj.* (*laskur*) rifleman (*pl.* -men)
kütteaine = kütus
küttekeha *el.* heating-element; *tehn.* radiator
küttekolle furnace, fire-box, firing-place; (*elamus*) hearth, fireplace
küttepuu(d) firewood, (wood) fuel
kütteturvas peat for fuel
kütteõli fuel oil
küttima hunt; (*püssiga*) shoot*; (*püünistega*) trap
kütus fuel, combustible
küüdimees *van.* carter, carrier (on cartage duty)
küüditama *van.* cart, convey (by carriage horses); (*isikut väevõimuga*) carry off (by force), abduct, kidnap; (*massiliselt maalt välja saatma*) deport
küülik rabbit
küün shed, barn
küünal candle; (*peenike vaha~*) taper; (*valgusühikuna ka*) candlepower; **~pall** *sport.* lob; **~sirge** as straight as an arrow
küünar ell, *van.* cubit (*er. piibl.*); **~luu** funny-bone, *tead.* ulna (*pl.* -ae); **~nukk**, **~pea** elbow; **~puu** ell-stick, ell-measure; **~vars** forearm
küündima (*ulatuma*) reach, stretch, attain (*to*); (*piisama*) suffice; **mitte ~** not suffice, fall* short (*of*)
küündimatu (*mittepiisav*) insufficient, inadequate, falling short (of expectations *or* ideals); (*saamatu*) inept
küündimatus (*mittepiisavus*) insufficiency, falling short (of expectations *or* ideals); (*saamatus*) ineptitude
küünekisk agnail, hangnail
küünekäärid nail-clippers
küünik cynic
küüniline cynical
küünis claw; (*röövlinnul*) talon
küünistama claw, scratch
küünistus scratch
küünitama stretch, reach (*for*), reach out (*for*)

küünlajalg candlestick; (*suur hara-line* ~) candelabrum (*pl.* -bra)
küünlakuu = veebruar
küünlatuli, küünlavalgus candlelight
küür hump, hunch; (*küürusolek*) stoop
küürakas 1. *subst.* humpback, hunchback; 2. *adj.* humpbacked, hunchbacked; *med.* gibbous
küürakil hunched, bent, stooping
küürima scour, scrub
küürselg humpback, hunchback
küürselgsus *med.* gibbosity
küüru: ~ **jääma** become* humpbacked (*or* hunchbacked); ~ **tõmbuma** crook one's back; *piltl.* cower, cringe
küürus hunched, bent, stooped
küürutama bend* down, stoop; *piltl.* cower, cringe
küüs nail; (*küünis*) claw; (*ankrul*) fluke; **kellelegi küünte ja hammaste-ga kallale tungima** (*ka piltl.*) go* at smb. tooth and nail (*or* hammer and tongs); **kellegi ~i langema** fall* into smb.'s clutches; **kellegi ~is olema** be in smb.'s clutches; **kellegi ~ist pääsema** escape from smb.'s clutches
küüslauk garlic
küüt [küüdi] team of horses, (compulsory) service of relay-horses (*or* of carting), cartage (duty)
küüt [küüdu] (*jutt, joon*) stripe, streak; (*jutiline veis*) cow (*or* bull) with a white stripe along the back
küütima drive* (in a team)
küütlema be iridescent, play in different colours, be shot with another colour
küütlus iridescence
küütsakil = **küürakil**
küüvits *bot.* andromeda

L

laaberdama (*kaaberdama*) loaf about, *Am.* bum around; (*mürgeldama*) brawl, behave rowdily
laabuma prosper, flourish, thrive*, succeed
laad [lae] butt(-stock)
laad [laadi] manner, way, kind, nature; *muus.* mode; **seda ~i of this kind**
laadaline participator in a fair, countryman (*pl.* -men) at (*or* going to, coming from) a fair
laadija loader; (*lastija*) stevedore, *Am.* longshoreman (*pl.* -men), lumper
laadik *murd.* = **laegas**
laadima [laadin] (*veokit*) load; (*laeva*) load, lade, freight; (*kaupa laevale*) ship
laadima [laen] (*tulirelva*) load; (*laenguga varustama*) charge (*ka el.*)
laadimine loading; lading, freighting; charging (*ka el.*)
laadimistööline (*jaamas jms.*) loader; (*sadamas*) stevedore, docker, *Am.* longshoreman (*pl.* -men), lumper
laadung load, freight; (*last*) cargo (*pl.* -oes)
laager 1. (*leer*) camp; (*laoruum*) warehouse, storehouse; **laagris olema** camp (out), *sõj.* be encamped; **laagrisse paigutama** camp, *sõj.* encamp; 2. *tehn.* bearing

laagerdama (*kaupu*) warehouse, keep* in warehouse, store; (*õlut, veini*) age (*or* mature) by warehousing
laagrikaas *tehn.* bearing cap
laagrikauss *tehn.* bearing box (*or* brass)
laagrimetall *tehn.* bearing metal, babbit (metal)
laagriplats camping ground (*or* site)
laagriõlu lager (beer)
laama I (*buda usu preester*) lama
laama II (*loom*) llama
laanelill starflower
laanepüü hazel-grouse, hazel-hen
laap (*juuretis*) rennet
laas (*primeval*) forest
laasima lop, lop off (*or* away) the branches, disbranch
laast chip (of wood), (wood-)shaving; (*katuse~*) shingle
laastama lay* waste, devastate, ravage, make* havoc (*of*)
laat fair
laatsaret infirmary; (military) hospital
laava I (*vulkaaniline kivim*) lava
laava II *mäend.* continuous (coal-)-face
laba (*lai külg*) blade, flat; (*vesirattal*) paddle; (*käel*) flat; (*sukal, sokil*) foot (*pl.* feet); **~jalg** foot (*pl.* feet); **~kinnas** mitten; **~käsi** (flat of the) hand; **~luu** = **abaluu**

labane (*liht*~) plain, simple; (*maitsevaene*) common, commonplace; banal, vulgar; (*tühine*) trivial
labastama vulgarize, *haruld.* commonize
labasus (*maitsevaesus*) commonplace; banality, vulgarity; (*tühisus*) triviality
laberik = **lapergune**
labidas spade; (*kühvel*~) shovel
labidatäis spadeful
laborant laboratory assistant; (*kantseleis*) office assistant
laboratoorium laboratory, *kõnek.* lab
laboratoorne laboratory (*atrib.*)
labürint labyrinth, maze
lade layer, stratum (*pl.* -ta), bed; *geol.* horizon, level; ~**järk** *geol.* stage; ~**kond** *geol.* group, complex, set
ladestama set* (*or* put*) in layers, deposit in strata, stratify
ladestik *geol.* formation, division
ladestu *geol.* system
ladestuma be deposited (in layers)
ladestus deposition, deposit; stratification
ladin lap, swash, ripple
ladina Latin; ~ **keel** Latin; ~ **tähed** Roman letters
ladinakeelne Latin, in Latin
ladisema lap, swash, ripple
ladu warehouse, storehouse; *sõj.* magazine, depot; *trük.* composition, setting, composed matter
laduja *trük.* compositor, (type-)setter
laduma pile (*or* stack, heap) up; (*müüri*) lay*; *trük.* compose, set* (type); **peale** ~ lay* (*or* pile) on; **välja** ~ lay* out, spread* out; (*raha*) *kõnek.* fork out
ladumine *trük.* composing, (type-)setting; **raamat on ladumisel** the book is being set up (*or* put into type)
ladumismasin *trük.* type-setting machine, type-setter
ladus (*sujuv*) easy-going, easy; (*sorav*) fluent; (*inimese kohta*) amicable, affable, chummy
ladusalt, ladusasti (*sujuvalt*) easily; (*soravalt*) fluently
ladusus (*sujuvus*) easiness; (*soravus*) fluency
ladvakiht top layer (*or* stratum), the upper strata (*pl.*), the leaders
ladvik 1. *adj.* superficial; 2. *subst.* = **ladvakiht**
laearmatuur (hanging) lamp-fittings

laegas chest, casket, box; (*sahtel*) drawer; (*rahasahtel*) till
laekahoidja = **laekur**
laekuma be paid in, be cashed in, be received
laekur cashier; (*laeval, kolledžis jms.*) purser
laelamp overhead lamp, hanging lamp
laemaal ceiling-piece
laen loan, borrowing; ~**uks andma** lend*; ~**uks võtma** borrow; **maja peale** ~**u tegema** raise a loan on a house
laenaja (*laenuvõtja*) borrower; (*laenuandja*) lender
laenama (*laenuks võtma*) borrow; (*laenuks andma*) lend*, *Am.* loan
laeng charge
laensõna loan-word
laenukassa loan-office
laenuraamatukogu lending library
laenutama lend* (out), give* on loan; (*välja üürima*) let* out (on hire), hire out
laev ship, boat, vessel
laevaehitus shipbuilding
laevahukk shipwreck
laevakapten (sea-)captain, (*kaubalaeval*) master
laevakere (ship's) hull
laevalagi deck
laevaliin shipping line
laevaluuk hatch
laevandus navigation
laevanina prow
laevapoiss cabin-boy, ship's boy
laevaruum hold
laevastik fleet; (*sõja*~) navy; (*kauba*~) mercantile marine, merchant fleet
laevasõit (*laevandus*) navigation; (*reis*) voyage
laevatama navigate
laevatamatu innavigable, not navigable
laevatatav navigable
laevatatavus navigability
laevatee shipping route
laevatehas shipyard
laevaõnnetus ship accident, casualty at sea; (*laevahukk*) shipwreck
laevnik (*laevamees*) mariner, seaman (*pl.* -men); (*laevaomanik*) shipowner
laevuke(ne) 1. little ship; 2. *zool.* nautilus (*pl.* -luses, -li)
lafett *sõj.* gun-carriage
laga swill, swillings, slops

lagamik (large) expanse (of water)
lagastama (*raiskama*) waste (up), squander; (*laastama*) lay* waste, devastate, ravage, make* havoc (*of*)
lage (*tasane*) plain, flat; (*tühi*) bare, open; ~ **väli** open fields (*or* country); ~**da taeva all** in the open (air); **rahast** ~ **olema** be penniless, **kõnek.** be stony broke
lagedal in the open (air); ~**e jääma** remain in the open
lagendik the open (country), (treeless) plain, flat, ~**ukartus** *med.* agoraphobia
lagi ceiling; **midagi laest võtma** *piltl.* pick smth. out of the air
lagin (*naeru*~) guffaw
laginal: ~ **naerma** guffaw, laugh uproariously
lagipea = **kiird**
lagipunkt = **seniit**
lagistama (*laginal naerma*) guffaw, laugh uproariously
lagle brent(-goose), brant(-goose)
lagrits liquorice (*or* licorice)
lagu break-up, break-down, disintegration, dissociation, decay
laguma = **lagunema**
lagundama (cause to) disintegrate, dissociate, decay; *keem.* decompose
lagunema fall* to (*or* in) pieces, break* up; disintegrate, dissociate, decay; *keem.* decompose; (*pudenema*) crumble (away); (*hoone kohta*) fall* into disrepair; **laiali** ~ = **levima**
lagunemine falling to (*or* in) pieces, breaking up; disintegration, dissociation, decay; *keem.* decomposition; (*pudenemine*) crumbling (away); (*hoone kohta*) falling into disrepair
lagu(nemis)produkt *keem.* product of decomposition
laguun lagoon
laguvili *bot.* loment
lahang dissection; (*koolnu*~) postmortem, autopsy
lahas [lahase] splint(s)
lahas: ~ **olema** be in splints
lahasse: ~ **panema** = **lahastama**
lahastama put* into splints
lahe [laheda] (*ruumikas*) spacious, roomy; (*vaba*) free; (*rõiva kohta*) loose; (*elu kohta*) easy, free, comfortable
lahe [lahkme] fork, bifurcation

lahedalt, lahedasti spaciously; freely, loosely; easily, comfortably
lahedus spaciousness; freedom, looseness; ease, comfort
lahend solution (*ka mat.*); (*kohtuotsus*) decision
lahendama solve, settle; (*lahkheli*) resolve; **dissonantsi** ~ *muus.* resolve a discord
lahendamatu insoluble, unsolvable, incapable of solution
lahendatav soluble, solvable, capable of solution
lahendus solution, settlement; (*lahkheli puhul*) resolution
lahenema be solved, find* (*one's*) solution, be settled
lahing battle, combat; (*väike taplus*) action, fight, engagement; ~**us langema** fall* (*or* be killed) in action; ~**uid lööma** fight* battles (*ka piltl.*)
lahingukord battle formation
lahingulaev battleship
lahingulennuk battle-plane
lahingupadrun live cartridge
lahingutegevus action
lahinguvalmis ready for battle (*or* combat)
lahinguvalmidus combat readiness
lahinguväli battlefield, field of battle
lahits = **kärp**
lahja (*kõhn*) lean, thin; (*liha kohta*) lean; (*pinnase kohta*) meagre, hungry; (*toidu kohta*) watery, lacking in body; (*joogi kohta*) thin, weak, diluted; ~ **õlu** small beer
lahjendama thin, dilute, water down
lahjenema become* leaner (*or* thinner); become* weaker (*or* more diluted)
lahjuma become* lean (*or* thin)
lahjus leanness, thinness
lahk split, separation; (*metsas*) glade; (*juustes*) parting; *vt.* ka **lahku, lahus**
lahkama dissect, anatomize
lahkamine dissection
lahkarvamus dissention, difference of opinion, disagreement (on principle)
lahke kind, amiable; (*sõbralik*) friendly; (~ *jutuga*) affable; (*vastutulelik*) complaisant; **ole** ~, **olge** ~ be so kind, please
lahkelt, lahkesti kindly, amiably; affably
lahkheli discord, dissonance, dissention
lahklane *pol.* dissenter, schismatic
lahkliha *anat.* perineum

lahknema (*lahku minema*) separate, part, diverge; (*hargnema*) branch off
lahkrivi *sõj.* open order
lahku asunder, separate(ly), apart; ~ **lööma** break* off (*or* away), split* away, secede; ~ **minema** separate, part, diverge; (*erinema*) differ
lahkulöömine secession, rupture
lahkuma (*ära minema*) leave*, depart, quit; (*lahku minema*) part, separate; **ta lahkus toast** he left the room; **siit elust** ~ **depart this life; nad lahkusid sõpradena** they parted friends; **ma lahkusin temast** I parted from him, I parted company with him; **ametist** ~ (*erustuma*) retire; (*ametist loobuma*) resign
lahkumine (*äraminek*) departure; (*lahkuminek*) parting, separation; **ametist** ~ (*erustumine*) retirement; (*ametist loobumine*) resignation
lahkumistund hour of leaving (*or* farewells)
lahkunu the (dear) departed, the deceased
lahkus kindness, amiablity; (*sõbralikkus*) friendliness; affability; (*vastutulelikkus*) complaisance
lahkusk sect
lahkusuline sectarian, (*Inglismaal*) dissenter
lahmakas 1. *subst.* (*suur lai tükk*) whacker, large slab (*or* chunk); (*hoop*) whacking blow; 2. *adj.* whacking, thumping, blunt
lahmama whack
laht bay; (*suur kitsa suudmega* ~) gulf; (*väike* ~) cove, inlet
lahter column; (*värviga eristatud* ~) rubric
lahti open, loose, free, detached; up, off; **aken on** ~ the window is open; **mis on** ~**?** what's up?; **tal on kõht** ~ his bowels are loose; **läheb** ~**!** here goes!; ~ **harutama** (*õmblust*) rip up; (*sõlme*) untie; (*midagi sassisolevat*) unravel (*ka piltl.*); ~ **kiskuma** pull (*or* tear*) loose (*or* off); ~ **korkima** uncork; ~ **kruvima** unscrew; ~ **käima** (*avamist võimaldama*) open, be openable; (*osadeks eralduma*) be separable; ~ **laskma** let* go, leave* hold (*of*); (*vabastama*) set* free; (*töölt jms.*) dismiss; (*vallandama*) discharge; ~ **minema** open; (*sõlme jms. kohta*) get* untied; (*püssi kohta*) go* off; ~ **mõtestama** interpret, give* a meaning (*to*); ~ **nööpima** unbutton; ~ **pakkima** unpack; ~ **rakendama** unharness; ~ **riietuma** undress; ~ **saama** get* free; (*avama*) manage to open; (*vabanema*) get* rid (*millestki, kellestki — of smth., smb.*); (*töölt, õppuselt jms.*) be dismissed; ~ **tegema** open; ~ **tulema** (*avanema*) open; (*küljest ära tulema*) get* unstuck (*or* detached), come* (*or* fall*) off; ~ **võtma** take* to pieces, take* apart, disassemble, dismantle; **jalgu** ~ **võtma** take* one's shoes off; **riidest** ~ **võtma** take* one's clothes off, undress; ~ **ütlema** renounce; (*vandega*) abjure, forswear*
lahtikäiv (*avamist võimaldav*) openable, opening; (*osadeks eralduv*) separable (into pieces)
lahtine (*avatud*) open (*ka piltl.*); (*mitte kinnitatud*) loose, untied, unfixed
lahtiolekuaeg time of being open
lahtistama loosen the bowels, purge
lahtisti laxative, purgative, aperient
lahtisus openness, looseness
lahtivõetav separable into pieces, detachable
lahtuma (*vedeliku kohta*) get* (*or* become*) flat; (*viha kohta*) evaporate, cool down
lahus (*eraldi*) separate, apart, asunder
lahus [lahuse] solution
lahusolek separation, being separated
lahustama dissolve
lahusti dissolvent, solvent; (*värvide vedeldamiseks*) thinner
lahustuma dissolve, be dissolved
lahustumatu indissoluble
lahustuv dissolvable, soluble
lahutaja separator
lahutama separate, part, sunder, put* asunder; (*abielu*) divorce; (*ühendust*) disconnect, disjoin, disunite, sever; *mat.* subtract; **meelt** ~ amuse, entertain
lahutamatu inseparable
lahutamine *mat.* subtraction
lahutus separation, parting; disunion; (*abielu* ~) divorce
lahvandus polynia, unfrozen patch of water (in the midst of ice)

lai broad, wide; ~ad rahvahulgad the (broad) masses, large masses of people
laiaekraaniline = laiekraaniline
laiahaardeline extensive, of wide scope (or range), sweeping, vast
laialdane extensive, wide, widespread
laiali spread, dispersed, scattered; käed ~ with spread arms; su mõtted on ~ you are absent-minded; ~ ajama disperse, dispel; ~ laotama spread* out; ~ minema disperse, break* up; ~ pilduma scatter, throw* about; ~ saatma (kirju jms.) send* about (or round), distribute, circulate; (inimeste rühma) dismiss; (parlamenti) dissolve
laialipillatud scattered, disconnected
laialivalguv diffuse, diffusive
laialt broadly, widely; kõnek. (ohtruses, külluses) galore; ~ elama spread* oneself, live in grand style; meil on sõpru (õlut jne.) ~ we have friends (beer, etc.) galore (or in galore)
laiarööpmeline broad-gauge(d)
laiatarbekaubad consumer goods
laiaulatuslik extensive, broad; (laiahaardeline) sweeping
laiaõlaline, laiaõlgne broad-shouldered
laid [laiu] islet, holm, ait
laiduväärne, laiduväärt blameworthy, blameful, blamable; (käitumise kohta) reprehensible, objectionable, exceptionable; (kahetsusväärne) deplorable
laiekraan tehn. wide (vision) screen; ~film tehn. wide-screen (or wide-angle) film
laiekraaniline tehn. wide-screen
laiend (laienenud v. laiendatud koht) expansion, extension; lgv. secondary part of a sentence
laiendama broaden, widen; expand, extend; dilate, distend
laiendus broadening, widening; expansion, extension; dilatation
laienema broaden, widen, become* broader (or wider), expand, extend, become* expanded (or extended); dilate, become* dilated
laienemine broadening, widening; expansion, extension; dila(ta)tion, distension (ka med.)
laiguline spotted, spotty, blotted, blotched, blotchy, mottled
laik spot, blot, blotch, stain, fleck

laika I (koeratõug) husky, Eskimo dog
laika II = glasseenahk
laim slander, calumny, aspersion, defamation; (kirjalik ~) libel
laimaja slanderer, calumniator; (kirja teel ~) libeller
laimama slander, calumniate; cast* aspersions (on), defame
laimukampaania campaign of slander
laine wave; (suur mere~) billow; suuri ~id lööma piltl. make* a great stir
laineala el. wave band
laineline wavy; undulated, undulating; ~ plekk corrugated iron
lainemurdja breakwater
lainepikkus füüs. wave-length
lainetama wave, undulate; be wavy; rise* in waves; (mere kohta ka) billow, be rough (or choppy), (voogama) heave
lainetus waves, undulation; (merel ka) roughness, choppiness; (high) sea, motion of the sea
lainjas wavy, wave-like; (maapinna kohta) rolling
laip corpse, dead body
laisk lazy; (pikaldane) slothful, sluggish; (jõudeolev) idle; ~elajas = laiskloom
laiskleja idler, sluggard
laisklema be lazy (or slothful, sluggish), kõnek. laze; (jõude olema) idle, idle away one's time
laiskloom sloth
laiskus laziness; (pikaldane olek) sloth, slothfulness, sluggishness; (jõudeolek) idleness
laiskvorst lazy-bones
lait = laitus
laitma blame, reprove, find* fault (with), censure, reprehend
laitmatu blameless, irreproachable, unexceptionable
laitus blame, reproof, censure
laiuma widen, broaden, spread*, stretch, extend
laius width, breadth, wideness, broadness; geogr. latitude; ~kraad (degree of) latitude
laiuss = paeluss
laiutama (talaks tegema) widen, broaden, extend; (pillavalt elama) live in grand style, live beyond one's means; ta laiutab oma teadmistega he makes a show of his knowledge (or learning)

laiuti in width
lajatama (*selgesti vastu kajama*) resound, bang; (*laksatades lööma*) bang
lajatus bang, report
lakard = **joomar**
lakatama flap
lake slops, swill; (*vilets õlu*) swipes
lakeerima lacquer, varnish
lakei lackey
lakk [laka] I (*loomal*) mane (*ka piltl.*)
lakk [laka] II (*laepealne*) loft
lakk [laki] lacquer, varnish; (~*aine*) lac; (*kirja*~) sealing-wax
lakkama (*järele jätma*) cease, stop, give* up; (*lõppema*) cease; stop, come* to an end
lakkamatu ceaseless, incessant
lakkamatult ceaselessly, incessantly
lakkekauss, lakkekrants sot, drunkard, boozer
lakkima lacquer, varnish
lakk-king patent-leather shoe
lakknahk patent leather
lakkuma lick; (*larpides*) lap; (*jooma*) drink* (heavily), booze, guzzle, swill
lakmus litmus; ~**paber** litmus paper
lakooniline laconic
laks(ak) slap, smack, clack, click, crack
laksuma clack, click, crack
laksutama clack, click, crack; (*ööbiku kohta*) jug
lalin babble
lalisema babble
lamakil, lamakile = **lamaskil, lamaskile**
lamama lie*, be recumbent (*or* reclining); **haigevoodis** ~ be laid up
lamamisasend lying (*or* recumbent, reclining) position; *sport.* prone position
lamamistool deck-chair
lamanduma lie* flat, be lodged (*or* beaten down)
lamapuu windfallen tree
lamaskil, lamaskile lying, recumbent, reclining; (*kõhuli*) prone; (*selili*) prostrate
lamasklema sprawl, loll (back)
lamatis *med.* bedsore
lambaaed sheep-fold, sheep enclosure
lambakari flock of sheep
lambakarjane, lambakarjus sheep-herder, shepherd
lambakasvatus sheep-rearing
lambakoer sheepdog

lambalaut sheep-cot(e), shed for sheep
lambaliha mutton
lambanahk sheepskin
lambanahkne sheepskin (*atrib.*)
lambapea (*tohman, lollpea*) mutton-head, blockhead, noodle
lambarauad shears
lambatall lamb
lambavill sheep's wool
lambiklaas (lamp-)chimney
lambipalavik = **rambipalavik**
lambipea burner (of a lamp)
lambipesa *el.* lamp holder
lambivari lamp-shade
lambur shepherd, *fem.* shepherdess; ~**iluule** pastoral poetry
lame flat, plain; level, even
lamedus flatness
lamell *anat., tehn.* lamella (*pl.* -ae), lamina (*pl.* -ae); *el.* bar; *bot.* lamella, gill
lamendama flatten, make* flatter
lament *kõnek.* (*mürgel*) row; (*hädaldus*) lamentation; ~**i lööma** kick up a row
lamestama flatten, make* flat
lamm *geogr.* valley flat
lammas sheep (*pl.* sheep)
lammutama demolish, pull down, break* up, (*kindlustust, laeva jm.*) dismantle
lammutus demolition, pulling down, breaking up; (*kindlustuse, laeva jm.* ~) dismantling
lamp I (*valgustusvahend*) lamp; *raad.* valve, tube
lamp II (*lame*) flat
lampaparaat = **lampvastuvõtja**
lampass stripe (on uniform trousers)
lampioon Chinese lantern
lampjalg = **lamppõid**
lampkast cesspool
lamppõid flatfoot (*pl.* -feet)
lampvastuvõtja *raad.* valve (*or* tube) receiver (*or* set)
lang I (*sugulane*) relation by marriage, brother-in-law, sister-in-law
lang II (*langus*) fall; (*kallak*) slope, (*voolaval veel*) gradient, *Am.* grade
langatus *geol.* collapse
langema fall*; come* to a fall; drop; (*alanema*) abate; (*hindade kohta*) fall*, come* down, drop; **lahingus** ~ fall* (in battle), be killed (in action)
langemine falling, fall! (*alanemine*) abatement

langenu (person) fallen in battle, killed in action
langetama let* fall, lower, drop; *(puid)* fell; **otsust** ~ pass (*or* pronounce, deliver) judg(e)ment (*or* sentence)
langetõbi falling-sickness, epilepsy
langetõbine epileptic
langevari parachute
langevarjur parachutist, *sõj. ka* paratrooper
langus (*langemine*) fall; drop; (*allakäik*) decline, decay, decadence
lank *mets.* (wood-)cutting plot (*or* area); *mäend.* mining plot
lant troll, trolling-angle (*or* -line)
lantsett *med.* lancet
laohoidja storekeeper, storeman (*pl.* -men) warehouseman (*pl.* -men)
laohoone storehouse, warehouse
laokil, laokile disarranged, in confusion, scattered
laos ruin; disruption, disintegration; (*kõlbeline* ~) corruption
laostama ruin; disintegrate; corrupt
laostuma be ruined; be disintegrated; be corrupted
laostus ruination; disintegration; corruption
laotama spread*; expand, extend; stretch out; **sõnnikut** ~ spread* (farmyard) manure
laotuma spread*, be spread; expand, be expanded, extend, be extended
laotus 1. (*laotamine*) spreading; expanding; extending; 2. = **taevalaotus**
lapakas patch, (flat) scrap
lapats blade, flap, flapper; (*pilpake*) chip (of wood)
laperdama flap, flutter
lapergune flattened (out), out of (round) shape
lapi Lapp, Laplandish; ~ **keel** Lapp, Lappic
lapik flat, flattened; ~**tangid** pliers
lapiline = **laiguline**
lapiti flatways, flatwise, flat; **mõõgaga** ~ **lööma** strike* with the flat of the sword
lapits palette-knife, spatula
laplane Lapp, Laplander
lapp (*riide*~; *väike maatükk*) patch; (*kalts*) rag; (*tolmu*~) duster
lappima patch, piece, botch, vamp up; (*kingi*) cobble; **kokku** ~ patch up, vamp up
laps child (*pl.* children); (*väike*~)

infant; ~**est peale** from a child; **heal** ~**el mitu nime** a darling child has many names
lapsehoidja (children's) nurse, nursemaid
lapseiga childhood
lapsekingades: ta on veel ~ he is still a child
lapsekingadest: ~ **välja jõudma** grow* up, mature
lapselaps grandchild (*pl.* -children), grandson, granddaughter
lapselik childlike, childish
lapsemäng child's play (*ka piltl.*)
lapsendama adopt (as one's child)
lapsendus adoption (of a child)
lapsepõli, lapsepõlv childhood
lapsevanem parent
lapsevanker perambulator, pram, *peam. Am.* baby carriage, baby buggy
lapsevoodi *med.* childbed, lying-in (period), confinement; ~**s olema** be confined; ~**sse surema** die in childbirth
lapsevoodipalavik *med.* puerperal fever
lapsik childish, infantile, puerile
lapsikus childishness, infantility, puerility
lapsuke(ne) (dear little) child (*pl.* children), little one, kid(dy)
lapsuliblikas *zool.* brimstone butterfly
lapsus lapse, slip, (small) error
lapšaa *kok.* (flat) noodle; (~*supp*) noodle soup
lapuline = **kontvõõras**
lara = **plära**
larakas 1. (*suur tükk*) gob; 2. (*hoop*) whack, smack; 3. = **plärakas**
larhv *vulg.* mug, phiz, face
larin hubbub, din
laristama (*raha raiskama*) squander, fool away one's money; (*prassima*) carouse, booze
larpima lap noisily, guzzle
larts = **plärts**
larv *zool.* larva (*pl.* -vae)
las: ~ **käia!** let go!; ~ **ta läheb** let him go
lase [laske] discharge, shooting
lasila, lasing, lasipuu (*põikpuu hobuste kinnitamiseks*) hitching-rail; (*käsipuu*) railing, balustrade
lask shot, discharge; (*pauk*) report
laskeasend firing position
laskeava embrasure; (*laeva pardas*) port-hole
laskeharjutus shooting practice, (*püs-*

sidest) rifle practice, (*kahuritest*) artillery practice
laskekaugus (shooting) range (*or* distance)
laskemoon ammunition, munition
laskerada shooting-range, rifle-range
laskerelv, laskeriist fire-arm
laskesport sport (*or* target) shooting
laskesportlane (sport) shooter
lasketiir (*kinnine* ~) shooting-gallery; (*lahtine* ~) = laskerada
laskeulatus range
laskevalmis ready to fire, at the ready; (*vinnas*) cocked
laskeväli shooting-ground
laskma (*lubama*) let*; (*relvast*) shoot*, discharge, (*tulirelvast ka*) fire; **lase mul minna** let me go; **mind ei lastud ära minna** I was not allowed to go; **lahti** ~ let* go; **vabaks** ~ set* free; **põhja** ~ **sink***, send* to the bottom; **maha** ~ shoot* down, shoot* dead; **ma lasksin endal juukseid lõigata** I had my hair cut; **verd** ~ let* blood, bleed*; **vett** ~ (*urineerima*) make* water
laskmine (*lubamine*) letting; (*relvast*) shooting
laskuma descend, come* (*or* drop, sink*) down; alight; **üksikasjadesse** ~ go* into details
laskur marksman (*pl.* -men), shot; *sõj.* riflemen (*pl.* -men) (*täpsus*~) sniper; ~**polk** rifle regiment
lass *van.* keg
lasso lasso (*pl.* -os), *Am.* lariat
last cargo (*pl.* -oes), freight
lasteaed kindergarten, nursery school; (*väikelaste kool Inglismaal*) infant school
lasteaednik kindergarten teacher
lastearst children's specialist, pediatrician
lastehaigus children's disease, infantile complaint
lastehalvatus infantile paralysis, poliomyelitis, *lüh.* polio
lastekaitse protection of children, child welfare (service)
lastekodu children's home
lastelapsed grandchildren, children's children
lasterikas, lasterohke rich in children, having numerous children
lastesaade *raad.* children's hour
lastesõim crèche, (public) baby nursery; (*päevane* ~) day nursery

lastetu childless
lastetuba nursery, children's room
lastevanemad parents
lapsevoodi child's (*or* children's) bed
lastija loader; (*laeva*~) stevedore, *Am.* longshoreman (*pl.* -men), lumper
lastikiri *maj.* bill of lading
lastima load, lade, freight
lasu heap, pile
lasuma lie* (heavily, as a load), rest, weigh (*on, upon*); **vastutus lasub temal** the responsibility lies on (*or* rests with) him
lasumus *geol.* bedding, (mode of) occurrence
lasund *geol.* deposit, bed
lasuur azure, sky-blue
lasuurne azure, sky-blue
latakas 1. *adj.* broad and flat; 2. *subst.* something broad and flat; **lai kui** ~ as flat as a pancake (*or* flounder)
latentne latent
laterdama = **latrama**
latern lantern; ~**apost** lamp-post
latikas bream
latrama prate, tattle, chatter, jabber
latsutaja: ~ **madu** rattlesnake
latsutama clack, clap, smack
latt lath; (*ritv*) pole, perch; (*mõõte*~) rod, perch
latter stall, box
latv top
lauahõbe (silver) plate
lauakell (*ajanäitaja*) table-clock, timepiece; (*helistamiseks*) table-bell
lauakombed table manners
lauakõne table-talk; (*lühike* ~ *tervituseks jms.*) after-dinner speech, toast
laualaegas drawer
laualamp desk-lamp
lauamäng board-game
lauanuga table-knife (*pl.* -knives)
lauasool table-salt
lauatennis table tennis, ping-pong
lauatükk piece of board (*or* plank)
lauavabrik saw-mill
lauaviin table-wine
lauavirn stack of boards, (*or* planks)
lauavõi dish butter
laud 1. (*puitmaterjal*) board, plank; (*kuuse- v. männi*~) deal; (*tünni*~) stave; 2. (*mööbliese*) table; (*kirjutus*~) desk; ~**a katma** set* the table, lay* the cloth; ~**a koristama** clear the table; ~**a istuma** sit* down to table; **lauas istuma** sit* at

table; **palun ~a!** please take your seats!
laudasõnnik stable dung (*or* manure), farm (*or* barnyard) manure
laudi (*riiul*) shelf (*pl.* -lves)
laudik *trük.* galley
laudis scaffolding
laudjas croup(e), (horse's) rump
laudkond table-company, guests at table; (*eriti sõjaväes*) mess
laudlina table-cloth
laudne board (*atrib.*), boarded, plank (*atrib.*)
laudpõrand board(ed) (*or* plank) floor
laudsepp = tisler
laudsile: ~ panema (*surnukeha*) lay* out, put* on the bier, put* to lie in state
laudvooder *ehit.* bearding
laug (eye)lid
laugas bog-pool
lauge (*kallakas*) (gently) sloping, not steep, slanting; (*lõnga kohta*) with loose twist
lauglema slide* down, alight smoothly, volplane
lauk I *bot.* leek
lauk II 1. *subst.* (*valge laik looma otsaesisel*) blaze, white (*or* bald) spot, star; (*sellise laiguga hobune*) blazed (*or* white-starred) horse; (*juukselahk*) parting; **2.** *adj.* blazed, (white-)starred
laukapuu sloe
laul song, chant; (*madruste töö~*) chant(e)y, shant(e)y; (*kiriku~*) hymn; (*luuletise osana*) canto (*pl.* -os); see **on vana ~** *piltl.* it's the same old story; **tema ~ on lauldud** his number is up, it is all up with him, he is done for
laulatama *kirikl.* marry, wed
laulatus *kirikl.* marriage ceremony, wedding; **~sõrmus** *kirikl.* wedding-ring
laulik (*luuletaja*) bard, poet; (*raamat*) song-book
laulja singer, vocalist, songster; (*koori~*) chorister
lauljanna, lauljatar (female) singer, *luulek.* songstress
laulma sing*; (*kirikulaulu*) chant; (*linnu kohta*) warble, pipe; (*kirema*) crow
lauluharjutus singing exercise; (*lauluproov*) singing rehearsal
lauluke(ne) little song, ditty
laulukoor choir
laululava choir stand, song (festival) dais, song stadium (*pl.* -ia)
laululind song-bird, warbler
laulupidu song (*or* singing) festival
lauluproov (singing) rehearsal
lauluraamat *kirikl.* hymn-book, hymnal
laulurästas song-thrush, thrush-nightingale
lauluviis tune, melody, air
lauluõpetaja singing master (*jem.* mistress)
laup forehead, brow
laupäev Saturday; (*pühadeeelne päev*) eve
laupäevak subbotnik, voluntary weekend work
laupäeviti on Saturdays
laureaat laureate, prize-winner
lausa (*otse, päris*) downright, outright; (*ilmselt*) manifestly, patently; *atrib.* sheer, unqualified, stark; **midagi kellelegi ~ näkku ütlema** say* smth. direct (*or* straight) to smb.'s face; see **on ~ solvang** it's a downright insult; see **on ~ hullumeelsus** it's sheer (*or* stark) madness
lause sentence, (*kõrval~*) clause; *mat.* proposition, theorem; *muus.* movement
lauseehitus *lgv.* sentence construction
lauseliige *lgv.* part of the sentence
lauseseos *lgv.* sentence context
lauseõpetus *lgv.* syntax
lausik flat, even, plain
lausk (*lauge*) gently sloping; (*tasane ja madal*) low and flat; **~maa** plain, level country
lauspilves overcast
lausuja *folkl.* exorcist
lausuma (*ütlema*) say*, utter; (*nõiasõnu ütlema*) conjure, cast* a spell, exorcise
lausvihm continuous (*or* steady) rain
laut cattle-shed (*veise~*) byre, cowhouse; (*sea~*) pigsty
lauter = **valgma**
lava 1. (*laudehitis*) stage, staging; (*näite~*) stage, scene; (*poodium*) platform, dais; (*sauna~*) bathhouse platform; (*tapa~*) scaffold; **2.** (*taime~*) seed-bed, hotbed; (*raam~*) seed-frame; **3.** *geogr.* tableland, plateau (*pl.* -eaux, -eaus)
lavakujundus set, décor
lavakunst stagecraft
lavaline stage (*atrib.*), scenic
lavastaja (stage-)producer

lavastama stage, produce; (*lava jaoks kohandama*) adapt for the stage; *piltl.* engineer, (*valesüüdistust*) frame up
lavastus (stage-)production, staging; (*valesüüdistuse* ~) frame-up
lavatarbed *teatr.* (stage) properties, *kõnek.* props
lavateos (stage-)play, dramatic work, drama
lavats plank-bed
laveerima (*loovima*) tack (about), beat* against the wind; *piltl.* manoeuvre
lavendel lavender
laviin avalanche
lebama lie*, rest
lee hearth, fireplace
leebe mild, gentle, soft; (*halastav*) lenient
leebuma grow* (*or* become*) mild (*or* milder), soften
leebus mildness, gentleness, softness; (*halastavus*) lenience (*or* leniency)
leede (*liivamaa*) sandbank, sand bar; (*leetmuld*) podzol
leeder = **leedripuu**
leedi lady
leedripuu elder(-tree)
leedu Lithuanian
leedulane Lithuanian
leegiheitja flame-thrower
leegion legion
leegionär legionary
leegitsema flame, blaze, be ablaze, flare
leek flame, blaze, flare
leekima (*loitma*) flame, blaze, flare
leekkuul *sõj.* tracer bullet
leeklamp blowlamp, torch
leeklill = **floks**
leekpunkt *füüs.* flash point
leektoru *tehn.* fire tube
leelis (*lehelis*) lye; *keem.* alkali, alkaline solution
leelise(li)ne alkaline
leelutama chant, sing-song
leem broth, soup
leemendama be wet (*or* humid), run* with moisture; **higist** ~ be wet with sweat (*or* perspiration)
leen back; ~**tool** = **tugitool**
leepra = **pidalitõbi**
leer I (*laager*) camp, encampment
leer II *kirikl.* instruction before confirmation, confirmation classes; ~**ilaps** confirmee, confirmand
leesikas *bot.* bearberry

leeskputk *bot.* lovage
leethiir *zool.* red (*or* bank) vole
leetmuld *põll.* podzol
leetpõõsas *bot.* broom
leetrid measles
leetseljak *geogr.* sandbank, sand bar
leevendama soothe, soften, mollify, mitigate, assuage, allay; (*kergendama*) ease, palliate, relieve
leevendus soothing, softening, mollification, mitigation, assuagement; (*kergendus*) easing, palliation
leevike(ne) *zool.* bullfinch
legaalne legal, lawful
legaalsus legality, lawfulness
legaat I *aj., pol.* legate
legaat II *jur.* legacy
legalisatsioon legalization
legaliseerima legalize
legeerima alloy
legend legend
legendaarne legendary
legislatuur *jur.* legislature
legitiimne *jur.* legitimate
legitiimsus *jur.* legitimacy
legitimeerima *jur.* legitimize
lehearm *bot.* leaf scar
lehekuu = **mai**
lehekülg page; **uut** ~**e** **pöörama** *piltl.* turn over a new leaf
lehelaba *bot.* (leaf) blade
lehelangus fall (*or* shedding) of leaves, *tead.* defoliation, leaf abscission
lehelis lye
lehepõrnikas *zool.* cock-chafer
leherikas leafy
leheroheline *bot.* chlorophyll
leherood, lehesoon *bot.* (leaf) vein, rib
lehestik foliage, leafage
lehetäi *zool.* greenfly, aphis (*pl.* -ides)
lehevaablane *zool.* saw-fly
lehevars leaf stalk, *tead.* petiole
lehikseened *bot.* agarics, agaricaceous (*or* gill) mushrooms
lehis 1. (*puu*) larch; 2. (*noor lehtedega oks*) frondage, leafy branch (*or* sprig)
lehistuma come* (*or* break*) into leaf, put* on leaves, break* out in (*young*) leaf
lehitsema turn over the leaves, leaf (*or* thumb) through (*or* over)
lehitu leafless
lehk stench, stink, (offensive) smell

lehkama stink*, smell* (offensively); (*pisut* ~) have a (slight) smell, (*liha kohta*) be (slightly) tainted
lehm cow; ~**akarjane**, ~**akarjus** cow-herd; ~**akauplemine** *piltl.* shady bargaining, (political) trafficking; ~**alaut** cowshed, cow-house, byre; ~**apiim** cow's milk
lehmik, lehmvasikas female calf (*pl.* calves)
leht (*puu*~, *raamatu*~ *jms.*) leaf (*pl.* leaves); *metalli*~, *paberi*~) sheet; (*aja*~) (news)paper
lehte: ~ **minema** = **lehistuma**
lehter funnel; ~**suue** *geogr.* estuary
lehtes in leaf
lehtkuld gold foil (*or* leaf), beaten gold
lehtla, lehtmaja arbour, bower
lehtmets = **lehtpuumets**
lehtmänd larch
lehtpuu broad-leaved (*or* broadleaf) tree, deciduous (*or* foliage) tree; ~**mets** broad-leaved (*or* broadleaf) forest, deciduous (*or* foliage) forest (*or* wood)
lehtraud sheet iron
lehtrikujuline funnel-shaped
lehtsaag *tehn.* pad-saw
lehtsalat *bot.* lettuce
lehttainas *kok.* puff paste, flaky pastry
lehtteras sheet steel
lehv bow-(knot), slip-knot
lehvik fan
lehvima flutter, fly*
lehvitama (*lehvikuga*) fan; (*viibutama*) wave, flutter
leib (rye) bread; (*päts*) loaf (*pl.* loaves); (*elatis*) bread and butter, living; ~**a teenima** earn (*one's*) living, make* a living
leibkond household
leiborist Labourite, Labour (party) man (*pl.* men)
leid [leiu] find; (*uurimise tulemus*) finding; (*avastus*) discovery
leid (*hobuserakmete osa*) breeching, breech-band
leidja finder
leidlaps foundling
leidlik inventive, ingenious, resourceful
leidlikkus inventiveness, ingenuity, resourcefulness
leidma find*; find* out; (*avastama*) discover; **aset** ~ take* place
leiduma be found; (*olelema*) exist; (*esinema*) occur, present oneself,

be met with; **leidub inimesi, kes**... there are people who
leidur inventor
leierdama harp (*or* be harping) on the same string, repeat platitudes; **maha** ~ **reel** off; **ära** ~ **make*** hackneyed
leierkast barrel-organ, hand-organ, hurdy-gurdy; ~**imees** organ-grinder
leige lukewarm, tepid
leigus tepidity
leil steam, hot vapour (in a bath); ~**i viskama** add steam (by throwing water on the hot hearth-stones)
lein mourning; (*kurbus*) grief
leinaja mourner
leinakask weeping (*or* drooping) birch
leinaliblikas *zool.* mourning cloak (butterfly)
leinaline 1. *adj.* mournful; 2. *subst.* mourner
leinama mourn; (*halisedes*) lament
leinamarss funeral (*or* dead) march
leinapaju weeping willow
leinarong = **matuserong**
leisikas *van.* twenty-pound weight
leitnant lieutenant
leitsak, leitse hot vapour, fume; (*niiske soojus*) humid heat
leiubüroo lost property office (*or* bureau)
leiukoht place of finding, site of discovery; *geol.* deposit; (*taime v. looma* ~) habitat
leiutaja inventor, contriver
leiutama invent, contrive; (*plaanitsema*) devise
leiutasu finder's reward
leiutis invention, thing invented, contrivance
leiutus invention
leivaahi (baker's) oven
leivaisa *van.* employer, master, boss
leivakannikas hunk (*or* chunk) of bread; *piltl.* = **leivateenistus**
leivakauplus bread shop
leivakooruke(ne) crust of bread (*ka piltl.*)
leivakõrvane something to eat with bread; **midagi leivakõrvast** something besides bread to bite into
leivaküna kneading-trough
leivaline (non-paying) boarder
leivapala bit (*or* piece) of bread
leivapäts loaf (*pl.* loaves) (of bread)
leivaraasuke(ne) crumb of bread
leivasupp panada

leivateenistus bread-winning, (making a) living
leivategu batch (of loaves)
leivatehas, leivavabrik bread factory, mechanized bakery
leivaviil(ukas) slice of bread
leivavili bread corn, bread grain
lekaal *tehn.* (curve-)templet
lekk leak
lekkima leak; ~ **hakkama** spring* a leak
leksikaalne lexical
leksikograafia lexicography
leksikoloogia lexicology
leksikon lexicon
lektoorium 1. (*loenguid korraldav asutus*) lecturing bureau; 2. (*õppejõudude tuba*) (senior) common room, staff room; (*loenguruum*) lecture-room
lektor (university) lecturer, reader
lektüür reading(-matter)
lell (paternal) uncle
lellepoeg, lelletütar cousin
lelu toy; (*tühiasi*) bauble, trinket, trifle
lembeluule love poetry
lembima cherish, love (fondly)
lembus (*hellus*) love, affection; (*soosing*) favour
lemm (*helves*) flock, flake
lemmalts *bot.* touch-me-not, balsamine, (garden) balsam
lemme love, affection
lemmel *bot.* duckweed
lemmik favourite, darling; (~*loom*; *pailaps*) pet; (*soosik*) minion
lend flight; (*koolilõpetajate aastakäik*) graduates of one year; **~u laskma** launch (*ka piltl.*); **~u tõusma** take* wing; (*lennuki kohta*) take* off; **lennult haarama** be quick to seize (*or* understand); **lennus** in flight, on the wing
lendama fly*
lendkala flying fish
lendleht leaflet, fly-sheet, pamphlet, handbill
lendlema fly* about, flutter, flit, hover
lendmadu = **lohe**
lendsalk flying squad
lendtäht = **meteoor**
lendu *vt.* **lend**
lenduma volatilize, evaporate (rapidly), vaporize
lendur airman (*pl.* -men), aviator, flier (*or* flyer); (~-*piloot*) pilot,

lenduv volatile, rapidly evaporating, vaporizing
lenduvus volatility
lendva *van.* (*nimmevalu*) lumbago
lendvili *bot.* wind-borne fruit
leng (window-, door-) casing
leninism Leninism; **~i alused** principles of Leninism
leninlane Leninist, Leninite
leninlik Leninist
lennuasjandus aviation, aeronautics, flying
lennuauk (*tarul*) (bee-)entrance
lennubaas airbase
lennujaam airport
lennuk aeroplane, plane, airplane, aircraft; **~ite emalaev** aircraft carrier
lennukas (high-)spirited, full of swing, enthusiastic
lennukijuht = **piloot**
lennulaud (*tarul*) flight (*or* alighting) board
lennuliin air line
lennunahk *zool.* flying-membrane, patagium (*pl.* -ia); (*nahkhiirel*) wing-membrane
lennundus = **lennuasjandus**
lennupost air-mail
lennus *vt.* **lend**
lennusport sports aviation
lennutama (make*) fly; let* fly, hurl; (*üles pilduma*) toss up
lennuvõimeline (*linnu v. looma kohta*) capable of flight; (*lennuki kohta*) airworthy
lennuväelane airman (*pl.* -men)
lennuvägi air force
lennuväli airfield, aerodrome, airdrome
lennuühendus air connection (*or* connexion)
leopard leopard
leos *vt.* **ligu**
leotama soak, drench; steep; infuse; (*leotades pehmitama*) macerate; (*linu*) ret
leotis (*väljaleotatu*) infusion; ~**loom** = **infusoor**
lepalind redstart
lepamaim *zool.* minnow
lepamets alder wood
lepane = **lepne; nagu lepase reega** swimmingly, smoothly and rapidly
lepapuu alder-tree
lepatriinu ladybird
lepe = **kokkulepe**
lepik alder grove (*or* wood)
leping contract, deed, agreement; (*riiklik* ~) treaty, pact

lepinglane = lepinguosaline
lepinguline contractual; treaty (*atrib.*)
lepinguosaline contracting party, contractor; (*lepingule allakirjutanu*) signatory
lepitama conciliate, reconcile; (*järeleandlikkusega*) appease; (*viha vaigistama*) placate; (*armulikuks tegema*) propitiate; (*rahustama*) pacify
lepitamatu irreconcilable, inexorable, implacable
lepitus conciliation, reconciliation, reconcilement; appeasement; propitiation
leplane *pol.* conciliator, appeaser
leplik conciliatory; (*järeleandlik*) accommodating; (*rahuarmastav*) peaceable; (*vähenõudlik*) unexacting
lepne alder (*atrib.*), of alder(-wood)
lepp alder(-tree)
leppemärk conventional sign
leppesõna password, watchword (*ka sõj.*)
leppima be reconciled (*with*), be conciliated (*to*); (*rahulduma*) acquiesce (*in*), content oneself (*with*); (*taluma*) put* up (*with*); (*kindlaks määrama*) agree (*upon*); (*kihla vedama*) wager, make* a bet; **kokku ~** agree, come* to an agreement; **ära ~** make* peace (*with*), make* it up (*with*)
leppimatu irreconcilable, implacable; (*järeleandmatu*) uncompromising
leppmaim = lepamaim
leppmalts = lemmalts
leprosoorium hospital for lepers, leper colony, *Am.* leprosarium
lesepõli, lesepõlv widowhood
lesestuma be (*or* become*) widowed
lesima = lamama, lebama
lesk (*~mees*) widower; (*~naine*) widow; (*isane mesilane*) drone
lest 1. (*lehetaoline asi*) thin plate, flake; (*ujunahk*) web; (*kest*) pod; 2. (*kala*) flounder, flatfish, plaice; 3. (*putukas*) mite
leste [lestme] *anat.* lamina (*pl.* -nae)
letargia *med.* lethargy
lett counter; **letilt müüma** sell* across the counter; **leti alt** from under the counter
leukoplast *farm.* adhesive tape; *bot.* leucoplast
levik spread, dissemination, distribution; propagation; **~uala** area of distribution

levila = levikuala
levima spread* be disseminated (*or* distributed, propagated)
levitama spread* disseminate, distribute; propagate; **haigust ~** spread* a disease; **teadmisi ~** disseminate (*or* spread*, propagate) knowledge; **lendlehti ~** distribute *or* hand out) leaflets
levkoi gillyflower, stock
libahunt *folkl.* wer(e)wolf (*pl.* -wolves)
libajas sloping, slanting
libamisi slopingly, slantingly, slantwise
libastama slip (up), make* a slip
libastus slip
libe 1. *adj.* slippery; (*sile*) sleek, slick, smooth, glib (*ka piltl.*); 2. *subst.* = **leelis**
libedalt, libedasti smoothly, glibly
libedik 1. = **libemagu**; 2. = **laap**
libedus slipperiness; (*siledus*) smoothness, glibness
libekeelne glib(-tongued)
libekeelsus glibness; (*luiskav ~*) blarney
libemagu *zool.* rennet bag (*or* stomach), abomasum (*pl.* -sa)
liberaal liberal
liberaalitsema play the liberal, display undue liberalism
liberaalne liberal
liberalism liberalism
libestama lubricate
libisema slide*, glide, slip; (*er. küljetsi, sõiduki kohta*) skid
libistama (*libisema panema*) make* slide (*or* glide, slip)
libitsema = lipitsema
lible flake, scale, husk; (*rohu~*) blade
liblikas butterfly; (*öö~*) moth
liblikõieline *bot.* papilionaceous (plant)
libretist librettist
libreto libretto (*pl.* -tti)
libu harlot, slut, tart
liduma cut* (along), rip
lift lift, *Am.* elevator; **~ipoiss** lift boy
liga-loga higgledy-piggledy, (in ~a) slipshod (manner)
ligane slimy
ligatuur 1. *tehn.* alloy; 2. *med., muus., trük.* ligature
lige = märg
ligem nearer
ligemal nearer
ligemale nearer; (*ligikaudu*) nearly

ligi (*lähedal*) near, close to; (*ligikaudu*) nearly; (*kaasa, kaasas*) about, on, with (one); **astu ~ step up, come up; mul ei ole raha ~ I have no money about** (*or* on) **me; ~ laskma let* come** (*or* allow) **to come) near**
ligidal, ligidale near (by), close by, close (to)
ligidalt from near by; ~ **ja kaugelt** from near and far
ligidane = lähedane
ligikaudne approximate
ligikaudu approximately, roughly, about
ligikond = lähikond
ligilähedal close by, at close quarters
ligilähedale close by, to close quarters
ligilähedalt from close by, from close quarters
ligimene neighbour, fellow-creature, fellow-man (*pl.* -men)
ligimesearmastus charity
liginema = lähenema
ligiolek nearness; (*varstisus*) imminence
ligipääs access, admittance
ligipääs(e)matu inaccessible
ligipääsetav accessible
ligistama (*lähedaseks tegema*) bring* near (*or* together), make* close, approximate; (*pookima*) ablactate
ligistikku near (to each other), fast by each other, close (to each other)
ligu retting pit, pit for retting (*or* steeping) flax; **linad on leos** the flax is retting; **likku panema** put* to soak
liguma = ligunema
ligunema soak, be (*or* get*) soaked (*or* steeped); be drenched
liguster *bot.* privet
liha flesh; (*toiduna*) meat; (*vilja~*) pulp; ~ **hakkima** chop (*or* mince) meat
lihahakkimismasin (meat-)mincer, mincing-machine
lihahimu (carnal) lust, fleshly appetites
lihakana *põll.* broiler
lihakari *põll.* beef cattle
lihakarva carnation
lihakas fleshy, beefy, meaty; (*puuvilja kohta*) pulpy
lihakaste gravy
lihakauplus butcher's (shop)
lihaleem broth
lihalik fleshly, carnal

lihaloomad (*veised*) beef cattle; (*lambad*) mutton sheep
lihane (*venna, õe jne. kohta*) full, own
lihapirukas meat-pie
liharoog (course of) meat
lihas muscle
lihasaadused meat products, (processed) meats
lihaseline muscular
lihaskond = muskulatuur
lihaskude muscle tissue
lihastik = muskulatuur
lihasuretaja = askeet
lihasööja 1. *adj. zool.,* *bot.* carnivorous; 2. *subst.* (*looma kohta*) carnivore, flesh-eater; (*inimese kohta*) meat-eater
lihatoit meat; animal food
lihav (*tüse*) corpulent; (*matsakas*) plump; (*lihakas*) fleshy, beefy
lihavus corpulence; (*lihakus*) fleshiness, beefiness
lihavõtted, lihavõttepühad *kirikl.* Easter
lihe slide
liht [lihi] *tekst.* = **mett**
lihtaine *keem.* element
lihthöövel *tehn.* smoothing plane
lihtima 1. (*silendama*) smooth; 2. *tekst.* = **mettima**
lihtinimene ordinary (*or* common) person, the man (*pl.* men) in the street
lihtkiri ordinary (*or* non-registered) letter
lihtlabane simple, plain, common, commonplace
lihtlause *lgv.* simple sentence
lihtminevik *lgv.* (simple) past, preterit(e), (*mitte inglise keele kohta ka*) imperfect
lihtmurd *mat.* proper fraction; *med.* simple fracture
lihtne simple, plain; elementary; (*tavaline*) ordinary, common
lihtrahvas common (*or* ordinary) people
lihtsalt simply, plainly; (*lausa*) downright, outright
lihtsameelne simple-minded
lihtsameelsus simplicity, simple-mindedness
lihtsilm *zool.* simple eye, ocellus (*pl.* -lli)
lihtsurelik ordinary mortal
lihtsus simpleness, simplicity, plainness

lihtsustama simplify
lihtsustus simplification
lihtsõdur private (soldier)
lihttööline unskilled workman (*pl.* -men)
lihunik butcher; **~ukirves** cleaver
lihv polish, refinement
lihvima polish; (*klaasi jms.*) grind*, cut*
lihvimatu unpolished
liiaks = **liiga**
liialdama exaggerate
liialdane excessive, inordinate
liialdus exaggeration
liiale: ~ **minema go*** too far (*or* to excesses), exceed (the limit), overdo* (things)
liialeminek excess
liialt too, too much, excessively, overmuch
liiati(gi) (*pealegi veel*) all the more, so much the more, at that, as well; (*ammugi veel*) let alone, not to mention
liibuma cling* (*to*), stick* (*to*), snuggle (*against*), nestle close (*to*)
liide junction; *lgv.* affix
liidendama *pol.* annex
liider leader
liiderlik dissolute, licentious
liiderlikkus dissoluteness, licentiousness, debauchery
Liidunõukogu *pol.* Soviet of the Union
liiduvabariik Union Republic
liig excess; **see on juba ~!** this is (far) too much!, this is the limit!; **mis ~, see ~!** that's too much of a good thing!; **~a tegema** treat badly, be unkind (*to*), do an injury (*to*), hurt*
liiga *adv.* too, excessively
liiga (*liit*) league
liigaasta = **lisapäeva-aasta**
liigasustatus *maj.* overpopulation
liigatama stir, make* a movement
liigatus stir, movement
liige member; (*keha*~) limb; (*teadusliku ühingu jms.* ~) fellow, member; *loog., mat.* term, member
liigend joint
liigendama dismember; break* up, analyse
liigendnuga folding knife (*pl.* knives), (*suur* ~) clasp-knife (*pl.* -knives)
liiges *anat.* joint, articulation; **~epõletik** *med.* inflammation of a joint, arthritis; **~evalu** *med.* pain in a joint, arthralgia

liigestama joint, separate (at the joints); (*jaotama*) divide (*into*)
liigierisus *loog.* specific difference
liigitama classify; (*sorteerima*) assort; (*rühmadeks jaotama*) group
liigitunnus specific difference
liigitus classification
liigjulgus recklessness, rashness
liigkasu usury, usurious profit
liigkasuvõtja usurer
liigkasuvõtmine usury
liigliha proud flesh; *piltl.* padding, irrelevant material
liigmurd *mat.* improper fraction
liignaine concubine
liigne (*ülemäärane*) excessive; (*ülearune*) superfluous, redundant
liignimi = **perekonnanimi**
liigsus (*ülemäärasus*) excessiveness; (*ülearusus*) superfluousness, redundancy
liigsöömine overeating
liigtootmine overproduction
liigud "wetting a bargain", celebrating a purchase; **liiku(sid) jooma** celebrate a purchase
liigutama move, stir, agitate; (*südant*) move, touch, affect
liigutav moving, touching, heart-stirring; pathetic
liigutus movement, move, motion; (*käe*~) gesture; (*tunde*~) emotion
liigväsimus over-fatigue, exhaustion
liik [liigi] kind, sort, class; *biol.* species
liik [liigu] *vt.* **liigud**
liiklema be in motion, go* to and fro, come* and go*; (*laeva kohta*) ply; (*ringlema*) circulate
liiklemiskeeld curfew
liiklemistee traffic road
liiklemisummistus traffic jam
liiklemisvahend means of communication
liiklus traffic, circulation, (communication) service; **~märk** traffic sign; **~määrustik** traffic regulations, (the) highway code; **~õnnetus** traffic (*or* road) accident
liikmekaart membership card
liikmekandidaat candidate member
liikmemaks membership fee (*or* dues)
liikmeskond membership, members
liikmesriik member state
liikuma move, be in motion; (*liigutama*) stir; (*paigalt nihkuma*) budge; **~ panema set*** in motion

liikumapanev motive; ~ **jõud** motive power
liikumatu motionless, immobile; (*liigutamatu*) immovable; ~ **varandus** = **kinnisvara**
liikumatus motionlessness, immobility
liikumine movement, motion; (*ühest kohast teise*) locomotion
liikumiskiirus speed (of motion), velocity
liikuv moving, movable; (*liikumisvõimeline*) mobile; (*elav*) agile, lively; ~ **vara** = **vallasvara**
liikuvus motility, mobility; (*elavus*) agility
liikva ether alcohol
liikvel in motion, astir; (*käibel*) in circulation; ~**e laskma** set* in motion, put* into circulation, launch
liilia lily
liim glue; (*kontori*~) gum, mucilage; (*linnu*~) lime; ~**ile minema** fall* into the trap; ~**ist lahti minema** get* out of joint (*er. piltl.*)
liimaine gluten
liimeister *tehn.* planing-knife (*pl.* -knives), spoke-shave
liimima glue
liimine gluey; (*kleepuv*) sticky
liimipaber sticky paper, (*kärbsepaber*) fly-paper
liimitööstus glue manufacture
liimivöö = **liimvöö**
liimjas glutinous
liimollus = **liimaine**
liimuma be (*or* become*) glued (*to*)
liimvärv *tehn.* glue paint
liimvöö *aiand., mets.* grease band
liin line; **kogu** ~**il** all along the line
liineal = **joonlaud**
liini(auto)buss long-distance bus
liinilaev liner (ship); *sõj.* battleship
liinilennuk liner (plane)
liip platelet, thin slice, wafer
liipama 1. (*natuke lonkama*) limp (a little); 2 (*noaga üle luisu v. rihma tõmbama*) pass over (*or* whet on) a hone (*or* strop)
liiper sleeper, *Am.* tie
liipima (*kivil*) hone, (*rihmal*) strop
liisk lot; ~**u heitma** cast* (*or* throw*) lots; ~**u tõmbama** draw* lots; ~ **on langenud** the die is cast
liist 1. (*puuriba*) slat; 2. (*kingsepa*~) last; (*jalatsi vormishoidmiseks*) boot-tree(s)
liistak platelet; lamella (*pl.* -llae, -llas)

liisuheitmine casting of lots
liisuma stale, become* (*or* grow*) stale, become* flat
liisunud stale, flat
liit union, alliance; (*ühiskondlik-poliitiline* ~) league; (*ajutine* ~) coalition; **tööliste ning talupoegade** ~ the union (*or* alliance) between the workers and the peasants; **kellegagi liidus** in union (*or* alliance) with smb.
liitaine *keem.* compound substance
liiteeter *keem.* compound ether, ester
liitekoht joint, junction
liiter litre
liitlane ally
liitlasriik allied state, (*suurriigi kohta*) allied power
liitlause *lgv.* (*rindlause kohta*) compound sentence, (*põimlause kohta*) complex sentence
liitleht *bot.* compound leaf (*pl.* leaves)
liitma (*ühendama*) unite, join (together), ally; (*tervikuks kokku* ~) compound; *mat.* add, add up
liitmine *mat.* addition
liitplokk = **tali**
liitprotsendid *maj.* compound interest
liitriik federation, federative state
liitrine (of one) litre
liitsilm *zool.* compound eye
liitsõna *lgv.* compound (word)
liituma (*ühinema*) unite, join (up), join forces (*with*); become* allied (*to*); league, combine, coalesce; (*külguma*) adhere (*to*)
liiv [liiva] sand
liiv [liivi] hoop net
liivaauk sand-pit
Liiva-Hannus The Grim Reaper, Goodman Death
liivahunnik sand-pile
liivak sands, sand plain, sandy tract
liivakarva sand-coloured, sandy
liivakast sand-box
liivakell sand-glass, hour-glass
liivakivi sandstone, (*peeneteraline* ~) freestone, (*sõmerjas* ~) gritstone
liivakook (*laste* ~) mud-cake; *kok.* short cake, short bread
liivakõrb sandy desert
liivaluide (sand) dune, sand drift
liivane sandy, full of sand
liivapaber sandpaper, glass paper
liivasõel sand screen
liivatama sand
liivatee *bot.* thyme

liivatera grain of sand, (piece of) grit
liivi Livonian
liivik sands, sand-tract, sandy plain
liivkann *bot.* sandwort
liivlane Livonian
liivmuld sandy soil
liivsavi sandy clay, (clay) loam
likku *vt.* **ligu**
likvidaator *aj. pol.* liquidator
likvideerima liquidate; eliminate; (*ära kaotama*) abolish
liköör liqueur, cordial
liliput Liliputian; (*kääbus tsirkuses*) midget
lill flower; **läbi ~ede rääkima** speak* in delicate hints
lilla (*hele~*) lilac, mauve; (*tume~*) violet; (*punakas~*) purple
lillakas I (*lillavõitu*) lilac(-tinged), purplish
lillakas II *bot.* stone-cloudberry
lilleaed flower-garden, parterre
lillekauplus florist's (shop)
lillekimp bunch of flowers, bouquet, nosegay
lilleline flowery, flowered; (*stiili kohta*) florid
lillepeenar flowerbed
lillepott flowerpot
lillevanik garland (of flowers)
lillhernes sweet pea
lillkapsas cauliflower
lima (*lõga*) slime; (*orgaanilise eritisena*) mucus; *med.* phlegm
limaan *geogr.* (*suudmelaht*) estuary; (*soine järv jõesuudmes*) liman, lagoon
limanahk = **limaskest**
limane (*lõgane*) slimy; mucous; *med.* phlegmy
limaskest *anat.* mucous membrane, mucosa
limiit (*määratud piir*) limit; (*piirnorm*) contingent
limiteerima limit
limonaad lemonade
limpama (*lonkama*) limp (a little)
limpsama lick, give* a lick; **keelt ~** lick one's lips (*or* chops)
limukas = **vihmauss**
limune = **mollusk**
lina (*taim ja selle kiud*) flax; (*voodi~*) (bed-)sheet; (*laud~*) (table-)-cloth; (*näite~*) screen
linahari flax comb
linakupar flax boll (*or* capsule)

linalakk (*hobune*) flaxen-maned horse; (*inimene*) flaxen-haired person
linaleoauk, linaligu retting pit (*or* pond) (for flax)
linaluud (flax) boon
linane linen; **~ riie** linen (cloth)
linaropsimine flax-scutching
linaseeme linseed, flaxseed
linaseemnekook linseed cake, oil cake
linaseemneõli linseed oil, flax oil
linask *zool.* tench
linastama screen, show* (on the screen)
linasugemine flax combing
linatööstus flax-processing industry; (*er. linaketramine*) flax-spinning; (*lõuendi valmistamine*) linen industry
linavabrik flax-mill
linavõrm *bot.* flax dodder
linavästrik (pied) wagtail
linaöölane *zool.* gamma moth
lind bird
lindistama = **helilindistama**
lindprii outlawed, proscribed
lineaalne *bot.* linear
lineaarne linear
lineerima line, rule
ling (*kiviviskevahend*) sling; (*silmuspüünis*) snare
lingis *vt.* **link**
lingside *med.* sling
lingvist linguist
lingvistika linguistics
lingvistiline linguistic
linik (*kitsas lauakate v. vaip*) runner; *etn.* linen kerchief
link latch, catch; (*ukse käepide*) door-handle; **uks on lingis** the door is (shut) on the latch; **~i panema** shut* on the latch
linlane townsman (*pl.* -men), townswoman (*pl.* -women), citizen; linlased townspeople, townsfolk
linn town, (*suur~*; *eriliste õigustega ~*) city; (*väike~*) borough, *kõnek. ka* burg; **~aelanik** = **linlane**; **~ajagu** (city) quarter, ward; **~akomitee** town (*or* city) committee
linnalik urban
linnalähedane suburban
linnamägi (site of an) ancient fortified stronghold
linnanõukogu (*NSV Liidus*) Town Soviet; (*mujal*) town council
linnanõunik *aj.* town councillor, alderman (*pl.* -men)

linnaomavalitsus municipality
linnaosa quarter
linnapea mayor
linnased malt
linnasepiim malted milk
linnasesuhkur malt sugar, *tead.* maltose
linnasetehas malt house (*or* factory)
linnastuma become* urbanized
linnriik *aj.* city-state
linnufarm poultry-farm
linnukapsas *bot.* nipplewort
linnukasvatusfarm = **linnufarm**
linnuke(ne) little bird, birdie, *lastek.* dicky-bird
linnukoer pointer, setter, (*hispaania* ~) spaniel; (*üldse jahikoer*) hound, *Am.* bird dog
linnulaul singing of birds
linnulennuline bird's-eye (*atrib.*), fleeting; ~ **vaade** bird's-eye view
linnulennult from a bird's-eye view
linnuliha game
linnunahkne: ~ **kasukas** *kõnek.* (expensive) fur coat
linnuparv flock (*or* flight) of birds
linnupesa bird's nest
linnupete early breakfast
linnupiim *bot.* star of Bethlehem
linnupoeg young bird, fledg(e)ling, (*pesalane*) nestling
linnupuur bird cage
linnus *aj.* (*kindlustatud loss*) castle, stronghold; (*maalinn*) (ancient) fenced fortification, fortified stronghold
linnustik avifauna, bird fauna, bird population, birds
Linnutee *astr.* Milky Way, Galaxy
linoleum linoleum, lino
linoollõige lino-cut
linotüüp *trük.* linotype (machine)
lint band, ribbon, tape; ~**konveier** *tehn.* band (*or* belt) conveyer; ~**saag** *tehn.* band-saw, belt-saw
lintš(ikohus) lynching, lynch law
lintšima lynch
linttraktor caterpillar tractor
lipakas scrap, rag; (*paberi*~) slip; (*tüdruku*~) flighty girl, flapper
lipats slat, strip of wood
lipendama flutter, flap
lipik tag, (hanging) label
lipitsema (*meelitama*) flatter, court, (*orjalikult*) adulate, (*pugema*) curry favour (*with*), fawn (*on*)
lipnik *aj.* ensign
lipp (*riigi*~; *plagu*) flag; (*võitlus*~,

loosungitega ~) banner; (*laeva v. polgu* ~) colours; (*ratsaväes*) standard; (*malend*) queen
lippama scud, scoot, scurry, lope
lippur = **lipukandja**
lips I (*kaelaside*) (neck-)tie
lips II (*huulik, suuline*) mouthpiece
lipsama slip; **välja** ~ slip out
lipsunõel tie-pin, *Am.* stick-pin
lipuehtes beflagged
lipuehtesse: ~ **panema** beflag, decorate with flags
lipukandja standard-bearer, colour-bearer, banner-bearer
lipukiri device; (*loosung*) slogan
lipulaev flagship
liputama wag
lipuvarras flagstaff
lirtsuma squelch
lirva slut, baggage, strumpet, hussy, trollop
lisa addition; (*täiendus*) supplement; (*teose lõpul*) appendix; ~**ks** in addition (*millelegi* — *to smth.*)
lisaandmed additional (*or* supplementary) data
lisajõgi affluent (stream), tributary
lisakasum *maj.* super-profit
lisaleht supplement, supplementary sheet; (*kirjal*) enclosure
lisama add; (*kirjale ümbrikku*) enclose
lisand addition, supplement; (*jätke*) appendage; (*segule*) admixture; *lgv.* apposition
lisandama add; (*jätkena*) append
lisanduma be added
lisandus addition
lisapala *teatr.* encore
lisapäev (*kalendris*) intercalary day; ~**a-aasta** leap-year
lisatasu extra pay (*or* remuneration)
lisaväärtus *maj.* surplus value
lita bitch
litaur *muus.* kettledrum
literaarne literary
literaat man (*pl.* men) of letters, writer; **literaadid** (*ka*) literati
literatuur literature
literatuurne literary
litograafia lithography
litografeerima lithograph
litsents licence
litsuma press, (*pigistama*) squeeze
litter spangle
liud dish, bowl
liug slide, glide; ~**u laskma** slide*, glide

12 J. Silvet

liugelaager *tehn.* sleeve bearing, plain bearing
liugetee *tehn.* chute
liuglema slide*, glide, plane, soar
liuglend glide, gliding flight
liugur *tehn.* slider, slide-block
liumägi slide (for tobogganing), toboggan-run
liusk sloping
liustik = jääliustik
liuväli skating-rink
livree livery
loba twaddle, prattle
lobama twaddle, prattle
lobamokk, lobasuu twaddler, prattler, chatterbox, windbag
lobi *kõnek.* grub, slops, *Am.* chow
lobisema prate, prattle, tattle, chatter, babble; **välja ~** blurt out, blab
lobjakas (snow-)slush
lobudik shanty, ramshackle house
lodev (*lõtv*) slack, flabby; (*kombe-lõtv*) loose-living, dissolute
lodevus (*lõtvus*) slackness, flabbiness; ˙ (*kombelõtvus*) looseness, dissoluteness
lodi barge
lodjapuu snowball (tree), guelder rose
lodu fen, marsh, marshy land
loe [loode] north-west
loend = **loetelu**
loendama count, enumerate
loendamatu innumerable, numberless, incalculable
loendus count, enumeration
loeng lecture; **~ut pidama** give* (*or* deliver) a lecture; **~uid pidama** lecture, deliver lectures
loengusaal lecture-hall, lecture-room
loetav (*lugemisväärne*) readable; (*selgekirjaline*) legible
loetelu enumeration; (*nimestik*) list
loetlema enumerate, name one by one, call out the names
loetlus enumeration
logard loafer, slacker, idler; (*laiskvorst*) sluggard, lazy-bones
logaritm logarithm
logaritmiline logarithmic
logask = **logard**
logelema loaf, idle, laze around
logi *mer.* log
logisema rattle, shake*, wobble; be shaky (*or* loose, rickety); **~ hakkama** become* (*or* come*, work) loose, become* shaky (*or* rickety)
logistama rattle, shake*

logu (*vilets, kõlbmatu ese*) (old) wreck (*or* crock), relic
logudik old (ramshackle) shanty (*or* house)
lohakalt negligently, carelessly
lohakas negligent, careless, slipshod
lohakil, lohakile neglected
lohakus negligence, carelessness
lohe (*~madu*) dragon; (*õhkulastav paber~*) kite
lohisema drag, draggle, trail, be dragged (*or* draggled, trailed)
lohistama drag, draggle, trail
lohisti dragger
lohk hollow, cavity, depression; (*väike org*) dell; (*lõual, põsel*) dimple; **~u vajuma** fall* in, sink*; **~us** fallen in sunken
lohklik full of hollows
lohku, lohkus *vt.* **lohk**
lohkuvajunud hollow, sunken
lohuke(ne) (*lõual, põsel*) dimple
lohutama comfort, console, solace
lohutamatu inconsolable, disconsolate
lohutus comfort, consolation, solace
lohv *van.* = **voolik**
loib flippe
loid slack, indolent, inert; (*jõuetu*) languid; (*ükskõikne*) indifferent, listless, apathetic; (*tuim*) torpid, dull
loidus slackness, indolence, inertness; (*jõuetus*) languor; (*ükskõiksus*) indifference, listlessness, apathy (*tuimus*) torpidity, dullness
loik pool, puddle, plash
loit flame, blaze, flare
loitma flame, blaze, flare
loits *folkl.* charm, spell, incantation
loitsima *folkl.* cast* spells, use charms (*or* incantations)
loivaline *zool.* pinniped
loivama (*looma kohta*) crawl, creep*; (*inimese kohta*) shamble, slouch (along)
lojaalne loyal
lojaalsus loyalty
lojus beast, brute
lojuslik beastly, bestial, brutish
lokaal pub(lic house), restaurant, bar, *Am.* saloon
lokaalkoloriit *kunst., kirj.* local colour
lokaalne local
lokaliseerima localize
lokatiiv *lgv.* locative (case)
lokaut lock-out
lokitangid curling-irons, curling-tongs
lokk [loki] lock (of hair), curl, ringlet

lokk [loku] = **lokulaud**; ~**u lööma** beat* the knocking-board, sound the wooden gong
lokkama grow* rankly (*or* profusely, exuberantly, luxuriantly), be rank (*or* profuse, exuberant, luxuriant), be rampant (*or* rife)
lokkima curl, (*laineliselt*) wave, (*säbruselt*) frizzle
lokkis curled, waved, frizzled
lokku *vt.* **lokk** [loku]
lokomobiil traction engine
lokomotiiv = **vedur**
loks rattle-trap, (old) wreck
loksuma (*vedeliku kohta*) swash, lap, splash; (*kana kohta*) cluck
loksutama shake*, agitate, (cause to) splash
lokulaud knocking-board, wooden (board serving for) gong
lokuti wattle
loll stupid, silly, foolish, doltish
lollakas rather (*or* somewhat) stupid, silly
lollus stupidity, silliness, foolishness; (*mõttetus*) nonsense; ~ **puha!** stuff and nonsense!
lombak lame (*or* limping) person, limper
lombakas lame, limping
lombard (*lombak*) lame (*or* limping) person, limper
lombard (*pandimaja*) pawnshop, pawnbroker's (shop)
lomberdama limp, hobble, shuffle
lomp (rain)pool, plash, puddle
longu: ~ **vajuma,** ~ **jääma** droop; pead ~ **laskma** hang* one's head
longus drooping; ~**päi** with hanging head
lonkama limp, halt, be lame
lonkima stroll, saunter, trapes (*or* traipse)
lonks gulp, draught, swig
lonksama gulp, swig
lonkur = **lombak**
lont 1. (*loomal*) trunk, proboscis; 2. (*tule*~) torch
lonti: ~ **vajuma** sag, droop
lontis slouching, hanging (down), sagging, saggy, drooping
lontkõrv lop-ear; lop-eared person (*or* animal)
lontrus (*tola*) dolt, blockhead; (*närukael*) knave, cad
loobuma give* up, abandon, renounce; (*kohast jms.*) resign; (*troonist*)

abdicate; (*midagi tegemast*) desist (*from doing*)
loobumus renouncement, renunciation; resignation
lood [loodi] plummet, plumb-line, lead
lood [loe] half an ounce
loode [loote] embryo (*pl.* -yos)
looded (*tõus ja mõõn*) tide, ebb and flow
loodepoolne north-westerly
looder loafer, dawdler, slacker
looderannik north-western coast
looderdama loaf, dawdle, mooch
loodetavasti it is to be hoped, as I (*or* we) hope
loodima (*rõhtloodis*) level, (*püstloodis*) plumb; (*maapinna punktide kõrgust kindlaks määrama*) level; (*mere sügavust mõõtma*) plumb, sound
loodis (*rõht*~, *rist*~, *vesi*~) level, horizontal(ly); (*püst*~) plumb, vertical(ly); (*üldistavalt*) square, true
loodotška pump
loodus nature; **väljas** ~**es** in the open air
loodusand natural gift
looduseuurija naturalist
loodusjõud elemental force, element
looduskaitse nature (*or* wild-life) protection (*or* conservation), preservation of natural beauty; ~**ala** wild-life preserve
looduslik natural
looduslugu = **loodusõpetus**
loodusnähtus natural phenomenon (*pl.* -ena)
loodusseadus law of nature
loodusteadlane naturalist, scientist
loodusteadus natural science
loodusvarad natural resources
loodusõnnetus natural disaster (*or* catastrophe)
loodusõpetus natural history, nature study
loog swath, *Am. ka* swathe, windrow; ~**u võtma** rake together hay, windrow
looge winding, bend, sinuosity
loogeline winding, bending, sinuous; **loogelised sulud** braces
loogika logic; ~**vastane** antilogical, (*ebaloogiline*) illogical
loogiline logical
looja creator, maker
looja: ~ **minema** = **loojuma**
loojak = **loojaminek**

loojaminek going down, setting, decline; (*päikese* ~) sunset
loojang = loojaminek
loojas: päike on ~ the sun has set
loojenema be setting
loojuma set*, go* down, decline (*ka pilt l.*)
look (*rakmete osa*) shaft-bow; (*kaar*) arc, bow
looka: ~ minema, ~painduma become* bent (*or* curved); ~ vajuma bend* down, sink* into a curve
lookas bent, curved
looklema wind*, meander, turn and twist
looklev winding, meandering, sinuous, tortuous
lookvõrsik *aiand.* layer
loom [looma] animal; (*olend*) creature; (*elajas*) beast, brute
loom [loomu] nature; (*ise*~) character; ~u poolest by nature
looma create, bring* into being, make*; **kontakti** ~ establish (a) contact; **soodsaid tingimusi** ~ create (*or* furnish) favourable conditions; **kangast** ~ warp; **päid** ~ (*vilja kohta*) ear
loomaaed zoological garden, Zoo; (*ränd*~) menagerie
loomaarst veterinary (surgeon), *kõnek.* vet
loomakaitseselts society for the prevention of cruelty to animals
loomakari herd (of cattle)
loomakasvatus cattle-breeding, animal husbandry (*or* production)
loomalaut cattle-shed, cow-house
loomaliha beef
loomalik bestial, brutal, brute, brutish
loomanaeris = söödanaeris
loomapeet = söödapeet
loomapidamine keeping of (domestic) animals
loomariik animal kingdom
loomastik fauna
loomastuma sink* to animal level, become* brutalized
loomasööt fodder, forage, provender
loomatalitaja cattle-tender
loomataltsutaja tamer of wild animals
loomatoit = loomasööt
loomavagun cattle-truck, cattle-van
loomine creation
looming (*loomistöö*) creative (*or* productive) work; (*loomistöö tulemus*) work, works; (*loominguline toodang*) output; (*kunst*) art
loominguline creative
loomne animal
loomulik natural
loomulikult naturally
loomupärane natural, (*sünnipärane*) innate
loomus (*iseloom*) nature, disposition
loomus (*kalapüügil*) catch, take, draught, haul (of fish)
loomusund instinct
loomusunniline instinctive
loomutruu true to nature
loomuvastane unnatural, (*paheline*) perverse
loonuspalk truck payment, payment in kind
loopima pelt, throw*, fling*, toss
loor veil, gauze
loorber laurel, (~*ipuu*) bay(-tree); ~eid lõikama reap (*or* win*, gain) laurels; ~eil puhkama rest on one's laurels
loorberileht laurel (*or* bay) leaf (*pl.* leaves)
loorberipärg laurel wreath, wreath of laurel
looreha hayrake
loori(ta)ma veil
loos (*liisk*) lot; (*loteriipilet*) lottery-ticket; tühi ~ blank
loosima cast* (*or* draw*) lots; (*loteriil*) raffle; (*rahalisi võite*) draw*; välja ~ dispose of by lot, raffle off
loosimine lottery, raffle; draw
loosung slogan, catchword
loož box; (*vabamüürlaste* ~) lodge
lootma hope; (*uskuma*) trust; (*lootust asetama*) set* one's hopes (*on*), depend (*on*), rely (*on*), trust (*in*); (*ootama*) expect (*kelleltki — of, from smb.*), look forward (*midagi — to smth.*); ma **loodan, et olete hea tervise juures** I hope (*or* trust) you are in good health; ma **loodan teid peagi jälle näha** I hope to see you (*or* I am looking forward to seeing you) again before long
lootos(lill) lotus
loots *mer.* pilot
lootsik (*paat*) boat; (*pikk kitsas* ~) skiff
lootsima *mer.* pilot
lootus hope

lootusetu hopeless, past (all) hope, beyond hope; (*meeleheitlik*) desperate
lootusetus hopelessness; (*meeleheide*) despair
lootusrikas hopeful
lootustandev, lootustäratav promising
loov creative, constructive
loovima *mer.* tack (about)
loovutama give* up, relinquish; yield, abandon; surrender; (*õigust jms.*) cede, for(e)go*, waive; *jur.* assign, transfer
loovutus giving up, relinquishment; abandonment; cession; *jur.* assignment, transfer
loovõtmine hay-raking
lopergune misshapen, knocked (*or* battered) out of shape
lops slap, blow, knock, cuff, clout
lopsakas lush, luxuriant, exuberant, profuse
lopsakus lushness, luxuriance, exuberance, profuseness
loputama rinse
loputis rinsing-water, wash
loputus rinse
lora twaddle, idle (*or* filly) talk; (*lollus*) nonsense, rubbish; ~ **ajama** = **lorama**
lorama twaddle, talk idly, talk nonsense
lord lord
lori 1. = **lora**; 2. (*rõvedus*) dirty (*or* ribald) talk; ~**laul** ribald (*or* lewd, bawdy) song, dirty ballad
lornjett lorgnette
lorts 1. *subst.* squash, slush, 2. *adj.* squashy, slushy
loru oaf, lout, blockhead
lorutama dawdle oafishly
loss castle; (*palee*) palace
lossi: ~ **lööma** flatten (out), knock flat, batter in
lossima *mer.* unload, unlade
lossis (*lõssis*) flattened out, knocked flat, out of shape
lotendama hang* loose(ly)
loterii lottery, raffle
loto lotto
lott (*inimesel*) double chin; (*veisel*) dewlap; (*linnul*) wattle
luba leave, permission; (*kirjalik* ~) permit, licence; ~ **andma** give* leave (*or* permission); **teie loal** by your leave, with your permission
lubadus promise
lubakiri permit, warrant

lubama (*luba andma*) allow, permit, give* leave (*or* permission); (*võimaldama*) admit (*of*) enable; (*tõotama*) promise; **endale** ~ (*julgema*) take* the liberty (*to do, of doing*); (*endale võimaldama*) afford; **ma ei või endale puhkust lubada** I cannot afford a holiday
lubamatu impermissible, inadmissible
lubatav permissible, admissible
lubi lime; **kustutamata** ~ quicklime; **kustutatud** ~ slaked lime
lubimuda *geol.* lime mud
lubimört *ehit.* lime mortar
lubiraig *med.* ringworm
lubjaahi lime-kiln
lubjaauk lime-pit
lubjakivi limestone
lubjane limy
lubjapiim milk (*or* cream) of lime
lubjapõletus lime-burning; ~**ahi** = **lubjaahi**
lubjastama calcify
lubjastuma calcify, be calcified
lubjastumine calcification; **veresoonte** ~ arteriosclerosis
lubjavesi lime-water; (*lupjamiseks*) limewash, whitewash
luga *bot.* rush
lugeja reader; (*mõõteriist*) counter, meter; *mat.* numerator
lugejakaart reader's card
lugejaskond (circle of) readers, (reading) public, *Am. ka* readership
lugem reading
lugema read*; (*peast ütlema*) recite; (*loendama*) count; (*pidama*) consider, regard; **see ei loe** that does not count
lugematu innumerable
lugemik reader, reading-book
lugemine reading
lugemislaud (*tuba*) reading-room
lugemispult reading-desk; (*kirikus*) lectern
lugemissaal reading-hall, reading-room
lugemistuba reading-room
lugemus (extensive) reading, being well-read, erudition
lugu (*jutt*) story, tale; (*asi, olukord*) case, matter(s), state (of affairs); (*laulu*~, *tantsu*~) piece; **ilus** ~! **iroon.** a nice affair!; **nii on** ~ that's how things are; **kuidas lood on?** how's everything?; **kuidas on** ~ **Jaaniga?** what about Jaan?; **sellest pole** ~ it doesn't matter, that's

all right; ~ pidama respect, esteem, set* great store (by); (toidust) care for
lugulaul epic (poem); (lühem ~) epic ballad
lugupeetav, lugupeetud respected, esteemed, honoured, honourable
lugupidamatu disrespectful
lugupidamatus disrespect, disesteem
lugupidamine respect (for), regard (for), esteem (for); (aupaklikkus) deference (to); lugupidamisest A. vastu out of respect for A.; kõrges lugupidamises olema be in high esteem
lugupidav respectful; (aupaklik) deferential
luht water-meadow, flood plain
luhta: ~ minema = luhtuma
luhtaminek failure, miscarriage
luhtuma fail, miscarry
luide geogr. dune, sand drift
luigelaul swan song
luik swan
luikama whoop (or hoop), hoot
luilutama croon, lull
luine bony
luisk hone, honing-stone, whetstone, scythe-stone
luiskama 1. (ihuma) hone, whet; 2. (valetama) tell* lies, fib, tell* (tall) stories, draw* the long-bow
luitekaer beach-grass, sea-reed
luituma fade, lose* colour, become* discoloured
lukk [luku] lock; luku taga under lock and key; kedagi luku taha panema lock smb. up; lukku panema = lukustama; mu kõrvad läksid lukku my ears were stopped (or bunged up), my ears began to ring; uks on lukus the door is locked; lukust lahti tegema unlock
lukk [luki] anat. glans (pl. glandes)
lukksepp locksmith; (~-montöör) fitter
lukku vt. lukk
luks(atus) hiccough (or hiccup)
luksuma hiccough (or hiccup)
luksus luxury
luksuslik luxurious, (toreduslik) sumptuous
lukuauk keyhole
lukuputk (püssil) bolt
lukus vt. lukk
lukussepp = lukksepp
lukust vt. lukk
lukustama lock
lukustuma lock, be locked

lukutama lock (up)
lukuti anat. = maolukuti
lulli: ~ lööma make* merry, have a gay time, revel (in idleness); (laisklema) idle, loaf
lullitama = lulli lööma
lumehang snow-drift
lumehelves snow-flake
lumelabidas snow-shovel
lumelell, lumemees, lumememm snowman (pl. -men)
lumepall snowball
lumepimestus snow blindness
lumeräitsakas = räitsakas
lumesadu snow-fall, fall of snow
lumesahk snow-plough
lumesõda snow(ball)-fight, fight with snowballs, pelts of snowballs; ~ pidama fight* (or pelt one another) with snowballs
lumetama snow under, snow up
lumetuisk snow-storm, (tugev ~) blizzard
lumevaip blanket (or sheet) of snow
lumeveere avalanche, Am. snowslide
lumeväli snow field
lumevärav snow hurdle (or screen)
lumi snow; sajab lund it snows, it's snowing
lumikelluke(ne) snowdrop
lumine snowy, snow-covered
luminestseerima füüs. luminesce
luminestsents füüs. luminescence
lumivalge snow-white
lumm witchcraft, sorcery, (magic) spell
lummama practise (or exercise) witchcraft (or sorcery, magic), charm, cast* a spell (on)
lummus witchcraft, sorcery, magic
lummutama = lummama
lummutis spectre, ghost, apparition
luna = 1. lunamaks; 2. lunaraha; 3. lunasaadetis
lunamaks cash on delivery; ~uga cash (or to be paid) on delivery
lunaraha (vangi eest) ransom
lunasaadetis cash on delivery parcel
lunastaja kirikl. redeemer
lunastama redeem; (vabaks ostma) ransom; (ostma) purchase, buy*; (heastama) expiate, atone (for)
lunastus redemption; (vabaksost) ransom; (heastamine) expiation, atonement
lunima cadge
lunoid astr. lunoid, artificial Earth satellite

lupard | **183** | **lõbusõit**

lupard rag
lupiin = hundiuba
lupjama (*lubjaga valgendama*) whitewash, lime-wash; (*mulda*) lime, chalk
lurjus scoundrel, villain, rascal
lurjuslik scoundrelly, villainous, rascally
lurr slops, wash, washy stuff
lusikas spoon
lusikatäis spoonful
lust (*lõbu*) pleasure, joy; (*himu*) desire, inclination, wish; **mul pole ~i minna** I don't feel like going
lustakas mirthful, jolly, gay, frolicsome
luste *bot*. brome (grass)
lustiline, lustlik gay, merry, mirthful, jolly
lustmäng *van*. = komöödia
luteri Lutheran
luterlane Lutheran
lutikapulber insect powder
lutikas (bed-)bug, *Am*. chinch
luts burbot; **terve kui ~** (as) sound as a bell, as fit as a fiddle; **~u viskama** throw* ducks and drakes
lutsern *bot*. lucern(e), medic, *Am*. alfalfa
lutsima suck, lick (smackingly)
lutsu *vt*. luts
lutt [luti] (*kumminisa*) (rubber) nipple; (*rõngaslutt*) (baby's) dummy, comforter
luu bone; **ta on paljas ~ ja nahk** he is only skin and bones; **leiba ~sse laskma** have a nap after a meal
luuavars broomstick
luud (*vitstest*) besom, birch-broom; (*üldse*) broom
luuderohi *bot*. ivy
luuk (*akna~*) shutter; (*laeva~, katuse~*) hatch(way); (*põranda~*) trap(-door); (*kassa~*) window
luukama = lonkama
luukere skeleton
luukond *anat*. (system of) bones
luul *med*. (morbid) fancy, mania
luule poetry, verse
luuleanne gift (*or* talent) for poetry, poetic(al) talent
luulekunst (the) art of poetry
luulelend flight(s) of poetry, poetic fancy
luuleline poetic(al)
luulend fiction, (poetic) invention
luuletaja poet
luuletama write* (*or* compose) poetry (*or* verse); (*välja mõtlema*) invent, fabricate, make* up
luuletus poem, piece of poetry
luumurd fracture (of bone)
luup I (*suurendusklaas*) magnifying glass, magnifier, (pocket) lens
luup II (*suurem paat*) sloop
luupainaja *folkl*. nightmare; (*er*. *piltl*.) incubus
luupeks (*pahkluu*) ankle
luuraja *sõj*. scout, reconnoitrer; (*salakuulaja*) spy
luurama spy; (*varitsema*) lurk; (*maad kuulama*) reconnoitre
luure *sõj*. reconnaissance; (*sala~*) spying, espionage; (*salateadete hankimine*) intelligence; **~lennuk** reconnaissance plane, scout plane; **~salk** reconnoitring party, reconnaissance
luus (*luusimine*) ramble, rambling, strolling; (about); (*logelemine*) dawdling, loafing
luusima ramble, stroll (about); (*logelema*) dawdle, loaf; **ringi ~** prowl round
luustik skeleton, the bones, (bone) frame
luustuma ossify, turn into (*or* become*) bone
luutiisikus = luutuberkuloos
luutu boneless
luutuberkuloos tuberculosis of the bones, bone tuberculosis
luuvalu bone-ache; (*podagra*) gout
luuvili stone-fruit, *tead*. drupe (fruit), drupaceous fruit
luuviljalised *bot*. drupes
luuüdi (bone) marrow
lõastama tether; (*ohjeldama*) bridle
lõbu pleasure, enjoyment, fun; **teie ~ks** for your pleasure, to amuse you; **meil on ~ laialt** we have plenty of fun (*or* fun galore)
lõbuhimu, lõbujanu thirst for pleasure
lõbumaja disorderly house, brothel
lõbureis pleasure-trip
lõbus gay, mirthful, merry, cheerful
lõbusalt, lõbusasti gaily, mirthfully, merrily, cheerfully
lõbustama amuse, entertain, divert
lõbustus amusement, entertainment, diversion; **~koht** place of entertainment; **~maks** entertainment tax
lõbusus gayness, gaiety, mirth, merriment
lõbusõit pleasure-drive, pleasure-ride, joy-ride

lõbutsema amuse oneself, make* merry, have fun, enjoy oneself, have a good time
lõdin shiver
lõdisema shiver; külmast ~ shiver with (the) cold
lõdvalt slackly, limply; loosely
lõdvendama slacken, make* slack, relax, loosen; pinevust ~ ease (the) tension
lõdvenema slacken, grow* slack(er), relax, be relaxed; loosen
lõdvik = **voolik**
lõge anat. fontanel(le)
lõgisema rattle, clatter
lõgismadu rattlesnake
lõgistama rattle, clatter; hambaid ~ rattle one's teeth
lõhandik split log
lõhang (lõhe) split, crack, fissure; geogr. firth, fiord; (kalju~) cleft, crevice
lõhe I (pragu) split, crack, fissure; (lõhenemispragu) cleavage; (kalju~) cleft, crevice; (lahkuminek) split, rent, repture
lõhe II (kala) salmon
lõhenema split*, crack, cleave*
lõhenevus min. cleavage
lõhestama split*, crack, cleave*, rend*; juuksekarva ~ split* hairs; kellegi südant ~ rend* smb.'s heart
lõhestik cleft
lõhestuma split*, cleave*, rend*
lõhik slit, slash
lõhis tehn. split pin
lõhkama blast, blow* up
lõhkeaine explosive
lõhkelaeng blasting charge
lõhkema burst*, explode
lõhkev explosive
lõhki asunder, into splinters, to pieces; ~ ajama split*; ~ lööma break* (or smash, knock) to pieces, crack open; ~ minema go* (or burst*) to pieces, crack up
lõhkine cracked, cleft; (katkine) broken
lõhkuma (purustama) break*, burst*; (puid) chop, split*; ~ hakkama (hobuse kohta) bolt, run* away; ta **lõhub tööd teha** he works like anything
lõhmus = **pärn**
lõhn smell, odour; (iseloomustav ~) scent; (meeldiv ~) fragrance, aroma, perfume
lõhnakas odorous, fragrant

lõhnama smell* (millegi järele — of smth.); (hästi ~) smell* nice, be fragrant, have a nice (or pleasant) smell
lõhnaseep scented soap
lõhnastama scent, perfume
lõhnatu odourless, inodorous
lõhnav (sweet-)smelling, odorous, fragrant
lõhnaõli scent, perfume
lõhnhein bot. holy grass
lõhustama split*; aatomit ~ split* the atom
lõhustuma split*, be split
lõhvard, lõhverdaja prater, chatterbox, tattler, gasbag
lõhverdama = **latrama**
lõige cut, cutting; (sisse~) incision; (lõikemudel rätsepatöös) pattern; (rõiva lõikeviis) cut, make, shape
lõigend coupon
lõik (lõigatud tükk) cut, cutting; (viilukas) slice; section; sector; mat. segment; (uuest reast algav teksti osa) paragraph
lõikaja cutter; (vilja~) reaper, harvester
lõikama cut*; (liha, puusse, kivisse) carve; (kärpima) clip, prune, (küüsi) pare; mat. intersect; (vilja) reap, harvest; med. (opereerima) operate (on, upon); juurde ~ (rätsepatöös) cut* (to size); sisse ~ incise; ümber ~ circumcise
lõikav cutting, incisive
lõikehaav cut, (pikk ~) slash
lõikehammas incisor
lõikejoon mat. line of intersection
lõikeleht (rätsepatöös) pattern sheet
lõikelill cut flower (or bloom)
lõikepind mat. plane of intersection
lõikeriist cutting tool
lõiketera cutting edge, cutter, bit
lõikhein sedge
lõikmed cuttings
lõikuma [lõigun] whittle, cut*; (viiludeks) slice; (õhukesi viilukaid maha ~) pare (away, off)
lõikuma [lõikun] intersect, cross
lõikumispunkt mat. point of intersection
lõikus cutting; (vilja~) reaping, harvest; (saak) crop; med. operation; ~kuu = **august**; ~laud operating table; ~masin reaper, reaping-machine, harvester; ~pidu harvest home, harvest festival

lõim 1. (kanga põhikude) warp; 2. (puu aastarõngas) annual ring
lõimetis zool. brood
lõimetus med. incubation
lõiv duty, tax, customs; ~ud dues
lõkatama (tule kohta) flare up
lõke [lõkke] flare; lõkkele lööma flare up, flame up
lõkerdama guffaw
lõkketuli camp fire, bonfire
lõks (püünis) trap; piltl. pitfall; ~u langema be caught in a trap, be trapped
lõksutama snap, click, crack
lõmm etn. dry pine-log (for making splinters)
lõmpsima 1. (lonksatades sööma) gulp, eat* noisily; 2. (lorama) bandy words, talk back, engage in impudent talk
lõng yarn; ~akera ball of yarn; ~aviht hank (of yarn); ~aõli van. (oil of) vitriol
lõngus teddy-boy, Ted
lõngutama waggle, shake to and fro
lõo, lõoke(ne) lark
lõopistrik hobby, small falcon
lõosilm bot. forget-me-not
lõpe [lõppe] end, final issue (ka med.)
lõpe [lõpme] anat. end(-part), terminal
lõpetaja (õppeasutuse ~) leaver
lõpetama end, finish, put* an end to, terminate; (kõnet) conclude, wind* up; (koosolekut, arvet) close; (lõpule viima) complete; (äri) wind* up, liquidate; kooli ~ leave* school, finish (or graduate from) a school
lõpetamatus unfinished state, incompletion
lõpetanu (õppeasutuse ~) graduate
lõpetatus finished state, completion
lõpetis end, last (or end) part
lõpetus ending; finishing; finish, termination; concluding, conclusion
lõplik final, ultimate; definitive, conclusive
lõplikkus finality, ultimateness; conclusiveness
lõplikult finally, ultimately; definitively, conclusively, once and for all
lõpmatu infinite, endless, without end, unending
lõpmatult infinitely, endlessly; ~ väike infinitesimal
lõpmatus infinity, infinitude; ~eni endlessly, forever, ad infinitum

lõpnud (looma kohta) dead
lõpp end, finish, close; conclusion, termination; (lakkamine) cessation; lgv. ending, termination; ~u tegema put* an end to; endale ~u tegema do oneself in, commit suicide; lõpule jõudma come* to an end; lõpule viima carry through, carry to (its) conclusion, accomplish; millegi lõpul at the end of smth.; lõpuks in conclusion; lõppude lõpuks in the end, after all, finally, at last
lõppakord final chord
lõpparve final account (or settlement)
lõppeesmärk final aim, ultimate object
lõppema end, come* to an end, finish, terminate; (tähtaja kohta) expire; (lakkama) cease; (looma kohta) die; tund~on lõppenud the lesson is over
lõppjaam (railway) terminus (pl. -ni, -nuses), Am. terminal
lõppkokkuvõte (arvudest) (sum) total; (kõnest jms.) final conclusion(s)
lõppotsus final judg(e)ment, final verdict
lõppriim kirj. end rhyme
lõppsõna concluding (or closing) words, closing remarks; (kokkuvõte) summary; jur. summing up
lõpptulemus final result, outcome, upshot, issue
lõppvõistlus sport. final
lõpuaktus (koolis) speech-day; Am. commencement
lõpueksam final examination, final(s)
lõpukorral drawing to (its) close, coming (or running) to an end, nearing the end; mu raha on ~ I am running short (or out) of money
lõpus vt. lõpp
lõpumäng (males, kabes) end game
lõpus I (veeloomal) gill
lõpus II (linnul) = lokuti
lõputu endless
lõputunnistus leaving-certificate
lõrisema snarl
lõss skim milk
lõtk tehn. clearance, backlash
lõtv slack, limp; loose, flaccid, flabby; (kõlbeliselt) lax
lõtvuma slacken, grow* slack, go* limp; (lõõgastuma) relax
lõtvus slackness, limpness; looseness, flaccidity, flabbiness; (kõlbeliselt) laxity

lõualuu jaw (bone); *(ülemine* ~) maxilla *(pl.* -llae), maxillary (bone)
lõuamees *kõnek.* chinwagger, gasbag, *Am.* jawsmith, hot-air artist
lõuend linen, linen cloth; *(jäme* ~, *maalimis* ~) canvas; *(peen* ~) lawn
lõug chin; *(lõuapool)* jaw; **lõuad** the jaws; **pea lõuad!** hold your jaw *(or* tongue)!, shut up!, dry up!
lõugama bawl, yell
lõugas I *etn. (kolde esiserv)* hearthstone, stone wall (serving as a seat) in front of the hearth
lõugas II *murd. (lahesopp)* creek, backwater
lõugutama *(linu)* brake (flax)
lõuguti (flax) brake
lõukoer *van.* = **lõvi**
lõuna 1. *(ilmakaar)* south; ~ **pool,** ~s in the south; ~ **poole,** ~sse to the south; ~ **poolt,** ~st from the south; 2. *(keskpäev)* midday, noon; ~ **ajal** at midday, at noon; **enne** ~t before noon, in the forenoon; **pärast** ~t after noon, in the afternoon; 3. *(söök)* dinner, *(lnglismaal keskpäevane lõunasöök ka)* lunch; ~t **sööma** = **lõunastama**
lõunaaeg dinner-time, lunch-time
lõunaida = **kagu**
lõunakaar south
lõunalaud dinner-table
lõunalääs = **edel**
lõunamaa the South
lõunamaalane southerner
lõunamaine southern
lõunanaba the South Pole
lõunaoode lunch, *(kerge* ~) snack
lõunapolaarjoon *geogr.* the southern polar circle, the Antarctic Circle
lõunapoolus = **lõunanaba**
lõunapöörijoon *geogr.* the Tropic of Capricorn
lõunastama dine, have one's dinner
lõunasöök dinner, *(lnglismaal keskpäevane* ~ *ka)* lunch
lõunatama = **lõunastama**
lõunavaheaeg midday break, lunch *(or* dinner) time
lõust *(näomoonutis)* grimace; *(koletislik nägu)* mug, phiz, (ugly) face
lõvi [lõvi] lion; *(ema* ~) lioness; **L-** *(tähtkuju)* the Lion, Leo; ~**lõug** *bot.* snapdragon; ~**osa** *piltl.* the lion's share
lõõg *(ohelik)* bridle, halter, lead rope; **kellegi lõa otsas olema** trail in the

wake of smb.; **ta** ~ **on täis** his number is up, he has got what he has been asking for
lõõgastuma relax
lõõgastus relaxation
lõõm blaze
lõõmama blaze, be ablaze
lõõmutama *tehn.* anneal
lõõpima crack (coarse) jokes, bandy jests
lõõr flue, pipe
lõõritama warble, trill
lõõsk blaze, flame
lõõskama *(leegitsema)* blaze, flame, be ablaze *(or* aflame)
lõõts (pair of) bellows; ~**pill** accordion, concertina
lõõtsuma *(tuule kohta)* blow* in noisy gusts *(or* squalls)
lõõtsutama pant, gasp, wheeze
läbema = **maldama**
läbematu impatient, rash
läbematus impatience, rashness
läbi through; ~ **metsa, metsast** ~ through the wood; **hea juhuse** ~ through *(or* by) a good chance; **kogu aasta** ~ all the year round; **siit ei saa** ~ there is no passage here; ~ **ja** ~ out and out, utterly, completely; ~ **ajama** manage, do, make* do *(millegagi* — *with smth.; ilma milletagi* — *without smth.);* ~ **arutama** talk over, discuss; ~ **elama** live *(or* go*) through, experience, suffer; ~ **kaaluma** weigh, consider; ~ **katsuma** examine; ~ **kriipsutama** cross *(or* strike*) out; ~ **kukkuma** fall* through, fail; ~ **kukutama** *(eksamil)* plough, fail; *(hääletamisel)* vote down; ~ **käima** go* through, traverse, *(suhtlema)* have intercourse *(with),* associate *(with);* **me ei käi nendega** ~ we don't have anything to do with them (socially); ~ **laskma** let* through; **katus laseb vett** ~ the roof leaks; ~ **lööma** strike* *(or* beat*) through; *(edukas olema)* fight* one's way through, win* through, succeed, become* popular, *(raiskama)* blow*, run* through, squander; ~ **minema** go* *(or* pass) through; **see number ei lähe** ~ that cock won't fight, that will not do; **ettepanek läks** ~ the motion was carried *(or* accepted); ~ **mõtlema** think* over, think* *(or* reason) out; ~ **nägema** see* through *(ka*

läbikukkumine 187 **lähestikku**

piltl.); ~ **otsima** search, (~ *sorima*) rummage, ransack; ~ **paistma** shine* through, (*läbi nähtuma*) show* through; ~ **peksma** beat* up, give* a thrashing (*or* good hiding); ~ **rääkima** talk over, discuss, (*läbirääkimisi pidama*) negotiate, parley; ~ **saama** get* through, (*eksamil*) pass; (*kellegagi*) get* on, get* along (*with*); (*ka*) = ~ **ajama**; ~ **tegema** go* through, undergo*, experience; ~ **tulema** manage (*millegagi* — *on smth.*), do (*with*); ~ **tungima** penetrate; ~ **uurima** investigate; (*maad*) explore; ~ **vaatama** look through (*or* over); ~ **valgustama** (*röntgenikiirtega*) x-ray, screen; (*mune*) candle; ~ **viima** carry through; (*teostama*) carry out, realize; ~ **võtma** take* through, go* through (*or* over), deal* with, treat
läbikukkumine failure, fiasco, *kõnek.* flop
läbikäidav traversable, passable, crossable ~ **tuba** room giving access to another
läbikäik passage(-way); (*istmete vahel*) gangway, aisle; (*läbisõit*) throughfare; (*ka*) = **käive**
läbikäimine (*suhtlemine*) intercourse
läbilõige (cross) section, cross-cut
läbilõikav cutting, piercing; (*kime*) shrill, strident
läbilõikeinimene average (*or* ordinary) person, the average (*or* common) man (*pl.* men)
läbilõikeline average
läbima go* (*or* get*) through, pass (through), run* through, traverse; permeate
läbiminek passage, transit
läbimurre break-through
läbimõeldud (well) through-out, carefully planned
läbimõõt diameter
läbimärg wet through, wet (*or* drenched) to the skin, soaked (through), soaking wet, soggy
läbimüük sale (effected), total sale, sale turnover
läbini(sti) all through, throughout, through and through
läbinägelik perspicacious, clear-sighted
läbinägelikkus perspicacity, clear-sightedness
läbiotsimine search, perquisition
läbipaistev transparent; (*veekogu jms.* kohta*) pellucid, limpid; (*läbikumav*) translucent, diaphanous
läbipaistmatu opaque, impervious to light
läbipaistmatus opacity
läbipääs passage, thoroughfare
läbipääs(e)matu impassable
läbireis passage, transit
läbirääkimine (*arutlus*) discussion; (*kaubanduslik* ~, *diplomaatiline* ~) negotiation, talk; *sõj.* parley
läbisaamine getting on, getting along (*kellegagi* — *with smb.*); (*eksamil*) getting through, passing
läbisegamini, läbisegi pell-mell, confusedly, all of a jumble; (*huupi*) at random
läbistama pierce (through), penetrate; (*mulgustama*) perforate; (*läbima*) go* (*or* get*) through
läbistikku on (*or* at) an average, on (*or* upon) the average
läbistikune average, mean
läbisõit passage, transit; (*läbipääs*) thoroughfare; ~ **keelatud!** no thoroughfare!
läbitungimatu impenetrable
läbitungiv penetrating, penetrative, piercing
läbivaatus looking through, looking over; examination, revision, inspection; (*põhjalik* ~) overhaul (*ka tehn. ja med.*)
läbivedu transit
läbiviidav practicable, feasible, realizable
läga = **lõga**
lähe [lähte] start, departure; *geogr.* source
lähedal near, close by, close to; (close) at hand
lähedane near, close; (*südame*~) intimate
lähedus nearness, closeness, proximity; (*naabrus*) neighbourhood, vicinity
lähem nearer; ~**al ajal** in the near future, soon, before long; ~**ail päevil** in the next few days
lähend *mat.* approximation
lähendama bring* near(er), approximate (*millelegi* — *to smth.*)
lähendus approximation
lähenema approach, come* near(er), near, draw* (*or* get*) near, draw* up
lähenemine approach
lähestikku next to each other, close together

lähetama (*saatma*) send*, dispatch, delegate; (*komandeerima*) send* (on a mission)
lähetus (*saatmine*) delegation; (*komandeering*) mission
lähike(ne) = **lähedane**
lähikond (*ümbrus*) environs, vicinity; (*lähedased isikud*) retinue, suite
lähim nearest
lähis point (*or* avenue) of approach; ~ed approaches
lähistroopiline geogr. subtropical
lähker keg, small cask
lähteandmed initial data
lähteasend initial position (*ka* sport.)
lähtejoon sport. starting line
lähtekeel lgv. the original language
lähtekoht, lähtepunkt starting-point, point of departure
lähteseisund initial state (*or* position)
lähtuma start, depart, proceed (*millestki — from smth.*)
läide = **süüde**
läigatama 1. (*välgatama*) flash; 2. (*üle loksuma*) splash (over)
läige, läik shine, polish, gloss, lustre; (*sära*) brightness, brilliancy, sheen
läiketu lustreless, dull, dim
läikima shine*, be glossy (*or* lustrous); sparkle, glitter; **mu süda läigib** I feel sick (*or* nauseated)
läikiv shiny, glossy, lustrous; (*särav*) bright, brilliant, glittering
läikpaber glossy (*or* glazed) paper
läiksüsi anthracite
läila (*vastik*) disgusting, sickening, loathsome, nauseating; (*lääge*) insipid
läilastama disgust, fill with disgust, make* disgusting
läitma = **süütama**
läkaköha whooping-cough (*or* hooping-cough)
läkastama choke, suffocate; (*kõhast*) have a (bad) fit of coughing
läki! let's go!, come on!
läkiläki fur cap (with ear-flaps)
läkitama send*, dispatch
läkitus (*läkitamine*) sending, dispatch; (*sõnum*) message; (*üleskutse*) appeal, (written) address; (*kiri*) epistle, missive
lällama, lällutama babble, jabber
lämbe sultry; sweltering (hot); stifling, suffocating, muggy; (*umbne*) stuffy
lämbuma suffocate; (*läkastades*) choke

lämbumine suffocation; (*läkastades*) choking
lämbus 1. (*lämbe olek*) sultriness, stuffiness, closeness; 2. (*lämbumisseisund*) suffocation
lämmastik nitrogen; ~**hape** nitric acid; ~**väetis** nitrate fertilizer, nitrogenous manure
lämmatama suffocate, smother, stifle; (*maha suruma*) suppress
lämmatamine suffocation, smothering, stifling; (*mahasurumine*) suppression
lämmatav suffocating, stifling; (*lämbe*) sultry; ~**alt kuum** stifling hot
lämmi murd. = **soe**
läng slant, obliquity
längakil, längakile aslant, obliquely, askew
längkiri sloping writing (*or* hand)
längu: ~ **vajuma** fall* aslant, lean* on one side
längus (*viltu*) aslant, slanting
längus (*viltusus*) slant, slantingness, obliqueness
lännik small (covered) tub
läpastama turn (*or* grow*) musty (*or* fuggy, stuffy)
läpastanud musty, fuggy, stuffy; ~ **õhk** fug, musty (*or* stuffy) air
lärm noise, uproar, din, hubbub; (*mürgel*) row, brawl; ~**i lööma** kick up a row (*or* a shindy), raise a din
lärmakas noisy, obstreperous
lärmama be noisy, make* much noise, make* a row (*or* an uproar), brawl
lärmi(ri)kas noisy
lärmitsema = **lärmama**
lärts = **plärts**
läte spring, source
läti Latvian, Lettish
lätlane Latvian, Lett
lävi threshold
lääge mawkish, insipid
lään aj. fief, feoff, feud
läänekaar south
läänemaa the West
läänemeresoome: ~ **keeled** the Balto-Finnic languages
läänepikkus geogr. western longitude
läänepoolkera geogr. (the) Western Hemisphere
läänepoolne western, westerly
lääneriigid the Western Powers
lääniisand aj. suzerain, feudal lord
läänimees aj. vassal
läänistama aj. enfeoff
lääs west; **lääne pool, läänes** in the

lääts   189   **lükkama**

west; **lääne poole, läände** to the west; **lääne poolt, läänest** from the west
lääts 1. (*kaunvili*) lentil; 2. (*klaas*) lens; (*silma~*) crystalline lens
läätseleem lentil soup; *piltl.* a mess of pottage
lõdi, lõga slush, slime, sludge
lõma mush, squash, pulp
lõmastama squash, smash, reduce to mush (*or* pulp)
lõmitama grovel, cringe (*kellegi ees — to, before smb.*), truckle (*to*), prostrate oneself (*before*), ko(w)tow (*to*)
lörts slush, slosh; (*lume~*) sleet; **sajab ~i** it sleets
lössi = lossi
lössis = lossis
lööbima *med.* erupt
löödud *adj.* beaten; (*masendunud*) downcast, cast down
löögijõud striking force (*or* power)
löögivalmis ready (*or* quick) to strike, ready for fighting; (*leidlik*) readywitted, quick at (*or* prompt in) repartee
löök blow; (*tõuge*) shock, knock; (*tabamus*) hit; (*kella jms. ~*) stroke; (*jalgpallimängus*) kick; (*pulsi~*) beat; (*klaveril, kirjutusmasinal*) touch
lööklane = löökttööline
löökIaul catchy song, hit(-song), popular tune
lööklause slogan, catchword
lööknumber (popular) hit, (big) success; (*trikk*) stunt
löökpill percussion instrument
lööksalk shock detachment (*or* brigade), combat (*or* raiding) patrol
lööksõna catchword
lööktöö shock work, rush job
lööktööline shock worker
lööm fight, shindy, scrap
lööma strike*; (*võistluses, võitluses*) beat*; (*tabama*) hit*; (*võitma*) defeat; **lüüa saama** be beaten, be defeated; **kell lööb** the clock is striking; **kella ~ ring*** (*or* toll) a bell; **ta lõi kartma** he grew afraid; **ta lõi kõhklema** he began to waver; **lahingut ~ fight*** a battle; **lööb valgeks** it is growing light, the day is dawning; **lööb välku** it lightens, it is lightening; **kaasa ~ take*** part (*in*); **kokku ~** (*klaase*) clink; **risti ~** crucify;

sisse ~ (*naela*) drive* in; (*akent jms.*) smash in; **välk lõi majja sisse** the lightning struck the house; **tagasi ~** repulse, repel
löömamees fighting-cock, brawler, pugnacious fellow
lööming scrap, brawl, affray, free fight, scrimmage
lööv (*katusealune*) shed, lean-to; *ehit.* nave
lööve *med.* rash, eruption, impetigo
lüdi (*kaun*) shell, pod; (*tõrul, pähklil*) cup, cupule
lüdima shell, pod, *Am.* shuck
lüheldane = lühidavõitu
lühend abbreviation
lühendama shorten, make* short(er), cut* down; (*kokkuvõtlikult esitama*) abridge; (*sõna*) abbreviate
lühendus shortening; (*kokkuvõtlik esitus*) abridg(e)ment, (*sõna ~*) abbreviation
lühenema shorten, grow* short(er)
lühiaegne, lühiajaline of short duration; **~ laen** short-term loan
lühidalt shortly, in short; (*kokkusurutult*) briefly, in brief; (*sisutihedalt*) concisely
lühidavõitu shortish, rather short
lühidus shortness; (*kokkusurutus*) briefness; (*sisutihedus*) conciseness, concision
lühifilm short film, short
lühijutt short story
lühike(ne) short; (*kokkusurutud*) brief; (*sisutihe*) concise
lühikursus short course
lühilaine *el.* short wave
lühimaajooks *sport.* short-distance running, sprint (race)
lühinägelik short-sighted, near-sighted, *tead.* myopic
lühinägelikkus short (*or* near) sight, *tead.* myopia; *piltl.* short-sightedness
lühinägevus *med.* myopia, myopy
lühis *el.* **= lühiühendus**
lühiteated news in grief
lühiühendus *el.* short circuit, short
lüht bobbin-winder (of a spinningwheel)
lühter (*küünlajalg*) candlestick; (*kroon~*) chandelier
lükand slide, slider; **~uks** sliding door
lükati *mat.* slide (*or* sliding) rule
lüke push; shove; (*libistus*) slide
lükkama (*tõukama*) push; shove; (*li-*

lükkima 190 **maailm**

bistama) slide*; **edasi** ~ (*mingit tegevust*) put* off, postpone, defer; (*koosolekut*) adjourn; **tagasi** ~ (*ettepanekut jms.*) reject, turn down; **ümber** ~ push (*or* knock) down; (*kummutama*) overthrow*, overturn, upset*, (*arvamust*) refute, disprove
lükkima string*, thread
lükkuma be pushed, be shoved, be slid; **edasi** ~ be postponed, be deferred, be put off; be adjourned
lüli link (*ka piltl.*); *anat.* vertebra (*pl.* -rae); (*rühm*) team, group, unit; *mets.* = lülipuit
lülidevaheline *anat.* intervertebral
lülijalgsed *zool.* arthropods
lülik = roomik
ülipuit *mets.* heart(wood), duramen
lülisammas = selgroog
lülitama join, connect; (*sidurdama*) couple; *el.* switch, turn (*sisse* — on, *välja* — off); *tehn.* engage, clutch, put* into gear
lüliti switch
lülituskilp, lülitustahvel *el.* switchboard
lümf *füsiol.* lymph
lünk gap, void, blank; (*tekstis*) omission, lacuna (*pl.* -nae); (*teadmistes*) deficiency, shortcoming
lünklik with gaps (*or* voids, blanks, omissions); incomplete, disconnected, desultory, deficient
lüps (*lüpsmine*) milking; (*väljalüps*) yield of milk
lüpsik milk-pail
lüpsikari milk cattle, dairy herd
lüpsilehm milch (*or* milk) cow
lüpsimasin milking machine
lüpsja milker; (*naine*) milkmaid
lüpsma milk: (*piima andma*) give* (*or* yield) milk
lürism lyricism
lürpima gulp, lap. sip (*or* sup) audibly
lüsi scythe-handle
lüsool *farm.* lysol
lütseum lycée, Lyceum
lüüasaamine defeat; (*ebaedu*) reverse
lüüra lyre
lüürik lyric poet, lyrist
lüürika lyric poetry
lüüriline lyric, lyrical
lüüs I *med.* lysis
lüüs II *tehn.* sluice, (*kanali osa vesiväravate vahel*) lock
lüüsima lock
lüüsivärav sluice gate, floodgate

M

ma = mina
maa (*maakera*; *muld*) earth; (*vastandina merele*; **maatükk**) land; (*riik*) country, *luulek.* ka land; (*vastandina linnale*) country, countryside; (*pinnas*) ground, soil; (*vahemaa*) distance, space; **emake** ~ Mother Earth; ~**d mööda** by land; ~**l** in the country, in the countryside, in rural districts; ~**le** (in)to the country; ~**lt** from the country; **tükk** ~**d** some distance (away); **tulge minuga natuke** ~**d** come with me a little way; ~**d jagama** distribute land (in lots); *piltl.* squabble; ~**d kuulama** spy the ground, reconnoitre (*ka piltl.*); ~**d võtma** (*levima*) gain ground; ~**ni** to the ground; *vt.* ka **maas, maast,** maha
maa-aadel gentry
maa-ala territory, ground
maa-alune underground, subterranean
maabuma land, disembark
maadeuurija explorer
maadleja wrestler
maadlema wrestle, *piltl. ka* grapple (*millegagi* — **with** smth.)
maadlus wrestling; **klassikaline** ~ Greco-Roman wrestling
maaelanik rural inhabitant
maaelu country (*or* rural) life
maaeraomandus private property in land
maage (*roostene vesi*) rusty bogwater; *geol.* bog (iron) ore
maagia magic
maagiline magic(al)
maagisoon vein of (mineral) ore, **lode**
maaharimine tillage, cultivation of land
maailm (the) world, universe, cosmos; (*maakera*) the globe; **siin on ruumi** ~ there is plenty of room here; **meil on aega** ~ we have plenty (*or* heaps, of, lots of) time

maailmaajalooline of global (historical) importance, epoch-making
maailmajagu part of the world (or globe)
maailmakaubandus world trade
maailmakirjandus world literature
maailmaklass *sport.* world class
maailmakodanik world citizen
maailmakuulus of world(-wide) fame, world-famous
maailmalinn metropolis, (important) large city
maailmameister *sport.* world champion
maailmanäitus world exhibition
maailmarekord *sport.* world record
maailmarevolutsioon world revolution
maailmariik world power, (great) empire
maailmaruum interstellar space, outer space
maailmarändur world traveller; (*pealiskaudne* ~) globe-trotter
maailmasõda world war, global war; **Esimene** ~ World War I; **Teine** ~ World War II
maailmaturg world market
maailmavaade world outlook; world-view, world theory; view (or theory) of life
maailmavallutaja world conqueror
maailmavalu *kirj.* world-weariness, sentimental pessimism, Weltschmerz
maajalg *bot.* ground-ivy
maak ore
maakaart (geographical) map
maakael = **maakitsus**
maakaitsevägi *aj.* (people's) home guard, (people's) militia, popular levy
maakamar soil, *luulek.* glebe
maakasutus land tenure
maakeel *van.* the vernacular, (*Eestis*) Estonian; (*maal kõneldav keel*) country speech (or dialect)
maakera earth, (terrestrial) globe
maakirp ground-flea
maakitsus *geogr.* isthmus, neck of land
maakler broker, (*börsi* ~) stockbroker
maakoht country place, rural place (*or* spot)
maakond district, county
maakoor earth's crust, *tead.* lithosphere
maakuulaja scout, reconnoitrer
maal [maali] painting, picture, (*lõuendil ka*) canvas

maalapike(ne), **maalapp** plot (or patch) of land, allotment
maaler (house-)painter, decorator
maalesaatmine (*laevalt*) disembarkation
maalihe landslip, landslide
maalija painter
maalikunst (the art of) painting
maalikunstnik painter, artist
maaliline picturesque
maalima paint
maalinn *van. aj.* (ancient) fenced stronghold
maamaks land tax
maamats *põlg.* (country) yokel, clodhopper, bumpkin, *Am.* hick,
maamees countryman (*pl.* -men), peasant, rustic
maamuna 1. *bot.* (black) puffball; 2. = **maakera**
maamõõtja (land-)surveyor
maamõõtmine (land) survey, field measurement
maanaine country-woman (*pl.* -women), peasant woman
maandama *el.* earth, ground; (*lennukit*) land
maanduma (*lennuki kohta*) land, touch down
maandumine (*lennuki kohta*) landing, touch-down
maania mania
maanina = **neem**
maanoored the youth of the countryside
maantee highway, (metalled) road; ~**kraav** roadside ditch; ~**transport**, ~**vedu** road transport (or haulage); ~**äärne** roadside (*atrib.*)
maaomand landed estate
maaomanik landed proprietor, landowner
maapagu exile, banishment
maapagulane exile, émigré, emigrant, displaced person
maaparandus amelioration, land improvement
maapealne (*pealmaa-*) overground; (*maine*) earthly, terrestrial
maapidaja landholder
maapind ground, soil, surface (of the earth)
maaproletariaat rural proletariat
maapõuevarad treasures of the soil, mineral wealth
maapäev *aj.* diet
maapähkel *bot.* ground-nut, peanut, *kõnek.* monkey-nut

maarahvas country people; *aj.* non-Germans (in the Baltic provinces), (*er. eestlased*) Estonians
maardla *geol.* mineral deposit
maareform agrarian reform
maarjahein *bot.* sweet vernal grass
maarjajää = maarjas
maarjakask curled (*or* speckled) birch
maarjalepp agrimony
maarjapäev *folkl.* Lady-Day
maarjas *keem.* alum
maas down (on the ground); **raamat on põrandal ~ the book is down on the floor; ~ lamama** (*haigena*) be down (with illness)
maasapp *bot.* centaury
maasikakeedis, maasikamoos strawberry jam
maasikas strawberry
maast from the ground; **~ üles võtma** pick up
maastik (*vaatepildina*) landscape, scenery; *geogr., sõj.* terrain; **~uauto** cross-country vehicle (*or* car, lorry, truck); **~ujooks** = **murdmaajooks; ~uluure** *sõj.* terrain reconnaissance; **~usõit** (*ratsaspordis*) cross-country riding
maast-madalast from earliest childhood
maasäär *geogr.* spit
maatamees *aj.* landless peasant
maatasa level with the ground; **~ tegema** raze (*or* rase) to the ground, demolish
maateadus = **geograafia**
maatu landless
maat-uss *zool.* pinworm, (*ka*) threadworm
maatööline (agricultural, farm) labourer
maatükk piece of land, plot (of land)
maavaldaja landholder, land proprietor
maavaldus holding of land, landed estate
maavalitseja governor
maavarad = **maapõuevarad**
maaviljelus cultivation of land, tillage, agriculture
maavits *bot.* (woody) nightshade
maavitsalised *bot.* solanaceous plants
maavägi (land) army, land force(s)
maavärin, maavärisemine earthquake, *Am. ka* temblor
maaõli = **nafta**
maaühendus *el.* earth, earthing

madal low; (*mitte sügav*) shallow; (*hääle kohta*) deep; **~akvaliteediline** of low quality, inferior
madalalt low
madaldama lower, make* low(er); abase
madalduma lower, become* low(er)
madalik (*madal maa*) lowland, lowlying land; (*vees*) shallow, (*leetseljak*) shoal
madalkünd shallow ploughing
madallend low flying, *kõnek.* hedgehopping
madalmik *geogr.* lowland
madalpinge *el.* low tension (*or* voltage)
madalrõhk low pressure
madalrõhkkond *meteor.* low (pressure) area, depression, cyclone (area)
madalsagedus low frequency, *raad.* audio-frequency
madalseis low level; (*veeseisu kohta*) low water, low-water mark (*ka piltl.*)
madalus lowness; (*vee kohta*) shallowness; (*hääle kohta*) deepness
madar *bot.* bedstraw; (*roomav ~*) cleavers, goose-grass
madin rumpus, commotion
madjakas = **maik**
madjar Magyar
madonna madonna
madrats mattress
madrus sailor, seaman (*pl.* -men)
madu snake, serpent
magaja sleeper
magama sleep* be asleep; **~ heitma, ~ minema** go* to bed; **~ jääma, ~ uinuma** fall* asleep, go* to sleep, drop off; **~ panema** (*voodisse panema*) put* to bed; (*uinutama*) put* to sleep
magamaminek going to bed; **~uaeg** bedtime
magamatu unslept, tired out (with lack of sleep)
magamisase couch, bed; (*vagunis, laeval*) berth, bunk
magamiskoht sleeping-place; (*ööbimiskoht*) night's lodging
magamiskott sleeping-bag
magamistuba bedroom
magamisvagun sleeping-car (*or* -carriage), sleeper; (*salong~*) Pullman (car)
magas(iait) *aj.* communal granary (of a rural district)
magasin 1. (*suur kauplus*) shop,

magatama — **mahe**

store; (*kaubaait*) storehouse, warehouse; 2. (*tulirelva salv*) magazine
magatama sleep* (*with*); (*uinutama*) lull to sleep
mage (*vee kohta*) fresh, sweet; (*toidu kohta*) insipid, unflavoured; *piltl.* insipid, flat, vapid
magedus (*vee kohta*) freshness, sweetness; (*toidu kohta*) insipidity; *piltl.* insipidity, flatness, vapidity
mageveekala fresh-water fish
magevesi fresh water
magister master
magistraal main (line); ∼**kraav** main drainage ditch (*or* canal), arterial canal; ∼tee main road
magistraat magistracy
magma *geol.* magma
magnaat magnate; (*tööstus*∼) tycoon
magneesia *keem.* magnesia
magneesium *keem.* magnesium
magneetima *füüs., tehn.* magnetize
magneeto *tehn.* magneto (*pl.* -os)
magnet magnet
magnetiline magnetic
magnetiseerima magnetize (*ka piltl.*)
magnetiseeruma be (*or* become*) magnetized
magnetism magnetism
magnetnõel *füüs.* magnetic needle
magnetofon tape recorder
magnetväli *füüs.* magnetic field
magu I (*seedeelund*) stomach; (*loomal ka*) maw
magu II *van.* = **maik**
magun = **moon** [mooni]
magus sweet; ∼hapu sourish sweet, sweet and sour; ∼**kirss** = **murel**; ∼**roog** dessert, savoury
magustama sweeten
magustoit = **magusroog**
magusus sweetness
maha down; off, away, out; behind; mütsid ∼! hats off!; ∼ **fašism**! down with fascism!; ∼ **ajama** (*kedagi sõidukilt*) put* down (by force), force to disembark; (*koormat*) unload; (*midagi kogemata lauall, riiulilt jms.*) push (*or* knock, brush) off; (*riideid*) throw* off, discard; (*nahka*) shed*; (*habet, juukseid*) shave off; ∼ **arvama** count off, discount; (*lahutama*) subtract, take* (*from*); (*hinnast, palgast jm.*) deduct; ∼ **istuma** sit* down, take* a seat; ∼ **jooksma** (*vahemaad*) cover (in running); (*üleskeeratud mehhanismi kohta*)

run* down; ∼ **jooma** guzzle away, squander on drinks; ∼ **jätma** leave* behind; (*hülgama*) abandon, forsake*, desert; ∼ **jääma** be (*or* fall*, lag, remain) behind, lose* ground; (*rongist*) miss; ∼ **kirjutama** copy, (*koolis ka*) crib; (*arvelt*) write* off, cancel; ∼ **kriipsutama** strike* out; ∼ **kukkuma** fall* down; ∼ **käima** (*vahemaad*) cover (in walking); (*kella kohta*) run* down; ∼ **laadima** unload; ∼ **laitma** advise (*or* warn, caution) against dissuade from; ∼ **laskma** shoot* dead (*or* down); ∼ **lööma** (*pikali* ∼) knock down; (*tapma*) lay*, kill with a blow; (*silmi*) cast* down; ∼ **magama** sleep* away, miss through sleeping; *piltl.* miss through neglect; ∼ **mängima** gamble away; ∼ **müüma** sell* out, trade off (*ka piltl.*); ∼ **panema** put* (*or* lay*) down; (*maadluses*) throw* down, floor; (*kartuleid*) plant; ∼ **põletama** burn* down (*or* out); ∼ **saama** be delivered (*lapsega — of a child*); ∼ **salgama** (*tunnustamast keelduma*) renounce, repudiate, disavow, disown; (*eitama*) deny; ∼ **suruma** supress, repress, put* down; ∼ **tegema** (*halvustama*) depreciate, disparage, decry, run* down; (*kokku leppima*) agree (*upon*), come* to an understanding; (*vilja*) sow*, plant; ∼ **võtma** take* down (*or* off); (*kaalus*) lose*, be reduced in weight, grow* thinner, slim
mahaarvamine (*lahutamine*) subtraction; (*hinnast, palgast jms.*) deduction, reduction, discount(ing)
mahagon(ipuu) mahogany
mahahindlus price-cut
mahajäetud abandoned, forsaken, deserted, forlon
mahajäetus abondonment, forsakenness, desertion, forlornness
mahajäämus backwardness, lag, lagging behind
mahajäänud backward
mahalaadimine unloading
mahalaskmine shooting, execution by shooting
mahasaamine delivery, child-birth, confinement, accouchement
mahategemine depreciation, decrying, running down
mahe mild, gentle, soft, sweet, suave

mahedus mildness, gentleness, softness, sweetness, suavity
mahendama make* mild (*or* gentle, suave); soften, sweeten
mahenema grow* mild (*or* gentle, suave); soften, sweeten
mahhinatsioon machination, trick
mahitama connive (*at*), wink (*at*), close one's eyes (*to*)
mahitus connivance; **kellegi** ~**el** with smb.'s connivance
mahl juice; (*puu*~) sap; (*koe*~) lymph
mahlakas juicy, succulent; sappy; (*stiili kohta*) racy
mahlakus juiciness, succulence; sappiness; (*stiili kohta*) raciness
mahlane juicy, full of juice
mahlanääre *anat.* lymphatic (*or* lymph) gland(*or* node)
mahorka makhorka, cheap tobacco
maht volume, capacity, cubic content; (*üldistatult*) extent, size, bulk
mahti: ei ole ~ there is no possibility (*or* opportunity, leisure, time) (*millestki — for smth.*)
mahtuma find* room, go* in; **sellesse saali mahub 300 inimest** this hall will seat 300 people
mahtuvus capacity, holding power
mahukas capacious, voluminous; (*kogukas*) bulky
mahutama (*ruumilt*) hold*, accommodate, contain, find* room (*for*), (*saali kohta*) seat, have a seating capacity (*of*); (*paigutama*) place; (*kapitali*) invest
mahutamisvõime, mahutavus capacity
mahuti container, receptacle
mahutus holding, accommodation, content; (*paigutus*) placing; (*kapitali*~) investment
mahv puff, whiff
mahvima puff, whiff
mai May; **esimene** ~ the first of May, (*pühana*) May Day
maias fond of sweets (*or* dainties), having a sweet tooth; (*millegi peale*) fond (*of*), partial (*to*), greedy (*of, for*); ~**mokk** sweettooth, gourmet
maidel = rünt
maigutama: suud ~ open and shut* one's lips, smack one's lips
maik taste; flavour, savour; (*kerge* ~) smack (*ka piltl.*)
maika *kõnek.* vest, football shirt, singlet

maikelluke(ne) lily of the valley
maikuu (the month of) May
mailane *bot.* speedwell, veronica
maim 1. (*kalapoeg*) baby fish, young fish; ~**ud** fry; **2. = maimuke(ne)**
maimuke(ne) little one, wee one, baby
maine earthly, terrestrial; (*ilmalik*) worldly
mainima mention
mainimisväärne worth mentioning, notable
maipõrnikas = lehepõrnikas
maipüha May Day
mais maize, Indian corn, *Am.* corn
maisi (*maad mööda*) by land
maismaa (dry) land; ~**loom** land animal
mait rascal
maitse taste (*ka piltl.*); savour, flavour: ~**aine** seasoning, condiment, relish; (*vürts*) spice
maitsekas tasteful, (done) in good taste
maitselage lacking taste, in bad taste
maitsema = maitsma
maitserikas tasteful, having good taste
maitsestama give* taste (*to*)
maitsetu tasteless, savourless; without taste, in bad taste
maitsev tasty, tasting good, savoury, palatable
maitsevaene lacking (*or* poor in) taste
maitsma taste; (*maitsev olema*) taste good: (*maitsta saama*) taste; (*millegi maitset omama*) taste (*or* savour, smack) (*of*); (*nautima*) enjoy; see **vein maitseb mulle** I like (*or* enjoy) this wine
maitsmismeel (the sense of) taste
maitsvus tastiness, tasting good, savouriness, palatability
maius fondness for sweets (*or* dainties), having a sweet tooth; ~**pala** toothsome (*or* dainty) bit (*or* morsel), titbit, dedcacy; ~**roog** dainty dish
maiustama feed* on delicacies, eat* sweet things; feast (*on*)
maiustused sweets sweetmeats, *Am.* candy
maja house; ~**elanik** inhabitant (of a house); ~**hoidja** caretaker (of a house)
majajas = kobras
majakas (*tuletorn*) lighthouse
majakoer house-dog

majakond household
majakord 1. (*maja kodukord*) rules of a household, house-regulations; 2. = **korrus**
majakraam household furniture
majaline inmate of a house
majand (economic) enterprise, farm
majandama (*ettevõtet*) direct, (*farmi jms.*) manage
majandus economy, husbandry; (*majandamine*) management; ~**geograafia** economic geography; ~**kriis** economic crisis (*pl.* -ses)
majanduslik economic
majanduspoliitika economic policy
majandusteadlane economist
majandusteadus economics, political economy
majaomanik house-owner, proprietor (of a house)
majaperemees house-owner; (*üürniku suhtes*) landlord
majaperenaine landlady
majapidaja (*naine*) housekeeper; (*mees*) steward
majapidajanna housekeeper
majapidamine housekeeping (*kodune* ~) housekeeping, domestic management, (*õppeainena*) domestic science, *Am.* home economy; (*koos perega*) household; (*majandamine*) directing (*or* managing) a household (*or* farm)
majapidamisseep laundry soap
majapidamistarbed household equipment (*or* requisites), domestic appliances
majaraamat house register
majasõber family friend
majateenija domestic (servant)
majavaldus house property
majavalitseja house manager
majavalitsus (local) housing authority (*or* office)
majavamm dry rot
majesteet majesty
majesteetlik majestic
majesteetlikkus majesty
majonees(kaste) *kok.* mayonnaise
major major
majoraan = **vorstirohi**
majoraat 1. (*feodaalaegne pärimiskord*) ringht of primogeniture; 2. (*sugukonnamõis*) entailed estate
majuline lodger
majutama house, lodge, find* lodging(s) (*for*), accommodate; *sõj.* billet

majutus housing, lodging, lodg(e)ment, accomodation; *sõj.* billeting
makaron macaroni
makett (*mudel*) model, dummy; *sõj.* mock-up; *trük.* advance copy
makrell *zool.* mackerel
maks [maksa] liver
maks [maksu] payment; (*riigi*~) tax, imposition, (*tolli*~) duty, impost; (*andam*) tribute, contribution; (*liikme*~) dues, (*sisseastumis*~ fee(s)
maksahaigus liver disease, liver-complaint
maksapasteet *kok.* liver pie; (*nuumhane maksast*) pâté de foie gras
maksasammal *bot.* liverwort
maksavorst liver-sausage
makse payment; ~**jõuetu** insolvent
maksev (*kehtiv*) valid
maksevahend legal tender
maksevõime solvency
maksevõimeline solvent
maksevõimetu insolvent
maksimaalne maximum
maksimum maximum (*pl.* -ima, -imums)
maksma 1. (*raha andma*) pay*; tagasi ~ pay* back, repay*, refund; välja ~ pay* pay* off (*or* in full); 2. (*hinnalt väärt olema*) cost*; maksku mis maksab at all costs; ei maksa oodata it is not worth while waiting; ~ **minema** cost* (*ka piltl.*); 3. (*kehtima*) be valid, be in force (*or* in operation); ~ **hakkama** come* into force, take* effect; ~ **panema** put* in(to) operation; **ennast** ~ **panema** assert oneself
maksmapanek putting into operation; enese ~ asserting oneself
makstav payable, to be paid
maksualune 1. *adj.* taxable; 2. *subst.* taxable person, taxpayer
maksuinspektor tax inspector, tax collector
maksujõuetu = **maksejõuetu**
maksujõuline = **maksevõimeline**
maksukoorem burden of payments; (*riigimaksude kohta*) tax burden
maksuline paid, requiring payment; ~ **kool** fee-paying school
maksuma (*maksma minema*) cost*
maksumaksja taxpayer
maksumus cost, expense
maksundus taxation, management of taxes

maksustama tax, impose (*or* lay*) a tax (*on*)
maksustus taxation, taxing, imposing a tax (*or* duty)
maksuvõlg arrears (of payments, of taxes)
maksvel = **kehtiv**
maksvus = **kehtivus**
maksvusetu = **kehtetu**
makulatuur waste paper
malaaria malaria
malakas (large) cudgel
malbe modest, unpretentious
malbus modesty, unpretentiousness
maldama be patient, have patence
maldamatu impatient
maldamatus impatience
male chess; ~**t mängima** = **maletama**
malekäik move (in chess)
malelaud chess-board
malemäng (game of) chess
malemängija = **maletaja**
malend, malenupp chess-man (*pl.* -men), piece
malepartii game of chess
maletaja chess-player
maletama play chess
malev *aj.* (ancient Estonian) army; (*pioneeridel*) troop, brigade
malgutama cudgel, thrash
malk cudgel; ~**a andma** = **malgutama;** ta tahab ~**a saada** he wants (*or* deserves) a thrashing
mall protractor
malm cast iron; (*kõrgahjus toodetud toor*~, *er. känkudes*) pig iron
malmne cast-iron
malts orach (e)
maltsalised *bot.* chenopods, the goosefoot family
maltspuit *mets.* sapwood, alburnum
mamma, mammi (mam(m)a, mummy, mum
mammon mammon
mammut mammoth; ~**ipuu** sequoia, Wellingtonia
manala nether (*or* lower) world, Hades
manama exorcise, conjure; (*vanduma*) curse; (*esile kutsuma*) evoke, call up (*or* forth)
mandaat mandate; ~**komisjon** credentials committee
mandariin I (*Vana-Hiina riigiametnik*) mandarin
mandariin II (*liik apelsine*) tangerine, mandarin(e)

mandel 1. (*mandlipuu seeme*) almond; 2. *anat.* tonsil
mander mainland, continent
mandlikook *kok.* ratafee (*or* ratafia)
mandlipuu *bot.* almont (tree)
mandlipõletik *med.* tonsillitis
mandoliin mandolin (e)
mandrijää *geogr.* inland ice, glacier sheet, sheet glacier
mandriline continental
mandritevaheline intercontinental
mandžuuria Manchurian
manduma degenerate
mandumine, manduvus degeneration
manduvuslik degenerative
maneer manner, mannerism
maneerlik affected, full of mannerisms
maneež riding-school, riding-hall, manège
mangaan manganese
manguma cadge, beg (*for*)
manifest manifesto (*pl.* -oes)
manifestatsioon (*massimeeleavaldus*) demonstration; (*ilmutus, avaldus*) manifestation
maniküür manicure; **tehke mulle** ~**i** do my nails
maniküürima manicure
manisk (false) shirtfront, dicky
manitsema admonish, exhort
manitsus admonishment, admonition exhortation
manna (~*tangud*) semolina, manna croup; (*taeva*~) manna; ~**puder** semolina pudding
mannekeen mannequin, model; *kunst.* lay figure; (*rätsepa* ~) dummy
manner = **mander**
mannerg (tin) can, (*piima*~) milk can
mannermaa = **mander**
mannetu feeble, helpless; (*vilets*) poor, miserable
mansard attic, mansard; ~**katus** curb roof, mansard (roof); ~**korrus** attic, mansard stor(e)y
mansetinööp cuff-link
mansett cuff
mantel cloak, (top) coat, overcoat, mantle; (*ametirüü, akadeemiline* ~) gown; *tehn.* case, jacket
manufaktuur 1. *van.* (*tekstiilitööstus*) manufactory, (textile) factory; 2. *aj.* manufactory; ~**kaup** *van.* tekstiilkaup
manukas *jur.* (non-committed) witness
manulus presence

manus accessory; **riide ~ed** trimmings
manuskript = käsikiri
manustama (*lisama*) add; (*ravimit jms.*) administer
manööver manoeuvre
manööverdama manoeuvre
maohaavand *med.* gastric ulcer
maohammustus snake-bite
maokas (*kõhukas*) big-bellied, paunchy
maokatarr = **gastriit**
maokeel *bot.* adder's tongue
maoli on one's belly
maoloputus *med.* gastric lavage, lavage of the stomach
maolukuti *anat.* pylorus (*pl.* -ri)
maomahl gastric juice
maomürk snake poison, (snake) venom
maotu 1. = **maitsetu, maitselage**; 2. (*lääge*) tasteless, flavourless, insipid, flat, vapid
maovähk *med.* gastric cancer
mapp paper-case, brief-case; (*portfell*) portfolio (*pl.* -os); (*kooli~*) (school) bag, satchel
marakratt (naughty) romper, boisterous child (*pl.* children), little rogue; (*tütarlapse kohta*) tomboy
maran *bot.* cinq(ue)foil
maraton(ijooks) Marathon race
mardikas beetle
mardipäev Martinmas, St. Martin's day
mardisant Martinmas minstrel-beggar (in fancy dress)
mardus *folkl.* (Estonian) banshee, (crying) spectre of ill omen
margapuu steelyard
margariin margarine, *kõnek.* marge
margikoguja stamp-collector, philatelist
marginaalid marginal remarks, marginalia
margistama stamp, provide with a (postage) stamp
mari [marja] 1. (*taime vili*) berry; 2. = **kalamari**; 3. *pl.* (*silmas*) = **silmamarjad**
mari [mari] Mari; **~ keel** Mari, the Mari language
marinaad (*marineerimisvedelik*) pickle, *haruld.* marinade; (*marineerimise saadus*) pickles
marineerima pickle, *haruld.* marinate, marinade
marionett puppet, marionette; (*piltl. ka*) stooge
marjamaa berry-patch (in a wood)

marjas (*kaardimäng*) matrimony, marriage
marjul: **~ olema** be berry-gathering; **~ käima, ~e minema** go* berry-gathering; **~t tulema** come* from berry-gathering
marjuline berry-gatherer, berry-picker
mark [marga] mark
mark [margi] 1. (*kirja~, tempel~*) stamp; 2. (*kaubamärk*) brand; (*kaubasort*) brand, sort, quality; (*auto jms. ~*) make
markantne conspicuous, pronounced
markeerima (tähistama) mark; (*rõhutama*) stress
markii marquess, marquis
markiis 1. (*markiis abikaasa*) (*inglise ~*) marchioness; (*mitteinglise ~*) marquise; 2. (*akna päikesevari*) marquise sunshade
markitant *aj.* sutler
marksism Marxism; **~ieelne** pre-Marxist; **~ivastane** anti-Marxist; **~-leninism** Marxism-Leninism
marksist Marxist
marksistlik Marxist, Marxian; **~-leninlik** Marxist-Leninist
marli (surgical) gauze; cheese-cloth, butter-muslin
marmelaad candied fruit jelly; (*püdel inglise ~*) marmelade
marmor marble
marmoreerima marble
marodöör (*röövhulkur*) marauder; (*liigkasuvõtja*) profiteer
marokolane Moroccan
marrask = **marrasknahk**
marraskil excoriated, abraded, raw
marrasknahk epidermis, outer skin
marrastama excoriate, abrade, bark
marrastus excoriation, abrasion
marru *vt.* **maru**
marsivalmis ready to march
marsruut route, itinerary
marss I (*liikumine taktsammul*; *muusikateos*) march; (*komandosõnana*) forward!, march!
marss II *mer.* top, mast-head
marssal marshal
marssima march
martsipan marchpane, marzipan
martäänahi *tehn.* open-hearth furnace
maru 1. *subst.* (*tugev tuul*) tempest, storm, hurricane; (*raev*) rage, fury; **~s** enraged, furious, infuriated; **marru ajama** enrage, infuriate; **marru minema** become* enraged (*or* furious, infuriated); 2. *adj.*

maruhein   **mažoor**

furious, mad; *kõnek. ka (tore)* splendid; ~ **koer** mad dog; ~ **poiss** splendid fellow
maruhein = **koerapõõrirohi**
maruhoog (tempestuous) squall
maruilm stormy (*or* tempestuous) weather
marujoodik *kõnek.* hard drinker, inveterate drunkard
marukarsklane *humor.* fanatical teetotaller
maruline stormy
marune stormy, tempestuous; (*marutsev*) raging
marurahvuslane = **šovinist**
marus *vt.* **maru**
marutaud (epidemic of) hydrophobia
marutsema storm, rage, bluster
marutuli hurricane fire
marutuul hurricane
marutõbi hydrophobia, rabies
marutõbine rabid, mad
maruviha rage, fury
maruvihane enraged, furious, mad with rage
masendama depress, deject, dispirit, cast* down, overwhelm, crush
masendatud = **masendunud**
masendav depressing, dismal, dispiriting, overwhelming, crushing
masenduma become* depressed (*or* dejected, low-spirited, cast down, despondent)
masendunud depressed, dejected, low-spirited, downcast, cast down, despondent, overwhelmed, crushed
masendus depression, dejection, low spirits, despondency
masin machine; (*jõu*~) engine; ~**ad** (*kogumikuna*) machinery
masinaehitus (mechanical) engineering, machine(ry) construction, machine-building
masinakiri typewriting, typescript; **masinakirjas** typewritten
masinakirjutaja typist
masinaladu *trük.* composing by monotype
masinalukksepp fitter, *Am. ka* machinist
masinalüps milking by machinery
masina-traktorijaam machine and tractor station, machine (and tractor) hiring station
masinatõlge machine translation
masinavärk mechanism
masinaõli machine oil

masinaõpetus applied (*or* practical) mechanics
masindama (*masinal töötlema*) work by means of a machine; (*teravilja*) thresh; (*masinlikult tegema*) do (*or* work) mechanically (*or* like a machine), rattle (*or* reel) off
masininimene robot
masinist machine operator, machine man (*pl.* men); (*laeval*) engineer, (*rongil*) (engine-)driver; *haruld.* (*masinate valmistaja v. kontrollija*; *masinal töötaja*) machinist
masinlik mechanical, automatic
mask mask; *piltl. ka* guise; **kelleltki** ~**i maha kiskuma** unmask smb.
maskeerima mask; *sõj.* camouflage; *piltl. ka* disguise
maskeering masking; *sõj.* camouflage; *piltl. ka* disguise
maskeeruma mask (*or* disguise) oneself; *sõj.* be camouflaged
maskeraad masquerade, (*maskipidu*) fancy-dress ball
maskiball fancy-dress ball
maskikostüüm fancy dress
maskuliin *lgv.* masculine (gender)
mass mass
massaaž massage
masseerija masseur, *fem.* masseuse
masseerima massage
massihaud common grave
massiiv *geogr.* (*mäestikuala*) massif, mountain-mass; (*vähem* ~) block; (*ühtlane suur maa-ala*) large expanse
massiivne massive
massikaubad mass-produced goods, consumer goods
massiline mass (*atrib.*); (*üldrahvalik*) popular
massiliselt in masses, en masse
massimiiting mass meeting (*or* rally), *kõnek.* monster meeting (*or* rally)
massimõrv mass murder, (wholesale) massacre
massiorganisatsioon mass organization
massitoodang mass production
massiühik *füüs.* unit mass
mast I (*laeval*) mast
mast II (*kaardimängus*) suit; (**sama**) ~**i käima** follow suit
mastaap scale
mastikorv *mer.* crow's-nest, mast-head platform
masurka mazurka
masuut mazut, black oil
mažoor *muus.* major (key)

mateeria matter, substance
matemaatik mathematician
matemaatika mathematics
matemaatiline mathematical
materdama (*peksma*) cudgel, beat*, drub, thrash (*rängalt arvustama*) criticize severely, pick (or tear*) to pieces, *Am.* slam
materiaalne material
materiaalsus materiality
materialiseerima materialize
materialiseeruma materialize, be materialized
materialism materialism
materialist materialist
materialistlik materialistic
materjal material(s)
matistama I (*tuhmiks tegema*) make* mat (or dull, lustreless); (*klaasi*) frost
matistama II (*males*) checkmate, mate
matk journey, trip; (*jala~*) hike, walking tour, walk, outing
matkaja hiker, walker
matkama journey, travel; (*jala*) hike, walk
matkima imitate, mimic, copy
matma bury (*ka piltl.*); (*hauda sängitama*) inter, inhume, entomb; **mul matab hinge** I feel suffocated
matmine burying, burial; (*haudasängitamine*) interment, inhumation, entombing
matmispaik burial-place
matriits *tehn.* matrix (*pl.* -rixes, -rices)
matrikkel (*nimekiri*) register, roll; (*tunnistus*) matriculation certificate
matroon matron
mats [matsi] boor, churl, lout; yokel, (cuntry) bumpkin
mats [matsu] thump, thwack, whack, smack
matsakas 1. *subst.* thump, thwack; 2. *adj.* stout, stumpy, podgy (or pudgy)
matsalka (*vanaaegne roguskist ~*) wisp of bast (for washing); (*pesukäsn*) bath-sponge
matsatama thump, thwack, whack, smack
matslik boorish, churlish
matsutama smack (one's lips); (*süües*) champ, eat* noisily; (*suudeldes*) kiss with loud smacks
matš *sport.* match
matt I (*õõnesmõõt*) (old Estonian) gallon (of corn); (*mativili*) mul-

ture, miller's fee (in corn), toll; **~i võtma** take* toll (*of*)
matt II (*näit. jalgade pühkimiseks*) mat
matt III (*males*) checkmate, mate
matt IV (*läiketu*) mat, dull, lustreless, non-reflecting; **~klaas** frosted glass, cloudy (or clouded) glass
mattuma be buried (*millegi alla — under smth.*)
matus funeral, burial; interment, sepulture; **~ebüroo** undertaker's (office)
matuseline mourner (at a funeral), funeral guest
matusepaik = **matmispaik**
matuserong funeral procession
matusetalitus funeral ceremony
mauk thick sausage, thick black pudding
maur Moor
mausoleum mausoleum
me = **meie**
medal medal; **~ikandja** medal holder (or winner), *haruld.* medalist
medaljon medallion
mediaan median
medikament medicine
meditsiin medicine, *van.* physic
meditsiiniline medical
meditsiinitöötaja medical worker, hospital worker
meditsiiniõde trained (hospital) nurse
meduus jellyfish, medusa (*pl.* -as, -ae)
meedik = **arstiteadlane**
meedium medium (*pl.* -iums, -ia)
meekärg honeycomb
meel 1. (*tunde~, taju*) sense; viis **~t** the five senses; 2. (*mõte, arvamus, mälu*) mind; **~t muutma** change one's mind; **~de tulema** come* (in) to one's mind, occur (to one's mind); **~de tuletama** remind (*kellelegi midagi — smb. of smth.*), call (*smth.*) to (*smb.'s*) mind, recall, recollect; **see on mul ~es** I am mindful of this, I remember (this); **~es pidama** bear* (or keep*) in mind, remember; **~est minema** drop out of one's mind, be forgotten; **minu ~est** to my mind, in my opinion; 3. (*meelelaad*) turn (or frame) of mind spirits, disposition; heart; **mul on hea ~** I am glad; **minu ~t mööda** to my liking; **~t heitma** despair; **~t lahutama** entertain, divert, amuse; **~t liigutama** move, touch (one's heart);

~t parandama mend one's ways, (*kahetsema*) repent, **hea ~ega** gladly, willingly, with pleasure
meelas (*himur*) sensual, lustful
meelde *vt.* **meel**
meeldejääv memorable, unforgettable
meeldetuletus reminder
meeldima please, be to one's liking; be attractive; **kas teile meeldib see pilt?** do you like this picture?; see **hakkas mulle ~** I took a liking to it
meeldiv pleasing, pleasant; agreeable, attractive
meeldivus pleasantness; agreeableness, attractiveness
meelduma = kiinduma
meeleavaldaja demonstrator
meeleavaldus demonstration
meeleelund organ of sense, sensory organ
meelega (*tahtlikult*) on purpose, purposely, designedly, deliberately, intentionally
meelehea 1. (*heameel*) pleasure; 2. (*altkäemaks*) bribe(s)
meeleheide despair, desperation; (*masendus*) despondency; **kedagi meeleheitele viima** drive* smb. to despair
meeleheitlik desperate
meelehärm vexation (of spirit); **~i tegema** vex
meelekibedus bitterness (of mind)
meelekindlus fortitude, firmness (of mind)
meelekoht temple
meelelaad turn of mind, disposition, character, nature
meelelahutus entertainment, pastime, amusement, diversion, recreation
meeleldi = meelsasti
meeleliigutus emotion
meeleline sensuous
meelemuutus change of mind (*or* heart)
meelemärkus consciousness; **~t kaotama** lose* consciousness; **~ele tulema** regain (*or* recover) consciousness, come* to
meelemärkusetu unconscious, senseless; **~ks lööma** knock out
meeleolu mood, temper, frame of mind; (*tuju*) spirits, humour; **heas ~s** in good (*or* high) spirits
meeleolukas full of high (*or* good) spirits, spirited

meelepaha displeasure, annoyance, resentment, vexation; (*nördimus*) indignation
meeleparandus mending one's ways, change of heart, (*kahetsus*) repentance
meelepete illusion, delusion
meelepärane agreeable, pleasing
meelepärast = meeltmööda
meelerahu peace of mind; calmness, equanimity, composure
meeles *vt.* **meel**
meelespea 1. *bot.* **= lõosilm**; 2. (*märkmik*) notebook
meelespidamine remembering, keeping in mind
meelespidamisvõime the faculty of remembering, memory
meelest *vt.* **meel**
meelestama put* in a mood, dispose, incline
meeletu mad insane, frantic, frenzied; (*ettevõtte jms. kohta*) desperate; **ta on vihast ~** he is beside himself with anger
meeletus madness, insanity, frenzy
meelevald (*võim, voli*) power, authority; (*omavoli*) arbitrary power (*or* rule)
meelevaldne arbitrary
meelisklema = mõtisklema
meelislill = lõosilm
meelitaja flatterer; (*lipitseja*) adulator
meelitama (*meelitusi rääkima*) flatter; (*lipitsema*) adulate; (*ahvatlema*) lure, allure, entice; (*keelitlema*) cajole, wheedle, coax, blandish
meelitav flattering; (*ahvatlev*) alluring, enticing
meelitus flattery; (*~sõna*) compliment; (*lipitsus*) adulation; (*ahvatlus*) allurement, enticement; (*keelitlus*) cajolery, cajolement, blandishment; **~nimi** pet name; **~sõna** compliment; **~vahend** lure, allurement, enticement
meelsamini more willingly (*or* readily, gladly); (*pigemini*) rather
meelsasti willingly, readily, gladly, with pleasure
meelsus (*mõttelaad*) mentality, way of thinking; (*tundelaad*) feeling, sentiment; (*veendumused*) convictions, opinions
meeltesegadus aberration of mind, mental disorder
meeltliigutav touching, (heart-)stirring

meeltmööda to one's liking, pleasing, pleasant
meelsus sensuality, lust(fulness)
meenuma come* into one's mind, be remembered
meenutama call to (one's) mind, remind (*of*) recall
meenutus reminder
mees man (*pl.* men); (~*isik*) male; (*abikaasa*) husband; **mehele minema, mehele saama get*** married; **mehele panema give*** in marriage; **mehel olema** be married
meesakt *kunst.* male nude
meeshääl *muus.* male voice
meesisik male (person)
meesjoon (*suguluses*) male line
meeskodanik male citizen
meeskond *sport.* team; *mer.* (*paadi v. laeva* ~) crew, (*sõjalaeva* ~) (ship's) company
meeskoor male (*or* men's) choir
meessugu male sex; *lgv.* masculine (gender)
meesterahvas man (*pl.* men)
meestesugu men, the male sex
meestesärk (men's) shirt
meetaim honey (*or* bee) plant, nectar-bearing (*or* nectar-secreting, nectariferous) plant
meeter metre; ~**mõõdustik** metric (system of) measures
meetod method
meetrika *kirj., muus.* metrics
meetrisüsteem metric system
meetrum *kirj., muus.* metre, measure
meevaha beeswax
meevurr honey centrifuge
mehaanik = **mehhaanik**
mehaanika = **mehhaanika**
mehaaniline = **mehhaaniline**
meheema = **ämm**
meheiga (years of) manhood, *haruld.* men's estate; **parimas meheeas** in the flower of manhood
meheisa = **äi**
meheleminek getting married
mehelik virile, manly
mehelikkus virility, manliness
mehemoodi heartily, thoroughly, soundly, properly
mehevend = **küdi**
meheõde = **nadu**
mehhaanik (*eriteadlane mehhaanika alal, aparaatide jms. valmistaja*) mechanician, mechanical engineer; (*tööline masinatööde alal*) mechanic
mehhaanika mechanics

mehhaaniline mechanical
mehhanisaator machine-operator
mehhaniseerima mechanize
mehhaniseerimine mechanization
mehhanism mechanism
mehhiklane Mexican
mehike(ne) manikin, chap; **vaene** ~ poor fellow (*or* wretch)
mehine manly, manful, brave, courageous
mehistuma grow* to manhood, grow* manly
mehisus manliness, manfulness, bravery
mehitama man
mehkeldaja (*lipitseja*) fawner; (*sepitseja*) intriguer
mehkeldama (*lipitsema*) fawn (*upon*), make* up (*to*); (*sepitsema*) intrigue
meie we (*objektikääne* us); (*omastavas tähenduses*) our (*atrib.*), ours (*substantiivselt*)
meieaegne of our time, contemporary
meier dairy-master, dairy-farmer, butter- and cheese-maker
meierei dairy(-farm), creamery
meigas ring-dove, ruffed pigeon
meiran = **vorstirohi**
meisel chisel
meister master; (*käsitöös*) (master-)-craftsman (*pl.* -men); (*tehases*) foreman (*pl.* -men); *sport.* champion
meisterdama make*, construct, fabricate
meisterlik masterly; (*tööosav*) workmanlike, skilful
meisterlikkus masterliness, mastery, mastership, craftsmanship; (*tööosavus*) workmanship, skill
meistermees master-worker; (*tööosav mees*) handy man (*pl.* men)
meistermeeskond *sport.* champion team
meistersportlane *sport.* sports master
meistrimees *kõnek.* = **meistermees**
meistriteos masterpiece
meistrivõistlused *sport.* championship competition(s), contest(s) for the championship
mekk = **maik**
mekkima = **maitsma**
melanhoolia melancholy, *med.* melancholia
melanhoolik melancholic person
melanhoolne melancholic
meldima = **möllima**
melekas *zool.* stock-dove
melioraator *põll.* ameliorator

melioratsioon *põll.* amelioration, land improvement
melodeklamatsioon recitation to music
melodraama melodrama
melodramaatiline melodramatic
melon melon; ~**kõrvits** = **kabatšokk**
meloodia melody, tune
meloodiline (*viisirikas*) melodious, tuneful; (*meloodiasse puutuv*) melodic
meltsas *zool.* yaffle, yaffil, green woodpecker
membraan membrane
memm 1. (*ema*) mummy; 2. (*vana naine*) old woman (*pl.* women); 3. (*argpüks*) poltroon, coward
memmepoeg mother's darling (*ka piltl.*); (*hellik*) mollycoddle
memorandum memorandum (*pl.* -da)
memoreerima memorize, commit to memory
memuaarid memoirs
menetlema proceed, act, set* to work
menetlus procedure, process; practice, method; ~**praktika** professional (*or* vocational) practice
mennik red lead, minium
menstruatsioon menstruation, (the) menses
mensuur(klaas) beaker
menševik Menshevik
mentaliteet mentality
menu success
menuett minuet
menukas successful
menukus successfulness, success
menüü menu
merealune submarine
mereasjandus = **merendus**
merehaige seasick
merehaigus seasickness
merehoovus sea-current, ocean current (*or* stream)
merehäda distress at sea, shipwreck
merehädaline shipwrecked person, castaway
merejalaväelane *sõj.* marine
merejalavägi *sõj.* marine infantry, the marines
merejõud *sõj.* naval forces
merekaart chart
merekaru *piltl.* sea-dog, (old) salt, tar
merekaubandus sea-trade, maritime (*or* overseas) trade
merekitsus = **väin**
merekool nautical school; (*sõjalaevastiku jaoks*) naval school (*or* college)

merekuurort seaside resort
merekäär bight, cove, inlet
merelaevastik marine, fleet; (*sõjalaevastik*) navy
mereline marine, sea (*atrib.*)
meremees seaman (*pl.* -men), sailor, mariner
meremiil nautical mile, sea mile
meremärk buoy
merendus maritime (*or* naval) affairs
merepind sea level
merepõhi sea bottom, bottom of the sea
mererand sea-schore, seaside; (*supelrand*) beach
merereis (sea-)voyage
mereröövel pirate, buccaneer
meresadam seaport
meresõit seafaring, navigation
meresõitja seafarer, navigator
meretagune oversea(s), transmarine
meretõus tide
merevaik amber
mereväelane sailor, member of the navy
merevãeohvitser naval officer
merevägi navy, naval forces
mereõigus maritime law
mereäärne seaside, maritime; (*rannikuäärne*) coastal
mergel marl
meri sea; **merel** at sea; **merele minema** (*meremeheks hakkama*) go* to sea; (*laeva kohta*) put* (out) to sea; **mere kaudu, merd mööda** by sea
meridiaan meridian
merihein *bot.* eelgrass, grass wrack; (*üldistatult*) sea grass
merihobuke(ne) *zool.* sea-horse, hippocampus (*pl.* -pi)
merihobune *zool.* walrus, sea-horse, morse
merihunt *zool.* wolf fish
merikarp sea-shell
merikaru *zool.* fur-seal, haruld. sea bear
merilõvi *zool.* sea-lion
merimadu *zool.* sea snake, hydrophid
merisiga *zool.* guinea-pig
merisiilik *zool.* sea urchin
meritäht *zool.* starfish
merivähk *zool.* lobster
mesi honey
mesikas melilot, sweet clover
mesikaste honeydew
mesikäpp Bruin, bear
mesila bee-garden, apiary

mesilane (honey-)bee
mesilasema queen(-bee)
mesilas(e)pere swarm of bees
mesimagus sweet as honey; *piltl.* honeyed mellifluous
mesindus bee-keeping, apiculture
mesineste nectar
mesinik bee-keeper, bee-master
mesinädalad honeymoon
mesipuu (bee)hive
meski mash
mess *maj.* fair
messias Messiah
messing brass
mest (*kamp*) clique, faction; *biol.* group; **ühes ~is kõnek.** in cahoots (*with*), in league (*with*)
metaan *keem.* methane
metabolism *biol.* metabolism
metafoor metaphor
metafooriline metaphorical, abounding in metaphors
metafoorne metaphorical, figurative
metafüüsika metaphysics
metafüüsiline metaphysical
metaljas metallic, metal-like
metall metal
metalliline metallic
metalliseerima = **metallitama**
metallist = **metallitööline**
metallisulam = **sulam**
metallitama metallize, cover (*or* coat) with metal
metallitööline metal worker
metallitööstus metal industry
metallivalu *tehn.* metal cast(ing)
metalloid metalloid
metallraha hard cash, (money in) coin, specie
metallurg metallurgist
metallurgia metallurgy
metallurgiline metallurgic(al)
metalne (*metallist tehtud*) metal, made of metal; (*metallile omane*) metallic
metamorfoos metamorphosis (*pl.* -oses)
meteoor meteor
meteoriit meteorite
meteoroloog meteorologist
meteoroloogia meteorology; **~jaam** meteorological station
meteoroloogiline meteorological
metiss *põll.* hybrid
metodism Methodism
metodist Methodist
metodoloogia methodology
metonüümia metonymy

metoodik specialist in (teaching) methods, expert in methods
metoodika method(s)
metoodiline methodical
metraaž length in metres; (*kinofilmi ~*) footage, reelage
metroo = **allmaaraudtee**
metropol metropolis
mets wood; (*põlis~*) forest; (*~materjal*) timber; (*puistu*) stand (of timber, of lumber); **mine ~a!** get out!, get along with you!, nonsense!
metsaistandik *mets.* stand (of young) trees)
metsaistutamine afforestation, forestation, forest planting
metsakaitse forest protection
metsalank forest sector, wood plot, wood lot; (*raielank*) (wood-)cutting area
metsaline (wild) beast
metsamajand forestry (and timber) enterprise
metsamajandus forest husbandry, forest (and timber) economy
metsamassiiv large forested area
metsamaterjal timber, *Am.* lumber
metsamees *kõnek.* = **metsatööline**; **metsandusteadlane**
metsandus forestry, silviculture
metsandusteadlane silviculturist
metsandusteadus forestry, silviculture, silvics
metsane, metsarikas wooded, woody, (densely) forested
metsasalu = **salu**
metsasarv *muus.* French horn
metsastama afforest
metsateadlane = **metsandusteadlane**
metsateadus (theoretical) silvics, silviculture
metsatukk copse, coppice
metsatöö(d) work in the forests
metsatööline lumberman (*pl.* -men), *kõnek.* lumberjack
metsatööstus timber industry
metsavaht forest-guard, forest-keeper; (*Inglismaal*) game-keeper, keeper
metsavend «forest brother», bushranger, *Am.* bushwhacker
metsaülem (higher) forester, forest district manager
metseen Maecenas, patron (of arts)
metselajas wild beast
metshani wild goose (*pl.* geese)
metsik wild; (*metslaslik*; *tige*) savage, ferocious; (*jõle*) atrocious
metsikult wildly; (*metslaslikult*; *tige-*

metsikus 204 **minema**

dalt) savagely, ferociously; (*jõledalt*) atrociously; ~ **kasvama** (*taime kohta*) grow* wild
metsikus wildness; (*metslaslikkus*; *tigedus*) savagery, ferocity (*jõledus*) atrocity
metsinimene = **metslane**
metsis capercailye, wood-grouse, cock of the wood
metsistuma (*taime kohta*) run* wild; (*looma kohta*) turn (*or* go*) wild; (*inimese kohta*) become* decivilized (*or* barbarized)
metskass wildcat
metskits roe (deer), (*isane* ~ *ka*) roebuck
metskond forest district
metslane savage
metsloom wild animal, wild beast
metsmaasikas wild strawberry
metsmees = **metslane**
metsmesilane wild bee, bumble-bee
metsnik forester
metsosopran mezzo-soprano (*pl.* -os)
metspart wild duck
metssiga wild boar, (*emis ka*) wild sow
metstäht = **laanelill**
metsviinapuu Virginia creeper
mett *tekst.* size
mettima *tekst.* size
metüül *keem.* methyl; ~**alkohol** = puupiiritus
midagi something, anything; **ei** ~, **mitte** ~ nothing
migreen migraine, *haruld.* megrim, (severe) headache
mihklikuu *van.* = september
mihklipäev *folkl.* Michaelmas
miil I (*pikkusmõõt*) mile
miil II (*seade puusõe valmistamiseks*) charcoal kiln, charcoal pile (*or* pit)
miilama burn* slowly (to charcoal), glow (at great heat)
miilits militia; *kõnek.* **ka** = **militsionäär**; ~**ajaoskond** militia station (*or* office)
miimika facial expression
miin mine; ~**ilaev** = **miinipanija**
miinimum minimum (*pl.* -ima)
miinipanija minelayer
miinipilduja mine-thrower, trench mortar
miinitraaler mine-sweeper
miiniväli mine-field
miinus minus; (*pahemus*) disadvantage, drawback

miiting (political) meeting; (*massi*~) rally
mikroelement *biol., põll.* trace element
mikrofon microphone, *kõnek.* mike
mikroob microbe
mikroorganism microorganism (*or* micro-organism)
mikroskoop microscope
mikroskoopiline microscopic
miks why, what for
mikski: ei ~ **panema** pay* no heed to, disregard, ignore
mikstuur mixture
militariseerima militarize
militarism militarism
militarist militarist
militsionäär militiaman (*pl.* -men)
miljard milliard, *Am.* billion
miljardär multimillionaire
miljon million
miljonär millionaire
miljöö = **keskkond**
millal when
millalgi (at) some (*or* any) time ever; **ei** ~ never
millegipärast for some reason or other
milleks what for
milligramm miligram (me)
millimallikas = **meduus**
millimeeter millimetre
millimeetripaber plotting (*or* graph, squared) paper
milline which, what kind (*or* sort) of
mimeograaf mimeograph
mimeografeerima mimeograph
mimoos mimosa
mina 1. *pron.* I (*objektikääne* me); ~ **ise** myself; 2. *subst.* (the) ego, the self; **teine** ~ alter ego
minagi I too
mineerima (*miine asetama*) mine; (*alt õõnestades*) undermine
mineja goer, leaver
minek 1. going, leaving, (*ära*~) departure; ~**ut tegema** make* off; 2. (*kauba kohta*) sale
minema 1. *verb.* go*, (*ära* ~) depart, leave*; (*muutuma*) get*, go*, turn, become*; **on aeg** ~ **hakata** it's time to start; **läheb valgeks** it's getting light; **ta läks punaseks** he turned red; see **läheb sulle kalliks maksma** this will cost you dear; **lähme!**, **läki!** come on (*or* along)!; **mingem** let us (*or* let's) go; **ta on isasse läinud** he takes after his father, he is the spit of his father; **kokku** ~

mineraal — **mitmekesi**

(*riide kohta*) shrink*; **korda ~ come*** off, succeed; **teele ~ start, set*** out (*or* off); 2. *adv.* off, away; **ta jooksis ~** he ran off; **~ pühkima** sweep* away; **kasi ~!** be gone!, clear out!, *Am.* beat it!
mineraal mineral
mineraalne mineral
mineraalvesi mineral water
mineraalvill *tehn.* mineral (*or* cinder) wool
mineraalväetis mineral fertilizer
mineraalõli mineral oil
mineraloog mineralogist
mineraloogia mineralogy
mineraloogiline mineralogical
minestama faint (away), swoon
minestus faint, swoon, fainting fit
minetama (*mööda minna laskma*) miss, forfeit, let* pass; (*kaotama*) lose*, be deprived (*of*)
minev 1. (*möödunud*) past, bygone; **~al aastal** last year; 2. (*kauba kohta*) sal(e)able, marketable
mineva-aastane of last year, last year's
minevik (the) past; bygones, past times, past history; *lgv.* past (tense)
mingi some, a, a certain; a kind of; **ei ~** no, no kind of
mingisugune a kind of, a sort of, some
minia daughter-in-law
miniatuur miniature
miniatuurne miniature, diminutive, minute
minimaalne minimum
ministeerium ministry, (*Inglismaal ka*) office, board, *Am. ka* department
minister (cabinet) minister, (*Inglismaal ka*) secretary (of state)
ministriabi assistant minister, (*Inglismaal*) under-secretary
mink (*näovärv*) rouge; (*koos puudriga*) make-up
minkima rouge, paint (one's face), make* up
minnalaskmine slackness, laxity (of discipline), indifference
minoor *muus.* minor (key)
minu my (*atrib.*), mine (*substantiivselt*)
minuealine of my age (*or* generation)
minugipoolest, minugipärast for all I care
minupoolest, minupärast as far as I am concerned

minusugune like me; (*nimisõnana*) my sort; **minusugused** the likes of me
minut minute
minutiline of a minute, minute (*atrib.*)
minutinäitaja, minutiosuti minute-hand
minutipealt to a (*or* the) minute
minuvanune of my age
minöör *sõj.* miner
mirt myrtle
mis (*küsiva asesõnana*) what; (*siduva asesõnana*) which, that; **~ iganes** whatever, whatsoever; **~ minusse puutub** as to me, as for me, as regards me; **~ tahes** any (you like), wheatever, no matter what (*or* which)
misanstseen *teatr.* staging, stage-management, mise en scène
misjaoks what for
misjon *kirikl.* mission
misjonär *kirikl.* missionary
misjuures at which
misjärel after what (*or* which)
miski some(thing), any(thing); **ei ~, mitte ~** no, nothing
miskipärast = millegipärast
misläbi through what (*or* which), by what (*or* which)
mismoodi *kõnek.* = **kuidas**
mispeale upon what (*or* which), after what (*or* which)
mispoolest in what (*or* which) respect, (*kuidas*) how
mispärast why
missa *kirikl.* mass
missioon mission
missugune what, what kind of; (*valiku puhul*) which
mistarvis what for, for what purpose
mistõttu in consequence of what (*or* which), owing to what (*or* which), as a result of what (*or* which)
mitmeaastane of many years, of several years standing; (*taime kohta*) perennial
mitmeastmeline *tehn.* multi-stage
mitmeharuline with many branches, branched, branching in several directions
mitmehäälne for several voices; **~ laul** part-song
mitmeistmeline (*sõiduki kohta*) multi-seat
mitmejärguline multi-stage
mitmekeelne polyglot
mitmekesi several (people) together, in a group; (*küsivalt*) how many

together; ~ **te läksite?** how many of you went together?
mitmekesine diverse, varied, variegated, manifold
mitmekesistama diversify, vary
mitmekesisus diversity, variety
mitmekohaline (*arvu kohta*) of several places
mitmekordistama multiply, redouble
mitmekordne multiple, multiplex (*korduv*) repeated; (*maja kohta*) = **mitmekorruseline**
mitmekorruseline many-storeyed (*or* -storied), multi-stor(e)y
mitmekujuline multiform, polymorphous
mitmeköiteline in several (*or* many) volumes
mitmekülgne many-sided, multifarious; (*igakülgne*) all-round; (*isiku kohta*) versatile, *kõnek.* ka of many parts
mitmekülgsus many-sidedness; (*isiku kohta*) versatility
mitmenaisepidaja polygamist, (*täpsemalt*) polygynist
mitmenaisepidamine polygamy, (*täpsemalt*) polygyny
mitmendik what part (*or* fraction) (*millestki* — *of smth.*)
mitmene multiple
mitmepalgeline of many aspects, many-featured
mitmes which (in number); ~ **kuupäev on täna?** what date is it today?
mitmesilbiline of many syllables, polysyllabic
mitmesugune various, diverse, different
mitmeti (*mitmel viisil*) in many (*or* various, different) ways, differently; (*mitmes suhtes*) in many (*or* various, different) respects
mitmetoaline of several rooms
mitmevärviline many-coloured, multicolour(ed), polychromatic, polychrome
mitmus plural
mitmuslik plural
mitšman midshipman (*pl.* -men)
mitšuurinlane Michurinite, Michurinist
mitte not, no; ~ **mina, vaid sina** not I but you; ~ **avada!** not to be opened!; ~ **suitsetada!** no smoking!; ~ **ilma põhjuseta** not without a reason; ~ **keegi,** ~ **kedagi** nobody, no, one; ~ **midagi** nothing; ~ **kui midagi** *kõnek.* nothing at all;

nothing whatever; ~ **põrmugi,** ~ **sugugi** not at all, not a bit
mitteametlik unofficial
mitteheakskiitmine disapproval
mitteilmumine failure to appear, non-appearance; *jur.* default; **tööle** ~ absence from work
mittejuht *füüs.* non-conductor
mittejuhtivus *füüs.* non-conductivity
mittejõukohane beyond one's strength; (*liialdane*) excessive
mittekallaletungileping pact of non-aggression
mittekehtiv = **kehtetu**
mittekohustuslik not obligatory (*or* compulsory), non-compulsory
mitteküllaldane insufficient
mittelahtivõetav not to be opened
mitteloetav unreadable, illegible
mittemarksistlik non-Marxist
mittemetall non-metal
mittemidagiütlev conveying nothing, insignificant, meaningless; (*puiklev*) non-committal
mittemõistmine lack of understanding, failure to understand, incomprehension; (*vääriti mõistmine*) misunderstanding
mittenakkav non-contagious
mittenähtav = **nähtamatu**
mitteparteiline non-party (*atrib.*)
mittepiisav = **ebapiisav**
mitterahuldav unsatisfactory
mittestatsionaarne: ~ **üliõpilane** student taking a correspondence course; ~ **patsient** out-patient
mittesuitsetaja non-smoker; **mittesuitsetajate vagun** non-smoking carriage
mittesöödav uneatable, inedible
mittesüüdiv *jur.* irresponsible
mittetootlik unproductive
mittetundmine not knowing, lack of knowledge, ignorance
mittetäielik incomplete, not full
mittevaba not free, unfree; (*hõivatud*) engaged
mittevahelesegamine non-interference
mittevajalik unnecessary
mittevastav not corresponding, incongruous; (*mittepiisav*) inadequate
mitu (*palju*) many; (*mõned*) several; (*küsilauses*) how many; ~ **korda** many times; **mitmel korral** on several (*or* various) occasions; **mitut liiki** of various kinds; **mitmed inimesed** several people

mitukümmend tens (*or* dozens, scores) (*of*)
mitusada several hundred
mobilisatsioon mobilization
mobiliseerima mobilize
mobiliseeruma be mobilized
modaalne *lgv.* modal
modaalsus *lgv., loog.* modality
modell model
modelleerima model
moderniseerima modernize
modernne modern
modifikatsioon modification
modifitseerima modify
modist milliner, modiste
modulatsioon modulation
moduleerima modulate
moeajakiri fashion magazine (*or* journal, book)
moeateljee fashion shop, fashion atelier; (*suur* ~) fashion house; (*õmblustöökoda*) dressmaking and tailoring establishment
moekarje *piltl.* the latest fashion, all the rage
moekas (*moodne*) fashionable, stylish; (*nägus*) comely, becoming
moekaup fancy goods
moeleht (*ajakiri*) fashion-paper, fashion journal (*or* magazine); (*moepiltide leht*) fashion-plate
moemaja fashion house
moenarr dandy, fop; *kõnek.* ka fashion-plate, tailor's dummy
moenäitus fashion show
moepärast for show, for the sake of appearances
moes, moest *vt.* **mood**
moežurnaal = **moeajakiri**
mohikaanlane Mohican; **viimne** ~ the last Mohican
moka (*kohv*) mocha; (*tass*) mocha-cup
mokahabe (turned-up) moustache
mokk lip; **asi on mokas** the game is up; **~a minema** fail, go* amiss
mokkamööda to one's liking (*or* taste), palatable (*to*)
molbert *kunst.* easel
mold trough
moldaavia Moldavian
moldaavlane Moldavian
moldorg *georg.* trough (valley), synclinal valley
molekul molecule
molekulaarne molecular
molkus oaf, mug, muggins, gawk
moll = **minoor**

mollusk mollusc
molu *vulg.* 1. (*lõust*) mug, (stupid) face, (*suu*) potato-trap, mouth; **pea** ~! *kõnek.* shut your trap!, shut up!; 2. = **molkus**
molutama gape (stupidly), gawk
moment (*hetk*) moment, instant; *füüs.* moment, momentum; (*asjaolu*) point, circumstance, feature; **momendil** at the moment
momentaanne momentary, instantaneous
moment(üles)võte snapshot
monarh monarch
monarhia monarchy
monarhiline monarchical
monarhism monarchism
monarhist monarchist
monarhistlik monarchist
mongol Mongolian, Mongol
mongoli Mongolian, Mongol
monogaamia monogamy
monograafia monograph
monogramm monogram
monokkel monocle, eye-glass
monoliitne monolithic
monoliitsus (monolithic) cohesion, (closely-knit) unity
monoloog monologue, soliloquy
monoplaan monoplane
monopol monopoly
monopoliseerima monopolize
monopolist monopolist
monopolistlik monopolistic, monopolist, monopoly (*atrib.*)
monotoonne monotonous
monotoonsus monotony
monstrum monster
monsuun = **mussoon**
montaaž mounting, assembling, installing; (*filmi* ~) cutting (and editing); *kunst., teatr.* mounting, arrangement
monteerima mount, assemble, fit, install; (*filmi*) cut* (and edit)
montöör fitter, assembly-worker; (*elektri*~) electrician; (*parandustööde* ~) repairsman (*pl.* -men)
monument monument
monumentaalne monumental
mood fashion; (*viis*) mode, manner; (*ajutine* ~) vogue; **moes olema** be in fashion (*or* vogue); **moest ära** out of fashion; **moeks olema** be the fashion (*or* the vogue, the mode); **moodi minema** become* fashionable; **viimase moe järgi** in the latest fashion; **kellegi (millegi)**

moodi olema be like (or resemble) smth. (smth.)
moodne fashionable, stylish! *(parajasti moes olev)* modish *(ka piltl.)*
moodus *(viis)* mode, way, *haruld.* modus *(pl.* -di); *lgv.* mood
moodustama form, make*, make* up; *(enesest kujutama)* constitute
moodustis formation
moodustuma form, be formed, be constituted
moon [mooni] poppy
moon [moona] provisions, foodstuffs, victuals; *(sööda~)* forage, fodder; *(sõja~)* munitions, supplies; *aj. (naturaalpalk)* allowance in kind
moonakas *aj.* (estate-)labourer (paid in kind), farm-hand
moonaladu food store; *(sõjaväes)* provision depot, stores depot
moonaline, moonamees = **moonakas**
moonavoor *sõj.* train
moondama transform, metamorphose; *(kaitseks maskeerima)* camouflage, disguise *(ka sõj.)*
moondekivim *geol.* metamorphic rock
moonduma be transformed (or metamorphosed); *(kaitseks maskeeruma)* be camouflaged (or disguised)
moondus transformation, metamorphosis *(pl.* -oses); *(kaitseks maskeerumine)* camouflage, disguise *(ka sõj.)*
moone *biol.* metamorphosis *(pl.* -oses); *geol.* metamorphism
moonutama deform, distort; disfigure, deface; mutilate
moonutis distortion, caricature, travesty
moonutus deformation, distortion; deformity; disfigurement, defacement; mutilation
moor = **eit**
moora(maa)mees *van.* blackamoor, Negro *(pl.* -oes)
moorima *kok.* stew, braise
moorlane *van.* = **moora(maa)mees**
moorpraad stewed meat, stew
moorputk parsnip
mooruspuu mulberry(-tree)
moos jam, stewed fruit
moosekant *van.* = **muusikant**
moosipurk jam-jar, jam-pot
mootor motor; *(autol, lennukil jms.)* engine
mootoririke engine trouble
mootorlaev motor ship, (motor) launch
mootorpaat motor-boat

mootorratas motor-cycle, *kõnek.* motorbike
mootorrattur motor-cyclist
mops(ikoer) pug(-dog)
moraal *(kõlblus)* morals; *(teatavast loost tuletatav õpetus)* moral; *(teatava kollektiivi kõlbeline seisukord)* morale; **kellelegi ~i lugema** read* *(or give*)* smb. a lecture
moraalne moral
moraalsus morality
moraliseerima moralize
moralitee *kirj.* morality (play)
moratoorium moratorium *(pl.* -iums, *haruld.* -ia)
mordva Mordvinian
mordvalane Mordvinian
moreen *geol.* moraine
morfiin, morfium *farm.* morphin(e), morphia
morfoloogia morphology
morn glum, morose, gloomy
mornitsema be (or look) glum (or morose, gloomy), glower
morse Morse; **~märk** Morse signal; **~tähestik** the Morse alphabet, Morse
morsk = **merihobune**
morss fruit juice, fruit water
mortiir mortar
mosaiik mosaic
moskiito mosquito *(pl.* -oes, -os)
moskva Moscow *(atrib.)*
moskvalane Muscovite, inhabitant of Moscow
mossis pouting, sulky
mossitama pout, purse one's lips; *(tusatsema)* sulk, be sulky
mošee mosque
motiiv *(ajend)* motive, incentive; *(kunstiteose väljendusüksus)* motif, subject, *muus. ka* theme
motiveerima *(ajendama)* motivate; *(põhjendama)* give* reasons (for), account (for); *(õigustama)* justify
motiveering *(ajendus)* motivation; *(põhjendus)* (giving) reasons; *(õigustus)* justification
moto motto *(pl.* -os)
motokross *sport.* cross-country motor-race(s)
motoorne motor, motive
motoriseerima motorize
motorist motor-man *(pl.* -men), (motor) mechanic
motoroller (motor-)scooter
motsioon exercise, constitutional
muaree *tekst.* moiré, watered silk

muda mud; ~**kukk** *zool.* mud-snail; ~**kümblus** *med.* mud bath; ~**maim** *zool.* mud-minnow
mudane muddy
mudaravi *med.* mud cure (*or* treatment)
mudaravila *med.* mud-bath sanatorium, mud baths
mudastama make* muddy
mudavann mud bath
mudel model; (*muster*) pattern; (*auto, lennuki jms. tüüp*) make; ~**lennuk** model plane, model aircraft
mudilane 1. (*laps*) toddler, kiddy, (little) child (*pl.* children); 2. (*kala*) goby
mudima knead, squeeze; (*kägardama*) crumple
mugandama adapt, accommodate
muganema be (*or* become*) adapted (*or* accommodated), adapt (*or* accommodate) oneself
mugav comfortable, cosy; (*käepärane*) handy, convenient; (*isiku kohta*) easy-going, indolent
mugavalt, mugavasti comfortably, cosily; **ennast** ~ **sisse seadma** make* oneself comfortable
mugavus comfort, cosiness; (*käepärasus*) convenience; **kõik** ~**ed** all (modern) conveniences
mugima munch
mugul tuber
mugulaline tuberous; **mugulalised** *bot.* solanaceous plants
muguljas tuberous, tuberiform
mugultaim tuberous plant
mugulvili tuber, root (crop)
muhamedi Mohammedan, Moslem, Muslim
muhameedlane Mohammedan, Moslem, Muslim, Mussulman (*pl.* -mans)
muhe (*kobe*) loose, slack, mellow, light; (*isiku kohta*) smugly good-natured, complacently genial
muhelema smirk, smile smugly (to oneself)
muhelus smirk, smug smile
muhendama loosen, make* loose(r), slacken, make* slack(er); (*pehmendama*) soften, make* soft(er)
muhenema loosen, become* loose(r), slacken, become* slack(er); (*pehmenema*) soften, become* soft(er)
muhk bump, swelling, knob; (*muljumis*~) bruise
muhklik bumpy, knobby, knobbly
muhv muff

muide by the way, by the by(e), incidentally, apropos
muidu 1. (*vastasel korral*) otherwise, else, or (else); (*tavaliselt*) usually; (*muus suhtes*) otherwise, in other respects; **või** ~ or else; (**ei**) ~ **kui** unless; **ma ei lähe sinna** ~ **kui mind kutsutakse** I'll not go there unless I am invited; **rohkem kui** ~ more than usual; 2. (*tasuta, maksuta*) for nothing, gratis, free (of charge); 3. (*tarbetult*) to no purpose, in vain, for nothing; (*niisama*) for no particular reason, just for fun
muidugi of course, certainly, surely, to be sure; ~ **mitte** certainly not, of course not; ~ **mõista** = **mõistagi**
muie smile, smirk
muigama smile, smirk
muinasaeg antiquity
muinasaegne antique, ancient
muinasjutt fairy-tale
muinasjutuline fairy (*atrib.*), fabulous
muinaslooline legendary
muinaslugu legend, traditional story, myth
muinasmaa fairyland
muinasteadus = **arheoloogia**
muinsus antiquity; ~**ese** relic of antiquity; ~**kaitse** protection of antiquities
muist part, partly, in part
muiste once upon a time, in olden times, in times of yore
muistend folk-tale, legend, myth, saga
muistis antiquity, ancient relic
muistne ancient, antique, of olden time(s); **muistsel ajal** in olden (*or* ancient) times
mujal, mujale elsewhere, somewhere else
mujalt from elsewhere, from somewhere else
mukkima dress up, bedizen, prink, Am. primp (up), doll up
mulatt mulatto (*pl.* -os)
muld (*maa*) earth; (*pinnas*) soil; (*kõdu*~) mould; ~**a sängitama** commit to the earth, inter
muldama earth (up), bank (up), hill (up); **kartuleid** ~ hill (*or* bank) potatoes
muldasängitamine interment
muldkeha embankment
muldne earthy

muldonn (*mätasonn*) turf (*or* sod) hut; (*maa-alune* ~) dug-out (hut); (*savionn*) mud hut
muldpõrand earth(en) floor, *Am.* dirt floor
muldvall earth wall, (*kindlustusel*) earthwork(s)
mulgi: ~ **kapsad** *kok.* Estonian sauerkraut (with pork and barley groats)
mulguline holed, perforated
mulgustama perforate, riddle; (*piletit*) punch
mulin babble, bubbling
mulisema babble, bubble
mulistama splash, plash, dabble, paddle
mulje impression; ~**t avaldama** impress, give* (*or* produce) an impression
muljuma bruise, *med.* contuse; (*puruks* ~) crush; (*rõhuma*) press
muljutus bruise, *med.* contusion
mulk [mulgi] peasant from Viljandimaa
mulk [mulgu] hole, perforation, aperture
mulklik full of holes
mulksatama plop, pop
mull bubble, bleb; (*metallis*) blister, flaw; ~**e ajama** = **mullitama**; ~**e puhuma blow*** bubbles
mullaharimine cultivation of the soil
mullakamakas clod (of earth)
mullakarva earth-coloured, earthen, earthy grey (*or* gray)
mullane covered with earth (*or* soil), earthy
mullastik soil(s)
mullateadlane soil scientist, *haruld.* pedologist
mullateadus soil science, *haruld.* pedology, edaphology
mullatöö excavation, (ditch-)digging; (*ehitusel*) earthwork
mullatööline navvy
mullavall wall of earth
mulle [mulde] = **muldkeha**
mullikas heifer
mullitama bubble
mullu last year
mullune last year's, of last year, *luulek.* of yesteryear
multimiljonär multimillionaire
multiplikaator *tehn.* multiplier
multiplikatsioon *tehn.* multiplication; ~**film** cartoon (film), animated cartoon
multivibraator *el.* multivibrator

mumps mumps
muna egg; *tead.* ovum (*pl.* ova); ~ **õpetab kana** teaching your grandmother to suck eggs
munajas egg-shaped, oviform, oval
munajuha *anat.* oviduct
munakas = **munakivi**
munakaste egg sauce; (*magus* ~) custard
munakivi cobble(-stone); ~**sillutis** cobbles, cobble-stone pavement
munakollane = **rebu**
munakook omelet(te)
munakoor egg-shell
munand *anat.* testicle; ~**ikott** *anat.* scrotum (*pl.* -ta)
munapuder scrambled eggs
munapulber egg-powder
munarakk *biol.* ovule
munarebu = **rebu**
munaroog dish of eggs, omelet(te)
munasari *anat.* ovary
munatops egg-cup
munavalge white of eggs; *kok.* glair
munder uniform
muneja (*kana kohta*) layer, laying hen (*or* fowl)
munel about to lay (an egg)
munema lay* (eggs)
munemine laying (eggs)
muneti *zool.* ovipositor
munevus laying ability
mungalik monkish
mungalill nasturtium, Indian cress
mungo *zool.* mongoose
munitsipaalne *pol.* municipal
munitsipaliteet *pol.* municipality
munk monk; (*kerjus*~) friar
murakas (*raba*~) cloudberry; (*põld*~, *karu*~) bramble, blackberry

murd 1. (*luu*~) fracture; (*mõra*) crack, fissure; *geol.* fault; (*murdmine*) break; (*murdmine, rikkumine*) breach; 2. *mat.* fraction; 3. (*rahva*~) crowd, throng, mob; **murruna in a crowd,** in crowds
murdarv fraction, fractional number
murdeatlas *lgv.* dialect (*or* linguistic) atlas
murdeiga puberty, the awkward age
murdekoht place of breaking (*or* fracture)
murdeline dialectal, dialect (*atrib.*)
murdesõna dialect word
murdeuurimine *lgv.* study of dialects, (*teadusena*) dialectology

murdja 1. (*looma kohta*) = kiskja; 2. *trük.* maker-up, imposer
murdlaine breaker, (*vahutav* ~)
comber
murdlainetus surf
murdlema break* surge
murdma break*; (*luud*) fracture; (*kiiri*) refract; (*paberilehte kokku* ~) fold; *trük.* make* up (pages), impose; (*kiskja kohta*) tear*, kill; lahti ~ break* (*or* force) open; sisse ~ break* in, *kõnek.* burgle, burglarize; saehambaid ~ set* a saw; pead ~ puzzle one's head, rack one's brains (*millegi üle — over smth.*); ta murrab tööd teha he works hard (*or* like a Trojan)
murdmaajooks cross-country race (*or* run)
murdmaastik broken country, *sõj.* ka rugged country (*or* terrain)
murdosa fraction, (small) part
murdu: rahvast on ~ there are crowds of people
murduma break*, be broken; (*luu kohta*) fracture, be fractured; (*kiirte kohta*) be refracted; (*hääle kohta*) break*, crack
murdumatu unbreakable; irrefrangible
murduv breakable; (*kergesti* ~) fragile, brittle; (*kiirte kohta*) refrangible
murdvaras burglar, housebreaker
murdvargus burglary, housebreaking
mure [mure] (*kurbus*) anxiety, sorrow; (*hoolitsus*) care, concern; solicitude; (*rahutus*) trouble, worry; (~*küsimus*) hard problem, *kõnek.* headache; see on sinu ~ it's your lookout, *kõnek.* it's your funeral; ~t tegema, ~t valmistama cause anxiety (*or* worry), give* trouble; ~s olema be anxious (*or* worried, concerned); ~st murtud bowed down with sorrow (*or* care;, care-worn; olge ~ta don't worry (*or* trouble, bother)
mure [mureda] crumbly, friable; (*küpsise kohta*) short; (*kartuli kohta*) floury, mealy
murel morello (*pl.* -os); (*magus*~) gean, heart cherry
murelik anxious, full of care; troubled, worried
murendama crumble, make* crumbly; *geol.* weather
murenema crumble, become* crumbly; *geol.* weather

muretsema 1. (*mures olema*) worry, trouble, fret (*millegi üle — about smth.*); (*hoolitsema*) take* care (*kellegi eest — of smb.*), trouble (*or* concern) oneself (*about*), look after; take* trouble; 2. (*hankima*) procure, obtain, get*
muretu carefree, careless, unconcerned; (*hooletu*) happy-go-lucky, thoughtless, airy
muretus absence of care, unconcern; (*hooletus*) thoughtlessness, airiness
muri (black) dog, cur
murima nibble, break* little by little, pinch off little pieces; (*koera kohta*) worry, gnaw
murjan (*mooramees*) blackamoor; (*kasimatu laps*) dirty brat
murrak (local) dialect, vernacular, patois
murrang break (with the past), sudden change, critical turn, crisis (*pl.* -ses); *geol.* break, fault
murranguline critical, decisive
murre 1. (*murdmine*) break, breaking; fracture; 2. *lgv.* dialect
murrujoon *mat.* fraction line
murrukoht place of fracture, fissure (*ka med.*)
murrutus *geol.* abrasion
muru turf, grass(-plot), *luulek.* sward; (*ilu*~, *mängu*~) lawn; ~l käimine keelatud! keep off the grass!
murueidetütred *folkl.* forest fairies
murueit *folkl.* Mother of the Sward
murukamar sod, turf
murulauk *bot.* chive
murumuna *bot.* puff-ball
murumätas (piece of) sod, turf
murune turfy, grassy
muruplats, muruväljak lawn
musikaalne musical; see poiss on ~ this boy is a good musician
musikaalsus sensitiveness to (*or* aptitude for, talent for) music, *haruld.* musicality, musicalness
muskaat = ~pähkel, ~viinamari, ~vein
muskaatpuu nutmeg-tree
muskaatpähkel nutmeg
muskaatpähklipuu = muskaatpuu
muskaatvein muscatel (*or* muscadel, muscat)
muskaatviinamari muscat, muscadine
muskatõis mace
muskel muscle
musket *aj.* musket
musketär *aj.* musketeer

14*

muskliline muscular, brawny; (*tugev*) strong
muskulaarne muscular, muscle (*atrib.*)
muskulatuur muscles
muskus musk; ~**hirv** *zool.* musk-deer (*pl.* -deer); ~**lill** *bot.* moschatel; ~**veis** *zool.* musk-ox (*pl.* -oxen)
musliin muslin
mussoon(tuul) monsoon
must [musta] 1. (*värvuselt*) black; ~ **valgel** in black and white, in writing; **ta ei öelnud** ~**a ega valget** he didn't say a word; ~**ade päevade jaoks** for (*or* against) a rainy day; ~ **leib** black bread, (coarse) rye bread; ~ **metall** ferrous metal; ~ **nimekiri** black list; ~**a nimekirja kandma** blacklist; 2. (*määrdunud*) dirty, soiled; ~**aks tegema** soil, dirty, make* dirty; ~ **pesu** dirty (*or* soiled) linen (*or* clothes); ~ **vesi** = **roiskvesi**
mustajuukseline black-haired, raven-haired
mustama blacken, make* black, denigrate; (*laimama*) smear, soil (*smb.'s*) reputation, slander, asperse
mustanahaline 1. *adj.* black-skinned; 2. *subst.* black, Negro (*pl.* -oes), *Am.* colo(u)red man (*pl.* men), *põlgl.* nigger; (*Austraalia pärismaalane*) blackfellow
mustand rough draft, rough copy, rough notes
mustatööline unskilled workman (*pl.* -men), labourer
mustaveetoru = **roiskveetoru**
mustaveetorustik = **roiskveetorustik**
mustaveeämber slop-pail
mustaverd dark, brunette
mustavõitu (*värvuselt*) blackish; (*määrdunud*) somewhat dirty (*or* soiled)
mustendama show* (*or* loom) black, look (*or* appear) black (*or* dark)
mustenema grow* (*or* become*) black(er), blacken
muster (*eeskuju*) model, example, (*täiuslik eeskuju*) paragon; (*proov, näidis*) sample, specimen; (*joonis*) pattern, design; ~**kuju** paragon; ~**näide** example; ~**tund** model lesson
mustikas (black) bilberry
mustjas blackish; ~**pruun** dark brown

mustjuur viper's grass, black salsify
mustkunst black art, necromancy
mustkunstnik necromancer, magician
mustlane gipsy (*or* gypsy)
mustmuld black earth, chernozem, *Am. ka* blackland
mustmullamaa black soil country
mustriline patterned, figured
musträstas blackbird
mustsada *aj.* the Black Hundred
musttuhat (innumerable) thousands, myriad(s)
mustuma 1. (*värvuselt*) blacken, grow* black; 2. (*määrduma*) grow* dirty, soil, become* soiled (*or* grimy)
mustus 1. (*värvuselt*) blackness; 2. (*kasimatus*) dirtiness, filthiness; dirt, filth, muck; (*küünealune* ~) grime; 3. (*roe*) ordure, excrement(s); ~**t tegema** make* a mess, commit a nuisance
mustusevedaja = **sibi**
musu kiss, buss
musulman = **muhameedlane**
musutama kiss, buss
mutimullahunnik molehill
mutrivõti spanner, *Am.* monkey wrench
mutt I (*loom*) mole
mutt II (*eit*) (old) woman (*pl.* women); (*ema*) mother
muttader *põll.* mole plough
mutter (screw) nut, female screw
muu other, something (*or* somebody) else; **kõik** ~ everything else, all the rest; **ei** ~**d midagi** nothing else; **kõik** ~**d kui** anything but
muudatus change, alteration; (*moend*) modification
muude (form of) change; *lgv.* inflexion (*or* inflection)
muudetav changeable; (*muutlik*) mutable, variable
muudkui only, nothing but; **ta** ~ **räägib** he does nothing but speak
muuk = **muukraud**
muukeelne of (*or* in, speaking, belonging to) another language
muukima open (a lock) with a skeleton key, pick (a lock) open; **lukku lahti** ~ pick a lock
muukraud skeleton key, picklock
muul [muula] mule
muul [muuli] mole, jetty, pier, breakwater
muulane alien
muulukas hill strawberry

muumia mummy
muundaja transformer, converter; *el.* converter
muundama transiorm, convert, transfigure
muunduma be (*or* become*) transformed (*or* converted, transfigured)
muundus transformation, conversion, transfiguration
muusa muse
muuseas = **muide**
muuseum museum
muusik musician
muusika music; ~**juht** conductor; ~**kool** music school, school of music
muusikaline musical, of music
muusikant musician, music-player
muusikapala piece of music
muusikariist musical instrument
muutelõpp *lgv.* inflexion (*or* inflection), termination, ending
muutlik changeable, changeful; (*muudetav*) mutable; (*vahelduv*) variable; (*heitlik*) fickle
muutlikkus changeability, changefulness; (*muudetavus*) mutability; (*vahelduvus*) variability; (*heitlikkus*) fickleness
muutma change, alter; *lgv.* inflect; (*vaheldama*) vary; (*millekski*) turn, convert, transmute (*into*); **ära** ~ abolish, (*tühistama*) abrogate, (*käsku*) countermand, cancel
muutmatu unchanged
muutuma change, be changed, alter, be altered; (*millekski*) turn (*into*); *lgv.* be inflected; (*vahelduma*) vary, be varied
muutumatu unchangeable, unalterable; immutable; invariable; *lgv.* uninflected
muutus change, alteration, transformation; (*vaheldus*) variation
muutuv changing, changeable; (*vahelduv*) variable; *lgv.* inflected
muutuvus variability
mõdu mead
mõeldamatu unthinkable, inconceivable
mõeldav thinkable, to be thought of, conceivable, imaginable
mõhk [mõha] bulge
mõhk [mõhe] kneading-trough
mõhku(gi): mitte ~ nothing whatever, not a thing
mõhn (*kühm*) knob, protuberance; (*naha paksend*) callosity

mõikama *murd.* = **piisama**
mõis (landed) estate, manor (farm), country-seat; ~**avalitseja** (estate) steward, bailiff
mõisnik (big) landowner, landlord; squire
mõistaandmine intimation, (*kaudne* ~) allusion, hint, suggestion
mõistagi of course, naturally; ~, et... it stands to reason that...
mõistamisi = **mõistu**
mõistatama guess, unriddle
mõistatus riddle; (*peadmurdev asi*) puzzle; (*salapärane asi*) enigma
mõistatuslik puzzling; (*salapärane*) enigmatic
mõiste notion, idea; *loog.* concept, conception
mõisteline conceptual
mõistetamatu unintelligible, incomprehensible
mõistetav understandable, intelligible, comprehensible
mõistlik reasonable, rational, sensible, sound sane; judicious
mõistlikkus reasonableness, (good) sense; judiciousness
mõistlikult reasonably, sensibly; judiciously; ~ **rääkima** talk sense
mõistma 1. (*aru saama*) understand*, comprehend; conceive; grasp, realize, see*; **mõistan!** I see!; **mõistad?** (do you) get that?; **mõista andma** give* to understand, intimate, suggest, hint; **iseenesest(ki) mõista** it stands to reason, it goes without saying; 2. (*otsusega määrama*) sentence, adjudicate; (*hukkamisele v. hukkumisele* ~) condemn, doom; **surma** ~ condemn to death
mõistmatu unreasonable, irrational, lacking reason (*or* judg(e)ment)
mõistmatus unreason, unreasonableness, lack of reason (*or* judg(e)ment)
mõistmine understanding, comprehension
mõistu by hints, by way of intimation (*or* suggestion, allusion), by implication; ~**jutt** parable; ~**kõne** allegory
mõistus reason, understanding, intellect; (*terve* ~) sense, common sense; ~**t kaotama** lose* one's reason, take* leave of one's senses; **kas oled** ~**e kaotanud?** are you out of your senses?; ~**t pähe võtma**

(panema) come* (bring*) to reason (or to one's senses)
mõistuseinimene man (pl. men) of reason, reasonable person
mõistusetu lacking reason, devoid of reason
mõistuslik intellectual
mõistuspärane rational
mõistusvastane contrary to reason, irrational
mõju influence; (toime) effect, action; (ülevõim) ascendancy; ~ avaldama exert (or exercise) influence (on, upon, over), affect; kellegi ~ alla sattuma come* (or fall*) under smb.'s influence; ~le pääsema take* effect; gain the ascendancy, prevail; ~ ja vastu~ action and reaction
mõjukas influential; impressive; ~ isik an influential person, a person of consequence
mõjuma have an influence, influence; (toimima) affect, have an effect, tell* (upon, on)
mõjus effective, effecacious; (tõhus) efficient, telling
mõjustama = mõjutama
mõjusus effectiveness, efficacy; (tõhusus) efficiency
mõjutama influence; have effect (on, upon); affect, work (upon)
mõjutu uninfluential; (mittetõhus) ineffective
mõjutus 1. (mõjuta olek) ineffectiveness; 2. (mõjutamine) influence
mõjuv influential; effective, efficacious; impressive
mõjuvõim authority, prestige; ascendancy
mõla (aer) oar, (lühikese varrega ~) paddle; (segamisriist) paddle
mõlema: ~ käega with both hands; ~d both; ~lt poolt from both sides
mõlemapoolne bilateral
mõlematpidi, mõlemiti (in) both ways
mõlgutama: mõtteid ~ meditate, muse, speculate, reflect, ruminate (on, upon, about)
mõlk dent, dint; ~i minema become* battered; ~is dented, dinted, battered
mõlkuma: meeles ~ be constantly in one's mind, haunt one's thoughts
mõmin growl, mutter
mõmisema growl, mutter
mõnama execrate, curse (growlingly)

mõndapidi in some (or certain) respects
mõneaastane of some (or a few) years
mõnerealine of a few lines
mõnesugune of some kind; mõnesugused divers, different
mõneti in some respects
mõnevõrra in some measure, to some (or a certain) extent, somewhat
mõni some, (küsi- ja eitavas lauses) any; a few; mõneks ajaks for some (or a certain) time; mõnes suhtes in some (or certain) respects
mõnikord sometimes, at times
mõnikümmend tens (of), a score, scores, a few dozen
mõningane, mõningas some, a certain; mõningad some, several; mõningal määral to some (or a certain) degree; mõningas mõttes in a (certain) sense
mõnisada some hundreds (of), a few hundred
mõnitama taunt, scoff (at), flout, jeer (at), jibe (or gibe) (at), mock, make* a mock (of), make* mock (about)
mõnitus taunt, scoff, flout, jeer, jibe (or gibe)
mõnu (nauding) pleasure, relish, gusto; (hubasus) cosiness, ease- (fulness); ~ tundma feel* (or take*) pleasure (millestki — in smth.), relish; ~ga with relish (or gusto)
mõnulema enjoy oneself, take* pleasure; feel* cosy (or snug)
mõnus pleasant, pleasurable; (hubane) cosy, snug
mõnusus pleasantness; (hubasus) cosiness, snugness
mõnutsema = mõnulema
mõnutu pleasureless, unpleasurable, joyless; uncosy
mõnutunne = mõnu
mõra crack, flaw, rift, tead. fissure
mõrane cracked, with cracks (or flaws, rifts)
mõranema crack, flaw, rift, develop cracks (or flaws, rifts), tead. fissure
mõrastama crack, rift, make* crack (or rift), tead. fissure
mõrd weir, weel; basket trap
mõrkjas (mõruvõitu) bitterish, somewhat bitter; (kibe) acrid; (või kohta) rancid

mõrsja fiancée, affianced bride
mõrsjalik bride-like
mõrtsukalik = mõrvarlik
mõrtsukas = mõrvar
mõrtsukatöö = mõrv
mõru bitter
mõrudus bitterness, bitter taste
mõrustama make* bitter
mõrv murder, (poliitilistel põhjustel) assassination
mõrvama murder; (poliitilistel põhjustel) assassinate
mõrvar murderer; (poliitilistel põhjustel) assassin
mõrvarlik murderous
mõte thought, mind, idea; (tähendus) sense, meaning, purport, import; mõttes in one's mind; ses mõttes in this sense, to this effect; teatavas mõttes in a (certain) sense; mulle ei tulnud mõttessegi in never came to my mind; sel pole ~t this makes no sense, this is of no use; pole ~t seda teha there's no sense (or point) in doing this
mõtestama give* sense (or meaning) (to); lahti ~ interpret
mõtiskelu meditation, reflection; (sünge ~) brown study; (unistav ~) reverie, day-dream
mõtisklema meditate, reflect (on, upon), ponder, muse, Am. mull (over)
mõtleja thinker
mõtlema think*; reflect; (kavatsema) mean*, intend; ma ei mõtlegi seda teha I do not dream (or I have no intention) of doing this; see paneb mind ~ this makes me think, this gives me something to think over, this makes me pause (in thought); järele ~ think* over, consider; välja ~ think* out (Am. up), invent, make* up
mõtlemata without thinking, thoughtlessly
mõtlematu thoughtless; (hoolimatu) heedless, inconsiderate; (kaalumatu) ill-considered, imprudent, rash
mõtlematus thoughtlessness; (hoolimatus) heedlessness, inconsiderateness; (kaalumatus) imprudence, rashness
mõtlemine thinking, reflection
mõtlemisaeg time for thinking
mõtlemisvõime faculty (or power) of thinking, intellectual power

mõtlik thoughtful, pensive; (nukralt ~) wistful
mõtteaher barren of thoughts (or ideas)
mõtteavaldus expression of one's thoughts (or opinion), thought, suggestion, (suuline ~) utterance
mõttekaaslane person holding the same views, congenial person, sympathizer; ta on meie ~ he shares our views
mõttekas = mõtterikas
mõttekild (detached) thought, thoughtful saying, (short) aphorism, dictum (pl. -ta, -tums)
mõttekriips dash
mõttekujutus imagination, fancy
mõttekäik train of thought, line of reasoning, sequence of thoughts (or ideas)
mõttelaad turn of mind
mõttelage vacuous, vacant, blank; (sisutu) pointless
mõttelend flight of thought, (soaring) imagination
mõtteline mental, of thoughts (or ideas); (mõisteline) conceptual; (kujuteldav) imaginary; (abstraktne) abstract; ~ osa majast individual share in a jointly owned house
mõtteosaline = mõttekaaslane
mõttepunktid (three) dots
mõtterikas rich (or fertile) in thoughts (or ideas), teeming with ideas
mõttesalm (short) sententious verse, epigram
mõtteadlane van. = filosoof
mõtteteadus van. = filosoofia
mõttetera aphorism, apo(ph)thegm, sentence
mõttetihe packed with thought, succint, terse
mõttetu senseless, void of sense, meaningless; nonsensical, absurd
mõttetus nonsense, absurdity
mõttevabadus freedom of thought
mõttevahetus interchange of ideas (or views), discussion
mõtteviis manner of thought
mõtus = metsis
mõõde [mõõte] measuring, measurement; mõõted measurements
mõõde [mõõtme] dimension; mõõtmed dimensions, size
mõõdetav measurable
mõõdetavus measurability
mõõdistama survey

mõõdistamine surveying, survey
mõõduandev authoritative, decisive, influential
mõõdukas moderate, temperate, restrained; (*toidu jms. suhtes*) frugal, abstemious
mõõdukus moderateness, moderation, temperance, restraint; (*toidu jms. suhtes*) frugality, abstemiousness
mõõdulint measuring tape
mõõdupuu yardstick (*ka piltl.*); measure, standard, criterion (*pl.* -ia); **oma ~ga mõõtma** *piltl.* apply one's own yardstick (*to*)
mõõduriist measuring instrument (*or* tool, device, apparatus)
mõõdustik (system of) measures
mõõdusüsteem system of measures
mõõdutu measureless
mõõduühik = **mõõtühik**
mõõgahoop sword-cut, stroke (*or* slash) with a sword
mõõgapide (sword) hilt
mõõgatera sword-blade
mõõgatupp scabbard, sheath (of a sword)
mõõgatärin sabre-rattling
mõõk sword; (*kõver* ~) sabre; **kahe teraga ~** double-edged sword
mõõkkala *zool.* sword-fish
mõõkrohi *bot.* twig-rush
mõõl *bot.* avens, geum, (*maa~*) bennet
mõõn ebb(-tide), low (*or* outgoing) tide
mõõnama ebb
mõõt measure; (*kaardi~*) scale; (*mõõde*) measurement, size, dimension; *tehn.* (*normaal~*) ga(u)ge; **mõõdu järgi** by measure, (*riiete kohta*) to measure; **~u pidama** keep* within limits, be moderate; **kellegi ~u võtma** take* smb.'s measure, measure smb. for his clothes; **millegi ~u välja andma** measure up to smth.
mõõteriist = **mõõduriist**
mõõtja (*isik*) measurer; (*riist*) meter
mõõtkava = **mastaap**
mõõtma measure; *tehn.* ga(u)ge; (*veesügavust*) sound, fathom; **maad ~** survey; **kellegi temperatuuri ~** take* smb.'s temperature
mõõtmatu immeasurable, immense; (*sügavuselt*) unfathomable
mõõtmine measuring, measurement; *mat.* mensuration
mõõtupidav = **mõõdukas**

mõõtühik unit (of measure)
mäda 1. *subst.* (purulent) matter, *tead.* pus; **~ jooksma** suppurate, fester, discharge pus (*or* matter); 2. *adj.* rotten, purulent, putrefied, putrid; (*kõdunenud*) decayed; (*muna kohta*) addle, addled
mädajooks *med.* suppuration, discharge of pus (*or* matter)
mädakolle *med.* suppurative focus (*pl.* -ci)
mädamuna addle(d) egg
mädandama = **määndama**
mädane purulent, suppurative, festering; (*mäda jooksev*) running
mädanema putrefy, suppurate, fester, (*puu jms. kohta*) rot; (*kõdunema*) decay, become* decayed
mädanemine putrefaction, suppuration, festering, fester; (*puu jms. kohta*) rotting; (*kõdunemine*) rot, decay
mädanik (*mädapaise*) abscess; (*mädanev haavand*) ulcer; (*puu~*) rot
mädanikuline abscessed; ulcerous
mädapaise abscess, (running) boil; ulcer, running sore (*ka piltl.*)
mädarõigas horse-radish
mädasoo morass, quagmire
mädastuma putrefy, become* putrescent
mädaveresus *med.* pyaemia (*or* pyemia)
mädavill *med.* pustule
mäeahelik mountain chain, mountain range
mäeasjandus mining
mäehari mountain crest
mäeinsener mining engineer
mäejalg = **jalam**
mäejutlus *kirikl.* Sermon on the Mount
mäekristall rock crystal
mäekuru (mountain) pass; (*kitsas ~*) defile
mäendus = **mäeasjandus**
mäenõlv(ak) mountain slope, hillside
mäeronija mountaineer
mäeselg ridge (*or* crest) of a mountain
mäeseljak mountain ridge, ridge of mountains
mäestik mountains; **~ujõgi** mountain stream (*or* river); **~ujärv** mountain lake, (*väike ~*) tarn
mäetipp mountain top, summit; (*terav ~*) peak
mäetööstus mining industry
mäger badger

mägi mountain, hill; (*pärisnime ees*) Mount; **mäkke** up the mountain (*or* hill), uphill; **mäest alla** down the mountain (*or* hill), downhill
mägikarjamaa Alpine (*or* mountain) pasture
mägikits chamois
mägilane mountaineer; (*eriti India* ~) hill(s)man (*pl.* -men); (*šoti* ~) Highlander
mägine mountainous, hilly
mägiraudtee mountain railway, rack-and-pinion railway
mägisibul *bot.* houseleek
mägismaa upland, mountainous (*or* hilly) country (*or* region)
mägivaher sycamore (maple)
mägrakoer dachshund
mähe (baby's) napkin, *Am.* diaper; **mähkmed** nappies, swaddling clothes (*ka piltl.*)
mäherdune kõnek. = **missugune**
mähis (*ümbermähitu*) wrap, wrapping; *el.* winding; (*kompress*) compress, stupe
mähk *bot.* cambium
mähkima wrap (*up, round, in*), enwrap (*in*), muffle (*up*); wind*; (*last*) swaddle
mähkur *zool.* leaf roller, *tead.* tortricid; (*herne*~) pea moth; (*õuna*~) codling moth
mäkke *vt.* **mägi**; ~**tõus** climbing (*or* ascending) a mountain
mälestama commemorate, remember
mälestis memorial, monument
mälestus commemoration; memory, remembrance, recollection; reminiscence; ~**ed** reminiscences, memoirs; **kellegi, millegi** ~**eks** in memory (*or* remembrance) of smb., smth.
mälestusese souvenir, memento (*pl.* -oes)
mälestusmärk = **mälestis**
mälestuspäev memorial day
mälestusraha memorial (*or* commemoratory) medal (*or* coin), souvenir medal
mälestussammas monument
mälestustahvel memorial tablet
mälestusväärne memorable, worth remembering
mäletama remember
mäletatavasti as one remembers, so far as one can remember
mäletseja ruminant
mäletsema ruminate, shew the cud; *piltl.* re-chew, re-masticate

mälu I (*meelespidamisvõime*) memory
mälu II (*mälutav toit*) cud
mäluma chew, masticate
mälv [mälve] *zool.* wish(ing)-bone, merrythought, sternum (*pl.* -na)
mänd [männa] (churning-)whisk, beater
mänd [männi] pine(-tree)
mäng play; (*reeglikohane* ~, *sportlik* ~) game; ~**us olema** be at stake; ~**u panema** stake, risk
mängija player; (*hasart*~) gambler
mängima play; (*hasartmänge*) gamble; *teatr.* play, act, perform; (*teesklema*) sham, put* on
mängitama make* play, let* play, play
mänglema play (about), be playful, dally, toy, trifle; (*jändama*) fiddle (about)
mänglev playful
mänguasi toy, plaything; **see ei ole mingi** ~ *piltl.* this is no trifle
mängukaart (playing) card
mängukann toy, plaything
mängukaru teddy-bear
mänguklots (toy) brick
mänguplats = **mänguväljak**
mängupõrgu gambling-house, gambling-den, gambling-hell
mängupüksid (*lastel*) rompers
mänguriist = **muusikariist**
mänguselstiline playmate
mängutoos musical-box, music box
mänguväljak playground
männas *bot.* whorl, verticil
männik pine-wood, pine grove
männikäbi pine-cone
männileevike(ne) *zool.* pine grosbeak
männimets pine-wood, pine forest
männipuu pine-tree
mänsak *zool.* nutcracker
mära(hobune) mare
märatsema rage, rave; (*mürgeldama*) make* an uproar (*or* a row)
märatsus raging, raving, fury; (*mürgel*) uproar, row
märg wet, moist; **märjaks saama** get* wet; ~ **kui kass** (wet) like a drowned rat
märgama wet, moisten
märgatamatu unnoticeable, imperceivable
märgatav noticeable, perceivable; (*märgatavalt suur*) considerable
märge note; **märkmeid tegema** take* (*or* make*) notes
märgend mark, note

märgis label, tag
märgistama label, tag; **märgistatud aatomid** tagged atoms
märgitsema observe, note
märguanne sign, signal; (*kaudne* ~) hint
märgukiri memorandum (*pl.* -da, -dums)
märguma become* (*or* get*) wet
märgus wetness
märgusõna password, watchword
märjuke(ne) liquor, (alcoholic) drink
märk [märgi] mark, sign, token; (*tunnus*~, *rinna*~) badge; indication; ~*laud*) target; (*põletus*~) brand; **millegi märgiks** in sign of smth.; ~**i laskma** shoot* at a target; ~**i tabama** hit* the target (*or* the mark); *piltl.* hit* the nail on the head
märk [märgu] sign, signal; ~**u andma** give* a sign, sign, signal
märkama notice, note, perceive, spot; (*täheldama*) observe; (*taipama*) bethink* oneself (*midagi teha* — to do smth.)
märkamatu unnoticeable, unnoticed; imperceptible
märkilaskmine target-practice
märkima mark, note; (*põletusmärgiga, ka piltl.*) brand; **pesu** ~ mark linen; **üles** ~ note (*or* jot) down
märkimisväärne notable, considerable; (*mainimisväärne*) worth mentioning
märklaud target, *piltl. ka* butt
märkmik notebook
märksa considerably, far, by far
märksõna entry (word), vocabulary entry
märkus remark, observation; (*seletav* ~) note, comment, annotation; (*noomitus*) reproof, reprimand; ~**t tegema** reprove, reprimand
märss (*võrkkott*) net-bag (for hay); (*kasetohust paun*) (birch-)bark pouch
märter martyr
märtrisurm martyrdom, a martyr's death
märts(ikuu) (the month of) March
mäss revolt, rebellion, mutiny; sedition; ~**u tõstma** rise* in revolt, break* into revolt
mässaja rebel, mutineer
mässama 1. (*mässu tõstma*) revolt, rebel, mutiny; 2. (*raevutsema*) rage,

storm; 3. *kõnek.* (*vaeva nägema*) work furiously
mässima (*mähkima*) warp, wind*; (*millessegi ebameeldivasse kiskuma*) involve, implicate, entangle
mässuline 1. *adj.* rebellious, mutinous, seditious; 2. *subst.* = **mässaja**
mäsu *kõnek.* tumult, riot
mätas sod, (piece of) turf; (*künkake*) tussock, hummock, (small) mound, knoll
mätastama sod, cover with sods
mätlik covered with knolls, bumpy
mätsima squash, mash; **kinni** ~ hush up, cover up, gloss over
mää baa
määgima bleat, baa
määndama rot, make* rotten
määnduma rot, become* rotten
määr (*ulatus*) rate, extent, degree; (*normaalmõõt*) standard, norm; **kõrgel** ~**al** to a high degree, *kõnek.* to a degree; **sel** ~**al** to this extent; **suurel** ~**al** to a large (*or* considerable) extent, in a large measure; **teataval** ~**al** to some extent, to a certain extent, up to a point, in a way
määraline regular, regulation (*atrib.*), on the establishment, (*õppejõu kohta*) on the staff
määrama (*kindlaks* ~) determine, decide; (*korraldusi tegema*) appoint, fix; assign; (*seadusega*) decree, lay* down; (*saatusest*) destine, ordain; (*ravimit*) prescribe; (*tasu jms.*) award, adjudge; **ette** ~ predetermine; **hukatusele määratud** doomed (to destruction)
määramatu indefinite, undetermined
määramine determination; (*korralduste tegemine*) appointment, fixation assignment; (*ravimi* ~) prescription; (*tasu jms.* ~) award, adjudg(e)ment
määrang 1. = **määratlus**; 2. appointment; (*saatuse* ~) destination, (*saatus*) destiny
määratlema (*mõistet*) define; (*lähemalt kirjeldama*) specify
määratlus definition; specification
määratu immense, boundless, enormous
määrav determining, decisive
määrdeaine lubricant, grease
määrdetoos grease box (*or* cup)
määrdeõli lubricating oil

määrduma become* dirty, soil, be soiled
määrdunud dirty, soiled
määre (*vankri*~) grease, (*määrdeaine*) lubricant, (*õli*) oil; (*võie*) ointment; (*suusa*~) wax
määrima smear, grease; lubricate, oil; (*suuski*) wax; (*mustaks tegema*) soil; (*rüvetama*) smirch, besmirch; (*altkäemaksu andma*) grease smb.'s palm, oil smb.'s fist, bribe; (*plötserdama*) daub; **võid leivale** ~ spread* butter over a piece of bread
määrkass (*räpane laps*) mudlark, dirty child (*pl.* children)
määrosa *maj.* quota, contingent
määrsõna *lgv.* adverb
määrus regulation, enactment, decree; (*eeskiri*) rule, prescription; *lgv.* adverbial (modifier)
määrustik regulations, statute
möbleerima furnish, provide with furniture
möga blether, balderdash, drivel, bilge, *Am.* poppycock
mögama blether, drivel, *Am.* shoot* the bull
möire roar
möirgama roar
mökitama bleat (like a goat)
mölder miller
möll [möllu] tumult, turbulence, commotion, hurly-burly, uproar
möllama rage, roar, make* (*or* create) an uproar; (*taudi kohta*) rage, be rampant
möllima *van.* (*teatama*) report; (*sisse kirjutama*) register
möllune tumultuous, turbulent
mördikast *ehit.* mortar trough
mördisegisti *ehit.* mortar mixer
mörser = **müüser**
mört *ehit.* mortar
mööbel furniture; ~**sepp** furniture-maker
mööbliese piece of furniture
mööbligarnituur set (*or* suite) of furniture
mööbliriie furniture fabric, upholstery cloth
mööda 1. *postp.*, *prep.* by; (*piki*) along; (*vastavalt*) according to; **maad** ~ (*maisi*) by land; (*piki maad*) along the ground; **mu soovi** ~ according to my wish(es); **teed** ~ = ~ **teed** along the road; ~ **maad** along the ground; **ta sai** ~ **kõrvu** he got (*or* received) a box on the ear; 2. *adv.* past, by; **minust** ~ past me; **minu kõrvadest** ~ past my ears (*ka piltl.*); ~ **laskma** let* by, let* pass; (*märgist*; *ka võimalust*) miss; ~ **minema go*** by, pass (by); see **läheb peagi** ~ this will soon be over; ~ **saatma** = veetma
möödalask miss
möödamineja passer-by
möödaminev passing, (*ajutine*) temporary
möödaminnes in passing (by), by the way
möödapääs(e)matu unavoidable, inevitable, inescapable
möödas past, over, out
mööduma pass (by, off, over), go* by; (*aja kohta*) elapse, be over
möödunud past; ~ **aastal** last year, the previous year, the year before
mööduv passing, transient
möögima low, moo
mööndus admission, avowal, concession, granting
möönma admit, avow, concede, grant
müdin thud(ding)
müdisema thud
mügar protuberance, (small) tuber, tubercle; (*sõlmeke*) nodule; ~**bakter** nodule(-forming) bacterium (*pl.* -ia)
müha = **mühin**
mühakas 1. *subst.* lubber, lout, boor; 2. *adj.* lubberly, loutish, boorish
mühaklik (somewhat) lubberly, loutish, boorish
mühama = **mühisema**
mühin roar, roaring, rumble, rumbling
mühisema roar, rumble
müks nudge, jog(gle)
müksama nudge, jog
müksima nudge (repeatedly), joggle
mükslema nudge (each other)
mülgas quag(mire); slough; (*urgas*) den
münt I (*taim*) mint
münt II. 1. (*metallraha*) coin; 2. (*kõlavärving*) timbre
müntima coin, mint.
müra (loud) noise, din, uproar; ~**karu** *piltl.* brawler, rowdy
mürakas 1. *adj.* thumping, whopping; 2. *subst.* thumper, whopper
mürama be noisy, make* an uproar
müratu noiseless

müre *murd.* sourish, turned sour, (slightly) gone off
mürgel shindy, row, affray, kick-up, brawl, *Am. ka* ruckus
mürgeldama make* a shindy (*or* row, affray), kick up a row, brawl, raise hell
mürgihammas (poison) fang, venom tooth (*pl.* teeth)
mürgine poisonous, venomous, *tead.* toxic
mürginääre venom gland
mürgisegaja poisoner
mürgistama = **mürgitama**
mürgistuma = **mürgituma**
mürgistus poisoning, *tead.* toxication
mürgisus poisonousness, venomousness, venom (*ka piltl.*), *tead.* toxicity
mürgitama poison, (*mürgiseks tegema*) envenom (*ka piltl.*)
mürgitu poisonless
mürgituma be (*or* get*) poisoned
mürgitus 1. = **mürgistus**; 2. (*mürgita olek*) poisonlessness
müriaad myriad
mürin thunder, roar; (*kolin*) rumble
mürisema thunder, roar; (*kolisema*) rumble
müristama thunder
müristamine thunder
mürk (*mürgine aine*) poison; (*mao jms.* ~) venom; *bot.* water hemlock; **~aine** poison, poisonous substance
mürkel *bot.* morel
mürkgaas poison gas
mürkmadu poisonous (*or* venomous) snake
mürkroheline bright green
mürktaim poisonous plant
mürr myrrh
mürsk (cannon) shell; projectile
mürsuauk shell-hole
mürsukild shell fragment (*or* splinter)
mürsulehter shell crater, shell-hole
mürt = **mirt**
mürts crash, din, loud noise; (*mürgel*) uproar, rumpus; **~u tegema** make* a (big) noise (*or* uproar), brawl, *Am.* make* whoopee
mürtsuma crash, din
müsteerium mystery; (*keskaegne vaimulik näidend*) mystery (play)
müstifikatsioon mystification; (*eksitusse viimine*) hoax, trick

müstifitseerima mystify; (*eksitusse viima*) hoax
müstik mystic
müstika mysticism
müstiline mystical
müstitsism mysticism
mütakas stout, stumpy, podgy (*or* pudgy)
mütoloogia mythology
mütoloogiline mythological
müts [mütsi] cap; **~id maha!** hats off! (*kellegi ees — to smb.*); **ühe ~i all** in league (*with*)
müts ,[mütsu] thump, (thumping) blow, knock
mütt (fisherman's) stirring-pole
müttama drive* fish into a net (by. beating the water with a stirring-pole); *piltl.* stir noisily, work vigorously
müüdav sal(e)able, on sale, for sale, *haruld.* vendible; (*isiku kohta*) venal, mercenary, corrupt
müüdavus sal(e)ability; (*isiku kohta*) venality, mercenariness, corruption
müügiautomaat vending machine
müügihind selling-price
müüja seller, *jur. ka* vendor; (*kauplu-ses*) salesman (*pl.* -men); (*ka*) = **müüjanna**; (*ränd~*) vendor (*or* vender), hawker
müüjanna saleswoman (*pl.* -women), salesgirl
müük sale; **müügil olema** be on (*or* for) sale, be in the maket; **müügile laskma** put* on the market
müüma sell*, *jur. ka* vend; (*vahetuskaubana*) barter; **oma elu kallilt ~ sell*** one's life dear; **maha ~ sell*** out, trade off (*ka piltl.*); **välja ~ sell*** off
müür wall
müüriladuja bricklayer
müürileht poster, placard, bill
müürilõhkuja, müürilõhkumismasin *aj.* battering-ram
müürima wall (*kinni — up*; *sisse — in*); (*sisse ~*) immure; (*tellistega*) brick (*up, in*)
müüripääsuke(ne) = **piiripääsuke(ne)**
müürissepp = **müürsepp**
müüritis masonry; (*tellistest*) brickwork
müüritöö bricklaying
müürsepp mason; (*tellisteladuja*) brick layer
müüser mortar (*ka sõj.*)
müüsrinui pestle

müüt myth
müütaja vendor (*or* vender); (*rändkaupmees*) hawker, pedlar
müütama offer for sale, put* on sale, put* up for sale, sell*, *haruld.* vend; (*rändkaubitsedes* ~) hawk, peddle
müütiline mythical

N

naa *vt.* **nii**
naaber neighbour; ~**ala** neighbouring territory (*ka piltl.*); ~**kolhoos** neighbouring kolkhoz; ~**küla** neighbouring village
naaberlik neighbourly
naabermaja neighbouring (*or* adjacent, adjoining) house; ta elab ~s he lives next door
naabrus neighbourhood, vicinity
naabruskond neighbourhood, vicinity; (*naabrid*) the neighbours
naaklema = **nääklema**
naaldama = **najatama**
naalduma = **najatuma**
naarits *zool.* weasel, stoat
naaskel awl; (*puurimiseks*) bradawl; ~**nokk** *zool.* avocet; ~**saba** *zool.* pinworm
naasma return, come* back
naast plaque (*ka med.*); *bot.* upper part of the petal
naat *bot.* goutwort, goutweed, ashweed
naatrium *keem.* sodium; ~**bikarbonaat** *van.* sodium bicarbonate, baking (*or* cooking) soda; ~**hüdroksiid** sodium hydroxide, caustic soda; ~**karbonaat** sodium carbonate, washing soda; ~**kloriid** sodium chloride, common (*or* kitchen) salt; ~**tiosulfaat** sodium thiosulphate, hyposulphite of soda, *kõnek.* hypo; ~**vesinikkarbonaat** sodium hydrogen carbonate, baking (*or* cooking) soda
naba 1. *anat.* navel, *tead.* umbilicus (*pl.* -ci); 2. *geogr.* pole
nabamaad polar regions
nabanöör, nabaväät navel-string, *tead.* umbilical cord
naber shock (*or* stack) of corn
nabima nab, catch*, seize
nad = **nemad**
nadi = **näru**
nadikael scamp, rascal
nadu sister-in-law, husband's sister
nael I (*kinnitusvahend*) nail; (*traat*~) brad; (*lühike laiapealine* ~) tack
nael II (*kaalu- v. rahaühik*) pound

naelane of one pound, pound (*atrib.*)
naelkingad *sport.* spiked shoes
naelsterling pound (sterling)
naelutama nail (up, down); *piltl.* pin (down); **valet kinni** ~ pin down a lie
naer laughter, laugh; ~**u peale ajama** make* laugh; ~**ust lõhkema** split* one's sides with laughter
naerutama smile; (*lahkelt*) beam; **ma naeratasin selle peale** I smiled at that; **kellelegi vastu** ~ smile (*or* beam) at smb.
naeratus smile
naeris rape; ~**hein** *bot.* wild turnip
naeriõli rape(seed) oil, colza oil
naerma laugh (*kellegi üle — at smb.*); **kedagi** ~ **ajama** make* smb. laugh; ~ **pahvatama** burst* out laughing
naerualune laughing-stock, butt (of ridicule)
naerugaas *keem.* laughing gas
naeruhoog fit of laughter
naerukajakas *zool.* laughing gull
naerukrambid convulsive laughter, side-splitting laughter
naerulagin roar of laughter, guffaw
naerulihas *anat.* risorius
naerune laughing, smiling
naerusui smiling(ly), with smiling lips
naerutama make* laugh
naeruvine slight smile, ghost of a smile
naeruvääristama ridicule, make* ridiculous
naeruväärne laughable, ridiculous, ludicrous; derisory; **ennast naeruväärseks tegema** make* oneself ridiculous (*or* ludicrous), *kõnek.* make* a fool (*or* an ass) of oneself
naeruväärt = **naeruväärne**
nafta (rock) oil, petroleum, *haruld.* naphtha; (*toor*~) crude oil; ~**allikas** oil-well, oil-spring; ~**juhe** oil-line, oil-conduit, pipe-line
naftaliin *keem.* naphthalene (*or* naphthaline)
naftatööstus oil industry

**naga spigot, plug
nagaan** Nagant revolver
**nagi = varn
nagin** cracle, creak
nagisema crackle, creak
nagistama crackle, make* crackle (or creak)
nagu as, such as; as if, as though, like; ~ **harilikult** as usual; **ta laulab** ~ **ööbik** she sings like a nightingale
**nagunii = niikuinii
nahaalune** under the skin, *tead.* subcutaneous, hypodermic, hypodermal
nahahaigus *med.* skin disease; ~**te arst** dermatologist
nahakaup leather goods
nahalööve *med.* (skin) rash, eruption, *tead.* exanthema
nahaparkimine tanning, leather dressing
nahatäis hiding, thrashing, licking
nahatööstus tanning industry; tannery
nahk skin; (*toor*~) hide, (*pargitud* ~) leather; (*karus*~) fell, pelt, fur; ~**a ajama** cast* the skin, slough (off); **oma** ~**a päästma** save one's (own) skin (*or* bacon); **kellegi** ~**a üle kõrvade tõmbama** *kõnek.* do smb. in the eye; **ma ei saanud** ~**a silma peale** I couldn't sleep a wink; ~**a panema make*** short work (*of*), swallow (up), devour; (*ära rikkuma*) spoil*, (*nurja ajama*) frustrate; **naha peale andma (saama)** give* (get*) a hiding; **nahast välja pugema** lay* oneself out
nahkehistöö (ornamental, fancy) leather-work
nahkhiir bat
nahkjas skinny, skin-like; leathery
nahkkinnas leather glove; (*karusnahast*) fur glove
nahkkrae fur collar
nahkkuub leather jacket
nahkköide leather (binding), calf (binding)
nahkmuna wind-egg, shell-less egg
nahkmüts (*siledast pargitud nahast*) leather cap; (*karusnahast*) fur cap
nahkne (*nahast*) of skin; (*nahkjas*) skinny; (*vintske*) leathery
nahkpõll leather apron
nahkpüksid (*pikad* ~) leather trousers, (*lühikesed* ~) leather shorts (*or* breeches)

**nahksild = ujuksild
nahktald** leather sole
**nahkur = parkal
nahutama** (*peksma*) give* a hiding; cudgel, wallop, cane; (*tüssama*) swindle, cheat
naiivne naïve, naive
naiivsus naïveté, naivety
nailon *tekst.* nylon
naima marry, wed, take* to wife (*or* for a wife)
naine (*naisterahvas*) woman (*pl.* women), female; (*abikaasa*) wife (*pl.* wives); **naist võtma** take* a wife, get* married; **naiseks võtma** take* to wife (*or* for a wife), marry
naisakt *kunst.* female nude
naisarst lady doctor, woman doctor
naisdirektor (*koolis*) headmistress; (*äris, käitises*) manageress
**naiseema = ämm
naiseisa = äi
naiselik** womanly, feminine; (*halvustavalt*) womanish, effeminate
naiselikkus womanliness, femininity; (*halvustavalt*) effeminacy
naisemees married man (*pl.* men)
naisestuma become* effeminate
naisevend brother-in-law, wife's brother
naisevõtt marriage, getting married, taking a wife
naiseõde sister-in-law, wife's sister
naisisik female (person)
naiskangelane heroine
naiskelner waitress
naiskodanik citizenness, female citizen
naiskond *sport.* female team (*or* crew)
naiskoor female choir
naisliikumine *pol.* (the) feminist movement, feminism
naisluuletaja poetess
naispere womenfolk
naissportlane sportswoman (*pl.* -women)
naissugu (the) female sex; *lgv.* feminine (gender)
naistearst doctor (*or* specialist) for women's diseases, gynaecologist
naistehaigused women's diseases
naistekütt ladies' man (*pl.* men), lady-killer, petticoat-chaser, philanderer
naistepuna *bot.* St.-John's-wort, hardhay; **karune** ~ Aaron's beard
naistepäev Women's Day

naisterahvas woman (*pl.* women), female
naistesugu womankind, women
naistesärk chemise, *van.* shift
naistevihkaja woman-hater, misogynist
naistööline woman worker, female worker
naisuke(ne) little woman, (my) dear wife (*or* girl)
naisõpetaja (female) teacher, schoolmistress
naisüliõpilane (female) student, girl-student
naitma marry, give* in marriage
naituma marry, get* married
najal 1. leaning against (*or* on), supported by; **kepi** ~ leaning on (*or* upon) a stick; 2. (*abil*) with the aid (*or* assistance) of
najale: **kepi** ~ **toetuma** lean* on (*or* upon) a stick
najalt: **ta võttis oma kepi seina** ~ he took his stick from against the wall
najatama lean*, put*, stand*, rest (*millegi vastu — against smth.*; *millelegi — on, upon smth.*)
najatuma lean*, stand*, rest (*millegi vastu — against smth.*; *millelegi — on, upon smth.*)
nakatama infect (*kedagi millessegi — smb. with smth.*); (*rüvetama*) taint, contaminate (*ka piltl.*)
nakatis infection, contagion
nakatuma be infected (*millessegi — with smth.*), get* (*or* catch*, take*) the infection (*kelleltki — from smb.*); catch* a disease
nakatus infecting, infection
nakkama be infectious (*or* contagious), be catching; (*külge kinni jääma*) catch*, stick*
nakkav infectious, contagious, catching (*ka piltl.*)
nakkus infection, contagion; ~**haigla** hospital for infectious diseases; ~**haigus** infectious (*or* contagious) disease
nakkuslik infectious, contagious
naksama snap, catch* with a snap (*or* click)
naksti snap, click, crack
naksuma click, crackle
naksur *zool.* click beetle, elater(id)
nali joke, jest; (*lõbu*) fun; **nalja heitma = naljatama**; **nalja tegema** (*kellelegi*) amuse (*smb.*); (*ka*) =

naljatama; **ilma naljata** joking apart, seriously; **naljaks** for (*or* in) fun, in jest
naljaasi joke, laughing matter; (*tühine asi*) trifle; **see pole** ~ **that is no joke** (*or* not a laughing matter, no trifling matter)
naljahammas joker, jester, wag, funny man (*pl.* men), *Am.* wisecracker
naljajutt funny (*or* droll) story, merry tale
naljakas funny, droll, comical
naljalt: **seda ta** ~ **ei ütle** he will not easily (*or* lightly) say so, he will hardly say so
naljamäng *teatr.* comedy; *kõnek.* (*kerge asi*) child's play
naljand *kirj.* joke, funny story, anecdote
naljapärast for (*or* in) fun, in jest, as (*or* by way of) a joke, for a lark
naljatama joke, jest, crack a joke; make* fun (*kellegi, millegi üle — of smb., smth.*)
naljatemp = vemp
naljatlema joke, jest, speak* jokingly (*or* jestingly), crack jokes
naljatus joking, jesting
naljaviluks *kõnek.* = **naljapärast**
nandu *zool.* rhea
napakas half-witted, foolish, daft, *Am.* nutty
napilt (*vähevõitu*) scantily, skimpily; (*vaevalt*) scarcely, barely, narrowly, only just; **toitu on** ~ **food is scant**; **mul on aega** ~ I am short of time, I haven't got much time
napisõnaline of few words, short-spoken; (*lühidalt täpne*) terse, laconic
napp [napa] *etn.* (small wooden) bowl
napp [napi] scanty, scant, skimpy, scarce, short; meagre; **aega on** ~ the time is short, there isn't much time; ~ **enamus** a bare majority
nappus scantiness, skimpiness, scarcity, shortage; meagreness
naps [napsi] (*viin*) spirits, gin, brandy, whisky, *Am. ka* schnapps; (*klaas viina*) a glass (*or* drop, dram) of spirits, a peg of whisky
naps [napsu] snap, tap
napsama (*haarama*) snap, snatch, grab
napsiklaas (small) wine-glass
napsitama drink*, tipple, booze

napsivend *kõnek.* tippler, (habitual) drinker, boozer
napsti snap
nari *(lavats)* plank-bed, sleeping-shelf *(pl.* -lves)
narisema rattle, *(norskama)* snore
narkomaan = **narkootik**
narkomaania narcomania, narcotic addiction
narkoos narcosis
narkoosima = **narkotiseerima**
narkootik drug addict, *kõnek.* dope (or drug) fiend
narkootikum narcotic, drug, dope
narkootiline narcotic
narkotiseerima narcotize
narmaline *(narmastikuga varustatud)* fringed; *(kiudne)* fibrous; *(narmendav)* frayed, frazzled
narmas (loose) thread, shred; *(kiud)* fibril, fibre; **~juur** *bot.* fibrous root
narmastama *(narmastega varustama)* fringe; *(narmaliseks tegema)* frazzle, *(narmaliseks kulutama)* fray; shred
narmastik fringe
narmendama be frayed (or frazzled), be threadbare (or is shreds)
narr 1. *subst.* fool; *(veiderdaja)* jester, buffoon; 2. *adj.* silly; *(halb)* bad
natrikas foolish
narrima fool, make* a fool *(of)*, make* game *(of)*; *(sisse vedama)* dupe, trick, hoax; *(õrritama)* tease, banter, kid, *Am. kõnek.* josh
narrimäng playing the fool
narrimüts fool's cap, cap and bells
narritama = **narrima**
narritemp foolery, folly; *(veiderdus)* buffoonery
narrus folly, foolishness, nonsense
narts rag
nartsiss narcissus *(pl.* -cissuses, -cissi), *(kollane* ~) daffodil
nasaal *lgv.* nasal (sound)
nasaalne nasal
nasaalsus nasality
nasaleerima *lgv.* nasalize
nasalisatsioon *lgv.* nasalization
nastik grass-snake, ringed snake
nats *pol.* Nazi
natsionaalne national
natsionaliseerima *pol.* nationalize
natsionalism *pol.* nationalism
natsionalist *pol.* nationalist
natsionalistlik *pol.* nationalist, nationalistic

natsioon nation
natsism *pol.* Nazism
natslik *pol.* Nazi *(atrib.)*
natt [nati] *kõnek.* tuft (of hair), wisp (of hair)
natuke(ne) a little, a bit, slightly; **natukese aja pärast** after a little time; **natukeseks** for a little (time), for a moment
naturaalmajandus *maj.* natural economy, barter system
naturaalne *(loomulik; looduslik)* natural; *(mittetehislik)* real, pure
naturaalpalk, naturaaltasu *maj.* payment (or allowance) in kind
naturalism naturalism
naturalist naturalist
naturalistlik naturalist, naturalistic
natuur nature
natuuras *maj.* in kind
natüürmort *kunst.* still life *(pl.* lives)
nauding enjoyment; *(maitsemõnu)* relish; *(lõbu, rõõm)* pleasure, delight, treat
nautima enjoy, take* pleasure (or delight) *(in)*, delight *(in)*, revel *(in)*; *(isuga maitsma)* relish
navigatsioon navigation
need these, those; **nende poiste isa** the father of these (or those) boys
needipea rivet-head
needivasar riveting hammer
needma curse, damn, execrate, *(manama)* imprecate; *kirikl.* anathemize
needus curse, damnation, malediction, execration, *(manamine)* imprecation; *kirikl.* anathema
neeger Negro *(pl.* -oes); *põlgl.* nigger
neegritar Negress
neel 1. pharynx, gorge, throat, swallow; 2. *(neelamisliigutus)* swallow; **tal käivad ~ud** his mouth is watering; 3. *(veekeeris)* whirlpool, maelstrom
neelama swallow, *(kugistama)* gulp; *(imama)* absorb; *piltl.* engulf; **alla ~** swallow down; **ära ~** swallow up, engulf
neelatama swallow, make* a gulp
neelatus swallow, *(kugistus)* gulp
neelduma be swallowed up; *(sisse imbuma)* be absorbed
neelukoht *(vees)* whirlpool
neelupõletik *med.* pharyngitis
neem cape, headland, ▴ foreland; *(mägine* ~) promontory *(ka anat.)*
neenets Nenetz
neenetsi Nenetz

neer kidney
neerjas kidney-shaped, *tead.* reniform
neeruhaigus kidney disease
neerukivi *med.* kidney stone, renal calculus (*pl.* -li)
neerukujuline = **neerjas**
neerupõletik *med.* inflammation of the kidneys, nephritis
neerurasv suet
neeruvaagen *anat.* renal pelvis
neet rivet
neetima rivet
neetnael rivet-pin
negatiiv *fot.* negative
negatiivne negative
negatiivsus negativity
neid *subst.* = **neiu**
neidis 1. *luulek.* = **neiu**; 2. *zool.* nymph
neitsi virgin; maiden, maid
neitsilik virginal, virgin; maiden (*atrib.*)
neitsilikkus virginity
nitsissigimine *biol.* virginal generation, parthenogenesis
neitsisõlg *bot.* dahlia
neiu (young) girl, young lady, unmarried woman; *luulek.* maid, maiden, damsel
neiulik girlish, maidenly
neiupõli, neiupõlv girlhood, maidenhood, young womanhood
neiupõlvenimi maiden name
neiuvaip *bot.* epipactis, peramium, rattlesnake plantain
nekroloog obituary
nekrut *van.* recruit
nektar nectar
nelgiõli *farm.* oil of cloves
neli four; **nelja silma all** face to face, in private, confidentially
nelikud quadruplets
nelikümmend forty
nelinurk quadrangle, *tead. ka* tetragon; (*ruut*) square
nelinurkne quadrangular, *tead. ka* tetragonal; (*ruutjas*) square
nelipühad *kirikl.* (the) Whitsun holidays, Whitsuntide; ~**e esimene püha** Whitsunday, *van. ka* Pentecost
nelisada four hundred
nelitahukas *mat.* tetrahedron
neliteist(kümmend) fourteen
nelja: ~ **jooksma,** ~ **kihutama** gallop
neljajalgne 1. *adj.* four-footed, four-legged, quadrupedal; 2. *subst.* quadruped

neljajooks (full) gallop
neljakandiline four-square
neljakaupa in fours
neljakesi (all) four together; **meie** ~ the four of us
neljakordne quadruple, fourfold; (*ka*) = **neljakorruseline**
neljakorruseline four-storeyed (*or* -storied)
neljakäpakil on all fours
neljakümnes fortieth
neljandik fourth, (*veerand*) quarter; (*mõõduna ka*) quart; ~**kaust** quarto (*pl.* -os)
neljanurgeline four-cornered
neljapäev Thursday
neljas fourth
neljasõit = **neljajooks**
neljataktiline: ~ **mootor** *tehn.* four-stroke (*or* four-cycle) motor
neljateistkümnes fourteenth
nelk 1. *bot.* pink; (*punane aed*~) carnation; (*habe*~) sweet william; 2. (*vürtsaine*) clove
nemad they (*objektikääne* them)
nende 1. (*omastav asesõna*) their (*atrib.*), theirs (*substantiivselt*); 2. *vt.* **need**
nentima state, assert, declare
neodarvinism neo-Darwinism
neofašism *pol.* neofascism
neoklassitsism = **uuskassitsism**
neoliitikum *arheol., geol.* (the) Neolithic period (*or* stage)
neologism *lgv.* neologism
neoon *keem.* neon; ~**lamp** *el.* neon lamp (*or* light)
neostama *aiand.* bind* (into a bunch)
nepp *zool.* snipe
neste 1. (*õiemahl*) nectar, juice; 2. (*vedelik*) liquid, fluid, moisture
neto *maj.* net; ~**kaal** *maj.* net weight
neuralgia *med.* neuralgia
neurasteenia *med.* neurasthenia
neurasteenik *med.* neurasthenic
neurasteeniline *med.* neurasthenic
neuroloog *anat.* neurologist
neuroloogia *anat.* neurology
neuroloogiline neurologic
neuroos *med.* neurosis (*pl.* -ses)
neurootik *med.* neurotic
neurootiline *med.* neurotic
neutraalne neutral, *pol. ka* uncommitted
neutraalsus neutrality
neutraliseerima neutralize
neutraliteet neutrality
neutron *füüs.* neutron

15 J. Silvet

neutrum *lgv.* neuter (gender)
nibu nipple
nide juncture, joint; *anat.* commissure
niduma (*siduma*) connect, bind* together
nigel, nigerik puny, weak, poor
nihe shift, displacement, dislodg(e)-ment, dislocation
nihelema fidget, squirm
nihestama dislocate, put* out of joint
nihestus dislocation
nihilism nihilism
nihilist nihilist
nihilistlik nihilistic
nihkuma shift, be shifted; move, slide, budge, stir
nihkur *tehn.* slider
nihutama shift, displace; (*kohalt* ~) dislodge; **lähemale** ~ push (*or* move, edge, slide) nearer
nihv = **knihv**
nihvama = **nähvama**
nii so; thus, like this (*or* that), this (*or* that) way; **ah** ~?, **või** ~? really?, is that so?; **kuidas** ~? how is that?, what do you mean by that?; **mitte** ~ **vana kui...** not so old as...; ~ **ruttu kui võimalik** as quickly as possible; ~ **väga so** (very) much; ~... **kui (ka) both** ... and; ~ **väsinud kui ta ka ei ole** however tired he is; ~ **et so that;** ~ **ja naa** this way and that
niide *põll.* mowing
niidirull reel of cotton, *Am.* spool of thread
niiditõmbaja *piltl.* wire-puller
niidumasin *põll.* mowing machine, hay mower
niigi (even) so
niihästi: ~ ... **kui ka both** ... **and,** not only ... but also
niikaua = **seni**
niikauaks = **seniks**
niikuinii anyhow, anyway, as it is, in any case, at all events
niimoodi thus, (in) this way
niin bast, bass, *tead.* phloëm; ~**epuu** = **pärn**
niinimetatud so-called
niipalju = **niivõrd**
niipea: ~ **kui as soon as, directly (as)**
niis heddle, heald; **niide panema** heddle
niisakala milter
niisama 1. just so, just as, just the same; ~ **suur kui** just as big (*or* large) as; 2. (*ilma erilise põhjuseta*)

for nothing, for no (*or* without any) particular reason, just for fun; **ta tuli siia** ~ he came here for nothing in particular, he just happened to drop in
niisamasugune = **samasugune**
niisamuti = **samuti**
niisiis and so, hence, then, thus, as I was saying
niisk milt, soft roe
niiske moist, damp, humid
niiskuma become* moist (*or* damp, humid)
niiskus moisture, damp, dampness, humidity
niisugune 1. *adj.* such (a); 2. *subst.* such a one
niisutama moisten, wet; *põll.* irrigate, water
niisutus moistening, wetting; *põll.* irrigation, watering; ~**kanal** *põll.* irrigation canal
niit [niidi] thread; (*tolmuka, hõõglambi jms.* ~) filament; ~**i nõela taha ajama** thread a needle
niit [niidu] meadow
niitja mower; (*lamba*~) shearer
niitjas thready, thread-like, *tead.* filamentous
niitma mow*, cut*; (*lambaid*) shear*
niitsatama give* a whimper; **ta ei niitsatanudki** he didn't breathe a word
niitsuma whimper
niituss *zool.* threadworm, filania (*pl.* -iae), nematoid
niiviisi thus, in this way, like this (*or* that)
niivõrd so (much), to such an extent, to such a degree; ~ **kui** so (*or* as) much as
nii-öelda, nii-ütelda so to speak (*or* say), in a manner of speaking, as it were
nikastama sprain (one's ankle)
nikastus sprain
nikeldama nickel, nickelplate
nikeldus nickeling, nickelage, nickelplating
nikerdama carve
nikerdis (piece of) carving; (*sae*~) fretwork
nikerdus carving; (*sae*~) fretwork
nikkel nickel; ~**plekk** nickel foil; ~**teras** nickel steel
niklimaak nickel ore
niklisulam nickel alloy
nikotiin nicotine

niks [niksi] (*lõngakerimispulk*) winding-pin
niks [niksu] curts(e)y; ~**u tegema** drop a curts(e)y
nikutama = **noogutama**
nilbe smutty, obscene, salacious, ribald, scabrous
nilbus smuttiness, smut, obscenity, salacity, ribaldry, scabrousness
nilp(s)ama = **limpsama**
nimekaart visiting card
nimekaim namesake
nimekas notable, well-known, renowned, distinguished, eminent
nimekiri = **nimestik**
nimel *postp.* in (*smb.'s*) name, in the name of; on (*smb.'s*) behalf, on behalf of; for (*smb.'s*) sake, for the sake of
nimeline nominal; (*omaniku nimega varustatud*) inscribed; (... *nime kandev*) of the name of..., ... by name; **Gogoli-~ raamatukogu** the Gogol library; (... *järgi nimetatud*) named after...; ~ **hääletus** roll-call vote
nimeliselt nominally; by name
nimelt (*see on*) namely; (*just*) just, exactly, precisely; (*nimme, meelega*) on purpose, purposely, deliberately
nimepidi by name; nominally
nimepäev name-day, (one's) saint's day
nimesilt name plate, door-plate with one's name
nimestik list, register, roll; *sõj.* roster
nimetaja *mat.* denominator
nimetama name, denominate; (*ametisse, kohale*) nominate, appoint, designate; (*mainima*) mention, refer (*to*); (*kutsuma*) call, term; **asja õige nimega** ~ call a spade a spade
nimetamisväärne, nimetamisväärt worth mentioning
nimetav *lgv.* nominative (case)
nimetissõrm forefinger, index finger
nimetu nameless, anonymous
nimetus 1. (*nimi*) appellation, designation, name; (*nimetamine, määramine*) nomination, appointment; (*mainimine*) mention; 2. (*nimeta olek*) namelessness
nimetäht initial (õf a name)
nimi name; *vt.* **ka nimel**
nimiosa title-role
nimistu = **nimestik**
nimisõna *lgv.* noun, substantive

nimisõnaline *lgv.* substantival, haruld. nounal
nimme (*nimelt*) on purpose, purposely, deliberately
nimme *anat.* small of the back; ~**d** loins; ~**arter** *anat.* lumbar artery; ~**piirkond** lumbar region
nina nose; (*ninamik*) snout; (*laeval*) prow; (*saapal, sukal jms.*) toe; **oma ~ millessegi toppima** poke (*or* thrust*) one's nose into smth.; ~ **püsti hoidma** *piltl.* be stuck up; **pikka ~ näitama** make* (*or* pull) a long nose, thumb one's nose, cock a snook (*kellelegi — at smb.*); **pikka ~ saama** be duped, be made a fool; **suur ~, tähtis ~ kõnek.** a big shot (*or* noise), *sõj.* a big brass
ninahäälik *lgv.* nasal (sound)
ninakas saucy, pert, impertinent, *Am.* ka snooty, snotty
ninakil (down) on one's nose
ninakoobas = **ninaõõs**
ninakus sauciness, sauce, pertness, impertinence
ninali (down) on one's nose
ninaluu nasal bone
ninamees ringleader
ninamik snout
ninanips fillip (on the nose); **kellelegi ~u lööma** *v.* **mängima** *piltl.* put* smb.'s nose out of joint, play* smb. a (nasty) trick
ninaots tip of the nose
ninapidi by the nose; ~ **vedama** lead* by the nose, fool
ninapidivedamine fooling (by false promises)
ninarõngas nose-ring
ninarätik = **taskurätik**
ninasarvik *zool.* rhinoceros
ninaselg ridge of the nose
ninasõõre nostril
ninatark = **ninakas**
ninatarkus = **ninakus**
ninatubakas snuff
ninaõõs *anat.* nasal cavity
ning and (also)
nipe-näpe knick-knack; **nipet-näpet** bric-à-brac, odds and ends
niplama make* lace (*or* bobbin-lace, pillow-lace)
niplamispulk, niplamisvarras lace-bobbin
niplis(pits) bobbin-lace, pillow-lace, bone-lace
nippel 1. *tehn.* nipple; 2. *tekst.* = **niplamispulk, niplamisvarras**

nips flip, fillip, flick; ~**u lööma** =
nipsutama
nipsakas pert, saucy, cheeky
nipsama flip, fillip, give* a fillip,
 flick
nipsutama flip, fillip, give* fillips,
 flick
nire rivulet, rill, (small) stream,
 trickle
nirisema run*, stream, trickle
niristama make* run (or stream),
 trickle
nirk weasel
nisa teat, nipple; (loomal ka) dug;
 ~**nibu** nipple; ~**põletik** mastitis,
 inflammation of the mammary gland
nisu wheat; ~**jahu** wheat-flour; ~**leib**
 wheaten bread; ~**lill** bot. = äiakas;
 ~**püül** bo(u)lted wheat-flour, (kõrgemat sorti ~) whites
nišš niche, recess
nitraat keem. nitrate; ~**siid** tekst.
 nitrocellulose silk; ~**väetis** põll.
 nitrogenous fertilizer (or manure)
nitreerima tehn. nitrify, nitrogenize
nitrobakter biol. nitrobacterium (pl.
 -ia)
nitroglütseriin nitroglycerine
nitrolakk tehn. nitro-varnish, nitrate
 dope, nitrodope
nitrosiid = **nitraatsiid**
nitrotselluloos keem. nitrocellulose
nitroühend keem. nitro-compound
niuded loins
niudeluu hip-bone
niudesool anat. ileum (pl. ilea)
niue vt. **niuded**
niuksuma, niutsuma whimper
nivelleerima level; piltl. reduce to the
 same level, equalize
nivoo level
no well; ~ **mis sellest?** well, what of
 it?; ~ **tulge ometi!** (but) do come!;
 ~ **siis ma jätkan** well then, I shall
 continue
noaaegne antediluvian, old-fashioned,
 outdated, outmoded
noaalus knife-rest
noahoop knife stab
noaots point of a knife; ~**atäis** a
 pinch (of)
noapea knife-handle
noatera knife-blade, (lõiketera) knifeedge; **üle** ~ **pääsema** have a narrow
 escape (or shave)
nobe nimble, agile, swift, deft
nobedasti nimbly, swiftly, deftly

nobedus nimbleness, agility, swiftness,
 deftness
nodi kõnek. (vara) riches; (raha)
 dough, brass, pelf, money
noh! well!, (ergutussõnana) come!
nohisema snuffle
nohu cold (in the head), common
 cold, tead. catarrh, coryza; **mul
 on** ~ **l have a cold;** ~ **saama
 catch*** (a) cold, take* cold
nojah! well, yes!
nokastanud tipsy, in one's cups
nokatäis beakful; piltl. mouthful
nokaut sport. knock-out
nokitsema potter (about), tinker
nokk bill, (er. röövlinnul) beak;
 (mütsil) peak, Am. visor, kõnek. ka
 bill; (kannul jms.) beak, spout
nokkima peck; (õrritama) tease
nokkloom duckbill, (duck-billed) platypus, tead. ornithorhyncus
nokkmüts peaked (Am. visored) cap
nokturn nocturne
nolk (young) shaver, whipper-snapper,
 whipster, greenhorn
nomaad nomad
nomenklatuur nomenclature
nominaalhind maj. nominal price
nominaalne nominal
nominatiiv lgv. nominative (case)
nominatiivne nominative
nonde vt. **nood**
noneh! well, yes!
nonoh! now, now!, come, come!
nonsenss nonsense
noobel (hästi rõivastatud) smart, stylish; (tore) grand, posh
nood those
noodapüük seine fishing, seining
noodavedu seine-hauling
noodijoonestik (music) staff
noodimapp music-carrier
noodipaber music paper
noodipult music-stand
noodiraamat music-book
noodivõti muus. clef
noogutama nod (kellelegi — at smb.)
noogutus nod
nook = **konks**
nool arrow, bolt, shaft (ka piltl,);
 ~**eots** arrow-head; ~**etupp** quiver;
 ~**hammas** tehn. herringbone tooth;
 ~**hammastega hammasratas** herringbone gear
noolima kõnek. 1. = **lakkuma;** 2. =
 piiluma
nooljas arrowy, arrow-shaped, tead.
 sagittiform, sagittate

noolutama *tehn.* draw*
noomen *lgv.* noun (including the adjective)
noomima reprove, reprimand; (*manitsema*) admonish; (*etteheiteid tegema*) rebuke, expostulate, take* to task
noomitus rebuke, reproof, (*ametlik* ~, *vali* ~) reprimand; (*manitsus*) admonishment; (*etteheide*) rebuke
noor young; ~ed the young, young people; **kommunistlik** ~ young Communist
noorendama rejuvenate, make* young (er)
noorendus rejuvenation
noorenema be rejuvenated, rejuvenate, grow* young (er)
noorevõitu youngish
noorhärra *van.* young gentleman (*pl.* -men), (*nime ees*) Master
nooriga young age (or days), youth
noorik (married) bride, newly married woman (*pl.* women), newlywed, young wife (*pl.* wives)
noorkari *põll.* young cattle, young stock
noorkuu new moon
noormees young man (*pl.* men), young fellow, lad, youth
noorpaar the newly-wed, the young (married) couple
noorpõlv youth, the young (er) generation
noorsand *van.* (young) master, young gentleman (*pl.* -men)
noorsooetendus performance for the young (or for juveniles); (*lasteetendus*) children's performance
noorsookirjandus juvenile literature
noorsugu youth, young people, the young
noorsõdur recruit
noortööline young worker
nooruk youth, adolescent, juvenile, teenager
nooruke(ne) rather (or very) young
noorus youth; ~aeg time of youth
nooruslik youthful, juvenile
nooruslikkus youthfulness, juvenility
noos swag, haul, loot, booty
noot [nooda] seine, sweep-net, drag-net
noot [noodi] 1. *muus.* (*helimärk*) note; (*trükitud muusikapala*) music, piece (of music); **noodist mängima** play from (written) music, (*ettevalmistamatult*) play at sight; 2. *pol.* note

nopped *murd.* = **näpped**
noppima pluck; (*korjama*) pick, gather, (*viljapäid*) glean; (*ka*) = **näppima**
norg *psühh.* low spirits, depression, dejection, the blues; ~u vajuma hang* one's head, be downcast; (*taimede kohta*) droop; ~us downcast; (*taimede kohta*) drooping
norima find* fault (with), nag, cavil, carp (*at*); **tüli** ~ pick (up) a quarrel (*kellegagi* — *with smb.*), look for trouble (*kellegagi* — *with smb.*), *Am.* ka pick (*kellegagi* — *on smb.*)
norin snore
norisema snore
norm norm, standard; (*tootmis*~, *töö*~) quota; (*tarbimis*~) ration
normaalaeg standard time
normaalne normal; (*normiks olev*) standard
normaalsus normality, normalness, *Am. ka* normalcy
normaliseerima normalize, bring* (or reduce) to normal
normann *aj.* Norman (*pl.* -mans)
normatiiv norm, standard
norm(eer)ima fix norms (or standards), standardize; (*tarbimist*) ration
normipäev workday unit
normivili grain delivery quota
norra Norwegian
norralane Norwegian
norsatama snort
norskama snore
norss *zool.* smelt
noruline low-spirited, downcast, depressed, dejected
norus low-spirited, downcast, depressed, dejected
norutama be low-spirited (or downcast, depressed, dejected); (*tusatsema*) mope
norutunne (the feeling of) depression, dejection, the blues
nosima 1. (*näsima*) munch, nibble, eat* furtively; 2. = **pusima**
nosisema wheeze, snuffle
nosu (*lühike ja tömp asi*) stub, stump; ~nina snub (or pug) nose
notar notary
notariaalne notarial
notariaalselt notarially; ~ **tõestatud** attested by a notary, legally confirmed

noteerima (*üles märkima*) note down; *maj.* (*hinda v. kurssi*) quote
noteering (*hinnamäärang*) quotation, (*määratud hind*) the price quoted
notsu *lastek.* piggy, piglet
nott (*ront*) log (of wood)
nottima (*peksma*) cudgel, beat*; (*tapma*) beat* to death; **maha ~ cut*** down, massacre, batcher, slaughter
novaator innovator
novaatorlik innovatory; ~ (*uudne*) novel
novaatorlus innovation(s); (*uudsus*) novelty
novell *kirj.* short story, novellette; *jur.* novel, amendment; **~ikirjanik** short-story writer
november November
novembrikuu the month of November
nudi bare, smooth; (*sarvedeta*) polled, shorn, hornless; **asi on ~** the matter is settled; **~ lehm** poll(ed) cow, pollard
nudi(sta)ma poll (*ka piltl.*)
nuga knife (*pl.* knives); **~de peal olema** *piltl.* be at daggers drawn, be sworn enemies
nugiline parasite
nugima parasitize, be (*or* live as) a parasite
nugis (*mets~*) pine marten; (*kivi~, kodu~*) beech-marten, stone-marten
nuhk (police-)spy, informer, stool-pigeon, *Am.* snooper; (*salapolitseinik*) sleuth
nuhkima nose, smell* (out); spy about, snoop
nuhtlema punish, chastise; (*rooskama*) castigate
nuhtlus punishment, chastisement; (*häda*) scourge, plague; (*tüütu asi*) nuisance
nuhtlusseadus *van.* = **kriminaalseadus**
nui (*politseinikul jms.*) truncheon, baton; (*malk*) bludgeon, cudgel; (*sõja~*) club; (*rammimis~*) ram
nuiama 1. (*nuiaga taguma*) cudgel; 2. (*manguma*) cadge, beg
nuikapsas kohlrabi
nukiline knobby, nubbly, angular
nukk [nuki] knob, nubble, angularity; (*sõrme~*) knuckle
nukk [nuka] corner
nukk [nuku] 1. doll; (*teatri~, hüpik~*) puppet; 2. *zool.* chrysalis, pupa (*pl.* -pae)

nukker sad, wistful, melancholy
nukkuma *zool.* pupate
nukleaarne *füüs.*, *biol.* nuclear; **~ energia = tuumaenergia**
nukleiin *keem.* nuclein; **~hape** *keem.*, *biol.* nucleic acid
nukrameelne melancholy, of a melancholy mind
nukrameelsus melancholy
nukrus sadness, wistfulness, melancholy
nukrutsema be sad (*or* melancholy, wistful)
nukuke(ne) dolly
nukunäidend *teatr.* puppet-play
nukuteater puppet theatre, puppet-show
nukuvalitsus *piltl.* puppet government
nulg *bot.* fir(-tree), silver fir
null (*mitte midagi*) nought (*ka mat.*); (*numbrina*) nought, cipher; (*mõõduriistal, ~punkt*) zero (*pl.* -os); *sport.* nought, (*er.* jalgpallis) nil, (*tennises*) love; (*arve lugedes, er. telefonil*) o (*or* oh); *piltl.* (*tähtsusetu isik*) a nonentity, a nobody; **~ koma viis** *mat.* nought point five; **viis kraadi alla ~i** five degrees below zero; **kolm ~i vastu** three to nought (*or* nil); **mu lootused viidi ~ini** my hopes were reduced to zero (*or* nil)
nullifitseerima nullify, annul
nullistama reduce to nought
nullmeridiaan *geogr.* prime meridian
nullpunkt zero point
number number; (*arvmärk*) figure; (*kellal*) numeral; (*riietuseseme ~*) size; (*ettekande ~*) item, turn; (*ajalehe jms. ~*) issue, number; (*hinne*) mark; **numbritega kirjutama** write* in figures
numberkiri *muus.* cipher
numbrilaud (*kellal*) face; (*mõõteriistal*) dial
numbrituba (numbered) room, apartment
numeraal = arvsõna
numeraator numerator
numeratsioon = nummerdus
numereerima, nummerdama number
nummerdus numbering; numeration
nunn nun; **~aklooster** nunnery, convent
nuntsius *pol.* nuncio (*pl.* -os)
nupp knob; (*elektrikella jms. ~*) button; (*mõnes lauamängus jms.*) piece; (*õie~*) bud; *kõnek.* (*pea*)

nupukas   231   **nuustik**

noddle, nut; **tal on ~u** he has a head on his shoulders, he's got his head screwed on the right way
nupukas keen-witted, acute, bright, clever, astute, shrewd
nuputama devise, invent, think* out
nurgaadvokaat *van.* pettifogger, quack lawyer, *Am.* shyster
nurgakivi corner-stone, foundation stone
nurgalöök *sport.* corner(-kick)
nurgamööt *mat.* angular measure
nurgamöötja 1. (*mall*) protractor; 2. (*aparaat*) goniometer
nurganaine *van.* woman (*pl.* women) in childbed
nurgapoolitaja *mat.* bisector
nurgatagune round-the-corner; *piltl.* hole-and-corner, underhand, obscure, (*salajane*) clandestine
nurgavoodi *van.* childbed, confinement
nurgeline angular
nurgeti at an angle, aslant, slantingly, diagonally
nurgik *tehn.* set-square
nurin grumble, grumbling, (*tasane* ~) murmur (of discontent)
nurisema grumble, murmur, grouse
nurisünnitus abortion, miscarriage
nurja: ~ **ajama** = **nurjama;** ~ **minema** = **nurjuma**
nurjaläinud unsuccessful, abortive, gone wrong
nurjama make* fail, frustrate, foil, thwart, bring* to nought
nurjaminek failure, fiasco (*pl.* -os), *kõnek.* flop
nurjas: ~ **olema** be a failure, have failed
nurjatu base, iniquitous, heinous, infamous
nurjatus baseness, iniquity, infamy, turpitude
nurjuma fail miscarry, go* wrong, come* to nought
nurk corner; (*mugav v. varjatud* ~) nook; *mat.* angle; **ümber nurga** round the corner; **tänava nurgal** at the corner of the street, at the street corner
nurkjas angular
nurkjoon = **diagonaal**
nurkkaugus *astr.* angular distance
nurkkiirendus *füüs.* angular acceleration
nurkkiirus *füüs.* angular velocity
nurkmine corner (*atrib.*)

nurkraadius *mat., astr.* angular radius (*pl.* -dii)
nurkraud 1. (*täisnurkse profiiliga raud*) angle iron; 2. = **nurgik**
nurksulg square bracket
nurm (*aas*) pasture, meadow; (*põld*) field; ~**enukk** *bot.* cowslip
nurmikas *bot.* (*aas*~) meadow-grass; (*lapik* ~) wire-grass, *Am.* Canada bluegrass
nurmkana = **põldpüü**
nurru: ~ **lööma** purr
nurrukarvad (cat's) whiskers
nuruma cadge, beg; **välja** ~ **get*** by cadging (*or* begging)
nutikas = **nupukas**
nutma cry, weep*, shed* tears; (*halisema*) wail; **nutetud silmad** eyes swollen (*or* red) with crying
nutria *zool.* nutria, coypu; (~*nahk*) nutria
nutsak crumpled wisp (*or* ball)
nutt [nuti] (*nupp*) knob; *bot.* capitulum (*pl.* -la); (*pea*~) noddle, nut; *vt. ka* **nupp**
nutt [nutu] crying, weeping; **mul oli** ~ **kurgus** I was (*or* felt) choking with tears
nutukrambid (convulsive) fit of crying
nutulaul (*kaebelaul*) dirge; lamentation; jeremiad, threnody
nutunaine *van.* keener, wailer, professional mourner
nutune tearful, lachrymose; (*näo kohta*) tear-stained
nuudlid noodles, vermicelli
nuuks, nuukse sob
nuuksuma sob
nuum fattening
nuumama fatten
nuumhärg fattened ox (*pl.* oxen)
nuumik fatling
nuumkari fattening cattle
nuumloom = **nuumik**
nuumsiga porker, fatling pig
nuumvasikas fattened (*or* fatted) calf (*pl.* calves)
nuuskama: nina ~ blow* one's nose; **tubakat** ~ snuff tobacco, take* snuff
nuuskima sniff, snuffle, sniffle; **välja** ~ nose out, find* out
nuuskpiiritus *farm.* liquid ammonia
nuusktubakas snuff
nuuskur sleuth, (police-)spy, informer
nuust wisp, mop; (rolled) bundle
nuustik rag, duster

nuusutama smell, sniff (*at*), inhale the odour (*of*)
nuut I (*piits*) knout, whip
nuut II (*õnar*) groove, slot
nuutsuma whimper
nõbu cousin
nõder weak, feeble, infirm; (*kõlbeliselt*) frail
nõdrameelne 1. *adj.* imbecile, feebleminded; 2. *subst.* imbecile, feebleminded person
nõdrameelsus imbecility, feeble-mindedness
nõel needle; (*kübara*~, *nõõp*~) pin; (*putukal*) sting
nõelama sting*; (*mao kohta*) bite*; **nõelata saama** get* a sting; (*maost*) get* snake-bitten
nõelapadi pin-cushion
nõelapea pinhead
nõelapiste (*õmblusel*) stitch; (*torge nõelaga*) needle-prick, (*torge nõõpnõelaga*) pin-prick (*ka piltl.*)
nõelasilm the eye of a needle, *piltl.* *ka* needle's eye
nõelatoos needle-case
nõelelõng darning yarn
nõeljas needle-like, needle-shaped
nõeluma darn
nõelumislõng = **nõelelõng**
nõeluss poisonous (*or* venomous) snake, viper
nõges nettle; ~**elööve**, ~**etõbi** nettlerash
nõgi soot, (*tahm*) grime; ~**haigus** *põll.* smul, dust-brand
nõgine sooty, grimy, smutty
nõgipea *põll.* smutty (*or* dust-branded) ear (of corn)
nõgu hollow, depression, concavity
nõgus concave, hollow; ~**kumer** *füüs.* concavo-convex; ~**lääts** *füüs.* concave lens; ~**peegel** *füüs.* concave mirror
nõgusus concavity, hollowness
nõiahammas *bot.* bird's-foot trefoil
nõiakepp *folkl.* magic wand
nõiakold *bot.* enchanter's nightshade
nõiakunst (the art of) magic, witchcraft, sorcery
nõiamoor (old) witch, hag
nõianõges *bot.* hedge-nettle, woundwort
nõiaring magic circle; *piltl.* vicious circle
nõiasõna = **nõidussõna**
nõiavits *folkl.* magic wand; *geol.* diving-rod

nõiavägi magic; **nagu nõiaväel** as if by magic
nõid 1. (*mees*~) warlock, sorcerer; (*tark*) wizard; (*võlur*) enchanter; (*nõiakunstnik*) magician, conjurer; 2. (*nais*~) witch, sorceress; (*naisvõlur*) enchantress
nõiduma use (*or* practise) witchcraft, conjure; (*ära* ~) bewitch, cast* a spell (*on*); (*võluma*) enchant
nõidus witchcraft, magic, sorcery; (*võlu*) enchantment, spell
nõiduslik bewitching, enchanting; (*nõiaväeline*) magic
nõidussõna *folkl.* magic word, spell
nõjatama = **najatama**
nõjatuma = **najatuma**
nõks jerk, hitch, twitch; (*vigur*) knack, trick, dodge; (*takistus*) hitch
nõksak jerk, hitch, twitch
nõksatama give* a jerk (*or* hitch, twitch)
nõksuma jerk, twitch
nõletõbi, nõlg strangles
nõlv, nõlvak slope, declivity, bank
nõme ignorant, benighted
nõmedus ignorance, benightedness
nõmm heath; (*rabane* ~) moor(land)
nõmmik (*nõmmemets*) wooded heath; *zool.* satyr (bufferfly)
nõnda thus, so; ~ **et** so that; ~ **siis** thus then
nõndaks quite so (, but...)
nõoksed cousins
nõoline full of hollows (*or* depressions, concavities)
nõre *füsiol.* secretion
nõretama trickle, drip; **higist** ~ drip with sweat
nõrgaandeline poorly gifted (*or* talented); (*lapse kohta*) backward
nõrgajõuline weak (in strength), feeble; (*jõumasina kohta*) lowpowered
nõrgalt weakly, feebly; (*vaevu*) faintly; (*veidi*) slightly
nõrgameelne 1. *adj.* weak-minded, imbecile; *kõnek. ka* (*hullumeelne*) mad; 2. *subst.* imbecile; *kõnek. ka* madman (*pl.* -men)
nõrgamõistuslik of weak intellect, weak-minded, imbecile
nõrgatahteline weak-willed
nõrgavõitu weakish, rather weak; (*hindena ka*) rather poor, not quite satisfactory

nõrgendama

nõrgendama weaken, make* weaker, enfeeble; (*leevendama*) mitigate; *fot.* reduce
nõrgenema weaken, grow* (*or* become*) weak(er); (*lõdvenema*) slacken (off, up), relax
nõrgestama weaken, make* weak, enfeeble
nõrgestus enfeeblement, loss of strength
nõrgkivi *geol.* sinter, dripstone
nõrguma seep, ooze, filter, percolate; (*nirisema*) trickle
nõrgumisrest drying-rack
nõrisema = **nirisema**
nõristama. (*niristama*) strain, filter; *füsiol.* secrete
nõristuma *füsiol.* be secreted
nõristus (*niristus*) straining, filtering; *füsiol.* secretion
nõrk weak, feeble; (*valguse, heli jms. kohta*) faint, (*tervise poolest*) delicate; (*tuule kohta*) low; (*hindena*) bad, unsatisfactory
nõrkema weaken, become* (*or* grow*) weak (*or* feeble); (*minestama*) faint
nõrkus weakness, feebleness; faintness; (*nõrk külg*) weakness, foible, frailty
nõrutama strain, filter; make* trickle; (*veini*) decant
nõtk bend, *tehn. ka* deflection, set
nõtke *adj.* supple, pliant, lithe, limber, lissom; (*paindlik*) flexible
nõtkuma bend*, give* way, bow
nõtkus (*painduvus*) suppleness, pliancy; (*paindlikkus*) flexibility
nõtkutama: põlvi ~ bend* one's knees
nõtrus weakness, feebleness, infirmity, frailty, debility
nõu I (*anum*) vessel, container, receptacle; (*söögi~*) dish; ~**sid pesema** wash up, do the washing up
nõu II 1. (*nõuanne*) advice, counsel; ~ **andma** give* advice, advise; ~ **küsima** ask for advice, consult; ~ **pidama** deliberate (*millegi üle — on smth.*), consult (*kellegagi — with smb.*); 2. (*mõte, kavatsus*) plan, design, intention; ~**s olema** agree, consent, assent; ~**s!** agreed!; ~**ks võtma** propose, intend, take* into one's head; **ühel** ~**l in agreement, with one accord
nõuandev advisory, consultative, deliberative

233

nõustuma

nõuandja adviser, counsellor, consultant; ~**na** in advisory capacity
nõuandla consultation office, advice bureau (*pl.* -eaux, -eaus)
nõuanne advice, counsel
nõudekuivatusrest drying-rack (for dishes)
nõudepeatus request stop
nõudepesija dish-washer
nõudepesuvesi dish-water
nõudja claimant; (*kaebaja*) plaintiff
nõudlema claim, lay* claim to, pretend to
nõudlik exacting, exigent; (*palju~*) pretentious; (*valiv*) fastidious, particular, squeamish
nõudlikkus exactingness; pretentiousness; fastidiousness
nõudlus claim, pretension(s)
nõudma demand; (*tungivalt* ~) insist (*on, upon*); (*sisse* ~, **kätte** ~, **välja** ~) exact; (*vajama*) require, call (*for*)
nõudmine demand; **nõudmiseni** (*kirja kohta*) to be called for, (*ümbrikul*) poste restante
nõue demand, requirement; (*nõudlus*) claim
nõukas resourceful, ingenious
nõukogu 1. (*nõuandev v.* administratiivne kogu*) council, (*juhatus*) board; 2. (*NSV Liidu riiklik organ*) Soviet
nõukogude Soviet (*atrib.*); ~ **kord** the Soviet system (*or* regime); **N-armee** the Soviet Army; **N- Liidu Kommunistlik Partei** the Communist Party of the Soviet Union
Nõukogude-sõbralik friendly towards the Soviet Union, pro-Soviet
Nõukogude-vastane anti-Soviet
nõukogulik Soviet (*atrib.*)
nõukogustama sovietize
nõukus resourcefulness, ingenuity
nõuküsimine asking for advice
nõunik councillor
nõupidamine deliberation, consultation; (*arutlus*) discussion; (*koosolek*) conference, meeting
nõus *vt.* **nõu** II
nõusolek consent, assent, agreement; **minu** ~**ul** with my consent (*or* assent, agreement)
nõustuma agree (*millegagi — to smth.*, *with smth.*; *kellegagi — with smb.*); consent (*millegagi — to smth.*; *tegema — to do*); assent (*to*); (*leppima*) acquiesce (*mille-*

gagi — in smth.); (samal arvamusel olema) concur (kellegagi — with smb.)
nõutama procure, obtain
nõutav required, requisite; (kauba kohta) in demand
nõutu at a loss, perplexed, (hämmelduses) puzzled; (abitu) helpless
nõutus being at a loss, perplexity; (abitus) helplessness
nõva channel, waterway, gully
nõõ! gee(-up)!
nõõtama gee up, speed* on, urge on (by cries)
näbrastama taint, become* tainted
nädal week; **iga** ~ every week; ~a **pärast** after a week, a week from now; **kaks** ~at two weeks, a fortnight; **sel (möödunud, tuleval)** ~al this (last, next) week; **kord** ~as once a week, weekly; ~aks for a week; ~ate viisi for weeks (and weeks)
nädalaleht weekly (paper)
nädalalõpp week-end
nädalane weekly
nädalapäev day of the week
nädalaviisi for a week at a time
nädaliti by the week
nägelema = nääklema
nägelus = nääklus
nägema see*; **ma ei näe midagi l can't see anything**; **näe! look!**, look at this (or that)!; **eks näe** we shall see; **on näha** one can see, it is obvious (or evident); **nagu näha** as it seems (or turns out), evidently, apparently; **minu (kõigi) nähes** in my (everybody's) sight; **mind (teda) nähes** at my (his) sight; **ette** ~ foresee*, envisage; **unes** ~, **und** ~ dream*; **vaeva** ~ take* pains; **välja** ~ look
nägematu unseen; (nähtamatu) invisible; (enne~) unprecedented
nägemine seeing; (silma~) sight, eyesight, vision; **nägemiseni!** so long!, see you again (or later)!, au revoir!
nägemishäire visual disturbance
nägemiskepike(ne) anat. retinal rod
nägemiskeskus anat. visual centre
nägemiskolvike(ne) anat. visual cone
nägemismeel (sense of) sight, vision
nägemismälu visual memory
nägemisnurk füsiol. visual angle
nägemisnärv anat. optic nerve
nägemisorgan anat. organ os sight

nägemisteravus sharpness of vision, tead. visual acuity
nägemisvõime = nägevus
nägemisväli füsiol. field of vision, visual field
nägemus vision, dream, phantom
nägemuslik visionary, phantasmal
nägevus füsiol. (power of) sight, vision
nägija 1. subst. seer, person who sees; (pealt~) (eye) witness; (prohvet) seer, prophet; 2. adj. seeing, sighted
nägu face; (pale) countenance, visage; (välimus) look, appearance, mien; **mis** ~ **ta on?** what does he look like?; **haput** ~ **tegema** pull a long (or sour) face; **oma tõelist** ~ **näitama** show* what one really is; **näo järgi tundma** know* by sight; **tähtsa näoga** with an air of importance; **millegi näol** in the shape (or form) of smth.; **kellelegi (millelegi) näkku vaatama** look smb. (smth.) in the face, face smb. (smth.)
nägupidi: ~ **tuttav** known by sight
nägur = hädavares
nägus comely, pretty
nägusus comeliness, prettiness
nähe [nähte] 1. = faas; 2. = nähtus
näht med. symptom; geol. facies
nähtamatu invisible
nähtamatus invisibility
nähtav visible
nähtaval: ~ **olema** be visible, be within sight
nähtavale: ~ **tulema** come* in sight, appear, show* oneself
nähtavalt visibly
nähtavasti apparently, evidently
nähtavus visibility
nähtuma appear, be seen; **sellest nähtub** it appears (or follows; from this
nähtumus filos. appearance, semblance
nähtus phenomenon (pl. -mena)
nähv(ak) swish, lash, stroke
nähvama swish, lash, give* a sharp stroke; (teravalt ütlema) lash out, say* angrily (or bitterly)
näide instance, example; **andke** v. **tooge (mingi)** ~ give* an example; **näiteks** for instance, for example
näidend (stage) play, show, drama, piece

näidis example, model, pattern; (*muster~*) specimen; (*kauba* ~) sample; **~tund** *ped.* demonstration (*or* model) lesson
näidustama *med.* indicate; **näidustatud olema** be indicated
näidustus *med.* indication
näikse it seems, it appears, it would appear
näilik seeming, apparent
näilikkus appearance, (outward) show
näilikult seemingly, apparently
näiline = **näilik**
näiliselt = **näilikult**
näima seem, appear, look; **mulle näib** it seems to me; **näib, et** ... it seems (*or* looks) as if (*or* as though)...; **näib, et hakkab vihma sadama** it looks like rain
näit (*lugem*) reading), (*näitarv*) showing
näitaja (*isik, kes näitab*) shower, indicator, exhibitor, demonstrator; (*arvuline* ~) index (*pl.* indices); *tehn., biol.* indicator; (*osuti*) pointer
näitama show*, indicate; (*osutama*) point out; (*välja panema*) exhibit, display; (*tõendama*) demonstrate; (*üles* ~, *ilmutama*) evince, demonstrate; **kell näitab aega** the clock tells the time; **küll ma sulle näitan!** I'll make you pay for it!, I'll give you what for!
näitarv showing, (*lugem*) reading
näitejuht *teatr.* producer, stage-manager
näitekirjandus dramatic literature, the drama
näitekirjanik dramatist, playwright
näiteks *vt.* **näide**
näitelava stage, scene
näitelina *van.* screen
näitemäng = **näidend**
näitemüük (charity) bazaar, fancy fair
näitering dramatic circle
näitetrupp company (of actors), troupe
näitleja actor, (stage) player; *põlgl., ka piltl.* play-actor
näitlejanna, näitlejatar actress
näitlema act, play, play-act (*er. põlgl. ja piltl.*)
näitlik graphic, obvious, clear; *ped.* visual, audio-visual
näitlikkus obviousness, clearness; *ped.* use of visual aids

näitlikustama make* graphic (*or* obvious, clear); *ped.* illustrate by visual aids
näitsik damsel, maiden
näitus exhibition, show. *Am.* exposition
näiv seeming, apparent; (*petlikult* ~) specious
näivus seemingness, appearance; (*petlik* ~) speciousness
näkineid, näkineitsi, näkineiu *folkl.* water-nymph, mermaid
näkitsema nibble, gnaw (*or* bite*) little by little
näkk *folkl.* water-sprite
näkkama take* a bite; (*kala kohta ka*) bite*, rise* to the bait, swallow the bait (*ka piltl.*)
näkkima 1. = **näkitsema**; 2. (*õrritama*) tease, pull smb.'s leg, kid, *Am.* josh
näks (little) hack, blow
näksama give* a hack (*or* blow)
näksima hack (repeatedly), give* (little) hacks (*or* blows)
nälg hunger; (*näljahäda*) famine, starvation; **mul on ~ I** am hungry; **~a surema** die of hunger, perish with hunger, starve (to death), be starved to death; **ma olen näljas** I am starving; **~ on kõige parem kokk** hunger is the best sauce
nälgima starve, be starved, famish; (*nälga tundma; ihaldama*) hunger (*for*); (*ilma toiduta olema*) fast
nälgus (state of) starvation (*ka med.*)
nälja-aasta year of famine (*or* dearth)
näljahäda famine, starvation; (*näljaaeg*) dearth
näljane hungry, famished, starved
näljapalk starvation wage(s), a (mere) pittance
näljarott *põlgl.* (starving) pauper
näljas *vt.* **nälg**
näljastreik hunger-strike
näljasurm (death from) starvation
näljatont spectre of starvation
näljavares = **näljarott**
näljutama starve, famish, keep* hungry, deprive of food
nälkjas slug
nälpama, nälpsama snatch, snap (with a lick)
nämmutama munch, chew; (*segaselt rääkima*) mumble
näoilme (facial) expression, look, air, mien

näojooned features, lineaments
näojume complexion
näokas = nägus
näokate mask
näokattepidu *van.* fancy ball, masquerade
näokreem face cream
näolapike(ne) *kõnek.* (pretty) little face
näoli = silmili
näomoonutis grimace
näopilt portrait
näotu unseemly, unsightly, ugly
näotus unseemliness, unsightliness, ugliness
näovärv colour of the face; *(jume)* complexion; *(mink)* rouge, make-up
näpistama pinch, nip *(ka külma kohta);* **külmast näpistatud kartulid** potatoes touched with (the) frost
näpistus pinch, nip
näpits tweezers; *(klamber)* clip
näpitsema finger, pluck *(at)*
näpitsprillid pince-nez
näpitstangid pincers
näpp finger; **tal on pikad näpud** he is light-fingered; **võta näpust!** you may (go and) whistle for it!; **kellelegi ~ude peale andma** give* smb. a rap on the fingers *(or* on the knuckles, over the knuckles) *(ka piltl.)*
näppama filch, pilfer, *kõnek.* snaffle, swipe, nick
näpped picked wool (from old cloth)
näppima pluck, pull, pick; **lahti ~** ravel out, fray (out), *Am.* frazzle
näpsama = napsama
näpujälg fingerprint
näpunäide instruction, indication, suggestion, hint; **näpunäiteid andma give*** instructions, make* suggestions
näpuots finger-tip
näputäis pinch
näputöö *(nõelatöö)* needlework; *(üldiselt)* handiwork
närakas = närukael
närb *(rauge)* languid, listless; *(isutu)* without appetite
närbuma *(närtsima)* wilt, wither, fade; *(raugema)* languish
närbus *(raugus)* languor, listlessness; *(isutus)* want of appetite
närija 1. gnawer; 2. **= näriline**
näriline *zool.* rodent
närima gnaw; *(näsima)* nibble; *(mä-*

luma) chew; **teda närib kadedus** he is consumed by envy
närimiskummi chewing-gum
närimistubakas chewing-tobacco, chew
närtsima wither, wilt, fade
näru 1. *(kalts)* rag, tatter; 2. **= närukael**
närukael scamp, rascal, scoundrel
närune *(räbaldunud)* ragged, tattered; *(vilets)* wretched, poor, paltry; *(alatu)* shabby, mean, lousy
närutama *(närune olema)* be shabby *(or* mean), behave shabbily *(or* meanly); *(kitsi olema)* be stingy *(or* mean), stint
närv nerve; **see käib mulle ~idele** this is getting *(or* telling) on my nerves, this sets my nerves on edge; **ta kaotas ~id** he lost his nerve
närveerima 1. **= närvitsema;** 2. *(närviliseks tegema)* make* nervous
närvesööv nerve-racking
närvetu *(jõuetu)* nerveless, languid, feeble
närviarst nerve specialist, neurologist, neuropathist
närvihaige patient with a nervous disease, neurotic
närvihaigus nervous disease *(or* complaint), neurosis *(pl.* -ses)
närvikava = närvisüsteem
närvikliinik hospital for nervous diseases
närviline nervous, *kõnek.* fidgety, jumpy
närvilisus nervousness
närvinõrkus *med.* nervous debility, neurasthenia
närvipõimik *anat.* nerve plexus
närvipõletik *med.* neuritis
närvirakk *anat.* nerve cell
närvisüsteem *anat.* nervous system
närvitalitlus, närvitegevus *füsiol.* nervous activity *(or* function)
närvitsema be nervous, fidget
närvivalu *med.* neuralgia
närvlema = närvitsema
närvutama wither, wilt, make* wither *(or* wilt)
näsa (little) knob, nipple, *tead.* papilla *(pl.* -ae)
näsima nibble, munch
näsiniin *bot.* daphne, spurge laurel
näss runt; *(karva~, koera~)* hairy mongrel; *(mehe~)* runt, squirt, wisp of a man
nässakas runty, runtish, puny

nässu: ~ **lööma** smash (*or* crock) up, make* a hash of; ~ **minema** crock up, break* down, be smashed up; *piltl.* fail
nässus smashed (*or* crocked; up; **asi on** ~ it's a flop, it's all in a mess; **ma olen täiesti** ~ I am done up (*or* completely exhausted), *Am.* I am all in
näsu knot (in wood), burl, knotty grain (of wood)
näsuline knotty, curly-grained
nätske (*tainane*) soggy, half-baked, doughy, *murd.* sad; (*vintske*) tough
nätsutama champ, chew, munch
näuguma mew, miaow
näägutama twit, taunt, scold
näägutus twit, taunt, scolding
nääklema bicker, squabble, wrangle, tiff, altercate
nääklus bicker, squabble, wrangle, tiff, altercation
nääl = **naisevend**
näälike(ne) *murd.* = **nelk**
nääps *anat.* follicle
nääre gland
näärid New-Year holidays
näärikuu = **jaanuar**
näärikuusk, nääripuu New-Year tree, fir-tree (to celebrate New Year)
nääripäev New Year's Day
näärivana Grandfather (*or* Father) Frost, Santa Claus
nääriõhtu New Year's Eve
näärmeline glandular
nõps *kõnek.* = **nööp**
nõpsik *kõnek.* 1. (*väike nööp*) small button; 2. = **rõhknael**
nõrdima become* (*or* feel*, be) indignant
nõrdimus indignation
nõrdinud indignant
nõsunina = **nosunina**
nööbirida row of buttons; **ühe nööbireaga** single-breasted; **kahe nööbireaga** double-breasted
nööge taunt, gibe (*or* jibe), dig (*kellegi pihta* — *at smb.*)
nöökama = **tõgama**
nöökima taunt, gibe (*or* jibe) (*at*), tease, rally
nööp button; (*lahtine krae*~) stud, (*kätise* ~) link; ~**auk** buttonhole

nööpima button; **kinni** ~ button up; **lahti** ~ unbutton
nööpnõel (dressmaker's) pin
nöör string, (*jämedam* ~) cord; (*köis*) rope; (*pael*) lace; (*sidumis*~) twine; (*õnge*~, *pesu*~) line
nöörija (*koorija*) fleecer, skinner, extortioner
nöörima 1. (*siduma*) tie (up) with a string (*or* cord, rope, lace), cord, lace (up); 2. (*koorima*) fleece, skin, extort (money), rob
nöörpihik laced bodice
nöörredel rope-ladder
nöörsirge (as) straight as an arrow
nüanss shade, nuance, tinge
nüansseerima shade (off); (*mitmekesistama*) modulate, vary
nühis scrubber, scourer; (*tulirelva* ~) cleaning-rod, ramrod
nühkima scrub, scour; (*hõõruma*) rub; (*läikele* ~) polish
nüke trick, dodge, wile
nülgima skin, flay
nümf nymph (*ka zool.*)
nüpeldama cudgel, thrash
nüppel cudgel
nüri blunt, dull; (*nurga kohta*) obtuse; (*mõistuselt*) obtuse, dull
nüridus bluntness, dullness; obtuseness
nürima blunt, make* blunt (*or* dull)
nürimeelne obtuse, dull, stupid
nürimeelsus obtuseness, dullness, stupidity
nürinema become* (*or* grow*) blunt (*or* more blunt, dull, duller)
nürinurk *mat.* obtuse angle
nüristama blunt, make* blunt (*or* obtuse, dull, stupid)
nüristuma become* blunt (*or* obtuse, dull, stupid), be blunted
nüsima jag, cut* (*or* saw*) with a blunt knife
nüüd now, at present; by now
nüüdisaeg the present (time, age); today; **nüüdisajal** nowadays
nüüdisaegne present-day, of today, contemporary, modern, up-to-date
nüüdne present, actual; **nüüdsel ajal** at the present time, nowadays; **nüüdsest peale** from now on, henceforth, henceforward
nüüdsama even now, just now, (just) a moment ago

oaas oasis (*pl.* -ses)
oakaun bean-pod
oakohv bean-coffee, berry-coffee, pure coffee
oasupp bean-soup
oavars beanstalk; **sajab nagu oavarrest** it is raining cats and dogs
obadus 1. (*metallist aas*) staple;
2. kõnek. (*tugev hoop*) wallop, heavy blow
obelisk obelisk
objekt object (*ka lgv.*); sõj. objective, target; (*katse~, uurimis~*) subject
objektiiv object-glass, object-lens, objective
objektiivne objective
objektiivsus objectivity
oblast territory, province
obligatoorne obligatory, compulsory
obligatsioon (*riigilaenupilet*) state loan certificate; (*võlakohustus*) bond
oblikas dock; (*hapu~*) sour dock, (common) sorrel; (*kärn~*) curled dock
oblikhape keem. oxalic acid
oboe oboe, van. hautboy
obrok aj. quit-rent
observatoorium observatory
obskurant obscurantist, haruld. obscurant
obskurantism obscurantism
obstruktsioon obstruction
oda spear, lance; (*piik*) pike; (*viskoda*) javelin (*ka sport.*); (*malend*) bishop
odaheide = odavise
odajas, odakujuline spear-shaped, lance(t)-shaped, *tead.* lanceolate
odamees lance-bearer; (*malend*) bishop
odaots spearhead
odav cheap, (*hinna kohta ka*) low; **~ahinnaline** low-priced, cheap
odavalt, odavasti cheap, cheaply, on the cheap
odavdama cheapen, make* cheap(er), reduce in price cut* the price (*of*)
odavise sport. javelin-throwing, throwing the javelin
odaviskaja sport. javelin-thrower
odavnema cheapen, become* cheap(er), fall* in price
odavus cheapness
odekolonn eau-de-Cologne
oder barley
odraiva (*silmas*) sty (in the eye); (*ka*) = odratera

odrajahu barley meal (*or* flour)
odraokas barley awn
odratangud barley-groats, hulled (*or* pearled) barley
odratera barleycorn
ofensiiv offensive
ofensiivne offensive
ofitsiaalne official
ofitsiaalsus officialism, officialdom
ofitsinaalne farm. officinal
ofitsioosne = **poolametlik**
ofort = **söövitustrükk**
ofsaid sport. off side
ofsett, ofsett-trükk trük. offset (printing)
oftalmoloogia med. ophthalmology
oga prickle, thorn, *tead.* spine
ogajas = **ogataoline**
ogalik zool. stickleback
ogaline prickly, thorny, spiny, full of prickles (*or* thorns, spines)
ogar imbecile, idiotic; (*hull*) crazy
ogarus imbecility, idiocy; (*hullus*) craziness
ogataoline prickly, thorny, spiny, like a prick (*or* thorn, spine)
oh! oh!
ohakaliblikas zool. thistle butterfly, painted lady
ohakalind zool. goldfinch
ohakane thistly, full of thistles
ohakas thistle
ohatama break* out (in a rash), be covered with rash
ohatis rash, tetter, med. herpes
ohe [ohke] sigh
ohe [ohte] awn, beard
ohelik halter; (*koera~*) leash
oherdama bore, drill
oherdi (*väike ~*) gimlet, (*suur ~*) auger
ohi rein; **ohjas hoidma** keep* a tight rein on, keep* well in hand
ohjeldama rein back, keep* in check, bridle, curb, restrain
ohjeldamatu unbridled, unrestrained
ohjeldamatus unrestraint, lack of restraint, abandon
ohkama sigh, give* (*or* heave) a sigh, luulek. suspire
ohkima give* (*or* heave) repeated sighs, groan, moan
ohoh!, ohoo! oho!
oht danger, menace; (*surma~*) peril; (*risk*) jeopardy, risk
ohteline bot. awned, bearded

ohter abundant, plentiful, plenteous, copious, profuse, bountiful
ohtetu *bot.* awnless, beardless
ohtlik dangerous, perilous; (*riskantne*) risky
ohtlikkus dangerousness, perilousness; riskiness
ohtrus abundance, plenty, copiousness, profusion, bountifulness
ohustama endanger, imperil, expose to danger; (*kaalule panema*) jeopardize, place in jeopardy, risk
ohutu dangerless, out of danger, safe
ohutus safety; ~**tehnika** safety devices (*or* precautions)
ohver victim, (*pettuse jms.* ~) prey; (*ohvriand*) sacrifice; **ohvriks langema** fall* a victim (*or* prey) (*to*); **ohvriks tooma** = **ohverdama**
ohverdama sacrifice, make* a sacrifice; (*ohvrina tapma*) immolate; (*ohvriannina tooma v. pakkuma*) offer up; (*loovutama*) surrender, give* up
ohverdus sacrifice; (*ohvri tapmine*) immolation
ohvitser (army) officer
ohvriand offering
ohvrikivi sacrificial stone
ohvrimeelne willing (*or* ready) to make sacrifices; (*helde*) generous, liberal
ohvrimeelsus willingness (*or* readiness) to make sacrifices; (*heldus*) generosity, liberality
ohvritall sacrificial lamb; *piltl.* victim
oi! ah!, oh!
oid understanding, sense, intelligence
oie groan, moan
oigama groan, moan
oim 1. (*meelekoht*) temple; 2. (*aru*) senses, mind
oimetu (*meelemärkuseta*) unconscious, senseless; (*uimane*) dazed, stupefied, dizzy
oimukoht temple
oimuluu *anat.* temporal bone
oinapea = **lambapea**
oinas (*jäär*) ram; (*kohi*~) wether
oinik (*oinastall*) male lamb; (*noor oinas*) young ram
oivaline excellent; (*tore*) magnificent, splendid; (*hõrk*) exquisite
oivaliselt excellently; (*toredasti*) magnificently, splendidly
oivik *ped.* excellent pupil (*or* student), honours pupil (*or* student)
oja brook, stream; (*nire*) rivulet
ojake(ne) streamlet, rill

okas (*oga*) thorn, prickle; (*kuusel, männil jms.*) needle; (*teravijal*) awn, beard; (*siilil*) spine, (*okasseal*) quill; ~**malts** *bot.* saltwort; ~**mets** coniferous forest; ~**puu** conifer, coniferous tree; ~**puumets** = **okasmets**; ~**põõsas** thornbush; **O-roosike** (*muinasjutus*) Sleeping Beauty; ~**siga** *zool.* porcupine; ~**traat** barbed wire; ~**õun** *bot.* thorn-apple, stramonium
okkaline thorny, prickly, spiny
oks 1. branch, (*suur* ~) bough; (*oksake koos lehtede ning õitega*) spray; (*raag*) spring, twig; 2. (*oksakoht puidus*) knot, knag
oksaalhape = **oblikhape**
oksaauk knot-hole
okse vomit; ~**le ajama** make* (*one*) vomit (*or* sick), nauseate, cause nausea, sicken (*ka piltl.*)
oksendama vomit, throw* up, puke; (*kaudselt väljendudes*) be sick; **välja** ~ disgorge, regurgitate, *kõnek.* sick up
oksendus vomit(ing), throwing up
oksene dirtied (*or* covered) with vomit, mixed with (*or* full of) vomit
okseti, oksevahend *med.* emetic, *haruld.* vomit, vomitory
oksiid *keem.* oxide
oksjon auction, (public) sale; ~**i alla minema** go* under the hammer; ~**il müüma** auction, sell* by auction; ~**il välja pakkuma** put* up for sale
okslik (*oksarikas*) branchy; (*täis oksakohti*) knotty
oksool *tehn.* oxole, synthetic (*or* half-natural) drying oil (*or* varnish)
oksüdatsioon *keem.* oxidation
oksüdeerima *keem.* oxidize
oksüdeeruma *keem.* oxidize, be oxidized
oktaav *muus., kirj.* octave; *trük.* octavo (*pl.* -os)
oktoober October; *kõnek.* (*kõvakübar*) bowler (hat), *Am.* derby
Oktoobrieelne pre-October
Oktoobrijärgne post-October
oktoobrikuu (the month of) October
oktoobripidustused October celebrations
oktoobripühad October holidays
Oktoobrirevolutsioon October Revolution; **Suur Sotsialistlik** ~ the Great October Socialist Revolution
okulaar *füüs.* ocular

okultism occultism
okupant (*valdusse võtja*) occupant; (*röövvallutaja*) invader
okupatsioon occupation
okupeerima occupy
olek (*seisund*) state, condition; (*viibimine*) stay, sojourn; **kaalutu ~** the state of weightlessness
olelema exist, be
olelus existence; **~võitlus** *biol.* struggle for existence
olem *maj.* cash in (*or* on) hand, cash holding
olema be; **~s olema** exist, be in existence; **on ~s** there is, there are; **mul on raamat** I have a book; **mul on külm (häbi, õigus)** I am cold (ashamed, right); **mul on vaja minna** I must go, I have to go; **olen kirjutanud** I have written; **see raamat on kirjutatud viis aastat tagasi** this book has been written five years ago; **ta olevat haige** he is said (*or* believed, supposed) to be ill, they say he is ill; (*kahtlevalt*) he is alleged to be ill; **olgu nii** let it be so, so be it; **olgu peale!** agreed!, all right!; **ons ta pime?** is he blind (, then)?
olemasolek existence, presence; (*kättesaadavus*) availability
olemasolev existing, existent; (*allesolev*) extant; (*kättesaadav*) available
olemasolu existence, being
olematu non-existing; non-existent; (*enne~*) unprecedented
olematus non-existence
olemine being, existing; *filos.* existence, entity
olemus essence, (*loomus*) nature, character; (*tuum*) gist
olemuslik essential
olend being, creature
olenema = sõltuma
oleng = koosviibimine
oles = olend
oleskelu sojourn, stay
olesklema sojourn, stay
oletama suppose, surmise, conjecture, guess; (*eeldama*) presume, assume
oletamisi supposedly, presumably
oletatav supposable, surmisable, putative
oletsema vegetate
oletus supposition, surmise, conjecture, guess; (*eeldus*) presumption, assumption
oletuslik suppositional, conjectural; (*eelduslik*) presumptive, assumptive
olev existing, being; *lgv.* essive (case)
olevik the present (time); *lgv.* the present (tense)
olevus = olend
olgu *vt.* **olema**
olgugi: ~ et though, although
oligarhia oligarchy
oliiv olive; **~ipuu** olive-tree; **~iõli** olive-oli; **~roheline** olive(-green)
olija person being present; **toas ~d** those present in the room
ollus substance; (*põhiaine*) element
olu 1. (*olemas~*) existence; 2. (*olemus*) essence; 3. (*olukord*) state, condition; **~d** conditions, circumstances
oludekohane suited to (*or* fit for) the conditions (*or* circumstances)
olukirjeldus *kirj.* feature article (*or* story), sketch
olukord state (of affairs), situation, conditions
oluline essential, substantial, material; of (great) moment, vital
olupoliitik time-server, opportunist
olupoliitika time-serving, oportunism
olustik (material) circumstances, conditions of life, mode of life; **~umaal** *kunst.* genre painting
olustikuline of everyday life, domestic
olümpiaad 1. *aj.* (*Vana-Kreekas*) olympiad; 2. *sport.* contest(s), *haruld.* olympiad(e)
olümpiamängud *sport.* Olympic games
oma 1. *pron.* one's own; (*nimisõna ees, vastavalt isikule: minu, sinu, tema, meie, teie, nende* **~**) my, your, his (*or* her, its) our, your, their; **me ei unusta ~ sõpru** we shall not forget our friends; **see on minu, sinu, tema, meie, teie, nende ~** this is mine, yours, his (*or* hers, its), ours, yours, theirs; **kas see raamat on teie ~?** is this book yours?; **nad elavad ~s majas** they live in their own house; **~ inimene** one who belongs (to the family, to an intimate group, etc.); **~d ja võõrad** one's own people and strangers; **~l ajal** (*tollal*) at that time; (*vastaval ajal*) in due time (*or* course); **~l jalal** on one's own legs (*ka piltl.*); **~l käel** on one's own (account); **midagi ~ks tegema** make* smth. one's own; (*näppama*) pocket smth.; **~ks võt-**

ma adopt; (*tunnistama*) own (*midagi* — *to smth.*), own up (*to*), avow, acknowledge (one's responsibility); **2.** *adv.* (*umbes, mitte vähem kui*) fully; **ma olen oodanud ~ kaks tundi** I've been waiting for (fully) two hours
omaabi self-help; (*vastastikune abi*) mutual help
omaaegne of that time, of the time, (*endine*) former, (*kunagine*) quondam
omadus quality
omaduslik qualitative
omadussõna *lgv.* adjective
omaenda, omaenese one's own
omaette of (*or* on) one's own, apart; separate, independent; **~ pomisema** mutter to oneself; **~ sissekäik** separate entry (*or* entrance)
omahind *maj.* cost price; cost of production, working cost
omakasu self-interest, personal (*or* private) interest (*or* profit, gain)
omakasupüüdlik self-interested, self-seeking, selfish
omakasupüüdlikkus self-interest, selfishness
omakasupüüdmatu disinterested, unselfish
omakohus lynch law, mob law
omakorda in (one's) turn
omaksed one's own, one's (own) people, relatives, relations, kindred, kin
omama own, possess, have
omamine owning, possessing, possession, having
omamoodi of one's kind, in one's own way
omand property, possession(s), belongings
omandama acquire, become* possessed (*of*); assume; (*harjumust*) contract; (*kätte õppima*) master
omandus (*omandiks olemine*) possession, ownership; (*ka*) = **omand**
omane proper (*to*), characteristic (*of*), peculiar (*to*), typical (*of*)
omanik (property) owner, proprietor, *fem.* proprietress
omapead on one's own, without supervision (*or* guidance), (all) by oneself; of one's own accord; **~ toimima** go* it alone
omapära (specific) peculiarity, originality, singularity; **rahvuslik ~** (specific) national individuality

omapärane peculiar, original, singular, of specific character
omapärasus peculiarity, singularity, idiosyncrasy
omariiklus (independent) statehood, nationhood
omasoodu in one's proper course
omastama appropriate, take* to one's own use; (*endale võtma*) assume; (*anastama*) usurp; *biol.* assimilate
omastamine appropriation; (*anastamine*) usurpation; *biol.* assimilation
omastatav *biol.* assimilable
omastav *lgv.* possessive, genitive (case); **~ asesõna** *lgv.* possessive pronoun
omasugune 1. *adj.* like oneself; (*omapärane*) peculiar, singular; **2.** *subst.* one's equal, one's match
omatehtud self-made, home-made
omavahel between ourselves (*or* yourselves, themselves); **~ öeldud** (said) between you and me
omavaheline (*vastastikune*) mutual; (*eraviisine*) private
omavalitsus self-government, autonomy; **kohalik ~** local administration (*or* authority)
omavoli arbitrariness, self-will, wilfulness
omavoliline arbitrary, self-willed, wilful, high-handed, despotic, autocratic
omavolitsema act arbitrarily (*or* despotically, autocratically)
ometi yet, still, for all that; **ega sa ~ selle vihmaga välja (ei) lähe?** surely you will not go out in this rain?; **tule ~!** do come!; **viimaks ~** at (the long) last
ometigi (and) yet, still; nevertheless
omistama ascribe, attribute assign (*millelegi* — *to smth.*); (*ekslikult ~*) impute (*to*); (*pühendama*) devote (*to*); **tähelepanu ~** give* (one's) attention (*to*); **tähtsust ~** attach importance (*to*)
omlett *kok.* omelet(te)
omnibuss omnibus, bus
omnivoor *zool.* omnivorous animal
ondatra (*karusloom*) musk-rat, musquash
onduleerima wave
onkoloogia *med.* oncology
onn hovel, hut, cabin, *Am.* shanty
ons *vt.* olema
onu uncle
onulik avuncular
onunaine aunt, uncle's wife

16 J. Silvet

onupoeg cousin
onupojapoliitika nepotism
onutütar cousin
oo! oh!
oober *kõnek.* = **kelner**
ood *kirj.* **ode**
oodatav (to be) expected, prospective, anticipated; (*tõenäoline*) likely, probable
oodatavasti as expected, as anticipated, prospectively; (*tõenäoliselt*) (most) likely, probably
oode 1. (*ootamine*) waiting, expectation; **millegi ootel** in expectation of smth.; 2. (*kerge eine*) light (preliminary) meal, snack, lunch
ookean ocean
ooker ochre
oom *el.* ohm
oonüks *min.* onyx
ooper opera; ~**ikunst** operatic art, the opera; ~**ilaulja** opera (*or* operatic) singer; ~**iteater** opera-house
oopium opium; ~**itinktuur** laudanum, tincture of opium
oos *geogr.* = **vallseljak**
oot! wait (a little)!
ootaja person waiting
ootama wait (*for*), await; expect, look forward (*to*); (*ette aimama*) anticipate; **oota** (*v.* **oodake**) **pisut** wait a little; **teie vastust oodates** awaiting your reply; **me ei suuda ära oodata** we are waiting with impatience; **teid ootab pettumus** you are in for a disappointment
ootamatu unexpected, unlooked for; unanticipated
ootamatult unexpectedly, unlooked for
ootamatus unexpectedness; (*üllatus*) surprise; (*ettenähtamatu asi*) contingency
ooteruum, ootetuba waiting-room; (*eestuba tähtsa isiku juurde jutulesoovijaile ootamiseks*) antichamber
oot-oot! wait a little!, hang on!
ootus expectation; **üle** ~**te** beyond one's expectation(s)
opaal *min.* opal
opalestsents *füüs.* opalescence
operatiivgrupp *sõj.* task force
operatiivne operative
operatsioon operation
opereerima operate (*kedagi* — *on* *smb.*, *upon smb.*); **teda opereeriti sapikivide puhul** he was operated on (*or* upon) for gall-stones
operett operetta, musical comedy

opman *aj.* (estate) overseer, foreman (*pl.*- **men**)
oponeerima act as opponent, oppose, criticize
oponent opponent, critic
oportunism opportunism, time-serving
oportunist opportunist, time-server
oportunistlik opportunist (*atrib.*), opportunistic
opositsionäär oppositionist
opositsioon opposition; ~**is olema** be in opposition (*to*)
opositsiooniline opposition (*atrib.*), oppositionist (*atrib.*), *haruld.* oppositional
optant *pol.* optant, person opting for citizenship
optatiiv *lgv.* optative (mood)
opteerima *pol.* opt (for citizenship)
opteeruma *pol.* return to one's country (after opting for its citizenship)
optik optician
optika optics
optiline optical
optimaalne optimum
optimism optimism
optimist optimist
optimistlik optimistic
optimistlikult optimistically
optimum optimum (*pl.* -**mums,** -**ma**)
ora spike, bodkin; (*pahl*) skewer; (*naaskel*) bradawl, awl
oraakel oracle
oraal *lgv.* = **suuhäälik**
oraalne *anat., lgv.* oral
oraator orator
oraatorlik oratorical
orajas, orakujuline spiky, spike-shaped, bodkin-shaped
orangutang orang-outang
oranž(ivärviline) orange(-coloured)
oras (young) green crop, braird, (corn) sprouts, shoots; ~**hein** quitch(-grass), couch(-grass)
oratoorium oratorio (*pl.* -os)
orav squirrel
orb orphan
orbiit orbit; **orbiidile saatma** put* in(to) orbit, orbit; **orbiidil olema** be in orbit
orbuma become* an orphan, be orphaned
orbus orphanhood
ordaal *aj.* ordeal
orden order, decoration; ~**ikandja** person decorated with an order, recipient of an order
order order

ordinaal(arv) = järgarv
ordinaarius (*korraline professor*) professor in ordinary, full professor
ordinaarne (*tavaline*) ordinary; (*määraline, korraline*) regular, full
ordinaat *mat.* ordinate
ordineerima 1. *kirikl.* ordain; 2. *med.* prescribe
ordoviitsium *geol.* Ordovician system
ordu order; ~**meister** master of an order; ~**rüütel** knight of an order
orel organ; ~**ikunstnik** concert organist; ~**imängija** organist, organ-player; ~**itallaja** (organ) bellows-blower; ~**ivile** organ-pipe
oreool halo (*pl.* -oes), aureole
org valley, *luulek.* vale, dale
orgaaniline organic
organ organ
organisaator organizer, *haruld.* organizationist
organisatoorne organizatory
organisatsioon organization
organisatsiooniline organizational, organization (*atrib.*)
organiseerija organizer
organiseerima organize
organiseerimatu unorganized
organiseerimatus being unorganized, lack of organization
organiseerimine organizing, organization
organiseerimisbüroo organization bureau (*pl.* -eaux, -eaus)
organiseeritus being organized, organization
organiseeruma become* (*or* be) organized, organize
organism organism
organist = **orelimängija**
orgia orgy
orhidee orchid
ori slave; *luulek. ka* bond(s)man (*pl.* -men), thrall; (*päris*~) serf
orient the Orient
orientaalne oriental
orientatsioon orientation
orienteerima orientate, orient
orienteeruma orient (oneself), find* one's bearings, find* one's way about; base one's orientation (*millelegi* — *on smth.*)
orienteerumatus disorientation, lack of orientation
orientiir guiding-mark, landmark
originaal original
originaalitsema affect originality, try to be original

originaalne original
originaalsus originality
orikas barrow(-hog)
orjaaeg time of slavery (*or* servitude)
orjaike yoke of slavery
orjakaupleja slaver, slave-trader
orjakauplemine slave-trade
orjakütid bonds of slavery
orjalik slavish, servile
orjalikkus slavishness, servility
orjama serve (like a slave), be a slave (*to*), slave
orjameelne servile
orjameelsus servility
orjandus the slave system, slave-holding
orjanduslik slave-owning, slave-holding; ~ **kord** the slave-owning system
orjapidaja slave-holder, slave-owner
orjapidamine slave-owning, slave-holding
orjapõli, orjapõlv slavery, bondage
orjastaja enslaver; (*ikestaja*) subjugator
orjastama enslave; (*ikestama*) subjugate
orjastus enslavement; slavery, bondage; (*ikestus*) subjugation
orjatar female slave, bondmaid, bond(s)woman (*pl.* -women)
orjavits *bot.* dog-rose
orjus slavery, bondage; (*päris*~) serfdom; *piltl. ka* servitude
ork spike
orkaan hurricane
orkester orchestra, (*väiksem* ~, *er.* *puhkpilli*~) band; **orkestrile seadma** = **orkestreerima**
orkestraalne orchestral
orkestrant member of an orchestra, player in an orchestra
orkestratsioon = **orkestriseade**
orkestreerima orchestrate, arrange for an orchestra, score
orkestreerimine orchestration, arranging for an orchestra, scoring
orkestreering orchestrated piece
orkestrijuht conductor
orkestripala orchestral piece
orkestriruum *teatr.* orchestra
orkestriseade orchestration, arrangement for an orchestra
ornament ornament
ornamentaalne ornamental
ornamenteerima ornament
ortodoksia orthodoxy
ortogonaalne *mat.* = **täisnurkne**

ortograafia orthography, spelling
ortograafiline orthographic(al), spelling (*atrib.*); ~ **viga** spelling mistake
ortoklass *min.* orthoclase
ortokromaatiline *fot.* orthochromatic
ortopeedia *med.* orthop(a)edics, orthop(a)edy
ortoühend *keem.* ortho-compound
orulamm = **lamm**
orv niche, recess; (*akna jaoks*) bay
osa part; (*kaas~*) share; (*jagu*) portion; (*määr~*) quota; (*osakslangenu*) lot; (*näite~*) part, rôle (*or* role); ~ **saama** share (*millestki — in smth.*), partake* (*of*); ~ **võtma** take* part, participate, share (*millestki — in smth.*); ~**ks andma** = **osastama**; ~**ks langema**, ~**ks saama** fall* to one's lot (*or* part); **millegi** ~**s** (*suhtes*) as for smth., with respect to smth.; **me sõltume oma informatsiooni** ~**s ajalehtedest** we depend on the newspapers (as) for our information
osaalus *lgv.* partial subject
osadus *van.* fellowship, partaking (*of*)
osakasu *maj.* dividend
osakaupa = **ositi**
osake(ne) particle
osakond department, section; (*haru*) branch; (*haiglas*) ward
osalema participate, take* part (*in*)
osaline 1. *adj.* partial; 2. *subst.* participant, participator; person, concerned; *teatr.* (*tegelane*) character; **ta sai suure tähelepanu osaliseks** he received much attention; **ta sai sooja vastuvõtu osaliseks** he was given a warm reception
osaliselt partially
osalt partly, partially, in part
osamaks share; (*järelmaksuga ostul*) instalment, part payment
osanik partner, shareholder, stockholder
osariik (federal) state
osasihitis *lgv.* partial object
osastama apportion, allot
osastav *lgv.* partitive (case)
osastisriik *aj.* (feudal) independent principality
osatama (*haiget kohta*) hurt*, irritate; (*mõnitama*) mimic, mock
osatäht *maj.* share
osatähtsus (relative) importance, role, part, share

osatäitja *teatr.* performer, player (of a part); ~**d** the cast
osav skilful, dexterous, adroit, deft; (*kaval*) clever
osavalt, osavasti skilfully, dexterously, adroitly, deftly; (*kavalalt*) cleverly
osavus skill, dexterity, adroitness, deftness; (*kavalus*) cleverness
osavõtja participant, participator
osavõtlik taking an interest (*millegi suhtes — in smth.*); (*kaastundlik*) kindly attentive, sympathetic, sympathizing
osavõtlikkus (kind) interest, sympathy
osavõtmatu indifferent, (*loid*) listless; (*kaastundetu*) unsympathetic
osavõtmatus indifference, (*loidus*) listlessness; (*kaastundetus*) lack of sympathy, apathy
osavõtt participation (*in*); (*kohalolek*) attendance; (*kaasabi*) cooperation, collaboration; (*osavõtlikkus*) sympathy, interest
osaühing *maj.* joint-stock company
osi [osja] horse-tail, equisetum (*pl.* -tums, -ta)
osis ingredient, component
ositama divide into parts (*or* portions); dismember; take* apart
ositi in parts, part by part, in instalments
oskama know* (how to), be able; **ma ei oska autot juhtida** I don't know how to drive a car; **kas oskate prantsuse keelt?** do you know French?; **kas oskate laulda?** can you sing?; **ma ei osanud midagi teha** I didn't know what to do, there was nothing I could do
oskamatu ignorant, unskilled, unskilful (*milleski — in smth.*); (*kohmakas*) clumsy; (*saamatu*) incompetent
oskamatus ignorance, lack of skill, unskilfulness; (*kohmakus*) clumsiness; (*saamatus*) incompetence
oskus knowledge, *Am.* knowhow; (*vilumus*) skill, ability; (*kunstialane ~*) accomplishment
oskuslik skilful, skilled, able
oskussõna (special, technical) term
oskussõnastik dictionary of special (*or* technical) terms
oskustööline skilled (*or* trained) worker, qualified worker
osm, osmik hut, shanty, hovel
osmoos *füüs.* osmosis
osoon *keem.* ozone
osseedi Ossetic, Ossetian

osseet Osset(e)
ost [osti] *mer.* = **ida(kaar)**
ost [ostu] purchase, *kõnek.* **ka** buy;
(*odav* ~) bargain; ~**u teel** by
purchase; **oste tegema** make*
purchases, do some shopping, go*
shopping
ostetav purchasable, buyable; **sal(e)-
able**
ostja buyer, purchaser; (*äris*) customer
ostjaskond customers, clientele
ostma buy*, purchase; **kokku** ~, **üles**
~ buy* up; **sisse** ~ make* purchases, (*poest*) do shopping; (**altkäemaksuga**) **ära** ~ bribe, corrupt
ost-müük sale and purchase
ostuhind purchasing price
ostujõud purchasing power
ostuleping purchase agreement (*or*
deal)
osund = **tsitaat**
osundama = **tsiteerima**
osutama show*, indicate, point; refer
(*to*); (*abi, teenet*) render, do
osuti pointer, indicator; (*kellal*) hand
osutuma prove, appear, turn out (to
be), show* oneself (to be)
ots end; extremity; (*kepi, sõrme jms.*
~) tip, (*teravik*) point; (*otsaesine*)
forehead; **algus ja** ~ **piibl.** the
beginning and the end, alpha and
omega; **ei** ~**a ega aru** no end (*of*);
~**ast** ~**ani** from end to end; ~**ast
lõpuni** from beginning to end, from
start to finish; **ma sain hea** ~**a
peale** *kõnek.* I had a lucky stroke,
I had a bit of luck; **millegi** ~**a
peale saama** get* the hang of smth.
otsa 1. (*tippu; peale*) on top, atop
(*of*), against, on; (*näkku*) in the
face; **laev jooksis miini** ~ the ship
ran on a mine; **auto sõitis postile**
~ the car drove against a post;
puu ~ **ronima** climb a tree; ~ **vaatama** look in the face; 2. (*läbi*)
through, round; **aasta** ~ (all) the
year round, the whole year; 3.
(*lõpule*) to an end; ~ **jääma** waste
away, be consumed (*or* exhausted);
~ **saama** (*lõpule jõudma*) come* to
an end, give* out, run* out; (*hukkuma*) perish
otsaees on one's forehead
otsaeest from one's forehead
otsaesine forehead, *luulek.* brow
otsaette on(to) one's forehead

otsakorral coming to an end, giving
out, running out, all but exhausted
otsakuti end to end
otsapidi by the end
otsapoolne near(er) the end, end
(*atrib.*)
otsas 1. (*tipus; peal*) on top, atop
(*of*), on; **laua** ~ **istuma** sit* at the
head of a table; **puu** ~ in the tree,
up a tree; **ahvid elavad puu** ~
monkeys live in trees; 2. (*lõpul*)
at an end, finished; (*kulunud*)
worn away, used up
otsast *postp.* from (the top of);
puu ~ from the tree
otsastikku = **otsakuti**
otsatu endless, infinite
otsatus endlessness, infinity
otse straight, direct; (*sirgelt*)
upright; (*avameelselt*) bluntly;
(*lausa, päris*) really, exactly,
simply
otsejoones in a straight line, straight
on
otsekohe at once, immediately, right
(*or* straight) away
otsekohene straightforward, frank,
plain, sincere; (*järsult* ~) blunt;
(*selgesõnaline*) explicit
otsekohesus straightforwardness,
frankness, plainness, sincerity;
(*järsk* ~) bluntness; (*selgesõnalisus*) explicitness
otsekui as if, as though
otselask *sõj.* point-blank shot
otselöök *sport.* (*jalgpallis*) direct
kick; (*tennises*) straight shot, flat
drive; (*poksis*) straight blow, direct
jab
otsemaid = **jalamaid**
otsene direct; (*vahetu*) immediate;
~ **kõne** *lgv.* direct speech
otsesus directness
otsetabamus direct hit
otseteed straight, direct
otseti head foremost
otseühendus direct (*or* straight) connection; (*raudteel*) through service;
~**rong** through train
otsija seeker, searcher
otsik end part (*or* piece); (*torul*)
nozzle; (*kepil*) ferrule
otsima look for, seek* (*for, after*),
search (*for*), make* a search (*for*),
be in search (*of*), be on the lookout (*for*); **läbi** ~ search, (*tuhnides*) ransack; **üles** ~ seek* (*or*

search) out, (*teatmeteosest*) look up
otsing search, quest; (*taotlus*) endeavour
otsisklema be (constantly) seeking (*after*), be in search (*of*)
otsitav 1. *adj.* sought after (*or* for), wanted; *mat.* to be determined; 2. *subst. mat.* quantity (*or* value) to be determined
otsitud: ~ **viisakus** studied (*or* artificial) courtesy; ~ **väited** farfetched arguments
otsmik = **otsaesine**
otsmine end (*atrib.*), terminal
otstarbekas, otstarbekohane fitted for the purpose, expedient, suitable
otstarbekohasus, otstarbekus expediency, suitability
otstarbetu purposeless, inexpedient, unsuitable
otstarve purpose, end (in view); ~ **pühitseb abinõu(d)** the end justifies the means; **otstarbele vastama** answer (*or* serve) the purpose; **selleks otstarbeks** for this purpose, to this end
otsus decision, resolution; (*kohtu*~) judg(e)ment, sentence; (*vandekohtu* ~) verdict; (*vahekohtu* ~) award; ~**ele jõudma** come* to a decision, make* (*or* take*) a decision; ~**t vastu võtma** (*koosolekul*) pass a resolution (*or* decision)

otsusekindel decided, resolute, determined
otsusekindlus decidedness, decision, resoluteness, resolution, determination
otsustama decide, resolve; judge (*millegi järgi* — *by smth.*); (*määrama*) determine; (*kindlaks määrama*) settle; (*nõuks võtma*) make* up one's mind; **ümber** ~ change one's mind
otsustamatus indecision, irresolution
otsustav decisive; (*lõplik*) conclusive; (*kindel*) resolute, determined; ~ **hääl** (*hääletusel*) casting vote (*or* voice)
otsustavus resolution, determination
otsustus judg(e)ment, decision
otsustusvõime (power of) judg(e)ment, capacity for judg(e)ment; (*arukus*) discernment
otsustusvõimeline competent (to judge, to pass reolutions); (*arukas*) discerning
otsustusvõimetu incompetent (to judge, to pass resolutions); (*arutu*) undiscerning
ott = **karu**
ovaal oval; ~**aken** *anat.* oval window
ovaalne oval
ovatsioon ovation
ovraag *geogr.* ravine

P

paa (*tantsusamm*) (dance) step, pas
paabulind (*isane* ~) peacock, (*emane* ~) peahen
paadialune (*pätt*) (waterside) loafer, vagabond, tramp
paadimees boatman, oarsman (*pl.* -men)
paadisadam boat harbour, boatingstation
paadisild landing-stage, pier
paadisõit boating-trip
paaduma become* hardened (*or* obdurate)
paadunud obdurate, hard-hearted, inveterate
paak I (*meremärk*) beacon, buoy
paak II (*mahuti*) cistern, tank
paakjää *geogr.* pack-ice, ice-pack
paakspuu alder buckthorn, black alder

paakuma *tehn.* sinter, fuse together; (*ka*) = **paatuma**
paanika panic; ~**sse sattuv** panicky
paaniline panic
paaparras = **pakpoord**
paar pair; (*abielu*~, *tantsu*~ *jms.*) couple; (*mõned*) a few, one or two; ~ **saapaid** (**kindaid**) **jne.**) a pair of shoes (gloves, etc.); ~ **nädalat** a week or two; ~**i minema** pair up, get* married; ~**i panema** match (together), join in marriage; ~**i päeva pärast** in a couple of days, in a few days, in a few days' time
paaria pariah
paariaastane a few years old
paarik pair, counterpart
paarikaupa in pairs, in couples
paariline = **paarimees**
paarima *van.* = **paarituma**

paarimees partner, mate; (*vääriline vastane*) match
paaris paired, forming a pair (*or* pairs), forming a couple (*or* couples), *tead.* zygous
paarisammuline of a few steps
paarisarv even number
paarismäng *sport.* doubles, twosome
paaristama pair off, unite in pairs
paaritama pair, couple, mate, breed*
paaritu not paired, not one of a pair, *tead.* azygous; (*arvu kohta*) odd; ~ **arv** odd number
paarituma pair, couple, mate, breed*
paaritus pairing, coupling, mating, breeding
paariviisi in pairs, in couples, by the pair (*or* couple)
paarkümmend a score (or so)
paarsada a couple of hundreds, two or three hundred
paas limestone, flagstone
paasapüha(d) Passover
paast fast
paastukuu *van.* = **märts**
paastuma fast
paaž page
paat I (*veesõiduk*) boat
paat II = **paatjas**
paatelamu houseboat; (*jõekaldal asetsev* ~) barge
paater (*preester*) father
paatjas (*kahvatukollane*) yellowish, light yellow; (*luitunud-pruunikas*) fawn, buff
paatkond boat's crew
paatos pathos
paatoslik full of pathos
paatuma harden, become* crusty (*or* crusted); (*vere kohta*) coagulate
paavian baboon
paavst pope
paavstlik papal, *põlgl.* popish
paavstlus (*paavstivõim*) papacy; (*paavstimeelsus*) popery
paber paper; ~**ikorv** waste-paper basket; ~**ileht** sheet of paper; ~**ilipakas** slip (*or* scrap) of paper; ~**imass** (paper) pulp; ~**inuga** paper-knife (*pl.* -knives); ~**ivabrik** paper-mill; ~**kott** paper bag; ~**laevuke(ne)** *zool.* paper nautilus, argonaut; ~**latern** paper lantern
paberlik paper (*atrib.*); (*stiili kohta*) bookish, dry; (*asjaajamise kohta*) full of red tape
pabeross (Russian) cigarette; ~**ikest** cigarette-wrapper; ~**iots** cigarette-end, cigarette-butt, fag-end; ~**ipits** cigarette-holder
paberraha paper money (*or* currency); (*üksik rahatäht*) banknote, bill
pabin *kõnek.* funk
pabistama *kõnek.* be in a (blue) funk, get* the wind up
pabul (small) ball, pellet
pada [paja] ca(u)ldron, pot
pada [pada] spades; ~**emand** queen of spades
padakonn *zool.* toad
padi (*pea*~) pillow; (*iste*~, *sohva*~) cushion
padin patter
padistama patter
padjand pad, bolster
padjapüür pillow-case, pillow-slip
padrik thicket, brake, brushwood, underbrush
padrun cartridge; *tehn.* chuck; ~**ikest** cartridge case; ~**itasku** cartridge pouch; ~**ivöö** cartridge belt
padu depression, low wet place; ~**meri** shallows, shoals, low beach, sand-flats, mud-flats
padur marsh(land)
paduvihm torrential rain, downpour, cloudburst
paekallas limestone shore (*or* bank)
paekivi = **paas**
pael ribbon; (*kübaral*) band; (*kitsas* ~) tape, (*kinga*~) lace; ~**rohi** *bot.* canary-grass
paeluma bind*; *piltl.* captivate, enthral(l), hold* spellbound
paeluss tapeworm
paemurd limestone quarry
paene limestone (*atrib.*), flagstone (*atrib.*); (*mulla kohta*) full of limestones
pagaas = **pagas**
pagan heathen, pagan; (*kirumissõnana*) deuce, devil; ~**a poiss** the devil (*or* deuce) of a fellow; **mis** ~**a pihta**... what the deuce..., what on earth...
paganlik heathen, heathenish, pagan
paganus heathenism, heathendom, paganism
pagar baker; (*kondiiter*) pastry-cook
pagarilaps ~**ele saia pakkuma** carry coals to Newcastle
pagaritooted bakery goods, pastry
pagaritööstus bakery
pagariäri baker's shop
pagas luggage, baggage; ~**i(hoiu)ruum** cloakroom, left-luggage office;

pagasivagun 248 **pai**

~ivagun (luggage) van
pagema = põgenema
pagendama banish, (*maapakku saatma*) exile; (*sundasumisele saatma*) deport
pagendus banishment, (*maapakku saatmine*) exile; (*sundasumisele saatmine*) deportation
pagu I (*mineraal*) spar
pagu II (*põgenemine*) flight, escape; (*maa*~) banishment, exile; (*paokoht*) refuge, place of retreat, shelter; **pakku minema** take* to flight, flee*; **paos olema** be in hiding (*or* concealment)
pagulane (*põgenik*) refugee, fugitive; (*maa*~) exile, expatriate, emigrant, displaced person
pagun shoulder-strap, (*ilustustega*) epaulet
paha 1. *adj.* bad, evil, ill, wicked; **mul on süda** ~, **mu süda läheb** ~**ks** I feel sick; ~**ks panema** take* amiss, be offended, take* offence (*midagi — at smth.*), resent; 2. *subst.* evil, harm
pahaendeline ill-omened, ill-boding, ominous, sinister
pahaloomuline ill-natured; (*haiguse kohta*) malignant
pahalõhnaline evil-smelling, ill-smelling, nasty-smelling
pahameel displeasure, annoyance, irritation, resentment, vexation; (*nördimus*) indignation
pahandama 1. (*pahaseks tegema*) annoy, vex, irritate, exasperate; (*solvama*) offend; 2. (*pahane olema*) be annoyed (*or* cross, angry, out of temper); 3. = tõrelema
pahandus (*pahandamine*) annoyance, vexation, irritation, exasperation; (*pahandav asi*) unpleasantness, trouble, scandal
pahane displeased, annoyed, cross, angry, out of temper, *Am. ka* sore (*millegi üle — at smth., kellegi peale — with smb.*)
pahanema be (*or* grow*) displeased (*or* annoyed, cross, angry)
paharet imp, devil
pahasti badly
pahatahtlik malevolent, ill-intentioned, of evil intent; (*kuritahtlik*) malicious
pahatahtlikkus malevolence, ill-will; (*kuritahtlikkus*) maliciousness, malice

pahategu misdeed
pahatihti (very) often, frequently
pahatujuline bad-humoured, ill-humoured, disgruntled, grumpy
pahe vice, evil; (*kõlvatus*) depravity, licence
paheline vicious; (*kõlvatu*) depraved, licentious
pahelisus viciousness; (*kõlvatus*) depravity, licentiousness
pahem 1. (*halvem*) worse; 2. (*vasak*) left
pahemakäeline = vasakukäeline
pahempidi = pahupidi
pahempoolne 1. *adj.* left, left-hand; *pol.* left-wing, leftist; 2. *subst. pol.* left-winger, leftist
pahendama worsen, make* worse, aggravate
pahenema worsen, grow* worse, deteriorate, be aggravated
pahin rumble, roar, splash
pahk gnarl, knag, knot, burl; (*ka*) = pahkpähkel
pahklik gnarled, knaggy, knotty, knotted
pahkluu ankle(-bone), *tead.* talus, astragalus (*pl. -li*)
pahkpähkel (*taimelehel*) gall(-nut)
pahl skewer, spit
pahmas corn spread on the threshing-floor
pahn (*rämps*) trash, rubbish (*ka piltl.*); (*õlesasi*) short straw
pahtel *kunst.* palette-knife; *ehit.* putty knife, spaddle
pahteldama *ehit.* putty, caulk
pahtuma = paatuma
pahupidi inside out, wrong side out, upside-down; (*segi*) topsy-turvy
pahupool the wrong side; (*rüdel*) the under (*or* reverse) side, the seamy side (*ka piltl.*)
pahur sullen, morose, grumpy, sulky, cross
pahurus sullenness, moroseness, grumpiness, sulkiness, crossness
pahvak outburst; puff, whiff
pahva(ta)ma burst* (out), (*välja* ~) blurt out
pahvatus outburst, outbreak; (*leegi* ~) flash
pahvima puff, whiff
pai good, goody-goody; **laena mulle oma raamatut, ole** ~ lend me your book, their's a dear; ~ **tegema** give* a caressing (*or* petting, fondling) stroke (*to*)

paigal on the spot; **seisa** ~! stand still; ~ **marssima** mark time
paigaldama set*, put* (*or* lay*) in one's proper place
paigale to one's place; ~! to your places!; *sõj.* stand to!
paigalind *zool.* nonmigratory bird
paigalsamm *sport.* march on the spot (*or* in place); *sõj.* marking time; ~, **marss**! mark time, march!
paigalt from one's place; ~ **nihkuma** move from one's place, be dislodged (*or* displaced); ~ **nihutama** dislodge, displace
paigaltammumine marking time, *piltl.* stagnation
paigustama (*piirama mingile alale*) localize; (*paikseks tegema*) settle (in a place)
paigutama place, settle; locate; allocate; lodge; (*vägesid*) station; (*kapitali*) invest
paiguti in places, here and there; sporadically
paigutine occurring in places, sporadic
paigutus placing, settling; locating; allocation; (*vägede* ~) stationing; (*kapitali* ~) investment
paik I (*koht*) place, spot; ~a **pidama** (*kehtima*) be sound (*or* valid, well-grounded), be (*or* hold*) true
paik II (*lapp*) patch
paikama patch, mend; (*er. saapaid*) cobble
paikapidamatu untenable, groundless, unsound
paikapidav sound, valid, well-grounded
paike(ne) darling, dear
paikkond locality
paiklik local
paikne settled (in one place)
paiknema be located (*or* situated), lodge, lie*, stand*
paiksus being (permanently) settled (in one place)
paiku (round) about, towards; **kella kolme** ~ (at) about three (o'clock)
pailaps favourite, darling, pet; **saatuse** ~ minion of fortune
painaja (*luu*~) nightmare, incubus
painajalik nightmarish
painama (*vaevama*) obsess, haunt; (*nuruma*) importune, beset* with requests, beg hard
paindemoment *tehn.* bending moment
paindepinge *tehn.* bending stress
paindeproov *tehn.* bend test
paindetugevus *tehn.* bending (*or* flexural) strength
paindlik flexible, pliant, pliable, supple
painduma bend*, be flexible (*or* pliant)
paindumatu inflexible, unbending, (*jäik*) rigid, stiff
paindumatus inflexibility, (*jäikus*) rigidity, stiffness
painduv bending; (*paindlik*) flexible, pliant, pliable, supple
painduvus flexibility, pliancy, pliability, suppleness
paine [painde] bend, bending, flexure, flexion
painutama bend*, *haruld.* flex
painutus bending
pais (*vee*~) weir, dam, damming up; (*veski*~) mill-pond; (*vere*~) congestion, stagnation
paise [paise] boil, abscess, ulcer; ~**leht** *bot.* coltsfoot, foalfoot (*pl.* -foots)
paisjärv *geogr.* storage lake, reservoir
paiskuma throw*, hurl, fling*; shoot*; **turule** ~ dump, **segi** ~ throw* into confusion, jumble up; **ümber** ~ bowl over
paiskuma be thrown (*or* flung), shoot*, be shot
paispool *el.* (high-)induction coil
paistamm storage (*or* retaining) dam
paiste shine, glow; (*kiirgus*) radiance
paistes swollen, inflamed
paistetama swell*, be swollen (*or* inflamed)
paistetus swelling, inflammation
paistma shine*, glow; (*näima*) seem, appear; (*nähtuma*) be seen, stand* out; **silma** ~, **välja** ~ stand out, be prominent
paisuma swell*, distend; expand (*ka füüs.*)
paisumine swelling, distending, distension; expansion (*ka füüs.*)
paisumispaak *tehn.* expansion tank
paisumisvõime *füüs.* expansivity
paisusilm (dike) lock, (*lüüs*) sluice
paisutama swell*, distend, expand; (*vett*) dam (up)
paisuvus = **paisumisvõime**
paitama stroke (caressingly), caress, pet, fondle
paitus caress(ing stroke)

paja van. (*sepikoda*) smithy; (*töökoda*) workshop
pajapraad *kok.* stewed steak, stew
pajatama speak*, say*, tell*
pajats clown, merry andrew, buffoon
paju willow; (*vits~, korvi~*) osier, withy
pajuharakas = **pasknäär**
pajuk *van.* = pension
pajulill *bot.* willowherb
pajulind yellow wagtail
pajupill (willow) whistle, pipe
pajuurb (willow) catkin
pajuvits osier switch, (*korvipunumiseks*) withe, withy
pakane (severe) frost
pakatama burst* (open); (*punga kohta*) break* into blossom; (*naha kohta*) chap, crack
pakatis (*nahal*) chap, crack
pakend packing, wrapper, wrap
pakikandja porter
pakil (*täis*) closely packed, crammed full
pakiline pressing, urgent
pakiraam (*jalgrattal*) carrier
pakis = **pakend**
pakitama, pakitsema (*pakiline olema*) press, be pressed, be urgent; (*valutama*) smart, ache, burn*
pakk [paki] I (*pamp*) pack; (*vähem ~*) parcel, package, packet
pakk [paki] II (*rutt*) haste, hurry, urgency
pakk [paku] block; (*ront*) log
pakkematerjal packing (material)
pakkija packer; wrapper
pakkima pack, package; (*paberisse*) wrap
pakkimispaber wrapping-paper, casing-paper; brown paper
pakk-kast packing-case, packing-box; (*lattkast*) crate
pakku *vt.* **pagu** II
pakkuma offer; (*sobivat juhust jms.*) present; (*oksjonil*) bid*, tender; **huvi ~** be of interest; **lõbu ~** give* pleasure
pakkumine offering; (*oksjonil*) bidding, bid, tendering, tender; **~ ja nõudmine** *maj.* supply and demand
pakkuminek going into hiding (*or* concealment)
pakkumus offer; (*oksjonil*) tender, bid
paklad *murd.* = **takud**
pakpoord *mer.* port, larboard

paks thick; (*tihe*) dense; (*lihav*) stout, corpulent, big, fat
paksend thickening, bulge
paksendama thicken, make* thick(er)
paksenema thicken, become* thicker
paksmagu big belly
paksuhuuleline thick-lipped
paksukestaline thick-shelled
paksukooreline thick-skinned, thick-peeled, thick-shelled
paksuleheline thick-leaved, *bot.* crassulaceous; **paksulehelised** *bot.* crassulaceous plants, the orpin(e) family
paksult thickly
paksunahaline 1. *adj.* thick-skinned, *tead.* pachydermatous; **2.** *subst.* thick-skinned animal, pachyderm
paksus thickness; (*lihavus*) stoutness, corpulence, bigness
paksuvõitu thickish; (*lihavavõitu*) stoutish, rather corpulent
pakt pact, treaty
pala piece, bit; (*leiva~*) morsel; (*lugemis~, muusika~, teatri~*) piece
palagan show-booth, show
palakas *murd.* = **voodilina**
palang conflagration, fire
palat (*haiglas*) ward; (*kõrgem ametiasutus*) chamber
palataal *lgv.* palatal (consonant)
palataalne *lgv.* palatal
palatalisatsioon *lgv.* palatalization
palataliseerima *lgv.* palatalize
palav hot, warm; burning, ardent, fervent; (*kliimavöötme kohta*) torrid
palavalt hotly, warmly; ardently, fervently; **~ armastama** love dearly
palavik fever; **tal on ~** he has fever (*or* a temperature)
palavikuline feverish
palavikurohi febrifuge
palavikuvastane antifebrile
palavus heat, warmth; (*tulisus*) ardour, ardency, fervour
palavvööde *geogr.* torrid (*or* tropical) zone
palderjan valerian; **~itilgad, ~itinktuur** tincture of valerian
pale (*nägu*) face, countenance, visage; (*põsk*) cheek; **palges** (*püssi kohta*) brought to the shoulder, levelled; **püssi palge(sse) panema** bring* the gun to the shoulder, level one's gun; **palgest palgesse** face to face

palee palace; ~**pööre,** ~**revolutsioon** *pol.* palace revolution
palehigi = **palgehigi**
paleograafia *aj.* pal(a)eography
paleoliitikum *arheol.* Pal(a)eolithic period
paleoliitiline *arheol.* pal(a)eolithic
paleosoikum *geol.* Pal(a)eozoic period
paleosoiline *geol.* pal(a)eozoic
paleotseen *geol.* Pal(a)eocene
palett palette
paleus *van.* = **ideaal**
palgafond wages and salaries fund, (total) payroll
palgaleht pay-sheet, payroll
palgaline 1. *adj.* paid, hired, salaried, employed; *põlgl.* mercenary; 2. *subst.* employed man (*pl.* men), employed woman (*pl.* women), wage worker; *põlgl.* hireling, mercenary
palgapäev pay-day
palgasaaja salary earner, salaried employee
palgasulane hireling (*ka piltl.*)
palgasõdur mercenary
palgatöö wage (*or* hired) labour
palgatööline wage labourer (*or* worker), hired worker
palge *vt.* **pale**
palgehigi: ~**s töötama** work in the sweat of one's brow
palges, palgesse *vt.* **pale**
palgimets timber, lumber
palgiparv raft (of timber), floated timber (*or* lumber)
palgiparvetus rafting, lumbering
pali (wash-)tub
palistama hem; (*ääristama*) border, line
palistus hem; (*ääristus*) border
palitu (over)coat, greatcoat; ~**riie** coating (cloth)
paljajalgne barefooted
paljajalu barefoot
paljak bare spot; (*juustes*) bald spot (*or* patch)
paljalt barely; (*ainult*) merely, only
paljand *geol.* denudation, outcrop, exposure
paljapäi bareheaded
paljas bare, uncovered; (*alasti*) naked, nude, unclothed; (*kaitsmatu*) exposed; (*juusteta*) bald; (*ainult*) mere; ~ **piiritus** neat spirits; **paljad sõnad** mere words; **palja peaga** = **paljapäi; palja silmaga** with the naked eye; **paljaks röövima** rob, despoil (*millestki* — *of smth.*)

paljasjalgne barefooted tramp (*or* monk)
paljaspea = **kiilaspea**
paljaspäine 1. (*kiilaspäine*) bald, baldheaded; 2. (*palja peaga*) bareheaded
paljastama bare, lay* bare; denude, strip (*millestki* — *of smth.*); (*katet eemaldama*) uncover; (*saladust*) disclose; (*pettust jms.*) expose, show* up, unmask; **paljastatud mõõgaga** with a drawn sword
paljastus baring, laying bare; (*katte eemaldamine*) uncovering; (*saladuse* ~) disclosure; (*pettuse jms.* ~) exposure, showing up,- unmasking
paljasõnaline of mere words, only in words; ~ **lubadus** bare promise
palju (*kogusett, määralt*) much, plenty (*of*), a lot (*or* lots) (*of*), a good deal (*of*); (*arvult*) many, plenty (*of*), lots (*of*), a great (*or* large, good) number (*of*); **meil on** ~ **aega** we have much (*or* plenty of) time; **mul on** ~ **raamatuid** I have many (*or* a great number of) books; **kui** ~ **te maksite selle raamatu eest?** how much did you pay for this book?; **kui** ~ **kordi?** how many times?; ~ **enam** much more, far more; ~ **parem** much better, far better; ~**d** many
paljukordne often repeated, reiterated, frequent
paljukorruseline multistoreyed (*or* -storied)
paljundama multiply, increase (in number); (*jäljendama*) reproduce, duplicate
paljundus multiplication; (*jäljendus*) reproduction, duplication; ~**aparaat** duplicator, duplicating machine (*or* device)
paljunema multiply, increase (in number); reproduce
paljunemine multiplication, increase; reproduction
paljunemisorgan *biol.* organ of reproduction
paljurahvuseline multinational
paljurakne *biol.* multicellular
paljus (*rohkus*) plurality, great number, multitude
paljuseemneline *bot.-* polyspermous
paljusõnaline of many words, wordy, verbose

paljusõnalisus wordiness, verbosity; verbiage
paljutõotav promising, hopeful
paljuütlev expressive, suggestive, significant, meaningful
palk [palgi] beam, timber, log; (*pruss*) joist, ba(u)lk
palk [palga] pay, (*aasta*~, *kuu*~) salary, (*päeva*~) wages; (*kohtunikel, vaimulikel*) stipend
palkama engage, hire, take* on
palkmaja log house, log cabin
palkon balcony
pall I 1. (*kera*) ball; (*õhu*~) balloon; 2. *meteor.* (*tuule tugevuse aste*) number, point (in the Beaufort scale); **tuule tugevus viis ~i** wind force (*or* wind number) five
pall II (*kaubapakk*) bale
pall III (*hindamisühik*) mark
pallima *sport.* serve
pallimäng ball-game
pallimängija ball-player
palm palm(-tree)
palmik braid, pleat; (*juukse*~) plait
palmima braid, pleat, twine; (*juukseid*) plait; (*lilli pärjaks*) wreathe
palmioks palm(-branch)
palmipuu palm-tree
palmitsema = **palmima**
palsam balm, balsam
palsameerima embalm
palu sandy heath; (sandy land covered with) pine- or fir-wood; **~-härghein** cow-wheat
paluja petitioner, applicant; (*anuja*) suppliant
palu-karukell *bot.* pasque-flower
palukas = **pohl**
paluke(ne) morsel
paluma ask (*for*), beg (*for*), request; (*anuma*) entreat, beseech*, plead (*for*); (*pealekäivalt* ~) solicit; (*palvetama*) pray; (*külla* ~) ask, invite; **kedagi midagi teha ~ ask** (*or* request) smb. to do smth.; **kelleltki luba ~** ask smb.'s permission (*et teha — to do*); **kelleltki vabandust ~** beg (*or* ask) smb.'s pardon; **meid paluti (tulla) kella viieks** we were invited for five o'clock; *vt.* *ka* **palun**
palun (*viisakussõnana*) 1. (*koos mingi palvega, korraldusega, käsuga jms.*) please (*või, kui lauses on teisi viisakusväljendeid, jääb üldse tõlkimata*); **~ öelge mulle** please tell me; **~ mitte segada** please do not disturb; **~ ulatage mulle soola** please pass me the salt (*or* pass me the salt, please); may I trouble you for the salt (, please); would you mind passing me the salt (, please); 2. (*vastusena mingile palvele*) certainly, of course, you're welcome; (~ *võtke ise*) help yourself; **Kas tohin Teie pliiatsit võtta? — Palun!** May I take your pencil? — Certainly (*or* You're welcome!, Help yourself!); 3. (*vastusena tänule, vabandusele jms.*) don't mention it, not at all; **Tänan Teid lahke abi eest. — Palun!** Thank you for your kind help. — Don't mention it! (*or* That's all right!)
palve request; (*kirjalik* ~) petition; (*anuv* ~) entreaty; (*kohtusse*) suit; (*abi*~, *armuandmis*~) appeal; (*palvus*) prayer; **minu ~l** at my request
palvehelmed *kirikl.* beads
palvekiri (written) petition, application
palverändaja pilgrim
palverännak pilgrimage
palvetama pray, say* one's prayer(s); (*lauas*) say* grace
palvus *kirikl.* prayer, *van.* orison
pamfletist lampoonist, (scurrilous) pamphleteer
pamflett lampoon, (scurrilous) pamphlet
pamp pack, bundle
pampa pampas
panama 1. (~*kübar*) panama (hat); 2. (*suur pettus*) swindle
panderoll (*ristpael*) wrapper; (*ristpaelsaadetis*) printed matter; *maj.* revenue stamp
pandimaja pawnshop, pawnbroker's (şhop); **~pilet** pawnticket
pandur = **sump**
paneel panel; (*puidust tahveldis*) wainscot
paneerima *kok.* dip (*or* roll) in egg and bread-crumbs
panek putting, laying, setting; (*asetamine*) placing
panema put*, lay*, set*; (*asetama*) place; **see paneb mind naerma** this makes me laugh; **see paneb mõtlema** this makes one think; **this gives food for thought; ette ~** propose, make* a proposal, suggest; **imeks ~** be astonished (*at*); **kinni ~** (*sulgema*) shut*, shut* up, close;

panetuma   253   **parajasti**

kirja ~ write* down, put* down; magama ~ put* to bed, (*uinutama*) put* to sleep; riidesse ~ = riietama, riietuma
panetuma become* obdurate (*or* dull and inert), stagnate
pang bucket, pail
pangaarve, pangakonto bank-account
pangamaja banking house, bank
pangandus banking
pangas block (*ka geol.*), (*kamp*) lump
pangatšekk *maj.* banker's cheque (*Am.* check)
pangatäht banknote
pangaülekanne *maj.* (bank) transfer
pangetäis bucketful, pailful
panipaik store-room, place of storage, repository
pank I (*rahaasutus*) bank
pank II (*kamp*) block, lump, (*mulla~*) clod
pank III (*järsk paekallas*) bluff, steep bank, cliff
pankiir = pankur
panklik lumpy, cloddy
pankrannik (limestone) bluff, steep bank
pankreas = kõhunääre
pankrot bankruptcy; ~ti jääma = pankroteeruma, pankrotistuma
pankroteeruma, pankrotistuma go* bankrupt, fail
pankur banker
pann (frying-)pan
pannal buckle, clasp
pannaldama (provide with a) buckle
pannkook pancake
pannoo (framed) mural (painting)
panoraam panorama; ~ifilm panorama film; ~kino panoramic cinema
pansion (*korter ühes söögiga*) board and lodging; (*ettevõte pansionäride pidamiseks*) boarding-house; (*~iga kool*) boarding-school
pansionär boarder
pant pawn, pledge; (*mängus*) forfeit; ~i panema = pantima; ~i mängima play at forfeits
panter panther
pantija pawner; (*kinnisvara ~*) mortgager (*or* mortgagor)
pantima pawn, put* in pawn, pledge; (*kinnisvara*) mortgage
pantkiri mortgage (deed)
pantomiim pantomime
pantser armour
pantvang hostage
panus (*hasartmängus*) stake; (*omapoolne juurdepandu*) contribution (*millessegi — to smth.*); oma ~t andma make* one's contribution (*to*), *kõnek.* do one's bit
panustama (*mängu panema*) stake; (*jõude, vahendeid jms.*) set* (*or* put*) in
paokil half-open, (*ukse kohta*) ajar; ~e jätma leave* ajar
paos *vt.* pagu II
paotama half-open, open slightly
papa papa, dad(dy), *Am. kõnek.* pop
papagoi parrot
papi daddy
papinael roofing nail
papp I (*paks paber*) pasteboard, (*õhem ~*) cardboard; (*kõva ~*) millboard; (*katuse~*) roofing paper (*or* felt)
papp II (*vaimulik*) priest, parson, (*õigeusu ~*) pope
pappel poplar
pappkaaned pasteboard (*or* millboard) covers
pappkarp cardboard (*or* pasteboard) box; (*kübara jaoks*) bandbox
pappkatus tar-paper roof
paprika capsicum, cayenne pepper
papüürus papyrus
paraad parade; lennuväe ~ (ceremonial) fly-past
paraaditsema parade, make* (ostentatious) display, show* off
paraadmarss ceremonial march, march-past
paraaduks main entrance, front door
paraadvorm full dress (uniform), dress uniform
parabool 1. *mat.* parabola; 2. *kirj.* parable
paradeerima parade
paradigma *lgv.* paradigm
paradiis paradise; ~ilind bird of paradise; ~iõun paradise apple
paradiislik paradisiac(al), paradisial, paradisic
paradoks paradox
paradoksaalne paradoxical
parafeerima *pol.* initial
parafiin paraffin (*or* white) wax
parafraas paraphrase
paragrahv section, article; (*lõik*) paragraph, point, item
parajalt moderately, just enough, just right
parajasti just (now, then); right now; at the moment; (*parajalt*) just enough; me ~ lõpetasime we've

just finished; ta oli ~ saabunud he had just arrived; ma olin ~ lahkumas I was just leaving, I was on the point of leaving
parajus moderation, moderateness, temperance
paraku unfortunately, regrettably, more's the pity
paralleel parallel
paralleelne parallel (*millegagi* — *to smth.*)
paralleelselt parallel (*to*), in parallel
parallelogramm parallelogram
paralüseerima paralyse
paralüüs paralysis
parandama (*paremaks tegema*) better, improve, ameliorate; (*korda seadma*) repair, mend; (*jalanõusid*) cobble; (*vigu*) correct, rectify; (*eluviise, ettepanekut jms.*) amend; (*teksti*) emend; **meelt** ~ **mend** one's ways
parandamatu incorrigible; irreparable, beyond repair; (*ravimatu*) incurable
parandatav corrigible; reparable; (*ravitav*) curable
parandus (*paremaks tegemine*) betterment, improvement, amelioration; (*kordaseadmine*) repair, reparation, mending; (*ettepanekule jms.*) amendment; (*vigade* ~) correction, rectification; (*teksti* ~) emendation; ~**el olema** be under repair, undergo* repair(s)
parandusettepanek amendment
paranduslik correctional, reformatory
parandusmaja reformatory, (*vangla*) house of correction
parandustöökoda repair shop
paranema (*paremaks muutuma*) better, grow* better, improve, ameliorate; mend; amend; (*haigusest*) recover, convalesce; (*toibuma, kosuma*) recuperate; (*haava kohta*) heal
paranemine betterment, improvement, amelioration; (*haigusest*) recovery, convalescence; (*toibumine, kosumine*) recuperation; (*haava* ~) healing
paras (*sobiv*) appropriate, fitting, right, suitable; handy; (*mõõdukas*) moderate, temperate; **parajal ajal** at the right time, in (right) time; **kingad on mulle parajad** the shoes are the right size for me; ~ **talle!** serve him right!
parasiit parasite

parasiitlik parasitic
parasjagu kõnek. just enough
parastama gloat over (*or* jeer at) smb.'s misfortune
parasvööde geogr. temperate zone
parašütist parachutist; (*sõduri kohta*) paratrooper
parašütt 1. (*langevari*) parachute; 2. (*mäend.* safety clutch (*or* brake)
parata: pole midagi ~ it cannot be helped, there's no help (for it); **mis mina sinna võin** ~? what can I do about it?
paratamatu inevitable, unavoidable
paratamatult inevitably, unavoidably, of necessity
paratamatus inevitability, necessity
pard van. (full) beard
pardamootor overboard motor (*or* engine)
pardipoeg duckling
parduun mer. backstay
pareerima parry, counter, piltl. ka ward (*or* fend) off
parem adj. 1. (*halvema vastand*) better; **ta on minust** ~ he is better than I am (*milleski* — in smth.); ~ **hilja kui mitte kunagi** better late than never; ~**aks pidama** (*eelistama*) prefer (*millestki* — *to smth.*); ~**aks tegema** make* better, better, improve; **pole midagi** ~**at kui...** there's nothing like...; 2. (*vasaku vastand*) right; ~ **pool** the right side, (*riidel*) face; ~ **pool!** (*käsklusena*) right turn!; ~**al** right, on (*or* to) the right; **minust** ~**al** on (*or* to) my right; ~**ale** to the right; ~**alt** from the right
parem adv. (*pigem*) rather, sooner; **ma** ~ **võtan tassi kohvi** I'll rather (*or* sooner) take a cup of coffee
paremal, paremale, paremalt vt. **parem** adj.
paremik the best part (*of*), (*valimik*) the pick (*or* choice) (*of*), (*koorekiht*) the cream (*or* flower) (*of*), élite
paremini better
parempidi right side out (*or* up)
parempoolne 1. adj. right, right-hand; pol. right-wing; 2. subst. right-winger
paremus advantage, gain; (*üleolek*) superiority
parendama better, improve, ameliorate
parfümeeria perfumery

parfüüm perfume, scent
pargas barge, launch
parh(riie) fustian
pariisi Parisian; ~ **roheline** Paris green
pariislane Parisian
parim best; ~**as elueas,** ~**ates aastates** in the prime of one's life
parisnik *van.* horse-coper, horse-dealer
pariteet parity
park I (*puiestik; liiklemisvahendite v. masinate kogumik ning nende asupaik*) park
park II (~*aine*) tan; (*parkimine*) tanning; ~**aine** tan, tanning substance, *tead.* tannin
parkal tanner, leather-dresser; ~**itöökoda** tannery
parketikivi, parketilauake(ne) parquet block
parkett parquet, parquetry floor, parquetry
parkettima parquet
parkettpõrand parquet floor, parquetry
parkhape tannic acid, tannin
parkima I (*nahka*) tan (*ka piltl.*); (*ahnelt sööma*) tuck in, eat* greedily
parkima II (*liiklusvahendit*) park
parkimine I (*naha*~) tanning
parkimine II (*liiklusvahendite* ~) parking; ~ **keelatud!** no parking!
parkimisplats (*liiklusvahendite jaoks*) parking ground (*Am.* lot), car park
parklaev bark, barque
parknahk (tanned) leather
parksepp = **parkal**
parlament parliament; (*mitte-Inglise* ~ *ka*) diet
parlamentaarne, parlamentlik parliamentary
parlamentäär *sõj.* flag-of-truce bearer, envoy (with a flag of truce)
parm gadfly, horsefly, *haruld.* breeze
parmas (*vilja*~) heap (*or* armful) of sheaves
parmupill Jew's harp
parodeerima parody, travesty, *kõnek. ka* take* off
paroodia parody, travesty, *kõnek. ka* take-off
parool password, parole
parras (*laeval, paadil*) board; **parempoolne** ~ starboard; **vasakpoolne** ~ port, larboard; **pardal** on board (ship), aboard; **pardale võtma** take*

on board (*or* aboard); **üle parda heitma** throw* overboard, jettison (*ka piltl.*)
pars crossbar, perch (*or* pole) lying across the beam of a barn
parsahein *bot.* asparagus
parsek *astr.* parsec
part duck; (*isane* ~) drake
partei party; ~ **liige** member of the Party, Party member; ~ **liikmekandidaat** candidate memyer of the Party
parteiaktiiv the most active members of the Party organization
partei-algorganisatsioon local Party organization
parteikomitee Party Committee
parteilane Party member, Party man (*pl.* men), *fem.* Party woman (*pl.* women)
parteiline party (*atrib.*)
parteilisus (*parteisse kuulumine*) party membership; (*parteiline suhtumine vms.*) Party spirit (*or* principle, commitment)
parteiorganisaator Party organizer
parteiorganisatsioon Party organization; (*välismaal*) Party branch
parteipilet Party(-membership) card
parteitu 1. *adj.* non-Party; 2. *subst.* non-Party man (*pl.* men), *fem.* non-Party woman (*pl.* women)
parter 1. *teatr.* ground floor; ~**i tagaread** pit, *Am.* parterre; ~**i esiread** stalls; 2. *sport.* referee's position, position on the mat
partii 1. (*kaubasaadetis*) lot, shipment, consignment; 2. (*mängus*) game, match; 3. (*kosjakaup*) match; 4. *muus.* part
partikkel *lgv.* particle
partisan partisan, guer(r)illa fighter; ~**isõda** partisan war(fare), gue(r)rilla war(fare)
partitiiv *lgv.* partitive (case)
partitsiip *lgv.* participle
partituur *muus.* score
partner partner
partorg = **parteiorganisaator**
parukas wig
parun baron; ~**iproua** baroness
parv 1. (*linde*) flock, flight; covey, bevy; (*putukaid*) swarm; (*kalu*) shoal; (*inimesi*) crowd; 2. (*palgi*~) raft, float; (*üleveo*~) ferry
parvekaupa in flocks (*or* swarms, shoals)

parvemees (*ülevedaja*) ferryman (*pl.* -men)
parvepoiss (*palgiparvetaja*) raftsman (*pl.* -men), *Am.* lumberman, lumberjack
parvetama 1. (*palke*) raft, float; 2. (*üle vedama*) ferry
parvetus 1. (*palgi~*) rafting, floating; 2. (*ülevedamine*) ferrying
parvlaev ferry-boat; (*rongide üleveoks*) train ferry
parvlema (*lindude kohta*) flock; (*kalade kohta*) shoal; (*putukate kohta*) swarm
pasjanss patience, solitaire
pask (half-liquid) excrement(s), ordure; **~hein** *bot.* saw-wort; **~näär** *zool.* jay; **~rästas** *zool.* fieldfare
paskvill lampoon, pasquinade
paslik (*peakott*) hood, cowl
paslik (*sünnis*) appropriate, suitable, fitting, convenient
pasmas skein, lea
pass I (*isikutunnistus*) passport, identification card; (*masina v. aparaadi* ~) factory certificate, *Am.* ka shop ticket
pass II (*kaardimängus*) pass
passaaž passage (*ka muus.*); (*kauplustega ääristatud vahekäik*) shopping arcade, (row of) market stalls
passaat(tuul) trade wind
passiiv *lgv.* passive (voice)
passiivne passive
passiivsus passivity, passiveness
passija charwoman (*pl.* -women), *Am.* daily woman
passilaud passport office
passima 1. (*selga proovima*) try on; 2. (*sobima*) fit; 3. (*teenima*) do the chores, chare, char, clean up; *van.* (*lauas*) wait, wait on; 4. (*kaardimängus*) pass; 5. *kõnek.* (*vahtima*) look, watch
passiva *maj.* liabilities
pasta paste
pasteet (meat) paste, pâté, pasty
pastel peasant's sandal (of soft leather), Estonian moccasin
pastell *kunst.* pastel, crayon; **~kriit**, **~pliiats** crayon
pastinaak (*moorputk*) parsnip
pastor *kirikl.* (Lutheran) minister, pastor
pastoraal pastoral
pastoraalne pastoral, bucolic
pastöriseerima pasteurize
pasun trumpet; **~akoor** *van.* brass band; **~apuhuja** trumpeter

pasundama *piltl.* trumpet forth, noise abroad, proclaim loudly (*or* from the roof-tops)
patakas batch, bundle, sheaf (*pl.* sheaves)
pataljon battalion
patarei battery
pateetiline full of pathos, emotional, impassioned; *haruld.* pathetic
patent patent
patenteerima patent
patentlukk = **şnepper(lukk)**
paterdama waddle; (*solistama*) paddle, splash
patoloog pathologist
patoloogia pathology
patoloogiline pathological
patrama chatter, prattle, babble
patriarh patriarch
patriarhaalne patriarchal
patriits *aj.* patrician
patrioot patriot
patriootiline, patriootlik patriotic
patriotism patriotism
patronaaž patronage
patroneerima patronize
patroon patron
patrull patrol
patrullima patrol
pats I (*juuksepalmik*) plait (of hair), pigtail
pats II (*löök peopesale*) slap, smack
patserdama splash
patsient patient
patsifism pacifism
patsifist pacifist
patsifistlik pacifist (*atrib.*), pacifistic
patsti slap, pop
patsutama pat, tap, slap
patsutus pat, tap, slap
patt [patu] sin; **~u kahetsema** repent, do penance (for one's sins)
patt [pati] *sport.* stalemate
pattulangemine *piibl.* the Fall, the original sin
patuasi *kõnek.* iniquity, wrong(-doing)
patujutt *kõnek.* wicked lie
patukahetseja penitent
patukahetsus penitence, repentance, contrition
patune 1. *adj.* sinful; 2. *subst.* sinner
patuoinas *piltl.* scapegoat
paturegister *kõnek.* list (*or* register) of offences
patustaja sinner; offender, trespasser
patustama sin; offend, commit (*or* make*) an offence, trespass
patustus sin; offence, trespass

patutu sinless, (*veatu*) impeccable
paugutama bang, crash, slam
paugupealt in a flash, immediately
paugutama bang (repeatedly), crash, slam; (*püssi*) shoot*; (*plõksutama*) pop
pauhti bang, thump
pauk report, shot, detonation; (*plahvatuse* ~) blast; ~**elavhõbe** fulminate of mercury; ~**padrun** blank cartridge
paukuma bang, crash, crack; detonate; (*kärkima*) fulminate, thunder
paun pouch, bag, wallet; (*seljakott*) knapsack
paus pause; *muus.* rest
pauspaber tracing-paper
paviljon pavilion
pea *subst.* head; (*noa*~, *kahvli*~) handle; (*vilja*~) ear, spike; **mu** ~ **ei võta seda** I cannot understand (*or* grasp) this, it is beyond me; **mu** ~ **käib ringi** my head swims, I feel giddy (*or* dizzy); ~ **peale pöörama** turn upside down (*ka piltl.*); ~**d kaotama** lose* one's head; ~**d looma** (*vilja kohta*) ear, form ears; ~**d murdma** rack (*or* cudgel) one's brains; **kellegi** ~**d segi ajama** turn smb.'s head; *vt. ka* peas, peast, pähe
pea *adv.* (*varsti*) soon, shortly
pea! stop!, halt!, stand!
peaaegu almost, nearly, all but
peaaine main (*or* principal) subject
peaaju brain; ~**põletik** inflammation of the brain, brain fever
peaalune 1. *adj.* lying under one's head; 2. *subst.* pillow (*or* cushion, bolster, pad) (for one's head)
peaarst head doctor (*or* physician)
peajoon main (*or* general) line; main point
peaasjalikult chiefly, mainly, principally
peaassamblee general assembly
peadmurdev puzzling
peadpidi by the head
peadpööritav dizzy, giddy
peagi soon, presently
peainsener chief engineer
peajoon main (*or* general) line; main feature; ~**tes** in general outlines, in broad outline
peakapsas headed (*or* head) cabbage
peakate headgear, headwear
peakorter *sõj.* headquarters

peal 1. *adv.* on top, above; over; 2. *postp.* on, on top of
pealagi crown (of the head), top (of the head), *kõnek. ka* pate; **pealaest jalatallani** from top to toe, from head to foot
pealause *lgv.* main (*or* principal) clause
pealdis = **pealiskiri**
peale 1. *adv.* on, on top, above; over; (*ühendverbides*) on, upon, against; **hüpake** ~! jump on!; **palun võtke mind** ~ please give me a lift; **eilsest** ~ since yesterday; **sellest ajast** ~ from that time on, from then on, since then; ~ **ajama** (*sõites*) run* against (*or* on); (~ **käima*) press (hard), importune, ply (*millegagi* — *with smth.*); ~ **hakkama** begin*, make* a start (*millestki* — *on smth.*, *with smth.*); **mida ma pean sellega** ~ **hakkama?** what am I to do with this?; ~ **kippuma** attack, assail; **mulle kipub** (*v.* tikub, tükib) **uni** ~ I am getting sleepy; ~ **käima** insist, importune, demand persistently; ~ **sundima** force (*upon*), thrust* (*upon*), impose (*upon*); ~ **suruma** press, force, thrust* (*on, upon*); ~ **tikkuma** intrude, obtrude, be intrusive (*or* obtrusive); ~ **tungima** attack; ~ **tükkima** = ~ **tikkuma**; 2. *postp.* on, upon; **laua** ~ on (*or* upon) the table; **selle** ~ on (*or* upon) that, at that, then, next (to that), *van.* thereupon; 3. *prep.* (*lisaks*) besides, in addition to; (*välja arvatud*) except; (*pärast*) after; **kõik** ~ **minu** all except me; ~ **selle** besides, moreover, in addition; ~ **lõunat** after noon, in the afternoon; 4. *partikkel* (*käskivas kõneviisis verbi järel*) all right, as you like; **olgu** ~! well, (just) as you like!; **tulge** ~! all right, come then!
pealegi 1. *adv.* besides, moreover, into the bargain; 2. *partikkel* = **peale**; **olgu** ~! well, (just) as you like!; **naera aga** ~! laugh away!
pealehakkamine (*algus*) beginning; (*algatusvõime*) initiative, drive
pealekaebaja (common) informer, *haruld.* delator
pealekauba over (and above) the bargain, into the bargain, in addition, for good measure
pealekäimine insistence

pealelõuna = **pärastlõuna**
pealelõunane = **pärastlõunane**
pealelööja (*sepa abiline*) blacksmith's) striker
pealetung offensive, attack, onslaught; ~**ile asuma** take* the offensive
pealetükkiv intrusive, obtrusive, importunate, pushful, pushing
pealik chieftain, chief, headman (*pl.* -men)
pealinn capital (city); metropolis
pealis top, upper part; facing; (*jalatsil*) upper; ~**ehitus** superstructure (*ka filos.*)
pealiskaudne superficial, perfunctory
pealiskaudsus superficiality, perfunctoriness
pealiskiri inscription
pealisriie, pealisrõivas upper garment
pealistama face, cover with facings
pealistikku one on top of the other
pealkiri heading, title
pealkirjastama head, title
pealmine upper, top (*atrib.*), superior
pealpool above
pealpoolne upper
pealsed (*juurviljal*) leaves, tops, (*kartulil*) tops, haulm; (*jalatsitel*) uppers
pealt 1. *adv.* from on top, from the upper part; ~ **kuulama** listen (*to*), (*salaja*) eavesdrop; ~ **kuulma** overhear*; ~ **nägema** happen to see, see*, witness; ~ **vaatama** look on; ~ **väetama** *põll.* top-dress; 2. *postp.* from, off; (**otse**) **teo** ~ **tabama** catch* red-handed; **varguse** ~ **tabama** catch* (in the act of) stealing
pealtkuulaja listener, hearer; (*salaja* ~) eavesdropper
pealtnägija eye-witness
pealtnäha to look on, in appearance
pealtpoolt from above
pealtvaataja onlooker, looker-on, spectator
pealtväetis *põll.* top-dressing
pealuu skull, *tead.* cranium (*pl.* -ia)
peamees chief, leader, head, headman (*pl.* -men)
peamine chief, main, principal
peaminister prime minister, premier
peamiselt chiefly, mainly, in the main, principally
peamurdmine *piltl.* racking one's brains, puzzling one's head
peaosa *teatr.* the leading part (*or* role)

peaots = **peats**
peaparandus *piltl.* taking a drop for one's bad head (the morning after)
peapesu (*noomitus*) dressing-down, wigging, (good) talking-to; ~ **tegema** give* a dressing-down (*or* wigging), take* to task
peapiiskop archbishop
peaproov dress rehearsal
peapööritus giddiness, dizziness
pearaamat *maj.* ledger
pearaamatupidaja chief (*or* head) book-keeper (*or* accountant), (*kõrgemas asutuses*) accountant general
pearaha *aj.* poll tax
pearindmik *zool.* cephalothorax
peärätik, pearätt (head-) kerchief, headscarf (*pl.* -ves, -fs)
peas 1. (*peakatte kohta*) on; **tal on kübar** ~ he has his hat on; 2. (*pähe õpitud*) by heart; **mul on see luuletus** ~ I know this poem by heart
peasekretär secretary general
peast 1. (*peakatte kohta*) off; **ta võttis kübara** ~ he took his hat off; 2. (*mälu järgi*) by heart, from memory; ~ **arvutama** do sums in one's head; 3. (*olukorras*) in a... state; **joobnud** ~ in a drunken state; **noorest** ~ in one's youth; **pimedast** ~ blindly, blindfold; **ta on** ~ **põrunud** he is cracked (*or* crack-brained)
peastaap general stàff
peastarvutamine mental arithmetic
peatama stop, halt, bring* to rest (*or* to a standstill), pull (*or* draw*) up, arrest
peataolek headlessness, (utter) confusion
peategelane main (*or* leading) character
peatoimetaja editor-in-chief
peats head of the bed, bed-head
peatse: ~ **nägemiseni!** see you before long!
peatselt soon, before long, presently
peatu headless
peatuma stop, halt, make* a halt, come* to rest (*or* to a standstill), pull (*or* draw*) up; (*ööbima*) put* up, stay; **kõneleja peatus sellel küsimusel pikemalt** the speaker dealt with that question at some length
peatumatu unstopping, ceaseless
peatumatult unstoppingly, ceaselessly
peatus stop, halt

peatuseta non-stop; ~ **lend** non-stop flight
peatuskoht, peatuspaik stop, halt, station; **taksode** ~ taxi rank
peatänav main street, high street
peatükk chapter
peavaht (*arestimaja*) guardroom
peavalitsus head office, central board
peavalu headache
peavari shelter, refuge, home
peavõit (*loosimisel*) first (*or* main) prize
peavõll *tehn.* headshaft, stub shaft
pebred broken hay, chaff
pedaal pedal
pedagoog education(al)ist, teacher; *haruld., peam. põlgl.* pedagogue
pedagoogika pedagogy, education
pedagoogiline pedagogical; ~ **instituut** pedagogical institute, teacher (*or* teachers') training institute (*or* college)
pedajas, pedakas *murd.* = **mänd**
pedant pedant
pedantlik, pedantne pedantic
pedantsus pedantry
pediaater *med.* pediatrician, pediatrist
pediaatria *med.* pediatrics, pediatry
pediküür pedicure
peebulind = **väänkael**
peedisuhkur beet sugar
peegel (looking-)glass, mirror; (*käsi*~) hand-glass
peegeldama reflect, mirror; (*tagasi heitma*) reverberate
peegelduma be reflected (*or* mirrored), reflect, mirror; reverberate, be reverberated
peegeldus reflection; (*tagasiheitmine*) reverberation
peegelpilt mirror reflection, (reflected) image
peegelsile smooth as glass
peegliklaas plate glass
peeker cup, goblet; (*er. laboratoorne klaasnõu*) beaker
peekon bacon; ~**isiga** bacon pig, baconer
peel [peele] pole, rod; *mer.* spar
peel [peeli] water-ga(u)ge, tide ga(u)ge
peelepuu = **peel** [peele]
peen fine; (*lõnga jms. kohta*) thin; (*sõrmede jms. kohta*) slender; (*maitse jms. kohta*) refined, delicate; (*isiku kohta*) elegant, smart, genteel; (*kaval*) subtle

17*

peenar (*lille*~, *aedvilja*~) bed; (*põllu*~) ba(u)lk, bank, edge
peenendama make* finer; (*maitset jms.*) refine; *lgv.* palatalize
peenenduma become* finer; *lgv.* become* palatalized
peenendus making finer; becoming fine(r); *lgv.* palatalization
peenenema become* finer (*or* thinner, more slender); (*maitse jms. kohta*) become* more refined
peenestama make* fine (*or* thin); (*tükkideks*) break* up, chop up; (*jahvatades*) grind* small (*or* down, crush
peeneteraline fine-grained
peenetundeline subtle of feeling, sensitive, delicate, tactful
peenike(ne) *vt.* **peen; tal on** ~ **peos** he is hard up (*or* in want, badly off)
peenleib fine rye bread
peenmeh(h)aanika precision (*or* fine) mechanics, precision instrument making
peenraha (small) change, small cash, small coin
peensool [-soole] small intestine
peensuhkur granulated sugar
peensus (small) detail
peenus fineness; (*lõnga jms. kohta*) thinness; (*sõrmede jms. kohta*) slenderness; (*maitse jms. kohta*) refinement; (*isiku kohta*) elegance, smartness; (*kavalus*) subtlety
peenutsema be over-refined (*or* genteel, prim, finicky)
peenvill fine wool; ~**alammas** fine-fleece(d) sheep (*pl.* sheep), fine-wool sheep
peerg spill, splinter, chip (of wood), fire-stick
peet beet(root)
peetuma be retained, be stopped
peetus retention, stoppage
pehastama, pehkima rot, become* (somewhat) rotten, moulder, decay
pehme soft; (*ilma kohta*) mild; ~**istmeline** (*vaguni jms. kohta*) upholstered
pehmendama soften, make* soft(er); (*leevendama*) mitigate; (*süüd*) extenuate
pehmendus softening; (*leevendus*) mitigation; (*süü* ~) extenuation
pehmenema soften, grow* soft(er); (*ilma kohta*) grow* milder
pehmesüdameline soft-hearted

pehmuma soften, grow* soft
pehmus softness; (*ilma kohta*) mildness
peiar playboy, wag, joker, jester
peibutama decoy, allure, entice
peibutis decoy, lure, enticement
peide hiding
peidik = **peidukoht**; *anat.* crupt
peidukoht, peidupaik hiding-place, hide-out, place of concealment, secret place; (*tagavarade jaoks*) cache
peidus *vt.* peit
peiduurgas lurking-hole, hiding-place, refuge
peied wake, funeral feast
peieline guest at a wake (*or* funeral)
peig bridegroom; (*noormees*) swain
peigmees (*pulmapäeval*) bridegroom, *Am.* groom; (*kihlatu*) fiancé, young man, sweetheart
peil *mer.* water-ga(u)ge
peilima *mer.* 1. (*peiliga mõõtma*) sound, ga(u)ge; 2. (*suunda määrama*) take* the bearings (*of*), take* one's bearings, fix one's course
peit [peidu] hiding(-place), concealment; **peidus olema** be in hiding, lie* in concealment; ~u **minema,** ~u **pugema** hide* oneself, go* into hiding
peiteaeg *med.* incubation period
peitel chisel
peiteldama chisel
peitemäng hide-and-seek
peitma hide*, conceal, secrete
peits mordant, corrosive; (*puu*~) stain; (*metalli*~) pickle
peitsima corrode, cauterize; (*puud*) stain; (*metalli*) pickle
peitu *vt.* peit
peituma hide*, be hidden, be latent; (*varitsema*) lurk
peitus hiding; (*ka*) = **peitemäng**
peiu = **peig**; ~**lill** *bot.* marigold; ~**poiss** groomsman (*pl.* -men)
pekine fat(ty), lardy
pekk fat (of pork), pork fat, back fat
pekkima *kok.* lard
peks beating, thrashing, flogging, caning, whipping
peksa: ~ **andma** beat*, thrash, flog; (*lapsele*) spank; ~ **saama** be beaten (*or* thrashed, flogged, spanked)
pekslema beat*, throb, palpitate
peksma beat*, thrash, flog; (*kepiga*) cane, (*vitstega*) birch; **läbi** ~ beat* up; **reht** ~, **vilja** ~ thresh

peksumasin = **viljapeksumasin**
pelargoon geranium
peldik privy
peleriin pelerine, cape
peletama scare, frighten away
peletis scarecrow; bugbear, bogy; (*koletis*) monster
pelg = **pelgus**
pelgama fear, dread, be afraid (*of*)
pelglik (*kartlik*) fearful, timorous, timid; (*arglik*) cowardly, fainthearted, pusillanimous
pelgu: ~ **minema** hide* oneself, go* into hiding
pelgupaik refuge
pelgur coward, poltroon, dastard
pelgurlik cowardly, poltroonish, dastardly
pelgus fear, dread; (*kartlikkus*) timidity
peli *mer.* capstan, windlass
pelikan *zool.* pelican
pelusk *bot.* grey pea
pendel pendulum
pendeldama oscillate, swing* (like a pendulum)
pendeluks swing-door, *Am.* swinging door
pendima = **pehastama, pehkima**
peni *murd.* dog, cur; ~**keel** *bot.* pondweed; ~**koorem** mile, league; ~**nukk** = **koerakoonlane**
penitsilliin *farm.* penicillin
penn I (*rahaühik*) penny (*pl.* pence, pennies)
penn II (*sarikapaari ühendav rõhtpuu*) (roof-)strut; (*kanaõrs*) henroost
pension pension; *sõj.* retired pay; ~**ile minema** retire on a pension
pensionär pensioner
pentsik queer, strange, funny, grotesque, rum(my)
peo 1. (*pihk*) palm (of the hand); ~**st suhu** from hand to mouth; 2. (*lina*~) handful (*or* fistful) of flax
peoehe festal (*or* festive) decoration; **peoehtes** festively decorated
peokõne festive (*or* festival) speech, (*söömingul*) banquet speech
peolaud festive (*or* banquet) table (*or* board)
peoleo oriole
peoline = **piduline**
peopesa palm (of the hand), the hollow of the hand
peoriided, peorõivad festive (*or* holiday) clothes, one's best clothes

peorüü festive attire, holiday dress
peosaal festal hall; banqueting hall
peotuju = **pidutuju**
peotäis handful
peovõõras = **piduvõõras**
peoõhtu = **piduõhtu**
peps (*nõudlik*) finical, finicking, finicky, fastidious; (*eputav*) prudish, prim
pepsiin *füsiol.* pepsin
pere family, household; ~t **heitma** (*mesilaste kohta*) swarm
pereema mistress of a household, mother of a family
pereheitmine swarming
pereisa master of a household, father of a family
perekas having a large family; (*rahvarohke*) populous
perekond family
perekondlik family (*atrib.*); ~el **põhjusil** for family reasons, on family grounds
perekonnaelu family life
perekonnanimi surname, family name
perekonnapea head of the family (*or* house)
perekonnaseis personal (family) status; ~**uaktide büroo**, ~**uamet** registry office
peremees master; (*tööandja*) employer, boss; (*omanik*) owner, proprietor; (*külaliste suhtes*) host; (*kõrtsi, üürikorteri* ~) landlord
peremehetsema play the master (*or* boss), lord it, boss it
perenaine mistress, lady of the house; (*kodu*~) housewife (*pl.* -wives); (*külaliste suhtes*) hostess; (*kõrtsi, üürikorteri* ~) landlady
pererahvas the family, household
peretuba (common) room for the household, common living-room (in a farmhouse)
perfekt *lgv.* (present) perfect (tense)
perfektne perfect
perfektsus perfectness, perfection
perforaator *tehn.* perforator, puncher
perforeerima *tehn.* perforate, punch
perifeeria periphery; (*provints*) the provinces
perifeerne peripheral; (*provintsi*) provincial
perifraas *kirj.* periphrasis (*pl.* -ses), circumlocution
perimeeter *mat.* perimeter
periodiseerima divide into periods
periood period

perioodiline (*reeglipäraselt ilmuv*) periodical; *mat., keem.* periodic; ~ **kümnendmurd** recurring (*or* circulating) decimal
perioodilisus periodicity
periskoop periscope
perm *geol.* the Permian system
permanentne permanent
permanentsus permanence
permi Permian
perpendikkel pendulum
perpendikulaarne perpendicular
perroon platform; ~**ipilet** platform ticket
persik = **virsik**
personaalne personal
personal personnel, staff
personifikatsioon personification
personifitseerima personify
perspektiiv perspective, prospect, *piltl. ka* outlook
peru skittish, shy, wild, given to bolting
perutama shy, (*lõhkuma*) bolt, run* away
peruu Peruvian
peruulane Peruvian
perv = **kallas**
perversne perverse
pesa nest; (*elektrilambi*~) socket; (*kuulipilduja*~) emplacement
pesakond (*linde*) brood, clutch, hatch, covey; (*loomi*) litter
pesamuna nest-egg; *piltl.* youngest child (*pl.* children)
pesapall *sport.* baseball
pesema wash; (*söögiinõusid*) wash up; **hambaid** ~ clean (*or* brush) one's teeth; **pesu** ~ launder, do the washing, (*pesunaisena*) take* in washing
pesemisruum washing-room, washroom
pesija washer
pesitama, pesitsema nest, make* (*or* build*) a nest, *piltl. ka* nestle
pess *bot.* fomes, spunk (funges), punk
pessimism pessimism
pessimist pessimist
pessimistlik pessimistic
pesu 1. (*pesemine*) wash, washing; 2. (*alusrõivad*) linen, (under)clothes; (*ihu*~) body-linen, underwear; (*naiste*~) lingerie; (*pesusolevad rõivad*) laundry
pesuehtne (wash-)fast, laundry-proof, laundry-resistant; *piltl.* dyed in the grain (*or* wool), genuine

pesukaru rac(c)oon, *Am.* ka coon
pesukauss wash-basin, *Am.* washbowl
pesukoda laundry (establishment)
pesukorv clothes-basket, laundry basket
pesukumm elastic (band)
pesulaud (*laud pesukausi jaoks*) wash(ing)-stand; (*lauake pesupesemiseks*) scrubbing-board
pesumaja = pesukoda
pesunaine washerwoman (*pl.* -women), laundry-woman, laundress
pesunöör clothes-line
pesupesemine washing, laundering
pesupesemismasin washing machine, washer
pesupulber washing powder
pesupulk clothes-peg, clothes-pin
pesupäev wash(ing)-day
pesurull mangle
pesuseep laundry soap
pesusine = sine
pesusooda washing soda, sal-soda
pesuvesi washing-up water, slops; (*seebine* ~) suds
pesuõmbleja seamstress, sempstress
pete deception, fraud; (*meele*~) illusion
petersell parsley
petipiim buttermilk
petis deceiver, swindler, cheat, fraud
petislik deceiving, swindling, cheating, fraudulent
petlik deceitful, deceptive; illusory; (*ekslik*) fallacious
petlikkus deceitfulness, deceptiveness; (*ekslikkus*) fallaciousness
petma deceive, cheat, defraud, swindle, take* in; (*truudust murdma*) be unfaithful (*to*)
petrooleum (*lambiõli*) paraffin, *Am.* kerosene; (*toorõli*) petroleum; ~ilamp paraffin (*or* oil) lamp, *Am.* kerosene lamp
pett [peti] = **petipiim**
pett [petu] deception, fraud
pettejäreldus *loog.* sophism, false syllogism
pettekujutlus illusion, false conception
petteliigutus, **pettelöök** *sport.* feint
pettemanööver *sõj.* feint (*or* feigned) attack
pettepilt illusion, false image; (*kangastus*) mirage
pettuma be disappointed, be deceived
pettumus disappointment, disillusionment, *kõnek.* ka let-down

pettur swindler, impostor
pettus deception, deceit; (*tüssamine*) fraud, swindle; ~(e)kaup swindle
petujutt swindling story, swindle
pianiino upright piano (*pl.* -os)
pianist pianist
pianoola pianola, player piano (*pl.* -os)
pidaja keeper, holder
pidalitõbi leprosy
pidalitõbine 1. *adj.* leprous; 2. *subst.* leper
pidama (*kohustatud olema*) have to, be obliged to; **ma pean minema** I must go, I have (*or* have got) to go; **ma pidin lahkuma** I had to leave; **ma peaksin minema** I should go, I ought to go; **ma oleksin pidanud minema** I should have (*or* ought to have) gone; **ma pidin (peaaegu) ütlema** I was about to say, I was on the point of saying; **ta pidi (peaaegu) uppuma** he was nearly (*or* well-nigh) drowned; **ta pidavat haige olema** he is said (*or* alleged) to be ill
pidama (*hoidma*) keep*, hold*; (*arvama*) hold*, regard, consider, deem; (*kellekski, millekski*) take* (*for*), (*eksikombel*) mistake* (*for*); **koeri (sigu jne.) ~ keep*** dogs (pigs, etc.); **sõna ~ keep*** one's word; **koosolekut ~** conduct a meeting; **kõnet ~** make* a speech; **sõda ~** wage war; **võitlust ~** conduct a struggle; **ma pean seda oma kohuseks** I regard (*or* deem, feel) this to be my duty; **au sees ~** hold* in honour
pide (*käe*~) handle, grip, hilt; (*padruni*~) clip
pidepunkt fixed point
pidev continuous, continual, continued, sustained, steady
pidevalt continuously, continually, steadily
pidevus continuity, steadiness
pidžaama pyjamas, *Am.* pajamas
pidu festival, festivity (public) holiday; fête, gala (day); (*sööming*) feast, banquet; (*kodune* ~) party; ~ **korraldama** (*kodus*) throw* a party; ~ **pidama** celebrate a festival, hold* a feast
piduehted = **peoehted**
pidulaud = **peolaud**
pidulik festal, festive, gala; (*pühalik*) solemn

pidulikkus festiveness; (*pühalikkus*) solemnity
pidulikult solemnly
piduline participant at a festival (*or* festivity, fête)
piduperemees host at a festival (*or* feast, party)
piduperenaine hostess at a festival (*or* feast, party)
pidupäev festal day, festival, feast, gala day
pidur brake
pidurdama brake, put* the brake on, apply the brake(s); *piltl.* check, restrain, inhibit
pidurdamatu unchecked, unrestrained, uninhibited
pidurdus braking, applying the brake(s); *piltl.* checking, restraining, inhibition
piduriided, pidurõivad = **peoriided, peorõivad**
pidurüü = **peorüü**
pidusaal = **peosaal**
pidustus celebration, holding a festival (*or* feast)
pidusöök banquet, feast, festive meal, formal dinner
pidutsema feast, hold* (*or* celebrate) a feast, celebrate; (*käratsevalt*) revel
pidutuju festive (*or* festal) mood
piduvõõras guest at a feast (*or* banquet, party)
piduõhtu evening party, soirée
pieteet piety
pigatasandik *geogr.* peneplain
pigem(ini) rather, sooner
pigi pitch; (*kingsepa~*) cobbler's (*or* shoemaker's) wax; **ma olen ~s** *piltl.* I am in a hopeless plight (*or* in a tight place, in trouble, in the soup)
pigimust pitch black
pigine pitchy
pigistama squeeze; (*jalatsi kohta*) pinch; (*vahele ~, kokku ~*) jam; **silmi kinni ~** shut* one's eyes (*millegi suhtes — to smth.*)
pigistus squeeze; jam
pigitama pitch, cover (*or* smear) with pitch; (*kingsepatraati ~*) wax
pigitraat shoemaker's thread, waxed thread
pigment pigment
pihid (blacksmith's) tongs, large pincers
pihiisa *kirikl.* father confessor

pihik bodice
pihk [pihu] palm (of the hand)
pihk [piha] resin, rosin, (tree-)pitch
pihl(akas) (*puu*) rowan-tree, mountain ash; (*mari*) rowan(-berry); (*söödav ~*) sorb
piht [piha] shoulders; (*vöökoht*) waist(-line)
piht [pihi] *kirikl.* confession
pihta 1. *postp.* at; **ta viskas kiviga koera ~** he threw a stone at the dog; 2. *adv.* on; see **lask läks ~** that shot hit the mark; **anna ~!** lay on!; **hakkame ~!** now for it!, let's begin!
pihtaed palisade
pihtama hit* (the mark)
pihtamus hit
pihtima confess, make* a confession
pihtimus confession
pihtkasukas sheepskin jacket
pihttara = **pihtaed**
pihu dust, powder; (*vedeliku ~*) spray; **~ks ja põrmuks** to smithereens
pihustama pulverize, atomize, disperse; (*vedelikku*) spray
pihusti pulverizer, atomizer; (*vedeliku~*) sprayer, spray
pihustuma be pulverized (*or* atomized, dispersed); (*vedeliku kohta*) be sprayed
pii I (*kammil jms.*) tooth (*pl.* teeth), tine, prong
pii II *mat.* pi
piibel Bible
piibeleht = **maikelluke(ne)**
piiber beaver
piiblilugu scriptural (*or* sacred) history
piibumees pipe-smoker, pipe man (*pl.* men)
piibunosu cutty-pipe
piibutama smoke (a pipe)
piibutubakas pipe tobacco
piidlema = **piiluma**
piiga maid, girl, lass
piik pike, lance; **kellegagi ~e murdma** *piltl.* break* a lance with smb.
piiks squeak
piiksatama squeak, give* a squeak
piiksuma squeak, squeal
piilpart *zool.* teal
piilu 1. *lastek.* = part; 2. = **piilupart**
piiluma peep, peek, peer, pry, spy
piilupart toy duck, (*savist*) clay duck
piilur *sõj.* scout

piim [piima] milk; ~a andma give* (or yield) milk; ~a koorima skim milk
piim [piimi] mer. beam
piimaand yield of milk
piimahabe piltl. beardless youth, callow youth, greenhorn, milksop
piimahammas milk-tooth (pl. -teeth)
piimajuha anat. milk duct, lactiferous duct
piimakari dairy herd
piimakauplus milk-shop, creamery, dairy
piimaköök milk house
piimalehm milch cow, milker
piimalill spurge, milkwort
piimamees milkman (pl. -men), dairyman
piimand(mahl) füsiol. chyle
piimandus dairying
piimane milky
piimanõu milk can
piimanääre anat. lactiferous (or lacteal) gland
piimapalavik med. milk fever, lacteal fever
piimapudel milk bottle
piimapõrsas põll. weaner pig
piimasaadus dairy product
piimavadak, piimavesi whey
piimhape lactic acid
piimik = riisikas
piimjas milky, milk-like
piimjuur (aas~) yellow goatsherd; (aed~) salsify
piimküpsus (viljateral) milky stage
piimnõges = iminõges
piimohakas milkveed
piimputk hog's fennel
piimvalge milky white, milk-white
piin torment, suffering, anguish; (piinamine) torture; (valu) pain, pangs, agony; (häda) trouble, worry
piinaja tormentor (fem. -tress), torturer
piinakamber torture-chamber
piinama torment, torture; rack; (kiusama) trouble, worry
piinapink aj. rack
piinarikas full of torment, agonizing, very painful
piinia stone-pine, Italian pine
piinlema feel* torment, torment oneself; worry, be troubled
piinlik painful, embarrassing, awkward, unpleasant; **mul on ~** I am (or feel) embarrassed, I feel ill at ease; ~ **täpsus** scrupulous accuracy

piinlikkus painfulness, embarrassment, awkwardness, unpleasantness
piinlikult painfully, embarrassingly; (täpsuse suhtes) scrupulously
piinutama torture, put* to the torture, torment
piip (tobacco-)pipe
piir boundary, limit; bounds, borders; (riigi~) frontier; ~**i panema set*** limits (to), confine; ~**i pidama** keep* within bounds, observe moderation; ~**i taga** abroad; **hullumeelsuse** ~**il** on the verge of madness; **millegi** ~**ides** within the limits (or range) of smth.
piirama bound, confine, limit; (kitsendama) restrict, restrain; (sisse ~) surround, (kindlust) besiege, lay* siege (to), beleaguer, piltl. ka encircle, ring in (or round)
piiramatu unbounded, unlimited; (võimu kohta) absolute
piiramine sõj. siege
piiramisseisukord state of siege
piiratud limited; (mõistuse poolest) narrow (-minded)
piiratus bounds, limitation(s); (mõistuse poolest) narrow-mindedness
piird (weaver's) reed
piirdeline peripheral
piirdenurk mat. angle at the circumference
piirduma be limited (millegagi — to smth.); confine oneself (to)
piire [piirde] (piirjoon) periphery, circumference; (piiriala) boundary; zool. coronet
piirikaitse frontier defence
piirikivi boundary stone, landmark
piirimaa borderland; frontier district (or territory)
piirimärk boundary mark, landmark
piiristama delimit, demarcate, mark the boundary (of)
piiristus delimitation, demarcation
piiritagune from abroad, foreign
piiritlema define, determine; (piirjooni märkima) delimit
piiritlus definition, determination; (piirjoonte märkimine) delimitation
piirits netting-needle
piiritu boundless, unbounded, limitless, illimitable, infinite
piiritus I (ääretus) boundlessness, limitlessness, infinity
piiritus II (alkohol) spirit(s), alcohol; ~**lahus** solution in alcohol; ~**lakk** spirit varnish; ~**lamp** spirit lamp

piirivalve frontier guard, frontier forces
piirivalvur frontier guard
piirjoon boundary(-line); (*äärjoon*) outline, contour
piirkond district; (*valdkond*) region, domain (*ka piltl.*)
piirnema border (*millegagi — on smth.*), be contiguous (*to*), be conterminous (*with*); *piltl.* verge (*on*)
piirpääsuke(ne) swift
piirväärtus *mat.* limit
piisama suffice, be sufficient (*or* enough); **sellest piisab** that will do
piisamatu insufficient
piisav sufficient
piisk droplet, drop; ~**infektsioon**, ~**nakkus** *med.* droplet infection
piiskop bishop
piiskopkond diocese, bishopric
piiskoplik episcopal
piison bison
piisutama = **piserdama**
piit jamb, (side-)post
piits whip; (*roosk*) scourge; ~**ahoop** (whip)lash, stroke with a whip; ~**avars** whip handle, whipstock
piitsutama whip, lash; (*rooskama*) scourge
pikaajaline long, long-time, prolonged, protracted; (*laenu kohta*) long-term
pikaealine long-lived
pikajuukseline, pikakarvaline long-haired
pikakasvuline tall, of high stature
pikaldane (*aeglane*) slow, tardy, leisurely; (*kauakestev*) protracted, of long duration
pikale: ~ **venima** be prolonged (*or* protracted, long drawn-out), drag on (*or* out)
pikali (lying) down, stretched (on the ground); ~ **olema** lie*, be in a lying position; ~ **heitma** lie* down; ~ **lööma** knock down (*or* flat)
pikaline slow, tardy, stolid
pikalt at great length; (*kaua*) long; ~ **ja laialt** at great length (and in detail)
pikamaajooks long-distance running, long race
pikamaajooksja long-distance runner
pikameelne long-suffering, forbearing, patient
pikameelsus long-suffering, forbearance, patience
pikantne piquant, pungent, sharp, high-flavoured; (*nilbevõitu*) spicy
pikanäpumees *piltl.* filcher, pilferer, thief (*pl.* thieves)
pikapeale in the long run, at (the long) last, at length
pikatoimeline = **pikaline**
pikee *tekst.* piqué
pikeerima 1. *sõj.* dive, swoop (down); 2. *aiand.* thin out by transplanting
pikem longer; (**ilma**) ~**a jututa** off-hand, without further (*or* more) ado, straight away
pikemaajaline prolonged
pikemalt longer, at greater length; (*üksikasjalikumalt*) in greater detail
pikend prolongation, extension
pikendama lengthen, make* longer, prolong, extend; (*pikemaks venitama*) elongate
pikendus lengthening, prolongation, extension; (*pikemaks venitamine*) elongation
pikenema lengthen, grow* (*or* become*) longer
pikergune oblong, elongated
piketeerima *pol.* picket
pikett 1. *sõj., pol.* picket; 2. (*kaardimäng*) piquet
piki along, alongside; ~ **teed** along the way (*or* road)
pikilõige longitudinal cut (*or* section)
pikisiimi with impatience, with longing
pikisuunaline longitudinal
pikk long; (*üsna* ~) lengthy; (*kõrguselt*) tall; **pika meelega** = **pikameelne**
pikkamisi, pikkamööda slowly, leisurely, unhurriedly
pikker thunder; **P-** *müt.* Thunderer, God of thunder
pikkima I *aiand.* thin out by transplanting
pikkima II *kok.* = **pekkima**
pikkjalg *zool.* harvest spider, harvestman (*pl.* -men)
pikklaine *el.* long wave
pikkpoiss *kok.* roast minced meat (in the form of a long loaf), shepherd's pie
pikksilm *füüs.* telescope, spy-glass, *sõj.* field-glass
pikkus length; (*kasvu kõrgus*) height, tallness; *geogr.* longitude; ~**kraad** *geogr.* degree of longitude; ~**mõõ'** measure of length
pikkvanker break, *Am.* buckboard

piklik oblong, elongated
pikne thunder(-storm); (*välk*) lightning
piknik picnic
pikolo 1. *muus.* piccolo (*pl.* -os); 2. *van.* (*kelneripoiss*) boy waiter
piksekaitse lightning protector (*or* arrester)
pikselöök thunderclap
piksenool thunderbolt
piksevarras lightning-conductor, lightning-rod
pikutama lie*, rest (lying down); ~ **heitma** lie* down (for a rest)
pikuti lengthwise, lengthways, longitudinally
pikutine lengthwise, longitudinal
pila 1. *subst.* prank, lark, foolish trick; 2. *adj.* foolish, prankish
pilak *etn.* clamp for a fire-stick
pilama make* game of, ridicule, mock
pilastama put* to shame, outrage, sully; (*vägistama*) violate, ravish
pilbas splinter, chip (of wood); (*katuse~*) shingle; ~**katus** shingle(d) roof
pilbastama split, splinter
pildigalerii picture gallery
pildikogu picture collection
pildiraam picture frame
pildiraamat picture book
pildirikas rich in pictures (*or* images)
pildistama photograph, take* a photo (*or* picture) (*of*); **ennast pildistada laskma** have one's photo (*or* picture) taken
pilduma throw*, cast*, toss; (*üles* ~) pitch; (*nooli, pilke jms.*) dart; (*loopima*) fling*, pelt; (*virutama*) hurl; (*laiali* ~) scatter
pilet ticket; (*partei~, ametiühingu~*) card; (*eksami~*) question slip; ~**ikassa** ticket office, booking-office
pilgar = **pillerkaar**
pilge mockery, scoff(ing), derision; (*satiir*) satire
pilgeni: ~ **täis** brim-full
pilges (given to) mocking, scoffing
pilgutama wink, blink
pilgutus wink, blink
piljard billiards; ~**ikepp** (billiard-)cue; ~**ikuul**, ~**ipall** billiard ball
pilk [pilgu] 1. (*vaade*) glance, glimpse, look; ~**u heitma** cast* (*or* throw*) a glance, have (*or* take*) a look (*millelegi* — *at smth.*); **ainsa pilguga** at a glance; **esimesest pilgust** at the first glance, at first sight; 2. (*silmapilk*) moment, instant
pilkaja mocker, scoffer
pilkama mock, scoff, deride, make* game (*of*); (*mõnitama*) jeer (*at*)
pilkane pitch-dark; ~ **pimedus** utter darkness
pilkav mocking, scoffing, derisive; ironic, sarcastic
pilkealune laughing-stock, butt (of derision)
pilkeleht satiric(al) paper
pilkeobjekt = **pilkealune**
pilklik = **pilges**
pilkuma wink, blink
pill I (*muusikariist*) musical instrument; **kellegi** ~**i järgi tantsima** dance to smb.'s piping (*or* tune)
pill II (*ravimkuulike*) pill
pill III *mer.* = **peli**
pillaja squanderer, spendthrift, prodigal
pillama 1. (*raiskama*) squander, waste, dissipate; (*ohtrasti jagama*) lavish; 2. (*kukkuda laskma*) drop, let* fall; (*vedelikku*) spill*
pilla-palla higgledy-piggledy, (all) jumbled up
pillav squandering, wasteful, dissipating
pillerkaar revel(ry), spree, *kõnek.* beano (*pl.* -os)
pillerkaaritama revel
pillimees player, (popular) musician
pilliroog reed; (*suhkru~*) cane
pillutama (*laiali pilduma*) scatter (abroad), toss, pitch; (*hobuse kohta*) bolt, run* away
piloot pilot
pilpakatus = **pilbaskatus**
pilpanael shingle nail
pilt picture; (*peegel~, kuju, kujund jms.*) image; (*vaate~*) sight; ~**ilus** of rare (*or* dazzling, striking) beauty; ~**kiri** picture-writing, pictograph
piltlik figurative, metaphoric(al); (*ka*) = **pildirikas**
piltlikult figuratively, metaphorically
piltmõistatus rebus, picture-puzzle
piltpostkaart picture postcard
pilu slit, slot; (*riides*) slash; (*ka*) = **pilutus**
pilukil half-open, narrowed; ~**e jääma** remain half-open
pilusilm slit-eye, narrow eye, almond eye

pilutama 1. (*pilukile tõmbama*) narrow; 2. (*riiet*) hemstitch
pilutikand, pilutus *tekst.* hemstitch, open work
pilv cloud; ~e minema become* cloudy (*or* overcast); ilm on ~es the weather is cloudy, the sky is overcast
pilvelõhkuja skyscraper
pilverüngas cloud-bank
pilves *vt.* pilv
pilvik *bot.* russula
pilvine cloudy
pilvistuma become* cloudy, cloud over (*or* up)
pilvitama be (intermittently) cloudy
pilvitu cloudless, unclouded
pilvitus 1. (*pilvkate*) cloud, clouds; 2. (*pilvitu ole*k) cloudlessness
pime 1. *adj.* 1. (*valgusetu*) dark; väljas on ~ it is dark out of doors; ~daks minema grow* dark; 2. (*mittenägev, sõge*) blind; ~daks jääma grow* blind; ~dast peast = pimesi; 2. *subst.* blind person, blind man (*pl.* men), blind woman (*pl.* women); ~date heaks for the blind
pimedik darkness; nightfall
pimedus 1. (*valgusetus*) darkness, the dark; 2. (*mittenägevus, sõgedus*) blindness, *tead.* cecity; ~jünger *piltl.* obscurant(ist)
pimendama darken, obscure; (*aknaid jms.*) black out (*ka teatr.*)
pimendus darkening; (*akende jms.* ~) back-out (*ka teatr.*)
pimenema grow* dark(er)
pimesi blindly; kedagi ~ usaldama trust smb. blindly (*or* implicitly)
pimesikk blind-man's-buff
pimesool blind gut, *tead.* caecum; ~epõletik = ussjätkepõletik
pimestama blind; (*heleda valgusega*) dazzle
pimestav blinding; (*heleda valgusega*) dazzling; ~ valgus dazzling light
pimestus blinding; (*heleda valgusega*) dazzling
pimik *fot.* dark-room
pimm-pamm ding-dong
pimss(kivi) pumice(-stone)
pinal pencil-case, pen-box
pind [pinna] surface; (*pinnas*) ground, soil; (*tasa*~) plane (*ka piltl.*); (*alus*) base; Eesti pinnal on Estonian soil (*or* ground); ~a sondeerima sound the ground, *piltl.* ka explore the possibilities

pind [pinnu] splinter, sliver; (~*laud*) slab; mul läks ~ sõrme I got a splinter in my finger
pindala surface, area
pindkarastus *tehn.* case-hardening
pindlaud slab
pindluu splint-bone, splinter-bone, *tead.* fibula (*pl.* -ae, -as)
pindmik *geogr.* terrain; *anat.* facies
pindmine surface (*atrib.*)
pindpinevus *füüs.* surface tension, *tehn. ka* surface strain
pinev tense, taut; strained
pinevil tense, taut; strained
pinevus tenseness, tension, tautness; strain
pingbetoon *ehit.* prestressed reinforced concrete
pinge tension; strain, stress (*ka tehn.*); *el.* voltage, potential
pingeline intense, strenuous
pingestama *el.* give* a (positive or negative) potential (*to*)
pingne = pingeline
pingsus intensity, strenuousness
pingul taut, tense, on the stretch; ~e tõmbama = pinguldama
pinguldama tauten, draw* taut; tighten, brace
pingule *vt.* pingul
pingus tautness, tenseness
pingutama strain, exert (to the utmost), stretch; jõudu ~ exert oneself, make* an effort; rihma ~ tighten the rope
pingutus strain, exertion; (*jõu*~) effort; ~t nõudev (*töö kohta*) strenuous
pingutuskruvi *tehn.* tightening(-up) screw
pingutusseadis *tehn.* tightening device
pingviin *zool.* penguin
pink bench; (*kooli*~) form, (school-)-desk
pinn peen, hammer-edge
pinnaehitus *geogr.* surface structure
pinnaline = pinnapealne
pinnamõõt square measure
pinnapealne superficial, perfunctory, shallow
pinnas *geol.* soil, ground; ~epump *tehn.* suction dredge
pinnavesi surface water, day water
pinnima (*vasardama*) peen, hammer, sharpen by hammering; *piltl.* press, ply with questions, (*välja* ~) extort (by questioning)
pinnuline splintery, rough-surfaced

pinsol insole
pint = koot
pintsak (lounge-)coat, jacket
pintsel (painting-)brush; *(peen ~)* pencil
pintseldama handle the brush, paint, daub
pintsett (a pair of) pincers, tweezers
pintslitõmme brush-stroke
pinu pile, heap, stack
pioneer pioneer; *er.* young pioneer; ~**ijuht** pioneer leader; ~**ilaager** young pioneer camp; ~**irätik** pioneer necktie; ~**irühm** pioneer group; ~**isalk** pioneer detachment
pipar pepper
pipardama pepper
piparkook gingerbread (cake), ginger biscuit, spiced treacle-cake
piparmünt peppermint
pipett pipette, (medicine) dropper
piprane peppery
pipratera peppercorn
pipratoos pepperbox, *(augulise kaanega)* pepper-castor
pipraveski pepper-mill, pepper-grinder
piraat pirate, buccaneer
pird = peerg
piripill, piripott cry-baby
pirisema whine, whimper, cry; *(sääse kohta)* buzz
pirn pear; *(elektri~)* bulb; **kellelegi** ~**i panema** *piltl.* cook smb.'s goose
pirnipuu pear-tree
pirts touchy (*or* irritable) person
pirtsakas touchy, irritable, peevish, petulant; *(peps)* finical, finicky
pirtsakus touchiness, irritability, peevishness, petulance; *(peps olek)* finicality, finickiness
piruett pirouette; *(uisutamisel)* spin
pirukas pie, patty; *(ümmargune ~, moosi~)* doughnut
pisar tear; ~**aid valama** shed* tears
pisaranääre *anat.* lachrymal gland
pisargaas tear gas
pisarsilmi(l) with tears in one's eyes
pisem smaller, tinier
piserdama sprinkle, spray, asperse; *(vihma)* drizzle
pisiasi small matter, trifle, small detail
pisihiir *zool.* harvest-mouse
pisik microbe, germ
pisike(ne) (very) small, little, tiny, minute
pisikukandja *med.* (microbe) carrier

pisiku(te)vaba *med.* germ-free, aseptic
pisilane = pisik
pisipakk small parcel (*or* package)
pisisõrm *anat.* little finger
pisitasa little by little; silently, secretly, on the sly
pisitilluke(ne) tiny, wee; minute
pisku: ta on ~**ga rahul** he is content with very little
pistand *(teivas)* stake, pale; ~**aed** stockade, palisade
piste *(torge)* stab, thrust, jab; *(nõela~)* prick; *(putuka ~)* sting; *(õmbluses)* stitch; ~**haav = torkehaav**
pistik *aiand., mets.* cutting, slip (for planting); *el.* plug; ~**upesa** *el.* (plug) socket
pistima bribe
pistis bribe
pistma *(torkama)* stick*, stab, thrust*, jab; *(toppima)* poke, tuck, shove; *(nõelama)* prick, sting*; *(panema)* put*, slip; **pead aknast välja** ~ pop one's head out of the window; **jooksma** ~ break* into a run, take* to one's heels; **kinni** ~ *kõnek.* tuck in, polish off, eat* up, gobble up; **põlema** ~ set* fire to, set* on fire
pistmine: mis on sinul sellega pistmist? *kõnek.* what have you got to do with that?
pistoda dagger, poniard, stiletto *(pl. -os)*
pistong percussion (*or* primer) cap, cap, primer
pistrik falcon
pisuhänd = kratt
pisuke(ne) = pisike(ne)
pisut a little, a bit, slightly
pits I *(sigari-, sigaretihoidja)* (cigarette-)holder; *(piibulips)* mouthpiece
pits II *(napsiklaas)* wine-glass; *(napsiklaaasitäis)* (small) glass of spirits, dram, *kõnek.* swig, peg
pits III *tekst.* lace
pitsat seal, stamp, signet
pitseerima seal (up, off), stamp; put* a seal *(to)*
pitser seal, stamp, impress
pitsitama squeeze
pitskardin lace curtain
pitsklaas (small) wine-glass, stemmed glass
pitskrae lace collar

pitsu *kõnek.* (small) dog, *er.* (*špits*) pom, Pomeranian (dog)
pitsuma be squeezed (*or* jammed)
piug thong, lash
piuks cheep, squeak, peep
piuksatama give* a cheep (*or* squeak, peep)
piuksuma cheep, squeak, peep
pjedestaal pedestal
plaan plan; (*kava*) scheme, design, project, blueprint; (*tunni~, sõidu~*) time-table, schedule; (*maakoha, linna jms. ~*) map; (*ehitus- v. tehniline projekt*) blueprint; (*tase*) level; **selles ~is** on that level; **üle ~i** over (*or* in surplus of) the plan, above schedule
plaaner = **purilennuk**
plaanikindel planned, according to plan, systematic
plaaniline planned, scheduled, estimated (according to plan)
plaanima I = **planeerima I, plaanitsema**
plaanima II (*lohakalt lööma*) bang, whang, throw* with a bang (*or* whang)
plaanimajandus planned economy
plaanindus planning
plaanipärane according to plan, planned
plaanistama map (out)
plaanitsema plan, scheme, design, project, devise
plaanitu planless, unplanned
plaaniväline not provided for by the plan, over and above the plan
plaanvanker (two-horse) waggon
plaaster plaster
plaasterdama plaster
plaaž beach
plaat plate, board; (*kivi~*) slab, flag; (*grammofoni~*) record, disk
plaatina platinum
pladin splash, patter
pladisema splash, patter
pladistama dabble (about), splash (about), paddle
plagama scamper, scuttle, scurry; **ta pani ~** he took to his heels
plagiaat plagiarism
plagiaator, plagieerija plagiarist
plagieerima plagiarize
plagin clatter, rattle, clapping, clank
plagisema clatter, rattle, clap, clank
plagu (ship's) flag
plahvatama explode, detonate, blow* up, burst*

plahvatus explosion, detonation; **~mootor** = **sisepõlemismootor**; **~ohtlik** explosive
plakat placard, poster, bill
plaks(ak) clap, crack, slap
plaksuma clap, crack, slap
plaksutama clap, crack; **käsi ~** clap one's hands, (*kiiduavalduseks*) applaud; **piitsa ~** crack a whip
planeerima I (*plaani koostama*) plan
planeerima II (*lauglema*) glide
planeet *astr.* planet; **~idevaheline** interplanetary
planetaarium *astr.* planetarium (*pl.* -ia)
planetaarne *astr., tehn.* planetary
planimeetria *mat.* planimetry, plane geometry
plank [plangi] = **blankett**
plank [plangu] plank; (*kitsas ~*) batten; (*~aed*) board fence, hoarding
plankton *biol.* plankton
planšett (*plaanistuslauake*) plane (*or* surveyor's) table; (*kaarditasku*) map-case
plasku flask
plastika plastic art; (*tantsukunsti liik*) plastic dancing
plastiliin plasticine
plastiline plastic
plastilisus plasticity
plastmass plastic(s)
plataan plane(-tree), *haruld.* platan(e)
platoo plateau (*pl.* -eaus, -eaux), tableland
platooniline Platonic
plats place; (*väljak*) ground, (*nelinurkne ~*) square; **ta on juba ~is** he is already on the spot
platsdarm bridge-head, beach-head base; *piltl.* foothold
platseerima place (*ka sport.*)
platseeruma be placed
platskaart reserved seat (*or* berth) ticket
platvorm platform; **~vagun** truck, *Am.* flat-car
plebei plebeian
plebistsiit plebiscite
pleed plaid
pleegitama bleach
pleekima bleach; (*luituma*) fade
pleekimata unbleached
pleeklubi bleaching powder, chloride of lime
pleenum plenum, full assembly
plehku: ~ panema take* to one's heels, decamp, bolt

plekikäärid plate-shears
plekiline spotty, spotted; ~ **soetõbi**
= **tähniline soetõbi**
plekine tinny, brassy
plekissepp = **plekksepp**
plekitama stain, spot
plekitu stainless, spotless
plekk I. (*metallileht*) sheet-metal, (thin) plate, (*raud*~) sheet-iron; (*tinutatud* ~) tin, tin-plate; laine-line ~ corrugated iron
plekk II (*laik*) stain, spot, blotch; (*tindi*~) blot; (*määrde*~) smear, smudge, smirch
plekkahi sheet-iron stove
plekk-karp tin, tin box
plekk-katus (iron-)plate roof
plekknõu tin, tin vessel (or container); ~d tinware
plekksepp tinsmith, tinman (*pl.* -men)
plekktoos tin, (tin) canister
plenaaristung plenary (or joint) session (or meeting)
plett *kõnek.* 1. = **palmik**; 2. = **nuut**
pleuriit *med.* pleurisy
plii (*seatina*) lead
pliiats pencil; (*värvi*~) crayon
pliidiplaat stove plate (or top)
pliidirõngas stove ring
pliidiuks stove door
pliin (Russian) pancake
pliit (cooking) range, kitchen range, cooking stove
plika (teen-age)girl, slip (or chit) of a girl
plikalik girlish
plindris: ~ olema *kõnek.* be in a fix
plink compact and hardened
plinkima *mer.* blink
plinkollus *anat.* compact tissue
plinktuli *mer.* intermittent light
plissee pleating, pleats
plisseerima pleat, make* pleats
plokk block; (*vinn*) pulley, pulley-block; (*laste mängu*~) brick; (*jalatsite venitamiseks*) boot-trees
plokkima (*plokile tõmbama*) block; (*jalatsit*) tree
plombeerima 1. (*hammast*) stop, fill; 2. (*ust, kaupa jms.*) = **plommima**
plomm 1. (*hambatäidis*) stopping, filling; 2. (*tinapitser*) lead seal
plommima seal off (or up) (with lead)
plonn unburnt brick, raw brick, adobe
ploom plum; (*kuivatatud* ~) prune; (*roheline inglise* ~) greengage

ploomipuu plum-tree
ploomirasv leaf lard
plotski *kõnek.* hand-rolled cigarette, stinker, gasper
plunžer *tehn.* plunger
pluraalne plural
pluskvamperfekt *lgv.* pluperfect, past perfect (tense)
pluss plus; (*paremus*) advantage
plutokraat plutocrat, tycoon
plutokraatia plutocracy
plutoonium *keem.* plutonium
pluural plural
pluus blouse; (*sõduri*~) tunic
plõgin = **lõgin**
plõgisema = **lõgisema**
plõgistama = **lõgistama**
plõks snap, click
plõksuma snap, click
pläma piffle, twaddle, fudge
plära jabber, squawk, prattle
plärakas splodge (or splotch), splash, blur
plärama jabber, squawk, prattle
plärisema jangle, jar, blare
plärts splash (or splosh), splodge (or splotch), (flip-)flop, blur, stain
pläru = **plotski**
plötserdama = **pötserdama**
plüüš plush
pneumaatiline pneumatic; ~ **vasar** *tehn.* pneumatic hammer, (compressed) air hammer
pneumoonia *med.* pneumonia
pobisema mumble
pobul = **pops** [popsi]
podagra *med.* gout, podagra
podisema sputter, simmer
poeem poem
poeesia poetry
poeet poet
poeetika poetics
poeetiline poetic(al)
poeg son; (*loomal*) young (one), (*kassil*) kitten, (*lõvil, karul jms.*) cub, (*kanal*) chick(en), (*hanel*) gosling, (*pardil*) duckling; **pojad** (*loomal*) young ones, offspring
poegima bring* forth (or give* birth to) young, litter, (*kassi kohta*) kitten, (*koera kohta*) pup, (*lamba kohta*) lamb, (*lamba v. kitse kohta*) yean, (*lehma kohta*) calve, (*hobuse kohta*) foal, (*sea kohta*) farrow; (*metslooma kohta*) have cubs
poeglaps male child, boy
poelett (shop) counter

poesell *van.* shop-assistant, salesman (*pl.* -men)
poetama 1. (*raasukesteks*) crumble, crumb; (*lüdima*) shell, hull, husk, pod, *Am.* shuck; 2. (*pistma*) slip, thrust*; **ennast salaja** ~ worm one's way, steal*, penetrate (*into*); 3. (*pillama*) drop, let* fall, shed* (off)
poetess poetess
pogri lock-up, clink, quod, jail; **pokri panema** lock up, send* to jail
pogromm pogrom
pohemold *etn.* winnowing-trough
pohl red whortleberry, cowberry, red bilberry
pohmelus the blues (*or* dumps) after drinking, crapulence, *Am.* hangover
poi I *mer.* buoy
poi II *zool.* tortoise beetle, chrysomelid
poikvel *murd.* = **praokil**
poised *zool.* barbels
poisike(ne) (little) boy, lad (die), youngster
poisikeselik boyish, childish
poisikeseohtu (boyishly) young, not quite mature
poisiklunn, poisiklutt brat, urchin
poisilik boy-like, boyish
poisinolk = **nolk**
poisipea shingle, shingled head (of hair)
poisivolask hulky boy, hulk (*or* gawk) of a lad
poiss boy, lad; (*noormees*) fellow, chap
poisslaps = **poeglaps**
poissmees bachelor, unmarried (*or* single) man (*pl.* men)
poisu laddie, sonny
poja (*er. kõnetusena*) sonny, laddie
pojake(ne) sonny, (little) son
pojalaps grandchild (*pl.* -children)
pojalik filial
pojanaine = **minia**
pojapoeg grandson
pojatütar granddaughter
pojeng = **pujeng**
poju(ke) sonny
pokaal cup, goblet
pokri *vt.* **pogri**
poks boxing, (~*i... ist*) pugilism
poksija boxer, (*elukutseline* ~ *ka*) pugilist, prize-fighter
poksima box
pokslema = **pusklema**
polaarjoon *geogr.* polar circle
polaarmaad *geogr.* polar regions

polaarne polar
polaarsus polarity
polaarvööde *geogr.* polar (*or* frigid) zone
polarisatsioon polarization
polariseerima polarize
pole = **ei ole**; *vt.* **olema**; ~ **ime (et)** no wonder (that); ~ **viga** (*vabanduse peale*) not at all, it does not matter, never mind; (*kaunis kena*) not (so) bad
poleemika polemics, controversy
poleemiline polemic(al), controversial
poleer polish
poleerima polish, burnish
poleervaha = **poonimisvaha**
polemiseerima polemize, carry on a controversy
poliis policy
poliitbüroo *pol.* Politburo (*or* Politbureau)
poliitharidus political education
poliitik politician, (*riigimees*) statesman (*pl.* -men)
poliitika (*riigiasjade ajamine*) politics; (*tegutsemisviis*) policy
poliitiline political
poliitõppus political instruction (*or* tuition)
polikliinik policlinic (*or* polyclinic), out-patients' hospital (*or* department)
poliomüeliit *med.* poliomyelitis, *kõnek.* polio
politikaan intriguer, (scheming) politician
politsei police
politseinik policeman (*pl.* -men), (*Inglismaal ka*) constable, *kõnek.* bobby, copper, *Am.* cop
polituur furniture polish
polk regiment
polka polka
polkovnik colonel
polonees *muus.* polonaise
poloonium *keem.* polonium
polster bolster, padding, stuffing; (*polsterdus*) upholstery
polsterdama bolster, pad, stuff, (*mööblit*) upholster
polstermööbel upholstery
polt bolt, pin, peg
polüfoonia *muus.* polyphony
polüfooniline *muus.* polyphonic
polügaamia polygamy
polügaamiline polygamous
polüglott polyglot

polügoon *mat.* polygon; **sõj.** firing ground (*or* field), ordnance yard
polügraafia printing (and publishing); ~**tööstus** printing and publishing industry
polümeer *keem.* polymer
polümeeria *keem.* polymerism
polüneesia Polynesian
polünoom *mat.* polynomial
polüsemantiline *lgv.* polysemantic
polütehnikum polytechnic (institute), polytechnical institute
polütehniline polytechnic(al); ~ **haridus** all-round technical education
polüüp *zool.* polyp; *med.* polypus (*pl.* -pi, -puses)
pomerants wild orange, Seville (*or* bitter) orange
pomin mutter, mumble, murmur
pomisema mutter, mumble, murmur
pomm (*lõhke*~) bomb; bombshell (*er. piltl.*); (*kaalu*~) weight
pommi = purju
pommikild bomb splinter
pommikindel bomb-proof
pommilennuk = pommituslennuk
pommiplahvatus bomb explosion
pommirünnak bombing raid
pommis = purjus
pommitama bomb, bombard
pommitus bombing, bombardment; ~**lennuk** bomber
poni(**hobune**) pony
ponnistama exert oneself, make* an effort
ponnistus exertion, effort
pontoon pontoon, *Am. ka* ponton; ~**sild** pontoon bridge, float(ing) bridge
pood shop, *Am.* store
poodium dais, (raised) platform, stage
poodnik shopkeeper
pooge *aiand.* graft, grafting; (*pungastamine*) budding; (*silmastamini*) inoculation; *med.* inoculation
poogen 1. (*paberit*) sheet; *trük.* sheet, (*korrektuur*~) proof sheet; (*murtud trüki*~) quire; 2. (*keelpilli* ~) bow
poogend *biol., med., aiand.* graft
pook(e)alus tree stock, wilding
pookima 1. *aiand.* graft, engraft; (*pungastama*) bud; (*silmastama*) inoculate; *biol., med.* graft, engraft; (*kaitsepooget tegema*) inoculate; 2. (*raamatut*) bind*
pookoks graft
pool *postp., adv.* at, to, towards; mi-

nu ~ at my place; põhja ~ to the north, in the north; igal ~ everywhere
pool [poole] half (*pl.* halves); (*külg*) side; (*lepingus, kohtuprotsessis jms.*) party; kell on ~ kümme it is half past nine (o'clock); ~ tundi half an hour, a half-hour; ~e tunni pärast in half an hour; kolm ja ~ aastat three years and a half; ~ maad half the way (*or* distance); ~e hinnaga at half the price, at half-price; ~e rohkem twice as much; ~e vähem half as much; ma olen teie ~el I am at your side
pool [pooli] spool, reel, bobbin, spindle; *el.* coil
poola Polish
poolaasta half-year
poolaeg *sport.* half-time
poolakas Pole
poolametlik semi-official
pooldaja supporter, follower, adherent, partisan; (*toetaja*) supporter
pooldama be in favour (*of*), stand* for, be for, favour, sympathize (*with*), support, follow
poolduma be halved, divide (*or* fall*, split*) into halves
poole [poolme] fold, valve; (*kaunal*) half-pod
poole *postp., adv.* to the side of, towards, to; põhja ~ to the north; aknad on tänava ~ the windows face (*or* open on) the street; kuhu ~ sa lähed? which way are you going?; ta vaatas teisele ~ he looked the other way; tulge minu ~ come to my place; kellegi ~ hoidma side with (*or* adhere to, sympathize with) smb.; kellegi ~ pöörduma turn (*or* apply) to smb.; igale ~ everywhere
pooleaastane six-month(s)-old, half-year-old
poolehoid attachment, liking, favour; (*heakskiit*) approval; (*toetus*) support; kellegi poolehoiu osaliseks saama receive (*or* meet* *with*) smb.'s approval
poolehoidja = pooldaja
pooleks *adv.* in half, in two; ~ langema (*häälte kohta hääletusel*) be equally divided; ~ lõikama cut* in half (*or* in halves, in two); teeme ~ let's go halves (*or* fifty-fifty)
pooleldi half, partly
pooleli half done, unfinished

**poolenisti halfway
poolest** *postp.* as to, as for, with reference to, as regards, with respect to, in... respect; **sõbramehe ~ out** of friendship, for friendship's sake; **minugi ~ all right** (I don't object), (just) as you like
poolestusaeg *füüs.* half-life (period)
pooleteraline, pooleteramees *aj.* sharecropper, metayer
pooletunniline half-an-hour's, half-hourly
poolfabrikaat semi-manufactured goods (*or* products)
poolfinaal *sport.* semifinal(s)
poolhull half-witted, half mad (*or* crazy)
poolik half, half-done, (*lõpetamata*) half-finished, incomplete; (*pooleldi täis*) half-full
poolikus incompleteness
poolitama halve, divide (*or* cut*, split*) into halves; *mat.* bisect; (*sõnu*) divide into syllables
pooliti half, halfway
pooljaam small station, halt
pooljuht *el.* semiconductor
poolkaitse *sport.* half-backs
poolkera hemisphere
poolkoloonia *pol.* semicolonial territory
poolkuu half-moon; (**kuusirp**) crescent; **~klapp** *anat.* semilunar valve
poolläbipaistev semitransparent, (*läbikumav*) translucent
poolmuidu for next to nothing, for a (mere) song
poolnoot *muus.* minim, *Am.* half note
poolraskekaal *sport.* light heavyweight
poolring semicircle
poolsaapad half-boots
poolsaar peninsula
poolsurnud half dead, more dead than alive
poolt *postp., adv.* from... side; for; of; by; **põhja ~** from the north- (ern side); **ma tulen oma onu ~** I come from my uncle's; **kelle ~ te hääletate?** for whom do you vote?, **kõnek.** who(m) do you vote for?; **kes on ~? (kes vastu?)** who is in favour? (who against?); see on väga lahke tema ~ it's very kind of him; **tehtud (kellegi) ~** done by (*smb.*); **igalt ~** from every side;

18 J. Silvet

ühelt (teiselt) ~ on the one (on the other) hand
pooltald half-sole
poolteed halfway
poolteist one and a half; **~ tundi** an hour and a half; **~ aastat** a year and a half, eighteen months
poolteistsada a hundred and fifty
pooltekk *mer.* half-deck
pooltoode 1. = **poolfabrikaat**; 2. *tehn.* billet, blank
pooltoon *muus.* semitone
pooltoores half-raw; (*prae kohta*) underdone; (*vilja kohta*) half-ripe, green
poolus pole
poolvend half-brother
poolvillane half-woollen
poolvokaal *lgv.* semi-vowel
poolvägisi half by force, half forcibly
poolõde half-sister
poom beam, bar; *mer.* boom
pooma hang; **Juudas poos end üles** Judas hanged himself
poomine hanging
poomissurm death by hanging
poonima wax, polish, beeswax
poonimisvaha floor polish, floor wax, beeswax
poonu the hanged person
poor pore
poorne porous
poort border, edge, braid, (gold, silver) lace, galloon
poos [poosi] pose, posture, attitude
pootshaak boat-hook
pootsman *mer.* boatswain (*or* bo'sun, bo's'n)
poppi: ~ tegema play truant, *Am.* play hook(e)y
pops [popsi] *aj.* cotter (*or* cottar), cottager
pops [popsu] puff
popsima, popsutama puff
populaarne popular
populaarsus popularity
populaarteaduslik popular-scientific, popular science (*atrib.*)
populariseerima popularize
popurrii *muus.* pot-pourri
poputama (*toiduga*) pamper, gorge (*smb.*) with food; (*hellitama*) fuss over, cosset, spoil
porfüür *min.* porphyry
porgand carrot
pori mud, mire; **~kärbes** drone-fly; **~laud** mudguard, splasher, *Am.* fender; **~lomp** (miry) puddle

porine muddy, miry
pornograafia pornography
pornograafiline pornographic
porr *zool.* creeper
porrulauk leek
porss *bot.* (sweet) gale
porssima = **purssima**
porsuma (*paisuma*) swell*, puff up; *geol.* decompose, crumble
portaal portal; ~**kraana** *tehn.* portal crane
porter stout, porter(s'ale)
portfell brief-case, paper-case, bag; (*nootide, dokumentide, joonistuste jms. kandmiseks*) portfolio (*pl.* -os); (*ministril*) portfolio (*ka piltl.*)
portjee porter, door-keeper, *Am.* janitor
portjäär portière, door-curtain
porto *maj.* postage
portree portrait
portreteerima portray
ports *kõnek.* a lot (*of*), lots (*of*); (*ka*) = **portsjon**
portselan china(ware), porcelain
portsigar cigar-case, cigarette-case
portsjon portion; (*toidu*~) helping, serving, plateful
portugali Portuguese
portugallane Portuguese (*pl.* Portuguese)
portulak *bot.* purslane
portupee *sõj.* sword-belt; (officer's) sword-knot
portvein port (wine)
poseerima pose, posture; (*kunstnikule*) sit* for a picture
posija (*nõid*) sorcerer, witch-doctor; (*petis*) quack
posima 1. (*nõiduma*) cast* a spell, charm; 2. = **posisema**
posisema mumble
positiiv positive
positiivne positive
positsioon position; (*seisukoht*) stand; ~**imäng** *sport.* positional play; ~**isõda** positional (*or* position) warfare
post I (*vahi*~) post, sentry
post II (*tulp*) post, stake; (*tabelis, sissekandes*) column
post III (*sideasutus; postisaadetised*) post, mail; ~**i kaudu,** ~**i teel** by post; **järgmise** ~**iga** by the next post; (*viivitamatu kirjaliku vastuse kohta*) by return of post; **kirja** ~**i panema** post a letter
postament pedestal

postdateerima post-date
postglatsiaalne *geol.* post-glacial
posthobune *aj.* post-horse
postiagentuur *van.* = **sideagentuur**
postiametnik post-office clerk
postijaam *aj.* post-station, post-stage
postilaev packet(-boat), mail-packet, mail-boat
postilennuk mail-plane, mail-carrying aircraft
postiljon = **kirjakandja**
postimees *van.* postman (*pl.* -men)
postipakk parcel sent by post, post(al) parcel
postipoiss *aj.* coachman (*pl.* -men), mail-coach driver
postirong mail train
postisaadetis (piece of) mail
postitempel post-mark
postiühendus postal communication
postkaart postcard, *Am.* postal card
postkast post box, letter-box, (*Inglismaal*) pillar-box
postkontor post-office
postmark (postage-)stamp
postpaber letter-paper, note-paper
postpositsioon *lgv.* postposition
postuumne posthumous
potas potash
potents potency
potentsiaal potential
potentsiaalne potential
potiemand = **padaemand**
potikeder potter's wheel
potilill potted plant
potissepp = **pottsepp**
pots flop
potsatama flop
potsti! flop!
pott I (*kaardimängus*) = **pada** [pada]
pott II (*nõu*) pot; (*ka*) = **pottkivi**
pottahi (Dutch-)tile stove
pottkivi (Dutch) tile
pottsepp potter; (*ahjutegija*) stove-setter, stove-maker, stove-fitter
praad fry, roast meat; (*praetükk liha*) joint
praadima (*pannil*) fry; (*tulel*) roast; (*praeahjus*) broil; (*röstima*) grill
praagitegija, praagitootja spoilage producer
praak [praaga] draff, distillery wash (*or* refuse), spent grain
praak [praagi] spoilage, waste; damaged goods, rejects
praaker *mets.* sorter
praakima (*praaki kõrvaldama*) elimi-

nate spoilage; reject (as spoilage); (*sorteerima*) sort
praakkaup spoilage, spoiled goods, sub-standard goods
praalima (*hooplema*) brag, boast, swagger
praam scow, pra(a)m, lighter
praampuri *mer.* topgallant sail
praeahi (broiler) oven
praegu now, at present
praegune present, actual; **praegusel ajal** at present, at the present time, nowadays; **praeguseni** up to now, up to the present
praegusaegne = **nüüdisaegne**
praekartul fried potato (*pl.* -oes)
praekaste gravy
praepann frying-pan; (*plaat*) dripping-pan; (*koogiküpsetusplaat*) griddle
praerasv dripping, pan (*or* brown) gravy
praevarras (roasting) spit
pragama scold, rate; (*läbi* ~) berate
pragin crackle
pragisema crackle
pragu crack, rift, split, slit, chink; (*mõra*) fissure
praguline cracked, full of cracks (*or* rifts, splits, slits, chinks)
pragunema crack, rift, split*
prahihunnik heap of rubbish (*or* litter)
prahilaev *mer.* freighter, cargo vessel
prahine full of rubbish (*or* litter), littered up
prahiraha *mer.* freightage
prahivedaja = **prügivedaja**
praht I (*rämps*) rubbish, litter, trash; (*ehitus*~) debris
praht II (*last*) freight, cargo (*pl.* -oes)
prahtima *maj.* freight, charter
prahvatama crack, crash
praks crack
praksatama give* a crack
praksti! crack!
praksuma crack, crackle
praksutama crack, crackle, make* crack (*or* crackle)
praktik practician
praktika practice; practical training
praktikant probationer, trainee, *haruld.* practitioner
praktikum practical work, practical training
praktiline practical
praktiseerima practise
prantsatama crash, slam, fall* with a crash (*or* slam)

prantslane Frenchman (*pl.* -men)
prantslanna Frenchwoman (*pl.* -women)
prantssai French roll
prantsuse French
praokil ajar, half-open
praost provost, (rural) dean
praotama open ajar
prass *mer.* brace
prassima revel, carouse, riot; (*pillama*) squander
prassing revel, carousal, riot
prauh(ti)! bang!
predikaat *loog., lgv.* predicate
predikatiiv = **öeldistäide**
preemia (*lisatasu*) premium, bonus; (*kindlustusmaks*) premium; (*auhind*) prize
preeria *geogr.* prairie
prees (large round) brooch
preesens *lgv.* present (tense)
preester priest
preesterlik priestly, sacerdotal
preestrinna priestess
prefekt prefect
prefektuur prefecture
prefiks = **eesliide**
prei grapes, grease-heels
preili young lady, (*nime ees*) Miss
preisi Prussian
preislane Prussian
preluudium, prelüüd *muus.* prelude
premeerima give* (*or* award) a premium (*or* bonus, prize) (*to*); reward
preparaat preparation
prepareerima prepare, make* a preparation (*of*)
prepositsioon = **eessõna**
prerogatiiv *jur.* prerogative
present tarpaulin
presenteerima present (*kellelegi midagi — smb. with smth.*)
president president
presiidium presidium, presiding board; (*koosolekul ka*) platform party
press press; ~**ibüroo** *pol.* press bureau (*or* department), news agency ~**ikonverents** *pol.* press conference
pressima press; (*pigistama*) squeeze; (*trükima*) press, iron; **raha välja** ~ extort money, blackmail
presspärm compressed yeast
pressraud smoothing-iron, sad-iron, (tailor's) goose
pressturvas pressed peat
pressvorm *tehn.* (compression) mould
prestiiž prestige

preteeritum *lgv.* preterit(e), past
pretendeerima pretend, claim
pretendent pretender, claimant
pretensioon pretension, claim
pretensioonikas pretentious
pretsedenditu unprecedented, without a precedent
pretsedent precedent
pretsiisne precise
prevaleerima prevail
preventiivne preventive
prii free; (*maksuta*) gratuitous, free of charge (*or* expense); ~**leivasööja** parasite, sponger, drone
priima *kõnek.* first-rate, tip-top, *Am.* top notch
priimula primula
priimus 1. (*esimene õpilane klassis*) head of the form, head (*or* top) boy; 2. (*keeduaparaat*) primus stove, oil-stove
priipilet (free) pass, free admission ticket
priis *jur.* prize, capture
priiskama squander, waste
priius freedom
prikk *mer.* brig
prikkama *mer.* scull
prikklaev = prikk
prillid spectacles, glasses
prilliklaas spectacle-glass, lens
prilliraamid spectacle-frame
prillisang side (*or* earpiece, *Am.* bow) of spectacles
prillitoos spectacle-case
prillmadu = kobra
primaarne primary
primadonna *teatr.* prima donna
primitiivne primitive
prink taut, tight
prints prince
printsess princess
printsiibitu unprincipled
printsiip principle
printsipiaalne (*põhimõtteline*) of principle; (*kindlate põhimõtetega*) (highly-)principled, of fixed principles
printsipiaalselt on principle, in principle
prioriteet priority
priske fresh; (*jõuline*) vigorous; (*terve*) healthy, hearty; (*täidlane*) plump, buxom
priskus freshness; (*jõulisus*) vigour; (*tervis*) healthiness, heartiness; (*täidlus*) plumpness
prisma *mat.* prism

prisma(ati)line prismatic
prits squirt, syringe; (*pihusti*) sprayer, spray; (*tuletõrje~*) fire-engine
pritse splash, spray, sprinkle
pritsima splash, spray, sprinkle; squirt, spurt (*or* spirt); (*süstima*) inject
pritsimaja *kõnek.* fire-station, (fire-)-engine house
pritsimees *van.* = **tuletõrjuja**
pritsuma splash, spray; squirt, spurt (*or* spirt)
privileeg = **eesõigus**
probleem problem
problemaatiline problematic(al)
prodekaan assistant dean, sub-dean
produkt product; (*toode*) produce
produktiivne productive
produktiivsus productivity
produktsioon production
produtseerima produce
profaan ignoramus, layman (*pl.* -men)
profaanne profane
profanatsioon profanation
profaneerima profane
professionaalne = **elukutseline**
professor professor
professuur professorship, professorate
profiil profile; (*ristlõige*) section
profiit profit
profülaktika *med.* disease prevention, prophylaxis
profülaktiline *med.* prophylactic, preventive
prognoos prognosis (*pl.* -oses)
prognoosima prognosticate
programm programme; (*õppe~*) syllabus (*pl.* -bi, -buses), curriculum (*pl.* -la)
programmiline programme (*atrib.*), programmatic
progress progress
progresseeruma progress, make* progress
progressiivne progressive, advanced
progressioon *mat.* progression
prohmakas *kõnek.* blunder
prohvet prophet
prohvetlik prophetic
projekt project, plan, design; (*dokumendi ~*) draft; (*tehniline ~, ehitus~*) blueprint
projekteerima project, plan, design; *tehn.* ka make* a blueprint (*of*)
projektsioon projection; ~**iaparaat** *tehn.* projector
projitseerima project

proklamatsioon proclamation
proklameerima proclaim
prokuratuur prosecuting magistracy; (*prokuröri ametiruum*) public prosecutor's office
prokurist *maj.* managing (*or* confidential) clerk, (authorized) agent
prokurör public prosecutor, *haruld.* (public) procurator
proletaarlane proletarian
proletaarne proletarian
proletariaat proletariat (e)
proletariseerima proletarianize
proloog prologue
promenaad promenade
promeneerima promenade
promotsioon graduation, taking one's degree
promoveeruma graduate, take* one's degree
pronks bronze; ~**iaeg** (the) Bronze Age
pronksima bronze
pronoomen = asesõna
proosa prose; ~**kirjandus** prose literature; ~**kirjanik** prose writer
proosaline prosaic, prosy, (*stiililt igav ka*) pedestrian
proosalisus prosiness, prose, (*stiili igavus ka*) pedestrianism
proosit! here's to you!, your health!
prooton *füüs.* proton
proov (*katsetus*) trial, try-out, test; (*rõivastusesemete* ~) try-on; (*väärismetalli* ~) assay, (~*imärk*) hallmark; (*näidis*) specimen, sample; *teatr.* rehearsal; ~**ile panema** put* to the test; **kellegi kannatust** ~**ile panema** try (*or* tax) smb.'s patience
prooviaeg time of probation
proovieksemplar specimen (*or* sample) copy
proovikivi *tehn.* touchstone
proovikoda assay office
proovilend trial (*or* test) flight
proovima try, test, put* to the test; (*rõivastusesemeid*) try on; (*metalli*) assay; (*maitsma*) taste, sample; *teatr.* rehearse; **järele** ~ try out, put* to the test, give* (*smth.*) a trial
proovireisija commercial traveller
proovitund test lesson, (*avalik* ~) open criticism lesson
proovitöö specimen (piece of) work
propaganda propaganda
propagandist propagandist

propagandistlik propagandist, propagandistic
propageerima (*levitama*) propagate; (*propagandat tegema*) propagandize
propeller propeller
proportsionaalne proportional; (*võrdeliselt vastav*) proportionate
proportsionaalsus proportionality; (*võrdeline vastavus*) proportionateness
proportsioon proportion
props *mets.* (pit-) prop
prorektor pro-rector, assistant rector, (*Inglismaal*) vice-chancellor
prosaist prose-writer, *haruld.* prosaist
prospekt 1. (*lai tänav*) avenue; 2. (*tutvustav väljaanne*) prospectus
pross (*rinnanõel*) brooch
prostitueerima prostitute (oneself), sell* oneself
prostitutsioon prostitution
prostituut prostitute
prožektor searchlight, spotlight; ~**id** *teatr.* top lights
protees *med.* prosthetic appliance, artificial limb; (*hamba* ~) denture, set of false teeth
proteiin *keem.* protein
protektor protector
protektoraat protectorate
protektsioon protection
protest protest; ~**i avaldama** make* (*or* lodge) a protest
protestant protestant
protestantism protestantism
protesteerima protest, make* (*or* lodge) a protest (*millegi vastu* — *at*, *against smth.*)
protestima *jur.* protest; (*ka*) = protesteerima
protežee protégé, *fem.* protegée, favourite
protežeerima favour, patronize
protokoll (*koosoleku* ~) minutes, report, record; (*ametlik akt, kohtu* ~ *jms.*) record; (*diplomaatiline* ~) protocol; ~**i kandma** enter on the minutes, record, register
protokollima take* (*or* keep*) minutes, minute
protokolliraamat minute-book
protoplasma protoplasm
protseduur procedure; (*kohtulik* ~) proceedings
protsendimäär percentage; (*intress*) rate of interest
protsent per cent, rate (per cent).

protsess   278   **puding**

(*protsendimäär*) precentage; **viis**
~i five per cent
protsess (*toimus, kulg*) process; *kohtu~*) trial, lawsuit, action; (*kohtuasi*) case
protsessima be at law (*kellegagi — with smb.*), go* to law, carry on a lawsuit, litigate
protsessimishimuline litigious
protsessioon procession
proua lady; (*nime ees*) Mrs., (*ilma nime lisamata, kõnetlusena*) madam; (*perenaine*) mistress
provanksõli olive-oil, salad-oil
proviant provisions, victuals
proviisor pharmaceutist
provints province
provintslane provincial
provintslik provincial
provisjon *maj.* commission, percentage; (*maakleritasu*) brokerage
provisoorne provisional
provokaator agent provocateur
provokatsioon provocation
provokatsiooniline provocative
provotseerima provoke
prunt plug, bung; ~**is huuled** pouted lips
pruss ba(u)lk, squared timber, (small) squared beam
prussakas blackbeetle, cockroach
pruudiloor bridal veil
pruudipärg bridal wreath (*or* crown)
pruudisõlg *bot.* zinnia
pruuk usage, custom
pruukima use, make* use (*of*)
pruukost *van.* breakfast
pruul(ija) brewer
pruulima brew
pruun brown
pruunikas brownish
pruunistama brown, make* brown
pruunistuma brown, become* brown
pruunjas = **pruunikas**
pruunsüsi brown coal, lignite
pruuskama snort
pruut (*kihlatu*) fiancée, *kõnek.* `one's intended, one's girl; (*pulmapäeval*) bride; ~**neitsi** bridesmaid
pruutpaar (the) bride and bridegroom, (the) bridal couple
prõksuma crackle
prääksuma quack
präänik gingerbread, ginger biscuit, *Am.* gingersnap, fancy biscuit
prügi rubbish; (*pühkmed*) sweepings, dust; ~**kast** dustbin; *Am.* ash-can; ~**kühvel** dustpan

prügine rubbishy, dusty
prügitama = **sillutama**
prügivedaja dustman (*pl.* -men), rubbish-collector, scavenger
prügivedu rubbish removal
pseudonüüm pseudonym
pst! hush!, hist!
psühhiaater *med.* psychiatrist
psühhiaatria *med.* psychiatry
psühhoanalüüs psychoanalysis
psühholoog psychologist
psühholoogia psychology
psühholoogiline psychological
psühhoos *med.* psychosis (*pl.* -ses)
psüühika mental life, mind, *haruld.* (the) psyche
psüühiline psychic(al)
ptii(kiri) *trük.* small print, brevier
ptruu! wo!, woa!, whoa!
ptüi! fie!
puberteediiga, puberteet (age of) puberty
publik public; (*teatris jms.*) audience
publikatsioon publication
publitseerima publish
publitsist publicist, (political, social) journalist
publitsistika journalism, *haruld.* publicism
pude [pudeda] friable, crumbly
pude [pudeme] *vt.* **pudemed**
pudel bottle; (*plasku*) flask; (*väike ravimi~*) phial, vial
pudeldama *tehn.* puddle
pudeldusahi *tehn.* puddling furnace
pudeliklaas bottle-glass
pudelipiim bottled milk
pudeliõlu bottled beer
pudelkõrvits (bottle) gourd
pudelninavaal bottle-nose (whale), bottle-nosed whale, bottlehead
pudemed crumblings, fallings off, droppings, fragments
pudendama crumble, make* crumble, spill*
pudenema crumble, fall* (off), spill* (and trickle)
puder porridge; (*er. kartuli~*) mash, (*puderjas mass*) pulp; ~ **ja kapsad** *piltl.* a (pretty) kettle of fish; **püt'ru keetma** *piltl.* make* a muddle of things
puderjas mashy, pulpy
pudev = **pude** [pudeda]
pudi (children's) pap, crumbled bread in water or milk; ~**keelne** lisping
puding pudding

pudi-padi hotchpotch, medley
pudipõll bib
pudistama 1. (*pudikeelselt rääkima*) lisp; 2. = **pudendama**
pudrett dried night-soil
pudrune mashy, pulpy; (*segane*) muddled
pudrunui potato-masher, *Am.* (potato) beetle
pudrustama mash, reduce to pulp
pudrutama muddle (*or* bungle) one's words (*or* thoughts), make* a muddle of things
pudukaup haberdashery, fancy goods, *Am.* dry goods
pudukauplus haberdashery, mercery
pudulojused, puduloomad small cattle
pudu-padu = **pudi-padi**
pugal brindled; (*hobuse kohta*) skewbald
pugeja creeper, sneak, toady
pugema creep*, crawl; (*hiilima*) slink*; (*lipitsema*) suck up, honey up, toady (*kellegi ees — to smb.*); **peitu ~** hide* oneself; **sisse ~** worm one's way (*into*)
pugerik kennel, dog-hole
pugi (*tuulepuhang*) squall
pugima stodge, stuff, munch dry food
pugu craw, crop; (*liiva~*) gizzard; **~hani** = **pelikan**; **~tuvi** pouter (pigeon)
puha wholly, entirely; **tänav on uus, ~ asfalt ja kõrged majad** the street is new, all asphalt and tall houses; **lollus ~!** sheer nonsense!
puhang (*tuule~*) gust, blast, whiff; (*hoog*) burst, bout
puhanguline gusty
puhas clean; (*segamatu*) pure; (*puhtusearmastaja*) cleanly; (*selge*) clear; (*korralik*) neat, tidy; (*kõlbeliselt*) pure, chaste; **~ pesu** clean (*or* fresh) linen; **~ piiritus** (straight) alcohol, neat spirits; **puhtaks pesema** wash clean; **(midagi) puhta rahana võtma** believe (smth.) genuine, take* (smth.) at its face value
puhasaretis *põll.* pure-bred (animal, plant)
puhasaretus *põll.* pure breeding
puhaskaal net weight
puhaskasum *maj.* net profit
puhaskultuur *biol.* pure culture
puhastama clean, cleanse; purify; (*selitama*) refine
puhastulu net profit (*or* gain)

puhastus cleaning, cleansing; purification; (*selitus*) refining; (*~aktsioon*) purge; **~lend** *aiand.* cleansing flight; **~tuli** *kirikl.* purgatory; **~varras** *sõj.* ramrod
puhastverd pure-blooded, (*hobuse kohta*) thoroughbred
puhe [puhte] daybreak
puhev puffy
puhevil puffed up, inflated, distended, flatulent
puhitama puff up, inflate, distend
puhitus *med., vet.* flatulence, wind
puhk (*kord, juhtum*) case, occasion; **seks puhuks** for this (*or* that) occasion (*or* case); **sel puhul** on this (*or* that) occasion
puhkama rest, take* (*or* have) a rest, repose
puhkeaeg time of rest, recreation, vacation
puhkekodu rest home; (*sanatoorne ~*) convalescent home
puhkema break* out, burst* (out); **naerma ~** burst* out laughing; **nutma ~** break* out in(to) tears, burst* out crying
puhkepaik place of rest, resting-place; **viimne ~** the last resting-place
puhkepäev day of rest, rest day, holiday; day off
puhketuba rest room; *sõj.* day room
puhketund hour of rest; (*töö vaheajana*) rest pause
puhkima puff, pant, wheeze
puhkpill wind-instrument; **~iorkester** brass band
puhkus rest, repose; (*~aeg*) holidays, vacation; (*ameti~*) leave; (*vanadus~*) retirement; **~el olema** be on leave (*or* vacation, holiday); **~ele minema** go* on leave (*or* vacation, holiday); (*jäädavalt*) retire; **~ele saatma** (*jäädavalt*) retire, pension off, superannuate
puhm(as) bush, shrub, clump
puhtalt clean; **~ ümber kirjutama** copy fair, make* a fair copy (*of*)
puhtand fair copy
puhteaeg daybreak, the early morning
puhtima *põll.* treat (with a mordant), dress (the seed)
puhtimine *põll.* treatment (of the seed), seed-dressing
puhtinimlik purely human, only (too) human

puhtisiklik merely (or strictly) personal
puhtsüdamlik open-hearted, candid, frank
puhtus cleanness, cleanliness; (segamatus) purity; (korralikkus) neatness, tidiness; (kõlbeline ~) purity, chastity; ~**earmastaja** cleanly (person)
puhtvormiline purely (or merely) formal
puhul postp. on the occasion of; **kedagi sünnipäeva ~ õnnitlema** congratulate smb. on his (or her) birthday; **minu surma ~** in the event of my death
puhuma blow*; (hingama) breathe; **juttu ~ talk,** chat, have a talk (or chat), **tell* a tale**
puhuti on occasion, from time to time, at intervals, sometimes
puhv puff
puhver buffer; ~**riik** buffer state
puhvet 1. (~iruum) refreshment room, canteen, haruld. buffet; 2. (~kapp) sideboard, cupboard, haruld. buffet; (köögilaud-~kapp) dresser
puhvkäis puffer sleeve, leg-of-mutton sleeve
puidugaas = puugaas
puidujahu tehn. wood flour (or meal)
puidujäätmed waste wood
puidukiud bot. wood fibre
puidumass wood pulp
puidusikk zool. sawyer
puidutööstus woodworking industry, wood-processing industry
puiestee (tänavana) avenue, boulevard; (pargis) walk, lane
puiestik grove, park, (small) wood
puige dodge, evasion, pretext
puiklema dodge, evade, find* pretexts (or excuses)
puine wooden (ka piltl.)
puist something strewn (or poured, sprinkled, scattered); geol. detritus; (maaki sisaldav ~) placer; ~**aine** strewable (or shootable, pourable) substance, granulated (or granular) stuff
puistama strew*, shoot*, pour; sprinkle, scatter; (raputama) shake*; **läbi ~** (läbi otsima) search, Am. ka shake* down; **südant välja ~** unbosom oneself
puiste strewing, pouring, sprinkling, scattering; el. dispersion, leakage, stray
puistkaubad maj. dry (granular) foodstuffs, granular products
puistu mets (forest) stand
puisus woodenness
puit wood; (tarbe-, ehitus-) timber; ~**aine** wood, tead. lignin
puitjas woody, tead. ligneous
puitosad ehit. woodwork
puittaim bot. woody plant
puituma become* wood, tead. lignify
puitvill tehn. wood-wool, Am. ka excelsior
pujeng peony
puju mugwort
pukk I (jäär) ram; (sokk, sikk) buck
pukk II (~alus) trestle; (kutsari~) box, coachman's seat; (saagimis~) saw-horse, Am. saw-buck; ~ (võimlemis~) buck; ~**jalg** trestle
puks tehn. axle-box, bush(ing)
pukseerima tow
puksiir tug, tug-boat, tow-boat; ~**i võtma** take* in tow
puksima butt, thrust*
pukspriit mer. bowsprit
pukspuu box(-tree)
pulber powder
pulbitsema bubble, boil up, seethe
pulbitsev bubbling, seething, ebullient
pulbristama reduce to powder
puldan sailcloth
puljong broth; (kange veiseliha~) beef tea
pulk peg; stick, spike; pin; (redeli~) rung; ~**äke** spike-tooth harrow
pull [pulli] bull, steer
pull [pullu] = **võrgukäba**
pullover pullover
pullukas = **käkk**
pulm (haril. pl. ~**ad**) wedding, nuptials, rluulek. bridal; ~**i pidama** celebrate one's marriage
pulmakombed folkl. wedding customs
pulmalaul wedding song (or poem); kirj. epithalamium (pl. -iums, -ia)
pulmaline wedding-guest
pulmapidu wedding feast
pulmapäev wedding day; (pulma aastapäev ka) wedding anniversary
pulmareis wedding-tour, wedding-trip, honeymoon-trip
pulmarong wedding (or bridal) procession
pulmarüü wedding dress (or gar-

ment); *zool.* nuptial (*or* breeding) plumage
pulmaöö wedding night
pulseerima pulsate, pulse, throb
pulsilöök (pulse) beat
pulss pulse; **kellegi ~i katsuma** feel* smb.'s pulse
pulst matted mass
pulstuma mat
pult desk, stand
pulverisaator pulverizer
pulveriseerima pulverize
pulvärk bulwark
pumat pomade, pomatum
pumbajaam pumping-station
pumbamaja pump-house
pummeldama be on the spree, be on the loose, make* merry, carouse
pummeldus spree, carouse, *Am.* binge
pummelung *kõnek.* = **pummeldus**
pump pump
pumpama pump; **kelleltki raha ~** *kõnek.* touch smb. for money
puna redness; blush, glow
Punaarmee *aj.* the Red Army
punaarmeelane *aj.* Red Army man (*pl.* men)
punajuukseline red-haired
punakas reddish, ruddy; **~pruun** reddish brown, ruddy, russet; (*juuste kohta*) auburn
punakurguke(ne) = **punarind**
punakusesus *vet.* piroplasmosis, babesiosis (*or* babesiasis)
punalible *füsiol.* red corpuscle, erythrocyte
punalipp red banner
punama show* red, glow, flush
punamädanik = **punavus**
Punamütsike Little Red Riding Hood
punanahk redskin
punand *bot.* fumitory
punane red
punanurk Red Corner
punapea red-headed person, *kõnek.* ginger; **~vart** *zool.* pochard
punapuu *bot.* coca (plant), erythroxylum
punapõseline, punapõskne red-cheeked
punapäine red-headed
punarind *zool.* robin (redbreast)
punasejuukseline = **punajuukseline**
punastama redden, turn red; blush, flush
punastamine reddening; blush, flush
punasus redness
punataud *vet.* red fever, swine erysipelas

punavetikad *bot.* red algae
punavus *mets.* red rot
punavärvik *bot.* madder
pund = **leisikas; oma punnaga kauplema** put* one's talent to usury
pundar bundle, parcel (*kõie~*) coil
punduma swell*, become* swollen (*or* bloated, puffy, puffed up), *tead.* tumefy
pundunud swollen, bloated, puffy, puffed up, *tead.* tumefied
pune I (*keere; keeratud nöör*) strand
pune II *bot.* origan(um), wild marjoram
punetama show* red, glow
punetised German measles
punetus redness, (red) glow
pung 1. (*taimel*) bud, burgeon; **~a minema** bud, put* forth (*or* develop) buds; **~as in** bud; 2. (*raha~*) purse, (money-)bag
pungastama *aiand.* bud, graft by budding
pungi: (silmi) ~ ajama make* (eyes) bulge (out)
pungil: ~ täis bulging (*or* crammed) full
pungis bulging; **~ olema** bulge out, stick* out, protrude; **~ silmad** bulging (*or* goggling) eyes
pungitama make* bulge (out); (*jõllitama*) goggle
punguma bud, burgeon; (*pungade abil sigima*) gemmate
punker (*hoiuruum; väikevarjend*) bunker; (*pugerik*) kennel, dog-hole
punkt point; (*eeskavas jms.*) item; (*teksti alljaotus*) clause, article, paragraph, head; (*täpp*) dot; (*kirjavahemärk*) full stop, period; **~i võitma** win* (*or* score) a point; **~idega võitma** win* on points; **~ kell viis** at five (o'clock) sharp, on the stroke of five; **selles ~is** on that score
punkteerima *med.* puncture; (*täppidega varustama*) punctuate
punktiir(joon) dotted line
punktikaupa point by point, clause by clause
punktipealne punctual, exact
punktipealsus punctuality, exactness
punktipealt punctually, exactly
punktivõit *sport.* winning on points, points victory
punktjoon = **punktiir**
punktkoma = semikoolon

punkt-punktilt from point to point, clause by clause
punktsioon *med.* puncture, tapping
punn (*prunt*) plug, bung; (*laual*) tongue; (*ka*) = **vistrik; poiss ajas põsed ~i** the boy bulged out his cheeks; **~is** bulging
punnima I (*laudu*) tongue and groove, join by tongue-and-groove joints
punnima II (*tõrkuma*) be refractory (*or* recalcitrant, obstinate); *kõnek.* *ka* = **ponnistama; vastu ~** resist obstinately, kick (against)
punnis *vt.* **punn**
punnseotis *ehit.* tongue-and-groove joints
punsuma = **punduma**
punš punch
punt (*kimp*) bundle, bunch
punu red (*or* chestnut) bull
punuma I *kõnek.* = **plagama**
punuma II (*põimima*) wreathe; (*korvi jms.*) weave*; (*palmima*) braid, plait, pleat; (*nööri*) twine; (*pesa*) build*
punumistöö wicker-work
punutis braid, plait, pleat
puperdama dither, twitter, tremble
pupill *anat.* pupil
pura I *van.* = **booraks**
pura II (*jääpurikakujuline asi*) something conical; *zool.* sea-cucumber
purask mortise-chisel
puravik edible boletus (*or* bolete)
purd (broken) fragments, rubble; **~kivim** *geol.* clastic rock
purduma *geol.* weather
pure (*rabe*) crumbling, brittle
purelema bite* (one another); (*tülitsema*) fight*, quarrel; (*nääklema*) squabble
purema bite*, chew; (*närima*) gnaw
puremishaav *med.* bite (wound)
puretama bait, badger
purgima exhaust; (*laengut*) discharge
puri sail; **purjesid tõstma** set* sail
purihammas molar (tooth), grinder
purikas 1. (*haug*) pike, jack; 2. = **jääpurikas**
purilend gliding
purilendur glider-pilot
purilennuk glider, Am. *ka* sailplane
purism *lgv.* purism
puristama snort, sputter
puristlik *lgv.* puristic
puritaan *aj.* Puritan; *piltl.* puritan
puritaanlik puritanic(al), *piltl.* *ka* prim, straight-laced
puritaanlus puritanism
purjekas sailer, sailing-ship, sailing-boat
purjelaev sailing-ship, sailing-vessel
purjepaat sailing-boat
purjeriie sail-cloth, canvas; (*kerge* ~) duck
purjesport sailing (sport), yachting
purjetama sail
purju drunk; **~ jääma** become* (*or* get*) drunk; **~ panema** make* drunk
purjus drunk, drunken; **ta on ~** he is drunk; **~ mees** a drunken man (*pl.* **men**), drunk
purjuspäi in a drunken state, (being) drunk
purjutama drink* (hard), booze, tipple
purk jar, pot; (*apteegi~*) gallipot
purpur purple
purpurne purple(-red), crimson
purpurpunane purple-red, crimson
purre (rustic) foot-bridge, tree-trunk(s) across a stream
purse jet, gush, spurt; (*er. laava~*) eruption
purskama jet, gush, spurt, spout forth; (*er. laava kohta*) erupt
purskekivim *geol.* igneous rock
purskkaev fountain
purskuma jet (*or* gush, spurt) out; erupt
purssima speak* badly, murder the language
pursui *kõnek.* = **kodanlane**
puru I = **porrulauk**
puru II 1. *subst.* (speak of) dust; (*raasuke*) (*little*) crumb, crumbs, (fine) rubble; (*raha~*) *kõnek.* pelf, brass; **kellelegi ~ silma ajama** throw* dust in smb.'s eyes, pull (*or* draw*) the wool over smb.'s eyes; 2. *adj.* (*katki*) broken, in pieces
puruhaige quite ill
purujoobnud dead drunk
puruks into pieces, to pieces; **~ lööma** smash (*or* break*) into pieces; **~ minema** break* (into pieces), go* to pieces, be smashed (up); **~ rebima** tear* to pieces
purune dusty, crumby, rubbly
purunema break* (*or* go*, fall*) to

pieces; shatter, be shattered; fall* to dust (*ka piltl.*)
pururumal utterly stupid
purustama break* (to pieces), smash; shatter; crush; **kellegi lootusi ~ shatter smb.'s** hopes, dash smb.'s hopes to the ground; **vaenlast ~ crush** (*or* defeat) an enemy
puruvaene utterly (*or* abjectly) poor, indigent
puruvana 1. *adj.* (*väga vana*) very old, decrepit; 2. *subst. zool.* caddis- (-worm)
puruväsinud dog-tired, dead tired, fagged, worn out
pusa (*kimbuke*) bundle, bunch; (*tutt*) tuft, wisp
puserdama squeeze (out), wring* (out)
pusima botch, bungle
puskama butt, push (with horns), give* a push, gore
puskar homebrew, raw (*or* impure) spirits, *kõnek.* rotgut whisk(e)y, *Am.* hooch, moonshine
puskima butt push (with horns), gore
pusklema butt, push (one another) with horns
puss I (*rattal*) = **puks**
puss II (*nuga*) dagger, (Finnish) sheath-knife (*pl.* -knives)
puss III = **vingerpuss**
pussitama knife, stab
puterdama bungle (*or* muddle) one's words, gabble
putk [putke] 1. (*toru*) pipe, tube; socket; (*taimel*) tube, hollow stem; 2. (*taimenimena*) *vt.* **koer~, surma~**
putka booth, stall, box, *Am.* stand
putkama run*, lope
putkes *zool.* siphon
putket: ~ tegema decamp, run* away
putku: ~ panema decamp, run* away
putkõieline *bot.* tubuliflorous
putrama gabble, speak* indistinctly
putš *pol.* putsch, riot
putukamürk insecticide
putukapulber insect-powder, *Am.* bug-powder
putukas insect, *Am. ka* bug
putukasööja 1. *adj.* insectivorous; 2. *subst., zool.* insectivore; *bot.* insectivorous plant
putukateadus *zool.* entomology
putukatõrje insect control

puu 1. (*taim*) tree; **~ otsas** in the tree; 2. (*puit*) wood; **~st (tehtud)** (made) of wood, wood, wooden; 3. (*rist~, tala jms.*) beam, (*tõkke~*) boom; (*tarbe~*) timber
puud [puuda] pood
puude [puute] touch, contact
puudel poodle
puuder (face) powder
puuderdama powder
puudrikarp powder box
puudritoos powder case; (*lame ~*) compact
puudritups (powder) puff
puudu: ~ olema, ~ jääma lack, want, be short (*millestki — of smth.*)
puuduja absentee, one (being) absent
puudujääk shortage, deficiency, *Am. ka* wantage; (*rahaline ~*) deficit
puudulik deficient; defective; (*mitteküllaldane*) insufficient, inadequate; (*hinde kohta*) unsatisfactory, poor
puudulikkus deficiency; defectiveness; (*mitteküllaldasus*) insufficiency, inadequacy
puuduma 1. (*puudu olema*) lack, want, be lacking (*or* wanting, missing); **tal puudub julgus** he lacks (*or* is lacking, is short of) courage, he has no courage; 2. (*mitte kohal olema*) be absent, absent oneself
puudumine 1. (*puuduolek*) lacking, wanting; 2. (*mittekohalolek*) absence, non-attendance
puudus 1. lack, want; (*nappus*) shortage; (*viga*) shortcoming, defect; **millegi ~el** for want of smth.; **~t kannatama** want, live in want (*or* poverty), go* short; 2. (*vaesus*) want, destitution, privation, penury
puudutama touch; (*küsimust jms.*) touch upon (*or* on); (*riivama*) brush (*against*)
puudutus touch, contact
puue defect, fault, flaw
puugaas *tehn.* wood gas
puugravüür *kunst.* woodcut
puuhabe *bot.* (grey)beard lichen, usnea
puuhalg log (of wood), billet
puuhoov wood yard
puuk 1. *zool.* tick; 2. *folkl.* = **kratt**
puukima gobble

puukool *aiand.* nursery (garden), tree (*or* seedling) nursery
puukoor (tree-)bark
puukroon = võra
puukuur wood-shed
puukänd tree-stump
puulusikas wooden spoon
puulõhkuja wood-chopper
puulõige *kunst.* woodcut
puulõim = **puusüü**
puuma *zool.* puma
puumaja wooden house
puunikerdus *kunst.* wood-carving
puunott log (of wood)
puunõu wooden vessel
puuoks branch (of a tree)
puupakk block of wood
puupaljas stripped bare, (*puruvaene*) poor as Job
puupea *piltl.* fathead, blockhead, numskull
puupiiritus wood alcohol (*or* spirit), methyl alcohol, methanol
puu(puhk)pill *muus.* wood wind (instrument)
puupüsti: ~ täis crammed (*or* packed) full, overcrowded
puur I (*linnu*~, *looma*~) cage
puur II (*puurimisvahend*) bore, borer, drill
puuraiuja woodcutter, woodman (*pl.* -men)
puurauk bore-hole, bore, boring; (*laengu jaoks*) blast-hole
puuriit stack of firewood, pile of logs
puurija borer, driller
puurilind cage bird
puurima bore, drill; (*kaevu*) sink*
puurkaev artesian well
puurmasin boring (*or* drilling) machine, machine drill
puurmed borings, drillings
puurtorn *tehn.* derrick
puurvasar *tehn.* hammer-drill
puus hip; käed ~as arms akimbo
puusaluu hip-bone
puusepp carpenter
puuslak = **rinnutus**
puuslik idol
puusärk coffin, *Am. ka* casket
puusüsi charcoal
puusüü annual ring
puutemürk contact poison
puutepunkt point of contact; *mat.* tangential point
puutuja *mat.* tangent
puutuma touch; (*millessegi, kellessegi*) concern; ära puutu minu asju don't touch my things, leave my things alone; mis minusse puutub as regards me, as to me; see ei puutu teisse that does not concern you, that is no concern (*or* business) of yours; mis see minusse puutub? what is that to me?; kokku ~ be in contact, (*kohtama*) meet*
puutumatu untouched, intact; (*puudutamatu*) untouchable, inviolable
puutumatus intactness, integrity; (*puudutamatus*) untouchability, inviolability
puutöö carpentry
puutööline worker in wood
puutüvi tree-trunk
puuvili fruit
puuviljaaed = **viljapuuaed**
puuviljakasvatus fruit-growing
puuviljatort *kok.* fruit tart, (fruit) flan
puuvill cotton; ~akasvatus cotton-growing; ~akook = puuvillaseemnekook
puuvillane cotton
puuvillaseeme cotton-seed
puuvillaseemnekook cotton(-seed) cake
puuvillaseemneõli cotton-seed oil
puuvill-lõng cotton (thread)
puuvirn stack of wood (*or* timber, lumber)
puuvõõrik *bot.* mistletoe
puuäädikas *keem.* wood vinegar
puänt point
põdema be ailing (*or* sickly, ill), suffer (from illness)
põder elk; ~kits = gasell
põdrasamblik reindeer moss, reindeer lichen
põdrasarv antler, hartshorn; ~esool salt of hartshorn, carbonate of ammonia
põdur ailing, sickly, poorly, infirm
põdurus sickliness, infirmity
põetaja (sick-)nurse
põetama nurse, tend
põetus nursing, tending
põgenema flee*, fly*, take* flight; (*vangi kohta*) make* one's escape, escape; ~ ajama, ~ lööma put* to flight
põgenemine flight, escape
põgenik fugitive, runaway; (*er. sõjavangist*) escapee

põgus fleeting, fugative, (*üürike*) brief, short; (*pealiskaudne*) cursory, casual
põhi I (*ilmakaar*) north; **põhja** pool to the north, north (*of*); **põhja** poole to the north, north (*of*); **põhja** poolt from the north; **laplased elavad põhjas** the Lapps live in the north; **põhjast** from the north; **põhjast lõunasse** from north to south
põhi II (*alus*) bottom; ground (*ka piltl.*); (*taga~*) (back) ground; **mere põhjas** on the bottom of the sea; **südame põhjast** from the bottom of (*one's*) heart; ~ **peale!** bottoms up!; **põhja kõrbema** burn* on the bottom, be (*or* get*) burnt; **põhja laskma** send* to the bottom, sink*; **põhja minema** go* to the bottom, sink*; **põhjani tühjendama** drain to the lees (*ka piltl.*)
põhiaine element; (*õppeainena*) key (*or* main) subject
põhialus foundation; ~**ed** foundations, fundamentals
põhiarv *mat., lgv.* cardinal number
põhiasend *sport.* normal standing (*or* position)
põhiheli keynote (*ka muus.*)
põhiidee main (*or* basic) idea
põhijoon main (*or* fundamental) feature
põhikapital *maj.* fixed capital, capital stock
põhikiri (*ühingul*) statutes, articles; (*parteil*) rules
põhikude *bot., zool.* primary (*or* ground) tissue, parenchyma
põhilause *loog.* (fundamental) principle; *mat.* axiom
põhiline fundamental, basic, principal, cardinal; (*peamine*) main
põhiliselt fundamentally, basically, principally; (*peamiselt*) mainly, in the main
põhimik ground base, foundation; (*maa*) soil, land
põhimine basic, ground (*atrib.*)
põhimõiste fundamental idea (*or* concept)
põhimõte principle
põhimõttelage unprincipled
põhimõtteline of principle, principled; ~ **nõusolek** consent on principle
põhimõtteliselt in principle
põhimäärus statute
põhinema be grounded (*or* founded,

based), rest (*millelgi* — *on, upon smth.*)
põhiolemus essence
põhipalk [-palga] basic pay (*or* salary)
põhis *jur.* motive, consideration
põhiseadus basic (*or* fundamental) law, constitution
põhiseaduslik constitutional
põhisõnavara basic word stock
põhitoon = **põhiheli**
põhitähendus *lgv.* primary (*or* original) meaning (*or* sense)
põhivara fund, stock
põhivormid *lgv.* principal (*or* main) forms
põhivärv primary (*or* fundamental) colour
põhja-eesti Northern Estonian, North-Estonian
põhjaida = **kirre**
põhjakaar north
põhjal *postp.* on the ground(s) of, on the strength of; **selle** ~ on these grounds; **seaduse** ~ on legal grounds; **paljude katsete** ~ on the strength (*or* ground) of many experiments
põhjala the North, Northland
põhjalaius *geogr.* nothern latitude
põhjalik thorough, thoroughgoing, radical; (*teadmiste kohta ka*) profound, solid
põhjalikkus thoroughness; (*teadmiste ka*) profundity, solidity
põhjalikult thoroughly, radically, inside out
põhjalääs = **loe**
põhjama scold, rate, abuse
põhjamaa the North
põhjamaalane northener
põhjamaine northern, of the North
põhjanaba the North Pole
Põhjanael the North Star, *luulek. ka* Lodestar
põhjapanev fundamental, basic
põhjapolaarjoon *geogr.* the northern polar circle, the Arctic Circle
põhjapoolkera *geogr.* the northern hemisphere
põhjapoolne northern, northerly
põhjapoolus *geogr.* the North Pole; *füüs.* the north pole
põhjapõder reindeer (*pl.* reindeer)
põhjapöörijoon *geogr.* the Tropic of Cancer
põhjatu 1. *adj.* bottomless; (*päratu*) enormous; 2. *adv.* enormously
põhjatuul north wind

põhjavaigus = virmalised
põhjavesi subsoil (*or* underground) water, *tead.* phreatic water
põhjend reason, ground, argument
põhjendama give* (*or* bring*) reasons (*for*), make* out a case (*for*), motivate (*by*), substantiate (*by*), base (*on*), found (*on*); (*õigustama*) justify
põhjendamatu unfounded, baseless, unbased; (*õigustamatu*) unjustified
põhjendatud well-founded; (*õigustatud*) justified
põhjendus (*põhjendamine*) giving reasons (*for*), motivating, founding; (*põhjend*) reason, motivation, argument
põhjenema = põhinema
põhjus cause; (*alus*) reason, ground; mingil ~el for some reason; ühel või teisel ~el for some reason or other
põhjuseta causeless; (*alusetu*) groundless, (done) without (adequate, proper) reason
põhjuslause *lgv.* causal clause
põhjuslik causal
põhjuslikkus causality, causation
põhjusmäärus *lgv.* adverbial of cause
põhjustama cause, bring* about, lead* to; (*ajendama*) occasion; (*tekitama*) give* rise (*to*), induce
põhjustus causing, causation; (*ajendus*) occasioning
põhk (short, broken) straw; (*alus*~) litter
põiehaigus disease of the (urinary) bladder, vesical disease
põiekivi *med.* vesical calculus (*pl.* -li), cystolith
põieliiv *med.* gravel
põiepõletik *med.* inflammation of the (urinary) bladder, cystitis
põige 1. (*kõrvalekaldumine*) swerve, deviation, declination; 2. (*ettekääne*) evasion, dodge; (*riugas*) trick, trickery, subterfuge
põigiti aslant, slantwise, athwart, (obliquely) across
põigitine slanting, oblique, diagonal
põikama swerve, deviate, turn aside; kõrvale ~ swerve aside, dodge, evade
põiki = põigiti
põiklema (*korduvalt põikama*) swerve (here and there), dodge; (*puiklema*) evade, dodge, prevaricate

põiklev evasive, dodging, prevaricating
põikpea headstrong (*or* stubborn, wrong-headed) person
põikpuu cross-bar, cross-beam, transom
põikpäine headstrong, pig-headed, wrong-headed, stubborn, wilful
põikpäisus pig-headedness, stubbornness, wilfulness
põiktänav cross-street
põim [põimi] weft, something (closely) interwoven; *tead.* complex
põimama *van.* (*vilja lõikama*) harvest
põimendama select, pick out, cull
põimendus selection
põimik plait; *tead.* plexus; (*valimik töid*) collection, anthology
põimima plait, twine, wreathe; (*ühte ~, läbi* ~) interweave*, interlace, intertwine
põimlause *lgv.* complex sentence
põimuma be plaited, twine, wreathe; (*läbi* ~) be interwoven (*or* interlaced, intertwined), intertwine
põis bladder
põisik *bot.* vesicle, utricle
põiskasvaja *med.* cystic tumour, wen
põisrohi *bot.* bladder campion
põkk joint, junction
põksuma beat*, throb
põlastama disdain, scorn, despise, look down (*upon*), contemn
põlastus disdain, scorn, contempt
põlastusväärne, põlastusväärt despicable, contemptible
põld field; ~hein = põlluhein; ~hernes grey pea; ~hiir field-mouse (*pl.* -mice); ~lõoke(ne) skylark; ~mari, ~murakas blackberry, bramble; ~ohakas corn (*or* creeping, cursed) thistle, *Am.* Canada thistle; ~osi horse-tail; ~pagu = päevakivi; ~püü partridge; ~rõigas wild radish; ~sinep wild mustard; ~uba horse-bean, broad bean, field bean; ~uruhiir = põldhiir
põlema burn*; maha ~ burn* down, burn* to the ground; ~ hakkama, ~ minema = süttima; ~ panema, ~ pistma = süütama
põlemine burning, combustion
põlendik *mets.* burnt woodland
põletama burn*; (*kõrvetama*) scorch; (*telliseid jms.*) bake; (*kohvi jms.*) roast; (*laipa*) cremate; (*kuuma rauaga jms.*) cauterize; (*märki*

põletamine

sisse ~) brand; (*viina* ~) distil
põletamine burning, combustion;
(*kõrvetamine*) scorching; (*telliste
jms.* ~) baking; (*kohvi jms.* ~)
roasting; (*laiba* ~) cremation;
(*kuuma rauaga jms.*) cauterization;
(*märgi sisse*~) branding
põletav burning, scorching, (burning)
hot
põleti *tehn.* burner; (*leeklamp*) torch,
blowpipe
põletik inflammation
põletikuline inflammatory
põletis combustible
põletus burning, combustion; ~**ahi**
burning (*or* baking) oven, kiln;
~**haav** burn; (*kuumast vedelikust
v. aurust*) scald; ~**märk** brand;
~**puud** firewood
põlev burning; (*põletatav*) combustible
põlevkivi oil-shale, combustible shale,
haruld. pyroschist; ~ **tööstus** oil-shale industry; ~**õli** shale oil
põlg disfavour, disgrace; *aj.* ban, banishment, outlawry; **põlu alla sattuma** get* into disfavour (*or* disgrace)
põlgama despise, disdain, scorn,
hold* in contempt; (*hülgama*) reject
põlglik contemptuous, disdainful,
scornful
põlgus contempt, disdain, scorn
põli state, condition (of life); **õnnelik (vilets jne.)** ~ happy (miserable, etc.) life
põline primeval, ancient, time-honoured; age-long; immemorial; perpetual; (*ürgne*) aboriginal; **põliseks**
in perpetuity
põlisaadel hereditary nobility
põliselanik aboriginal, native
põliselt from (*or* since) time immemorial
põlismets primeval (*or* virgin) forest
põlisrent *aj.* perpetual tenure, (*Inglismaal*) copyhold tenure
põlisrentnik *aj.* tenant with fixity of
tenure, (*Inglismaal*) copyholder
põlistama perpetuate; (*mälestust,
kuulsust jms. ka*) immortalize
põll apron; (*kogu kleiti varjav* ~,
er. lapse~) pinafore
põlluharija tiller, land-cultivator
põlluharimine tillage, (land) cultivation
põlluhein field grass

põllumaa arable land
põllumajandus agriculture, farming,
rural economy
põllumajanduslik agricultural, farm
(*atrib.*), farming (*atrib.*)
põllumees farmer, *van.* husbandman
(*pl.* -men)
põllundus agriculture, tillage
põllupeenar ba(u)lk, field boundary
(*or* edge)
põllutöö field work, tillage, farming,
agriculture
põllutööline agricultural worker;
(*palgaline* ~) labourer, farm-hand
põllutööriist agricultural implement,
farming implement (*or* machine)
põlluvili field crop
põlluviljelus agriculture, field cultivation
põlluväetis (field) fertilizer, manure
põlualune outlaw
põlustama *aj.* outlaw, banish
põlv 1. (*kehaosa*) knee; *tehn.* (*näit.
torul*) bend, elbow, knee; 2. (*sugu*~) generation; age; 3. (*elujärg*)
= **põli**
põlvekeder *anat.* knee-cap, knee-pan,
tead. patella
põlvekedrarefleks *füsiol., med.* patellar reflex *kõnek.* knee-jerk
põlveliiges knee-joint
põlveltasend *sõj.* kneeling position
põlvepikkune knee-high
põlvili on one's knees, to one's knees;
~ **sundima** force (*or* bring*) to
one's knees
põlviliasend *sport.* kneeling position
põlvitama kneel*; (*põlvili olema*) be
on one's knees; (*põlvili langema*)
fall* on one's knees
põlvitus kneeling; ~**iste** *sport.* kneeling sitting, ~**seis** *sport.* kneeling
position
põlvkond generation
põlvnema descend, be descended, originate (*from*)
põlvnemine descent, origin
põlvpüksid breeches; *sport.* shorts;
(*laiad, põlve ümber kokkutõmmatud* ~) knickerbockers, knickers
põlvsukad knee-length stockings
põlvtoru *tehn.* elbow(-pipe)
põmm whang, bang
põmmutama whang, bang
põnev thrilling, exciting, gripping
põnevus thrill, excitement; ~**jutt,
~romaan** thriller
põngerjas urchin, nipper, kid

põnn dwarfish fellow, (small) urchin
põrand floor, flooring; ~a all under the floor; *piltl.* underground, in secret; ~a alla minema go* underground
põrandaalune 1. *adj.* underground, illegal, secret, clandestine; 2. *subst.* member of an underground organization
põrandahari (soft) broom, sweeping-brush
põrandalamp floor lamp
põrandalaud flooring-board, floor board
põrandaliist (floor-)skirting
põrandapind floor space
põrandariie floor-cloth
põrandavaip (floor-)carpet, rug
põrgatama toss (up and down)
põrge impact, stroke, push
põrgu hell; inferno; ~haud *kirikl.* the bottomless pit, hell; ~kivi *farm.* lunar caustic, silver nitrate; ~kära = ~lärm
põrgulik infernal, hellish, fendish
põrguline fiend, devil, imp
põrgulärm hell of a row, infernal noise
põrgumasin infernal machine
põrin roll, rattle; (*sumin*) drone, buzz; (*lennuki* ~ *ka*) zoom
põrisema roll, rattle; (*sumisema*) drone, buzz; (*lennuki kohta ka*) zoom
põristama roll, make* roll, rattle, (*trummil*) tattoo
põrk *ehit.* transom, cross-band; *anat.* trabecula (*pl.* -lae), trabecule
põrkama make* an impact, strike*, push, bound, bump; mingi takistuse vastu ~ come* up against an obstacle, meet* with an obstacle; kokku ~ collide, clash; tagasi ~ recoil, rebound
põrklink *tehn.* pawl, latch
põrkratas *tehn.* ratchet (-wheel)
põrm dust, earth; (*surnu jäänused*) ashes, mortal remains; rahu tema ~ule! peace to his ashes!
põrmugi: mitte ~ not a whit, not a bit, not at all
põrn spleen, (*loomal*) milt; ~ahaigus splenopathy; ~apõletik inflammation of the spleen, splenitis; ~ataud, ~atõbi splenic fever, anthrax
põrnikas chafer, beetle, bug

põrnitsema stare sullenly, glower, scowl
põrsas sucking-pig, piglet, pigling; põrsaid tooma (*emise kohta*) farrow
põruma shake*, jolt, get* a shake (or jolt); katki ~ crack
põrunud: peast ~ cracked, touched (or weak) in one's head
põrutama shake*, jolt, give* a shake (or jolt) (*to*); (*muljuma*) contuse; (*tugevasti lööma*) thump, (*käratama*) thunder; kõnek. (*ruttama, minema*) dash, hurry, rush
põrutav stunning, stupendous
põrutus shake; (*vapustus*) shock; (*muljutus*) contusion
põsakil = käsipõsakil
põsenukk cheek-bone
põsetasku *zool.* cheek-pouch
põsk cheek; ~habe (side) whiskers, *Am. ka* sideburns
põtkama kick
põu bosom
põuakindel drought-proof, drought-resistant
põuane droughty, arid, dry
põuavine (dry) haze
põuavälk summer lightning
põud drought; (*puudus*) dearth, want (*millestki* — *of smth.*)
põueoda dagger
põuetasku inner pocket
põõn 1. (*uksel jms.*) cross-piece; (*rõival*) strap; 2. (*hoop*) blow, whack
põõnama, põõnutama lie* like a log, lie* in bed, sleep*
põõsalind *zool.* whitethroat, (*aed* ~) garden warbler
põõsas bush, shrub; ~taim shrub
põõsastama plant with bushes (*or* shrubs)
põõsastara hedge
põõsastik bushes, shrubs, shrubbery
pädev competent, capable
pädevus competence, capability
päev 1. (*öö vastand*; *ööpäev*) day; 2. (*päike*) sun; ~ otsa all (the) day, all day long, the whole day; mõne ~a pärast in a few days; ~al by day, in the daytime; ühel ilusal ~al one fine day, one of these fine days; ~ast ~a from day to day, day in and day out; meie ~il in our days; neil ~il (*minevikus*) the other day; (*tulevikus*) one of these days

päevaaeg day-time; **päevaajal** in the day-time
päevakaja news of the day, daily topics
päevakaja (the) daily routine
päevakivi feldspar
päevakoer (*liblikas*) tiger moth; (*röövik*) woolly bear
päevakohane topical, of current interest
päevakord order of the day, business of the day (*or* meeting), agenda; **päevakorral** olema be on the agenda, be in (*or* on) the order of the day
päevakäsk order of the day
päeväküsimus question of the moment, topical question
päevaleht daily (news)paper
päevaliblikas butterfly
päevalill sunflower; ~eõli sunflower oil
päevane daily, day's
päevanorm daily quota
päevapalk daily wages
päevapealt at a day's notice, (*otsekohe*) at a moment's notice
päevapildistama = fotografeerima
päevapilt = foto
päevapiltnik = fotograaf
päevaraamat = päevik
päevaraha daily allowance, expenses allowance
päevasärk (day-)shirt
päevasündmus event of the day
päevatekk counterpane; bedspread
päevatööline = päeviline
päevauudised daily news
päevavalge = päevavalgus
päevavalgel by daylight
päevavalgele bring to daylight, to light; ~ **tooma** bring* to light; ~ **tulema** come* to light
päevavalgus daylight; ~t **nägema** see* light
päevavalguslamp *el.* sun lamp
päevavaras loafer, idler, *kõnek.* spiv
päevavari parasol, sunshade
päevaviisi by the day
päevik diary, journal; (*klassi~*) class register (*or* record); (*raamatupidamises, arstil jms.*) day-book
päeviline day-labourer
päevitama bask in the sun, take* the sun
päeviti by day; (*päevaviisi*) by the day

päevituma become* sunburnt (*or* tanned)
päevitunud sunburnt, tanned
päevitus sunburn, sun-tan
päevnik *sõj.* orderly (soldier)
päev-päevalt from day to day, day by day
päevselge (as) clear as daylight
päh! pooh!, pshaw!, bosh!, fie!
pähe 1. *vt.* **pea; mulle tuli mõte** ~ it occurred to me; **kellelegi** ~ **andma** *kõnek.* give* it to smb., give* smb. a dressing(-down); ~ **hakkama** go* to (*one's*) head; ~ **saama** get* it in the neck, get* a dressing(-down); ~ **võtma** get* (*or* take*) into one's head; **~õppima** learn* by heart; 2. *adv.* (*peakatte kohta*) on; **pange kübar** ~ put your hat on; 3. *postp.* (*asemel*) for, as; **meie koer lasti maha hundi** ~ our dog was shot for a wolf
päheõpitud learnt by heart
päheõppimine learning by heart
pähik *bot.* ear; *anat.* capitellum (*pl.* -lla), capitulum (*pl.* -la)
pähkel nut, (*er. sarapuu~*) hazel-nut; **kreeka** ~ walnut
pähkelpruun nutbrown, hazel
pähklihiir *zool.* dormouse (*pl.* -mice)
pähklikoor nutshell
pähklimänsak *zool.* nutcracker
pähklinäpp = pähklihiir
pähklipuu walnut-tree; *kõnek. ka* = sarapuu
pähklitangid nutcracker, (a pair of) nutcrackers
pähklituum kernel (of a nut)
päike(ne) sun; **päikese käes** in the sun; **palju päikest** much sun (*or* sunlight); **Päikese laigud** *astr.* sunspots
päikeseaasta *astr.* solar year
päikeseaeg *astr.* solar (*or* apparent) time
päikeseenergia solar energy
päikesekell sun-dial
päikesekiir sunbeam
päikeseline sunny
päikeseloojak sunset, *Am. ka* sundown
päikesepaiste sunshine
päikesepaisteline sunny, bright
päikesepiste sunstroke
päikesepoolne on the sunny side
päikeseprillid sun-glasses
päikesepõimik *anat.* solar plexus

päikesesapp *meteor.* sundog, parhelion (*pl.* -lia)
päikesesüsteem (the) solar system
päikesetõus sunrise, *Am. ka* sunup
päikesevalgus sunlight
päikesevann sun-bath
päikesevari sunshade, awning
päikesevarjutus solar eclipse
päikeseööpäev *astr.* solar day
päis head(-piece), top part; *zool.* head (of a tapeworm)
päise: ~ **päeva ajal** in broad daylight
päisliist, päisvinjett *trük.* head-piece
päits = peats
päitsed halter, bridle
päkapikk, päkapikumees *folkl.* Tom Thumb, dwarf
päkk 1. (*käel*) ball of the thumb, *tead.* thenar; (*jalal, kabjal*) ball of the foot, *tead.* thenar; 2. *murd.* = **põial**
pälk = põuavälk
päll *murd.* = **öökull**
pälvima deserve, merit
pälvimatu underserved, unmerited
pära 1. (*jäänus*) residue, rest; (*põhjavajunud soga*) sediment, lees, foots, settlings; 2. (*tagaosa*) butt, butt end, rump, breech; (*paadil, laeval*) stern; (*keelel*) root; (*autol*) rear, (*pagasiruumina*) boot; **päras** *mer.* (*ahtris*) aft, astern
pärak *anat.* anus
pärakuti = pärastikku
pärakäru = järelkäru
päral: ~ **olema** have arrived, be on the spot; **kas oleme** ~? have we arrived?, are we there (*or* here)?
päraldis *jur.* accessory
pärale: ~ **jõudma** arrive (*at, in*); ~ **toimetama,** ~ **viima** take* (*or* bring*) there (*or* to the place)
päralejõudmine arrival
päralt: kellegi ~ **olema** belong to smb.
päramised *med., vet.* afterbirth
päramootor = pardamootor
pärand legacy, bequest; heritage, inheritance
pärandaja bequeather, testator, *fem.* testatrix
pärandama bequeath, leave* (in one's will); (*omadust jms.*) transmit (by heredity); (*kommet v. tava*) hand down
pärandatav bequeathable; transmittable (by heredity)

päranditomp *jur.* estate
päranduma be bequeathed, be left in one's will, be hereditary; be transmitted, be handed down
pärandus bequeathing; transmission (by heredity)
pärani wide open; (*suu kohta*) gaping; ~**silmi** open-eyed, with wide open eyes; ~ **sui** open-mouthed, agape
päranipp *zool.* rump, uropygium
pärasool [-soole] hind-gut, straight intestine, *tead.* rectum (*pl.* -ta)
pärast 1. *adv.* afterwards, later, later on; 2. *prep.* after; ~ **meid** after us; ~ **lõunat** after noon, in the afternoon; ~ **seda** after this (*or* that); ~ **seda, kui...** after...; 3. *postp.* (*järel*) after, in; (*tõttu*) out of, on account of, for the sake of, because of; **tunni aja** ~ after an hour, in an hour's time; (**kell on**) **viie minuti** ~ **kuus** (it is) five minutes to six; **kadeduse** ~ out of envy; **minu** ~ for my sake, on my account; **laps värises külma** ~ the child shivered with cold; **ma muretsen teie** ~ I am anxious about (*or* for) you
pärastikku one after the other, in a row
pärastine subsequent, later
pärastiseks for later, for a later time
pärastlõuna afternoon; ~**l** in the afternoon
pärastlõunane of the afternoon, afternoon (*atrib.*)
pärastpoole afterwards
pärastpoolne later
pärastsõjaaegne post-war
päratu 1. *adj.* enormous; 2. *adv.* enormously
pärdik monkey; *piltl.* jackanapes
pärg wreath, chaplet; (*kroon*) crown; ~**a panema** lay* a wreath
pärgama crown with a wreath (*or* chaplet)
pärgament parchment; ~**paber** parchment (*or* vellum) paper, vegetable parchment
pärgarter *anat.* coronary artery
pärgel devil
pärgõmblus *anat.* coronal suture
päri agreed, in agreement, willing; ~ **olema** agree (*to*), consent (*to*), accede (*to*), acquiesce (*in*)
pärija heir, *fem.* heiress, inheritor, *fem.* inheritress

pärilik hereditary, heritable
pärilikkus *biol.* heredity, hereditary transmission; **~teooria, ~õpetus** genetics, theory (*or* doctrine) of heredity
pärima 1. (*pärandina saama*) inherit; 2. (*küsima*) demand, ask, inquire (*for*); **järele ~** make* inquiries, ask questions (*about*)
pärimisõigus *jur.* right of inheritance
pärimus tradition
pärimuslik traditional
pärinema descend, be descended, derive, be derived (*from*); (*pärit olema*) come* (*of*), spring* (*of, from*), issue (*from*), *Am.* stem (*from*)
pärinemine descent, derivation
päripidi the right way, clockwise
päripäeva with the sun, sunwise, clockwise
päris 1. *adj.* right, real, veritable, genuine, proper; 2. *adv.* quite, completely, right; **~ lõpus** at the very end
päriseks for good, for one's (very) own; **maatükki ~ ostma** buy* a piece of land for perpetuity
päriselanik indigenous inhabitant
päriselt quite, altogether, really, fully; (*alatiseks*) for good
pärismaalane native, indigene
pärismaine native, indigenous
pärisnimi *lgv.* proper name (*or* noun)
pärisori *aj.* serf, chattel-slave
pärisorjus *aj.* serfdom, serfhood, serfage
pärisorjuslik based on serfdom (*or* serfage), serfage (*atrib.*)
pärisosa *kirikl.* inheritance
pärispõlv = **pärisorjus**
pärit coming from, born in; **ta on Tartust ~** he was born in Tartu, he is a Tartu man; **kust see teade ~ on?** where does this news come from?
päritav heritable, hereditary
päritavus hereditability, hereditariness
päritolu origin, provenance, provenience, extraction; **sotsiaalne ~** social origin
pärituul wind right aft (*or* astern), fair wind
pärituult (straight) before the wind, with the wind; **~ purjetama** sail (*or* run*) before the wind
pärivett, pärivoolu down the stream,

19*

with the stream (*or* current), downstream
pärl pearl; *piltl.* gem, treasure
pärlendama sparkle
pärlikarp 1. (*pärlite hoidmiseks*) pearl box, box (*or* casket, case) for keping pearls in; 2. *zool.* pearlshell, oyster-shell; (*karploom*) pearloyster
pärlipüüdja pearl-fisher
pärlkana *zool.* guinea-fowl, guinea-hen
pärlmutter mother(-)of(-)pearl, nacre; **~nööp** pearl button
pärm yeast, leaven; (*õlle~*) barm
pärmine yeasty
pärmseen yeast-fungus (*pl.* -gi, -guses)
pärn(apuu) lime(-tree), linden; **ameerika ~** basswood
pärsia Persian
pärslane Persian
pärss = **pidur**
pärssima = **pidurdama**
pärus *jur.* patrimony, heritage
päruslik patrimonial
päsmer *murd.* = **margapuu**
päss = **jäär**
pätistuma become* a low tramp (*or* scamp, loafer); go* to the dogs, become* a rotter (*or* cad)
pätk *vet.* splint
päts [pätsu] Bruin, bear
päts [pätsi] (*leiba*) loaf (*pl.* loaves); (*turvast*) block
pätt (ragged) tramp, scamp, loafer, *Am.* bum; (*lurjus*) scoundrel, rotter, cad
pääkseen = **puravik**
pääs escape, salvation; way (in or out)
pääse [pääse] escape
pääse [pääsme] ticket (of admission)
päasema escape, save oneself; **get* away; sisse ~ get*** in; **välja ~ get*** out; **lahti ~ get*** loose, **get*** at large; **vabaks ~ get*** free; **ma ei pääse tulema** I cannot come
pääsemine escaping, escape
pääsetee way of escape, way out
pääsetäht *van.* ticket (of admission)
pääsmik pass, written permission to pass (in or out)
pääste (life-)saving, rescue, salvation; (*varanduse ~*) salvage; **~ankur** *piltl.* sheet-anchor; **~jaam** life-boat station; **~paat** life-boat; **~rõngas** life-buoy, life-preserver (ring)
päästev (life-)saving, rescuing

päästevöö life-belt, life-jacket
päästik trigger
päästja saviour, rescuer; (*vabastaja*) deliverer
päästma save, rescue; (*vabastama*) deliver; (*varandust*) salvage; **lahti** ~ loose, let* (*or* set*) loose
päästmine saving, rescuing, rescue; (*vabastamine*) deliverance; (*varanduse* ~) salvaging, salvage
pääsu = **pääsuke(ne)**
pääsukala *zool.* (common) dolphin
pääsuke(ne) swallow
pääsu(kese)pesa swallow's nest
pääsusaba *zool.* swallowtail (ed butterfly)
pääsusilm bird's-eye (primrose)
pääsu-tormilind *zool.* stormy petrel
pääsuvaal = **delfiin**
põial thumb; (**tegevusetult**) **põidlaid keerutama** twiddle one's thumbs; **~t hoidma** *kõnek.* keep* one's fingers crossed
põialaba *anat.* metatarsus (*pl.* -rsi)
põialpoiss *folkl.* Tom Thumb, dwarf; *zool.* kinglet, kingling
põid (*jalal*) metatarsus (*pl.* -rsi); (*põiaselg*) instep; (*sukal*) foot (*pl.* feet); (*rattal*) felloe (*or* felly), rim; (*hammasrattal*) face
põitama (*sukka*) foot
põtserdama bungle, botch; (*maalides*) daub, smear
põtserdis bungle, botch; (*maalimisel*) daub, smear
pööbel mob
pöök(puu) beech(-tree)
pööning loft, attic; **~ukamber** garret, attic
pöör 1. (*käi*) (turning) grindstone; 2. (*vinn*) wheel and axle; 3. *etn.* (turning) crossbar; (*puupulk nööbi asetäitjana*) wooden peg
pöörak turn, (*kaares*) swing
pöörama turn; (*korduvalt ringi* ~) revolve; (*kaares*) swing*; (*veendumust muutma*) convert (*millessegi* — *to smth.*); *lgv.* conjugate; *kõnek.* **ka** = **pöörduma; võtit lukus** ~ turn the key in the lock; **lehekülge** ~ turn the page, turn over; **vänta** ~ turn (*or* revolve) the crank; **kellegi tähelepanu millelegi** ~ direct (*or* turn) smb.'s attention to smth.; **misjonär ei suutnud kedagi ristiusku pöörata** the missionary was not able to convert anyone to Christianity

pööramine turning; (*kaares*) swinging; (*veendumuste muutmine*) conversion; *lgv.* conjugation
pöörane frantic, frenzied, (like) mad, crazy
pöörang turning, turn; (*raudteel*) (railway) point, switch; **~useadja** = **pöörmeseadja**
pööraselt frantically, madly, like mad
pöörasus frenzy, madness
pöörd: ümber ~! about face!, about turn!; vasakule ~! left face!
pöördarv *mat.* inverse figure, reciprocal
pöördeline pivotal, constituting a turning-point, critical, decisive; *lgv.* finite
pöördelõpp *lgv.* verbal ending (in conjugation)
pöördemoment *füüs.* torque
pöördepunkt turning-point, pivot; *tehn.* fulcrum (*pl.* -ra, -rums)
pöördetelg pivot; *mat.* axis (*pl.* axes) of rotation)
pöördfunktsioon *mat.* solid of revolution
pöördkiik giant('s)-stride
pöördkond *lgv.* conjugation
pöördlava *teatr.* revolving stage
pöördlüliti *el.* rotary switch
pöördsild *tehn.* turn-bridge, swivel-bridge, pivot-bridge
pöördsuhe *mat.* inverse ratio
pöördsõna *lgv.* verb
pöördtehe *mat.* inverse operation
pöördtool swivel-chair
pöörduks revolving door
pöörduma turn, turn oneself, be turned; (*korduvalt ringi* ~) revolve; (*tuule kohta*) veer, change; (*palvega jms.*) apply, appeal (*kellegi poole* — *to smb.*); (*veendumust muutma*) be converted (*to*); *lgv.* be conjugated; **tagasi** ~ return; **ümber** ~ turn round, *piltl.* turn over a new leaf, be converted to a better life
pöördvõrdeline *mat.* inversely proportional, reciprocal
pööre [pöörde] turn, turning, revolution; (*muutus*) overthrow, upheaval, (great) change; (*haiguses*) crisis (*pl.* -ses); *lgv.* person
pööre [pöörme] point, switch
pöörel *tehn.* swivel, rotor; *anat.* head of the femur, trochanter
pöörijoon *astr., geogr.* (line of) tropic
pööripäev (*suvine v. talvine* ~) sol-

stice; (*kevadine v. sügisene* ~) equinox
pööris whirl, vortex; (*lennukil*) spin; bot. panicle; (*segamisriist*) = mänd [männa]
pööritama 1. (*silmi*) roll; 2. (*pea kohta*) swim*, feel* giddy (*or* dizzy); (*südame kohta*) feel* sick; mu pea pööritab my head swims, I feel giddy (*or* dizzy); mu süda pööritab I feel sick
pööritus (*pea kohta*) giddiness, dizziness; (*südame kohta*) sickness
pöörlema revolve, rotate, turn round; (*telje ümber*) pivot; (*kiiresti*) whirl, spin*
pöörlemine revolving, rotating, rotation; (*telje ümber*) pivoting; (*kiiresti*) whirl(ing), spin(ning)
pöörlemistõbi *vet.* (sleepy) staggers, (*lammastel ka*) gid, sturdy
pöörmeseadja pointsman (*pl.* -men), switchman
püdal *zool.* (horse-)leech
püdel thick, running thickly, semiliquid; (*veniv*) viscous, viscid
püdelus thickness, semi-liquidity; (*venivus*) viscosity
pügal (*sälk*) notch, nick, cut, score; (*kraad*) degree
pügaldama notch, nick, score
pügama shear*, fleece (*ka piltl.*); (*kärpima*) clip, crop
püha 1. *adj.* holy, sacred; (*nime ees*) saint; 2. *subst.* holiday, red-letter day; *kirikl.* ka feast(-day)
pühadeaegne holiday (*atrib.*)
pühadeeelne pre-holiday
pühadus holiness, sanctity; (*pühakspeetav ese*) holy (*or* sacred) object
pühak *kirikl.* saint
pühakiri *kirikl.* the Holy Scripture
pühalik solemn
pühalikkus solemnity
pühamu shrine (*ka piltl.*)
pühapäev Sunday; ~a pühitsema keep* the Sabbath
pühapäeviti on Sundays
pühendama (*elu, jõudu jms.*) devote, dedicate, consecrate (*to*); (*raamatut jms.*) dedicate (*to*); (*mingisse saladusse*) initiate (*into*); (*pühitsema*) consecrate; **asjasse** (*v. saladusse*) **pühendatud olema** be in the know (*or* secret)
pühenduma devote (*or* dedicate) oneself (*to*), give* oneself up (*to*)
pühendus dedication; (*pühitsemine*) consecration; (*saladusse*) initiation
püherdama welter, (*mudas jms.*) wallow, roll (about)
pühis wiper, (*narts*) duster, (*luud*) broom, whisk
pühiti on holidays
pühitsema 1. (*tähtpäeva*) celebrate, keep*, mark, observe; (*mälestama*) commemorate; 2. (*sisse* ~) consecrate, (*ametisse*) ordain; (*pidulikult alustama*) inaugurate
pühitsus 1. (*tähtpäeva kohta*) celebration; (*mälestus*) commemoration; 2. (*sisse*~) consecration; (*ametisse*) ordination; (*pidulik alustus*) inauguration
pühkima (*luuaga jms.*) sweep*, whisk; (*hõõrudes*) wipe; (*tupsutades*) mop; **tahvlit** ~ clean the blackboard; **tolmu** ~ dust, wipe (*or* whisk, brush) the dust off; **minema** ~ sweep* away (*or* off), wipe off; **kõnek.** (*minema tormama*) rush off
pühkmed sweepings, rubbish, dust
pühkmekast dustbin
pühkmevedaja dustman (*pl.* -men), dust collector
pühvel buffalo (*pl.* -oes)
püksatu trouserless, *Am.* pantless
püksiauk fly, trouser-slit
püksid trousers, *Am.* pants; (*põlv*~, *ratsa*~) breeches; (*spordi*~) shorts
püksiharu trouser(-leg)
püksinööp trouser-button
püksireis = **püksisäär**
püksirihm (trouser) belt; ~a koomale tõmbama tighten the belt (*ka piltl.*)
püksiriie trousering
püksisäär trouser-leg
püksitagumik (trouser) seat
püksitasku trouser-pocket
püramiid pyramid
püramiidjas pyramidal
püree *kok.* purée; ~supp *kok.* thick soup
püretama = **rüvetama**
pürgima strive*, aspire (*to*), forge ahead
pürgimus aspiration
püriit *min.* pyrites
püroksüliin *keem.* pyroxylin, guncotton
pürotehnik pyrotechnist
pürotehnika pyrotechnics
pürotehniline pyrotechnic(al)
püsi durability; staying power, endurance; constancy

püsik *bot.* perennial (plant)
püsikestev constant
püsikindel steady, steadfast, firm, stable
püsikindlus steadiness, steadfastness, firmness, stability
püsiktaim = püsik
püsilik durable, enduring
püsilill perennial flower
püsima stay, endure, last; hold* out, persevere, persist; stand* one's ground; *(jääma)* rest, remain
püsimatu unstable; inconstant; *(kärsitu)* restless
püsimatus instability; inconstancy; *(kärsitus)* restlessness
püsimuna *zool.* winter egg, statoblast
püsisoojane *zool.* 1. *adj.* warm-blooded, homoiothermic; 2. *subst.* warm-blooded animal, homoiothermic animal
püsiv durable, enduring, lasting; steady, steadfast; persistent, persevering; permanent, constant
püsivus durability, endurance; steadiness, steadfastness; persistence, perseverance; permanence, constancy
püss gun, *(vint~)* rifle; ~**ikirp** front sight, foresight; ~**ikuul** (rifle-)bullet; ~**ilaad** gun-stock, rifle-stock; ~**ilaskmine** rifle-shooting; ~**ilukk** (gun-)lock; ~**imees** rifleman *(pl.-*men)*; ~**ipauk** report of a gun; ~**ipära** butt, butt end of a gun *(or* rifle); ~**iraud** gun barrel, rifle barrel; ~**irohi** (gun)powder; ~**irohutünn** powder-keg *(ka piltl.)*; ~**itikk** = **tääk**; ~**ituli** rifle fire; ~**varras** cleaning-rod, *van.* ramrod
püstaed = **püsttara**
püstakil half-erect, half-way up
püstakile: ~ **tõusma** stand* up half-way, raise oneself half-erect
püsti up, upright, erect, on end; ~ **kargama** jump up; ~ **tõusma** stand* up; *(juuste kohta)* stand* on end; **pange vaat** ~ **stand** the barrel on end; **pead** ~ **hoidma** hold* one's head up
püstihull stark mad, as mad as a hatter
püstihäda great trouble; **ma olen** ~**s** I am in great trouble, I am in a fix
püstijalu on one's feet

püstine upright, standing up, erect
püstipäi with one's head up, with an unbowed head
püstiseis standing position
püstitama set* (up), put* up, raise, erect; *(probleemi)* set*, pose; *(rekordit)* set* (up), establish
püstjoon perpendicular, *(püstloodis joon)* vertical
püstkrae stand-up (white) collar
püstkülik = **ristkülik**
püstloodis, püstloodne vertical, plumbline *(atrib.)*; *(järsaku kohta)* sheer
püstol pistol; ~**kuulipilduja** submachine gun
püstpalk *ehit.* vertical beam *(or* joist)
püsttara stockade
pütik, pütike(ne) (small) keg
pütilaud stave
pütt I *(anum)* tub, firkin
pütt II *zool.* grebe
püttsepp cooper
püvi, püü = **põldpüü**
püüd [püüu] 1. *(püüe)* endeavour, striving, aspiration; 2. = **püük**
püüdlema strive* *(millegi poole — after, for smth.)*, aspire *(to)*
püüdlik assiduous, diligent
püüdlikkus assiduity, diligence
püüdlus striving, aspiration, endeavour
püüdma 1. *(kättesaamiseks)* catch*; **kinni** ~ catch*, capture; **kala** ~ = **kalastama**; 2. *(katsuma)* try, attempt, make* an attempt *(or* attempts), endeavour *(midagi teha — to do smth.)*; **edasi** ~ try to get on, strive* on *(or* forward)
püüe endeavour, attempt, *(pingutus)* effort
püügiaeg fishing time
püügiala fishing ground
püügiriistad fishing gear *(or* tackle)
püügivesi fishing water(s)
püügiõnn fishing luck
püük catch, capture; catching, capturing; *(kala~)* fishing
püül(ijahu) bo(u)lted flour *(or* meal)
püülima bo(u)lt
püünis gin, snare, trap, *(võrk)* net; ~**kraav** *mets.* trap trench; ~**vöö** *aiand.* grease band
püür = **padjapüür**
püütia *aj.* pythoness, Pythia
püüton *zool.* python

R

raa *mer.* yard
raad *aj.* town council
raadama clear for tillage
raadio radio, wireless; ~ **teel** by radio, over the air; ~ **teel saatma** broadcast*
raadioantenn aerial
raadioaparaat radio (*or* wireless) set
raadiohäired radio disturbances
raadiojaam radio (*or* wireless) station
raadiojänes radio (*or* wireless) pirate
raadiokuulaja radio (*or* wireless) listener, listener-in
raadiolaine radio wave
raadiolamp radio tube (*or* valve)
raadiolokatsioon radiolocation
raadiomajakas radio beacon
raadiomast radio mast
raadiosaade broadcasting, radio (*or* wireless) transmission
raadiosaatja radio (*or* wireless) transmitter
raadio(translatsiooni)sõlm radio relay centre
raadiovastuvõtja radio (*or* wireless) receiver, radio-receiving set
raadioülekanne radio (*or* wireless) transmission, broadcast
raadium radium; ~**iravi** *med.* radiotherapy
raadius radius (*pl.* -dii)
raag twig, sprig (without leaves), bare branch
raaguma be stripped of leaves
raagus: puu on ~ the tree is stripped of leaves, the tree is leafless
raam frame, framework; (*prillidel*) rim; **millegi** ~**ides** within the framework of smth., within the bounds (*or* limits) of smth.
raamader *põll.* frame plough
raamantenn *el.* loop aerial
raamat book; (*paberimõõduna*) quire; ~**ugraafika** book-designing (art); ~**ukaas** (book) cover; ~**ukapp** bookcase; ~**ukauplus** bookshop, bookseller's shop; ~**ukogu** library; ~**ukoguhoidja** librarian; ~**ukoi** bookworm (*ka piltl.*); ~**ukujundus** (book-)designing; ~**uköitja** bookbinder •
raamatulik bookish
raamatupidaja book-keeper, accountant
raamatupidamine book-keeping
raamaturiiul book-shelf (*pl.* -shelves)
raamatutark book-learned, bookish
raamatutarkus book-learning, book knowledge, bookishness
raamima frame
raamistama frame; (*raamatut*) border
raamistik framework; (*kirjanduslikus teoses*) setting
raamistus frame; (*raamatul*) border
raamjutustus *kirj.* stories within a story
raamsaag frame-saw
raapsima (*linu*) = **raatsima** I
raapuri *mer.* square sail
raas (small) bit, (*leiva*~) crumb
raasima strip (of leaves), denude
raasuke(ne) (little) bit, (*leiva*~) crumb
raasutama crumb, break* off in crumbs
raatsima I (*linu*) ripple
raatsima II (*täima*) have the heart (*midagi teha — to do smth.*); **ma ei raatsi seda ära anda** I shouldn't care to give this away; **ta ei raatsi oma lastele maiustusi osta** he is too close (*or* stingy) to buy his children sweets
raatus = **raekoda**
raba I (*kaljal, õllel*) draff, brewery refuse, spent grain
raba II (*soo*) bog, swamp, morass; *geol.* high (*or* upland) moor; **rappa minema** *v.* **sattuma** get* bogged (down) (*ka piltl.*), get* stuck (in difficulties)
rabakana *zool.* ptarmigan
rabakask = **vaevakask**
rabakivi *min.* rapakivi, Finnish red granite
rabama 1. (*lööma*) smite*, strike*; (*üllatama*) strike* (with surprise), stagger; **jalust** ~ bowl over (*ka piltl.*); 2. (*kahmama*) grip, grasp; 3. *etn.* (*vilja* ~) thresh by hand
rabamurakas *bot.* cloudberry
rabandus (apoplectic) stroke, apoplexy
rabane boggy
rabapistrik *zool.* peregrine (falcon)
rabarber rhubarb, *Am. ka* pie-plant
rabatt I (*käänis*) lapel; *aiand.* border, platband
rabatt II *maj.* rebate, deduction, reduction
rabav striking
rabe brittle, friable, short
rabedus brittleness, briability, shortness

rabelema flounder, kick about, struggle (helplessly); (*askeldama*) bustle, fuss; (*nihelema*) fidget
rabin rustle
rabisema rustle
rabistama rustle, make* rustle
rada path, walk; *sport.* track
radar *el.* radar
radeerima (*välja kaapima*) erase, rub out; *kunst.* etch
radeerimiskumm eraser, (india-)rubber
radiaalne radial
radiaan *mat.* radian
radiaator radiator
radiatsioon *füüs.* radiation
radikaal *keem., mat., pol.* radical
radikaalne radical
radikalism radicalism
radioaktiivne radio-active
radioaktiivsus radio-activity
radiofitseerima install radio (*in*), provide with radio(-receiver)
radioloogia *füüs., med.* radiology
radioola radio-gramophone, radiogram
radioteraapia *med.* radiotherapy
radist radio (*or* wireless) operator, radioman (*pl.* -men)
radža rajah
raehärra *aj.* town councillor
raekoda town hall
raev rage, fury, frenzy
raevlema = **raevutsema**
raevukas enraged, furious, frantic
raevuma become* enraged (*or* furious, frantic), get* into a rage
raevune = **raevukas**
raevutsema enrage, infuriate
raevutsema rage, be in a rage, be furious
rafinaad(suhkur) refined sugar, lump sugar
rafineerima refine
rafineeritud refined
ragin crackle, rattle
ragisema crackle, rattle
ragistama crackle, rattle, make* crackle (*or* rattle)
raglaanmantel raglan, Raglan coat
raguu ragout
raha money; (*münt*) coin; **puhas ~ ready cash**; **puhta ~na võtma** take* at its face value, take* for gospel truth
rahaahne avaricious
rahaahnus avarice
rahaasjad money matters, pecuniary affairs

rahaauk *folkl.* hoard of coins, treasure pit, hidden treasure
rahakaart money order, remittance
rahakapp safe, strong-box
rahakas moneyed
rahakott purse
rahaline money (*atrib.*), pecuniary, financial, monetary
rahamees moneyed man (*pl.* men), capitalist, financier
rahamärk currency note, banknote
rahandus finance(s); **~aasta** *maj.* financial year
rahanduslik financial
rahapaja mint
rahapuudus lack (*or* shortness) of money, impecuniosity
rahareform currency (*or* monetary) reform
rahasaadetis remittance
rahatasku pocket-book, wallet, notecase, *Am.* billfold
rahatrahv fine; **~iga karistama** fine, sentence to pay a fine
rahatu moneyless
rahatuus plutocrat, tycoon
rahatäht paper money, (treasury, bank) note
rahavahetaja money-changer
rahaühik monetary unit
rahe hail; *piltl. ka* volley; **sajab ~t** it hails
rahesadu fall of hail
rahetera hail-stone
rahhiidihaige sufferer from rickets (*or* rachitis)
rahhiidivastane antirachitic
rahhiit rickets, rachitis
rahhiitiline rachitic, rickety
rahmama snatch, grasp, take* hold of
rahmeldama, rahmima bestir oneself, bustle, be busy, plug away
rahn block, lump; (*kivi~*) boulder, rock; **~kala** (salted and dried) cod
rahu I (*meremadalik*) reef
rahu II (*nääre*) gland
rahu III peace; (*rahulikkus*) quiet, tranquillity, calm; **palun ~!** quiet, please!; **~ säilitama** keep* the peace; (*rahulikuks jääma*) keep* calm; **~ tegema** make* peace
rahuaeg time of peace
rahuaegne peace-time (*atrib.*)
rahuarmastav peace-loving, peaceful
rahuarmastus love of peace, peacefulness
rahujalal at peace
rahukohtunik *aj.* justice of the peace

rahukohus *aj.* court of common pleas
rahul: ~ **olema** be satisfied (*or* content, contented, pleased)
rahula *luulek.* home of peace, (*matusepaik*) cemetery
rahuldama satisfy, content; **tarbeid** ~ meet* one's needs
rahuldamatu unsatisfied, not satisfied
rahuldav satisfactory, (*hindena ka*) fair
rahulduma be satisfied (*or* contented), content oneself (*with*)
rahuldumatu unsatisfied, dissatisfied, discontented
rahuldus satisfaction, content; ~**tunne** feeling of satisfaction (*or* content)
rahule: ~ **jätma** leave* in peace, leave* (*or* let*) alone; ~ **jääma** = 1. rahulduma; 2. rahunema
rahuleer camp of peace, peace camp
rahuleping peace treaty
rahuliikumine peace movement
rahulik peaceful; (*vaikne*) quiet, still; calm, tranquil; restful; (*mitte kärsitu*) sedate
rahulikkus peacefulness; (*vaikus*) quietness, stillness; calm(ness), tranquillity; restfulness; (*kärsituse puudumine*) sedateness
rahulikult peacefully; (*vaikselt*) quietly, calmly
rahulolek contentment, content, satisfaction; **enesega** ~ self-satisfaction, complacency
rahulolematu discontented, dissatisfied
rahulolematus discontent, dissatisfaction
rahulolev contented, satisfied; **enesega** ~ self-satisfied, complacent
rahulolu = rahulolek
rahuläbirääkimised peace negotiations
rahumeeli with a peaceful mind, with an easy mind
rahumeelne peaceful, peace-loving
rahunema quiet (*or* calm) down; be appeased, be pacified
rahuotstarbeline peaceful, for peaceful purposes
rahupiip pipe of peace, calumet
rahupoliitika peace policy
rahupooldaja defender (*or* supporter) of peace, peace partisan; **ülemaailmne** ~**te kongress** World Peace Congress
rahupreemia peace prize

rahurikkuja peace-breaker, disturber of the (public) peace
rahurikkumine breach of the peace, (public) disturbance
rahusobitaja peacemaker
rahustama calm, quiet, quieten, soothe; set* at ease; appease, pacify
rahustav calming, quieting; appeasing, pacifying; *med.* sedative
rahusti *med.* sedative
rahustama be calmed (*or* quieted, quietened); be set at ease; be appeased (*or* pacified)
rahustus calming, quieting; appeasement, pacification
rahutahe will to peace
rahutu restless, restive; (*ärev*) troubled, anxious, uneasy
rahutus restlessness, restiveness; unrest; (*hingeline* ~) disquiet, disquietude; (*ärevus*) trouble, anxiety; ~**ed** disturbances, disorders
rahutuvi the dove of peace
rahuüritus cause of peace
rahvademokraatia people's democracy; ~**maad** People's Democracies
rahvademokraatlik people's democratic
rahvaeepos national epic
rahvaesindus representation of the people
rahvaharidus people's (*or* popular) education
rahvahulk crowd (of people), multitude; **(laiad) rahvahulgad** the masses of the people
rahvahääletus plebiscite, referendum
rahvakaasistuja people's assessor
rahvakeel popular language (*or* speech)
rahvakirjanik (*austava tiitlina*) People's Writer; (*üldtuntud ning pooldatud kirjanik*) popular writer (*or* author)
rahvakohtunik People's Judge
rahvakohus People's Court
rahvakomissar *aj.* people's commissar
rahvakunst folk-art, popular art
rahvakunstnik People's Artist
rahvaküsitlus *pol.* referendum
rahvalaul folk song, popular song
rahvalik popular
rahvaloendus census (of the population)
rahvalooming popular art
rahvaluule folk-lore; (*kitsamas mõttes*) popular poetry

rahvamaja people's club, (*suurem* ~) people's palace; (*külas*) village club
rahvamajandus national economy; (*teadusena*) political economy
rahvamassid the masses, broad masses of people
rahvameditsiin folk medicine
rahvamees man (*pl.* men) of the people
rahvamurd throng, crowd (of people)
rahvapidu popular festival (*or* festivity), public merrymaking
rahvapärane popular, Am. *ka* folksy
rahvariie national (*or* folk) costume (*or* dress), peasant costume
rahvarikas (*asula kohta*) populous, peopled; (*koosoleku kohta*) crowded
rahvarinne *pol.* popular front
rahvarohke = **rahvarikas**
rahvarõivas = **rahvariie**
rahvas people; (*rahvus*) nation; **palju ~t** many people; **paljud rahvad** many peoples (*or* nations); **Ühinenud Rahvaste Organisatsioon** United Nations Organisation
rahvasaadik people's deputy
rahvastama populate, people
Rahvasteliit *aj.* League of Nations
rahvastik population
rahvasumm crowd (of people)
rahvatants folk-dance
rahvavabariik people's republic
rahvavaenlane people's (*or* public) enemy
rahvavastane anti-popular
rahvaülikool university extension
rahvus nation, nationality; **mis ~est te olete?** of what nationality are you?, what is your nationality?; **Rahvuste Nõukogu** Soviet of Nationalities
rahvushümn national anthem
rahvuskallaklane *aj., pol.* nationalist, deviator
rahvuskangelane national hero (*pl.* -oes)
rahvuskeel national language
rahvusküsimus national problem, problem of nationalities
rahvuslane nationalist
rahvuslik national
rahvuslipp national flag
rahvuspoliitika national policy
rahvusriik national state, nation-state
rahvustama nationalize; **ümber ~ make*** (*smb.*) change one's nationality, induce (*smb.*) to give up one's nationality
rahvusvaheline international
rai *zool.* ray
raibe carrion, carcass
raidkiri (sculptured) inscription
raidkuju statue, sculptured image
raidkunst (the art of) sculpture
raidtõke sõj. abat(t)is
raie (*puude langetamine*) felling (of trees), cutting (down); (*sööda raiumine*) chopping; **~lank** *mets.* felling (*or* cutting) area, felling parcel; **~märk** *mets.* felling notch; **~pakk** chopping-block
raiesmik, raiestik cut-over area
raietööline wood-cutter
raig I *zool.* (*seemnesari*) testicle
raig II *murd.* (*kärn*) scab
raihein (*umbrohuna*) darnel; (*kultuurtaimena, inglise* ~) rye-grass
raikala = **rai**
raisakotkas (carrion) vulture
raisakull = **raisakotkas;** *piltl.* kite
raisk (*raibe*) carrion; (*sõimusõnana*) beast, (damned) wretch
raiskama waste, squander, misspend*; (*pillama*) lavish; (*tükk-tükilt*) fritter (away)
raisku: ~ minema be wasted, go* to waste, be spoilt; (*halvaks minema*) go* bad; **~ ajama** spoil*, ruin
raiskuläinud (*inimese kohta*) gone to the bad
raiskuma go* bad
raisus: ~ olema be wasted (*or* spoilt, ruined)
raiuma hew*, cut* (with an axe); chop, hack; (*puid*) fell, cut* (down)
raja boundary, bound; border
rajaja founder
rajama found, lay* the foundation of; base; (*asutama*) establish, set* up, institute, constitute; (*teed*) break*, make*, pave (*ka piltl.*)
rajanema be founded (*on*), be based (*on*), rest (*on, in*)
rajariik border state
rajav *lgv.* terminative (case)
rajoon district; **~idevaheline** inter-district; **~ikeskus** district centre; **~ilinn** district town
raju tempest, storm, hurricane; **~ilm** stormy weather
rajune tempestuous, stormy
rajuvihm rain-storm

rake [rakke] frame(-work), walling, walls
rake [rakme] (*ainsus haruld.*) piece of harness; *vt. ka* **rakmed, rakkes, rakkesse, rakkest**
rakend team (of animals)
rakendama (*hobust*) harness, put* to (*or* in), *Am.* hitch (up); *piltl.* harness; (*kasutama*) apply, put* to use, put* into practice, employ
rakendus harnessing; (*kasutus*) application; ~**kunst** applied art; ~**punkt** *füüs.* working point; ~**teadus** applied science
rakestama *tehn.* mount, assemble, install
raketibaas *sõj.* rocket base, missile(-launching) base
rakett rocket; ~**lennuk** rocket plane; ~**mürsk** rocket(-propelled) projectile, (rocket) missile
rakis *bot.* thallus; *tehn.* device, accessory, arrangement; ~**taim** *bot.* thallophyte
rakk 1. *biol.* cell; 2. (*vill*) blister
rakkes: ~ **olema** be in harness
rakkesse: ~ **panema** put* in harness, harness
rakkest: ~ **lahti võtma** unharness
rakkudevaheline *biol.* intercellular
rakkus: käed on ~ the hands are horny (*or* callous)
rakmed (*veoloomal*) harness; (*sõduril*) accoutrements, equipment
raks crack, crash
raksatama crack, give* a crack
raksu: ~ **minema** *kõnek.* fall* out, quarrel
raksuma crack, crash, crackle
rakuke(ne) (little) cell, cellule; (*organisatsiooniline ühik*) nucleus (*pl.* -lei)
rakuline cellular
rakurss *kunst.* foreshortening
rakutuum *biol.* nucleus (*pl.* -lei) (of a cell)
ralli *sport.* rally
ramb 1. (*jõuetu*) faint, feeble, languid; 2. (*tiine, rase*) pregnant, big (with young)
rambipalavik stage fright
rambivalgus footlights, limelight (*ka piltl.*)
ramm [rammi] beetle, rammer; (*vaiade sissetagumiseks*) pile-driver
ramm [rammu] (*jõud*) strength; (*tüsedus*) stoutness, *van.* (*väetis*) manure; **kellegagi** ~**u katsuma** try (*or* measure) one's strength against smb.
rammestama enfeeble, unnerve, exhaust
rammestus (feeling of) faintness
rammetu faint, feeble, exhausted
rammetus faintness, feebleness, exhaustion
rammima ram, beetle; (*vaia* ~) drive* in
rammukas strong, of great strength
rammuleem = **puljong**
rammus (*tüse*) stout, corpulent, fat; (*toitev*) rich, nourishing, substantial; (*maa kohta*) rich, fertile
rammusus (*tüsedus*) stoutness, corpulence; (*toitvus, ka maa kohta*) richness
ramp [rambi] *teatr.* footlights, front of the stage; *tehn.* ramp, slooping platform (*or* passage)
rand shore, coast; strand; (*supel* ~) beach, seaside
randaal *põll.* disk harrow
randaalima *põll.* disk(-harrow)
randlane coast inhabitant (*or* dweller), maritime dweller
randuma land, pull in to the shore; (*randa kinni jooksma*) strand
range severe, strict, austere, stern, stringent
rangid horse-collar
rangis (*jalgade kohta*) bowed, bandy
rangjalad bowed (*or* bandy) legs
rangjalgne bow-legged, bandy-legged
rangluu *anat.* collar-bone, clavicle
rangus severity, strictness, austerity, sternness, stringency
ranits haversack, knapsack; (*õpilase* ~) satchel
rank = rüngas
rannahoone beach hall (*or* pavilion, restaurant, saloon, palace); (*kuurordis*) kursaal
rannajoon coast-line
rannakaitse *sõj.* coast defence
rannakalju cliff
rannakingad beach shoes
rannaliiv coastal (*or* shore, beach) sand
rannalähedane off-shore, coastal
rannapatarei *sõj.* coast artillery battery
rannapüksid beach trousers
rannapüük coastal fishing
rannasõidulaev coaster
rannasõit *mer.* coasting, coastal shipping

rannavall *geogr.* beach barrier, offshore bar
rannavalve coastguard
rannaveed coastal waters
rannaäärne coastal, littoral, nearshore, inshore
ranne wrist, *tead.* carpus (*pl.* -pi)
rannik coast, coastal region, littoral; ~**uala** coastal region; ~**uhoovus** *geogr.* littoral (*or* alongshore) current; ~**ukliima** coastal climate; ~**uküla** coastal (*or* seaside) village; ~**uluide** strand (*or* coastal, littoral) dune; ~**umeri** shelf sea; ~**utasandik** coastal plain
rant brim, rim, edge, border; (*saapal*) welt
rantima edge, border; (*saabast*) welt
rantjee rentier
rapiir rapier, foil, small-sword
raport report
raporteerima report
rapped (*kala sisikond*) fish-guttings, gutting offal
rappima gut, eviscerate, clean
rappuma shake*, be shaken, jolt
raps [rapsi] rape, turnip rape
raps [rapsu] = **kraps**
rapsama = **krapsama**
rapsiõli rape oil, colza oil
rapsoodia rhapsody
rapuntsel *bot.* rampion, lamb's lettuce
raputama shake*, give* a shake (*to*), jolt, toss; (*puistama*) sprinkle; **pead** ~ shake* one's head
raputus shake, jolt, toss; (*puistamine*) sprinkling, sprinkle
rariteet rarity
rase pregnant
rasedus pregnancy
raseerima shave*
raseerimata unshaven
rasestama make* pregnant, impregnate
rasestuma become* pregnant, conceive
rask *etn.* puttee
raske (*kaalult*) heavy; (*ränk*) difficult, hard; (*tõsine*) grave, serious, severe; ~**d ajad** hard times; ~ **fraktsioon** *keem.* heavy fraction; ~ **kuulmisega** hard of hearing; ~ **vesi** *füüs.* heavy water; ~ **vesinik** *füüs.* heavy hydrogen, deuterium
raskejalgne *van.* = **rase**
raskejõustik *sport.* heavy athletics
raskekaal *sport.* heavyweight
raskekaallane *sport.* heavyweight
raskekaaluline heavy; (*rongi kohta*) (extra-)heavy; *sport.* heavyweight (*atrib.*)
raskekujuline (*haiguse kohta*) grave, serious
raskekuulipilduja *sõj.* heavy machinegun
raskelt heavily; hard; with difficulty; gravely
raskemeelne melancholy, gloomy, *haruld.* saturnine
raskemeelsus melancholy, gloomy disposition, *haruld.* saturninity
raskendama make* heavier (*or* harder, more difficult); (*olukorda*) aggravate
raskendus aggravation
raskenema become* heavier (*or* harder, more difficult); (*olukorra kohta*) become* more aggravated
raskepagu *min.* barytes
raskepärane heavy; (*kohmakas*) clumsy, unwieldy; (*stiili kohta*) ponderous
raskesti with difficulty, hard; ~ **haige** gravely (*or* seriously) ill; ~ **loetav** (**mõistetav jne.**) difficult to read (understand, etc.)
raskesuurtükivägi heavy artillery
rasketööstus heavy industry
raskeveohobune heavy draught-horse
raskevõitu heavyish, rather heavy; rather hard (*or* difficult)
raskuma become* heavy
raskus heaviness; (*kaal*) weight; (~**tung**) gravity; (*töös jms.*) difficulty, (*takistus*) snag; (*elu*~) hardship; ~**jõud** *füüs.* (the force of) gravity; ~**kese** *füüs.* centre of gravity; ~**kiirendus** *füüs.* acceleration of gravity; ~**mõõt** measure of weight; ~**punkt** centre of gravity, *pilti.* emphasis
raspel rasp
raspeldama rasp
rass I *bot.* hound's-tongue
rass II (*tõug*) race
rassiline racial
rassima slog, plug away, bustle
rassism racialism
rassist racialist
rassistlik racialist (*atrib.*)
rasu *keem.* tallow, (pure) fat; ~**näare** *anat.* sebaceous gland
rasv fat; (*sula*~) grease; (*sulatatud sea*~) lard; (*ploomi*~, *neeru*~)

rasvahani suet; (*prae*~) dripping; (*küünla*~) tallow; ~a **minema grow* fat**
rasvahani 1. fatted (*or* fattened) goose; 2. *van.* = **pingviin**
rasvaheeringas fat herring
rasvained cooking fats
rasvaküünal tallow candle
rasvaläige greasy lustre
rasvama = **rasvatama**
rasvamagu *vulg.* pot-belly, big-belly
rasvane fat; (*rasvaga määrdunud*) greasy; tallowy; (*rasvunud, lihav*) fatty, obese, adipose
rasvaplekk grease-spot
rasvaproov *põll.* fat-test
rasvas (grown) fat; ~ **olema** be (over-)fat
rasvasisaldus fat content
rasvasus fatness; greasiness; (*lihavus*) obesity, adiposity
rasvatama grease, smear with grease
rasvatihane great titmouse (*pl.* -mice)
rasvatu fatless
rasvavaba fat-free
rasvhape *keem.* fatty acid
rasvik *anat.* omentum (*pl.* -ta)
rasvkude *anat.* adipose (*or* fat) tissue
rasvtõbi *med.* fatty degeneration
rasvuma grow* fat (*or* obese, adipose)
rasvumine growing fat (*or* obese, adipose); **südame** ~ *med.* fatty degeneration of the heart
ratas wheel; **kõik rattad käima panema pu'll*** all the wires; **viies** ~ **vankri all** fifth wheel of the coach
ratassepp wheelwright
ratastama *aj.* break* on the wheel
ratastik wheelwork
ratastool wheel(ed) chair, (*invaliidi tool*) Bath chair
ratastraktor wheeled tractor
ratifikatsioon *pol.* ratification
ratifitseerima *pol.* ratify
ratsa on horseback; ~ **sõitma go*** on horseback
ratsahobune saddle-horse, mount
ratsamees 1. horseman (*pl.* -men); 2. (*males*) = **ratsu**
ratsanik rider, horseman (*pl.* -men), horsewoman (*pl.* -women)
ratsapiits horsewhip, riding-whip, (hunting-)crop
ratsapüksid riding-breeches
ratsasport equestrian sport(s), riding, horse-racing
ratsastama break* in, train
ratsasõit ride, riding

ratsavõistlused equestrian competitions
ratsaväelane cavalryman (*pl.* -men), trooper
ratsavägi cavarly, mounted troops
ratse halter-strap; *vt.* **ka ratsmed**
ratsionaalarv *mat.* rational number
ratsionaalne rational
ratsionaalsus rationality
ratsionaliseerija rationalizer
ratsionaliseerima rationalize, streamline
ratsionaliseerimine rationalization; labour-saving
ratsionaliseerimisettepanek rationalization (*or* labour-saving) proposal
ratsionalism rationalism
ratsionalist rationalist
ratsioon ration, allowance (of food)
ratsmed bridle, halter-straps
ratsu 1. = **ratsahobune;** 2. (*males*) knight
ratsukil, ratsuli (*ratsa*) on horseback, (*kaksiratsa*) astride
ratsur rider (*ka kaalukangi lisaraskusena*)
ratsutama ride* (on horseback), go* on horseback
ratsutamiskunst, ratsutamisoskus horsemanship
ratsuti bridle-rein, riding rein
ratsutus ride, riding
rattakumm rubber tire (*or* tyre)
rattamääre = **vankrimääre**
rattapõid felloe (*or* felly)
rattarehv (wheel) tire (*or* tyre)
rattarumm nave, hub
rattarööbas rut
rattasõitja cyclist
rattavits (wheel) hoop, tire (*or* tyre)
rattur = **rattasõitja**
rauaaeg *arheol.* the Iron Age
rauabakter *biol.* iron bacterium (*pl.* -ria), iron organism
rauahaak (horseshoe) calk, calker, calkin
rauakaevandus iron-mine, iron pit
rauakaup ironware, hardware, ironmongery
rauamaak iron ore
rauapagu *min.* siderite, spathose iron(-ore)
rauapuru iron filings
rauarikas rich in iron
rauaräbu *tehn.* (iron) slag, clinker, scoria
rauarühm *keem.* iron family
rauasaag hack-saw

rauatööstus iron industry
rauavitriol copperas, green vitriol, iron sulphate
raud iron; (*püssi~*) barrel; **rauad** (*vangi~*) irons, shackles, fetters; (*käerauad*) handcuffs; (*lambarauad*) shears; **~u panema** put* in irons; **~us** in irons
raudahi iron stove
raudbetoon ferro-concrete, reinforced (or armoured) concrete
raudhape *keem.* ferric acid
raudhapend = **raudoksiid**
raudjas (*hobuse kohta*) chestnut
raudkala = **ogalik**
raudkang crowbar; (*lühike* ~) jemmy
raudkiisk (sea) stickleback
raudkivi = **graniit**
raudkloriid *keem.* iron (or ferric) chloride
raudkroom *tehn.* ferro-chrome, chrome iron
raudkull sparrow-hawk
raudkärbes horse-fly
raudkülm ice-cold
raudnael iron nail
raudne iron
raudnikkel *tehn.* ferro-nickel; **~aku- (mulaator)** *el.* ferro-nickel accumulator (or storage-battery)
raudnõges sting(ing)-nettle
raudoksiid *keem.* iron oxide
raudosa iron part
raudpaju bay willow, laurel(-leaved) willow
raudplekk iron-plate, sheet iron
raudreha iron rake
raudriie = **raudrüü**
raudrist iron cross
raudrohi *bot.* yarrow, milfoil
raudruun *kõnek.* iron horse, locomotive, train
raudrüü armour, coat of mail
raudrüütel *aj.* (iron-)mailed knight
raudsepp blacksmith
raudsipelgas brown ant
raudsulfaat = **rauavitriol**
raudtee railway, *Am.* railroad
raudteejaam railway station, *Am.* railroad depot
raudteelane railwayman (*pl.* -men), *Am.* railroadman
raudteeliiklus railway line
raudteerong railway train
raudteerööbas rail
raudteesild railway bridge
raudteesõlm (railway) junction
raudteevagun railway carriage (or car)
raudteeühendus rail(way) communication
raudu, raudus *vt.* **raud**
raudvara basic stock (or reserve); *sõj.* reserve (or emergency, iron) ration
raudvoodi iron bed
raudäke *põll.* iron harrow
raudürt *bot.* vervain, verbena
raugaiga (age of) senility
raugalik senile
raugalikkus senility
raugastuma become* senile
raugastumine becoming senile, senescence
rauge languid, feeble, weak
raugema grow* languid (or feeble, weak); (*tuule jms. kohta*) fall*, drop, subside, abate
raugematu unweakening, unabating, unweakened, unabated
raugus languor, feebleness, enervation
rauk senile, (decrepit) old man (*pl.* men), *fem.* (decrepit) old woman (*pl.* women)
raukus senility, (senile) decrepitude
raun heap of stones, cairn
raund *sport.* round
raunik *bot.* liverwort
raunjalg *bot.* spleen-wort
raut (large) evening party, reception, *van.* rout
rautama (*hobust*) shoe*; (*saani jms.*) sole (or mount, hoop, bind*) with iron, (*keppi*) tip, put* a ferrule on
rautis (metal) fittings, plated parts, (*raudvitsad*) hoops
rautus (*hobuse~*) shoeing; (*saani jms.* ~) soling (or mounting, hooping, binding) with iron
ravi cure, (medical) treatment; therapy, therapeutics
ravialune patient
raviasutus hospital, nursing-home, sanatorium (*pl.* -ria)
ravila health-resort, sanatorium (*pl.* -ria), *Am.* sanitarium (*pl.* -riums, -ria)
ravim medicine, remedy, drug, physic
ravima cure, treat, heal
ravimatu incurable
ravimenetlus *med.* (medical) treatment
ravimküünal *farm.* suppository
ravimtaim medicinal (or officinal) plant, drug-yielding plant
ravimuda *med.* curative mud

raviomadus *med.* curative property
raviosakond therapeutics department
ravitav curable
ravitsema nurse, tend, look after
ravitsus nursing, tending, looking after
ravivõimlemine *sport.* corrective (*or* remedial) gymnastics
reaalelu = **tõsielu**
reaalkool *aj.* modern school, school on modern (*or* practical) lines
reaalne real, actual; (*teostatav*) feasible, workable, practicable
reaalpalk *maj.* real wages
reaalsus reality, actuality
reaalväärtus *maj.* real value
reageerima react (*on, upon*); (*ergutusele*) respond (*to*)
reageering reaction, response
reageerivus reactiveness, reactivity
reagent *keem.* reagent
reakoosseis *sõj.* rank and file
reaktants *el.* reactance
reaktiiv *keem.* reagent, (*lahusena*) test solution
reaktiivlennuk jet plane, jet-propelled plane (*or* aircraft)
reaktiivne reactive; (*liikumise v. mootori kohta*) jet, jet-propelled
reaktiivsus reactivity, reactiveness
reaktiveerima re-activate
reaktor *füüs., keem., el.* reactor
reaktsionäär reactionary
reaktsioon reaction
reaktsiooniline reactionary
realiseerima realize
realiseeruma be realized
realism realism
realist realist
realistlik realistic
realiteet = **reaalsus**
reamees *sõj.* private (soldier)
reaskülv drill sowing; ~**imasin** drill (seeder)
reastama range, put* (*or* set*) in a row, align
reastik row, line, series
reastikku in line, side by side, one after another
reastuma range, be ranged, align, be aligned
reatööline rank-and-file worker
reavahe (*istutamisel*) space between rows; (*kirjas*) space between lines
reaviisi in rows, in lines
rebane fox; (*ema*~) vixen; *van.* (*üliõpilase kohta*) freshman (*pl.* -men); **ta on kaval** ~ he is a sly dog

rebasejaht fox-hunting
rebasekoobas fox-burrow (*or* -hole, -earth)
rebasenahk fox-skin, (*karusnahana*) fox (pelt)
rebasepesa = **rebasekoobas**
rebasepoeg fox-cub
rebaserauad fox-trap
rebasesaba fox-tail, fox-brush; *bot.* foxtail
rebashein amaranth
rebaslik foxy, vulpine
rebend tear, rent; *med.* rupture
rebenema tear*, be torn, rend*, be rent; (*kärisema*) rip, be ripped; *med.* be ruptured
rebestama tear*; (*käristama*) rip; *med.* rupture
rebestus tear, rent; *med.* rupturing, rupture
rebima tear*, rend*; *sport.* snatch
rebitav: ~ **kalender** tear-off calendar
rebu yolk; *anat., bot.* vitellus
reburaigas *murd.* = **karukold**
redaktor editor, *haruld.* redactor
redaktsioon (*redigeerimine*) editing, editorship; edition; (*sõnastus*) redaction, wording, drafting; (*toimetus*) editorial staff; (*toimetusruumid*) editor's office
redel ladder; (*astmik*) scale; (*sööda*~) (stable-)rack; ~**ipulk** rung; ~**vanker** rack-wag(g)on, sparred-frame wag(g)on
redigeerima edit, revise (for publication), *haruld.* redact
redis radish
redu (*peiduurgas*) hiding-place, hideout; ~**s olema** be in hiding, hide*; ~**sse** (*v.* **rettu**) **minema** go* into hiding
reduktsioon reduction
reduplikatsioon reduplication
reduplitseerima reduplicate
reduplitseeruma *lgv.* be reduplicated
redutseerima reduce
redutseeruma be reduced
reede Friday
reeder *mer.* ship-owner (in chartering business)
reedeti on Fridays
reegel rule
reeglipärane regular
reeglipärasus regularity
reeglipäratu irregular
reeglivastane contrary to the rule, irregular, abnormal
reekviem requiem

reeling railing, (hand)rail
reenama soil, defile
reeper *geol., tehn.* datum (mark), bench mark
reetee sleigh-road, winter road, snow track
reetlik treacherous, treasonous, treasonable
reetlikkus treachery
reetma betray
reetur traitor
reeturlik traitorous
referaat report, paper; *(kokkuvõte)* digest, review
refereerima report, make* a report, read* a paper; *(kokkuvõtlikku ülevaadet andma)* give* a digest *(of)*, review
referendum referendum
referent reader, speaker, reviewer
refleks reflex
refleksiiv *lgv.* reflexive verb
refleksiivne *lgv.* reflexive
refleksioon reflection *(or* reflexion)
reflekteerima reflect
reflekteeruma be reflected
reflektoorne reflex *(atrib.)*
reflektor reflector
reform reform
reformaator reformer
reformatsioon *aj.* reformation
reform(eer)ima reform
reformism *pol.* reformism
reformvoodi bed with spring-wire bottom
refraktsioon *füüs., astr.* refraction
refrään refrain
regatt regatta
regeneratsioon regeneration
regent regent
regi sledge, sleigh, sled
regionaalne regional
regioon region
register register; *(orelil)* stop; ∼**tonn** register ton
registraator registrar, registering clerk, recorder
registratsioon registration
registratuur registry
registreerima register, record, put* *(or* enter) on record
registreeruma register, by registered *(or* recorded)
regivärss *folkl.* (old Estonian) alliterative verse
reglement regulations
reglementeerima regulate, fix by (rules and) regulations

regress regress
regressiivne regressive
regulaararmee regular *(or* standing) army
regulaarne regular
regulaarsus regularity
regulaarvägi = **regulaararmee**
regulaator regulator, *tehn.* ka governor
reguleerima regulate; *(aparaati)* adjust, set*; *(masina käiku)* govern
reha rake
rehabiliteerima rehabilitate
rehabiliteerimine rehabilitation
rehabiliteeruma be rehabilitated
rehala = **rehealune**
rehapulk rake peg *(or* prong)
rehealune threshing-floor
reheline thresher
rehepapp *aj.* stoker-caretaker of a (manor) threshing-barn
rehepeks threshing; ∼**umasin** threshing-machine, thresher
rehi threshing-barn, barn for storing and drying crops; **reht(e) peksma** thresh (corn)
rehitsema rake
rehkendama *van.* = **arvutama**
reht(e) *vt.* **rehi**
rehv I *(rattal)* tire *(or* tyre)
rehv II *mer.* reef
rehvima *mer.* reef
reibas lively, (high-)spirited, jaunty, brisk
reid I *mer.* roadstead, roads
reid II *(ründereik)* raid *(ka piltl.)*
reieluu thigh-bone, femur; ∼**murd** femoral fracture
reig gash
reinuvader Reynard (the fox)
reinvars = **soolikarohi**
reipus liveliness, jauntiness, briskness
reis [reie] thigh
reis [reisi] travel, journey; *(mere*∼*)* voyage; *(lõbu*∼*)* trip; *(ring*∼*)* tour; *(õppe*∼*)* excursion; **head** ∼**i!** a happy *(or* pleasant) journey *(or* voyage) to you!
reisfeeder drawing pen
reisiaurik passenger steamer *(or* boat), *(liinilaev)* liner
reisibüroo travel(ling) agency
reisija traveller; *(mere*∼*)* voyager; *(sõitja)* passenger
reisijuht guide; *(raamat)* guide(-book)
reisikaaslane fellow-traveller, fellow passenger

reisikirjeldus (*raamat*) book of travels, travel book; (*loeng*) travelogue
reisikohver trunk, portmanteau (*pl.* -eaus, -eaux)
reisilennuk passenger plane
reisima travel, journey; (*merel*) voyage, make* a journey (*or* voyage, trip, tour)
reisirong passenger train
reisiseltsiline = **reisikaaslane**
reisitarbed travelling requisites
reisivagun passenger carriage (*Am.* car)
reisivalmis ready for a travel (*or* voyage, trip)
reket racket
reklaam advertisement, advertising, publicity; ∼i **tegema** = **reklaamima**
reklaamima advertise, publicize
reklamatsioon *maj.* complaint, claim, *haruld.* reclamation
reklameerima 1. *maj.* (*reklamatsiooni esitama*) lodge a complaint (*or* claim), *haruld.* reclaim; 2. = **reklaamima**
rekonstrueerima reconstruct
rekonstrueerimine reconstructing, reconstruction
rekonstruktsioon reconstruction
rekord record; ∼it **püstitama** establish (*or* set* up) a record; ∼it **purustama** break* (*or* beat*) a record
rekordiline record (*atrib.*)
rekordiomanik record-holder
rektor rector, (*inglise ülikoolis*) chancellor, principal
rektsioon *lgv.* government, regimen
rekvireerima requisition; (*sõjaväe jaoks*) commandeer
rekvisiit *teatr.* (stage) property; **rekvisiidid** properties, props; *jur.* requirement(s), requisite(s)
rekvisitsioon requisition
relaksatsioon relaxation (*ka tehn.*)
relatiivne relative
relatiivpronoomen *lgv.* relative pronoun
relatiivsus relativity; ∼**teooria** theory of relativity
relee *tehn.*, *el.* relay
religioon religion
religioosne religious
religioossus religiousness, religiosity
reliikvia *kirikl.* (holy) relic
relikt *biol.*, *geol.* relic

20 J. Silvet

reljeef relief, *kunst.* ka relievo (*pl.* -os); ∼**kaart** *geogr.* relief map
reljeefne in relief, raised; *piltl.* prominent, salient, bold
reljeefselt in relief; *piltl.* prominently, saliently, boldly
relss = **raudteerööbas**
relv arm, weapon; ∼i **haarama** take* up arms; ∼i **kandma** carry (*or* bear*) arms; ∼i **maha panema** lay* down one's arms
relvaladu armoury, arsenal
relvaliik arm, kind of arms
relvaluba gun (*or* shooting) licence
relvameister armourer, gunsmith
relvastama arm, equip (*or* provide) with arms (*or* weapons)
relvastamatu unarmed
relvastatud armed
relvastuma arm oneself, arm, take* up arms
relvastumine arming, armaments
relvastus arming, armament, arms
relvavend comrade in arms
relvitu armless, weaponless, unarmed
relvitustama disarm
relvur *sõj.* armourer
remilitariseerima remilitarize
remmelgas brittle (*or* crack, snap) willow
remonditöökoda repair shop
remont 1. (*kordaseadmine, parandamine*) repairs; **jooksev** ∼ running repairs; **remondis** under repairs; 2. *põll.*, *sõj.* (*karja v. hobuste arvu täiendamine*) remount
remont(eer)ima 1. (*korda seadma, parandama*) repair, make* repairs; 2. *põll.*, *sõj.* (*karja v. hobuste arvu täiendama*) remount
rendiaeg term of lease
rendikoht rented farm, tenancy farm
rendileping lease
rendimaks rent, rent charge
renditama lease, rent (out), let* (*or* give*, grant) on lease
renegaat renegade
renessanss renaissance, renascence
renett(õun) rennet (apple)
renklood *aiand.* greengage, Reine Claude (plum)
renn channel, groove; (*rentsel*) gutter; (*vihmaveetoru*) spout
renomee renown
renoveerima renovate, renew, do up
rent (*rentimine*) lease, tenure; (*rendi maks*) rent; **rendil** on lease; **rendile andma** lease, let* (*or* give*, grant)

on lease, rent (out); (*riigi tulusid*) farm out; **rendile võtma** lease, take* on lease, rent
rentaabel *maj.* profitable, paying
rentaablus *maj.* profitability
rentei *van.* (public) revenue-office
rentima (*rendile võtma*) lease, rent, take* on lease; (*rendile andma*) lease, rent (out), let* (*or* give*, grant) on lease; (*riigitulusid*) farm out
rentnik leaseholder, lessee, tenant
rentsel gutter, runnel
reo 1. = **rämps;** 2. (*närukael*) rotter, blighter
reorganiseerima reorganize
reorganiseerimine reorganization
reostaat *el.* rheostat
reostama sully, soil, defile
reotu abominable, infamous
reovesi sewage, waste water
reparatsioon reparation
repareerima (*parandama*) repair; (*hüvitama*) make* reparation (*for*)
repatrieerima repatriate
repatrieeruma be repatriated
repertuaar repertoire, stock (of plays, songs, etc.), *haruld.* repertory
repetama = **pehastama**
repeteerima *teatr.* rehearse; *ped.* coach
repetiitor coach, (private) tutor
repliik retort, (short) reply, line; *jur.* rejoinder
reportaaž reporting, reporterage
reporter reporter
representatiivne representative
representatsioon representation
representeerima represent
repressaalid *pol.* reprisals
repressiivne repressive
repressioon repression
reproduktor = **valjuhääldaja**
reproduktsioon reproduction
reprodutseerima reproduce
reptiil reptile
reputatsioon reputation
reseeda mignonette, *haruld.* reseda
reserv reserve
reservatsioon (*varutingimus*) reservation, reserve
reserveerima reserve
reservuaar reservoir; (*vee, õli jms. jaoks*) tank
reservvägi = **tagavaravägi**
residents residence
resignatsioon resignation
resigneeruma be resigned, resign oneself

resigneerunult resignedly
resolutsioon resolution
resoluutne resolute
resoluutsus resoluteness, resolution
resonaator *füüs.* resonator
resonants *füüs., el.* resonance
resoneerima I (*kaasa võnkuma*) resonate, (*kaasa helisema*) resound
resoneerima II (*targutama*) reason, argue, philosophize
respekt respect
respekteerima respect
respiraator *tehn.* respirator
respiratoorne *füsiol.* respiratory
respiratsioon *füsiol.* respiration
ressursid resources
rest I (*jääk*) rest, remnant
rest II (*võre*) grate, grig(-iron); (*kuivatus~*) rack; (*küpsetus~*) grill
restauratsioon restoration
restaureerima restore
restoran restaurant; **~vagun** restaurant-car, dining-car
resultaat result
resümee summary
resümeerima sum up, give* a summary (*of*), summarize, recapitulate
reži *teatr.* management, stage-managing
režiim regime, (form of) government; (*arstlik* ~) regimen; *tehn.* conditions
režissöör (*näitejuht*) stage-manager; (*filmi~*) producer, director
retk trip, journey, excursion; (*ründe~*) raid; (*sõja~*) campaign
retoorika rhetoric
retort *keem., tehn.* retort, still
retsenseerima review, criticize
retsensent reviewer, critic
retsensioon (critical) review, critical notice
retsept recipe, (*arstlik* ~ *ka*) prescription, *haruld.* receipt
retseptiivne receptive
retseptuur art of prescribing (*or* dispensing) medicines
retsidiiv *jur., med.* relapse; *jur. ka* recidivism
retsidivist *jur.* recidivist, repeated offender
retsitatiiv *muus.* recitative
retsitatsioon recitation
retsiteerima recite
rettu *vt.* **redu**
retušeerima *fot., trük.* retouch, touch up
reuma = **reumatism**

reumaatik rheumatic
reumaatiline rheumatic
reumatism rheumatism
revanš (*kättemaks, kaotuse tasategemine*) revenge, *haruld.* revanche; (*mängus*) return game (*or* match), revanche (match); ~**ipoliitika** policy of revenge
revanšist *pol.* revenge-seeker, revanchist
revanšistlik *pol.* revenge-seeking, revanchist (*atrib.*)
reveranss curts(e)y
revideerima (*uuesti läbi vaatama*) revise; (*arveid*) audit; (*pagasit*) examine; (*asutust*) inspect
revideerimine (*uuesti läbivaatamine*) revising, revisal, revision; (*arvete* ~) auditing; (*pagasi* ~) examining, examination; (*asutuse* ~) inspecting, inspection
revident auditor; (government) inspector
revisionism *pol.* revisionism
revisionist *pol.* revisionist
revisionistlik *pol.* revisionist (*atrib.*)
revisjon revision, revisal; (*arvete* ~) auditing; (*asutuse* ~) inspection; ~**ikomisjon** (*arvete kontrolliks*) auditing commission, (*üldse*) inspection committee (*or* commission)
revolutsioneerima revolutionize
revolutsionäär revolutionary, revolutionist
revolutsioon revolution; **Suur Sotsialistlik Oktoobrirevolutsioon** the Great October Socialist Revolution
revolutsioonieelne pre-revolutionary
revolutsiooniline revolutionary
revolver revolver, pistol, *Am.* gun; ~**pea** *tehn.* turret head; ~**(trei)pink** *tehn.* capstan (*or* turret) lathe
reväär facing, (*kuuel*) lapel
revüü review
riba strip, band, ribbon, slip, shred; ~**skülv** strip cropping, strip farming; ~**spekter** *füüs.* band spectrum (*pl.* -ra)
ribastikku in (parallel) strips (*or* bands
ribevil dilapidated, tumble-down
ribi rib; ~**tükk** piece of the ribs, rib roast, side meat
rida row, line (*ka kirja*~); (*rivi*) file, rank; (*sari*) series (*pl.* series) (*ka mat.*); (*hulk*) a number (*of*); ~**de vahelt lugema** read* between the lines; **ridu koondama** close the ranks; **reast välja langema** be put out of action, be knocked out, become* incapacitated; **reast välja lööma** put* out of action, knock out
ridadevaheline interlinear
ridahaaval line by line, row by row
ridamisi = **reastikku**
rida-realt line by line
ridikül reticule
riff *geogr.* reef
rigin crackle, crepitation
rigisema crackle, crepitate
rigoolima *põll.* subsoil, trench-plough
rihas *geol.* breccia
rihm strap, thong; (*liipimis*~) strop; (*masina*~, *püksi*~) belt; (*püssi*~) sling; ~**ajam** *tehn.* belt drive, belt-gearing (drive)
rihmama strap, belt
rihmkingad (toe-)thong shoes (*or* sandals)
rihmlihas *anat.* splenial muscle, splenius
rihmülekanne = **rihmajam**
rihtima set* straight
rihv I *geogr.* rubble(-stone)
rihv II *ehit.* groove, flute, channel
rihvama groove, channel
rihvel *tehn.* rifle, groove; **rihvlid** rifling
riiakas quarrelsome, pugnacious
riiakus quarrelsomeness, pugnacity
riid quarrel, strife; (*nääklus*) squabble, altercation, dispute; ~**u minema** quarrel, fall* out (*with*); **rius olema** (have a) quarrel, be on bad terms (*or* at daggers drawn)
riidehari clothes-brush
riidehoid cloak-room service
riidehoiuruum cloak-room, *Am.* check-room
riidekangas = **kangas**
riidekapp wardrobe, (*seinakapina*) clothes closet
riidekaup textile goods, textiles, drapery
riidekauplus draper's shop
riidepuu clothes-hanger, coat-hanger, dress hanger
riidessepanek dressing
riidevärv dye(-stuff)
riidevärvimine dyeing
riidlema quarrel; (*nääklema*) squabble, altercate, dispute; (*törelema*) scold, chide*
riidu *vt.* **riid**
riie (*materjalina*) cloth, material, (textile) fabric, (*kalev*) stuff; (*rõi-*

20*

riietama   308   **rikastus**

vas) article of clothing, dress, garment; **riided** clothes, clothing; **riideid selga panema** put* on clothes; **riides** dressed; **ta käib hästi riides** he (*or* she) dresses well; **riidesse panema** = **riietama, riietuma; riidest lahti võtma** take* off clothes, undress
riietama dress, clothe
riietuma dress (oneself), clothe oneself; **lahti ~** undress (oneself); **ümber ~** change one's clothes (*or* dress), change
riietumisruum = **riietusruum**
riietus clothing, dressing; clothes, dress; **~ruum** dressing-room, changing-room
riigiametnik government official, civil servant
riigiaparaat state machine(ry)
riigiasutus state (*or* public) institution
riigieksam government examination
riigihümn national anthem
riigijuht = **riigipea**
riigikaitse state (*or* national) defence
riigikassa treasury, public exchequer
riigikeel official language
riigikord political system, regime
riigilaen state loan
riigilipp national flag
riigilõiv, riigimaks *maj.* tax
riigimees statesman (*pl.* -men)
riigipank state bank
riigipea head of the state
riigipirukas *piltl.* spoils of office, *Am.* melon, pie, plum
riigipäev *pol.* Diet
riigipööre coup d'état
riigireetmine high treason
riigistama nationalize
riigiteenistuja state employee, (*Inglismaal*) civil servant
riigivastane anti-state
riigivõim state power, state authority
riigiõigus public (*or* political) law
riik state; (*rahvus~*) nation; realm (*ka piltl.*); (*kuning~, looma~, taime~*) kingdom
riikidevaheline inter-state
riikkondsus citizenship, nationality
riiklik state (*atrib.*), public, national
riiklus statehood
riim rhyme
riimima rhyme
riimuma rhyme, be in rhyme
riimvesi *geogr.* brackish (*or* subsaline) water

riis I (*taim, vili*) rice
riis II (*paberit*) ream
riisikas (orange) milk mushroom
riisiko = risk
riisipuder rice pudding (*or* pap)
riisisupp rice-soup
riisk clamp, cramp, clutch
riismed remnants, scraps, leavings
riist instrument, (*töö~*) tool, implement; (*köögi~*) utensil, (*anum*) vessel; **~apuu** tool, implement, **kõnek.** ka gadget, gimmick; **~võimlemine** gymnastics on apparatus, apparatus work
riisuma 1. (*rehitsema*) rake (together, up); (*leemelt vahtu, piimalt koort*) skim (off); 2. (*röövima*) rob, plunder, despoil
riit pile, stack, heap
riitsinus (*~õli*) castor oil; **~puu** castor-oil plant
riitus *kirikl.* rite
riiuasi (cause for) quarrel
riiuhimu quarrelsomeness, pugnacity
riiuhimuline quarrelsome, pugnacious
riiukukk bully, rowdy, quarrelsome (*or* pugnacious) person
riiul shelf (*pl.* shelves)
rius *vt.* **riid**
riiv I (*sulgemisvahend*) bolt, bar; **~i panema** bolt, bar; **~is** bolted, barred; **~ist lahti tegema** unbolt, unbar
riiv II (*toidu purukshõõrumise vahend*) grater
riivama graze, touch (lightly), brush against; (*kõneainet*) touch upon; (*valusalt*) hurt*, wound, affect
riivatu vile, base, scurvy
riivatus vileness, baseness, scurviness
riive graze, (light) touch, brush
riivi *vt.* **riiv** I
riivima grate, rub* to pieces; (*kapsast*) chop, shred
riivi *vt.* **riiv** I
riivistama, riivitama bolt, bar
riivjuust grated cheese
riivkapsad shredded cabbage
rikas rich; (*varakas*) wealthy; opulent, affluent; **rikkad ja vaesed** the rich and the poor, the haves and the have-nots
rikastama enrich; (*lahust, maaki jms.*) concentrate
rikastuma be enriched, enrich oneself
rikastus enrichment; (*lahuse, maagi jms.* **~**) concentration

rike disorder, defect, flaw; (*masinal*) break-down, failure, trouble
rikkalik abundant, plentiful, copious, rich
rikkalikult abundantly, in abundance, plentifully, copiously
rikkasisuline rich in content
rikki: ~ **ajama** spoil*, ruin; ~ **minema** become* spoiled, (*toidu kohta*) go* bad, taint, become* tainted; (*masina kohta*) get* out of order, break* down
rikkiläinud spoiled; (*toidu kohta*) tainted; (*masina kohta*) out of order, broken down
rikkis spoiled; (*masina kohta*) out of order, broken down
rikkuma spoil*, mar; (*kõlbeliselt*) corrupt, deprave; (*masinat*) damage, put* out of order; (*seadust, lepingut jms.*) break*, violate, infringe; **abielu** ~ commit adultery; **piiri** ~ violate the frontier; **rahu** ~ break* the peace
rikkumatu unspoilt (*or* unspoiled), uncorrupted, undamaged
rikkus richness, riches, wealth; opulence, affluence
riknema become* spoilt; (*toidu kohta*) go* bad, taint, become* tainted
rikošeteerima ricochet
rikošett ricochet
rikunduma become* tainted (*or* corrupted, spoilt)
rikutus being spoilt (*or* marred); (*kõlbeliselt*) corruption, depravity
rimess *maj.* remittance
rind breast, (*rinnakorv*) chest; (*põu*) bosom; ~**a andma** give* (*a baby*) the breast, nurse, suckle
rindeelu life at the front
rindejoon front (line)
rindesõdur, rindevõitleja front-line soldier
rindkere *anat.* thorax; ~**õõs** *anat.* thoracic cavity
rindlause *lgv.* complex sentence
rindmik *zool.* thorax
rindupidi = **rinnutsi**
ring circle (*ka piltl.*); (*sündmuste jms.* ~) cycle; (*pöörde*~) round; (*ringrajal*) lap
ringama periphrase, express by a circumlocution
ringauditoorium theatre, circular lecture hall
ringe circulation
ringhääling broadcasting

ringi round (about), around; about; **aasta** ~ all the year round; ~ **ajama** turn round: (*hulkuma*) gad about; ~ **vaatama** look about (*or* around); **mu pea käib** ~ I feel giddy (*or* dizzy)
ringikujuline circular
ringima circle, go* round; circulate; make* one's round(s)
ringiratast: ~ **keerutama** revolve in a circle, whirl (*or* twirl) round about
ringjoon circumference, circular line, circle
ringjooneline circular
ringkiri circular (letter)
ringkirjaline circular, by a circular (letter)
ringkond district, region; (*kohtu*~) circuit; (*seltskond*) circle, quarter(s)
ringkäik round, circuit; (*ringlus*) circulation
ringkünd *põll.* circular ploughing
ringküsitlus public questionnaire
ringlaul roundelay
ringlema circulate
ringlus circulation
ringmäng ring (*or* round) game, round dance
ringrada *sport.* track
ringreis (circular) tour, round trip (*or* tour)
ringteater amphitheatre
ringtee roundabout (*or* circuitous) way, roundabout
ringtõestus *loog.* vicious circle
ringutama stretch oneself (*or* one's limbs); (*käsi*) wring* one's hands
ringutus stretching oneself (*or* one's limbs); (*käte* ~) wringing one's hands
ringvaade review, survey
ringvool circulation
rinnaesine (*särgil*) shirt-front, (*võlts* ~) false shirt-front, dick(e)y
rinnahingamine *füsiol.* thoracic breathing
rinnahoidja brassière, *kõnek.* bra
rinnahääl chest voice
rinnak 1. (*etteulatuv ala*) salience; 2. *anat.* = **rinnaluu**
rinnakas (*naise kohta*) big-bosomed; (*mehe kohta*) broad-chested
rinnakelme *anat.* pleura; ~**põletik** *med.* pleurisy
rinnakorv chest, thorax
rinnakuju bust
rinnakuti = **rinnutsi**

rinnalaps = imik
rinnaluu breast-bone, sternum (*pl.* -na)
rinnamõõt = **rinnaümbermõõt**
rinnamärk badge
rinnanibu (breast) nipple
rinnanõel brooch
rinnanääre *anat.* mammal gland
rinnapiim breast milk
rinnaregister chest register
rinnastama place (*or* range) side by side, place on a level (*with*); *lgv.* co-ordinate
rinnastikku 1. (*rind rinnaga kohastikku v. vastastikku*) breast against (*or* to) breast; 2. = **rinnu**
rinnastus *lgv.* co-ordination
rinnatasku breast-pocket
rinnatis (*kaitsevall*) breastwork, parapet; (*kaitsevõre*) balustrade
rinnatoon chest tone
rinnatükk (*liha*) brisket
rinnaõõs *anat.* thoracie cavity, thorax
rinnaümbermõõt chest measurement
rinne front, (front-)line; *bot.* layer (*or* storey) of vegetation
rinnu side by side
rinnukil leaning (*or* resting) upon one's breast
rinnuli lying on one's breast; ~**ujumine** breast stroke
rinnus horse-collar strap
rinnutsi breast to breast
rinnutu short-winded, short of wind (*or* breath), asthmatic
rinnutus being short-winded (*or* asthmatic); (*hobusel*) broken wind
ripakil hanging down; (*lahtine*) loose, not fixed; (*töö kohta*) at loose ends, neglected; **ta jättis kõik ~e** he left everything at loose ends
ripats (*ilustus*) pendant; (*tarbetu lisand*) appendage (*ka piltl.*)
ripe *sport.* hang
ripendama hang* loosely (*or* flabbily, limply), dangle
ripnema hang*, dangle
rippasend hang, hanging position, suspension
rippsild suspension bridge
rippu: ~ **laskuma** pass into a hanging position
rippuma hang*
rips *tekst.* rep (*or* repp, reps)
ripse (*silmal*) eyelash, *tead.* cilium (*pl.* -lia); *bot.* panicula (*pl.* -lae)
ripsima sprinkle, asperse
ripsloomad *zool.* (ciliate) infusoria

ripsutama 1. = ripsima; 2. = **tiivaripsu lööma**; *vt.* tiivarips
riputama I (*rippu panema*) hang* (up), suspend
riputama II (*puistama*) sprinkle, strew*
risk risk, hazard
riskantne risky, hazardous
risk(eer)ima risk, run* the risk (*of*), hazard, venture
risla *zool.* ruddy plover
rist cross (*ka piltl.*); *muus.* sharp; *trük.* (*viitemärk*) obelisk; ~**i ette lööma** cross oneself; ~**i lööma** crucify; **kellelegi ~iks olema** be a great trial (*or* affliction) to smb.
ristakuti crosswise
ristama cross; *biol., põll.* cross, cross-fertilize, cross-breed*
ristamine crossing; *biol., põll.* crossing, cross-fertilization, cross-breeding
ristamisi = **ristakuti**
ristand *biol.* cross, cross-breed
riste crossing
risti (*mast kaardimängus*) clubs
risti *adv.* crosswise; across; athwart; **hambad ~** with one's teeth set, *piltl.* with a stiff upper lip; **käsi ~ panema** cross one's hands (*or* fingers); ~ **vastu käima** contradict (flatly, totally); ~ **vastu olema** be diametrically opposed (*to*); ~ **üle** across; ~ **ja põigiti** this way and that, in all directions; ~ **ja rästi** = **risti-rästi**
ristiasend *sport.* cross riding position, cross seat; cross stride stand
ristiema *kirikl.* godmother
ristiemand queen of clubs
ristiinimene *kirikl.* Christian
ristiisa *kirikl.* godfather
ristija baptizer
ristijalu with crossed legs
ristik(hein) clover, trefoil; (*iiri ~*) shamrock
ristikivi 1. (*piirikivi*) boundary stone; 2. = **hauakivi**
ristikäik 1. *kirikl.* religious procession; 2. *ehit.* ambulatory, covered walk
ristikõõmned *farm.* fennel seed
ristilöömine crucifixion
ristima baptize, christen
ristimärk sign of the cross
ristinimi *van.* = **eesnimi**
ristipoeg *kirikl.* godson

ristirahvas *van.* Christians, Christendom
ristiretk = ristisõda
ristirohi *bot.* groundsel
risti-rästi criss-cross, lengthwise and crosswise, in all directions
ristirüütel *aj.* knight of the cross, crusader (knight)
ristis crossed, crosswise
ristisõda *aj.* crusade
ristisõdalane, ristisõdija *aj.* crusader
ristitütar *kirikl.* goddaughter
ristiusk Christianity
ristiusuline Christian
ristiäss ace of clubs
ristjas cross-shaped, cruciform
ristjoon perpendicular
ristkülik *mat.* rectangle
ristküsitlus cross(-)examination
ristlaine cross wave, *tead.* transversal (*or* transverse) wave
ristlainetus cross waves, *tead.* transversal undulation
ristleja *sõj.* cruiser
ristlema cross and recross; move criss-cross; *sõj.* cruise
ristlemine crossing and recrossing; *sõj.* cruising
ristlips bow-tie, butterfly bow
ristloodis perpendicular
ristlus = ristlemine
ristluu *anat.* sacrum; ~d small of the back; (*hobusel*) croup(e); ~piirkond *anat.* lumbar region; ~valu lumbago
ristlõige cross-section
ristmik crossing
ristnokk = käbilind
ristpael wrapper; ~a all under wrapper (*or* cover), by book-post, as printed matter
ristpalk cross-beam, cross-piece
ristpiste *tekst.* cross-stitch
ristpuu cross-bar, cross-piece
ristsed (*ristimine*) baptism (*ka piltl.*); (*ristimispidu*) christening party
ristselili, ristseliti wide open
ristsugutama *biol., põll.* cross, cross-fertilize, cross-breed*
ristsugutus *biol., põll.* crossing, cross-fertilization, cross-breeding
ristsõnamõistatus cross-word puzzle, *kõnek.* crosswords
risttahukas *mat.* rectangular parallelepiped
risttala cross-beam

risttee cross-road(s), cross-way, crossing; ~l at the cross-roads (*ka piltl.*)
risttolmlemine cross-pollination
risttuli *sõj.* cross-fire
risttänav cross-street
ristuma cross, (*lõikuma*) intersect
ristõielised *bot.* cruciferous plants, the cabbage (*or* mustard) family
ristämblik cross-spider, garden spider
risu (*prügi*) litter, rubbish, trash; (*haod*) fallen deadwood
risustama litter; *piltl.* clutter up, clog up
ritsikas (grouse) locust; (*rohutirts*) grasshopper
rituaal ritual
ritv pole, perch, spar -
riugas, riuge machination, intrigue, trick, contrivance; (*puige*) dodge, quirk, shift
riukaline full of machinations (*or* intrigues, tricks), tricky, crafty, shifty
riuklema machinate, intrigue, plot, use tricks
rivaal rival
rive dirty, filthy; (*ka*) = **rõve**
rivi line, rank; (*rivistus*) formation, order; ~drill = ~õppus; ~lend *sõj.* formation flying; ~määrustik *sõj.* drill regulations, (*raamatuna*) drill manual
rivistuma line up, rank, range; (*sõjaväes*) draw* up, form up
rivistuma line up; (*sõjaväes*) draw* up, form up; **rivistuda!** form!
rivistus *sõj.* drawing-up; formation, order; *sport.* line-up, formation
riviteenistus service with the troops
rivitu 1. *adj.* out of the ranks; 2. *subst.* non-combatant
rivitult! dismiss!, Am. dismissed!
riviõppus drill, drilling
robihein, robirohi rattle-box, yellow rattle, cockscomb
robistama rattle
robot robot
robustne robust
rododendron rhododendron
rodu row, line, train
roe excrement, faeces; ordure
rogusk (*niinest riie*) bast mat(ting), Russian mat(ting); (*niinetuust*) bast wisp
rohekas greenish
roheline 1. *adj.* green, verdant (*ka piltl.*); ~ **tee** *piltl.* the green light,

the go-ahead (signal); 2. *subst.*
(*kõõgivili*) greens, (green) vegetables; (*uustulnukas*) greenhorn; **rohelises viibima** camp out, (be on a) picnic
rohelus verdure, green, greenery
roherähn *zool.* yaffle (*or* yaffil)
rohetama show* (*or* look) green
rohi 1. (*taim*) grass, herb; 2. (*arstim*) drug, medicine; 3. *van.* = **püssirohi**
rohija weeder
rohima weed
rohimine weeding
rohitsema treat with drugs, give* medicine (*to*), medicate, doctor
rohke plentiful, abundant, copious; numerous; ~**arvuline** numerous, in great (*or* fair) numbers
rohkem more
rohkendama increase, augment, multiply, make* more plentiful (*or* abundant, numerous)
rohkenema increase, augment, multiply, become* more plentiful (*or* abundant, numerous)
rohkesti pentifully, abundantly, copiously; plenty (*midagi — of smth.*)
rohkus (*hulgalt*) plentifulness, plenty, abundance, copiousness; (*arvult*) numerousness, multitude
rohmakas clumsy, uncouth, coarse, rude
rohtaed = **rohuaed**
rohtjas herbaceous
rohtla prairie, steppe
rohttaim herbaceous plant
rohtuma overgrow* with grass (*or* weeds), grow* wild with grass (*or* weeds)
rohuaed *van.* grassy (pleasure-) garden; (*kõõgiviljaed*) kitchen-garden
rohuhiir vole(-mouse), field-vole
rohukamar turf, sward
rohukauplus drug-store, druggist's (*or* chemist's) shop, pharmacy
rohukõrs grass-blade, blade of grass, grass-stem, *tead.* culm
rohulible leaf (*pl.* leaves) of grass, grass-blade
rohulutikas chinch(-bug)
rohumaa grassland
rohune grassy
rohupudel medicine bottle, (*väike* ~) phial
rohusööja 1. *adj.* herbivorous; 2. *subst.* herbivore, herbivorous animal
rohuteadlane pharmaceutist

rohuteadus pharmacy
rohutirts grasshopper
roidekõhr *anat.* costal cartilage, costicartilage
roidenurk *anat.* costal angle
roidevagu *anat.* costal furrow
roiduma grow* weary, become* tired (*or* fatigued, exhausted)
roidumus weariness, fatigue, exhaustion, enervation
roidunud weary, fatigued, exhausted, enervated
roie (*ribi*) rib; (*laevakaar*) rib, frame; (*gooti võlvil*) groin; ~**tekaar** *anat.* costal arch; ~**tevaheline** intercostal
roigas stake, pale; ~**aed**, ~**tara** paling
roim crime, felony
roimar criminal, felon
roimarlik criminal, felonious
roisk rot, rotten stuff; (*kõdu*) decay; (*sõimusõnana*) rotter; ~**kärbus** *med.* wet gangrene
roskuma rot, putrefy; (*kõdunema*) decay
roiskumus rottenness, putrefaction; (*kõdu*) decay
roiskveetoru sewer
roiskveetorustik sewerage (system), sewers
roiskvesi sewage (water)
roisumürk *biol.* ptomaine
roisupisik *biol.* saprophyte
roiutama weary, tire, fatigue, make* weary (*or* tired, fatigued), exhaust
rojalism royalism
rojalist royalist
roju (*kõhn olend*) bag of bones, skin and bones; (*reo*) rotter, blighter
rokk meal-mash
rokokoo *kunst.* rococo
roll role (*or* rôle), part
rollklops *kok.* meat balls (in sauce)
rollmops *kok.* collared herring, collar of herring, *Am.* rollmop
romaan novel; (*mittetõsieluline* ~) fiction; (*romantiline lugu*) romance
romaani Romance, Romanic; ~ **keeled** Romance (*or* Romanic) languages
romaanikirjanik novelist
romanss romance
romantik romanticist, romantic
romantika romance, romanticism
romantiline romantic
romantism romanticism, romantic movement
romb *mat.* rhomb(us); (*rombikujuline ese*) lozenge, diamond

rondo *muus.* rondo (*pl.* -os), rondeau (*pl.* -eaux)
rondoo I *kirj.* rondeau (*pl.* -eaux)
rondoo II (*ümarkiri*) round hand; ~**sulg** J-pen, broad-pointed (soft) nib
rong train; (~*käik*) procession
rongaema *piltl.* hard-hearted (*or* cruel) mother
rongijuht train-master, chief guard, *Am.* head guard
rongiõnnetus railway accident
rongkäik procession
ronijalg *zool.* scansorial foot (*pl.* feet)
ronima climb; (*käte-jalgadega*) clamber, swarm, shin (up); (*roomates*) creep*; **puu otsa** ~ climb (*or* climb up, clamber up, swarm up, shin up) a tree; **mäkke** ~ climb (*or* scale) a mountain
ronitaim climber, creeper
ronk raven; ~**must** raven(-black)
ront log, block (of wood)
roobas = **rööbas**
rood [roo] (*kalal*) (fish-)bone; (*mäeseljakul, katusel jms.*) ridge; (*sulel, viilil jms.*) shaft; *bot.* rib, vein
rood [roodu] *sõj.* company; ~**ukomandör** *sõj.* company commander
rooduma *bot.* form veins
roodumine, roodumus *bot.* venation
rooduvanem *sõj.* company sergeant major
roog [roa] food; (*söömaaja osa*) dish, course
roog [roo] I (*pilli*~) reed, cane
roog [roo] II = **rood** [roo]; *vt. ka* **selgroog**
rooghein *bot.* small reed, (small) reed-grass
roogkatus reed thatch
roogkepp cane
roojakärbes dung fly
roojama defecate, evacuate the bowels
roojane filthy, dirty, foul, impure, unclean, polluted
roojastama soil, dirty, defile, pollute
roojasus filthiness, dirtiness, foulness, uncleanness, pollution
roojus filth, dirt, impurity; (*roe*) ordure
rookana water-rail
rookima scrape (*or* scour, sweep*) away, clear away; (*kalu*) gut and clean; (*peksma*) thrash

rool (*laeval, paadil*) rudder, helm; (*autol*) (steering-)wheel; (*lennukil*) controls
roolima steer, navigate; (*autot*) drive*; (*lennukit*) pilot
roolimees = **tüürimees**
roolind reed warbler, reed thrush
rooliratas steering wheel; (*lennukil*) control-wheel
roo-loorkull marsh harrier
room (*rangidel*) (horse-)collar strap
rooma Roman
roomaja creeper, crawler; *zool.* reptile
rooma-katoliku Roman Catholic
roomakil crawling, (*neljakäpakil*) on all fours
roomama creep*, crawl; *piltl.* grovel
roomik *tehn.* caterpillar (tread, track), crawler (belt); ~**traktor** caterpillar (tractor), crawler (tractor)
roomlane Roman
roop 1. (*ahju*~) poker; 2. (*viiuli*~) bridge
roopill reed-pipe
roopima *tehn.* poke, rake, stir
rooplik = **rööplik**
roos rose; *med.* erysipelas
roosa (pale-)pink; rose-coloured (*ka piltl.*)
roosakas pinkish, pale pink
roosiaed rose-garden
roosiline rosy, roseate, rose-coloured (*ka piltl.*); **roosilises tujus** in a rosy (*or* happy) mood
roosinupp rose-bud
roosiõli attar (of roses)
roosk (*piits*) scourge, whip
rooskama scourge, whip, castigate (*ka piltl.*)
rooskapsas *aiand.* Brussels sprouts
rooste rust; (*taimehaigus*) rust, blight; ~**s** rusty; ~**sse minema** get* rusty
roostekarva rusty (brown), rust-coloured
roostekindel rust-proof
roostene rusty
roosteplekk rust-stain, (*pesul*) iron-mo(u)ld
roostepruun rusty brown
roosteseen *bot.* rust fungus (*pl.* -gi, -guses)
roostetama rust; (*roostega kattuma*) get* rusty; **mutter on kruvile külge roostetanud** the nut has rusted on to the screw
roostetus rustiness, rust
roostevaba (*terase kohta*) stainless
roostik I (*lehel*) nervation, nervature

roostik II (*pilli*~) reeds, reed-bank, reed-bed
roosuhkur cane sugar
roosõieline *bot.* 1. *adj.* rosaceous; 2. *subst.* rosacean
rootor *tehn.* rotor
roots (*ärakulunud asi*) stump; (*lehe*~) leaf stalk, petiole; (*lahja, kõhn olend*) (bag of) bones
rootsi Swedish; ~ **keel** Swedish, the Swedish language; ~ **kärbes** *zool.* frit (*or* Swedish) fly
rootsik 1. *adj.* leafless, defoliated; 2. *subst.* (*tüügas*) stump
rootsikeelne Swedish
rootslane Swede
rootsuline stalked, stalky
roov (*katuselatt*) (roof-)lath; (*katusesõrestik*) lath-frame, lathing
roovik lath, perch
roovima lath, cover with (roof-)laths
roovlatt roof-lath
ropane = **räpane**
ropendama talk smut (*or* bawdily, obscenely), use foul language
ropp coarse, dirty; (*rõve*) indecent, smutty, obscene; **ropu suuga** foul-mouthed
roppus coarseness, dirtiness; (*rõvedus*) indecency, smut(tiness), obscenity; (*kõnes*) dirty talk
rops (*löök*) blow, stroke; (*järsk tõmme*) jerk, yank, wrench, jolt; **ühe** ~**uga** at one stroke, at a go
ropsima swingle, scutch, beat*
ropsimöök *etn.* swingle, scutch, scutching-blade
rosett rosette
rosin raisin, (*suur* ~) plum, (*väike* ~) currant; ~**asai** plum-bun, plum-cake
rosmariin rosemary
rosolje Russian salad (of cooked vegetables)
rotaator (*paljundusaparaat*) rotary press
rotatsioon rotation; ~**masin** *trük.* rotary press
roteerima rotate
rotilõks rat-trap
rotimürk rat poison
rott rat
ruberoid *ehit.* ruberoid, saturated (roof-)felt
rubiin *min.* ruby; ~**punane** ruby (red)
rubla r(o)uble
rublaline one-r(o)uble note
rublane of one r(o)uble, one-r(o)uble
rubriik (*lahter*) column; (*pealkiri*) heading; (*värviga eristatud* ~) rubric
rudiment rudiment
rudimentaarne rudimentary
rudin crunch, crackle
rudisema crunch, crackle
ruhi *etn.* (primitive dug-out) punt, flat-bottomed boat; ~**org** *geogr.* trough (valley)
ruhv *mer.* forecastle
ruie grunt
ruigama grunt
ruigatus grunt
ruineerima ruin, bring* to ruin
ruineeruma be (*or* become*) ruined, go* to ruin, ruin oneself
rukis rye
rukkihakk rye shock
rukkijahu rye meal, (*peen* ~) rye flour
rukkileib rye bread, black bread
rukkilill cornflower, bluebottle, *Am.* bachelor's button; ~**esinine** cornflower blue
rukkilõikus rye-harvest(ing)
rukkioras sprouting rye
rukkipeks threshing (*or* thrashing) of rye
rukkipõld rye-field
rukkipüül bo(u)lted rye-flour
rukkirääk corn-crake, landrail
rukkivihk sheaf (*pl.* sheaves) of rye
rulaad 1. *kok.* meat-roll, collared meat, *Am.* roulade; 2. *muus.* roulade, run
rulett roulette
rull roll, (*paberi*~, *pärgamendi*~) scroll; (*riide*~) bolt; *tehn.*, *põll.* roller; (*pesu*~) mangle; (*pool*) reel, spool
rullama *mer.* roll
rullamine *mer.* rolling, roll
rullbiskviit jam(-and-cake) roll, Swiss roll
rullfilm *fot.* roll film
rullik 1. (*väike rull*) castor (*or* caster), roller; 2. (*vagonett*) truck, trolley
rullima roll; (*pesu*) mangle; **kokku** ~ roll up; **lahti** ~ unroll
rullkardin (roller) blind
rull-laager *tehn.* roller bearing
rulluisk roller skate
rulluma roll (up), roll oneself (up)
ruloo = **rullkardin**
rumal stupid, silly, foolish

rumalavõitu rather (*or* somewhat) stupid (*or* silly), doltish
rumaldama make* stupid
rumalduma become* stupid
rumalus stupidity, silliness, foolishness; (*mõttetus*) nonsense
rumb *mer.* point, bearing
rumeenia R(o)umanian
rumeenlane R(o)umanian
rumm [rummi] rum
rumm [rummu] nave, hub
rump dug-out (boat)
runo *folkl.* (Finnish-Estonian) rune, runic verse; ∼**viis** *folkl.* (Finnish-Estonian) runic melody
rupphöövel jack plane, rough-plane
rupsik, rupski leather patch
rupskid tripe(s), chitterlings, haslet
ruse *bot.* bur-marigold, beggar-tick
rusikahoop cuff (*or* blow) with the fist, punch
rusikas fist: **kellelegi rusikat näitama** shake* one's fist at smb.
rusikavõitlus fisticuffs; *sport.* boxing match
rusikaõigus club-law, fist-law
ruske reddish brown
russifitseerima = **venestama**
russism *lgv.* Russism
russist *lgv.* specialist in (*or* student of) Russian philology
russitsism = **russism**
rustika *ehit.* rustic masonry (*or* work)
rusu rubble, debris; ∼**d** ruins; ∼**hunnik** heap of rubble; ∼**kalle** *geol.* talus
rusuma press heavily, weigh (*upon*); *piltl.* depress, dispirit, make* despondent
rusune rubbly
rusutud depressed, dispirited, despondent
rusutus depression, despondency
rutakas hasty, hurried, precipitate
rutakus hastiness, hurry, precipitance
rutem(ini) more quickly, faster
rutiin I (*kujunenud tavade järgimine*) routine
rutiin II *farm.* rutin
rutjuma press, squeeze
rutt haste, hurry; (*ettevaatamatu* ∼) precipitation; **rutuga** in a hurry
ruttama hasten, make* haste, hurry; **ette** ∼ run* ahead; **rutates** in a hurry, hurriedly
ruttamatu hasteless, unhurried
ruttamatult without haste, unhurriedly

ruttu quickly, swiftly, fast; **tee** ∼! make haste!, hurry up!, *Am.* step up!
rutuline hurried, quick; (*pakiline*) urgent, pressing
ruuduline checked, chequered (*or* checkered); (*paberi v. vihiku kohta*) squared
ruudustama chequer (*or* checker)
ruuge russet, light brown, (*punakas*∼) auburn
ruum room, space; (*majutamisel*) accommodation; **andke mulle rohkem** ∼**i** give me more room; ∼**i tegema** make* room (*kellelegi, millelegi* — *for smb., smth.*); ∼**i kolm mõõdet** the three dimensions of space
ruumala volume
ruumikas roomy, spacious, capacious; (*mugavalt avar*) commodious
ruumiline spatial
ruumimeeter cubic metre
ruumimõõt cubic measure
ruuminurk *mat.* solid angle
ruumipuudus lack of space; (*majutamisel*) lack of accommodation
ruumitaju *psühh.* space perception
ruumiühik space unit
ruumlaeng *el.* space charge
ruumvõre *min.* space lattice
ruun gelding
ruunama geld
ruunid, ruunikiri runes, runic writing
ruupor speaking-trumpet
ruut [ruudi] *bot.* rue
ruut [ruudu] square; (*akna*∼) pane; (*mustril*) check; *mat.* square, second power
ruutima *mat.* square, raise to the second power
ruutjuur *mat.* square root
ruutkilomeeter square kilometre
ruutliige *mat.* quadratic term
ruutmeeter square metre
ruutmiil square mile
ruutmõõt square measure
ruutpesiti *põll.* (in) checkrow, in checkrows; ∼ **külv** checkrow (pocket) planting
ruutu (*mast kaardimängus*) diamonds; ∼**emand** queen of diamonds
ruutvõrrand *mat.* quadratic equation
rõdu balcony, gallery (*ka teatr.*); **esimene** ∼ *teatr.* dress circle
rõhk pressure; (*sõna*∼) stress, accent; (*rõhutamine*) emphasis; ∼**u panema** = **rõhutama**; **erilist** ∼**u pa-**

nema attach great importance (*to*)
rõhknael drawing-pin, *Am.* thumbtack
rõhknööp press-button, press-stud, snap-fastener
rõhtjoon horizontal line
rõhtne horizontal, level
rõhtpalk *ehit.* horizontal beam
rõhtseis *sport.* horizontal position
rõhtsiht horizontal direction; *geol.* strike
rõhuja oppressor
rõhukas emphatic
rõhuline stressed
rõhuma oppress; *haruld.* (*suruma*) press; (*masendama*) depress; vaeseid ~ grind* the poor
rõhumine oppressing, oppression
rõhumoone *geol.* dynamic (*or* dislocation) metamorphism
rõhumõõtja pressure-ga(u)ge, manometer
rõhumärk stress-mark, accent
rõhutama stress, lay* stress (*on*, *upon*), accent, accentuate (*ka piltl.*); emphasize
rõhutamine stressing, accentuating, accentuation, emphasis
rõhutu unstressed
rõhutud oppressed; (*masendatud*) depressed
rõhutus 1. = **rõhutamine**; 2. (*rõhutud olek*) oppression, being oppressed; (*masendus*) depression, being depressed; 3. (*rõhu puudumine*) lack of stress, being unstressed
rõhuv oppressive; (*masendav*) depressing; ~ **enamik**, ~ **enamus** overwhelming majority
rõigas radish
rõikhein = **põldrõigas**
rõivas dress, clothing; raiment, garment, garb; **rõivad** clothes, wear
rõivastama = **riietama**
rõivastuma = **riietuma**
rõivastus = **riietus**
rõkatama give* a (loud joyous) shout (*or* yell), shout, yell
rõkatus, rõke (loud joyous) shout, yell
rõkkama (*hõiskama*) shout, yell; (*kajama*) resound, reverberate (with shouts, yells)
rõngakujuline ring-shaped, annular
rõngas ring; ~**lill** tree-mallow; ~**saar** atoll
rõngastama ring, provide with a ring (*or* rings)
rõnguss *zool.* annelid

rõske damp moist, dank, clammy
rõskuma become* damp (*or* moist, dank clammy)
rõskus dampness, moisture, dankness, clamminess
rõugearm pock-mark, pock-hole
rõugearmiline pock-marked
rõuged smallpox, *tead.* variola; **rõugeid panema** vaccinate
rõugelima vaccine
rõugepanek, rõugepanemine vaccination
rõugetevastane against smallpox, *haruld.* antivariolous
rõugutama rick, stack
rõuk rick, stack; ~**u panema** = **rõugutama**
rõve obscene, smutty, bawdy, ribald, salacious
rõvedus obscenity, smuttiness, bawdiness, ribaldry, salacity
rõvetsema talk obscenely (*or* smuttily), talk smut
rõõm joy, delight, gladness; ~**u tegema**, ~**u valmistama** give* joy (*to*); ~**u pärast** for (*or* with) joy, out of joy; **kellegi** ~**uks** to smb.'s delight (*or* joy); ~**uga** with joy (*or* gladness), gladly
rõõmsalt = **rõõmsasti**
rõõmsameelne joyful, joyous; cheerful, cheery
rõõmsasti joyfully, cheerfully, gladly
rõõmsus joyfulness, joyousness
rõõmuavaldus expression of joy (*or* delight), open rejoicing
rõõmuhüüe shout of joy (*or* delight), cheer
rõõmuküllane abounding in joy, joyful, blissful
rõõmunaeratus smile of joy
rõõmus joyful, joyous; delighted, glad; gay, merry
rõõmustaja giver (*or* bringer) of joy (*or* cheer)
rõõmustama 1. (*rõõmu valmistama*) give* joy (*to*), delight, cheer (up), gladden; 2. = **rõõmutsema**
rõõmustav cheering, glad(dening), gratifying, pleasant; ~**ad väljavaated** cheering prospects
rõõmustuma become* joyful
rõõmusõnum joyous news, good news, glad tidings
rõõmutsema rejoice (*millegi üle* — *in*, *at smth.*), delight (*in*), have (*or* take*) delight (*in*)
rõõmutu joyless, cheerless

rõõmuvärin thrill of delight
rõõn *jur.* denouncement
rõõnama *jur.* denounce
rõõsakoorevõi (sweet-cream) butter
rõõsk fresh, sweet; ~ **piim** sweet milk
rõõskus freshness, sweetness
räbal 1. *subst.* rag, tatter; (*narmas*) shred; 2. *adj.* wretched, rotten, *kõnek.* lousy
räbalakaupmees = **kaltsukaupmees**
räbalane ragged, tattered
räbalapundar ragamuffin, tatterdemalion
räbalasti wretchedly, rottenly, *kõnek.* lousily
räbaldama tear* (*or* wear*) to rags (*or* tatters)
räbalduma be worn to rags (*or* tatters)
räbu (*metalli*~) slag, dross, scoria (*pl.* -riae); (*vulkaaniline* ~, *kivisöe*~) cinder, scoria
räbune slaggy, drossy, scoriaceous
räbusti *tehn.* flux
räga jumble, huddle, tangle; ~**part** *zool.* garganey, summer teal
rägastik thicket; *piltl.* maze, jungle, labyrinth
rähk gravel; (*paekivi*~) limestone rubble
rähklema = **rahmeldama**
rähm (eye)rheum; **silmad on** ~**as** the eyes are rheumy
rähmane rheumy; rheumy-eyed, bleareyed
rähmas *vt.* **rähm**
rähn woodpecker
räige (*kriiskav*) piercing, shrill; (*terav, ere*) glaring, dazzling, gaudy
räim (Baltic) dwarf herring
räitsakas flake, *er.* (large wet) snowflake
räme raucous, hoarse, rough, gruff
rämps rubbish, trash
ränd wandering; (*loomade, lindude* ~) = **ränne**
rändaja = **rändur**
rändama wander, itinerate, (*loomade, lindude jms. kohta*) migrate
rändauhind challenge trophy (*or* prize)
rändeaeg *zool.* migration time .(*or* period)
rändelend *zool.* migration flight
rändkarikas challenge cup
rändkaubitseja, rändkaupmees hawker, pedlar

rändkino travelling (*or* itinerant) cinema, *Am.* drive-in
rändlema wander about, itinerate
rändlind bird of passage, migratory bird
rändlipp challenge banner
rändneer *med.* floating kidney
rändnäitus itinerant exhibition
rändpunalipp challenge Red Banner
rändraamatukogu *bibl.* travelling library
rändrahn *geol.* (erratic) boulder, erratic block, erratic
rändrahvas nomadic people, nomads
rändtäht = **planeet**
rändur wanderer; (*palve*~) pilgrim; (*rändrahva liige*) nomad
rängalt, rängasti heavily; severely; (*tugevasti*) hard
räni *keem.* silicon; (*ka*) = ~**kivi**; ~**hape** *keem.* silicic acid; ~**hapend** = ~**oksiid**; ~**hiib** *geol.* diatomite; ~**kilt** *min.* flinty slate, chert; ~**kivi** quartz, flint; ~**muld,** ~**oksiid** *keem.* silica; ~**vetikas** *bot.* diatom
ränk heavy, hard, (*koormav*) onerous; (*hoobi, lüüasaamise jms. kohta*) severe; ~ **viga** grievous mistake, blunder
ränkraske very (*or* extremely) heavy (*or* hard)
ränkus heaviness, hardness; (*hoobi, lüüasaamise jms. kohta*) severity
rännak (walking-) tour, trip, hike; *sõj.* march; (*õppe*~) excursion; (*palve*~) pilgrimage; ~**ukolonn** *sõj.* column of route; ~**urivi** *sõj.* march formation
ränne migration (*ka zool.*)
rännuaastad years of wandering
rännuhimu love of wandering, urge to wander (*or* travel), wanderlust
räpakas (*rutakas*) precipitate (*lohakas*) slovenly, untidy, sloppy
räpakus precipitance; (*lohakus*) slovenliness, untidiness, sloppiness
räpane slovenly, untidy; dirty, filthy, squalid
räpastama dirty, soil, befoul
räpasus slovenliness, untidiness; dirtiness, filthiness, squalidity, squalor
räsa crosspiece (of a handle)
rässakas = **jässakas**
rästas *zool.* thrush
rästik adder, viper
rätik (*pea*~, *kaela*~) kerchief, scarf; *vt.* **ka käte**~, **tasku**~
räts *zool.* horned owl

rätsep tailor; ~atöö tailoring, tailor's trade; ~atöökoda tailor's (work)-shop
rätt = rätik
räuskaja brawler, troublemaker
räuskama brawl, kick up a row, make* an uproar (a row, a noise), make* trouble
rääbis (European lake) whitefish
rääk zool. crake, rail
rääkija speaker, talker
rääkima speak*, talk; räägitakse it is said, they say; kokku ~ arrange (things), come* to an arrangement (or agreement); läbi ~ discuss; taga ~ speak* behind one's back, backbite*; vastu ~ contradict; oleme rääkinud! that's agreed (then)!, that's a go (then)!; (sellest) ~ta not to speak of (this), let alone (this), to say nothing of (this)
rääkimine speaking, talking; speech; ~ on hõbe, vaikimine on kuld speech is silver but silence is gold
rääs blubber(-oil), train-oil
räästas eaves (pl.); vihma käest räästa alla out of the frying-pan into the fire
räästuma become* (or turn, go*) rancid
rõga expectoration, sputum, phlegm
rõgastama expectorate
rõgastamisvahend farm. expectorant
rõgin hawking
rõgisema hawk, rattle (in one's throat)
rõgistama hawk, make* hawking sounds
rõhatama belch, give* a belch; (rõhkima) give* a grunt
rõhitis belch, eructation
rõhitsema belch, eruct, eructate
rõhkima grunt
röntgen (röntgenikiirguse ühik) roentgen; (ka) = ~ikiired; ~iaparaat X-ray (or Roentgen) apparatus; ~ikabinet X-ray room; ~ikiired X-rays, Roentgen (or Röntgen) rays; ~iravi X-ray treatment (or therapy), roentgenotherapy
röntgenogramm roentgenogram
röntgenoloogia roentgenology
röst grill, gridiron
röstima roast, grill; (leiba ~) toast
rööbas rail; (ratta~) rut; rööpaist välja jooksma run* off the rails, derail
rööbaspuud sport. parallel bars

rööbastee rail-track
rööbastik rails
rööbe pair (or line) of rails, track
rööbik 1. adj. = rööpne; 2. subst. = rööpjoon
rööbiti parallel (to)
rööbitine parallel (to)
röögatama give* a bawl (or squall)
röögatus bawl, squall, cry
röökima bawl, squall
rööpapaar pair of rails
rööpaseadja van. = pöörmeseadja
rööpavahe (railway) ga(u)ge
rööpjoon mat. parallel (line)
rööpkülik mat. parallelogram
rööplik rutty, full of ruts
rööpne (rööbitine) parallel; geol. concordant, conformable
rööpsirge mat. parallel straight line
rööpsus parallelism; geol. concordance, conformability
rööptahukas mat. parallelepiped
rööv robbery; luulek. rapine, rape
röövel robber, brigand; Am. hold-up man (pl. men); van. thief (pl. thieves)
röövellik robber-like, predatory, rapacious
röövik zool. caterpillar
röövima rob; (paljaks ~) despoil, rifle; (rüüstama) plunder
röövjõuk plundering band (or gang)
röövkala zool. predatory fish, fish of prey
röövlijõuk band (or gang) of robbers (or brigands)
röövlind bird of prey, raptorial bird
röövliromaan tale of robber's adventures, shocker
röövloom beast of prey, predatory animal, predator
röövmajandus rapacious (or predatory) economy, wasteful exploitation, (põllumajanduses) robber-farming
röövmõrtsukas murderer with intent of robbery
röövmõrv murder and robbery
röövpüük rapacious (or predatory) hunting (or trapping, fishing)
röövretk raid, inroad
röövrüütel aj. robber knight (or baron)
röövsaak plunder, booty
röövsõda predatory war
röövvallutaja invader, predatory conqueror

röövvallutus invasion, predatory conquest
rübelema (*püherdama*) wallow; (*rabelema*) flounder, fidget; romp
rübi (*puust sadul*) saddle-tree, wooden saddle
rüblik romp, romper, lively (and boisterous) child
rügement regiment
rühikas of good carriage (*or* bearing), stately
rühkima press on, push forward, forge ahead
rühm group; *sõj.* platoon, (*ratsaväe~*) troop; (*salk*) squad (*ka sport.*); **~ajuht** group-leader; **~akomandör** *sõj.* platoon-commander
rühmama toil, slog, drudge, work hard
rühmitama group, arrange in groups
rühmiti in groups; *sõj.* in platoons (*or* troops)
rühmitis grouping, group; *pol.* faction
rühmituma group, fall* into groups; *pol.* align
rühmitus grouping, arrangement in groups; *pol.* alignment; (*ka*) = **rühmitis**
rüht carriage, bearing
rühvel *põll.* hoe-drill, hoeing machine
rühveldama *põll.* cultivate with a hoe-drill, intertill
rühvelkultuurid *põll.* intertilled crops (*or* cultures)
ründama attack, assault, assail, charge, storm
ründeredel *aj.* scaling-ladder
ründeretk raid.
rüngas block (of rock), cliff; (*pilve~*) cumulus (*pl.* -li)
rünkpilv *meteor.* cumulus (*pl.* -li)
rünkpilvitus *meteor.* cumuli
rünnak attack, assault, charge, onslaught
rünt *zool.* gudgeon
rüpp lap, *piltl.* bosom; **käed rüpes istuma** sit* idle
rüsa creel, bow-net, fishing-basket

rüselema tussle, scuffle, scrimmage (*or* scrummage)
rüselus tussle, scuffle, scrimmage (*or* scrummage)
rüsi (ice) hummock; **~jää** hummock(ed) ice
rüsin crush throng; (*jalgpallis*) scrimmage (*or* scrummage)
rüsinal in a crush (*or* throng)
rütm rhythm
rütmika rhythmic(s)
rütmiline rhythmic(al)
rütmilisus rhythmicity
rüvetama sully, soil, defile, pollute; (*pühadust*) profane, desecrate
rüvetus sullying, soiling, defilement, pollution; (*pühaduse ~*) profanation, desecration
rüü garment, robe, garb, vestment
rüübe sip, gulp, swig
rüüpama sip, drink* in small draughts; (*korraks ~*) take* a gulp, swig (*millestki — at smth.*)
rüüpima sip, drink* (repeatedly)
rüüstaja devastator, ravager; (*riisuja*) looter
rüüstama devastate, lay* waste, waste, ravage; (*riisuma*) loot
rüüste devastation, ravage(s); (*riisumine*) looting; **~retk** looting raid
rüüš ruche, frill
rüüt *zool.* plover
rüütama clothe, dress, garb
rüütel knight; **rüütliks lööma** knight, dub (*smb.*) knight
rüütelkond *aj.* knighthood, chivalry, knights
rüütellik knightly, chivalrous, chivalric
rüütellikkus knightliness, chivalry, chivalrousness
rüütlimõis *aj.* manor, manorial estate
rüütliordu *aj.* order of knighthood
rüütliromaan *kirj.* romance (*or* tale) of chivalry
rüütlus knighthood, chivalry
rüütuma clothe oneself, be clothed (*or* dressed, garbed)

S

sa = **sina**
saabas boot, *Am.* high shoe
saabastama boot, provide with boots, put* on boots
saabel sabre
saabuma arrive; **kuhugi linna ~** arrive at (*or* in) a town; **koju ~** arrive home; **aeg on saabunud** the time has arrived (*or* come)
saabumine arrival; **(minu) saabumisel on** (my) arrival
saabunu arrival, person arrived

saad (heinu) haycock
saadan (kurat) = **saatan**
saadav obtainable; (*kasutada olev*) available
saadaval obtainable, to be obtained (*or* had); **need kaubad on alati ~** these goods are always obtainable, these goods can always be obtained (*or* had)
saadavus obtainability, availability
saade (raadio~) broadcast, transmission; (*muusikariistal*) accompaniment; (*kaitse- v.* **saatesalk**) escort, (*saatelaev v. -laevad*) convoy; *vt. ka* **saatel**
saadetis consignment, shipment; (*pakk*) parcel
saadik *postp.* 1. (*kuni*) up to; **põlvist ~** up to the knees; 2. (*peale*) since, from... on, **eilsest ~** since yesterday, from yesterday on
saadik *subst.* delegate, envoy; (*rahva~*) deputy; (*diplomaatiline ~*) minister, (*suur~*) ambassador; (*eriülesandega ~*) emissary; **erakorraline ~** ambassador (*or* envoy) extraordinary
saadikukandidaat candidate for deputy
saadus product; (*põllumajandus~*) produce; *mat.* result
saag saw
saaga *folkl.* saga
saagiahne, saagihimuline eager for prey, avid, greedy, acquisitive
saagija sawer; (*kutseline puu~*) sawyer
saagikas productive, fruitful
saagikus productiveness, fruitfulness; (*viljaand*) crop capacity, yielding capacity, yield
saagima saw*
saagimispukk sawhorse
saagirikas, saagirohke = **saagikas**
saagitsema make* (*or* be eager for) booty, spoil, loot
saagjas serrate, serrated
saagkala *zool.* sawfish
saago sago; **~palm** *bot.* sago .(*pl.* -os), sago palm
saaja receiver, recipient; (*kirja ~*) addressee; (*kauba ~*) consignee; (*pärandi ~*) legatee
saajad *van.* = **pulmad**
saajavanem *van.* = **isamees**
saak yield (*ka vilja~*), gettings; (*rööv~, sõja~*) booty, spoil(s), loot, plunder; (*kala~*) catch, take;

(*jahi~*) kill, game, bag; (*röövlooma ~*) prey
saal (*vastuvõtutuba*) drawing-room, reception-room, parlour; (*kontserdiv. koosolekuruum*) hall; *teatr. ka* · house; **täis ~** *teatr.* full house
saalima run* up and down, run* to and fro, bustle, fuss (about)
saaling *mer.* cross-tree
saam [saama] getting(s), gain; **ta on alati ~a peal väljas** he is always eager for gain
saama (*midagi*) get*, obtain, receive; (*kuhugi, sisse, välja jne.*) get*; (*millekski*) become*, get*; (*suutma*) be able, manage (*midagi teha — to do smth.*); (*piisama*) suffice, do; **ma sain kirja** I got (*or* received) a letter; **kuidas te sisse saite?** how did you get in?; **mees sai haavata** the man was wounded; **sellest mehest saab hea õpetaja** this man will make a good teacher; **tollest mehest ei ole midagi saanud** that man has come to nothing, that man has never come to anything; **ta sai õpetajaks** he became a teacher; **ma ei saa teid aidata** I cannot help you; .**kas sellest saab?** will that do (*or* suffice)?; **saame näha** we shall see; **terveks ~ get*** well
saamahimu love of gain, greed, avarice, covetousness
saamatu clumsy, inefficient, incapable, inept
saamatus clumsiness, inefficiency, incapability, ineptitude
saamine (*millegi ~*) getting, obtaining, receiving; (*millekski*) becoming
saan sledge, sleigh; **~ isõit** sleigh-drive, ride in a sleigh; **~itee** sleigh-road
saapahari shoe-brush
saapakauplus boot-shop, shoe-store
saapamääre shoe-polish
saapanina toe of a boot
saapanöör, saapapael boot-lace, boot-string
saapapoiss = **saapasulane**
saapapuhastaja shoe-black, *Am.* bootblack
saapasulane (*vahend säärsaabaste jalast tõmbamiseks*) boot-jack
saapasäär leg of a boot
saapavabrik boot (and shoe) factory
saar I (*puu*) ash, ash-tree

saar II (*meres, järves jms.*) island, (*pärisnimede osana ja luulek.*) isle
saareelanik islander
saareke(ne) islet; (*jõe~*) ait (*or* eyot)
saarepuu ash-tree
saarerahvas island people, islanders
saarestik archipelago (*pl.* -os)
saarlane islander; (*er.*) inhabitant of Saaremaa
saarmas otter
saast filth, dirt, scum (*ka piltl.*); (*põhja~*) grounds, dregs
saastama make* filthy (*or* dirty), pollute, contaminate
saastamine making filthy (*or* dirty), pollution, contamination
saastane filthy, dirty, polluted, contaminated
saastuma become* (*or* get*, turn) filthy (*or* dirty), get* polluted (*or* contaminated)
saastumine becoming filthy (*or* dirty), pollution, contamination
saatan Satan
saatanlik satanic
saatejaam sender(-station), transmitter, transmitting station
saatekava (*raadios*) wireless (*or* broadcasting) programme
saatekiri covering letter, *maj.* letter of advice
saatekulu (cost of) carriage
saatel to the accompaniment of; **klaveri ~** with a piano accompaniment, to the accompaniment of a piano
saatelaev escort (*or* escorting) ship
saateleht *maj.* way-bill; **~-arve** *maj.* invoice
saatemuusika accompaniment
saatesõna prefatory note (*or* word)
saatja sender, dispatcher; (*kauba ~*) consignor, consigner; (*kaastane*) attendant; (*kaitse- v. saatesalklane*) escort; (*muusikariistal*) accompanist; (*saatejaam*) transmitter, sender
saatjaskond retinue, suite, train; (*kaitse- v. saatesalk*) escort
saatkond (*lähetatud esindajaid*) deputation; (*diplomaatiline ~*) legation, (*suur ~*) embassy
saatma (*läkitama*) send*, dispatch, (*edasi ~*) forward; (*kaasas käima*) accompany, follow, attend; (*kaitseks ~*) escort, convoy; (*muusika-*

riistal) accompany; *raad.* transmit; **kedagi hädaohtu ~** put* smb. in peril (*or* jeopardy); **kedagi koju (jaama jne.) ~** see* smb. home (to the station, etc.); **kedagi reisile ~** see* smb. off, give* smb. a send-off; **korda ~** accomplish; **laiali ~** break* up, dismiss, (*parlamenti*) dissolve; **minema ~** send* away, dismiss; **mööda ~** = **veetma**
saatmine (*läkitamine*) sending, dispatching, (*edasi~*) forwarding; (*kaasaskäimine*) accompanying; *vt. ka* **saade**
saatus fate, destiny; (*elu~*) lot; (*kohutav ~*) doom; **~(e)kaaslane** companion in fortune and misfortune; (*õnnetuses*) fellow-sufferer
saatuslik fatal
saatuslikkus fatality
saatür *müt.* satyr
saav *lgv.* translative (case)
saavutama achieve, attain, obtain, get* at, reach; (*edu, võitu jms.*) gain, score; (*teostama*) realize, accomplish
saavutus achievement, attainment; (*võit*) gain; (*teostus*) accomplishment
saba tail; (*kleidil, komeedil*) train; (*järjekord*) queue; **~ liputama** wag one's tail, *piltl.* fawn (*on*), toady (*to*); **~s seisma** stand* in a queue; **~s sörkima** follow the tail (*of*), follow in the wake (*of*)
sabakuub tail-coat, swallow-tail(s), dress-coat
sabaliputaja *piltl.* fawner, toady
sabaluu tail bone, *tead.* coccyx
sabalüli *anat.* caudal vertebra (*pl.* -rae)
sabapidi by the tail
sabarakk hanger-on, henchman (*pl.* -men), camp-follower, toady, *Am.* heeler
sabarihm (*hobuse leidel*) crupper
sabatihane *zool.* long-tailed titmouse (*pl.* -mice), bottle tit
sabatu tailless
sabatäht = **komeet**
sabauim *zool.* tail (*or* caudal) fin
sabisema rustle
sabotaaž sabotage
saboteerima sabotage
sada hundred; **~de kaupa** in hundreds
sadajalg *zool.* centipede

sadakond hundred; *aj.* (*tsentuuria*) century
sadam harbour, haven; (~*alinn*) port
sadama fall*, (*vihma*) rain, (*lund*) snow, (*rahet*) hail; **sajab vihma** (**lund, rahet**) it rains (snows, hails)
sadamakai (harbour) quay
sadamalinn port, seaport
sadamamuul breakwater, pier
sadamasild wharf, pier
sadamatööline docker
sade precipitation (*ka keem.*), fall-out; ~**med** *meteor.* precipitation
sadestama *keem.* precipitate, cause to be deposited, cause fall-out
sadestis *keem.* precipitation, precipitate, deposit, sediment
sadestuma *keem.* precipitate, be precipitated, be deposited, fall* out
sadestus precipitation, deposition, sedimentation, falling out
sadu fall; (*vihma*~) rainfall, (*lume-*~) snowfall; (*valang*) shower
sadul saddle; ~**atasku** saddlebag; ~**avaip** saddlecloth; ~**avöö** (saddle-) girth, surcingle
saduldama saddle
sadulsepp saddler, saddle-maker, harness-maker
saekaater saw-frame, log(-sawing) frame, gang saw, saw gate
saelaud rough board
saeleht saw blade
saematerjal sawn (*or* saw) timber (*or* lumber)
saepukk = **saagimispukk**
saepuru sawdust
saere = **ting**
saeveski saw-mill
safian morocco
safiir *min.* sapphire
safran saffron
sagar I (*puust uksehing*) (wooden) hinge
sagar II 1. (*vihmahoog*) shower; 2. (*kobar*) bunch; *anat.* lobe
sagarik *anat.* lobule
sage frequent
sagedamini more often, more frequently
sagedane frequent
sagedasti often, frequently
sagedus frequency; **pulsi** ~ pulse rate
sagedusala *el.* frequency band
sageli = **sagedasti**

sagendama make* more frequent, increase the frequency
sagenema become* more frequent, increase in frequency
sagima 1. = **sakutama**; 2. (*saalima, tunglema*) bustle, fuss (about), run* to and fro
sagin bustle, fuss, noisy activity
sagrima (*sasima*) tousle; (*sakutama*) tug, pull
sagrine, sagris tousled, dishevelled
sagu (*paks*) thick part (of soup, etc.); (*pära*) lees, dregs, sediment
sah(h)ariin saccharin
sahin rustle, rustling
sahisema rustle
sahistama rustle, make* rustle
sahk (*ader*) (wooden) plough; (*adratera*) ploughshare
sahkerdaja huckster, trafficker, speculator, profiteer
sahkerdama huckster, traffic, speculate, profiteer
sahkluu *anat.* ploughshare bone, vomer
sahtel drawer, pigeon-hole
sahver pantry, larder
sai white bread; (*saiake*) bun; (*prants*~) roll; ~**ajahu** white flour; ~**alill** *bot.* marigold; ~**apäts** loaf of white bread
saja-aastane hundred years old, centennial, centenary; ~ **isik** centenarian
sajajalgne hundred-legged
sajakaupa by the hundred
sajakordistama increase a hundred-fold, centuple
sajakordne 1. *adj.* hundredfold, centuple; 2. *subst.* = **kiidekas**
sajakordselt hundredfold
sajaline 1. *adj.* (of a) hundred; 2. *subst.* hundred-r(o)uble (*or* -crown, -mark, etc.) note
sajand century
sajandik hundredth
sajaprotsendiline (of a) hundred per cent
sajarublaline hundred-r(o)uble note
sajarublane of a hundred r(o)ubles, hundred r(o)uble (*atrib.*)
sajas hundredth
sajatama curse, execrate
sajatus curse, execration
sajune rainy
sakiline jagged, jaggy, indented, dentate
sakitama indent, make* jagged

sakk jag, indentation
sako lounge jacket, sack coat; ~**ülikond** lounge suit, *Am.* business suit
sakrament *kirikl.* sacrament
saks [saksa] member of gentlefolk, gentleman (*pl.* -men), master; *iroon.* toff, **suured** ~**ad** people of (high) rank, the 'quality'; *iroon.* toffs
saks [saksi] *aj.* Saxon
saksa German; ~ **keel** German, the German language
saksakeelne German
saksameelne German-minded
saksapärasus *lgv.* Germanism
saksastama Germanize
saksauul *bot.* (Caspian) salt-tree
saksi Saxon
saksik (would-be) genteel, affectedly refined
sakslane German (*pl.* -mans)
sakslanna German (woman)
sakslus Germanity, German nature (*or* character)
saksofon saxophone; ~**imängija** saxophonist, saxophone player
sakuska, sakusment *kõnek.* = **suupiste**
sakutama tug, pull
sala 1. *adv.* in secret, secretly; 2. *subst. kõnek.* = **salapolitseinik**
salaagent secret agent
saladiplomaatia secret diplomacy
saladus secret; (*salapärane asi*) mystery
saladuslik mysterious
saladuslikkus mysteriousness, mystery
salaja secretly, in secret, on the sly; (*vargsi*) surreptitiously
salajane secret; (*varglik*) surreptitious, clandestine; (*usalduslik*) private
salajas: ~ **hoidma,** ~ **pidama** keep* secret
salajõgi *geogr.* subterranean river course (*or* stream)
salakaebaja denouncer, informer
salakaubavedaja smuggler, contrabandist
salakaubavedu smuggling, contraband
salakaup contraband, smuggled goods; **salakaubana sisse tooma** smuggle in, import illegally
salakaval sly, insidious, maliciously cunning
salakavalus slyness, insidiousness, malicious cunning
salakesi = **salamahti**

salakiri cryptography; (*šiffer*) cipher (-writing); (*telegrammis*) code
salakraav *põll.* underdrain, concealed drain
salakraavitus *põll.* underdrainage
salakuulaja spy
salakuulamine spying, espionage
salakõrts secret drinking-place, *Am.* speak-easy
salakäik secret passage
salakütt poacher
salaküttima poach
salalik secretive
salalikkus secretiveness
salaluure secret service, intelligence service
salamahti secretly, in secret, on the sly
salamander salamander
salanõu secret plan (*or* intention); (*vandenõu*) plot
salapolitsei secret police, criminal investigation department
salapolitseinik detective, plain-clothes man (*pl.* men)
salapärane mysterious, (*mõistatuslik*) enigmatic
salapärasus mysteriousness, mystery
salapäratsema act (*or* behave) in a secret (*or* mysterious) manner
salaselts secret society
salasepitsus intrigue; (*vandenõu*) plot
salastama conceal, keep* secret
salat salad; (*pea*~) lettuce
salatsema be secretive (*or* secret), act in a secret manner
salaurgas (secret) haunt, den
salaviha secret hate (*or* resentment), (*vimm*) grudge, rancour
saldo *maj.* balance
sale slender, slim
saledus slenderness, slimness
salenema slim, become* slimmer
salgama deny; (*maha* ~) disavow, (*tunnustamast keelduma*) disown; (*varjama*) conceal; **maha** ~ renounce, repudiate, disavow, disown
salgamatu undeniable
salitsülaat *keem.* salicylate
salitsüülhape *keem.* salicylic acid
salk [salgu] tuft, lock, strand
salk [salga] troop, crowd, band; (*eriülesandeline* ~) detachment, squad
salkkond troop, detachment
sall shawl; (*kaela*~) muffler, scarf

sallima tolerate, be tolerat (*of*), put* up (*with*), suffer; **asi ei salli viivitust** the matter brooks no delay
sallimatu intolerant (*of*)
sallimatus intolerance (*of*)
sallitav tolerable
salliv tolerant; (*leebe*) indulgent
sallivus tolerance, toleration; (*leebus*) indulgence
salm [salmi] verse, stanza
salm [salme] *murd.* (narrow) strait, sound
salmiaak *keem.* sal ammoniac, ammonium cloride
salmik verse, rhyme
salmike(ne) verse, (short) rhyme, (*lauluke*) ditty
salong drawing-room, parlour; (*hotellis*) lounge; (*laeval*) saloon; *kunst.* salon; ~**ilõvi** *piltl.* carpet knight; ~**vagun** saloon(-car), parlour-car
salpeeter *keem.* saltpetre, nitre; ~**hape** = **lämmastikhape**
salto *sport.* somersault
salu grove, stand, wood; ~**hein** *bot.* millet grass; ~**lehelind** *zool.* willow warbler, willow wren
saluteerima salute
saluut salute
salv [salve] (*vilja~*) (corn-)bin; (*padruni~*) magazine; (*kaevu~*) = **rake**
salv [salvi] ointment, salve unguent
salvama bite* (*ka piltl.*), (*mao kohta*) sting*
salvav biting, mordant, cutting, caustic
salvei *bot.* sage
salvestama store (up)
salvestus storing (up), storage
salvima anoint, salve
salvrätik, salvrätt (table) napkin, serviette
sama same; ~**s linnas** in the same town; ~**l ajal** at the same time
samaaegne simultaneous, synchronous
samaealine of the same age
samagonn *kõnek.* (*puskar*) homemade spirits, rotgut whisky, *Am.* hooch; (*tubakas*) home-grown tobacco
samahinnaline of the same (*or* of equal) price
samahuviline of same (*or* common) interests
samakaldejoon *füüs.* isocline, isoclinal line
samakõrgune of the same height

samakõrgusjoon *geogr.* isohypse
samalaadne of the same kind, analogous
samaloomuline of the same nature, connatural, congenial
samane same, identical
samanimeline of the same name
samarõhujoon *meteor.* isobar
samas (*sealsamas*) in the same place; (*samal ajal*) at the same time, there and then
samastama identify
samastus identification
samasugune (*sarnane*) similar; (*samane*) identical
samasus sameness, identity
samasügavusjoon *geogr.* isobath
samatemperatuurijoon *meteor.* isotherm, isothermal line
samatähenduslik of the same meaning, synonymous
samavanune of the same age, *haruld.* coeval
samavõrd, samavõrra to the same degree (*or* amount)
samavärinajoon *geol.* isoseismal line
samavärviline of the same colour, isochromatic
samaväärne of the same value, equivalent
samb *zool.* = **tuur II**
samblane mossy
samblasoo moss bog, mossland
samblateadus bryology
samblaturvas moss (*or* bog) peat
samblik lichen
samblikuteadus lichenology
sambo(maadlus) *sport.* judo
samet velvet
sametine velvet (*atrib.*), velvety
sametjas velvety, velvet-like
sametlest *zool.* chigger, red bug
sametpehme soft as velvet, velvety
samm (*aste*) step (*ka piltl.*); (*mõõduna*) pace; (*pikk kõndimis~ v. jooksu~*) stride; **esimest ~u astuma** take* the first step; ~**e astuma** *piltl.* take* steps (*or* measures) (*millekski — for smth.*; *et teha ~ to do*); ~**u käima** walk, pace; ~**u pidama** keep* pace (*with*), keep* up (*with*), keep* abreast (*of*); **igal ~ul** at every step (*or* turn)
sammakala = **tuur II**
sammal moss
sammalduma be overgrown with moss
sammaldunud overgrown with moss, moss-coated (*ka piltl.*)

sammaltaim *bot.* bryophyte
sammas column; (*piilar*) pillar; ~**juur** *bot.* tap-root; ~**kude** *bot.* columnar tissue; ~**käik** = **sammastik**
sammaspool tetter, *tead.* eczema
sammassaal hall of columns
sammastik colonnade
samm-sammult step by step
sammu *vt.* **samm**
sammukaupa step by step
sammukäik walking
sammulugeja *tehn.* passometer, pedometer
sammuma walk, pace; (*pikkade sammudega*) stride*; (*aeglaselt ning väärikalt*) stalk; (*marssima*) march
sammumõõtja = **sammulugeja**
samojeedi Samoyed(e), Samoyedic
samovar samovar, (Russian) tea-urn
samuti likewise, as well, also
samuum *meteor.* simoom
sanatoorium sanatorium (*pl.* -ia, -iums), *Am.* sanitarium (*pl.* -iums, -ia)
sanatoorne sanatorium (*atrib.*)
sandaal sandal
sandalett (strip) sandal
sandarm gendarme
sandarmeeria gendarmerie, *Am. ka* gendarmery
sandek *mer.* gunwale
sandikott beggar's sack (*or* wallet, *van.* scrip)
sandistama cripple
sandisti badly, ill
sandur *geol.* frontal apron, outwash plain
sandvitš *kok.* sandwich
saneerima *med.* cure, restore (to health); *maj.* reorganize (on a healthy basis)
sang handle
sangaline handled, having (*or* provided with) a handle
sangar hero (*pl.* -oes), *fem.* heroine
sangarlik heroic
sangarlus heroism
sanglepp (common) alder
sanitaararst doctor of public health service
sanitaarauto ambulance (car)
sanitaarinspektor sanitary inspector
sanitaarkoer *sõj.* ambulance dog
sanitaarlennuk ambulance plane, air ambulance
sanitaarne sanitary
sanitaarpäev sanitation day
sanitaarraie *mets.* sanitation cutting

sanitaarrong *sõj.* ambulance train
sanitaarrühm *sõj.* ambulance platoon
sanitaarteenistus public health service
sanitar hospital attendant; *sõj.* medical orderly, male nurse, (*transpordis*) ambulance man (*pl.* men)
sanktsioneerima sanction
sanktsioon sanction
sanskrit Sanskrit (*or* Sanscrit)
sant 1. *subst.* (*kerjus*) beggar, mendicant; (*vigane*) cripple; 2. *adj.* bad, poor, rotten
santima beg, ask for alms, go* about begging; (*nuruma*) cadge
santlaager loafer, idler
santlaagerdama loaf, idle
sapijuha *anat.* biliary duct
sapikivi *med.* gall-stone, bile-stone
sapine bilious (*ka piltl.*); *piltl.* atrabilious, bitter, embittered
sapipõis *anat.* gall-bladder
sapistama make* bilious (*or* bitter, embrittered)
sapistuma become* bilious (*or* bitter, embittered)
sapisus biliousness (*ka piltl.*); piltl. embitterment
sapp I (*maksa nõre*) gall, bile
sapp II *sõj.* sap, siege-trench
saps I (*hobuse eesjala osa*) shoulder
saps II (*kerge löök*) slap
sapsama slap, give* a slap
sapsima slap, give* slaps
saputama shake*
sapöör *sõj.* sapper, pioneer; ~**ipataljon** *sõj.* pioneer battalion
sara shed
sarapik hazel coppice
sarapuu hazel(-tree)
saraskond *aj.* (primitive) village community
sard *põll.* drying-hurdle (*or* -rack), framework; *zool.* skeleton; ~**betoon** *ehit.* reinforced concrete
sardell 1. (*vorstike*) Paris sausage; 2. (*kala*) anchovy
sardiin sardine
sari I (*kobar*) cluster; (*seeria*) series (*pl.* series), sequence, round
sari II (*tuulamissõel*) riddle, sifter, winnowing-basket
sarikaline *bot.* 1. *adj.* umbelliferous, umbellate, umbellar; 2. *subst.* umbellifer
sarikas (*katusel*) rafter; *bot.* umbel
sarikpööris *bot.* corymbose cyme
sarjama (*tuulama*) riddle, sift, winnow; (*sakutama*) tug (*or* pull)

smb.'s hair; (*hurjutama*) rate, give* a rating, scold; (*käredasti arvustama*) pull to pieces, criticize severely
sark = **puusärk**
sarkasm sarcasm
sarkastiline sarcastic
sarkofaag sarcophagus (*pl.* -gi)
sarkoom *med.* sarcoma (*pl.* -mata)
sarlakid scarlet fever
sarlakpunane scarlet
sarm charm
sarmikas charming, full of charm
sarn cheek-bone, *tead.* zygoma (*pl.* -mata)
sarnakas with high (*or* prominent) cheek-bones
sarnaluu *anat.* zygomatic bone, zygoma (*pl.* -mata)
sarnane similar (*to*), resembling, like, alike; **poiss on oma isa ~ the** boy resembles (*or* is like) his father; need vaasid on **sarnased** these vases are alike; **sarnased kolmnurgad** *mat.* similar triangles
sarnanema resemble, be (*or* look) alike, show* (*or* bear*) a likeness (*or* resemblance similarity) (*to*); **kellega ta sarnaneb?** whom does he resemble?, whom is he like?
sarnastama make* alike, liken (*to*); assimilate (*with, to*) (*ka biol.*)
sarnastuma become* alike; assimilate, be assimilated (*with, to*)
sarnasus likeness, resemblance, similarity
sarrus *ehit.* armature
sarrustama *ehit.* reinforce (with armature)
sarż *tekst.* serge
sarv horn (*ka muus.*); (*põdra~, hirve~*) antler; **~e puhuma** blow* the horn; **oma ~i maha jooksma** *piltl.* sow* one's wild oats
sarvaine horn (substance), *tead.* keratin
sarvehääl sound of horns
sarvekandja (*sarvloom*) horned animal; *piltl.* cuckold
sarvekas strong-horned
sarvesai crescent-shaped bun (*or* roll), *Am.* crescent
sarvestuma become* horny, turn into horn
sarvik (*loom*) horned animal; (*kurat*) Old Hornie, devil; **~lõoke(ne)** horned lark
sarviline horned, horny

sarvipidi by the horns; **~ koos** with horns interlocked
sarvitu hornless
sarvjas horny, horn-like, callous (like horn)
sarvkest *anat.* cornea; **~apõletik** *med.* corneitis
sarvkiil (*kabjal*) frog
sarvkivi *min.* hornfels
sarvloom horned animal; **~ad** horned cattle
sarvraam horn rim; **~idega prillid** horn-rimmed spectacles
sasi something tangled (*or* confused); (*õle~*) litter; (*sassisolek*) tangle, confusion
sasima (*juukseid*) tousle, rumple, dishevel; (*segi ajama*) tangle
sasine tousled, rumpled, dishevelled
sasipea shock-head
sasisema = **sahisema**
sassi: **~ ajama** tangle, entangle, confuse, *Am.* muss up; (*juukseid*) dishevel; **~ minema get*** tangled (*or* entangled, confused), *Am.* get* mussed up
sassis tangled entangled, confused, *Am.* mussed up; (*juuste kohta*) rumpled, dishevelled
satelliit satellite
saterkuub frock-coat
satiir satire
satiirik, satiirikirjanik satirist
satiiriline satiric(al)
satikas crab-louse (*pl.* -lice); (*sõimusõnana*) vermin
satraap satrap
sats set
sattuma (*mingisse olukorda*) fall*, get*, go*, fly*; (*osutuma*) find* oneself; (*juhuslikult leidma*) come* (*or* stumble) upon; (*tabama*) hit*; (*juhtuma*) happen; **hätta ~ fall*** (*or* get*) into trouble; **raevuhoogu ~ fly*** into passion; **võlgadesse ~ get*** (*or* run*, fall*) into debt(s), incur debts; **nad sattusid trellide taha** they found themselves behind bars; **kuidas te sattusite sellele mõttele?** how did you come (*or* stumble) upon this idea?; **kivi sattus aknasse** the stone (accidentally) hit a window; **sattusin tulema õigel ajal** I happened to come just in time
sattumisi as it happened, accidentally, furtuitously
sattumus accident, occurrence

satään(riie) sateen
sau [sana] staff; (kõvera otsaga karjuse ~) crook; (piiskopi~) crosier (or crozier)
sau [sane] (pure) clay; (pottsepasavi) argil; (valge portselani~) kaolin
saun (vapour) bath, bath-house, sauna; (sauniku majake) cot, cottage; **ta sai (hea) ~a** he got it hot
saunalava bath-house platform
saunamees bath-house attendant (man); van. ka = **saunik**
saunanaine bath-house attendant (woman)
saunaseep bath soap
saunik cottager, cottar, cotter
savann geogr. savanna(h)
savi clay, (~muld, liivaga segatud ~) loam; **~auk** clay-pit; **~ehitus** beaten cob construction
savikas clayey, (mulla kohta) loamy, tead. argillaceous
savikauss earthen bowl
saviliiv sandy loam
savimaa clay soil
savimuld loam, tead. argillaceous earth
savine clayey, loamy
savinõu earthen vessel; **~d** earthenware, crockery
savionn (loodusrahvastel) mud hut; (tambitud savist seintega) cobwalled cottage
savipott earthen pot
savipõrand earth floor, Am. mud floor
savitama cover (or smear) with clay
seade [seade] arrangement; adjustment
seade [seadme] installation, fitting, fixture; **seadmed** installations, fittings, fixtures, equipment
seadeldis set-up, plant, equipment; (lava~) setting
seadis (piece of) apparatus, appliance, device, gadget
seadlus jur. decree, ordinance, enactment
seadma set*, put*; arrange, dispose; adjust, regulate; **jalule ~** set* up, establish; **korda ~** put* in order; **sisse ~** install; **üles ~** set* up, fix up; (küsimust) raise, put*
seadmed vt. seade [seadme]
seadmestama equip
seadmestik equipment, apparatus
seadus law; act (of law), enactment; **~e ees** before the law, in the eyes of the law; **~e järgi** according to

(the) law, by (the) law; **~e nimel** in the name of (the) law
seadusandlik legislative
seadusandlus legislation
seaduseelnõu bill, draft law
seaduserikkuja law-breaker, violator of the law, offender
seaduserikkumine law-breaking, breach (or violation) of the law, offence (against the law)
seadusjõud jur. legal force
seaduslik lawful, legal, legitimate
seaduslikkus lawfulness, legality, legitimacy
seaduspärane legitimate, legal, lawful; (korrapärane) regular, law-governed
seaduspärasus legitimacy, legality, lawfulness; (korrapärasus) regularity, law-governed process
seadustama (seaduseks tegema) enact; (seaduspäraseks tegema) legalize, make* legal (or lawful); legitimatize (or legitimize, legitimate)
seadustik code (of laws), body of laws
seadusvastane illegal, unlawful, contrary to law, (keelatud) illicit
seafarm pig farm
seaharjas hog bristle
seahernes bot. meadow pea; (must ~, rand-~) beach pea
seakarjane, seakarjus swine-herd
seakasvatus pig-breeding, Am. hog-breeding
seal there, over there, yonder; **~ ja teal** here and there
sealaut (pig)sty
sealhulgas among this (or these)
sealiha pork, pig-meat
sealjuures (and) besides
sealne of that place
sealpool beyond
sealpoolne of (or from) over there, yonder; (vastaspoolne) opposite
sealsamas (even) there, in that (same) place, (viitena) ibidem; there and then
sealt from there, from that place, thence
sealtkaudu by that place
sealtpoolt from over there, from beyond, from that direction
sealtsamast from (even) there, from that (same) place
seanahk pigskin, Am. hog skin; **~a vedama, ~a venitama** kõnek. scrimshank, swing* the lead

seanss (*istung*) seance, sitting; (*teatrietendus*) show, performance
seanupp *bot.* fall dandelion
seapohl = **leesikas**
seapraad roast pork
seapõrsas = **põrsas**
searasv lard
seas among, amongst, amid, amidst; **meie ~** among us; **muu ~** among other things
seast from among; **võtke üks nende ~** take one from among these (*or* those)
seasulg (*tarandik*) pig-pen; (*laut*) pigsty
seatalitaja pig-tender
seatapmine pig-slaughtering, pig-butchering
seatapp *bot.* (greater) bindweed
seatemp' swinish trick, swinishness
seatina lead
seatubakas *bot.* hellebore
sebima (*kangast*) fold up, (*köit*) coil up; (*purjesid*) clew up, brail up
sebra *zool.* zebra
seda *vt.* see: **~ enam** all the more; **~ halvem (parem)** all the worse (better), so much the worse (better); **mida varem, ~ parem** the earlier, the better; **~ ja teist** one thing and another, odds and ends, snippets (of information), miscellanea
sedakorda this time
sedamaid instantly, immediately, straightway
sedamaidne instant, immediate
sedamoodi (in) this (*or* that) way, like this (*or* that)
sedamööda according (*or* corresponding) to this (*or* that); **~ kuidas** ... according to how
sedapidi this way
sedapuhku this time
sedasi = **sedaviisi**
sedastama = **nentima**
sedaviisi (in) this (*or* that) way, like this (*or* that)
sedavõrd to such a degree (*or* an extent), to this (*or* that) extent
sedel label, tag; (*papp~*) card, (*paberi~*) slip, (*kataloogis*) index card
sedeldama write* out (*or* register) on cards (*or* slips)
sedelgarihm ridge band
sedelgas (harness) saddle, back pad
sedelgavöö belly-band

sedelkataloog *bibl.* card index (*or* catalogue)
see this, (**~ seal**) that; (*ennemuintud asi*) it; **~ on** that is, (*teiste sõnadega*) that is to say; **selle oi this** (*or* that); **seda** this (*or* that); **need** these (*or* those)
seebihelbed soap flakes
seebijuur *farm., tehn.* soapwort root
seebikivi caustic soda
seebilill soapwort
seebimull soap-bubble
seebine soapy
seebipulber soap-powder
seebistama saponify, turn (*or* convert) into soap
seebistuma turn into soap, become* soap, be saponified
seebitama soap; (*habemeajamisel*) lather
seebivabrik soap-works
seebivaht lather; (*seebivahune vesi*) (soap-) suds
seebivesi (soap-)suds, soapy water
seebu *zool.* zebu
seede *füsiol.* digestion; **~elund** organ of digestion; **~häire** indigestion; **~kanal** alimentary canal, digestive tract; **~mahl** digestive juice
seeder cedar
seedima digest; *pilt.* (*sallima*) stomach, put* up with
seedimatu indigestible
seedimine = **seede**
seedimisrike = **seedehäire**
seeditav digestible
seeditavus digestibility
seeduma be digested (*or* digestible)
seeduv = **seeditav**
seeduvus = **seeditavus**
see-eest for it, in return, instead
seega thus, therefore, accordingly, consequently
seejuures at that, at the same time, in doing so, in so doing
seejärel (and) after taht, thereupon
seek *van.* = **vaestemaja**
seekans *mat.* secant, *lüh.* sec
seekord this time; this once, for once
seekordne of this time
seekõrval (and) besides, in addition
seelik skirt; **~ukütt** philanderer, ladies' man (*pl.* men)
seeläbi through that (*or* it), thereby, by this means, by that (*or* it)
seeme seed; *biol.* (*sperma*) sperm, semen

seemendama seed, (*külvama*) sow*; *biol.* inseminate, fertilize
seemendus seeding, (*külvamine*) sowing; *biol.* insemination, fertilization
seemik seedling
seemisnahk shammy(-leather), chamois(-leather)
seemneiva grain of seed
seemnekartul seed-potato (*pl.* -oes), potato set
seemnepung seed-bud
seemnerakk *biol.* spermatozoon (*pl.* -zoa)
seemnetera seed, pip, kernel
seemnetu seedless
seemnevili seed-corn
seemnis *bot.* achene, achenium (*pl.* -nia)
seen (*söödav* ~) mushroom; (*mittesöödav* ~) toadstool; *tead.* fungus (*pl.* -gi, -guses); (*suka*~) darningball, darner, **~el käima** mushroom, go* mushroom-gathering (or -picking), gather (or pick) mushrooms; **~ele minema** go* mushroom-gathering; (or -picking; **mine ~ele!** go to the devil!
seenbakter *biol.* mycobacterium (*pl.* -ria)
seenel, seenele *vt.* seen
seeneline mushroom-gatherer (or -picker), mushroomer
seenemürgi(s)tus mushroom (or toadstool) poisoning
seenetama be (or become*) covered with fungi (or mould, mildew); mould, mildew
seeneteadlane mycologist
seeneteadus mycology
seenetus mould, mildew
seenevihm (autumn) drizzle
seenhaigus fungus (or fungal) disease
seenior senior
seep soap
see'p: ~ **see on!** that's it!
seepeale upon it, afterwards
seepia *zool.* cuttle-fish; *kunst.* sepia
seepärast therefore, for that reason, that is why
seeria series (*pl.* series); **~kaupa** in series; **~tootmine** serial production; **~viisiline** serial, in series
seersant *sõj.* sergeant
seerum serum (*pl.* sera)
sees in, inside, within
seesam *bot.* sesame
seesama the same, selfsame
seesamiõli sesame oil

seesinane *van.* even this, this very
seesmine inner, inward, interior, internal
seesmiselt inwardly, internally; (*hingeliselt*) in the heart, *tuulek.* inly
seespidi inwards
seespidine inward, inner, internal; (*arstimi kohta*) for internal use
seespool inside
seespoolne inside
seest 1. *udv.* from within; **2.** *postp.* out of, from (within)
seestpoolt from inside, from within
seestütlev *lgv.* elative (case)
seesugune such, like this (or that), of this (or that) kind
seesütlev *lgv.* inessive (case)
seetõttu therefore, for that reason, on that account
seevastu on the other hand, however, but
segaabielu mixed marriage
segaarv *mat.* mixed number
segadus confusion, disorder; muddle, mess, tangle; medley, jumble, chaos; (*hämmeldus*) confusion, bewilderment, abashment; **~se sattuma** get* confused (or bewildered, abashed); **~se viima, ~se saatma** confuse, bewilder, abash
segakeel *lgv.* mixed language
segakool mixed school, co-educational school
segakoor mixed choir
segama 1. mix; (*ühtlaseks seguks*) blend; mingle; (*ringi liigutades*) stir; (*kaarte*) shuffle; **2.** (*sassi ajama*) mix up, confuse, disturb, derange; **3.** (*häirima*) trouble, disturb; (*kellegi asjadesse*) meddle, interfere (*in, with*); **ärge segage end minu asjadesse** don't meddle (or interfere) in (or with) my affairs, mind your own business; **vahele ~** (*jutusse*) cut* in, break* in, interrupt, *kõnek.* butt in; (*asjadesse*) interfere (*in, with*); **ära ~** mix up, confuse
segamatu unmixed; (*häirimatu*) undisturbed
segamets mixed forest (or stand)
segamini in confusion, mixed up, topsy-turvy
segane confused, muddled; (*ebaselge*) indistinct, obscure; (*vedeliku kohta*) troubled, turbid; **peast ~** cracked, crazy, dotty

segapuder hotch-potch, hodge-podge, medley
segarong mixed (goods-and-passenger) train
segasus confusedness, confusion; (*ebaselgus*) indistinctness, obscurity; (*vedeliku kohta*) turbidity
segasööt *põll.* mixed provender
segatis *põll.* mixed hay and oats (as provender)
segatoit mixed food
segatõug mixed (*or* mongrel) breed, cross-breed
segatõuline of mixed breed, (*koera kohta*) mongrel
segaverd of mixed blood, half-bred
segavereline 1. *adj.* of mixed blood; 2. *subst.* half-breed, half-caste
segavili mixed crop (of grain and legumes)
segavill blended wool
segi in confusion mixed up, topsy turvy; ~ **ajama** mix up, confuse; **kellegi pead** ~ **ajama** turn smb.'s head; ~ **minema** get* mixed up (*or* confused); ~ **paiskama** throw* into confusion
segima bustle, scurry
segisti *ehit.* mixer
segment segment
segu mixture; blend
segunema mix, blend, become* mixed (*or* blended)
seib (*ketas*) disk; (*tihendusliistak*) washer
seier *van.* = **osuti**
seif safe, strong-box
seigeos *bot.* zygospore
seigseened *bot.* zygomycetes
seiguma *biol.* conjugate
seigumine *biol.* conjugation
seik circumstance, matter, affair, state of affairs
seikleja adventurer, *fem.* adventuress
seiklema seek* adventures, have adventures
seiklus adventure; ~**himu** fondness for adventure(s), adventurousness; ~**himuline** fond of adventure(s), adventurous
seikluslik adventurous
seiklusrikas rich in adventures
seiklusromaan adventure novel, novel of adventure
seim *pol.*, *aj.* Diet
sein wall (*ka anat. ja piltl.*); (*vahe-* ~) partition; **peaga vastu** ~**a jooksma** *piltl.* run* one's head

against a (brick *or* stone) wall; ~**a äärde panema** put* (*or* stand*) up against a wall (*ka piltl.*)
seinakaart wall map
seinakalender wall calendar, sheet almanach
seinakapp (*sisseehitatud* ~) wall (*or* built-in) closet (*or* cupboard); (*seinal rippuv* ~) wall cabinet
seinakell wall clock
seinakontakt *el.* wall (*or* plug) socket, plug point
seinalamp wall lamp
seinaleht wall newspaper, wallboard news
seinalühter sconce
seinamaal *kunst.* mural (painting)
seinapalk wall beam
seinapeegel wall mirror; (*trümoo*) pier-glass
seinapidine *anat.* wall (*atrib.*), parietal
seinaplaat *ehit.* wall board
seinariiul wall shelf (*pl.* shelves)
seinatahvel (wall) blackboard
seinatühe niche, recess (in a wall)
seinavaip wall hanging(s), tapestry
seinaäärne 1. *adj.* wall (*atrib.*), running along (*or* standing up against) a wall; 2. *subst.* room (*or* space) along the wall
seinnoot *kal.* seine
seirama follow
seis [seisu] (*seismine*) stand, position; (*seisund*) state, condition; (*tase*) level; (*mõõduriistal*) reading; *sport.* (*punktide* ~) score
seis! (*käsklussõna*) stop!
seisak (short) stop, stoppage, halt; (*töös*) standstill; (*panetumine*) stagnation
seisang posture, pose, (body) attitude, stance
seisatama stop, halt, come* to a stop (*or* halt)
seisev standing; (*kasutamatu*) lying idle; (*paigalpüsiv*) stationary; ~ **raha** idle money
seiskama stop, bring* to a standstill, discontinue; (*ajutiseks*) suspend
seiskuma (*kauasest seismisest riknema*) stale, become* (*or* grow*) stale, (*panetuma*) stagnate
seisma stand*; (*mitte liikuma*) be at a standstill, stop; (*kauba kohta*) lie* unsold; (*jääma, püsima*) stay, remain; (*seisnema*) be, lie* (*in*), consist (*in*); **kellegi eest** ~ stand*

(or stick*) up for smb.; **uks ei seisa kinni** the door does not stay shut; **koos ~** stay together; (*millestki*) = **koosnema; meeles ~** remain in one's memory, be remembered; **vastu ~** be against, object (*to*); **~ jätma** stop, bring* to a stop (*or* standstill); **~ jääma** stop, come* to a stop; **~ panema** = **seiskama; milles asi seisab?** what is the matter?
seismapanek, seismapanemine stoppage, suspension
seismiline *geol.* seismic
seismograaf *geol.* seismograph
seisnema consist (*in*), lie* (*in*), be
seistama = **seiskama**
seisuaeg stopping time
seisukoht 1. (*teatris jms.*) standing place (*or* room); (*sõidukite jaoks*) stand, standing (*or* parking) place; 2. (*asukoht*) position, station; 3. (*arvamus*) position, stand (*milleski* — *on smth.*), point of view, standpoint; **~a võtma** take* one's stand (*on*)
seisukord condition, state; (*olukord*) situation; **heas seisukorras** in good condition, (*maja, masina jms. kohta ka*) in good repair
seisund condition, state; (*ühiskondlik ~*) status, standing
seisus estate, rank, (social) class, station (in life); **~evahe** class distinction
seisuslik class (*atrib.*)
seisuvesi standing (*or* stagnant, dead) water
seitse seven; **~aastak** . seven-year period, septennate
seitsekümmend seventy
seitsesada seven hundred
seitseteist(kümmend) seventeen
seitsmeaastane of seven years, seven years old; **S- sõda** the Seven Years' War
seitsmeklassiline: ~ kool seven-year (*or* seven-grade) school
seitsmekümnes seventieth
seitsmendik seventh
seitsmepenikoormasaapad *folkl.* seven-league boots
seitsmes seventh
seitsmeteistkümnes seventeenth
sekeldama fuss, bustle
sekeldus fuss, bother, trouble
sekka among, amongst; **~ lööma** join in, intervene

sekkalöömine joining in, intervention
sekkuma intervene (*in*), interfere (*with*) join (*or* take*) issue (*in*) ~kk. mine intervention (*in*), interference (*with*)
sekreet *füsiol.* secretion
sekreetne secret
sekretariaat secretariate
sekretoorne *füsiol.* secretory
sekretsioon *füsiol., min.* secretion
sekretär secretary
seks = **selleks; suu ~ tegema** *kõnek.* sweeten one's mouth
sekst *muus.* sixth
sekstant *astr., mer.* sextant
seksuaalne sexual
seksuaalsus sexuality
sekt I = **šampanja**
sekt II (*usulahk*) sect
sektant sectarian
sektantlik sectarian
sektantlus sectarianism
sektor sector (*ka mat.*); *pilfl. ka* branch, field
sektsioon section (*ka tehn.*); (*eriharu*) department; (*lahang*) dissection
sekund (aja-, nurga- ja kaaremõõdu ühik) second
sekund *muus.* second
sekundaarinfektsioon *med.* secondary infection
sekundaarmähis *el.* secondary (winding)
sekundaarne secondary
sekundant second (*ka sport.*)
sekundeerima second
sekundimõõtja stop-watch
sekundinäitaja, sekundiosuti second hand
sekvents *muus.* sequence
sekvester *jur.* sequestration
seleen *keem.* selenium
selekteerima select
selektiivne selective
selektiivsus selectivity
selektsionäär selectionist
selektsioon selection
seleniit *min.* selenite
selenograafia *astr.* selenography
seletama explain; (*tõlgendama*) interpret, expound; (*aru andma*) account for; **midagi pikalt-laialt ~** enlarge upon smth.; **mu silm ei seleta seda** my eye cannot make this out
seletamatu inexplicable, unaccountable
seletatav explicable

seletav explanatory; ~ **sõnaraamat** defining dictionary
seletuma be explained, be accounted for
seletus explanation; *(aruanne)* account; ~**kiri** explanatory letter, commentary *(millegi juurde — to smth.)*
selg back; *(raamatul)* back, backstrip, spine; **hobuse** ~**a istuma** mount a horse; **hobuse seljas istuma** sit* on horseback; **pead** ~**a ajama** throw* back one's head; **riideid** ~**a panema** put* on one's clothes; ~**a passima**, ~**a proovima** try on; **tal on pruun kuub seljas** he has a brown coat on; **ta võttis kuue seljast** he took his coat off; **jalgu** ~**a võtma** take* to one's heels, make* off; **ma seisan teie selja taga** I stand behind your back *(ka piltl.)*
selgapassimine, selgaproovimine trying on, try-on
selge clear; *(ilma kohta)* bright; *(mõistuse kohta)* lucid; *(kergesti tajutav)* distinct; *(läbipaistev)* limpid; *(ilmne)* evident; *(pilvitu, kirgas)* serene; ~**ks tegema** make* clear; **midagi kellelegi** *(täiesti)* ~**ks tegema** make* smth. (quite) clear *(or bring* smth home)* to smb.; ~**ks õppima** learn* thoroughly
selgejooneline clear-cut
selgelt = **selgesti**
selgeltnägemine clairvoyance, second sight
selgeltnägija clairvoyant
selgendama make* clearer *(or brighter)*
selgenema = **selgima**
selgesti clearly; *(kergesti tajutavalt)* distinctly
selgesõnaline explicit
selgima clear up, brighten up, become* clear *(or bright, limpid, lucid)*
selgitama make* clear, clear up, clarify, explain, elucidate
selgitus clarification, explanation, elucidation; ~**töö** explanatory work
selgmine *anat.* dorsal
selgroog backbone, spine, spinal *(or vertebral)* column
selgroogne *zool.* vertebrate
selgrookanal *anat.* spinal canal
selgroolüli vertebra *(pl. -rae)*
selgrootu invertebrate; *piltl.* spineless

selguma become* evident, appear, turn out, transpire; *(aegamööda* ~*)* dawn *(kellelegi — upon smb.)*
selgus clearness, clarity; *(ilma kohta)* brightness; *(mõistuse kohta)* lucidity; *(kergesti tajutavus)* distinctness; *(läbipaistvus)* limpidity; *(pilvitus, kirkus)* serenity
selgusetu unclear, not clear, obscure; *(segane)* vague, indistinct
selgusetus want of clarity, obscurity; *(segasus)* vagueness, indistinctness
selili on one's back; ~ **panema** = **seljatama**
seliliasend *sport.* lying (flat) on the back
seliliujumine *sport.* backstroke (swimming)
selitama clarify, refine, purge
seliti = **selili**
seljaaju *anat.* spinal cord *(or marrow)*; ~**kuive** *med.* (dorsal) tabes; ~**närv** *anat.* spinal nerve; ~**pehmumus** *med.* myelomalacia; ~**põletik** *med.* myelitis; ~**vedelik** *anat.* spinal fluid
seljak ridge
seljakeelik *zool.* notochord, dorsal chord
seljakil, seljakile = **selili**
seljakott knapsack, rucksack, *(sõdurill)* kitbag
seljakuti back to back
seljali = **selili**
seljandik = **seljak**
seljanka *kok. (supp)* thick (Russian) soup; *(kala- ning kapsaroog)* sturgeon and stewed cabbage
seljapool back (side)
seljas, seljast *vt.* **selg**
seljataga behind one's back; see **aeg on** ~ this time has passed
seljatagant from the rear, from behind, insidiously
seljatagune back, rear
seljataha back, behind; ~ **jätma** leave* *(smb., smth.)* behind
seljatama *sport.* put* *(or* throw**)* on the back, pin to the floor
seljatugi back; *piltl.* backing, support
seljatäis load for one's back, bundle, *(hagu)* fag(g)ot, *(heinu)* truss
seljatükk *(liha)* chine
seljauim *zool.* dorsal fin
seljavalu pain in the back, *(kestev* ~*)* backache
sell *(käsitööline)* journeyman *(pl.*

-men); (ärimüüja) shop-assistant, Am. clerk
sellal at that time; ~ kui at the time when, while, whilst
selle vt. see
selleaegne of that time, of those times
selle-eest = see-eest
sellegipärast nevertheless, all the same
selleks: ~ et konj. in order to, so as to, to; ma tulin, ~ et sind aidata I came to help you
sellenimeline of that name
sellepärast = seepärast
seller bot. celery
sellesarnane like this (or that); ja muud sellesarnast and the like
selletaoline like this (or that), of this (or that) kind; midagi selletaolist something of that nature (or kind)
selline such, of this (or that) kind
selters seltzer (water)
selts society; company (ka maj.); biol. order; õpetatud ~ learned society; kellelegi ~iks olema bear* smb. company; lähme ~is let's go in company (or together); tulge meie ~i join our company, join us
seltsiline companion
seltsima join, associate, be sociable
seltsimaja van. = rahvamaja
seltsimatu unsociable
seltsimatus unsociableness, unsociability
seltsimes comrade; (nime ees) Comrade
seltsimehelik comradely; ~ kohus Comradely Court
seltsimehelikkus comradeship
seltsing maj. company; biol. colony
seltsis vt. selts
seltsiv sociable
seltsivus sociableness, sociability
seltskond society; (külaliskond) company, party
seltskondlik social, of society; (seltsiv) sociable
seltskonnaelu society (or social) life; ~st osa võtma take* part in social activities, mix in (or go* into) society
seltskonnainimene sociable person, good mixer
seltskonnamäng party game, drawing-room (or round) game, parlour game

seltskonnategelane (distinguished) social personality
semafor semaphore
semantika lgv. semantics
semester term, Am. semester
semiidi Semitic
semiit Semite
semikoolon semicolon
seminar (õppetöö vorm) seminar; (õppeasutus) seminary; õpetajate ~ training-college
seminarist seminarian, seminarist
seminaritöö ped. seminar paper (or essay)
semu pal, fellow, Am. buddy
senaator senator
senat senate
seni (senini) so far, up till now, up to now; as yet, hitherto; (vahepeal) meanwhile, meantime; ~ kui as (or so) long as, while
seniajani up to the present; (vahepeal) in the meanwhile (or meantime)
seniit astr. zenith; ~kahur sõj. = õhukaitsekahur
senikaua meanwhile, in the meantime
seniks up to then, for the time being
senikuulmatu unheard of
senine hitherto existing, previous
senini so far, up till now, up to now, hitherto
seninägematu unwitnessed, unprecedented
senitundmatu unknown, unprecedented
senjöör aj. seigneur (or seignior)
sensatsioon sensation, excitement
sensatsiooniline sensational
sensibiliseerima fot., med. sensitivize
sensiibel sensitive, sentient
sensitiivne sensitive
sensoorne füsiol., psühh. sensory
sensuaalne sensual
sent cent
sentents maxim, saw, haruld. sentence
sentigramm centigram(me)
sentimeeter centimetre
sentimentaalne sentimental
sentimentaalsus sentimentality
seondama bind*, connect
seonduma be bound (or connected)
seong bond, connexion (or connection); sport. connection; lgv. liaison
seos connexion (or connection); tead. nexus; ~es (millegagi, kellegagi) in connexion with (smth., smb.);

selles ~es in this (*or* that) connexion
seosetu disconnected
seostama connect, associate, join
seostamatu unconnected
seostuma be connected, be associated
seotis *ehit.* joining, joint
seotud bound, tied; ~ **kõne** verse, poetry
seotus connectedness, connexion (*or* connection)
sepahaamer forge hammer, (*suur* ~) sledge(-hammer)
sepalõõts (blacksmith's) bellows
sepapaja = **sepikoda**
separaat *trük.* separate, off-print, *Am. ka* reprint
separeerima separate
separaator separator
separaatrahu separate peace
separaud soft iron
separeerima separate
sepatöö smithing, smithery; forging
sepavasar = **sepahaamer**
sepik (coarse) wheat bread
sepikoda smithy, forge; (*hobuserautamiseks*) farriery
sepis (*sepatöö*) smithing, forging, (*taotud ese*) wrought-iron object
sepistama forge, smith, work in iron, *piltl.* forge, shape
sepistatav malleable
sepitsema forge, plot, intrigue
sepitsus forging, plotting, intriguing; plot, intrigue, scheme
sepp smith, blacksmith; **oma õnne** ~ the architect of one's fortunes
september, septembrikuu (the month of) September
serbia Serbian
serblane Serbian, Serb
serenaad serenade
serpentiin 1. *min.* serpentine; 2. (*paberlint*) paper streamer (*or* chain), ticker-tape
serž = **sarž**
serv [serva] edge
serv [servi] *sport.* serve, service
servakil edgewise
servama (*kantima*) edge; (*laudu*) square
serveerima serve, serve up
servi = **serviti**
serviis service, set
servija *sport.* server
servima *sport.* serve
servimine *sport.* serving, service
servis (*ääris*) edge, edging, border

servistama edge, border
serviti edgewise
servomootor *tehn.* servomotor, actuating motor
sesoon season; **~ikatarr** *med.* seasonal catarrh; **~ipilet** season ticket, *Am.* commutation ticket
sesoonne seasonal
sessioon session, sitting
sest *konj.* for; ~ **et** because, since, for
sestsaadik since then, since that time, since
sete deposit, deposition, sediment; *füsiol.* sedimentation
sett *sport.* set
settekivim *geol.* sedimentary rock
setteline sedimentary
setter setter
settima be deposited, fall* out
setu 1. *subst.* (*Petserimaa eestlane*) Setu; (*räbalakaupmees*) ragman (*pl.* -men), rag-and-bone man, *Am.* junk-man; (*kausi* ~) (earthenware) pedlar; 2. *adj.* Setu
setukas jade, crock, worn-out hack
sfagnum = **turbasammal**
sfinks sphinx
sfäär sphere
sfääriline spherical
sibama scurry, scud
sibelema kick one's legs, fidget (with one's legs)
siberi Siberian
siberlane Siberian
sibi nightman (*pl.* -men)
siblima scratch (the ground); scrape
sibul onion; (*mugul*) bulb; **~aklops** steak and onions; **~alauk, ~apealsed** onion tops; **~taim** *bot.* bulbous plant
side [sideme] band, bond, tie, tie-up, connexion (*or* connection); (*köidis*) bandage, sling; (*haava* ~) dressing; *anat.* ligament; *lgv.* = **köide** [köitme]
side [side] communication, (*vastastikune* ~) intercommunication; *sõj.* liaison, contact
sideagentuur postal agency, post office
sideaine binder, binding agent, cement
sidekest (*silmal*) conjunctiva
sidekontor post office
sidekriips hyphen
sidekude *anat.* connective tissue
sidelane = **sidetöötaja**

sidestama connect, tie, associate; *el.* couple
sidesõna *lgv.* conjunction, connective
sideteenistus communication(s) service, (*er.*) postal service; *sõj.* signal service, *Am.* communication service
sidetöötaja communication(s) worker, (*er.*) postal worker
sidin twitter
sidistama twitter
sidrun lemon; ~hape citric acid; ~imahl lemon juice
siduma bind* (up), tie (up); (*seostama*) link, connect; (*kinnitama*) attach, fasten (*millegi külge — to smth.*), (*nööri v. rihmaga*) lash (down); (*haava*) bandage, dress; **ennast** ~ *piltl.* commit oneself
sidumismaterjal binding material; *med.* dressing material
sidumisnöör twine, string, (grocery) cord
sidumispunkt *sõj.* dressing station
sidur *tehn.* coupler, clutch
sidurdama *tehn.* couple, clutch
sidus [sidusa] connected, coherent
sidusus connectedness, coherence, coherency
siduv binding (*ka piltl.*), tying; (*seostav*) connecting; ~ **asesõna** *lgv.* relative pronoun
sifoon siphon
siga pig, *Am.* hog, *piltl. ka* swine (*pl.* swine); **end seaks jooma** drink* oneself to bestiality
sigadus swinishness, swinish (*or* dirty) trick; beastliness
sigala pigsty, piggery, pig-pen
sigar cigar
sigaret cigarette
sigarillo small cigar, whiff, *haruld.* cigarillo (*pl.* -os)
sigaritoos cigar-case
sigatsema behave swinishly
sigidik issue, offspring, brood
sigilik prolific, fertile, fecund
sigima propagate, breed*, multiply, increase
sigimatu infertile, barren, sterile
sigimatus intertility, barrenness, sterility
sigimik *bot.* ovary
sigimine propagation, breeding, generation, reproduction
sigimiselund, sigimisorgan *biol.* generative organ, organ of reproduction

sigimisvõime *biol.* generative faculty, reproductiveness
sigindama beget*, breed*, produce; (*esile kutsuma*) evoke
siginema breed*, multiply; (*tekkima*) arise*, appear; (*juurde tulema*) accrue
sigitama beget*, engender; generate, procreate, breed*
sigiti *zool.* generative organ
sigitis brood, offspring
sigitus begetting, engendering; generation, procreation
sigivus fertility, generative faculty; (*sigilikkus*) prolificacy, fecundity
signaal signal; ~**tuled** traffic lights
signalisatsioon signalling
signaliseerima signal
signalist signaller, signal-man (*pl.* -men)
sigrimigri hotchpotch (*or* hodgepodge), medley
sigudik young pig, porker
sigur chicory
sihik (hind) sight
sihikindel sure of one's aim; purposeful
sihikindlus purposefulness, fixity (*or* firmness) of purpose
sihilik intentional, deliberate
sihilikult intentionally, deliberately, purposely, on purpose
sihiline *lgv.* transitive
sihisema whistle, hiss
sihitama (*saadetist*) direct, address; *sõj.* (*sihile suunama*) lay* (an aim)
sihitav *lgv.* accusative (case)
sihiteadlik purposeful, clear of one's purpose
sihitis *lgv.* object
sihitu aimless, purposeless; *lgv.* intransitive
sihitus aimlessness, purposelessness
siht (*püsiv sirge tee*) straight path; *mets.* forest vista, straight opening; (*suund*) direction; (*eesmärk*) aim, objective
sihtasutus *aj.* foundation, establishment
sihtima aim (*ka piltl.*), take* aim, level (*millegi pihta — at smth.*); (*suunama*) direct (*at*)
sihtjaam (station of) destination
sihtjoon (*sihtimisel*) aiming line; *piltl.* guiding (*or* leading) line (*or* principle)

sihtkapital *aj.* foundation, special fund
sihtkoht (place of) destination
sihtur *sõj.* (gun) layer
sihuke(ne) *kõnek.* such
sihvakas slender, slim
sihvakus slenderness, slimness
siia here, to this place, hither
siiakala = siig
siiamaale, siiamaani = siiani
siiami Siamese
siiani (*ruumiliselt*) up to here, up to this place, (*ajaliselt*) so far, up till now, up to now
siia-sinna here and there, hither and thither
siiber (*ahjul*) damper, chimney flap; *tehn.* slide(-valve), slider
siiberdama *kõnek.* (*laaberdades tantsima*) shove, shift; (*hangeldama*) profiteer job
siid silk; ~**ikasvatus** silkworm breeding; ~**iliblikas** silk-moth, *tead.* bombyx
siidine silken, silky
siidisaba *zool.* waxwing
siidiuss silkworm
siidivend *kõnek.* loafer, (lazy) lounger
siidjas silky
siidkleit silk dress
siidne silk (*atrib.*), silken
siidpaber tissue-paper
siidpehme soft as silk, silky
siidriie silk stuff
siidsukk silk stocking
siidvooder silk lining
siig marena, (common) whitefish, *Am.* cisco (*pl.* -oes, -os); (*meri~*) lavaret
siil [siili] hedgehog
siil [siilu] (*rõival.*) gusset, gore; (*põllu~*) strip, gore, wedge (of land)
siilaktiib *zool.* hairstreak butterfly
siilik *zool.* sea-urchin
siin here, in this place; ~ **ja seal** here and there
siinjuures at this, on this occasion; (*kirjas lisana*) enclosed, herewith
siinkohal here, at this place
siinne of this place, local
siinolek presence (here)
siinpool 1. on this side; ~ **jõge** on this side (of) the river; 2. (*siin kandis*) in these parts
siinsamas (here) on the spot
siin-seal here and there

siinus *mat.* sine; *anat.* sinus
siiralt sincerely, candidly, frankly
siirameelne, siiras sincere, candid, frank
siira-viira zigzag
siirdehäälik *lgv.* glide(-sound)
siirdeline transitional
siirdeviit *trük.* catchword
siirdistutama *biol., med.* transplant
siirdistutus *biol., med.* transplantation
siirdniristama *med.* transfuse
siirdniristus *med.* transfusion
siirduma (*suunduma, minema*) proceed (*to*), betake* oneself (*to*), move (*to*), make* one's way (*to*); (*üle kanduma*) be transferred, be transplanted
siire (*ülekanne*) transfer, transference; *med.* metastasis (*pl.* -ases); (*üleminek*) transition, passing on (*to*)
siirma transfer, pass on (*to*)
siirup syrup, (*suhkru~*) treacle, molasses
siirupine syrupy, syruped, covered with syrup
siirupjas syrupy, syrup-like
siirus sincerity, candor, frankness
siiruviiruline (cross-)streaky, (wavily) striped
siis then; (*tundetoonilise partiklina jääb sageli tõlkimata*); **on ta ~ tõesti haige?** is he really ill (,then)?; **miks ~ mitte?** why not?
siisik (*viini vorst*) frankfurter, *Am.* wiener, wienie
siisike(ne) *zool.* siskin
siiski still, at the same, nevertheless; but yet, and yet; (*ikkagi*) after all
siit from here, hence
siitkandimees = **siitnurgamees**
siitkaudu this way, from here
siitnurgamees man (*pl.* men) of these parts
siitpeale from this time on, henceforth, henceforward
siitpoolt from these quarters, from here
siitsaadik up to here, up to this place
siitsamast from this same place, from here
siivsus (*puhtus*) cleanness, tidiness; (*kombekus*) decency, decorum
siivus [siivsa] (*puhas*) clean, tidy; (*kombekas*) decent, decorous
siivutu (*ebapuhas*) unclean, dirty; (*ebakombekas*) indecent, indecorous

siivutus (*ebapuhtus*) uncleanness, dirtiness; (*ebakombekus*) indecency, indecorum
sikatiiv *tehn.* siccative
sikatuur *van.* = krohv
sikk he-goat, billy goat; (*isane metskits*) buck
siksak zigzag
siksakiline zigzag
sikuhüppemäng leapfrog
sikupill = torupill
sikusarv *etn.* buck-horn (trumpet)
sikutama tug, pull (*millestki* — *at smth.*)
sikutus tug, pull
silbitama syllabize, divide into syllables
silbitus syllabi(fi)cation
sild bridge; (*maabumis*~, *sadama*~) pier, jetty, quay, *peam. Am.* dock
sildama *ehit.* bridge (over)
sildeava *ehit.* bridge span
sildimaalija sign-painter
sildkraana *tehn.* bridge-crane
sildlülitus *el.* bridge connection
sildsisalik *zool.* tuatara
silduma moor (*to*), draw* alongside the quay (*or* pier, jetty), *peam. Am.* dock
sile smooth, (*juuste kohta*) sleek, lank; (*tasane*) even
siledus smoothness, sleekness; (*tasasus*) evenness
sileerima ensile, ensilage
silekalju *geol.* dressed (*or* sheep-back) rock
silelihas *anat.* smooth (*or* nonstriated) muscle
silendama smooth (up), sleek; (*tasandama*) even, make* even
silenema smooth (down), become* smooth(er)
siliitsium = räni
silikaat (*ränihappe sool*) silicate; ~kivi, ~tellis sand-lime brick, silica brick
silikageel *tehn.* silica gel
silikaltsiit *ehit.* silicalcite
silikoos *med.* silicosis
silinder *mat.* cylinder; *tehn.* drum, barrel; (*lambiklaas*) lamp-chimney; (*torukübar*) top-hat, silk hat
silindriline cylindrical
silitama 1. (*paitama*) stroke, rub gently (with the hand); 2. = silendama
silitus (caressing) stroke
silk (salted) Baltic (dwarf) herring;

nagu silgud tünnis (packed) like sardines
sillakaar arch (of a bridge), (bridge) span
sillapea *sõj.* bridgehead
sillaraha *aj.* bridge-toll
sillasammas pier (of a bridge)
sillerdama 1. (*siristama*) warble, twitter; 2. (*helklema*) be iridescent, shine* in iridescent colours
sillus *ehit.* lintel
sillutama pave; (*kivikillustikuga*) metal
sillutis pavement
sillutus paving; ~kivi paving-stone
silm [silma] eye (*ka pilU.*); (*kudumisel*) stitch, loop; (*võrgu*~) mesh; (*taimel.*) eye, bud; (*mängukaardil, täringul jms.*) pip, spot; (*arvestusühikuna kaardimängus*) point; (*pudrus*) well; ~ ~a vastu face to face; ~ ~a vastu seadma confront (*with*); ta pigistas selle peale (ühe) ~a kinni he turned a blind eye to it; kahe ~a vahele jätma overlook, ignore; nelja ~a all in private, in confidence; ma ei saanud ~agi kinni I didn't sleep a wink; ~a paistma be prominent (*or* conspicuous); ~a puutuma catch* (*or* draw*) the eye; ~a torkama strike* the eye, be (strikingly) conspicuous; tõsiasjadele ~a vaatama look the facts in the eye, face up to (*or* envisage) the facts; ~as pidama keep* an eye (*on*), keep* in view, observe; have (*or* bear*) in mind, take* into consideration; ~ast laskma, ~ist laskma lose* sight (*of*); ~i tegema make* sheep's eyes (*at*), cast* amorous glances (*at*); kasi mu ~ist! get out of my sight!
silm [silmu] lamprey
silmaarst eye-specialist, oculist
silmaava *anat.* pupil
silmahaigus eye-disease
silmahammas eyetooth (*pl.* -teeth), canine (tooth)
silmahimu lust of the eye
silmakirjaks: ~ tegema do for outward show, do for the sake of appearances, dissemble
silmakirjalik hypocritical, dissembling
silmakirjalikkus hypocrisy
silmakirjateener hypocrite, (canting) humbug
silmakirjatsema play the hypocrite, dissemble

22 J. Silvet

silmakivi = vasevitriol
silmaklapp (*hobusel*) blinker, *Am.* blinder
silmakliinik eye-hospital, ophthalmic hospital
silmakoobas socket (of the eye), eye-pit, *tead.* orbit
silmakulm eyebrow, *tead.* supercilium (*pl.* -ia)
silmalaug eyelid, *tead.* palpebra (*pl.* -rae)
silmalääts *anat.* lens of the eye, crystalline lens; (*optilisel riistal*) eye-piece
silmama catch* sight (*of*), see*, perceive, espy, descry
silmamarjad *med.* trachoma
silmamoondaja juggler, prestidigitator, illusionist
silmamoondus juggling-trick, jugglery, prestidigitation
silmamuna eyeball, globe of the eye
silmamõõt measure by the eye, estimation by sight, visual judg(e)ment
silmanägemine eyesight, sight, vision
silmanähtav evident, manifest, obvious, unmistakable; (*märgatav*) noticeable
silmanähtavalt evidently, manifestly, obviously, unmistakably; (*märgatavalt*) noticeably
silmanärv *anat.* optic (*or* ophthalmic) nerve
silmaotsaski: ma ei salli teda ~ I cannot stand the sight of him
silmapaar (pair of) eyes; **~i vahele jätma** overlook
silmapaistev outstanding, prominent, conspicuous, eminent, noted, notable, pronounced
silmapaistvus prominence, eminence, notability
silmapesukauss wash-basin (*Am.* -bowl)
silmapete (optical) illusion; (*trikk*) slight of hand, legerdemain
silmapiir horizon, skyline; (*vaatepiir*) range of sight (*or* vision)
silmapilk 1. *subst.* moment, instant; 2. *adv.* in a moment, in an instant, in no time, in a jiffy
silmapilkne instantaneous; (*hetkeline*) momentary
silmapilkselt in an instant, instantaneously, in a moment
silmapõletik *med.* inflammation of the eye(s), ophthalmia

silmaring horizon, *piltl.* ka mental outlook
silmaripse eyelash
silmarohi (*arstim*) medicine for the eyes; *bot.* eye-bright, euphrasy
silmarõõm feast for (*or* treat to) the eyes, delightful sight, *kõnek.* sight for sore eyes
silmaspidamine observation, observance
silmastama *aiand.* bud, inoculate, graft by inoculation
silmastamine *aiand.* budding, inoculation
silmatera (*silmaava*) pupil; (*lemmik*) apple of one's eye, pet, darling; **hoidma nagu** ~ **cherish as the apple of one's eye**
silmatilgad eye drops
silmatorkav conspicuous, striking (the eye), salient; (*edvistav*) showy, glaring
silmavalge white of the eye, *tead.* sclerotic, sclera
silmavalgus (*valgustus*) light; (*nägemisvõime*) eyesight
silmavesi (*pisarad*) tears; (*silma loputuseks*) eye-lotion
silmili (down) on one's face, face downwards, prone
silmipimestav. dazzling
silmistama = **silmastama**
silmitsema eye, gaze (*at*)
silmitu eyeless
silmkude *tekst.* = **silmuskude**
silmlaik (*liblika tiival*) eye
silmnägu face, countenance
silmside *sõj.* sight contact
silmus (*aas*) loop; (*jooksev sõlm*) slip-knot; (*poomiseks*) noose; (*püünis*) snare (*silmuskoel*) stitch, loop
silmuskoe-ese *tekst.* piece of knitwear; **~med** knitwear
silmuskude *tekst.* knitting
silmustama loop
silo (*vilja v. hapendatava toorsööda säilitamise koht*) silo (*pl.* -os); (*~sööt*) ensilage, silage; **~auk** silage pit; **~kultuur** silage (*or* ensilage) crop; **~torn** silage tower, silo (*pl.* -os)
silp syllable; **~mõistatus** charade
silt (*poe~*) sign(board); (*ukse~*) door-plate; (*pudeli~*) label, ticket, *Am.* sticker
siluett silhouette
siluma smooth (down), (*juukseid*) sleek down; (*lihvima*) polish

silur *geol.* Silurian
sima (*liimerdav vedelik*) gluey liquid, mucilage; (*magus taimemahl*) sweet juice
simbel *muus.* cymbal
simman village party, dancing party
simss ledge, cornice, (*seina~*) moulding; (*kamina~*) mantelpiece
simulant, simuleerija simulator; *sõj.* malingerer
simuleerima simulate, feign, sham; *sõj.* malinger
simuleerimine simulation, feigning, shamming, *sõj.* malingering, malingery
simultaan(mäng) simultaneous play (*or* game)
simultaanne simultaneous
sina (*sa*) you (*objektikääne* you); *van. ja luulek.* thou (*objektikääne* thee)
sina (*taeva~*) the blue, azure
sinakas bluish
sinama show* (*or* shine*) blue
sinasõber friend addressed with 'thou', intimate friend
sinatama thou, call (*smb.*) 'thou', use the familar form of address (*to*), be on thee-and-thou terms (*with*)
sindel shingle; **~katus** shingle roof
sinder *kõnek.* blighter, rotter
sindlinael shingle nail
sindrinahk = **sinder**
sine blue, blu(e)ing
sinekuur sinecure
sinel (military) greatcoat, soldier's coat
sinep mustard; **~igaas** mustard gas; **~iplaaster** mustard plaster; **~itoos** mustard pot; **~iõli** mustard oil
sinerõigas *bot.* woad
sinetama 1. (*pesu*) blue; 2. = **sinama**
singalees Sinhalese (*pl.* Sinhalese)
singaleesi Sinhalese
singas *bot.* coleoptile
singilõik slice of ham
singivõileib bread-and-butter with ham, (*kaksikvõileib*) ham sandwich
singulaarne *lgv.* singular
singular *lgv.* singular
sinihabe Bluebeard (*ka piltl.*)
sinihall bluish grey (*or* gray)
sinihape *keem. van.* prussic acid
sinikaelpart *zool.* mallard, wild duck
sinikas blueberry, bog whortleberry, great (*or* bog) bilberry, *Am.* huckleberry
sinikus *med.* cyanosis

siniliilia *bot.* squill
sinilill (*siniülane*) blue anemone; (*kannike*) violet
sinilind bluebird
sinine blue; **~ leht** sick-leave certificate; **sinisel lehel olema** be on sick-leave
sinirebane arctic (*or* ice, blue) fox
sinisavi *geol.* blue clay
sinisilm blue eye; (*sinisilmne isik*) blue-eyed person
sinisilmaline, sinisilmne blue-eyed
sinisus blueness
sink ham; (*terve kintsutükina*) gammon
sinkjas = **sinakas**
sinna there, to that place, thither; **~ ja tagasi** there and back; **~ ja tänna** = **sinna-tänna**
sinnamaale, sinnamaani (*ruumiliselt*) up to there, up to that place; (*ajaliselt*) up to then
sinnapaika: **~ jätma** leave* there (*or* on the spot)
sinnapoole in that direction, there; **mitte ~gi** nothing of the kind
sinnasamasse to (*or* in) that same place
sinnasõit going (*or* driving, sailing, etc.) there, journey (*or* way) out
sinna-tänna here and there, hither and thither, to and fro, up and down
sinod *kirikl.* synod
sinu your (*atrib.*), yours (*substantiivselt*); *van. ja luulek.* thy (*atrib.*), thine (*substantiivselt*); **~sugune** one like you, the like of you, such as you
sionism *pol.* Zionism
sipelgakaru *zool.* ant-eater, ant-bear
sipelgakiil *zool.* ant lion
sipelgapesa ant-hill
sipelgapiiritus *farm.* formic spirit, spirit of ants
sipelgas ant
sipelgasiil *zool.* echidna
sipelghape *keem.* formic acid
siplema flounder, kick (with legs), fidget
siputama kick (with legs)
sira twinkling, scintillation
sirakas (*hoop*) whack, blow
sirakil = **siruli**
sirama twinkle, scintillate
sireen siren
sirel lilac
sirelane *zool.* syrphus fly
sirelililla lilac-purple, lilac-mauve

sirelioks (*lehtede ning õitega*) spray of lilac
sirelipõõsas lilac bush
sirendama glitter, flicker, sparkle
sirevil = **sirukil**
sirge 1. *adj.* straight; (*püstine*) upright; **2.** *subst.* = **sirgjoon**
sirgeldama make* (random) lines, scrawl, scribble
sirgelt straight; (*püsti*) upright
sirgendama straighten, make* more straight
sirgenema straighten, become* more straight
sirgestama straighten (out), make* straight
sirgesti = **sirgelt**
sirgjoon straight line (*ka mat.*)
sirgjooneline rectilinear, rectilineal; *pilti.* straightforward
sirglõik *mat.* finite straight line
sirgu straight, upright; ∼ **ajama** straighten up; **end** ∼ **ajama** straighten oneself up, stand* erect
sirguke(ne) *murd.* = **linnuke(ne)**
sirguma (*kasvama*) grow* up; (*sirgeks muutuma*) straighten (up)
sirgus straightness
sirin chirp, chirr
sirisema chirp, chirr; (*vulisema*) purl, ripple
siristama chirp, chirr
sirk *murd.* = **lind**
sirkel (pair of) compasses; (*mööte*∼) dividers
sirklikarp box of compasses, case of drawing instruments
sirm (*voodivari jms.*) screen; (*vihmavari*) umbrella; (*mütsinokk*) peak
sirmik *bot.* parasol mushroom
siroko *meteor.* sirocco
sirp sickle, reaping-hook; ∼ **ja vasar** sickle and hammer
sirpjas sickle-shaped, crescent(-shaped)
sirts I *zool.* grouse locust
sirts II (*piima, vett*) squirt, spurt
sirtsama make* a squirt (*or* spurt)
sirtsuma chirp, make* chirps
sirtsutama squirt, spurt, make* (repeated) squirts (*or* spurts)
sirukil, siruli stretched out (at full length), sprawling
sirutama stretch (out), reach (out), extend; (*kätt* ∼) hold* out; (*laiali* ∼) spread* out
sirutuma stretch oneself, stretch (out), be extended, be held out, be spread out, extend

sirutus stretch, reach, extension, spread
siruulatus spread, span
sirvilauad *etn.* (ancient Estonian) runic calendar
sirvima turn over, leaf (over), thumb, glance over, peruse cursorily
sisaldama contain, hold*, comprise, include
sisaldis content(s), the amount contained
sisalduma be contained (*or* comprised, included)
sisaldus containing, being contained
sisalik lizard
sisask *murd.* = **ööbik**
siseantenn *el.* indoor aerial (*or* antenna)
sisearetus põll. inbreeding
sisearhitekt interior decorator
siseasjad internal (*or* home) affairs, domestic matters (*or* affairs)
siseelu inner (*or* inward) life
siseelund internal organ
sisehaigus internal disease; ∼**te arst** internist
siseheitlus inner struggle
sisekaubandus home (*or* inland) trade
sisekord (standing, routine) regulations
sisekumm (*autol, jalgrattal jms.*) inner tube
sisekõrv *anat.* internal ear, labyrinth; ∼**apõletik** *med.* inflammation of the internal ear, labyrinthitis
sisekülg inner side, inside
siselaen internal loan
sisemaa inland, interior; (*kodumaa*) home (*or* native) country
sisemaailm inner world (*or* life)
sisemaalane inlander
sisemaine inland (*atrib.*)
sisemeri inland sea
sisemik interior
sisemine inner, interior, inside, inward, internal; (*seesmiselt omane*) intrinsic, inherent
siseministeerium Ministry of Internal Affairs, (*Inglismaal*) Home Office, *Am.* State Department
siseminister Minister for Internal Affairs, (*Inglismaal*) Home Secretary, *Am.* Secretary of the Interior
sisemus interior, inside
sisendama suggest, put* into (*smb.'s*) head; inspire; (*vähehaaval*) instil(l); **hirmu** ∼ inspire terror, strike* terror (*into*)

sisendus suggestion, inspiration
sisenema enter, go* in; (*tungima*) penetrate (*into*)
sisenurk *mat.* interior (*or* internal) angle
sisenõristus *füsiol.* internal secretion; **~nääre** *anat.* gland of internal secretion
sisepoliitika internal (*or* home) policy
sisepõlemismootor *tehn.* internal-combustion engine
siseriim *kirj.* internal rhyme
siseruum interior (room)
sisesekretsioon = sisenõristus
sisestama introduce, insert; instil(l), inculcate
sisetasku inner pocket
sisetreening *sport.* indoor training
sisetreimine *tehn.* boring
sisetunne innner feeling, (*südametunnistus*) conscience
siseturg *maj.* home market
siseuks inner door
sisevaade interior view
siseveed inland waters
sisihäälik *lgv.* sibilant, hissing sound
sisikond bowels, entrails, intestines, viscera, *kõnek.* inwards (*or* innards)
sisim inmost, innermost, (most) intimate; **tunnen oma ~as l feel** in my innermost soul (*or* in my heart of hearts, deepest down in my heart)
sisin fizz, hiss, sizzle, sibilation
sisisema, sisistama fizz, hiss, sizzle, sibilate
siss *aj.* (*partisan feodaalajal*) gue(r)- rilla (fighter); (*sõjaaegne riisuja*) marauder
sisse 1. *postp.* into, in; **taguge post sügavale maa ~ ram** the post deep into the ground; **2.** *adv.* in, inside; **kutsuge oma sõber ~ call** (*or* invite) your friend in (*or* inside); **~!** (*vastuseks koputusele*) come in!; **~ andma** (*avaldust jms.*) hand in, present, submit, *Am.* file; (*arstimit*) administer; **~ astuma** step (*or* walk, drop) in, enter; **~ elama** (*millessegi*) get* into the spirit of, (*kellessegi*) project oneself into the mind of, feel* with; **~ hingama** inhale; **~ juhatama** lead* in, usher in, introduce; **~ kandma** carry in; enter (*in*), make* an entry (*of*), register; **~ keetma** preserve, bottle, tin, can; **~ kirju-**

tama write* in, put* down, enter (*in*), (*hotellis*) sign in, register; **~ kukkuma** fall* in, (*kokku varisema*) collapse; (*mingi teoga*) get* into a fix, be caught; (*petetud saama*) be taken in; **~ kündma** plough in (*or* under); **~ murdma** break* in, (*majja*) break* into, *kõnek.* (*varguseks*) burgle; **~ mängima** (*heliplaadile*) play in; (*mänguriista*) get* into playing order (by practising); *teatr., sport.* find* one's touch, get* into full swing; **~ nõudma** (*võlga jms.*) call in, exact, collect; **~ ostma** buy* in, purchase, lay* a stock (*of*); **~ pakkima** pack up, (*paberisse*) wrap up, (*kasti*) box up; **~ piirama** surround, close in (*upon*), encircle, beset*; (*linna*) besiege, invest; **~ pääsema** get* in, gain entrance; **~ rändama** immigrate; **~ seadma** install, fit up, set* up, establish; **ennast ~ seadma** establish oneself; **~ soolama** salt, salt down, pickle; **~ sõitma** come* in, enter (by a vehicle), drive* (*or* ride*, sail) in; **~ tegema** preserve, pickle; tin, can; (*näppama*) pinch, filch; **~ tungima** intrude (*into*), invade; **~ töötama** get* familiar with (*or* get* the hang of) one's work, settle down to one's work; **~ vedama** (*kaupu*) import; (*tüssama*) take* in, deceive; **~ võtma** take* in; (*toitu, arstimit*) take*; **~ võetud** (*kellestki, millestki*) fond (*of*), doting (*on*), smitten (*with*), dead set (*on*)
sisseastuja entrant, person entering
sisseastumine entering, entrance, entry
sisseastumiseksam entrance examination
sisseelamine getting (*or* entering) into the spirit (*of*), sympathetic understanding, *tead.* empathy
sissehingamine inhalation
sissejuhatav introductory
sissejuhatus introduction; (*dokumendil*) preamble
sissejuurdunud (deeply) rooted, inveterate
sissekanne entry, booking; (*ametlik* **~**) registration
sissekukkumine falling in; (*pettasaamine*) being taken in, take-in, letdown; (*nurjumine*) failure
sissekäik entrance

sisselaskeava *tehn.* inlet opening
sisselõige cut, *med.* incision
sissemaks down payment, initial payment, deposit
sisseminek going in, entering, entrance
sissemurdmine house-breaking, burglary
sisseost purchase; ~e tegema make* purchases
sissepoole inward(s)
sissepääs access, admittance, admission, entry; (*sissekäik*) entrance; vaba ~ free entry, admission free
sisserändamine, sisseränne immigration
sisseseade installation, fittings, equipment
sissesõidutee (carriage, car) entrance, drive
sissesõit entry (by a vehicle)
sissetulek (*sissetulemine*) coming in, entering, entrance; (*tulu*) income; (*riiklik* ~) revenue
sissetung intrusion, invasion, incursion
sissetungija intruder, invader, incursor
sissevedamine importing; (*tüssamine*) taking in, take-in, *Am. ka* sell; letting down, a bad turn
sissevedu importation, import
sissevool inflow, influx
sisseütlev *lgv.* illative (case)
sissisõda *aj.* guer(r)illa war
sisu (*sisalduv aine*) content(s) (*ka piltl.*); (*leiva*~) crumb, soft part; (*olemus*) pith, substance, essence, heart; **vormilt rahvuslik ja ~lt sotsialistlik** national in form and socialist in content
sisukas pithy, substantial; (*raamatu kohta*) interesting
sisukord table of contents, index
sisuline concerning the contents, essential
sisuliselt essentially, in essence, on the substance
sisus *anat.* entrails, intestines, viscera; **~enärv** *anat.* splanchnic nerve
sisustama furnish, fit up, equip
sisustus furnishing, furniture, equipment
sisutihe pithy, full of substance, succinct, terse
sisutu devoid of contents, empty, pointless
sitasitikas dung-beetle, dor-beetle

sitikas beetle
sitke tough; *piltl.* tenacious; (*taina kohta*) sticky; (*metalli kohta*) ductile
sitkus toughness; *piltl.* tenacity, stamina; (*taime kohta*) stickness; (*metalli kohta*) ductility
sits (cotton) print, chintz
sitsima (*koera kohta*) sit* up
situatsioon situation
situeerima situate, place
siug snake, serpent
siuglema wind*, twist and turn; (*jõe kohta*) meander
siuksuma = siutsuma
siumari *bot.* baneberry
siunama curse, abuse, scold, rate, (*vanduma*) swear*
siutsuma peep, cheep, chirp
siva kõnek. pronto, in a jiffy, quickly
skaala (*astmik*) scale, graduation; (*ümmargune numbrilaud*) dial
skafander (*tuukril*) diving-suit; (*stratosfäärilenduril*) space-suit, stratosuit
skalaar *mat.* scalar (quantity)
skalp scalp
skalpeerima scalp
skalpell *med.* scalpel
skandaal scandal
skandaalitsema brawl, make* a row
skandaalne scandalous
skandeerima *kirj.* scan
skandinaavia Scandinavian
skandinaavlane Scandinavian
skaut (boy) scout
skeem scheme
skelett skeleton
skemaatiline schematic
skematiseerima schematize
skepsis (*kahtlemine*) doubt; (*skeptitsism*) scepticism
skepter = valitsuskepp
skeptik sceptic
skeptiline sceptical
skeptitsism scepticism
skisofreenia *med.* schizophrenia
skits sketch
skitseerima sketch
skleroos *med.* sclerosis
sklerootiline *med.* sclerotic
skolastik scholastic, (medieval) schoolman (*pl.* -men)
skolastika scholasticism
skolastiline scholastic
skoor *sport.* score
skorbuut scurvy
skorpion scorpion

skreeper *tehn.* screper
skrofuloos scrofula, king's evil
skulptor sculptor
skulptuur sculpture
skulptuuriline sculptural
skumbria mackerel, *haruld.* scomber
skunks skunk
skväär square, (small) public garden
skäär *geogr.* skerry
sküüdi Scythian
sküüt *aj.* Scythian
slaalom *sport.* slalom
slaavi Slav, Slavonic, Slavic; ~ **keeled** Slavic (*or* Slavonic) languages
slaavlane Slav
slavist Slavonic philologist
slavistika Slavonic philology
slepis: laev on ~ the ship is in tow (*or* being towed)
slepp train
sleppi: ~ **võtma** take* in tow
slovaki Slovak
slovakk Slovak
sloveen Slovene, Slovenian
sloveeni Slovene, Slovenian
smaragd emerald; ~**roheline** emerald (green)
smirgel emery
smoking dinner-jacket, *Am.* tuxedo (*pl.* -os)
snaiper *sõj.* sniper
snepper(lukk) Yale lock
sneprivõti latchkey
snobism snobbery
snoob snob
snooblik snobbish
sobilik (*sobiv*) suitable, fitting, fit; (*leplik*) compliant, complaisant
sobima (*kohane olema*) suit, fit, befit; (*kooskõlas olema*) match, harmonize; (*kokku leppima*) agree; **see kübar sobib teile** this hat suits (*or* becomes) you (well); **ta sobib oma kaaslastega hästi** he gets on well with his companions; **meie kaup sobis** we came to terms (*or* to an agreement)
sobimatu unsuitable, unfitting, unbecoming, improper; (*ebakohane*) inopportune, out of place; (*ühte*~) incompatible (*with*)
sobimatus unsuitability, unfittingness; (*ebakohasus*) inopportuneness; (*ühte*~) incompatibility (*with*)
sobimus agreement, arrangement, convention
sobing agreement, settlement; (*halvas mõttes*) deal

sobitama (*kohandama*) suit, fit (in), accommodate; (*vahendama*) mediate, arbitrate; (*lepitama*) conciliate, reconcile
sobitus fitting, accommodating; (*vahendus*) mediation, arbitration; (*lepitus*) conciliation
sobiv suitable fitting, fit; becoming, proper, appropriate
sobivus suitability, fitness; appropriateness
sodi squash, mash; (*segadus*) mess, meddley, muddle; (*sopp*) muck, dirt, *Am.* ka crap
sodima squash, mash; (*sopastama*) muck, dirty
sodine squashy; (*sopane*) mucky, dirty
soe [sooja] 1. *adj.* warm; (*piima kohta*) new, fresh from the cow; 2. *subst.* warmth, heat
soend *folkl.* = **libahunt**
soendama = **soojendama**
soeng (*meestel*) haircut; (*naistel*) hair-do, hair-set, head-dress, coiffure
soerd monster, monstrosity, abnormal creature
soerdlik monstrous, abnormal
soetama acquire, procure, provide oneself (*with*)
soetis acquisition
soetus acquiring, acquirement, procuring
soetõbi = **tüüfus**
soetõlv = **hundinui**
sofism sophism
sofist sophist
sofistika sophistry
sofistlik sophistic(al)
soga sludge, mud
sogama make* sludgy (*or* muddy); (*vett*) trouble
sogane sludgy, muddy; (*vee kohta*) troubled, turbid
sogastama = **sogama**
sohiasi trickery, cheating, swindle
sohijutt secret (whispered) talk, (dubious) rumour
sohilaps bastard, natural child (*pl.* children)
sohinaine concubine, mistress
sohitegemine cheating, swindling
sohk (*pettus*) cheat, swindle, *Am.* skulduggery; ~**i tegema** cheat, swindle
sohva sofa; ~**padi** (sofa) cushion
soiguma moan, groan

soigutama calm, make* calm, lull
soiku: ~ jääma = soikuma
soikuma calm down, lull, be lulled,
 die down (or away), come* to a
 standstill
soikumus calm, lull
soikus: ~ olema be still (or at a
 standstill), (äritegevuse kohta) be
 dull; ~olek calm, lull standstill
soine marshy, swampy, boggy, moory;
 tead. paludal, paludous
soja(uba) soya, soy-bean
sojaõli soy-bean oil
sokihoidja (sock-)suspender, Am. ka
 garter
sokk [soki] sock
sokk [soku] (isane metskits) buck;
 (sikk koduloomana) he-goat, billy-
 goat
sokkel ehit. socle; el. (lamp) cap,
 base
sokuke(ne) (noor isane metskits)
 young (or little) buck; (koduloo-
 mana) (male) kid
sokusarv etn. = sikusarv
sokutama (kohale) find* a place (or
 berth) (for), berth, fix up; (kaela
 määrima) palm off (on), force
 (on)
soldat soldier; (kaardimängus) knave,
 jack
solge [solkme] zool. roundworm, as-
 carid
solgine sullied, foul, filthy
solgipang, solgiämber slop-pail
solgutama splash, plash, slop
solidaarne (ühiselt vastutav) jointly
 responsible, haruld. solidary; (üks-
 meelne) unanimous; ta on meiega
 ~ he identifies himself with us,
 he is on our side
solidaarsus solidarity; ~streik pol.
 sympathy strike
soliidne (materjali, teadmiste jms.
 kohta) solid; (usaldatav) steady,
 reliable; (väärikas) respectable
soliidsus (materjali, teadmiste jms.
 kohta) solidity; (usaldatavus)
 steadiness, reliability; (väärikus)
 respectability
solin splash
solisema splash
solist soloist
solistama splash
solk slops, swill, hogwash; (reovesi)
 sewage
solkima (rüvetama) sully, soil, dirty;
 (rikkuma) spoil*, mar, ruin

solksama plash, splash, plop, give*
 a plash (or splash, plop)
solksti! plash!, splash!
solksuma plash, splash, plop
solvama insult, offend, give* offence
 (to); (jämedalt) affront, outrage;
 (kergelt) injure, hurt* (smb.'s)
 feelings
solvang insult, offence; (jäme ~)
 affront, outrage; (kerge ~) injury
solvav insulting, offending, offensive;
 (jämedalt ~) outrageous; (kergelt
 ~) injurious
solvuma be (or feel*) insulted (or
 offended), take* offence, feel* in-
 jured (or hurt)
sombuline (kärgjas) pitted (like a
 honeycomb), anat. alveolate
sombune (udune) foggy, misty, murky
somp I (paks udu) fog, murk
somp II (hamba-ase; kopsumullike)
 pit, (small) cavity, cell, tead. alve-
 olus (pl. -li)
sompu: ~ minema = sompuma
sompuma become* (or get*) foggy
 (or misty, murky)
sompus = sombune
sonaat muus. sonata
sond [sondi] probe, sound, med. ex-
 plorer
sond [sonnu] (põuavine) (dry) haze
sondeerima probe, sound; explore;
 piltl. ka fathom, plumb
sonett sonnet
song med. rupture, hernia; ~akott
 med. hernial sac; ~avöö med.
 (hernial) truss, bandage
songerdama = songima
songermaa rooted-up (or turned-up)
 land
songima root up, turn up, churn up,
 grub, dig* (in the ground); piltl.
 poke about (in)
soni = sonimüts
sonima be delirious, rave; drivel, talk
 rot
sonimine delirium, raving; idle fancy;
 drivel, rot
sonimüts travelling cap, cloth cap
sonoorne sonorous
soo interj. oh, I see!; (tõesti?) really?
soo subst. marsh, swamp; (mädä ~)
 morass; (raba) bog; (padur) fen;
 ~ader põll. marsh plough
soobel sable
sooblinahk sable (fur)
sooblinahkne sable (atrib.)

sooda soda, ~hein sea blite; ~vesi soda-water
soodne = soodus
soodsus favourableness, advantageousness, auspiciousness
soodus favourable, advantageous, auspicious, propitious, opportune; (*tuule kohta*) fair
soodustama favour, be favourable to; (*jõutama*) further, promote, expedite, foster; (*kaasa aitama*) make* for, conduce (*to*), be conducive (*to*)
soodustus favour, advantage; ~ed facilities
soogaas marsh gas, *tead.* methane
soohein marsh grass; ~amaa marshy meadow
soojajuht *füüs.* = **soojusjuht**
soojajuhtivus = **soojusejuhtivus**
soojalaine *meteor.* heat wave
soojalembene *bot., zool.* thermophilic
soojalt warmly, with warmth
soojamõõtja = **kraadiklaas**
soojapidav warmth-preserving
soojasüdameline warm-hearted
soojaveekraan hot-water tap
soojavereline warm-blooded
soojendama warm, heat
soojendus warming, heating; ~kott hot-water bottle
soojenema become* (*or* get*) warmer, warm up
soojuma become* warm (*or* hot), warm up
soojus warmth, heat; temperature; **ta sõnades on palju ~t** there is much warmth in his words; **päike annab palju ~t** the sun gives much heat; **~t mõõdetakse kraadides** temperature is measured in degrees
soojusjuhtivus *füüs.* heat (*or* thermal) conductivity
soojuselektrijaam thermal power plant (*or* station)
soojusemahutavus *füüs.* heat (*or* thermal) capacity
soojusenergia *füüs.* heat (*or* thermal) energy
soojusesisaldus *tehn.* heat content
soojusisolatsioon *tehn.* heat insulation
soojusjuht *füüs.* heat conductor, conductor of heat
soojuslik heat (*atrib.*), thermal, thermic
soojuspaisumine *füüs.* thermal expansion
soojuspump *tehn.* heat pump

soojustehnika heat engineering
soojusväärtus *tehn.* heat (*or* thermal) value
soojusõpetus *füüs.* thermology
soojusühik *füüs.* heat (*or* thermal) unit, calorie
soojutama heat, treat by warming (*or* heating)
sookail *bot.* marsh tea, ledum
sookask swamp birch
sookuivendus *põll.* drainage of marshlands
sookurg crane
sool [soola] salt; *keem.* sal; ~as in pickle
sool [soole] gut, intestine, bowel
sool [sooli] *keem.* sol
soolaheeringas pickled herring
soolajärv salt lake
soolak *geogr.* saline (*or* saliferous) soil (*or* land), salt soil, salt marsh
soolakaevandus salt-mine
soolakala salt (*or* salted) fish
soolakas rather (*or* somewhat) salty
soolakutaim *bot.* halophyte
soolalahus salt solution, *med.* saline
soolaliha salted (*or* salt) meat, (*soolvees*) pickled meat; (*soolatud veiseliha*) corned beef
soolama salt; (*soolvees säilitama*) pickle; (*liha ka*) corn
soolane salty, salt
soolapuhuja *folkl.* sorcerer, witch doctor
soolaputka *kõnek.* jug, clink, lock-up
soolasammas pillar of salt (*ka piltl.*)
soolasisaldus salinity, salt content
soolasus saltiness, saltiness, salinity
soolatera corn of salt
soolatoos salt-cellar
soolatüügas wart
soolaugas = laugas
soolavaba salt-free
soolavaene poor in salt, salt-poor
soolduma (*soolaseks minema*) become* salt(y); (*soolvees olema*) lie* in pickle
soolekatarr *med.* intestinal catarrh
soolepõletik *med.* enteritis
soolestik intestines, bowels
soolhape hydrochloric acid
soolikarohi *bot.* tansy
soolikas = **sool** [soole]
sool-leib bread and salt, *piltl.* hospitality
soolo solo (*pl.* -los, *haruld.* -li);
~laulja *muus.* solo singer, soloist;
~mängija *muus.* solo player,

sooloveksel   **soovitama**

soloist; ~**veksel** *maj.* sole bill, promissory note
soolsus saltness, salinity
sooltekatarr = **soolekatarr**
soolvesi brine; (*toidu säilitamiseks*) pickle
soomaa *põll.* marshland
soome Finnish; ~ **keel** Finnish, the Finnish language
soome-ugri Finno-Ugric
soomeugrilane Finno-Ugrian
soomlane Finn
soomus (*kalal jms.*) scale, flake, tead. squama (*pl.* -mae); (*teras*~) armour; *kõnek.* (*saak*) booty; ~**t tegema** *kõnek.* make* (illicit) booty
soomusauto armoured car
soomuseline scaly, scaled, flaky, *tead.* squamate, squamous
soomusjõud armoured forces, armour
soomuslaev ironclad, battleship
soomusristleja armoured cruiser
soomusrong armoured train
soomusrüü *aj.* (coat of) armour, (coat of) mail
soomus-sammaspool *med.* scaly tetter, psoriasis
soomussärk *aj.* coat of mail
soomustama armour
soomustõbi *med.* scaly skin disease
soomülgas bog-hole, slough
soon (*vere*~) vein (*ka piltl.*), blood vessel, (*tõmb*~) vein, (*tuik*~) artery; (*putuka tiiva*~) vein; (*maagi*~) vein, lode, seam; (*kõõlus*) sinew, tendon, nerve; (*lehe*~) vein, nerve; (*õnar, nuut*) groove, slot, rabbet; ~**i tasuma** *van.* massage
soonduma cut* in, make* a groove
soone = **soine**
soonehöövel *tehn.* grooving-plane
soonepõimik *anat.* vascular plexus
soonepõletik *med.* phlebitis
soonesulgur *med.* tourniquet
soonetasuja *van.* = **masseerija**
sooniline veiny; (*tugevasooneline*) sinewy, wiry; (*vintske*) stringy
soonima cut* in; (*õnardama*) groove, make* grooves (*or* slots, rabbets) (*in*)
soop (*seebipära*) soap lees, soft (washing) soap
soopalavik = **malaaria**
sooparandus *põll.* marsh (*or* swamp) reclamation
soor *med.* = **suuvalge**

soorauamaak, sooraud *geol.* bog-iron ore, bog iron, bog (*or* swamp) ore
sooritama perform, accomplish, carry out, execute; do; (*eksamit jms.*) pass
sooritus performance, accomplishment, execution; (*eksami jms.* ~) passing, having passed
soosammal *bot.* bog moss
soosik favourite; *põlgl.* minion
soosima favour, foster, patronize
soosing favour, grace, patronage
soostuma I (*sooks muutuma*) become* marshy (*or* swampy, boggy, embogged, bogged up)
soostuma II (*nõustuma*) consent, assent, agree (*to*); (*leppima*) acquiesce (*in*)
soot *mer.* sheet
sootuks wholly, quite, entirely, totally, utterly
sootuluke(ne) will-o'-the wisp, *tead.* ignis fatuus (*pl.* ignes fatui)
soov wish, desire; (*palve*) request; **mu enda ~il at my own wish** (*or* request), ~**i järgi** as desired; **kellegi ~i järgi** according to smb's wish(es) (*or* desire)
soovesi swamp water
sooviavaldaja applicant, person presenting a request (*or* application)
sooviavaldus request, application
soovik marshy meadow (*or* pasture)
soovikontsert request concert, listeners' choice (concert, programme)
soovill = **villpea**
soovima wish, have a wish (*for*), wish for, desire; **ma soovin teile kõike head** I wish you all the best; **õnne ~ = õnnitlema; keda te soovite näha?** whom would you like to see? **nagu soovite** as you wish (*or* like); **tehke, nagu soovite** do as you like (*or* please yourself); **kumba te soovite, teed või kohvi?** which will (*or* would) you have, tea or coffee?; **poiss oli endale uiske soovinud, aga isa ostis talle kelgu** the boy had wished for skates, but father bought him a sledge; **ma soovin, et te tuleksite õhtul** I wish you to come in the evening
soovisedel (book) request slip, list of wishes
soovitama recommend; (*nõuandvalt*) advise, suggest

soovitatav recommendable, (to be) recommended; advisable
soovitav desirable, to be wished
soovitus recommendation; ~kiri letter of recommendation
soovlause *lgv.* optative sentence
soovunelm wish-dream, wishful thinking, *Am. ka* pipe dream
sopakirjandus trashy (*or* gutter) literature, (literary) trash
sopane muddy, mucky, filthy, dirty
sopastama make* muddy (*or* mucky, filthy, dirty), soil
soperdama bungle, botch
soperdis bungle, botch
soperdus bungling, botching
sopiline full of nooks and corners (*or* bulges); (*ranna kohta*) full of coves
sopis(tis) *anat., med.* protrusion, protuberance
sopistuma protrude (*ka med.*), bulge (as a pocket)
sopka *geogr.* (*mägi*) coniform hill (*or* mountain); (*vulkaan*) mud volcano (*pl.* -oes)
sopp [sopa] mud, muck, filth, dirt
sopp [sopi] nook, corner, pocket; (*merekäär*) coye, bight
sopran soprano (*pl.* -nos, *haruld.* -ni)
sops slap, whack, dab
sopsutama spank (softly), whisk
soputama (*tiibu*) flap, shake*; (*kergelt raputama*) shake*, agitate
sorakil dangling, hanging (loosely), flagging; ~e **jääma** become* (*or* remain) dangling (*or* hanging, flagging)
sorav fluent
soravalt fluently
soravus fluency
sordiaretaja plant breeder, (selective) seed farmer
sordiaretus plant breeding, (selective) seed farming
sordiin *muus.* mute, sordine, *haruld.* sordino (*pl.* -ni)
sordikartul potato of high (selective) quality, graded potato (*pl.* -oes)
sorgo *bot.* sorghum
sorgu: saba jäi ~ the tail was pulled between the legs
sorgus saggy, sagging; **saba** ~ with one's tail between one's legs (*ka piltl.*)
sorima rummage, ransack, fumble; (*raamatut*) turn over the leaves (*of*)

sorin purl, gurgle
sorisema purl, gurgle
sorkama = **torkama**
sorr *zool.* = **öösorr**
sorr! (*hüüatus laste mängudes*) barl(e)y!, barla!, fains!, fain it!, pax!, truce!
sort sort, kind; (*kauba*~) brand
sort(eer)ima sort, assort, grade
sortiment assortment
sorts [sortsi] *folkl.* (evil) sorcerer, warlock
sorts [sortsu] splash, spurt
sortsti splash
soru *kõnek.* spurt, jet
sorus = **sorgus**
sosin whisper; ~**al** in a whisper
sosistama whisper
soss flop, failure; ~**i minema** fail, come* to nothing, fizzle out; ~**iga lõppema** peter out
sossike(ne) duffer, dud
sotsiaaldemokraat social democrat
sotsiaalhooldus *maj.* social maintenance
sotsiaalkindlustus *maj.* social insurance
sotsiaalne social
sotsialiseerima socialize
sotsialism socialism; ~**ileer** the camp of Socialism; ~**imaa** the country of Socialism
sotsialist socialist
sotsialistlik socialist; ~ **võistlus** socialist emulation (*or* competition)
sotsialist-revolutsionäär *aj.* socialist-revolutionary
sotsioloog sociologist
sotsioloogia sociology
sotsioloogiline sociological
soust sauce; (*praekaste*) gravy; ~**ikann** sauce boat, (*praekastme jaoks*) gravy boat
sovhoos sovkhoz, state farm; ~**itööline** state-farm worker
spaatel *med.* spatula
spaleer 1. (*aurivi*) line-up forming a lane; 2. (*tugivõrestik taimedele*) espalier, trellis
spargel asparagus; ~**kapsas** broccoli
spartakiaad Spartakiade, sports tournament, youth games (with championships)
spartalane Spartan
spartalik Spartan
spekter *füüs.* spectrum (*pl.* -ra)
spektraalanalüüs *füüs.* spectrum (*or* spectral) analysis

spektraalne *füüs.* spectral
spekulant speculator, profiteer
spekulatiivne speculative
spekulatsioon speculation
spekuleerima speculate
sperma *biol.* semen
spets = **spetsialist**
spetsiaalne special
spetsiaalsus specialness, specialty, haruld. speciality
spetsialiseerima specialize
spetsialiseeruma specialize (*mingil alal* — *in smth.*)
spetsialist specialist (*mingil alal* — *in, on smth.*); expert, professional man (*pl.* men)
spetsialiteet speciality
spetsifikatsioon specification
spetsifitseerima specify
spetsiifika specific character (*or* nature)
spetsiifiline specific (*millelegi* — *of, to smth.*)
spidomeeter *tehn.* speedometer
spikerdama crib
spikker crib, *Am.* pony
spinat spinach
spindel *tehn.* spindle; ~**press** *tehn.* screw press
spinning (fishing) reel, spinning-rod
spionaaž espionage
spioneerima spy (*kedagi, midagi* — *on smb., smth.*)
spioon spy
spiraal spiral, haruld. spire; (*tigujoon*) helix (*pl.* -ixes ices); ~**joon** spiral (line)
spiraalne spiral; (*tigujooneline*) helical
spiraalpuur *tehn.* twist bore, spiral drill (*or* bore)
spiraalsus spirality
spiraaludukogu *astr.* spiral nebula (*pl.* -lae)
spiraalvedru coil spring
spirant *lgv.* fricative (consonant)
spiritism spiritualism, spiritism
spliin spleen, the blues
splint *tehn.* split pin, (split) cotter
spontaanne spontaneous
spontaansus spontaneity
spoor *biol.* spore
sporaadiline sporadic
spordikelk toboggan
spordiklubi sports (*or* athletic) club, sporting club
spordisärk sports shirt, football shirt, singlet

sporditarbed sports equipment
spordivõistlus sports, sporting competition
spordiväljak sports field (*or* grounds), (sports) stadium (*pl.* -iums, -ia)
sport sport(s); (*jõustik*) athletics
sportima go* in for sports
sportlane (*mees~*) sportsman (*pl.* -men); (*nais~*) sportswoman (*pl.* -women); (*kerge-* v. raskejõustiku alal) athlete
sportlaslik sportsmanlike, sportive
sportlik sports (*atrib.*)
sprint *sport.* sprint
sprinter *sport.* sprinter
sprott smoked sprat (*or* brisling) in oil (*or* in tomato sauce)
spurt *sport.* spurt
spurtima *sport.* spurt
sputnik sputnik, artificial (Earth) satellite
staabiohvitser *sõj.* staff officer
staabiülem *sõj.* chief of staff
staadion (sports) stadium (*pl.* -iums, -ia)
staadium stage, phase (of development)
staag *mer.* stay
staap staff, headquarters
staapel *mer.* slip(way)
staapelkiud *tekst.* staple fibre
staaž length of service, seniority; ~ parteiliikmena party standing; ~ õpetajana teaching service
staažikas of long service (*or* party standing)
staatika statics
staatiline static(al)
staatus status
stabiilne stable
stabiilsus stability
stabilisaator *tehn.* stabilizer
stabiliseerima stabilize
stabiliseeruma be stabilized
stamp (corner) stamp; *piltl.* (*šabloon*) cliché
standard standard
standardiseerima standardize
standardiseerimine standardization
standardne standard (*atrib.*)
standart standard
stanniol(paber) tinfoil
stants *tehn.* stamp, die, punch
stantsima *tehn.* stamp, punch, dropforge
stardijoon starting-line, mark, scratch

stardivalmis *sport.* ready (to start); (*lennuki kohta*) ready to take off start start; (*lennukil*) take-off
starter *tehn., sport.* starter
startima start, make* a start; (*lennuki kohta*) take* off
statiiv stand, support, rest; (*kolmejalgne* ~) tripod
statist super(numerary actor), extra, figurant
statistik statistician
statistika statistics, figures
statistiline statistical
statsionaar *med.* hospital
statsionaarne stationary; ~ **haige** inpatient; ~ **üliõpilane** regular (*or* full-time) student
statuett *kunst.* statuette
statuut *jur.* statute
steariin *keem.* stearin; ~**hape** *keem.* stearic acid
stend stand (*ka tehn.*)
stenograafia shorthand, *haruld.* stenography
stenograafiline stenographic, shorthand (*atrib.*); ~ **protokoll** verbatim report
stenografeerima write* (*or* take*) down in shorthand
stenografist stenographer
stenogramm shorthand record, *haruld.* stenograph
stepi-aruhein *bot.* sheep's fescue
stepikass *zool.* manul, steppe cat
stepirohi *bot.* feather grass, bunch grass
stepivöönd *geogr.* steppe (*or* prairie) zone
stepp steppe, prairie
stepsel *kõnek.* plug
stereofilm three-dimensional film
stereofooniline stereophonic
stereomeetria *mat.* solid geometry, *haruld.* stereometry
stereoskoop *füüs.* stereoscope
stereoskoopiline stereoscopic
stereotüüp *trük.* stereotype
stereotüüpia *trük.* stereotypy
stereotüüpiline *trük.* stereotypic(al), stereotyped, stereotype (*atrib.*)
stereotüüpne stereotyped, stereotype (*atrib.*), mechanically repeated, hackneyed
steriilne sterile
steriilsus sterility
steriliseerima sterilize
stetoskoop stethoscope

stiihia elemental (*or* primordial) force
stiihiline (*loodusjõuline*) elemental; *piltl.* spontaneous, unorganized
stiil style
stiilikas stylish, of (*or* in) good style
stiilikindel of sustained (*or* consistent) style
stiililine stylistic, of style
stiilitu styleless, lacking style
stiilne stylish, of a definite style, pure style (*atrib.*)
stiimul stimulus (*pl.* -li)
stiliseerima stylize
stilist stylist
stilistika the science (*or* art) of style, *haruld.* stylistics
stilistiline stylistic
stimuleerima stimulate
stimuleerimine stimulation
stipendiaat (grant-aided) scholar, (*Inglismaal ka*) exhibitioner, (*er. Šotimaal*) bursar
stipendium scholarship (money), (study) allowance, grant, (*er. Šotimaal*) bursary; (*teaduslikuks uurimiseks*) fellowship
stoik stoic
stoiline stoic(al)
stoilisus stoicism
stoll *mäend.* adit, gallery
stomatiit = **suupõletik**
stomatoloogia *med.* stomatology
stoopor spin, vrille
stoovima stew
stopp! stop!
stoppama stop
stopper stop-watch
stopptuli tail light (*or* lamp)
strateeg strategist
strateegia strategy
strateegiline strategic
stratosfäär stratosphere
streigiliikumine strike movement
streigimurdja strike-breaker, *põlgl.* blackleg, scab
streik strike, turn-out, *Am.* walk-out
streikija striker
streikima strike*, be on strike; ~ **hakkama** go* on strike, strike* work, turn out
strekk *mäend.* drift, gallery
streptokokk *med.* streptococcus (*pl.* -cocci)
streptomütsiin *farm.* streptomycin
stringer *mer., tehn.* stringer
stritsel *kok.* plaited cake
strontsium *keem.* strontium

stroof (*salm*) stanza; (*vana-kreeka luules*) strophe
struktuur structure; (*toim*) texture, fabric (*ka piltl.*)
struktuuriline structural
struuma *med.* goitre
strühniin *keem., farm.* strychnine
stseen scene (*ka piltl.*)
stsenaarium *teatr.* scenario (*pl.* -os), script
stsenarist scenario (*or* script) writer
stsilla = **siniliilia**
studeerima *van.* study
stukatuur *van.* = **krohv**
stuudio studio (*pl.* -os)
stuudium studying, studies
subjekt *lgv., loog.* subject; **kõnek.** (*isik*) fellow, person
subjektiivne subjective
subjektiivsus subjectivity
sublimaat sublimate
sublimeerima sublimate, sublime
subordinatsioon subordination
subordineerima subordinate
substantiiv *lgv.* noun, (noun) substantive
substantiivne substantival
substants substance
substitueerima substitute
substituut substitute
substraat *filos., biol., lgv.* substratum (*pl.* -ta)
subtiiter subtitle
subtroopika *geogr.* subtropics
subtroopiline *geogr.* subtropical
sudak = **koha** I
sudima (*askeldama*) bustle about, toil and moil; (*peksma*) baste, beat*, thrash
sufiks *lgv.* suffix
suflee *kok.* soufl é, baked pudding (with eggs)
sufleerima *teatr.* prompt
suflöör *teatr.* prompter
suga (*kanga~*) (weaver's) reed; (*hobuse~*) curry-comb
suge element, component
sugema (*kammima*) comb, (*hobust*), curry, rub down with a curry-comb, (*linu*) hackle; (*peksma*) baste, thrash, beat*
sugemishari (*peahari*) hairbrush; (*hobusehari*) curry-comb; (*linahari*) hackle, flax-comb
sugemismasin *põll.* hackling machine
sugenema arise*, spring* up, ensue, come* into existence

sugereerima suggest
sugestiivne suggestive
sugestioon suggestion
sugetakud combings, hards, tow
sugu [soo] kind, kin, kindred, stock, family; (*~pool*) sex; *lgv.* gender; õrnem ~ the fair sex; **suurest soost, suurt sugu** of high birth (*or* ancestry)
sugu (*natuke*) a little, somewhat; **ma olen ~ väsinud** I am kind of (*or* a little, somewhat) tired
suguelu sexual life
sugueluline sexual
suguelundid sexual (*or* generative) organs, genitals
suguemis brood sow
sugugi: mitte ~ not at all, not a bit, not in the least, by no means
suguhaigus venereal disease
suguharu = **hõim**
sugukond family, kin; tribe; clan; *biol.* family
sugukondlik tribal; clan (*atrib.*); ~ **kord** the (primitive) clan system, kindred order
sugukult breeder boar
sugukõlvatus sexual depravity
sugukūps sexually mature
sugukūpsus sexual maturity; (*inimesel*) puberty
sugulane relative, relation, kinsman (*pl.* -men), *fem.* kinswoman (*pl.* -women)
sugulaskeel cognate (*or* kindred) language
sugulaskond relatives, relations, kinsfolk
suguline sexual
suguloom breeder animal
sugulus relationship, kinship; affinity
sugumõiste *loog.* generic concept (*or* notion)
sugumära brood mare
sugupool sex
sugupull breeder (*or* pedigree) bull
sugupuu family (*or* geneological) tree, pedigree
sugupõlv generation
sugurakk *biol.* gamete
suguselts kin(sfolk), clan, tribe
sugutama copulate; (*loomade kohta*) mate, pair, couple
suguti *anat.* penis, male organ (of copulation)
sugutu sexless; non-sexual, asexual
sugutung sexual instinct (*or* urge)

sugutus *biol.* copulation
sugutäkk breeder stallion, (pedigree) stud-horse
suguvend *van.* kinsman (*pl.* -men)
suguvõime generative power
suguvõimetu (sexually) impotent
suguvõimetus (sexual) impotence
suguvõsa family, lineage, house, stock (of people)
suguühe coition, coitus, sexual act
suhe relation, relationship, connection; regard, respect; *mat.* ratio (*pl.* -os); **isiklikud suhted** personal connections (*or* relations); **igas suhtes** in all respects, in every respect (*or* regard); **selles suhtes** in this respect; **kellegi (millegi) suhtes** with regard (*or* respect) to smb. (smth.), regarding (*or* respecting, concerning) smb. (smth.), as to smb. (smth.), relative to smb. (smth.)
suhisema sough, sigh, whizz
suhkar *van.* = **kuivik**
suhkruhaige diabetic
suhkruhaigus diabetes (mellitus)
suhkruhernes sugar pea, edible podded pea
suhkrune sugary, sugared
suhkrupea sugar-loaf (*pl.* -loaves)
suhkrupeet sugar beet, white beet
suhkru(pilli)roog sugar-cane
suhkrusiirup treacle, molasses
suhkrustama turn into sugar, *tead.* saccharify
suhkrustuma turn (*or* be turned) into sugar, *tead.* be saccharified
suhkrutoos sugar-basin, sugar-bowl
suhkrutööstus sugar industry
suhkrutükk piece (*or* lump) of sugar
suhkruvabrik sugar factory (*or* refinery)
suhkruvesi sugar and water
suhkur sugar
suhkurdama sugar, sweeten (*or* cover) with sugar
suhkurhape *keem.* saccharic acid
suhkurmagus sweet as sugar, sugary, sugared
suhkurtõbi = **suhkruhaigus**
suhteline relative
suhteliselt relatively
suhtelisus relativeness, relativity
suhtes *vt.* **suhe**
suhtlema have intercourse (*or* communication, dealings), intercommunicate (*with*), commune (*with*)

suhtlemisvahend means of intercourse (*or* communication)
suhtuma have a certain relation (*or* attitude) (*to*), take* a stand (*or* attitude) (*to, towards*); **kuus suhtub neljasse nagu kolm kahesse** six has the same ratio to four as three (has) to two; **ta suhtub minusse sõbralikult** he has a friendly attitude towards me; **oma töösse kohusetundlikult ~ be conscientious** in one's work
suhtumine relation, attitude, stand
suhvel = **sahtel**
suigatama doze off, drop off, go* off into a doze
suigatama lull (to sleep), lull to rest
suikuma fall* asleep; doze (off); **surmale ~** close one's eyes in death, take* one's last sleep; **~ jääma** fall* into a doze, doze off
suir *aiand.* bee-bread
suisa straight, outright, openly, plainly
suised *zool.* mouth appendages
suisutama lull (to sleep)
suits smoke; fume(s); (*ving*) reek; (*pabeross jms.*) smoke; (*males*) stalemate; **teeme ~u** let's have a smoke
suitsema smoke, emit smoke (*or* fumes); fume, reek
suitsetaja smoker
suitsetama smoke (tobacco)
suitsetamine smoking; **~ keelatud** no smoking
suitsetamisruum, suitsetamistuba smoking room
suitsev smoking, smoky; fuming; reeking
suitsjas smoky, smoke-like, smoke-coloured
suitsuheeringas smoked (*or* red) herring, bloater, kipper(ed herring)
suitsujuust smoked cheese
suitsukala smoked (*or* cured) fish, kipper
suitsukarva = **suitsuvärviline**
suitsukate smoke-screen, smoke-curtain
suitsulõõr (smoke-)flue
suitsuma be imbued with smoke; become* smoky
suitsumees smoker
suitsune smoky; fumy, reeky
suitsuots cigarette-end, (cigarette-)butt, fag (end)
suitsupilv cloud of smoke

suitsupääsuke(ne) barn swallow
suitsurõngas smoke ring, wreath of smoke
suitsusink smoked (*or* cured) ham
suitsutama smoke; (*liha, vorsti jms. ka*) cure; (*kala*) smoke-dry, kipper; (*suitsuga immutama*) fumigate; (*viirukiga* ~) cense
suitsutare *etn.* chimneyless hut
suitsuvina, suitsuvine smoke haze
suitsuvorst smoked sausage
suitsuvärviline smoke-coloured, smoky
sujuma glide (along), run* smoothly (*or* fluently), go* easily
sujuv smooth, fluent
sujuvalt smoothly, fluently
sujuvus smoothness, fluency
sukaad *kok.* candied fruit (*or* fruit-peel)
sukahoidja suspender(s), garter
sukakuduja stocking-maker
sukalõng yarn (*or* worsted) for stockings, fingering
sukanõel darning-needle
sukapael garter
sukaseen darning-ball, darner
sukasilm stitch; **mahajooksnud** ~ ladder (in the stocking), *Am.* run; ~**a üles võtma mend** ladders
sukasäär leg of a stocking
sukatripp suspender strap
sukavarras knitting-needle
sukeldama plunge, duck, submerge
sukelduma dive, plunge, duck, submerge, be submerged
sekeldus dive, plunge, submersion
sukk stocking, *haruld.* hose; (*gaasilambil*) mantle, **vait kui** ~ (as) silent as a mouse; **sukis käima go*** (*or* walk) in one's stockinged feet
suksu gee-gee, (dear little) horse
suksutama call (horses); *piltl.* decoy, cajole
sula 1. *adj.* molten, melted; (*rahasumma v. kõla kohta*) liquid; (*lume, jää, ilma kohta*) thawed, thawy, thawing; ~ **tõsi** real (*or* pure) truth; **(ilma) on** ~ it is thawing, a thaw has set in; **(ilm) läheb** ~**le** a thaw is setting in; **2.** *subst.* thaw
sulahäälik *lgv.* liquid (consonant)
sulailm thaw
sulalumi thawy (*or* half-thawed) snow
sulam *tehn.* alloy
sulama melt; (*külmunu kohta*) thaw; (*ühte* ~, *kokku* ~) fuse; (*vedel-*

duma) liquefy; **lahti** ~ (*jää v. külmunu kohta*) thaw up, unfreeze*
sulamine melting; (*külmunu kohta*) thawing; (*ühte*~, *kokku*~) fusion
sulamispunkt, sulamistäpp *füüs.* melting-point
suland = **sulam**
sulane farm-hand, agricultural labourer, *van.* hind; *piibl.* servant
sulapagu *min.* fluorite
sularaha cash, ready money; ~**s** in cash, in ready money, money down
sularasv melted fat (*or* lard), rendered fat
sularaud molten iron
sulaselge clear as daylight
sulatama melt; (*maaki*) smelt; (*külmunut*) thaw; (*ühte* ~, *kokku* ~) fuse; (*vedeldama*) liquefy; (*rasva, võid selitamiseks*) render (down)
sulatina molten lead (*or* tin)
sulatis melt, meltage
sulatus melting, meltage; (*maagi* ~) smelting; (*ühte*~, *kokku*~) fusion; ~**ahi** *tehn.* smelting furnace
sulav melting; (*külmunu kohta*) thawing; (*ühte*~, *kokku*~) fusible
sulavus fusibility
sulavõi melted (*or* oiled) butter; (*taignale lisamiseks*) shortening
sulejoonistus *kunst.* pen-and-ink drawing
sulemees penman (*pl.* -men), writer; *põlgl.* pen pusher, pen-driver, scribbler
sulenuga penknife (*pl.* -knives)
sulepea penholder
sulestik plumage
sulesõda paper warfare, polemic(s)
suletud shut, closed; **endasse** ~ reticent, reserved
suletus being shut (in oneself); reticence, reserve
suletõmme stroke of the pen
sulfaat *keem.* sulphate (*or* sulfate); ~**tselluloos** *tehn.* sulphate (*or* sulfate) pulp
sulfiid *keem.* sulphide (*or* sulfide)
sulfit *keem.* sulphite (*or* sulfite)
sulfohape *keem.* sulphoacid (*or* sulfoacid)
sulg [sule] (*linnu*~) feather; (*ehis*~) plume; (*hane*~) quill; (*kirjutus*~) pen; (*sulepeasse pistetav* ~ *ka*) nib; ~**i ajama** = **sulgima**
sulg [sulu] **1.** (*tõke*) bar, obstruction, lock; **2.** (*aedik*) pen; **3.** (*klamber*)

bracket, parenthesis (*pl.* -theses);
~udes in brackets, in parentheses
sulgema shut*, close; (*tõkestama*)
bar, block, obstruct, stop; (*tihedalt
~*) seal off; (*lukustama*) lock;
(*ajalehte*) suppress
sulghäälik *lgv.* stop, plosive consonant
sulgima moult
sulgjas feathery, *tead.* plumose, pinnate
sulgkaal *sport.* feather-weight
sulgkaallane *sport.* feather-weight
sulgloomad poultry
sulguma shut*, close, be shut (*or* closed)
sulgur shutter, stopper; (*püssi~*) lock, bolt; *anat.* sphincter
sulgus closure, being closed (*or* shut); (*tõkestatus*) blockage, obstruction, stoppage
suli rascal, knave, swindler, *Am.* crook, slicker
sulil: ~ **olema** = **sulgima**
sulin ripple, purl, babble
sulisema ripple, purl, babble
sulistama splash, plash
sulnidus deliciousness, delightfulness, sweetness
sulnis delicious, delightful, sweet
sulp mash, swill
sulps splash, plop
sulpsama, sulpsatama splash, plop
sulpsatus splash, plop
sulpsti (with a) splash (*or* plop)
sultan sultan
suluksis shut up, locked up
sulustama (*suluga varustama*) provide with a bar (*or* lock); (*suluksisse panema*) shut* up, lock up; (*tõkestama*) bar, block
sumadan trunk, suitcase
sumakas thump
sumama wade splashily
sumbuma 1. (*umbseks muutuma*) become*, close (*or* stuffy, stale); 2. = **vaibuma**
sumdi! splash!
sume dim, dusky; (*heli kohta*) muffled
sumin hum, buzz, croon
sumisema hum, buzz, croon
sumisti *el.* buzzer
summ crowd, throng, swarm
summa sum; (*raha~*) sum of money, amount (of money)
summaarne summary
summeerima sum up, add up
summeeruma add up
summutama damp (down, out); (*maha suruma*) suppress, repress, squash; (*heli*) muffle, mute
summuti damper; (*klaveril*) muffler, damper; (*vibupillidel*) mute; *tehn.* (*mootoril, revolvril jms.*) silencer
sump *kal.* corf, live-box, live-tank, well; **~laev** fish-tank (ship)
sund compulsion, coercion, constraint; (*ajend*) impulsion; **kellegi (millegi) sunnil** compelled by smb. (smth.)
sundaeg *van.* compulsory time (in military service); **~a teenima** serve one's time
sundasumine (compulsory) exile, transportation, banishment
sundeksemplar compulsory copy
sundima compel, force, coerce, constrain; (*ajendama*) impel; **peale ~** enforce, force (*on*), impose (*on*), press (*on*); **oma tahet kellelegi peale ~** impose one's wish on (*or* upon) smb.
sundimatu unforced, unconstrained, free and easy
sundimatult unforcedly, without constraint, with ease
sundimatus unconstraint, ease
sundimisi on (*or* under) compulsion
sundiv compelling
sundkorras compulsorily, under (official) compulsion
sundkujutlus *med.* obsession
sundmäärus compulsory regulation
sundtöö compulsory (*or* forced) labour
sundus compulsion, coercion, constraint
sunduslik compulsory
sundvõõrandama expropriate
sunniabinõu measure of compulsion; coercive measure
sunnik blighter, rascal, scamp
sunniline compulsory, enforced, forced
sunnismaine *aj.* attached to the land
sunnismaisus *aj.* serfdom, serfage, serfhood
sunnitud forced, strained, enforced, constrained
sunnitöö penal servitude; (*vanglas*) hard labour
sunnitööline (hard-labour) convict
sunniviisiline forced, enforced, compulsory
supelasutus bathing establishment
supelbassein swimming-pool, swimming-bath

supelhooaeg bathing season
supelkostüüm bathing-dress, bathing-costume, bathing-suit
supellina bath-towel
supelmantel bath(ing)-gown, bathing-wrap
supelpüksid bathing trunks (*or* drawers), *Am.* swim trunks
supelrand (bathing-)beach
supeltrikoo (knitted) bathing-dress
supelvõõras wisitor at a bathing-place
supelülikond = supelkostüüm
superfosfaat superphosphate
superheterodüün(-vastuvõtja) *el.* superheterodyne (receiver)
superlatiiv *lgv.* superlative (degree)
superlatiivne superlative
supijuur *kok.* root for flavouring soup, parsley-root, celery-root, leek-root
supikauss soup-bowl
supiköök soup-kitchen
supilusikas table-spoon
supilusikatäis table-spoonful
supitaldrik soup-plate
supitirin soup-tureen
supleja bather, swimmer
suplema bathe, have a bathe, swim*, have a swim
suplus bathe, bathing, swim
suport *tehn.* carriage
supp soup, *haruld.* pottage
surelik mortal
surelikkus mortality, being mortal
surema 1. die, expire, *haruld.* decease; **loomulikku surma ~ die** a natural death; **nälga ~ die** of (*or* from) hunger, starve to death; 2. (*keha-liikme kohta*) go* to sleep, go* (*or* grow*) numb; **mu jalg on surnud** my leg is asleep
surematu immortal (*adj. ja subst.*), deathless (*adj.*); **~ks tegema** immortalize
surematus immortality, deathlessness
suremus mortality, death rate
suretama kill, destroy; *piltl.* mortify; (*närvi ~*) deaden; **liha ~** mortify one's flesh
surija dying man (*pl.* men), dying woman (*pl.* women)
surilina shroud, cerement
surimuri (*segapuder*) mess, muddle; (*ebaseaduslik tehing*) underhand deal
surin whirr, buzz, drone
surisema whirr, buzz, drone
surivoodi death-bed

surkima tamper (*with*)
surm death, *haruld.* decease, demise; **~a mõistma** condemn to death; **~a saama** be killed, meet* one's death, lose* one's life
surma-aasta year of (*smb.'s*) death
surmaeelne previous to death, death (*atrib.*), dying
surmaheitlus (death) agony
surmahirm mortal fear (*or* dread)
surmahoop death-blow, mortal blow
surmajuhtum (case of) death
surmajärgne post-mortal, (*lahangu kohta*) post-mortem, (*avaldatud teose jms. kohta*) posthumous
surmakandidaat kõnek. goner, doomed person
surmakuulutus death notice, obituary notice
surmalaager extermination camp
surmalaps one fated to die (soon); **me oleme ~ed** we are dead men
surmama kill, slay*, put* to death
surmamõistetu person condemned to death
surmanuhtlus capital punishment, death penalty
surmaoht mortal danger (*or* peril), danger of death
surmaotsus death sentence
surmapatt mortal (*or* deadly) sin
surmapiin (death) agony
surmaputk hemlock
surmapõlgav death-defying, disdainful of death
surmapõlgus contempt (*or* defiance, disdain) of death
surmasaanu person killed, dead, fatal casualty
surmasuus in the jaws of death; **~t pääsema** have a narrow escape
surmasõlm (*lennukil*) (looping the) loop
surmasõnum, surmateade news (*or* announcement) of death
surmatunnistus certificate of death
surmauni sleep of death; *piltl.* death-like sleep
surmav deadly, mortal, fatal
surmavaikus dead silence (*or* calm), stillness of death
surmavalt deadly, mortally, fatally
surmkindel as sure as death (*or* a gun), as sure as eggs is eggs
surmtõsine deadly serious
surmvaikne deathly still
surmväsinud dead tired, tired to death

surnu dead (*or* deceased) person, the deceased, the departed; ~d *pl.* the dead; ~ks to death, dead; ~ks lööma strike* dead, slay*; ~ks, vaikima pass over in silence, keep* dark, hush up; ~lt sündinud stillborn
surnuaed = kalmistu
surnud dead; (*kangestunud jäseme kohta*) asleep; ~ punkt dead point, *füüs.* ka dead centre; *piltl.* deadlock
surnukahvatu deathly (*or* deadly) pale, ghastly (pale)
surnukamber mortuary
surnukeha dead body, corpse
surnukirst coffin, *Am.* casket
surnuks *vt.* surnu -
surnulava catafalque
surnult *vt.* surnu; ~sündimine still birth
surnumask death mask
surnumatja undertaker
surnuvanker hearse
surrogaat = aseaine
surugaas *tehn.* compressed gas
suruma I (*rõhuma*) press, squeeze; (*survel ajama*) force; **alla ~, maha ~** suppress; **kokku ~** compress; **peale ~** force, thrust* (*on, upon*); **välja ~** squeeze out, (*laeva kohta*) displace
suruma II (*parves üles-alla lendlema*) swarm (*or* dance) in the air; **sääsed suruvad** the gnats are swarming in the air
surupump *tehn.* force-pump
surusääsk *zool.* midge
surutis press; *maj., med.* depression
surutus being pressed (*or* compressed); (*masendus*) being depressed, depression
surutõrs winepress
suruõhk compressed air
suruõhumasin *tehn.* compressed air machine
suruõhupuur *tehn.* pneumatic drill
suruõhuvasar *tehn.* compressed air hammer, pneumatic hammer
suruõhuvoolik *tehn.* compressed air pipe
surve pressure; (*tammistatud vee ~*) head, pressure; (*rõhumine*) oppression; **~t avaldama** exert pressure, put* pressure (*kellelegi* — upon smb.), bring* pressure to bear (*on, upon*); **~ all** under pressure, (*an-tud tõotuse jms. kohta ka*) under coercion, under duress (e)
surveabinõu means of coercion (*or* compulsion)
surveavaldus pressure, coercion, duress (e)
survetugevus *tehn.* pressure resistance
surveventiil *tehn.* pressure valve
survis *mets.* (log-) jam
susi *murd.* = hunt
susisema hiss, sizzle; **asi susiseb** the thing (*or* affair) is going well (*or* getting on like a house on fire)
suskama = torkama
suskima = torkima
susla 1. (*jook*) warm sweet drink (made with syrup); 2. (*pilkenimena*) = ~masin (narrow-gauged) locomotive (*or* train); small riversteamer
suslik *zool.* suslik, ground-squirrel
suss (soft) carpet slipper, mule, *kõnek.* sneaker
sussutama = kussutama
sutt [suti] *zool.* (river) lamprey
suu mouth; ~ **ammuli** with one's mouth (wide) open; ~ **kinni!** shut your mouth!, hold your tongue!, shut up!; ~d **andma** give* a kiss; ~d **pidama** hold* one's tongue, keep* quiet; **kellelegi** ~ **sisse ütlema** say* to smb.'s face; ~**st suhu** from mouth to mouth; **ühest** ~**st** with one voice (*or* accord); **suure** ~**ga** shooting one's mouth, bragging; **ropu** ~**ga** foul-mouthed
suubuma flow, fall* (*into*), discharge (*into*)
suudlema kiss
suudlus kiss
suudmelaht *geogr.* estuary
suudmemaa *geogr.* delta
suue mouth; (*lahekujuline* ~) estuary; (*avaus*) orifice, (*tulirelval*) muzzle
suuhäälik *lgv.* oral sound
suu- ja sõrataud *vet.* foot-and-mouth disease
suukaudne *med.* oral, by the mouth
suukoobas = suuõõs
suukorv muzzle
suukorvistama muzzle
suula *zool.* booby
suulaelõhe = hundikurk
suulaemandel = kurgumandel
suulaenibu = kurgunibu

suulaepuri *anat.* soft palate, velum (*pl.* -la)
suulagi palate
suuline 1. *adj.* oral, verbal; 2. *subst.* mouthpiece
suuliselt orally, verbally, by word of mouth
suumine *anat.* oral
suunama direct, point, aim, level (*at*); (*kirja*) address; (*saatma, läkitama*) send*
suunamuutus change of direction
suunanäitaja direction indicator, (*autol ka*) trafficator
suund direction; tendency, trend; (*laeva* ~) course; ~a **muutma** change direction
suunduma be directed (*or* pointed, aimed); (*kalduma*) tend, trend; (*liikuma*) make* (*for*), make* one's way (*to, toward, into*)
suunitlema (*kavatsema*) intend, purpose, plan; (*püüdlema*) aim (*at*)
suunitlus trend, tendency
suunurk corner of the mouth
suupill mouth-organ
suupiste snack, light meal; ~t **võtma** have a bite
suupõletik *med.* stomatitis
suupärane palatable, tasty, savoury
suur (*arvult v. tähtsuselt*) great; grand; (*kogult*) big; (*avar*) large; ~ **inimene** (*vastandina lapsele*) grown-up person; ~ **tänu!** many thanks!; ~e **tähelepanuga kuulama** listen with much attention; ~ed **kaotused** heavy losses; ~ **tükk ajab suu lõhki** you mustn't bite off more than you can chew; **Aleksander S- Alexander** the **Great**; **S- Isamaasõda** the **Great Patriotic War**; **S- Sotsialistlik Oktoobrirevolutsioon** the **Great October Socialist Revolution**
suuraju *anat.* cerebrum
suurauad bit
suurduma enlarge, increase, grow* large (*or* big)
suurearvuline numerous
suurehitus grand (*or* grandiose) construction (work)
suurejooneline grandiose, grand, on a grand (*or* great) scale
suurekasvuline tall, of large stature
suureline haughty, proud, stuck-up; (*hooplev*) boastful, ostentatious
suuremeelne magnanimous, generous; great-hearted, great-minded
suuremeelsus magnanimity, generosity
suurendama enlarge, increase; (*tõstma*) step up, raise; (*suuremana paista laskma*) magnify; (*rohkendama*) augment
suurendus enlargement, increase; (*suuremana paista laskmine*) magnifying; ~**klaas** magnifying glass, magnifier; ~**võime** magnifying power
suurenema grow* larger (*or* bigger, greater), increase, enlarge
suurepealine big-headed; *med.* megalocephalic
suurepealisus *med.* megalocephaly
suurepärane magnificent, splendid, superb, excellent, grand, capital
suurepäraselt magnificently, splendidly, superbly, excellently
suurepärasus magnificence, splendidness, superbness, excellence
suuresti greatly, largely; highly; to a great extent, very much
suuresõnaline grandiloquent, full of grand words, boastful
suurettevõte large (*or* large-scale) enterprise
suureulatuslik large-scale
suureviisiline grandiose, grand, magnificent
suurevõitu biggish, largish, rather (*or* somewhat) big (*or* large)
suurfeodaal *aj.* feudal lord, seigneur (*or* seignior)
suurhertsog *aj.* grand duke
suurisilmi with large (*or* big) eyes, big-eyed
suurkapital big capital, high finance
suurkapitalist big capitalist, financial magnate, *kõnek.* tycoon
suurkaupmees (wholesale) merchant, wholesale dealer, wholesaler
suurkodanlus the big (*or* upper) bourgeoisie, the upper middle class(-es)
suurkäitis large plant (*or* factory), works), large-scale enterprise
suurlinn large town (*or* city), metropolis
suurmaaomanik big landowner, landlord
suurmaapidamine large-scale farming
suurmees great man (*pl.* men)
suurmeister (*males*) grand master; (*vanameister*) past master (*mingil alal* — *in, of smth.*)
suurnik magnate, *kõnek.* tycoon
suurnokkvint *zool.* grosbeak

suurpaneel *ehit.* large panel
suurpuri *mer.* mainsail
suurriik great power
suurrätt (women's) plaid, (large) kerchief-shawl
suursaadik *pol.* ambassador
suursaatkond *pol.* embassy
suursaavutus great achievement (*mingil alal* — *in smth.*), feat (*of*)
suursugune noble; (*suurest soost*) of noble birth (*or* family, lineage), high-born; (*õilis*) noble-minded, high-minded
suursugusus nobility; (*õilsus*) noble-mindedness, high-mindedness
suursündmus great event
suurteos (great) masterpiece
suurtootmine *maj.* large-scale production
suurtäht capital letter
suurtööstus big industry, large-scale industry
suurtükikuul cannon-ball
suurtükiliha = **kahuriliha**
suurtükituli artillery (*or* cannon) fire, cannonade
suurtükiväelane artillerist, artilleryman (*pl.* -men)
suurtükivägi artillery, ordnance
suurtükk cannon, gun, piece of ordnance
suurus greatness, largeness, bigness; (*mõõtmed*) size; *astr.* magnitude; *mat.* quantity; (*kõrge seisus, auväärsus*) grandeur; (*tähtis isik*) celebrity, notability
suurus (*kerge eine*) breakfast
suurushullustus megalomania, delusion(s) of grandeur
suurusjärk *mat., füüs.* order
suurusluul = **suurushullustus**
suurustaja boaster, braggart
suurustama boast, brag, talk big, make* oneself important
suurustlema boast, brag, show* off, swagger
suurustus boast(ing), brag(ging), big talk
suurvaim genius
suurvene *van.* Great-Russian
suurvesi high water, flood, freshet, inundation
suurvürst *aj.* grand duke
suurätik (table) napkin, serviette
suusahüpe ski-jump
suusakepp ski-stick, ski-pole
suusamääre ski-wax
suusataja skier, ski-runner

suusatama ski
suusatamine skiing, ski-running
suusk ski
suusõnal by word of mouth, orally
suusõnaline oral, verbal
suuteline able (*midagi tegema* — to do *smth.*), capable (*of doing*)
suutma be able (*to do*), be capable (*of doing*), manage (*to do*); **ma ei suuda enam joosta** I can run no longer
suutmatus inability, incapacity, (*võimetus*) impotence
suutäis mouthful, morsel; **rasvane ~ piltl.** a fat (*or* rich) mouthful, a fat bit
suuvalge *med.* thrush, aphtha
suuvesi mouth wash
suuvärk: **tal on hea ~** he has plenty of jaw (*or* gab)
suuõõs *anat.* mouth (*or* oral) cavity
suva discretion, (one's own) judg(e)ment; **oma ~ järgi** at one's own discretion, at choice
suvaline discretionary, discretional, optional; **~ arv** any number, an optional (*or* arbitrary) number
suvatsema deign, be pleased, have the kindness (*to do*); **suvatsege sisse astuda** have the kindness to enter; **ta ei suvatsenud mu kirjale vastatagi** he did not deign to answer (*or* condescend to answering) my letter
suveaed summer garden
suveaeg summer-time
suvehommik summer morning
suvekarvastik *zool.* summer pelage
suvekleit summer dress (*or* gown, frock)
suvekursus summer (*or* vacation) course, summer school
suvelaager summer camp
suveniir souvenir, keepsake
suvepuhkus summer holidays
suvepunkt *astr.* summer solstice
suverään *pol.* sovereign
suveräänne *pol.* sovereign
suveräänsus *pol.* sovereignty
suvesulestik *zool.* summer plumage
suvevaheaeg summer vacation (*or* holidays)
suveõhtu summer evening
suveöö summer night
suvi summer; **suvel** in summer
suvila summer cottage (*or* bungalow, cabin, lodge), villa
suvine summer (*atrib.*)

suvinisu spring wheat
suvirukls spring rye
suvisted *kirikl.* = **nelipühad**
suvitaja summer guest (*or* visitor), summer resident (*or* holiday-maker)
suvitama summer, spend* the summer, rusticate
suvituskoht summer resort, (summer) holiday resort
suvivili summer crop
suviõun summer apple
svastika = **haakrist**
sviiter sweater
sõba (*vaip, kate*) blanket, rug, cover; (*silmalaug*) eyelid; **ma ei saanud ~ silmale** I could not close my eyes (for sleep)
sõber friend
sõbralik friendly, amicable; (*lahke*) affable
sõbralikkus friendliness, amicability; (*lahkus*) affability
sõbralikult in a friendly way, amicably; (*lahkelt*) affably
sõbramees friend
sõbranna, sõbratar girl (*or* woman) friend
sõbrunema become* friends (*or* friendly) (*with*), make* friends (*with*)
sõbrustama, sõbrutsema make* (*or* be) friends (*with*), keep* up friendship (*with*)
sõda war, (*sõjapidamine*) warfare; **~ kuulutama** declare war (*on*); **~ pidama** wage (*or* make*) war, carry on war; **sõtta astuma** enter the war; **sõtta minema** go* to the war
sõdima war, wage (*or* make*, conduct, carry on) war; (*võitlema*) fight*, battle (*against, with*)
sõdimine warring, waging war, warfare
sõdiv waging war, militant, belligerent; **~ riik** the belligerent; **~ad pooled** the belligerents
sõdur soldier, warrior
sõdurielu soldier's (*or* military) life
sõdurimunder soldier's (*or* military) uniform
sõduripluus soldier's (*or* military) tunic
sõdurisinel soldier's (*or* military) (great) coat
sõdurlik soldierly, soldierlike
sõel sieve; (*sari, liiva~ jms.*) screen, riddle; S- (*tähtkuju*) the Pleiad(e)s; **läbi ~a ajama** rub through a sieve

sõelapõhi bottom of a sieve; **nagu ~** riddled with holes
sõelataoline = **sõeljas**
sõelfilter *tehn.* sieve (filter)
sõeljas sievelike, *tead.* cribriform
sõelluu *anat.* ethmoid (bone)
sõelmed siftings
sõelplaat *bot.* sieve plate; *anat.* cribriform plate (*or* lamina) (*pl.* -nae)
sõeltoru *bot.* sieve tube
sõeluma 1. sift (*ka piltl.*), sieve; (*teri, liiva jms.*) screen, riddle; (*läbi arutama*) discuss (thoroughly), consider (carefully); 2. = **saalima**
sõge blind (*ka piltl.*); blindfold(ed); (*nõme*) blinded, benighted, foolish
sõgedus blindness (*ka piltl.*); (*nõmedus*) benightedness, foolishness
sõgesikk = **pimesikk**
sõgestama blind, make* blind, *piltl.* hoodwink
sõiduauto (light) motor-car
sõiduhind fare
sõiduhobune carriage horse
sõiduk vehicle, conveyance
sõidukiirus driving speed (*or* rate)
sõidukorras in running order
sõidukulud travelling expenses
sõidukõlblik (*tee kohta*) passable, practicable
sõidukõlbmatu (*tee kohta*) impassable, impracticable
sõiduluba (driver's, car) licence
sõidupilet ticket
sõiduplaan time-table
sõiduraha fare
sõiduriist = **sõiduk**
sõidutama drive*, ride*, give* (*smb.*) a ride, take* (*smb.*) for a drive (*or* ride)
sõidutee roadway, carriage-way, drive
sõiduvesi fairway, navigable channel; **omas sõiduvees olema** *piltl.* be in one's native element
sõiduvoorimees cabman (*pl.* -men)
sõim [sõime] crib, manger; (*laste~*) crèche, day nursery
sõim [sõimu] abuse, bad language, vituperation, invective
sõimama abuse, call (*smb.*) (bad) names, use bad language, *haruld.* inveigh (*against*)
sõimlema abuse one another (*or* each other), call each other (bad) names
sõimunimi abusive name, offensive nickname

sõimurahe volley of abuse
sõimusõna abusive word, word of abuse, bad word
sõit 1. (*ratsa~*, *jalgratta~ jms.*) ride; (*vankris, autos jms.*) drive; (*laeval*) sail, (*paadis*) row; (*reis*) travel, journey, voyage, trip; (*jooks*) run; **kellelegi ~u tegema** *piltl.* keep* smb. on the trot, (*tõrelema*) give* smb. a dressing-down; 2. *kõnek.* (*rong*) train
sõitja (*reisija*) passenger; (*üürisõidukis*) fare; (*ratsa, jalgrattal jms.*) rider; (*vankris, autos jms.*, *sõiduki juhtijana*) driver; (*sõudja*) rower
sõitlema scold, chide*, rebuke
sõitma (*üldiselt*) go* (in a vehicle); (*ratsa, jalgrattal jms.*) ride*; (*vankris, autos jms.*) drive*; (*laeval*) sail; (*paadis*) row; (*reisima*) travel, journey, voyage; (*liiklema, käima*) run*; **rongis (trammis, bussis, aurikul jne.) ~ go*** by train (tram, bus, steamer, etc.); **ma sõidan homme Moskvasse** I am going to (*or* leaving for) Moscow tomorrow; **ma sõidan järgmise rongiga** I'll go by (*or* take) the next train; **mitu rongi sõidab Tartu ja Tallinna vahel?** how many trains run between Tartu and Tallinn?; **ette ~ draw* up; läbi ~ pass** (through); **rong sõitis jaamast välja** the train pulled out of the station
sõjaaeg war-time
sõjaaegne war-time (*atrib.*)
sõjaasjandus = **sõjandus**
sõjaeelne pre-war
sõjagaas warfare gas
sõjahüüd war-cry, battle-cry
sõjainvaliid war invalid
sõjajalal: ~ olema be at war (*with*); **kellegagi ~ olema** *piltl.* be at daggers drawn with smb.
sõjajõud fighting forces
sõjajärgne post-war
sõjakaaslane fellow-soldier, comrade-in-arms
sõjakas warlike, martial, bellicose, militant
sõjakavalus stratagem (*ka piltl.*)
sõjakirjasaatja war correspondent
sõjakirves *aj.* pole-axe, battle-axe; (*indiaanlaste ~*) tomahawk; **~t maha matma** *piltl.* bury the hatchet
sõjakohus court martial
sõjakolle hotbed of war

sõjakomissar military commissar
sõjakomissariaat military registration and enlistment office
sõjakommunism *aj.* war-time communism
sõjakool military school
sõjakunst art of warfare, strategy
sõjakus bellicosity, militancy
sõjakäik campaign
sõjalaen war loan
sõjalaev warship, man-of-war (*pl.* men-)
sõjalaevastik navy
sõjaline military, of war
sõjamees fighting man (*pl.* men), soldier, warrior
sõjamehelik soldierly, warrior-like
sõjaministeerium *van.* Ministry for (*or* of) War, War Ministry, (*Inglismaal*) War Office, *Am.* Department of War, War Department
sõjaminister *van.* War Minister, (*Inglismaal*) Secretary of State for War, *Am.* Secretary of War
sõjamoon ammunition
sõjandus military matters
sõjaoht danger (*or* menace) of war, war menace
sõjapidamine warfare
sõjapõgenik (war-time) refugee
sõjaratsu charger, war-horse
sõjaretk = **sõjakäik**
sõjariist = **relv**
sõjaroimar war criminal
sõjasaak (war) booty, spoils of war; (*merel*) prize; (*võidumärgina*) trophy
sõjasadam naval port
sõjasaladus military secret
sajasarv *aj.* war bugle
sõjaseisukord state of war
sõjasüütaja instigator of war
sõjateadus military science
sõjatee military road
sõjatehnika military technology; (*sõjavarustus*) technical (war) equipment
sõjatööstus war industry
sõjavang prisoner of war, war-prisoner
sõjavarustus military (*or* war) equipment
sõjavastane 1. *adj.* anti-war; 2. *subst.* opponent of war, fighter against war
sõjaväebaas military base
sõjaväekohustus conscription, (compulsory) military service

sõjaväelane military man (*pl.* men), serviceman, soldier
sõjaväeline military, army (*atrib.*)
sõjaväeteenistus military service
sõjavägi army, military forces
sõjaväli theatre of war
sõjaõhutaja warmonger, war-instigator
sõjaähvardus threat of war
sõkal chaff, husk; (*kõrreliste katteleheke*) glume
sõklane chaffy
sõlg brooch, clasp; (*kanga~*) temple
sõlm knot; *tead.* node, joint; (*lennuasjanduses*) loop; **~e siduma** tie into a knot; **~es** in a knot; **~est lahti tegema** undo (*or* untie) a knot
sõlmama tie a knot, knot
sõlmhein *bot.* sand spurry
sõlmiline knotty
sõlmima knot, tie knots; (*siduma*) tie, bind*, join; (*lepingut jms.*) make*, conclude, contract; **abielu ~ contract** (*or* be linked in) marriage, get* married
sõlmjaam (railway) junction
sõlmküsimus key question
sõlmpunkt nodal point; (*teede ~*) junction; *piltl.* focal point
sõlmuma be knotted, be tied in knots; be tied (*or* bound, joined)
sõlmvaip hand-knotted carpet (*or* rug)
sõltlane dependant
sõltuma depend (*on, upon*); (*tingitud olema*) be conditioned (*by*)
sõltumatu independent (*of*)
sõltumatus independence
sõltumus = **sõltuvus**
sõltuv dependent (*on, upon*); **~ad maad** dependencies
sõltuvalt depending (*on, upon*)
sõltuvus dependence (*on, upon*)
sõmer 1. *subst.* grain (of sand), grit, granule, crumb; (*kruus*) gravel, gritsand; 2. *adj.* grainy, gritty, granulated
sõmerjas grainy, grain-like, granulous; gritty, gravelly
sõmerlumi *geogr.* névé, firn
sõna word; **ühe ~ga** in a (*or* one) word; **palun ~!** may I have the floor?; **~ on sm. A-l Cde A.** has the floor; **~ andma** (*lootusena*) give* (*or* pledge) one's word; (*kõneks*) give* the floor (*to*); **~ kuulma** obey, be obedient; **~ mitte kuulma** disobey, be disobedient; **~ murdma** break* one's word (*or* faith); **~ pidama** keep* one's word; **~ saatma (tooma)** send* (bring*) word; **~võtma** take* the floor
sõnaaher of few words, chary of words, taciturn
sõnaalguline *lgv.* initial
sõnajalalised *bot.* polypodiaceous plants, ferns
sõnajalg fern; (*suur ~, er. kilpjalg*) bracken, brake
sõnajärjestus word order
sõnakas fluent in words, voluble, eloquent; (*sõnapidav*) keeping one's word (*or* promise)
sõnakehv of few-words, laconical
sõnakuulelik obedient
sõnakuulelikkus obedience
sõnakuulmatu disobedient
sõnakuulmatus disobedience
sõnakuulmine obeying, obedience
sõnakõlks mere jingle of (high-sounding) words, empty phrase
sõnakõlksutamine, ~ **sõnakõlksutus** phrasemongering
sõnalavastus dramatic (*or* non-musical) production (*or* staging)
sõnaliik *lgv.* part of speech, word-classs
sõnaline verbal, word (*atrib.*), consisting of words only
sõnalõpuline *lgv.* final
sõnama say*, utter, remark; (*ka*) = **sõnuma**
sõnamulin (empty) verbiage
sõnamurdlik false to one's word, perfidious
sõnaohter wordy, voluble
sõnapealt immediately, promptly
sõnapidamine keeping one's word (*or* promise)
sõnaraamat dictionary
sõnarõhk *lgv.* word stress
sõnaselge = **selgesõnaline**
sõnastama word, put* (*or* express) in words, formulate (in words)
sõnastik vocabulary
sõnastus wording, formulation
sõnasõda war of words, word-battle, polemics
sõnasõnaline word-for-word, literal
sõna-sõnalt word for word, literally
sõnatu wordless, speechless, tongue-tied; (*tumm*) mute, dumb
sõnatuletus *lgv.* derivation of words, word-derivation

sõnavabadus freedom (or liberty) of speech, right to free speech
sõnavahetus exchange of words, altercation, dispute; (*nääklus*) squabble; **meil oli ~t** we had words (*millegi üle — about smth.*)
sõnavara stock of words, vocabulary
sõnavõtja speaker
sõnavõtt speech
sõnaõigus right to speak, voice
sõnaühend *lgv.* word-combination, collocation of words
sõnelema bandy words, have words (*with*), altercate, squabble, wrangle
sõnelus altercation, squabble, wrangle
sõnn bull; **S-** (*tähtkuju*) the Bull, Taurus
sõnnik dung, muck, manure; **~ut laotama** spread* manure
sõnnikuhark dung fork, pitchfork
sõnnikuhunnik dunghill
sõnnikulava *aiand.* hotbed
sõnnikune dungy, mucky, filthy with dung (*or* muck)
sõnnikuvedu carting out the dung (*or* manure)
sõnulseletamatu unspeakable, ineffable
sõnum (piece of) news, message, *luulek.* tidings; (*ajalehes*) report, notice
sõnuma (*tõrelema*) rate, scold; (*sõnadega nõiduma*) put* (*or* cast*) a spell (*on*)
sõnumik (written) message, notice
sõnumisaatja sender of a message; (*ajalehele*) reporter, (newspaper) correspondent
sõnumitooja bringer of a message, messenger
sõprus friendship, amity; **~kohtumine** *sport.* = **sõprusvõistlus**
sõpruskond friendly circle, body of friends
sõprusleping *pol.* treaty of friendship (*or* amity)
sõpruslik friendly, amicable
sõprussidemed bonds of friendship
sõprusvõistlus *sport.* friendly match
sõprusühing friendship society
sõralised cloven-hoofed animals, *tead.* artiodactyls
sõratauad = **suu- ja sõrataud**
sõre (*hõre*) thin, not dense; (*jäme*) coarse-grained, (*jahu kohta*) granular, coarsely ground
sõrendama thin out; (*kirja*) space

(out); **sõrendatud kiri** *trük.* space (d) type
sõrestik *ehit.* frame, framework
sõrg (cloven) hoof; (*vähil*) claw; **sõrgu vastu ajama** *piltl.* dig* in one's heels
sõrgats *zool.* pastern
sõrgloom cloven-hoofed animal
sõrm finger; **millelegi läbi ~ede vaatama** overlook smth., condone smth.; **pange sõrmus ~e** put your ring on; **ta võttis sõrmuse ~est** she took her ring off
sõrmejälg fingerprint, dactylogram
sõrmekaitse finger-stall
sõrmeküüs fingernail
sõrmelaiune of a finder's breadth, fingerbreadth (*atrib.*)
sõrmeliiges finger-joint, *tead.* interfalangeal articulation
sõrmelüli *anat.* phalanx (*pl.* -anges), phalange
sõrmenukk knuckle
sõrmeots finger tip, tip of the (*or* one's) finger
sõrmhõlmine *bot.* palmatilobate
sõrmik = **sõrmkinnas**
sõrmitsema finger, thumb
sõrmitu fingerless
sõrmjagune *bot.* palmatipartite
sõrmjas finger-like, *tead.* digitate, digitiform, *bot.* palmate
sõrmkinnas (knitted woollen) glove
sõrmkübar thimble; *bot.* foxglove
sõrmlaud (*keelpillil*) finger-board
sõrmlõhine *bot.* palmatisected
sõrmroodne *bot.* finger-veined, palmately veined
sõrmtapp *tehn.* cam, finger
sõrmus (finger-)ring
sõsar = **õde**
sõstar currant
sõstrakarva hazel, brown
sõstrapõõsas currant bush
sõstrasilm hazel eye
sõtkas *zool.* golden-eye (duck)
sõtke treading; **~laud** = **tallalaud**
sõtkuma (*tallama*) tread*; (*tainast, savi*) knead; **jalge alla ~** tread* underfoot
sõtse (paternal) aunt, father's sister
sõttaastumine entering the war
sõttaminek going to the war
sõudepaat row(ing)-boat
sõudepink thwart, rower's seat
sõudesport (the sport of) rowing, boating
sõudesportlane oarsman (*pl.* -men)

sõudevõistlus boat-race, rowing match, (rowing, pulling) regatta
sõudja rower, *sport.* oarsman *(pl. -men)*
sõudma row; *(ühe mõlaga)* paddle
sõõm draught, gulp; *(rüübe)* swig; ühe ~uga at a draught
sõõr circle
sõõre nostril
sõõri: ~ käima go* in circles, go* round and round
sõõrik 1. *adj.* round (ed), circular, orbicular; **2.** *subst.* round, something round
sõõrjas round (ed), circular, orbicular
säbar frizzled, frizzly, curly
säbardama frizzle, curl
säbarik = säbar
säbrus: ~ olema be frizzled *(or* frizzly, curled, curly)
säbrutama frizzle, curl
säde spark
sädelema sparkle, scintillate, glitter
sädelev sparkling, scintillating, glittering
sädelus sparkle, sparkling, scintillation, glitter
sädin twitter, warble
sädistama twitter, warble
säga *zool.* sheatfish
säh *kõnek.* here you are!, here it is!, take it!; ~ sulle! well, I'm sure!, well, of all things!
säherdune such
sähke *kõnek.* here you are!, here it is!, take it!
sähvak(as) (sharp) blow, cut
sähvama *(lööma)* give* a sharp blow, cut*; *(välgatama)* flash; *(vahele ütlema)* cut* in, snap *(at)*
sähvatama flash, give* a flash, *haruld.* coruscate
sähvatus flash, *haruld.* coruscation
sähvima give* (repeated) blows; *(välgatlema)* flash
säie strand
säile relic; **säilmed** remains, relics
säilima be preserved, keep*, remain, stay
säilis = hoidis
säilitama preserve, keep* (safe), retain; conserve; maintain; *(varuma)* save, store
säilitus preservation, keeping (safe), retaining; conservation; maintaining; *(varumine)* saving, storing storage; ~kude *bot.* storage tissue; ~paik storage-place, depository,

repository; ~tärklis *bot.* reserve *(or* storage) starch
säiliv preservable, conservable
säinas *zool.* ide, *haruld.* id
sälg colt, *(mära~)* filly
sälguline notched, notchy
sälgustama = sälkima
sälk notch, score, nick
sälkima notch, score, nick
sämp *(sälk)* notch; *(sakk)* jag
sändvitš sandwich
säng bed
sängitama embed; *(matma)* inter, inhume, bury
sänikael stubborn fellow; rascal
sära (beaming) brightness, sparkle, brilliance, radiance, effulgence
särakas *(hoop)* thwack, whack
säraküünal sparkler (firework)
särama shine* (brightly), sparkle, beam, glisten, radiate
särasilm(ali)ne bright-eyed
särav fright, sparkling, brilliant, radiant, effulgent
särdama *tehn.* roast
särg roach *(pl.* roach)
särgikaelus shirt collar
särgiriie shirting
särgisaba shirt-tail
särgiväel *(ainult särgiga)* in one's shirt *(or* chemise, shimmy); *(ilma kuueta)* in one's shirt (-sleeves)
särin sizzle
särisema sizzle
säristama sizzle, make* sizzle; *(praadima)* sizzle, fry (noisily)
säritama *fot.* expose
säritus *fot.* exposure
särk *(meeste~)* shirt; *(naiste~)* chemise, *haruld.* shift; *(laste~)* shimmy; ~pluus shirt (-blouse), *Am.* shirtwaist; ~püksid *(naistel)* (a pair of) combinations, camiknickers; *(meestel)* union-suit
särts *(särtsatus)* crackle, sizzle; *(tarm)* pep (per), punch, mettle, spunk, zest
särtsakas 1. *subst.* crackle, sizzle; **2.** *adj.* = särtsukas
särtsukas snappy, peppery, spunky, zestful
särtsuma crackle, sizzle
säru: kellelegi ~ andma *v.* tegema give* it hot to smb., give* smb. what for
särvima chop
säsi pith, pulp; *(üdi)* marrow
säsine pithy, pulpy

säsiollus *anat.* medullary substance
säte *jur.* regulation, rule; enactment, act (of law)
sätendama sparkle, glitter
sätendus sparkle, glitter
sätestama *jur.* enact, establish, constitute
sättima regulate, set*, adjust
säär (*jalal*) shank, shin, leg; (*sukal, saapal, püksil*) leg; **ta tegi ~ed kõnek.** he took to his heels, he made off
säärane such
säärekaitse leg-guard
säärekate = **sääris**
sääreluu shin(-bone), *tead.* tibia (*pl.* -iae, -ias; *kok.* (*linnuprael*) drumstick
sääremari calf (*pl.* calves) (of the leg)
säärik = **säärsaabas**
sääris legging, gaiter
säärsaabas high boot, (*käänistega* ~) top-boot; (*üle põlve ulatuv* ~) jack-boot
sääs *etn.* fish-weir, fish-garth
sääsehammustus = **sääsepiste**
sääsekurnaja hair-splitter
sääsekurnamine hair-splitting
sääseparv swarm of gnats (*or* mosquitoes)
sääsepiste gnat's bite, mosquito-bite
sääsk gnat, mosquito (*pl.* -oes, -os); **~e kurnama** strain at a gnat; **sääsest elevanti tegema** make* a mountain out of a molehill
säästa (*kokkuhoid*) saving, economy; (*kokkuhoitu*) savings
säästlik economical, sparing, thrifty
säästlikkus economy, sparing, thrift
säästma (*kokku hoidma*) save, spare, economize; (*halastavalt kohtlema*) spare
sõakas = **südakas**
sõandama venture, dare, have the heart, make* bold, make* so bold as (*teha — to do*)
sõebassein coal-field, coal-basin
sõejoonistus *kunst.* charcoal drawing, fusain
sõekaevandus coal-mine, colliery
sõekaevur (coal-)miner, collier
sõelaev collier, coal-ship
sõene coaly
sõepaber carbon paper
sõepliiats *kunst.* charcoal (pencil), fusain
sõepunker coal-bunker

sõepõletaja charcoal-burner
sõerada *sport.* cinder-track, the cinders
sõeraiuja coal-hewer
sõestama char, carbonize
sõestuma char, become* (*or* get*) charred, turn to coal, be carbonized; burn* to a cinder
sõestumine charring, carbonization
sõetööstus coal industry
sõrk trot, jog, jog-trot; **~i sõitma go*** at a trot
sõrkima trot, jog (along); **kellegi sabas ~** trail after smb., follow in the wake of smb.
sööbegaas *sõj.* corrosive gas
sööbeleelis *keem.* caustic alkaline solution (*or* lye)
sööbenaatrium *keem. van.* caustic soda
sööbija *med.* caries (*pl.* caries)
sööbima eat* (one's way) (*into*); corrode, be corroded; *piltl.* be impressed (*upon*), become* deeply rooted (*in*); **hape sööbib rauasse** the acid eats into (*or* eats away, corrodes) the iron; **sündmused sööbisid mu mällu** the events sank deep (*or* indelibly) into my memory
sööbiv corrosive, caustic
sööbivus corrosiveness, causticity
söödaannus fodder ration
söödahernes *põll.* cowpea
söödamaa pasturage, pasture-ground
söödanaeris *põll.* turnip
söödapeet *põll.* mangel(-wurzel)
söödateravili *põll.* fodder grain
söödav edible, eatable
söödavili = **söödateravili**
söödaühik *põll.* = **söötühik**
sööde [sööte] feed, feeding
sööde [söötme] *biol.* (culture) medium (*pl.* -ia)
söödik 1. parasite; **~ud parasites**, vermin; 2. = **söömar**
söödikünd *põll.* ploughing up of the fallow
söödistuma *põll.* become* fallow, fall* out of cultivation
sööglaeg meal-time
sööglihernes *põll.* (common, cooking) pea
sööglisu appetite; **süües kasvab ~ the appetite grows with what it feeds on, the appetite will grow with tasting**
sööglikaart bill of fare, menu

söögikartul food potato (*pl.* -oes)
söögikõri = söögitoru
söögilaud dining-table
söögimaja = söökla
sööginõud dinner-service
söögipeet (red) beet, beetroot
söögipoolis edibles, eatables (*pl.*), *kõnek.* eats, grub
söögisaal dining-hall, dining-room, (*asutuses*) refectory
söögisedel = söögikaart
söögiseen edible mushroom
söögisooda cooking (*or* baking) soda, bicarbonate of soda
söögitegemine preparation of food (*or* meals), cooking
söögitoru *anat.* gullet, oesophagus
söögituba dining-room
söögivahe time between two meals
söögivaheaeg interval between the feeding times
söögiõli cooking-oil; (*salatiõli*) table (*or* salad, olive) oil
sööja eater
söök food, meal; **enne (pärast)** ~i **before (after) the meal; söögi ajal during the meal**
söökla eating-house, dining-rooms; restaurant
sööm (*söömine*) eating, feeding, taking (of) food; (*söök*) food
sööma eat*, have (*or* take*) one's meal(s); (*toituma*) feed* (*on*); **lõunat (õhtust)** ~ have one's dinner (supper); **ära** ~ eat* up; **kedagi välja** ~ squeeze smb. out, supplant smb.
söömaaeg (*söögiaeg*) meal-time; *van.* (*sööming*) repast
söömar big eater, glutton
söömavahe = söögivahe
söömine eating, having (*or* taking) one's meal(s)
sööming repast; (*pidu*~) feast, banquet; (*prassing*) *kõnek.* blow-out
söönuks: ~ **saama** eat* one's fill, eat* to satiety
sööst rush, dash, dart, spurt, plunge, swoop; (*lennuki* ~) dive; (*äkiline hoog*) fit, attack
sööstma rush, make* a rush, dash, dart, spurt, plunge, swoop; (*lennuki kohta*) dive; (*hüppama*) leap*; (*viskuma*) throw* oneself
sööt [**sööda**] (*loomatoit*) fodder, forage, feed; (*kalapüügil*) bait, (*er. kunstlik* ~) lure
sööt [**söödi**] fallow (land); ~i **jätma**

leave* uncultivated; ~is **fallow,** uncultivated
sööt [**söödu**] *sport.* pass, passing the ball
sööti, söötis *vt.* **sööt** [**söödi**]
söötja feeder
söötma feed*; *sport.* pass
söötmine feeding; *sport.* passing
söötraig *med.* lupus
söötühik *põll.* food unit
sööve corrosion
söövitama *tehn.* corrode; *kunst.* etch; *med.* cauterize
sööviti = **söövitusvahend**
söövitus *tehn.* corrosion; *kunst.* etching; *med.* cauterization, cautery; ~**trükk** *trük.* etching; ~**vahend** corrosive, caustic
süda heart; (*südamik*) core; **mu** ~ **langes saapasäärde** my heart sank (into my boots; **mu** ~ **läigib** *v.* **pööritab I feel sick (at the stomach);** **ta** ~ **läks täis** he grew angry; **tal on midagi** ~**mel** he has smth. on his mind; ~**nt välja puistama unbosom oneself** (*to*); ~**nt rindu võtma take*** heart, pick (*or* pluck) up courage; **kõigest** ~**mest from** (*or* with) all one's heart; ~**messe võtma take*** to heart
südajas heart-shaped, *tead.* cordate
südakas brave-hearted, courageous, valiant
südalinn centre of the town (*or* city)
südamealune pit of the stomach
südameasi thing (*or* matter, affair) near to one's heart, cherished cause; (*armuasi*) affair of the heart
südameastma *med.* cardiac asthma
südameatakk *med.* heart attack
südame-emajuur *bot.* gentian; *farm.* gentian root
südamehaige person suffering from (*or* affected with) a heart complaint (*or* disease), cardiopath
südamehaigus heart complaint (*or* disease), cardiac disease, cardiopathy
südameklapp *anat.* heart valve
südamekloppimine *med.* heart fluttering
südamekoda *anat.* atrium (*pl.* -ia, -iums)
südamelihas *anat.* heart muscle; ~**epõletik** *med.* carditis
südamelähedane near to one's heart
südamelöök heartbeat

südamepaun *anat.* heart sac, pericardium (*pl.* -ia)
südamepööritus sickness, nausea
südamerabandus heart (*or* cardiac) failure, (fatal) heart attack, paralysis of the heart
südamerahu peace of mind, tranquillity
südamesoov heartfelt wish
südamesõber bosom friend
südametemurdja, südametesööja heart-stealer
südametoon *füsiol.* heart sounds
südametu heartless
südametukse heart-beat
südametunnistus conscience; ~e piinad pangs (*or* twinges, stings) of conscience, compunction(s)
südametäiega in (a fit of) anger, in an angry mood
südamevalu heartache, grief, (deep) sorrow; *med.* cardiac pain, cardialgia
südamevatsake(ne) *anat.* (heart) ventricle
südameveri heart's-blood
südamevoolmed *med.* angina pectoris, anginal attack
südamik core, heart, pith
südamlik hearty, cordial, heatfelt
südamlikkus heartiness, cordiality
südamlikult heartily, cordially
südantliigutav heart-stirring, moving
südantlõhestav heart-breaking, heart-rending
südasuvi midsummer; südasuvel in midsummer
südaöö midnight, the dead of night
südaöösel, südaöösi in the dead of (the) night
südi courageous, plucky, spirited; (*innukas*) eager
südidus courage, pluck; (*innukus*) eagerness
südikas courageous, brave, valiant; (*ka*) = südi
südikus courage, bravery, valiance; (*ka*) = südidus
süfiliitik syphilitic
sügama scratch
sügav deep; (*sügavamõtteline*) profound
sügavalt deeply, deep; (*sügavamõtteliselt*) profoundly
sügavamõtteline profound, of profound meaning; thoughtful
sügavasti deeply, deep

sügavik depth, deep; (*kuristik*) gulf, abyss, abysm
sügavkünd *põll.* subsoil ploughing, trenching
sügavtrükk *trük.* intaglio (printing), (copper)plate printing
sügavus depth, deepness; (*sügavamõttelisus*) profundity, profoundness
sügavuti in depth
sügelema itch
sügelik itchy
sügelised itch, *tead.* scabies
sügelislest *zool.* itch mite
sügelus itching, itch
sügis autumn, *Am.* fall
sügisene autumnal, autumn (*atrib.*)
sügiseti in the autumn, every autumn
sügiskülv *põll.* autumn (*Am.* fall) sowing
sügiskünd *põll.* autumn (*Am.* fall) ploughing
sügislill autumn flower; *er. bot.* colchicum, meadow saffron, autumn crocus
sügispunkt *astr.* autumnal equinoctial point
sügissuvi late summer
sügistalv late autumn
süit *muus.* suite
süld (Russian) fathom; (*puu~*) cord
süldine jellied
süldistuma jelly, become* jelly, iellify
sülekoer lap-dog
sülelaps infant (in arms), baby
sülelema embrace, hug, clasp (*or* fold) in one's arms
sülelus embrace, hug
sülem 1. *aiand.* swarm (of bees); 2. (*sületäis*) armful
sülemlema *aiand.* swarm
sületäis armful; (*üsatäis*) lapful
sülf *folkl.* sylph
sülfiid *folkl.* sylphid, sylph (*ka piltl.*)
sülg spittle, spit, *tead.* saliva, sputum
sülgama spit*
süli lap; (open) arms, armful; **kellegi süles istuma** sit* in (*or* on) smb.'s lap, sit* on smb.'s knees; **sülle võtma** take* in (*or* on) one's lap, (*kandmiseks*) take* (*or* catch*) up in one's arms
sülitama spit*, *tead.* expectorate; **välja ~** spit* out, *piltl. ka* spew out
sülitis spit

sülitsi clasped in both arms, in a clinch (*or* clench)
süljekauss spittoon
süljene besmeared (*or* beslavered) with spittle
süljenõristus *füsiol.* salivation, secretion of saliva
süljenääre *anat.* salivary gland
süllaabiline *lgv., kirj.* syllabic
süllane of one fathom
süllapuu fathom(-stick)
süllogism *loog.* syllogism
sült jelly, jellied (*or* potted) meat
sültjas jellied, jelly-like
sümbioos *biol.* symbiosis
sümbol symbol
sümboliseerima symbolize
sümboliseerimine symbolization
sümbolism *kunst., kirj.* symbolism
sümbolist *kunst., kirj.* symbolist
sümbolistlik symbolist (*atrib.*), symbolistic
sümboolika symbolism, (system of, use of) symbols
sümboolne symbolic(al)
sümfoonia symphony; ~**kontsert** symphony concert; ~**orkester** symphony orchestra
sümfooniline symphonic
sümmeetria symmetry
sümmeetriline symmetrical
sümpaatia (*poolehoid*) sympathy, liking (*for*); (*kaasaelamine*) sympathy, fellow-feeling (*with*)
sümpaatiline *anat.* sympathetic; ~ **närvisüsteem** *anat.* sympathetic nervous system
sümpaatne lik(e)able, taking, attractive, congenial
sümpatiseerima sympathize (*with*), be in sympathy (*with*)
sümpoosion symposium (*pl.* -ia)
sümptomaatiline symptomatic
sümptoom symptom
sünagoog synagogue
sünd birth, nativity; (*teke*) rise, origin
sündeetikon seccotine
sündikaat *maj.* syndicate
sündima be born; (*tekkima*) arise*; (*juhtima*) come* to pass, happen, occur; (*teostuma*) be done; (*sobima*) fit, suit
sündimine birth, being born, nativity
sündimus (number of) births, birth rate
sündinu (newly-)born (child) (*pl.* children)

sündinud born; (*neiupõlvenimega*) née; ~ **tõsiasi** accomplished fact
sündmatu (*sobimatu*) unsuitable, misplaced; (*sündsusetu*) improper, unseemly, unbecoming
sündmatus unsuitability; (*sündsusetus*) impropriety, unseemliness, unbecomingness
sündmus event, occurrence, happening; ~**rikas** eventful
sündmustik (course of) events; (*jutu, näidendi jms.* ~) action, plot, story
sündsalt properly, decently; (*korralikult*) decorously; (*kohaselt*) suitably, appropriately
sündsus seemliness, propriety, decency; (*korralikkus*) decorum
sündsusetu unseemly, improper, indecent; (*ebakorralik*) indecorous
sünge gloomy, sombre, dreary
süngestuma grow* gloomy (*or* sombre, dreary)
süngus groom, gloominess, greariness
sünkjas somewhat gloomy (*or* sombre, dreary)
sünkroniseerima synchronize
sünkronism synchronism
sünkrooniline synchronous
sünniaasta year of birth
sünniaeg time (*or* date) of birth
sünnieelne prenatal, antenatal
sünnijärgne postnatal
sünnikoht birth-place
sünnilinn native town (*or* city)
sünnilt by birth, by origin
sünnimaa native country (*or* land), home (land)
sünnimärk birth-mark, (*tume* ~) mole, (*helepunane* ~) strawberry-mark
sünnipäev birthday; ~**alaps** person celebrating his (*or* her) birthday
sünnipärane innate, inborn, congenital, constitutional, (hereditarily) natural (*to*)
sünnis proper, becoming, seemly, decent; (*korralik*) decorous; (*kohane*) suitable, appropriate, meet
sünnitaja woman (*pl.* women) in childbirth
sünnitama give* birth (*to*), bear*, be delivered (*of*) *tead.* parturiate; (*tekitama*) produce, give* rise (*to*), engender, beget*, call forth, bring* forth; (*sigitama*) procreate
sünnitis brood, offspring, creation
sünnitunnistus birth certificate

sünnitus childbirth, delivery, *tead.* parturition; ~**abi** assistance at childbirth, midwifery, *tead.* obstetrics; ~**haigla** lying-in hospital, maternity hospital; ~**maja** lying-in home, maternity home; ~**tangid** *med.* obstetric forceps; ~**valud** = **tuhud**
sünonüüm *lgv.* synonym
sünonüümia *lgv.* synonymy, synonymity
sünonüümika *lgv.* synonymy, *haruld.* synonymics
sünonüümne synonymous
sünoptik *meteor.* weather farecaster, prognosticator
sünoptiline synoptic; ~ **kaart** *meteor.* synoptic weather chart
süntaks *lgv.* syntax
süntaktiline *lgv.* syntactic
süntees synthesis (*pl.* -eses)
sünteesima synthesize, synthetize
sünteetiline synthetic
süsi coal, *tead.* carbon; (*puu*~) charcoal; (*söestunud ese*) cinder; ~**hape** *keem.* carbonic acid; ~**happegaas** *keem.* carbon dioxide; **carbonic acid gas;** ~**hapu:** ~**hapu kaltsium** *keem.* calcium carbonate
süsijas coaly, coal-like
süsikas *zool.* coalfish, black (*or* green) pollock
süsimikrofon *el.* carbon microphone
süsimust coal-black, jet-black
süsinik *keem.* carbon; ~**dioksiid** = **süsihappegaas;** ~**oksiid** = **vingugaas;** ~**teras** *tehn.* carbonized steel; ~**urikas** rich in carbon; ~**usisaldus** carbon content
süsivesik *keem.* carbo-hydrate
süsivesinik *keem.* hydrocarbon
süst [**süsta**] **1.** (*veesõiduk*) canoe, kayak; **2.** *van.* = **süstik**
süst [**süsti**] injection, *kõnek.* shot
süstal syringe
süste injection
süsteem system
süsteemitu unsystematic, lacking system
süstel = **süstal**
süstemaatik systematist
süstemaatika taxonomy, classification
süstemaatiline systematic
süstematiseerima systematize
süstik shuttle
süstima inject
süstimine injecting, injection
süstimisprits = **süstal**

süstlanõel *med.* hypodermic needle
süžee (*sündmustiku põhiline sisu*) plot; (*ainestik*) topic, subject
sütik (percussion) cap, detonator
sütitama kindle, fire, inflame, set* (*or* put*) on fire
sütitav inflaming, setting on fire, fiery; ~ **kõne** inspiring speech
süttima kindle, be kindled, catch* fire, take* fire, ignite
süttimatu non-inflammable
süttimine catching fire, igniting, ignition
süttimisoht danger of catching fire (*or* igniting, ignition)
süttimispunkt ignition point
süttimistemperatuur ignition temperature
süttiv inflammable
süttivus inflammability
süva deep-lying, deep; ~**kivim** *geol.* deep-seated (*or* abyssal) rock, plutonite; ~**mereline** deap-sea; ~**mereuurimine** deap-sea research; ~**merl** deep sea, the deep; ~**reljeef** *kunst.* hollow relief; ~**vesi** deep water, deep sea
süvend hollow, depression, groove
süvendaja (*masin*) dredger
süvendama deepen, make* deeper (*or* more profound); (*jõge*) dredge
süvenema (*sügavamaks muutuma*) deepen, become* (*or* grow*) deeper; (*sügavamale tungima*) go* deep (*into*), penetrate deeper (*into*); become* absorbed (*in*), get* engrossed, be deeply engaged (*in*),
süvenematu (done) without (proper) penetration (*into*), cursory, superficial
süvenemine penetration (*into*), absorption (*ini*), being deeply engaged (*in*), engrossment (*in*)
süvik deep place, hollow; gulf, abyss
süvis *mer.* draught; ~**ejoon** *mer.* waterline
süü I (*aastarõngas*) annual ring
süü II (*süüdiolek*) guilt; blame; fault; see on minu ~ I am to blame for this; **tema** ~ läbi through his fault; ~**d** kellegi peale veeretama lay* teh guilt at smb.'s door, lay* (*or* put*) the blame on smb.
süüalune the accused (person), defendant, prisoner at the bar
süüd *mer.* south
süüde (*süütamine*) setting fire (*to*);

(*kuritegelik* ~) arson; (*läide*) kindling
süüdi guilty, culpable (*milleski — of smth.*), to blame (*for*); ~ **mõistma** declare guilty, condemn, (*kohtulikult*) convict (*milleski — of smth.*); **ennast** ~ **tunnistama** plead guilty
süüdiklane *zool.* = **sügelislest**
süüdimatu *jur.* irresponsible, not answerable, non compos
süüdimatus *jur.* irresponsibility, being not answerable being non compos
süüdimõistetu (*kohtulikult*) convict
süüdimõistmine condemnation, (*kohtulik* ~) conviction
süüdistaja accuser, indicter; (*avalik* ~, *prokurör*) prosecutor
süüdistama accuse (*kedagi milleski — smb. of smth.*), charge (*smb. with smth.*); (*vormilist süüdistust tõstma*) indict; (*süüteosse mässima*) inculpate, incriminate; (*süüks arvama*) impute
süüdistatav accused, defendant, (*vahialune kohtus*) prisoner at the bar
süüdistus accusation, charge; (*vormiline* ~) indictment; (*süüteosse mässimine*) inculpation, incrimination; (*süüks arvamine*) imputation; ~**akt** *jur.* (bill of) indictment; ~**kõne** *jur.* prosecutor's charge, indictment; ~**materjal** *jur.* incriminatory evidence; evidentiary material (for the accusation)
süüdiv *jur.* responsible, answerable
süüdivus *jur.* responsibility, being answerable
süüdlane 1. *subst.* guilty person, culprit; 2. *adj.* guilty, culpable
süüdlaslik guilty

süüdlus *jur.* culpability
süüfilis *med.* syphilis; ~**haige** syphilitic
süükoorem burden of guilt
süüpink the prisoner's bench, (*Inglismaal*) dock
süüria Syrian
süürlane Syrian
süüstama *jur.* convict
süütaja incendiary
süütama (*lampi, sigaretti jms.*) light*; (*kütust*) kindle; (*põlema panema*) set* fire (*to*), set* (*or* put*) on fire, ignite
süüteaine (*tule alustuseks*) igniting substance, inflammable matter; *sõj.* incendiary agent
süütegu offence, felony, crime
süütekapsel *tehn., sõj.* primer
süütekuul *sõj.* incendiary bullet
süüteküünal *tehn.* spark-plug, sparking plug
süütemürsk *sõj.* incendiary shell
süütenöör (slow-)match, train, fuse
süütepomm *sõj.* incendiary bomb
süüteseadis *tehn.* ignition device, igniter
süütis kindling
süütu innocent, guiltless, free from guilt, blameless; *jur.* not guilty; (*kahjutu, ohutu*) innocuous
süütult innocently, guiltlessly
süütunne feeling of guilt
süütus innocence, guiltlessness, blamelessness
süütõend *jur.* evidence (of guilt), evidence for the prosecution
süüvima go* deep, penetrate deep, enter deeply (*into*)

Š

šaaber *tehn.* scraper
šaakal jackal
šabloon (*vormlaud*) stencil; (*mudel*) model, pattern; *tehn.* template (*or* templet); *piltl.* stereotype, platitude, commonplace
šablooniline stereotyped, trite, commonplace
šagrään(nahk) shagreen
sahh (*tiitel*) shah; *sport.* check; ~ **ja matt** checkmate
šaht *mäend.* pit, mine, shaft; ~**ahi** *tehn.* shaft furnace

šamott *ehit.* fire-clay, refractory clay, chamotte; ~**kivi**, ~-**tellis** firebrick
šampanja champagne
šampinjon *bot.* meadow agaric
šampoon champoo
šampus *kõnek.* = **šampanja**
šanker *med.* chancre
šanss chance
šantaaž blackmail
šantažeerija blackmailer
šantažeerima blackmail
šantažist = **šantažeerija**
šapirograaf = **hektograaf**

šarlatan quack, charlatan, (*turupetis*) mountepank
šarm = sarm
šarmantne = sarmikas
šarniir *tehn.* joint(-pin), hinge
šarž *kunst.* cartoon, (overcharged) caricature
šaržee-dafäär *pol.* chargé d'affaires
šassii (*autol*) chassis, car frame, (*lennukil*) undercarriage
šatään brown-haired (person)
šedöövr *kunst.* masterpiece
šeff (*ülem*) chief, head, principal; (*peremees*) employer, *Am.* boss; (*abistaja*) patron
šeflus patronage; ~alune under the patronage (*of*), supported (*by*)
šeik sheik
šelf *geogr.* shelf
šellak shellac
šerif sheriff
šerri sherry
ševiot *tekst.* cheviot
ševroo kid(-leather)
šiffer cipher, (secret) code; *bibl.* press-mark
šifoon *tekst.* chiffon
šifreerima cipher, encode
šikk 1. *adj.* smart, stylish, elegant, chic, *Am.* snappy; 2. *subst.* smartness, stylishness, elegance, chic, *Am.* snappiness

šilling shilling
šimpans *zool.* chimpanzee
šlaager (musical) hit, popular tune
šlakk *tehn.* slag, dross
šlikerdama *kõnek.* dodge, shirk
šnitsel fried veal (*or* pork) cutlet
šokeerima shock, give* a shock (*to*), scandalize
šokk shock
šokolaad chocolate; ~ijäätis chocolate ice; ~ikompvek chocolate, chocolate candy (*or* drop, cream, fudge); ~itahvel cake (*or* bar, block) of chocolate
šossee causeway
šoti Scotch, Scots, Scottish
šotlane Scotchman (*pl.* -men), Scot, Scotsman (*pl.* -men)
šovinism chauvinism, jingoism
šovinist chauvinist jingo(ist)
šovinistlik chauvinistic, jingoist
špits(koer) pom, Pomeranian (dog), spitz(-dog)
šrapnell shrapnel
šrift *trük.* type, print
šunt *el.* shunt
šunteerima *el.* shunt
šveitser *van.* (hall) porter, doorkeeper, *Am.* janitor
šveitsi Swiss
šveitslane Swiss (*pl.* Swiss)

Z

zoofüüt *biol.* zoophyte
zoogeograafia zoogeography
zooloog zoologist
zooloogia zoology
zooloogiline zoological
zoopark zoological garden, zoo

zootehnik zootechnician, live-stock expert
zootehnika zootechny, zootechnics, live-stock breeding
zootehniline zootechnic

Ž

žakett jacket
žalusii Venetian blind
žanr genre; ~imaal genre-painting
žargoon *lgv.* jargon, slang; (*mingi erigrupi v. kutseala* ~) cant, lingo (*pl.* -oe's)
želatiin gelatin(e)
želee jelly
žest gesture
žestikulatsioon gesticulation
žestikuleerima gesticulate

žestikuleerimine gesticulating, gesticulation
žetoon plaquette, medal; (*raha asendav mark*) counter
žgutt *med.* (rubber) tourniquet
žiiro *maj.* endorsement
žiletitera razor blade
žilett safety, razor
žiraff = kaelkirjak
žirant, žireerija *maj.* endorser
žireerima *maj.* endorse
žongleerija juggler

24 J. Silvet

žongleerima juggle
žonglöör juggler
žoržett *tekst.* georgette
žurnaal *(ajakiri)* periodical, magazine, journal; *(päevik)* journal, diary, register; *maj.* day-book

žurnalist journalist
žurnalistika journalism
žürii jury, panel; *(kunstinäituse ~)* hanging committee

T

ta = tema
taadike(ne) *(vanameheke)* (little) old man *(pl.* men); *(isake)* daddy; *(vanaisake)* (dear) grandfather, grandpa
taak [taaga] burden
taak [taagi] *mer.* stay
taaksel *mer.* staysail
taaler *aj.* thaler
taamal, taamale yonder, over there
taandama *(tahapoole nihutama)* back, draw* (or push) back, remove; *jur.* challenge; *keem.* reduce, deoxidate; *mat.* cancel (out); *trük.* indent
taandamine *(tahapoole nihutamine)* backing, drawing *(or* pushing) back removal; *jur.* challenging; *keem.* reducing, reduction, deoxidation; *mat.* cancelling (out), cancellation; *trük.* indentation
taandarenema *biol.* retrogress, retrograde, revert *(to)*
taandareng *biol.* retrogression, reversion
taandrida *trük.* paragraph, inden(ta)tion
taanduma draw* back, withdraw*; *sõj.* fall* back, retreat; retire, regress, recede; *biol.* retrogress, revert *(to)*; *keem.* be reduced, be deoxidated; *mat.* cancel (out), be cancelled (out)
taandumatu *mat.* irreducible
taandumine drawing back, withdrawing, withdrawal; *sõj.* falling back, retreat; regression, recession; *biol.* retrogression, reversion(*to)*; *keem.* reduction, deoxidation; *mat.* cancelling (out)
taandumus withdrawal, being withdrawn, retirement, being retired
taandus reduction *(ka keem. ja biol.)*; *jur.* challenge
taanduuristus *geol.* regressive erosion
taanduv regressing, regressive, receding; *mat.* reducible
taane *trük.* inden(ta)tion
taani Danish

taanlane Dane
taar small beer
taara *maj. (pakendi kaal)* tare; *(pakend)* packing, (empty) package
taaruma reel, stagger
taarutama stagger, walk with a stagger
taaruv reeling, staggering
taas 1. again, anew, once more; 2. *(eesliitena)* re-
taaselustama revive, bring* (back) to life, revivify, reanimate, resuscitate
taaselustuma revive, be revived, be brought (back) to life, be revivified *(or* reanimated, resuscitated)
taaselustumine revival, revivification, reanimation, resuscitation
taaskehtestama re-establish
taaskehtestamine re-establishment
taasloomine re-creation renewal
taasrelvastama rearm
taasrelvastamine rearming
taasrelvastuma rearm, be rearmed
taasrelvastumine rearming, rearmament
taassünd rebirth, renascence
taastama restore, re-establish; reconstruct; *(õigusi)* rehabilitate; *(taasehitama)* rebuild*; *(taastekitama)* re-produce; kedagi ta õigustes ~ reinstate smb. in his rights
taastamine restoration, re-establishment; reconstruction; *(õiguste ~)* rehabilitation, reinstatement (in one's rights); *(taasehitamine)* rebuilding; *(taastekitamine)* re-producing
taasteke regeneration, re-formation, re-organisation
taastekitama regenerate, re-form, re-create, re-originate, re-produce
taastekkima be regenerated *(or* re-formed, re-created, re-originated); re-originate
taastootmine *maj.* renewal of production

taastuma be restored (*or* re-established, reconstructed, rehabilitated); (*uuesti esinema*) recur
taastuv: ~ **tüüfus** *med.* recurrent (*or* relapsing) fever
taasvallutamine reconquest
taasühendama reunite
taasühinema reunite, be reunited
taasühinemine reunion
taat (*vanamees*) old man (*pl.* men); (*isa*) dad, father; (*vanaisa*) grandfather, grandpa
taatsi backwards
taavet *mer.* davit
taba(**lukk**) padlock
tabama (*kinni võtma*) catch*, scize, capture, apprehend; get* hold (*of*); (*märki*) hit*; (*õnnetuse jms. kohta*) befall*; **teolt tabatud** caught (*or* taken) in the act, caught red-handed; **mitte** ~ miss
tabamatu difficult to catch, elusive
tabamiskese *sõj., sport.* bull's-eye
tabamus hit, hitting the mark (*ka piltl.*)
tabanduma *med.* be affected (*by*)
tabav hitting the mark (*ka piltl.*); *piltl.* striking, apt, to the point, pertinent
tabavalt strikingly, aptly, to the point, pertinently
tabavus strikingness, aptness, pertinence
tabel table, schedule, chart; **~ikujuline** tabular
tablett (*tahvlike*) tablet; *farm.* tabloid
tabu *folkl.* taboo
taburet stool
tadžiki Ta(d)jik
tadžikk Ta(d)jik
tael [taela] tinder, punkt; *bot.* tree fungus (*pl.* -gi, -guses), amadou, polyspore
taevaalune the skies
taevaisa *kirikl.* Heavenly Father; *müt.* = **taevataat**
taevakaar arch of the heavens
taevakarva = **taevassinine**
taevakeha heavenly (*or* celestial) body; (*valgust andev* ~) luminary
taevakõrgune sky-high
taevalaotus firmament, canopy of heaven
taevalik heavenly, celestial
taevaluugid *piltl.* the windows of heaven
taevameh(**h**)**aanika** *astr.* celestial mechanics

taevameridiaan *astr.* celestial meridian
taevaminemispüha *kirikl.* Ascension Day
taevane of heaven, heavenly
taevariik kingdom of heaven
taevas sky; heaven, the heavens; **lahtise taeva all** under the open sky; **selge** ~ clear sky; ~ **ja maa** heaven and earth; **heide** ~! good gracious!; **taevani ülistama** extol (*or* exalt, praise) to the skies
taevasfäär = **taevaskera**
taevasikk = **tikutaja**
taevasina azure, sky-blue
taevaskera *astr.* celestial sphere
taevasokk = **tikutaja**
taevassinine sky-blue, azure
taevataat *müt.* the (Old) Skyfather
taevatäht star
taevavõlv celestial vault, firmament
taft *tekst.* taffeta
taga 1. *postp.* behind, after, at the back of; **mis on selle** ~? what is behind (*or* at the bottom of) this?; 2. *adv.* behind, at the rear; (*kella kohta*) slow; **varsti oli nutt** ~ crying (*or* weeping, tears) soon followed; ~ **paremaks!** well, to be sure!, what next!; **asi läheb** ~ **hullemaks** it's getting worse and worse; ~ **ajama** pursue, chase, be in pursuit of, seek* after; ~ **kiusama** persecute; ~ **nutma** weep* for, bewail; ~ **otsima** look for, search for, seek* after; **teda otsitakse politsei poolt** ~ he is wanted by the police; ~ **rääkima** backbite*, slander, sling* mud (*at*)
tagaajaja pursuer, chaser
tagaajamine pursuit, chase, (*lärmikas* ~) hue and cry
tagaaju *anat.* hind-brain, metencephalon
tagahoov back yard
tagahäälik *lgv.* back vowel
tagaiste back seat
tagaja guarantor, warrantor
tagajalg hind leg, (*putukal*) posterior leg
tagajärg consequence; (*tulemus*) result, outcome, issue, effect; **millegi tagajärjel** in consequence of smth., as a result of smth.
tagajärjekas effective, successful
tagajärjel *vt.* **tagajärg**
tagajärjetu ineffective, unsuccessful, fruitless

tagakamber inner room (of a two-roomed cottage)
tagakeha posterior part of the body; *zool.* abdomen
tagakiusaja persecutor
tagakiusamine persecution
tagakülg back side, back, reverse (side)
tagala rear, home front; **tagalas** in the rear
tagama guarantee, varrant, vouch (*for*), stand* (*or* become*) security (*for*)
tagamaa hinterland, back country; *pol.* heartland
tagamõte arrière-pensée, ulterior motive (*or* purpose), hidden purpose, implication
tagandama (*töökohalt*) remove, dismiss; (*troonilt*) depose
tagandus (*töökohalt*) removal, dismissal; (*troonilt*) deposition
taganema back; *sõj.* retreat; (*tagasi tõmbuma*) withdraw*, recede; (*plaanist, tõotusest jms.*) back down (*on*) go* back (*on*); (*loobuma*) abandon
taganemine backing; *sõj.* retreating, retreat; (*tagasitõmbumine*) withdrawal, recession
tagant 1. *postp.* from behind; **poiss varastas isa ~** the boy stole from his father, the boy stole behind his father's back; **kahe päeva ~** every two days; 2. *adv.* from behind, from the rear; **~ ajama, ~ kihutama** drive* on, urge on, hurry; **~ üles lööma** kick, lash out
tagantjärele later, afterwards; **~ tark** wise after the event, slow on the uptake
tagantkäelöök *sport.* backhand stroke
tagantkätt: ~ lööma give* a backhand stroke
tagantpoolt from behind, from the back
tagaosa back (*or* rear) part
tagaots back (*or* rear) end
tagaotsimine looking (*for*), searching (*for*)
tagaotsitav sought after, (person) wanted (by the authorities)
tagaplaan background; **~il** in the background
tagapool 1. *adv.* behind, in the rear; (*allpool*) below; 2. *subst.* rear part, the hind side
tagapõhi background; **millegi taga-** põhjal against the background of smth.
tagaratas (*vankril*) back (*or* hind) wheel; (*jalgrattal, autol jms.*) back (*or* rear) wheel
tagarääkimine backbiting, talking behind (*smb.'s*) back, slandering
tagasein rear wall, back
tagaselja behind (*smb.'s*) back, in (*smb.'s*) absence; **~** *otsus jur.* judg(e)ment by default
tagasi back; (*ajaliselt ka*) ago; **kas ta on reisilt ~?** is he back from his journey?; **mõni päev ~** some days ago; **~ andma** give* back, return; **~ astuma** step back, withdraw*, (*ametist*) retire; **~ hoidma** keep* back; **~ kutsuma** call back, recall; **~ lööma** beat* back, repulse, repel; **~ lükkama** reject, refuse, turn down; **~ maksma** pay* back, repay*, refund; **~ minema** go* back, return; **~ põrkama** recoil, rebound; (*kohkudes*) start (*or* shrink*) back; **~ saama** get* (*or* receive) back, recover, (*rahamaksmisel*) get* change; **~ tulema** come* back, return; **~ tõmbuma** draw* back, withdraw*, retire; **~ tõrjuma** (*kallaletungi*) repel, repulse, parry; (*süüdistust*) repudiate, rebut; **~ võitma** win* back, reclaim; (*taasvallutama*) reconquer; **~ võtma** take* back, withdraw*, (*tühistama*) revoke, call off
tagasihoidlik modest, unpretentious, reserved, discreet; **~ arvestus** conservative estimate
tagasihoidlikkus modesty, unpretentiousness, reserve, discretion
tagasikäik going back, regression
tagasilangus relapse, set-back
tagasilöök repulse; (*tulirelval*) recoil, kick
tagasilükkamine rejection, refusal, turning down
tagasimaks, tagasimaksmine repayment, refundment
tagasiminek going back, return
tagasisidestus *el.* back coupling, feedback
tagasisõidupilet return ticket
tagasisõit return journey
tagasitulek coming back, return
tagasitõmbumine drawing back, withdrawal, retirement
tagasitõrjumine repelling, repulse;

(süüdistuse ~) repudiation, rebuttal
tagasivaade looking back, retrospect
tagaspidi = tagurpidi
tagastama return, give* (or send*) back, restore
tagastus returning, giving (or sending) back, restoring
tagasõna lgv. postposition
tagatiib zool. hind (or posterior) wing
tagatipp final issue (or upshot)
tagatis guarantee, guaranty, warrant, warranty; (kindlustus) surety, security; (tagatisdokument) voucher
tagatrepp backstairs
tagatuba rear room, inner room
tagatuli (autol, rongil jms.) tail light (or lamp)
tagauks backdoor
tagavara reserve, store, stock, supply; ~osa spare (or repair) part; ~väelane sõj. reservist; ~vägi sõj. reserve (troops; ~väljapääs emergency exit
tagavokaal lgv. back vowel
tagaõu back yard
tagi tehn. scale, slag, dross
taglas mer. rigging, tackle
taglastama mer. rig (out)
tagujalg = tagajalg
tagukülg = tagakülg
taguma beat*, hammer; (sepistama) forge, (rauda) work; (rusikatega jms.) pommel, pound
tagumik behind, backside, hinder parts, bottom, buttocks, bum; haruld. posteriors, fundament
tagumine I adj. back, hind, hinder, posterior; **kõige** ~ hindmost; ~ **paar välja** "last pair out (or off)", "catch-partner"
tagumine II subst. beating, hammering; (sepistamine) forging, (raua ~) working; (rusikatega jms.) pommelling, pounding
taguots hind end; behind
tagurlane reactionary, reactionist
tagurlik reactionary
tagurlus reactionary character, reaction
tagurpidi backward(s); ~ **minema** go* (or walk, move) backward(s), regress, retrograde, decline, go* downhill
tagurpidikäik tehn. reverse
tagurpidiminek regress, retrogression, decline
taha 1. postp. behind, to the back of;

2. adv. behind, back, to the rear; **nõelale niiti** ~ **ajama** thread a needle; ~ **jääma** (kella kohta) lose*, be slow; **kellelegi jalga** ~ **panema** backheel smb., trip smb. up; ~ **vaatama** look back (or round)
tahapoole backward(s), to the rear
tahe [tahte] will; psühh. volition; **hea (halb)** ~ good (ill) will; **kellegi tahtel** at smb.'s will; **vastu kellegi** ~**t against** smb.'s will; ~ **elada** the will to live
tahe [taheda] dry; (kartulite kohta) mealy; (soolane) salty; **asi on** ~! it's settled!, all right!, Am. okay!
tahedus dryness; (kartulite kohta) mealiness; (soolasus) saltiness
tahendama dry, make* dry
tahenema become* (or get*) dry
tahes (so)ever; **kes** ~ who(so)ever; **mis** ~ what(so)ever; **kus** ~ wher(eso)ever; **olgu ta kui tugev** ~ however strong he may be; ~ **või tahtmata** willy-nilly
tahes-tahtmata willy-nilly
tahk I (ihumiskivi) whetstone, hone
tahk II (kant, külg) facet, face; mat. plane surface (of a solid figure)
tahke (kuiv) dry; (kõva) firm, hard, solid; ~ **keha** füüs. solid (body)
tahkekütus tehn. solid fuel
tahkestuma, tahkuma dry up; harden, solidify
tahkus (kuivus) dryness; (kõvadus) solidness, solidity
tahm (nõgi) soot, smut, grime
tahmama soot, smut, grime, begrime
tahmane sooty, smutty, grimy
tahmuma become* sooty (or smutty, grimy)
taht wick
tahteavaldus (expression of one's) will, act of will; jur. declaration of will
tahtejõud will-power, strength (or force) of will, psühh. power of volition
tahtejõuetu weak-willed, weak of will, weak-minded
tahtejõuetus want of will, weak will, weak-mindedness
tahtejõuline of strong will, determined
tahteline volitional
tahtetu 1. (ebatahteline) involuntary, unvolitioned; 2. = **tahtejõuetu**
tahtevabadus the freedom of the will, free will
tahtevõimetu = tahtejõuetu

tahtlik wilful, intentional, deliberate
tahtlikkus wilfulness, intentionality, deliberateness
tahtlikult wilfully, intentionally, deliberately
tahtlus intent, intention, design
tahtlusetu unintentional, undesigned
tahtma want, wish; (*soovima*) desire, like; be willing; (*kavatsema, mõtlema*) mean* (*midagi teha — to do smth.*); see **töö tahab teha** this work wants doing (*or* requires to be done); **ma tahtsin tulla varemini, kuid ei leidnud aega** I meant to come earlier but found no time; **mida te tahate sellega öelda?** what do you mean by this?; **tahaksin teada** I should like to know; **ma tahtsin kukkuda** I nearly fell; **tikud ei tahtnud süttida** the matches would not strike (*or* refused to strike); see **raamat tahab olla teatmeteoseks** this book purports to be o book of reference
tahtmatu unwilling, involuntary; (*kogematu*) unintentional, undesigned
tahtmatult unwillingly, involuntarily, in spite of oneself; (*kogemata*) unintentionally
tahtmine want, wish, will; **vastu tahtmist** against one's wishes (*or* will), reluctantly
tahukas *mat.* body with plane faces
tahuline having facets (*or* faces)
tahuma hew*, cut* (square), trim; (*jämedalt*) rough out, rough-hew*; *piltl.* polish
tahumatu unhewn, uncut, untrimmed; *piltl.* unpolished, uncouth, rude, rough
tahvel board; (*klassi~*) blackboard; (*kivi~*) slab, (*krihvliga kirjutamiseks*) slate; (*pildi~*) plate; (*mälestus~*) tablet; (*tahveldamiseks*) panel; (*šokolaadi~*) bar
tahveldama panel, (*puutahveldisega ka*) wainscot
tahveldis panel(ling), (*puu~ ka*) wainscot
tahvelkivi slate
tahvelklaver square piano (*pl.* -os)
tahvlilapp duster
tai = **tailiha**
taibukas quick-witted, understanding, bright, intelligent
taibukus (quick) wit, mother wit, understanding, intelligence

taidur artist, virtuoso (*pl.* -os)
taidurlik artistic, masterly, skilful
taie art
taifuun *meteor.* typhoon
taiga *geogr.* taiga
taigen = **tainas**
taigmari *bot.* Alpine currant
taignane = **tainane**
tailiha lean (meat)
taim plant; (*vastandina loomale, er. sõnaühendeis*) vegetable; **paljud ~ed sisaldavad leherohelist** many plants contain chlorophyll
taimeaed *aiand., mets.* nursery (garden)
taimeanatoomia *bot.* plant (or vegetable) anatomy, phytotomy
taimefüsioloogia *bot.* plant physiology, phytophysiology
taimehaigus plant disease
taimekahjur plant pest, vermin
taimekaitse plant protection
taimekasvatus plant-growing, plant raising (*or* cultivation)
taimekiud vegetable fibre
taimekooslus *bot.* plant community
taimelava hotbed (*ka piltl.*); *piltl.* breeding ground, nursery
taimemääraja (*raamat*) (taxonomic) guide for the identification of plants
taimenugiline, taimeparasiit *biol.* plant (*or* vegetable) parasite, phytoparasite
taimerakk *bot.* plant (*or* vegetable) cell
taimerasv vegetable fat, *kok.* vegetable shortening
taimeriik vegetable (*or* plant) kingdom
taimestik *bot.* vegetation, flora
taimesööja *zool.* phytophagous
taimesüstemaatika *bot.* systematic botany
taimeteadlane botanist
taimeteadus botany
taimetoit vegetarian food
taimetoitlane vegetarian
taimetoitlus vegetarianism
taimevõi vegetable butter
taimeõli vegetable oil
taimkate vegetation, vegetative cover
taimla = **taimeaed**
taimne vegetable, vegetative, plant (*atrib.*)
taimparasiit *bot.* parasitical plant
taimtoit *zool.* vegetable food
tainane doughy, pasty

tainapea noodle, numskull
tainarull rolling-pin
tainas dough, paste
tainataoline dough-like, paste-like, pasty
taine lean
tainjas = **tainataoline**
taip wit, understanding, insight, intelligence, acumen
taipama understand*, grasp, realize; apprehend; bethink* oneself (*midagi teha — to do smth.*); **ma ei taibanud seda teha** it did not occur to me to do that
taipamatu slow-witted
taiplik = **taibukas**
taju *psühh.* (sense) perception
tajuma perceive, sense
tajumatu imperceptible, unperceivable
tajumatus imperceptibility
tajumisvõime *psühh.* perceptivity
tajutav perceptible, perceivable
tajutavus perceptibility
takerduma get* stuck (*or* entangled, caught) (*millessegi — in smth.*)
takistama hinder, impede, obstruct, check, hamper; (*ära hoidma*) prevent (*midagi tegemast — from doing smth.*)
takistamatu unhindered, unimpeded, unchecked, unhampered
takisti *el.* resistor
takistus hindrance, impediment, obstacle, obstruction; *füüs.* resistance, resistor; **~ahi** *tehn., el.* resistance furnace; **~jooks** *sport,* steeplechase; **~keevitus** *tehn.* resistance welding; **~pool** *el.* resistance coil; **~sulam** *tehn.* resistance alloy; **~sõit** *sport.* steeplechase
takjanutt (burdock-)bur
takjas (*taimena*) burdock, (*viljana*) bur
takk = **takud**
takka *kõnek.* = **tagant**
taks I = **taksikoer**
taks II (*norm, kindlaksmääratud hind*) tariff, rate, statutory (*or* set) price
takseerima assess, appraise, rate, value; *haruld.* tax
taksiauto = **takso**
taksikoer dachshund, basset
takso taxi(-cab), cab; **~juht** taxi-driver, taximan (*pl.* -men); **~meeter** *tehn.* taximeter
takt 1. (*peenetundelisus*) tact; 2. *muus.* (*rütmiühik*) time, measure, (*heliteose osana*) bar; *tehn.* (*moo-*

tori käigus) stroke, (time) cycle; **~i lööma** beat* time; **~i pidama** keep* time
taktijoon *muus.* bar (-line)
taktik tactician
taktika tactics, *piltl. ka* policy
taktikaline tactical
taktikepp (conductor's) baton
taktiline tactful, discrete
taktilöök *muus.* beat
taktitu tactless, indiscrete
taktitunne (feeling of) tact, tactfulness, discretion
taktitus tactlessness, indiscreation
takud tow, hurds (*or* hards), brake waste; (*tihtimismaterjalina*) oakum
takune towy
takutama caulk with oakum (*or* tow)
tala beam, girder, stringer, joist, (*tugi~*) summer; (*lae~*) ceiling-beam
talaar robe, gown
talastik timber-work, framing, framework
talb wedge
talbjas wedge-shaped, *tead.* cuneiform, cuneate
talbkude *bot.* fibrous tissue, prosenchyma
talbluu *anat.* cuneiform bone, triquetrum (*pl.* -tra)
tald sole; **~u lakkuma** *piltl.* bootlick
taldrik plate; *tehn.* disk; **~ud** *muus.* cymbals; **~utäis** plateful; **~äke** disk harrow (*or* cultivator)
talendikas talented
talent talent
talgud bee
talguline person participating in a bee
tali [tali] *tehn.* pulley
tali [talve] = **talv**
talinisu winter (*or* autumn-sown) wheat
talirukis winter (*or* autumn-sown) rye
talisman talisman
talisport winter sports
talitaja tender, care-taker
talitama (*toimima*) act, operate, work; (*koduseid töid tegema*) do (daily) chares; (*kellegi eest hoolitsema*) tend, look after, (*haiget ~*) nurse
talitlema *biol.* function
talitlus *biol.* function, functioning
talitluslik *biol.* functional
talitsema bridle, control, restrain
talitus 1. (*toiming*) action, operation, (*hoolitsus*) tendering, care-taking, nursing; **kodused ~ed** (daily)

talitusviis   376   **tamburiin**

chares (*or* chores); **kiriklikud ~ed** church offices (*or* rites); 2. (*asutus*) office; (*ajalehe~*) *van.* forwarding department
talitusviis way (*or* mode, line) of action, procedure, manner (*of* action)
taliuinak = talveuni
talivili winter corn (*or* crop)
taliõun winter apple
talje (*vöökoht*) waist; (*pihik*) bodice
talk *min.* talc(um)
tall [talle] (*lamba~*) lamb;(*kitse~*) kid; **~e tooma** (*lamba kohta*) lamb; (*kitse kohta*) kid
tall [talli] stable
tallalakkuja *piltl.* bootlick
tallalaud treadle
tallama tread*; **jalge alla ~** trample under (*one's*); feet *piltll.* trample down; **tallatud tee** beaten trail (*or* track)
tallanahk sole leather
talleke(ne) (little) lamb, lambkin
tallel stored away (*or* up); **~ hoidma, ~ pidama** keep* stored up (*or* in reserve); **~e panema** store up, put* away, preserve, place in safe keeping
tallenahk lambskin
tallermaa trampled ground; playground, arena
talletama store up, preserve, deposit; keep* stored up (*or* in reserve)
tallimees groom, stable-man (*pl.* -men), (*võõrastemajas*) ostler
tallinlane inhabitant of Tallinn
tallipoiss = tallimees
tallmeister *aj.* equerry (*ka tiitlina*), master of the horse
talliukas (*jalanarts*) foot-cloth; (*kalts*) rag
tallutama sole, (*uuesti ~*) re-sole
talong counterfoil, *Am.* stub
taltsas tame
taltsutaja tamer
taltsutama tame; (*hobust*) break* in; *piltl.* bridle, control, keep* in control, restrain, check
taltsutamatu untamable, indomitable (*ka piltl.*); *piltl.* unbridled
taltsutatav tamable
taltsutus taming; (*hobuse ~*) breaking in; *piltl.* bridling, controlling, restraining, checking
taltuma become*, tame; (*rahunema*) calm down, subside, abate
talu farm, farmstead, homestead

talum *ehit.* abutment
taluma bear*, stand*, endure, (*kannatama*) suffer, put*, up with; (*sallima*) tolerate; (*välja kannatades ellu jääma*) survive
talumaja farmhouse
talumatu unbearable, unendurable, intolerable, beyond (*or* past) endurance
talumees peasant; (*taluomanik*) farmer, peasant proprietor
talunaine peasant woman (*pl.* women)
talund farmstead, homestead
talunik farmer
taluomanik farm owner
taluperemees farm master
taluperenaine farm mistress
talupidaja farm-keeper
talupidamine farming, husbandry
talupoeg peasant
talupoeglik peasant (*atrib.*), rural
talupojaseisus *aj.* peasantry, the peasant class
talurahvas (the) peasantry
talutama lead* (by the hand), guide, (*kõnnitama*) walk
talutare (old-time) farmhouse
talutav bearable, endurable, sufferable, tolerable
taluvõi country butter, home-made butter
talv winter
talvakujuline = talbjas
talveeos *bot.* winter spore
talvekarvastik *zool.* winter pelage
talvekindel *põll., aiand.* (winter)hardy
talvekuu winter month; (*ka*) = november
talvemantel = talvepalitu
talvemüts winter cap
talvepalitu winter overcoat
talvepung *bot.* winter bud; *zool.* statoblast
talvepunkt *astr.* winter solstice
talvesulestik *zool.* winter plumage
talveuni *zool.* winter sleep, hibernation
talvik *bot.* wintergreen
talvike(ne) *zool.* bunting, yellowhammer
talvine winter (*atrib.*); (*talviselt külm*) wintry
talvitama winter, spend* the winter
talviti in winter, every winter
talvituma hibernate
tambits (*tampnui*) beetle, rammer, ram; (*peenekstampimiseks*) pounder; (*uhmrinui*) pestle
tamburiin *muus.* tambourine

tambuur *muus., ehit., tehn.* tambour, drum
tamka(mäng) *van.* = **kabe**
tamm [tamme] oak; **tugev kui ~** (as) firm as a rock
tamm [tammi] (*kaitse~*) dam, dike (*or* dyke); (*veski~*) weir; (*raudtee~*) embankment; (*sadama~*) mole
tammemets oak wood (*or* forest)
tammepuit oak-wood, oak
tammepuu oak-tree, oak; (*tammepuit*) oak-wood, oak; **~mööbel** oak furniture
tammetõru acorn
tammik oak grove (*or* wood, stand)
tammine oaken, oak (*atrib.*), of oak
tammistama dam (up, off), dike (*or* dyke)
tammuma stamp on the same spot, mark time
tamp (*tampimine*) stamp; (*ka*) = **tambits**
tampima stamp; (*peeneks ~*) pound, (*uhmris*) bray, pestle; (*kõvaks ~*, *kinni ~*) ram
tampnui = **tambits**
tampoon *med.* tampon
tander (battle)field, *piltl. ka* arena
tang *vt.* **tangud**
tangens *mat.* tangent
tangentsiaaljõud *füüs.* tangential force
tangentsiaalne *füüs.* tangential
tangentsiaalpinge *füüs., tehn.* tangential (*or* shearing) stress, shear
tangid tongs; (*näpits~*) pincers, nippers; *med.* forceps
tango tango (*pl.* -os)
tangsünnitus *med.* forceps delivery
tangtõbi *vet.* measles (of swine)
tangud 1. groats, grits; (*odra~*) ground barley; (*üldistavalt*) cereals; 2. = **tangtõbi**
tangupuder barley porridge
tangus measled, measly; **siga on ~** the pig has measles
tangusupp barley-soup
tangutera barley grit
tangutumm barley-water
tanguvorst white (*or* barley) pudding; (*verivorst*) black pudding
tank *tehn., sõj.* tank; *kõnek. ka* = **tanksaabas**
tankett *sõj.* small tank, tankette
tankima tank
tankist *sõj.* tankman (*pl.* -men)
tankitõrje *sõj.* tank barrier
tankitõrje *sõj.* anti-tank defence;

~kraav *sõj.* anti-tank trench (*or* ditch)
tankivastane anti-tank
tanklaev *mer.* tanker
tanksaabas *kõnek.* (heavy) service boot
tann tub (*ka aiand.*)
tanner = **tander**
tanniin *keem.* tannin
tannitaim *aiand.* tub plant
tantaal *keem.* tantalum
tantjeem *maj.* (directors') percentage (of the profits)
tants dance
tantsija dancer
tantsijanna, tantsijatar dancer, dancing girl
tantsima dance
tantsisklema dance, trip, skip, frisk
tantsitama dance, make* dance
tantstõbi *med.* dancing disease, chorea
tantsukunst (art of) dancing, choreography
tantsumuusika dance music
tantsuorkester dance band
tantsusaal dancing-hall (*or* -room)
tantsusamm dance step, pas
tantsuõhtu dancing-party
tantsuõpetaja dancing master
tanu (woman's) cap, (*vanaaegne ~*) coif; **~ alla saama** get* married, find* a husband
tanum *murd.* (country) lane
taoline such, similar (*liitsõnas*) of the type of; **midagi taolist** something of the kind
taosed = **rangid**
taotav malleable
taotavus malleability
taoti sometimes, from time to time
taotleja striver (*for, after*), aspirant (*to*)
taotlema strive* for (*or* after), aspire to, aim, at, apply for, seek*, pursue, press for
taotlus aspiration, application, suit; (*püüdlus*) pursuit
taotsema = **tavatsema**
tapajäätmed (slaughtering) offal(s)
tapakaal slaughter (*or* dressed) weight
tapakari cattle for slaughter, slaughter cattle
tapakirves (*lihunikul*) butcher's (*or* slaughterer's) axe; (*timukal*) executioner's axe
tapalava scaffold
tapaloom animal for slaughter, slaughter animal

tapamaja slaughterhouse
tapatalgud massacre
tapatall [-talli] *van.* = tapamaja
tapeet wall-paper, paper-hangings; (*vaip*~) tapestry
tapeetija paper-hanger, upholsterer
tapeetima, tapetseerima paper
tapiir *zool.* tapir
tapipesa *ehit.* mortise (*or* mortice)
tapja killer, slayer, murderer; (*looma*~) slaughterer, butcher
taplema (*võitlema*) fight*, battle, be at blows (*with*); (*tõrelema*) scold, quarrel (*with*)
taplus (*võitlus*) fight, battle; (*tõrelus*) scolding, quarrel(ling)
tapma (*inimest*) kill, slay*, (*mõrvama*) murder, assassinate; (*looma*) slaughter, butcher
tapmine (*inimese* ~) killing, (*mõrvamine*) murder, assassination; (*ettekavatsematа* ~) manslaughter; (*looma* ~) slaughtering, butchering
tapmiskatse attempt upon smb.'s life
tapp [tapa] = tapmine
tapp [tapi] I *tehn.* tenon, pin; (*võlli*~) journal
tapp [tapi] II *aj.* (*vangi*~) halting place for transported convicts; transport of convicts; **tapiga saatma** deport, transport (like a convict)
tapp [tapu] hop(-plant)
tappejõud *sõj.* lethal effect, lethality
tapper *aj.* pole-axe, battle-axe
tapuväät hop-bind (*or* -bine)
tara fence, fencing; (*põõsas*~) hedge; (*püst*~) paling; (*karja*~) enclosure, pen, corral (*lamba*~) sheepfold; *astr.* halo (*pl.* -oes)
taraan *aj.* battering-ram
tarakan cockroach, (*must* ~) blackbeetle
taralõng *bot.* boxthorn
tarand balustrade
tarandik enclosure; (*karja*~) corral
tarantel *zool.* tarantula
tarastama fence in, hedge, enclose
tarastus fencing in, enclosing, enclosure
tarbe *vt.* tarve
tarbeaine commodity, material for consumption
tarbeese commodity, object (*or* article) of consumption
tarbekaup consumer goods, essential commodities
tarbekeemia applied chemistry, industrial chemistry

tarbeks *vt.* tarve
tarbekunst applied art, industrial art, art industry
tarbepuit, tarbepuu timber, *Am.* lumber
tarberiist implement, tool
tarbetu unnecessary, useless, needless, (*ülearune*) superfluous, redundant
tarbetus unnecessariness, uselessness, needlessness; (*ülearusus*) superfluity, redundancy
tarbija consumer, user; ~**te kooperatiiv**, ~**te ühistu** consumers' co-operative, consumers' (co-operative) society
tarbijaskond (body of) consumers
tarbima consume, use
tarbimine consumption, use
tarbimisväärtus *maj.* use value
tardkivim *geol.* igneous (*or* plutonic, volcanic, magmatic) rock
tarduma congeal, solidify; (*külmast, hirmust jms.*) become* stiff (*or* rigid), stiffen
tardumus congealing, congelation, solidification; (*külmast, hirmust jms.*) stiffness
tare (*tuba*) living-room (in a peasant house); (*maja*) peasant house, cottage, cabin
targu wisely, prudently; **tasa ja** ~ quietly (*or* cautiously) and prudently
targutama, targutlema reason, ratiocinate, philosophize, quibble, subtilize
targutlus, targutus (affected) reasoning, ratiocination, sophistry
tari (*kobar*) cluster, bunch
tariif tariff
tarind *ehit.* construction, erection
tarindama *ehit.* construct, erect
tarinõges *bot.* germander
tark 1. *adj.* (*elu*~) wise, sage; (*ettevaatlik*) prudent, bensible; (*arukas*) intelligent, clever; 2. *subst.* wise man (*pl.* men), sage, (*mõtte*~) philosopher; (*nõid*) wizard
tarkpea clever person; *iroon.* wiseacre, smart Alec
tarkus (*elu*~) wisdom, sagacity; (*ettevaatlikkus*) prudence; (*arukus*) intelligence, cleverness; ~(e)hammas wisdom-tooth (*pl.* -teeth)
tarm energy, vigour, wim, drive
tarmukas energetic, vigorous, full of vim (*or* drive) active
tarmukus energy, vigorousness, activity

tarn bot. sedge, carex
tarre(nd) jelly
tarretama 1. (*tarduma panema*) congeal, turn into jelly; make* stiff (*or* rigid); (*kalgenduma*) coagulate; (*külmast kangestama*) benumb; 2. (*tarduma*) congeal, turn into jelly; become* stiff (*or* rigid); (*kalgenduma*) coagulate
tarretis jelly
tarretuma = **tarduma**
tarretus (*tarretamine*) congealing, congelation; (*kalgendus*) coagulation); (*kangestus*) stiffness; (*külmakangestus*) numbness
tartel = **tarre(nd)**
tartlane inhabitant of Tartu
taru (bee)hive; ~**vaik** bee glue, propolis
tarvas zool. aurochs
tarve need, want; (*nõue*) demand; **tarbe korral** in case of need, when (*or* if) required; **millegi tarbeks** for some end (*or* purpose)
tarvidus need, want, requirement; (*tarvilikkus*) necessity; **oma loomulikke ~i rahuldama** relieve oneself (*or* nature)
tarvik = **rekvisiit**
tarvilik necessary, needful, required, requisite
tarvilikkus necessity, need
tarvis 1. adv. (*vaja*) needed, needful, necessary; **on ~ it is necessary** (*teha — to do*); **mul on raha ~ I need** (*or* want) money; **meil on ~ minema hakata** we must be going; **mul endal võib seda raamatut ~ minna** I myself may (*or* might) need this book; 2. *postp.* (*jaoks*) for; **need maiustused on laste ~** these sweets are for the children
tarvisminev needful, necessary, requisite
tarvitaja user; (*tarbija*) consumer
tarvitama (*kasutama*) use, make* use (*of*), employ; (*vajama*) need, have need (*of*); (*tarbima*) consume
tarvitamisjuhend directions for use
tarvitamiskõlblik fit for use, serviceable
tarvitamiskõlbmatu unfit for use, unserviceable
tarvitatav usable, employable
tarvitsema need, be necessary; **teil ei tarvitse nii vara tulla** you need not come so early; **teil tarvitseb vaid nupule vajutada** you have only

to press the button; **sa ei tarvitse vihane olla** there is no call for you to be angry
tarvitus (*kasutus*) use, usage, employment; (*tarbimine*) consumption; ~**el olema** be in use; ~**ele võtma** bring* (*or* put*) into use, introduce (*or* put*) into practice
tasa 1. (*vaikselt*) low, in a low voice; softly, quietly; gently; (*aeglaselt*) slowly; 2. (*võrdselt*) even, level; (*samal tasemel*) level (*with*), on a level (*with*), flush (*with*); (*tasutud*) quits, square (*kellegagi — with smb.*); **me oleme ~ we are quits** (*or* square); **~ tegema** make* up (*for*), make* good, compensate (*for*); **punktide arvu ~ tegema** sport. square the score
tasaarvestus = **tasendus**
tasadus gentleness, softness
tasahilju(kesi) = **tasakesi**
tasakaal equilibrium, balance, equipoise; (*er. seesmine~*) poise; ~**u säilitama** keep* one's balance (*ka piltl.*); ~**us olema** be balanced (*or* poised)
tasakaalukas balanced, poised; *piltl.* steady, even-tempered, (*mõistlik*) level-headed
tasakaalukus being balanced (*or* poised); *er. seesmine* ~) poise
tasakaalustama balance, equilibrate, equipoise; (*vastukaaluna*) counterbalance, counterpoise; (*võrdsustama*) equalize
tasakaalutu unbalanced, lacking equilibrium
tasakesi (*vaikselt*) quietly, on the quiet; (*aeglaselt*) slowly
tasakumer *füüs.* plano-convex
tasalülitama equalize the potential (*of*); *piltl.* co-ordinate (*or* assimilate) forcibly
tasand = **tasapind**
tasandama even, level, make* even (*or* level), smooth (out); (*võrdsustama*) equalize; (*aeglustama*) slow down, make* slower
tasandik geogr. plain, level (*or* flat) country
tasane (*lame*) even, level, flat, plain; (*sile*) smooth; (*vaikne*) low, soft; (*vagur*) meek; (*aeglane*) slow
tasanurk mat. straight-angle
tasanõgus *füüs.* plano-concave
tasapind plane (*ka mat.*), level surface; (*ka*) = **tase**

tasapinnaline plane
tasapisi little by little, at an easy pace
tasasus (*lamedus*) evenness, flatness; (*vaiksus*) lowness, softness; (*vagurus*) meekness; (*aeglus*) slowness
tasavägine of equal strength, equally matched
tase level, plane, (*elu~, väärtuste ~*) standard; **samal ~mel** on a level, on the same plane; **teisel ~mel** on another (*or* a different) level; **vajalikul ~mel** up to the mark; **kõrgel kultuurilisel ~mel** at a high cultural level
tasem (*vaiksem*) lower, softer, quieter, gentler; (*aeglasem*) slower
tasemini (*vaiksemalt*) lower, more softly (*or* quietly, gently); (*aeglasemalt*) more slowly
tasendus *maj.* settlement (of account), equalization; **~makse** *maj.* equalization payment
tasku pocket; **~kell** (pocket) watch; **~lamp** (pocket) flash-light, electric torch; **~nuga** pocket-knife (*pl.* -knives), (*sulenuga*) penknife; **~-raamat** pocket-book; **~raha** pocket-money, allowance; **~rätik, ~rätt** (pocket) handkerchief; **~tiisikus** humor. being out of pocket, being stony-broke; **~varas** pickpocket; **~väljaanne** pocket edition
tass cup; **~ ja alus~** cup and saucer
tassima drag, lug, *Am.* tote
tassitäis cupful
tasu compensation, recompense, requital, reward; (*maks*) payment, pay, remuneration; (*honorar*) fee; (*vastu~*) return; (*kahju~*) reparation, indemnification, damages; (*karistus*) retribution
tasuja avenger
tasuline paid
tasuma 1. (*tasu andma*) compensate (*for*), make* up (*for*), requite; (*maksma*) pay*, repay*, remunerate; (*kätte maksma*) avenge; **see ei tasu end ära** this does not pay; 2. (*sooni*) massage
tasumäär rate of pay
tasuta free (of charge), gratis, for nothing
tasuv paying, remunerative, profitable
tasuvus profitableness
tatar buckwheat
tatari Tatar, Tartar
tatarlane Tatar, Tartar

tatikas (*seen*) granulated boletus
tatine snotty
tatistama run* with snot; (*tatiga määrima*) dirty with snot
tatitõbi (*loomadel*) glanders
tatratangud buckwheat groats (*or* grits)
tatsama, tatsuma toddle, patter, waddle
tatt snot; **~nina** snotty-nose, runny-nosed youngster
taud epidemic; *piltl.* plague
taudiline epidemic
tauditõrje prevention of epidemic(s), epidemic control
taunima condemn, damn, repudiate, reject
taunitav condemnable, damnable
taust background, foil; *teatr.* backdrop; **millegi ~al** against the background of smth.
tautoloogia tautology
tautoloogiline tautological
tava custom, usage, use, (usual) practice, *haruld.* wont
tavakohane = tavapärane
tavaline usual, customary; common, in common use; (*harilik*) ordinary
tavaliselt usually, as usual, as a rule; (*harilikult*) ordinarily
tavand rite, ritual, ceremony
tavapärane usual, customary
tavatsema use (*to do*), be used (*to doing*), be in the habit (*of doing*), *haruld.* wont, be wont (*to do*)
tavatu unusual, extraordinary, unwonted
tavaõigus jur. customary law, right based on custom
tavott solid oil
te = teie
teada: **minu ~** to my knowledge; **~ andma** make* known, announce, inform, notify; **~ olema** be known; **~ saama** get* to know, learn*
teadaanne announcement, communication, information, notification, notice
teadagi to be sure, of course, naturally
teade [teate] news, (piece of) information, intelligence; (*teadaanne*) notice, advice; **teateid andma** give* information
teade [teatme] datum (*pl.* data)
teadetebüroo inquiry (*or* information) office, *Am.* information bureau (*pl.* -eaus, -eaux)
teadetetahvel notice board

teadlane (*loodus~*) scientist, man (*pl.* men) of science; (*õpetlane*) scholar
teadlik conscious (*of*), sensible (*of*), aware (*of*); *haruld.* cognizant (*of*)
teadlikkus consciousness, awareness; **poliitiline ~** political awareness (*or* consciousness)
teadlikult consciously; (*meelega*) knowingly, wittingly, on purpose
teadma know*, be aware (*of*); mitte **~** ignore, be ignorant (*of*); **ilma minu ~ta** without my knowledge; **~ta kadunud** missing; *vt.* **ka teada**
teadmatu unknown
teadmatult unknown
teadmatus ignorance, lack of knowledge; (*ebakindlus*) uncertainty, (*ärev ~*) suspense
teadmine knowing, knowledge; **teadmised** knowledge, learning; **kõigile teadmiseks** for everybody to know, to everybody's notice; **teadmiseks võtma** take* notice (*of*)
teadmishimu curiosity, inquisitiveness
teadmishimuline curious, inquisitive
teadupärast = **teatavasti**
teadus science, knowledge, learning; (*~haru*) discipline
teadusala field of knowledge
teadusalane scientific
teadus(e)janu thirst for knowledge
teadus(e)januline thirsty for knowledge
teadus(e)mees = **teadlane**
teadusharu branch of science (*or* knowledge, learning), discipline
teaduskond faculty, department
teaduslik scientific, learned; **~ kraad** academic degree; **~ sekretär** learned secretary; **~ töötaja** research worker
teaduslik-tehniline scientific-technical, scientific and technical (*or* technological)
teadusmaailm the world of science
teadustaja announcer; (*konferansjee*) compère
teadustama announce, declare, *haruld.* annunciate
teadvus consciousness, (conscious) mind
teadvusetu unconscious
teadvusetus unconsciousness
teadvuslik conscious
teal *van.* = **siin**
teataja announcer, informer, reporter
teatama make* known, let* (*smb.*) know, announce, notify, inform, report, apprise (*kellelegi midagi* — *smb. of smth.*), advise (*smb. of smth.*); communicate (*smth. to smb.*); (*teadustama*) announce, declare; (*ütlema*) tell*
teatamatult unannounced, without (previous) notice
teatav 1. (*mida teatakse*) known; **~aks tegema** make* known; **~aks võtma** take* notice (*of*); 2. (*mingi*) certain; **~al juhul** in a certain case; **~al määral** to a certain extent (*or* degree), up to a point; **~as mõttes** in a sense
teatavasti as is generally known, as we (*or* you) know
teatejooks *sport.* relay race
teatejooksja *sport.* relay runner
teateleht notice, notification; (letter of) advice
teatepulk *sport.* baton; **~a üle andma** pass the baton
teater theatre, playhouse
teaterlik = **teatraalne**
teatis (document of) information, reference, certificate
teatmeteos, teatmik book of reference, reference work
teatraalne theatrical
teatraalsus theatricality
teatribinokkel opera-glasses
teatrietendus theatre (*or* stage) performance
teatriharrastaja theatre-lover, theatre fan
teatrihoone theatre (building), playhouse
teatrihuviline theatre-goer, playgoer, theatre fan
teatrikülastaja theatre-goer, playgoer
teatrilava (theatre) stage, scene
teatrisaal theatre hall, auditorium
teatriskäija = **teatrikülastaja**
teatud = **teatav**
teder black grouse
tedrekana grey-hen, heath-hen
tedrekukk black-cock, heath-cock
tedremaran *bot.* tormentil
tedretähniline freckled
tedretähn, tedretäht freckle
tee I (*taim; jook*) tea
tee II (*liiklemiseks*) way, road (*ka piltl.*); (*matka~*) route; (*rada*) path, track; **see tool on mul ~ peal ees** this chair stands in my way; **~ ääres** by (*or* at) the roadside; **käidud ~** beaten track (*ka*

teedeinsener   382   **teenistuslik**

piltl.) head ~d! happy journey!; ~d andma give* way (*to*); ~d juhatama show* the way; ~d rajama break* the way, blaze the trail, pioneer; oma ~d käima go* one's (own) way; kellelgi ~I ees seisma stand* in smb.'s way (*ka piltl.*); poolel ~l half-way; seaduslikul ~l by legal means, legally; sel ~I this way, by these means; ~le asuma, ~le minema set* out, start on one's journey; ~lt eksima lose* one's way; ~lt kõrvale kalduma swerve from one's path
teedeinsener road-making engineer, (*raudteedel*) railway engineer, civil engineer in railway service
teedeministeerium Ministry of Transport (*or* Communications)
teedevõrk network of roads
teedrajav pioneering
teeharu road fork
teehöövel road grader (*or* scraper)
teejuht guide
teekaaslane fellow-traveller
teekann tea-pot
teeklaas tea glass
teekond journey, travel, (*lühike* ~) trip
teekummel *bot.* c(h)amomile
teekäija wayfarer, traveller
teel *postp.* by, through, by means of; kohtu ~ in a judicial way, judicially, by law(-suit); läbirääkimiste ~ by negotiation(s); telefoni ~ over the telephone
teelahe fork in the road; cross-roads, cross-way, parting of the ways; **teelahkmel** at the parting of ways, at the cross-roads
teelaud tea-table
teeleht *bot.* plantain, rib-grass, ribwort
teeline = teekäija
teelusikas tea-spoon
teelusikatäis tea-spoonful
teema theme, subject, topic
teemandikaevandus diamond mine
teemanditolm diamond dust
teemant diamond; ~kõva adamantine; ~puur *tehn.* diamond drill; ~tera *tehn.* diamond point bit
teemasin I (*tee keetmiseks*) tea-urn
teemasin II (*teede tegemiseks*) road-making (*or* -repairing) machine; ~ad road machinery
teemeister road-master

teemoon provision (*or* provender) for a journey
teemärk road sign
teene merit, desert(s); (*teenus*) service, (good) office; sellel kirjanikul on suured ~d oma kodumaa ees this author has well deserved of his country; ~t osutama render (*or* do) a service, do a favour; vastavalt ~ele according to one's deserts
teenekas meritorious, of (high) merit, (highly) deserving
teenekus meritoriousness, merits, deserts
teeneline merited, honoured; ~ teadlane Merited (*or* Honoured) Scientist; ~ kunstitegelane Merited (*or* Honoured) Worker in Arts
teener servant, man-servant (*pl.* menservants), footman (*pl.* -men)
teenija servant, (*kontori*~ *jm.*) employee; (*maja*~) domestic; (*nais*~) maidservant
teenijaskond servants, domestics
teenijatüdruk maidservant, housemaid, maid
teenima serve, attend; (*lauas*) wait; (*raha*) earn; (*pälvima*) deserve, merit; leiba ~ earn (*or* win*) one's bread; välja ~ serve one's time
teenimatu unearned; (*pälvimatu*) undeserved, unmerited
teenimatult undeservedly, without any merit (of one's own)
teenindama service, attend (*to*), cater (*for*); (*lauas*) wait (*upon*)
teenindamine servicing, service; attending (*to*), catering (*for*); (*lauas*) waiting (*upon*)
teenistuja employee, office (*or* professional) worker, civil servant, kõnek. white-collar worker
teenistus 1. (*töö, amet*) service; kellegi ~es olema be in smb.'s service (*or* employ); see on rahu ~es this serves peace; ~se võtma take* (*smb.*) into one's service, engage; 2. (*teenitud raha*) earnings, wages; (*kasu*) profit(s)
teenistusaeg time (*or* period, years) of service
teenistusalane service (*atrib.*), pertaining to (*one's*) official duties
teenistuskoht place of service, (*kõrgem* ~) post
teenistuslik service (*atrib.*), official

teenistusvalmidus obligingness, complaisance
teenistusvalmis obliging, complaisant
teenistusvanus seniority, length of service
teenus service (rendered); **arstlikud ~ed** medical (*or* doctor's) services, medical attention
teenustöö service (*or* servicing) work; **~d** services, service industries
teenäitaja guide-post, direction post
teeparandus road repairs
teepõõsas *bot.* tea plant (*or* shrub)
teerada (foot)path, track
teerajaja pioneer, trail blazer (*ka piltl.*)
teereis road journey
teerist = **teeriste**
teeriste crossroads; **teeristmel** at a crossroads
teeroos *bot.* tea-rose
teerull road roller
teeröövel (*ratsa*) highwayman (*pl.* -men); (*jalgsi*) footpad
tees thesis (*pl.* -ses), proposition; **~id** abstracts
teeskleja pretender, feigner, shammer, simulator
teesklema pretend, feign, make* believe, sham, put* on, simulate; (*edvistades*) affect; (*teeseldes varjama*) dissimulate
teesklematu unpretended, unfeigned; unaffected
teesklus pretence, make-believe, sham, simulation; (*edev ~*) affectation; (*teesklev varjamine*) dissimulation
teesõel tea-strainer
teetamm *ehit.* causeway, (*raudteetamm*) embankment
teetanus *med.* tetanus
teetass tea-cup
teetähis road sign, waymark, landmark (*ka piltl.*)
teetööline road-worker, road navvy
teevaldas turnpike
teeviit finger-post, signpost
teevorst Bologna sausage
teeäär roadside
teeäärne roadside (*atrib.*)
tegelane acting person, worker (*mingil alal* — *in smth.*); (*ühiskonna~*) public figure, public man (*pl.* men), *fem.* public woman (*pl.* women), (*riigi~*) statesman (*pl.* -men); *kirj.*, *teatr.* character; **~ed** (**näidendis**) characters (in the play), dramatis personae

tegelema be engaged (*in*), engage (*in*), occupy oneself (*with*), deal* (*vith*); (*harrastama*) go* in (*for*), practice
tegelik actual, factual, practical, virtual
tegelikkus actuality, factuality, practicality, (*tõelikkus*) reality
tegelikult actually, factually, as a matter of fact, practically, in practice, in effect, virtually
tegelinski hustler, go-getter
tegema (*toimetama, sooritama*) do; (*valmistama*) make*; **mida sa seal teed?** what are you doing there?; **oma tööd ~** do one's work; **head (halba, kurja) ~** do good (ill, evil); **kui palju see teeb?** how much does it make?, what does it amount to?; **ette ~** (*eeskujuna*) show* how to do it; **haiget ~** give* pain, hurt*; **järeldust ~** draw* a conclusion; **järele ~** imitate; **kahju ~** do harm, harm, damage, injure; **kahjutuks ~** make* (*or* render) harmless; **kindlaks ~** make* sure, ascertain; **lahti ~** open; **leiba ~** bake bread; **liiga ~** do wrong, wrong; **lõppu ~** put* an end (*to*); **läbi ~** go* through, undergo*; **maha ~** (*kokku leppima*) settle, fix up; (*halvustama*) run* down; **tuld ~** make* (*or* build*) a fire; **tüli ~** cause trouble; **vigu ~** make* (*or* commit) mistakes; **võlgu ~** contract debts; **ära ~** (*nõiduma*) bewitch; *vt. ka* **tehtud**
tegemine (*toimetamine, sooritamine*) doing; (*valmistamine*) making; **mul on tegemist** I have to do, I am busy, (*kellegagi, millegagi*) I have to deal* (*with smb., smth.*); **mis on sinul sellega tegemist?** what have you (got) to do with this?; **tegemist tegema** = **tegelema**
tegev active; busy, in action, at work; **~armee** *sõj.* active army, active forces
tegevik *van. lgv.* active (voice)
tegevliige full member
tegevtakistus *el.* effective resistance
tegevteenistus *sõj.* active service
tegevus (*tegutsemine*) activity, action; (*toimimine*) operation; (*töö*) occupation, work; **~se astuma** begin* operations start working; *sõj.* go* into action (*ka piltl.*)

tegevusala field (*or* sphere) of activity, occupation, department (of work)
tegevusetu inactive, idle
tegevuskava plan (*or* schedule, programme) of activities (*or* operations, work)
tegevuskoht place (*or* scene) of action
tegevusnimi *lgv.* infinitive
tegevuspiirkond area (*or* region) of activities (*or* operations)
tegevustik action, (*kirjandusteoses*) plot
tegevusvabadus freedom of action, a free hand
tegevusvalmis ready to act; *sõj.* ready for action
tegevusväli field of activity
tegevvõimsus *el.* effective power
tegevvägi *sõj.* active army, active forces
tegija (*toimetaja, sooritaja*) doer; (*valmistaja*) maker; *lgv.* agent; ~**nimi** *lgv.* verbal noun denoting an agent (*or* doer)
tegu 1. deed, act; doing; (*kangelaslik* ~) feat; **ta tabati otse teolt** he was caught (*or* taken) in the act (*or* red-handed); **sõnadelt** ~**dele minema** pass from words to deeds; **teoks saama** = **teostuma**; 2. (*leiba*) batch; 3. *aj.* serf labour, corvée
tegujõud (active) energy, efficiency, vigour
tegujõuetu lacking in energy, inefficient, languid
tegujõuline energetic, efficient, active
tegumood 1. *lgv.* voice; 2. (*välimus*) appearance; (*rõival*) fashion; 3. = **teguviis**
tegur factor (*ka mat.*); (*toimiv jõud*) agent
tegus active, busy
tegusõna *lgv.* verb
tegusõnaline *lgv.* verbal
tegutsema act, pursue one's activities, do something; **on aeg tegutseda** it is time for action
teguviis way (*or* manner, mode) of acting, course of action
teguvõimas = **teovõimas**
tehas works, factory, manufactory; ~**etööline** factory-worker
tehe *mat.* operation, (*aritmeetikas*) rule; **neli aritmeetilist** ~**t** the four rules of arithmetic

tehing (business) transaction, operation, deal
tehis artefact (*or* artifact); ~**kaaslane** *astr.* artificial satellite; **Maa** ~**kaaslane** artificial Earth satellite
tehislik artificial
tehisvill *tekst.* artificial wool
tehnik technician
tehnika (*teadusena*) technics, technical science, engineering, technology; (*tehnilised võtted*) technique; (*varustus*) machinery, equipment, gear; **Nõukogude teadus ja tehnika** Soviet science and engineering (*or* technology)
tehnikum technical (secondary) school, (intermediate) technical training school
tehniline technical; **tehnilised kultuurid** industrial crops
tehnoloog technologist
tehnoloogia technology
tehnoloogiline technological
tehtavik *van. lgv.* passive (voice)
tehtemärk *mat.* sign
tehtud 1. done, made, *vt.* **tegema**; ~! done!, agreed!, all right!; 2. (*teeseldud*) affected; (*kunstlik*) factitious
teib *zool.* dace
teie you (*objektikääne* you); (*omastavas tähenduses*) your (*atrib.*), yours (*substantiivselt*)
teietama say 'you' (*to*) use the polite form of address (*to*)
teietaoline like you, of your kind; **teietaolised** *subst.* your kind, the likes of you
teilorism *maj.* Taylorism
teim *tehn.* (laboratory) test
teimima *tehn.* test
teine 1. (*esimese järgmine*) second; 2. (*erinev*) other, different, (*veel üks*) another; **keegi** ~ someone (*or* somebody) else; **tulge mõni** ~ **kord** come some other time; 3. *kõnek.* (*tema*) he, she; **on** ~ **aga laiskvorst!** he is a sluggard indeed!
teinekord sometimes, at times
teinepool (*mehe kohta*) husband, (*naise kohta*) wife (*pl.* wives) better half (*pl.* halves)
teineteise of one another; ~ **järel** one after another; ~**le** to one another
teineteist one another, each other
teisal somewhere else, in some other place

teisaldama transfer, move somewhere else
teisale somewhere else, to some other place
teisalt from somewhere else
teisejärguline second-rate
teiseks secondly, in the second place
teisem (more) different
teisend variant (*ka mat.*), variety; version, (*teksti kohta*) reading
teisendama vary (*ka mat.*), change
teisenduma vary, be varied, change, be changed
teisendus variation (*ka mat.*), change
teisene secondary
teisenema alter, be altered, change, be changed
teisik (*isik*) double; (*asi*) duplicate; ~**eksemplar** duplicate copy
teisipidi = **teisiti**
teisipäev Tuesday
teisipäeviti on Tuesdays
teisiti otherwise, in another way, differently; ~**mõtleja** (person) differently minded, of a different opinion, dissident
teiskasv *bot.* secondary growth
teiskordne = **teistkordne**
teispuit *bot.* secondary wood
teissugune = **teistsugune**
teistkordne second, occurring for the second time
teistkordselt for the second time
teistmoodi in a different way, differently
teistpidi: ühtepidi ja ~ on the one hand and on the other hand
teistsugune different, of a different kind
teistviisi in another way, otherwise
teivas pole, stake, pale, picket; ~**aed** picket fence; ~**hüpe** *sport.* pole vault (*or* jump); ~**hüppaja** *sport.* pole-vaulter; ~**tara** = ~**aed**
tekapuu *bot.* teak
teke origin, genesis, rise, formation
tekilaadung *mer.* deck-load, deck-cargo (*pl.* -oes)
tekilina (blanket) cover, turn-down sheet
tekireisija *mer.* deck passanger
tekiriie *tekst.* blanketing
tekitama give* rise (*to*), raise, (a)rouse; engender, generate, produce; (*põhjustama*) cause; originate; (*esile kutsuma*) call forth, evoke, create, induce

25 J. Silvet

tekk I (*voodivaip*) blanket, covering, cover
tekk II (*laevalagi*) deck
tekkeline genetic
tekkelugu genesis (history of the) origin
tekkima arise*, come* (*or* rise*) into being, come* to be, spring* up, originate; (*esile kutsuma*) crop up
tekst text
tekstiil textile (fabric); ~**itööline** textile worker; ~**itööstus** textile industry; ~**ivabrik** textile factory; ~**kaup** textile goods
tekstikriitika textual criticism
tekstuur *min., mets.* texture; (*koostis*) fabric
telder (*küliskäija hobune*) ambler, palfrey
telefon telephone, *lüh.* phone; ~**i kaudu,** ~**i teel** by telephone (*or* phone), oevr the telephone; **teid kutsutakse** ~**i juurde** you are wanted on the (tele)phone
telefoneerima telephone, *lüh.* phone, (*helistama*) ring* up
telefoniabonent telephone subscriber
telefoniaparaat telephone (apparatus)
telefonijaam (telephone) exchange
telefonikeskjaam (telephone) central exchange
telefonikõne telephone call; ~**punkt** public telephone
telefoniline telephonic, telephone (*atrib.*)
telefoniputka telephone box (*or* booth), (public) call-box
telefoniraamat telephone directory (*or* book)
telefonist telephone operator, telephonist
telefonitoru (telephone) receievr
telefonogramm telephoned message
telefoonima = **telefoneerima**
telefotograafia telephotography
telegraaf telegraph; ~**i teel** by telegraph
telegraafiagentuur telegraph agency
telegraafikaabel telegraph cable
telegraafiline telegraphic
telegrafeerima telegraph, wire, cable
telegrafist telegraphist, *Am.* telegrapher
telegramm telegram: ~**iblankett** telegram form; ~**istiil** telegraphic style, *kõnek.* telegraphese
telemeeter *füüs.* telemeter
telemeh(h)aanika *tehn.* telemechanics

telemeh(h)aaniline *tehn.* telemechanic
teleobjektiiv *fot.* telescopic (*or* telephoto) lens, telephoto-system
teleoloogia teleology
telepaatia telepathy
telepaatiline telepathic
teleskoop telescope
teleskoopiline telescopic
teletaip *el.* teletype
televiisor televisor, television set. *lüh.* TV set. *kõnek.* telly
televisioon television, TV, *Am. ka* video
telg (*rattal*) axle; *mat.* axis (*pl.* axes) (*ka piltl.*)
telgitagune *adj.* (taking place) behind the scenes, back-stage (*atrib.*), secret
telik *tehn.* (aeroplane) chassis
teljed (*kangas~*) (weaving-)loom, frame
telk tent; (*suur ~*) marquee, (*kõrgetipuline ~*) paviljon; **~katus** pavilion roof; **~laager** camp (of tents)
tellija (*kauba ~*) customer; (*ajalehe jms. ~*) subsciber
tellima I (*kaupa*) order, place an order (*for*); (*ajalehte jms.*) subscribe (*to*), take* out a subscription (*for*); (*piletit*) book, reserve; (*riideid, saapaid jms.*) bespeak*
tellima II (*seadma, reguleerima*) adjust, regulate
tellimine I (*kauba ~*) ordering, order; (*ajalehe jms. ~*) subscription
tellimine II (*seadmine, reguleerimine*) adjusting, regulating
tellimus (single) order; **~t andma** place an order (*millekski — for smth.*; *mingile firmale — with a firm*)
telling scaffold(ing), staging
tellis brick; (*katuse~*) tile; **~esavi** brick clay; **~etehas** brickworks, brickyard; **~katus** tile(d) roof; **~kivi** (burnt) brick; **~punane** brick red; **~vooder** *ehit.* brick lining
tema 1. (*meesisiku kohta*) he (*objektikääne* him); (*omastavas tähenduses*) his (*atrib. ja substantiivselt*); 2. (*naisisiku kohta*) she (*objektikääne* her); (*omastavas tähenduses*) her (*atrib.*), hers (*substantiivselt*); 3. (*asjade ja loomade kohta, kui neid ei ole isikustatud*) it (*objektikääne* it); (*omastavas tähenduses*) its (*atrib. ja substantiivselt*)

temaatika subject matter
temaatiline thematic; subject (*atrib.*), of subjects (*or* themes)
temake(ne) she
temasugune of his (*or* her, its) kind, like he (*or* she, it)
tembeldama stamp, mark; (*häbimärgistama*) brand
tembukas prankish, full of pranks (*or* tricks)
tembutama play pranks (*or* tricks), play-act
temp [tembu] prank, (foolish) trick, monkey trick
tempel I (*kangasõlg*) (weaver's) temple
tempel II (*hoone usutalitusteks*) temple
tempel III (*pitsat; pitser*) stamp; **~maks** stamp duty;**~mark** (duty) stamp; **~paber** stamped paper
tempera *kunst.* distemper, tempera
temperamendikas temperamental, temperamented, spirited
temperamenditu untemperamental, lacking in temperament
temperament temperament; (*erksus*) spirit, (high) spirits, animation
temperamentne = temperamendikas
temperatuur temperature; **~i mõõtma** *med.* take* the temperature, (*kellelgi*) take* smb.'s temperature
temperatuuriaisting *psühh.* temperature sensation, thermal sense
temperatuurikõver temperature curve (*ka med.*)
temperatuurileht *med.* temperature chart (*or* sheet)
temperatuuritegur *füüs.* temperature coefficient
tempereerima temper (*ka muus.*)
tempima (*vedelikke segama*) mix; (*lahjendamiseks*) dilute; (*võltsimiseks*) adulterate
tempo speed, pace; rate; *muus.* tempo, time; **tööstuse arenemise kõrge ~** the high rate of industrial development
tempus *lgv.* tense
tendents tendency
tendentsioosne, tendentslik tendentious
tendentslikkus tendentiousness
tender *tehn.* tender, convoy carriage; *mer.* tender
teng [tenga] *van.* farthing
teng [tengi] *mer.* topmast
tennis (lawn) tennis; **~emäng** play

tennisemängija — **teravamaitseline**

(*or* game) of tennis; ~**emängija** tennis-player; ~**epall** tennis-ball; ~**eplats**, ~**eväljak** tennis-court; ~**kingad** tennis shoes
tenor tenor; ~**ilaulja** tenor, *haruld.* tenorist
tensomeeter *tehn.* extensometer
tentaakel *zool.* tentacle
teoinimene man (*pl.* men) of deeds
teokarp snail's shell
teokas full of deeds, active, energetic
teoksil in (active) preparation, in the making; **tal on uus romaan ~** he is working at a new novel
teoline *aj.* estate labourer (under corvée)
teoloog theologian, divine
teoloogia theology, divinity
teoloogiline theological
teonimi *lgv.* verbal noun
teoori *aj.* peasant under corvée
teooria theory
teoorjus *aj.* corvée, statute labour
teoreem *mat.* theorem
teoreetik theorist
teoreetiline theoretic(al)
teoretiseerima theorize
teos work, production; **A. ~te kogu** complete works of A.
teosammul at a snail's pace
teostama carry out (*or* through), realize, execute, put* into practice, carry (*or* put*, bring*) into effect; (*saavutama*) achieve, accomplish
teostamatu unrealizable, impracticable; (*saavutamatu*) unachievable
teostatav realizable, practicable, feasible; (*saavutatav*) achievable
teostuma be realized, be executed, be carried into effect; come* true, materialize
teotama abuse heap abuse (*on*), revile, rail (*at*), insult; (*pühadust*) blaspheme, profane; **ära ~** (*pühadust*) profane, desecrate, defile; (*neitsit*) violate, rape, *van.* defile
teotav abusive, insulting; blasphemous
teotus abuse, insult, contumely; (*pühaduse~*) blasphemy, profanity
teotöö *aj.* serf (*or* statute) labour, corvée
teovõimas efficient, of great efficiency (*or* capability)
teovõime efficiency, capability
teovõimeline efficient, capable
teovõimetu inefficient, incapable
teppima *tekst.* quilt

teps: ~ mitte *van.*, *humor.* not at all
tera I (*lõike~*) edge, blade; (*terav ots*) point; (*puuril jms.*) bit
tera II (*vilja~*, *liiva~*) grain, corn
teraapia *med.* therapy
teraapiline therapy (*atrib.*), of therapy
terajas grainlike
terake(ne) (little) grain; **mitte terakestki tõtt** not a grain of truth
terakoi *zool.* grain moth
terakärsakas *zool.* grain (*or* corn) weevil
teraline grainly, granular
terane (*pilgult*) sharp, keen; (*mõistuselt*) acute, bright, intelligent, smart, shrewd; (*valvas*) alert, vigilant
terapeut *med.* therapeutist
terapeutika *med.* therapeutics
terariist edge tool, sharp instrument
teras steel
terasaak *põll.* yield of grain
terasbetoon steel concrete
teraselt sharply, keenly; (*valvsalt*) alertly, vigilantly; **~ vaatlema** watch closely
terasene of steel, steel (*atrib.*)
terasesulatus steel smelting
terasetoodang steel production
terasevalamine steel casting
terasevalamistehas steel-casting plant
terasevaltsimine steel rolling
terasevalu *tehn.* steel casting, (*valatud ese*) steel cast
terashall steel grey (*or* gray)
teraskamber strong-room
teraskapp strong-box
terastraat steel wire
terastross steel hawser
terasus (*pilgult*) sharpness, keenness; (*mõistuselt*) acuteness, brightness, smartness; (*valvsus*) alertness, vigilance
terav sharp, keen; (*hästi lõikav*) trenchant, cutting; (*nurga, heli, valu, tunnete jms. kohta*) acute; (*teravaotsaline*) pointed (*ka piltl.*); (*lõikav*) incisive (*ka piltl.*); (*maitse kohta*) pungent; (*läbilõikav*) piercing; (*salvav*) biting, caustic, acrimonious; (*valu jms. kohta*) poignant; **vahekordi ~aks ajama** make* the relations acute
teravahambuline sharp-toothed
teravalt sharply, keenly; trenchantly, cuttingly; acutely
teravamaitseline pungent

teravamõtteline witty
teravaotsaline (sharp-)pointed
teravapilguline sharp-sighted
teravdama make* sharper, point, taper; *piltl.* aggravate, exacerbate
teravik point, tip, spike
teravili (bread, food) grain, grain crop, corn, cereal(s)
teraviljahoidla grain storage, grain elevator
teraviljakasvatus grain growing (*or* farming)
teraviljakombain *põll.* grain harvester combine
teraviljakultuur *põll.* grain (*or* cereal) culture
teraviljasaadus grain (*or* cereal) product
teraviljasaak grain harvest (*or* crop)
teraviljasovhoos grain-growing sovkhoz
teravmeelitsema (try to) be witty, display one's wit, crack jokes
teravmeelne witty, sharp-witted, acute; (*leidlik*) ingenious
teravmeelsus wittiness, wit, acuteness; (*leidlikkus*) ingeniousness, ingenuity
teravnema become* sharper (*or* keener, more acute); *piltl. ka* become* aggravated (*or* exacerbated); (*otsast teravamaks muutuma*) taper off, run* to a point
teravnemine becoming sharper (*or* keener, more acute); *piltl. ka* aggravation, exacerbation; (*teravamaks muutumine*) tapering off, running to a point
teravnurk *mat.* acute angle
teravnurkne acute-angled, acute
teravus sharpness, keenness; acuteness, acuity; pointedness; pungency; poignancy; (*salvavus*) acrimony; (*terav märkus*) biting (*or* caustic) remark
teravustama make* sharp; *fot.* focus, bring* into focus
tere! how do you do?, (*tuttavlikult*) hullo!, hello!, hallo!; (~ *hommikust!*) good morning!, (~ *õhtust!*) good evening!; ~ **tulemast** welcome!
terenduma loom (as a mirage)
terendus mirage, fata morgana
teretama greet, say* how do you do (*or* good morning, good evening) (*to*)
teretulnud welcome

teretus greeting; ~**sõna** (word of) greeting
teretuttav bowing (*or* nodding) acquaintance
teris *bot.* caryopsis (*pl.* -psides)
teritama sharpen, make* sharp, point; (*ihuma*) whet, hone; **kõrvu** ~ prick up one's ears
teritus sharpening, pointing; (*ihumine*) whetting, honing
terjer (*koer*) terrier
termiit I *zool.* termite
termiit II *tehn.* thermite
termiline thermic, thermal
termin (*oskussõna*) term
terminatiiv *lgv.* terminative (case)
terminoloogia terminology
terminoloogiline terminological
termodünaamika *füüs.* thermodynamics
termodünaamiline *füüs.* thermodynamic
termoelekter *el.* thermoelectricity
termoelement *el.* thermocouple, thermoelement
termofiilne = **soojalembene**
termokeemia *keem.* thermochemistry
termomeeter thermometer
termos(pudel) thermos flask (*or* bottle, jug), vacuum flask
termostaat *tehn.* thermostat
termotuumareaktsioon *füüs.* thermonuclear reaction
termotuumarelv *sõj.* thermonuclear weapon
ternes(piim) beestings, colostrum
terrass terrace
territoorium territory
territoriaalne territorial
territoriaalveed territorial waters (*or* seas)
terror terror
terroriseerima terrorize
terroriseerimine terrorization
terrorism terrorism
terrorist terrorist
terroristlik terrorist (*atrib.*)
terts *muus.* third
tertsett *muus.* terzetto (*pl.* -os)
tertsiaar *geol.* tertiary (system)
tertsiin *kirj.* terza rima
terve 1. (*mitte poolik v. katki*) whole, (*kogu*) entire, complete; ~ **nahaga pääsema** escape with a whole skin, escape safe and sound; 2. (*mitte haige*) healthy, in good health, (*predikatiivselt*) well; sound; (*vaimselt*) sane; ~**ks saama** get* well;

tervelt

jää ~ks! farewell!; ole ~! (tänan) best thanks!; ~ mõistus common sense; ~ mõistuse juures in one's right mind (or senses), sound in mind; ~ nagu purikas (as) sound as a roach; 3. (tervislik) wholesome, healthy, salubrious
tervelt (tervenisti) wholly, entirely, fully; ~ kolm päeva full three days
tervendama make* (or render) more healthy (or sound); (majandust) put* on a sounder basis
tervenema become* more healthy (or sound), regain one's health, convalesce, recover
tervenemine regaining one's health, convalescence, recovery
terveni(sti) wholly, entirely, completely, fully
tervik whole, entirety; integer, integral whole; ~una as a whole
terviklik whole, entire, integral; (täielik) complete; (ühtne) united
terviklus entirety, integrity; (täielikkus) completeness; (ühtsus) unity
tervis health!; teie ~eks! your (good) health!, here's to you!; kellegi ~eks jooma drink* (to) smb.'s health; ta saadab teile ~i he is sending you his compliments (or greetings, regards)
tervisekaitse health protection
tervisemuda = tervismuda
terviserike disorder, ailment, injury to one's health
tervisevastane unhealthy, unwholesome
terviseveeallikas = tervisveeallikas
tervisevesi = tervisvesi
tervishoid care of one's health, hygiene, sanitation; (ühiskondlik ~) (care of) public health
tervishoidlik hygienic, sanitary, wholesome
tervishoiuline concerning health, health (atrib.), sanitation (atrib.)
tervishoiuosakond (public) health department
tervishoiutöötaja public health worker, sanitation worker
tervishoiualane insanitary, unhygienic
tervislik wholesome, healthy, salubrious, salutary; (tervisesse puutuv) of health, health (atrib.)
tervismuda curative mud
tervist! (teretusena) = tere!; head ~! farewell!

tigedus

tervistama heal, cure
tervistav sanative, sanatory
tervistuma be healed (or cured), recover (from illness)
tervistus healing, cure
tervisveeallikas (curative) mineral spring
tervisvesi (curative) mineral water
tervitama greet, salute (ka. sõj.); (teise kaudu, näit. kirjas) send* one's compliments (or greetings, respects, regards); (vastu võttes rõõmuga ~) welcome; (hõisates vastu võtma) hail, acclaim
tervitatav welcome
tervitus greeting, salutations; sõj. salute; ~ed (teise kaudu, näit. kirjas) compliments, regards, respects; ~kõne speech of welcome, (pidulik ~) salutatory address, address of welcome
test psühh. test
testamenditegija jur. testator, fem. testatrix
testament testament, (last) will
testamentaarne, testamentlik jur. testamentary
testeerima jur. (testamenti tegema) make* a will; (testamendiga pärandama) bequeath (to)
tetaania med. tetany
tetraad bot., füüs., keem. tetrad
tetraedriit min. tetrahedrite
tetraeeder mat. = nelitahukas
tetragonaalne mat., min. tetragonal
tetragoon mat. = nelinurk
tetrakord muus. tetrachord
tetrameeter kirj. tetrameter
tetrood el. tetrode
tetrüül keem. tetryl
teutoon aj. Teuton
tiaara tiara
tiba droplet, drop
tibama (vihma) drizzle; (tibakaupa nõrisema) drip, dribble
tibatilluke(ne) tiny, minute
tibu chicken, chick
tibuke(ne) chickling, (little) chicken; (hellitusnimena) chickabiddy, Am. ka biddy
tibula chicken house (or farm)
tibutama = tibama
tige (vihane) ill-natured, spiteful, cross, angry; (õel) vicious, wicked, evil; ta on ~ kui nõid she is as cross as two sticks
tigedus ill nature, spite; (õelus) viciousness, wickedness

tigestuma grow* spiteful (*or* angry); (*õelaks muutuma*) become* (*or* turn) vicious
tiglits *zool.* = **ohakalind**
tigu (*karbiga*) snail; (*karbita*) slug; *anat.* cochlea; **~ajam** *tehn.* worm gear(ing), worm drive; **~hammasratas** = **tiguratas**
tigujas snail-shaped; *tead.* cochlear, cochleate, cochleiform
tigujuha *anat.* cochlear duct
tigukruvi *tehn.* worm
tiguratas *tehn.* worm wheel
tigusammul = **teosammul**
tiguülekanne *tehn.* worm gearing, vorm and gear
tihane titmouse (*pl.* -mice), (*er. sini~*) tomtit
tihe thick, dense; (*tihke*) close, compact; (*läbitungimatu*) tight; (*sage*) frequent; (*sisu~*) succint; **~dakarvaline** thick-haired (*or* -coated), (*karuslooma kohta*) thick-furred; **~davillaline** thick-fleeced
tihedus thickness density; (*tihkus*) closeness, compactness; (*läbitungimatus*) tightness (*sagedus*) frequency; (*sisu~*) succintness
tihend *tehn.* packing, (*mootori*) gasket
tihendama thicken, make* thick(er), make* denser; (*auru*) condense; (*läbitungimatuks tegema*) tighten, make* tight(er); *tehn.* pack; (*sagedamaks tegema*) make* more frequent
tihendus thickening; (*auru* ~) condensation; tightening; *tehn.* packing
tihenema thicken, become* thick(er) (*or* denser); tighten, become* tight(er); (*sagenema*) become* more frequent
tihi trick
tihkama make* bold, have the heart, dare (*teha* — *to do*)
tihke tight, close, compact
tihkestama make* tight (*or* close, compact), compact
tihkestuma become* tight (*or* close, compact), be compacted
tihkuma whimper, snivel
tihkus tightness, closeness, compactness
tihnik thicket
tihti often, frequently; **~lugu** oftentimes, many a time (and oft), more often than not

tihtima caulk
tihtipeale = **tihtilugu**
tihumeeter *mets.* solid metre
tihvt pin, spike, brad, tack
tiib wing; *sõj.* flank; (*tuuleveskil*) sail, (*tuulemootoril, ventilaatoril jms.*) vane, (*propelleril*) blade
tiibadjutant *aj.* aide-de-camp to the Emperor (*or* King)
tiibama *sõj.* flank
tiibamislahing *sõj.* flanking action
tiibeti Tibetan
tiibetlane Tibetan
tiibhaarang *sõj.*, flanking movement
tiibhoone *ehit.* wing
tiibklaver grand piano (*pl.* -os)
tiiblema wing, fly*
tiibmutter *tehn.* butterfly nut
tiibtuli *sõj.* flanking fire
tiibuks folding door
tiibvili *bot.* key (*or* winged) fruit, samara
tiigel crucible melting-pot
tiiger tiger, *fem.* tigress; **~kass** *zool.* serval, tiger cat
tiigrikarva tiger-coloured, tiger-striped
tiigrikutsikas tiger cub
tiigrisilm *min.* tiger('s)-eye
tiik pond
tiin *van.* dessiatina
tiine big (with young), carrying, pregnant
tiinestama impregnate, make* pregnant
tiinestuma be impregnated, become* pregnant
tiinus pregnancy, gestation
tiir I (*ring*) round, circle, turn, *tead., tehn.* ka gyre
tiir II (*laskerada*) shooting-range
tiir III *zool.* tern
tiirane lustful, lecherous, lascivious; (*looma kohta*) ruttish, in heat
tiirasus lustfulness, lecherousness, lechery, lasciviousness; (*looma kohta*) rut, heat
tiirlema circle, spin* round, wheel, revolve, rotate; *tead., tehn.* ka gyrate; (*tiireldes lendama*) soar in circles
tiirud *vet.* (horse) colic, gripes
tiirutama circle, spin* round
tiirutus circle, spin, turn
tiisel (*vankril*) (carriage) pole, beam; (*adral*) beam
tiisikus consumption, tuberculosis, *haruld.* phthisis; **~haige** consumptive
tiitel title; **~leht** title-page

tiiter 1. (*kinofilmil*) caption, subtitle; 2. *keem., tekst.* titre
tiitrima *keem., tekst.* titrate
tiitrimine titration
tiivakil aslant, sloping (down)
tiivalöök wing-stroke; *sõj.* flank attack
tiiavrips(utamine) wing-trailing; *piltl.* ~courting, paying court
tiivas wing (as a duster), feather-broom
tiivik wing, vane; *tehn.* vane wheel; vane water-meter
tiivuline winged
tiivustama wing, lend* (or give*) wings (*to*); *piltl.* inspire
tiivutu wingless
tikand embroidery
tikats pendulum
tikerber = **karusmari**
tikk [tika] *zool.* spotted woodpecker
tikk [tiku] (small) stick, pin; (*saapa*~) peg; (*tule*~) match; (*püssi*~) = **tääk**
tikker *kõnek.* = **tikerber**
tikkima embroider
tikksaag *ehit.* keyhole saw
tikksirge straight as a ramrod (*or* a post)
tikkuma force one's way, intrude, push in, thrust* oneself; **esile** ~ push (*or* put* oneself) forward; **kallale** ~ attack, assail
tiksuma tick
tikutaja *zool.* (common) snipe
tikutama peg; **taldu** ~ peg soles; **kinni** ~ peg down (*ka piltl.*)
tikutoos match-box
tikuvabrik match factory
tila 1. (*valamistoru*) spout, nozzle; 2. (*kõra*) clapper
tilde *trük.* swung dash, tilde
tilder *zool.* sandpiper
tilgakaupa = **tilkhaaval**
tilgake(ne) droplet
tilgatult, tilgatu(ma)ks: ~ **tühjaks jooma** drink* out to the last drop
tilgastama (*piima kohta*) turn sour-(ish), go* off
tilgutama drop, let* fall in drops, *haruld.* instil
tilguti (*tilgutusvahend*) dropper; (*miski allarippuv*) drop, pendant
tilin tinkle
tilisema tinkle
tilistama tinkle, make* tinkle
tilk drop; ~**haaval** drop by drop, by drops

tilknema hang* in drops
tilksuma chink, tinkle
tilkuma drop, drip, fall* in drops
till *bot.* dill
tillu, tilluke(ne) tiny, wee
timmima 1. *kõnek.* = **trimpama**; 2. *van.* häälestama
timpan = **litaur**
timukas executioner, hangman (*pl.* -men), *piltl. ka* butcher
timut timothy (grass); ~**iseeme** timothy seed
tina (*sea*~, *plii*) lead (*inglis*~) tin; **ta kadus nagu** ~ **tuhka** he vanished without a trace
tinaglasuur lead-glaze
tinahall leaden grey (*or* gray)
tinajas leaden, plumbeous
tinajuur *bot.* leadwort, plumbago (*pl.* -os)
tinakarva lead coloured, leaden, livid
tinakuul lead bullet
tinalood plumb line, plummet
tinamaak lead ore
tinamürgi(s)tus lead poisoning
tinane leaden, of lead; tinny
tinapaber tinfoil
tinaraske heavy as lead, leaden
tinasoldat, tinasõdur tin soldier
tinavalge white lead, ceruse
tinavesi *farm.* lead wash (*or* water), Goulard water
tindikala 1. = **tint** II; 2. = **seepia**
tindine inky
tindiplekk ink-stain, (ink) blot
tindipliiats indelible (*or* copying) pencil
tindipott ink-pot; (*koos alusega*) inkstand; (*koolipingi sees*) ink-well
tindipudel ink-bottle
tindipähkel *bot.* gall-nut, ink-nut
tine (*tuhm*) dull, lustreless; (*summutatult kõlisev*) dull, muffled
ting nit
tingeltangel (cheap) music-hall, (low) variety-theatre
tingima 1. (*kauplema*) bargain, haggle; **hinnast maha** ~ beat* off the price; 2. (*põhjustama*) condition, cause, determine; *vt. ka* **tingitud**
tingimata without fail, by all means, at all events, absolutely; necessarily
tingimatu unconditioned; unconditional, absolute; ~ **refleks** *füsiol.* unconditioned reflex
tingimisi conditionally, under (*or* on) condition; ~ **otsus** *jur.* suspended

tingimus   **toatüdruk**

(*or* probationary) sentence; ~ **vabastama** release on probation
tingimus condition; (*kokkuleppe* ~) stipulation, term; (*eeldus*) provision, prerequisite; **rasketes** ~**tes** under (*or* in) difficult conditions (*or* circumstances); ~**el et**... on condition that..., provided (*or* providing) that...; **mitte mingil** ~**el** on no account; *vt. ka* **tingimusteta**
tingimuslause *lgv.* conditional clause
tingimuslik conditional
tingimusteta unconditional; ~ **alistumine** unconditional surrender
tingitud conditioned (*by*), due (*to*) contingent (*on, upon*); **millestki** ~ **olema** be due to smth.; ~ **refleks** *füsiol.* conditioned reflex
tingitus conditionality
tingiv *lgv.* conditional; *loog.* hypothetical; ~ **kõneviis** conditional mood
tinglik stipulated, conventional, prearranged
tinglikkus conventionality
tingmärk conventional sign
tinisema twang
tinkpiiritus *van.* = **nuuskpiiritus**
tinktuur *farm.* tincture
tint I (*kirjutamiseks*) ink
tint II (*kala*) (small) smelt, sparling; **täis kui** ~ **as drunk as an owl** (*or* a lord)
tinutama tin; (*jootma*) solder
tinutus tinning; (*jootmine*) soldering
tipa-tapa pit-a-pat
tipe jag, (sharp) projection
tipmeline jagged
tipmine topmost
tipp top, tip; (*mäe*~) summit, (*terav mäe*~) peak; *tead.* apex; *mat.* vertex (*pl.* -tices, -texes) **oma kuulsuse tipul** at the height of one's fame
tippama trip, go* trippingly, go* pit-a-pat
tippima tap, rap; (*kirjutusmasinal*) type; (*ka*) = **tippama**
tippklass *sport.* top class
tippkoormus *tehn.* peak load; ~**e tunnid** = **tipptunnid**
tippnurgad *mat.* vertical angles
tippnõupidamine *pol.* summit meeting
tipp-pung *bot.* terminal bud
tippsaavutus peak performance, highest achievement; *sport.* record; *haruld.* acme
tippsportlane top-class sportsman (*pl.* -men), *fem.* top-class sportswoman

(*pl.* -women), top-ranking athlete
tipp-top tip-top, shipshape
tipptunnid peak hours
tippvõimsus *tehn.* peak power
tipsutama tipple, take* a number of drinks
tiraad tirade
tiraaž (*trükiarv*) impression, edition, issue; (*ajalehel*) circulation; (*loosimisel*) drawing, draw
tire = **nire**
tiree = **mõttekriips**
tirel 1. (*mürgel*) row, brawl; 2. (*kukerpall*) somersault
tireldama *sport.* somersault, turn (*or* throw*) a somersault (*or* somersaults)
tirelring *sport.* (*ette*) handspring, (*kõrvale*) cartwheel
tirima pull, drag
tirin I (*supianum*) tureen
tirin II (*tirisemine*) clink, clank, rattle
tirisema clink, clank, rattle
tiritamm headstand, standing on one's head; ~**e kasvatama** stand* on one's head
tiritammitama stand* on one's head; *piltl.* turn somersaults, cut* capers
tirts 1. (*putukas*) grasshopper; locust; 2. (*poisi*~, *tüdruku*~) slip (of a boy, girl); 3. (*natuke*) drop (*of*)
tirtsuparv swarm of locusts
tisler joiner, carpenter; (*kunst*~) cabinet-maker; ~**iliim** joiner's glue; ~**ipink** joiner's (*or* carpenter's) bench
tiss teat
tita baby, (tiny) tot
titaan 1. (*hiiglane*) Titan; 2. *keem.* titanium
titaanlik titanic
titake(ne) baby
tits prop
titt [tite] 1. = **tita**; 2. = **nukk**
tituleerima style, call
tiuksuma chirp, peep
toakaaslane room-mate
toakilk *zool.* house cricket
toakingad slippers
toakoer pet (*or* toy, fancy) dog
toakärbes housefly
toaneitsi = **toatüdruk**
toapoiss valet, body-servant; (*halvustavalt*) lackey, blunkey
toatemperatuur room temperature
toatuhvlid carpet slippers
toatüdruk (*hotellis*) chambermaid;

(*kodanlikus perekonnas*) housemaid
toavõti key to a room
tobe foolish, silly, idiotic, doltish
tobedus foolishness, silliness, idiocy
tobias *zool.* sand-eel
tobiväät *bot.* birthwort
tobu dolt, boody, ninny, nincompoop, (old) silly
toekas strong, robust, sturdy
toend *ehit.* support, abutment, console
toeng *sport.* support (position), rest (position)
toes = **skelett**
toestaja *mäend.* timberer, timberman (*pl.* -men)
toestama prop (up), supply with props; *mäend. ka* timber (up)
toestik props; (*raamistik*) framework, (*puust* ~) timber-work; *mäend. ka* timber
toetaja supporter, backer; (*rahaliselt*) subsidizer; ~**liige** associate member
toetama support, give* support (*to*), back (up); (*toeks olema*) prop up (*ka piltl.*); (*rahaliselt*) subsidize; (*ettepanekut*) second (*nõjatama*) rest, lean* (*on, against*)
toetuma be supported (*or* backed); (*nõjutuma*) rest, lean* (*on, against*); *piltl.* rely (*on*)
toetus support, backing; (*rahaline* ~) subsidy, subvention; ~**punkt** = **tugipunkt**; ~**raha** subsidy, grant
togima cuff, buffet
togu = **tobu**
tohik = **toht**
tohl (*äratulnud sarv*) empty sheath af a horn; (*sarvekõnt*) spongy horn-stump; (*tohletanud juurvili*) shrivelled-up stump (*or* turnip)
tohletama (dry up and) become* spongy and leathery, shrivel (up)
tohmakas gawky
tohman gawk, blockhead
tohoh!, tohoo! oho!, heyday!, I say!
toht (white) birch-bark
tohter doctor, physician
tohterdama doctor
tohtima be allowed (*or* permitted), dare; **kas tohin sisse astuda?** may I come in?; **siin ei tohi suitsetada** one must not smoke here; **te ei oleks tohtinud seda teha** you ought not to have done this
tohutu enormous, immense, tremendous, stupendous, colossal

tohuvabohu confusion, chaos, topsy-turvy (dom)
toibuma recover, come* to, come* round, pick up, rally
toibutama make* recover, bring* to, bring* round, rally
toide feeding (*ka piltl.*); nutrition
toiduained foodstuffs, victuals, *kõnek.* eatables; **toiduainete kauplus** grocery (store) provision (*or* food) store
toiduannus food portion, (*korraga antav osa*) helping (*or* serving) of food
toidubaar snack, bar, (*iseteenindamisega* ~) cafeteria
toidujäänused food leavings (*or* scraps, remnants)
toidukaart bill of fare, menu (card)
toidumoon provisions, victuals, food supply
toidumured food worries, cares (*or* anxieties) for sustenance
toidumürgi(s)tus food poisoning, poisoning by food
toidunõud = **sööginõud**
toidupoolis food, something to eat, *kõnek.* grub, eats
toiduportsjon = **toiduannus**
toidupuudus lack of food (*or* nourishment)
toiduraha money for food; *sõj.* board wages
toidurežiim = **toitumisrežiim**
toiduretsept *kok.* (cooking) recipe
toidus (*toit*) food, aliment, nourishment; (*moon*) provisions, victuals
toidutagavara = **toiduvaru**
toiduteraviljad bread (*or* food) grains, cereals
toiduvaru food store (*or* supply)
toiduviljad = **toiduteraviljad**
toigas = **teivas**
toim (*koemuster*) texture, fabric, tissue; (*puu* ~) grain, texture; *min.* texture
toime (*toimimine, mõju*) action, effect; ~**t avaldama** have an effect (*millessegi* — *on smth.*); **pika** ~**ga** sluggish, slow
toime: ~ **panema** carry out, execute, (*midagi halba*) perpetrate, commit; ~ **tulema** cope (*with*), manage, contrive
toimeaine *biol.* active substance agent
toimekas (*agar*) active, busy, energetic; (*mõjuv*) efficacious
toimepanija perpetrator, executor

toimetaja editor
toimetama 1. (*tegutsema*) do, perform, execute, do one's business; 2. (*kuhugi*) send*, dispatch, convey, forward; **edasi** ~ send* on, forward; **kõrvale** ~ put* aside, hide*, (*raha*) embezzle; **kätte** ~ deliver (*to*), take* (*to*), hand (*to*); 3. (*trükki* ~, *toimetajana tegutsema*) edit; (*välja andma*) publish
toimetis publication; (*teadusliku seltsi*) ~**ed** transactions
toimetu ineffective, inefficacious
toimetus 1. (*toimetamine*) doing, performing; (*tegevus*) activity, business; (*trükiks*) editing; 2. (*toimetav asutus*) editorial board (*or* staff, office)
toimik dossier, file, (personal) record(s)
toimima act, work, operate, function; (*mõjuma*) have an effect (*on*)
toiming action, activity, operation
toimkond committee; *sõj.* (duty) detail, (*töö*~) fatigue(-party)
toimne twilled, figured
toimuma (*aset leidma*) take* place, occur, happen; (*kulgema*) proceed, go* forward, be effected
toimus process
toit food, feed; nourishment, nutriment; (*üksik*~ *söömaajas*) dish; (*toitlustus*) fare, board; (*looma*~) fodder; ~**aine** nutrient, nutritive substance
toiteallikas feeding source, *tehn.* feeder
toitekeskkond *biol.* nutrient medium (*pl.* -ia)
toiteklistiir *med.* nutrient (*pl.* nutritive) enema
toitekude *bot.* endosperm
toitelahus *biol.* nutrient (*or* food) solution
toiteliin *el.* feed(er)
toitepump *tehn.* feed pump
toitepunkt *el.* feed(ing) point
toitesool *biol.* nutritive salt
toitetoru *tehn.* feed pipe
toitev nourishing, nutritious, nutritive
toitevesi *tehn.* feed water
toitevõll *tehn.* feed shaft
toitevõrk *et.* network feed(er)
toiteväärtus *biol.* food (*or* nutritive) value, nutritiousness
toitja feeder (*ka tehn.*)
toitkört *füsiol.* chyme

toitlus feeding, provisioning, supplying with food; ~**kriis** *maj.* food crisis (*pl.* -ses)
toitlustama provide with food, cater (*for*) provision
toitlustus catering, provision(ing); (*toit*) food, board; ~**ettevõte** *maj.* catering establishment
toitma feed*, nourish, keep* in food, *harulā.* nurture
toitrebu *biol.* food (*or* nutritive) yolk
toituma feed* (*millestki* — *on smth.*), get* (*or* obtain, procure) food; (*elatuma*) live, subsist (*on*), get* one's living
toitumishäire nutritional disorder
toitumisrežiim *med.*, *biol.* food (*or* dietary) regimen, dietary
toitumus (state of) nutrition, nutritional condition
toitvus nutritiousness, nourishing power
tokk I (*lõngavihike*) hank, skein, bundle
tokk II (*kepp*) stick; ~**roos** *bot.* hollyhock
tokoloogia *med.* tocology
toksama = **koksama**
toksiin *med.* toxin
toksiline *med.* toxic
tola fool; (*tsirkuse*~) clown
tolerantne tolerant
tolerantsus tolerance
tolgendama 1. (*rippuma*) hang* (down), dangle, 2. (*looderdama*) hang* about, loiter
tolk [tolgu] *kõnek.* sense, reason, understanding
tolknema = **tolgendama**
toll I (*pikkusmõõt*) inch
toll II (*tollimaks*) customs, duty; (*silla*~, *tee*~) toll
tollal at that time, then
tolleaegne of that time, of those times, then (*atrib.*)
tollialune dutiable, liable to duty
tolliamet custom-house, customs (office)
tolliametnik customs officer (*or* official)
tollilõiv *maj.* customs, duty
tollima impose customs (*or* duty) (*on*), fix duty (*on*)
tollimaja custom-house
tollimaks = **tollilõiv**
tolline of an inch, one-inch (*atrib.*)
tollipiir *maj.* customs frontier

tollipulk footrule; (*kokkukäänatav* ~) folded (*or* carpenter's) rule
tollisõda *maj.* tariff war
tollitariif *maj.* (customs) tariff
tollivaba custom (*or* duty) free
tolm dust; (*õie*~) pollen; **(toas)** ~**u** pühkima dust (a room)
tolmama be dusty, give* off dust; tee tolmab the dust is rising (*or* flying) on the road, the road is dusty
tolmeldama *bot.,* põll. pollinate
tolmjas dust-like, powdery
tolmlema *bot.* give* off pollen, undergo* pollination
tolmlemine *bot.* pollination
tolmuimeja vacuum cleaner
tolmukapea *bot.* anther
tolmukas *bot.* stamen
tolmukindel dustproof
tolmukübe speck (*or* grain) of dust, mote
tolmulapp duster
tolmuma get* (*or* become*) dusty, be covered with dust
tolmumantel dust coat, *Am. ka* duster
tolmune dusty
tolmupilv cloud of dust
tolmustama turn into dust (*or* powder)
tolmutama (*tolmja ainega üle puistama*) dust, cover with dust; (*tolmu tekitama*) raise dust; *bot.* = tolmeldama
tolvan = tobu
tomat tomato (*pl.* -oes); ~**ikaste** [-kastme] tomato sauce, (tomato) ketchup; ~**imahl** tomato juice; ~**ipüree** tomato pulp; ~**punane** tomato red
tombak [tombaki] *tehn.* tombac; (*kullakarva* ~) pinchbeck
tombak [tombaku] *zool.* = leevike(ne)
tombuke(ne) (little) lump, clot
tombuline lumpy, full of lumps (*or* clots)
tomp lump, clot
tondijutt ghost story
tondinahk (*riie*) moleskin
tondipea *bot.* dragon's-head (*or* dragonhead)
tonditama frighten with ghosts; (*kummitama*) haunt
tong = pistong
toniseerima *füsiol., met.* tonicize
tonks jog, nudge, prod; **mitte** ~**ugi kõnek.** not a jot

tonksama jog, nudge, prod, give* a jog (*or* nudge, prod)
tonksima joggle, nudge (*or* prod) repeatedly
tonn ton
tonnaaž tonnage
tont (*viirastus*) ghost, spectre, apparition, *Am.* spook; (*kurivaim*) demon, devil
tontlik ghostly, spectral; (*õudne*) ghastly
too [tolle] that (there), *haruld.* yonder
toober (wash)tub, *murd.* cowl
toobripuu cowl-staff
toodang output, production, yield
toode (*tööstus*~) product; (*kunsti*~) production
tooder *mer.* spar buoy
tooja bringer
took *mets.* yield (o production)
tookord (at) that time, then
tookordne of that time, then (*atrib.*)
tool I (*istumiseks*) chair; **kahe** ~**i vahele istuma** *piltl.* fall* between two stools
tool II (*lõhkeaine*) trotyl, trinitrotoluol, T.N.T.
toolipõhi bottom, seat (o a chair)
toom [toome] = **toomingas**
toom [toomi] = **toomkirik**
tooma bring*; (*minema ja* ~) fetch; **viige see katkine tass ära ja tooge mulle uus** take this broken cup away and bring me a new one; **ma olen haige, palun tooge arst** I am ill, please fetch a doctor; **näiteid** ~ **give*** examples; **ohvrit** ~ **make*** a sacrifice
toomasjahu *põll.* Thomas meal, ground Thomas slag
toomasoon *anat.* afferent (lymphatic) vessel
toomingamari bird-cherry, hagberry, *Am.* chokecherry
toomingas bird-cherry, hagberry, *Am.* chokecherry (tree)
toomkirik cathedral (church)
toon tone; (*värving*) shade; **hea (halb)** ~ good (bad) form; ~**i andma** *muus.* give* the pitch; *piltl.* set* the tone (*or* the fashion)
toona (*ennemalt*) formerly, a while ago; (*hiljuti*) the other day, lately, recently
toonane former, past; (*äsjane*) recent
toonekurg stork
toonela *folkl.* the realm of death, underworld

toonesepp *zool.* death-watch (beetle), death-tick
tooniandev leading (the fashion)
toonika *muus.* tonic, keynote
toonitama stress, emphasize, accentuate
toonus *füsiol., med.* tone, tonicity
toop stoup, pot; (*endise vene mõõduna*) shtoff
tooraine raw material (*or* stuff)
tooraks *anat.* thorax
toorelt (*mitteküpselt*) raw; (*jõhkralt*) rudely, roughly, brutally
toores (*keetmata, küpsetamata; töötlemata*) raw, crude; (*valmimata*) unripe, green; (*jõhker*) rude, rough, brutal; (*jäme*) coarse
toorestama make* rude (*or* rough, brutal), coarsen, make* coarse
toorestuma become* rude (*or* rough, brutal), coarsen, become* coarse
toori *aj., pol.* Tory
toorik *tehn.* blank
tooriu'm *keem.* thorium
toorkaal gross weight
toorkangas *tekst.* unbleached fabric
toorkiud *tehn.* crude (*or* raw) fiber
toorkummi *tehn.* crude (*or* raw) rubber, unvulcanized rubber, caoutchouc
toormahl raw (*or* fresh) juice
toormaterjal raw material(s)
toornahk raw hide
toorpiiritus *tehn.* crude spirit(s)
toorsalat *kok.* uncooked (*or* green) salad
toorsiid *tekst.* raw silk
toortellis = plonn
toortoit uncooked food, raw vegetables
toorus rawness, crudity; (*jõhkrus*) rudeness, roughness, brutality; (*jämedus*) coarseness
toorutsema behave rudely (*or* coarsely), be ill-mannered
tooröli *tehn.* crudde oil
toos (*karp*) box; (*tupp*) case; (*plekk~*) tin, *Am.* can; (*suur plekk~*) canister
toosama that same, the same
toost toast
tootem totem
tootev producing, productive
tootja producer, manufacturer
tootlik productive
tootlikkus productiveness, productivity
tootma produce, (*tööstuslikult*) manufacture, turn out
tootmine production, (*tööstuslikult*) manufacture
tootmisalane production (*atrib.*), industrial
tootmisharu *maj.* branch of production
tootmiskulud *maj.* cost(s) of production, production costs
tootmisnõupidamine production meeting, conference on production
tootmispraktika industrial practice, practical training
tootmistöö production work; ~le minema go* to work at a factory
tootmisvahend *maj.* means of production
tootmisvalitsus production management (*or* board)
tootmisviis *maj.* mode (*or* technique) of production
tootmisõpetus production (*or* industrial) training
topaas *min.* topaz
topelt double; ~aken double (*or* double-glazed) window; ~höövel double-iron plane; ~lai double-width (*atrib.*); ~nelson *sport.* full (*or* double) nelson; ~rida double row; *mat.* double series (*pl.* series)
topiline napped, nappy
topis (*täistopitud loom*) stuffed animal, (*täistopitud lind*) stuffed bird; (*sissetopitav asi*) plug; *med.* embolus (*pl.* -li); ~pall *sport.* stuffed ball
topistama (*looma, lindu*) stuff; (*topisega sulgema*) plug up, obstruct
topistuma be (*or* become*) plugged up (*or* obstructed)
topistus *med.* embolism
topograaf topographer
topograafia topography
topograafiline topographic(al); ~kaart ordnance map
topp I 1. (*topitav asi*) plug, wad; (*haava~*) tampon 2. (*riidel*) nap
topp II *mer.* top
toppama stop
toppima stuff, cram, ram, plug, jam (*into*); (*auku kinni ~*) stop (up), fill (up); (*pistma*) poke (*ka piltl.*); **ärge toppige oma nina minu asjadesse** don't poke your nose into my affairs
topp-puri = topsel
tops [topsi] 1. (*jooginõu*) cup, mug; ~i tõstma lift the elbow, drink*; 2. = toos
tops [topsu] = tups

topsel *mer.* topsail
topsik (small) cup, mug
torbik (*kasetohust tops*) birchbark horn (*or* box, basket); (*paberist tuutu*) paper screw, screw-bag, cornet; (*gaasi~*) box of the respirator, gas-mask
tore splendid, fine, *Am.* swell; (*suurepärane*) grand, gorgeous, glorious, superb; (*toretsev*) luxurious, sumptuous
toreadoor toreador
toredalt proudly, haughtily
toredasti splendidly, fine(ly); (*suurepäraselt*) grandly, gorgeously, gloriously, superbly; (*toretsevalt*) luxuriously, sumptuously
toredus splendour, gorgeousness; (*toretsus*) luxuriousness, luxury, sumptuosity; **~asi, ~ese** object of luxury
toretsema luxuriate, live luxuriously (*or* sumptuously); (*uhkeldama*) make* grand, show* off, make* a display (of riches)
torge prick, sting, stab, jab, thrust, prod; (*nööge*) dig (*kellegi pihta* — *at smb.*)
torik(seen) *bot.* shelf (*or* bracket) fungus (*pl.* -gi, -guses), polypore
torin grumble, growl
toriseja grumbler; grumpy bear, *Am. ka* grouse
torisema grumble, growl, *kõnek. ka* grouse
torkama prick, sting*, stab, jab, thrust*, prod; **läbi ~** pierce through, perforate, puncture; (*mõõgaga*) run* through; **meelde ~, pähe ~** come* to one's mind, occur (*to*); **silma ~** strike* the eye, be conspicuous
torkav stinging (*ka piltl.*)
torkehaav stab(-wound)
torkima prick, stab, jab, prod, make* pricks (*or* stabs, jabs, prods)
torm storm, tempest, gale; **~i ja tungi ajajärk** (the period of storm and stress
tormaja *sport.* forward
tormakas tempestuous, impetuous, blustering
tormakus tempestuousness, impetuosity
tormama 1. (*sööstma*) rush, make* a rush (*for*), dash; **edasi ~** rush (*or* dash) forward; **kallale ~** fly* at, attack, assault ; 2. (*marutsema*)

rage; **väljas tormab** there is a storm outside, it is stormy
tormi: ~ jooksma storm, make* an assault, attack
tormijooks storm, assault; **kindlust ~uga vallutama** take* a fortress by storm, carry a fortress by assault
tormilatern hurricane lamp, tornado lantern (*or* lamp)
tormilind albatross; (*pääsu-~*) stormy petrel
tormiline stormy, tempestuous, *piltl. ka* impetuous, tumultuous; **tormilised kiiduavaldused** a storm of applause
tormine (*mere kohta*) stormy, rough; (*ilma kohta*) foul
tormitsema storm, rage, bluster
torn I tower; (*teravneva otsaga ~, kiriku~*) steeple, (*sale teravnev ~*) spire; (*väike ~, kahuri~*) turret; (*kella~*) belfry; (*malend*) castle, rook
torn II *tehn.* (driving-)punch
tornaado *meteor.* tornado (*pl.* -oes, -os)
tornihüpe *sport.* high dive
tornikell tower (*or* turret) clock
tornkraana *tehn.* tower-crane
torp nose-bag
torpedeerima *sõj.* torpedo
torpeedo *sõj.* torpedo (*pl.* -oes)
torso *kunst.* torso (*pl.* -os)
tort (*kook*) fancy cake, (*puuvilja~*) tart, *Am.* pie; (*väike ~*) flan
toru pipe, tube; (*tulirelval*) barrel
torujas tubular
torukraav *põll.* drain
torukraavitus *põll.* draining, drainage
torukübar top-hat, silk hat
torulukksepp pipe-fitter, (*veevärgi ~*) plumber
toruluu *anat.* hollow (*or* tubular) bone
torumööbel tubular-steel furniture
torupill bagpipe(s); **~imees** bagpiper
torus (*huulte kohta*) pouting, thrust out, protruding; **huuli ~se ajama** pout (*or* thrust* out, protrude) one's lips
torustik tubing, piping; (*kuivendus~*) drainage; (*roiskvee~*) sewerage
torutama (*torudega varustama*) provide with pipes (*or* tubes); (*torukraavidega varustama*) drain
toruveski *tehn.* tube mill

tosin dozen; ~**akaupa**, ~**aviisi** by the dozen, in dozens
toss [tossi] = **tossike(ne)**
toss [tossu] vapour, steam, fume, smoke
tossama steam, fume, smoke
tossike(ne) duffer, muff
tossune steamy, full of steam (*or* vapour, fume, smoke)
tossutama steam, smoke; **minema** ~ steam off, sail off (emitting steam and smoke)
totaalne total, all-out
totaalsus totality
totakas doltish, silly, a little queer
totalisaator totalizer, totalizator
totalitaarne *pol.* totalitarian
totemism totemism
totrus imbecility, idiocy, stupidity, asininity; (*mõttetus*) nonsense
tots *kõnek.* kid, girl
totter imbecile, idiotic, stupid, asinine
tpruu! = **ptruu!**
traadijupp (short) piece of wire
traadikera coil of wire
traadikäärid wire shears, wire-cutters
traadiside wire connection, telegraphic (and telephonic) connection
traadistik wires, wiring
traadita wireless
traaditangid (wire) nippers, cutting pliers
traaditõmbaja wire-puller (*peam. piltl.*)
traageldama baste, tack
traagelniit basting (*or* tacking) thread
traagik tragedian
traagika tragedy
traagiline tragic (al)
traagilisus tragicalness, tragedy
traal trawl
traaler trawler
traalima trawl
traan train-oil
traat wire; (*kingsepa~*) shoe-thread; ~**aed** wire fence; ~**hari** wire brush; ~**hääling** *el.* wire broadcasting
traatima wire, fasten (*or* bind*) with wire
traatjas wiry
traatjuhe *el.* wire
traatklaas wire (*or* wired) glass
traattara = **traataed**
traattõke *sõj.* wire entanglement
traatuss *zool.* wire-worm

traatvõrk wire netting, woven wire; ~**aed**, ~**tara** wire-net fence
traav (quick), trot, spanky pace; ~**i sõitma** = **traavima**
traavel trotter, courser
traavers *tehn., mer., sõj.* traverse
traavihobune = **traavel**
traavima trot, go* at a trot
traavivõistlus *sport.* trot (*or* trotting) race, trotting, harness racing
traditsionaalne = **traditsiooniline**
traditsioon tradition
traditsiooniline traditional
trafaretne stereotyped, conventional, hackneyed, trite
trafarett stencil; *piltl.* conventional (*or* hackneyed, trite) pattern, cliché
trafo *el.* = **transformaator**
tragi I (*agar*) brisk, spry, spunky, smart
tragi II *mer.* grapnel, grappling-iron
tragidus briskness, spunk
tragikomöödia tragicomedy
tragun *aj. sõj.* dragoon
tragöödia tragedy
trahter *van.* tavern, inn; ~**ipidaja** tavern-keeper, innkeeper
trahv (*raha~*) fine; *sport.* penalty; ~**ilöök** (*jalgpallis*) penalty kick, (*golfimängus*) penalty stroke
trahvima fine; inflict a penalty (*on*); *haruld.* amerce
trajektoor *mat., füüs.* trajectory
traksid braces, *Am.* suspenders
traktaat 1. (*uurimuslik kirjutis*) treatise; 2. (*rahvusvaheline leping*) treaty
traktor tractor; ~**iader põll.** gangplough; ~**ijaam** tractor station
traktorijuht, traktorist tractor drievr (*or* operator, mechanic)
trall trolling, merry (and free) singing; ~**i lööma** troll, sing* merrily and freely, make* merry
tramm tram, (*tänavaraudtee*) tramway; (~*ivagun*) tram-car, tram
trampima trample, stamp
trampliin *sport.* springboard
transatlantiline transatlantic
transfereerima *maj.* transfer
transfert *maj.* transfer
transformaator *el.* transformer
transformeerima transform
transiit *maj.* transit; ~**kaubandus** transit trade
transitiiv *lgv.* transitive verb
transitiivne *lgv.* transitive
transkribeerima transcribe

transkriptsioon transcription
translatiiv *lgv.* translative (case)
translatsioon (*raadioülekanne*) transmission; *füüs.* translation
transleerima *el.* transmit, relay; *haruld.* translate (*er. füüs.*)
transliteratsioon *lgv.* transliteration
translitereerima *lgv.* transliterate
transmissioon *tehn.* transmission
transparent (*jooneleht*) black-lined paper; (*kujutis v. kiri läbipaistval materjalil*) transparency
transponeerima *muus., mat.* transpose
transpordilaev transport (*or* supply) ship, *sõj. ka* troop transport (ship), troop-carrier (ship)
transpordilennuk transport plane, *sõj. ka* troop-carrier (plane)
transporditööline transport worker
transport transport, *Am.* transportation
transport(eer)ima transport, convey
transportöör *tehn.* transporter, conveyor, carrier
transpositsioon *muus., mat.* transposition
transs *psühh., med.* trance
transee *sõj., mäend.* trench
trapets 1. *mat.* trapezium, *Am.* trapezoid; 2. *sport.* trapeze
trapp I *zool.* bustard
trapp II *mer.* (ship's) ladder; (*kajutitrepp*) companion-ladder
trapp III *ehit.* trap
trapper trapper
trass (*tee, suunda tähistav liin*) trace, track
trasseerima (*suunda tähistama*) trace, track; *sõj.* trace
tratt *maj.* draft, bill of exchange
trauma *med.* trauma, injury
traverss = **traavers**
treener trainer, coach
treenima (*treenerina ette valmistama*) train, coach; (*harjutuslega ette valmistuma*) train, keep* in training, practice
treening *sport.* training, *Am. ka* workout; (*jooksu~*) track practice; ~**dress** = **treeninguülikond**; ~**mats** training match; ~**ud** kõnek. = **treeningupüksid**
treeningulaager *sport.* training camp
treeningupüksid training trousers
treeninguülikond training suit, (*jooksjal*) track suit
treepel *geol.* rottenstone

trehvama (*kohtama, kohtuma*) meet*; (*tabama*) hit*; (*juhtuma*) happen
treial turner, lathe operator; (*puu~*) wood-turner; ~**itöö** turnery; ~**itöökoda** turnery, turner's shop
treima turn (on a lathe), work with (*or* shape on) a lathe; (*õõnt*) bore
treipink *tehn.* (turning-)lathe
trekk *sport.* track
trellid grating, grate; bars; ~**e taga** behind (prison) bars, behind bolt and bar
treng trace
trenss (*pulksuuraud*) snaffle
trepiaste stair, step
trepikoda (well of the) staircase, *Am.* stairway; (*suurem* ~) vestibule
trepikäsipuu banisters, balustrade
trepimade, trepipodest *ehit.* landing
trepistik (flight of) stairs, staircase
trepp stairs, staircase; (*välis~*) steps; (*maabumis~*) gangway; (*redel~*) stepladder; **trepist alla** down the stairs, downstairs; **trepist üles** up the stairs, upstairs
tress (gold, silver) lace, braid, purl, galloon
triangel *muus.* triangle
triangulatsioon *geogr.* triangulation
triblama *sport.* dribble
tribunal tribunal
tribuun tribune (of the people)
tribuut tribute
tribüün tribune, reviewing (*or* saluting) stand, (*kõnetool ka*) rostrum (*pl.* -ra, -rums)
trigonomeetria *mat.* trigonometry
trigonomeetriline trigonometric(al)
trihhiin *zool.* trichina (*pl.* -nae)
trihvaa (*laste peitemäng*) hy-spy
triias *geol.* Triassic period (*or* system)
triibuline striped, streaked, streaky
triiki: ~ **täis** full to the brim
triikima iron, smooth, press; (*pükse*) crease
triik(imis)laud ironing-board
triikmasin, triikraud (flat-)iron
triiksärk starched (and ironed) shirt
triip stripe, streak
triiphoone *van.* hothouse, greenhouse; (*elamu osana, er. ilutaimede jaoks*) conservatory
triiton *zool.* triton, newt
triiv (*ajumine*) drift; ~**ankur** *mer.* drift (*or* drag) anchor
triivima (*ajuma*) drift
triivimine (*ajumine*) drifting, driftage

triivjää drift ice
triivvõrk *kal.* drift net
trikk trick
trikkel trigger
trikoo (*riidesort*) stockinet, tricot; (*võimlemis~*) tights (*supel~*) bathing-costume, bathing-dress, swimming suit; (*maadlus~*) wrestling derss; ~**kaubad** knitted goods (*or* fabrics), hosiery
trikotaaž knitted goods, hosiery
triljon trillion
triller *muus.* shake, trill
trillerdama trill; (*lõõritama*) warble
trillpuur *tehn.* (spiral) drill
triloogia *kirj.* trilogy
trimpama drink*, carouse, bib, booze
trio *muus.* trio (*pl.* -os)
tripp strap
tripper *med.* gonorrhoea, *vulg.* clap
triumf triumph
triumfaalne triumphal
triumfeerima triumph
triumfikaar, triumfivärav triumphal arch
triviaalne trivial
trobikond gang, band
trofee trophy
trohheiline *kirj.* trochaic
trohheus *kirj.* trochee
troika troika, (Russian) six-in-hand, carriage-and-three
trollibuss trolley-bus
tromb *med.* thrombus (*pl.* -bi)
tromboon *muus.* trombone; ~**imängija** trombonist
tromboos *med.* thrombosis
trompet *muus.* trumpet; ~**imängija** trumpet-player
troon throne; ~**ile astuma** come* to (*or* mount, ascend) the throne; ~**ilt tõukama** dethrone
trooninõudleja, troonipretendent pretender (to a throne)
troonipärija heir to the throne
troop *kirj.* trope
troopika tropics; ~**ala** = ~**vööde**; ~**haigus** *med.* tropical disease; ~**kiiver** sun helmet; ~**lind** *zool.* tropic bird; ~**vööde** *geogr.* Tropical zone
troopiline tropical
troost = **trööst**
troposfäär *meteor.* troposphere
tropp I (**topp, topis**) plug, wad
tropp II (*trobikond*) troop, crowd, gang
tropp III *kõnek.* = **tilk**

troska droshky, cab
tross (*jäme köis*) rope, cable, hawser
trots defiance, bravado, reckless daring; (*kangekaelsus*) obstinacy
trotsima defy, set* at defiance, bid* defiance (*to*), brave
trotslik defiant, (provocatively) brave; (*kangekaelne*) obstinate
trotuaar = **kõnnitee**
trotüül *keem.* trotyl, T.N.T.
truism truism, hackneyed truth, platitude, commonplace
trukknööp = **rõhknööp**
trull *murd.* = **pesurull**
trulling *zool.* groundling, loach
trumm (*löökpill*) drum; ~**i lööma** beat* the drum
trummar = **trummilööja**
trummel *tehn.* drum, barrel, cylinder; (*keedunõu*) (large) tinned kettle
trummeldama drum; (*sõrmedega*) tattoo, beat* a (*or* the devil's) tattoo
trummikile *anat.* ear-drum, tympanum, tympanic membrane
trummilööja drummer
trumminahk 1. (*trummil*) drumhead, drum-skin; 2. = **trummikile**
trumminui drumstick
trummipulk drumstick
trummipõrin beat of the drum, rolling of the drums
trump trump, trump; ~**i mängima**, ~**i käima** play trump, trump
trumpama trump; **üle** ~ trump overtrump, *piltl. ka* outdo*; **teisi üle** ~ outduo* (*or* beat*) the others
trupp troupe, company
trust *maj.* trust
truu faithful, true; loyal
truualamlik (submissively) loyal, (humbly) submissive
truualamlikkus (submissive) loyalty, (humble) submissiveness
truudus faithfulness, faith; loyalty, fidelity; ~**t murdma** break* faith (*kellelegi* — *with smb.*), be false (*to*), (*abielus*) be unfaithful (*to*)
truudusemurdmine breach of faith; disloyalty (*reetlikkus*) perfidy; (*abielus*) unfaithfulness
truudusetu faithless, unfaithful; disloyal; (*reetlik*) perfidious
truudusetus faithlessness, unfaithfulness; disloyalty; (*reetlikkus*) perfidy
truudus(e)vanne oath of fidelity
truult faithfully, truly; loyally

truup (*ahju~*) flue, smoke-duct; (*tee~*) culvert
trööst comfort, consolation, *haruld.* solace
trööstija comforter, consoler
trööstima comfort, console, *haruld.* solace
trööstimatu inconsolable
trööstitu comfortless, disconsolate
trügima push (one another, oneself, one's way), push ahead, elbow one's way
trühvel *bot.* truffle
trükiarv impression, edition, issue; (*ajalehel*) circulation
trükiasjandus typography
trükikiri print, block letters; (*kirjaliik*) type
trükikoda printing-office, printing-plant
trükikunst (art of) printing
trükiladu composed matter
trükiladuja compositor, type-setter
trükiluba printing-permit
trükimasin printing machine, printing-press
trükimust printer's (*or* printing) ink
trükipoogen printer's sheet, (*murtud ~*) quire, signature
trükis printed work, printed matter, publication
trükisõna printed word
trükitina type-metal
trükitoode = **trükis**
trükitäht type, (printed) letter
trükitöö = **trükis**
trükitööline printer
trükivabadus *pol.* freedom (*or* liberty) of the press
trükivalmis ready for the press
trükiviga misprint, printer's error, *haruld.* erratum (*pl.* -ta); **~de loend** errata
trükk 1. print, printing; (*trükikiri*) type; (*trükkimine*) press; **~i andma** give* to the press; **trükist ilmuma** come* out, appear in print, come* off the press, be published; **trükist otsas** out of print; 2. (*väljaanne*) edition, impression
trükkal printer
trükkima print
trümm *mer.* hold
trümoo(peegel) pier-glass
tsaar tsar (*or* czar, tzar)
tsaariaegne of tsarist times
tsaarivalitsus tsarist government
tsarism *aj.* tsarism, tsardom

tsaristlik tsarist
tsehh shop, department
tsellofaan cellophane
tselluloid celluloid
tselluloos cellulose
tsellvill *tekst.* rayon staple, staple fibre
tsemenditehas cement works
tsement cement
tsementeerima cement
tsementiit *tehn.* cementite
tsementiitima *tehn.* case-harden, cement
tsementima = **tsementeerima**
tsenseerima censor
tsensor censor
tsensus census
tsensuur censorship; **~ivaba** uncensored
tsenter centre; **~puur** *tehn.* centre-bit
tsentner (*100 kg*) metric (*or* double) centner; (*anglo-ameerika ja saksa ~*) hundredweight, *haruld.* centner
tsentraalne central
tsentralisatsioon centralization
tsentraliseerima centralize
tsentralism *pol.* centralism
tsentrifugaaljõud *füüs.* centrifugal force
tsentrifugaalne *füüs.* centrifugal
tsentripetaaljõud *füüs.* centripetal force
tsentripetaalne *füüs.* centripetal
tsentrism *pol.* centrism
tsentrist *pol.* centrist
tsentristlik *pol.* centrist (*atrib.*)
tsentrum centre
tsepeliin Zeppelin
tseremoniaal ceremonial
tseremoniaalne ceremonial; (*pidulikult viisakas*) ceremonious
tseremoonia ceremony; **~meister** Master of Ceremonies
tseremoonitsema stand* on ceremonies
tsesuur *kirj.* caesura
tsetsekärbes *zool.* tsetse (fly)
tsiibet *keem., tehn.* civet **~kass** *zool.* civet (cat)
tsiitsero(kiri) *trük.* pica
tsiitsitaja *zool.* bunting
tsikaad *zool.* cicada
tsikkel = **mootorratas**
tsineraaria *bot.* cinerary
tsink zinc; **~hapend** = **tsinkoksiid**; **~helk** *min.* zinc blende, sphalerite
tsinkima zinc, (*raudplekki*) galvanize
tsinkograafia zincography
tsinkoksiid *keem.* zinc oxide

tsinkplekk (*läbini tsingist plekk*) zinc sheet; (*tsingitud raudplekk*) galvanized iron
tsinksalv *farm.* zink ointment
tsinkvalge *keem.* zinc white
tsinnia *bot.* zinnia
tsipake(ne) *murd.* a bit, a little (bit)
tsirkulaar circular (letter)
tsikulatsioon circulation
tsirkuleerima circulate
tsirkus circus
tsistern cistern
tsitaat quotation
tsitadell citadel
tsiteerima quote, cite
tsitrus *bot.* citrus
tsitter *muus.* zither(n)
tsiviilasi *jur.* civil suit
tsiviilelanikkond civilian population
tsiviilhagi *jur.* civil suit
tsiviilisik civilian
tsiviilkoodeks *jur.* civil code
tsiviilne civil
tsiviilriided civilian clothes, civ(v)ies
tsiviilvõimud civil authorities
tsiviilõigus *jur.* civil law
tsivilisatsioon civilization
tsiviliseerima civilize
tsonaalne zonal
tsoon zone
tss! sh(-sh)!, hush!
tst! =pst!
tsunft *aj.* (craft) guild, corporation
tsurr! = sorr!
tsuskama *murd.* = suskama
tsvikkima *tehn.* last, fasten to a last
tsvikk(imis)masin *tehn.* laster, lasting machine
tsvikk(imis)nael *tehn.* lasting tack
tsvikk(imis)tangid *tehn.* laster, lasting pincers
tsüaan *keem.* cyanogen; ~**kaalium** *van.* = kaaliumtsüaniid
tsükkel cycle
tsükliline cyclic(al)
tsüklon *meteor.*, *tehn.* cyclone
tsüklotron *tehn.* cyclotron
tšaardaš czardas
tšartism *aj.* Chartism
tšartist *aj.* Chartist
tšehh Czech
tšehhi Czech
tšekiraamat cheque-book, *Am.* check-book
tšekk cheque, *Am.* check
tšellist = tšellomängija
tšello cello; ~**mängija** cellist
tšempion *sport.* champion

tšempionaat *sport.* championship competition
tšiili Chilean, Chilian; ~ **salpeeter** Chile saltpetre
tšiillane Chilean, Chilian
tšitšeroone guide, cicerone
tšuvaši Chuvash
tšuvašš Chuvash
tualett toilet, (*rõivastus*) dress; (*klosett*) lavatory, *Am.* toilet; ~**laud** toilet-table
tuba room, chamber
tubakakasvatus tobacco-growing (*or* -cultivation)
tubakakott tobacco-pouch
tubakas tobacco; see **on hoopis teine** ~ *piltl.* that's another pair of shoes
tubakatoos snuff-box
tubane room (*atrib.*), indoor
tuberkul *anat.*, *med.* tubercle
tuberkuliin *med.* tuberculin
tuberkuloos *med.* tuberculosis, (*kopsu*~ *ka*) consumption; ~**ihaige** tubercular (patient), (*kopsuhaige*) consumptive (patient); ~**isanatoorium** sanatorium (*pl.* -ia, -iums) for consumptives
tuberkuloosne *med.* tuberculous
tubin *murd.* cudgel
tubli good, fine, fair; (*suuruselt*) good-sized, sizable, sarge; *Am.* *kõnek.* *ka* some; (*võimetelt*) capable, efficient; ~ **ettevalmistus** good (*or* sound) training (*milleski* — in *smth.*); ~ **poiss!** good lad!
tublidus goodness; (*võimekus*) capability, efficiency
tublilt well, capably, efficiently
tublisti well, greatly, considerably, a good deal, (quite) a lot; *Am.* *kõnek.* *ka* some
tudeerima *kõnek.* study
tudeng *kõnek.* (university) student, college boy, undergrad(uate)
tuder *bot.* gold-of-pleasure, dodder-seed
tudi 1. *adj.* doddering; 2. *subst.* = tudike(ne)
tudike(ne) (old) dodderer
tudima = tuduma
tudisema dodder
tuduma *lastek.* = magama
tuff *geol.* tufa, tuff
tugev strong; (*toekas*) sturdy, robust; (*jõuline*) vigorous; (*tuule kohta*) high, heavy; **ta on** ~ **matemaatikas** he is strong in (*or* good at) mathematics

tugevasti strongly; sturdily, robustly; (*jõuliselt*) vigorously
tugevdama strengthen, make* stronger; reinforce
tugevnema strengthen, become* (*or* grow*) stronger, gain in strength
tugevus strength; (*toekus*) sturdiness, robustness; (*jõulisus*) vigour; ~õpetus *tehn.* strength of materials
tugi support, prop, stay (*ka piltl.*); (~*latt*) strut; (~*punkt*) rest; ~ala base, bridgehead; ~kude *bot.*, *anat.* supporting tissue; ~laager *tehn.* thrust bearing; ~müür retaining wall
tuginema (*toetuma*) be supported; (*põhinema*) be grounded (*or* based), rest (*on, upon*); *piltl.* rely, draw* (*upon*)
tugipalk *ehit.* shore
tugipunkt point (*or* base) of support, rest; *füüs.* fulcrum (*pl.* -ra, -rums); *sõj.* stronghold, foothold, base
tugipuu prop, stanchion, upright
tugisammas buttress
tugitool armchair, easy-chair
tuhaase ashes, smouldering ruins; place of a fire
tuhakarva ashy(-coloured), ashen
tuhakast cinder-box
tuhalabidas *piltl.* termagant, virago (*pl.* -os)
tuhandeaastane thousand-year (*atrib.*), millenary, millennial
tuhandekordne thousandfold
tuhandepealine multiheaded, myriad-headed
tuhandes thousandth
tuhandik thousandth (part)
tuhane ashy
tuhar buttock; ~ad buttocks, *tead.* nates; ~alihas *anat.* gluteal muscle, gluteus (*pl.* -ei)
tuhastama burn* (*or* reduce) to ashes, incinerate
tuhastuma burn* (*or* be burnt, reduced) to ashes, be incinerated
tuhat thousand; ~ ja tuline! the deuce (take it)!, hang it all!
tuhatjalg *zool.* millepede (*or* millipede)
tuhatnelja post-haste, at full speed, at a gallop, hell-for-leather
tuhatoos ash-tray
tuhin (*tuhiseu heli*) soughing, whistling; (*põõrlus, keeris*) whirl, whirr, flurry; (*tundepuhang*) impetuosity, ardour, transport, rapture

tuhisema (*tuule kohta*) sough, whistle; (*hoogsalt põõrlema*) whirl, whirr, flurry
tuhk ash(es); (*tuline* ~) cinders; ~apäev *folkl.* Ash-Wednesday; ~atriinu Cinderella; ~hall ash-grey (*or* -gray)
tuhkjas ashy, ashen
tuhksuhkur powdered sugar
tuhkur I (*tuhakarva*) (ash-)grey (*or* gray), pale
tuhkur II (*loom*) polecat, fitchew
tuhm dim, dull, blurred, tarnished, lack-lustre
tuhmistama dim, dull, blur, tarnish
tuhmistuma, tuhmuma grow* dim (*or* dull, blurred, tarnished)
tuhmus dimness, dullness, tarnish
tuhnima root, rout (up, out) grub, burrow, nuzzle; (*songima*) dig*, rake, poke (about); (*otsima*) rummage, ransack
tuhud *murd.* (childbirth) labour, pains, throes, *haruld.* travail
tuhv *kõnek.* = **trepiaste**
tuhvel slipper; (*toa*~) carpet slipper
tuige throb, pulsation, pulse
tuigerdama stagger, reel, totter
tuikama throb, pulse, pulsate; (*valust*) ache on and off
tuiksoon artery
tuikuma stagger, reel
tuim dull, insensitive; (*kangestunud*) numb; (*vaimselt*) stolid, apathetic, torpid
tuimalt dully, insensitively; (*kangestunult*) numbly; stolidly, apathetically, torpidly
tuimastama dull, deaden, numb, benumb, make* (*or* render) dull (*or* insensitive, apathetic, torpid); *med.* anaesthetize
tuimastamisvahend, tuimasti, tuimastusvahend *med.* anaesthetic
tuimendama dull, make* (*or* render) duller (*or* more insensitive)
tuimenema become* (*or* grow*) duller (*or* more insensitive)
tuimuma become* (*or* grow*) dull (*or* insensitive)
tuimus dullness, insensitiveness; (*kangestus*) numbness; (*vaimne* ~) stolidity, apathy, torpidity, torpor
tuisakas hot-headed, impetuous, rash, hasty
tuisk whirl, whirling, (*lume* ~, *liiva* ~) storm, blizzard

26*

tuiskam = **tuisupea**
tuiskama whirl, be whirling (*or* flying, driving) in a storm; **tuiskab lund** there's a snow-storm) (*or* blizzard); **teed on kinni tuisanud** the roads are snow-bound (*or* snowed over, blocked with snow)
tuiskliiv drift (*or* drifting) sand
tuisklumi drifting snow
tuisuilm (snow-)stormy weather, blizzard(l)y (*or* blizzardous) weather
tuisukott (storm-)hood, bashlyk
tuisune 1. (snow-)stormy, blizzard(l)y, blizzardous, full of snowstorms (*or* blizzards); 2. = **tuisakas**
tuisupea madcap, giddy-goat, daredevil
tuisutama turn (snow-)stormy, begin* whirling snow, bring* blizzards
tuju mood, humour, frame (of mind), spirits, temper; (*isemeelne* ~) whim, caprise, fancy, freak; **heas ~s** in good (*or* high) spirits, in a good humour (*or* temper), in a cheery mood; **~st ära** out of temper (*or* humour); **mul pole täna ~ töötamiseks** I don't feel like working today
tujukas moody; (*isemeelne*) whimsical, capricious, fanciful, freakish
tujukus moodiness; (*isemeelsus*) whimsicality, capriciousness, fancifulness, freakishness
tujuküllane cheerful, jovial, jolly
tujutsema be moody (*or* whimsical, capricious, fanciful, freakish)
tujutu out of humour, in low spirits, out of sorts
tukastama doze (or drop) off, go* (*or* all*) into a doze, take* a nap
tukastus doze, nop, snooze
tukat *aj.* ducat
tukk [tuki] (fire)brand, smouldering log (*or* branch)
tukk [tuka] tuft, topknot; (*otsmikul*) forelock; *vt. ka* **metsa~**
tukkapidi by the forelock, by the hair (*ka piltl.*)
tukkuma doze, nap, haev (*or* take*) a nap, snooze; **~ jääma** = **tukastama**
tuks throb, knock, beat
tuksatama give* a throb (*or* beat); (*valust*) give* a twitch
tukse throb, beat, pulsation
tukslema throb, beat*, pulsate, palpitate; (**valust**) twitch
tuksuma throb, beat*, pulse, pulsate

tukunui *kõnek.* sleepyhead drowsyhead
tuldpurskav fire-belching, volcanic
tuldvõttev inflammable, catching fire
tulease hearth, fireplace
tulehakatis kindling
tulehark 1. (*ahjuhark*) oven-fork; 2. (*tige naine*) termagant, virago (*pl. -os*)
tulek coming; (*saabumine*) arrival; *haruld.* advent
tulekahju fire, conflagration; **~alarm, ~häire** fire alarm
tulekardetav = **tuleohtlik**
tulekeel (tongue of) flame
tulekindel fireproof, fire-resisting, *tehn. ka* defractory; **~ savi** fire clay, fireproof clay, refractory clay
tulekindlus *tehn.* refractoriness
tulekindlustus fire-insurance
tulekivi flint, *haruld.* firestone
tulekuma glow of a fire
tulekustuti, tulekustutusaparaat fire-extinguisher
tuleleek flame (of fire)
tulelont (burning) firebrand, (*tõrvik*) torch
tulem *maj.* receipts (*pl.*)
tulema come*; (*saabuma*) arrive; (*vaja olema*) be necessary; **tulgu mis tuleb** come what may; **sõda ei tule** there will be no war; **mul tuli janu** I began to feel thirsty; **mul tuleb see töö teha** I have (*or* I shall have, I am, it is necessary for me) to do this work; **seda ei tule teha** one must (*or* need) not do this; **eile tuli vihma** it rained yesterday; **~s olema** be coming (*or* approaching), be near (*or* close, at hand, imminent); **esile ~ come*** forth (*or* out, forward); **ette ~** occur, happen; **meelde ~** occur to one's mind, be remembered; **meelemärkusele ~** come* round, recover, regain consciousness; **vastu ~** come* to meet, meet*, (*soovidele*) oblige
tulemasin cigarette lighter
tulemine coming; (*saabumine*) arrival; *haruld.* advent (*ka kirikl.*)
tulemus result, outcome, issue, upshot; **~ena andma** result (*in*)
tulemuslik resulting, resultative, resultant
tulemusrikas, tulemusrohke rich in results; (*edukas*) successful
tulemägi = **vulkaan**

tulemüür fire wall
tulenema result (*from*), arise* (*from*), spring* (*from*); (*järgnema*) follow, ensue; (*olenema*) be due (*to*) (*juurde kasvama*) accrue (*from*)
tuleoht danger of fire, fire risk (*or* hazard)
tuleohtlik easy to catch fire, inflammable
tuleproov trial by fire, fire-ordeal: *piltl.* crucial test
tulepuu = **küttepuu**
tuleraud *etn.* fire iron, iron for striking light
tuleriit (*surnute põletamiseks*) pyre, funeral pile; *aj.* (*ketseri elusalt põletamiseks*) the stake
tuleristsed *piltl.* baptism of fire
tuleroaks: ~ **saama** be destroyed by a fire
tulestik fires, lights
tulesüütaja = **süütaja**
tuletael *bot.* tinder, punk
tuletama derive; (*järeldama*) deduce (*millestki* — *from smth.*); **meelde** ~ remind (*kellelegi midagi* — *smb. of smth.*), call (*smth.*) to (*smb.'s*) mind, recall, recollect
tuletangid fire-tongs
tuletegemine making (*or* lighting) a fire
tuletikk match
tuletis *lgv.* derivation, derivative
tuletorn lighthouse
tuletukk (fire)brand
tuletuma be derived; (*järelduma*) be deduced
tuletus derivation; (*järeldus*) deduction; ~**liide** *lgv.* (derivational) suffix
tuletuslik derivational
tuletõrje fire-fighting, fire service, fire department; (~*meeskond*) fire-brigade; ~**auto** fire-engine truck, (*voolikuga*) hose-truck, (*redeliga*) ladder truck; ~**depoo** fire department; ~**komando** fire-brigade; ~**pealik** fire chief; ~**prits** fire-engine; ~**vahend(id)** fire-fighting apparatus; ~**valve** fire guard; ~**voolik** fire hose; ~**ämber** fire ducket
tuletõrjuja fireman (*pl.* -men), *Am.* fire-fighter
tulev coming, (*tulevane*) future
tulevahetus exchange of fire
tulevalgel by fire-light (*or* lamp-light, candle-light)
tulevane 1. *adj.* future, prospective;

2. *subst.* (*one's*) future wife (*or* husband), (*one's*) wife (*or* husband) to be
tulevik future, futurity; *lgv.* future, the future tense; ~**ulootus** hope(s) for the future; ~**umuusika** *piltl.* dreams of the future, ~**uväljavaated** future prospects, prospects for the future
tulevärk fireworks (*pl.*)
tuleõnnetus calamitous (*or* catastrophic) fire, distastrous canflagration
tuli fire; (*tiku*~, *küünla*~, *lambi*~) light; **tuld andma** (*tulistama*) fire, shoot*; **palun andke mulle** (*sigaretile*) **tuld** please give me a light; **jalgadele tuld andma** take* to one's heels, make* off; **tuld võtma** catch* (*or* take*) fire; **millelegi tuld otsa pistma** set* a match to smth.; **tuld tegema** make* (*or* light*) a fire
tulihingeline fervent, ardent, enthusiastic
tulihänd = **pisuhänd**
tulija comer
tulikas *bot.* buttercup, crowfoot (*pl.* -foots)
tulikuum burning hot, (*metalli kohta*) red-hot, (*vee kohta*) piping hot
tuline fiery, hot; (*innukas*) ardent, fervent; (*vee kohta*) scalding, boiling hot; **mul on** ~ **kahju** I'm very sorry; ~ **õigus** the veriest truth; **tulise pihta!** confound it!
tulipunane fiery red
tulipunkt focus (*pl.* -ci), focal point (*ka piltl.*)
tulirelv fire-arm
tulistama fire (*on, at*) shoot* (*at*); (*suurtükist*) shell; **alla** ~ shoot* down
tulistus firing, shooting; (*suurtükist*) shelling
tulisus fieriness, fire, heat, warmth; (*innukus*) ardency, ardour, fervour
tulitama (*kipitama*) burn*, smart
tuliuus brand-new
tulivihane furious, infuriated
tuljak toolyak
tull thole(-pin), rowlock, *Am.* oarlock
tulnuk(as) new-comer
tulnuktaim *bot.* adventive (plant)
tulp [tulbi] tulip
tulp [tulba] post, pile, stake
tulu income, profit; (*ettevõttest*) proceeds, receipts, returns; (*riiklik* ~)

tuluallikas   406   **tundmine**

revenue; **~allikas** source of income (*or* revenue)
tulukas profitable, rich in profit(s)
tuluke(ne) (small) fire, light
tulukus profitableness
tulumaks income-tax
tulumaksustama tax, impose income-tax (*on*)
tulus, tulutoov profitable, paying, remunerative, lucrative
tulutu profitless, unprofitable, unremunerative
tuluõhtu benefit performance (*or* night)
tulv overflow, flood, deluge, inundation, spate (*ka piltl.*); *piltl.* influx, rush, (over)abundance
tulvama overflow, flow over, spill* over, flood; *piltl.* pour, rush, throng
tulvil to overflowing; ~ **täis** full to overflowing
tume dark, dusky; (*heli kohta*) dull, muffled; (*ebaselge*) dim, obscure, abstruse; (*sünge*) gloomy, sombre; *kõnek.* (*nürimeelne*) benighted, dull; **~dajuukseline** dark-haired, dark
tumedalt darkly; (*ebaselgelt*) dimly, obscurely
tumedanahaline dark(-skinned), dusky; (*tõmmu*) swarthy
tumedus darkness, duskiness; (*ebaselgus*) obscurity
tumendama darken, make* darker; obscure, make* more obscure
tumenema darken, become* (*or* get*, grow*) darker
tumepunane dark (*or* deep) red, crimson
tumesinine dark (*or* deep) blue, navy-blue
tumestama darken, make* dark; dim, obscure
tumestuma darken, be (*or* become*) darkened (*or* dimmed, obscured)
tumm [tumma] 1. *adj.* dumb, mute, silent; 2. *subst.* mute, dumb person; **~ad** the mute, the dumb
tumm [tummi] (*tangu~*) barley-water; (*riisi~*) rice-water
tummfilm silent (*or* mute) film
tummine thick, sticky
tummuma become* dumb (*or* mute, silent)
tummus dumbness, muteness
tunaeile = **üleeile**
tunahomme = **ülehomme**
tunane = **toonane**
tund (*aeg*) hour; (*õppe~*) lesson,

(*õppetöö ajaühikuna ka*) class-period, teaching period; (*akadeemiline ~*) (lecture) period; **pärast ~e** after classes, when lessons (*or* classes) are over
tundeelu emotional life
tundeelund *anat.* sense organ, (*kompamiselund*) tactile organ
tundeinimene person of feeling (*or* sentiment), emotional character, emotionalist
tundeküllane full of emotion, emotional
tundel *zool.* feeler, antenna (*pl. -ae*)
tundeliigutus emotion
tundeline full of feeling, emotional, sentimental
tundelisus emotionality, sentimentality
tundeluule = **lüürika**
tundemeel sense (perception); (*kompamismeel*) tactile sense
tundemärk (distinctive) mrak, sign, symptom
tundenärv *anat.* sensory nerve
tundetu unfeeling, insensible
tundetus insensibility
tundja (*asja~*) connoisseur (*of, in*), expert (*at, on, in*), (good) judge (*of*)
tundlik sensitive (*to*); (*vastuvõtlik*) susceptible (*to*)
tundlikkus sensitiveness, sensibility (*to*); (*vastuvõtlikkus*) susceptibility (*to*)
tundma 1. (*meelte kaudu*) feel*, sense, be sensible (*of*), experience, **kuidas te end tunnete?** how do you feel?, how are you feeling?; **raske töö annab ennast mu närvidele tunda** the hard work is telling on my nerves; 2. (*teadma*) know*, be acquainted (*with*); **näo (nime) järgi ~ know*** by sight (by name); **ära ~** recognize; **~ õppima** learn* to know, get* acquainted (*with*)
tundmatu 1. *adj.* unknown, unfamiliar; (*võõras*) strange; (*mitte üldtuntud*) obscure; **~ maa** unknown (*or* undiscovered, unexplored) country; *er. piltl.* unknown terrain, terra incognita; **~ sõdur** the unknown soldier; 2. *subst.* unknown (person), stranger
tundmatus being unknown, obscurity; **~eni muudetud** changed beyond recognition
tundmine 1. (*meeleline ~*) feeling, sensing, experiencing; 2. (*tead-*

mine) knowing, being acquainted (*with*)
tundmus feeling, sentiment, emotion; (*soe v.* hell ~) affection (*for, towards*)
tundmuslik emotional
tundra *geogr.* tundra
tund-tunnilt from hour to hour
tunduma feel*, be felt; (*näima*) seem, appear
tundur *geogr.* fjel(d), haruld. fell
tunduv perceptible, appreciable, noticeable, considerable, substantial
tunduvalt perceptibly, appreciably, noticeably, considerably, substantially
tung (*jõud*) force (*ka füüs.*), (*surve*) pressure; (*kihk, pürgimus*) urge, craving (*millegi järele — for smth.*), aspiration; (*rahva~*) press, throng, crush, crowd
tungal (pinewood, fir) torch; **~tera** spur (of the rye-seed), ergot
tungil: ~ **täis** full to overcrowding, crammed full
tungima force oneself, press, crowd, cram; (*vägisi minema*) force one's way; (*läbi* ~) penetrate, permeate, pervade; **kallale** ~ attack; **sisse** ~ intrude (*into*), invade
tungiv pressing, urgent; (*pakiline*) imperative
tungivalt pressingly, urgently; (*pakiliselt*) imperatively
tungivus urgency
tunglema press, throng, *Am.* mill about); (*püüdlema*) strive* (*for*)
tunglus press, throng; (*püüdlus*) striving (*for*)
tungraud *tehn.* (lifting) jack, jack screw
tuniisi Tunisian
tunked *kõnek.* overalls
tunne feeling; (*aisting*) sensation, (sense; (*meeleliigutus*) emotion, sentiment
tunnel tunnel; **~ahi** *tehn.* tunnel oven (*or* kiln)
tunnetama apprehend, know*; (*tajuma*) perceive, discern; *filos.* cognize
tunnetamatu unknowable; *filos.* incognizable
tunnetatav knowable; *filos.* cognizable
tunnetus apprehension, knowledge; (*taju*) perception; *filos.* cognition
tunnetuslik *filos.* cognitive, cognitional
tunnetusteooria *filos.* theory of cognition (*or* knowledge), epistemology, gnosiology
tunnetusteoreetiline *filos.* epistemological, gnosiological
tunniandja (*era~*) private teacher, one who gives (private) lessons; (*koolis*) part-time teacher
tunnikaupa = **tunniti**
tunnikava = **tunniplaan**
tunnikell timepiece, clock
tunnikiirus speed per hour
tunniline of one hour
tunnimees sentinel, sentry
tunniosuti hour-hand
tunniplaan time-table
tunnistaja witness; **~ks olema** (*pealt nägema*; *tõendama*) witness
tunnistama 1. witness, bear* witness (*to*), testify, give* testimony (*or* evidence); (*kohtus vande all*) depose; (*tõestama*) attest; (*tõekspidamisi* ~) confess, profess; **end süüdi** ~ plead guilty; **üles** ~ confess, admit one's guilt; 2. (*otsa vahtima*) look (intently) into one's face, stare (*at*)
tunnistus testimony; (*kohtulik* ~) evidence, deposition; (*ametlik dokument*) certificate; (*kooli~*) report; (*iseloomustus*) testimonial
tunnitasu pay by the hour
tunniti by the hour
tunnitöö time-work
tunniviisi = **tunniti**
tunnus (distinctive) mark, sign, symptom; (*iseloomustav* ~) character; (*lahutamatu* ~) attribute; *lgv.* marker, signal
tunnustama acknowledge, recognize, admit; (*hindavalt* ~) appreciate, commend, approve; (*omaks võtma*) own (*to*)
tunnustav appreciative, appreciatory, commendatory; (*heakskiitev*) approving
tunnustus acknowledgement, recognition, admission; (*hindav* ~) appreciation **~väärne** worthy of appreciation, commendable
tuntud (well-)known, familiar; noted; (*halvas mõttes*) notorious
tupepõletik *med.* colpitis, vaginitis
tupik blind alley (*ka piltl.*), impasse
tupp sheath (*ka bot., anat.*); (*mõõga~*) scabbard; (*toos*) case; *anat.* vagina (*pl.* -ae, -as); (*putuka nuku* ~) cocoon; **mõõka ~e panema** sheathe (*or* put* up) the sword

tuppleht *bot.* sepal, calyx lobe
tups tassel, tuft; (*villa*~) flock
tupsuline tasselled, tufted; (*villa kohta*) flocky
tupsutama dab
turakas (*tola*) fool, blockhead; (*kaotaja kaardimängus*) booby, loser; (*kaardimängu nimena*) dooraki, (Russian) muggins
turb (*turvakala*) chub
turbaauk peat pit
turbabrikett peat brick
turbalõikamine peat-cutting, peat-digging
turbamaa peat earth (*or* soil)
turbamuld *põll.* peat mould, peat- (-moss) litter
turban turban
turbane peaty
turbapäts block of peat
turbaraba peat-bog
turbasammal *bot.* peat moss, sphagnum (*pl.* -na)
turbasoo peat moor
turbatööstus peatery, peat industry
turbiin turbine
turduma swell*, bloat, become* swollen (*or* bloated)
turg market, *haruld.* mart, (*idamaine* ~) bazaar; **turul** in the market; **turule minema** go* to (the) market
turgatama: meelde ~, **pähe** ~ (suddenly) occur (*or* come*) to one's mind, occur (*to*)
turgutama pamper, coddle; (*toiduga*) cram with food
turi (nape and) shoulders; (*hobusel*) withers **turjast kinni võtma** take* by the scruff (of the neck)
turism tourism; ~**ibaas** tourist base (*or* centre); ~**ibüroo** tourist agency, tourist bureau (*pl.* -eaux, -eaus); ~**ituusik** tourist voucher
turist tourist
turjakas broad-shouldered
turkmeen Turkmen, Turkoman (*pl.* -mans)
turkmeeni Turkmen(ian), Turkoman (*atrib.*)
turm destruction, perdition, ruin, undoing
turmama destroy, ruin, undo*
turnee tour
turniir *aj.* tournament, tourney, jousting); *sport.* tournament
turnima *van.* = võimlema
turnips *põll.* swede, Swedish turnip

turri: ~ **ajama** bristle up, raise up; (*sulgi*) raise the hackles, ruffle; ~ **tõmbuma** rise* up, be ruffled (up)
turris: ~ **olema** be bristled up, be ruffled
turritama (*turri ajama*) bristle up, raise up; (*turris olema*) be bristled up, be ruffled
turrutama cause to swell, make* swollen (with moisture), make* watertight
tursakala = **tursk**
turse swell, swelling; *med.* oedema (*pl.* -mata)
tursk *zool.* cod (fish)
turske strapping, sturdy, lusty, stout
tursuma swell*, bloat, become* swollen (*or* bloated)
tursunud swollen, bloated, *med.* oedematous
tursutama make* swell (*or* bloat)
turteltuvi *zool.* turtle-dove
turtsakas huffy, peevish, petulant, grumpy
turtsatama give* a snort; (*naeru pärast*) give* a chuckle
turtsatus snort; (*naeru*~) chuckle
turtsuma snort; (*naerust*) chuckle; (*vihast*) splutter, fume; (*kassi kohta*) spit*
turuhind market price
turuhoone covered (-in) market, market-house (*or* -hall)
turukaup market goods
turukaupleja market trader
turukorv market-basket
turukott shopping-bag
turuline market shopper (*or* customer)
turunaine market woman (*pl.* women)
turuplats market square (*or* place)
turustama market, put* on the market, (*müüma*) sell*
turustus marketing, (*müümine*) selling, sale
turv (*tugisammas*) prop; (*kaitse*) protection, safeguard, safety, security
turvakala = **turb**
turvaline secure, safe
turvama (*toetama*) prop up; (*kindlustama*) protect, secure, safeguard; (*varjama*) shelter
turvas peat, *haruld.* turf; ~**t lõikama** cut* (*or* dig*) peat
turvasmuld *põll.* peaty soil
turvastuma turn into peat
turve protection, shelter

tusane sulky, sullen, glum, morose, surly, moody
tusasus sulkiness, sullenness, glumness, moroseness, surliness, moodiness
tusatsema sulk, be sulky (*or* sullen, glum, morose, surly moody); (*tusaselt vaikima*) mope
tusatuju sulky (*or* glum, morose) mood, *kõnek.* the blues
tusk grief, discomfiture, vexation, illhumour; ~a tegema grieve, vex
tust (meal, flour) dust, powder
tustima *murd.* = **tuustima**
tušee *muus.* touch
tušš I (*lühike tervitusmuusika*) flourish
tušš II (*värvaine*) China (*or* Chinese) ink, India(n) ink
tuššima draw* in (*or* shade with) China ink
tutiline tufted, crested
tutistama pull by the hair, tweak (the hair)
tutkas *zool.* ruff
tutt tuft, crest; (*juukse*~) tuft (of hair), forelock; (*narmas*~) tassel
tuttav 1. *adj.* known, familiar; acquainted (*with*); 2. *subst.* acquaintance
tuttavlik familiar
tuttipidi by the (tuft of) hair
tuttlõoke(ne) *zool.* crested lark
tuttmüts tasselled cap (*or* bonnet)
tuttpütt *zool.* grebe
tutt-tihane *zool.* crested titmouse (*pl.* -mice)
tuttu: ~ minema *lastek.* go* to beddybyes (*or* to Bedfordshire)
tuttvart *zool.* tufted duck
tutvuma get* (*or* become*) acquainted (*or* familiar) (*with*); acquaint oneself (*with*); make* the acquaintance (*of*); familiarize oneself (*with*); come* to know, learn* (*about*); (*dokumendiga, plaaniga jms.*) study
tutvus acquaintance; (*lähedane* ~) familiarity; **kellegagi** ~t tegema make* smb.'s acquaintance, strike* up an acquaintance with smb.
tutvuskond (circle of) acquaintances, acquaintance, acquaintanceship
tutvustama acquaint, make* acquainted (*with*); (*esitlema*) introduce, present (*to*)
tutvustus making acquainted (*with*); (*esitlus*) introduction (*to*)
tuub tube

tuuba *muus.* tuba
tuubil: ~ täis crammed full
tuuker diver
tuukriülikond diving suit (*or* dress)
tuul wind, (*kerge* ~) breeze; ~e käes in the wind; ~t taga ajama, (tühja) ~t tallama beat* the air, chase shadows; ~est võetud (*teate kohta*) without (*any*) foundation, (totally) imaginary
tuulama winnow, fan
tuulamismasin winnowing machine, fanner
tuulduma be (*or* get*) aired (in the wind); get* a change of air
tuulealune *mer.* leeward
tuulehaug *zool.* garfish
tuulehoog gust, blast (of wind); (*iil*) squall
tuulekala = **tuulehaug**
tuulekeeris whirlwind
tuuleklaas (*autol jms.*) windscreen, *Am.* windshield
tuulelipp weathercock, weathervane (*ka piltl.*)
tuulemootor wind motor, wind engine
tuulemurd *mets.* wind-fallen wood, windfall
tuulemõõtja *meteor.* anemometer
tuulepea flighty (*or* fickle) person, flibbertigibbet
tuulepealne *mer.* windward
tuulepuhang = **tuulehoog**
tuulepööris = **tuulekeeris**
tuulerõuged *med.* chicken-pox
tuuletallaja 1. (*lind*) wind-hover, kestrel; 2. (*isik*) flighty and unpractical person
tuuletu windless
tuuletõmbus draught, current of air
tuulevaikne calm
tuulevaikus calm, lull
tuulevari shelter against wind; (*tuulekaitse*) wind-screen
tuuleveski windmill
tuuleõhk breath of wind, light (*or* slight) breeze
tuulik = **tuuleveski**
tuuline windy, breezy
tuulispask, tuulispea whirlwind
tuultolmlemine *bot.* wind pollination
tuulutama air, give* an airing (*to*), ventilate
tuulutus airing, ventilation
tuum (*pähkli*~) kernel, meat; *biol., füüs., keem.* nucleus (*pl.* -lei); *piltl.* pith, core, heart; (*olemus*) essence, gist, the (main) point; ~aenergia

tuumafüüsika 410 **tõestuma**

füüs. nuclear energy; ~**afüüsika** nuclear physics; ~**ajõud** *pl., füüs.* nuclear forces
tuumakas pithy, full of substance; *(mõttetihe)* terse
tuumake(ne) *biol.* nucleous *(pl.* -li)
tuumakiirgus *füüs.* nuclear radiation
tuumakus pithiness; *(mõttetihedus)* terseness
tuumareaktor *füüs.* nuclear reactor
tuumareaktsioon *füüs.* nuclear reaction
tuumarelv *sõj.* nuclear weapon
tuumasisene *füüs.* intranuclear
tuumauurimised nuclear research
tuumik core, heart, nucleus *(pl.* -lei)
tuumor *med.* tumor
tuumseep *tehn.* curd *(or* grain) soap
tuun(ikala) *zool.* tunny
tuunjas opaque
tuupi: ~ **tegema** give* *(smb.)* a thrashing *(or* toco), drub
tuupija crammer, grinder, swotter, swot
tuupima 1. = **tuupi tegema;** 2. *(pähe* ~) cram, grind*, swot, mug (up), stuff into one's head; **sisse** ~ cram, stuff, drub *(into);* **täis** ~ cram *(with)*
tuupur = **tuupija**
tuur [tuuri] round, turn; *(tantsus)* round, set, figure; **kõnek.** *(tuju)* mood, fancy, caprice
tuur [tuura] I *(riist jää raiumiseks)* ice-chipper
tuur [tuura] II *zool.* sturgeon
tuurima *kõnek.* last, take* = (time)
tuus *(äss)* ace *piltl.* bigwig, big pot
tuuseldama toss *(or* pull) about, tousle
tuusik voucher for *(or* pass to) a rest-home *(or* sanatorium), accommodation card; *(turismi* ~) tourist voucher
tuust wisp, bundle
tuustik swab, mop
tuustima burrow, root, grub, dig*
tuutu (paper) screw, screw-bag, cornet
tuulutama toot, honk
tuvastama *jur.* ascertain, establish
tuvi pigeon *luulek.* dove; ~**hall** dove-coloured, dove-grey *(or* -gray)
tuvike(ne) 1. = **tuvi;** 2. *(meelitussõnana)* dove, honey
tuvila, tuvimaja dove-cot(e), pigeon-house
tuvipost pigeon post
tuviside *sõj.* pigeon communication
tõbi disease, illness, malady

tõbine diseased, sick; *(põdur)* sickly
tõbisus sickness; *(põdurus)* sickliness
tõbras beast, brute
tõde truth, verity; ~ **võidab** truth will *(or* shall) prevail; **kulunud** ~ truism
tõdema experience *(or* feel*) as the truth, arrive at the truth *(of)*
tõearmastus love of truth, truthfulness, veraciousness
tõekspidamine belief, conviction, *haruld.* tenet
tõeline true, real, actual, veritable; *(ehtne)* genuine, authentic
tõeliselt truly, really, actually, veritably; *(ehtsalt)* genuinely, authentically
tõelisus reality, actuality; *(ehtsus)* genuineness, authenticity
tõend *(tõendusvahend)* proof, (piece of) evidence; *(tunnistus)* certificate
tõendama 1. prove, give* proof *(of);* evidence; 2. *(kinnitama, väitma)* assert, affirm
tõendus 1. proof, evidence; 2. *(kinnitus, väide)* assertion, affirmation; ~**materjal** evidence
tõenäoline probable, likely; *(usutav)* plausible; *(petlikult* ~) specious
tõenäoliselt probably, (most) likely, in all likelihood *(or* probability)
tõenäo(li)sus probability, likelihood; *(usutavus)* plausibility, verisimilitude; ~**teooria** *mat.* theory of probabilities
tõeotsija seeker after truth
tõeotsing search for truth
tõepoolest really, actually, truly, indeed
tõepärane truthful, veracious; *(tõele vastav)* true, authentic
tõepärasus truthfulness, veracity; *(tõele vastavus)* truth, authenticity
tõestama prove *(ka mat.),* give* the proof *(of),* show*, demonstrate; *(väidet)* verify, substantiate; *(allkirja)* attest witness; *(ehtsust)* authenticate
tõestamatu unproved, unverified; not provable, not verifiable, not demonstrable
tõestatav provable, verifiable, demonstrate
tõesti really, truly, indeed; **kas** ~ *(küsimusena)* is that so?, *(hüüatusena)* you don't say so!; ~ **sündinud lugu** true story
tõestuma prove *(or* be proved) true

tõestus proof, demonstration (*ka mat.*); (*väite* ~) verification; (*allkirja* ~) attestation; (*ehtsuse* ~) authentication
tõesõna word of truth, true word; ~! I mean it!
tõetera (true) saying, aphorism, dictum (*pl.* -ta)
tõetruu truthful, true (to life)
tõhk = **tuhkur II**
tõhus (*mõjus*) effective, effectual, efficacious; (*tubli*) efficient (*jõuline*) powerful, strong
tõhusalt (*mõjusalt*) effectively, effectually, efficaciously; (*tublisti*) efficiently
tõhustama make* effective (or effectual, efficacious, efficient)
tõhusus effectiveness, efficacy; (*tublidus*) efficiency
tõik = **tõsiasi**
tõke obstacle, obstruction, bar, barrier; sport. hurdle; (*takistus*) hindrance, check, encumbrance
tõkend *jur.* restraint; *mets.* (floating) boom
tõkendama *jur.* restrain, put* under restraint
tõkestama obstruct, hinder; bar, block, check, bring* to a check, encumber; (*voolu, er verejooksu*) sta(u)nch; (*pidurdama, keelama*); inhibit (*ka biol., psühh.*)
tõkestamatult unhindered, without check (or hindrance)
tõkestus obstruction, hindering, checking; (*takistus*) hindrance; *el.* magnetic resistance (or reactance); (*pidurdus*) inhibition (*ka biol., psühh.*)
tõkkejooks *sport.* obstacle-race, hurdle-race, steeplechase
tõkkepuu barrier; *sport.* hundle; (*valdas*) turnpike
tõkketuli *sõj.* barrage, defensive fire
tõld coach, carriage; **~auto** limousine; **~sepp** coachmaker, (*vankritegija*) cartwright
tõlge translation; *haruld.* version
tõlgendaja = **tõlgitseja**
tõlgendama = **tõlgitsema**
tõlgitseja interpreter; (*seletaja*) expounder, explainer
tõlgitsema interpret; (*seletama*) expound, explain; **valesti** ~ misinterpret
tõlgitsus interpretation
tõlk interpreter; **~ekirjandus** foreign literature in translation; **~elaen**

lgv. translation loan; **~eviga** error in translation, mistranslation, misrendering
tõlkija translator
tõlkima translate; (*suuliselt*) interpret, act as interpreter
tõlkimatu untranslatable
tõlkjas *bot.* (oriental) charlock
tõllassepp = **tõldsepp**
tõlv (*nui, kurikas*) club; (*pesu~*) battledore, clothes-bat
tõlvik *bot.* spike, ear, spadix (*pl.* -dices); *tehn.* = **jootekolb**
tõmbama pull, draw*; **siin tõmbab** there is a draught here; **hinge** ~ draw* breath, breathe; **külge** ~ attract; **tikku** ~ strike* a match; **maha** ~ strike* out; **välja** ~ pull out, extract; **naist** ~ *van.* abduct a woman (or bride); **tõmba talle!** give him one (hot)!, give it him!, let him have it!; **ta sai (tublisti) tõmmata** he was given what for
tõmbejõud (power of) attraction; *füüs.* gravitational force (or pull); *tehn.* tensile force
tõmbelukk zipper, zip-fastener
tõmbenumber (feature of) attraction, special number, hit
tõmbepinge *tehn.* tensile stress
tõmbetugevus *tehn.* tensile strength
tõmbetuul draught
tõmbetükk draw, hit, popular play
tõmblema twitch, jerk, be convulsed, contract convulsively
tõmblukk = **tõmbelukk**
tõmblus twitch, jerk, convulsion
tõmbsoon = **veen**
tõmbuma be pulled (or drawn), draw*; (*külge* ~) gravitate (towards); **kokku** ~ contract, shrink* (together); **tagasi** ~ draw* back, withdraw*
tõmbus pull, draw; (*tuule*~) draught
tõmme pull, draw; (*järsk* ~) jerk; (*sule*~) stroke; *tehn.* (*põlemisel jms.*) draught; **kunstlik** ~ *tehn.* artificial draught
tõmmis *trük.* proof; *keem., kok.* extract
tõmmits *tehn.* puller, pull bar (or rod, chain, rope)
tõmmu swarthy(-complexioned), dusky, dark-brown
tõmmukas darkish, brownish, tawny
tõngermaa, tõngermu rooted (or routed, turned) up ground
tõnguma root, rout (up)
tõnnike(ne) *bot.* betony

tōotama promise, vow, pledge one's word, pledge oneself; **tōotatud maa** the promised land, the land of promise
tōotus promise, (*pühalik* ~) vow; ~**t andma** make* (*or* take*) a vow
tōre (*upsakas*) haughty; (*pahur*) surly, cross
tōrelema scold, chide*, upbraid, berate, quarrel (*with*)
tōrelus scolding, chiding, berating, quarrel
tōrge (*mootori tegevuses*) failure, stoppage
tōrges refractory, recalcitrant, contrary, restive, fractious; (*jonnakas*) stubborn
tōri (trumpet-like) tube; *bot.* tubular (*or* ocreate) stipule; *anat.* (ocreaceous) tube
tōrikodalane *zool.* whelk
tōrilane *zool.* trupet animalcule, stentor
tōrje prevention, defence, combating; (*kahjuri* ~) (pest-)control; ~**löök** *sport.* return of service; ~**vahend** means of defense (*or* prevention), means of (pest-)control
tōrjuma fend off, ward off, repel; rebuff; (*kōrvale* ~) parry, turn off, avert; **tagasi** ~ repel, reject, (*süüdistust*) rebut; **välja** ~ dislodge, displace; (*asendama*) supplant, supersede
tōrkjas, tōrksavōitu refractory, recalcitrant, intractable, ungovernable; (*vastuhakkav*) contumaceous
tōrksus refractoriness, recalcitrance, contrariness, restiveness, fractiousness; (*jonnakus*) stubbornness; (*vastuhakkavus*) contumacy
tōrkuma resist, oppose, demur; (*tōrges olema*) be refractory (*or* recalcitrant, contrary); (*masina kohta*) refuse to work, fail
tōrkumatu resistless, unopposing
tōrkumatult resistlessly, without, demur; (*masina kohta*) smoothly, faultlessly
tōrs (large) tun, vat
tōru acorn
tōrv tar; ~**alill** catchfly; ~**alont** = **tōrvik**
tōrvama tar; (*laimama*) blacken, smear
tōrvane tarry
tōrvapapp tar-paper, tarred (roofing) felt
tōrvaseep coal-tar soap
tōrvatünn tar-barrel
tōrvik torch; ~**rongkäik** torch-light procession
tōsi 1. (*tōde*) truth; (*mitte nali*) earnest, seriousness; **ma tahan tōtt teada** I want to know the truth; **selles on terake tōtt** there is a grain of truth in that; **tōtt rääkima** speak* (*or* tell*) the truth; (**kui**) **tōtt ōelda** to tell the truth, truth to tell; **tal on** ~ **taga** he is in (real) earnest; 2. (*ōeldistäitena v. liitsōnade algosana*) true, real; ~ **küll** (it is) true, true enough; **tōeks saama** come* true
tōsiasi fact
tōsiasjaline factual
tōsidus earnestness, seriousness, gravity
tōsielu real life, (actual) reality
tōsine 1. earnest, serious, grave; (*pühalik*) solemn; 2. (*tōeline*) true, veritable, real
tōsinema become* earnest (*or* serious, grave)
tōsiolud (the) real state (*or* condition) of things
tōsiselt earnestly, seriously, gravely; (*pühalikult*) solemnly
tōstatama raise, bring* up, moot
tōste lifting, lift; ~**jōud** lift, lifting (*or* carrying) power; ~**kang** lever; *sport.* bar; ~**kraana** *tehn.* (lifting) crane; ~**nurk** *sōj.* (angle of) elevation, elevation angle; ~**sild** *tehn.* drawbridge, bascule-bridge; ~**sport** weight-lifting; ~**sportlane** weight-lifter
tōstma raise, lift; (*heiskama*) hoist, heave; (*kōrgendama*) elevate; (*suurendama*) enhance; **esile** ~ **bring*** into prominence, give* prominence (*to*), lay* emphasis (*on*); **kaebust** ~ make* a complaint; **kätt** ~ raise (*or* put* up) one's hand; **kellegi vastu kätt** ~ raise one's hand against smb. (*ka piltl.*); **mässu** ~ raise a revolt (*or* rebellion), break* into revolt; **välja** ~ (*korterist*) evict; **üles** ~ lift (*or* raise) up, (*maast*) pick (*or* take*) up
tōstuk lift, elevator, hoist
tōtlema be (continuously) in a hurry, make* (always) haste
tōtlik hurried, hasty
tōtt [tōtu] hurry, haste
tōttama hurry, hasten, make* haste

tõttu *postp.* because of, by reason of, on account of, owing to, due to; **remondi ~ on tee suletud** because of (*or* owing to) repairs the road is closed
tõu *mer.* rope, cable, tow
tõuaretus *põll.* improvement of breed, pedigree breeding, animal breeding
tõug I (*inim~*) race; (*looma~*) breed; **puhast ~u** of pure breed, thoroughbred
tõug II = **tõuvili**
tõuge push, shove, thrust; (*vapustus*) shock; (*ajend*) impetus, impulse, incitement, stimulus (*pl.* -li)
tõugend = **ajend**
tõuk grub, larva (*pl.* -ae), (*vagel*) maggot, (*röövik*) caterpillar
tõukama push, shove, thrust* (*ajendama*) impel; **kuuli ~ sport.** put* the shot (*or* weight); **tagant ~** push from behind, *piltl.* push around, incite
tõukari *põll.* pedigree cattle, bloodstock
tõukejõud motive (*or* impellent) power, impelling (*or* propelling, impact) force
tõukekelk (Swedish, Finnish) push-sledge, scooter-sledge
tõuklema push (one another), shove at one another, jostle
tõukur *tehn.* pusher, (*varras*) push rod, (*tõstetapp*) tappet
tõulava *põll.* breeding station (of pedigree cattle)
tõuline of race (*or* breed), racial; (*puhta~*) pure-bred, thoroughbred
tõuloom *põll.* thoroughbred (*or* pedigree) animal
tõuparandus *põll.* improvement of breed, breed improvement
tõuraamat *põll.* pedigree book, (*veiste kohta*) herd-book, (*hobuste kohta*) stud-book
tõus rise: (*ülesminek*) ascent; *astr.* ascension; (*teel*) gradient, up-grade; *piltl.* upsurge, upswing, (*majanduslik ~*) boom; (*mere~*) high (*or* rising) tide, flood tide, flow; **~ ja mõõn** ebb and flow
tõuse *vt.* **tõusmed**
tõusik upstart, parvenu, (*rikas ~*) newly-rich
tõusiklik upstart (*atrib.*)
tõusma rise* (up); (*üles minema*) mount, ascend; (*magamast, istumast jne.*) get* up, stand* up;
(*esile kerkima*) arise*; (*tuule kohta*) spring* up; (*taime kohta*) come* up; (*hindade kohta*) go* up, rise*, increase
tõusmed *põll.* (corn) shoots
tõusuaeg *maj.* time of upsurge (*or* boom); *astr.* (time of) ascension
tõusulaine *geogr.* tidal wave, (*jõesuudmes*) bore
tõusutee path of (national) progress
tõusuvesi high water (*or* tide), flood tide
tõuvili spring corn
tõvekindel *med.* disease-resistant, immune
tõvekindlus *med.* disease-resistance, immunity
tõvestama *med.* infect, affect with a disease
tõvestuma be infected, be affected with a disease
täbar ticklish, nice, delicate; (*ebakindel*) precarious, critical; (*piinlik*) awkward, embarrassing
tädi aunt; **~poeg** (male) cousin; **~tütar** (female) cousin
täheaasta *astr.* sidereal year
täheaeg *astr.* sidereal time
tähekaart *astr.* star-map
täheke(ne) starlet
tähekogu *van.* = **tähtkuju**
tähekujuline star-shaped
täheldama observe, watch
tähele: ~ panema pay* attention (*to*), heed, take* note (*of*); (*märkama*) notice, note, mark; (*täheldama*) observe; **ärge pange mind ~gi** don't mind me
tähelend *piltl.* meteoric flight
tähelepandav noticeable, marked, observable, considerable; (*tähelepanuväärne*) noteworthy, notable, remarkable
tähelepanek observation, finding
tähelepanelik attentive, observant, heedful, mindful
tähelepanelikkus attentiveness, attention, heedfulness, heed
tähelepanelikult attentively
tähelepanematu inattentive, heedless, inadvertent
tähelepanematult inattentively, heedlessly, inadvertently
tähelepanematus inattentiveness, heedlessness, inadvertence (*or* inadvertency)
tähelepanu attention; (*hool*) heed; **~!** attention!, (*ettevaatust!*) look

out!; kellegi ~ millelegi juhtima call smb.'s attention to smth.; **suurt ~ osutama** give* much attention (*to*); **endale ~ tõmbama** draw* (*or* attract) attention; **~ äratama** arouse ettention; **~ osaliseks saama** be noticed, become* noticed; **see ei vääri ~** that deserves no notice (*or* attention)
tähelepanuväärne noteworthy, notable, remarkable
tähelepanuväärsus noteworthiness, notability; (*tähelepanuväärne asi*) something worth (special) notice, (*vaatamisväärsus*) sight
tähelepanuväärt = tähelepanuväärne
tähendama 1. mean*, signify, (*kaudselt*) imply, stand* for; (*märgitsema*) denote; **mida see tähendab?** what does this mean?; **tähendab...** consequently, so, well then ...; **see ei tähenda midagi** this means nothing, this is of no significance (*or* consequence, importance); 2. (*märkima*) note, mark; **üles ~ note** down, make* (*or* take*) a note (*of*); 3. (*märkusena ütlema*) observe, remark
tähendamissõna *kirikl.* parable
tähendus 1. meaning, significance, sense; (*tähtsus*) import; 2. (*märkus*) observation, remark
tähenduslik of meaning, *lead.* semantic
tähendusrikas significant
tähendusvarjund shade of meaning
tähenärija *piltl.* (fussy) pedant, hairsplitter, word-splitter
tähenärimine *piltl.* (fussy) pedantry, hair-splitting, word-splitting
täheparv *astr.* star-cluster
tähesadu *astr.* star-shower
tähestik alphabet
tähestikuline alphabetical
tähesõit *sport.* rally-driving, motor rally
tähetark star-gazer, astrologer
täheteadlane = astronoom
täheteadus = astronoomia
tähetorn (astronomical) observatory
tähik = kviitung
tähine starry
tähis mark, sign, token; (*tulp*) stake, peg; (*tee~*) landmark; (*mere~*) buoy
tähistaevas starry (*or* star-lit) sky
tähistama mark; (*teed*) stake (*or* mark) out; (*piirjoontes*) outline;

(*tähtpäeva*) mark, observe, commemorate, celebrate
tähitama = tähtima
tähitud registered
tähn spot, speckle, speck, fleck; (*ledre~*) freckle
tähnik (*kala*) river trout; (*loom*) speckled animal
tähniline spotted, speckled; **~ tüüfus, ~ soetõbi** typhus, typhus fever, spotted fever
tähnistama spot, speckle, (*tedretähtedega*) freckle
täht 1. (*taeva~*) star (*ka piltl.*); 2. (*kirja~*) letter, character; 3. (*sedel*) note, chit, bill; (*rohu~, maksu~*) receipt
tähtaeg term. time(-limit), (due) date; **tähtajaks** in time, by the time fixed; **enne tähtaega** ahead of time, ahead of schedule
tähtajaline of a fixed date
tähthein *bot.* chickweed
tähtima register
tähis important, significant; of importance, of import, of moment, of consequence; (*oluline*) relevant; **pole ~** it is of no importance, it does not matter; **ennast tähtsaks tegema** put* on airs; **tähtsad külalised** distinguished visitors (*or* guests)
tähtkiri registered letter
tähtkuju *astr.* constellation
tähtpea *bot.* scabious
tähtpäev 1. memorable (*or* notable) day, (important) date; 2. = **tähtaeg**
tähtraamat *van.* calendar, almanac
tähtsaadetis registered post (*or* parcel)
tähtsus importance, significance; (*tähendus*) import; (*olulisus*) relevance (*or* relevancy); **suurima ~ega** of the utmost moment (*or* consequence)
tähtsusetu unimportant, insignificant; negligible, irrelevant; of no moment (*or* consequence)
tähtsusetus unimportance, insignificance; irrelevance
tähtteos outstanding work, masterpiece
tähttäheline literal
täht-tähelt literally, to the (very) letter
täi louse (*pl.* lice)
täide [täite] filling
täide: ~ minema be fulfilled, come* true; **~ saatma, ~ viima** execute,

täideminek carry out, carry (*or* put*) into effect, implement
täideminek fulfilment, coming true, realization
täidesaatev executive; ~ **võim** the executive (power)
täidesaatja executor
täidesaatmine, täideviimine execution, carrying out (*or* into effect), implementation
täidis filling, stuffing; *tehn.* filler material, charge; (*polsterdis*) padding; (*hakkliha*~) force-meat
täidlane plump, full, stoutish
täidlus plumpness, stoutishness
täielik full, complete; (*terviklik*) entire, total; (*piiramatu*) absolute; (*täiuslik*) perfect
täielikkus fullness, completeness; (*terviklikkus*) entirety, totality; (*piiramatus*) absoluteness; (*täiuslikkus*) perfection
täielikult fully, in full, to the full, completely; (*tervenisti*) entirely, totally; (*piiramatult*) absolutely; (*täiuslikult*) perfectly
täiemetraažiline: ~ **film** full-length film
täiend complement, supplement; *lgv.* attribute
täiendama complement, supplement; (*varusid*) replenish; (*teadmisi*) develop, improve; (*lõpule viima*) complete
täiendav complementary, supplementary
täiendavalt as a complement (*or* supplement; (*lisaks*) additionally, in addition
täiendlause *lgv.* attributive clause
täiendus complementing, supplementing; (*varude* ~) replenishment; (*täiendav osa v. kogus*) complement, supplement; (*lisand*) addition; ~**ettepanek** additional proposal, amendment (to a proposal); ~**kursused** advanced training courses, refresher courses; ~**nurk** *mat.* complementary angle
täiendusvärvus *füüs.* complementary colour
täienema become* fuller (*or* more complete); (*paremaks muutuma*) improve, be improved; (*täiuslikumaks muutuma*) become* more perfect; (*kasvama*) grow*
täiesti fully, in full, completely; (*läbini*) thoroughly; (*tervenisti*) entirely, totally; absolutely; (*hoopis*) quite, wholly, utterly, altogether
täievoliline invested with full powers, plenipotentiary)
täieõiguslik enjoying full rights; (*liikme kohta*) full and equal
täima = **raatsima**
täis full, filled; (*küllastatud*) replete; (*joobnud*) drunk; **mu kõht on** ~ I have eaten (*or* had) my fill; **mu süda on** ~ I am angry; **ta on ennast** ~ he is conceited (*or* full of conceit, stuck on himself); **ennast** ~ **jooma** get* drunk; **täiel määral** to the full extent, fully; **täiest kõrist** at the top of one's voice; ~ **kasvama** grow* up; ~ **puhuma** (*palli*) blow* up, inflate; (*põski*) blow* out; ~ **valama** (*tassi, klaasi jms.*) fill up
täisarv *mat.* whole number, integer
täisarvuline *mat.* integral
täisealine of (full) age, adult, *jur.* major; (*täiskasvanud*) grown-up; **täisealiseks saama** come* of age
täisealisus full age, *jur.* majority
täishabe full beard
täishäälik *lgv.* vowel
täisiga full age, being grown up
täiskarsklane teetotal(l)er
täiskarskus teetotalism
täiskasvanu grown-up (person), adult
täiskasvanud grown-up, adult
täiskiilutud crammed full, (*ruumi kohta*) overcrowded
täiskogu *van.* (full) assembly, plenary meeting (*or* session)
täiskuu full moon; ~ **ajal** at full moon, at the full of the moon
täiskäik full speed
täismees (fully) grown-up man (*pl.* men); (*ka*) = **täitsamees**
täisminevik *lgv.* present perfect (tense)
täisnurk right angle
täisnurkne right-angled, *tead.* rectangular, orthogonal
täispiim whole (*or* full, unskimmed) milk
täispuhutud blown up, puffed up; *piltl.* swollen-headed, self-important
täispööre full turn, *sõj.* about-turn
täissihitis *lgv.* total object
täistabamus = **otsetabamus**
täistuisanud snowed up, (*tee kohta*) snow-bound
täisvarjutus *astr.* total eclipse
täisverd thoroughbred

täisvereline full-blooded (*ka piltl.*); (*hobuse kohta*) thoroughbred
täisvillane all-wool, of pure wool
täisväärtuslik of full value, up to standard; (*raha kohta*) sterling (*ka piltl.*)
täitama become* lousy
täiteleht *jur.* writ of execution, court order
täitematerjal = **täidis**
täitesulepea fountain pen
täitevkomitee executive committee
täitma 1. (*anumat jms.*) fill, fill up, fill out; (*blanketti jms.*) fill in, *Am.* fill out; (*täis toppima*) stuff; (*isu*) satiate; 2. (*soovi, ülesannet jms.*) fulfil, carry out, execute, accomplish; **plaani ~ ja ületama** fulfil and overfulfil the plan; 3. (*palvet*) grant, comply (*with*); 4. (*kohustust*) discharge, do, perform; (*lubadust*) fulfil, keep*; (*lepingut*) carry out, observe; (*otstarvet*) meet*, serve; **kellegi aset ~** fill smb.'s place, act for smb., *Am. ka* substitute for smb.
täitmatu unfilled; (*ahne*) insatiable; (*ka*) = **täitumatu**
täitmine (*anuma jms.* ~) filling; (*blanketi jms.* ~) filling in, *Am.* filling out; (*soovi, ülesande jms.*) ~) fulfilling, carrying out, execution; **teenistuskohustuste täitmisel** when (*or* while) on duty
täitsa = **täiesti**
täitsamees kõnek. proper man (*pl.* men), fine fellow, *Am.* he-man (*pl.* -men)
täituma 1. (*täis saama*) fill, be filled, become* (*or* get*) filled; 2. (*täide minema*) be fulfilled, come* true, be realized
täitumatu unfulfilled, unrealized; (*täitumiseks võimatu*) unrealizable
täiturg kõnek. second-hand market, rag-market, *Am.* junk market
täius fullness, plenitude
täiuslik perfect, consummate, accomplished
täiuslikkus perfectness, perfection
täiustama perfect, make* more perfect (*or* accomplished), improve
täiustuma be perfected, become* more perfect (*or* accomplished), improve, be improved
täiustus perfecting, perfection, improvement
täke notch, nick, indentation

täkestama notch, nick, indent
täkiline notched, nicked, indented
täkk [täki] = **täke**
täkk [täku] stallion
täkkeline = **täkiline**
täkkvarss colt, young stallion
täks hack
täksima hack, chip
täksmeisel *ehit.* chipping chisel, hacking iron
täkutvarss = **täkkvarss**
tämber timbre, tamber
täna today (*or* to-day), this day; ~ **hommikul** this morning, this forenoon; ~ **õhtul** this evening, this night, tonight
täna-homme one of these days, in the next few days
tänahommikune of this morning
tänama thank; **tänan (väga)!** thank you (very much)!
tänamatu ungrateful, unthankful, thankless; ~ **töö** thankless task
tänamatus ingratitude, ungratefulness, thanklessness
tänane of today, today's
tänapäev 1. *subst.* today (*or* to-day), today's date; (*nüüdisaeg*) modern times; 2. *adv.* nowadays
tänapäevane of today, present, modern
tänaseks for today
tänaseni up to the present (day), up to (*or* until) now
tänav street; (*kitsas* ~) alley, lane; (*lai* ~) avenue; ~**al** in (*Am.* on) the street
tänavaliiklus street traffic
tänavapoiss street Arab, mudlark
tänavatüdruk street-walker
tänavavalgustus street lighting
tänavavõitlus street fighting
tänavu (during) this year; ~**aastane** = **tänavune**
tänavune of this year, this year's
tänaõhtune of this evening, this evening's
tänini until now, up to now, up to the present, hitherto, so (*or* this, thus) far, (up) to date
tänitama bawl, vociferate
tänk [tänga] lump, clot
tänk [tängu] *anat.* ganglion
tänkjas lumpy, clotty
tänna hither; *vt. ka* **sinna-tänna**
tänu 1. *subst.* thanks; (~*tunne*) gratitude; **suur ~!, palju ~!** many thanks!, *Am.* thanks a lot!; ~ **avaldama** express (*or* offer, extend)

thanks (to), (palvuse) give* thanks (to); ~ võlgnema be indebted (kellelegi — to smb.; millegi eest — for smth.); 2. prep. thanks to; ~ teie abile thanks to your help
tänuavaldus expression of thanks (or gratitude); (koosolekul) vote of thanks
tänukiri letter of thanks
tänulik thankful, grateful; (ülesande jms. kohta) gratifying, rewarding, profitable, worth-while
tänulikkus thankfulness, gratefulness, gratitude
tänumeel gratitude
tänumeelne grateful
tänutunne (feeling of) gratitude
tänutäheks as a sign (or token) of gratitude
tänuväärne, tänuväärt thankworthy, deserving thanks
täpe speck, spot; (tühiasi) trifle
täpike(ne) (little) speck, spot, dot
täpiline speckled, spotted, spotty
täpipealne van. = täpne
täpipealt = täpselt
täpistama spot, make* spotty, speck, speckle, fleck, flecker
täpne exact, precise; (aja suhtes) punctual; (hoolikas) accurate
täpp spot, speck, speckle, fleck; (punkt) dot, point; ~i minema hit* the mark
täppis = täpne
täppisinstrument tehn. precision instrument
täppiskaalud tehn. precision balance
täppisteadus exact science
täpselt exactly, precisely; (aja suhtes) punctually; (hoolikalt) accurately
täpsus exactness, haruld. exactitude, preciseness, precision; (aja suhtes) punctuality; (hoolikus) accurateness, accuracy; (tulistamisel) accuracy; ~laskmine sport. precision shooting, sõj. sniping; ~laskur sniper, sharpshooter
täpsustama make* more exact (or precise, accurate); (lähemalt määratlema) specify; (täpsemalt seadma) adjust
täpsustus making more exact (or precise, accurate); (lähemalt määratlemine) specification; (täpsemalt seadmine) adjustment
tärge (sisselõige) notch, nick, kerí; incision

27 J. Silvet

tärgeldama strach
tärin rattle, rattling, jangle, jangling
täring die (pl. dice)
tärisema rattle, jangle
täristama rattle, jangle; relvi ~ rattle weapons (or the sabre), brandish one's arms
tärkama (taime kohta) sprout, shoot*; spring* (or come*) up; (tekkima) arise*, spring* up, appear; (idanema) germinate
tärklis starch
tärmin van. term, (due) date, time- (-limit)
tärn star; (viitemärgina) asterisk; kõnek. (ohvitseri õlakul) pip
tärpentin turpentine
tätar flock, flake
tätoveerima tattoo
tätoveering tattoo
täägivõitlus sõj. bayonet fight
tääk sõj. bayonet
tääv mer. (vöör~) stem; (ahter~) stern-post
tõgama chaff, gibe (or jibe), make* fun (of), Am. josh
tõinama boohoo, blubber, bawl, cry (like a child)
tõine obtained by (personal) labour, labour (atrib.)
tõkat birch-oil, birch-tar
tõllakil (ripnemas) dangling, adangle, loosely hanging; (kõveras) doubled up
tõllerdama (vaarudes käima) reel (or stagger) about; (looderdama) loaf, lounge, hang* about
tõlner piibl. publican
tõlp (nudi) dock-tailed, curtailed; piltl. dull, stupid
tõlplane boody, stupid bungler
tõmbistama blunt, make* blunt (or obtuse)
tõmp blunt; (nurga jms. kohta) obtuse; ~koonus = tüvikoonus; ~nurk = nürinurk
tõnkama I = tõgama
tõnkama II (purssima) speak* badly, murder the language; (vusserdama) bungle
tõnnima = tõinama
tõnts blunt, dull; (mõistuse kohta) dull, obtuse; ~i kuulmisega hard of hearing; ~i nägemisega weak-sighted
tõntsakas thick-set, stocky, squabby
tõss(ikene) = toss(ikene)
töö work; (pingeline ~, vaev) labour;

(**töölolek**) employment; (*teenistus*) job; (~*ülesanne*) task; ~**d otsima** look for work (*or* employment, a job); ~**d tegema** do work, work; ~**le asuma** set* to work, settle to (one's) work; **teaduslikud** ~**d** scientific works, (*trükised*) scientific publications
tööaeg working time, working (*or* business) hours
tööala sphere (*or* line) of work
tööandja *maj.* employer
tööarmastus love for (*or* of) work, industriousness
tööbrigaad labour team
tööbörs *maj.* labour (*or* employment) exchange
tööbüroo *maj.* employment bureau (*pl.* -eaux, -eaus), employment agency
töödistsipliin labour (*or* working) discipline
tööeesrindlane front-rank worker
tööerakond *pol.* Labour Party
tööerakondlane *pol.* Labourite
tööhobune draught-horse
tööind working zeal
tööinimene worker, working man (*pl.* men), working woman (*pl.* women)
tööinvaliid disabled worker
tööjaotus division of labour
tööjõud labour (power), man-power; (*töötaja*) worker; (*töötajad*) staff of workers
tööjõudlus (working) efficiency, power, capacity; (*toodanguna*) output, amount of work done
tööjõureservid labour reserves, reserves of man-power
töökaaslane fellow worker, workmate; (*kutsekaaslane*) colleague
töökaitse labour protection
töökangelane Hero (*pl.* -oes) of Labour
töökas hard-working, industrious, diligent
töökoda (work)shop
töökogemus work experience
töökoht place of work (*or* employment); (*töö*) job, employment
töökoormus work-load; (*masinal jms.*) service load
töökord working (*or* labour) routine
töökorda: ~ **seadma** put* into working order
töökorras in working order
töökulu(tus) expenditure of work (*or* labour), work (*or* labour, effort) involved

töökus industriousness, industry, diligence
töölaud work-table; (*kirjutuslaud*) desk
tööleping *maj.* labour contract
tööline worker, (*mees*~) workman (*pl.* -men), (*nais*~) woman-worker (*pl.* women-workers); (*musta*~, *maa*~) labourer
tööliskirjasaatja worker correspondent
töölisklass working class
tööliskond workers, working-people
töölisliikumine working-class movement
töölisnoor young worker
töölispartei Workers' Party, working-class party
tööloom draught animal, beast of burden; *piltl.* drudge
tööluus *maj.* absenteeism, *kõnek.* shirking, loafing
tööluusija *maj.* absentee (worker), *kõnek.* shirker, loafer
töömahukas labour-consuming
töömees workman (*pl.* -men), worker
tööndus *maj.* (*töö*) trade, business; (*käsitöö*) craft, home industry
töönorm work quota, rate of output, output standard
tööpalk = **töötasu**
tööpink 1. work-bench, (*tisleri* ~) joiner's bench; 2. (*masin*) machine-tool
tööplaan plan (*or* programme, scheme) of work; (*õpetajal*) (teacher's) working plan; (*teadlasel*) plan (*or* programme) of research work
tööpuudus (*puudus tööst*) lack of work; (*töötaolek*) unemployment
tööpõld field of activity (*or* action)
tööpõlgur work-dodger, work-shy parasite
tööpäev work-day, working day; (*ühikuna*) work-day unit
tööraamat work-book, service record
töörahvas work-people, working people, toilers
töörežiim working regimen, *tehn.* duty
tööriided = **töörõivad**
tööriist tool, instrument, implement
tööruum work-room
töörõivad work(ing) clothes; (*tavaliste te rõivastele pealetõmmatavad* ~) overalls; *sõj.* fatigue-dress
tööseisak stopping (*or* stoppage) of work; (*vabrikus*) shutdown
tööstaaž length of service
tööstur industrialist, manufacturer

tööstus industry, manufacture; ~**ettevõte** industrial enterprise; ~**haru** branch of industry; ~**kaubad** manufactured goods; ~**kool** industrial (or trade, vocational) school; ~**käitis** (industrial) plant
tööstuslik industrial
tööstusproletariaat industrial proletariat
tööstustööline industrial worker
töötaja worker; (*vaevanägija*) toiler
töötajaskond workers (and staff), labour force, hands employed
töötama work; (*vaeva nägema*) labour, toil; (*teenistuses olema*) do a job; (*masina kohta*) work, run*, operate; (*talitlema*) function; **mille kallal te (parajasti) töötate?** what are you working at?; **kellena te töötate?** what is your work (or job)?; **ta töötab tööpingil** he operates a machine-tool; **välja** ~ work out, (*üksikasjalikult*) elaborate
töötamisviis way (or method) of working
töötaolek unemployment, joblessness
töötasu pay, (*töölistel*) wages, (*teenistujatel*) salary
töötatööline unemployed worker
töötav working, labouring
töötegija worker, labourer
töötingimused working conditions
töötlema work up, treat, process; (*masinal*) machine; (*viimistlema*) finish
töötu 1. adj. workless, out of work, unemployed, jobless; 2. subst. unemployed (person)
töötuba workroom, working room; (*kabinet*) study
töötõend certificate of work
töötüli labour conflict
töövaheaeg interval, break (in work)
töövahekorrad labour relations
töövaimustus labour enthusiasm
tööviljakus labour productivity, productivity of labour
töövõime ability to work, capacity for work, work fitness
töövõimeline able to work, capable of working; (*füüsiliselt*) able-bodied
töövõimetu unable to work, disabled, incapacitated
töövõimetus inability to work, disability
töövõit feat (or triumph) of labour, (outstanding) labour achievement

tööõpetus manual training, training in manual labour
tööülesanne (work) task, allotment (or assignment) of work
tööülikond working-dress, overalls
tüdima = **tüdinema**
tüdimatu untiring, tireless, indefatigable
tüdimatus indefatigability
tüdimus weariness, boredom, tedium, disgust
tüdinema tire, get* (or grow*) tired (or weary) (*of*), get* fed-up (or disgusted) (*with*)
tüdruk girl; maid, (*teenija*~) maidservant
tüdrukuke(ne) little girl
tüdrukutirts slip of a girl
tühe hollow, cavity, niche
tühi 1. adj. empty, void; (*vaba*) vacant, unoccupied; (*täiskirjutamata*) blank; (*inimestest*) desolate, deserted; (*millestki ilmaolev*) devoid (*of*); (*asjatu*) idle, vain; **mu kõht on** ~ I am hungry; ~ **asi** a (mere) trifle, a mere nothing; ~ **jutt** empty talk, nonsense; **tühjade kätega** with empty hands, empty-handed (*ka piltl.*); vt. **ka tühja, tühjaks, tühjalt**; 2. subst. (*vana*~ Old Nick, the devil; ~ **seda teab!** who the devil knows that!
tühik void (*ka piltl.*); (*lünk*) blank, lacuna (*pl.* -nae); *anat.* cavern
tühikäik tehn. idling, idle (or light) running; **tühikäigul** at idle
tühine trifling, trivial, futile; (*närune, väike*) petty, paltry; (*asjatu*) vain; (*tähtsusetu*) insignificant, negligible
tühipaljas worthless; (*tühine*) trifling, paltry
tühistama cancel, revoke, nullify, (*lepingut jms. ka*) void; (*otsust*) repeal, annul, declare null and void, quash; (*seadust*) abrogate, abolish; (*korraldust, tellimust*) countermand, call off; (*keeldu, kitsendust*) lift
tühistus cancellation, revocation, nullification; (*otsuse* ~) repeal, annulment; (*seaduse*~) abrogation, abolishment; (*käsu, tellimuse* ~) countermand, calling off; (*keelu, kitsenduse* ~) lifting
tühisus triflingness, triviality, futility; (*närusus, väiksus*) pettiness, paltriness; (*tühi edevus*) vanity; (*tähtsusetus*) insignificance

tühi-tähi trifle, bagatelle; **tühja-tähja rääkima** blab, twaddle
tühja: ~ **(kah!)** that's nothing!; ~ **jooksma,** ~ **minema** result in nothing, end in a failure, peter out
tühjaks: ~ **jooksma** run* dry; ~ **jooma** empty, drain (to the last drop); ~ **laadima** unload; ~ **lüpsma põll.** milk dry, strip; ~ **tegema** = **tühjendama**
tühjalt empty; *tehn.* (*tühikäigul*) idle, at idle
tühjasõnaline empty(-worded), unsubstantiated, unfounded
tühjavõitu rather empty
tühjendama empty, *haruld.* void; (*ammutama*) exhaust, deplete; (*laengut*) discharge; *füüs., füsiol., med.* evacuate; **klaasi** ~ empty (*or* drain) one's glass; **sooli** ~ evacuate the bowels, defecate
tühjendus emptying
tühjenema empty, be emptied (*or* exhausted, depleted)
tühjuma become* empty (*or* desolate, deserted); (*nurjuma*) result in nothing, end in a failure
tühjus emptiness, vacuum, void
tükati in (some) pieces, in parts, in places
tükeldama cut* in(to) pieces, cut* up, dismember; (*jagama*) divide up; (*maad*) parcel out
tükihind price per piece, retail price
tükikaupa by the piece, piece by piece, piecemeal, bit by bit
tükike(ne) little piece, bit
tükiline full of bits, lumpy
tükitasu *maj.* piece rate (of pay), piece-rate wages
tükitöö piece-work
tükitööline piece-worker
tükiviisi = **tükikaupa**
tükk 1. piece, bit; (*katkend*) fragment; (*suhkru*~) lump; (*seebi*~) cake; **kaks rubla** ~ two roubles each (*or* a piece); **paar** ~**i** a couple (*of*); **andke mulle neid viis** ~**i** give me five of them; ~ **aega** a while, some time; ~ **maad** some distance; 2. (*vemp*) trick, prank
tükkhaaval by the piece, by pieces; one piece at a time
tükki: ~ **minema** get* lumpy, form lumps
tükkima = **tikkuma**
tükkis 1. in lumps; in a lump; 2 (*koos, ühes*) in the lump (*with*), together (*with*)
tükk-kaup *maj.* piece-goods
tükksuhkur lump sugar
tülbkude *bot., anat.* parenchyma
tülgas loathsome, disgusting, repugnant, nauseous
tülgastama disgust, nauseate
tülgastus loathing, disgust, repugnance
tüli 1. (*riid*) quarrel; (*tülitsus*) contention; (*sõnasõda*) controversy; (*võitlus*) strife; ~ **norima** pick a quarrel (*with*); **tülli ajama** set* quarrelling; **tülli minema** quarrel, fall* out (*with*); 2. (*tülin, ebamugavus*) trouble, difficulty, inconvenience, bother; ~**ks olema** give* trouble, be a trouble (*or* bother), trouble
tüliasi (cause of) quarrel, contention, controversy, bone of contention
tülikas troublesome, bothersome
tüliküsimus vexed question, point of controversy, moot case (*or* point); (*vaidlusalune asi*) issue, matter of dispute
tülin trouble, difficulty, inconvenience, bother
tülinorija quarrelsome fellow, bully
tülinorimine picking a quarrel
tülitama trouble, bother, disturb; (*tahtmatult*) inconventience, incommode; (*pahandavalt*) annoy; (*pealetikkuvalt*) molest, importune; (*vaevama*) pester, plague
tülitsema quarrel; (*sõnelema*) altercate; (*võitlema*) contend
tülitsus quarreling, quarrel; (*sõnelus*) altercation; (*võitlus*) contention, strife
tülitus (*tülitamine*) troubling, bothering, disturbing; (*pahandav* ~) annoyance; (*pealetikkuv* ~) molestation
tüliõun *piltl.* apple of discord, bone of contention
tüll I *tekst.* tulle
tüll II *zool.* (piping) plover
tülli *vt.* **tüli**
tülpima become* dull (*or* dulled, blunted); grow* bored (*or* blasé), weary
tülpimus being dulled (*or* blunted, bored, blasé), boredom, weariness
tüma (*pehme*) soft; (*rabane*) boggy, swampy, spongy; ~**ks tegema** (*läbi kolkima*) thrash (thoroughly), beat* hollow (*or* up)

tümikas cudgel
tümin rumble, thud(ding), din
tümisema rumble, thud, din
tünder tun, (large) barrel; **~sepp** = püttsepp
tünjas = tünnitaoline
tünn barrel, cask; **~ilaud** stave; **~itaoline** barrel-shaped; **~itäis** barrelful; **~ivits** (barrel) hoop; **~taara** *maj.* barrel empties, empty barrels
tüpiseerima typify
tüpograafia *trük.* typography
tüpograafiline typographic(al)
türanlik tyrannical, tyrannous
türann tyrant
türannia tyranny
türanniseerima tyrannize *(kedagi — over smb.)*
türgi Turkish, **~ diivan** otoman; **~ keel** Turkish, the Turkish language; **~ pipar** capsicum; **~ uba** French bean, haricot (bean)
türgi-tatari *lgv.* Turkic *(or* Turco-Tataric)
türkiis *min.* turquoise
türklane Turk
türm *(vangla)* prison, jail *(or* gaol); *(vanglakaristus)* imprisonment
türnpuu buckthorn
tüse stout, burly, hefty; *(jässakas)* stocky; *(lihav)* corpulent; *(tubli)* proficient, able
tüsedus stoutness, burliness, heftiness; *(jässakus)* stockiness; *(lihavus)* corpulence; *(tublidus)* proficiency, ability
tüsenema grow* stout *(or* corpulent)
tüsilik complicated
tüsistama complicate
tüsistuma become* (more) complicated
tüsistus complication *(ka med.);* **~ed** *med.* complications, after-effects
tüssama cheat, defraud, swindle, dupe; *kõnek. ka* bamboozle, do *(smb.),* sell* *(smb.)* a pup, take* *(smb.)* in
tütar daughter; **~laps** girl; **~lapselik** girlish; **~lastekool** girls' school
tütreke(ne) (dear) little, daughter; *(kõnetussõnana)* girlie
tütrelaps grandchild, daughter's child *(pl.* children)
tütrepoeg grandson, daughter's son
tütretütar granddaughter, daughter's daughter

tüvekas thick-stemmed, strong-stemmed, strong-trunked
tüvend *bot.* corm
tüvi stem, trunk; *lgv.* stem, base
tüvik stump, stub
tüvikoonus *mat.* truncated cone, frustum *(pl.* -ta, -tums), of a cone
tüvisõna *lgv.* (word consisting of the pure) stem
tüü *(jämedam ots tüvel)* butt end, stump, stub; *(kõrretüügas)* stubble
tüübel *ehit.* dowel
tüübipärane true to type
tüüfus 1. *(kõhu~)* typhoid *(or* enteric) fever; 2. *(tähniline* **~**) spotted fever, typhus; 3. *(taastuv* **~**) relapsing fever
tüügas stump, stub; *(soola~)* wart; *tead.* verruca *(pl.* -cae)
tüügastik stubble
tüükaline warty; *tead.* verrucose, verrucous
tüümian *bot.* thyme
tüün(e) calm, still, *luulek.* stilly
tüünus calm(ness), stillness
tüüp type; *(mudel, eeskuju)* pattern, model; *biol.* phylum *(pl.* -la); **veider tüüp** *kõnek.* queer individual *(or* fish)
tüüpiline typical
tüüpilisus typicalness
tüüplaused *lgv.* model *(or* standard) phrases, sentence patterns
tüüpprojekt *ehit.* standard *(or* model) project *(or* plan)
tüüpõld *põll.* stubble (field)
tüür *(rool)* rudder, helm; *(~iratas)* (steering-) wheel
tüürima steer
tüürimees helmsman, steersman *(pl.* -men), man *(pl.* men) at the wheel; *(lennukil)* navigator; *(kapteni abi)* mate
tüüriratas steering-wheel
tüürpoord *mer.* starboard
tüütama 1. *(tülitama)* bother, pester, plague; *(pahandama)* aggravate; 2. *(tüdinuks tegema)* bore, weary, pall *(on),* be tiresome; **ära ~ become*** tiresome *(to)*
tüütu *(pahandav)* aggravating; *(igav)* boring, tedious, tiresome, dull
tüütus boredom, tedium, tiresomeness, dullness; *(tüütu asi v. isik)* nuisance

U

uba bean; (*kohvi*~, *kakao*~ *ka*) berry; ~ **leht** *bot.* marsh (*or* water) trefoil; ~**maak** *geol.* bean (*or* pea) ore; ~**põõsas** *bot.* cytisus (*pl.* -isi)
ubin *murd.* = **õun**
ubinhein *bot.* wild c(h)amomile
ubrik (*hütike*) shanty, hovel; (*toake*) poky (little) room
udar udder; ~**apõletik** *vet.* inflammation of the udder
ude (bit of) down, downy hair, (piece of) fuzz, fluff; ~**med** down, fuzz, fluff
udejas downy
udemeline downy, fuzzy, fluffy
udmurdi Udmurt
udmurt Udmurt
udras *murd.* = **saarmas**
udu mist, (*tihe* ~) fog, (*kerge* ~) haze; ~**jutt** *kõnek.* gas, moonshine, (flim-)flam; ~**kogu** *astr.* nebula (*pl.* -lae); ~**linik**, ~**loor** veil of mist, misty veil
udune misty, foggy, hazy; *piltl.* ka nebulous, cloudy, vague
udupilt *van.* magic-lantern picture
udusireen *mer.* fog-horn
udustama (*udupeeneks pihustama*) spray, atomize, (*pritsima*) spray
udusti sprayer (*er. sõj.*)
udusulg bit of down, downy feather; **udusuled** down
udusus mistiness, fogginess, haziness
udutama (*uduvihma sadama*) drizzle
udutsema (*udune olema*) be misty (*or* foggy, hazy); (*uduselt väljenduma*) be vague (in one's expressions)
uduvihm drizzle
uduvine (light) haze
ugri Ugrian, Ugric
uhe wash (*ka geol.*), *haruld.* alluvion
uhet *geol.* = **uhtmaa**
uhetjoom *geol.* (sand) bar, (sand) bank
uhiuus brand-new
uhkama (*hoovama*) surge, spring*, swell
uhke proud; (*edevalt* ~) vain; (*kõrk*) haughty; (*tore*) superb, swell, sumptuous; ~ **olema** be proud (*of*), take* pride (*in*)
uhkeldama pride oneself (*on*), plume oneself (*on*), glory (*in*); (*hooplema*) boast, brag (*of*); (*kehklema*) give* oneself airs

uhkelt, uhkesti proudly; (*kõrgilt*) haughtily; (*toredalt*) superbly, sumptuously
uhkevõitu proudish, somewhat proud (*or* vain, haughty)
uhkus pride; (*kõrkus*) haughtiness; (*toredus*) superbness, sumptuousness
uhkustama pride oneself (*on*), glory (*in*), be proud (*of*), take* pride (*in*)
uhkustunne (feeling of) pride
uhmer mortar; (*vanaaegne* ~) pounding-quern
uhmerdama pound, stamp (in a mortar)
uhmrinui pestle
uhtlamm *geogr.* flood plain
uhtma wash, flush, rinse; **kaldale** ~ wash ashore; **ta uhab tööd teha** he works with might and main
uhtmaa *geol.* alluvium (*pl.* -via), alluvial soil
uhtmed 1. (*uhtmisvesi*) rinsings, slops; 2. *geol.* wash, silt
uhtorg *geol.* ravine
uhtpinnas *geol.* alluvial soil
uhtuma [uhun] = **uhtma**
uhtuma [uhtun] be washed
uibu *murd.* = **õunapuu**
uibuleht *bot.* wintergreen
uim [uima] (*joobumus*) intoxication, (state of) drunkenness; (*uimasus, segasus*) daze, stupefaction, beluddlement
uim [uime] fin
uimane stupefied, dazed, befuddled
uimastama (*uimaseks tegema*) stupefy, daze, befuddle; narcotize, dope; (*joovastama*) intoxicate, make* drunk
uimastav (*uimaseks tegev*) stupefying, dazing, befuddling; (*joovastav*) intoxicating, heady
uimasti = **uimastusvahend**
uimastus stupefaction; narcosis; ~ **aine** narcotic drug; ~**vahend** narcotic, dope
uimasus being (*or* feeling) stupefied (*or* dazed, befuddled), (feeling of) stupefaction, stupor, befuddlement
uinak nap, doze, snooze; **väikest** ~**ut tegema** take* a nap, have one's forty winks
uinuma (*magama jääma*) fall* asleep, go* to sleep, doze off, drop asleep,

fall* into (a) slumber; (*magama*)
slumber, sleep*; *piltl.* lie* dormant
uinutama put* (*or* send*) to sleep;
(*äiutama*) lull (to sleep)
uinutamisvahend, uinuti *farm.* soporific, hypnotic
uinutus putting (*or* sending) to sleep
uisapäisa headlong, rashly, precipitately
uisk skate
uisurada skating-track
uisusport skating
uisutaja skater
uisutama skate
uisutamine skating
uisutee skating-rink
uit(a)ma ramble, rove, roam, wander; **ümber** ~ gad about
uitnärv *anat.* vagus (nerve), pneumogastric nerve
uje shy, timid, diffident, bashful, coy
ujedus shyness, timidity, diffidence, bashfulness, coyness
ujuja swimmer
ujujalg *zool.* web-foot (*pl.* -feet)
ujuk float (*sillapaat*) pontoon; ~**sild tehn.** pontoon bridge
ujula swimming-pool, swimming-bath, *haruld.* natatorium (*pl.* -ria, -riums)
ujulest *zool.* web
ujuma swim*; (*veepinnal püsima*) float
ujumine svimming, *tead. ka* natation; (*veepinnal püsimine*) floating, flo(a)tage, flotation
ujumisbassein = **supelbassein**
ujumiselund *zool.* natatory organ
ujumiskostüüm = **supelkostüüm**
ujumisstiil *sport.* swimming style, (swimming) stroke
ujumistehnika *sport.* swimming technique
ujumisvõistlus swimming contest (*or* competition, race)
ujunahk = **ujulest**
ujupõis *zool.* (fish-)sound, swimming-bladder
ujur *zool.* diving beetle
ujutama swim*, make* swim; **üle** ~ flood, submerge
ujuvdokk *mer.* floating dock
ujuvil afloat
ukraina Ukrainian
ukrainlane Ukrainian
uks door; ~**eava(us)** doorway; ~**esine** area (*or* floor) in front of the door; ~**ehaak** door latch (*or* catch); ~**ehing** door hinge; ~**ehoidja** door-

keeper, *Am.* janitor, (*hotellis*) (hall) porter; ~**elävi** threshold, doorsill, doorstep; ~**epiit,** ~**epost** door jamb, door post; ~**etahvel** door panel; ~**etiib** leaf (*pl.* leaves) of a (double) door
ula idle, at leisure, loafing
ulaan *aj. sõj.* uhlan, lancer
ulaelu loafing, carousing; (*hulkurlus*) vagabondage
ulakas 1. *subst.* vagabond, scamp, hooligan; 2. *adj.* mischievous, naughty, hooligan (*atrib.*)
ulaklik hooliganish, hooligan (*atrib.*)
ulakus mischievous (*or* naughty) trick, hooliganism
ulama loaf, idle, carouse
ulatama stretch, reach (out), extend, hold* out, put* out; (*andma*) give*, pass, hand; **palun ulatage mulle leiba** pass me the bread, please; **abistavat kätt** ~ proffer a helping hand
ulatsema be up to mischief, behave like a hooligan
ulatuma stretch, reach, extend; (*summa kohta*) come* up (*to*), amount (*to*), run* (*into*); (*kandunra*) carry; **esile** ~ stand* out, protrude, project; **üle** ~ overlap
ulatus stretch, reach; (*määr*) extent, scope, range; **kiviviske** ~**es** within a stone's throw; **suures** ~**es** on a large scale; **täies** ~**es** to the full extent
ulatuslik extensive, vast, large, spacious
ulgkivi *ehit.* corbel (-piece)
ulgtalu separated farm(stead)
ulguma howl
ulgumeri = **avameri**
uljalt bravely, gallantly, daringly; (*hoogsalt*) dashingly
uljas brave, gallant, daring; (*hoogne*) dashing
uljus bravery, gallantry, daring, *luulek.* derring-do; (*hoogsus*) dash
ulm = **unenägu**
ulmik *bot.* plume moss
ultimaatum *pol.* ultimatum (*pl.* -tums, *haruld.* -ta)
ultra *pol.* ultra, extremist; (*er.*, *äärmine tagurlane*) ultra-conservative, neo-fascist
ultraheli *füüs.* ultra-sound; (~*de valdkond*) ultrasonics (*or* supersonics); ~**laine** *füüs.* ultrasonic (*or* supersonic) wave

ultrakõrgsagedus *el.* ultra-high frequency
ultralühilaine *el.* ultra-short wave
ultramariin ultramarine; ~**sinine** ultramarine blue
ultramikroskoop ultramicroscope
ultravioletne ultra-violet
ultraviolettkiiritus *med.* ultra-violet radiation
ultus(äär) *tekst.* selvage (*or* selvedge), list
uluall sheltered, under shelter; (*öömajal*) put up (for the night), lodged
ulualune shelter, cover, refuge, lodging; **ulualust andma** shelter, give* shelter (*or* refuge), (*öömaja andma*) put* up, lodge
uluk (*metsloom*) wild animal; (*jahiloom*) game; ~**lammas** *zool.* mouf(f)lon, wild sheep (*pl.* sheep)
uluma = **ulguma**
umbe: ~ **ajama** (*teed*) block up, make* impassable (with snowdrifts); (*toru*) clot up, block up; (*kehaliiget*) gather (to a head), form an unopened boil (*or* abscess) ~ **minema** (*tee kohta*) become* blocked up (with snowdrifts); (*kehaliikme kohta*) become* gathered (to a head), form an unopened boil (*or* abscess)
umbes I (*umbe läinud*) (*tee kohta*) blocked up, snowbound; (*toru kohta*) clotted up, blocked up; (*kehaliikme kohta*) gathered (to a head)
umbes II (*ligikaudu*) about, roughly, approximately, some
umbhäälik *van.* = **kaashäälik**
umbisikuline *lgv.* impersonal
umbjärv lake with no outlet, mere
umbkaudne approximate, rough
umbkaudu approximately, roughly
umbkeelne not knowing the local language, knowing but one's native language
umbkott blind sack, sack without on opening; *piltl.* = **ummik**
umbmäärane indefinite; ~ **asesõna** *lgv.* indefinite pronoun
umbne 1. (*kinnine*) closed, shut-up, without outlet; 2. (*lämmatav, sumbunud*) close, stuffy, luggy, oppressive
umbrohi weed(s)
umbrohtuma *põll.* be overgrown with weeds, get* weedy

umbrohune weedy
umbrohutõrje *põll.* weed-fighting
umbropsu (*huupi*) at random, (*pimesi*) in the dark
umbsool = **pimesool**
umbsõlm dead knot; *piltl.* insoluble problem
umbtänav blind alley, cul-de-sac (*ka piltl.*)
umbuma (*umbseks minema*) become* closed (*or* shut-up, blocked), lose* one's outlet; (*ka*) = **umbe minema**
umbus closeness, stuffiness, fugginess, oppressiveness
umbusaldama distrust, mistrust, have no confidence (*in*)
umbusaldus distrust, mistrust (*of*), no confidence (*in*); ~**avaldus** *pol.* vote (*or* motion) of no confidence
umbusk incredulity, disbelief, unbelief
umbusklik incredulous; (*umbusaldav*) distrustful, mistrustful
umformer *el.* = **muundaja**
ummik (*väljapääsematu seisukord*) dead end, deadlock; (*umbtänav*) impasse, blind alley, cul-de-sac (*ka piltl.*); ~**laine** *mer.* swell; ~**lainetus** *mer.* swell, surge
ummisjalu with both feet held (*or* bound) together; *piltl.* headlong, rashly
ummistama clog, stop up, obstruct, congest; (*sooli*) constipate
ummistuma clog, be clogged (*or* stopped up, obstructed), congest, be congested; (*soolte kohta*) be constipated
ummistus clogging, stopping up, obstruction, congestion; (*soolte* ~) constipation
ummuksis clogged, stopped up, congested, constipated
unarul in oblivion, forgotten; (*hooletusse jäetud*) neglected
unarus oblivion, forgetfulness; (*hooletusse jäetud olek*) neglect; ~**se jääma** fall* into oblivion; ~**se jätma** consign to (*or* bury in) oblivion
une [unna] trimmer(-hook), ligger, night line
undama howl, hoot
undruk skirt; (*alus*~) petticoat
unearter *anat.* carotid (artery)
unekott *piltl.* sleepyhead, drowsyhead
unelaul = **hällilaul**
unelema = **unistama**
unelm = **unistus**
unenägija dreamer

unenägu dream
unenäoline dreamy, dreamlike
unepuudus = **unetus**
unerahu (rest in) sleep
uneravi *med.* sleep therapy
unerohi sleeping-drug, (*jook*) sleeping-draught; *tead.* soporific, hypnotic
unetu sleepless; ~d **ööd** sleepless (*or* wakeful) nights
unetus sleeplessness, *tead.* insomnia
ungari Hungarian
ungarlane Hungarian
ungas *etn.* vent-hole (in the gable of the house)
uni sleep; (*unenägu*) dream; **und nägema** dream*; **unes nägema** see* in a dream, dream* of; **mul ei tule und** I cannot sleep, I cannot go to sleep
unifitseerima unify
unihiir = **unilane**
unikaalne unique
uniküla: unikülla minema go* to Bedfordshire
unilane *zool.* loir, (large European) dormouse (*pl.* -mice)
unilauk, unilook *bot.* (London) rocket, sisymbrium (*pl.* -ia); (*sinep*~) tumble mustard
unimüts = **unekott**
unine sleepy, drowsy; (*haigyslikult* ~) somnolent; **unisest peast** (being) half-asleep (*or* half-awake)
uniohakas *bot.* teasel (*or* teazle)
unioon union
unisoon *muus.* unison
unistaja (idle) dreamer
unistama dream*; (*avasilmi*) day-dream*, have (day-)dreams
unistlema dream*, indulge in (day-)-dreams (*or* reveries)
unistus dream; day-dream; (*unistav mõtiskelu*) reverie
unistuslik dreamy, dream (*atrib.*)
unisus sleepiness, drowsiness; (*haiguslik* ~) somnolence
unitaarne unitary
unitõbi *med.* sleeping-sickness
universaal *filos.* universal
universaalfreesmasin *tehn.* universal mill(ing machine)
universaalinstrument *astr.* universal instrument
universaalkaubamaja, universaalkauplus department store
universaalliigend *tehn.* universal joint (*or* coupling)

universaalmagasin = **universaalkaubamaja**
universaalmasin *tehn.* universal testing machine
universaalne universal; (*masina jms. kohta ka*) general-purpose, all-purpose (*atrib.*)
universaalsus universality
universaalvahend panacea, universal remedy, *Am. ka* cure-all
universum universe
univorm uniform
unts ounce
unts(ants)akas fop, dandy, coxcomb
untsu: ~ **minema** come* to nothing, flop, fail; ~**s olema** be a flop (*or* a failure)
unu(ne)ma be forgotten, fall* into oblivion
unustama forget*, be forgetful (*of*); (*unarusse jätma*) neglect; **ära unusta tegemast** be sure (*or* careful) to do; **ma unustasin pileti koju** I forgot to take the ticket (with me), I left the ticket at home
unustamatu unforgettable, never-to-be-forgotten
unustlik forgetful
unustus forgetfulness, oblivion
upakil (*isiku kohta*) stooping (head down), bending double; (*maja kohta*) half-overturned, tumbling down
upatama bounce (up and down), jump, make* jump
uperkuuti head over heels, topsy-turvy, toppled over
uperpall somersault (*or* somerset) tumble
uperpallitama turn somersaults (*or* somersets), tumble
upitama raise (slightly), lift (a little), help up; *piltl.* boost
upitus raising (slightly), lifting (a little), helping up; *piltl.* boosting
uppi: ~ **lööma** kick the wrong side up, kick (*or* topple) over; (*segi lööma*) tumble, put* into disorder; ~ **minema** turn the wrong side up, turn over, topple over (*or* down)
uppis toppled (*or* toppling) over; (*segilöödud*) in a tumble
uppuja drowning person; ~ **haarab õlekõrrestki kinni** a drowning man will catch at a straw
uppuma be drowned, drown; (*põhja vajuma*) sink*
uppumine drowning
uppumisoht danger of drowning

uppumissurm death by drowning
uppunu drowned person
upsakas haughty, conceited, stuck-up, uppish, *Am.* uppity; (*ülbe*) arrogant, (*jultunud*) presumptuous, (*käskiv*) overbearing
upsakus haughtiness, conceit, uppishness; (*ülbus*) arrogance, (*jultumus*) presumption, (*käskivus*) overbearance
upsujuur *bot.* white (*or* false) hellebore
uputama drown; (*põhja laskma*) sink*; (*üle ujutama*) flood, deluge, inundate, submerge
uputus drowning; (*põhjalaskmine*) sinking; (*üleujutus*) flood, deluge, inundation; (*tulv*) spate
uraan *keem.* uranium; ~**ikatel** *tehn.* uranium pile; ~**imaak** *geol.* uranium ore; ~**ipigimaak** = **uraniniit**
urama = **urisema**
uraniniit *min.* uraninite, pitch-blende
uranüülnitraat *keem.* uranyl nitrate
uratama give* a growl (*or* snarl)
urb catkin, *tead.* ament, amentum (*pl.* -ta)
urbne porous
urbsus porosity
urg hollow, hole; (*metslooma* ~) lair, burrow hole
urgas cave, cavern; (*metslooma* ~) den, hole, lair, burrow; (*kelmide* ~) den, dive
urge cavity, hollow; *anat.* sinus
urgitsema dig*, poke, (*nina, hambaid*) pick; (*tuhnima*) rummage; (*sepitsema*) intrigue, machinate; **lahti** ~ pick open; **saladust välja** ~ worm out a secret
urgitsus digging, poking, (*nina, hammaste* ~) picking; (*tuhnimine*) rummaging; (*sepitsus*) intrigue, machination
uri *van.* = **ohver**
uriin urine; ~**iproov** *med.* sample of urine
urikivi *folkl.* = **ohvrikivi**
urin growl, snarl
urineerima urinate
urisema growl, snarl
urklik full of caverns (*or* holes, hollows)
urn (*vaasikujuline nõu*) urn; (*valimiskast*) ballot box
urvalind *zool.* linnet
urvaplaaster *kõnek.* birching, flogging

urve small hollow (*or* hole, opening); *anat.* pore
usaldama trust, confide (*in*), have faith (*or* confidence) (*in*), put* one's trust (*in*); (*usalduslikult lootma*) depend, rely (*on, upon*); (*saladust, ülesannet jms.*) confide (*kellelegi — to smb.*); **kellelegi midagi** ~ entrust smth. to smb., entrust smb. with smth.
usaldamatu distrustful, mistrustful
usaldamatus distrust, mistrust
usaldatav trusty, dependable, reliable; ~**ast allikast** on good authority
usaldav trusting, trustful, confiding
usaldus trust, confidence; ~**avaldus** *pol.* vote of confidence
usalduslik confidential
usaldusmees trustee, fiduciary; (*volinik*) proxy, agent
usaldusväärne trustworthy; (*teate kohta*) authentic
usaldusväärsus trustworthiness; authenticity
usbeki Uzbek
usbekk Uzbek
usin diligent, industrious; assiduous, sedulous; busy, hard-working
usinalt, usinasti diligently, industriously; assiduously, sedulously; busily
usinus diligence, industriousness, industry, application; assiduity, sedulity
usk belief, faith; (*usund*) religion; **heas usus** in good faith, bona fide; **hea usu peale** on trust; **mul on temasse** ~**u** I am (*or* feel) confident of him
usklik 1. *adj.* believing; religious; 2. *subst.* believer; ~**ud** believers, the faithful
usklikkus believing; religiosity
uskmatu 1. *adj.* unbelieving, incredulous; («*õigeusklike* » *hulka mittekuuluv*) infidel; ~ **Toomas** Doubting Thomas; 2. *subst.* unbeliever; infidel
uskmatus unbelief, incredulity, (*umbusk*) disbelief
uskuma believe, have (*or* hold*) a belief; **millessegi** *v.* **kellessegi** ~ believe (*or* have faith) in smth. *or* smb.; ~ **panema** convince (*midagi — of smth.*)
uskumapanev convincing
uskumatu unbelievable, incredible
uskumatus incredibility

uskumisväärne worthy of belief, credible
uskumus belief, tenet
uss worm; (*madu*) snake, serpent; (*vagel, tõuk*) maggot; ~**iauk wormhole**; ~**ihammustus** snake-bite, bite (*or* sting) of a snake; ~**ikeel** *bot.* viper's bugloss; ~**ilakk** *bot.* truelove; ~**imürk** snake venom, venom (*or* poison) of a snake; ~**inahk** snakeskin; ~**ipesa** *piltl.* nest of vipers; ~**ipuju** *bot.* wormseed (sagebrush); ~**irohi** *farm.* (*ussipuju*, *õiepungad*) wormseed; (*üldiselt*) vermifuge, helminthic; ~**isugu** *piltl.* generation (*or* brood) of vipers; ~**isõnad** *folkl.* charm (*or* spell) against snake-bite
ussitama become* wormy (*or* maggoty), be worm-eaten
ussitanud wormy, maggoty, worm-eaten
ussitatar *bot.* bistort
ussjätke *anat.* vermiform appendix; ~**põletik** *med.* appendicitis
ustav faithful, keeping faith, true, devoted, loyal (*to*)
ustavus faithfulness, keeping faith, fidelity, devotedness, devotion (*to*)
usulahk (religious) sect
usuline of religion, religious
usund religion
usundiline of religion, religious
usupuhastus *van.* = **reformatsioon**
usurpaator = **usurpeerija**
usurpeerija usurper
usurpeerima usurp
usurpeerimine usurpation
ususalgaja apostate, renegade
usutama question (closely), press with questions, interrogate, try to bring to confession (*or* avowal)
usutav believable, credible, plausible
usutavasti plausibly, probably
usutavus credibility, plausibility
usutlema question, press with questions; interview
usutlus questioning; interview(ing)
usuteadlane theologian, divine
usuteadus theology, divinity
usutunnistus profession of faith, creed
usuvabadus religious liberty
usuvastane anti-religious
usuõpetus religious instruction
utetall = **utt-tall**
utiil scrap, salvage (materials), utility refuse
utik = **utt-tall**

utilisatsioon = **utiliseerimine**
utiliseerima utilize
utiliseerimine utilization
utilitaarne utilitarian
utilitarism utilitarianism
utilitarist utilitarian
utma *tehn.* distil by dry (*or* destructive) distillation; carbonize at low temperature
utmine *tehn.* dry (*or* destructive) distillation; low-temperature carbonization
utoopia Utopia
utoopiline Utopian
utopist Utopian, *haruld.* utopist
utsitama (*õpetama*) teach*, drill; (*tagant kihutama*) incite, goad, egg on
utt ewe; ~-**tall** ewe lamb
uudis (*teade*) news (*pl.* news), piece of news; (*uudne asi*) novelty; **mis** ~**t?** what's the news?; **tänased** ~**ed** today's news; **see pole mulle** ~**eks** that's no news to me
uudisartikkel novelty, new article
uudisese novelty, new object
uudishimu curiosity, inquisitiveness
uudishimulik curious, inquisitive
uudishimutsema be curious (*or* inquisitive), show* curiosity, be eager to know
uudisjutt *van.* = **novell**
uudiskaup novelty (goods), new goods
uudiskeelend *lgv.* neologism
uudismaa new farmland, virgin land; ~-**ader** *põll.* breaker (plough); ~**künd** breaking of virgin soil
uudissõna *lgv.* new word, neologism
uudistama look with curiosity (*at*), wonder (*at*)
uudisteos new work
uudistoode new product
uudne new, novel, fresh
uudseleib bread made from the fresh-harvested corn
uudsevili fresh-harvested corn
uudsus newness, novelty, freshness
uudus newness, being new
uuelaadiline of a new kind
uuendaja renewer, renovator; innovator; reformer; modernizer
uuendama renew, renovate; (*uut sisse tooma*) innovate; (*muutma*) reform; (*moodsaks tegema*) modernize
uuendus renewal, renovation; innovation; reform; modernization

uuenduslik innovatory
uuenema be (*or* get*) renewed, become* new
uuesti anew, afresh; again, once more, once again, over again; ~ **algama** begin* over again, make* a new start; recommence, resume; ~ **kirjutama** rewrite*; ~ **valima** re-elect
uuestisünd rebirth, renascence; (*taaselustumine*) revival
uuk *ehit.* oriel, bay
uulits street; ~**apoiss** street arab, guttersnipe, mudlark
uunikum (something) unique
uur (pocket, wrist) watch
uure 1. (*anumal*) croze; 2. *geol.* gully
uurend *kunst.* = **gravüür**
uurendama *kunst.* = **graveerima**
uurija explorer, investigator, examiner; (*teaduslik* ~) research worker, researcher; (*kohtu*~) examining judge
uurikett watch-chain
uuriklaas watch-glass
uurima explore, investigate, inquire (*into*); *geol.* explore, (*maavarade suhtes*) prospect; (*vaatlema*) examine; (*täpselt ning arvustavalt* ~) scrutinize; (*järele katsuma*) probe, sound; (*õppimise otstarbel*) study; **järele** ~ investigate, hold* an inquiry (*into*); **välja** ~ find* out
uurimine exploration, investigation, inquiry; *geol.* exploration, (*maavarade suhtes*) prospecting; (*vaatlus*) examination; (*täpne ning arvustav* ~) scrutiny; (*kohtulik* ~) inquest; (*järelekatsumine*) probing, sounding; (*teaduslik* ~) study, research
uurimisasutus research establishment
uurimiskomisjon committee of inquiry

uurimisobjekt subject of (an) investigation
uurimistöö research work
uurimus (piece of) research, study; (*kirjalik* ~) treatise, essay, paper
uuring (piece of) exploration (*or* investigation, inquiry, examination, research)
uuris *med.* fistula (*pl.* -las, -lae)
uuristama hollow out; (*kirja v. pilti sisse* ~) engrave, grave; (*vee kohta*) wash away, wear* out, erode (*ka geol.*); *piltl.* undermine, sap
uuristus hollowing out; engraving, graving; (*vee* ~) washing away, wearing out, erosion (*ka geol.*); *piltl.* undermining, sapping
uurits *tehn.* graver, burin
uus new; (*uudne*) novel; (*uueaegne*) modern; (*teine, veel üks*) another; ~ **aasta** a new year; ~ **aeg** modern times; **uued keeled** modern languages
uusaasta (*nääripäev*) New Year's Day
uusaeg *aj.* Modern Times
uusaegkond *geol.* the Cenozoic (*or* Cainozoic) (Era)
uushõbe German silver, white copper
uusklassitsism *kirj., kunst.* neoclassicism
uuskreeka modern Greek; ~ **keel** Romaic, the modern Greek language
uuslavastus *teatr.* new production (*or* staging)
uusmaasaaja *aj.* new settler
uusrealism *kirj.* new realism
uustrükk reprint
uustulnuk(as) newcomer
uusus usage
uvertüür *muus.* overture
uvulaar *lgv.* uvular (consonant)
uvulaarne *anat., lgv.* uvular

V

va *kõnek.* (*vana*) old (*too*) that
vaablane = **vapsik**
vaade sight, view, aspect; (*vaatepilt*) spectacle, scene; (*arvamus*) view, opinion
vaaderpass = **vesilood**
vaag *van.* = **kaalud**
vaagen dish, bowl, basin; (*suur lame* ~) charger, platter; *anat.* pelvis (*pl.* -ves)

vaagima = **kaaluma**
vaagnaluu *anat.* pelvic bone
vaak *bot.* elecampane, scabwort
vaakuma croak, caw; **hinge** ~ be sorely ill, be at one's last gasp; **häda** ~ croak, moan and groan, *kõnek.* bellyache
vaakuum *füüs.* vacuum
vaal *zool.* whale; ~**akius** whalebone; ~**apüügilaev** whaler, whaling-ship;

~**apüük** whaling
vaalikaigas *etn.* rolling pin, roller, mangling pin
vaalima *etn.* roll, mangle
vaap enamei, glaze, glazing
vaapama enamel, glaze
vaaphaug *zool.* gar (pike), *Am.* garfish
vaar [vaara] I = **kohupiim**
vaar [vaara] II *geogr.* hillock, mound
vaar [vaari] (*vanaisa*) grandfather; (*vanamees*) old man (*pl.* men)
vaarao *aj.* Pharaoh
vaarema = **vanavanaema**
vaarikajäätis raspberry ice
vaarikakeedis raspberry jam
vaarikamardikas *zool.* raspberry beetle
vaarikapõõsas raspberry bush (*or* canes)
vaarikas raspberry
vaarikpunane raspberry red
vaarisa = **vanavanaisa**
vaarmari = **vaarikas**
vaaruma stagger, reel; totter, lurch
vaas vase
vaat [vaadi] barrel, cask; (*metall*~) drum
vaat! look!; you see!, well!, there!
vaatama look (*at*), regard; see*; ma vaatasin (käe)kella I looked at my (wrist-)watch; vaadake põrandale look at the floor; ta tuli meid ~ he came to see us; vaata, et sa ukse lukustad be sure to lock the door; ma vaatan sellele kui ... I look upon (*or* regard, consider) this as ...; kätt ~ read* one's hand (*or* palm)
vaatamata (*millelegi*) regardless (*of*), in spite (*of*), despite, notwithstanding
vaatamisväärne worth seeing
vaatamisväärsus sight, curiosity
vaateaken shop window, *Am.* show-window
vaatekast show-case
vaatekiir *füüs.* visual ray
vaatekoht place affording a view; (*vaatepunkt*) point of view
vaatemäng spectacle, show
vaatenurk *füüs.* angle of vision, optic (*or* visual) angle; *piltl.* angle (of view), point of view, *Am.* slant
vaatepiir range of vision (*or* sight), field of view, horizon
vaatepilt sight, view, spectacle
vaatepunkt point of view, *Am.* viewpoint; *füüs.* visual point

vaatevinkel angle (of view), point of view, *Am.* slant
vaateväli field of vision (*or* view)
vaatleja observer, watcher, viewer
vaatlema observe, watch, view, examine; regard; (*uurivalt*) scan; (*mõttes*) contemplate; (*läbi vaatama*) inspect
vaatlus observation, watching, viewing, examination; (*uuriv* ~) scanning; (*mõtteline* ~) contemplation; (*läbivaatus*) inspection; ~**jaam** observation station, *meteor.* observatory; ~**punkt** observation post; ~**torn** observation tower; ~**viga** observation(al) error; ~**viis** way (*or* manner) of viewing
vaatus (*näidendis*) act
vaba free, at liberty; (*mitte hõivatud*) disengaged, (*tühi*) vacant; (*kohustusest*) exempt (*from*); ~ **aeg** spare time, leisure (time); **tee on** ~ the road is clear; **teil on** ~**d käed** you have a free hand; ~**ks laskma set*** free, release; ~**s õhus** in the open air
vabaabielu free (*or* unregistered) marriage, concubinage
vabadik *aj.* (poor) landless peasant, cotter, cottager
vabadus freedom, liberty; **luuleline** ~ poetic licence
vabadusliikumine *pol.* movement for emancipation
vabadussõda *pol.* war of independence
vabadustarmastav freedom-loving
vabadusvõitleja *pol.* freedom-fighter
vabadusvõitlus *pol.* fight for freedom, freedom-fighting
vabajooks *tehn.* free-wheeling, free wheel
vabakaubandus *maj.* free trade
vabakutse liberal profession
vabakuulaja unattached (*or* external) student
vabalinn *pol.* free city
vabalt freely; (*sundimatult*) at ease; ~! stand easy!
vabamaadlus *sport.* free-style wrestling
vabameelne liberal
vabamõtleja *van.* free-thinker
vabamüük free sale
vabamüürlane freemason, mason
vabandama excuse, (*andestama*) pardon; (*end* ~) excuse oneself; (*vabandust paluma*) apologize

(*millegi pärast — for smth.*; *kellegi ees — to smb.*)
vabandatav excusable, pardonable
vabandus excuse, apology; **(palun) ~t!** (I am) sorry, *Am.* excuse me!
vabanema be freed, free oneself, get* free (*from*); (*lahti saama*) get* rid (*of*); (*maa, rahva kohta*) be liberated; (*lahti pääsema*) be released; (*koormast, kohustusest jms.*) be relieved (*os*); (*maksust, kohustusest*) become* exempt (*from*); (*pääsema*) be delivered (*or* rescued); (*orjusest*) be emancipated (*or* enfranchised); (*kimbatusest*) be disentangled (*or* disengaged, extricated); (*ruumi v. ametikoha kohta*) become* vacant
vabariik republic
vabariiklane *pol.* republican
vabariiklik republican
vabarn = **vaarikas**
vabasadam *maj.* free port
vabastaja liberator
vabastama free (*from*), set* free, rid (*of*); (*maad, rahvast*) liberate; (*lahti päästma*) release; (*koormast, kohustusest jms.*) relieve (*millestki — of smth.*); (*maksust kohustusest*) exempt (*from*); (*päästma*) deliver, rescue; (*orjusest*) emancipate, enfranchise; (*kimbatusest*) disentangle, disengage, extricate; (*ruumi kohta*) vacate; **ta vabastati ametist ta enda palvel** he was relieved of his post at his own request; **ma olen ajutiselt vabastatud väeteenistusest** I have been temporarily exempted from military service
vabastus liberation, deliverance, rescue; release; exemption; emancipation, enfranchisement; disentanglement, disengagement, extrication; **~sõda** *pol.* war of liberation
vabasurm voluntary death, suicide
vabatahtlik 1. *adj.* voluntary; **2.** *subst.* volunteer
vabatahtlikkus voluntariness
vabatahtlikult voluntarily, of one's own free will
vabaujumine *sport.* free-style swimming
vabaõhuetendus open-air performance
vabin tremble, tremor, shiver, quiver
vabisema tremble, shiver, quiver
vabrik factory, manufactory, mill, works

vabrikant manufacturer, factory-owner, mill-owner
vabrikukool factory (apprenticeship) school
vabrikukorsten factory chimney, chimney-stalk (*or* -stack)
vabrikulinn manufacturing town
vabrikumärk factory mark, trade mark
vabrikutööline factory worker
vabrikutööstus manufacturing industry
vada prattle, jabber, chatter
vadak 1. (*juustuvesi*) whey; **2.** *med.* serum (*pl.* sera)
vader godparent, (*mees~*) godfather, (*nais~*) godmother, *van.* gossip
vadin = **vada**
vadistama prattle, jabber, chatter
vadja Votic
vadjalane Votian
vaegkaal short weight
vaegmoone *zool.* incomplete metamorphosis
vaegtoitumus *med.* = **alatoitumus**
vaegus insufficiency, deficiency
vaekauss scale (of a balance)
vaekoda = **kaalukoda**
vaen enmity, hostility, animosity, animus
vaenama show* enmity (*or* hostility) (*to*), persecute
vaene 1. *adj.* poor; (*puru~*) indigent, (*puudustkannatav*) needy; **vaeseks jääma** = **vaesuma**; **kedagi vaeseks sööma** eat* smb. out of house and home; **2.** *subst.* poor person, pauper; **vaesed** the poor
vaenelaps (*orb*) orphan
vaenlane enemy, *luulek.* foe; (*vastane*) adversary
vaenlasriik enemy country
vaenujalal at enmity, at loggerheads, at war (*with*)
vaenukinnas *piltl.* gauntlet; **vaenukinnast heitma** *v.* **viskama** throw* down the gauntlet
vaenukägu *zool.* hoopoe
vaenulik inimical, hostile (*to*)
vaenulikkus enmity, hostility
vaenus *aj.* feud, hostility
vaenutsema be at enmity (*or* loggerheads)
vaeras *zool.* scoter, black (sea) duck
vaeseke(ne) poor wretch, poor fellow (*or* boy, girl, thing, little thing), (*mehe kohta ka*) poor devil
vaeseomaks: ~ peksma, ~ tegema

beat* to a mummy, give* a good hiding (*to*)
vaesestama impoverish
vaesestuma = **vaesuma**
vaeslaps = **vaenelaps**
vaeslastekohus, vaestelastekohus *aj.* probate court, *Am. ka* orphans' court
vaestemaja alms-house, (*Inglismaal*) workhouse
vaesuma become* (*or* grow*) poor, be impoverished (*or* pauperized)
vaesumine impoverishment, pauperization
vaesus poverty; indigence; (*puudus*) penury; (*masside* ~) pauperism; ~**tunnistus** certificate of poverty; *piltl.* evidence of incompetence (*or* ignorance)
vaev trouble, pains, (*piin*) pain, affliction, vexation, torment; (*raskus*) hardship, difficulty; (*töö*) labour, toil; ~**a nägema** trouble take* trouble, take* pains, exert oneself; ~**aga saadud** got (*or* acquired) with difficulty, hard-won, hard-earned; ~**aks võtma** take* the trouble, take* pains (*teha — to do*)
vaevakask *bot.* dwarf birch, alpine birch
vaevaline troublesome, painful, hard, difficult, toilsome, laborious, arduous
vaevalt hardly, scarcely, barely; ~ ... kui no sooner ... than
vaevama trouble, be a trouble (*to*); (*piinama*) afflict, vex, torment; **oma pead** ~ puzzle one's head
vaevanõudev requiring (great) trouble, exacting
vaevanägemine trouble, pains, labour, toil, exertion
vaevapalk = **vaevatasu**
vaevarikas laborious, toilsome
vaevatasu gratification, remuneration
vaevlema be tormented, torment oneself; (*igatsusest* ~) pine, languish
vaevu with much (*or* great) trouble, (only) with (great) difficulty, barely, only just
vaevuma take* the trouble (*teha — of doing*), take* pains (*teha — to do*)
vaevus *med.* malaise, indisposition
vaga pious, devout; (*vaikne*) quiet, still; ~**d soovid** pious aspirations; ~ **vesi, sügav põhi** still waters

run deep; ~**ks tegema** *kõnek.* do (*smb.*) in, murder, kill
vagabund vagabond
vagadus piousness, piety, devoutness
vagajutt *kirj.* (pious) legend
vagane quiet, still
vagatseja sanctimonious person, (religious) hypocrite, bigot
vagatsema play the pious, affect piety, be sanctimonious, play the hypocrite
vagatsus sanctimoniousness, bigotry
vagel worm, maggot, grub; ~**lest** *zool.* follicle mite; ~**tang** *zool.* plerocercoid
vagonett trolley, truck
vagu furrow; **vaos hoidma** hold* in check, keep* a check (*on*)
vagun (reisi~) (railway) carriage, coach, *Am.* car; (*pagasi~*) van; (*lahtine kauba~*) wag(g)on, truck; (*trammi~*) car
vagune quiet, still, tranquil
vagunisaatja (railway-)guard, *Am.* conductor
vagunitäis (*reisijaid*) carriageful; (*kaupu*) wag(g)onful, truckful
vagur quiet, still, peaceable; (*leebe*) gentle, meek
vagurus quietness, stillness; (*leebus*) gentleness, meekness
vagus = **vagune**
vagusi quiet(ly), still, silent(ly); ~ **jääma** remain quiet (*or* silent), keep* silence, (*rahunema*) calm down
vagusus quietness, stillness, tranquillity
vaha wax; (*mesilase~*) beeswax
vahajas waxy, waxen; wax-like, *tead.* ceraceous
vahakarva wax-coloured
vahakoi *zool.* bee moth
vahakuju wax figure (*or* image)
vahaküpsus *põll.* middle (*or* waxy) dough stage (*or* ripeness)
vahaküünal wax candle, (*peenike* ~) taper
vahanahk *zool.* cere
vahane waxen, wax (*atrib.*)
vahapaber (*paljundamiseks*) wax stencil
vahapuu *bot.* wax myrtle
vabariie wax-cloth, oilcloth
vahatama wax, cover (*or* polish) with wax
vahe [vaheda] sharp, trenchant
vahe [vahe] (*erinevus*) difference;

vaheaeg

(*vahemik*) distance, space (*between*), gap, interval, intermission; **~t pidama** make* (*or* hold*) a pause, have an intermission; **~t tegema** differentiate, make* a difference, distinguish, discern, discriminate (*between*)
vaheaeg interval, intermission, pause, recess; (*kooli~*) vacation; *jur.* interim; *sport.* time out, rest time
vaheajal (*vahepeal*) in the mean time (*or* while), meantime, meanwhile, *jur.* in the interim
vahedus sharpness, trenchancy
vahejuhtum incident, (intervening) event, episode
vahekasu profit, gain
vahekaugus spacing, space, interval
vahekohtunik arbiter, arbitrator, umpire
vahekohus *jur.* court of arbitration
vahekord relation, relations, relationship; (*suguline ~*) intercourse; **jõudude ~** correlation of forces; **heas (halvas) vahekorras olema** be on good (bad) terms, be on a good (bad) footing (*with*)
vahekultuur *aiand.* intercrop, catch crop
vahel 1. *postp.* between, in between; (*hulgas*) among(st); 2. *adv.* between, in between; (*mõnikord*) sometimes, at times; **~ olema** *piltl.* be caught (*or* taken)
vahelagi *ehit.* inserted (*or* false) ceiling
vaheldaja *el.* alternator
vaheldama alternate, interchange, vary
vahelduma alternate, be interchanged, vary, be varied
vaheldumisi alternately, by turns, intermittently
vaheldus alternation, variation; change; **~eks** for a change
vaheldusrikas rich in change, changeful
vahelduv alternating, alternate, varying, variable; intermittent; **~ palavik** *med.* intermittent fever; **~ pilvitus** *meteor.* clouds variable
vahelduvvool *el.* alternating current
vahele 1. *postp.* between, in between; (*hulka*) among(st); **see jäi mul kahe silma ~** 1 overlooked this; 2. *adv.* between, in between; **~ astuma** step in, intervene, (*keelavalt*) interpose; **~ jätma** leave* out, omit,

vahenditu

miss (out); **~ jääma** be left out (*or* omitted); (*ukse, masina jms. ~*) get* caught (*between, in*) (*ka piltl.*); **~ rääkima** cut* in, interrupt, break* into conversation; **~ segama** interfere (*in*), intervene, meddle (*in, with*); (*katkestama*) interrupt
vaheleastumine intervention, interposition, interference
vaheleht supplementary leaf (*pl.* leaves), supplementary sheet, loose leaf
vahelehüüe interjected exclamation, interruption, (interrupting) remark
vahelejätmine leaving out, omission
vahelesegamine interference, meddling; intervention; (*katkestus*) interruption
vahelihas *anat.* diaphragm, midriff
vaheliti (*risti*) crossed; (*kihtidena*) in layers, laminated
vahelmine intermediate, interjacent, lying (*or* standing) between
vahelt (from) between; **~harimine** *põll.* intertillage; **~kaupleja** middleman (*pl.* -men), commission merchant (*or* agent), *Am.* jobber; **~sobitaja** go-between, mediator
vahelüli connecting link
vahemaa distance, space; interval
vahemaandumine intermediate landing, landing en route; **vahemaandumiseta lend** non-stop flight
vahemees mediator, intermediary, go-between; (*vahekohtunik*) arbiter; (*eestkostja*) intercessor; *maj.* middleman (*pl.* -men)
vahemere Mediterranean
vahemik space, distance, gap, interstice; interspace, interval; (*aja~*) spell, interval
vahemäng *muus., teatr.* interlude, intermezzo (*pl.* -zzi, -zzos)
vahemärk = **kirjavahemärk**
vahemärkus remark, observation, comment
vahend means (*pl.* means), medium (*pl.* -dia); vehicle, agent, instrument; (*ravi~*) remedy; (*võitlus~*) expedient
vahendaja mediator, intermediary, go-between; agent
vahendama mediate, act as mediator (*or* intermediary, go-between); (*vahekohtunikuna*) arbitrate
vahenditu 1. (*ilma vahendita*) meanless, mediumless; 2. = **vahetu**

vahendus mediation; (*vahekohtuniku* ~) arbitration; **kellegi, millegi ~el by** (*or* **through**) **the medium of smb., smth.**
vahepala entr'acte (piece), interlude
vahepeal meantime, meanwhile, in the mean time (*or* while), in between
vahepealne intermediate, intervening, in-between (*atrib.*); *jur.* interim
vahepits insertion
vaher maple
vaherahu armistice, (*ajutine*~) truce, cessation of hostilities
vaheriie 1. (*rõival*) buckram (for lining); 2. = **eesriie**
vaheruum space between, interspace
vahesein partition (wall)
vahest perhaps, *Am.* maybe
vahetald insole
tahetalitaja = **vahendaja**
vahetalitus = **vahendus**
vahetama change, exchange (*millegi vastu — for smth.*); (*vastastikku*) interchange, *kõnek.* swap (*or* swop); **rõivaid ~ change clothes; kaupu ~ exchange goods,** (*vahetuskaubana*) **barter goods; kas võite mu sajarublalise vahetada?** can you change my (*or* give me change for a) hundred r(o)ubles?; **kogemusi ~ exchange** (*or* share, pool) experience
vahetegemine differentiation, discrimination
vahetekk *mer.* between-decks, steerage
vahetevahel sometimes, at times, now and then, now and again
vahetpidamata without interruption (*or* intermission, cessation), incessantly, without a break
vahetpidamatu incessant, unceasing, uninterrupted, unremitting
vahetpidamatult = **vahetpidamata**
vahetu immediate, direct
vahetult immediately, directly
vahetuma change, be changed, be exchanged
vahetund interval, break, *Am.* intermission
vahetus change, exchange; (*vastastikune* ~) interchange; (*tööliste, pesu jm.* ~) shift; (*meeskonna, liikmete jms.* ~) relay; **~kaubandus** *maj.* barter (trade); **~raha** (small) change, small money
vahetuv interchangeable
vahetükk inset, (*pits*~) insertion

vahevõll *tehn.* lay shaft (*or* layshaft), countershaft
vahialune person under arrest, prisoner
vahimees watchman (*pl.* -men)
vahipost sentry; **~il on sentry; ~il seisma stand* sentinel**
vahistama arrest, detain, take* into custody
vahistus arresting, detention, (taking into) custody
vahisõdur sentry, sentinel
vahiteenistus *sõj.* sentry duty
vahitorn watch-tower
vahk fit, attack, paroxysm
vaht [vahi] guard, watch(man) (*pl.* -men); **vahi alla võtma** = **vahistama; ~i pidama** be on guard (duty), stand* sentry
vaht [vahu] foam; (*õlle*~) froth, head; (*kobrutav* ~) spume; (*seebi*~, *hobuse higi*~) lather; (*toidukeetmisel kõrvaldatav* ~) scum; **koort vahule lööma** beat* up (*or* whip) the cream; **hobune on vahus** the horse is in a lather; **~u koorima** scum, skim (*or* take* off) the scum
vahtbetoon *ehit.* foamed (*or* pumice) concrete
vahtima watch, look (*at*); (*ainiti* ~) stare, gaze, gape (*at*)
vahtkond *sõj.* guard, watch
vahtkustuti foam fire-extinguisher
vahtrane maple (*atrib.*), of maple
vahtrapuu = **vaher**
vahukauss lathering (*or* shaving) dish (*or* bowl)
vahukoor whipped cream
vahukulp skimming-ladle, skimmer
vahune foamy, frothy, spumy; (*seebi*~, *higi*~) lathery
vahupintsel shaving-brush
vahustama beat* up into foam, turn into foam
vahustuma turn into foam, become* foamy
vahutama foam, froth, spume
vahuvein (*šampanja*) champagne, *kõnek.* bubbly; (*vahutav vein*) effervescing wine
vahva brave, valiant, courageous; (*tubli*) capital, fine
vahvalt, vahvasti bravely, valiantly, courageously
vahvel wafer, *Am.* waffle
vahvus bravery, valour, courage
vai pile; post, stake; (*telgi jms. kinnitamiseks*) peg

vaibevara *jur.* escheat (property)
vaibuma subside, abate; die away (*or* down), fade (away); fall*, drop, lull (*ka tuule kohta*); **unne** ~ fall* asleep
vaibumatu unsubsided, unabated
vaibutama make* subside, abate, fade, make* abate (*or* fade)
vaid 1. *konj.* but; 2. *adv.* (*ainult*) but, only, nothing but, no more than
vaidlema argue, have an argument, dispute (*millegi üle* — *about, on smth.*; *millegi vastu* — *against smth.*); (*arutlema*) discuss, debate; (*vastu väitma*) contest
vaidlematu = **vaieldamatu**
vaidlus argument, dispute, debate; (*arutlus*) discussion; (*sõnasõda*) controversy; ~**alune** arguable, disputable, debatable, controversial; ~**küsimus** guestion (*or* problem) at issue, issue
vaie *jur.* objection, exception
vaiehitus pile-dwelling (*ka arheol.*)
vaieldamatu indisputable, incontestable
vaieldav arguable, disputable, debatable, contested, contestable
vaier (steel) cable, wire rope
vaigistama quiet, calm, still, tranquillize; (*rahustama*) appease, soothe; (*leevendama*) alleviate, mitigate
vaigistus quieting, calming, stilling, tranquillization; (*rahustus*) appeasing, soothing; (*leevendus*) alleviation, mitigation
vaigukas resinous, rich in resin
vaigune resinous, containing resin, sticky with resin
vaik resin, gum(-resin), pitch; (*kõrva*~) (ear-)wax
vaikelu 1. *kunst.* (*natüürmort*) still life (*pl.* lifes); 2. (*idüll*) idyl(l)
vaiki: ~ **jääma** become* (*or* fall*) silent; (*kära kohta*) stop
vaikima be silent, keep* silence, remain silent; (*mitte rääkima v. protestima*) hold* one's peace; (*vait jääma*) become* (*or* fall*) silent; **surnuks** ~ pass over in silence, hush up; ~ **panema** silence, reduce to silence
vaikimatu unceasing, incessant
vaikiv silent, taciturn, still; ~ **nõusolek** tacit agreement
vaikne (*käratu*) silent, still; (*rahulik*) quiet, tranquil

vaikselt silently, in silence; (*rahulikult*) quietly
vaikus (*käratus*) silence, stillness; (*rahulikkus*) quietness, quiet, tranquillity; (*tuule*~) lull (*ka piltl.*)
vaim spirit; (*kummitus*) ghost; (*kaitse*~) genius (*pl.* -nii); (*meel*) mind; **samas** ~**us** in the same spirit
vaimne spiritual, mental, intellectual; ~ **töö** mental work, brain-work
vaimuanne talent, (mental) gift, ability
vaimuhaige 1. *adj.* mentally ill (*or* deranged), insane; 2. *subst.* insane person, lunatic
vaimuhaigus mental disease (*or* illness, disorder), insanity, psychosis (*pl.* -oses)
vaimukas witty, of lively spirit; (*leidlik*) ingenious
vaimukus wit, wittiness, esprit; (*leidlikkus*) ingenuity
vaimulaad frame of mind
vaimulik 1. *adj.* spiritual, ecclesiastical, (*kunsti kohta*) sacred; 2. *subst.* ecclesiastic, clergyman (*pl.* -men), minister (of religion), priest
vaimulikkond clergy
vaimupimedus (intellectual, spiritual) darkness, ignorance
vaimurikas = **vaimukas**
vaimurikkus = **vaimukus**
vaimusilm mental eye
vaimustama inspire (vith enthusiasm); enrapture, fill with enthusiasm; (*kaasa kiskuma*) ravish
vaimustav inspiring; enrapturing; (*kaasakiskuv*) ravishing
vaimustuma become* (*or* get*, grow*) inspired (*or* enraptured); be carried away (by enthusiasm), become* enthusiastic
vaimustus enthusiasm, rapture, ravishment, (*loominguline* ~) inspiration; ~**se sattuma** become* enthusiastic, be carried away (by enthusiasm)
vaimusugulus spiritual (*or* intellectual) affinity, congeniality
vaimusuurus greatness of mind, (*geniaalsus*) genius
vaimuvaene lacking spirit, poor in wit, insipid
vaimuvaesus poverty of spirit (*or* wit), insipidity
vaimuvalgus (intellectual, spiritual) light, enlightenment
vaimuvara spiritual riches (*or* treasures); treasures of the mind

vainu (village) green, (village) common; ~**kägu** = **vaenukägu**; ~**rästas** zool. redwing
vaip carpet, (väike ~) rug; (voodi~) blanket
vaist instinct
vaistlik instinctive
vaistlikult instinctively, by (force of) instinct
vait silent, quiet, still; ~ **jääma** become* (or fall*) silent; ~ **olema** be silent, keep* silence; (ole) ~! keep quiet!, stop talking!, shut up!
vaja needed, necessary; **mul on raha** ~ I want (or need) money; **on (tingimata)** ~ **see töö täna lõpetada** it is (absolutely) necessary to finish this work today
vajadus need, necessity, want; (nõue) requirement; ~**e korral** in case of need, at need, when needed, as occasion requires
vajak wantage, deficit, shortage
vajaka: ~ **olema** be wanting (in), be short (of), lack, be lacking
vajalik needful, needed, necessary; (nõutav) requisite; (häda~) indispensable, imperative
vajama need, be (or stand*) in need (of), want, (nõudma) require; **midagi hädasti** ~ badly need smth., be in bad need (or badly in need) of smth.
vajuma sink* subside; **põhja** ~ settle (down), fall* to the bottom; **sisse** ~ cave in; **mu silmad vajuvad kinni** I can hardly keep my eyes open
vajutama make* sink; (suruma) press, lie* heavy (on), weigh (on); **nupule** ~ press (or push, touch) a button
vajutis weight
vajutus pressing, pressure
vakamaa half-acre
vakane bushel (atrib.), of one bushel
vakantne vacant
vakants vacancy, vacant place (or post)
vakantsus vacancy, being vacant
vakk bushel; **oma küünalt vaka alla panema** hide* one's light under a bushel
vakka = **vait**
vaks span; ~ **vahet** piltl. a considerable difference
vakşal (railway) station (building)

vaksane of one span, one span long (or high)
vaksik zool. looper, geometer, geometrid (moth)
vaktsiin med. vaccine
vaktsineerima med. vaccinate
valaja (metalli~) founder, caster
valama (kallama) pour; (metalli) cast*, found; **pisaraid** (**verd**) ~ shed* tears (blood); (**vihma**) **valab nagu oavarrest** it is raining cats and dogs; **välja** ~ pour out (ka piltl.)
valamistehas = **valutehas**
valamisvorm = **valuvorm**
valamu (kitchen) sink
valand tehn. ingot, cast(ing)
valang (vihma~) downpour; piltl. outpour, outpouring, effusion; sõj. burst
valaskala = **vaal**
valastama keem. bleach, blanch
valatis tehn., paleont. cast
vald (small) rural district, village community volost
valdaja possessor, master
valdama possess, be in possession of, master, dominate, be master (or mistress) of; (keelt) command, have a (good) command of, know*; (haarama) seize, overcome*
valdas swing-bar; (tee~) turnpike
valdav dominating, predominant, prevalent; ~ **enamus** overwhelming majority
valdkond realm, domain, province, sphere
valdus possession; **minu** ~**es** in my possession (or hands); **enda** ~**se võtma** take* possession of
valdushagi jur. action for possession, possessory action
valdusõigus jur. right of possession, possessory right, title (to)
vale 1. subst. lie, falsehood, untruth; (pisi~) fib; ~**t tunnistama** give* false evidence; ~**t vanduma** perjure oneself; 2. adj. false, wrong, incorrect; (ekslik) erroneous; (võltsitud) forged, counterfeit
valearvamus wrong (or erroneous) opinion
valedokument forged document
valehambad = **kunsthambad**
valejuuksed false hair
valekaebaja false accuser (or informer)

valekaebus false accusation (*or* information)
valelik 1. *adj.* mendacious, (given to) lying; (*petlik*) deceitful, false; **2.** *subst.* = **valetaja**
valelikkus mendacity, habit of lying
valem (*vormel*) formula (*pl.* -lae), -las)
valemängija sharper, cheat
valendama show* white, gleam (white), be albescent
valendik *anat.* lumen, tubular passage
valenimi alias; (*varjunimi*) pseudonym
valents *keem.* valence, valency; ~**elektron** *keem.* valence (*or* valency) electron
valepass forged passport
valepidi wrong(ly), in a wrong direction
valeraha counterfeit (*or* false, bad, base, spurious) money; ~**tegija** counterfeiter, coiner (of false money)
valesti falsely, wrongly, incorrectly; erroneously; (*paljude verbide ees*) mis-; ~ **arvestama** miscalculate; ~ **hääldama** mispronounce; ~ **mõistma** misunderstand*; ~ **tõlgitsema** misinterpret
valesüüdistus false (*or* faked) accusation (*or* charge)
valetaja liar
valetama lie, tell* lies (*or* a lie); (*pisivalesid*) fib
valetunnistaja false witness
valetunnistus false evidence
valev albescent, gleaming white
valevanduja perjurer
valevanne perjury
valevorst (habitual) liar
valeõpetus = **vääröpetus**
valgala *geogr.* drainage (*or* catchment) area
valge 1. (*värvuselt*) white; ~**ks värvima** paint white; **ta ei öelnud musta ega** ~**t he didn't say a word**; **2.** (*mitte pime*) light; on ~ it is light, there is (enough) light; **suur** ~ **väljas** it is broad daylight; **enne** ~**t before daylight**
valged = **valgevoolus**
valgedus whiteness
valgejuukseline white-haired
valgekaart *aj.* White Guards
valgekaartlane *aj.* white guard
valgekas = **valkjas**

valgelible *füsiol.* white corpuscle, leucocyte
valgendama whiten, make* white(r), (*lupjama*) whitewash
valgenema 1. grow* (more) light, (*koitma*) dawn; **2.** (*värvuselt*) grow* whiter, whiten
valgeollus *anat.* white matter
valgepealine, **valgepäine** white-headed
valgetverd fair(-skinned), light-skinned, blond(e)
valgevask brass
valgevene Byelorussian
valgevenelane Byelorussian
valgevereline = **valgetverd**
valgeveresus *med.* leuk(a)emia
valgevoolus *med.* whites, leucorrh(o)ea
valgma landing-place, landing-pier
valguline albuminous
valguma flow, run*, (*laiali* ~) spread* (about), disperse; (*üle* ~) suffuse, become* suffused
valgurikas rich in protein (*or* albumin)
valgus light; ~**t andma** give* light; ~**t heitma** throw* (*or* shed*) light (*on, upon*), illuminate
valgusaasta *astr.* light-year
valgusallikas source of light
valgusemõõtja *füüs.* photometer
valgusfoor traffic lights, light signal(s)
valgusisaldus protein (*or* albumin) content
valgusjõud *fot.* light intensity
valguskeha lighting fixture, lamp
valguskiir ray (*or* beam) of light
valguskindel (*värvi kohta*) fast, non-fading
valguspilt (*udupilt*) magic lantern picture; (*ka*) = **foto**
valgusreklaam luminous (*or* light, neon) advertising, illuminated signs
valgustaja enlightener
valgustama light* (up), lighten, illuminate; *piltl.* (*harima*) enlighten; *fot.* = **säritama**
valgusti luminary, source of light
valgustundlik sensitive to light, photosensitive
valgustus lighting, lightening, light, illumination; *piltl.* enlightenment; ~**ajastu** *aj.* the Age of Enlightenment; ~**gaas** lighting-gas; ~**rakett** *sõj.* flare, star shell; ~**võrk** *el.* lighting mains
valgutarve *füsiol.* protein requirement

vali 1. *(hääle kohta)* loud; *(tugev)* strong; 2. *(range)* severe, rigorous, strict, stern, rigid; austere
valija chooser; *(valimistel)* elector; *(hääletaja)* voter; *el.* selector ~**ketas** *el.* (telephone) dial; ~**mees** *jur.* elector
valijaskond electorate, (body of) electors *(or* voters)
valik choice; *(välja*~*)* selection; *(kahe asja vahel)* alternative; *(*~*uvõimalus)* option
valima choose*, take* *(or* make*) one's choice; *(välja* ~, *ära* ~*)* select, elect; *(hääletuse teel)* elect
valimatu *(väljendi kohta)* unpolished, unrefined, vulgar
valimik choice, selection; *(kirjanduslik* ~*)* anthology
valimine choosing,. choice; *(välja*~*)* selection; *(hääletus)* election; **valimised** election(s), polling
valimiseelne (pre-)election *(atrib.)*
valimisjaoskond electoral *(or* election) district; *(hääletuskoht)* polling station
valimiskampaania election *(or* electioneering) campaign
valimiskast ballot-box, poll
valimispunkt polling-place
valimisringkond electoral district, *(Inglismaal)* constituency
valimissedel ballot(-paper)
valimissüsteem electoral system
valimisõigus suffrage, franchise
valing downpour, shower
valitav eligible, elective; *(suvaline)* taken at choice
valitavus eligibility
valitseja 1. *(riigi*~, *maa*~*)* ruler, administrator, governor; 2. *(mõisa*~*)* (estate) steward, estate manager, bailiff
valitsejasugu (ruling) dynasty, ruling house
valitsema rule, administer, govern; *(monarhi kohta)* reign; *piltl.* dominate; *(olukorra kohta)* rule, prevail, obtain, exist; *(mõisat, maja jms.)* manage, superintend; *(keelt)* = **valdama; ennast** ~ control oneself
valitsev ruling, governing; reigning; *piltl.* dominating; ~**ad klassid** the ruling classes
valitsus *(valitsemine)* rule, administration; *(riigi*~*)* government; *(monarhi* ~*)* reign; *(juhtiv asutus)* board, committee of management; ~**e juht** head of the government
valitsusasutus government institution
valitsuskepp sceptre
valitsuskriis government *(or* cabinet) crisis *(pl. -ses)*
valitsusorgan organ of government
valitsusringkonnad the government *(or* ruling) circles
valitsussõbralik pro-government
valitsusvastane anti-government
valitsusvorm form of government
valitu the chosen one; ~**d** the elect
valjad bridle
valjastama bridle, put* the bridle on
valjendama 1. *(häält)* make* louder *(or* stronger); 2. *(rangemaks muutma)* make* more severe
valjenema 1. *(häälelt)* become* *(or* grow*) louder *(or* stronger); 2. *(rangemaks muutuma)* become* *(or* grow*) more severe
valjuhääldaja *el.* loud-speaker
valjult 1. = **valjusti;** 2. *(rangelt)* severely, rigorously, sternly, rigidly, austerely
valjus 1. *(häälelt)* loudness; 2. *(rangus)* severity, rigour; sternness, rigidity, austerity
valjusti loudly, loud, aloud
valk, valkaine *biol.* protein, albumin
valkjas whitish
vall *(kindluse*~*)* wall, rampart; *(mulla*~*)* mound, earthwork
valla *(lahti)* loose; *(avatud)* open; ~ **päästma** let* loose, unleash, release
vallakirjutaja *aj.* (village) community clerk, volost secretary
vallakool *aj.* village school
vallali loose, open, free
vallaline unmarried, single
vallalisus unmarried *(or* single) state
vallamaja *aj.* (village) community house *(or* office)
vallandama 1. *(ametist)* discharge, relieve, dismiss, *kõnek.* sack, fire; 2. *(valla päästma)* let* loose, unleash, release
vallanduma 1. *(ametist)* be *(or* get*) discharged *(or* relieved, freed); 2. *(valla pääsema)* be let loose *(or* unleashed, released)
vallandus discharge, dismissal, *kõnek.* sacking, firing
vallapääsemine letting loose, unleashing, release

vallasekretär *aj.* village community (*or* volost) secretary
vallasema unmarried mother
vallaslaps extramarital (*or* illegitimate, natural) child (*pl.* children)
vallaspõli, vallaspõlv = vallalisus
vallasvara *jur.* movables, movable property, personal estate (*or* property), personalty, chattels
vallatama, vallatlema be naughty (*or* mischievous, frolicsome), play pranks
vallatu naughty, mischievous, frolicsome, playful
vallatus naughtiness, mischief, prank
vallavanem *aj.* volost elder, headman (*pl.* -men) of a village community
vallikraav moat
vallseljak *geogr.* esker, os, hog-back (ridge)
vallutaja conqueror
vallutama conquer, capture, occupy; (*tormijooksul*) take* (*or* carry) by assault
vallutus conquest; ~**poliitika** policy of conquest; ~**sõda** war of conquest
valm fable, apologue
valmidus readiness, preparedness; (*abi*~, *teenistus*~) willingness
valmik *zool.* adult (insect), imago (*pl.* -gines, -gos)
valmima 1. (*valmis saama*) get* ready, be finished (*or* concluded, completed); 2. (*küpsema*) ripen, mature
valmimatu unripe, immature
valmis 1. ready, prepared (*millekski* — *for smth.*); (*lõpetatud*) finished, done; (*abi*~, *teenistus*~) willing; 2. (*küps*) ripe
valmiskaubad finished goods
valmisolek readiness, preparedness; (*abiks, teenistuseks*) willingness
valmisriided ready-made clothes
valmistama make* (*or* get*) ready, prepare; (*tegema, tootma*) make*, manufacture; (*toitu*) prepare, cook; **ette** ~ prepare, get* (*or* make*) ready; (*õpetama*) train; **rõõmu** ~ give* joy (*to*)
valmistoode finished product (*or* article)
valmistuma make* (*or* get*) ready, prepare, prepare oneself (*millekski* — *for smth.*); **eksameiks** ~ prepare (*or* study up, read* up) for one's examinations
valmistus preparation, making; (*toot-*

mine) manufacture; ~**viis** method of manufacture
valsk *van.* = **võlts**
valskus wrong, injustice, crookedness
valss waltz
valts I (*kokkumurdekoht*) fold, welt; (*õnar, soon*) groove
valts II (*rull, võll*) roller, roll
valtsima I *trük.* fold
valtsima II *tehn.* roll, mill
valtsmetall *tehn.* rolled metal
valu I (*valutamine*) pain; (*pakitsev* ~) ache; (*kihkav* ~) smart; (*haigetsaamine*) hurt; (**kellelegi**) ~ **andma** give* it (to smb.) hot; ~ **tegema** give* pain, hurt*
valu II (*metalli*~) casting, cast
valubetoon *ehit.* cast concrete
valuhoog fit (*or* attack) of pain, (*piste*) pang, (*kramplik* ~) paroxysm
valukarje cry (*or* scream) of pain
valukisa cry (*or* outcry, bawl) of pain
valukoda *tehn.* foundry
valulaps woe-begotten child (*pl.* children), child of sorrow; *piltl.* family failure, black sheep (in the family)
valulik, valuline painful, dolorous, agonizing
valumalm *tehn.* cast iron
valuraha smart-money
valus painful, hurtful; (*kihkav*) smart; (*hell*) sore; **mul on** ~ it hurts me, I feel pain; **tõde on sageli** ~ truth often hurts; ~ **hoop** smart blow; ~ **küsimus** burning question, sore subject
valusalt, valusasti painfully; sorely
valutama ache, hurt*; (*kihkavalt*) smart; **mu pea valutab** my head aches, I have a headache; **ta jalg valutab** his foot hurts, he has a pain in his foot; **mu kurk valutab** I have a sore throat
valutehas *tehn.* foundry
valutsehh = valukoda
valutu painless
valutundlik sensitive to pain
valutükk = valand
valuuta (*rahasüsteem*) currency; (*välisraha*) foreign currency; ~**kurss** rate of exchange
valuvaigistav pain-killing, *tead.* analgetic (*or* analgesic), anodyne
valuvaigisti *med.* analgetic (*or* analgesic), anodyne; *kõnek.* pain-killer
valuvorm *tehn.* mould
valvama watch, guard, look after; (*öösel*) keep* vigil (*over*), sit* up

valvas (*with*); (*ärkvel olema*) be (*or* keep*) awake; **järele** ~ keep* watch (*on*), supervise
valvas watchful, wakeful, vigilant; (*virge*) alert, awake
valve watch, guard, custody; (*järele*-~) supervision, surveillance; ~ **all** (*vangistatuna*) under guard, in custody; (*järelevalve all*) under supervision (*or* surveillance); ~ **alla võtma** take* into custody; *vt. ka* **valvel, valvele**
valvealune (*vangistatu*) person under guard (*or* in custody)
valvearst doctor on duty
valvekauplus shop with extended business hours
valvekord turn of watch (*or* guard) duty, (day-, night-)watch; **valvekorras olema** be on duty
valvel on one's guard, on the alert; ~! attention!; ~ **olema** be watchful, be (*or* keep*) on the alert; ~ **seisma** stand* guard, stand* at attention
valvele: ~ **jääma** remain on one's guard (*or* on the alert); ~ **võtt!** *sõj.* present (*or* advance) arms!
valvelolek being watchful (*or* on the alert)
valvepost sentry post; ~**il** at one's post, (*politseiniku jms. kohta*) on point duty
valvelseisang posture at attention; ~**ut võtma** come* to attention
valveteenistus watch (*or* guard) duty
valveõde (*haiglas*) duty nurse
valvsus watchfulness, vigilance; (*virgus*) alertness
valvur watchman (*pl.* -men), guard; (*vangi*~) keeper, warder
vamm = **majavamm**
vammus jacket, jerkin; (*vanaaegne* ~) doublet
vampiir vampire
vana old; (*iidne*) ancient; (*vanaaegne*) antique; (*elatanud*) aged; **kui** ~ **te olete?** how old are you?, what is your age?, what age are you?; **ma olen 25 aastat** ~ I am 25 years old, I am 25 years of age; ~**ks jääma,** ~**ks minema** grow* old; *vt. ka* **vanem, vanim**
vana-aasta New-Year's Eve
vanaaeg old times; *aj.* ancient times, antiquity
vanaaegkond *geol.* the Pal(a)eozoic (Era)

vanaaegne old-time; (*vanaajale omane*) ancient, antique; (*vananenud*) archaic
vanadekodu home for aged people, old-age asylum
vanadus oldness; old age; ~**nõrkus** decrepitude; ~**pension** old age pension
vanaeit old woman (*pl.* women), crone
vanaema grandmother, granny
vanaisa grandfather
vanake(ne) (*mees*) old man (*pl.* men); (*naine*) old woman (*pl.* women)
vanakraamiturg second-hand market
vanakurat, vanakuri the Evil One, Old Nick, the (old) fiend, the devil
vanaldane elderly, oldish
vanalinn old town, old part of a town; (*ärikeskusena*) the City
vanameelne conservative
vanameelsus conservatism
vanamees old man (*pl.* men), old fellow
vanamehelik like (*or* characteristic of) an old man; (*raugalik*) senile
vanameister past master (*ka piltl.*); (*austava nimetusena kunstniku kohta*) master, (*er. helikunstniku kohta*) maestro (*pl.* -ri, -ros); *sport.* exchampion
vanametall scrap metal
vanamoeline, vanamoodne old-fashioned
vanamoor, vanamutt = **vanaeit**
vanandama make* lod, olden
vananema grow* old, age, olden; (*iganema*) grow* out of date, become* outdated (*or* antiquated, obsolete)
vanapagan *folkl.* Old Heathen (in Estonian folklore); (*vanakuri*) Old Nick, the devil
vanapiiga = **vanatüdruk**
vanapoiss old bachelor
vanapoolne = **vanaldane**
vanaraamatukauplus second-hand bookshop
vanaraud scrap iron, (old) scrap
vanasarvik *folk.* Old Hornie, Old Nick, the devil
vanasti of old, in old (*or* olden) days, in the days of old (*or* of yore), formerly
vanasõna proverb, old saw (*or* saying)
vanatont the devil
vanatüdruk old maid, (old) spinster
vanatühi = **vanapagan**

vanavanaema great-grandmother
vanavanaisa great-grandfather
vanavara folklore; (*aineline* ~) antiquities, ancient relics
vanaõel the Evil One
vandaal *aj.* Vandal; *pütl.* vandal
vandalism vandalism
vandeadvokaat *van. jur.* barrister
vandekohtunik *jur.* juryman (*pl.* -men), juror
vandekohus *jur.* jury
vandemurdja oath-breaker; (*valevanduja*) perjurer
vandenõu conspiracy, plot
vandenõulane conspirator, plotter
vandeselts conspiracy, secret society
vandeseltslane conspirator
vandesõna oath, swear-word, expletive
vandetõotus (solemn) oath, vow
vanduma swear*, take* an oath; (*kiruma*) swear*, curse; **valet** ~ perjure oneself, commit perjury
vanem 1. *adj.* older; (*samast perekonnast venna v. õe kohta*) elder; (*er. teenistus- v. auastmelt*) senior; **mu** ~ **vend on kolm aastat minust** ~ my elder brother is three years older than I am (*or* three years senior to me, by three years my senior); **kumb neist kahest vennast on** ~? which of these two brothers is the elder?; **kõige** ~ = **vanim**; 2. *subst.* (*küla, kogukonna jms.* ~) elder, headman (*pl.* -men); (*lapse*~) parent; ~**ad** parents
vaneminsener chief engineer
vanemlik parental
vanemseersant *sõj.* senior sergeant
vanemus seniority
vanemõde (*haiglas*) head nurse, (*Inglismaal*) sister
vanemõpetaja senior instructor
vang [vangi] prisoner, captive; *vt. ka* **vangi, vangis, vangist**
vang [vangu] 1. (*sang*) handle; 2. (*looge*) crook, bend, loop
vangerdama *sport.* castle
vangerdus *sport.* castling
vangi: ~ **heitma** cast* (*or* throw*) into prison; ~ **langema** be taken prisoner (*or* captive); ~ **mõistma** sentence to imprisonment; ~ **panema** put* into (*or* send* to) prison, imprison; ~ **võtma** take* prisoner
vangikoda *van.* = **vangla**
vangikong prison cell
vangilaager prison camp
vangimaja = **vangla**

vangipõli, vangipõlv captivity
vangirauad irons, fetters
vangis in prison; ~**olek** being in prison, imprisonment; (*vangipõli*) captivity
vangist from prison
vangistama (*vahistama*) arrest, take* into custody, place under arrest; (*vangi panema*) imprison
vangistus (*vangistamine*) arresting, taking into custody; (*vangisolek*) imprisonment
vangitorn *van.* = **vangla**
vangivaht, vangivalvur warder, jailer (*or* jailor, gaoler)
vangla prison, jail (*or* gaol), *Am. ka* penitentiary
vangutama shake*, waggle, wag; **pead** ~ wag one's head
vanik wreath, garland, festoon
vanill vanilla
vanilliin vanillin
vanim oldest; (*samast perekonnast venna v. õe kohta*) eldest
vanker 1. (*koormaveoks*) wag(g)on, (*kaherattaline* ~) cart; (*sõidu*~) carriage; (*suur kaetud veo*~) van; **Suur V-** *astr.* the Great Bear, Charles's Wain, *Am.* the Big Dipper; **Väike V-** *astr.* the Lesser Bear, *Am.* the Little Dipper; 2. (*malend*) castle, rook
vankrimääre cart grease, axle grease
vankritäis cartful, cartload
vankuma shake*, rock, totter, stagger, sway; vacillate
vankumatu unshakable, unshaken, steadfast, firm
vankumatus unshakableness, steadfastness, firmness
vankuv shaking, rocking; vacillating
vann (*kümblus*~) bath, bath-tub; (*pesu*~) tub; *fot.* tray, dish; ~**i võtma,** ~**is käima** have (*or* take*) a bath; ~**i minema** get* into a bath; ~**e võtma** take* (medicinal) baths
vanne (*vandetõotus*) oath; (*needus*) curse, malediction, (*kiriku*~) ban, anathema; ~**t andma** take* (*or* make*) an oath; **talt võeti** ~ he was put on his oath; **vande all** (*tunnistuse v. tõotuse kohta*) on oath; **vande alla minema** ban, place under the ban, anathemize
vannitama bath, bathe, give* a bath; **last** ~ give* a child a bath
vannituba bathroom

vannutama swear* in, administer an oath (*to*); adjure (*ka piltl.*)
vannutus swearing in, administering an oath; adjuration (*ka piltl.*)
vant *mer.* shroud
vantsima waddle, trudge, jog (along)
vanuma (*riide kohta*) shrink*; (*pulstuma*) become* matted, mat, felt
vanus age; **teie ~es** at your age
vanuseklass *sport.*, *mets.* age class
vanusepiir age limit
vanusetasu long-service bonus
vanusevahe age difference (*or* gap)
vanutama (*riiet*) full, shrink*, mill, felt
vanutus fulling; **~töökoda** fullery
vaoline furrowy, furrowed
vaond *geol.* syncline; **~iorg** *geol.* synclinal valley
vaos *vt.* **vagu**
vape shake, jolt
vaplema shake* convulsively
vaplus convulsive shaking; **~kramp** *med.* convulsion
vapp (coat of) arms, armorial bearings
vappekülm *med.* shivering fit, the shivers, (feverish) chill
vapper brave, valiant, valorous, gallant
vappkilp escutcheon
vappuma shake*, be shaken, quake, jolt, be jolted; (*kramplikult*) be convulsed; **naerust ~** shake* with laughter
vaprus bravery, valour, gallantry
vapsik *zool.* hornet
vapustama shake*, shatter, jolt; (*seesmiselt*) shock; (*krampideni*) convulse
vapustus shake, shattering, jolt; (*seesmine ~*) shock; (*kramplik ~*) convulsion; (*põrutus*) concussion
vara (*aegsasti*) early; **hommikul ~** early in the morning
vara (*varandus*) wealth, goods, (*kallis~*) treasure, (*kinnis~*) property; **looduslikud ~d** natural resources
varaait treasure-house, treasury, depository (*er. piltl.*)
varaamet (state) treasury, exchequer
varahoidja treasurer
varahommik early morning
varajane early; **liialt ~** too early, premature
varakas wealthy, propertied, well-to-do
varakevad early spring
varakindlustus property insurance

varaks: mul on nutt ~ I am ready to melt (*or* burst) into tears
varakult early (on), in good time
varaküps precocious
varaküpsus precocity
varal by means of, by dint of, with the help of
varaline property (*atrib.*)
varamu = **varapaik**
varandus property, wealth, fortune; *jur.* estate, goods and chattels
varanduslik property (*atrib.*), (*rahaline*) pecuniary, (*aineline*) material
varane = **varajane**
varapaik treasure-house, treasure-store, treasury
varas thief (*pl.* thieves)
varasalv treasure-store, treasure-box; *piltl.* thesaurus, treasury, depository
varastama steal*, commit a theft (*or* thefts), thieve; (*näppama*) pilfer, nab, filch, purloin; (*ühiskondlikku vara*) peculate
varasus earliness; (*liigne ~*) prematurity
varatu propertiless, unpropertied
varavalmiv fast-ripening, early; (*varaküps*) precocious
varb rod, bar; (*lame ~*) slat
varbaküüs toe-nail
varbaots tip of a toe, *haruld.* tiptoe; **~tel kõndima** tiptoe, walk on tiptoe
varblane sparrow
vare [vareme] ruin
varem 1. *adj.* earlier, previous; **2.** *adv.* = **varemini**
varemalt = **varemini**
varemerohi *bot.* comfrey
varemini earlier (on), previously, formerly
vares crow; (*must ~*, *harju ~*, *künni~*) rook; **~ejalad** (*kritseldus*) scrawl; **~kaer** *bot.* lyme-grass, wild rye; **~putk** *bot.* wild chervil, cow parsley
vargajõuk band (*or* gang) of thieves
varganägu *kõnek.* scoundrel, rascal
vargapesa thieves' den
vargapoiss young thief (*pl.* thieves)
vargil: ~ käima go* stealing, be a thief
varglik, vargne (*salajane*) stealthy, furtive, surreptitious; *haruld.* (*vargusele kalduv*) thievish
vargsi stealthily, by stealth, furtively, surreptitiously
vargus theft, thieving, stealing, *jur.* larceny; (*ühiskondliku vara ~*)

peculation; ~katse attempted theft (*or* larceny)
vari 1. (*varjukas koht*) shade; (*eseme varikuju*) shadow; valgus ja ~ light and shade; varju jääma leave* in the shadow, cast* into the shade, overshadow, eclipse; varju jääma remain in the shadow, be overshadowed (*or* eclipsed); varju heitma cast* a shadow, *piltl.* cast* aspersions (*kellelegi — on smb.*); 2. (*sirm*) shade, screen; 3. (*varjatud koht, kaitse*) shelter, cover
variant variant, (*teksti* ~) version, (different) reading
variatsioon variation
varieerima vary, modify
varieeruma vary, be modified
varietee variety theatre, music-hall
varing fall, drop; (*lagu*) ruin; (*kokkuvarisemine*) collapse
varipilt = siluett
varisema (*lehtede jms. kohta*) fall*, drop; (*lagunema*) fall* into ruins; kokku ~ break* down, collapse; (*äri kohta*) go* bankrupt
variser pharisee, hypocrite
variserlik pharisaic(al), hypocritical
variserlikkus pharisaism, hypocrisy
varistama shake* down, shed*, drop
varitsema lurk, waylay*; lie* in wait (*for*), lay* wait (*for*); (*varitsuskohas*) lie* in ambush
varitsus lurking, waylaying; (*varitsuskohas*) lying in ambush; ~koht, ~paik ambush, ambuscade
varivõre *el.* screen grid; ~lamp *el.* screen-grid valve (*or* tube)
varioun *aiand.* dropped apple; ~ad apple drop
varjaag *aj.* Varangian
varjama (*katma, kaitsma*) shelter, screen, cover up; shade, shield; (*peitma*) conceal, hide*; *astr.* occult; (*maskeerima*) camouflage, disguise
varjamatu unconcealed, overt, open
varjatult concealed, hiddenly, covertly
varjend shelter; (*kaevik-*~) dug-out
varjevärvus *biol.* protective colouring (*or* coloration)
varju *vt.* vari
varjualune shelter, (*varikatus*) penthouse, (*lööv*) shed
varjukas shady, shadowy
varjukülg dark side; (*halvemus*) drawback, disadvantage
varjul concealed, hidden, in hiding; out of sight; (*kaitstud*) sheltered;

~e jooksma run* for cover (*or* shelter); ~e minema go* into hiding, conceal oneself
varjulill *bot.* woodruff
varjuline shady, affording shade, shadowy, overshadowed; (*kaitstud*) sheltered, affording shelter
varjuma hide* oneself, seek* shelter
varjund shade, nuance, touch, (*värvi*~) tinge, tint, hue
varjundama shade, give* (fine) shades to, tinge, tint
varjunimi pseudonym, pen-name
varjupaik shelter, refuge; asylum; (*pelgupaik*) sanctuary
varjustama *kunst.* shade, mark the shades
varjusurm apparent death, suspended animation, (death-like) lethargy
varjusurnu apparently dead person
varjutama overshadow, cast* a shadow over; *astr.* eclipse
varjutus overshadowing; *astr.* eclipse
varmalt promptly, quickly
varmas prompt, quick
varn clothes-rack, *Am.* coat-rack; (~*apulk*) peg; (*alusel seisev* ~) (clothes-)stand, (*eeskojas*) hallstand
varpankur *mer.* kedge (anchor)
varras rod; (*prae*~) spit; (*suka*~) knitting-needle
varretama (*labidat, luuda jms.*) provide with a handle; (*kirvest*) (provide with a) helve
varretu (*taime kohta*) stalkless, stemless, *tead.* acaulescent, acauline
varreümbrine *bot.* amplexicaul
varrud = ristsed
varrukas = käis
vars (*taimel*) stalk, stem, *tead.* caulis (*pl.* -les); (*tööriistal*) handle, haft, (*kirvel ka*) helve; *tehn.* shaft
varsakabi *bot.* marsh marigold
varss foal, (*täkk*~) colt, (*mära*~) filly
varsti soon, shortly, before long, presently
varstine near (in time), early, imminent, impending
vart [varda] *etn.* flail
vart [vardi] *zool.* scaup
varu store, stock, supply, reserve; ~s, ~ks in store, in reserve
varuma store, stock (up), stockpile, lay* in, reserve
varumine storing, stocking, laying in,

varumishind   443   **vastas**

reserving; (*riiklik* ~) state purchases, purveyance
varumishind fixed (state) price, price for state purchases
varumisplaan plan of laying-in stores; (*riiklik* ~) plan of state purchases
varumispunkt storing place
varustaja supplier, provider, purveyor; (*toiduainetega* ~) caterer
varustama supply, purvey, procure; (*seadmetega*) equip; furnish, fit out, fit (*with*)
varustuma be (*or* get*) supplied (*or* equipped, furnished, fitted out), supply oneself (*with*)
varustus equipment, outfit; supply, supplies, (*sõja*~) munitions
varutegur *tehn.* factor of safety
varutingimus *jur.* reservation
varvas toe; ~**seis** *sport.* toe-pointing
varvukil on tiptoe
vasak left; ~ **pool!** left turn!, left face!; ~**u jalaga voodist välja astuma** get* out of bed on the wrong side (*ka humor.*); ~**ut kätt** to the left hand, on the left
vasakpoolne = **pahempoolne**
vasakukäeline left-handed
vasakul on the left; ~**e** to the left; ~**t** from the left
vasall *aj.* vassal; ~**riik** vassal (*or* satellite) state
vasar hammer; (*puu*~) mallet; ~**aheide** *sport.* throwing the hammer; ~**alöök** stroke (*or* blow) of a hammer
vasardama hammer
vasegravüür *kunst.* copper-plate (engraving)
vasekaevandus copper mine
vasekarva copper-coloured, coppery
vaseliin vaseline; *farm.* petrolatum
vaselõige *kunst.* engraving
vasem = **vasak**
vasemaak copper ore
vaserooste verdigris
vasetama copper
vasevitriol = **vaskvitriol**
vasikaliha veal
vasikanahk calfskin, (*köitematerjalina*) calf
vasikas calf (*pl.* calves)
vasikavaimustus childish enthusiasm
vask copper: (*valge*~) brass; ~**hapend** = ~**oksiid**
vaskjas coppery
vaskjuhe *el.* copper conductor

vaskkatel copper kettle (*or* boiler, cauldron), copper
vaskmünt copper coin
vaskne copper (*atrib.*), of copper; (*valgevasest*) brazen, brass (*atrib.*)
vaskoksiid *keem.* copper oxide
vask(puhk)pill brass instrument; ~**id** the brass
vaskraha copper coin, copper
vasksepp coppersmith
vasksulfaat *keem.* sulphate (*or* sulfate) of copper
vasktraat copper wire
vaskuss *zool.* blind-worm, slow-worm
vaskvitriol *keem.* blue vitriol (*or* copperas), sulphate (*or* sulfate) of copper
vassima muddle (up), confuse, *kõnek.* mull, make* a mull (*of*); (*moonutama*) distort
vassing muddle, confusion, *kõnek.* mull; (*moonutus*) distortion
vast (only) just, just now
vastak *bot.* opposite
vastakas (*vastupidine*) contrary, opposed, converse; (*tõrges*) contrary, obstinate
vastakuti face to face, facing each other
vastama 1. (*vastust andma*) answer, reply, respond; *jur.* rejoin; (*teravalt*) return, retort; 2. (*vastav olema*) answer (*to*), correspond (*to*); (*täpselt*) tally (*with*)
vastamisi facing (*or* opposite to, confronting) each other; ~ **seadma** confront, place face to face; **kellegagi** ~ **minema** fall* out with smb., have a disagreement (*or* quarrel) with smb.
vastand the opposite (*of*), the contrary (*of*), the reverse (*of*); contrast; antithesis (*pl.* -eses) (*of, to*); ~**ina millelegi** in contrast to (*or* with) smth., in opposition to smth.
vastandama oppose (*to*), set* off (*or* pit) against; contrast (*with*)
vastandlik opposite, contrary, antagonistic
vastandsõna *lgv.* antonym
vastane 1. *adj.* opposite, contrary; (*vaenulik*) adverse (*to*); **vastasel korral** otherwise, or else; 2. *subst.* opponent, adversary, antagonist; (*vaenlane*) enemy; (*võistleja*) rival
vastas opposite, opposite to; **ma elan (peaaegu)** ~ I live (nearly) opposite; **kauplus on teatri** ~ the

vastaskallas   444   **vastukarva**

shop is opposite (*or* opposite to) the theatre; **ma käisin oma sõbral jaamas ~** I went to meet my friend at the station
vastaskallas opposite bank
vastaskandidaat opposition (*or* rival) candidate
vastaskülg opposite side
vastasleer opposite camp
vastasmaja the house opposite
vastasmängija (*võistleja*) opposite (*or* opposing) player, opponent; *teatr.* (*kaasmängija*) (stage) partner, supporter
vastaspool (*kohtus*) adverse party, (*mängus*) opposite side (*or* team); (*vastaskülg*) opposite side
vastaspoolne opposite
vastaspoolus *geogr.*, *füüs.* antipole, the opposite pole
vastasrind opposition, the opposing party
vastasseis standing opposite; *astr.* opposition
vastast from opposite
vastastama confront (*ka jur.*)
vastastamine confrontation
vastastikku mutually, reciprocally
vastastikkus mutuality, reciprocity
vastastikune mutual, reciprocal; **~ abistamine** mutual assistance; **~ sõltuvus** interdependence
vastasus oppositeness, opposition, antagonism (*to*)
vastav corresponding (*millelegi — to smth.*), (*asjaoludele*) respective; (*võrdeliselt*) proportionate; (*asendilt, talitluselt*) homologous; (*otstarbele, nõuetele*) adequate, suitable (*to*)
vastavalt 1. *adv.* correspondingly, respectively; accordingly, conformably; 2. *prep.* according to, conformably to, in conformity with, in keeping with
vastavus correspondence, accordance, conformity; (*asendilt, talitluselt*) homology; (*otstarbele, nõuetele*) adequacy, suitability
vaste equivalent
vastik repugnant, disgusting, (*lõhna kohta*) offensive; (*ilma kohta*) beastly; (*eemaletõukav*) repulsive; (*jälk*) loathsome, abhorrent, abominable, odious
vastikus repugnance, repulsiveness; (*jälkus*) loathsomeness, abhorrence,
abominableness, odiousness; **~tunne** disgust (*with*), repugnance (*to*)
vastlad Shrove-tide
vastlapäev Shrove Tuesday
vastne 1. *adj.* new, recent; 2. *subst., zool.* larva (*pl.* -vae), grub
vastselt newly, recently
vastsündinu new-born child (*pl.* children)
vastu 1. *postp.* against, opposed to; to, towards, for; **ma olen teie ettepaneku ~** I am against your proposal; **armastus kellegi (millegi) ~** love to (*or* for, of) smb. (smth.); **millegi ~ vahetama** exchange for smth.; 2. *prep.* against; towards; **~ tuult** against the wind; **ta sai hoobi ~ nägu** he received a blow in the face **~ hommikut** towards the morning; 3. *adv.* against; in the opposite direction; back, in return (*for*); **~ andma** give* in return (*for*) **~ hakkama** resist, offer resistance, show* fight; **~ kajama** (re-)echo, reverberate; **~ minema** go* to meet (*kellelegi — smb.*); **~ olema** oppose, be opposed (*or* adverse averse) (*to*); **~ panema** resist, stand* up (*to*); **~ pidama** hold* out, hold*, one's own, stand*, endure; (*rõivastuseseme kohta*) last; **~ rääkima** speak* against, contradict; **~ seisma** stand* against, resist, oppose; **~ tulema** come* to meet; *pilti.* meet*, (*soovidele jms. ka*) comply (*with*); **~ vaidlema** dispute, call in question, contradict, gainsay*; **~ võtma** receive (*ka külalisi*); (*vastuvõetavaks tunnistama*) accept, (*otsust*) adopt, pass; **uut aastat ~ võtma** see* the New Year in; **~ väitma** object (*to*), raise an objection (*or* objections) (*to*), take* exception (*to*)
vastuabinõu countermeasure
vastuarmastus love in return, reciprocated love (*or* affection); **ta ei leidnud ~t** his love (*or* affection) was not returned (*or* remained unrequited)
vastuhakk resistance; (*relvastatud ~*) armed resistance, insurrection
vastukaal counterbalance, counterweight, counterpoise; **sellele ~uks** to counterbalance this
vastukaja echo (*pl.* -oes), resonance; reverberation, repercussion
vastukarva against the grain

vastukeha *med.* antibody
vastukõla response, sympathy
vastukäiv contradicting, contradictory, discrepant
vastukäivus contradiction, contradictoriness, discrepancy
vastulause *jur.* objection
vastuluure counter-espionage, counter-intelligence
vastulöök counterblow, counter-stroke; (*vehklemisel*) riposte; (*sõnaline* ~) rebuff, retort, riposte
vastumeelne disagreeable, disgusting, repugnant, repulsive, repellent; antipathetic (*to*)
vastumeelselt 1. (*ebameelsasti*) unwillingly, reluctantly, with reluctance; 2. (*ebameeldivalt*) disagreeably, disgustingly, repulsively, repellently
vastumeelsus 1. (*ebameelsus*) unwillingness, reluctance; 2. (*ebameeldivus*) repugnance, repulsion; antipathy (*to*)
vastumeelt 1. *adv.* unwillingly, reluctantly, with reluctance; 2. *adj.* = **vastumeelne**
vastumõju reaction, counter-effect
vastumäge uphill
vastumürk antidote, counterpoison
vastunäidustama *med.* contraindicate
vastunäidustus *med.* contraindication
vastuoksa on the contrary, contrariwise, conevrsely; just the opposite (*or* the reverse, the other way, about, the other way round); vice versa; ~ **minu huvidele** contrary to my interests
vastuoksus contrariness; (*vasturääkivus*) contradiction
vastuolu contrariness, contradiction; antagonism; conflict; ~**s in conflict** (*with*), at odds (*with*), at variance (*with*)
vastuoluline contradictory; antagonistic
vastupandamatu irresistible
vastupanek, vastupanu resistance, opposition
vastupanuliikumine *pol.* resistance movement
vastupidav durable; firm; (*riide kohta*) hard-wearing, good-wearing, durable; (*visa*) tenacious
vastupidavus durability; (*visadus*) endurance, staying power; (*visadus*) tenacity
vastupidi on the contrary, the other way about, vice versa; (*millelegi*) contrary to
vastupidine contrary, opposite
vastuproportsionaalne *mat.* inversely proportional, reciprocal
vastupäeva against the sun, counter-clockwise
vasturääkiv contradictory, discrepant, conflicting
vasturääkivus contradictoriness, contradiction, discrepancy
vasturünnak counter-attack
vastus answer, reply; response; (*vastulöök*) retort; *jur.* rejoinder; ~**eks in answer** (*or* reply, response); ~**eks teie kirjale** in reply to your letter
vastuseis resistance, opposition (*to*), stand (*against*)
vastustama resist, oppose, stand* (out) against
vastutama answer (*for*), be responsible (*or* answerable, liable, accountable) (*for*); (*tagama*) vouch (*for*)
vastutamatu irresponsible
vastutamatus irresponsibility
vastutasu compensation, return; ~**ks in compensation** (*or* return) (*millegi eest — for smth.*)
vastutav responsible, answerable, liable, accountable (*for*); **seaduse ees** ~ amenable to law
vastutulek 1. (*kuhugi*) coming to meet, meeting; 2. (*lahkus*) obligingness, complaisance, courtesy
vastutulelik obliging, complaisant, courteous
vastutulelikkus obligingness, complaisance, courteousness
vastutulematu disobliging, discourteous
vastutulija the person one meets, comer; **esimene** ~ the first comer
vastutus responsibility; (*rahaline* ~) liability, accountability; **minu** ~**el on my responsibility;** ~**ele võtma call to account, bring* to book** (*millegi eest — for smth.*), (*kohtulikult*) prosecute, institute (legal) proceedings (*against*)
vastutusrikas responsible, full of (*or* involving) responsibility
vastutustunne sense (*or* feeling) of responsibility
vastutuul contrary wind, head wind
vastutuult against the wind
vastuvaidlematu, vastuvaieldamatu = **vaieldamatu**

vastuvett, vastuvoolu against the stream, up-stream
vastuvõetamatu = **vastuvõtmatu**
vastuvõetav acceptable, (*lubatav*) admissible
vastuvõtja receiver, (*saaja*) recipient; (*raadio~*) wireless receiver, wireless (*or* radio) set
vastuvõtlik receptive, (*tundlik*) susceptible
vastuvõtlikkus receptivity, (*tundlikkus*) susceptibility
vastuvõtmatu unacceptable
vastuvõtmine, vastuvõtt reception, (*kauba* ~) receipt; (*nõusolek*) acceptance; (*kooli*) admittance, admission
vastuvõtuantenn *el.* receiving aerial
vastuvõtueksam entrance examination, acceptance test
vastuvõtukomisjon acceptance committee (*or* board)
vastuvõtupunkt receiving station
vastuvõturuum reception room, (*arsti* ~) office
vastuväide objection (*to, against*)
vastvalminud recently completed (*or* finished)
vateerima wad, stuff with wadding; **vateeritud tekk** quilt, quilted blanket
vaterdama = **vatrama**
vatiin batting, wadding
vatrama prattle, tattle, prate
vats paunch, belly; (*lehmal*) paunch, *tead.* rumen, first stomach
vatsakas paunchy
vatsake(ne) *anat.* ventricle
vatt I *el.* watt
vatt II (*puuvill*) cotton wool; (*täitematerjalina*) wadding; **~kuub** wadded (*or* padded, quilted) jacket
vau = **paabulind**
veatu faultless, flawless; (*laitmatu*) blameless, unblemished
veatus faultlessness, flawlessness; (*laitmatus*) blamelessness
vedama draw*, pull, tug, drag, haul; (*kaupu*) haul, carry, convey, transport; (*veoköies*) tow; *sport.* (*juhtima*) be in lead; **kihla ~ bet***; **alt ~** deceive, leave* in the lurch, let* down; **sisse ~** (*kaupu*) import; (*tüssama*) deceive, take* in; **välja ~** (*kaupu*) export; **mul veab** I'm in luck, I have (good) luck; **mul ei vea** I've no luck, I'm out of luck
vedel [vedeli] = **lant**

vedel [vedela] liquid, fluid; (*supi jms. kohta*) thin; (*lõtv*) flabby, limp
vedeldama liquefy, fluidify, make liquid (*or* fluid); (*vedelikku lahjendama*) dilute
vedelduma liquefy, become* liquid (*or* fluid)
vedelema loaf (around), idle (about); (*lamasklema*) lie* about
vedelik liquid, fluid
vedelkütus *tehn.* liquid fuel, oil fuel
vedelseep *tehn.* liquid soap
vedelus liquid state, *haruld.* liquidity, fluidity
vedelvorst sluggard, lazy-bones, lay-about
vedik train
vedru spring
vedrujas springy, spring-like, elastic, resilient
vedrumadrats spring mattress
vedrunõel safety-pin
vedrunööp = **rõhknööp**
vedrutama be springy (*or* elastic, resilient); *põll.* harrow (with a spring-tooth harrow)
vedruvanker carriage on springs
vedruäke spring-tooth harrow
vedu (*vedamine*) drawing, pulling, tugging, dragging, hauling; (*kaupade* ~) haulage, carriage, conveyance, transport; (*tõmme*) haul, drag, pull; **asi ei võta ~** the business (*or* the affair) is not making headway (*or* not getting on well)
vedur locomotive, (railway-)engine; **~ijuht** engine-driver, *Am.* engineer; **~laev** *mer.* tug-boat
veealune underwater, (*meres ka*) submarine
veeaur water vapour
veebruar(ikuu) (the month of) February
veehoidla water reservoir, (*järv*) storage lake (*mahuti*) water cistern, water-tank
veejuhe water-conduit, (*er. sillataoline* ~) aqueduct; (*toru*) water-pipe
veejõud *tehn.* water-power
veekeeris whirlpool; (*väike* ~) eddy
veekindel waterproof
veeklaas drinking glass, tumbler
veeklosett water closet
veekogu body of water
veekraan (water-)tap, *Am.* (water-)faucet
veekruus water-jug
veel still, wet; (*isegi*) even; **mul on**

~ **palju tööd teha** I have still (or yet) much work to do; **meil on ~ kaks tundi oodata** we have two more (or another two) hours to wait; **palun andke mulle ~ piima** please give me some more milk; **(kas soovite) ~ midagi?** (do you want) anything else?; **ta on ~ vanem kui ma arvasin** he is even older than I thought; **ma võin lõpetada oma töö ~ täna** I can finish my work this very day; **~ kord** once more, once again; **ikka ~** still; **mitte ~** not yet, not as yet
veelahe geogr. watershed, peam. Am. divide
veeldama liquefy, turn into a liquid
veelduma liquefy, be liquefied
veelembene bot. hydrophilous
veelind waterfowl
veeline watery
veelkordne done (or sain) once more, reiterated, repeated
veeloik, veelomp pool (of water)
veeloom water (or aquatic) animal
veemõõtja water-meter
veen anat. vein
veenduma be (or become*) convinced (milleski — of smth.)
veendumus conviction, fixed opinion; persuasion
veendunult with conviction, confidently
veenev convincing, persuasive; (sundivalt ~) cogent
veenma convince, persuade, bring* home to
veenmine convincing, persuading, persuasion
veenusk kõnek. lazy slut
veenvalt convincingly, persuasively; cogently
veenvus convincingness, persuasiveness; cogency
veenõu water vessel (or receptacle)
veepais weir, mill-pond
veepall sport. water polo
veepealne above-water, surface (atrib.)
veepind water surface, sheet of water
veer [veere] edge, border; (tassil jms.) brim; (kuristiku jms. ~) brink, verge
veer [veeru] slope, declivity, descent
veerand quarter; **kell on ~ kaks** it is a quarter past one (o'clock)
veerandaasta quarter (of the year)
veerandik (tükk) quarter (piece); (mõõt) quarter (measure)

veerandnoot muus. crotchet, Am. quarter note
veere [veere] rolling
veere [veerme] slide, avalanche
veerelaager tehn. rolling (contact) bearing, antifriction bearing
veerem rolling-stock
veerema roll (along), trundle, wheel; **aastad veerevad** the years roll by (or pass by, glide away); **päike veereb** the sun is setting
veeremäng (keeglimäng) skittles, ninepins, Am. tenpins; (muru~) bowls
veeres = ääres
veeretama roll, trundle, wheel; **süüd kellelegi ~ lay*** the blame at smb.'s door, shift the blame on smb.'s shoulders
veerev rolling; **~ koosseis = veerem**
veerg column
veerima spell* (out)
veering farthing; (pisiannetis) mite
veeris I = ääris
veeris II = veerkivi
veerjas sloping, slanting (down)
veerkivi geol. pebble; **mereäärsed ~d** shingle
veermine = äärmine
veerohke rich (or abounding) in water
veerutõmmis trük. galley-proof
veesaabas waterproof (high) boot
veeseis water-level
veesisaldus water-content
veesoon spring (or vein) of water
veesport water (or aquatic) sports, aquatics
veestik geogr. waters
veesõiduk (water) craft, vessel
veetaim water-plant, aquatic plant
veetee water-way
veetilk drop of water
veetlema allure, fascinate; (võluma) captivate, charm, attract
veetlev alluring, fascinating, (võluv) charming, attractive
veetlus allurement, fascination; (võlu) charm, attraction
veetma spend*, pass (away), while away
veetolm (water-)spray
veetorn water-tower
veetoru water-pipe
veetu waterless; keem. anhydrous
veeturbiin tehn. water turbine, hydraulic turbine
veetustama deprive of water; keem. dehydrate

veetõus rise of water; flow, rising (*or* high) tide, high water
veeuputus flood, inundation; deluge (*ka piltl.*)
veevarustus water supply
veeväljasurve (*laeval*) displacement
veevärk waterworks; (*veevarustus*) water supply; **meil on ~ majas** we have running water in the house
veeämber (water-)bucket, pail
vegetaarlane = taimetoitlane
vegetatiivne vegetative
vegetatsioon vegetation
vegeteerima vegetate
vehkima swing*, fling* (*kätega* — one's arms); throw* one's arms about, gesticulate; (*mõõgaga jms.*) brandish (*smth.*); **sisse ~ kõnek.** swipe, filch, pinch; **süüa ~** eat* heartily, tuck in
vehklema (*mõõgaga*) fence; (*kätega*) fling* one's arms, gesticulate; **virmalised vehklevad** the northern lights are flaring
vehklemine fencing
vehklemismõõk (*kitsas, kerge ~*) rapier; (*lai, raske ~*) backsword
vehmer (*vankril*) shaft
veider strange, queer, odd; (*naljakas*) droll, funny
veiderdaja buffoon
veiderdama buffoon, play the fool, play-act
veiderdus buffoonery, playing the fool, play-acting
veidi a little, a bit, a trifle, somewhat
veidihaaval little by little, bit by bit
veidike(ne) (just) a little, (just) a little bit
veidralt strangely, queerly, oddly
veidrik crank, eccentric, queer person
veidrus strangeness, queerness, oddness, oddity; (*naljakas ~*) drollery; (*veider tuju*) fad
veiklema = küütlema
veimevakk hope chest, dowry-chest (of a bride), trousseau; (*kaasavara*) dowry
vein wine; **~ikelder** wine-cellar, wine-vault(s); **~iklaas** wine-glass; **~ipudel** wine-bottle; **~iäädikas** wine-vinegar
veis neat (*pl.* neat), bovine (animal), ox (*or* cow); **~ed** cattle; **~efarm** cattle-farm; **~ekari** herd of cattle; **~ekiin** *zool.* warble-fly; **~eliha** beef

vekkima *kok.* preserve by bottling and heating
vekkpurk *kok.* jar (*or* bottle) with snap (*or* vacuum) closure
veksel *maj.* bill (of exchange); (*käsk~*) draft
veli = vend
velodroom cycle(-racing) track, cycling track
velsker doctor's assistant, hospital attendant, (*varemal ajal*) army surgeon's assistant
veltveebel *sõj.* sergeant major
veluur *tekst.* velour(s); **~kaabu** velour(s) hat
velvet *tekst.* velveteen
vembumees prankster, wag, (merry) rogue
vembutama play pranks
vemmal (*malakas*) cudgel; (*jõnglane*) (young) scamp; **~värss** doggerel
vemmeldama cudgel; **veri vemmeldab kõnek.** the blood is racing
vemp lark, prank, trick, practical joke; (*kergemeelne ~*) escapade
vend brother (*pl.* brothers, *van.* ja *piltl.* brethren)
vender *mer.* fender
vendlus brotherhood, fraternity
vene (*paat*) boat
vene *adj.* Russian; **~ keel** Russian, the Russian language
venelane Russian
venelanna Russian (woman, girl)
venepärane of Russian origin, in Russian fashion
venestama Russify, Russianize
venestus Russification, Russianization
venesõbralik pro-Russian, Russophilist (*atrib.*), *haruld.* philo-Russian
venevastane anti-Russian
venima stretch (oneself), stretch out, draw* out, be drawn out; (*aja kohta*) drag on; (*vedeliku kohta*) be viscous, (*metalli kohta*) be ductile; **pikale ~** be dragged out, last too long
venis (*koorekompvek*) toffee
venitama stretch, draw* out, extend; (*pingutama*) strain, rack; (*aega*) drag on, prolong, protract; **ennast ära ~** overstrain oneself
venitatav stretchable, extendable; *tehn.* ductile
venitatavus *tehn.* ductility
venitus stretching, drawing out, extension; (*pingutus*) straining, rack-

veniv ing; *(aja suhtes)* dragging on, prolongation, protraction; *(enese äravenitamine)* overstraining oneself
veniv stretching, extensible; *(vedeliku kohta)* viscous, viscid; *(metalli kohta)* ductile
venivillem, venivorst dawdler, sluggard, *Am.* slowpoke
venivus extensibility, elasticity; *(vedelikul)* viscosity, viscidity; *(metallil)* ductility
vennake(ne) little *(or* dear) brother
vennaksed *vt.* **vennas**
vennalik brotherly, fraternal
vennanaine sister-in-law, brother's wife
vennapoeg nephew, brother's son
vennas brother; *(sõber)* pal, crony, fellow; **vennaksed** brothers; **vennaksed-õeksed** brothers and sisters
vennashaud common grave, mass grave
vennaskond brotherhood, fraternity, fellowship
vennasrahvas fraternal *(or* brotherly) people, sister nation
vennastuma fraternize
vennasus fraternization
vennasvabariik sister republic, *haruld.* fraternal republic
vennatütar niece, brother's daughter
vennike(ne) fellow, chap; *kõnek.* blighter, perisher; **veider ~** queer customer
venoosne *füsiol.* venous
ventiil valve, escape-valve
ventilaator ventilator
ventilatsioon ventilation
ventileerima ventilate
veoauto (motor) lorry, *Am.* (motor) truck
veohobune draught-horse, *Am.* drafthorse, dray-horse
veojõud tractive power *(or* force), traction
veok vehicle, carriage
veokiri waybill, *Am. ka* bill of lading
veokulud portage, carriage (expenses), cost(s) of transport
veoköis tow (rope); **veoköide võtma** take* in tow
veoloom beast of draught *(Am.* draft), draught *(Am.* draft) animal
veoraha portage, carriage (money)
veoratas driving-wheel
veorihm driving-belt
veoriist = **veok**

veos *(koorem)* load, freight; *(vankrikoorem)* cartful, cartload
veovahend means of carriage *(or* conveyance, transport), conveyance; *(veok)* vehicle
veovanker wag(g)on, *(madal külgedeta ~)* dray; *(kaherattaline ~)* cart
veovoorimees wag(g)oner, drayman *(pl.* -men), carrier; carter, haulier
veoõng = **lant**
vepsa: ~ keel the Vepsic language
vepslane Vepsian
veranda veranda(h), *Am. ka* porch
verb *lgv.* verb
verbaalne verbal *(ka lgv.)*
verbaalnoomen *lgv.* verbal noun
verduma become* bloodshot, suffuse with blood
vereandja *med.* donor (of blood)
veregrupp = **vererühm**
verehurmarohi = **vereurmarohi**
verehüüve *füsiol.* coagulation of blood
vereimeja blood-sucker, *piltl. ka* vampire; *(kaan)* leech
verejanu thirst for blood, bloodthirstiness
verejanuline blood-thirsty; *(verine)* sanguinary
verejooks bleeding *(ninast — at the nose)*; *tead.* h(a)emorrhage
verekaan (medicinal) leech
verekaotus loss of blood
verekarva blood-coloured
verekehake(ne) = **verelible**
vereklomp = **verekämp**
verekoer bloodhound
verekämp clot of blood
vereköhimine *med.* spitting of blood, bloody expectoration
verelaskmine blood-letting, bleeding
verelible blood corpuscle
vereloik pool of blood
veremürgi(s)tus *med.* blood-poisoning
verepiisk = **veretilk**
verepilastus *jur.* incest
vereplekk blood stain, stain of blood
vereproov blood test
vereringe *füsiol.* circulation (of the blood)
vererõhk blood pressure; **kõrge ~** high blood pressure, *tead.* hypertension
vererühm *füsiol.* blood group
veresaun massacre, slaughter, carnage, *haruld.* blood-bath
vereseerum *füsiol.* blood serum
veresete *füsiol.* blood sedimentation

veresool *keem.* (*kollane* ~) potassium ferrocyanide; (*punane* ~) potassium ferricyanide
veresoon blood-vessel; ~**te laienemine** varicose veins
veresugulane blood relation, kinsman (*pl.* -men), *fem.* kinswoman (*pl.* -woman)
veresugulus blood relationship, kinship, consanguinity
veretama show* (blood-)red
vereteke *füsiol.* blood formation, h(a)ematopoiesis
veretilk drop of blood
veretu bloodless
veretunnistaja *kirikl.* martyr
veretöö (bloody) murder; (*veresaun*) massacre, slaughter, carnage
vereurmarohi *bot.* celandine
verev = **punane**
verevadak = **vereseerum**
verevaene = **kehvverene**
verevaesus = **kehvveresus**
verevalamine bloodshed, shedding of blood
verevaland, verevalum *med.* (*kudedevaheline* ~) extravasation; (*nahaalune* ~) suffusion
verevool flow of blood
verevus = **puna, punasus**
verevärvnik *füsiol.* h(a)emoglobin
vereülekanne *med.* blood transfusion
veri blood, (*valatud* ~, *hangunud* ~) gore; **verd jooksma bleed***; **verest tühjaks jooksma bleed*** to death; **verest ära lööma** *kõnek.* get* cold feet; **paksu verd tekitama** create bad blood (*or* ill blood, ill feeling); **tal on** ~ **sarve all** he is a lazybones
verihein *bot.* yarrow, milfoil
verikäkk blood(-and-flour) dumpling
verine bloody, sanguinary, gory; ~ **kõhutõbi** *med.* dysentery
veripunane blood-red
veristama (*veriseks tegema*) bloody, stain with blood; (*verd laskma*) bleed*, cause to bleed; (*tapma*) slaughter, butcher, (*siga*) stick*
veristus bloodying; (*verelaskmine*) bleeding; (*tapmine*) slaughtering, butchering; (*sea* ~) sticking
verisulil: ~ **olema** be newly fledged
veritasu vendetta
veritsema bleed*
veritsus bleeding; ~**tõbi** *med.* h(a)emophilia

verivaene beggarly, pauperly, indigent, destitute
verivaenlane mortal (*or* sworn) enemy, arch-enemy
verivorst black pudding, blood pudding
verivärske brand-new
verme (*vorp*) (bleeding) stripe, welt, wale, weal; (*haav*) gash, wound
vermeline striped, full of (bleeding) stripes (*or* welts, weals); gashed
vermima stamp, coin, strike*
versioon version
verssok *van.* vershok
verst *van.* verst; ~**apost** milestone
vertikaal(joon) *mat.* vertical (line)
vertikaalne vertical
vesi water; (*loputus* ~) wash; **andke mulle vett (juua)** give me a drink of water, **vaga** ~, **sügav põhi** still waters run deep; **mulle tuli** ~ **silma** tears came into (*or* rose to) my eyes; **tal on** ~ **ahjus** he is hard up; **vett laskma** (*urineerima*) make* (*or* pass, void) water; **see paneb mu suu vett jooksma** this makes my mouth water; **ta plaan läks vett vedama** his plan failed (*or* came to naught)
vesigaas *keem.* water-gas
vesihein *bot.* chickweed
vesihernes *bot.* bladder-wort
vesiir vizier
vesikaar west-southwest
vesikana *bot.* bald-coot, baldicoot, coot
vesikatk *bot.* water thyme, ditch moss
vesikerss *bot.* watercress
vesikiil *zool.* dragonfly
vesiklaas *keem.* water-glass
vesikond *geogr.* (river) basin, drainage (*or* catchment) area; *geol.* hydrosphere
vesikultuur *põll.* water culture
vesikupp *bot.* (yellow) water-lily
vesikuusk *bot.* water milfoil
vesilahus water solution, *tead.* aqueous solution
vesilaine (*juustes*) water-waving
vesilennuk seaplane, hydroplane
vesilik *zool.* newt, eft
vesilood *tehn.* spirit-level; ~**is** horizontal, level
vesilukk *tehn.* water-trap, (drain) trap, water-seal
vesine watery, waterish; (*lagane*) washy, wishy-washy
vesinik *keem.* hydrogen; ~**peroksiid**

keem., farm. hydrogen peroxide, peroxide of hydrogen; ~**ueksponent** *keem.* hydrogen ion indicator; ~**upomm** hydrogen bomb, H-bomb; ~**ülihapend** = ~**peroksiid**
vesioinas *tehn.* hydraulic ram, waterram
vesipea *med.* hydrocephalus
vesipiip hookah
vesipüks *meteor.* waterspout
vesiratas water-wheel
vesiravi *med.* water-cure, hydropathic cure
vesiroos *bot.* white water-lily
vesirott *zool.* water-rat
vesistama (*vesiseks tegema*) water down, make* watery, dilute; **silmi ~ kõnek.** turn on the waterworks, *Am.* put* on the Niagara act
vesistu = **bassein**
vesisulg *bot.* feather-foil, feather-leaf (*pl.* -leaves), water violet
vesitama water, irrigate
vesitõbi *med.* dropsy, hydrops(y)
vesitäht *bot.* water star-wort
vesiveski water-mill
vesivill (water-)blister
vesivirn = **vesihein**
vesivõsu *aiand.* water shoot, parasitic shoot (*or* sprout); *piltl.* parasitic scion
vesivärav sluice-gate, lock-gate
vesivärv water-colour; ~**idega maalima** paint in water-colours
vesivärvimaal *kunst.* water-colour
veski mill; (*käsi*~) quern; **see on vesi minu ~le** this is grist to my mill
veskijärv mill-pond
veskikivi millstone
veskiline one who has milling done for him, miller's customer
veskiratas = **vesiratas**
veskitamm mill-dam, weir
vest (*rõivastusese*) waistcoat, *Am.* vest
vest *mer.* (*lääs*) west
veste (informal) talk, chat; (*fõljeton*) feuilleton, topical satire
vestibulaaraparaat *anat.* vestibular apparatus
vestibüül vestibule, lobby
vestiväel in one's waistcoat, in one's shirt-sleeves
vestlema talk, chat, converse
vestlus talk, chat, conversation; ~**kaaslane** collocutor, interlocutor

vestma I (*juttu ajama*) talk, tell* a story, spin* a yarn, yarn
vestma II (*lõikuma*) carve, cut* (out), whittle
vetelpäästejaam life-boat station
vetelpäästja life-boatman (*pl.* -men)
veteran veteran
veterinaararst veterinary (surgeon)
veterinaaria veterinary science (*or* medicine)
vetikas *bot.* alga (*pl.* -gae); (*mere~*) seaweed
vetitama soak (*or* steep) in water, make* water-logged (*or* watersoaked, sodden)
veto veto (*pl.* -oes); ~**õigus** *pol.* right of veto
vetruma spring*, be springy (*or* elastic, resilient)
vetruv springy, elastic, resilient
vetruvus springiness, elasticity, resilience, resiliency
vettehüpe dive (into the water), plunge
vettehüppaja diver, plunger
vettima get* water-logged (*or* watersoaked, sodden), soak, be soaked
vettpidav watertight
viadukt viaduct
vibalema swing* (to and fro), whisk, rock
vibalik 1. *adj.* long and thin, (*isiku kohta*) tall and lanky; 2. *subst.* (*vits*) switch, withe (*or* withy); (*isik*) tall and lanky person
vibama swing*, make* a swing
vibratsioon vibration
vibreerima vibrate
vibu bow; ~**laskja** bowman (*pl.* -men) archer; ~**laskmine** archery; ~**nöör** bow-string; ~**pill** *muus.* bow-instrument; ~**püss** crossbow, (*vinnastamismehhanismiga*) arbalest
vibur *biol.* flagellum (*pl.* -la); ~**loom** *zool.* flagellate
vibusaag bow-saw
vibutama swing*, brandish
vibutus swing, brandish
videv dusky, dim
videvik dusk, (evening) twilight, gloaming
vidin twitter
vidistama twitter
vidu dimness, haziness
vidukil narrowed, screwed up
vidutama narrow, screw up
viga (*eksimus*) mistake, error; (*puudus*) defect, fault, flaw, blemish;

(*vigastus*) hurt, harm, injury; **mis sul ~ on?** what is the matter (*or* is wrong) with you?; **pole ~ that's** (*or* it's) all right, it does not matter, never mind; **~ saama get*** (*or* be) hurt, receive an injury; **~ tegema** (*eksima*) make* a mistake; (*haiget tegema*) hurt*, cause an injury (*to*)
vigane 1. *adj.* faulty, defective; (*sant*) crippled, maimed, deformed, malformed; 2. *subst.* cripple
vigastama damage, injure, hurt*; (*sandistama*) cripple, maim, mutilate
vigastamatu undamaged, uninjured, unhurt
vigastatu hurt (*or* crippled) person
vigastus damage, injury, hurt, lesion; (*sandistus*) crippling, mutilation
vigasus faultiness, defectiveness; being crippled (*or* maimed), deformity, malformation
vigel *murd.* (*hang, hark*) pitchfork
vigle *zool.* godwit
vigur stunt, trick; (*kavaldus*) dodge; (*males*) piece; **~eid tegema = vigurdama; jätke oma ~id!** none of your games (*or* tricks)!
vigurdama play tricks, play the fool, fool along (*or* about); (*kavaldama*) dodge
vigurdus playing tricks, fooling along; (*kavaldus*) dodging, dodge
vigurimees, vigurivänt wag, buffoon; (*kavaldaja*) dodger
viha I (*kibe, mõru*) bitter, galling
viha II (*meelepaha*) anger, (*raev*) wrath, rage, ire; (*nõrdimus*) indignation; **kellegi peale ~ kandma** bear* smb. malice (*or* a grudge), have a grudge against smb.; **~le ajama** make* angry, incense
vihaalune 1. *adj.* hated, hateful, odious; 2. *subst.* hated person
vihahoog fit of anger (*or* wrath, rage)
vihamees enemy
vihane angry (*kellelegi — with smb.*; *millegi üle — at, about smth.*); (*raevune*) wrathful, enraged, irate; **vihaseks minema** *v.* **saama = vihastuma**
vihapuhang blast (*or* gust, outburst) of anger (*or* wrath), angry flare-up
vihaselt angrily
vihastama 1. (*vihaseks tegema*) anger, make* angry, exasperate, enrage, incense; 2. (*vihane olema*) be angry, be in a rage
vihastuma grow* angry, get* into a rage
vihasööst = vihahoog
vihatav hated, hateful
vihavaen (bitter) enmity, hatred, hostility
vihavaenlane bitter (*or* mortal) enemy
vihavimm (old) hatred, grudge, resentment
vihe whistling (and cuttingly cold)
viherpuu = türnpuu
vihik notebook, exercise-book, (copy-)book
vihin swish, whistle, hiss, sough
vihinal swishing(ly), whistling(ly), hissing(ly), soughing(ly)
vihisema swish, whistle, hiss, sough
vihistama l. (*vihinat tekitama*) swish, make* swish; 2. **= vihisema**
vihitaja *zool.* (common) sandpiper
vihjama hint (*to*), allude (*to*), intimate; (*laimavalt*) insinuate
vihjamisi by a hint, by hints, allusively
vihje hint, allusion, intimation; (*laimav ~*) insinuation
vihk 1. (*vilja~*) sheaf (*pl.* sheaves); 2. (*raamatu~*) fascicle, instalment; (*ka*) **= vihik**
vihkama hate; (*jälestama*) abominate, abhor
vihm rain; **~a sadama** rain; **~a käes in the main; ~a käest räästa alla** out of the frying-pan into the fire
vihmahoog shower of rain
vihmakass = peoleo
vihmakindel rain-proof
vihmakuub, vihmamantel raincoat, waterproof (mackintosh)
vihmane rainy
vihmapiisk raindrop
vihmapilv rain-cloud
vihmasadu rainfall, fall of rain
vihmasagar shower of rain
vihmatilk raindrop
vihmauss earthworm
vihmavalang, vihmavaling (heavy) shower of rain, downpour, pelting rain, torrential rain, cloudburst
vihmavari umbrella
vihmaveetoru rain-pipe, gutter-pipe, waterspout
vihmavesi rain-water
vihmuke(ne) gentle rain
vihmutama rain (*or* shower) iivon,

vihmuti spray, sprinkle, water (in small drops), irrigate
vihmuti sprayer, spray nozzle, *(kastekannul)* spraying cone
viht [viha] bath whisk (of leafy birch-twigs
viht [vihi] I *(kimp lõngu)* hank
viht [vihi] II *(kaalupomm)* weight
vihtlema whisk oneself (in the steam bath)
vihtuma whisk (with the bath whisk); *(peksma)* beat*, buffet; **süüa** ~ eat* heartily, tuck in
vihur *(tuulispea)* whirlwind; *(tuulepuhang)* gust (of wind), squall, flurry
vihusiduja *põll.* sheafer
vihuti *(kiuste)* out of spite, to spite
viibe beck, motion, wave, sign
viibima *(asuma)* stay, make* a stay; reside; *(ajutiselt)* sojourn; *(peatuma)* stop; *(viivitama)* linger, tarry, delay; **juures** ~ attend, be present *(at)*; *(mõtete jms. kohta)* stop *(at)*, dwell* *(upon)*
viibimata without (a moment's) delay, immediately, at once
viibimine *(asumine)* stay, residing, residence; *(ajutiselt)* sojourn; *(viivitamine)* lingering, tarrying, delay
viibimiskoht residence, abode
viibutama swing*, brandish
viibutus swing, brandish
viide reference, indication
viidikas *zool.* bleak, blay
viieaastane five-year-old, five years old, of five (years)
viieharuline five-pointed; ~ **täht** five-pointed star
viiekesi five together
viiekordne 1. five-fold, quintuple; 2. *(maja kohta)* = **viiekorruseline**
viiekorruseline five-storeyed *(or* -storied)
viiekümnes fiftieth
viiendik fifth (part)
viies fifth
viiesajas five-hundredth
viieteistkümnes fifteenth
viievõistleja *sport.* pentathlonist
viievõistlus *sport.* pentathlon
viiger(hüljes) *zool.* ringed seal
viigileht figleaf *(pl.* -leaves)
viigiline *sport.* drawn
viigimari fig
viigipuu fig-tree

viigistama *sport.* draw* (a game), make* a tie
viigitama *(pükse)* crease
viik I *(mängus)* draw, tie, *(võidusõidus)* dead heat; ~**i mängima** draw* the game, make* a tie; **mäng lõppes viigiga** the game ended in a draw *(or* was drawn)
viik II *(pükstel)* crease
viiking *aj.* viking
viiksuma squeak, squeal
viil [viili] file
viil [viilu] I *(hoonel)* gable
viil [viilu] = **viilukas**
viilima I *(viiliga hõõruma)* file
viilima II *kõnek.* *(tööst kõrvale hoiduma)* shirk (one's work), swing* the lead
viilipuru filings
viiliraie *tehn.* file-cutting
viilkatus gable roof
viilmed = **viilipuru**
viilukas slice, slab, cut
viima carry, take* *(kuhugi — somewhere; kellelegi — to smb.)*; *(juhtima)* lead*, *(tagasi, alla, alamale astmele jms.)* reduce *(to)*; **kuhu see tänav viib?** where does this street lead to); **edasi** ~ carry forward, advance; **ellu** ~ carry into practice, carry out, implement; **kätte** ~ deliver; **lõpule** ~ bring* to an end; **läbi** ~ carry through *(or* out); **meeleheitele** ~ reduce *(or* drive*) to despair; **kedagi vaesuseni** ~ reduce smb. to poverty
viimaks at last, in the end, at length, finally; ~ **ometi!** at (long) last!; **aga** ~ **ta on haige?** but perhaps he is ill?
viimane last; *(kahest viimasena mainitu)* the latter; **viimasel ajal** lately, of late, for some time past, *(äsja)* recently; **viimase 24 tunni jooksul** within the past 24 hours; **viimased uudised** the latest news; ~ **kui üks** one and all, all to a man
viimasoon *anat.* afferent (lymphatic), vessel
viimati *(hiljuti)* lately, of late, not long ago, the other day, recently, *(viimasel korral)* last
viimatine latest, (most) recent
viimistlema finish up, elaborate, put* the last *(or* finishing) touches *(to, on)*, touch up, polish
viimistlematu unfinished, lacking finish, *haruld.* incondite

viimistlus (final) finish, elaboration, finishing touch, polish; **~tööd** the last touch, the final finish, the finishing touches
viimne last (of all); *(lõplik)* final; ~ **tahe** the last will (and testament); **viimse hingetõmbeni** to the last breath
viimnepäev *kirikl.* doomsday
viimseni to the (very) last
viin (ardent) spirits, liquor, gin, whisk(e)y, brandy; *piibl.* wine; **~a ajama** distil (spirits)
viinaajamine distilling (spirits)
viinakivi tartar
viinakuu *van.* = **oktoober**
viinalill = **naistepuna**
viinamari grape; **~hape** *keem.* uvitic acid
viinamarjaistandik vineyard
viinamarjakobar bunch of grapes
viinamarjasuhkur *keem.* grape-sugar, glucose
viinamägi vineyard
viinamüük sale of spirits, (retail) liquor sale
viinane drenched with (*or* smelling of) spirits; *haruld.* winy
viinanina toper, bibber, soaker, sot
viinapuu *bot.* (grape-)vine, grape
viinapõletamine distilling (of spirits), distillation
viinastunud drunken, drunk, intoxicated
viinauim drunken stupor, inoxication
viinavabrik distillery
viiner = **viini vorst**
viinhape *keem.* tartaric acid
viini Viennese; ~ **tool** bentwood chair; ~ **vorst** frankfurter, *Am.* wiener, wienie
viipama beckon, motion, make* a motion (*to*), sign, wave (*to*)
viipsik *etn.* reel
viipuma swing* to and fro, oscillate
viipur = **pendel**
viir streak, stripe, bar, stroke, hatch
viirastama = **tukastama**
viirastuma seem (*or* appear) as if in a dream, be fancied (*or* imagined)
viirastus apparition, spectre, phantom, phantasm, wraith, ghost
viirastuslik spectral, phantasmal, wraithlike, ghostly
viires *zool.* black tern
viirg (*rida*) row, rank, line, file; **kahte ~u!** form fours!
viirpuu *bot.* hawthorn

viirsavi *geol.* varved clay
viiruk *kirikl.* frankincense, incense; **~it suitsetama** burn* incense; incense
viiruline streaky, striped
viirus *med.* virus; **~haigus** virus disease
viirutama streak, stripe, hatch, shade
viirutus streaking, striping, hatching, shading
viis [viie] five
viis [viisi] 1. (*komme, laad*) way, manner, mode; **mil ~il?** in what way?; 2. (*meloodia*) melody, strain, air
viisa visé, visa
viisaastak five years, five-year period, quinquennium (*pl.* -ia); *haruld.* lustrum (*pl.* -ra, -rums); (*riiklikus plaanimajanduses*) the Five-Year Plan period
viisakalt politely, civilly, courteously; (*kombepeenelt*) urbanely; (*korralikult*) decently, respectably
viisakas polite, civil, courteous; (*kombepeen*) urbane; (*korralik*) decent, respectable
viisakus politeness, civility, courtesy; (*kombepeenus*) urbanity; (*korralikkus*) decency, respectability
viisakusetu impolite, uncivil, discourteous
viisakusvisiit courtesy call
viisi *postp.* by the; in (a certain) way; **kuude ~** by the month; **uut ~** in a new way
viisik group of five; **~ud** quintuplets
viisikohane, viisipärane appropriate, suitable, proper, due
viisirikas melodious
viisistama provide with a melody, set* to music
viisk *etn.* bast shoe (*or* sandal); (*kasetohust*) birchbark shoe
viiskümmend fifty
viisnurk pentagon
viisnurkne pentagonal, five-cornered
viissada five hundred
viistahukas *mat.* pentahedron
viisteist(kümmend) fifteen
viit [viida] stake, landmark
viitama (*osutama*) refer (*to*), give* a reference (*to*), indicate, point (*to, at*)
viitemärk mark of reference, (*tärnike*) asterisk, (*ristikujuline* ~) obelisk, dagger
viitenumber reference number

viitma (*aega*) waste, pass (*or* spend*) uselessly, pass (*or* idle) away
viitseadmiral vice-admiral
viitsepresident vice-president
viitsima care, have a mind (*midagi teha* — *to do smth.*), feel* like (*doing*), take* the trouble (*to do*); ta ei viitsi üles tõusta he is too lazy (*or* he doesn't bother) to get up
viitsütik *sõj.*, *tehn.* time-fuse
viiul violin, fiddle
viiuldaja violinist, fiddler
viiuldama play the violin, fiddle
viiulikeel violin string, fiddle-string
viiulikontsert violin concert, (*muusikalise vormina*) concerto (*pl.* -os) for the violin
viiulikunstnik (professional) violinist, virtuoso (*pl.* -os) on the violin
viiulimäng violin-playing
viiulipoogen violin bow, fiddle-bow, fiddlestick
viiulivõti *muus.* treble clef, G clef
viiv [viivu] (short) while, moment, instant
viivis fine (for delay in payment)
viivitama delay, retard, procrastinate, linger, tarry; (*edasi lükkama*) defer, put* off
viivitamatult without delay
viivitus delay, retardation, procrastination; ~maks = viivis
viivlema tarry, procrastinate
viivuke(ne) (little) while, (little) moment, instant
vikaar *kirikl.* curate
vikat scythe; ~imees the Grim Reaper, Death (the Scytheman)
vikeldama knit* a clock
vikerkaar rainbow; ~evärviline rainbow-coloured
vikerkest *anat.* iris
vikerpuur *tehn.* gimlet
vikk *bot.* vetch
vikkel (*sukas*) clock (of a stocking); *ehit.* spandrel
viks I (*kärmas*) nimble, alert, nippy; (*korralik, tubli*) good
viks II (*kingamääre*) blacking, (shoe) polish
viksima polish, black, *Am.* shine*
viktoriin quiz (game), general knowledge contest
vilajas lanky, slender, slim
vilama scurry, dart to and fro
vildak(as) wry, skew, oblique, lop-sided, crooked, slanting; (*moonutatud*) distorted, twisted, wrong
vildakil askew, aslant
vildakus obliquity, lop-sidedness, crookedness, slant; (*moonutatus*) distortion, wrongness
vildik = viltsaabas
vildine felt (*atrib.*)
vildistama felt, make* (*or* turn) into felt
vildistuma felt, become* felted
vile [vileda] 1. (*õhukeseks kulunud*) frayed, worn thin; 2. = väle
vile [vile] whistle; (*oreli*~) pipe; (*vabrikul, laeval*) hooter; (*vilistus*) whistle, hoot, *er. teatr.* catcall; ~pill pipe, (*pilliroost*) reed(-pipe)
vilets miserable, wretched; (*vaene*) poor; (*haletsusväärne*) pitiable, sorry; (*närune*) shabby, mean, paltry
viletsus misery, wretchedness; (*vaesus*) poverty, want; (*närusus*) shabbiness, meanness, paltriness
vilgas lively, brisk, quick; (*reibas*) sprightly
vilgukivi *min.* mica
vilgutama twinkle, blink, glint, make* twinkle (*or* blink, glint)
vili fruit; (*põllu*~) crop; (*tera*~) corn, grain; keelatud ~ forbidden fruit; vilja kandma bear* fruit (*ka piltl.*)
vilin whistle, whistling
vilist *aj.* Philistine
vilistama whistle; (*linnu kohta*) pipe; (*huilgama*) hoot; *er. teatr.* catcall, give* a catcall
vilistlane 1. *van., piibl.* = vilist; 2. (*kooli* ~) alumnus (*pl.* -ni), *fem. alumna* (*pl.* -nae), old student, old boy (*or* girl)
vilistus whistle, hoot, *er. teatr.* catcall
vilja-aasta bumper year, good year for crops; halb ~ bad (*or* poor) year for crops
viljaait granary, garner
viljahakk stook (*or* shock) of corn
viljaikaldus crop failure, bad harvest
viljakandev fruit-bearing, bearing fruit
viljakas fruitful, fertile; (*sigiv*) fecund, prolific; (*tootlik*) productive
viljakate *bot.* pericarp
viljakaupmees corn-chandler, corn merchant
viljakeha *bot.* sporocarp
viljakoristus getting in the grain, har-

vesting corn (*or* grain, crops); ~töö(d) harvesting (work)
viljakuivati grain dryer
viljakus fruitfulness, fertility; (*sigivus*) fecundity; (*tootlikkus*) productivity
viljakõrs cornstalk
viljalõikaja reaper
viljalõikus reaping (of corn); ~masin reaper, reaping-machine
viljapea ear, head (of corn); *bot.* spike
viljapeks threshing, thrashing; ~umasin thresher, threshing-machine
viljapuu fruit-tree; ~aed orchard
viljapõld cornfield
viljarikas 1. rich in corn (*or* grain); 2. = viljakas
viljarooste rust (of cereals)
viljarõuk stack of corn (*or* grain)
viljasaak crop, harvest
viljastama fertilize, make* fertile, fructify, fecundate
viljastav fertilizing, ructifying; *piltl. ka* fruitful
viljastus fertilization, fructification, fecundation
viljatera grain
viljatu (*viljakandmatu*) infertile, barren, sterile; (*asjatu*) fruitless, bootless, vain, useless
viljatus (*viljakandmatus*) infertility, sterility; (*asjatus*) fruitlessness
viljavaheldus põll. diversification (*or* diversity) of crops, crop rotation
viljelema cultivate (*ka piltl.*), (*maad ka*) till
viljelus cultivation, (*maa*~ *ka*) tillage
vilk = vilgukivi
vilksatama flash, appear for a moment
vilksti in (*or* like) a flash
vilktuli *mer.* flash-light (for signalling)
vilkuma twinkle, blink, glint
vilkus liveliness, briskness, quickness; (*reipus*) sprightliness
vill [villa] wool
vill [villi] blister, *tead.* vesicle; (*mäda*~) pustule; ~i minema rise* in blisters; ~is in blisters, covered with blisters
villa villa
villak fleece
villakas rich in wool
villaketrus wool-spinning
villakraasimine wool-carding

villand (more than) enough, too much; mul on sellest ~ I am fed up with this
villane wool(l)en; (*villaga kaetud*) woolly; ~ lõng wool, wool(l)en yarn, (*kammvill-lõng*) worsted; ~ riie wool(l)en stuff
villarasv wool-fat (*or* -grease), yolk; *farm.* lanolin
villavabrik wool(l)en (*or* wool) mill
villi *vt.* vill [villi]
villima bottle, fill out, draw* off, (*põhjapärmilt*) rack
villimardikas *zool.* blister beetle, Spanish fly, cantharis (*pl.* -ides)
villis *vt.* vill [villi]
villkopp (long-handled) scoop
villpea *bot.* cotton-grass
villpehme woolly soft
vilpama = vispeldama
vilt felt
viltjas felt-like
viltkübar felt hat
viltsaabas felt boot
viltu askew, awry, aslant; (*kõõrdi*) askance; (*valesti*) wrong; kingi ~ kandma wear* (*or* tread*) one's shoes down on one side; ~ minema go* wrong; ~ vajuma sink* (*or* fall*) askew (*or* aslant)
viltune oblique, slanting, sloping, crooked, wry
vilu 1. *adj.* cool, chilly; 2. *subst.* coolness, (*vari*) shade; puu ~s istuma sit* in the shade of a tree
viludus coolness, chilliness
viluma get* used (*to*), become* experienced (*or* practised), gain (*or* acquire) experience (*or* skill) (*in*)
vilumatu inexperienced, unpractised
vilumatus inexperience
vilumus experience, skill, proficiency
vilunud experienced, practised, skilled, proficient, adept (*milleski* — *in, at smth.*), well-versed (*in*)
vimb *zool.* vimba
vimm I *zool.* = vimb
vimm II 1. (*viha*) grudge, resentment, rancour, animus; spite, pique; ~a vedama bear* a grudge; 2. (*kühm, küür*) hunch, hump, stoop; ~a tõmbuma hunch (*or* get* hunched) up; ~as olema be hunched (*or* humped), stoop
vimmakala = vimb
vimmakas 1. (*täis viha*) grudging, full of resentment, rancorous, spite-

ful; 2. (*küürus*) hunched, humped, stooping
vimmas *vt.* **vimm** II
vimpel pennant, streamer
vina I = **vine**
vina II (*hais*) stink, stench
vinama stink*
vind (*sitke tükk*) tough (*or* stringy) piece (*or* lump); (*kõrne*) greave, crackling
vindiline = **keermeline**
vinditama tipple, booze, drink* (habitually)
vinduma (*vintskeks muutuma*) grow* stringy (*or* tough); (*visalt põlema*) smoulder, burn* dully and smokily; (*viletsalt elama*) vegetate, lead* a dull life
vine (streak of) haze, vapour, smoke
vineer (*mitmekihiline puuplaat*) plywood; (*kallimast puust kattekiht*) veneer
vineerima veneer
vinegrett *kok.* Russian salad, mixed salad (with oil and vinegar)
vinetama appear (*or* gleam) as (a streak of) haze
ving (*karm*) charcoal fumes, carbon monoxide; (*suitsulõhn*) smoky smell
vinge cutting, piercing, cuttingly (*or* piercingly) cold
vingerdama wriggle, wiggle, squirm
vingerjas *zool.* mud-eel; (*jõe~*) loach
vingerpuss trick, prank, practical joke; **kellelegi ~i mängima** play smb. a trick, play a practical joke on smb.
vingu: ~ tõmbuma become* sulky (*or* pouting)
vingugaas *van. keem.* carbon monoxide, coal gas
vinguma howl, whine, squeal; (*tuule kohta*) whistle
vingumürgi(s)tus carbon monoxide (*or* coal gas) poisoning
vingune full of (charcoal) fumes
vingus: ~ olema be sulky (*or* pouting)
vingutama I (*vinguma panema*) make* howl (*or* whine)
vingutama II (*vingu tõmbama*) make* sulky (*or* pouting)
vinjett *trük., kunst.* vignette
vinka-vonka = **vinta-vänta**
vinkel (*nurklaud*) square, engineer's (*or* set) square; (*täisnurk*) right angle; (*vaate~*) angle
vinn [vinni] pimple
vinn [vinna] winch, windlass (*ankru-*

~) capstan; (*tõstuk*) hoist; **~a tõmbama** cock, draw* acock; **~as olema** be acock, be cocked (up)
vinnak (lifting) lever, lifting jack; **~lüliti** *el.* knife-switch
vinnal *ehit.* brace (and bit)
vinnama hoist, pull up; (*kaevust vett*) draw*
vinnas *vt.* **vinn** [vinna]
vinnastama cock, draw* acock
vinniline pimpled, pimply
vinnis pimpled
vint I (*kruvikeere*) screw, thread (of a screw); (*laevakruvi*) (ship's screw)
vint II *zool.* finch
vinta-vänta (in a) zigzag (manner)
vinti: ~ jääma become* tipsy (*or* drunk)
vintis tipsy, drunk, the worse for liquor
vintpüss rifle
vintraud *sõj.* rifled (gun-)barrel
vints [vintsi] winch
vintske tough, stringy; (*visa*) tenacious
vintsklema roll (about), writhe, squirm
vintskuma become* tough (*or* stringy)
vintskus toughness, stringiness; (*visadus*) tenacity
vintsutama toss (about), pull and drag about; (*vaevama*) plague, torment, make* suffer; **vintsutada saama** be tossed about, suffer hardships
vintsutus being tossed about, suffering, hardship(s), trouble
vinu light(*or* slight) breeze, breath of wind, light airs
violetne violet
violett violet (colour)
vioola *muus.* viola
viperus mishap, trifling misfortune (*or* accident)
virelema vegetate, drag on a miserable existence; (*tervise poolest*) be in failing health
virgalt, virgasti (*kärmelt*) quickly; (*usinalt*) diligently, industriously
virgats express (messenger), (fast) courier
virge (wide-)awake, alert, alive
virguma awake*, become* awake, wake* up; be aroused; (*elustuma*) revive, be revived (*or* reanimated)
virgus (wide-)awakeness, alertness, aliveness

virgutama wake* (up), awake*; rouse, stir up; (*elustama*) revive, reanimate; (*ergutama*) incite, stimulate
virgutus rousing, stirring up; (*ergutus*) incitement, stimulation; ~**võimlemine** *sport.* setting-up excercises, (morning) drill, *kõnek.* daily dozen
viril (*hädine*) ailing, sickly, puny; (*moondunud*) wry, twisted; (*nutune*) tearful, distorted with crying
virilduma become* wry (*or* twisted); (*nutust*) become* distorted with crying
virilus ailing, sickliness, puniness; (*nutusus*) tearfulness
virin whine, blubber; *piltl.* belly-aching, *Am.* griping
viripill = **piripill**
virisema whine, blubber, pule; *piltl.* belly-ache, *Am.* gripe
viristaja *zool.* = **siidisaba**
virk (*kärmas*) quick, alert, spry; (*usin*) diligent, industrious
virkus (*kärmus*) quickness, alertness; (*usinus*) diligence, industry
virmalised polar lights, aurora; (*põhjataevas*) northern lights, aurora borealis; (*lõunataevas*) aurora australis
virn I (*hunnik*) pile, heap, stack; ~**a laduma** pile (*or* heap, stack) up
virn II *bot.* cleavers, goose-grass
virre wort
virsik peach; ~**upuu** peach-tree
virts [virtsa] dung-water, liquid dung, liquid manure
virtsik vicious, recalcitrant
virtsuma squirt, spurt, splash
virtuoos virtuoso (*pl.* -sos, -si)
virtuooslik masterly, (technically) brilliant
virtuooslikkus virtuosity
viru (*veekeeris*) whirl, whirlpool
virulentne *med.* virulent
virulentsus *med.* virulence
viruma whirl
virusoloogia *med.* virology
virutama hurl, fling*, throw*; (*lööma*) whack, (*jalaga*) kick
virutus hurl, fling; (*löömine*) whack, (*jalaga*) kick
virvarr muddle, mess, confusion, *Am.* snarl
virvatuli = **sootuluke**
virve = **virvendus**
virvendama (*vee kohta*) ripple, ruffle; (*tule kohta*) flicker, flit; **mul virvendab silme ees** I see things flitting (*or* swimming) before my eyes, I am dazzled
virvendus (*vee kohta*) ripple, ruffle; (*tule kohta*) flicker
virverakk *anat.* ciliated cell
virves *bot.* shoot, offshoot, sprout
visa (*sitke*) tenacious, pertinacious, dogged, *kõnek.* gritty; (*aeglane*) slow, tardy, sluggish; ~ **eluga**, ~ **hingega** tenacious of life, hard to die; ~ **võitlus** obstinate (*or* stubborn) light; **kevad on** ~ **tulema** the spring in slow in coming
visadus (*sitkus*) tenacity, pertinacity, doggedness, *kõnek.* grit; (*aeglus*) slowness, tardiness, sluggishness
visalt (*sitkelt*) tenaciously, pertinaciously, doggedly; (*aeglaselt*) slowly, tardily, sluggishly
visand sketch, outline, (rough) draft
visandama sketch, outline, draft, rough out
visandlik sketchy
vise throw, cast, toss
viseerima 1. (*sihtima*) sight, level, aim; 2. (*viisaga varustama*) visa, visé
visiit visit, (formal) call; ~**i tegema** pay* a visit (*or* call)
visiitkaart visiting-card
visiitkuub morning coat
visioon vision
visisema hiss, sizzle
viskama throw*, cast*, make* a throw, toss, pitch, *kõnek.* **ka** chuck; *tead.* project; **välja** ~ throw* out, kick (*or* chuck) out, eject; **nalja** ~ crack jokes
viskejoon line of projection
viskekühvel, viskel shovel
viskemasin *aj. sõj.* ballista (*pl.* -tae), catapult
viskerelv *sõj.* projectile
viski whisk(e)y
visklema toss (*or* fling*, roll) about
viskoda javelin
viskoos *keem.* viscose; ~**siid** rayon
viskuma throw* (*or* cast*, fling*) oneself; be thrown (*or* cast, flung); (*sööstma*) dash
vismut *keem.* bismuth
visnapuu *murd.* = **kirsipuu**
vispel (egg-)whisk, beater, churn-staff
vispeldama whisk, churn
vissi *lastek.* moo(-cow), *Am. ka* bossy
vist (*võib-olla*) probably, likely, perhaps, maybe
vist (*kaardimäng*) whist

vististi 1. (*vist*) probably, likely, perhaps, maybe; 2. *van.* (*kindlasti*) surely, certainly
vistrik pimple, pustule, *tead.* acne; (*mustapealine* ~) blackhead
visuaalne visual
vitaalne vital
vitaalsus vitality
vitamiin vitamin; **~irikas** rich in vitamins, vitaminous
vitaminiseerima vitaminize
vitriin show-case
vitriol *keem.* vitriol
vits 1. (*vibalik*) switch, twig; (*paju*~) osier switch, wicker, withe; (*kase*~) birch, (*karistuseks*) rod (*ka piltl.*); **lapsele ~u andma** switch (*or* birch, whip) the child; **~u saama** be switched (*or* birched), get* a taste of the birch, get a whipping; **ühe ~aga löödud** tarred with the same brush; 2. (*anuma*~) hoop, band
vitsahirm fear of the rod; (*ihunuhtlus*) birching, whipping
vitsakimp bundle of birch-twigs, bundle of rods
vitsik small (banded) tub
vitskorv wicker basket
vitspaju *bot.* osier
vitsraud hoop-iron
vitsutama 1. (*anumat*) hoop; 2. (*peksma*) switch, birch; 3. (*süüa* ~) tuck in, lay* (*or* put*) under one's belt, eat* heartily
viu I *zool.* buzzard
viu! II whizz!; **~ ja vops!** whizz and bang!
viudi, viuh(ti) whizz, swish
viupart *zool.* widgeon
vobla *zool.* vobla, Caspian roach
vodevill *teatr.* vaudeville
vohama grow* exuberantly (*or* lush), proliferate, luxuriate, grow* rank, spread* out, be rampant (*ka piltl.*)
vohmerdama, vohmima (*ahnelt sööma*) bolt, gorge, eat* voraciously
vokaal vowel; **~harmoonia** *lgv.* vowel harmony
vokaalmuusika vocal music, singing
vokaalne vocal, (*täishäälikuline ka*) vowel (*atrib.*)
vokaliis *muus.* exercise in vocalization, singing exercise on vowel sounds
vokalism *lgv.* vowel system, *haruld.* vocalism
vokatiiv *lgv.* vocative (case)

vokk spinning-wheel
volakas = volask
volang flounce
volask hobbledehoy, strapping (but loutish) lad
voldiline folded, with folds, creasy, with creases; (*riide kohta*) with gathers, pleated, plaited
volfram *keem.* tungsten, *haruld.* wolfram(ium); **~höögniit** *el.* tungsten filament
volframiit *min.* wolframite
volframteras *tehn.* tungsten steel
voli (*vabadus*) licence, liberty; (*õigus*) power, authority, title, warrant; **kätele ~ andma** be too ready with one's hands (*or* fists); **oma ~ga** without (proper) authority, without leave; **vaba ~** full (*or* unrestricted) liberty
volikiri (*volitus*) power of attorney, proxy; warrant, mandate; (*saadiku* ~) **= volituskiri**
volinik (*usaldusmees*) trustee, attorney, mandatary; (*esindaja*) representative, agent
volitaja authorizer, mandator, giver of the power (of attorney), principal
volitama authorize, empower, give* the power (of attorney); entitle; commission; (*diplomaatiliselt*) accredit
volitus authorization, authority, (full) power(s); power of attorney, proxy, warrant; **~ed** *pol.* credentials
volitusel by power of attorney, by warrant
volituskiri *pol.* credentials
volks plop, plunk, bound (with a plop)
volksama, volksatama plop, give* a bound (with a plop)
volksti! plop!, plump!, plunk!
volt I (*kurd*) fold; (*triigitud* ~) crease; **voldid** (*peenelt kurrutatud rõivas*) gathers; **~i minema** get* folded up; **~is** folded up, full of folds
volt II *el.* volt
volti *vt.* **volt** I
voltima fold (*ka trük.*); (*triikides*) crease; (*rõivast peenelt kurrutama*) gather
voltis *vt.* **volt** I
voltižeerima *sport.* vault
voltmeeter *el.* voltmeter
vooder lining; (*laud*~) boarding, planking
vooderdama line; (*laudadega*) board,

plank; (*muldkeha, kraavikaldaid jms.*) revet
vooderdis lining (material); (*laud~*) boarding, planking; (*muldkeha, kraavikallaste jms. ~*) revetment
vooderdus lining; (*laud~*) boarding, planking; (*muldkeha, kraavikallaste jms. ~*) revetting
voodi bed; ~sse heitma (*magama minema*) go* to bed, get* into bed; (*pikemaks ajaks, haiguse jms. puhul*) take* to one's bed; ~t tegema make* the bed
voodikate bedspread
voodikott bedtick; (*õlgedega täidetud ~*) pallet, straw mattress
voodilina (bed-) sheet
voodimadrats mattress
voodipesu bedclothes, bed-linen
voodirežiim *med.* bed rest
voodiriided bedclothes
voodivaip blanket
voodrilaud (weather-) board, *Am.* clapboard
voodririie lining material
voog (*laine*) billow, wave; (*hoovus*) surge, stream
voogama billow, wave; (*hoovama*) surge, stream
vool current (*ka el.*), flow, course, stream; (*äge ~*) torrent (*ka piltl.*); *piltl.* current, trend, tendency
voolama flow, course, run*; (*hoovama*) stream
voolas rapid (ly flowing), torrential
voolav (*vedeliku kohta*) flowing, running; (*vedel*) fluid; (*ladus*) fluent
voolavus fluidity; (*ladusus*) fluency; ~piir *füüs., tehn.* yield point
voolik hose, (rubber) tube
voolima (*puud*) carve, cut*, chip; (*pehmet ainet*) shape, model, sculpture; (*masseerima*) massage
voolmed *med.* colic, gripes, *tead.* tormina
voolmerohi *bot.* hound's-tongue
vooltootmine *tehn.* (mass) line production
vooltootmismeetod = **voolumeetod**
vooluallikas *el.* source of current
voolujoom *geogr.* flow layer
voolujooneline stream-lined
voolumeetod *tehn.* line production (method)
voolumõõtja *el.* ammeter
voolunõva *geogr.* thalweg
voolus flow, stream, course, current
voolusäng *geogr.* stream bed

vooluvõrk *el.* the main(s), electrical network
vooluvõtja *el.* (current) collector
voom (*hullus*) mania, passion, rage; (*halb harjumus*) bad (*or* vicious) habit, *vet.* vice
voon = **tall** [talle]
voonake(ne) = **talleke(ne)**
voor [voore] *geogr.* drumlin
voor [voori] train, string of carts (*or* sledges); *sõj.* (baggage-) train, transport
voor [vooru] turn, round
vooremaastik *geogr.* drumlin country (*or* terrain)
vooriline transport driver
voorima 1. (*vedama*) cart, carry (in a train); 2. (*hulgana liikuma*) go* (*or* come*) in crowds
voorimees 1. (*sõidu~*) cabman (*pl.* -men), cabby, coachman (*pl.* -men); 2. = **veovoorimees**
voorus virtue
vooruslik virtuous
vooruslikkus virtuousness, virtue
vops cuff, punch, sock
vorbiline covered with wales (*or* weals)
vorm form, shape; (*valu~*) mould; (*~iriie*) uniform; (*küpsetus~*) (baking) tin; **heas** ~**is olema** be in good form (*or* shape)
vormel formula (*pl.* -lae, -las)
vormija moulder
vormikindel sure of form
vormileib pan bread
vormiline formal
vormiliselt formally
vormilisus formality
vormima form, shape, mould; fashion
vormimüts peak cap, *sõj.* service cap
vorminõue requirement of form, formality
vormiriie(tus) uniform
vormiroog *kok.* hotpot, *Am.* chowder
vormistama put* into proper shape (*or* form), make* up properly; (*dokumenti*) put* into formal order, make* official, register officially
vormistus (proper) make-up, putting into shape (*or* form); making official
vormitu formless, shapeless, *tead.* amorphous
vormitäitmine observing (official) formalities
vormiõpetus *lgv.* morphology
vormlaud *ehit.* profile board

vormraud *tehn.* profiled iron
vormuma be formed (*or* shaped, moulded)
vorp welt, wale (*or* weal)
vorpima (*peksma*) welt, whip; (*ruttu ning lohakalt tegema*) knock together, make* carelessly; (*süüa* ~) tuck in, eat* heartily
vorst sausage; ~ ~i **vastu** tit for tat
vorstiliha sausage-meat
vorstimürgi(s)tus *med.* sausage-poisoning, botulism
vorstirohi (sweet) marjoram
vorstirõngas circle of sausage
vorstivabrik sausage factory
vosvor = fosfor
vrakk wreck
vuaal *tekst.* voile, veiling
vudima scurry
vudin scurry
vugama *mer.* = prikkama
vuhin swish, whiz (z)
vuhisema swish, shiz (z), hurtle
vuhvatama flare up
vuih! fie!
vukssaag pad-saw
vulgaarne vulgar
vulgaarsus vulgarity
vulgariseerima vulgarize
vulgarism *kirj., lgv.* vulgarism
vulin gurgle, purl, babble, warble
vulisema gurgle, purl, babble, warble
vulkaan volcano (*pl.* -oes)
vulkaaniline volcanic
vulkaniseerima *tehn.* vulcanize
vulks plop
vulksatama plop
vull = mull
vundament foundation
vunts moustache; **vahva** ~ *kõnek.* jolly chap, regular brick
vupsti! pop!, whip!
vurama roll (with a rumble), whirr (along)
vurhv *kõnek.* primness (in dress); ~i **lööma** prink (*or* primp) up; ~is prim, prinky, prinked (*or* primped) up, dressed up to the nines
vuril, vuriluu = vurriluu
vurin whirr, buzz, purr, drone
vurisema whirr, buzz, purr, drone
vuristama make* whirr (*or* buzz, purr, drone); **maha** ~ rattle (*or* reel) off
vurle (*untsantsakas*) fop, dandy; (*looder*) loafer
vurr [vurri] (*vurrkann*) top, humming-top, whirligig; (*riist*) gyroscope; (*mee*~) centrifuge

vurr [vurru] (*haril.* ~ud) moustache; (*kassil*) whiskers
vurriluu humming-top (made of a knucklebone)
vurrimesi *aiand.* centrifuged (*or* centrifugal) honey
vurritama *aiand.* centrifuge
vurrkann top, humming-top, whirligig
vurrkompass gyro-compass, gyroscope
vurrukarv whisker
vurtsama spirt (*or* spurt)
vusser, vusserdaja bungler, botcher, dabbler, duffer
vusserdama bungle, botch, dabble; **ära** ~ muck up, make* a mess (*of*)
vusserdis (piece *of*) bungled work, botch-work
vussi: ~ **minema** go* phut, flop, fail
vussima = vusserdama
vussis phut, flopped, failed; ~ **olema** be a failure
vutlar case, casing
vutt *zool.* quail
vuuk *ehit.* joint, juncture
võbin quiver, tremble, shake, quake
võbisema quiver, tremble, shake*, quake
võdin (light) shiver
võdisema shiver (lightly)
võeh! oh!, ah!
võhik layman (*pl.* -men), (ignorant) outsider; ignoramus
võhiklik lay, amateurish; ignorant
võhiklikkus amateurishness, lack of (special) knowledge, ignorance
võhiklus ignorance
võhivõõras 1. *adj.* entirely (*or* totally, perfectly) unknown (*or* strange); 2. *subst.* total (*or* perfect, utter) stranger
võhk I *bot.* arum
võhk II (*kihv*) fang, tusk
võhm strength, might
võhr *zool.* Norway rat, brown rat
võhumõõk *bot.* (sword) flag, iris, fleur-de-lis
või *konj.* or; **kas täna** ~ **homme** either today or tomorrow; ~ **nii!** oh, I see!; ~ **sina oled haige?** so you are ill, are you?; **tule kas** ~ **üheks tunniks** do come, even if it is for one hour only
või (*toiduaine*) butter
võib-olla perhaps, maybe
võidetu the defeated (*or* conquered, beaten) person
võidma (*salvima*) anoint, salve; (*rasvaga määrima*) grease; (*sisse hõõ-*

võidmine

ruma) rub in; (*võid leivale*) spread*
võidmine (*salvimine*) anointing, salving, *kirikl.* unction; (*rasvaga määrimine*) greasing
võidu in competition (*or* emulation, rivalry); ~ **jooksma** race (one another), run* a race; **jookseme** ~ **tolle puuni** I'll race you to that tree; ~ **sõitma** compete in driving; ~ **töötama** compete (*or* vie) (with one another) in working; **teineteise** ~ competing (*or* vying) with each other (*or* one another)
võiduajamine (horse, motor) race
võidujooks (running) race, foot race
võidukas victorious, triumphant
võidukindel sure (*or* certain) of victory
võidukäik course of victory, triumphal march
võidulaen lottery loan; ~**upilet** premium bond
võidulepääs victory, triumph
võiduloos prize (*or* winning) ticket
võiduloosimine lottery
võidulootus hope of victory
võiduma get* greasy, become* greased
võidumees victor
võidurelvastumine arms (*or* armament) race
võidurõõm (feeling of) triumph, victorious exultation
võidurõõmus triumphant, exultant
võidurõõmutsema triumph, exult (in a victory)
võidusõiduauto racing car, racer
võidusõiduhobune race horse, racer
võidusõidutee racecourse, race track
võidusõit race, racing; **hobuste** ~ horse race; **veesõidukite** ~ regatta
võidusõitja racer
võidutahe will to victory
võidutsema triumph, feel* victorious, be (*or* feel*) exultant (*or* triumphant)
võie ointment, (*salv*) salve
võigas (*vastik*) hideous, horrible, repellent; (*õudne*) ghastly, sinister; (*võõrastav*) weird, strange
võigastama (*võikaks tegema*) make* hideous (*or* horrible, ghastly); (*võikaks pidama*) feel* as hideous (*or* horrible, ghastly, weird, strange)
võihape *keem.* butyric acid
võik 1. *adj.* light bay, cream-coloured; 2. *subst.* light bay horse
võikus (*vastikus*) hideousness, horribleness, repellence; (*õudsus*) ghast-

võimendama

liness; (*võõrastavus*) weirdness, strangeness
võileib (pieve, slice of) bread and butter; (*kaksik*~) sandwich; **võileiva eest ostma** buy* for a (mere) song
võiliblikas = **lapsuliblikas**
võilill dandelion
võim power, might; (*mõju*~) authority; ~**ud** the authorities, *luulek.*, *ka iroon.* the powers that be; ~**ul olema** be in power; ~**u haarama** seize power
võima be able (*midagi teha* — *to do smth.*), be capable (*of doing*), be in a position (*to do*); **ma võin** I can; **homme võib vihma sadada** it may rain tomorrow; **kell võib juba viis olla** it may (*or* might) be five (o'clock) already; **seda võib teha** that can be done; **võite minna** you can (*or* may) go
võimakas powerful, mighty
võimaldama enable, make* (*or* render) possible; (*lubama*) allow (*of*), permit
võimalduma become* possible (*or* feasible)
võimalik possible, potential; (*juhuslikult olla võiv*) eventual; (*tõenäoline*) probable, likely; (*teostatav*) feasible
võimalikkus possibility, potentiality; (*juhuslik* ~) eventuality; (*tõenäolisus*) probability, likelihood
võimalikult possibly, as possible; ~ **ruttu** as quickly as possible
võimalus possibility, potentiality; (*juhus*) occasion, chance; (*soodus juhus*) opportunity; ~**ed** (*hõlbustused*) facilities (*millekski* — *for smth.*); **kõik** ~**ed** every possibility (*or* opportunity, facility); ~**t mööda** as far as possible; **esimesel** ~**el** at the first opportunity
võimas powerful, mighty, potent
võimatu impossible
võimatus impossibility
võime 1. ability, faculty, capability, capacity, aptitude; 2. (*võimsus*) power
võimekas of great abilities (*or* capabilities), highly capable
võimeline able (*midagi tegema* — *to do smth.*) capable (*of doing*)
võimelisus ability, capability
võimendaja *tehn.* amplifier, booster
võimendama *tehn.* amplify, boost

võimendi = **võimendaja**
võimetu 1. (*võimet mitteomav*) unable, incapable; 2. (*jõuetu*) powerless, feeble, impotent
võimetus l. inability, disability, incapability, incapacity; 2. (*jõuetus*) powerlessness, feebleness, impotence
võimkond competence, (sphere of) authority, jurisdiction
võimla gymnasium, gym
võimleja gymnast'
võimlema do gymnastics
võimlemine gymnastics
võimlemisharjutus gymnastic exercise
võimlemiskingad gym (*or* tennis) shoes, plimsolls, exercise sandals
võimlemispüksid (gym) shorts
võimlemisriist (piece of) gymnastic apparatus
võimlemisriistastik gymnastic apparatus
võimlemissaal = **võimla**
võimlemisvõistlused gymnastic competitions
võimsalt, võimsasti powerfully, mightily, potently
võimsus power; mightiness, might; potency; (*jõujaama* ~) capacity
võimuahne greedy for (*or* aspiring to) power, ambitious (for power)
võimuhaaramine seizure of power
võimukandja potentate
võimukas powerful, mighty, potent, puissant
võimuletulek coming (*or* advent) to power
võimumees = **võimukandja**
võimuorgan organ of (state) power
võimupiirid limits of (one's) power (*or* authority); ~est üle astuma exceed one's authority
võimus power, authority; (*ülevõim*) ascendancy, prevalence; ~t võtma gain an ascendancy, gain the upper hand (*over*), prevail (*over*), over power; kellegi (millegi) ~es in the power (*or* grip) of smb. (smth.); see ei ole minu ~es this is not in my power
võimutsema abuse one's power, lord it, act arbitrarily
võimutäius absolute power (*or* authority), full sovereignty
võine buttery
võinädal *kirikl.* (old Russian) Shrovetide (week), carnival
võipaber greaseproof (*or* sandwich) paper; (*pärgamentpaber*) parchment (*or* vellum) paper
võipiim = **petipiim**
võipuravik *bot.* yellow boletus
võipätakas *bot.* butter-wort
võipütt butter-keg, butter-firkin
võisai bun (of rich dough)
võiseen butter mushroom
võistkond *sport.* team; (*kohtuprotsessis*) party
võistleja competitor, rival
võistlema compete (*millegi pärast* — *for smth.*; *milleski* — *in smth.*; *kellegagi* — *with smb.*), rival (*milleski* — *in smth.*); vie (*millegi suhtes* — *in smth.*); *kellegagi* — *with smb.*); (*järele püüdma*) emulate
võistlus competition, rivalry; emulation; *sport. ka* contest, match; **sotsialistlik** ~ socialist emulation (*or* competition); **väljaspool** ~t above class, unrivalled, matchless
võistluseksam competitive (entrance) examination
võistlusvõime competitive power *or* ability), competitiveness
võistlusvõimeline competitive
võistlusvõimetu incompetitive, facking competitive power
võistu in competition (*or* emulation), competing, vying (with each other)
võit victory, (*mängus, võistluses*) win; (*kasu*) gain; (*saavutus*) achievement; (*loteriil*) prize; (*hasartmängus*) winnings; (*võidulepääs*) triumph; **võidule pääsema** triumph, gain the upper hand, prevail; ~u saama gain (*or* win*) the victory (*over*), triumph (*over*), get* the better (*of*), (*takistusest*) get* over, surmount, overcome*; *vt. ka* võidu
võitja victor, (*vallutaja*) conqueror; (*mängus*) winner
võitleja fighter, combatant; contestant; (*millegi eest* ~) champion (*of*)
võitlema fight*, struggle, combat, contend; battle, wage one's struggle, militate; (*püüdlema*) strive*; **kätte** ~ gain by fighting, *piltl.* gain by strenuous effort
võitlev fighting, struggling; (*valmis võitlema*) militant
võitlus fight, struggle, combat, contest; strife; ~ **elu ja surma peale** struggle to the death
võitlushimu eagerness to fignt, bellicosity

võitlushimuline eager to fight, bellicose
võitluskaaslane fellow-combatant, comrade (*or* companion) in arms
võitlustahe will to fight
võitlustahteline willing to fight
võitlusvaim fighting spirit
võitlusvalmis ready to fight (*or* for action)
võitlusväli = **lahinguväli**
võitma gain the victory, be victorious, (*lahingut, mängu, kihlvedu jms.*) win*; (*raha, aega jms.*) gain; (*vallutama*) conquer; (*lööma*) defeat, vanquish; (*ületama*) overcome*, surmount; (*võidutsema*) triumph (*over*); **kätte ~** achieve, win*; **tagasi ~** recover, win* back; (*taasvallutama*) reconquer
võitmatu invincible, unconquerable; (*kindluse jms. kohta*) impregnable; (*ületamatu*) insurmountable
võimatus invincibility
võitoos butter-dish
võitu *vt.* **võit**
võitööstus butter industry, buttermaking; (*võivabrik*) creamery
võlakiri *maj.* promissory note, note of hand
võlakohustus *jur.* obligation (of indebtedness), debenture
võlakoorem burden of debt, (*kinnisvaral*) encumbrance
võlastuma fall* into debt(s), become* indebted
võlastumus (state of) indebtedness
võlausaldaja creditor
võldas *zool.* bull-head, miller's thumb
võlg debt; (*maksu~*) arrears (*of* payment); (*võlakohustused*) liabilities; (*üleni*) **~ades olema** be up to one's neck in debt; **~adesse sattuma** fall* into debts, incur debts, become* indebted; *vt. ka* **võlgu**
võlglane debtor
võlgnema owe (*ka piltl.*), be indebted (*to*)
võlgnevus indebtedness
võlgnik = **võlglane**
võlgu: ~ andma give* on credit, (*raha*) lend*; **~ jääma** remain in debt; **vastust ~ jääma** return no answer; **~ olema** owe (a debt); **~ tegema** contract (*or* incur) debts; **~ võtma** take* on credit, (*raha*) borrow
võll shaft, arbor
võllanali grim humour (*or* joke)

võllanägu, võllaroog gallows-bird, *humor.* scapegrace
võllas gallows, gibbet
võlts false, spurious, (*võltsitud*) forged, counterfeit; (*teeseldud*) sham, mock; *kõnek.* bogus, *Am.* phon(e)y; **~demokraatia** pseudodemocracy
võltsija falsifier; (*dokumendi, allkirja ~*) forger, (*raha ~*) counterfeiter; (*toiduainete ~*) adulterator
võltsima falsify; (*dokumenti, allkirja*) forge, (*raha*) counterfeit; (*toiduaineid*) adulterate; (*pettuseks sepitsema*) fabricate, fake
võltsimatu unfalsified; unadulterated; (*ehtne*) genuine
võltsing falsification; forgery, counterfeit
võltsus falseness, spuriousness
võlu (*nõidus*) witchcraft; (*nõiakunst*) magic; (*veetlus*) charm, enchantment, fascination, spell, glamour
võlulööt magic flute
võluja charmer, spellbinder
võluma (*nõiduma*) bewitch; (*veetlema*) charm, enchant, fascinate, captivate
võlur (*võluja*) charmer, enchanter, *fem.* enchantress; (*nõid*) wizard, sorcerer, magician
võluv charming, enchanting, fascinating, captivating, glamorous
võluvus charm, enchantment, fascination, captivation, glamorousness, glamour
võlv vault; (*~kaar*) arch; **~ialune** archway
võlvima vault, arch
võlvistik vaults, vaulting, arches; arcade
võlvkaar arch
võlvkäik archway, arcade; vaulted passage
võlvlagi vaulted ceiling
võlvuma be vaulted (*or* arched), arch, form a vault (*or* an arch)
võmm [võmmu] cuff, clout, punch
võmm [võmmi] *vulg.* cop, copper
võmmima cuff, clout, punch, pommel
võnge swing, (single) oscillation, vibration
võngutama rock, waggle; shake* (to and fro), swing* (to and fro)
võnkesagedus frequency of oscillation
võnkuma swing* to and fro, rock, be rocked; *füüs.* oscillate, vibrate

võnkumine oscillating, oscillation, vibrating, vibration
võpatama start, give* a start, jerk; wince; (*tagasi põrkama*) flinch
võpatus start, jerk; wince
võra crown, top, head (of a tree)
võrdeline proportional; (*võrdeliselt vastav*) proportionate
võrdelisus proportionality; (*võrdeline vastavus*) proportionateness
võrdetegur *mat.* proportionality factor
võrdhaarne *mat.* isosceles; ~ **kolmnurk** isosceles triangle
võrdjagune equal, even
võrdkuju (*sümbol*) symbol; (*võrdluspilt*) simile, allegory
võrdkülgne *mat.* equilateral
võrdlema compare (*with*), make* (*or* draw*) comparisons (*between*); (*sarnastama*) compare (*to*), liken (*to*); (*võrdluseks kõrvutama*) collate; **võrreldes** (*millegagi, kellegagi*) as compared (*with*), in comparison (*with*)
võrdlematu incomparable
võrdlemine comparing, comparison (*ka lgv.*); (*võrdlev kõrvutus*) collation
võrdlemisi comparatively
võrdlev comparative
võrdlus comparison; (*kõrvutus*) collation; (*võrdne vaste*) parallel; ~**eks** for comparison, by may of comparison; ~**t välja kannatama** bear* (*or* stand*) comparison (*with*)
võrdlusaste *lgv.* degree of comparison
võrdluspilt simile
võrdne aqual (*to*); (*samaväärne*) equivalent (*to*), on a par (*with*); **haruld.** tantamount (*to*); **võrdsetel tingimustel** on equal conditions (*or* terms) (*with*)
võrdnurkne *mat.* equiangular, isogonal
võrdselt equally
võrdsus equality; (*üheväärtuslikkus*) parity; ~**märk** sign of equality
võrdsustama equalize (*with*); put*· on a pair (*with*)
võrdsustuma be equalized (*with*); be put on a par (*with*)
võrduma equal (*millegagi — smth.*), be equal (*or* equivalent) (*to*); be tantamount (*to*)
võrdväärne equivalent
võrdõiguslik equal in rights, possessing (*or* enjoying) equal rights
võrdõiguslikkus equality of rights
võre (*raud~*) grate, grating; grid (*ka raad.*); (*toestik~, praadimisrest*) gridiron; (*akna~*) lattice; (*latt~*) trellis
võrendik, võreng (*hauakoht jões*) pool (in a river)
võrestik trellis(-work)
võretama provide with a grate (*or* lattice, trellis)
võreuks trellised door (*or* gate)
võrge (hand-made) cord (*or* rope) of tow
võrgend *zool.* cobweb
võrgukudumine netting, net-making
võrgukäba *kal.* float
võrgunäsa *zool.* spinneret
võrgunääre *zool.* spinning-gland
võrgupinge *el.* power-supply voltage
võrgusilm mesh
võrgustik network, netting
võrgutaja seducer
võrgutama ensnare, entangle; (*ahvatlema*) seduce, entice
võrgutus ensnaring; (*ahvatlus*) seduction, enticement
võrin = **vurin**
võrisema = **vurisema**
võrk net, network; netting; (*voolu~*) the mains, (*ülemaaline voolu~*) (power) grid; (*ämbliku~*) web, cobweb; (*~riiul*) rack
võrkjas net-like, *tead.* reticulate, reticulated
võrkkest *anat.* retina
võrkkiik hammock
võrkkott net-bag, mesh-bag, string-bag
võrkpall *sport.* volley-ball
võrkpallur *sport.* volley-baller, volley-ball player
võrkpits *tekst.* network (lace), netting
võrksärk meshed-tissue (*or* cellular) shirt
võrktiivalised *zool.* neuropterans, neuropterous insects
võrkvastuvõtja *raad.* mains supply (radio-)set
võrm *bot.* dodder
võrra by; **ta on minust viie sentimeetri ~ pikem** he is by five centimetres taller than I am
võrrand *mat.* equation
võrratu incomparable, beyond (*or* without, past) compare, unequalled, matchless, peerless, unexampled, nonpareil
võrratult incomparably, beyond compare; (*kaugelt*) immeasurably, by far

võrre 1. *lgv.* degree (of comparison); 2. *mat.* proportion
võrreldamatu incomparable, not to be compared (*with*); *tead.* disparate
võrreldav comparable (*to*)
võrrutama *mat.* equate
võrse sprout, shoot
võrsik *aiand.* layer, offshoot, scion
võrsuma sprout, shoot* (forth; (*tõusma*) rise*, spring* up
võru ring, hoop, band; ~**kael** rogue, rascal, scapegrace; ~**ketas** *anat.* meniscus (*pl.* -ci)
võrutama ring, hoop, provide with a ring (or hoop)
võsa brushwood, brush, bush; ~**ader** *põll.* brush plough; ~**lõikaja** *põll.* brush-cutter, brush-cutting machine
võsane bushy, covered with brushwood
võsaraat *zool.* hedge-sparrow
võsaraudrohi *bot.* sneezewort
võsaröövel, võsarüütel bushranger, bandit, highwayman (*pl.* -men)
võsastik brushwood, underbrush, underwood; (*tihnik*) thicket
võsastuma become* overgrown with brushwood
võsavillem the wolf (*pl.* wolves) (in folk-tales)
võsaülane *bot.* wood anemone
võserik, võsik = **võsastik**
võsu shoot, sprout, offshoot, sprig, scion (*ka piltl.*); (*perekonna*~) offspring, descendant
võsuma shoot*, sprout, put* forth shoots (or sprouts)
võsund *bot.* runner
võtatama sick, tally-ho, set* on
võte grip, grasp, hold; (*toimimisviis*) way, method; (*knihv*) trick, artifice; **ühe võttega** at one go (or motion)
võti key; (*noodi*~) clef; (*saladuse* ~) clue; (*mutri*~) spanner, wrench
võtja taker
võtma take*; **võta või jäta!** take it or leave it; **võta näpust!** you can whistle for it!; **võtke heaks** not at all, you're welcome; **võtkem laulda** let us sing; **einet** ~ breakfast; **kinni** ~ catch*, capture; **ennast kokku** ~ pull oneself together; **kuulda** ~ listen (*to*), give* ear (*to*), (*palvet*) grant; **lahti** ~ take* to pieces; **jalgu lahti** ~ take* the shoes off; **riidest lahti** ~ undress; **maad** ~ gain ground; **naist** ~ take* a wife, marry; **tuld** ~ catch*

fire; **tööle** ~ take* on, engage; **end täis** ~ get* (or drink* oneself) drunk
võtmeauk keyhole
võtmekeel (key) bit
võtmekimp bunch of keys
võtmine taking
võõp coating (of paint), doub, dope; (*lubja*~) whitewash
võõpama daub; (*lubjaga*) whitewash
võõraine alien substance, impurity
võõramaalane foreigner, stranger, alien
võõramaine foreign, alien; (*taime jms. kohta*) exotic
võõrandama expropriate, alienate
võõrandamatu inalienable
võõrandamine expropriation, alienation
võõrapärane strange, odd
võõrapärasus strangeness, oddness
võõras 1. *adj.* strange; foreign, alien; (*väline, väljastpoolt saadud*) extraneous; ~ **vara** other people's property; 2. *subst.* stranger, foreigner; (*külaline*) guest, visitor; **meil on täna õhtul võõrad** we have a party tonight
võõrasema 1. stepmother; 2. *bot.* (garden) pansy
võrasisa stepfather
võõraspoeg stepson
võõrastama be shy (*of*), be diffident (*of*), (*lapse kohta*) be afraid (or shy) of strangers
võõrastav (surprisingly) strange, odd, peculiar, queer
võõrastemaja hotel, (*väike* ~) inn
võõrastetuba drawing-room, parlour
võõrastevastuvõtlik = **külalislahke**
võõrastus shyness (before strangers), diffidence
võõrastütar stepdaughter
võõrduma become* estranged (or alienated) (*from*), grow* (or get*) unused (*to*) be weaned (*of*); (*harjumusest*) grow* out of
võõrik strange
võõriti wrong(ly), the wrong way
võõrkeel foreign language
võõrkeelne in a foreign language, foreign (language)
võõrkeha foreign body (or substance)
võõrsil 1. (*külas*) on a visit; 2. (*võõral maal*) in a foreign (or strange) land, in foreign parts, abroad
võõrsõna foreign word
võõrus 1. (*võõrikus*) strangeness; 2. (*külasolek*) (being on a) visit

võõrusel on a visit
võõrusetendus guest performance, performance by a visiting company
võõruspidu party, entertainment (of guests)
võõrustama entertain, treat (guests), regale
võõrustus entertainment, treat, regale
võõrutama estrange, alienate (*kedagi millestki — smb. from smth.*), disaccustom, (*harjumusest*) break* (*smb.*) of a habit; (*rinnalast*) wean (*from*), *tead.* ablactate
võõrutus estrangement, disaccustoming; (*rinnalapse* ~) weaning, *tead.* ablactation
väejooks desertion
väejooksik deserter
väejuhatus army command
väejuht general, captain, army leader (*or* commander)
väekoondis army formation
väeliik arm (of the service)
väeosa military unit
väepealik = **väejuht**
väesalk (military) detachment
väetama manure, fertilize, (*sõnnikuga*) dung; **pealt** ~ (top-)dress
väeteenistus military service; **väeteenistusse kutsuma** call up, call to the colours; **väeteenistusse kutsumine** call-up
väeti infirm, feeble, weak, puny; (*abitu*) helpless
väetis manure, fertilizer, (*sõnnik*) dung; (*pealt*~) (top-)dressing
väetus manuring, fertilizing, fertilization; ~**aine** fertilizer
väevõim (main) force, violence; ~**uga** by (main) force, by violence, forcibly
väeüksus military unit
väeülem army chief (*or* commander)
väga (*koos adjektiivi v. adverbiga*) very; (*koos verbiga*) much, very much, so much, greatly; ~ **hea** very good, excellent; ~ **hästi** very well, excellently; **tänan** ~ thank you very much; **kahetsen** ~ I much regret; ~ **austatud**, ~ **lugupeetud** most (*or* much) respected, (*kirjas üttena*) Dear
vägev 1. (*võimas*) mighty, powerful; 2. (*rammus*) fat, rich
vägevalt, vägevasti mightily
vägevus 1. (*võimsus*) mightiness, might; 2. (*rammusus*) fatness, richness

vägi 1. (*võim*) might, strength, force, kõigest väest with all one's might, with might and main; **kel** ~, **sel võimus** might is right; 2. (*sõja*~) military forces, army
vägihein *bot.* mulle(i)n
vägijook (spirituous) liquor, alcoholic drink
vägikaigas pulling-stick, stick for tug-of-war; ~**t vedama** measure one's strength (*against*)
vägikaikavedamine tug-of-war (with a stick); *piltl.* trial o strength, obstinate struggle
vägilane (epic, legendary) hero (*pl.* -oes), (valiant) giant fighter
vägilaslik heroic
vägimees = **vägilane**
vägipulk = **vägikaigas**
vägisi by force (*or* violence), forcibly; (*vastu tahtmist*) against one's will
vägistama rape, ravish, violate
vägistus rape, ravishment, violation
vägisõna curse, swear-word, profane word; ~**d** strong language
vägitegu exploit, feat, heroic deed
vägivald violence, (brute) force, (act of) tyranny
vägivaldne violent, forcible, forced; **vägivaldset surma saama** die by violence, meet* with a violent death
vägivallavalitseja tyrant, despot
vägivallavalitsus tyranny, despotism
vähe (*koos ainsusega*) little, not much; (*koos mitmusega*) few, not many; **sellest on liiga** ~ this is too little, this is not enough; ~ **inimesi tuli koosolekule** few people came to the meeting; ~ **sellest** more than that, moreover
vähearenenud underdeveloped, backward; (*vaimselt*) (mentally) retarded; ~ **maad** underdeveloped countries
vähegi even a little; **kui** ~ **võimalik** if it is in the least possible
vähehaaval little by little, gradually
vähehaavaline gradual
väheke(ne) just a little, just a bit
väheldane smallish, rather small
vähem 1. *adv.* (*koguselt*) less, not so much; (*arvult*) fewer, not so many; 2. *adj.* smaller, not so large (*or* big); **minu tuba on poole** ~ my room is half as large
vähemalt at least
vähemik minority, smaller part (*or* number)

väheminev little (*or* badly) salable
vähemus minority; ~**rahvus** minority people (*or* nationality), national minority
vähendama lessen, diminish, reduce; decrease; (*teeneid jms.*) minimize; (*kulusid*) cut* down
vähendatav *mat.* minuend
vähendus lessening, diminution, reduction, decrease; ~**sõna** *lgv.* diminutive
vähene little, small, slight, scanty; (*mitteküllaldane*) insufficient; **vähese ajaga** in a short time; **vähesed** few, not many
vähenema lessen, grow* less, diminish, decrease; become* (*or* grow*) smaller
vähenõudlik (*teiste töö suhtes*) unexacting, indulgent; (*tagasihoidlik*) unassuming, unpretentious, unpretending, modest
vähenõudlikkus (*teiste töö suhtes*) lack of exactingness, indulgence; (*tagasihoidlikkus*) unassuming manner, unpretentiousness, modesty
vähepakkuv offering little, of little interest
vähepoole = **vähevõitu**
väherdama wallow, welter, roll
vähesed *vt.* **vähene**
vähesus littleness, smallness, slightness, scantiness; insufficiency, shortness, shortage
vähesõnaline of few words, taciturn
vähevõitu rather little, only a little; only a few; not quite enough
väheütlev saying (*or* conveying) little, of little meaning
vähihaige cancer patient, person suffering from cancer
vähikäik *piltl.* retrogression, going backwards
vähil catching crayfish (*or* crawfish); (*merivähke püüdmas*) catching lobsters
vähilaadsed *zool.* = **koorikloomad**
vähim least, smallest; slightest
vähk 1. (*jõe~*) crayfish, crawfish; (*meri~*) lobster; **punane kui ~ as red as a lobster**; 2. (~*tõbi*) cancer; (*taime~*) canker; 3. **V-** *astr.* Crab, Cancer; **Vähi pöörijoon** *geogr.* the tropic of Cancer
vähkrema = **väherdama**
vähktõbi *med.* cancer
vähktõbine *med.* cancerous
väi = **väimees**

väide assertion, statement, affirmation, declaration, allegation; (*väitlus*) argument, contention; (*tõestatav* ~) thesis (*pl.* -ses); (*kaitse~*) plea
väike 1. *adj.* small, little; (*tähtsusetu*) petty, slight; (*pisike*) diminutive; 2. *subst.* little one
väikeaju *anat.* cerebellum
väikeauto small car, minicar
väikekaubandus retail trade (*or* business)
väikekaubatootmine small-commodity production
väikekaupmees retailer, small trader, shopkeeper
väikekodanlane petty bourgeois; (*silmaringilt*) Philistine
väikekodanlik petty bourgeois; (*silmaringilt*) Philistine
väikekodanlus petty bourgeoisie, the lower middle class(es); (*silmaringi piiratus*) philistinism, narrow-mindedness
väikekohapidaja smallholder
väikelaps infant
väikelinn small town, country town, borough
väikeloomad *põll.* small cattle
väikemees (small) boy, young one, little fellow, (*kõnetusena humor.*) old man (*pl.* men)
väikene = **väike**
väikerahvas small nation
väikeriik small (*or* minor) state
väikesearvuline not numerous
väikesejõuline small-power
väikesekaliibriline small-bore
väikesepalgaline small-wage, small-salaried, poorly paid
väikesevõitu smallish, rather small
väiketalu small form
väiketalunik small farmer, smallholder
väiketööstus small-scale industry
väiklane petty, small(-minded, -souled), mean
väiklus pettiness, small-mindedness, meanness
väiksearvuline = **väikesearvuline**
väikselt in a small way
väiksus smallness, littleness; (*tähtsusetus*) pettiness
väil *geogr.* passage
väimees son-in-law
väin strait, sound; (*lai* ~) channel
väisama = **külastama**
väitama (*pingutama*) strain oneself; (*sünnitusel*) be in labour, travail

väitekiri thesis (*pl.* -ses), dissertation
väitlema argue, contend
väitlus arguing, argument, contending, contention
väitma assert, state, affirm, declare; (*kindlalt*) aver; (*alusetult*) allege; (*vaidluses*) argue, contend; (*kaitseks*) plead; **vastu** ~ object (*to*)
väits *murd.* = **nuga**
väitused *füsiol.* uterine contractions (during labour)
väiv *zool.* bird louse (*pl.* lice), mallophagan
välde duration; *lgv.* quantity; *vt. ka* **vältel**
välditav avoidable, obviable
väle agile, nimble, quick, swift
väledus agility, nimbleness, quickness, swiftness, celerity
välgatama flash
välgatus flash
välgukiirus lightning speed
välgulöök stroke of lightning
välgulöömine flashes (*or* flashing) of lightning
välgumihkel *kõnek.* (cigarette) lighter
välgusähvatus flash of lightning
välgutama flash, give* off flashes (of lightning), lighten
väli field (*ka füüs.*); (*lagendik*) plain; (*malelaual*) square; **~hospidal** *sõj.* field hospital; **~kindlustus** *sõj.* field fortification, field-work; **~kohus** *jur.* (drum-head) court martial; **~köök** *sõj.* field kitchen, rolling (*or* mobile) kitchen; **~laatsaret** *sõj.* casualty clearing station
välimik *põll.* exterior
välimine outer, outside, exterior, external
välimus exterior, outside, (outward, external) appearance; looks; aspect, air; **~e järgi otsustama** judge by appearances
väline outer, outside, outward, external, exterior; (*välismaine*) foreign; (*arstimi kohta*) for outward (*or* external) application, not to be taken
välisantenn *el.* outdoor (*or* overhouse) aerial (*or* antenna)
väliselt outwardly, externally
välisesindus foreign representation (*or* delegation)
välisilm = **välismaailm**
välisilme outward appearance, look, air
väliskapital foreign capital
väliskaubandus foreign trade
väliskeskkond environment
väliskirjandus foreign literature
väliskumm tire (*or* tyre)
väliskõrv *anat.* external ear, auricle
väliskülg outside, exterior; (*välispind*) surface
välislaen foreign loan
välismaa foreign countries; **~l** abroad; **~le** abroad; **~lt** from abroad
välismaailm outside (*or* outer) world
välismaalane foreign, alien
välismaine foreign, alien; exotic, outlandish
välisministeerium ministry of foreign affairs, (*Inglismaal*) Foreign Office, *Am.* State Department
välisminister minister for foreign (*or* external) affairs, (*Inglismaal*) Foreign Secretary, *Am.* Secretary of State
välisnurk *mat.* exterior (*or* external) angle
välispass passport (for travelling abroad)
välispidine = **väline**
välispind (outer) surface
välispoliitika foreign policy
välispoliitiline of foreign policy
välisriik foreign country
välissadam outport, outer port
välistama exclude, preclude
välisturg foreign market
välistus exclusion, preclusion
välisuks outer (*or* outside) door; (*esiuks*) front door, (*tagauks*) back door
välisvaluuta *maj.* foreign currency
välisõhk outside air, free (*or* open) air
välitelefon *sõj.* field telephone
välivoodi camp-bed
välja out (*esile*) forth; **~!** get out!; **aknast ~** out of the window; **~ ajama** drive* out, expel; (*majast*) turn out; (*võsusid jms.*) shoot* forth; **~ andma** give* out, issue; (*kulutama*) spend*; (*saaki andma*) yield; (*trükist*) publish; (*põgenikku*) hand over, deliver (up), extradite; (*saladust*) give* away, betray; **~ arvama** (*välistama*) exclude, except; **~ arvatud** except, excepted, save; **~ arvutama** work out, calculate compute; **~ astuma** step out (*or* forth, forward); (*sõjaliselt*) move (*against*); (*lahkuma*) leave*, resign; (*esinema*) appear, perform; (*kait-*

seks) stand* up (*for*); ~ **heitma** cast* out, eject, expel; (*kehast*) evacuate, excrete, pass faeces; ~ **hingama** breathe out, exhale; ~ **juurima** root out, uproot, tear* up by the roots, eradicate, extirpate; ~ **jätma** leave* out, omit; ~**kaevama** dig* up (*or* out), excavate; unearth (*ka piltl.*); (*laipa*) exhume, disinter; ~ **kannatama** bear* (to the end), stand*, tolerate, suffer, endure; ~ **kirjutama** write* out (in full); (*ära kirjutama*) copy out; (*majast, hotellist*) register out, sign out; ~ **kukkuma** fall* out; (*kujunema, õnnestuma*) turn out, make* out, work out, fall* out, result; ~ **kutsuma** call out, call forth; call (up)on; (*telefonil*) call up, ring* up; (*võitluseks, võistluseks*) challenge, (*trotsima*) defy; (*esile kutsuma*) provoke; (*tekitama*) cause, engender; ~ **kuulutama** proclaim, announce, declare, publish, make* known; (*seadust*) promulgate; ~ **laskma** let* out, let* off; (*välja andma*) issue; (*toodangut*) turn out, put* out, put* on the market; (*lõpetajaid koolist*) turn out, graduate; ~ **lülitama** *el.* switch off, turn off; (*mootorit*) disengage; *piltl.* eliminate, exclude; ~ **magama** get* enough sleep; (*paha tuju jms.*) sleep* off; ~ **mõtlema** think* out (*or* up), make* up, invent, fabricate, devise, excogitate; ~ **müüma** sell* off; ~ **naerma** laugh at, have a (good) laugh at; ~ **nuhkima** nose (*or* smell*, scent, ferret) out, find* out, track down; ~ **nägema** look, appear; ~ **näitama** show*, display, exhibit; ~ **ostma** buy* off, redeem; ~ **paistma** stand* out, be distinguished (*or* conspicuous, remarkable), distinguish oneself; ~ **panema** put* out; (*vaatamiseks*) display, exhibit; (*vahiposti*) post; ~ **pressima** press (*or* squeeze) out, (*raha*) extort, blackmail (*kelleltki — smb.*); ~ **puhkama** rest out (*or* up), have a good rest; ~ **pääsema** get* out, escape; ~ **rändama** emigrate; ~ **rääkima** speak* out, (*saladust*) divulge; (*hääldama*) pronounce; ~ **saatma** send* out, (*pagendama*) exile, banish; deport; ~ **surema** die out, become* extinct; ~ **sõitma** drive* out; (*kuskilt ko-*

hast) leave*, draw* out (*of*); (*väljasõitu tegema*) go* for a drive (*or* outing, trip), take* a trip; ~ **sööma** force out, oust, supplant; ~ **teenima** serve one's (appointed) time; **pensioni** ~ **teenima** have the required service time for a pension; ~ **tegema** (*moodustama*) make* up, constitute, amount to, add up to; (*tähelepanu osutama*) take* notice (*of*); (*kostitama*) stand* (treat), treat (*to*); **ta ei teinud minust ~gi** he took no notice of me, he cut me dead; ~ **tulema** come* out; (*rahaliselt, materjaliga jms.*) manage, do (*with*); ~ **tõmbama** pull out, extract, extirpate; ~ **tõrjuma** oust, supersede, supplant; ~ **tõstma** (*korterist*) evict; ~ **töötama** work out, elaborate; ~ **valima** choose*, select; ~ **vedama** (*prahti, sõnnikut jms.*) cart out; (*kaupu välismaale*) export; ~ **vilistama** hiss (*at*), boo (*at*); *kõnek.* give* the bird; ~ **viskama** throw* (*or* cast*) out, eject, *kõnek.* chuck out; ~ **õmblema** embroider; ~ **õpetama** teach*, train; ~ **üürima** let*, lease, hire out
väljaand (*saak*) yield
väljaandja (*trükkitoimetaja*) editor
väljaanne publication, edition, issue
väljaastumine (*laval*) performance, (*kõne*) speech, address; (*masside* ~) mass (*or* political) action
väljaheide excrement, faeces; **looma väljaheited** droppings
väljaheitmine casting out, ejection; (*organisatsioonist*) expulsion
väljahingamine expiration
väljajuurimine rooting out, uprooting, eradication
väljajätt leaving out, omission
väljak place, (*nelinurkne* ~) square, (*ümmargune* ~) circus; *sport.* ground, (*tennisemängus jms.*) court
väljakaevamine excavation
väljakannatamatu unbearable, intolerable
väljakujunenud formed, established
väljakutse (*telefoni teel*) call; (*võitluseks, võistluseks*) challenge; (*trots*) defiance; provocation
väljakutsuv challenging; (*trotsiv*) defiant, provocative
väljakuulutamine proclamation, declaration, publication; (*seaduse* ~) promulgation
väljakäigukoht = **käimla**

väljakäik 1. (*väljapääs*) exit, way out; **2.** = **käimla**
väljalase issue; (*toodang*) output; *tehn.* exhaust
väljalasketoru *tehn.* exhaust pipe
väljalõige cut; (*ajalehest*) (newspaper) cutting, clipping
väljalöök *sport.* kick-off
väljalüps *põll.* yield of milk
väljama = **väljastama**
väljamakse *maj.* (outgoing) payment
väljaminek going out; (*kulu*) expense, expenditure
väljamõeldis invention, fabrication, fiction, fable
väljamüük selling off, (clearance) sale, bargain sale
väljanägemine look(s), sight, appearance, (outer) aspect
väljaostmine buying off, redeeming, redemption
väljapaistev outstanding, prominent, eminent, notable
väljapanek (*vaatamiseks*) display; (~*uese*) exhibit
väljapoole outwards, to the outside (*of*)
väljapressimine pressing (*or* squeezing) out; (*raha, saladuse jms.* ~) blackmail
väljapääs outlet, way out, (way of) escape; (*uks*) exit; (~*utee*) egress, issue
väljapääs(e)matu without a way out, escapeless; (*lootusetu*) hopeless, desperate
väljapääsutee way of escape
väljarändaja emigrant
väljarändamine emigration; (*hulgaline* ~) exodus
väljas out, out-of-doors, outdoors, outside, *haruld.* without, *van.* abroad; ~ **on külm** it is cold out-of-doors (*or* outdoors); **ta on** ~ (*mitte kodus*) he is out
väljasaatmine sending out; (*pagendamine*) exile, banishment; deportation
väljaspool 1. *adv.* outside, without; **2.** *prep.* outside (of), out of, beyond; ~ **linna** outside the town; ~ **järjekorda** out of one's turn; ~ **kahtlust** beyond (all) doubt, unquestionable; ~ **ohtu** out of danger; ~ **võistlust** out of the running, above class
väljaspoolne outside, exterior
väljast from without

väljastama (*välja andma*) issue; (*kätte toimetama*) deliver
väljastpoolt from without, from the outside
väljastus (*väljaandmine*) issuing, issue; (*kättetoimetamine*) delivery
väljasuremine dying out, extinction
väljasurev dying out, becoming extinct
väljasurnud extinct
väljasõit outing, trip, (*rohelusse*) picnic; (*rongi, bussi, lennuki jms. ärasõit*) departure, start
väljatulek coming out, exit; (*väljaand*) yield
väljatõstmine (*korterist*) eviction
väljatöötamine working out, elaboration
väljatöötlus finish
väljavaade outlook, view, prospect, perspective (*ka piltl.*)
väljavedu (*prügi, sõnniku jms.* ~) carting out; (*kauba* ~) export, exportation
väljaveokaubandus *maj.* export trade
väljaveokaup *maj.* export; **väljaveokaubad** exports, export goods
väljavool outflow, efflux
väljavõte 1. extract, (*väljakirjutis*) excerpt, (*lühendatud* ~) abstract; **2.** *van.* = **erand**
väljaõmblemine embroidery
väljaõpe training, schooling
väljaõppinud trained
väljend expression (*ka mat.*); (*suuline* ~) utterance, turn (of speech), locution
väljendama express; (*suuliselt*) utter, give* utterance (*to*)
väljendamatu inexpressible; (*suuliselt*) unutterable, unspeakable
väljenduma be expressed (*by*), find* one's expression (*in*); express oneself
väljendus expression; (*suuline* ~) utterance; ~**rikas** expressive; ~**vahend** means (*or* medium, vehicle) of expression; ~**võime** power of expression
väljuma go* (*or* come*) out, (*sõidukist*) get* off (*or* out), alight; (*välja sõitma*) leave*; (*välja voolama*) issue; (*esile kerkima*) emerge
väljutama (*välja laskma*) issue; (*väljuma panema*) excrete
välk lightning; **nagu** ~ **selgest taevast** like a bolt from the blue; **lööb** ~**u** it lightens

välkkiire (as) quick as lightning
välkkiirelt with lightning speed, in a flash
välkmiiting snap meeting
välksõda blitzkrieg
välktelegramm express (*or* special priority) telegram
välkuma flash, sparkle, glitter, gleam, *haruld.* coruscate; (*välgutaoliselt*) lighten
välkvalgus *fot.* flashlight
vältama last, go* on, continue, be in progress
vältel during, in the course of, for, in, throughout; **nädala** ~ during (*or* in the course of, throughout) the week
vältima avoid, shun; *haruld.* eschew, obviate; (*kokkupuudet*) steer clear (*of*), fight* shy (*of*)
vältimatu unavoidable, inevitable; (*möödapääsematu*) inescapable
vältimatus inevitability
vältus duration
välu glade
vänderdama stagger (*or* reel) about
vänge rank, offensive, strong(-smelling), smelly, foul
vängus rankness, offensiveness, smelliness, foulness
vänt crank, (crank-)handle
väntama crank, turn (the crank); (*filmi*) shoot*; (*leierkasti*) grind*
väntorel barrel-organ, hand-organ
vänts 1. (*pehme ese*) = **väntsakas**; 2. *põlgl.* (*lapse kohta*) brat
väntsakas (soft) chunk, lump
väntsutama pull about, worry, mishandle, maul
väntvõll *tehn.* crankshaft
vära(h)tama give* a tremble, tremble, quiver, start
värat *murd.* (*värav*) gate; *anat.* hilum, hilus
värav gate; (*väike jalg*~) wicket; *sport.* **goal**; ~**at lööma** *sport.* kick (*or* score) a goal
väravaalune gateway
väravaesine *sport.* goal-area
väravajoon *sport.* goal-line
väravalöök *sport.* goal (kick)
väravapost gate-post
väravavaht gate-keeper; *sport.* goalkeeper
värb = **varblane**
värbama recruit, enlist, enrol; (*hääli, tellijaid jms.*) canvass (*for*)
värbamispunkt recruiting-station

värbhakk *zool.* pygmy owl
värd *biol.* hybrid; cross-breed, (*koera kohta*) mongrel
värdama *biol.* hybridize
värdjalik 1. (*sohi-*) bastard; *biol.* hybrid; 2. (*ebardlik*) abortive
värdjas 1. (*sohilaps*) bastard; 2. (*ebard*) freak, monster, abortion, abortive creature
värelema quiver, tremble, quake
värihalvatus *med.* shaking palsy, Parkinson's disease
värihein *bot.* quaking-grass
värin tremble, trembling, quiver; (*külma*~) shiver; tremor (*ka maa*~)
värisema tremble, quiver, shake*, quake; (*külma, ärevuse jms. pärast*) shiver (*with*)
värisev trembling, quivering, shaking, quaking, tremulous; (*külma pärast*) shivering
väristama shake*, make* tremble (*or* quiver, quake)
värk 1. (*masina*~, *kella*~ *jms.*) works (*pl.*); mechanism, contraption, contrivance; 2. (*asi*) stuff, thing; **seda** ~**i** (*seda laadi*) of this kind
värnits (linseed) varnish, drying oil
värsijalg *kirj.* metrical foot (*pl.* feet)
värsimõõt *kirj.* metre
värsipõimik anthology of verse
värsisepp versifier
värsistama versify
värsiõpetus *kirj.* metrics
värske fresh; (*vee kohta*) sweet; (*muna kohta*) new-laid; (*aedvilja kohta*) green; ~**d kartulid** new potatoes
värskelt freshly, fresh; (*äsja*) newly; ~ **värvitud!** wet paint!
värskendama freshen, refresh, make* fresh; (*teadmisi*) brush up
värskendus freshening, refreshing, refreshment; (*teadmiste* ~) brushing up
värskenema freshen (up), refresh, become* fresh(er)
värskus freshness
värss I (*luuletuse rida*) verse
värss II (*noor pull*) steer
värssdraama *kirj.* drama in verse
värten bobbin; (*kedervars*) spindle
värv colour; (*riide*~, *juukse*~ *jms.*) dye; (*maalri*~, *maalimis*~) paint; **mis** ~**i?** (of) what colour?; **ühte** ~**i** of one colour

värvaine dye stuff; *(värvis)* colouring matter, pigment
värval dyer
värvel waistband
värvikarp box of paints
värvikas colourful
värviline coloured; *(klaasi kohta)* stained; ~ **film** colour(ed) film; **värvilised metallid** non-ferrous metals
värvima colour; *(riiet, juukseid jms.)* dye; *(klaasi)* stain; *(peale vööbates)* paint, apply paint *(to)*; *(värvingut andma)* tint, tinge
värvimistöökoda dye-works, dye-house
värvimuld colouring earth, mineral paint
värvine painty, full of *(or* soiled) with) paint
värving colouring, hue; tint, tinge; shade of colour; **kohalik** ~ local colour
värvipime colour-blind
värvipimedus colour-blindness
värvipintsel painting-brush
värvipliiats coloured pencil; *(joonistuseks)* crayon
värvipott paint-pot
värvis pigment
värvistama pigment, colour, make* coloured
värvistuma pigment, become* pigmented
värvitoon tone of colour, hue
värvitrükk colour printing, chromotype, chromotypography
värvitu colourless
värvitus colourlessness
värvitustama decolo(u)rize
värvivarjund shade of colour, nuance, tinge, tint, hue
värvkate coating *(or* coat) of paint
värvuke(ne) = **varblane**
värvuma be *(or* become*) coloured, acquire a colour *(or* coloration)
värvus colour, colouring; *biol.* coloration
värvusetu colourless
väsima get* *(or* grow*) tired *(millestki* — *with smth.)*, tire *(of)*; grow* weary *(or* fatigued)
väsimatu tireless, untiring, indefatigable, unwearying, unwearied
väsimatult tirelessly, untiringly, indefatigably
väsimatus tirelessness, *haruld.* indefatigability

väsimus tiredness, fatigue, weariness; ~**tunne** tired feeling
väsinud tired, fatigued, weary
väsitama tire, fatigue, weary, make* tired *(or* fatigued, weary)
väsitav tiring, tiresome, fatiguing, wearisome
väsitus tiring, making tired
västar fish-spear
västrik *zool.* wagtail
vääksuma squeal, squeak
väänama twist *(ka piltl.)*; wrest, wrench; *(pesu jms.)* wring*; *(jalga)* sprain
väändemoment *tehn.* torque
väänduma twist, be twisted, wind*, turn, coil; twine
vääne twist, winding, turn; *tehn.* torsion
väänel *bot.* tendril
vääukael 1. *(isik)* obstinate *(or* pigheaded, mulish) fellow; 2. *zool.* wryneck
vääukasv twiner; *(ka)* = **vääntaim**
väänlema (turn and) twist; writhe, squirm, wriggle; coil
vääntaim twiner, twining-plant, creeper, *Am. ka* vine; *(liaan)* liana
väär [väära] wrong, incorrect, erroneous, false; *(eba-)* sham, spurious
väär [vääri] *ehit.* choir, gallery
väärama *(kukutama)* overthrow*, throw* over ;*(ümber lükkama, vääraks kuulutama)* refute, confute, disprove
vääramatu unshakable, immovable; *(ümberlükkamatu)* irrefutable
väärarend *biol.* deformity, malformation
väärareng abnormal development
väärarvamus erroneous *(or* mistaken) opinion, misconception
väärastuma *biol., med.* degenerate
vääratama stumble, make* a false step, slip, make* a slip *(ka piltl.)*, go* wrong
vääratus stumble, false step, slip; *(viga)* blunder, mistake
väärikas dignified, full of dignity; stately
väärikus dignity; stateliness
vääriline worthy; *(ärateenitud)* merited, *haruld.* condign
väärilisus worthiness
väärima be worthy *(of)*, deserve, merit; **mainimist** ~ be worth mentioning; **mitte** ~ be unworthy *(of)*

vääring *maj.* currency, (monetary) standard
väärisese article of value, valuable (*haril. pl.*); (*juveel*) jewel
väärisgaas *keem.* inert (*or* rare) gas
vääriskivi = **kalliskivi**
väärismetall noble (*or* precious) metal
väärispuit valuable (*or* luxury) wood
vääristama refine, improve; *aiand.* graft, inoculate
vääristus refinement, improvement; *aiand.* grafting, inoculation
vääriti wrong, wrongly, amiss; (*ekslikult*) mistakenly, erroneously; ~ mõistmine misunderstanding, misconstruction
vääritu (*ebaväärikas*) undignified; (*ebavääriline*) unworthy
väärjumal idol, false god
väärlülipuit *mets.* false heartwood
väärnähtus (grave) defect, evil, abuse
väärsamm false step, wrong (*or* compromising) act, faux pas, blunder; (*tühine* ~) slip
väärsünnitis monster, abortion
väärt worth; **kas see jalgratas on oma hinda ~?** is this bicycle worth its price?; **see ei ole mu ajakulu** (*v.* **vaeva**) ~ this is not worth my while
väärtarvitus misuse, wrong use, abuse
väärtasi, väärtese = **väärisese**
väärtkiri *maj.* money-letter
väärtpaber *maj.* bond, security; ~id effects, securities
väärtsaadetis registered parcel (with valuables)
väärtteos work of outstanding value
väärtus worth, value; **sel raamatul puudub kunstiline** ~ this book has no artistic merit
väärtusetu worthless, valueless
väärtuslik valuable, of (great) value
väärtuslikkus valuableness
väärtusseadus *maj.* law of value
väärtustama evaluate, appraise, estimate, value
väärtõlgitsus misinterpretation, misconstruction
väärus wrongness, erroneousness, falseness
väärõpetus false doctrine, heresy
väät (*sidumisvits*) withe, withy; (*köitraag*) tendril, Am. *ka* vine
väävel sulphur, brimstone; ~hape

keem. sulphuric acid; ~kollane brimstone (yellow); ~vēsinik *keem.* sulphuretted hydrogen, hydrogen sulphide
väävline sulphureous, sulphury
väävliõis *keem.* flowers of sulphur
vöö belt, girdle; (*ka*) = **vöönd**; ~ni waist high, up to the waist
vööde *geogr.* belt
vöödiline striped, streaked, streaky, *tead.* striated
vöökiri belt-ornaments, girdle-ornaments
vöökoht waist
vööloom *zool.* armadillo (*pl.* -os)
vöönd zone (*ka geogr.*)
vööohatis *med.* shingles, (herpes) zoster, zona
vöör *mer.* fore part (of a ship), bow, prow
vöörihm waist-belt
vöörmünder *kirikl.* churchwarden, vestryman (*pl.* -men)
vöörtääv *mer.* stem
vöörus = **eeskoda**
vööt stripe, streak
vöötama gird* (up), begird*, girdle
vöötlihas *anat.* striated muscle
vöötorav *zool.* chipmunk (*or* chipmuck) ground squirrel
vürfel (*täring*) die (*pl.* dice); (*kuubik*) cube
vürfeldama cut* into cubes
vürst prince; (*riigivalitseja ka*) sovereign, king
vürstinna princess
vürstiriik principality
vürstitar princess
vürstkond = **vürstiriik**
vürstlik princely
vürts 1. spice, seasoning, condiment; flavouring, relish; 2. (*inglise e. jamaika pipar*) allspice, pimento (*pl.* -os), Jamaica pepper
vürtsikas spicy; (*er. piltl.*) hot, piquant
vürtsima = **vürtsitama**
vürtsine spicy
vürtsitama spice, make* spicy, season, flavour
vürtspood *van.* (small) grocery, grocer's shop; small shop
vürtspoodnik *van.* grocer, small shopkeeper
vürtstaim aromatic plant, sweet herb

Õ

õde sister; (*meditsiini~*) (sick-)nurse
õdus cosy (*or* cozy), snug
õdusus cosiness, snugness
õeke(ne) little sister, (dear) sister
õeksed sisters
õel wicked, malicious, vicious; (*ülekohtune*) iniquitous
õelik sisterly
õelus wickedness, malice, maliciousness, viciousness; (*ülekohus*) iniquity
õemees brother-in-law, sister's husband
õepoeg nephew, sister's son
õetütar niece, sister's daughter
õgard glutton
õgev *murd.* straight
õgija 1. = **õgard**; 2. *zool.* butcher-bird, shrike
õgilas voracious, gluttonous
õgima devour, eat* voraciously (*or* gluttonously), *kõnek.* wolf (down); (*ahnelt neelama*) gorge
õgirakk *biol.* phagocyte
õgujoon = **sirgjoon**
õgvendama straighten, make* straight
õgvendus straightening
õgvenema straighten, become* (more) straight
õhe [õhke] = **ohe** [ohke]
õhe [õheda] = **õhuke(ne)**
õhedus thinness
õhem thinner
õhend thin place
õhendama thin, make* thinner, attenuate
õhenema thin, become* thinner (*or* attenuated)
õhetama glow (with heat), flush, flame, burn*
õhetus glow, flush
õhevil aglow, in a glow, aflame
õhik thin plate, *tead.* lamella (*pl.* -ae)
õhin ardour, fervour, eagerness, zeal
õhinal with ardour, eagerly, zealously
õhk air; (*kopsudes, lõõtsas jms.*) wind; (*hinge~*) breath; **vabas õhus** in the open air; **~u laskma** (*tulirelvast*) shoot* into the air; (*õhkima*) blow* up, explode, blast; **~u lendama** fly* into the air, blow* up, be exploded; **~u tõusma** (*lennuki kohta*) take* (to) the air, take* off
õhkama sigh
õhkima blast, blow* up

õhkjahutus *tehn.* air-cooling
õhkkond atmosphere
õhkpidur *tehn.* air brake, pneumatic brake
õhkrind *med.* pneumothorax
õhkulaskmine blowing up, blasting
õhkuma (*kuuma, külma*) radiate (heat, cold); (*õhetama*) glow (with heat)
õhkutõus(mine) (*lennuki kohta*) taking the air, take-off
õhtu evening, *luulek.* eve; (*hilis~*) night; (*koosviibimine*) (evening) party, social; (*ilmakaarena*) = **lääs**; **vastu ~t** towards evening; **head ~t!** good night!; **~l** in the evening; **~l olema** having left off work; **jätame ~le!** let's call it a day!; *vt. ka* **õhtust**
õhtueine evening meal, supper
õhtukaar = **lääs**
õhtukleit evening dress (*or* gown)
õhtukool evening (*or* night) school
õhtul, õhtule *vt.* **õhtu**
õhtuleht evening (news)paper
õhtuline = **õhtueine**
õhtumaa *van.* = **läänemaa**
õhtune evening (*atrib.*), of the evening; *vt. ka* **õhtust**
õhtuoode (light) afternoon meal
õhtupoolik afternoon
õhtust: tere ~! good evening!; **~ sööma** = **õhtustama**
õhtustama have one's supper, sup
õhtusöök supper; (*pidulik ~*) dinner
õhtuti in the evenings, every evening
õhtuülikond evening dress
õhtuülikool evening university
õhuaken (small hinged) ventilation window, ventilation panel (in a window), ventilator
õhualarm air-raid warning
õhuauk air hole, vent-hole; (*kaevanduse ~*) air shaft; (*lennuki langust põhjustav õhuvoolus*) air-pocket
õhudessant *sõj.* air-borne landing
õhuelekter *füüs.* atmospheric electricity
õhujuhe *el.* overhead conductor
õhujuur *bot.* aerial root
õhujõud *sõj.* air force(s)
õhukaitse air-defence, anti-aircraft defence; (*kodanlik ~*) air-raid precautions; **~kahur** anti-aircraft gun
õhukas airy, rich in air
õhuke = **õhukene**

õhukeeris whirl of air; (*keeristorm*) cyclone
õhukene thin
õhukindel air-tight, hermetic
õhukumm air (*or* inner) tube
õhukümblus = õhuvann
õhuküte *tehn.* air heating, hot air system (of heating)
õhulaev airship, aerial ship, (*juhitav* ~) dirigible
õhulaevastik air fleet, (*eri relvaliigina*) the Air Force
õhulahing aerial (*or* air) battle, aerial combat
õhuliin *el.* aerial (*or* overhead) line
õhuline airy, aerial
õhuloss castle in the air (*or* in Spain)
õhuluure air (*or* aerial) reconnaissance
õhulõhe *bot.* stoma (*pl.* -mata)
õhumull air bubble
õhuniiskus *meteor.* atmospheric moisture
õhupall (air-)belloon, aerostat
õhupeegeldus mirage, fata morgana
õhupost = lennupost
õhupuhastaja, õhupuhasti *tehn.* air cleaner; (*õhustaja*) ventilator
õhupuhastus *tehn.* air cleaning; (*õhustus*) ventilation
õhupump air-pump; (*õhukummide jaoks*) tire (*or* tyre) pump
õhupüss air-gun
õhuraudtee elevated railway (*Am.* railroad)
õhurikas airy, rich in air
õhuruum air-space
õhurõhk atmospheric (*or* air) pressure
õhurünnak air-raid
õhusild *sõj., pol.* air-lift
õhustama air, ventilate; (*riideid*) give* an airing (*to*)
õhustus airing, ventilation
õhusurve = õhurõhk
õhusõda aerial war(fare)
õhusõiduk aircraft
õhusõit 1. flying trip; 2. (*lennundus*) aeronautics
õhusõitja aeronaut
õhutaja inciter, instigator, prompter, abettor
õhutakistus *füüs.* air resistance
õhutama 1. incite, instigate, prompt, abet, (*ergutama*) stimulate, encourage; 2. = õhustama
õhutee air-line, airway
õhutihe = õhukindel
õhutoru *tehn.* air pipe, ventiduct

õhutransport air transport
õhutu airless, void of air
õhutus 1. (*õhutamine*) incitation, instigation, prompting, abetment; 2. (*õhupuudus*) airlessness
õhutõmbus draught of air
õhutõrje = õhukaitse
õhutühi airless, void of air; ~ ruum vacuum
õhuvaatlus *sõj.* air observation
õhuvahetus change of air
õhuvann air-bath
õhuvool air current
õhuvoolus air current; (*kõrgahjus*) blast draught
õhuvõitlus air fighting
õhuühendus = lennuühendus
õhuülesvõte aerial photograph
õhv, õhvake(ne), õhvik heifer
õiduma break* (*or* come*) into blossom, *haruld.* infloresce
õiekarikas *bot.* flower-cup, calyx (*pl.* -yces, -yxes)
õiekate *bot.* perianth
õieke(ne) little blossom (*or* bloom, flower)
õiekobar flower cluster, cluster of blossoms (*or* blooms)
õiekroon *bot.* corolla
õiekuu *luulek.* 1. = mai; 2. = juuni
õieli outstretched; ~ ajama stretch out
õielõikaja *zool.* blossom weevil, anthonomus; puuvilla ~ boll weevil; õunapuu ~ apple-blossom weevil
õiend correction, rectification, amendment
õiendama (*joonde ajama*) set* right, put* to rights (*parandama*) correct, rectify, amend; (*arveid jms.*) settle (*ka piltl.*), (*võlga*) discharge; (*eksamit*) pass; (*toimetama*) busy oneself (*with*), do, transact
õiendus (*parandus*) correction, rectification, amendment; (*arvete jms.*) ~) settling, settlement, (*võla* ~) discharge
õienupp flower bud, half-opened blossom
õiepung (flower) bud
õiepõhi *bot.* receptacle, torus (*pl.* -ri)
õieraag *bot.* pedicel, peduncle, flower stalk
õierikas rich in flowers (*or* blossoms)
õieti 1. (*õigupoolest*) properly, properly (*or* strictly) speaking, as a matter of fact; mida te ~ tahate

õietolm — **õis**

õelda? what exactly do you mean (to say)?; 2. = **õigesti**
õietolm *bot.* pollen, anther dust
õietupp *bot.* spathe
õievars = **õieraag**
õige *adj.* 1. right, correct; proper, regular; (*õiglane*) righteous; (*tõeline*) true; ~l ajal in (due) time; ~ks mõistma acquit (*of*), find* not guilty; ~ks osutuma prove correct (*or* true); ~ks võtma accept (*or* admit) as true; 2. (*sirge*) straight, direct; ~l teel püsima keep* straight (*ka piltl.*)
õige *adv.* rather, quite, right, very; ~ suur quite big; lähme ~ jalutama! let's go for a walk, shall we?
õigeaegne timely, well-timed, opportune
õigeaegselt in (good) time, in proper time
õigeaegsus timeliness
õigekeelsus correct (language) usage, grammatical correctness, *haruld.* orthology
õigekiri, õigekirjutus (correct) spelling, orthography
õigeksmõistmine acquittal
õigeksvõtmine admission, (*kohtulik* ~) avowal (of guilt)
õigemini more rightly (*or* correctly, properly)
õigenema = **õgvenema**
õigesti rightly, correctly, aright
õigeusk orthodoxy
õigeusklik orthodox
õigeusuline member of the Orthodox church
õiglane (*kõlbeliselt*) just, upright, righteous; (*toimimisviisilt*) equitable, fair
õiglus (*kõlbeline* ~) justice, uprightness, righteousness; (*toimimisviisis*) equity, fairness
õiglusetu unjust
õiglusetus injustice
õigsus rightness, correctness, accuracy
õiguma straighten oneself, become* straight
õigupoolest, õigupärast by rights, in fact, as a matter of fact, in point of fact
õigus right, rights; (*omandi*~) title (*millelegi — to smth.*); (*võimkond*) authority; (*seadus*) law, justice; ~ haridusele right to education; teil on ~ you are right, you are in the right; teil ei ole ~t seda teha you have no right to do that; ~ on minu poolel right (*or* justice) is on my side; ~e järgi by rights; **(täie)** ~ega rightly, justly, rightfully; ~t mõistma administer justice; **rahvusvaheline** ~ international law
õigusemõistja administrator of justice
õigusemõistmine administration of justice (*or* law), jurisdiction
õiguserikkuja *jur.* law-breaker, transgressor
õiguserikkumine *jur.* breaking (*or* transgression, violation, infringement) of the law
õigusetus lack of rights, absence of (civil) rights
õigusjärglane *jur.* legal successor
õigusjärglus *jur.* legal succession
õiguskord *jur.* law and order
õiguslik *jur.* legal, rightful, juridical
õigusnorm *jur.* legal regulation (*or* standard)
õigusnõuandla *jur.* legal advice (*or* consultation) office
õiguspädev *jur.* competent
õiguspädevus *jur.* competence, competency
õiguspärane rightful, lawful
õiguspärasus rightfulness, lawfulness
õigustama justify, warrant; entitle (*to*); (*volitama*) authorize; (*süüdistusest vabastama*) vindicate
õigustamatu unjustified, unjustifiable, unwarranted; (*volitamatu*) unauthorized
õigusteadlane lawyer, jurist
õigusteadus (science of) law, jurisprudence
õigusteaduskond faculty (*or* department) of law
õigusteaduslik jurisprudential, juridical
õigustuma justify oneself
õigustus justification, warrant
õigusvastane *jur.* unlawful, illegal
õigusvõime *jur.* (legal) capacity
õigusvõimeline *jur.* (legally) capacitated, having (legal) capacity
õile *van.* bloom, blossom, flower; **õilmes** in bloom (*or* blossom, flower)
õilis noble, high-minded
õilistama ennoble, elevate
õilmitsema *van.* = **õitsema**
õilsahingeline noble-sauled
õilsameelne noble-minded, generous
õilsus nobility, nobleness
õis flower, blossom, bloom; **õites** in flower, (*viljapuu kohta*) in blossom,

(*lille kohta*) in bloom; ~i ajama put* forth flowers
õisik *bot.* inflorescence
õisloomad *zool.* anthozoans
õisluht *bot.* arrow-grass
õistaim *bot.* flowering plant, phanerogam
õisuba *bot.* scarlet runner
õitseaeg flowering season; *piltl.* flourishing age
õitsel (*õitsemas*) abloom, in flower; (*õitsvas seisukorras*) in a flourishing state; ~e puhkema burst* into bloom, flourish, effloresce
õitselepuhkemine bursting into bloom (*or* flower, blossom), efflorescence
õitsema flower, blossom, bloom; *piltl.* flourish, prosper
õitsemisaeg flowering season, *tead.* florescence
õitseng flowering, blossoming, bloom, florescence; *piltl.* efflorescence, flourishing, prosperity; (*tööstuslik ~ kapitalistlikes maades*) boom
õitsev flowering, blossoming, blooming ; *piltl.* flourishing; ~ tiisikus galloping consumption; õitsvas eas in the flower of age
õitsil: ~ olema tend the cattle at night, watch at night herding (*or* grazing)
õitsiline night herdsman (*pl.* -men), night shepherd
õitsma = õitsema
õlak = pagun
õlakas broad-shouldered
õlakehitus shrug (of the shoulders)
õlaluu = õlavarreluu
õlanukk shoulder
õlapael 1. (*naisterõivail*) shoulder-strap; 2. (*mundri rippuv ~*) aglet
õlarihm shoulder-belt, belt-support
õlavarreluu *anat.* humerus (*pl.* -ri)
õlavars upper arm, *tead.* brachium (*pl.* -ia)
õlekarva straw-coloured
õlekott sack of straw, pallet
õlekubu bundle of straw, sheaf (*pl.* sheaves) of straw
õlekuhi straw-stack, stack of straw
õlekõrs (stalk of) straw, stick of straw; õlekõrrestki kinni haarama catch* (*or* clutch) at a straw
õlene strawy
õletuli straw fire, *piltl.* transient ardour (*or* enthusiasm)
õletuust wisp of straw
õlg [õla] shoulder; ~ õla kõrval shoulder to shoulder; õlale võtma shoulder; õlani shoulder high; ~u kehitama shrug one's shoulders; kellelegi üle õla vaatama look over one's shoulder at smb., *piltl. ka* look down upon smb.
õlg [õle] straw; õled (*kollektiivselt*) straw, (*katuseõled*) thatch; ~katus (straw-)thatched roof; ~kollane straw-coloured; ~kübar straw hat; ~lill *bot.* immortelle; ~matt straw mat
õlgne of straw, straw (*atrib.*)
õlgpuu arm, beam
õli oil; ~ tulle valama add fuel to the fire (*or* flame)
õliallikas oil well
õlihape *keem.* oleic acid
õlijuhe oil pipe (*or* conduit, line)
õlik *tehn.* oil-can
õlikaalikas *bot.* (turnip) rape, cole
õlikann = õlik
õlikas = õlirikas
õlikook *põll.* oil (*or* cattle) cake
õlikultuur *põll.* oil-bearing crop
õlilaev oil tanker
õlilaik oil stain
õlimaal *kunst.* oil-painting
õline oily
õlipaak oil tank
õlipaber oil paper
õliplekk = õlilaik
õlipuu *bot.* olive-tree
õliriie (*õhuke ~*) oilskin; (*vahariie*) oilcloth
õlirikas rich in oil, oleaginous
õlitaim oil-bearing plant
õlitama oil; (*masinat*) lubricate
õlitrükk = õlivärvitrükk
õlitus oiling; (*masina ~*) lubrication
õlitööstus oil manufacture
õlivabrik oil mill
õlivärv (oil) paint; (*maalimiseks*) oil colour; ~idega maalima paint in oils
õlivärvitrükk oleography; õlivärvitrükis pilt oleograph
õllebaar beer-shop- bar-room
õllekann tankard, *Am.* stein
õllekast beer(-bottle) crate, crate of beer
õllekelder beer-cellar
õlleklaas beer glass
õllekruus beer-mug, beer-pot; (*ka*) = õllekann
õllepood beer-shop, ale-shop, beer-house
õllepruulija brewer

õllepruulimine brewing
õllepudel beer bottle
õllepärm (beer) yeast, barm
õlletehas = õllevabrik
õlletööstus brewing industry
õllevaat beer barrel (*or* cask)
õllevabrik brewery
õllevaht beer froth, beersuds
õlpmed = kaelkoogud
õlu beer, (*hele inglise* ~) ale; (*kange must* ~) porter, stout
õmbleja (*liht-õmblustöö tegija naine*) seamstress, needlewoman (*pl.* -women); (*kleidi*~) dressmaker
õmblema sew*; (*õmblustööd tegema*) do needlework; **ette** ~, **külge** ~ sew* on; **kinni** ~ sew* up; **haava kinni** ~ *med.* suture a wound; **ülikonda** ~ make* a suit; **midagi õmmelda laskma** have smth. made
õmblus 1. (*õmblemine*) sewing; 2. (~*koht*) seam; *anat.*, *med.* suture; ~**masin** sewing-machine; ~**niit** sewing thread; ~**nõel** (sewing) needle; ~**töö** sewing, needlework; ~**töökoda** sewing workshop; ~**vabrik** clothes factory
õnar groove, chamfer; (*sisselõige*) notch
õnardama groove, chamfer; (*sisselõiget tegema*) notch
õnarus = õnar
õndlaauk = õnnal
õndraluu *anat.* coccyx
õndsalik blissful, beatific
õndsus blessedness, bliss, beatitude, felicity
õng angling-tackle, hook and line; (~*eritv*) fishing-rod; (~*ekonks*) angle; ~**e hakkama** take* (*or* swallow) the bait, rise* to the bait (*ka piltl.*); **kedagi** ~**e võtma** *piltl.* hook smb.
õngekonks fish-hook, angle
õngekork float
õngenöör (fishing-)line
õngeritv (fishing-)rod
õngesport angling, line-fishing, rod-fishing
õngitseja angler (*ka zool.*)
õngitsema angle, fish (*for*) (*ka piltl.*)
õnn (*õnnetunne*) happiness, *haruld.* felicity; (*õnnelik saatus*) luck, fortune; **hea** (**halb**) ~ good (bad, ill, poor) luck; **head** ~**e!** good luck!; **tal on** ~**e** he has luck, he is lucky; ~**e katsuma** try one's luck; **palju** ~**e sünnipäevaks** many happy returns (of the day); ~**e soovima** = õnnitlema; **hea** ~**e peale** on a lucky chance, (*huupi*) at haphazard, at random, at a venture; **igaüks on oma** ~**e sepp** everyone is the architect of his own fortune; *vt. ka* **õnneks**
õnnal hollow behind the knee, *tead.* popliteal cavity; (*hobusel*) hock (*or* hough)
õnnar = õndraluu
õnneasi matter of luck
õnnehein *bot.* daisy fleabane
õnnejoovastus rapture, rapturous joy (*or* bliss)
õnnekas = õnnerikas
õnnekaup lucky chance
õnnekombel by a lucky chance, luckily, fortunately
õnneks fortunately, luckily; **meie** ~ luckily for us, to our luck
õnnekütt fortune-hunter, soldier of fortune, adventurer
õnnelaps fortune's favourite, lucky person
õnnelik (*õnnetundev*) happy; (*õnneomav*, *õnnetoov*) lucky, fortunate; (*soodus*) favourable, auspicious; (*edukas*) successful; **kedagi** ~**uks tegema** make* smb. happy; ~ **juhus** lucky chance
õnnelikult happily; (*edukalt*) successfully
õnnemäng game of chance (*or* hazard), gamble
õnneratas Fortune's wheel, (*loosiratas*) lottery-wheel
õnnerikas lucky, fortunate
õnneseen lucky dog (*or* devil, beggar), lucky fellow
õnnesoov congratulation(s), good (*or* best) wishes
õnnesoovija = õnnitleja
õnnestama make* happy
õnnestuma succeed, be a success, be successful; (*korda minema*) come* off, work (out), turn out; **mul õnnestus** (**teha**) I succeeded (in doing); **kontsert õnnestus** the concert was a success
õnnestumine success, being successful, coming off
õnnestunud successful
õnnetu (*kurb*) unhappy; (*õnne mitte omav*) unlucky, unfortunate
õnnetunne feeling of happiness
õnnetus misfortune; (*suur* ~) disaster, (*häda*) calamity; (*paha saatus*)

adversity, ill fortune; (*äpardus*) mishap, mischance, misadventure; (*~juhtum*) accident; **~eks** unfortunately, unhappily, worse luck
õnnetusjuhtum accident, casualty
õnnevalamine telling one's fortune by pouring molten lead into cold water (on New-Year's Eve)
õnneõngitsemine lucky dip, *Am.* grab bag
õnnis blessed, blissful, beatific; **mu ~ abikaasa** my late (*or* dead, deceased) husband (*or* wife); **õndsam on anda kui võtta** it is more blessed to give than to receive; **õndsaks kuulutama** *kirikl.* beatify
õnnistama bless; (*sisse ~*) consecrate, (*hoonet*) inaugurate
õnnistamine blessing; (*sisse~*) consecration, (*hoone sisse~*) inauguration
õnnistegija *kirikl.* Saviour
õnnistus blessing
õnnitelu = õnnitlus
õnnitleja congratulator, congratulant
õnnitlema congratulate, felicitate (*kedagi millegi puhul — smb. on smth.*), offer one's congratulations (*or* felicitations) (*to*)
õnnitlus congratulation(s), felicitation(s); **~telegramm** congratulatory telegram, telegram of congratulations
õpe teaching, instruction; (*välja~, harjutus*) training
õpetaja 1. teacher, (school)master; instructor, *fem.* instructress, preceptor, *fem.* preceptress, tutor, *fem.* tutoress; **~te instituut** teacher's institute (*or* training college); 2. *van.* (*kiriku~*) parson, pastor, minister
õpetajanna (female) teacher, (school)-mistress
õpetajaskond teachers, teaching staff, (entire) teaching body, teaching profession
õpetama teach*, instruct; (*välja ~, õpetuseks harjutama*) train; (*moraalselt ~*) edify
õpetatud learned, erudite; **~ mees** man of learning, scholar; **~ nõukogu** academic (*or* learned) council (*or* board)
õpetatus learning, erudition
õpetlane scholar, (*teadlane*) scientist
õpetlik instructive; (*õpetav*) didactic; (*moraalselt*) edifying
õpetus 1. (*õpetamine*) teaching, tui-tion, instruction; (*moraalne ~*) edification; (*õppetund*) lesson; **see on teile heaks ~eks** this is a lesson (*or* warning) to you; 2. (*tõekspidamiste kogu*) teaching, doctrine; (*teadus*) theory, discipline, science
õpihimu = õppimishimu
õpihimuline = õppimishimuline
õpik textbook, manual; (*kooli~*) schoolbook; (*alg~*) primer
õpilane (*kooli~*) pupil, (*koolipoiss*) schoolboy, (*koolitüdruk*) schoolgirl; (*õpetlase v. kunstniku ~*) disciple; (*õpipoiss*) apprentice
õpilaskond (*koolis*) (body of) pupils; (*õpetlase v. kunstniku ~*) (body of) disciples
õpilaskoor pupils' choir
õpilasorganisatsioon pupils' organization
õpilaspilet pupil's ticket
õpilasring pupils' circle (*or* club)
õping study, studies, learning; **~uraamat** student's record (*or* result) book
õpipoiss apprentice
õpiring = õppering
õppeaasta (*koolis*) school year, (*ülikoolis*) academic year
õppeabinõu = õppevahend
õppeaeg time of study (*or* studies); (*õpipoisina*) apprenticeship; (*väljaõppeks*) training time
õppeaine subject (of study), study
õppeala teaching (*or* curriculum) department; **~juhataja** director of studies, assistant director (*or* headmaster)
õppeasutus educational institution (*or* establishment), institution of learning, school
õppeauto training car (*or* machine)
õppeedukus scholastic (proficiency
õppefilm instructional (*or* educational) film
õppejõud teacher, instructor, lecturer
õppekava (*üldine ~*) curriculum (*pl. -la*); (*eriaines*) syllabus
õppekeel language (*or* medium) of instruction
õppelaager training camp
õppelaev training ship
õppelennuk training plane, trainer
õppemaks (tuition) fee
õppemeetod = õppeviis
õppenõukogu school (*or* teachers') council, pedagogical council

õppepadrun *sõj.* dummy (*or* drill) cartridge
õppeplaan study plan
õppepoolaasta (school) half-year (*or* term)
õppepraktika teaching practice, (*väljaõppeks*) training practice
õppeprogramm study programme
õppepüss *sõj.* training rifle
õpperaamat = **õpik**
õpperaha tuition fee
õppereis excursion
õppering study circle
õppetool *van.* = **kateeder**
õppetund lesson (*ka piltl.*), school hour, class
õppetöö lessons, classes; (*õppeaasta kestel*) sessional work
õppetükk lesson
õppevaheaeg (school) holidays, vacation, *Am. ka* recess
õppevahend study (*or* teaching, educational) aid, teaching device; (*väljaõppeks*) training aid; **näitlikud ~id** (audio-)visual aids
õppeveerand (school) quarter
õppeviis method of teaching
õppeväljak training field
õppeülesanne (school, study) task
õppija learner, student
õppima learn*, study; **juurde ~** perfect one's knowledge; **pähe ~** learn* by heart; **tundma ~** learn* (*or* get*, come*) to know, become* acquainted (*with*); **õppinud tööline** skilled worker; **õppiv noorsugu** students
õppimishimu desire of learning, thirst for knowledge
õppimishimuline desirous of (*or* keen on) learning, eager to learn, studious
õppur = **õppija**
õppus learning, studies; (*kehaline ~*) training, drill; (*õpipoisil*) apprenticeship; **~t tegema** *sõj.* drill; **~t võtma** learn* (*from*)
õrin snarl, growl
õrisema snarl, growl
õrn tender, delicate, gentle; (*habras*) frail, fragile; **~em sugu** the soft (*or* fair, weaker) sex
õrnalt tenderly, delicately
õrnatundeline tender, sensitive
õrnroosa pale pink
õrnuma become* (*or* grow*) tender (*or* gentle)

õrnus tenderness, delicateness, gentleness; (*haprus*) fragility
õrnutsema display (too much) tenderness, indulge in tenderness (*or* in tender words, caresses)
õrritama rile, bait, badger, worry; (*näkkima*) tease, rag, ballyrag (*or* bullyrag)
õrs roost, perch; **õrrel istuma** roost, perch (*ka piltl.*)
õssitama *murd.* = **ässitama**
õu yard, courtyard, court, *Am. ka* dooryard; *vt. ka* **õue, õues, õuest**
õud dread, horror, (ghastly) awe
õudne ghastly, horrible, grisly; dreadful, awful, terrible; (*kurjakuulutav*) sinister
õudselt horribly, awfully, terribly
õud(s)us ghastliness, horror, dreadfulness, awfulness
õue *adv.* into the courtyard; (*välja*) out (of doors)
õueaiamaa household land
õuekoer watch-dog, house dog
õuenarr *aj.* court jester
õues in the courtyard; (*väljas*) out (of doors)
õuest from the courtyard; (*väljast*) from outdoors
õuevärav yard-gate
õukond (royal) court
õukondlane courtier
õun apple; **~aaed** apple orchard; **~akeedis** apple jam; **~akook** apple tart; **~amahl** apple juice; **~amähkur** *zool.* codlin(g) moth; **~apuu** apple-tree; **~avein** cider; **~hape** *keem.* malic acid
õunik dapple-grey (*or* -gray) horse (*or* cow); **~hall** dapple-grey (*or* -gray)
õõnduma become* (*or* grow*) hollow
õõneline cavitary, hollow
õõnes hollow; **~kivi** *ehit.* hollow brick; **~mõõt** measure of capacity
õõnestama hollow (out), dig* (*or* scoop) out, excavate; *piltl.* undermine, sap, subvert
õõnestellis *ehit.* cavity brick
õõnestus hollowing (out), excavating, excavation; *piltl.* undermining, sapping, subversion; **~töö** subversion, subversive activities
õõnesveen *anat.* vena cava (*pl.* venae cavae)
õõnsus hollow, cavity
õõnuke(ne) = **kleenuke(ne)**

õõs cavity; *anat., zool. (er. lootel ja ainuõõssetel)* coelom
õõtsik *geogr.* quaggy place (*or* ground)
õõtssoo *geogr.* quag(mire), quaggy bog

õõtsuma sway, quake, rock
õõtsutama sway, make* sway (*or* quake, rock)
õõtsutus sway, quake, quiver
õõtsuv swaying, quaking, rocking

Ä

äbarik 1. *adj.* puny, abortive, miserable, feeble; 2. *subst. (looma kohta)* late autumn lamb (*or* calf, colt, piglet); (*isiku kohta*) puny creature
ädal aftermath, aftercrop; ~**hein** aftermath, after-grass, second-growth grass; ~**lill** *bot.* grass-of-Parnassus
äestama harrow
äestamine harrowing
ägama groan, moan
äge (*tormakas*) vehement, violent, impetuous; (*metsik*) fierce; (*tuline*) hot, heated, ardent; (*terav*) acute, sharp; ~**dakujuline** acute, sharp, (*valu kohta*) severe
ägedus (*tormakus*) vehemence, violence, impetuosity; (*metsikus*) fierceness; (*tulisus*) heat, ardency; (*teravus*) acuteness, sharpness; ~**hoog** fit (*or* attack) of vehemence, heat, rage, passion
ägenema grow* more vehement (*or* violent, impetuous, fierce, heated); (*teravnema*) grow* more acute, become* exacerbated
ägestuma grow* heated, fly* into a passion (*or* rage), get* excited (*or* worked up)
ägetsema be vehement (*or* violent, impetuous); be in a passion (*or* rage), fret and fume
ägin moan
ägisema moan
ähkima puff (and blow*), pant, wheeze
ähm 1. (*rutt*) haste, flurry; 2. (*ärevus, hirm*) scare, fright, funk; ~**is** (*v.* ~**i täis**) **olema** have the wind up, be in a funk
ähmane dim, hazy; (*udune*) foggy
ähmasevõitu = **ähmjas**
ähmastama dim, make* dim (*or* hazy)
ähmastuma dim, become* (*or* grow*) dim (*or* hazy)
ähmasus dimness, haziness; (*udusus*) fogginess
ähmis *vt.* **ähm**

ähmjas dimmish, somewhat (*or* rather) dim (*or* hazy)
ähvardama threaten; (*ohuks olema*) menace
ähvardav threatening; (*ohuks olev*) menacing, *haruld.* minatory; (~*alt eelseisev*) impending; (*pahaendeline*) ominous
ähvardus threat; (*ähvardav oht*) menace
äi father-in-law
äiakas *bot.* (corn-)cockle
äiapapa, äiataat = **äi**
äiatar *bot.* teaselwort
äigama (*tõmbama*) sweep*, wipe; (*lööma*) swipe, wipe, whack, catch* (*smb.*) a blow
äike(ne) thunderstorm, storm
äikesehoog burst of a thunderstorm
äikeseilm thundery weather
äikeseline thunderstormy, full of thunderstorms
äikesepilv thundercloud, storm-cloud, *tead.* nimbus (*pl.* -bi)
äikesevihm thundershower, rain with thunder and lightning
äiutama lull, sing* (and rock) to sleep
äiu-äiu hushaby, lullaby
äke harrow
äkiline sudden; (*järsk*) abrupt; (*rutakas*) impetuous, hasty, rash; (*kergesti vihastuv*) irascible
äkilisus suddenness; (*järskus*) abruptness; (*rutakus*) impetuosity, hastiness, rashness; (*kergesti vihastuvus*) irascibility
äkitselt suddenly, all of a sudden, all at once; (*järsku*) abruptly
äkkepulk tooth (*pl.* teeth) of a harrow, tine of a harrow
äkki = **äkitselt**
äkkrünnak raid, sudden (*or* surprise) attack
äkksurm *med.* sudden death
äkksünnitus *med.* precipitate delivery
äkkviha sudden anger, fit of passion; (fit of) irascibility

äkkvihane given to sudden angers, irascible
ämber pail, bucket
ämblik spider
ämblikulaadsed *zool.* arachnids, arachnidans
ämblikulised *zool.* spiders, araneids
ämblikuniit spider's thread, cobweb
ämblikuvõrk spider's (*or* spider) web, cobweb; (*õhus hõljuv* ~) gossamer
ämblikuvõrkkelme *anat.* arachnoid membrane
ämbritäis pailful, bucketful
ämm mother-in-law
ämmaemand midwife (*pl.* -wives), accoucheuse
ämune = **hämune**
äng (feeling of) oppression, anxiety, uneasiness, distress
ängama 1. (*pakkuma*) offer; 2. = **äigama**
ängelhein *bot.* meadow rue
ängistama oppress, cause anxiety, make* one's heart ache, trouble, distress
ängistus oppression, anxiety, uneasiness, trouble, distress
änn *zool.* skua (gull), Am. ka jaeger
äpardama, äparduma fail, be (*or* prove) a failure, go* wrong
äpardus (*ebaedu*) failure; set-back; (*õnnetus*) misfortune, misadventure, mishap
ära I (*keelava sõnana imperatiivi ees*): ~ **tule** (*pl.* **ärge tulge**) do not (*or* don't) come, you must not come; **ärgem tulgem** let's not come, don't let us come, **ärgu tulgu** let him not come, he shouldn't come
ära II *adv.* 1. away, off; (*välja*) out; ~ **ajama** drive* away (*or* off); ~ **jätma** leave* out; 2. (*tegevuse lõplikkuse tähistamiseks*) up (*või jäetakse üldse tõlkimata*); ~ **põletama** burn* (up); ~ **sööma** eat* (up); 3. (*verbile mingi eri tähenduse andmiseks*): ~ **andma** give* away; (*kätte toimetama*) deliver, hand over; (*reetma*) betray; ~ **arvama** guess; ~ **aurama** evaporate; ~ **elama** (*elatuma*) live, subsist; **oma aega** ~ **elama** become* obsolete (*or* outdated); ~ **harjutama** break* (of), disaccustom (*to*), wean (*from*); ~ **hoidma** (*vältima*) ward off, avert, prevent; ~ **jääma** (*isiku kohta*) stay away; (*sündmuse kohta*) not take* place; ~ **kaotama** lose*; abolish, do away (*with*), (*seadust*) repeal; ~ **kasutama** make* (full) use (*of*), take* advantage (*of*), utilize; ~ **kirjutama** copy; (*teiste pealt maha kirjutama*) crib; ~ **kutsuma** call away (*or* off), (*saadikut*) recall; ~ **kuulama** hear* out, listen (*to*); ~ **laitma** dissuade (*from*); ~ **minema** go* away (*or* off); leave*, depart; ~ **muutma** change, cancel, (*käsku*) countermand; (*seadust, kommet*) abolish, abrogate; ~ **nägema** see*, perceive, notice; (*arvama*) think* (fit), find*; ~ **olema** be away (*or* absent); ~ **ootama** wait to the end, wait for, await; wait and see*, temporize; ~ **ostma** buy*, purchase; (*isikut*) bribe, suborn, corrupt; ~ **proovima** try out; ~ **rippuma** *van.* = **sõltuma**; ~ **segama** mix up (*with*), confuse (*with*), (*eksikombel*) mistake* (*for*); ~ **surema** die; (*jalgade v. käte kohta*) fall* asleep, become* numb; ~ **sõitma** leave* (*for*), depart; ~ **teenima** (*pälvima*) deserve, merit; **oma aega** ~ **teenima** do one's service, serve one's time; ~ **tundma** know*, recognize, make* out; ~ **tõukama** push off (*or* aside); (*hülgama*) reject, repudiate, spurn; ~ **vahetama** exchange (*for*); (*eksikombel*) mix up (*with*), mistake* (*for*); ~ **võtma** take* away (*or* off); kõnek. (*naiseks võtma*) marry; ~ **õitsema** cease blossoming, shed* one's blossoms, (*närtsima*) fade, wither; ~ **ütlema** (*keelduma*) refuse; (*tellimust*) cancel

äraandja (*reetja*) traitor
äraandlik (*reetlik*) treacherous, traitorous
äraandmine (*reetmine*) betrayal, treachery, (*riigi* ~) treason
äraarvamatu incalculable
ärahoidmine (*vältimine*) prevention
ärajäämine (*isiku kohta*) staving away, absence; (*sündmuse kohta*) not taking place
ärakasutamine utilization, making (full) use (*of*)
ärakeelamine prohibiting, prohibition
ärakell (*telefonis*) ringing off; ~**a andma** ring* off
ärakiri copy; ~ **õige** certified true copy

äraleierdatud hackneyed (with repetition)
äralend take-off
äraminek leaving, going away (or off), departure
äranägemine (*suva*) discretion, judg(e)ment; **oma äranägemise järgi** at one's own discretion
äraolek absence; **minu ~ul** in my absence
äraolev absent
äraootav waiting, temporizing, undecided
äraostetav bribable, corruptible, venal, mercenary
äraostmatu unbribable, incorruptible, unmercenary
äraproovitud tried (and tested)
ärarääkimata unspeakably, unutterably
ärasaatmine (*kauba ~*) sending off; (*isiku ~*) seeing off, (*pidulik ~*) send-off
äraspidi reversely, in reverse
äraspidine reverse
ärastama withdraw*, remove
ärasõiduaeg time of departure
ärasõit departure
äratama wake*, awake*, waken, awaken; (*virgutama*) rouse, arouse; (*ergutama*) excite, (*esile kutsuma*) provoke; **äratage mind kell seitse** wake me (up) at seven, call me at seven; **ellu ~ wake*** to life, revive, revivify, (*surnuist*) resurrect, *piltl.* resuscitate; **huvi ~** excite (or provoke) interest; **isu ~ whet** (or sharpen) the appetite; **lootusi ~** raise hopes; **tähelepanu ~** arouse (or attract, draw*) attention
äratrükk off-print, print, copy, reprint; (*järeltrükk*) impression
äratundmine knowledge, understanding, intelligence
äratus wakening, awakening; **~kell** alarm-clock, alarum-clock
äratõmme (*korrektuur~*) proof; (*äratrükk*) off-print, impression
äratõugatu (*hüljatu*) outcast
äravahetamine (*eksikombel*) mixing up, mistake, confusion
äravool outflow, discharge; run-off; drainage, drain; (*väljapääs*) outlet; **~ukanal** drainage channel, effluent drain **~ukraan** drain (or discharge) cock; **~ukraav** drainage ditch; **~utoru** drain (or discharge, outlet) pipe
äraõitsemine shedding of blossoms

äraütlemine (*keeldumine*) refusal; (*tellimusest*) cancellation
ärev excited, agitated; anxious
ärevil in an excited (or agitated, anxious) state, astir (with excitement), agog; **~e ajama** excite, make* excited, stir up
ärevus excitement, agitation; stir; (state of) alarm; anxiety
ärgas watchful, alert, vigilant
ärge, ärgem *vt.* **ära** I
ärgitama 1. (*ähvardama*) threaten; 2. = **üritama**
ärgu *vt.* **ära** I
äri 1. (*~tegevus*) business; (*~tehing*) (piece of) business, business transaction, deal; **~ ajama** be engaged in business, do business, deal* (*millegagi — in smth.*; *kellegagi — with. smb.*); 2. (*kauplus*) business (enterprise), commercial enterprise, shop
äriasi (matter of) business, business matter (or affair); **äriasjus on** business
ärielu business life
ärijuht (business) manager, *Am.* ka business executive
äriline business (*atrib.*), commercial
ärimees business man (*pl.* men)
äripäev *van.* = **argipäev**
ärisõber (regular) customer
äriteenija shop assistant, *Am.* clerk
äritehing business transaction
äritsema do (small) business, trade, deal* (*millegagi — in smth.*); (*sahkerdama*) speculate (*in*)
ärkama wake* (up), awake*, awaken, be aroused; *piltl.* become* (spiritually) awakened (or revived)
ärkamine waking up, awakening; (*taaselustumine*) revival
ärkamisaeg era (or time) of (national) awakening
ärkel attic (storey), garret
ärklikord, ärklikorrus attic stor(e)y
ärklituba attic (room), garret (room)
ärksus watchfulness, alertness, vigilance
ärkvel awake; **~ olema** be awake; **~e jääma** stay awake
ärkvelolek being awake, wakefulness
ärme *kõnek.* = **ärgem**
ärn *zool.* grayling, umber
ärplema brag, swank, swagger
ärritama irritate; (*ergutama*) excite, agitate; **üles ~** rouse (smb.'s feel-

ärritatav — ökitama

ings), inflame (smb.'s mind), incense
ärritatav irritable, excitable
ärritatavus irritability, excitability
ärriti irritant, irritating agent; *(erguti)* exciter, excitant, exciting agent
ärrituma be (*or* become*, get*) irritated (*or* excited, agitated); get* roused (*or* inflamed, incensed); **ärge ärrituge!** take it easy!
ärritus irritation; *(ergutus)* excitation, excitement, agitation
ärrituv irritable, excitable, fretful; *(vihastuv)* touchy, short-tempered
ärrituvus irritability, excitability, susceptibility (to irritation, excitation), fretfulness; *(vihastuvus)* touchiness, shortness of temper
ärtu hearts; ~**emand** the queen of hearts; ~**äss** the ace of hearts
äsja recently, of late, latterly, newly; ~ **saabunud** newly (*or* just) arrived
äsjane recent
äss ace
ässitama *(koeri)* set* on, sick *(on)*; *(tagant kihutama)* incite, instigate, *(halvale)* abet; *(rahutust tekitama)* excite, agitate; **üles** ~ *(tundeid)* whip up
ässitus *(koerte* ~) setting on, sicking *(on)*; *(tagantkihutus)* incitement, instigation, *(halvale)* abetment; *(rahutuse tekitus)* excitement, agitation
ätt *(isa)* dad; *(vanaisa)* grand-dad, grandfather
äädikaessents concentrated vinegar
äädikakurk *kok.* (pickled) gherkin, pickled cucumber
äädikane vinegary
äädikapudel *(lauanõuna)* vinegar cruet
äädikas vinegar
äädikhape *keem.* acetic acid
äär edge; *(nõul, kübaral jms.)* brim; *(taldrikul)* rim; *(vihikul, raamatul)* margin; *(kuristikul, ka piltl.)* brink, verge; *(piir)* border; **hukatuse** ~**el** on the brink (*or* verge) of ruin;

~**eni täis** full to the brim, brimful; *vt. ka* **äärde, ääres, äärest**
äärde to (the side of); **kõrva** ~ to the ear; **mere** ~ to the seaside
äärelinn the outskirts of a town (*or* city), suburb
ääremaa borderland, the outlying districts (of a country)
ääremärkus marginal note
äärepealt *(peaaegu)* almost; *(hädavaevalt)* narrowly, barely
äärepoolne edge *(atrib.)*, border *(atrib.)*
ääres at (the side of); **metsa** ~ at the outskirts of the wood; **mere** ~ at the seaside
äärest from (the side of); **mere** ~ from the seaside
äärestama = **ääristama**
äärestikku side to side
ääretasa up to the brim, brimful (*or* brim-full)
ääretu boundless, unbounded, endless, infinite
ääretus boundlessness, endlessness, infinitude, infinity
äärik *tehn.* flange
ääris border, edge, fringe; *(kõnnitee kivi~)* kerb, *Am.* curb; ~**kivi** edge stone; *(kõnnitee ääristamiseks)* kerbstone, *Am.* curb-stone; ~**pael** braid, band, edging, trimming
ääristama border, edge, fringe, trim
ääri-veeri in a round-about way, indirectly; ~ **rääkima** talk round a subject, beat* about the bush
äärjoon = **piirjoon**
äärmine extreme; *(täielik)* utter, utmost, uttermost, outmost; *(ääres asetsev)* outer, *(kaugeim)* farthest
äärmiselt extremely, in the (*or* to an) extreme; *(täielikult)* utterly
äärmus the extreme, extremity; **ühest** ~**est teise** from one extreme to the other
äärmuslane extremist
äärmuslik extremist, extremistic
ääs (smith's) forge, forging furnace; ~**ituli** forge (*or* furnace) fire

Õ

õdeem *med.* (o)edema *(pl.* -mata)
õeldavasti as people say, allegedly
õeldis *lgv.* predicate; ~**täide** *lgv.* predicative
õeldu what has been said

õine night *(atrib.)*, nightly, nocturnal; ~ **vahetus** night shift
õitsel = **õitsil**
õkitaja stutterer, stammerer
õkitama stutter, stammer

ökonomist *maj.* economist, specialist in economics
ökonoom *van.* steward, housekeeper, manager
ökonoomia economy
ökonoomika *maj.* economics, economic management
ökonoomiline economical
ökonoomne economical, thrifty
ökonoomsus economy, thrift
öö night; kogu ~ all (*or* the whole) night; ~ otsa all night long (*or* through); ~d otsa whole nights, for nights, päeval ja ~l day and night; *vt.* ka ööseks, öösel, öösi, öösiti
ööbija person staying overnight
ööbik nightingale; ~ulaul nightingale's song
ööbima stay (*or* stop) overnight (*or* for the night), pass (*or* spend*) the night, sleep* (*at smb.'s house*)
ööelu night life
öögatama retch, give* a (loud) retch, keck
öögatus, ööge (loud) retch, keck
ööjakk night jacket, bed jacket
öökannike(ne) *bot.* (garden) rocket, dame's-violet
öökapp bedside cupboard
öökima retch, keck
ööklubi night club
öökorter lodging(s) for the night, night's lodging(s), sleeping accommodation, bed
öökull owl
öökuninganna *bot.* night-blooming cereus
öökuub (men's) dressing-gown
öökülm night frost
öölamp night-lamp
öölane *zool.* night-moth, owlet moth, noctuid (moth); (*kapsa~*) gamma-moth
öölaud bedside table
ööliblikas (night, nocturnal) moth

öölind nocturnal bird
öölokaal night restaurant (*or* bar, *Am.* saloon), night club
ööloom nocturnal animal
öömaja (*hoone*) lodging house, hostel; (*odav vaeste~*) doss-house; (*öökorter*) night's lodging(s), sleeping accommodation
öömajaline guest (staying over) for the night; (*vaesteöömaja*) dosser
öömuusika serenade
ööpimedus darkness of the night
ööpott chamber-pot
ööpäev day and night, (full) day, twenty-four hours; töö kestab kogu ~a the work goes on round the clock
ööpäevane diurnal
ööpääsuke(ne) = öösorr
öörahu night's rest; peace at night
öördaja denouncer, denunciator, informer
öördama denounce, denunciate, inform (*against*)
öös (*aas, silmus*) loop; (*saapasilm*) eyelet
ööseks for the night; ~ jääma stay (for) the night, stay overnight
öösel, öösi at night, by night, in the night-time; täna ~ this night, tonight
öösine = öine
öösiti (at) nights, nightly
öösorr *zool.* nightjar, goatsucker
öösärk (*naiste, laste jaoks*) night-gown, night-dress; (*meeste jaoks*) night-shirt
öötund night hour
öötöö night-work
öövaht night-watchman (*pl.* -men)
öövaikus silence of the night, nocturnal silence
öövalve night watch, night duty
öö(üles)võte *fot.* night photography, (*kinoülesvõte*) night shooting

Ü

üdi (*luu~*) marrow, *tead.* medulla; (*säsi*) pith (*ka piltl.*)
üdikas marrowy, full of marrow
üdine marrowy
üdirakk *anat.* medullocell, myelocyte
üha ever, ever more, increasingly, still (more); ~ kasvav ever growing;
~ edasi still further; ~ paremini better and better
üheaastane of one year, one-year, annual; one-yard-old
üheaegne simultaneous synchronous
üheaegselt simultaneously, at the same time

üheaegsus simultaneity, synchronism, synchrony
üheealine = **ühevanune**
ühehäälne (*laulu kohta*) one-voiced, for one voice; (*otsuse kohta*) unanimous
üheiduleheline *bot.* monocotyledonous; ~ **taim** *bot.* monocotyledon
ühekaugune equidistant
ühekaupa one by one, one at a time
ühekohaline one-place, of one place; ~ **arv** *mat.* digit
ühekojaline *pol.* one-chamber, single-chamber, unicameral; *bot.* monoecious
ühekordne 1. single, unique, (given, paid) on one occasion only; 2. (*ühekorruseline*) one-storeyed (*or* -storied), of one stor(e)y
ühekorraga = **korraga**
ühekorruseline one-storeyed (*or* -storied)
üheksa nine
üheksakümmend ninety
üheksakümnes ninetieth
üheksandik ninth
üheksas ninth
üheksasada nine hundred
üheksasajas nine hundredth
üheksateist(kümmend) nineteen
üheksateistkümnes nineteenth
üheksavägine *bot.* great (*or* common) mulle(i)n
ühekõrgune of the same (*or* equal) height
üheköiteline one-volume, single volume (*atrib.*)
ühekülgne one-side; (*ühepoolne*) unilateral
ühekülgsus one-sidedness
ühelaadiline monotonous
ühelaiune of the same (*or* equal) width (*or* breadth)
ühelambiline *raad.* one-valve
üheline 1. *subst.* (number) one, unit; 2. *adj.* (*raha jms. kohta*) of one unit
ühemastiline single-masted
ühemootoriline single-engined
ühemunakaksikud *biol.* monozygotic (*or* identical) twins
ühemõtteline unambiguous, unequivocal
ühend compound (*ka keem*); combination
ühendama (*liitma*) unite, combine, join (together); associate, incorporate; (*seost looma, siduma*) connect, bind*, link; (*telefoni kaudu*) connect (*with*), put* through (*to*)
ühenduma unite, combine, be (*or* become*) united (*or* combined, joined, associated)
ühendus (*liit*) union, association; (*ühing*) society, club; (*side- v. liiklusvahendite abil*) communication; (*seos*) connexion (*or* connection); (*~koht, ~sõlm*) junction, joint; ~t **pidama** keep* in touch (*or* communication) (*with*); (*side- v. liiklusvahendite abil*) keep* up communication; (*liiklema*) run*, operate; ~t **saama** (*telefoni teel*) get* through (*to*); ~**es olema** be in communication (*or* in touch); ~**se astuma** get* in touch (*with*) ~**es sellega** in this connexion (*or* connection)
ühendusklemm *tehn.* connecting clamp, connector
ühenduskoht junction, joint
ühenduslüli connecting link
ühenduspolt *tehn.* connecting bolt
ühendustee connecting road
ühendusvahend means of communication
ühenduvus *mat.* associativity; ~**seadus** *mat.* associative law
ühendverb *lgv.* phrasal verb
ühene of one; (*üheaastane*) of one year, one-year; **kella** ~ **rong** the one-o'clock train
ühenimeline = **samanimeline**
ühepalju equally, in equal parts (*or* amounts)
üheperekonnaelamu detached (one-family) house
ühepikkune of the same (*or* equal) length, equal in length
ühepoolne unilateral
ühepäevaliblikas ephemera (*pl.* -ras, -rae); *zool.* = **ühepäevik**
ühepäevane of one day, one-day; (*üürike*) ephemeral
ühepäevik *zool.* day-fly, May fly, ephemera (*pl.* -ras, -rae), ephemeron (*pl.* -rons, -ra) ephemerid
üherealine of one line (*or* row); (*nööpide suhtes*) single-breasted
üherööpmeline one-track, single-track
ühes together, jointly; ~ **minuga** together with me; ~ **sellega** at the same time
ühesilbiline of one syllable, monosyllabic; ~ **sõna** monosyllabic word; monosyllable

ühesilmaline one-eyed
üheskoos together, jointly; kõik ~ all together, all in a body
ühesuguline *biol.* unisexual
ühesugune of the same kind (*or* sort), similar, alike, like; (*võrdne*) equal
ühesuguselt alike, in the same way, similarly; (*võrdselt*) equally
ühesugusus being alike, likeness, similarity; (*võrdsus*) equality
ülesuunaline one-direction(al), *haruld.* unidirectional; (*tee v. liikluse kohta*) one-way
ühesuurune of equal size, equal
ühesõnaga in one word, briefly
ühetaoline (*ühtlane*) uniform; (*ühesugune*) similar
ühetaolisus uniformity; (*ühesugusus*) similarity
ühetasa evenly, on the same level
ühetasane even, level
ühetasasus evenness, levelness
üheteistkümnes eleventh
ühetoaline one-room
ühetooniline monotonous
ühetoonilisus monotonousness, monotony
ühevanune of the same age
ühevõrra equally
ühevärviline one-colour, unicoloured, *tead.* monochromatic
üheväärne equivalent, of equal value (*or* worth)
üheõiguslik = võrdõiguslik
ühik (measuring) unit
ühildama *lgv.* make* agree, make* congruent (*or* congruous)
ühilduma *lgv.* agree, be congruent (*or* congruous)
ühildumine, ühildus *lgv.* agreement, congruence
ühine common, in common, joint
ühinema unite, become* united; join (up), join forces (*with*); combine; associate, amalgamate
ühinemine uniting, becoming united; combining; associating; amalgamating
ühinenud united; **Ühinenud Rahvaste Organisatsioon** United Nations Organization
ühing union, association; company, corporation, society
ühiselamu hostel, (*Inglismaal üliõpilaste* ~) hall of residence
ühiselt in common, jointly, together
ühiselu living (*or* life) together, community of life

ühishaud mass grave
ühiskeel *lgv.* common (national) language
ühiskond community, society; (*riiklik* ~) commonwealth, body politic
ühiskondlik social, communal; ~-poliitiline social-political, social and political, socio-political
ühiskonnaklass social class
ühiskonnakord social system
ühiskonnastama socialize
ühiskonnateadus sociology; ~ed social sciences
ühiskonnategelane public figure, (distinguished) social personality
ühiskonnavastane anti-social
ühiskool *ped.* co-educational school
ühiskordne *mat.* common multiple; vähim ~ least common multiple
ühiskorter communal flat
ühiskuulamine collective (*or* group) listening (*to*)
ühiskäendus *jur.* collective guarantee, (*vastastikune* ~) mutual guarantee
ühisköök common (*or* collective, joint) kitchen
ühiskülastus collective (*or* group) visit (*to*)
ühislaud common board
ühislaul community singing
ühismajand collective farm (*or* economy)
ühisomand common (*or* joint) possession (*or* property)
ühisomandus common (*or* joint) ownership
ühispank *maj.* co-operative bank
ühisrinne *pol.* united front
ühistama collectivize
ühistegelane co-operator, co-operative worker
ühistegelik co-operative
ühistegvus co-operation
ühistegur *mat.* common factor
ühistu co-operative
ühistöö working together, joint work, co-operative work, collaboration
ühisus 1. (*ühine-olek*) community, being in common; 2. *van.* = ühing
ühisvara *jur.* common property
ühisvastutus *jur.* collective (*or* joint) responsibility (*or* liability)
ühitama combine, fit together
ühmama mutter, mumble, grunt, give* a grunt
ühtaegu = ühteaegu
ühte *adv.* (*kokku*) together; ~ kas-

vama grow* together, *tead.* coalesce; **~ kuuluma** belong together; **~ langema** coinsicde; **~ sobima** fit (together), agree, be compatible; **~ sulama** melt (or fuse, be fused) together; *piltl.* merge (*in*), be united (*with*)
ühteaegu at the same time, simultaneously
ühtejoont, ühtejärge continuously, running, without a pause, without intermission
ühtekasvamine growing together, *tead.* coalescence
ühtekokku in all, (put, taken) all together, in total, all told
ühtekuuluv belonging together, united
ühtekuuluvus belonging together, unitedness, solidarity
ühtelangemine coincidence
ühtelugu always, ever, constantly, perpetually
ühtemoodi equally, likewise, in like manner
ühtepidi in one direction; (*ühes suunas*) in one respect, on the one hand (*or* side); **~... ja teisipidi...** on the one hand... and on the other (hand)...
ühtepuhku = ühtelugu
ühtesattumine = ühtelangemine
ühtesobimatu incompatible (*with*)
ühtesobiv fitting together, agreeing; compatible (*with*)
ühtesoodu constantly, perpetually, without interruption
ühtesulamine melting (*or* fusing, being fused) together; *piltl.* merging (*in*), union (*with*)
ühtevalu = ühtesoodu
ühteviisi 1. **= ühtemoodi**; 2. **= ühtelugu**
ühtigi: ei ~ not at all, not in the least
ühtima coincide, concur; *mat.* be congruent
ühtimatu *mat.* incongruent
ühtiv coincident, concurrent; *mat.* congruent
ühtivus coincidence, concurrence; *mat.* congruence, congruity
ühtlane level, even; uniform, homogeneous
ühtlaselt evenly; uniformly, homogeneously
ühtlasi at the same time
ühtlik homogeneous
ühtlikkus homogeneity

ühtlus evenness; uniformity, homogeneity; **~aeg** standard time; **~kool** *ped.* standard (*or* comprehensive) school
ühtlustama level, even; unify, make* uniform
ühtlustus levelling; unification, making uniform
ühtne one, united (into a whole), integral, unitary
ühtsus unity, unitedness; **~partei** *pol.* Unity Party; **Saksamaa Sotsialistlik Ühtsuspartei** the Socialist Unity Party of Germany
ühtsustama unite, make* united
üht-teist this and that
ühtäkki all of a sudden
üks one; **~ kord** once; **~ kõigi eest, kõik ühe eest** each for all and all for each; **~ või teine** one or other, this or other, this or that; **ühed** some; **ühed või teised** some or others; **ühel ajal** at the same time; **ühel hoobil** at one blow; **ühel häälel (vastu võtma)** (to adopt) unanimously; **ühel ilusal päeval** one fine day; **ühel nõul** in concord, in agreement; **ühelt poolt (... teiselt poolt)** on the one hand (... on the other); **ühest suust** with one voice; *vt. ka* **ühes, ühte**
üksainuke(ne), üksainus one and only, the only (one)
ükshaaval one by one; one at a time, singly
üksi alone, by oneself; (*omal käel*) single-handed; (*ainult*) only; **ta elab ~** he lives alone; **tema ~ võib teid aidata** only he (*or* he alone) can help you
üksik single, solitary, lone, lonely; (*eraldi võetud*) individual, separate, detached, isolated; **mõned ~ud** a few
üksikasi detail, particular, (separate) item; **üksikasjades** in (points of) detail; **üksikasjadesse tungima** go* into details (*or* every detail)
üksikasjalik detailed, minute, circumstantial, thorough
üksikasjalikkus being detailed (*or* minute), circumstantiality, thoroughness
üksikasjalikult in detail, minutely, thoroughly
üksikese single object (*or* thing)
üksikisik single individual (*or* person)
üksiklane hermit, recluse, anchoret

üksikmajand individual (*or* private) farm
üksikmajapidamine individual (*or* private) economy (*or* housekeeping), personal household
üksiknumber single copy
üksikosa (single) component part
üksiktalu(nd) individual (peasant) farm (*or* household)
üksiktalupoeg individual peasant
üksiktootmine individual (*or* private) production
üksikult singly, individually, separately
üksikvangistus solitary confinement
üksildane lonely, solitary, secluded, retired
üksildus loneliness, solitude, seclusion
üksinda alone, by oneself
üksindus loneliness; being alone (*or* by oneself)
üksiolek being alone
üksipidi in one way (only)
üksipäini = **üksi**
üksisilmi fixedly, intently; ~ **vahtima** stare, gaze
üksiti at the same time, while one is about it, incidentally
ükski even one; **mitte** ~ not a single one, not one
ükskord (*kunagi*) once (upon a time)
ükskordüks multiplication table
ükskõik all the same, all one, no matter; **mulle on see** ~ it's all the same (*or* all one) to me; ~ **kes** no matter who, whoever, anyone; ~ **kus** no matter where, wherever, anywhere
ükskõikne indifferent (*to*), disinterested (*in*), unconcerned (*in*); (*külmavereline*) nonchalant
ükskõiksus indifference (*to*), disinterest (*in*), unconcern (*in*); (*külmaverelisus*) nonchalance
üksluine monotonous, unvaried, humdrum
üksluisus monotony, lack of variety
üksmeel unanimity, singleness of purpose; (*kooskõla*) concord, harmony
üksmeelne unanimous, single of purpose; (*kooskõlaline*) harmonious
üksmeelselt unanimously, with one accord (*kooskõlaliselt*) in concord, harmoniously
üksnes only, solely, merely
ükspuha = **ükskõik**
ükspäinis *van.* = **üksnes**

ükssada one hundred
ükssarvik 1. *zool.* narwhal, sea unicorn; 2. *müt.* unicorn
üksteise (of) one another; ~ **järel** one after another; **üksteist** one another; ~**le** to one another
üksteist(kümmend) eleven
üksus unit (*ka sõj.*); (*üks-olek*) oneness, unity
üksuslik unitary, unity (*atrib.*)
üksvahe at one time, once, formerly
ülahuul *anat.* upper lip
ülajäse *anat.* upper extremity (*or* limb)
ülakeha upper (part of the) body, (*rind*) chest
ülakoma = **apostroof**
ülal up, above; **vaata** ~! see above!; ~ **pidama** maintain, support; **end** ~ **pidama** *van.* = **käituma**; *vt. ka* **üleval**
ülalesitatu the above, what has been given above
ülalesitatud above-given
ülalmainitud above-mentioned
ülalnimetatud above-named
ülalpeetav dependant
ülalpidaja maintainer, supporter
ülalpidamine maintenance, upkeep; (*elatis*) livelihood
ülalpool above
ülalt from above
ülaltoodud = **ülalesitatud**
ülaltpoolt from above
ülalõug *anat.* upper jaw
ülalõeldu the above-said, what has been said above
ülane *bot.* anemone
ülang *geol.* horst, raised rock mass
ülaosa upper part, top
ülapool upper half (*pl.* halves), upper side, top
ülatekk *mer.* upper deck
ülbe arrogant, insolent, presumptuous, overbearing
ülbus arrogance, insolence, presumption, overbearance
üldaine general subject
üldajalugu universal (*or* general) history
üldarv (*koguarv*) total number
üldharidus general (*or* standard) education; general culture
üldhinnang general estimate
üldhinne total mark (*or* score)
üldine general, universal; (*kogu-*) total, overall, all-in, all-round

üldiselt generally, in general, universally; by and large, on the whole
üldistama generalize
üldistus generalization
üldjoontes in general lines, in general outline
üldkeeleteadus *lgv.* general linguistics
üldkehtiv in general force, of general application, universal
üldkohustuslik compulsory for all, obligatory
üldkokkuvõte general summary; (*üldsumma*) sum total
üldkoosolek general meeting (*or* assembly)
üldmobilisatsioon *sõj.* general mobilization
üldmulje general (*or* total) impression
üldmõiste *loog.* (general) concept
üldnimi *lgv.* common noun
üldosakond general department
üldpealetung *sõj.* general offensive
üldpikkus = kogupikkus
üldplaan general plan
üldrahvalik nation-wide, popular, general
üldrahvuslik national
üldreegel general rule
üldse at all, altogether; (*ühtekokku*) all in all; (*kunagi*) ever; kas te ~ tulete? will you come at all?; see on ~ mu esimene lend this is my first flight ever; ~ mitte midagi nothing at all, nothing whatever
üldstreik general strike
üldsumma (sum) total
üldsus generality, universality; (*avalikkus*) community, the (general, wide) public, people
üldsõnaline full of generalities, vague and indefinite
üldtarvitatav in general use, (*sõna kohta*) current
üldtuntud generally known, well-known
üldvihik general note-book
üldvolitus *jur.* general power of attorney
üldvõimsus = koguvõimsus
üle over, above, beyond; on, about; vihm on ~ the rain is over; ~ kogu maa all over the country; ~ tänava across the street; ~ jõu beyond one's strength; ~ kõige above all; ~ plaani over (and above) the plan, in surplus (*or* in excess) of the plan; jõgi tõusis ~ kallaste the river rose out of its banks; mille ~ te mõtlete? what are you thinking about?; ~ andma give* (*or* turn) over (*to*), pass (over); deliver (up), hand over, transfer; ~ astuma step over, transgress, (*seadusest jms.*) trespass against, violate; ~ elama live through, experience; ~ hindama overestimate, overvalue, overrate; ~ jääma be left over, remain (over); (*lakkama*) stop; ~ kandma carry over, transfer, transmit; ~ keema boil over (*ka piltl.*); ~ koormama overload, overburden, surcharge, (*tööga*) overwork; ~ kuulama questioni, interrogate, put* to the question, examine; ~ küllastama supersaturate; ~ külvama sow* over, *piltl.* shower, overwhelm (*with*); ~ lugema count over; ~ lööma (*petma*) cheat, trick, swindle; (*varastama*) filch, grab, swipe, (*raha*) embezzle; ~ minema go* (*or* pass) over, cross (over); ~ olema (*millestki, kellestki*) be superior (*to*), surpass, outdo; ~ pakkuma outbid*, overbid*; ~ pingutama overstrain, overexert; ~ saama get* over, surmount, overcome*; ~ trumpama overtrump; outdo; ~ töötama overwork, overexert oneself, work too hard; (*üle aja töötama*) exceed the hours of work; ~ ujutama flood, overflow, inundate; ~ ulatuma overlap, overlie*; ~ vaatama look over, survey, inspect, examine; ~ vedama carry (*or* transport) across, (*parvel*) ferry; ~ viima carry over, (*ametikohalt jms.*) transfer; ~ võtma take* over, (*valdust*) take* possession (*of*)
üleaedne (next-door) neighbour
üleaisa: ~ lööma kick over the traces
üleajateenija *sõj.* re-enlistee, re-engaged man (*pl.* men)
üleandmine giving (*or* turning, passing) over, delivery, handing over, transfer
üleannetu naughty, mischievous, unruly
üleannetus naughtiness, mischief, unruliness
ülearu too much, too many, in excess
ülearune superfluous, redundant
üleastumine transgression, trespass
üle-eestiline, üle-eestimaaline all-Estonia, all-Estonian
üleeile the day before yesterday

üleeilne of the day before yesterday
ülehindamine overestimation, overvaluation, overrating
ülehomme the day after tomorrow
ülehomme of the day after tomorrow
üleinimlik superhuman, preterhuman
ülejooksik *sõj.* deserter; *piltl.* turncoat, renegade
ülejärgmine next but one
ülejääk remainder, rest, remnant; *(liigmäär)* surplus
ülekaal overweight, surplus weight; *piltl.* preponderance, prevalence, predominance; ~us olema preponderate, prevail, dominate, predominate
ülekaalukas preponderant, preponderating, prevalent, prevailing, predominant, predominating
ülekandearv *tehn.* transmission coefficient
ülekandejaam *el.* relay (*or* retransmitting) station
ülekandeoperatsioon *maj.* transfer operation
ülekanderihm *tehn.* transmission strap
ülekandesuhe *tehn.* transmission ratio
ülekandevõll *tehn.* transmission shaft
ülekanne carrying over, (*raamatupidamises*) carrying forward; (*raha ~*) transfer; transmission (*ka tehn.*); (*raadio~*) translation; (*vere~*) transfusion (of blood)
ülekantud (*tähenduse kohta*) figurative, metaphorical
ülekeev boiling over, *piltl.* ebullient
ülekohtune unjust, wrong, iniquitous
ülekohus injustice, wrong, iniquity; **ülekohut tegema** do a wrong (*or* an injustice) (*to*), wrong (*kellelegi — smb.*), be injust (*to*)
ülekoormatus being overloaded (*or* overburdened, overworked)
ülekoormus overload
ülekulutus over-expenditure
üleküti = **ülestikku**
ülekuulamine questioning, interrogation, examination
ülekuumutus overheating, superheating
ülekäik (street, railway) crossing
ülekäte: ~ **minema** get* out of hand, get* spoilt
üleküllastunud (*lahuse kohta*) supersaturated, oversaturated; (*tülgastunud*) surfeited (*with*)
üleküllastus supersaturation, oversaturation; (*tülgastus*) surfeit
üleküllus superabundance, surplus

üleküps (*vilja kohta*) overripe
üleküpsus overripeness
üleliia too much, too many, in excess, excessively, to a fault, *Am. ka* overly
üleliiduline all-Union
üleliigne superfluous
üleliigsus superfluity
ülelinnaline town (*atrib.*), all-town, town-wide
üleloomulik supernatural, preternatural
ülem 1. *adj.* higher, superior, head, chief; 2. *subst.* head, chief, superior
ülemaailmne world (*atrib.*), worldwide, universal
ülemaaline national; (*üle-eestiline*) all-Estonia, all-Estonian
ülemarst = **peaarst**
ülemeelik wanton, frolicsome, sportive
ülemeelikus wantonness, frolicsomeness, sportiveness
ülemik upper part, top
ülemine upper
üleminek going (*or* passing, crossing) over; (*muutus*) transition, change- (-over); (*tee*) passage, crossing; ~**uperiood** period of transition
ülemjooks (*jõel*) the upper course, the upper reaches (*of*)
ülemjuhataja commander-in-chief, general officer commanding
ülemjuhatus high command
ülemkiht the upper stratum (*pl.* strata), the upper ranks
ülemkoda *pol.* the Upper House, (*Inglismaal*) the House of Lords
ülemkohus Supreme Court
ülemlaul *piibl.* the Song of Songs
ülemmäär highest rate, maximum
ülemmääraline highest (possible), maximum (*atrib.*)
ülemnõukogu supreme council; (*Nõukogude Liidus*) the Supreme Soviet
ülempreester *kirikl.* high priest, archpriest
ülemsaksa High German
ülemteener butler
ülemus authorities, magistrates; (*ülem*) chief
ülemvalitseja supreme ruler
ülemvalitsus supreme rule, supremacy
ülemvõim supreme power (*or* authority), sovereign power, sovereignty; supremacy
ülemäära excessively, in excess
ülemääraline supernumerary, not on the (regular) staff

ülemäärane excessive, exorbitant
ülendama raise, elevate, exalt; (*ametis, auastmes*) promote (*to*); **meelt ~** uplift, elevate
ülendus elevation, exaltation; (*ametis, auastmes*) promotion
ülenema rise*, be raised (*or* elevated, exalted); (*ametis, auastmes*) be promoted
üleni all over, totally; **~ valges** all in white
üleolek superiority
üleolev superior (*to*); (*upsakas*) supercilious
ülepakkumine overbidding (*ka piltl.*), outbidding
ülepea = **üldse**
ülepeakaela headlong, head over heels (*or* ears), precipitately; (*räpakalt, lohakalt*) in a slap-dash manner
ülepingutus overstraining, overexertion
üleplaaniline over and above the plan, above-plan
üleproduktsioon over-production
ülepäeviti every other day
ülepääs crossing
ülepääs(e)matu insuperable
ülerahvastus *maj.* overpopulation
üleriie outer garment(s), overcoat
üleriigiline State (*atrib.*)
ülerõivas = **üleriie**
üles up; **~!** (get) up!; **trepist ~** upstairs, up the stairs; **tulge ~** come upstairs; **~ ajama** rouse, stir up, (*magamast*) awake*, (*koputusega*) knock up; **~ andma** (*pealekaebavalt*) denounce, inform against; (*qvaldama*) declare, state; (*meldima*) register; (*ülesannet*) give* (*or* set*) (*a task*); **~ astuma** (*laval*) appear, make* one's appearance, perform; (*kõnega*) speak* (*at a meeting*; (*poolt, vastu*) rise* (*for, against*); **~ ehitama** build* up, construct; **~ harima** till, bring* under cultivation, plough up; **~ hirmutama** scare up, startle, start; **~ kasvama** grow* up; **~ kasvatama** bring* up, raise, rear, nurse, foster; **~ kihutama** stir up, incite; **~ kirjutama** (*kirja panema*) write* (*or* put*, take*) down, note down; (*tahvlile*) write* up; (*varandust*) put* under writ of attachment. (*or* seizure); **~ kruvima** screw up (*ka piltl.*); **~ kutsuma** call (*upon*), appeal (*to*), make* an appeal (*to*); **~ käärima** roll up; **~ leidma** find* out, discover; **~ lööma** (*kiiresti ehitama*) knock up; (*telki, laagrit*) pitch; ennast **~ lööma kõnek.** tog up (*or* out), dress up (*or* out); tagant **~ lööma** (*hobuse kohta*) lash out, kick; **~ minema** go* up, ascend, mount; **~ märkima** note (*or* put*, take*) down, make* a note (*of*); **~ näitama** show* (forth), display, manifest, reveal; **~ ostma** buy* up; **~ otsima** look up; (**end**) **~ pidama** *van.* = käituma; **~ piitsutama** whip up (*ka piltl.*); **~ puhuma** blow* out, puff up, inflate, *piltl.* whip up, exaggerate; **~ seadma** set* up, instal(l); **~ soojendama** heat up, make* hot; **~ sulatama** melt down; **~ tunnistama** confess, own (up), avow, admit one's guilt; **~ tõusma** rise*, rise* up (*surnuist — from the dead*); (*istukilt*) stand* up; (*vastuhakuks*) rise* (in rebellion), revolt; **~ tähendama** note (*or* take*) down, record; **~ töötama** work up; (*metsa*) cut* and saw* up; **~ võtma** take* up; (*küsimust*) raise; (*pildistama*) take*, photograph, (*heli*) record; (*lauluga äratama*) serenade; **~ ütlema** (*luuletust*) recite; (*kohta, korterit*) give* notice; (*lepingut*) revoke, denounce; (*töötamast lakkama*) fail, break* down; (*otsa saama*) give* out

ülesaamatu insurmountable, insuperable
üles-alla up and down
ülesandja (*pealekaebaja*) denouncer
ülesandmine (*pealekaebamine*) denunciation
ülesanne (*töö~*) task, assignment; (*õppe~*) lesson; (*arvutus~*) sum, (*matemaatiline ~*) problem; (*diplomaatiline ~*) mission; kellelegi midagi ülesandeks tegema charge smb. with smth., give* smb. the task of doing smth., direct (*or* instruct, commission) smb. to do smth.; kellegi ülesandel on the instructions of smb., on a commission from smb., on behalf of smb.
ülesehitav building up, constructive
ülesehitus building (up), construction; **~töö** constructive work; sotsialistlik **~töö** socialist construction, building of socialism

ülesharimata (*maa kohta*) untilled, uncultivated
ülesjõge up the river, upstream
üleskirjutus note, record, entry (in a book); (*varanduse* ~) putting under writ of attachment (*or* seizure)
üleskruvitud screwed up, *piltl.* ka keyed up
üleskutse call, appeal; proclamation
ülesminek going up, ascent, rise
ülesmäge uphill
ülesostja buyer up, forestaller (*of goods*)
ülespidamine *van.* = käitumine
ülespidi, ülespoole upward(s)
ülespoomine = poomine
ülespuhutud puffed up, inflated; *piltl.* exaggerated, (*stiili kohta*) stilted
ülestikku one on top of the other
ülestunnistus confession, avowal
ülestõus uprising, rising, insurrection, revolt, rebellion
ülestõusmine (*surnuist*) resurrection
ülestõusnu rebel, insurgent
ülestähendus note, record
ülesvoolu upstream
ülesvõte photograph, photo (*pl.* -os); (*heli*~) record
ülesvõtja = fotograaf
ülesõelajahu sifted (roughly bolted) flour
ülesõidukoht level crossing
ülesõit crossing (over), passage
ülesäritus *fot.* over-exposure
ülesütlemine (*korteri, koha* ~) notice
ületalve: ~ **pidama** keep* through the winter, winter
ületama 1. (*üle olema*) surpass, exceed, top, outstrip; (*plaani, normi jms.*) overfulfil; (*parem olema*) excel; 2. (*üle saama*) get* over; (*tänavat, jõge, merd jms.*) cross; (*raskust*) surmount, overcome*; (*takistust*) clear, negotiate
ületamatu 1. unsurpassed, unexcelled; 2. (*ülesaamatu*) insurmountable, insuperable
ületoidetud overfed, overnourished
ületoitlus *med.* overfeeding
ületoitumus *med.* (state of) being overfed, overnourished state, hypernutrition
ületoodang *maj.* over-production
ületootmine *maj.* over-producing, over-production
ületsi = ülespidi
ületunnitöö overtime work, overtime

ületöötamine overworking, overwork
üleujutus flooding, flood, overflow, inundation
ülev sublime, lofty, elevated; (*austusväärne*) august, majestic; ~**as meeleolus** elated, in an elated mood
ülevaade survey, review; (short) account; (*kokkuvõte*) synopsis (*pl.* -pses), summary; (*ringvaade*) round-up
ülevaataja overseer; inspector, controller, superintendent; surveyor, reviewer
ülevaatlik survey (*atrib.*), review (*atrib.*); (*kokkuvõtlik*) summary, comprehensive; (*selge*) clear
ülevaatus inspection, examination
ülevabariigiline all-republic
üleval up, above; (*ülemisel korrusel*) upstairs, overhead; (*ärkvel*) up, awake, not in bed; *vt. ka* **ülal**
ülevalgustus *fot.* = ülesäritus
ülevalt I (*ülalt*) from above
ülevalt II (*pidulikult*) sublimely, loftily; (*austusväärselt*) majestically
ülevedu carrying (*or* transporting) across, (*parvel*) ferrying
ülevenemaaline all-Russia, all-Russian
üleviimine carrying over, transferring, transfer, transference; (*koolis*) transferring, promotion
ülevool overflow
ülevoolav overflowing, *piltl.* ka ebullient, exuberant
ülevoolutoru *tehn.* overflow pipe
ülevus sublimity, loftiness; (*austusväärsus*) majesty
ülevõim superiority (of power, forces), predominance, ascendancy, prevalence
ülevõtmine take-over, taking over, taking (*or* seizing) possession (*of*)
üleväsimus overfatigue
üleõla: ~ **vaatama** look down (*on, upon*)
üleöö overnight, (*kiiresti*) in a few hours
üleüldine *van.* = üldine
üleüldse *van.* = üldse
üliagar over-zealous, officious
üliagarus overzeal, officiousness
üliarmas most dear (*or* lovely)
ülihapend *keem.* peroxide, superoxide, *haruld.* hyperoxide
ülihappesus *keem.*, *med.* superacidity
ülihea extremely (*or* supremely, superlatively) good, excellent
üliinimene superman (*pl.* -men)

üliinimlik superman (*atrib.*), superhuman
ülik *aj.* noble, aristocrat
ülikas *aj.* noble, aristocratic
ülikond suit (of clothes)
ülikonnariie suiting, suiting material
ülikool university; ~**ilinn** university town (*or* city)
ülikõrge extremely high; *füüs.*, *tehn.* ultra-high
ülikõrgsagedus *el.* ultra-high frequency
üliküllus superabundance, *haruld.* plethora; (*liigsus*) superfluity, (*er. kaupade* ~) glut (*of*)
üliküps overripe, overmature
ülim highest, supreme, paramount; (*äärmine*) utter
ülistama extol, exalt, glorify, eulogize, (be)laud; (*hooplevalt*) vaunt
ülistus exaltation, glorification, laudation, eulogy; (*kiidukõne*) encomium (*pl.* -iums, -ia)
ülitundlik supersensitive, over-sensitive
ülitundlikkus supersensitivity, supersensitiveness, over-sensitiveness
ülitähtis extremely important, of paramount importance
ülivõimas most (*or* very) powerful; *tehn.* high-power, super-power, high-powered
ülivõrre *lgv.* superlative (degree)
üliväga extremely, exceedingly
üliväike(ne) minute
üliõpilane (university, college) student, undergraduate
üliõpilaskond the students, the student body
üliõpilasmaja students' club house
üll on; **tal on vihmamantel** ~ he has a raincoat on
üllameelne noble-minded, magnanimous
üllas noble, high-minded
üllatama surprise, take* by surprise, take* (*or* catch*) unawares; (*hämmastama*) astonish
üllatav surprising; (*hämmastav*) astonishing
üllatuma be surprised, be taken by surprise; (*hämmastuma*) be astonished
üllatus surprise; **meie** ~**eks** to our surprise
üllatuslik surprising, surprise (*atrib.*)
ülle on; **võtke see vihmamantel** ~ take this raincoat on

üllus nobility, nobleness, high-mindedness
ült off; **ma võtsin vihmamantli** ~ I took my raincoat off
ümahtama = **ümatama**
ümar round, rounded; ~**alehine** *bot.* rotundifolious; ~**avõitu** roundish, somewhat round
ümardama round (off); make* round
ümarduma be rounded (off), become* rounded
ümardus rounding
ümarehitus *ehit.* rotunda
ümarik roundish, rounded, rotund
ümarkiri *ped.* round hand
ümarsulg [-sulu] parenthesis (*pl.* -theses), round bracket; **ümarsulgudes** in parentheses, in (round) brackets
ümarus roundness, rotundity
ümarussid *zool.* roundworms, nematodes, nematode worms
ümatama mutter (once), give* a mutter
ümber 1. *prep.*, *postp.* round, (*er. Am.*) around; **poiss jooksis** ~ **maja** the boy ran round (*or* around) the house; **maja** ~ **on istutatud hulk puid** many trees have been planted round (*or* around) the house; ~ **maailma reisima** travel round the world; ~ **nurga** round (*or* around) the corner; **saja** ~ about a hundred; **(kella) kolme** ~ about (*Am. ka* around) three (o'clock); 2. *adv.* round, around; (*teisipidi, kummuli*) over, up; (*uuesti, taas*) re- (*koos vastava verbiga*); **ärge sammuge üle muru, minge** ~ don't walk across the lawn, go round (*or* around); ~ **ajama** (*ratast, mehhanismi jms.*) drive* (*or* turn) round; (*kummutama*) overturn, upset*; *kõnek.* (*aelema*) gad about; ~ **arvestama** recount, reconsider, recalculate; ~ **arvutama** recalculate, recompute, (*vääringut*) convert (*into*); ~ **asuma** resettle, settle in a new place; (*sisse rändama*) immigrate, (*välja rändama*) emigrate; ~ **ehitama** rebuild*, reconstruct; ~ **hindama** revalue, revaluate, re-estimate, re-appraise, re-assess; ~ **istuma** change one's seat, change (trains, buses, trams, carriages) (*for*); ~ **istutama** replant, (*teisale*) transplant; ~ **jagama** redistribute; ~ **jaotama** redivide, re-allot; ~ **ju-**

ümberasuja

tustama retell*, renarrate; ~ **kasvama** grow* (or develop, evolve) (into); be re-educated (into); ~ **kasvatama** re-educate; ~ **kirjutama** rewrite*, write* over again, copy out, (puhtalt) write* out fair; (masinal) retype; ~ **kolima** remove, move into a new house (or a new room, new lodgings), change address; ~ **korraldama** rearrange, reorganize; ~ **kujundama** reshape, remake*, refashion, remould, transform; ~ **kukkuma** fall* over (or down), be upset; ~ **käima** go* round; (kohtlema; käsitsema) treat, manage, deal* (with); **mu pea käib** ~ I feel dizzy; ~ **laadima** reload, (ühelt laevalt teisele) tran(s)ship; ~ **lükkama** push over, upset*, overturn; (väidet) refute, disprove; ~ **lülitama** switch over; ~ **minema** (ringi minema) go* round; (ümber kukkuma) overturn, be overturned, be upset, (lootsiku kohta ka) capsize; ~ **mõtlema** change one's mind, think* better of (it); ~ **nimetama** rename, give* a new name (to); ~ **otsustama** reconsider (or change, revise) one's decision; ~ **paigutama** displace, remove, transfer; ~ **panema** 1. (millelegi) put* round; 2. = **tõlkima**; ~ **piirama** surround, besiege; ~ **põõrama** turn round (or about); (tagurpidi v. pahupidi pöörama) reverse; (vastupidises järjekorras v. asendis andma) invert (ka mat., loog.); ~ **pöörd!** about face!, about turn!; ~ **riietama** change (smb.'s) clothes, (tundmatuks) disguise; ~ **riietuma** change (one's) clothes, change, (tundmatuks) disguise oneself; ~ **tegema** remake*, make* over again; ~ **tõstma** lift (or hoist) over, transfer; ~ **töötama** rework, remake*, do (or make*) again, make* over; (toorainet valmistooteks) work up; (ümber kujundama) remodel, recast*; (raamatut jms.) revise; ~ **vahetama** exchange (millegi vastu — for smth.); ~ **valama** (vedelikku) pour over, (metalli kuju) recast*; ~ **valima** re-elect; ~ **õpetama** teach* anew (or again); (harjutades) retrain; ~ **õppima** learn* anew (or again)

ümberasuja resettler, new settler
ümberasumine resettlement

ümbritsema

ümberasustamine resettling, removing, removal
ümberehitus rebuilding, reconstruction
ümberhindamine revaluation, re-appraisal, re-assessment
ümberistumine changing (of seats, trains, buses, trams, carriages)
ümberjagamine redistribution
ümberjaotamine, ümberjaotus redivision
ümberjutustus retelling, narration, reproduction, exposition
ümberkasvamine growth, development, evolution (into)
ümberkasvatamine re-education
ümberkaudne environing, neighbouring
ümberkaudu in the environs, in the neighbourhood, round about
ümberkorraldus rearrangement, reorganization
ümberkujundamine, ümberkujundus reshaping, remaking, refashioning, remoulding, transformation
ümberkujunemine reshaping, transformation
ümberlükkamatu irrefutable
ümberlükkamine pushing over, upsetting, overturning; (väite ~) refutation, disproval
ümbermaailmareis voyage round the world
ümbermõõt measure around, compass, girth; mat. circumference, perimeter
ümberpaigutus displacement, removal, transfer
ümberpanek 1. (millelegi) putting around; 2. van. = **tõlge**
ümberpiiramine surrounding, besieging
ümberpöördult the other way round, vice versa, conversely
ümberpööre turning round (or about) about-turn (ka piltl.), piltl. volte-face; (pööre tagurpidi) reversal; inversion (ka mat., loog.)
ümberriietumine change of clothes; (tundmatuks) disguise
ümberringi all around (or round)
ümbert from around, around; ~ **kinni** võtma seize around, embrace
ümbertringi: ~ **minema** go* round about, go* by a roundabout way
ümbervahetamine exchange
ümbervalimine re-election
ümbrik envelope
ümbris envelope, case, casing
ümbritsema surround, environ, encircle

ümbritsev surrounding, encircling, (*õhkkonna kohta ka*) ambient, circumambient
ümbrus surroundings, environs
ümbruskond environment, vicinity; (*naabruskond*) neighbourhood; (*keskkond*) milieu, ambience
ümin hum; (*pomin*) mutter
ümiseja *zool.* marmot
ümisema hum; (*pomisema*) mutter
ümmar = **ümar**
ümmardaja *van.* handmaid(en), bondmaid
ümmardama *van.* serve (as a handmaid)
ümmargune round
ümmarguselt roundly; (*umbkaudu*) round about, about, approximately
ümmik *zool.* cyst
ümmistuma *zool.* encyst, become* encysted
üpris exceedingly, highly; ~ **väga** exceedingly, very much
ürama gnaw
ürask *zool.* (bark) beetle, borer (-beetle), scolytid
ürgaeg primitive (*or* primeval) age(s)
ürgaegkond *geol.* Arch(a)ean, the Arch(a)ean era
ürgaegne primitive, primeval, primordial
ürgelanik aboriginal (inhabitant); ~ud aborigines
ürginimene primitive (*or* primeval) man (*pl.* men)
ürgjõud primeval (*or* primordial, elemental) force
ürgjõuline elemental, tremendous
ürgkogukond *aj.* primitive community
ürgkogukondlik: ~ **kord** primitive communal system
ürgmets primeval (*or* virgin) forest
ürgne primitive, primeval, primordial, (ab) original
ürgsus primitiveness, primitivity, primevalness, primordiality, (ab)originality
ürgveis *zool.* aurochs (*pl.* aurochs)
ürik (original) document, historical document
üritama attempt, make* an attempt, endeavour; (*ette võtma*) undertake* (*or* start) an enterprise, take* the initiative
üritus attempt, endeavour; (*ettevõte*) undertaking, enterprise; action; (*teostatav v. kättevõideldav asi*) cause
ürp cloak, wrap
ürt wort, herb (*ka farm.*)
üsasisene *füsiol.* intrauterine
üsk (*emaihu*) womb (*ka piltl.*); (*süli*) lap
üsna rather, fairly, pretty, quite
üte *lgv.* address, allocution
ütlema say*, tell*; **mida ta ütles?** what did he say?; **öelge mulle oma nimi** tell me your name; **kellelegi tere hommikust** ~ **bid*** smb. good morning; **omavahel öeldud** (said) between you and me; **mida te tahate sellega öelda?** what do you mean (by that)?, what are you driving at?; **see ei ütle mulle midagi** this does not convey anything (*or* this means nothing) to me; **öeldud — tehtud** no sooner said than done
ütlemata 1. (*mitte öeldes*) without saying; (*mitte öeldud*) unsaid; **see jäi** ~ this remained unsaid; 2. (*üliväga*) unspeakably, ineffably, inexpressibly, very; **mul on teist** ~ **kahju** I am very sorry for you
ütlematu unspeakable, ineffable, inexpressible
ütlemine saying, telling; (*rääkimine, vaidlus*) talk, arguing, argument; **selle üle oli palju ütlemist** there was much talk (*or* argument) about that
ütlemisviis diction
ütlus saying, expression
üttama = **kõnetama**
üür rent, lease, hire; ~**ile andma** (*tuba*) let*, (*asju*) hire out; ~**ile võtma** rent, hire
üürgama drone, buzz; (*torupilli kohta*) skirl
üüriauto taxi(-cab)
üürija renter, hirer; (*laeva* ~) charterer
üürikasarm (cheap) tenement-house
üürike(ne) shortlived, ephemeral, fleeting, brief
üürikorter rented lodgings (*or* flat)
üürileping contract of rent (*or* lease)
üüriline = **üürnik**
üürima rent, hire; (*laeva*) charter
üüriraha rent
üürnik (*toa*~) lodger, (*korteri*~, *maja*~) tenant

X

x-jalad *med.* knock-knees

x-kiired = **röntgenikiired**

VALIMIK GEOGRAAFILISI NIMESID

Valimikus on esitatud tuntumad geograafilised nimed, mis vormilt erinevad vastavatest eestikeelsetest nimedest. Eesti ja inglise keeles ühtemoodi kirjutatavaid kohanimesid valimikus ei anta.

Aadria (meri) the Adriatic (Sea)
Aafrika Africa
Aasia Asia
Aasovi meri the Sea of Azov (or Azof)
Abessiinia *van.* Abyssinia
Abhaasia Abkhazia (or Abkhasia); Abhaasi Autonoomne Nõukogude Sotsialistlik Vabariik the Abkhazian (or Abkhasian) Autonomous Soviet Socialist Republic
Addis Abeba Addis Ababa
Adžaaria Adjaria; Adžaari Autonoomne Nõukogude Sotsialistlik Vabariik the Adjar Autonomous Soviet Socialist Republic
Afganistan Afghanistan
Akra Accra (or Akkra)
Albaania Albania; Albaania Rahvavabariik the People's Republic of Albania
Aleuudi saarestik, Aleuudid the Aleutian Islands, the Aleutians
Alleghany mäestik the Allegheny Mountains, the Alleghenies
Alpid the Alps
Alžeeria Algeria
Alžiir Algiers
Amazonas the Amazon
Ameerika America
Ameerika Ühendriigid the United States of America
Ammaan Amman
Amudarja the Amu Darya
Amuur the Amur
Andid the Andes
Angoola Angola
Antarktika the Antarctic

Antarktis Antarctica, the Antarctic Continent
Antillid the Antilles
Antverpen Antwerp
Apalatši mäestik, Apalatšid the Appalachian Mountains, the Appalachians
Apenniinid the Apennines
Araabia Arabia
Araabia Ühinenud Vabariik the United Arab Republic
Araali meri the Aral Sea
Ardennid the Ardennes
Argentiina Argentina, the Argentine (Republic)
Arhangelsk Arkhangelsk, Archangel
Arktika the Arctic
Armeenia Armenia; Armeenia Nõukogude Sotsialistlik Vabariik the Armenian Soviet Socialist Republic
Aserbaidžaan Azerbaijan; Aserbaidžaani Nõukogude Sotsialistlik Vabariik the Azerbaijan Soviet Socialist Republic
Assoorid the Azores
Assuan Aswan (or Assouan, Assuan)
Astrahan Astrakhan
Ašhabad Ashkhabad
Ateena Athens
Atlandi ookean, Atlant the Atlantic Ocean, the Atlantic
Austraalia Australia
Austraalia Liit the Commonwealth of Australia
Babülon *aj.* Babylon
Babüloonia *aj.* Bobylonia
Baffini laht Baffin Bay
Bagdad Bag(h)dad

Bahama saared — Guatemaala

Bahama saared the Bahama Islands, The Bahamas
Bakuu Baku
Baleaari saared, Baleaarid the Balearic Islands, the Baleares
Balkani poolsaar the Balkan Peninsula
Balkanimaad the Balkans
Balti meri the Baltic (Sea)
Barentsi meri the Barents Sea
Basuutomaa Basutoland
Baškiiria Bashkiria; **Baškiiri Autonoomne Nõukogude Sotsialistlik Vabariik** the Bashkir Autonomous Soviet Socialist Republic
Beirut Beirut (or Beyrouth)
Belgia Belgium
Belgrad Belgrade
Bengali laht the Bay of Bengal
Bengaalia Bengal
Beringi meri the Bering Sea
Beringi väin the Bering Strait
Berliin Berlin
Bermuda saared the Bermuda Islands, the Bermudas
Bern Bern(e)
Bessaraabia aj. Bessarabia
Betšuaanamaa Bechuanaland
Birma Burma(h)
Biskaia laht the Bay of Biscay
Boliivia Bolivia
Botnia laht the Gulf of Bothnia
Brasiilia Brazil
Breemen Bremen
Bretagne Brittany
Briti saared the British Isles
Brügge Bruges
Brüssel Brussels
Buhhaara Bukhara (or Bokhara)
Bukarest Bucharest
Bukoviina aj. Bucovina (or Bukovina)
Bulgaaria Bulgaria; **Bulgaaria Rahvavabariik** the People's Republic of Bulgaria
Burjaadi Autonoomne Nõukogude Sotsialistlik Vabariik the Buryat Autonomous Soviet Socialist Republic
Böömimaa aj. Bohemia
Bütsants aj. (linn) Byzantium; (riik) the Byzantine Empire

Dagestan Daghestan; **Dagestani Autonoomne Nõukogude Sotsialistlik Vabariik** the Daghestan Autonomous Soviet Socialist Republic
Dahomee Dahomey
Dalmaatsia Dalmatia

Damaskus Damascus
Dardanellid the Dardanelles
Davise väin the Davis Strait
Delfi aj. Delphi
Djakarta Djakarta (or Jacarta, Jakarta)
Dnepr the Dnieper
Dnestr the Dniester
Dominikaani vabariik the Dominican Republic
Doonau the Danube
Dunkerque Dunkirk
Dušanbe Dushanbe (or Dushambe)

Edela-Aafrika South-West Africa
Eesti Estonia; **Eesti Nõukogude Sotsialistlik Vabariik** the Estonian Soviet Socialist Republic
Egeuse meri the Aegean Sea
Egiptus Egypt
Ekuador Ecuador
Elevandiluurannik the Ivory Coast
Elsass Alsace
Er-Rijad Riyadh
Etioopia Ethiopia
Eufrat the Euphrates
Euraasia Eurasia
Euroopa Europe

Falklandi saared the Falkland Islands
Fidži Fiji
Fidži saared the Fiji Islands
Filipiini saared, Filipiinid the Philippine Islands, the Philippines
Firenze Florence
Foiniikia aj. Ph(o)enicia
Formoosa Formosa
Fudžiyama Fujiyama
Fääri saared the Fa(e)roe Islands, the Fa(e)roes

Gaana Ghana
Gaboon Gabon (or Gabun)
Genf Geneva
Genova = Genua
Gent Ghent
Genua Genoa
Gilberti saared the Gilbert Islands
Ginea Guinea;
Ginea-Bissau Guinea-Bissau
Golfi hoovus the Gulf Stream
Gruusia Georgia; **Gruusia Nõukogude Sotsialistlik Vabariik** the Georgian Soviet Socialist Republic
Gröönimaa Greenland
Guajaana Guiana
Guatemaala Guatemala

Haag — 500 — **Karoliini saared**

Haag the Hague
Habana = **Havanna**
Habarovsk Khabarovsk
Haiiti Haiti
Halikarnassos *aj.* Halicarnassus
Harbiin Harbin
Harkov Kharkov
Havai, Havai saarestik Hawaii, the Hawaiian Islands
Havanna Havana
Hea Lootuse neem the Cape of Good Hope
Hebriidi saared, Hebriidid the Hebrides, the Western Islands
Hedžas He(d)jaz
Helgoland Hel(i)goland
Hellespontos *aj.* Hellespont
Helsingi Helsinki
Hertsegoviina Herzegovina
Hibiini mäed, Hibiinid the Khibini Mountains
Hiina China; **Hiina Rahvavabariik** the Chinese People's Republic
Himaalaja the Himalaya(s)
Hindukušš the Hindu Kush
Hirošima Hiroshima
Hispaania Spain
Hokaido Hokkaido
Honduuras Honduras
Hongkong Hong Kong (*or* Hongkong)
Honšiu Honshu
Horvaatia Croatia
Huanghe the Hwang Ho (*or* Hoangho)
Hudsoni laht the Hudson Bay

Iiri(maa) Ireland, *van. ja luulek.* Eire
Iiri Vabariik the Republic of Ireland, Saorstat Eireann
Iisrael Israel
Illüüria *aj.* Illyria
India ookean the Indian Ocean
Indo-Hiina Indo-China (*or* Indochina)
Indoneesia Indonesia
Inglismaa England
Iraak Iraq (*or* Irak)
Iraan Iran
Irtõš the Irtysh (*or* Irtish)
Island Iceland
Itaalia Italy

Jaapan Japan
Jaava Java
Jakuudi Autonoomne Nõukogude Sotsialistlik Vabariik the Yakut Autonomous Soviet Socialist Republic; **Jakuutia** Yakutia

Jalta Yalta
Jamaika Jamaica
Jangtse Yangtze (Kiang)
Jeemen the Yemen
Jenissei the Yenisei (*or* Enisei)
Jerevan Yerevan, Erivan
Jeruusalemm Jerusalem
Joonia meri the Ionian Sea
Jordaania Jordan
Jordan the Jordan
Jugoslaavia Yugoslavia (*or* Jugoslavia); **Jugoslaavia Föderatiivne Sotsialistlik Vabariik** the Federal Socialist Republic of Yugoslavia
Jukatan Yucatán
Jukon the Yukon
Jüüti poolsaar, Jüütimaa Jutland

Kaama the Kama
Kabardiini-Balkaari Autonoomne Nõukogude Sotsialistlik Vabariik the Kabardino-Balkarsk Autonomous Soviet Socialist Republic
Kairo Cairo
Kalifornia California
Kaljumäestik the Rocky Mountains, the Rockies
Kalkuta Calcutta
Kalmõki Autonoomne Nõukogude Sotsialistlik Vabariik the Kalmyk Autonomous Soviet Socialist Republic
Kambuchea Gambodia
Kamerun the Cameroon(s)
Kamtšatka Kamchatka
Kanaari saared the Canary Islands, the Canaries
Kanada Canada
Kanton Canton
Kap Hoorn Cape Horn
Kapimaa Cape Province
Kaplinn Cape Town (*or* Capetown)
Kap Verde Cape Verde
Kara meri the Kara Sea
Karakalpaki Autonoomne Nõukogude Sotsialistlik Vabariik the Karakalpak Autonomous Soviet Socialist Republic; **Karakalpakkia** Karakalpakia
Karatši Karachi
Kariibi meri the Caribbean Sea
Karjala Karelia; **Karjala Autonoomne Nõukogude Sotsialistlik Vabariik** the Karelian Autonomous Soviet Socialist Republic
Karoliini saared, Karoliinid the Caroline Islands, the Carolines

Karpaadi mäed, Karpaadid the Carpathian Mountains, the Carpathians
Kartaago *aj.* Carthage
Kasahhi Nõukogude Sotsialistlik Vabariik the Kazakh Soviet Socialist Republic; **Kasahstan** Kazakhstan
Kaspia meri the Caspian Sea
Kašmir Kashmir (*or* Cashmere)
Kattegat the Kattegat (*or* Cattegat)
Kaukaasia Caucasia, Caucasus
Kaukasus the Caucasus
Keenia Kenya
Kesk-Aafrika Vabariik the Republic of Central Africa
Khartum Khart(o)um
Kiiev Kiev
Kilimandžaaro Kilimanjaro
Kirde-Uus-Ginea the Territory of New Guinea
Kirgiisia Kirg(h)izia; **Kirgiisi Nõukogude Sotsialistlik Vabariik** the Kirg(h)iz Soviet Socialist Republic
Kišinjov Kishinev
Kollane meri the Yellow Sea
Kolumbia Colombia
Komi Autonoomne Nõukogude Sotsialistlik Vabariik the Komi Autonomous Soviet Socialist Republic
Komoori saared the Comoro Islands
Kongo the Congo (*or* Kongo)
Konstantinoopol *van.* Constantinople
Koola, Koola poolsaar Kola, the Kola Peninsula
Kopenhaagen Copenhagen
Kordiljeerid the Cordilleras
Korea Korea (*or* Corea); **Korea Rahvademokraatlik Vabariik** the Korean People's Democratic Republic
Korsika Corsica
Kostariika Costa Rica
Kreeka Greece
Kreeta Crete
Krimm the Crimea
Kroaatia Croatia
Kuriili saared the Kuril(e) Islands
Kuuba Cuba
Kuveit Kuwait (*or* Kuweit, Koweit)
Köln Cologne
Küpros Cyprus

Laadoga Ladoga
Ladina-Ameerika Latin America
La Manche the English Channel
Laptevite meri the Laptev Sea
Leedu Lithuania; **Leedu Nõukogude Sotsialistlik Vabariik** the Lithuanian Soviet Socialist Republic
Leena the Lena

Lesoto Lesotho
Libeeria Liberia
Liibanon Lebanon
Liibüa Libia (*or* Libya)
Lissabon Lisbon
Luksemburg Luxemb(o)urg
Lõuna-Aafrika Vabariik the Republic of South Africa
Lõuna-Ameeria South America
Lõuna-Carolina South Carolina
Lõuna-Dakota South Dakota
Lõuna-Rodeesia South Rhodesia
Läti Latvia; **Läti Nõukogude Sotsialistlik Vabariik** the Latvian Soviet Socialist Republic
Lääne-India the West Indies
Läänemeri = **Balti meri**
Lääne-Virginia West Virginia

Madagaskar Madagascar
Madalmaad the Netherlands
Madriid Madrid
Magalhãesi väin the Strait of Magellan
Malaavi Malawi
Malai Föderatsioon the Federation of Malaya
Malai saarestik Malay Archipelago, Malaysia
Malaia Malaya
Malaisia Malaysia
Malaka Malacca
Malediivid the Maldives
Malgasi Vabariik the Republic of Malagasy
Mandžuuria *aj.* Manchuria
Mari Autonoomne Nõukogude Sotsialistlik Vabariik the Mari Autonomous Soviet Socialist Republic
Marmara, Marmara meri Marmara (*or* Marmora), the Sea of Marmara (*or* Marmora)
Maroko Morocco
Mauretaania Mauretania (*or* Mauritania)
Mehhiko Mexico
Meka Mecca
Melaneesia Melanesia
Memfis *aj.* Memphis
Mesopotaamia Mesopotamia
Mikroneesia Micronesia
Milaano Milan
Mississipi Mississippi
Missuuri (*jõgi*) the Missouri; (*osariik*) Missouri
Moldaavia Moldavia; **Moldaavia Nõukogude Sotsialistlik Vabariik** the Moldavian Soviet Socialist Republic

Moluki saared, **Molukid** the Molucca Islands, the Moluccas
Monako Monaco
Mongoolia Mongolia; **Mongoolia Rahvavabariik** the Mongolian People's Republic
Monroovia Monrovia
Mordva Autonoomne Nõukogude Sotsialistlik **Vabariik** the Mordovian Autonomous Soviet Socialist Republic
Mosambiik Mozambique
Moskva Moscow
Must meri the Black Sea
München Munich

Naapoli Naples
Nahhitševani **Autonoomne Nõukogude Sotsialistlik Vabariik** the Nakhichevan Autonomous Soviet Socialist Republic
Neemen the Niemen
Neeva, the Neva
Nepaal Nepal
Niagaara the Niagara
Nigeeria Nigeria
Niiger (*jõgi*) the Niger; (*riik*) Niger
Niilus the Nile
Nikaraagua Nicaragua
Nikoosia Nicosia
Nizza Nice
Njassa Nyas(s)a
Njassamaa *aj.* Nyas(s)aland
Nordkap the North Cape
Normandia Normandy
Norra Norway
Novaja Zemlja Novaya Zemlya
Nuubia Nubia
Nõukogude Liit the Soviet Union
Nõukogude Sotsialistlike **Vabariikide** Liit the Union of Soviet Socialist Republics
Nürnberg Nuremberg

Ohhoota meri the Sea of Okhotsk
Okaa the Oka
Okeaania Oceania
Olümpos Olympus
Omaan Oman
Oneega (Lake) Onega

Paapua Papua
Palestiina Palestine
Pamiir the Pamirs
Pandžab Punjab
Paraguai Paraguay
Pariis Paris
Pas de Calais the Strait(s) of Dover

Penniinid the Pennines, the Pennine Chain
Peruu Peru
Petšoora the Pechora
Phõnjan Pyongyang
Polüneesia Polynesia
Poola Poland; **Poola Rahvavabariik** the Polish People's Republic
Port Artur Port Arthur
Praha Prague
Prantsusmaa France
Preisimaa *aj.* Prussia
Pretooria Pretoria
Puertoriiko Puerto Rico
Punane meri the Red Sea
Põhja-Ameerika North America
Põhja-Carolina North Carolina
Põhja-Dakota North Dakota
Põhja-Dvinaa the Severnaya Dvina, the Northern Dvina
Põhja-Jäämeri the Arctic Ocean
Põhjameri the North Sea
Põhja-Osseedi **Autonoomne Nõukogude Sotsialistlik Vabariik** the North Ossetian Autonomous Soviet Socialist Republic
Põhja-Rodeesia North Rhodesia
Pärsia *aj.* Persia
Pärsia laht the Persian Gulf
Püreneed the Pyrenees

Ranguun Rangoon
Reikjavik Reykjavik
Rein the Rhine
Riia Riga
Rodeesia Rhodesia
Rodos Rhodes
Rohelise neeme **saared** Cape Verde Islands
Rooma Rome
Rootsi Sweden
Rumeenia R(o)umania; **Rumeenia Sotsialistlik Vabariik** Socialist Republic of R(o)umania

Sahhalin Sakhalin
Saksa Demokraatlik Vabariik the German Democratic Republic
Saksa Föderatiivne Vabariik the German Federal Republic
Saksamaa Germany
Sambesi the Zambesi
Sambia Zambia
San Mariino San Marino
Sansibar Zanzibar
Saravak Sarawak
Sardiinia Sardinia

Saudi Araabia Saudi Arabia
Sevastoopol Sevastopol
Severnaja Dvina = **Põhja-Dvina**
Severnaja Zemlja the Severnaya Zemlya
Siber Siberia
Sierra Leoone Sierra Leone
Siiam *aj.* Siam
Singapur Singapore
Sitsiilia Sicily
Skagerrak the Skagerra(c)k
Skandinaavia Scandinavia
Slovakkia Slovakia
Smürna *aj.* Smyrna
Somaalia Somalia
Soome Finland
Sotši Sochi
Stokholm Stockholm
Sudaan the Sudan
Suess Suez
Suessi kanal the Suez Canal
Sulavesi Sulawesi
Sund the Sound
Surnumeri the Dead Sea
Suurbritannia Great Britain
Suur Järvistu Great Lakes
Suur Karujärv Great Bear Lake
Suur Orjajärv Great Slave Lake
Sõrdarja the Syr Daria
Sõul Seoul
Sürakuusa Syracuse
Süüria Syria

Šanghai Shanghai
Šotimaa Scotland
Šveits Switzerland

Zapadnaja Dvina the Zapadnaya Dvina
Zürich Zurich

Taani Denmark
Tadžiki Nõukogude Sotsialistlik Vabariik the Ta(d)jik Soviet Socialist Republic; **Tadžikistan** Ta(d)jikistan
Taga-India Farther India
Taga-Kaukaasia Transcaucasia
Tahiiti Tahiti
Tai Thailand
Taimõr Taimyr (*or* Taimir)
Taivan Taiwan
Tanganjiika Tanganyika
Tansaania Tanzania
Tasmaania Tasmania
Taškent Tashkent

Tatari Autonoomne Nõukogude Sotsialistlik Vabariik the Tatar Autonomous Soviet Socialist Republic
Teeba *aj.* Thebes
Teheran Teh(e)ran
Teravmäed Spitsbergen (*or* Spitzbergen)
Termopüla *aj.* Thermopylae
Tiibet T(h)ibet
Tiraana Tirana
Tjan-San Tien Shan (*or* Tian Shan)
Tokio Tokyo (*or* Tokio)
Trooja *aj.* Troy
Tseilon Ceylon
Tšaad Chad
Tšehhoslovakkia Czechoslovakia; **Tšehhoslovakkia Sotsialistlik Vabariik** the Socialist Republic of Czechoslovakia
Tšetšeeni-Inguši Autonoomne Nõukogude Sotsialistlik Vabariik the Checheno-Ingush Autonomous Soviet Socialist Republic
Tšiili Chile
Tšomolungma Chomolungma
Tšuvaši Autonoomne Nõukogude Sotsialistlik Vabariik the Chuvash Autonomous Soviet Socialist Republic
Tulemaa Tierra del Fuego
Tuneesia Tunisia
Turkmeenia Turkmenistan; **Turkmeeni Nõukogude Sotsialistlik Vabariik** the Turkmen Soviet Socialist Republic
Türgi Turkey
Türreeni meri the Tyrrhenian Sea

Udmurdi Autonoomne Nõukogude Sotsialistlik Vabariik the Udmurt Autonomous Soviet Socialist Republic
Ukraina the Ukraine; **Ukraina Nõukogude Sotsialistlik Vabariik** the Ukrainian Soviet Socialist Republic
Ungari Hungary; **Ungari Rahvavabariik** the Hungarian People's Republic
Uraal the Ural
Uraali mäestik, Uraalid the Ural Mountains, the Urals
Uruguai Uruguay
Usbeki Nõukogude Sotsialistlik Vabariik the Uzbek Soviet Socialist Republic; **Usbekistan** Uzbekistan
Uus-Ginea New Guinea
Uus-Hebriidid the New Hebrides
Uus-Kaledoonia New Caledonia

Uus-Lõuna-Wales New South Wales
Uus-Meremaa New Zealand

Vahemeri the Mediterranean (Sea)
Vaikne ookean the Pacific (Ocean)
Valge meri the White Sea
Valgevene Byelorussia; **Valgevene Nõukogude Sotsialistlik Vabariik** the Byelorussian Soviet Socialist Republic
Varssavi Warsaw
Vatikan the Vatican
Veneetsia Venice
Venemaa Russia; **Vene Nõukogude Föderatiivne Sotsialistlik Vabariik** the Russian Soviet Federative Socialist Republic

Venetsueela Venezuela
Vesuuv Vesuvius
Vientjan Vientiane
Vietnam Viet-Nam; **Vietnami Sotsialistlik Vabariik** Socialist Republic of Viet-Nam
Viin Vienna
Viktooria Victoria
Vilnius Vilnius (or Vilnyus)
Virginia saared the Virgin Islands
Visla the Vistula
Väike-Aasia Asia Minor
Väikesed Antillid the Lesser Antilles

Ülemjärv Lake Superior
Ülem-Volta Upper Volta

EBAREEGLIPÄRASTE VERBIDE PÕHIVORMID

Tabelis on antud (tähestikulises järjekorras) kaasaegses inglise keeles esinevad ebareeglipärased verbid, kaasa arvatud ka tähtsamad eesliidete abil tuletatud verbid, näit. arise, awake, become, behold, forbid, **forgive, understand,** withdraw.

On aga praktiliselt võimatu esitada kõiki inglise keeles võimalikke eesliidetega verbe. Nende põhivorme tuleb vajaduse korral otsida vastavate lihtverbide alt, näit.: **undo*, underdo*** (vt. do*); **overlie*, underlie*** (vt. **lie***); **unfreeze*** (vt. **freeze***); **remake*, unmake*** (vt. **make***); **mistake*, partake*, overtake*, retake*, undertake*** (vt. **take***) jne.

Infinitiiv	Üldminevik	Mineviku kesksõna
abide	abode	abode
arise	arose	arisen
awake	awoke	awaked; *haruld.* awoke(n)
be	was, *pl.* were	been
bear	bore	borne; (*tähenduses* 'sündinud') born
beat	beat	beaten
become	became	become
beget	begot	begotten
begin	began	begun
behold	beheld	beheld
bend	bent	bent
beseech	besought	besought
bespeak	bespoke	bespoke, bespoken
bet	bet, betted	bet, betted
bid	bade, bid	bidden, bid
bind	bound	bound
bite	bit	bitten, bit
bleed	bled	bled
blow	blew	blown
break	broke	broken
breed	bred	bred
bring	brought	brought
broadcast	broadcast	broadcast
build	built	built
burn	burnt, burned	burnt, burned
burst	burst	burst
buy	bought	bought

Infinitiiv	Üldminevik	Mineviku kesksõna
cast	cast	cast
catch	caught	caught
chide	chid, chided	chid, chided, chidden
choose	chose	chosen
cling	clung	clung
come	came	come
cost	cost	cost
creep	crept	crept
cut	cut	cut
deal	dealt	dealt
dig	dug	dug
do	did	done
draw	drew	drawn
dream	dreamed, dreamt	dreamed, dreamt
drink	drank	drunk
drive	drove	driven
dwell	dwelt	dwelt
eat	ate	eaten
fall	fell	fallen
feed	fed	fed
feel	felt	felt
fight	fought	fought
find	found	found
flee	fled	fled
fling	flung	flung
fly	flew	flown
forbear	forbore	forborne
forbid	forbad(e)	forbidden
forget	forgot	forgotten
forgive	forgave	forgiven
forsake	forsook	forsaken
freeze	froze	frozen
get	got	got, *Am.* gotten
gird	girded, girt	girded, girt
give	gave	given
go	went	gone
grind	ground	ground
grow	grew	grown
hang	hung; (*tähenduses* 'poosin') hanged	hung; (*tähenduses* 'poonud, poodud') hanged
have	had	had
hear	heard	heard
hew	hewed	hewed, hewn
hide	hid	hidden, hid
hit	hit	hit
hold	held	held
hurt	hurt	hurt
keep	kept	kept
kneel	knelt	knelt
knit	knitted, knit	knitted, knit
know	knew	known
lay	laid	laid
lead	led	led

Infinitiiv	Üldminevik	Mineviku kesksõna
lean	leaned, leant	leaned, leant
leap	leaped, leapt	leaped, leapt
learn	learned, learnt	learned, learnt
leave	left	left
lend	lent	lent
let	let	let
lie	lay	lain
light	lighted, lit	lighted, lit
lose	lost	lost
make	made	made
mean	meant	meant
meet	met	met
mow	mowed	mowed, mown
pay	paid	paid
put	put	put
read	read	read
rid	ridded, rid	rid
ride	rode	ridden
ring	rang	rung
rise	rose	risen
run	ran	run
saw	sawed	sawn, *haruld.* sawed
say	said	said
see	saw	seen
seek	sought	sought
sell	sold	sold
send	sent	sent
set	set	set
sew	sewed	sewn, sewed
shake	shook	shaken
shear	sheared	shorn, sheared
shed	shed	shed
shine	shone	shone
shoot	shot	shot
show	showed	shown, *haruld.* showed
shrink	shrank	shrunk
shut	shut	shut
sing	sang	sung
sink	sank	sunk
sit	sat	sat
slay	slew	slain
sleep	slept	slept
slide	slid	slid
sling	slung	slung
slink	slunk	slunk
slit	slit	slit
smell	smelt, smelled	smelt, smelled
smite	smote	smitten
sow	sowed	sown, sowed
speak	spoke	spoken
speed	sped	sped
spell	spelt, spelled	spelt, spelled
spend	spent	spent
spill	spilt, spilled	spilt, spilled

Infinitiiv	Üldminevik	Mineviku kesksõna
spin	spun	spun
spit	spat	spat
split	split	split
spoil	spoilt, spoiled	spoilt, spoiled
spread	spread	spread
spring	sprang	sprung
stand	stood	stood
steal	stole	stolen
stick	stuck	stuck
sting	stung	stung
stink	stank, stunk	stunk
strew	strewed	strewn, strewed
stride	strode	stridden
strike	struck	struck
string	strung	strung
strive	strove	striven
swear	swore	sworn
sweep	swept	swept
swell	swelled	swollen, swelled
swim	swam	swum
swing	swung	swung
take	took	taken
teach	taught	taught
tear	tore	torn
tell	told	told
think	thought	thought
thrive	throve, thrived	thriven, thrived
throw	threw	thrown
thrust	thrust	thrust
tread	trod	trodden
understand	understood	understood
wake	woke, waked	woke(n), waked
wear	wore	worn
weave	wove	woven
weep	wept	wept
win	won	won
wind	wound	wound
withdraw	withdrew	withdrawn
withhold	withheld	withheld
withstand	withstood	withstood
wring	wrung	wrung
write	wrote	written

SISUKORD

Eessõna 5
Juhendeid sõnaraamatu tarvitamiseks 7
Eesti tähestik . , ... 10
Lühendid 11
Sõnastik 13
Valimik geograafilisi nimesid 498
Ebareeglipäraste verbide põhivormid 505

Иоханнес Сильвет
Эстонско-английский словарь
3-е издание
На эстонском и английском языках
Художник-оформитель Т. Аху
Таллин, «Валгус»

Toimetaja B. Bellen
Kunstiline toimetaja K. Eilsen
Tehniline toimetaja L. Krikmann
Korrektorid S. Uustare, E. Martoja
NB № 5334
Laduda antud 4. 11. 87
Trükkida antud 13. 06. 88
Formaat 60×88/16.
Raamatu-ajakirjapaber
Kiri literaturnaja
Ofsettrükk.
Tingtrükipoognaid 91,98
Tingvärvitõmmiseid 91,99
Arvestuspoognaid 83,76
Trükiarv 60 000
Tellimuse nr. 4562
Hind rbl. 2.50

Kirjastus «Valgus» 200 090 Tallinn, Pärnu mnt. 10.
Hans Heidemanni nim. trükikoda, 202 400 Tartu, Ülikooli 17/19 I